心理学译丛
教材系列

Educational Psychology, 12e

伍尔福克
教育心理学
（第12版）

[美] 安妮塔·伍尔福克 著
伍新春 张 军 季 娇 译

Anita Woolfolk

中国人民大学出版社
·北京·

心理学译丛·教材系列
出版说明

我国心理学事业近年来取得了长足的发展。在我国经济、文化建设及社会活动的各个领域，心理学的服务性能和指导作用愈发重要。社会对心理学人才的需求愈发迫切，对心理学人才的质量和规格要求也越来越高。为了使我国心理学教学更好地与国际接轨，缩小我国在心理学教学上与国际先进水平的差距，培养具有国际竞争力的高水平心理学人才，中国人民大学出版社特别组织引进"心理学译丛·教材系列"。这套教材是中国人民大学出版社邀请国内心理学界的专家队伍，从国外众多的心理学精品教材中，优中选优，精选而出的。它与我国心理学专业所开设的必修课、选修课相配套，对我国心理学的教学和研究将大有裨益。

入选教材均为欧美等国心理学界有影响的知名学者所著，内容涵盖了心理学各个领域，真实反映了国外心理学领域的理论研究和实践探索水平，因而受到了欧美乃至世界各地的心理学专业师生、心理学从业人员的普遍欢迎。其中大部分教材多次再版，影响深远，历久不衰，成为心理学的经典教材。

本套教材以下特点尤为突出：

● 权威性。本套教材的每一本都是从很多相关版本中反复遴选而确定的。最终确定的版本，其作者在该领域的知名度高，影响力大，而且该版本教材的使用范围广，口碑好。对于每一本教材的译者，我们也进行了反复甄选。

● 系统性。本套教材注重突出教材的系统性，便于读者更好地理解各知识层次的关系，深入把握各章节内容。

● 前沿性。本套教材不断地与时俱进，将心理学研究和实践的新成果和新理论不断地补充进来，及时进行版次更新。

● 操作性。本套教材不仅具备逻辑严密、深入浅出的理论表述、论证，还列举了大量案例、图片、图表，对理论的学习和实践的指导非常详尽、具体、可行。其中多数教材还在章后附有关键词、思考题、练习题、相关参考资料等，便于读者的巩固和提高。

这套教材的出版，当能对我国心理学的教学和研究具有极大的参考价值和借鉴意义。

中国人民大学出版社

专家荐语

《伍尔福克教育心理学》自1980年发行第1版以来，已经过去了35个年头，其内容体系和编排形式也历经了12个版次的更新，并已深刻影响了国际教育心理学的发展。在我院进行"教育心理学国家精品课程"建设的过程中，该书一直是我们使用的核心参考教材，深受我院师生的好评。今天该书最新的中译本出版发行，我愿意向大家强力推荐！

——庞维国（华东师范大学教授、心理与认知科学学院副院长）

《伍尔福克教育心理学》内容体系完整、资料来源丰富、学术态度开放、实践导向鲜明，是一部优秀的教育心理学教材。该书的一个突出特点是：不仅详细阐述了学生认知、语言、自我、社会性和道德发展等一般共性规律，也着力探讨了特殊学习需要等学生的个别差异和社会经济地位等学生的群体差异规律，有利于将教育教学建立在学生发展规律的基础之上。

——周宗奎（华中师范大学教授、心理学院院长）

安妮塔·伍尔福克是教育心理学领域的领军人物，她在教师效能感领域所做的卓越研究，被国际同行广为引用。她编著的这本《教育心理学》教材，历经多次改编和不断再版，既合理保留了历史上的经典理论，也充分吸收了最新的研究成果，是一部极为经典的心理学教材；同时，该教材还分析了大量的教学案例，探讨了许多的应用主题，非常适合广大教师阅读。

——盖笑松（东北师范大学教授、心理学院院长）

《伍尔福克教育心理学》是一部经典的心理学教材，此前的多个版本也被翻译成中文出版过，受到了读者的广泛好评和普遍欢迎。今天，由知名教育心理学专家、北京师范大学心理学院的伍新春教授牵头，再度组织团队成员精心翻译了其最新的版本，相信该中译本的发行对于我国教育心理学课程的教学和改革，必将产生重要的影响，特此郑重推荐！

——王振宏（陕西师范大学教授、心理学院院长）

《伍尔福克教育心理学》是我院"教育心理学国家精品课程"的指定外版教材，多年来一直在我院教育心理学课程的教学改革过程中发挥着重要的作用。在莫雷教授的牵头下，我多年前也曾翻译过该书的第10版，并被其中的精彩内容深深吸引。今天，北京师范大学的伍新春教授组织队伍，对该教材的最新版本再度进行了精益求精的译介，我相信这将进一步推进我国教育心理学的学科发展和课程改革的进程。

——何先友（华南师范大学教授、心理学院副院长）

译者序

一

由美国俄亥俄州立大学安妮塔·伍尔福克教授编著的《教育心理学》，是目前国际教育心理学领域中最具代表性和影响力的教材，也是使用范围最广、最为畅销的心理学教材之一。本书作者安妮塔·伍尔福克教授，1972 年从得克萨斯大学奥斯汀分校获得教育心理学哲学博士学位，1973—1993 年任教于罗格斯大学，1994—2014 年任教于俄亥俄州立大学，目前是该校荣誉退休教授。曾担任美国心理学会（APA）教育心理学分会主席、美国教育研究协会（AERA）教学与教师教育分会副主席，是国际著名的教育心理学家。本书从 1980 年的第 1 版到目前的第 12 版，一直深受全球读者欢迎，其影响力经久不衰。尤其是从第 10 版开始，本书不仅出版按章节结构化的“经典教材版”（即本版），还推出了按主题模块化的“主动学习版”，以供广大读者选择。在美国，这部《教育心理学》教材目前已被加州大学、斯坦福大学、伊利诺伊大学等近 2 000 所高校采用，也是美国教师资格证书考试的主要参考教材。同时，它还被加拿大、澳大利亚、英国等国家的高校普遍采用，并被德国、挪威、克罗地亚、韩国等多国翻译出版，其国际影响力在同类教材中独领风骚。

因此，我们是将本书作为国际教育心理学的经典教材而引进和推介到国内的。事实上，我国大陆和台湾的不同机构也曾先后发行过本书第 8、第 10 和第 11 版的英文影印版，出版过本书第 8、第 9、第 10 和第 11 版的中文翻译版，受到了我国高等学校师生和广大一线教师的普遍关注和高度评价。本书的不断再版和中译本的不断更新，既展现了本书不断发展完善的历程，也说明了本书旺盛的生命力和长期的畅销。尤其在 2013 年的第 12 版中，作者对章节结构、新近理论和前沿研究的调整和补充，使本书进一步臻于完善。

二

本书之所以能够成为一部经典的教育心理学教材，是因为它思路清晰，脉络清楚，理论联系实际，立足前沿，观念新颖，科学严谨，语言活泼，案例翔实，通俗易懂。具体而言，本书具备以下几个特点。

第一，本书内容涵盖全面，几乎涉及教育心理学的所有重要领域和核心主题。全书的 15 章可以划分成以下内容。第 1 章介绍了当今时代学习和教学的特点，讨论了教育心理学研究对于实际教育教学的帮助，让我们站在时代需求的角度来审视教育心理学的发展。第一部分包括第 2 ～ 6 章，着重介绍了学生心理。作者不仅向我们介绍了学生的认知与语言发展、社会性与道德发展的普遍规律，还重点介绍了智力落后、智力超常、学习风格、学习障碍等学生的个别差异和社会经济地位、种族和民族、双语环境、性别歧视等学生的群体差异问题。第二部分包括第 7 ～ 12 章，着重介绍了学习心理。作者不但向我们介绍了经典的行为主义学习理论和记忆、学习策略、问题解决与迁移、创造性与批判性等复杂认知的研究成果，而且重点介绍了学习科学的新发展，尤其是对建构主义学习理论和学习的社会认知观点进行了深入的探讨，并对学习动机的理论观点和实际应用进行了翔实的介绍。第三部分包括第 13 ～ 15 章，着重讨论了教学心理。作者不仅向我们介绍了创建和维持良好学习环境、处理纪律问题和预防校园暴力等的方法，分享了制订教学计划、选择教学方法、实施差异化教学等促进学生发展的教学策略问题，也介绍了教师课堂测验、标准化测验等经典测评形式和真实性评估、档案袋评估等新型评估形式。作者正是遵循这种“学生—学习—教学”的内在逻辑关系，逐步建立了本书的结构框架，同时也帮助读者建立起了教育心理学的理论体系。

本书内容的全面不仅体现在框架的完整性，还体现在资料来源的丰富性上。事实上，作者在论述每一部分内容的时候，不仅详细阐述了各种经典的理论学说，还力图尽揽百家之言，向读者展示和介绍了大量最新的研究进展和前沿动态。例如，第2章对大脑皮层的神经生物原理的分析、第4章对学习困难学生的介绍、第5章对双语环境与移民教育的讨论、第6章对性别偏见的讨论、第10章对学习科学的介绍、第11章对自我调节学习的探讨、第13章对网络欺凌行为和校园暴力的讨论等，都大量渗透了近年来发表的最新研究成果。作为一本教材性质的著作，能有如此严谨而高效的更新速度，说明作者对教育心理学各个研究领域的前沿动态都具有极敏锐的把握。这一点无疑也将大大提高本书的阅读价值。

第二，全书的编排和语言无不体现教育心理学的原理，极具心理学的特色。如果说教材的写作就是对教学过程中教师的言行进行文字记录，那么学生阅读本书的过程正是对学习过程的动态模拟。想象一下，如果你的读者就是讲台下方坐着的学生们，你会如何向他们教授教育心理学的专业知识？作为一名教育心理学家，安妮塔·伍尔福克教授无疑对学生的思维特征、学习规律、阅读习惯、信息加工倾向等非常了解，而这种专业素养更进一步帮助作者以最有效的方式进行教育心理学的教学。

从小处着眼，这体现在作者的人称选择上。本书通篇采用第一、二人称，随处可见“你能做些什么”、“对你来说，是不是……”、“回忆一下，你以前是否接触过……”、“……是否让你感到紧张”、“就我个人而言，我希望……”、“让我们一起来分析一下……”、“停下来　想一想”之类的交流性语言，通过营造“面对面”（face-to-face）交流的文字氛围，为读者勾画出一个真实、互动且轻松的学习情境——这与一般教师在真实课堂情境中所作的努力，不正有异曲同工之妙吗？

从大处着眼，细心的读者不难发现作者在一些内容的编排组织上，俨然渗透了自主学习、探究学习、基于问题的学习、合作学习等方法和学生中心的理念。这些教学方法（或称“写作方法”）已经摆脱了传统讲授式的单一性，本书的行文风格本身就为读者提供了丰富的教学示范。用教育心理学的原理和技巧教授教育心理学——这不正是一个有趣而迷人的逻辑命题吗？

第三，与一般的同类教材相比，本书的另一个显著特点是其开放的学术态度。能够进入教材的观点，大多经过了大量研究者多年的严谨考证。但即便如此，教育心理学领域仍然存在众多尚未解决的难题。如何引导读者对这类问题进行学习呢？在每个章节里，读者都可以发现“正方观点/反方观点”的内容版块。它们一般都涉及教育心理学领域目前仍然广受争议的重要话题，如：学校进行自尊教育运动是否真的有效？让学习有趣是否就意味着学习效果更好？是否应该因为学习而奖励学习？教师的教学效能感是否越高越好？等等。对于这些问题，作者并没有给出简单的非此即彼的回答，而是保持了严谨、中立、全面的态度，同时收集整理了来自不同研究者的多种观点，留待读者在自行反思中摸索自己的立场。安妮塔·伍尔福克教授的这一做法无疑也在给读者树立一个榜样——开放的视野、全面的了解和严谨的判断，才是我们面对纷繁复杂信息时应保持的科学态度。

第四，强烈的实践导向，是本教材区别于国内绝大部分教材的一个重要特点。在写作本书的过程中，安妮塔·伍尔福克教授甚少使用专业性太强的词汇，而是努力使这一最新版本的《教育心理学》更加清晰、实用和有趣，具有强烈的实践导向。

本书高度重视理论和实践的紧密结合，强调有关儿童发展、认知科学、学习、动机、教学和评估等各方面研究中所蕴含的教育启示和应用。你从本书中可以了解到，如何将教育心理学研究中获取的信息和理念运用于解决日常的教学问题。为了帮助你探索研究与实践之间的联系，本书提供了大量的教学案例、课堂片段、个案研究和实践指南，甚至归纳了那些有经验的教师自己总结的教学法宝。因此，本书多年来一直是美国教师资格考试的主要参考教材，并受到了广大教师的普遍欢迎。我相信只要你认真阅读本书，你一定可以感受到教育心理学巨大的实用价值，并为那些热爱教学和热爱学习的人们提供独到的思想见解和重要的知识来源。

三

应该说，翻译这样一本教育心理学经典教材是一个令人愉悦的过程，这不仅是一次难得的与高手直接“对话”的机会，也是我们师生合作进行学术探讨的过程。本书的翻译是由我和我的研究团队合作完成的，具体各章的初译者分别是：前言、第 1 ～ 6 章、专业词汇表，伍新春；第 7 ～ 12 章，张军；第 13 ～ 15 章、附录，季娇。

在整个翻译过程中，张军协助我做了大量的图文校对和组织协调工作；对于书中涉及的美国社会文化和教育政策等背景信息，季娇利用其留学加拿大英属哥伦比亚大学的优势给了我大量的协助。当然，作为本书的主译，在初译稿完成后，我逐章逐节、逐段逐句地对译稿进行了认真的修改，对全书的体例和风格进行了统一，并最终定稿。因此，译稿中的任何错误和纰漏都应由我负责。

不过，需要特别说明的是，本书第 11 版的中译本也是由我和我的研究团队合作翻译，并由中国人民大学出版社于 2012 年出版的。本版（第 12 版）的翻译是建立在第 11 版工作的基础之上的，除继续参与本版工作的季娇和我之外，我需要特别表达对第 11 版的合译者董琼、尚修芹和赖丹凤的感谢，衷心感谢她们奠定的良好基础！同时，本书第 12 版的“经典教材版”和“主动学习版”两个版本，也是分别由我组织不同的团队成员完成的。他们不仅相互沟通名词术语的翻译，也互相进行了批判性阅读，从而使得本版的翻译质量有了进一步提升。在此，对于参与“主动学习版”翻译的董琼、程亚华和燕婷，也表达我的诚挚谢意！

在长期从事教育心理学研究和教学的过程中，我一直将本书作为重要的教学参考和命题依据。今天将这本经过我们认真翻译而成的最新中译本奉献到了您面前，相信它对于您学习和了解教育心理学，并最终成为一名优秀的教师会有所帮助。因此，我非常乐意向您推荐本书，它不仅可以作为本科教学和教师培训的核心教材，也可以作为各种考试（如全国研究生考试和教师资格考试）的重要参考资料。

伍新春
北京师范大学心理学院
2015 年 5 月 20 日

前　言

我相信准备阅读本书的大多数人都选修了教育心理学课程，因为这是你们在教学、咨询、言语治疗、护理或者心理学等领域内获得专业发展的准备课程之一。也许你是一名来自护士学校的志愿者，也许你是一个成年残疾人社区项目的指导者，但无论你来自哪里，只要你关注教育和学习，那么这本书中的内容对你而言，应该是很有意思的。在理解这本书的时候，你并不需要具备太多心理学和教育学方面的专业背景知识。本书尽量避免使用专业性太强的词汇，我们努力让这一版本的《教育心理学》更加清晰、实用和有趣。

自从《教育心理学》第 1 版出版发行以来，这个领域取得了众多振奋人心的发展成果。本书的第 12 版继续沿用以往的风格，重视理论和实践的紧密结合，强调有关儿童发展、认知科学、学习、动机、教学和评估等各方面研究中所蕴含的教育启示和应用。你从本书中可以了解到，如何将教育心理学研究中获取的信息和理念运用于解决日常的教学问题。为了帮助你探索研究与实践之间的联系，本书提供了大量的案例、课堂片段、个案研究和实践指南，甚至归纳了那些有经验的教师自己总结的教学法宝。当你认真阅读本书的时候，我相信你可以感受到教育心理学巨大的实用价值，它能够为那些热爱教学和热爱学习的人们提供独到的见解和重要的知识。

一、第 12 版增加的新内容

如果你纵观全书，你会发现书中增加了数个重要主题，主要包括：

- 在第 2 章以及后面的多个章节中增加了有关脑、神经科学与教学的阐述。
- 增加了信息技术对当今学生生活以及教师教学的影响的内容。
- 更加强调当今课堂的多元化（请见第 1 ～ 6 章）。本书的各章对于教学情境的描述，让读者感到更加真实和人性化。
- 强调整合各种理论用以理解教育和学习的实践。比如，第 2 章中的贯穿于理论中的三个问题，第 6 章中的创造具有文化兼容性的教室，第 11 章中的了解各种学习理论，第 12 章中的与动机有关的核心概念。

具体每一章重要内容的变化如下：

- 第 1 章讨论了当今的教学环境、探讨了教师效能感、解释了差异化教学等三个新的议题。我期望本教材能够帮助你打下坚实的基础，以建立起在任何情境下、面对任何学生都能开展有效教学的自我效能感。此外，再版本书的另外一个目的是为推进中小学教育法案的落实尽一份力，以便将个人因素和学校情境因素与学生的学习相结合。
- 第 2 章增加了有关脑与认知发展的新内容。
- 第 3 章增加了有关数字媒体如何影响当今学生生活与自我同一性的新内容。
- 第 4 章增加了有关标签化过程中的社会偏见、多元智能、学习风格的注意事项、多动症（ADHD）和学生药物滥用等内容。
- 第 5 章“语言发展、语言多样性与移民教育”是全新的一章，探讨了语言发展的多样性和双语学习者、课堂上方言的使用、对移民学生的教育以及在对有语言障碍和语言特异天赋的英语学习者进行教学所面临的独特挑战。

- 第 6 章对有关受教育机会差异的内容进行了扩充，新增了性别发展与性别差异的内容。
- 第 7 章新增了有关自闭症儿童的行为干预和班杜拉对行为主义的挑战的内容。
- 第 8 章增加了有关认知科学、学习与记忆、注意与多任务处理、认知负荷与工作记忆、视觉化、概念形成的内容。
- 第 9 章完善了有关元认知与认知策略的内容，补充了问题解决和创造性中的文化差异，新增了论证图式的内容。
- 第 10 章“学习科学和建构主义”是上一版本的全新一章，在本版中又新增了有关具身认知以及数字世界中的学习等内容。
- 第 11 章“学习与动机的社会认知观”是上一版本的全新一章，在本版中又对观察学习和自我调节的发展有较多扩充。
- 第 12 章扩充了有关自我决定理论和目标理论的内容。
- 第 13 章增加了有关教授自我管理、创建关爱联盟和网络欺凌的内容。
- 第 14 章增加了有关教师知识的内容，补充了有关适应性与差异化教学、同伴辅导、信息技术在教学中的应用等新进展。
- 第 15 章对《不让一个孩子掉队》法案和真实性评估的相关内容进行了更新。

二、第 12 版内容框架上的调整

第 12 版《教育心理学》沿用了本书一贯的简明笔调。本书不仅涵盖了教育心理学研究的核心领域，如学习、发展、动机、教学和评估，并对相关内容进行了准确及时的更新，而且反映了目前在研究领域和社会实践中不断涌现出来的新趋势，如对学生的多样性、有特殊学习需要的学生的全纳教育、神经科学和信息技术等对学生学习的影响等主题进行了理性的梳理。

其中，新版本最主要的调整体现在对有关学习与发展的内容的重新组织和进一步扩充上。如新版本扩展了对认知科学、自我调节学习、论证图式的论述，同时新增了一章专门讨论语言发展、语言多样性与移民教育（第 5 章）；在第 2 章以及后面的多个章节（第 3、6、7、8、12 章）中，增加了有关脑与神经科学的内容；在许多章节中，增加了有关信息技术对学习与教学的影响等方面的内容（第 3、4、10、13 章）。

三、第 12 版的呈现风格与特点

为了不断强调教育心理学对教师教学和学生学习产生的实际作用，本书包含了大量的对当前教育问题的争论、教学案例、课程片段、个案研究、实践指南，以及有经验教师的一些实际经验。

每一章出现的“正方观点 / 反方观点”专栏，都会列举一个与各章主题有关的争议性话题，并从正方观点和反方观点的角度进行解释。这些主题包括：指导教育的研究类型（第 1 章）、基于脑的教育（第 2 章）、自尊运动（第 3 章）、ADHD 儿童的药物治疗与技能训练（第 4 章）、英语学习者的最佳教学方法（第 5 章）、分层教学（第 6 章）、运用奖励来促进学生学习（第 7 章）、机械记忆之正误（第 8 章）、批判性思维和问题解决的教学（第 9 章）、基于问题的教育（第 10 章）、教师效能感（第 11 章）、让学习变得有趣的价值（第 12 章）、对欺负行为的零容忍（第 13 章）、家庭作业（第 14 章）、留级的利弊（第 15 章）等。

“实践指南”也是每章都有的内容（除第 1 章外），这部分内容提供了一些理论或原则的具体实践应用。

“家庭和社区合作实践指南”部分提供了一些具体方法，以鼓励家庭参与到学生各方面的学习中——特别是现在，学生学习的很多方面需要家长的参与。

“教师的案例簿”在每章的开始部分呈现，描述了真实的课堂状态，并会问：“你会怎么做？”——它实际上就是给学生提供一次机会，将本书中所有的重要主题运用到解决实际问题的过程中。每章最后，都会呈现几名有经验的教师对这些问题的解决方案，读者可以将自己的答案与其进行比较。

“复习思考题”部分出现在每章的最后，提供了一些案例以及基于案例设计的论述题、选择题。所有的题目类型都与教师资格考试中的试题相似，有助于你巩固和应用所学，并顺利通过教师资格考试。

简要目录

目录

第一部分 学生

第 12 章 学习动机与教学 / 393

第三部分 教学与评估

第 13 章 学习环境的创设 / 433

第 14 章 为每个学生而教 / 465

第1章 学习、教学与教育心理学

你会怎么做？

教师的案例簿

你已经在东戴维斯校区工作两年了。过去四年中，你所在的学校招收了大量来自移民家庭的孩子。在你所教的班级中，有的学生说索马里语，有的说老挝语，有的说波斯语，有的说西班牙语。他们当中有些人知道一点英语，但大多数孩子除了“OK”外，对英语一窍不通。如果在学校里说某种外语的学生较多，学校就会针对这些孩子额外设计一些课程资源或特殊的教学项目。但事实上，现在学校里说每种语言的学生数量都还没有达到必须另设课程的地步。这就意味着，虽然你所在班级的学生中有两个说索马里语、一个说波斯语、一个说老挝语和三个说西班牙语，但你仍然无法得到额外的帮助。除此以外，班里还有几个学生有特殊的需求，最常见的问题是他们有学习障碍（尤其是阅读困难）。根据《不让一个孩子掉队》法案的要求，你必须确保班里所有的孩子都能顺利通过来年春季的成就测验，并为他们在中学毕业后的大学学习或生涯发展做好准备。而唯一有可能给你提供额外帮助的，是一名来自当地大学的实习生。

想一想：

- 你能做些什么去帮助班里的学生，让他们都取得进步并且准备好参加来年的成就测验？
- 你将怎样利用实习教师这一资源来帮助班里学生的学习，并让这名实习教师获得个人成长？
- 你将怎样与母语为非英语的学生或有学习障碍的学生家长合作，让他们来支持和帮助这些学生学习？

概览与目标

和大多数学生一样，你也许正抱着期待而又疑惑的心态面对这门课程。你之所以选择教育心理学，可能是因为在教师教育、言语治疗、护理或咨询等行业的培训中，它是必不可少的一课，也可能你只是把它作为一门选修课。无论你学习的原因是什么，你可能对教育、对学校、对学生，甚至对自己的成长经历存在一些困惑，期望这门课程能够帮助你解决这些问题。正是在头脑中带着这些问题，我完成了《教育心理学（第 12 版）》的主动学习版本的修订。

在第 1 章里，我们先谈谈教育——更具体地说，是从课堂学生的多元化和与每位教师息息相关的教育政策谈起。教师有时候被公众指责为“不尽职”，有时候又被歌颂为年轻学子们未来的希望。那么，教师真的能对学生的学习产生影响吗？优质教学应该具备什么样的特征呢？只有了解了当今学习和教学中面临的机遇和挑战，你才能领会教育心理学对教学实践的意义。

在简短介绍教师的职业角色后，我们将回头讨论教育心理学本身的问题：教育心理学家的研究结论如何对教师、治疗师、家长和其他热衷于教育和学习的人产生影响？教育心理学包含的确切内容是什么？从何而来？等等。最终，我们将建构一个可以整合教育心理学研究的宏观模型，以此来确认与学习有关的学生和学校的关键因素（Lee & Shute，2010），以帮助你逐渐成长为一个有信心和有能力的教师。

学完这一章后，你应该能：

- 描述《不让一个孩子掉队》法案的关键要素及其变化。
- 讨论有效教学的核心特征。
- 描述教育心理学领域中所使用的研究方法。
- 了解影响教育实践的主要发展和学习理论。

第一节　当今的学习与教学

欢迎来到我最喜欢的教育心理学领域，这是一门研究学校内外学生的发展、学习、动机、教学与评估的学科。我相信，在你成为学校教师或教育顾问的各项准备中——无论你未来的学生是儿童还是成人，无论你将要教授学生如何阅读或是怎样改善饮食——教育心理学都会是你需要学习的最重要的一门课程。事实上，有证据表明，接受过有关“儿童发展与学习”课程训练的新手教师在教学岗位上的留任率，是没有接受过此类训练的教师的两倍（National Commission on Teaching and America’s Future，2003）。对你来说，这可能是一门必选课，因此，我将首先向你介绍当今的课堂状况，以帮助你找到学习教育心理学的理由。

一、今日的学生：多元化与高科技

当今美国课堂中的学生是什么样的呢？这里有一些有关美国和加拿大学生的统计数据（Children’ Defense Fund，2008；Dewan，2010；Freisen，2010；Meece & Kurtz-Costes，2001；U.S. Census Bureau，2010a），可供你参考。

- 2003 年，美国居民中 12% 的人在国外出生，18% 的人在家中除了说英语之外，还说其他语言——这其中半数的家庭说西班牙语。
- 如今美国 18 岁以下的儿童中有 22% 是拉美裔。到 2050 年，拉美裔人口将占美国总人口的四分之一（U.S. Census Bureau，2010b）。
- 在加拿大，预计到 2031 年，每 3 个人中就有 1 个属于目前的少数族群，南亚人将成为最大的一个族群。据报道，大约 17% 的加拿大人的第一语言不是法语或英语，而是百余种其他语言中的一种。
- 按照美国卫生部 2011 年提出的以四口之家的年收入为 22 350 美元为鉴定标准（在阿拉斯加是 27 940 美元，夏威夷是 25 710 美元），美国儿童中 5 个就有 1 个生活在贫困中，12 个就有 1 个生活在赤贫中。加拿大的情况与此类似。
- 在加利福尼亚州、得克萨斯州、纽约州、佛罗里达州、伊利诺伊州、俄亥俄州、佐治亚州、密歇根州等八个州中，有一半以上的儿童生活在贫困中。在美国，每隔 33 秒就有 1 个孩子出生于贫困家庭。

与此相反，由于大众媒体的影响，这些多元化的学生也具有很多的相似性，特别是现在的大多数学生比他们的老师具有更好的技术素养，表现出“高科技一代”的特点。

- 根据最近的统计，有 29% 的三至五年级学生、56% 的九至十二年级学生使用手机，有 42% 的三至五年级学生、67% 的九至十二年级学生使用便携式电脑，而使用 MP3 的数量分别是 55% 和 85%（Project Tomorrow，2010）。
- 学生们认为在学校使用技术产品存在着两个主要的障碍：第一，只有在写作业时才允许使用互联网；第二，禁止在学校使用各种移动设备（如手机）。

这些统计数据虽然令人印象深刻，但也仅仅是冷冰冰的数据而已。无论你的身份是一名教师、咨询者、娱乐工作者、言语治疗师抑或是一名家长，你都需要面对真实的、有血有肉的孩子。在本书中，你将会看到很多鲜活的个案，比如 Felipe，他上五年级了，来自一个说西班牙语的家庭，现在，他在一个新的语言环境中学习文化课程，并结交了新的朋友；Ternice 是一个性格开朗的非裔美国女孩，在城里一所中学上学，却总是习惯于隐藏自己的才能；Benjamin 是一个优秀的高中运动员，他家境殷实，被父母寄予厚望，却被诊断患有多动症；Trevor 是一个小学二年级的学生，他对“符号”的理解有困难；Allison 是一个黑帮小团伙的头目，常常虐待流浪者 Stephanie；Davy 比较腼腆，阅读理解有困难，他已经跟不上二年级的课程了；Elliot 是一个六年级的阳光少年，但却存在严重的学习障碍；Jessie 在一所农村高中上学，她的平均成绩越来越差，却无动于衷。

在教室里，虽然学生之间在种族或民族、宗教信仰、语言、经济水平上差异日益悬殊，但是教师之间的差异性却没有这么大——白人教师的比例在上升（目前大约为91%），而黑人教师的数量在减少，仅为7%。显然，对所有教师而言，深入了解自己的每个学生并且有效地和学生合作是很重要的。为此，本书将有多个专章来帮助教师理解学生的多样性。此外，在各章的具体内容中，我们也将通过研究、案例或实践应用等来探索学生的多样性和复杂性。

教师效能

教师的个人效能感与对老师和学生高期望的学校氛围、学校的行政支持以及学生的真正成功等密切相关。

二、自信无处不在

学校是从事教与学的，其他的所有活动都从属于这个主要目标。但我们在上文中提到的新情境下的教与学，会对老师和学生同时提出挑战。本书的主要目的就在于帮助你了解发展、学习、动机、教学和评估的复杂过程，从而使你成为一个有能力而又自信的教师。

我自己的很多研究都聚焦于**教师效能感**（teachers' sense of efficacy）。所谓教师效能感，是指一个教师坚信他有能力帮助任何一个学生，甚至是有学习困难的学生。这种自信是能够预测学生学业成就的为数不多的教师个性特点之一（Tschannen-Moran & Woolfolk Hoy，2001；Tschannen-Moran，Woolfolk Hoy，& Hoy，1998；Woolfolk & Hoy，1990；Woolfolk Hoy，Hoy，& Davis，2009）。即使学生们很难教，具有较高效能感的教师在工作时也会非常努力，并具有更强的韧性，原因在于这些教师不仅对自己有信心，同时，也对学生抱有信心；此外，具有较高效能感的教师较少体验到职业倦怠感，并且，更能从工作中获得满足感（Fives，Hamman，& Olivarez，2005；Klassem & Chiu，2010）。

教师效能感（teachers' sense of efficacy）　教师相信自己有能力帮助任何一个学生，甚至是有学习困难的学生进行学习的信念。

我的研究发现，教育实习任务的完成可以增强实习教师的个人效能感，但这种效能感在真正做教师的第一年后会有所下降，也许是因为原本在教育实习过程中能获得的支持现在却没有了（Woolfolk Hoy & Burke-Spero，2005）。当学校管理者和其他教师对某教师的学生抱有高期望，且这位教师能从学校领导那里获得如何解决教学和管理问题的帮助时，其效能感往往是比较高的（Capa，2005；Hoy & Woolfolk，1993）。而这正是实习教师在教育实习过程中的特点。不过，另一个从我们的研究中获得的结论是：效能感的增强来自于教学的真正成功，而不仅仅来自于专家或同事们的精神支持或鼓励。任何能够真正帮助你胜任日常教学工作的体验或培训，都会为你在教师职业生涯中获得效能感提供帮助。我们写作本书的目的就在于提供一些相关的知识和技能，为培养教学中真实的效能感奠定坚实的基础。

三、对教师和学生的高期望

2002年1月8日，布什总统签署了《不让一个孩子掉队》（No Child Left Behind，简称NCLB）法案。实际上，这是自1965年颁布《美国中小学教育法案》（The Elementary and Secondary Education

Act，简称 ESEA）以来，最为权威的教育政策法规。简言之，《不让一个孩子掉队》法案要求三至八年级的所有学生每年都必须参加阅读和数学的标准化成就测验；进入高中后还必须测试一次。除此之外，每个年级段的学生（三至五年级段、六至九年级段、十至十二年级段）都必须参加一次科学测验。基于这些测验成绩，学校可以判断学生是否为取得合格的年度进步（Adequate Yearly Progress，简称 AYP）而做出了足够的努力，这些成绩还标志着学生是否熟练掌握了考试科目的内容。

虽然不同州政府在界定"熟练"和设置 AYP 的标准时存在一些分歧，但不管州政府怎样制定这些标准，NCLB 法案要求在 2013—2014 学年末，必须实现所有在校学生对考试科目达到熟练程度的目标。此外，每个学校都必须制定 AYP 目标，并分别报告不同类型学生的测验分数，这些类型包括不同种族和少数民族学生群体、学习障碍学生群体、母语为非英语的学生群体、来自于低收入家庭的学生群体等。这一法案对老师和父母都具有深远影响，正如著名的测评专家 James Popham（2005a）所说："NCLB 法案对测验和教学产生了很大的影响。正是因为这个重要的联邦法律，如今公立学校的教师们都被迫参与到各种'教学游戏'中，并使游戏规则发生了戏剧性的变化。事实上，NCLB 法案成了一张所有与它有关的事件的王牌。"（p.4）

按照原计划，NCLB 法案理应在 2007 或 2008 年进行修订，但直到 2010 年 3 月 13 日奥巴马政府发布《改革蓝皮书：〈中小学教育法案〉的重新授权》，才对 NCLB 法案进行调整。其中最主要的改变是：从基于惩罚的教育体系转变为奖励杰出的教学和学生的成长。蓝皮书描述了以下五项优先权（USDE，2010）：

（1）为学生的升学或就业做好准备。无论其家庭收入、种族、民族、语言背景或残障状况如何，每个学生都必须高中毕业，并做好上大学或就业的准备。为达成这一目标，蓝皮书建议设立"提高评估成绩和生涯准备的专项拨款"，以提升学校的办学水平。除此之外，教育部长阿恩·邓肯（Arne Duncan）宣布不再要求所有州的学生都达到 100% 的熟练程度，允许各州采取各自的测验和问责程序，以促进所有学生在高中毕业时为上大学或就业做好准备（Dillon，2011）。

（2）为每个学校配备优秀的教师。"研究表明，一流的教师可以对他所教学生的成绩产生巨大影响。即使是较差的学生，如果他有幸被分配到一个优秀教师所执教的班级，那么几年之后，他与其他学生之间的成绩差距也会大大缩小。"（USDE，2010，p.13）为了支持这一目标，蓝皮书建议设立一个"卓越教师提升基金"，以便为未来教育者提供有竞争力的证明和新的培养途径。本书的核心目的之一也在于为每个学校打造优秀的教学精英。

（3）注重教育公平，保证每个学生机会均等。所有的学生都应被纳入上述升学与就业标准的责任系统之中，不断奖励其进步与成功，并对那些成绩很差的学校实施严格的教育干预。

（4）逐渐提高标准，鼓励优秀者脱颖而出。作为一系列学校竞争性补助款，"力争上游"（Race to the Top）项目奖励各州和地方的领导共同致力于宏大的改革、进行艰难的抉择、开发综合性计划来改变各种政策和实践，以提高学生们的学习成绩，并最终鼓励优秀者脱颖而出。

（5）促进教育创新，推进持续性的提高。作为"力争上游"专项基金的补充，"创新投资基金"（Investing in Innovation Fund）将支持地方和非营利组织的领导们来开发和扩展各种业已证明成功并已有了进一步改革对策的创新性项目。

时间将会告诉我们这些计划究竟开展得如何，尤其是在最近经济环境面临巨大挑战的情况下。一个有效能感的教师似乎应该达到这些目标，这是真的吗？教师能够为此做些什么？这确实是个很好的问题。

四、教师的重要作用

上面呈现的统计数据表明，美国有许多的孩子生活在贫困家庭中。早期研究发现，是家庭的经济和社会地位而不是教师的教学决定着学生在校的学习效果（Coleman，1966）。事实上，这些研究大多是由教育心理学家所发起的。不过，这些教育心理学家又大都拒绝接受"教师在面对贫穷和社会问题时无能为力"的事实（Wittrock，1986）。

你如何看待教学的重要作用？也许曾经有

一位对你影响很大的老师，使你成为一名教育者，也许你还没有遇到这样的指导老师——当然了，我希望你有。总体而言，虽然来自个体自身的经验也具有一定的说服力，但教育心理学需要超越个人经验和个体陈述，需要研究更大的群体，这是教育心理学的一个重要目标。下文呈现的三项研究验证了教师在学生生活中的作用。前两项研究关注于师生关系，第三项研究关注的是不良教学方式对学生造成的伤害。

（一）教师与学生的关系

Bridgett Hann 和 Robert Pianta（2001）曾在一个学区内调查了所有幼儿园的入学儿童，并追踪这批孩子直到八年级。研究者发现，幼儿园时期师生关系的质量（以“师生冲突水平”、“儿童对教师的依赖”以及“教师对儿童的情感”为指标）能够预测八年级时学生的学习和行为表现，尤其是对那些存在严重问题行为的学生，预测效果更加明显。即使将学生的性别、种族或民族、认知能力、对学生行为评定的方法等因素的作用都剔除出去，师生关系依然可以预测学生在学校各方面的成就。

Pianta 和他的同事近期的一项研究，追踪了一批小学三至五年级的孩子。结果发现，有两个因素可以帮助那些在数学学习上能力较低的孩子缩小与其他同学之间的成绩差距，那就是教师对学生高层思维（而不是基本技能）的指导，以及学生与老师之间的积极关系（Crosnoe，Morrison，Burchinal，Pianta，Keating，Friedman，& Clark-Stewart，2010）。目前，已经有越来越多的证据显示，师生关系质量与学生在学校的表现之间有着极强的关联。尤其对于那些早期有严重行为问题的学生，如果教师能够敏感地觉察到他们的需要，并经常提供一致性的反馈，那么，他们在接下来的学校生活中，出现问题行为的可能性就会降低。

（二）劣质教学的代价

在一项备受关注的研究中，研究者探讨了学生是如何受到教学水平不同的教师的长期影响的（Sanders & Rivers，1996）。研究者考察了来自田纳西州两个大城市学校系统内的五年级学生。结果发现，在两个学区中，那些三、四、五年级都接受优秀教师教学的学生，在标准化数学成就测验中成绩最好，平均成绩分别为 83% 和 96%（百分数计分法，满分是 99%）。相比之下，这三年中都由能力最差的老师教育的学生，在标准化数学成就测验中成绩很差，分别为 29% 和 44%——在两个学区中都差了不止 50 个百分点。而在三年中分别接受了低、中、高能力教师教学的学生，所取得的成绩介于上述二者之间。由此，Sanders 和 Rivers 得出结论：优秀的教师能促使所有学生在学业上获得更加出色的表现，尤其是原本成绩比较差的学生更能从优秀教师的教学中获益。

然而，教学的效果不但具有累积性，也具有延续性。也就是说，即使高年级的有效教学能够弥补低年级时劣质教学的不足，但它仍无法完全消除低年级的劣质教学带来的缺憾。事实上，有研究发现，学生考试成绩中的差异至少有 7% 来源于教师的作用（Hanushek，Rivkin，& Kain，2005；Rivkin，Hanushek，& Kain，2001）。

既然能与学生建立积极师生关系的教师会对学生的成长产生重大影响，而且，问题学生能从优质的教学中获益更多，那么，怎样才能成为优秀的教师？什么才是优质的教学呢？

师生关系很重要

研究表明，幼儿园的师生关系质量能预测日后的学业成绩和行为结果。对有问题行为的学生而言，更是如此。如果教师能够敏感地感知到他们的需要，并经常提供合适的反馈，就能降低他们在接下来的学校生活中出现问题行为的可能性。

第二节 什么是优质教学?

什么才是优质的教学？教育者、心理学家、哲学家、小说家、记者、电影制作人、数学家、科学家、历史学家、政策制定者和家长都思考过这个问题，答案不计其数。优质教学不仅局限于教室内，同样也可能发生在家庭、医院、博物馆、会议厅、治疗师的办公室和夏令营中。在本书里，我们主要关注于课堂内的教学，但是其中涉及的大多数知识也可应用于其他教育场所。

一、四个教学案例

为了了解什么是优质教学，让我们先到四位优秀教师的课堂里去看看吧。这是四个真实的教学情境。前两位教师与我的实习生在当地一所小学工作，而且我的同事 Carol Weinstein 对他们进行过研究（Weinstein，Romano，& Mignano，2011）。第三位教师在一名咨询师的协助下，成为了帮助学生解决严重学习困难问题的专家。最后是一位中学教师，曾经有研究者对他的教学进行过个案研究。

案例1　一年级双语班

Viviana 所在的班级里有 25 名学生，班里大多数学生刚从多米尼加共和国移民过来，其他的孩子则来自于尼加拉瓜、墨西哥、波多黎各和洪都拉斯。虽然这些孩子刚来学校的时候几乎不会讲英语，但当他们在 6 月份离校时，Viviana 已经帮助他们顺利掌握了学区设置的一年级课程。为了帮助学生理解，Viviana 在刚开始时用西班牙语进行教学，然后逐渐引入英语教学。Viviana 不想让自己的学生被贴上“差生”的标签，她鼓励他们以讲西班牙语为荣，但同时抓住每个机会来鼓励学生学习英语，以达到熟练程度。

Viviana 对学生的期望和对自己的要求都很高。“在资源有限的情况下，她激励、鞭策、指导、示范、称赞和培养学生，每一步都是那么生动活泼。很显然，Viviana 具有这方面的才能，她利用音乐、道具、手势、面部表情以及音调的变换来进行教学。”（Weinstein, Romano, & Mignano, 2011, p.12）对 Viviana 而言，教学不仅仅是工作，还是一种生活方式。

案例2　一所郊区学校的五年级班级

Ken 在新泽西州中部的一所郊区小学担任五年级教师。班上的学生来自不同种族或民族，具有不同宗教信仰，家庭收入差异很大，语言背景也不同。Ken 很重视“过程性写作”。他的学生完成第一次草稿后，需要与班里同学进行讨论、修改、校订，最后“出版”。学生们几乎每天都记日记，并且常常就日记中一些个人关心的问题与 Ken 进行交流。他们与 Ken 讨论很多问题，比如自己的家庭状况，或者关于战争、关于恐惧的看法。Ken 常常通过书面形式对学生的问题进行反馈。此外，Ken 也运用一些技术手段将课程与真实生活联系起来。比如，引导学生使用一种叫做“海洋之旅”的软件来学习海洋生态系统；引导学生通过两个模拟的历史游戏来学习社会科学知识，其中一个游戏是关于美国土著文明的发展，另一个是关于美国的殖民主义。

在这一年中，Ken 很关注学生的社会性发展和情感发展。除了科学课和社会课的学习外，他也让学生学习责任心和公平感。我们从他开学之初制定的班规中就可以清楚地看到这一点。他没有在班规中具体规定什么能做、什么不能做，而是和学生们一起修订了一个“权利法案”，“法案”中规定了学生的权利，而这些权利涵盖了大部分可能需要“规则”的情况。

案例3 全纳课堂

Eliot 非常聪明并且口齿伶俐，当他还是孩子的时候，他就能轻而易举地记住故事情节，但是他无法自己阅读故事。他的问题源于一种严重的学习障碍，这种障碍是由视听统合困难以及长时视觉记忆缺陷造成的。当他尝试写作的时候，一切都变得很混乱。Nancy White 博士和 Eliot 的老师 Mia Russell 一起，根据 Eliot 的学习模式和错误特点，为他量身制订了一套缜密的辅导计划。在老师几年的帮助下，Eliot 最终成为了一名学习能手和独立学习者，他清楚地知道自己在何时需要运用何种策略。在 Eliot 看来，“学习那些材料虽然不好玩，但是很有用”（Hallahan & Kauffman, 2006, pp.184–185）。

案例4 一个高级数学班

Hilda Borko 和 Carol Livingston（1989）描述了一位名为 Randy 的中学数学教师，这名教师是数学教学专家，研究者记录了 Randy 运用一节数学复习课解决学生们关于积分的学习困惑的过程。在课上，一个学生说书中的某个部分似乎很“突兀”，Randy 就开始引导全班学生对学习材料进行归整，要求学生整理出解决积分问题的有效策略。他对学生们提出的建议，有的加以澄清，有的加以解释，并促使学生们相互帮助。他让学生们将自己的想法与课本相联系，虽然他认可所有合理的建议，但他在黑板上只列举了几个关键性策略。到了学期末，学生们都能够把书本里较为散乱的知识点整理成有序、实用的材料，从而引导自己复习；同时，他们也学会了如何阅读和理解较难的材料。

从这四个不同的课堂中你看到了什么？总体而言，教师们对学生是尽职尽责且充满信心的，他们面对着学习能力不同的学生，接受着来自不同语言背景、不同家庭环境、不同能力和障碍学生的各种挑战。针对学生不同的需求，他们必须采取适宜的指导和评估方式。对于一部分学习困难的学生，他们需要把最抽象的概念（如积分）变得具体而容易理解。在这段时间里，这些专家型教师不仅教授了学生知识，同时也关注了学生的情感需求，注重提高学生的自信心，帮助他们树立责任感。

如果我们从上课的第一天就追踪这几位教师，我们就会看到，他们事先精心准备，然后在课堂中教授学生们有关生活与学习的基本技能。他们能高效地收集和批改学生的家庭作业、对学生重新分组、指导学生、发放材料、收集午餐费和处理一些破坏性行为——并且在做这些事情的同时，他们还能留心到班上有个孩子为何表现得如此疲惫。此外，他们还是**反思型（reflective）**教师——他们常常通过回顾教学情境来分析自己做了什么以及为什么那么做，并进而思考应该如何改善教学来促进学生的学习。

> **反思型（reflective）** 深思熟虑，同时具有创造性。反思型教师能够通过回溯教学情境分析自己做了什么以及为什么要做，进而思考应该如何改善教学来促进学生学习。

那么，什么才是优质的教学呢？优质教学究竟是科学还是艺术？是对一般性理论的应用还是通过具体实践后的创造发明？优秀的教师是专业的解说者、“讲台上的圣人”，还是伟大的引导者、“学生身旁的向导”？这些争论已经持续了很多年。在你选修的其他教育学课程上，你可能会听到很多对于传统教学的批判，也可能听到他们说教学并非仅仅基于科学理论，并非以教师为中心。更有可能的是，你会被鼓励成为一位有创造性的、以学生为中心的引导者。不过，我认为你应该清楚这两种观点各有利弊。教师应该兼博学与创造性于一身：他们能够灵活使用各种策略，并且他们会发明新的策略；他们应该懂得一些基于研究的常规课堂管理策略，但是当情境发生变化时，他们应该主动从常规管理模式中跳出来；他们不仅需要从整体上了解学生，“如特定年龄、不同文化、不同社会阶层、不同地理环境和不同性别的学生群体所共有的模式”（Ball, 1997, p.773），还要知道由文化、性别及地理环境所塑造的学生的个体特异性。就我个人而言，我希望，无论你在哪里教学，都能同时成为一名很好的“说教者”和“引导者”。

另一个有关“什么是优质教学”的回答涉及“差异化教学”的概念。所谓差异化教学，就是对不同的学生施以不同的指导。下面我们就来具体看一看。

二、差异化教学

停下来　想一想

假如你正在准备有关动物栖息地这一单元的教学。你决定按照教育心理学专家所倡导的那样去做：首先设计一个最终单元测试的复本作为前测，以了解学生们对这一主题单元的已有经验。在你重申这个测试不会被计入成绩之后——你只是想获知该怎么开展这堂课——学生们安静地坐下来，似乎很严肃地对待这个测试。当天晚上翻看这些试卷的时候，你感到很惊愕：四分之一的学生做对了超过 90% 的题目，有相当一部分学生回答对了一半的问题，但也有一些学生对此毫无认识。第二天，你问 Shanequa 怎么在测试中回答得这么好，她解释说：在去年的科学课上，她的小组（还有其他几位成员）选择了动物栖息地作为她们的研究项目。你盯着你的教学计划看了看，意识到它根本不适合这个班。你将怎么做？如果是像 Viviana、Ken、Mia 或 Randy 这样的优秀教师，他们又会怎么做？

（一）我们为什么需要差异化教学？

从始至终，你都会从这本书中看到如今的课堂是非常多元化的。学生在原有的知识、语言、社会经济地位（SES）、文化、种族和民族等各方面都存在差异。他们优点不同、能力不同，完成学习任务时面临的挑战也不同。很多教育专家认为“一个班级应该包含有不同需要、不同成绩水平、不同学习兴趣和不同学习方式的学生，而有效的教学应该充分利用这些差异，而不是忽略它们”（Jackson & Davis，2000，p.23）。**差异化教学（differentiated instruction）**（Tomlinson，2005b）是这样一种教学取向，它超越对上述学习者差异性的适应，而将多样性看做有效建构知识的优势。差异化教学的基本思想是：教师们不仅需要考虑到他们所任教学科的不同，也需要考虑学生之间的多样性和差异性。在差异化教学的课堂上，学生们学习的步伐不同，有时他们所选择的学习内容也不同，同时还有与他们的兴趣和需要相匹配的评价指标。

（二）差异化教学的要素

差异化教学认为所有的学生都有寻求目的、挑战、归属、力量和贡献的倾向。自信的老师会将这些不同的学生需求看作是机会而不是问题，并以邀请参与、积极投入、坚持不懈、持续反思等作为回应。同时，教师会为每个学生制定专门的、参与性的、高要求的、有重要意义的、支架式的课程和教学。Carol Ann Tomlinson（2003）把这些特点描述为差异化教学的齿轮（Cogs of Differentiation）。之所以称作齿轮，是因为它们是互相依赖和互相制约的，就像一个钟表的内部构件一样。每个学生的需求都与老师为他们制定的差异化课程与教学相互联系和相互影响。

差异化教学（differentiated instruction） 基于学生的准备状态、兴趣和学习需要，并采取与之相匹配的教学内容、过程和目标的一种灵活的教学方式。它考虑了学生的能力、先前知识和面临的挑战，从而使得教学不仅与学科内容相匹配，而且还与学生的需求相适应。

下面就让我们来看两个差异化课程与教学的案例（Tomlinson，2003）。假设数学预科班的学生们兴趣各不相同，并且他们经常不太理解数学学习的价值，教师就可以根据他们的兴趣对教学内容与目标进行调整，通过运用体育、商业、医药、科技和其他领域的案例来向学生阐释数学公式的使用。当然，他也可以指导学生去采访各行各业的人员，看看这些公式在他们的工作中是怎样应用的，并将这些经验与班里的同学进行分享。第二个例子是，有些高中同学选修了美国历史这一大学先修课程（advanced Placement US history），这是他们选修的第一门高级课程，偶尔会因课程的要求而受挫或感到迷茫。对此，教师应该根据学生的知识基础和情绪状态对教学环境和学习进程进行调整，诸如通过建立学习小组来帮助学生为口试和笔试做准备。尽管大多数学习小组的工作是在课堂外完成的，但教师仍会就不同组的学习进展、哪些方法切实有效、学生对于他们的进展感觉如何等方面的问题，组织全班或小组讨论。同时，教师还会提供学习指导来保证各组活动始终聚焦在学习内容的关键层面。

三、新手教师的成长

停下来 想一想

想象这是你开始教学的第一天，列出你所关心的以及你感到担心、恐惧的事情。对于这项工作，你的优势是什么？你将怎样建立教学的自信？

来自不同地方的新手教师都可能面临相似的顾虑，比如如何维持课堂纪律、如何激发学生学习动机、如何适应不同学生的差异、如何评估学生的作业、如何与家长沟通、如何处理与其他教师的人际关系等（Conway & Clark，2003；Melnick & Meister，2008；Veenman，1984）。许多教师在开始第一份工作时，还常常会受到“现实的打击”，因为他们确实还没有能力完全尽到责任。工作的第一天，新手教师就需要承担与老教师一样的工作任务。面对一个即将开始的新学年，为了指导好一个新班级，新手教师需要好好准备教学。虽然这确实很重要，但仅仅这样还是不够的。如果你能在上面的“停下来 想一想”环节中列举出这些担忧，你以后就不会再那么困扰了。因为这些令人担忧的事情，是每个教师在刚开始工作时都无法回避的（Borko & Putnam，1996；Cooke & Pang，1991）。

指导者很重要

新教师从开始工作的第一周起，就要像一名有经验的老教师一样承担所有的责任。在新教师刚开始工作的几周内，老教师能够为新教师提供丰富的信息资源和支持。

随着经验积累、努力工作和不断获得的有力支持，经验日益丰富的教师就能够关注到学生的需求，能够根据学生的成绩来评估自己的工作成就（Fuller，1969；Pigge & Marso，1997）。有位经验丰富的教师曾这样描述自己从之前的关注自我到后来关注学生的转变：“新手教师和有经验的教师的一个主要区别在于，新手教师常常会问‘我做得怎么样’，而有经验的教师却会问‘我的学生做得怎么样’。”（Codell，2001，p.191）

本书的一个重要目的就是，帮助你随着经验的累积而成为一位专家型教师。研究发现，专家型教师最常做的一件事情就是倾听学生。表1—1列举出了一群一年级学生对班里实习教师的建议，看起来学生们似乎也很清楚什么是优质教学。

表1—1　　学生对实习教师的建议

Amato 是一名小学实习教师，在她实习的最后一天，班里的学生为她提了很多很好的建议和意见，并将这些建议和意见作为礼物送给了 Amato。
1. 尽你所能地教导我们。
2. 给我们布置家庭作业。
3. 帮助我们解决学习中遇到的困难。
4. 帮助我们做正确的事情。
5. 帮助我们在学校找到家的感觉。
6. 读书给我们听。
7. 教我们怎样进行阅读。
8. 指导我们写作文。
9. 多表扬我们，比如：“啊，你今天可真漂亮！”
10. 多给我们一些微笑。
11. 带我们出去玩。
12. 尊重我们。
13. 帮助我们得到适当的教育。

资料来源：Nieto, S. (2004). *Affirming diversity: The sociopolitical context of multicultural education* (*4th ed.*). Upper Saddle River, NJ: Pearson Education, Inc.

第三节　教育心理学的作用

在教育心理学存在的一百多年时间里，似乎一直存在着一个争论——究竟什么是教育心理学？有些人认为，教育心理学只不过就是将心理学中的知识简单运用到课堂实践中；还有人认为教育心理学就是运用心理学的研究方法，探讨课堂学习和学校生活（Brophy，2003；Wittrock，1992）。如果大家快速回顾一下这段历史就可以发现，教育心理学与教学从一开始就是密不可分的。

一、初期：教育心理学与教学的联系

从某种意义上说，教育心理学存在的历史非常悠久。很早以前，柏拉图（Plato）和亚里士多德（Aristotle）就讨论过关于教师角色、师生关系、教学方法、学习的本质和学习中情感的作用等主题——这些主题至今依然是教育心理学的研究热点。让我们快速回顾一下历史，最初在美国，心理学就和教学有所联系。1890 年，威廉·詹姆斯（William James）在哈佛大学开设了心理学课程，并开展了名为“与教师谈心理学”的一系列讲座。这些讲座最初是为美国国内教师的暑期培训课程而开设的，讲座文稿在 1899 年得到发表。威廉·詹姆斯的学生霍尔（G. Stanley Hall）创建了美国心理学会。他的博士论文研究了学生对世界的理解和认识，在研究过程中，众多教师帮助他搜集了大量数据。霍尔鼓励教师们深入观察学生的发展——他的母亲在教书的时候就是这样做的。霍尔的学生杜威（John Dewey），在芝加哥大学设立了实验学校，并被公认为“进步教育运动之父”（Berliner，2006；Hilgard，1996；Pajares，2003）。威廉·詹姆斯的另外一个学生桑代克（E.L.Thorndike），在 1903 年撰写了第一本教育心理学教材，并在 1910 年创办了《教育心理学杂志》（*Journal of Educational Psychology*）。

在 1940 年到 1950 年之间，教育心理学关注个体差异性、评估方式和学习行为。1960 年至 1970 年间，研究的重点转向了学生的认知发展和学习，关注的是学生怎样进行概念学习和记忆。近年来，教育心理学家开始探索文化和社会因素对学生学习和发展的影响作用（Pressley & Roehrig，2003）。

二、当今的教育心理学

当今的教育心理学是什么样的？目前一个被普遍认可的观点就是，**教育心理学（educational psychology）**是一门独立的学科，有自己的理论、研究方法、研究问题和研究技术。教育心理学家们研究学习和教学，同时努力改善教育实践（Pintrich，2000）。为了更好地理解学习和教学，教育心理学家们探索了教育提供者（如教师、家长或软件设计者）、教学内容（如数学、编织技术或舞蹈）、受教育者（如单个学生或一个小组）、教学环境（如教室、剧场或者健身房）之间的相互作用（Berliner，2006；Schwab，1973）。因此，教育心理学家研究儿童和青少年的发展，关注学生如何学习阅读或数学等不同学科、社会与文化因素对学习的影响、教师的教学策略、教学评估与测验等学习与动机等主题（Alexander & Winne，2006）。

> **教育心理学（educational psychology）** 一门关注于教与学的过程的学科。它运用心理学的相关方法和理论，同时也有自己的方法和理论。

虽然教育心理学家们对如此多的主题进行了这么长时间的研究，但是这些研究结果真的会对教师的教学有帮助吗？多数人也许认为教学只不过是一些常识，真的是这样吗？让我们花几分钟时间来分析一下这个问题。

三、教育心理学仅仅是常识吗？

很多时候，教育心理学家们花费了大量时间、精力和经费进行研究，得出了很多教学原理，然而这些原理看起来似乎都是显而易见的常识，因此，人们常常会说：“这些我们都知道！”事实是否都是如此？请看看下面的例子。

案例1 轮流点名

在小学低年级的阅读课上，教师应该怎样选择学生进行朗读呢？

常识性的答案：

教师应该随机抽取学生回答问题，这样才能保证每个学生认真听课。如果教师总是按相同的点名顺序让学生回答问题，学生就知道什么时候该轮到自己了。

基于研究的答案：

多年以前，Ogden、Brophy 和 Evertson（1977）的研究结果发现这个问题并没有这么简单。比如在小学一年级的课堂内，让每个学生按顺序轮流朗读就比随机点名的效果要好。按顺序朗读的关键因素在于，这种方式能够为每个学生提供同样的参与机会。如果没有一定的顺序，那么有的学生可能会被重复点很多次，而有的学生则会被漏掉。研究者建议，也许在朗读课中有比轮流朗读更好的方式，但无论使用哪种方法，教师都应该确保每个学生都有参与的机会，并且给予及时的反馈（Tierney, Readence, & Dishner, 1990）。

案例2 帮助差生

在成绩较差的学生完成作业的过程中，教师应该在何时提供帮助？

常识性的答案：

教师应该经常提供帮助，因为这些成绩较差的孩子可能并不知道自己什么时候需要帮助，或者他们可能不太好意思来寻求老师的帮助。

基于研究的答案：

Sandra Graham（1996）研究发现，如果教师在学生寻求帮助之前就去帮助他，那么这名学生和其他的旁观者就会倾向于认为这名学生缺乏取得成功的能力。这名学生可能会把失败归因为能力问题，而不是缺乏努力，那么这名学生的学习动机就会受到损害。

案例3 优生跳级

学校应该鼓励那些特别聪明的孩子跳级或者提前进入大学吗？

常识性的答案：

当然不行！如果跳级，这批孩子会比同年级孩子小 1 ～ 2 岁，有可能会出现社会交往的不适应。同时，他们在生理上和心理上都没有准备好与年龄比自己大的孩子相处。在这样的社会情境中生活和学习会很痛苦，而社交是学校生活中的重要主题之一，年级越高越是如此。

基于研究的答案：

跳级或许是可以的。在《国家的欺骗：美国学校是如何阻碍高天资孩子发展的》（*A Nation Deceived: How Schools Hold Back America's Brightest Children*）中，Nicholas Colangelo、Susan Assouline 和 Miraca Gross（2004）列举了 20 个最重要的观点。其中，前两项就是：（1）对于天才儿童而言，加速学习是最有效的课程干预；（2）对于那些聪明的学生来说，加速学习对于他们的学习成绩和社会交往都有着长期的有益影响。当然，对于具体的学生个体而言，跳级是不是最好的选择，依赖于许多特殊的个体特质，比如学生的智力水平、成熟度等。不过，对于部分学生而言，和年龄更大的学生一同学习生活、提前学习专业课程，确实是非常好的选择。如果你对此特别感兴趣，可参阅第 4 章的内容，那里有更多关于如何让教学适应学生能力的研究。

研究很重要

这些学生在参加真正的“动手做”的合作学习。他们的科学知识会促进他们使用这种方法吗？还有其他的途径来学习这门课吗？教育研究者需要进行对类似这些问题的思考。

回到刚才的问题，教育心理学的原理都是常识吗？从上面的几个案例中可以看到，答案并非如此。Lily Wong（1987）的研究证明，只要研究结果通过书面形式呈现给读者，就会让读者觉得这些结果都是“显而易见”正确的。她从有关教学的研究中，选出了12项研究结果，其中一个就是上面提到的“轮流点名”。在这些结果中，她以正确的形式描述了其中的6项结果，并将剩余的6项结果改编为相反的错误结论，然后将这12项结果同时呈现给大学生和教师进行评分。结果表明，实际上内容错误的那些结果都被判定成“明显正确”的。在后续研究中，研究者向另一组被试同时呈现了这12种结果的正确形式和错误形式，要求被试挑选出正确的结论。结果发现，在这12项结果中，其中有8项结果的错误形式常常被判定为是正确的。

在此之前，你可能觉得教育心理学家花了大量的时间研究了许多显而易见的问题。以上的研究结果指出了这种想法的危险性。如果将复杂的原理以简单的形式呈现出来，它看起来就会很简单。一个天才演员或运动员的表演看起来是很容易的事情，因为这些训练有素的专业人员总是将动作做得很到位。但是我们只看到了训练的结果，却没有看到他们为掌握每一个动作所付出的努力和代价。我们应该牢记，任何研究结果（或者它的对立面），可能看起来都是普通的常识。问题的关键并不在于哪些研究结果听起来是合理的，而是当这些原理付诸实践时，能说明什么问题——这是我们的下一个话题（Gage，1991）。

第四节 教育心理学的研究

停下来 想一想

请迅速列举出你知道的所有不同研究方法。

一、运用研究去理解和促进学习

为了基于科学研究成果去理解学习过程和促进学习结果，教育心理学家设计并进行了各种不同类型的研究。其中一些是描述性的，这些研究的目的在于描述发生在一堂课或者几堂课中的教学事件。

（一）描述性研究

描述性研究（descriptive studies）的结果通常包括调查报告、访谈记录、教室里的真实对话片段、课堂活动的录音和录像资料。有一种描述研究的取向是课堂人**种志（ethnography）**，这种方法来源于人类学。人种志的方法就是研究一个群体中自然发生的事件，同时探索这些事件对相关个体的意义。比如本章之前对Randy这名高中数学教学专家的描述，就来源于Borko和Livingston（1989）利用人种志的方法所得的研究结果。在一些描述性研究中，研究者通过**参与式观察（participant observation）**，到课堂或学校中与

> **描述性研究（descriptive studies）** 这类研究通过单独或同时使用观察、调查、访谈、录音等方式，搜集关于具体情境的详细信息。
>
> **人种志（ethnography）** 一种描述性的研究方法，关注群体生活，并试图理解群体事件对相关人群的意义。
>
> **参与式观察（participant observation）** 一种描述性的研究方法，研究者为了更好地理解群体生活而成为了某种研究情境的参与者。

教师和学生一起工作，站在教师和学生的角度了解他们的行为。研究者也会采用案例研究的方法，**案例研究（case study）**可以深度探索教师是如何设计课程的，也可以了解学生是如何学习具体的课程材料的。

（二）相关研究

描述性研究的结果常常会报告一些相关关系。让我们花几分钟的时间来看看相关关系，因为在接下来的章节中你会遇到很多与相关有关的问题。**相关（correlation）**是用于表明两个事件或者测试结果之间关系强度和方向的数值。相关值的范围在 -1.00 到 1.00 之间。相关值越靠近 1.00 或者 -1.00，说明相关程度越高。比如身高和体重之间的相关值为 0.7（高相关），身高和所掌握的语种数量的相关为 0（完全没有相关）。

相关的正负号表明了关系的方向。**正相关（positive correlation）**表明两个变量同时增加或同时减少。也就是说，如果其中一个变大，另一个也随之变大。比如，身高和体重之间就是正相关关系，随着身高的增加，体重也会上升。**负相关（negative correlation）**表明一个变量增加，另一个变量会随之减少。比如，在剧院里你买的门票越便宜，你离舞台的距离就越远。值得注意的是，相关并不能表明因果关系（见图 1—1）。身高和体重之间存在正相关，意味着高个子的人可能比矮个子的人更重——但是体重的增加并不意味着你会长高。知道一个人的体重，只能让你对此人的身高做一个大致的判断。教育心理学家找出这些相关的目的，就在于对课堂中发生的重要事件进行预测。

> **案例研究（case study）** 对一个个体或情景的深度研究。
>
> **相关（correlation）** 对两个变量相关程度的统计描述。
>
> **正相关（positive correlation）** 两个变量同时增加或同时减少的相关关系。比如摄入热量越多，体重越重。
>
> **负相关（negative correlation）** 两个变量之间的相关关系，其中一个变量增加，另一个变量减少。比如身高和头离天花板的距离。
>
> **实验研究（experimentation）** 研究者操纵变量并记录研究结果的方法。
>
> **参与者 / 被试（participants/subjects）** 被研究的人或动物。
>
> **随机（random）** 没有一定的模式，无规则性。
>
> **准实验研究（quasi-experimental studies）** 这种研究符合真实验研究的大部分条件，唯有的特殊性是被试不是随机分配的，而是以现存的组如学校或班级来参与实验的。
>
> **统计显著性（statistically significant）** 凭几率出现的可能性很小。

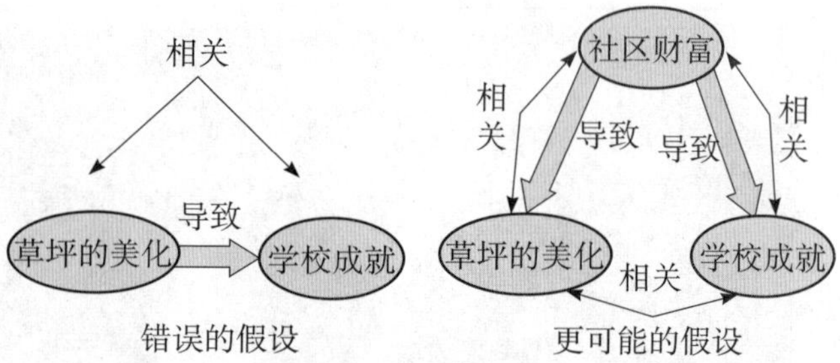

图 1—1 相关并不意味着因果关系

研究结果表明学校草坪的美化和学校的成就相关，但这并不能说明因果关系。社区的富裕程度作为第三变量，也许才是学校成就和草坪美化的原因。

（三）实验研究

另一种研究类型就是**实验研究（experimentation）**，这种研究范式让教育心理学家超越预测，进行因果关系的判断。与对现存情境进行观察和描述不同，在实验研究中，研究者会引入一些变化并记录结果。首先，需要形成几个基本匹配的参与组。在心理学研究中，**参与者（participants）**通常指的是被研究者，也常称为**被试（subjects）**——比如教师或八年级的学生。确保每组被试基本匹配的常用方法就是把每一个被试随机分配到每一个实验组中。**随机（random）**意味着每位被试被分配到每个实验组的机会是均等的。**准实验研究（quasi-experimental studies）**虽然满足了大部分真实验的要求，但它与真实验的一个重要区别在于被试不是随机分组的，而是以现存的组如班级或学校来参加实验的。

在实验或准实验研究中，无论是设置一个实验组还是多个实验组，实验者都会试图改变研究情境的某些方面，并观察这一变化或处理是否会带来预期的影响。然后，对不同组的结果进行比较。此时，通常需要通过统计手段来分析组间差异是否显著。若差异达到**统计显著性（statistically significant）**，则表明这个差异并非偶然出现。比如，当你在一项研究中看到“$p<0.05$”，则表明这一研究结果凭几率产生的可能性小于 5%；同样，“$p<0.01$”则表明这一研究结果凭几率产生的可能性小于 1%。

在本书中，我们将考察的许多研究都试图确定变量之间的因果关系。这些研究通常会问类似的问题：如果一组教师接受了有关语素意识（如在英语名词后面加“s”或“ies”变成复数）教学的培训（原因），那么该组教师所教学生的生词拼读能力是否比没有接受过这一培训的老师所教的学生好（结果）？实际上，这一研究是一个现场实验，因为它发生在真实的教室里，而不是在模拟的实验室情境中。同时，这一研究也属于准实验研究，因为学生们是以现存的班级作为一组而不是随机分组的，所以我们不能确定在老师们接受培训之前，实验组和控制组的条件是否相等。研究者可通过观察学生们在拼读方面的进步而不仅仅是最后的拼读成绩来处理这种由于分组带来的误差（Hurry et al.，2005）。

（四）单被试实验设计

单被试实验设计（single-subject experimental studies）的目的在于确定一种治疗方式、一种教学方法或一种干预手段的效果。它通常包括以下步骤：首先观察个体的基线水平（A），评估感兴趣的行为；然后尝试对个体进行干预（B）并记录研究结果；接着移除干预处理，回到基线水平（A）；最后再重新进行实验处理（B）。这种单被试的实验设计形式，常被称作 ABAB 实验。对于学生擅自离开座位的行为，如果教师假设只要自己忽视那些没有经过允许就擅自离开座位的行为，而对在座位上刻苦学习的学生行为提出表扬（原因），学生就会愿意花更多时间坐在自己的座位上学习（结果），那么，教师可以这样来验证这一假设：首先教师会记录在第一周时间内学生未经老师允许而擅自离开座位的时间（A）；然后忽视这一行为，而对留在座位上的学生提出表扬，并且记录这一时间段内学生擅自离开座位的情况（B）；接下来，教师会撤销处理，回到基线水平（A）并记录结果；最后，再恢复之前的干预策略（B）（Landrum & Kauffman，2006）。事实上，这一干预策略在第一次被检验时，就被证明是行之有效的：这种表扬与忽视相结合的策略，能够有效延长学生停留在自己座位上的时间（Madsen，Becker，Thomas，Koser，& Plager，1968）。

（五）微观发生研究

微观发生研究（microgenetic studies）的目的在于集中研究变化过程中的认知加工——在变化发生的过程中进行研究。比如，研究者分析孩子们如何在几周的课时内掌握了两位数加法的特殊策略。微观发生研究方法有三个基本特征：（1）从变化开始到变化相对稳定的整个改变过程中，研究者都在进行观察。（2）研究者使用多种多样的形式进行观察。这些观察可通过视频、访谈等方法进行记录，并对被观察者的话语进行转录。（3）行为是被“放在显微镜下”进行观察的，也就是说，被观察的行为被不断地反复检验。微观发生研究的目标就是要解释变化的深层机制——比如，是什么新知识或新技能的发展使变化得以发生（Siegler & Crowley，1991）。由于这种研究范式很耗费金钱和时间，所以每次通常只研究一到两个孩子。

（六）时间在研究中的作用

除了上述五种研究类型外，还有一种有助于我们理解研究的方法，那就是时间。心理学家所关注的很多问题（如认知发展），需要几个月甚至数年的时间才能发生。在理想的情况下，研究者需花费数年的时间来观察被试，以研究他们的改变和发展，这被称为纵向研究（longitudinal studies）。这种研究方法能提供大量的信息，可是耗时耗钱，而且有的时候不太实际——随着被试的成长或者被试家庭搬迁，要与他们保持数年的联系似乎不太可能。因此，大多数的研究都是横断研究（cross-sectional studies），同时关注不同年龄段的学生群体。比如，为了研究 3 ～ 16 岁儿童对“生命”这一概念的理解，研究者可以访谈不同年龄段的孩子，而不是对同一批孩子追踪 14 年的时间。

（七）教师作为研究者

教师参与课堂和学校层面的研究，是改进自身教学和促进学校发展的一条重要途径。大型研究中运用的观察、干预、数据收集与分析等方法，也可以运用到教室内，以解决各种课堂问题。比如：“在我的班级里，哪种写作方法能够帮助学生们写出最好的记叙文？”“Kenyon 在什么时候最难将注意力集中到学业上？”“在科学小组中，是否可以通过分派任务的方式，让男生和女生拥有同样的参与机会？”像这类以解决问题为目的的研究，被称作**行动研究（action research）**。通过关注具体的问题，并做深入的观察，教师能够学到很多关于教学和学生的知识。

单被试实验设计（single-subject experimental studies）　通过对一个个体进行系统干预以观察干预效果，一般的做法是先进行干预，然后再撤销干预，从而检验干预的效果。

微观发生研究（microgenetic studies）　详细地观察分析认知过程中的变化，这种变化可能需要几天或数周的时间才会发生。

行动研究（action research）　通过教师或学校的系统性观察，以改变教师教学或学生学习的研究方法。

你可以在本书参阅的各类期刊中找到各种有关的研究报告。表 1—2 提供了一些教育与发展心理学领域的主要杂志。我在这些杂志中发表过一些文章，也审阅过这些杂志的许多稿件。在我写作本书时，我还是《从理论到实践》（*Theory Into Practice*）杂志的编辑。我们的宗旨就如这个期刊的名称所言——把最有效的理论应用到教育实践中，并且把最有价值的实践反馈给研究教育的专家。我想该期刊应该是一本能激发和指导在课堂上开展行动研究的很好的杂志。

表1—2　教育心理学和儿童发展领域内的部分核心期刊

期刊	机构或出版社	网址
Educational Psychologist	The Division of Educational Psychology (15) of the American Psychological Association	http://www.tandf.co.uk/journals/
Journal of Educational Psychology	American Psychological Association	http://www.apa.org/journals/edu/
Contemporary Educational Psychology	Elsevier	http://www.elsevier.com/
Educational Psychology Review	Springer	http://www.springer.com/
Theory Into Practice	Taylor Francis and The Ohio State University	http://ehe.osu.edu/tip/
The British Journal of Educational Psychology	British Psychological Society	http://www.bpsjournals.co.uk/
Learning and Instruction	European Association for Research on Learning and Instruction (EARLI)	http://www.elsevier.com/
Teaching and Teacher Education	Elsevier	http://www.elsevier.com/
The Elementary School Journal	University of Chicago Press	http://www.journals.uchicago.edu/
Psychology in the Schools	Wiley	http://www.wiley.com/WileyCDA/
School Psychology Quarterly	American Psychological Association	http://www/apa.org/journals/spq/
Child Development	Society for Research in Child Development	http://www.srcd.org/
Developmental Psychology	American Psychological Association	http://www.apa.org/journals/dev/
Journal of Applied Developmental Psychology	Elsevier	http://www.elsevier.com/
Developmental Review	Thompson Scientific	
Merrill Palmer Quarterly	Wayne State University	http://www.asu.edu/clas/ssfd/mpq/
Cognitive Development	Jean Piaget Society	http://www.piaget.org/
Early Childhood Research Quarterly	National Association for the Education of Young Children (NAEYC)	http://www.naeyc.org/

二、什么是基于科学的研究?

《不让一个孩子掉队》法案的一个重要要求就是，受联邦政府资助的教育项目或实践必须是“基于科学的研究”。法案制定者相信基于科学的研究能够创造出有效、可靠的知识，因为这种研究具有严谨性、系统性和客观性。事实上，“基于科学的研究”这个短语在该法案中共出现了 110 次。《不让一个孩子掉队》法案阐释了“基于科学的研究”的具体含义：（1）通过系统观察和实验获取可靠而有效的数据；（2）运用严谨、适当的程序分析数据；（3）描述详细，具有可重复性；（4）研究已经通过该领域专家严格的独立评审。

应该说，对“基于科学的研究”的这一表述更符合上文描述的实验研究，而人种志研究或案例研究等其他方法则不太符合。虽然《不让一个孩子掉队》法案要求学校开展的教育项目必须具有上述科学研究的特点，但这种科学性是否真的有必要呢?事实上，关于这一点目前仍存在着争议。你可在下面的“正方观点 / 反方观点”中看到这一争论。

第五节　教学理论与学习促进

一、教学研究与理论

正如前文所述，教育心理学的主要目标就是理解当一个人（通常是教师）在某一情境（教学环境）中教授另一个人（通常是学生）某一事情（教学内容）时究竟发生了什么（Berliner，2006；Schwab，1973）。但是，达到这一目标相当不容易。目前还不存在一个标志性的研究能够彻底回答这一问题，因为学生、教师、教学任务和教学环境都是复杂多样的，而且人本身也很复杂。为了应对这种复杂性，某项教育心理学的研究往往只能研究其中的某几个方面——有时是一次研究几个变量，有时是观察教室里的一两个日常生活片段。如果在某一领域内进行了足够多的研究，并且研究结论具有一致性和可重复性，那么我们最终会发现有效教学的**原理（principle）**。原理就是在两个或多个变量之间建立的关系，比如，某种教学策略与学生成就之间的关系。

另一种能够更好理解学习和教学过程的工具就是**理论（theory）**。很多人通常以为理论只是猜测或预感（如人们常说：“啊，这只是个理论而已。”），然而理论的科学解释是完全不同的。“科学理论是相互联系的一组概念，用于解释一组数据，并对未来的实验结果进行预测。”（Stanovich，1992，p. 21）通过已经探知的原理，教育心理学家已经揭示了许多变量之间的关系，甚至是整个系统之间的关系。目前已经有理论可以解释人类语言如何发展、智力差异如何产生、人类如何学习等问题了。

在本书中，你会遇到很多有关发展、学习和动机的理论。理论是建立在系统研究的基础之上的，同时又是研究环路中的起点和终点。在开始阶段，理论为研究提供用于验证的假设或有待检验的问题。所谓**假设（hypothesis）**，是基于理论和先前研究所作出的、对将要发生什么的预期。两个不同的理论可能会导致两个相互竞争但又都能被检验的假设。例如，基于皮亚杰（Jean Piaget）的理论，我们会假设“教学不能发展年幼儿童的抽象思维能力”；而根据维果斯基（Lev Vygotsky）的理论，我们可能会提出“教学可促进儿童思维发展”的假设。当然，有时由于先前经验积累的不足，心理学家无法进行预期，只能提出研究问题。例如，“对于不同族群而言，男女青少年的网络使用存在差异吗”就是一个研究问题。

> **原理（principle）** 变量间所形成的关系。
>
> **理论（theory）** 将原理进行整合，试图解释一个现象并作出预测。
>
> **假设（hypothesis）** 基于理论和已有研究提出的对研究结果的一种预测。

提出假设或问题只是系统研究的一个环节，真正的研究是一个不断持续的环路，如图 1—2 所示，它包括：（1）基于现有知识和理论提出清晰的研究假设或研究问题；（2）对精心筛选的被试的相关信息（数据）进行系统的收集和分析；（3）基于分析结果对理论解释进行修改和完善；（4）在所完善的理论的基础上提出新的和更深入的问题。如此循环往复。

正方观点/反方观点：应该采用哪种类型的研究来指导教育？

心理学循证实践（evidence-based practice in psychology） 整合考虑患者特点、文化和偏好与专家型实践者的领悟和研究专长的实践。

过去十几年来，无论是在身体健康的照顾还是在心理问题的治疗方面，所有的相关政策均强调循证实践（McHugh & Barlow，2010）。美国心理学会将**心理学循证实践（evidence-based practice in psychology，简称 EBPP）**定义为“在充分考虑患者特点、文化和偏好的背景中，对最有价值的临床专长研究的整合”（American Psychological Association Task Force on Evidence-Based Practice for Children and Adolescent，2008，p.5）。那么，对于教育而言，这意味着什么呢？

正方观点

研究应该具有科学性，教育改革应该建立在可靠证据的基础上。

根据 Robert Slavin 的观点，“教育处在科学改革的边缘，它有能力深入地影响政策、实践和研究”（Slavin，2002，p. 15）。Slavin 还为科学研究引导下的教育改革描绘了美妙的蓝图：

> 这些政策的变革完全有可能使那些影响孩子们的研究计划付诸实践，随着时间的推移，这个实践过程能够取得进步，并取得系统性的成就。整个 20 世纪，美国经济和社会所取得的成就就是很好的证明，比如在医学、农业、交通和科技等领域。每个领域内，发展的进程、严格的评价体系和传播机制已经带来了创新和空前的成就……并且这些创新改变了世界。然而，教育没有赶上这一变化。结果，教育只是从一种思潮转换为另一种思潮。教育实践确实也随着时间的推移发生了变化，但是其变化的过程越来越像艺术或时尚品位的钟摆，而不是像科学和技术那样逐步完善。

根据 Slavin 的观点，医学和农业之所以能空前发展，主要原因就在于这些领域内的实践是建立在科学证据基础之上的。实验的随机化和可重复性，是这些证据的来源。

在“国际心智、大脑和教育协会”的第一届大会上，作为大会主席，Kurt Fischer（2009，pp.3–4）在致辞中说：

> 研究到底为教育带来了什么？如果研究为这个世界的工业和商业带来了有用的知识，那么它为什么不能同样在教育领域发挥作用呢？我不知道为什么教育被莫名其妙地排除于研究领域之外。其实，杜威（1896）早就提出了建立实验学校的设想，他希望通过整合相关研究到学校实践中去，并保证形成性评价和民主的反馈，从而使教育实践建立在科学研究的基础之上。非常可惜的是，他的愿望一直没有实现，至今也没有用于日常教与学研究的教育设施来检验其有效性。如果露华浓和丰田能够将数百万美元投资于产品的研发上，那么学校怎么会一直沿用那些约定俗成但却缺少足够证据证明其有效性的所谓“好做法”呢？

反方观点

实验不是证据的唯一来源，它甚至不是证据的最好来源。

David Olson（2004）完全反对 Slavin 的观点，他认为我们不能简单地用医学来类比教育。在教育领域内，实验条件的“处理”比医学领域内药物的监控更具有复杂性和不可预测性，并且每一种教学项目都随着班级条件和实施方式的不同而变化。正如我的一位来自俄亥俄州的同事 Patti Lather 所言：“在提高实践质量的过程中，不能不充分考虑实践情境的复杂性和无序性。如果不顾这些去鲁莽地行动，那不仅不会带来提高，反而会导致严重的退步。而这一损失将不得不由孩子、教师和学校的管理人员来承担。”（2004，p.30）David Berliner（2002）也提出了类似的观点：

> 在教育中进行科学研究或完成科学发现都是非常困难的，因为学校中的个体都处于复杂的、不断变化的社会网络体系中，这些网络中的参与者都有足够的力量通过日常事件日复一日彼此影响，比如一个生病的孩子、一次糟糕的离婚、一次充满激情的恋爱、偏头痛、一次时尚潮流、生日晚会、滥用酒精、一位新校长、班里新来的一位同学、一场阻止学生外出活动的大雨等。这些事件都会限制教育研究结果的推广性，从而影响在学校进行科学研究。与设计桥梁电路或研究原子、基因相比，致力于改变学校和班级的科学研究更困难，因为这里面的情景更难以控制。

超越非此即彼 Berliner 得出结论说，像教育这样的复杂问题需要运用多种方法进行研究——“人种志的方法非常重要，比如案例研究、调查研究、时间序列研究、设计型研究、行动研究等。所有这些方法，都有助于搜集可靠证据，以便挣脱束缚教育的枷锁。政府不应该鼓励教育研究者只使用单一的研究方法。”（Berliner，2002，p. 20）

正如你在图 1—2 中所看到的一样，这种通过收集数据来验证和完善理论的实证过程，是反复循环进行的。**实证（empirical）**的意思就是基于数据。当研究人员声称找到一种有效的抗生素或一种有效的阅读教学方法是个实证问题时，他们的意思是你需要用数据和证据来给出证明。基于实证数据的分析而建构结论，可以使心理学家免受个人偏见、社会传言、内心恐惧、错误信息或个人偏好等的影响（Mertler & Charles，2005）。以认真搜集的数据为依据回答问题，意味着科学是可以自我修正的。如果假设没有得到证明或者证据不足以支持现有的认识，那么理论就应该被修正。在你与学生一起工作的时候，你可以尝试使用这种系统的、自我修正的思维方法。

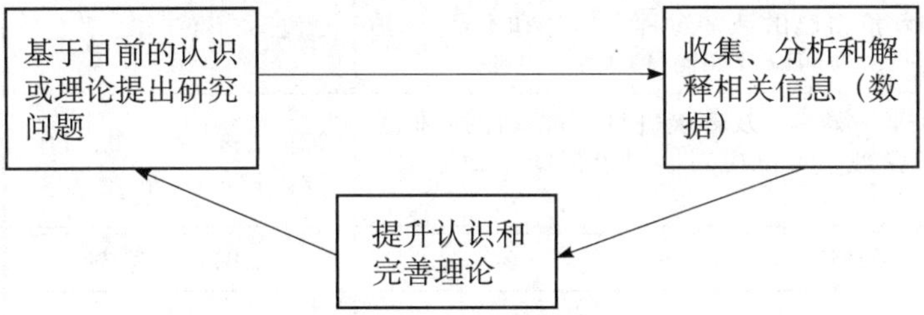

图 1—2　研究环路

研究开始于在原有认识基础上提出的研究问题，随后通过收集、分析和解释信息来回答所研究的问题。研究中的发现，则能够丰富和完善目前的理论，并为新的研究提供基础。

资料来源：Woolfolk, A., & Perry, N.E. (2012). *Child development*. Upper Saddle River, NJ: Pearson Education, Inc.

当然，很少有理论在解释和预测上都做得很完美。在本书中，你会看到许多案例，教育心理学家从不同的理论角度阐述了对学习和动机原理的不同解释。因为没有哪一个理论可以提供全部答案，因此，认真考虑每一个理论能提供什么就是非常有意义的。

实证（empirical） 基于系统收集的数据。

所以，你可能会问：讨论理论还有必要吗？为什么不仅仅关注于原理？我的答案是：理论和原理都很重要。比如，有关课堂管理的原理可以帮助你处理具体的问题；另外，一个先进的课堂管理理论，能够为你提供新的思考方式，它能为你提供认知工具来创造性地解决各种不同问题，并对新环境中哪些方法可能有用作出预测。本书的一个主要目的就是为你提供有关发展、学习、动机和教学的最好和最有用的理论——这些理论背后都有强有力的证据支持。尽管你可能对某些理论会有所偏爱，但请记住，所有这些理论都有助于你了解教师可能面临的各种挑战。

同时，本书中所涉及的理论也可以作为认知工具，帮助你检视、反思和解释你在未来职业生涯中将会面临的一些问题（Leinhardt，2001）。无论我们要探究的是哪一个理论或哪一种研究方法，教育和心理学彼此间的渊源由来已久，教育心理学更是脚踏学术和实践两个世界。Merle Wittrock（1992，p.138）就此作了很好的总结，他说，教育心理学特别关注于“对日常遇到的教育问题进行心理学研究，并从这些研究中推演出原则、模型、理论、教学程序以及教学与评估的实践方法，同时还关注适用于研究学习者的认知与情感过程以及学校复杂的社会文化过程的研究方法、数据分析以及测量与评估过程”。应该说，他的这一论述相当全面。

在本章的开始我已提出教育心理学是我最喜欢的主题，也是教学知识和技巧的一个关键来源，在本章的结尾我会向你证明我对此领域的热情。我相信，教育心理学能帮助你有效支持学生的学习，而这正是所有教学的目标所在。

二、支持与促进学生的学习

在教育心理学领域一个重要期刊《教育心理学家》（*Educational Psychologist*）最近的一篇文章中，Jihyun Lee 和 Valerie Shute（2010）对 60 年来数千份研究学生学习的报告进行了筛查，挑选出那些直接测查学生阅读或数学成绩的研究报告。进而，他们又缩小范围，重点关注那些有关学习效果的研究。最终，筛选出 150 份符合标准的研究报告。透过这些研究中的结果，Lee 和 Shute 发现直接影响中小学生学习成绩的变量有 11 个，并把这些因素归为学生的个人因素和学校等环境因素两大类，如表 1—3 所示。当我读到这篇研究报告的时候，我很高兴地看到自己所喜欢的教育心理学学科，几乎为每个领域（除校长的领导力之外）知识和技能的提升都提供了基础。

表1—3　基于研究得到的对中小学生成绩有促进作用的个人及社会环境因素

学生个人因素	举例	本书相关章节
学生投入		
行为层面的投入	确保出席每节课，遵守纪律，参加学校活动	第 5、6、7、13 章
认知和动机层面的投入	设计具有挑战性的任务，激发内在动机，对学生的学习投入给予支持，培养学生的自我效能和其他积极的学业情感	第 2、3、10、12 章
情感层面的投入	与学生的兴趣相联系，激发好奇心，培养对班级的归属感，降低焦虑，提高学习中的愉悦感	第 3、5、6、10、12 章
学习策略		
认知策略	直接教授知识和技能，以帮助学生学习和对有意义信息进行深加工（如总结、推测、应用及论证）	第 7、8、9、14 章
元认知策略	直接教授学生监控、调节和评价自己的认知过程、优势和不足，并指导学生在何时、何种情境下、为何以及如何使用某一策略	第 7、8、9、11 章
行为策略	直接教授学生对其行为、动机、情感以及环境进行管理、监控和评估的方法和策略，诸如时间管理、考试应对、寻求帮助、做笔记、家庭作业管理	第 7、8、9、10、11、12、13、14 章
社会环境因素	**举例**	**本书相关章节**
学校氛围		
对学业的重视	对学生抱持高期望，号召全校采取同样的做法；重视与学校这一共同体之间的积极关系	第 11、12、13 章
教师变量	尽可能在这样的学校执教：有较高的集体效能感和教师自主性，并有较强的归属感	第 1、11、13 章
校长领导力	尽可能在这样的学校执教：可以参与学校管理，有较高的道德感和清晰明确的目标	参阅 Woolfolk Hoy & Hoy (2009)
家庭与社会影响		
家长投入	为家长帮助孩子学习提供支持	第 3、4、6、12 章
同伴影响	创造一个尊重学业成就、鼓励同伴支持和减少同伴纷争的班级和学校规范	第 10、13、15 章

正如你在表 1—3 中所看到的，这些信息可以帮助你成为一名有能力和自信的老师，能够协助你让学生尽快进入一个彼此尊重的班级学习共同体中。这本书也将有助于你帮助学生成为一个兴趣盎然的、富有动力的、善于自我调节的和充满自信的学习者。因此，你可以对你的学生抱持高期望，唤起学生家长的支持，并建立起你作为一名老师的自我效能感。

▼本章小结

第一节　当今的学习与教学

当今的课堂是什么样的？

在 2003 年，12% 的美国居民出生于国外，18% 的居民在家中除了说英语外，还说其他语言——其中半数的家庭说西班牙语。到 2050 年，美国将不会存在主流种族或民族，每一个美国人都会成为一个小团体的成员。20% 的美国儿童生活于贫困家庭中。2002—2003 年，半数的残疾学龄儿童所接受的大部分教育（80% 甚至更多）都来源于普通的课堂。虽然教室里的学生在种族、民族、语言、经济水平上更加多元化，但是教师的差异性却没有这么大——白人教师的比例在上升，而黑人教师的数量在减少。

什么是《不让一个孩子掉队》法案？

《不让一个孩子掉队》法案要求，三至八年级的全体学生每年都需参加阅读和数学的标准化成就测验，进入高中后还要再测试一次；科学课则在小学、初中和高中分别测试一次。基于这些测试成绩，学校可以判定学生是否为取得合格的年度进步（简称 AYP）做出了努力，这些成绩标志着学生是否熟练掌握了考试科目的内容。一些州政府在界定“熟练”和设置 AYP 的标准时有一些异议。不管州政府怎样制定这些标准，《不让一个孩子掉队》法案要求所有在校学生，在 2013—2014 学年末对考试科目达到熟练的程度。

什么证据表明了教师的重要性？

三个研究表明了教师在学生生活中的作用。第一个研究发现幼儿园时期的师生关系质量有效地预测了学生八年级时在学校各方面的成就。第二项研究在学前至五年级的学生中发现了相似的结论。第三项研究检验了两个不同学区的学生分别在三、四、五年级时的数学学业成就，本研究再一次印证了教师的作用——三年均由高能力教师教学的学生的成绩，优于其他被低能力教师教学的学生的成绩。

第二节　什么是优质教学？

什么是优质教学？

好的教师对学生尽职尽责。他们面对着不同能力的学生，接受着来自不同语言背景、不同家庭环境学生的各种挑战。面对学生不同的需求，他们必须采取适宜的教学和评估方式。这些教学专家不仅要教授学生知识，同时也要关注学生的情感需求，注重提高学生的自尊心，帮助他们树立责任感。从开始上课的第一天，他们就精心策划，并在课堂中认真教授学生们有关生活与学习的基本技能。

差异化教学如何帮助学生？

差异化教学是一种超越对学习者差异性的适应，而将多样性看作是有效建构知识的优势的一种取向。差异化教学的基本思想是：教师们不仅需要考虑到他们所任教学科的不同，也需要考虑学生之间的多样性和差异性。在差异化教学的课堂上，学生们学习的步伐不同，有时他们所选择的学习内容也不同，同时还有与他们的兴趣和需要相匹配的评价指标。差异化教学认为所有的学生都有寻求目的、挑战、归属、力量和贡献的倾向。自信的老师会将这些不同的学生需求看作是机会而不是问题，并以邀请参与、积极投入、坚持不懈、持续反思等作为回应。

新手教师担忧什么？

学习如何教学是一个循序渐进的过程。随着教师的成长，他们所面临的问题也在发生变化。在刚开始的几年工作中，教师常常花很多时间用于形成班规、激励学生、适应不同学生的需求、评价学生作业、与家长沟通、与其他教师处好人际关系等。虽然有这些担忧，但许多新手教师仍然能够为自己的教学带来创造性和活力，让工作日渐得到改善。相比较而言，经验丰富的教师会更关注各种各样学生的专业发展和学习的有效性。

第三节　教育心理学的作用

什么是教育心理学？

一个世纪以前，当教育心理学在美国出现的时候就与教学联系在一起。教育心理学的目标是理解并改善教与学的过程。教育心理学家发展了本学科独特的知识和方法，同时也运用心理学及其他相关学科的知识和方法来研究日常情境中的学与教。教育心理学家致力于探索教育提供者（如教师、家长或软件设计者）、教学内容（如数学、编织技术或跳舞）、受教育者（学生或一个小组）、教学环境（如教室、剧场或者健身房）之间的互动过程及其结果。

第四节　教育心理学的研究

什么是描述性研究？

描述性研究的结果通常包括调查结果、访谈反馈、教室对话实例或其他教室活动片段记录。人种志的方法包括研究一个群体中日常发生的自然事件以及该事件对个体的影响。案例研究致力于深度探索教师是如何安排一堂课的或者学生是如何学习具体材料的等问题。

什么是相关、实验和准实验研究？

相关是表明两个事件或两次测量相关联的程度和方向的一个数据。相关值越接近 1.00 或 -1.00，表明两者间关系越强。实验研究能够验证因果关系，可以帮助教师对某些行为进行及时而有效的改进。与只对现实情况进行观察和描述不同，在实验研究中，研究者要实施干预并记录被试的变化结果。准实验研究满足真实验研究的大部分条件，但与真实验研究相比，它最重要的特点是被试不是随机分配的，而是以现存的组（如班级或学校）为单位参加实验的。

什么是单被试研究和微观发生研究？

在单被试研究设计中，研究者通过基线—干预—基线—干预（即ABAB）的实验过程，检验某干预方式对单个被试的影响。微观发生研究强调对被试进行详尽的观察，探索被试从开始变化到趋于稳定的转变过程。

什么是行动研究？

当教师或学校运用观察或一些其他的方法来改变教师教学和学生学习时，他们即在开展行动研究。

什么是基于科学的研究？

基于科学的研究系统地运用观察或实验来搜集有效而可靠的数据。搜集和分析数据的过程严谨，该过程被详细地描述，他人可进行重复，同时受到行业内专家严谨的独立审核。

第五节 教学理论与学习促进

请区别原理和理论。

原理表明两个或多个变量之间的联系——比如教学策略和学生学业成就之间的关系。理论是一组关联的概念，用于解释一组数据并进行预测。原理为回答具体问题提供了许多可能的解释，而理论提供了分析任何情境的观点。研究是一个不断持续的循环过程，包括在一个好理论的基础上提出清晰的研究问题和假设，系统地收集和分析数据，基于数据结果对原有理论进行修正和完善，再基于修正后的理论提出新的更好的问题。

什么是有利于促进学生学习的关键因素？

对150份研究学生学习的报告进行综合分析后发现，有两大因素影响学生的学习，分别是学生个人因素和学校等社会环境因素。当我读到这篇文章时，我很高兴地看到自己喜欢的教育心理学，几乎为每个领域（除校长领导力之外）知识和技能的提升都提供了基础。

▼复习思考题

（一）单项选择题

1. 新手老师们面临很多任务和情境，他们之前没有太多经验。对于刚刚踏入这个领域的教师们，下面的哪一个挑战是他们不太可能面对的？
   A. 比老师掌握更多高新技术的学生们
   B. 日益多元化的学生及其家庭
   C. 在教室内保证学生们安全应用新技术的资源不足
   D. 那些由于生活贫困而面临挑战的学生们
2. 差异化教学需要因材施教。对于那些正在学习动物物种单元的学生们，下面哪一项是最佳的差异化教学？
   A. 为所有学生提供各类在本单元学习中可能会遇到的词条，以便让他们为下面的活动做好准备。
   B. 让所有的学生自己选择一个物种进行研究，并且在单元学习结束时进行统一的考试，以检验学习效果。
   C. 让学生们选择自己喜欢的学习方式并就学习的主题进行评估。
   D. 在不同难度水平上为学生提供广泛的媒介选择来探寻不同的动物物种。
3. 当学生和老师具有较高的自我效能感时，他们都会更加努力和更加坚持。下面哪一项不会提高老师和学生的自我效能感？
   A. 只关注技能的严肃的师生关系
   B. 在完成任务过程中取得的每一点进步
   C. 来自外界环境中的高期许
   D. 来自知识更加渊博的同伴的协助
4. Clare女士所教的三年级的所有学生每周都会进行复习测验，Clare女士相信这些复习可以帮助学生们在春季标准化测验中提高成绩。根据《不让一个孩子掉队》法案的要求，下面哪一个学生的分数需要单独报告？
   A. 刚被确认为有学习障碍的Susan Frasier
   B. 阅读时需要戴矫正眼镜的Brendan Kincaid
   C. 英语很好而父母十年以前从墨西哥来到美国的Miranda Ruiz
   D. 作为天才儿童群体成员之一的三年级学生Lauren Stone

（二）开放论述题

案例：在从事教师工作的第二年，Sandra Chapman决定提高自己的教学技能。作为一名高中老师，她在第一年的工作中遇到了意料之外的挑战。她所在的学校位于城市中心，学生出自于不同的生活背景，经济状况也迥异。去年她接受历史课的教学任务时曾希望她的学生都能掌握这门课，但年中的时候她的一些学生时有缺勤。为了保证出勤，她给那些缺勤的学生扣分，并且在这些学生返回课堂的时候刻意忽略他们。她相信通过不关注他们这一行为，他们的逃课行为就不会被强化。Chapman 小姐也认为持续不断地提醒学生们他们有多少不懂的知识，这样就会激发他们去学习。不幸的是，这些方法没有奏效，且出勤率继续下滑。Sandra 目前正在设法制定一些新的方案。

5. 找出 Sandra 为提高出勤率而采取的方法，并解释一下这些方法为什么没有奏效。
6. 在 Sandra 准备新的方案的时候，你会给她什么建议？

▼ 他们会怎么做？

回顾章前教师案例簿中的内容，看看下面几位教师是如何应对的。

Barbara Presley　高中过渡 / 工作研究协调员

C.W. Baker High School, Baldwinsville, NY

作为BESTT（Baldwinsville Exceptional Student Training and Transition Program）项目的发起人和过渡 / 工作研究（Transition/Work Study）项目的协调员，我的职责是为那些有严重障碍问题的学生在高中之后的生活做好准备。Baldwinsville 学区有职业培训课程模板。当地企业会提供实习地点，工作教练一对一地帮助学生们在“真实”的工作情境下接受工作任务和目标。

并不是所有的人都需要参加纸笔考试，我们发现“工作”之后他们有了自信心，并且在工作环境中与团队的合作也锻炼了他们的能力，这些都有助于他们在测验情境中发挥出最好的成绩。工作教练（实习生）在“社区课堂”的价值很大，不仅因为他们教给我的学生取得成功所必备的各项技能，而且还让社区重新认识和肯定学生的能力，而不是他们的不足。这种教育对双向都有好处。

Jennifer Pincoski　中小学学习资源教师

Lee County School District, Fort Myers, FL

教师所具有的一个优势是，那些对有学习障碍的学生们行之有效的方法也适用于学习第二门语言的学生。即使是达到考试标准的学生，也会从这些支持和帮助中获益。这些学习策略包括：尽可能多地在课堂里贴标签和图解来提供视觉支持，以帮助学生进行词汇学习。合作学习小组和全身反应法（Total Physical Response，简称 TPR），也会帮助学生发展语言技能和学习相关知识。同时，教师所组织的活动要与学生的理解力相匹配，并且学生可以在提供的多种作业中选择适宜的形式，来展示他们的学习情况。

采用听觉、视觉和动手操作等多种途径进行教学，能够为学生学习词汇和知识带来最佳的学习效果。其背后蕴含的哲学可以用这句格言进行总结：“不闻不若闻之，闻之不若见之，见之不若知之，知之不若行之。”学生应该是学习过程的主动参与者，而不是旁观者。

Jessica N. Mahtaban　八年级数学教师

Woodrow Wilson Middle School, Clifton, NJ

第一件要强调的事情是求生。每个学生必须知道他的名字、住址和电话号码。在遇到任何紧急情况的时候，这些信息对每个学生都是很关键的。随后，学生们应该熟悉课堂安排和规范，一旦学生们适应这些之后，他们就可以开始学习语言。我会和实习老师、学校领导、父母经常见面，来为每个学生制订学习计划和目标。

在任何课程中，我都会在口头指导的过程中增加一些视觉线索（如体态语言、图片、实物）。我会使用短句跟学生交流，并且给出清晰的例子来让他们知道该怎么做。我和实习老师会在学生们独立工作或相互合作的时候与他们交流互动。我们也会随时了解他们的理解程度，以便帮助那些还没有理解的学生。

Lauren Rollins　一年级教师

Boulevard Elementary School, Shaker Heights, OH

作为一名老师，不论我拥有多少教学资源，我的职责都是要尽我所能地满足班里所有学生的需求。即便是面临挑战，也没有例外。如果学校不能提供我所要的资源，那么我有责任通过自己的努力找到这些资源或者自力更生。在学校之外，我要做的第一件事就是联系当地的政府部门、社区中心或者教会等以帮助我为那些移民家庭的孩子们汇集学习资源。与此同时，我会制作一些可以让孩子们贴在教室里或者家里的英语单词标签，从而让他们尽可能多地接触英语。我会通过翻译网站将英语和孩子的母语一起写在标签上。我也会通过办课外活动或者晚会来为这些孩子和他们的家人提供尽可能多的学习英语的机会。大学实习老师会帮助我对每个孩子或者不同的小组进行差异化教学，以满足他们各自不同的需要。同时，我们共同设计和开展一些以技能学习为基础的课程，以此来帮助学生们在课程学习和测验中取得有成效的进步。

Paul Dragin　高中 ESL（英语作为第二语言）教师
Columbus East High School, Columbus, OH

这个过程中会遇到很多困难，而我主要强调两点：其一，在阅读中显示出来的问题是很普遍的，这个是我认为影响未来学业成功最大的挑战。如果阅读成绩欠佳，那么要想在学业测验或大学中取得好成绩，是不现实的期待。其二，来自当地大学的实习教师的优势。由于阅读是我关注的焦点，我会在基本的阅读问题诊断方面对这些实习生给予指导，使他们对每一个学生的阅读水平都了如指掌。在此基础上，我们会选择合适的文本，以提高学生的理解力和阅读的流畅性。每个教室都会配备两个实习老师，以更好地指导处于不同阅读水平的小组。有目标的阅读指导无论对学生还是实习教师都是有益的，这既是实习教师在其中发挥了重要作用，也是因为我们能够在学生们的阅读理解和随后的语言学习上提供帮助。

Paula Colemere　特殊教育老师——英语、历史
McClintock High School, Tempe, AZ

在我开始教学之前，我会事先布置好教室。学生们往往会被墙上太多的东西分散注意力，所以每个在墙上展示的东西我都会特意准备。开始我会准备一个空白的记录板，然后把墙上的所有东西都拿下来。我会在物体上做标签，比如门、铅笔刀、书桌等等，以便帮助那些英语学习者构建词汇量。我会留出一个地方建一个“单词墙”来展示不同领域的词汇，这可以帮助那些英语学习者和有特殊需求的学生。对于我来说，了解学生的背景特别是从哪儿来的，是非常重要的。这有利于我和每一个学生建立亲密的关系，也可以帮助我在与他们的家庭接触时理解跨文化的差异。同时，了解他们的家乡正在发生什么也是很重要的，这能帮助他们基于自身的经验与学习建立起联结。最后，进行图解也是我课程设计中很重要的一点，因为它可以帮助学生梳理知识。

Sara Vincent　特殊教育教师
Langley High School, Mclean, VA

案例中所描述的这种教学情境，要求老师要有创造力。她必须随时调整她的教学计划，以适应那些有语言障碍和不同学习风格的学生。由于很多学生只懂一点英语，并且还有一些学生有阅读障碍，所以老师可以给每一课配以不同的图片。比如，一个信息技术老师可以为老师提供一些计算机程序，比如 BoardMaker 和 PixWrite，老师们可应用词汇和图片传递信息，组织教学计划和评估，以帮助学生通过年底的成就测验。随着学生们在语言上逐渐驾轻就熟，一些支持性的课程就可以撤销。老师可以让实习老师帮助那些学习有困难的或者那些想进入更高级学习课程的学生们。作为老师，最重要的是要具有觉察力、灵活性以及创造力。一个拥有这些特质的老师，会尽可能满足学生的需求。

Linda Sparks　一年级教师
John F. Kennedy School, Billerica, MA

通过多年的教学经验，我发现只要对孩子的教育方法恰到好处，那么无论孩子们的背景如何，他们都可以学习。每个新学年，我总是以开设具体形象、可视化和可以“动手”操作的课程作为开始，这样每个学生都能以同样的方式学习同样的技能，我会从中了解每个孩子的学习方式或评估他们的需要。我有很多实习老师，他们就像帮助我的另一双眼睛和另一双手。一旦学生与实习老师以及我之间建立起了信任，那么，我就可以将学生们分成不同的小组以更好地满足学生的需求。我也会为家长们敞开大门，让他们利用课前、课后或者午餐时间（根据他们的安排）来到学校了解课堂进展情况，以便回家以后更好地帮助他们的孩子。我发现这对孩子们很有帮助，而且也让我对他们的家庭有了较多的了解。我为他们展示我使用的教具（用于数数的小方块、图片、模型和符号等）。一旦学生们被分成小组，我们会根据他们的具体需要而给予指导。我喜欢多种多样的分组，这样孩子们就会更自信，他们没有时间去想为什么会分在一个特殊组里。我和实习老师就像一个团队，以满足孩子们的不同需求。我发现只要沟通的大门保持畅通，学习对任何学生都是可能的。

第一部分

学　生

第2章
认 知 发 展

教师的案例簿

根据地方课程大纲的要求，你的教学内容中必须包含一个单元的诗歌课，其中需要对诗歌中的象征手法进行教学。你有些担心，大部分四年级的学生可能还没办法理解象征这样的抽象概念。为了解学生的水平，你找来了几个学生，看看他们对象征有多少了解。

"'象征'有点像一块很大的金属，你们可以一起撞击它。" Tracy 一边说，一边像个乐队指挥，挥舞着自己的手。

"没错！" Sean 补充道，"就跟我姐姐在高中乐队里玩的乐器一样。"

你发现他们理解错了，于是你又试了一次："我想的'象征'跟你们说的不一样，比如说戒指代表着婚姻，心是爱的象征等等。"

学生们呆愣愣地看着你。

Trevor 小心翼翼地说："你说的'象征'是不是有点像奥运火炬？"

"那奥运火炬象征了什么？"你问道。

"就像我说的，一个火炬呗。" Trevor 在想你怎么这么笨。

……

你会怎么做？

想一想：

- 从学生们的反应中，你能看出儿童是如何思维的吗？
- 你会如何完成这个单元的教学？
- 为了使教学能够适合学生的思维水平，你该如何更好地"倾听"学生的想法呢？
- 你如何能让学生对"象征"有具体的感受？
- 如果学生们的发展水平还不足以接受这样的教学内容，你会怎么做？

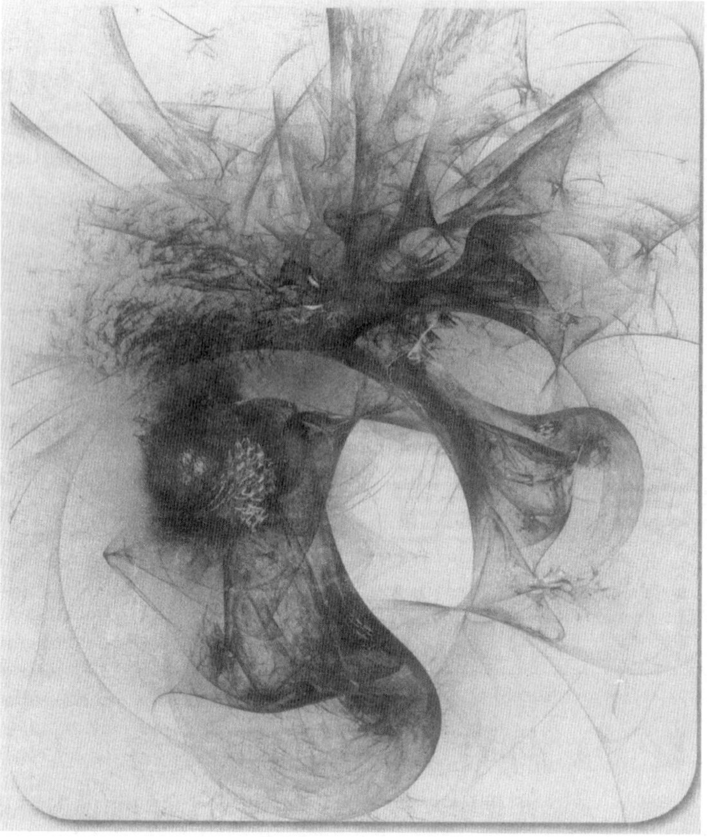

概览与目标

Trevor 为什么会这样？你将在本章中找到答案。首先我们会对什么是“发展”进行界定，并对众多心理学家关注的三个理论问题——先天与后天、连续性与非连续性以及发展的关键期与敏感期——进行介绍。接下来，我们将探讨人类发展的一般规律。为了理解认知发展，我们会先从大脑是如何工作的开始，然后介绍两位最有影响的认知发展理论家和他们的观点，他们分别是皮亚杰和维果斯基。皮亚杰的观点能够帮助教师了解学生在想什么以及他们能学会什么。我们也会谈到皮亚杰理论的一些局限性以及对它的批评。维果斯基是一位苏联心理学家，他的观点越来越具有影响力。他的理论强调了教师和家长在儿童认知发展中所起到的重要作用。

学完这一章后，你应该能：

- 根据人类发展的三个基本规律，提出“发展”的定义。
- 论述关于“发展”的三个长期存在争议的理论问题，以及现阶段研究者达成的一些共识。
- 概述现有关于大脑生理发展的相关研究以及在教学中可能的应用。
- 阐述皮亚杰认知发展理论中的发展规律和发展阶段对当今教育研究和实践的影响。
- 阐述维果斯基认知发展理论中的发展规律对当今教育研究和实践的影响。

第一节 发展的概念

在接下来的几章中，我们将探讨学生是如何发展的，同时我们也会发现他们在发展过程中出现的一些令人惊奇的现象。

- Leah 今年 5 岁了。他很肯定地认为：如果把一个泥球搓成长条形，就要用到更多的泥土。
- 一个居住在瑞士日内瓦的 9 岁儿童，坚持认为自己不可能既是瑞士人，又是日内瓦人："我已经是瑞士人了，不可能也是日内瓦人。"
- Jamal 是一个很聪明的小学生，但他无法回答"如果人不睡觉，生活会有什么不同"这个问题，因为他认为"人就得睡觉"！
- 一个小女孩在讲述自己脚受伤时，刚开始使用的英语单词是 feet，马上她又改成了 foots，后来变成了 footses，最后她又改回了 feet。
- 一个 2 岁大的小男孩，看到朋友正在哭泣，就拉着自己的妈妈去安慰这位朋友，而事实上这位朋友自己的妈妈当时就在现场。

怎么去解释这些有趣的现象呢？很快你就能找到答案，因为你即将进入儿童和青少年发展的世界。

发展（development）这一术语，在心理学中通常是指人类（或动物）从受精卵开始直至死亡这一过程中所发生的变化。这一术语并不适用于所有的变化，而是特指那些按一定顺序发生，并持续一段时间的变化。例如，短期的病痛所引起的暂时性的变化，就不能看作是一种发展。人类的发展可分为多个方面：**生理发展（physical development）**，指的是个体身体上发生的变化；**个性发展（personal development）**，指的是个体人格上的变化；**社会性发展（social development）**，指的是个体与社会其他成员间关系的变化；**认知发展（cognitive development）**，则是指个体在思维、推理和决策等能力上的变化。

发展过程中出现的很多变化只是简单的生长和成熟。**成熟（maturation）**是指自然和自发出现的变化，它在很大程度上是由基因决定的。这些变化随时间的推移而出现，除非营养不良或患有严重疾病，这些变化相对地不会受外在环境的影响。大部分生理上的发展都可以归为这一类。其他的变化往往是由学习即个体与环境之间的互动所引起的。在个体的社会性发展中，这些变化扮演了主要的角色。那个体的思维和个性的发展呢？绝大多数心理学家认为，在个体的思维和个性发展过程中，成熟以及个体与环境间的互动这二者（有时也被称作先天和后天）都很重要，单纯强调哪一方面都有失偏颇。先天与后天的争论也正是发展理论持续存在争议的三个问题之一。

> **发展（development）** 我们从受精卵到死亡的过程中所经历的有序的、适应性的变化。
>
> **生理发展（physical development）** 随时间推移产生的身体结构和功能上的变化。
>
> **个性发展（personal development）** 个体成长过程中人格上发生的变化。
>
> **社会性发展（social development）** 随时间推移，个体与他人关系上的变化。
>
> **认知发展（cognitive development）** 渐进的、有序的变化，心智过程由此变得更为复杂和熟练。
>
> **成熟（maturation）** 基因决定的，随时间自然发生。

一、发展理论所关注的问题

心理学中存在诸多理论流派。对于发展这一主题，不同理论流派之间存在着很多争议。

（一）发展的源泉：先天与后天

在发展过程中，个体的先天因素（遗传、基因、生理过程、成熟等）和后天因素（教育、父母的教养、文化、社会政策等）哪个更重要？这一争论已经持续了两千多年，其间这一争论也被称为有关"遗传与环境"、"生理与文化"、"成熟与学习"以及"先天能力与习得能力"的争论。早期，哲学家、诗人、宗教领袖以及政治家们争论过这一问题；如今，科学家们采用新的技术来探讨这一问题，例如绘制基因地图或是追踪药物对大脑活动的影响（Gottlieb，Wahlsten，& Licklter，2006）。即便如此，对于先天与后天哪个作用更为重要的探讨，仍未得出定论（Cairns & Cairns，2006；Overton，2006）。

协同作用（coactions） 个体生理因素和环境的共同作用，两者相互影响。

敏感期（sensitive periods） 在一段时间内个体已经准备好经历特定事件或对特定事件做出反应。

目前看来，环境对于发展有着至关重要的作用，但生理因素和个体差异对发展也有着十分重要的作用。实际上，一些心理学家认为，行为100%是由生理决定，同时也有100%是由环境决定——两者不能分离（Miller，2011）。现今的观点强调先天和后天之间存在复杂的**协同作用（coactions）**。例如，与经常紧张、难以安抚的儿童相比，性情随和、平静的儿童所引发的父母（或者玩伴、教师等）行为反应也有所不同，这一现象表明个体在主动地建构自己的环境。但环境也能改变个体——否则教育还有什么意义？因此，现在的教育心理学家、发展心理学家不再片面地强调某一方面的重要性。正如一百多年前一位高瞻远瞩的发展心理学家所言："更令人兴奋的是，我们应该去了解这两个因素是如何共同作用的。"（Baldwin，1895，p.77）

（二）发展的轨迹：连续性与非连续性

个体发展是一个连续的、能力逐渐增长的过程，还是一个飞跃式的、能力发生阶段性改变的过程呢？通过系统锻炼逐步提高跑步的耐力，这是一个连续性的过程；而个体在青春期发生的许多变化都属于非连续性的过程（也称为质变），比如生殖能力——一种完全不同的能力。质变是与单纯的量变相对立的，比如青少年身高的增长。

你可以把量变看作是爬斜坡的过程，水平在不断地变高，整个过程是稳定的。非连续性的变化或质变则更像是走楼梯的过程：不同时期有不同的水平，你会立刻踏上另一个台阶。下节中将会提到的皮亚杰的认知发展理论，就是将儿童思维能力看成是一个质变、非连续性的过程。但一些基于学习理论的认知发展观则更强调渐进、连续性的、数量上的变化。

（三）发展的时机：关键期与敏感期

语言等个体能力的发展，是否存在关键期？如果儿童错过了能力发展的关键期，后期是否还能赶上？这些问题涉及个体发展的时机以及怎样发展的问题。很多早期的心理学家，特别是那些深受弗洛伊德（Sigmund Freud）影响的心理学家，往往认为儿童的早期经验对个体发展尤其是对情绪/社会性和认知发展有着至关重要的作用。但早期的如厕训练真的能够决定我们今后的生活轨迹吗？未必。更多的近期研究表明，后期经验也是很重要的，它甚至能够改变个体发展的方向（Kagan & Herschkowitz，2005）。现在绝大多数心理学家都会关注**敏感期（sensitive periods）**而非关键期。所谓敏感期，是指在一段时间内个体已经准备好经历特定事件或对特定事件做出反应。

对于上文谈到的三个有关发展的争论而言，你可以想象得到，如果仅仅关注某一方面，这些争论都将难以得到解决(Griffins & Gray，2005)。如今，绝大多数心理学家将发展、学习、动机看成是一系列交互影响、共同作用的结果，个体内在的生理结构和过程（如基因、细胞、营养以及疾病）以及许多外在因素（如家庭、邻居、社会关系、教育卫生机构、公共政策、历史时期、历史性事件等）都会影响个体的发展。因此，对于出生在16世纪贫困家庭并接受放血或水蛭吸血治疗的儿童，与出生在2012年富裕家庭并接受当下最好治疗手段的儿童而言，同一种疾病对他们所造成的影响很可能是不同的。在本书接下来的内容中，我们在介绍发展、学习、动机和教学时，都将尽量避免片面地看待问题。

二、发展的一般规律

虽然在发展的发生方式上还存在分歧，但几乎所有心理学家都认同以下有关发展的一些一般规律。

（一）发展速度因人而异

想想班上的学生，你会发现他们的发展速度不同。其中一些学生更高大一些，动作协调性更好，或者在思维和社会交往方面更成熟一些；而另外一些学生可能在这些方面成熟得较慢。除了极少数发展过快或迟滞的特例，这些学生在发展速度上的差异都是正常的，并且在任何一个大的学生群体中都会存在。

（二）发展是相对有序的

个体能力的发展是遵循一定逻辑顺序的。在婴儿期，儿童学会走路之前先学会坐，先开始牙牙学语然后才学会说话，先学会通过自己的眼睛观察周围的世界然后才开始想象别人是如何看待这个世界的。在学校里，儿童先掌握加法再学习代数，先了解哈利·波特再学习莎士比亚等等。但是，“有序”发展并不意味着发展是线性的或者是完全可预测的——个体可以超前发展，也可以保持一段时间稳定不变，甚至出现倒退。

（三）发展是逐步发生的

极少有变化是一夜之间发生的。一个不会用铅笔或是不能回答假设性问题的学生，或许最终能将这些能力发展得很好，但这需要时间，而非一蹴而就。

第二节 脑与认知发展

如果你上过心理学导论课，那你一定读到过有关大脑和神经系统的内容。你可能还记得大脑有几个不同的区域（如图2—1所示），特定的区域有着特定的功能。例如，看上去轻软的小脑负责协调身体的平衡和熟练动作的完成——从优美的舞蹈姿势到日常吃饭时不让叉子刺伤鼻子等。小脑对学习等高级认知功能的发挥也具有一定的作用。在回忆新信息和新经验时，海马十分重要。情绪由杏仁核控制。丘脑与学习新信息尤其是口语信息的能力有关。

脑成像技术的飞速发展，使得科学家们对大脑的功能有了更深入的认识。例如，**功能性磁共振成像（functional magnetic resonance imaging，简称fMRI）**能够显示儿童或成人在处理不同认知任务时大脑中血液流动的不同模式。**事件相关电位（event-related potential，简称ERP）**能够测量个体在阅读或学习词汇等认知活动中经过头皮或颅骨的脑内电流的活动。**正电子发射断层扫描技术（positron emission tomography，简称PET）**能在不同情况下追踪大脑的活动。

接下来，我们先从神经元、突触以及胶质细胞这些微小的大脑成分说起。

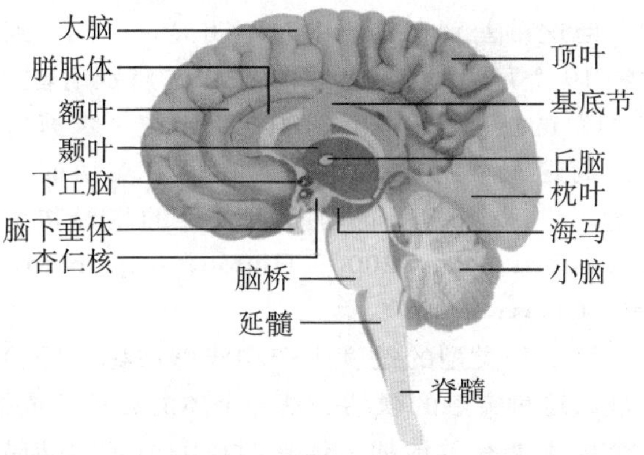

图2—1 脑区域示意图

功能性磁共振成像（functional magnetic resonance imaging，简称fMRI） 磁共振成像（MRI）是一种成像技术，它是利用人体与外在磁场的磁共振现象，从人体中获取电磁信号从而重建出详细的身体内部图像。功能性磁共振成像则是利用磁共振成像技术来测量大脑活动时脑内发生的细微变化的一种技术。

事件相关电位（event-related potential，简称ERP） 测量经过头皮或颅骨的脑内电流的活动。

正电子发射断层扫描技术（positron emission tomography，简称PET） 通过计算机辅助的大脑动态图像来定位和测量大脑活动的一种技术。

神经元（neurons） 储存和传递信息的神经细胞。

一、神经元的发展

新生儿的大脑约有1磅重（约0.45千克），仅为成人大脑重量的1/3。然而此时，这些新生儿的大脑中已有数以亿计的**神经元（neurons）**。所谓神经元，是指在大脑和其他神经系统中专门用于储存和传递信息（以电流活动的方式）的神经细胞。神经元是浅灰色的，因此有时它们也被称为大脑中的“灰质”。单个神经元处理信息的能力相当于一台小型电脑。因此，重量达3磅的成人大脑，其加工信息的性能远超于世界上任何一台电脑。当然，电脑在计算大数字的平方根等很多方面，速度快于人脑（Anderson，2010）。这些极为重要的神经元是非常微小的，大概30 000个的神经元才能填满大头针的针头（Sprenger，2010）。科学家曾认为新生儿在出生时就拥有了个体所需的所有神经元，不过，近来研究发现新的神经元不断产生的过程，即**神经**

神经形成（neurogenesis） 新的神经元不断产生的过程。
突触（synapses） 神经元间的微小空间，化学信息可通过这些缝隙进行传递。

形成（neurogenesis）会一直持续到成人时期（Johnson，2003）。

神经元向外伸出两种纤维：一种呈细长状，被称为轴突；一种呈树枝状，被称为树突。通过这两种突起，神经元与其他神经细胞形成联结，并通过释放化学物质穿过纤维末端微小的间隙来共享信息，而这些长约1纳米的间隙被称为**突触（synapses）**。轴突负责将信息传递给肌肉、腺体或其他神经元；树突负责接受信息，并将信息传向神经元本身。图2—2为神经元系统的结构示意图（Anderson，2010）。

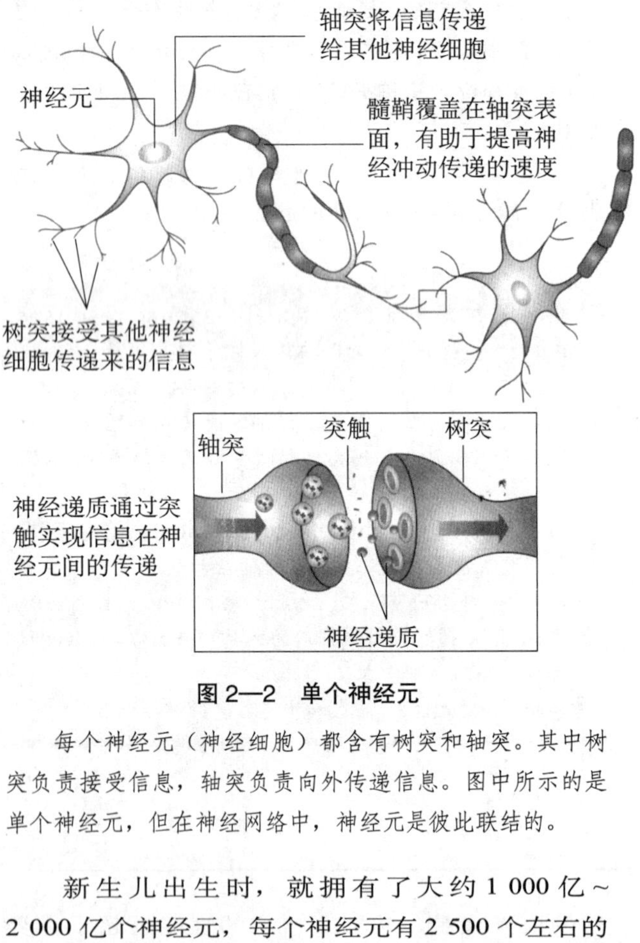

图2—2 单个神经元

每个神经元（神经细胞）都含有树突和轴突。其中树突负责接受信息，轴突负责向外传递信息。图中所示的是单个神经元，但在神经网络中，神经元是彼此联结的。

新生儿出生时，就拥有了大约1 000亿～2 000亿个神经元，每个神经元有2 500个左右的突触。这些神经元伸出的纤维以及纤维间的突触在出生后一年内会大量增长，并且这种增长可能会持续到青春期或青春期以后。到了2～3岁，每个神经元大约有15 000个突触；这一年龄段儿童拥有突触的数量远远多于他们成年时拥有的数量。事实上，儿童拥有神经元和突触的数量超过了他们将来适应环境所需的数量。但是只有那些被使用的神经元才会被保留下来，其他未使用的则被“修剪”掉。这种“修剪”对于维持个体发展是必要的。实际上，一些发展性障碍之所以发生，就是因为某些特定的基因缺陷阻碍了“修剪”的过程（Bransford，Brown，& Cocking，2000；Cook & Cook，2009）。

神经元这种过度生产和修剪的过程可分为两种类型。一种被称为经验预期型，主要是指在某一特定时期内，特定脑区的突触因为等待（期望）刺激的出现而产生过度生长的现象。例如，在出生后的几个月内，大脑期望视觉和听觉的刺激。如果正常范围内的景象和声音出现，那么大脑的视觉区和听觉区就会随之发展。但那些先天性耳聋的儿童，由于接受不到任何听觉刺激，因此他们脑中的听觉加工区域就转化成视觉加工区域。与之类似，先天失明的儿童脑中的视觉加工区域则被用来进行听觉加工（Nelson，2001；Neville，2007）。

大部分脑区的一般发展都是由经验预期型的过度生产和修剪造成的，这也就可以解释为什么成人在发出非母语语音时存在困难。例如，语音“r”和“l”的辨别对于英语学习是非常重要的，但这种差别在日语中并不明显。因此，到了大约10个月时，日本婴儿就失去了辨别语音“r”和“l”的能力——相关的神经元被“修剪”掉了；而这最终导致日本成人在学习英语时，需要对“r”和“l”等语音进行大量的指导和练习（Bransford et al.，2000；Hinton，Miyamoto，& Della-Chiesa，2008）。

第二种类型的过度生产和修剪被称为经验依赖型。这种突触的联结是基于个体的经历形成的。当个体不能有效地加工信息时，为适应大脑局部区域的神经元活动，新的突触得以形成。同样地，产生的突触数量将多于修剪后保存下来的突触数量。经验依赖型的过度生产和修剪与学习过程有关，比如学习第二语言时掌握那些不熟悉的语音。

刺激对儿童早期的修剪过程（经验预期型）有很重要的作用，对于成年期突触发展（经验依赖型）也有重要的意义（Cook & Cook，2009）。事实上，有关动物的研究表明，在丰富刺激环境下（有玩具、学习任务、与其他老鼠和人类接触）成长的老鼠，比那些在贫乏刺激环境中成长的老鼠，多发展和保存了25%的突触。尽管这一研究结论不能直接应用到人类身上，但极端的刺激剥夺会对大脑的发展造成极其负面的影响已经

促进大脑发展

关于脑的研究表明，丰富的刺激环境以及与家长、教师之间有意义的互动等均能更好地促进儿童大脑的发展。

毋庸置疑。但另一方面，对那些已拥有足够刺激量的儿童来说，没有必要施加过多的刺激来促进其发展（Byrnes & Fox，1998；Kolb & Whishaw，1998）。因此，花钱买昂贵的玩具或是参与婴儿教育项目可能只是提供了多余的、不必要的刺激。壶和盘、木块和书、沙和水等就已经提供了足够充分的刺激——如果父母或教师能同时与幼儿进行富有爱心的谈话，刺激量就更为足够了。

回顾图 2—2，两个神经元之间似乎除了空气外，空无一物。但事实并非如此，在这些间隙中填满了**胶质细胞（glial cells）**，大脑中的“白质”。这些胶质细胞数以万亿计，数量远远超出了神经元。胶质细胞具有多种功能，如抵制感染，调控神经元之间的血液流动与信息传递，并提供髓磷脂用以覆盖轴突（如图 2—2 所示）（Ormrod，2011）。其中，胶质细胞提供髓磷脂用以覆盖轴突的过程，就是**髓鞘化（myelination）**。所谓髓鞘化，即用一层绝缘的脂质物包裹轴突的神经纤维。它会影响个体的思维和学习。这一过程有点类似于用橡胶或塑料包裹住裸露的电线。这种髓鞘能够使信息的传递更快、更有效。髓鞘化在幼年早期就快速发生，但一直会持续到青春期。这一过程同时伴随着儿童大脑体积的变化——在出生后一年内翻倍，到了青春期再次翻倍（Anderson，2010）。

胶质细胞（glial cells） 大脑中的“白质”。这些胶质细胞数以万亿计，数量远远超出了神经元。胶质细胞具有多种功能，如抵制感染，调控神经元之间的血液流动与信息传递，并提供髓磷脂用以覆盖轴突。

髓鞘化（myelination） 神经纤维被髓鞘这种脂质物包裹的过程，它可使信息传递更为高效。

二、大脑皮层的发展

现在让我们从神经元回到大脑本身吧。覆盖在大脑外层、约 1/8 英寸厚（1 英寸约 2.54 厘米）的是大脑皮层，这是大脑中面积最大的部分。虽然它是由一层很薄的神经元组成，但成年人的大脑皮层的面积接近 3 平方英尺（1 英尺约 0.3 米）。为确保这样大小的大脑皮层能容纳在人类大脑中，大脑皮层是褶皱的，有很多的沟和回（Anderson，2010）。人类大脑皮层的面积远远大于低等动物大脑皮层的面积。成人的大脑皮层约占大脑重量的 85%，含有最多数量的神经元。正是大脑皮层的存在，才使得人类具备了解决复杂问题和使用语言进行沟通等地球上最伟大的能力。

皮层是大脑最晚发育的部分，因此一般认为这部分比大脑其他部分更容易受到环境的影响（Gluck，Mercado，& Myers，2008；Schacter，Gilbert，& Wenger，2009）。皮层各部分的成熟速度不同。最早成熟的是控制躯体运动部分的皮质；然后是控制复杂感知的皮质，如视觉和听觉皮层区；最后成熟的是控制高级思维过程的额叶。而在情感、判断和语言中起重要作用的颞叶，直至高中甚至更晚才能发展充分。

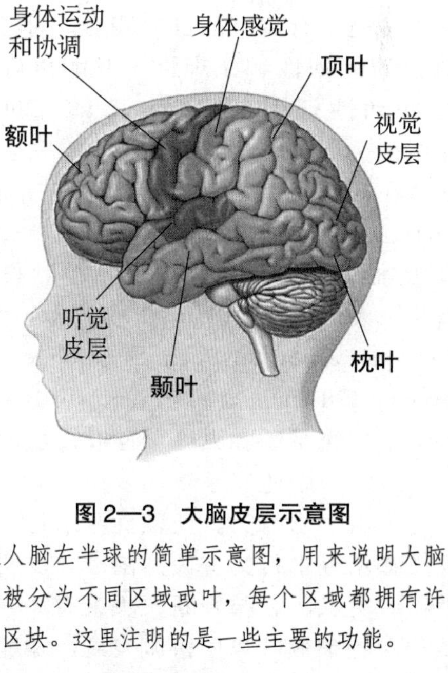

图 2—3 大脑皮层示意图

这是人脑左半球的简单示意图，用来说明大脑皮层结构。皮层被分为不同区域或叶，每个区域都拥有许多不同功能的小区块。这里注明的是一些主要的功能。

皮层的不同区域有不同的功能，如图 2—3 所示，但这些功能还是相对单一和初级的。要想完成更复杂的功能，比如言语或阅读，大脑皮层的不同区域就必须协同作用（Anderson，2010；Byrnes & Fox，1998）。

偏侧化（lateralization） 大脑两半球（两侧）的功能特异化。
可塑性（plasticity） 大脑保持一定适应性或灵活性的倾向。

大脑功能另一个与认知发展有关的特征，就是**偏侧化（lateralization）**，也称作大脑两半球的功能特异化。大家都知道，大脑一侧半球控制对侧的躯体，所以，大脑右半球受到损伤会影响左侧肢体的运动，反过来也一样。另外，大脑特定的区域会影响特定的行为。对于大多数人来说，大脑左半球主要负责语言加工，右半球则处理空间—视觉信息以及情绪等非言语信息。对于一些左利手的人来说，情况可能正好相反。但总体上，绝大多数左利手者和女性的大脑半球偏侧化的程度较低（Anderson，2010；O'Boyle & Gill，1998）。与年长儿童或成人相比，幼儿的大脑表现出更大的**可塑性（plasticity）**和适应性，而这正是因为他们大脑的特异化或偏侧化程度相对较低。例如，幼儿能克服大脑左半球的损伤，继续发展语言能力，因为此时局部皮质的损伤可通过其他皮质接替损伤区域的功能而得到弥补。但若年长儿童或成人发生左半球损伤，则这种弥补能力将会有所降低。

不过，在大脑两半球表现出来的这些功能上的差异是相对的，而非绝对的；只是在特定的功能方面，一侧半球可能要比另一侧半球发挥的作用大些。对于语言信息，大脑两半球是“协同分工”进行加工的（Alferink & Farmer-Dougan，2010，p.44）。几乎所有任务——尤其是教学中教师关注的那些复杂技能和能力——都需要大脑不同区域的相互协调才能完成。例如，右半球更擅长理解故事的意义，但左半球的语法和句法理解能力较强，因此在阅读过程中需要两半球的协调合作。请记住，没有任何一个心理活动是由一侧大脑半球独立完成的。因此，没有所谓的“用右脑学习的学生”，除非他的左半球被切除了——而这是治疗癫痫病时才可能用到的罕见且激进的治疗方法。

三、青少年的发展与大脑

大脑的发展过程贯穿于整个儿童时期和青少年时期。正是因为大脑的变化，青少年比儿童在低压或高压情境下有更好的自控能力，对学习和生活有更强的计划性和条理性，并能更好地抑制自己的冲动性行为（Wigfiled et al.，2006）。不过，这些能力一般要到20多岁才能完全发展成熟。虽然在一般情境下青少年“看似”与成年人相同，但由于他们的大脑还尚未发展成熟，他们通常很难完全规避危险和真正控制自己的冲动。因此，人们常将青少年的大脑称为“脱缰的野马”（Organization for Economic Cooperation and Development [OECD]，2007，p.6）。其中的原因可能是由于边缘系统和大脑前额叶皮层的发展速度不同所致，其中边缘系统的发展相对较早，它与情绪、奖赏寻求行为、新颖性寻求行为、冒险行为以及感觉寻求行为有关；前额叶皮层的发展历程则相对更长，它与判断、决策有关。只有边缘系统和大脑前额叶皮层协调发展，才能帮助个体针对危险性行为做出理智的决定并控制冲动性行为（Casey，Getz，& Galvan，2008）。

随着边缘系统的成熟，青少年对快乐的寻求和情绪性的刺激日趋敏感。事实上，与儿童或成年人相比，青少年可能需要更加强烈的情绪性刺激，因此他们喜欢冒险和寻求刺激。事实上，冒险和新颖性行为可能会促进青少年的发展，因为当他们得到鼓励去尝试新的想法和行为方式时，学习也就发生了（McAnarney，2008）。当然，由于青少年的前额叶皮层还不足够成熟，不足以警示他们“噢！这个刺激太危险了”。因此，在特定情绪的情境中，寻求刺激的渴望会远远超过那些“危险”警示的作用。这种现象会持续存在，直至前额叶皮层逐渐成熟，最终在青少年后期能与边缘系统协同工作为止。此时，青少年将不再将冒险看成是一种即时性的刺激，而能从更长远的效果来对冒险进行评估（Casey et al.，2008；Steinberg，2008）。当然，这个过程也存在个体差异，某些个体可能始终比他人更喜欢冒险行为。

面对这些青少年学生，教师可以引导他们将精力和热情奉献于政治、环境或社会事业等领域（Price，2005），帮助他们与历史或文学作品中的人物建立情感联系，从而有效地利用他们丰富而强烈的情绪的积极力量。同时，家庭、学校和社区的有效联结和积极的信念系统，也能帮助青少年减少鲁莽和危险性行为（McAnarney，2008）。

青春期神经系统的变化也会影响个体的睡眠。研究表明，青少年每晚需要约9小时的睡眠，但很多学生的生物钟已经被调整到只能在午夜后入睡。而在美国很多地区，高中是早上7点半开学，因此多数学生很难睡足9小时，他们长期处于睡眠剥夺的状态。上课时，学生长期坐在座位上记笔记，因此教师的话语可能就成了他们的摇篮曲，伴他们入睡。另外，由于没时间吃早餐，午餐的时间也很短暂，因此青少年也常常处于营养不良的状态（Sprenger，2005）。

四、整合的观点：大脑是如何工作的?

在你看来，大脑是什么样的呢？是一个文化中立的容器，每个人知识存储的方式都是一样的，还是像一本记载事实的词典或是装满各种信息的计算机？是早上醒来后，下载完一天中所需的所有东西，然后就可以欢乐地度过一天了，还是像一个管道，将信息从一个人的大脑传递到另一个人的大脑里，比如从教师的大脑传递到学生的大脑里？Kurt Fischer（2009）根据神经科学的研究，提出了不同的观点。他认为，知识的获得是一种主动的建构意义和活动的过程，知识源自我们的活动。

> 当动物和人类在各自的世界中从事各项活动时，他们塑造了自身的行为。脑相关的研究表明，通过这些活动，动物和人类也塑造了其大脑（以及身体）的生理解剖结构。当我们主动地控制自身的经验，这些经验将塑造出我们大脑的工作方式，从而促使神经元、突触和大脑活动发生改变。（p.5）

大脑活动的文化差异很好地说明了个体与外部世界的互动是如何塑造大脑的。例如，一项研究发现，汉语个体在进行阿拉伯数字加法运算和大小比较时，大脑的运动区域会有明显的活动；而英语个体在加工相同任务时，大脑的语言区域则有明显的活动（Tang et al.，2006）。其中一种解释是，汉语儿童在学习数学时会使用算盘这种计算工具，而这种工具会涉及运动、空间位置等加工。当这些儿童长大成人后，他们仍保持了关于数字的视觉—运动感（Varma，McCandliss，& Schwartz，2008）。关于语言是如何影响阅读的，也存在文化差异。例如，母语为汉语的个体在阅读时，他们大脑中与空间信息加工有关的区域会活跃起来，这可能是由于汉语书面语言多是由图形演变而来。而当他们阅读英语时，这些与空间信息加工有关的脑区也会活跃起来，这表明个体在阅读时会使用多条神经通路（Hinton，Miyamoto，& Della-Chiesa，2008）。

大脑是在不断变化的，被个体的活动、文化和环境所塑造着。我们通过从事某项活动，在心智和生理上操作客体和观念，从而建构出我们的知识。那么这些对于教学有何启示？很多针对家长和教师的出版物会提供关于大脑与教育的某些建议，但请谨慎采纳那些过分简单化的建议。正如你接下来将会看到的，很多基于脑的教育计划其科学性还存在争议。

五、神经科学、学习与教学

正如表2—1所示，目前存在很多关于大脑的“神经神话”（neuromyths）。因此，当我们接触到相关信息时，需要谨慎对待。

研究表明，不仅教学必须依据大脑的活动规律，教学活动也可以改变大脑的组织和结构。例如，与那些不使用手语的聋人相比，使用手语的聋人有着截然不同的脑电活动模式（Varma，McCandliss，& Schwartz，2008）。

表2—1 关于大脑的“神经神话”

常见的错误观念	真相
1. 我们只使用了10%的大脑。	1. 100%的大脑都在发挥着作用，这也是为什么中风的危害如此巨大。
2. 聆听莫扎特的音乐能让小孩变得更聪明。	2. 听音乐不会让人变得更聪明，但是学习一种乐器能促进儿童的认知发展。
3. 一些人是“右脑人”，其他人则是“左脑人”。	3. 我们从事的多数活动都需要大脑两半球的协同工作。

续前表

常见的错误观念	真相
4. 幼儿的大脑一次只能学习一种语言。	4. 全世界所有的儿童都能一次同时学习两种语言。
5. 我们无法改变大脑。	5. 我们的大脑无时无刻不在发生变化。
6. 一旦大脑受到损害，这种损害都是永久性的。	6. 多数大脑受到过轻微损害的个体都能很好地恢复起来。
7. 玩数独等游戏能阻止大脑老化。	7. 玩数独能让你更擅长玩数独和其他类似的游戏。但说到减缓衰老，锻炼身体可能是更好的选择。
8. 人类拥有世界上所有生物中最大的大脑。	8. 抹香鲸大脑的重量约为人类大脑重量的 5 倍。
9. 酒精类饮料会杀死脑细胞。	9. 酗酒不会杀死脑细胞，但它会损害神经末端的树突，从而导致大脑中信息传递的过程出现问题。而这种损害几乎是不可逆的。
10. 青少年的大脑与成人的大脑相同。	10. 青少年的大脑与成人的大脑存在明显的差异，它们被称为"脱缰的野马"（Fischer，2009）。

资料来源：Aamodt, S., & Wang, S. (2008); Fischer, K. W. (2009); Freeman, S. (2011); OECD (2007).

（一）教学与大脑的发展

一些研究发现，教学可能会导致大脑活动的变化。例如，密集的康复教学和练习能帮助中风患者在大脑中建立新的联结或使用新的大脑脑区，从而重新习得相应的功能（Bransford，Brown，& Cocking，2000；McKinley，2011）。再如，Margarete Delazer 和她的同事们（2005）对比了两组学生在学习新的数学运算时大脑活动的差异。一组学生只是机械地记住了答案；另一组学生则是学习了相应的运算法则。利用 fMRI，研究者发现，对简单记住答案的学生而言，其与提取语言信息相关的特定脑区有更活跃的活动；而对于使用学习策略的学生而言，其与视觉—空间加工过程相关的特定脑区则相对更为活跃。

Bennett Shaywitz 和他的同事们（2004）报告了一个惊人的发现：儿童在接受教学后，其大脑发生了改变。研究者以 28 名 6 到 9 岁阅读优秀的儿童和 49 名阅读困难儿童为对象。利用 fMRI，研究者发现了两组儿童大脑活动的差异。阅读困难儿童没有充分利用大脑左半球的相关脑区，并且有时过分使用了大脑右半球。在经过 100 多个小时字母—语音联结的密集教学后，阅读困难儿童的阅读能力提高了，大脑的活动模式也开始趋同于阅读优秀的儿童。一年后，阅读困难的儿童仍保持着相同的大脑活动模式。而接受常规学校补救措施的阅读困难儿童，则没有表现出大脑功能的变化。

关于教学是如何影响大脑发展的另一个富有戏剧性的案例来自 Kurt Fischer（2009）的研究。他的研究对象是两名因严重的癫痫病而切除了一侧大脑的儿童。Nico 在 3 岁时被切除了大脑右半球，他的父母被告知 Nico 将不会有很好的视觉—空间能力。然而伴随着持续有效的支持和教学，长大后的 Nico 最终成了一名优秀的艺术家。Brooke 则是 11 岁时被切除了大脑左半球，他的父母被告知 Brooke 将失去言语表达的能力。同样地，伴随着持续有效的支持，Brooke 再次习得了口语表达和书面阅读的能力，完成了高中学业并在社区大学继续求学。

（二）大脑与阅读习得

脑成像研究发现，熟练阅读者和阅读困难个体在学习新词汇时会有不同的活动模式。例如，一项脑成像研究利用 ERP 来测查大脑的电流活动，结果发现阅读困难个体很难在大脑中建立关于新词汇的高质量表征。当阅读困难个体再次看到新词汇时，他们很难意识到这个词汇曾经出现过，即便新词汇是上一节课学过的。学过的词汇再次遇到却没有印象，那又何谈理解书面文字的意义呢（Balass，Nelson，& Perfetti，2010）！

阅读不是先天就有的技能，也不是必然就会的技能——每个大脑都必须经过教学才能学会阅读（Frey & Fisher，2010）。阅读是一个复杂的过程，需要同时调动大脑的多个系统用于识别语音、书面符号、语义和序列信息，并与阅读者已有的信息建立联系。这一过程必须是快速、自动化的（Wolf et al.，2009）。大脑的相关研究能否有助于我们更有效地进行阅读教学？曾经是神经生物学家、现在是科学教师的 Judith Willis（2009）指出："利用神经成像和其他大脑监测系统进行的阅读相关研究，其结果只能推测大脑的学习方式与

关于脑的研究与阅读

大脑相关的研究能帮助我们了解阅读教学策略为何有效或无效。

涉及氧气、葡萄糖等的新陈代谢过程、生物电传输以及细胞密度变化等方面的关系，并不是绝对的实证性结论。”（p.333）

尽管根据大脑相关的研究所提出的阅读教学策略可能有时缺乏新意，但这些研究可以帮助我们了解相关阅读教学策略是如何发挥作用的。那么究竟大脑相关研究能为阅读教学提供了什么建议呢？教师可以通过阅读、写作、讨论、解释、引导和示范等多种方式，采用多种途径对语音、拼写、语义、序列信息以及词汇进行教学。当然不同学生的学习方式可能存在差异，但他们都需要针对读写能力进行练习。

（三）情绪、学习与大脑

脑与课堂学习关系密切的另一个领域就是情绪和压力。让我们近距离接触下高中数学课堂，以 Hinton、Miyamoto 和 Della-Chiesa（2008，p.91）的描述为例：

> Patricia 是一名高中女生，她在数学方面不太擅长。前几次被提问到数学问题时，她都答错了。她觉得特别丢脸，而这导致她将数学与负面情绪建立起联结。这次，数学老师让她走到黑板前解答问题。先前几次经历所建立的数学与负面情绪的联结，就会迅速传递到杏仁核，引发恐惧。与此同时，一个相对缓慢的、由皮质执行的对情境进行认知评估的过程也在进行：她想起了昨晚她面对数学家庭作业的窘境，注意到黑板上的数学题有着复杂的图表，意识到她暗恋的男生正坐在第一排看着她。这些想法汇聚到一起，最终使她认定自己正处于一种威胁性情境之中。而这种认知更强化了她的恐惧反应，使她无法集中注意力去解决问题。

在第 7 章中，你会学习到情绪是如何与特定情境建立联结的；在第 11 章中，你会了解到焦虑是如何阻碍学习过程的，挑战、兴趣以及好奇心又是如何促进学习的。当学生感到不安全和焦虑的时候，他们可能很难将注意力集中在学业上（Sylvester，2003）。而当学生觉得学习情境没有任何挑战或对内容不感兴趣时，学习过程同样也会受到阻碍。如何确保学习情境的挑战性和相应的支持程度都能“恰到好处”，这对教师而言是一个挑战。另外，帮助学生学会调节自己的情绪和动机也是重要的教育目标（详见第 10 章）。简言之，如果教师等教育工作者能有效地减少学校情境中的压力和恐惧情绪，教授学生情绪调节的策略，并提供一种积极的、能激发学生动机的学习环境，教学就会变得更加有效（Hinton，Miyamoto，& Della-Chiesa，2008）。

如上所述，已有大脑相关的研究发现了很多激动人心的结果，因此教育工作者也试图将这些神经科学的研究应用于教学实践中。这就导致了提倡基于脑的教育的激进教育工作者与保守的神经科学研究者之间的各种争论，而神经科学研究者认为大脑相关的研究并不能真正解决主要的教育问题。下面的“正方观点 / 反方观点”列举了争论双方的部分观点。

正方观点 / 反方观点：基于脑的教育

近年来，教育工作者听到了越来越多的“基于脑的教育”的“声音”，如早期刺激对大脑发展的重要作用、“莫扎特效应”、左脑相关的活动与右脑相关的活动。的确，一些研究发现，聆听 10 分钟的莫扎特音乐能短暂地提高个体的空间推理能力（Rauscher & Shaw，1998；Steele，Bass，& Crook，1999）。因此，美国佐治亚州的前任州长制订了一项计划——给每个新生儿发放一张莫扎特的 CD。那些发现“莫扎特效应”的科学家可能难以相信自己的科学研究是如此应用到教育实践中的（Katzir & Pare-Blagoev，2006），因为这位州长错误地将成人的相关研究与婴幼儿大脑发展的相关实验混为一谈（Pinker，2002）。现行的这些基于脑的神经科学研究的教育实践是否准确清晰呢?

正方观点

基于大脑的教学的应用前景不明朗。

作为 James S. McDonnell 基金会的主席，John Bruer 撰写多篇文章抨击了基于脑的教育的狂热（Bruer, 1999, 2002）。他指出，很多所谓的基于脑的教育实践，最初都源于坚实的科学研究，其结果却被毫无依据地推断，最终演变成一种吸引人的关于脑与学习的“神话”。Bruer 建议教育工作者在面对每个所谓基于脑的教育观念时，都应当理性地审视这些观念的科学性与臆断性。左脑学习与右脑学习观念就是其中一种，Bruer 对此十分质疑。

> 关于大脑的“神经神话”的声音一直不绝于耳，“左脑还是右脑”是其中最为流行的一种观念。近 30 年来，有关大脑偏侧化教育意义的臆断始终占据在教育相关文章中。尽管心理学家和脑科学家不断地抨击与澄清，但这种臆断依旧存在。David Sousa 撰写了“大脑如何学习”一章专门用来阐释大脑偏侧化，并为教师提供了一些教育策略，以确保学生在学习过程中能同时使用大脑左右两半球。现在让我们看看脑科学如何或者说能否支持 Sousa 推荐的那些特定的教学策略。为使右脑参与到学习过程中，Sousa 写道，教师应当鼓励学生产生和使用心象。如同诸多“神经神话”一样，脑科学家现有的对于空间推理和心象的知识却恰恰反驳了上述过分简单的观点。这些所谓基于脑的观念源自于大脑偏侧化的民间理论而非神经科学理论——大脑的不同区域有其特定的功能，对应于不同的任务。然而这种专门化分工发生在更精细的水平，而非“使用视觉表象”这一水平。使用视觉表象可能是一种有效的学习策略，但即使它真的有效，其原因也不在于另有一个未曾使用的大脑右半球参与到了学习过程中。（Bruer, 1999, pp.653−654）

十年后，国际心智、大脑和教育协会主席 Kurt Fischer 感叹道：

> 人们对于神经科学和遗传学塑造教育实践和教育政策的殷切期望，已经远超出了心智身体教育（mind body education，简称 MBE）这一新兴领域的现有状态以及关于大脑和遗传学工作原理的现有知识水平所能达到的范围。很多神经神话“正逐渐进入大众话语中，然而这些被广泛接受的关于大脑和身体的工作原理的观念却是错误的”（OECD，2007b）。多数所谓的“基于脑的教育”都是建立在不准确的科学神话的基础上，它们与神经科学的联系可能仅仅在于每个学生都有大脑。作为一个年轻的领域，神经科学并没有支持上述所谓的“基于脑的教育”观念。

当然，大脑在学习中的重要作用已经毋庸置疑。正如哈佛大学心理学教授 Steven Pinker（2002）所言，没有人相信学习是发生在胰岛等类似器官中的。但是了解学习对大脑的影响并不能告诉我们应该如何进行教学。任何学习都会影响大脑。“这是显而易见的，然而现今，任何关于学习的陈词滥调都可披上

停下来　想一想

作为教师，你肯定不愿意盲目听信那些过分简单化的“基于脑的教育”的口号。但是，学习与大脑显然有着密切的关系。这点不足为奇。那么，如何才能成为一个明智的、具有神经科学素养的教师呢（Murphy & Benton，2010）？

六、脑研究对教师的启示

究竟神经科学对我们的教学有何启示呢？这里，我们汇总了 Driscoll（2005）、Murphy 和 Benton（2010）、Sprenger（2010），以及 Wolfe（2010）给教师的一些教育实践的指导建议。

（1）大脑若在神经通路或结构上出现异常，就会在一定程度上限制个体的学习。但是通过其他替代的神经通路，学习依旧可以发生（如前文中

神经科学的外衣，并被看做是貌似科学的重大发现”（p.86）。实际上，所有被誉为最优秀的基于脑的教育实践都只是简单地重述了什么是好的教学，而这些好的教学都是以人们对个体如何学习而非大脑如何工作的理解为基础的。例如，一百多年前我们就知道，与一个冗长的、填鸭式的练习相比，多次简短的练习会有更好的学习效果。将这一事实与树突的增加联系起来，并不能为教师提供任何新的教学策略（Alferink & Farmer-Dougan, 2010）。最后，Richard Haier 和 Rex Jung（2008）对此作了展望，他们说：“我们相信，终有一天，神经科学相关的知识必然能融入教育系统中，尤其是在备受关注的智力等方面。但是我们如何从现有水平发展到那个阶段，道路尚不清晰。”（p.177）

反方观点

教学必须基于大脑。

《新闻周刊》等众多主流杂志上的多篇文章声称，“关于大脑的诸多发现对于理解人类如何学习毫无意义，这种说法无疑是极其幼稚的”（Begley, 2007）。科学家们是否赞同这一观点？2006年，Tami Katzir 和 Juliana Paré-Blagoev 在《认知神经科学研究在教育中的应用》一文中总结道：“如果应用正确，脑科学将作为有效的工具，促使我们更好地应用已有关于学习和发展的认知。脑研究将挑战我们已有关于教学和学习的常识经验，为我们提供一种新的涉及特定任务和活动的教育体系。”（p.70）目前哈佛大学、剑桥大学、达特茅斯学院、得克萨斯大学、南加州大学、北京师范大学、东南大学以及约翰·霍普金斯大学等很多大学均已开展了相关的教师培训计划，以帮助教师了解脑与教育等方面的研究（Fischer, 2009; Wolfe, 2010）。

脑研究也有助于我们更好地理解学习困难。例如，关于阅读困难的神经科学研究发现，这些阅读困难个体可能会在语音和语音模式的加工方面存在困难，或是在提取非常熟悉的字母名称时也存在困难，因此阅读困难可能存在不同的成因（Katzir & Paré-Blagoev, 2006）。

关于脑研究的相关知识在教育中的应用，有很多成功的实例。例如，Michael Merzenich 博士和 Paula Tallal 博士这两位神经科学家研发的 FastForword 产品，就旨在提高个体的阅读能力。目前，这一产品已被广泛地应用于美国的课堂教学中。它运用了神经可塑性这一发现，试图改变大脑阅读书面词汇的能力（Tallal & Miller, 2003）。

在国际心智、大脑和教育协会的首届学术研讨会上，哈佛大学教授、发展心理学家 Kurt Fischer 发表了主席致辞，他说：

> 心智、大脑和教育这一新兴领域的主要目标是整合生物、认知科学、发展和教育等多门学科，为教育提供富有借鉴意义的研究。这场蓬勃发展的、全球性的运动需要避免对脑与遗传学的常见概念的“神化”和曲解，需要将研究与实践进行最佳的整合，最终创造出一个坚实的基础，促使科学家与教师协同作战，共同研究教育情境中的有效学习与教学问题。（2009, pp.3–16）

Kurt Fischer 指出，我们可以先去了解大脑是如何工作的，然后再发现其相对应的认知加工过程，最后再发展出合适的教育实践。但若是直接从大脑相关的知识这一步跨越到教育实践，这中间可能会发生太多的臆断。

超越非此即彼 学校不可能仅仅根据大脑的生物基础来设计课程，但是无视我们已有的关于大脑的知识显然也是极不负责任的做法。对于那些希望教学更具目的性、更有依据的教师而言，基于脑的学习为他们提供了一个方向。至少，神经科学研究能够帮助我们了解诸如分散练习等有效的教学策略是如何起作用的。

的 Nico 和 Brooke）。因此，有多种途径可以用来教授或学习一门技能，而具体情况要依据学生而定。

（2）不同认知功能之间存在差异，它们分别与特定脑区相关。因此，学习者可能偏爱某种加工模式（例如，视觉或言语），在不同加工模式上的能力也可能存在差异。通过一系列的教学和活动模式，调动起各种感觉的参与，可以有效促进学习。例如，教师可使用地图和歌曲等方式来教授地理。由于学习者的差异，教学评估也应当因人而异。

（3）大脑具有很好的可塑性，因此丰富、活跃的环境以及灵活的教学策略能很好地促进幼儿的认知发展和成人的学习效果。

（4）某些学习困难有其神经生理学的基础，因此神经测验有助于这些学习困难的诊断和矫治，以及评估不同矫治方案的效果。

（5）大脑会发生改变，但这一历程需要时间。因此，正如 Nico 和 Brooke 的家长和教师所说，教师必须要有恒心、耐心和热情，尝试多种不同的方法进行教学和重复教学。

（6）从真实的日常生活的问题和具体经验中学习能够帮助学生建构知识，也能为他们提供多种途径进行学习和提取相关信息。

（7）大脑会寻找意义模式，并与已有网络进行联系。因此，教师应当将新信息与学生已有的知识联系起来，帮助他们建立新的联结。未与已有知识建立联系的信息，容易遗忘。

（8）学习和巩固知识需要耗费很长的时间。知识在不同情境下多次重复出现，而非一次学习，有助于学生建立坚固、复杂的联结。

（9）与细小的、具体的事实相比，教师应当强调大的、一般性的概念，这样学生才能建立起持久、有效的知识类别和相对稳定的联结。

（10）教学可以借助故事这一形式。故事会激活大脑的多个区域——记忆、经验、情感和信念等。故事应当是精心组织好的，有其内在顺序——开头、中间、结尾。与毫无相关、缺乏组织的信息相比，这样的方式更有助于记住信息。

接下来，我们将目光从脑与认知发展转向有关认知发展的主要理论。首先我们将介绍的是生物学家和心理学家皮亚杰的认知发展理论。

第三节　皮亚杰的认知发展理论

瑞士心理学家皮亚杰是一位天才。少年时，他就发表了很多软体动物（如牡蛎、蛤蜊、章鱼、蜗牛、乌贼等海洋生物）方面的论文。日内瓦自然历史博物馆曾邀请他担任负责软体动物收藏的馆长，但他婉拒了博物馆，理由是他希望能先完成高中学业。有段时间，皮亚杰曾到巴黎参与阿尔弗雷德·比奈（Alfred Binet）实验室有关儿童智力测验的研发工作。在测验中，儿童为什么会给出错误答案？这一问题深深吸引了皮亚杰，促使他开始研究答案背后的思维过程，而这正是他随后的人生中始终追寻的问题（Green & Piel，2010）。在以84岁高龄去世之前，他终生笔耕不辍（Miller，2011）。

在他漫长的职业生涯中，皮亚杰架构出一个模型，用以描述人类是如何通过收集和整理信息来理解外部世界的（Piaget，1954，1963，1970a，1970b）。接下来的内容将会深入探讨皮亚杰的理论，该理论能很好地解释个体从婴儿到成人的思维发展过程。

停下来　想一想

你能同时出现在匹兹堡、宾夕法尼亚州和美国这三个地方吗？你觉得这个问题难吗？你花了多长时间才回答出这个问题？

根据皮亚杰的观点（1954），那些对成人来说特别简单的思维方式，像上述匹兹堡问题，对儿童而言可能就不那么简单。比如本章开头提到的那个9岁的小男孩，当被问到是不是日内瓦人时，他说："不，那是不可能的。我已经是瑞士人了，不可能也是日内瓦人。"（Piaget，1965/1995，p.252）想象一下教这个学生地理知识的情景吧，他很难理解一个概念（日内瓦）可以归属为另一个概念（瑞士）的子集。除此之外，成人和儿童的思维方式之间还存在很多差异，如儿童对于时间概念的理解可能与你的理解也有区别。例如，他们可能认为，总有一天可以在年龄上赶上自己的哥哥或姐姐，或者他们可能对过去和未来这样的概念感到迷惑不解。让我们来分析一下原因。

研究儿童的思维方式

皮亚杰是一位瑞士心理学家。他在儿童思维方式上富有洞察力的描述，改变了我们对认知发展的理解。

一、影响发展的因素

认知发展不是简单地往已有的知识存储里增加新的事实和想法的过程。皮亚杰认为，为了不断地努力了解这个世界，人类的思维过程从出生到成熟都在发生着根本性的变化，虽然这种变化是相当缓慢的。皮亚杰指出存在四个因素——生理成熟、活动、社会经验和平衡，正是它们的相互作用影响了思维的变化（Piaget，1970a）。下面我们先简要介绍一下前三个因素，平衡将在下一小节中介绍。

影响我们理解世界的一个最重要因素就是成熟。成熟主要指个体表现出来的生理变化，这些变化由遗传所决定。除了确保儿童获得充足的营养和关心他们的健康，家长和教师对这一部分的认知发展几乎没有任何影响。

活动是另一个影响因素。随着生理上的成熟，儿童的能力也在不断增强，并通过与环境互动得以学习。例如，当一个幼儿的协调能力得到适当的发展，他就可能通过玩跷跷板而发现一些关于平衡的原理。这样，当我们作用于环境时——当我们探究、检验、观察，最后组织信息时——我们的思维过程也得以改变。

在发展过程中，我们也在不断地与周围的人进行互动。皮亚杰认为，社会传递或者向别人学习均会影响认知的发展。如果没有社会传递，我们就得自己重新摸索已经被我们的文化所创造出来的所有东西。认知发展的阶段不同，个体从社会传递中获得知识的数量也有所不同。

成熟、活动和社会传递共同影响认知的发展。那么我们是如何应对这些影响的呢？

二、思维的基本倾向

根据早期生物学的研究，皮亚杰指出所有物种通过遗传都获得了两种基本的倾向或“恒定功能”。第一个倾向是**组织（organization）**——通过组合—排列—再组合—再排列将行为和思想纳入一个连贯性的系统；第二个倾向是**适应（adaptation）**，也就是根据环境变化做出调整。

（一）组织

每个人生来就有一种把思维过程内化成心理结构的倾向，这些结构就是我们理解世界并与世界互动的系统。原本简单的结构经过不断的组合和调整，会变得越来越复杂和有效。例如，把一个东西放到非常幼小的婴儿的手里，他们可能会盯着看或是抓握，但他们不能同时完成看和抓握这两个动作。然而，随着婴儿不断成长，他们逐渐可以将两个分离的行为结构整合成一个更高的结构——看并伸手够，然后抓住物体。当然，他们也可以单独地完成每个动作（Flavell，Miller，& Miller，2002；Miller，2011）。

皮亚杰将这些结构称为**图式（schemes）**。他认为图式是思维的基石，这些组织化的动作和思想系统使我们得以在头脑中表征或思考事物。图式可能很小、很专门化，例如用吸管吸东西的图式或是辨认玫瑰的图式；图式也可以很大和一般化，例如喝的图式或是园艺的图式。随着思维过程越来越有条理和新的图式不断建立，个体的行为也变得更加复杂，更能适应环境。

（二）适应

人类除了具有整合心理结构的倾向外，还天生具有适应周围环境的倾向。这种适应包含两个基本过程：同化和顺应。

同化（assimilation）是在人们利用已有图式理解周围世界中发生的事件时产生的，它是指人们试图通过将新的知识纳入原有的知识体系来理解事物的过程。然而，将新知识纳入原有图式的过程，往往同时也是歪曲新信息的过程。例如，很多儿童第一次看到浣熊时，会把它叫做“小猫”。他们试图将新经验与已有的辨认动物的图式匹配起来。

顺应（accommodation）是在人们为适应新情境必须改变原有图式时产生的。如果新信息与任何已有的图式都不匹配，就必须产生出更加合适的图式。与调整信息来适应思维不同，现在我们是通过调整思

组织（organization） 将信息和经验整合纳入心理系统或类别的一种动态过程。

适应（adaptation） 根据环境变化做出调整。

图式（schemes） 知觉或经验的心理系统或类别。

同化（assimilation） 将新经验整合到已有图式中去。

顺应（accommodation） 为适应新信息，改变已有图式或创建新的图式。

维来适应新信息。儿童为了辨认动物，在已有图式的基础上增加了一个辨认浣熊的图式，这就是顺应的过程。

平衡（equilibration） 在认知图式和环境信息间寻求心理上内在的协调状态。
失衡（disequilibration） 在皮亚杰的理论中，当个体意识到他现有的思维方式不足以解决问题或理解情境时，所出现的一种"失去协调"的状态。

一般而言，人们是通过同化和顺应这两个过程来适应日益复杂的环境的。当已有图式有效时，人们就利用已有图式来适应环境（同化）；当需要新知识时，人们就修正已有图式或增加新的图式来适应环境（顺应）。事实上，大多数情况同时需要这两个过程。即使是使用已经建立的图式，例如用吸管吸东西这个动作，要是吸管与你平常用的不太一样——在型号或长度上有些改变，那么还是需要适当顺应的。如果你试过喝盒装的果汁，那么你肯定知道必须在吸的图式上增加一些新的技能——如，不能挤压果汁盒，否则果汁会从吸管里喷出来，溅到你的身上。无论任何时候，新的经验被同化到已有的图式中，这个图式都会扩大并发生一些变化。因此，同化过程包含了部分顺应（Mascolo & Fischer，2005）。

当然，也有既不出现同化也不出现顺应的情况。如果遇到的信息太过陌生，人们就会选择忽略它们。在特定时间里，人们会对信息做一种过滤，使得到的信息适合他们自己当时的思维方式。例如，你无意中听到有人在用一种外语交谈，除非你懂点这种语言，否则你不会想花力气去弄明白他们谈话的内容。

（三）平衡

根据皮亚杰的理论，组织、同化和顺应都可以看作是一种复杂的平衡行为。他认为，思维的变化实际上是通过**平衡（equilibration）**这一过程得以实现的。人们不断检测自己的思维过程是否恰当，以获得平衡。简单地说，平衡的过程是这样的：如果我们将特定的图式应用到事件或情境时，已有图式起作用，平衡就建立起来了；如果这个图式不能产生满意的结果，就存在**失衡（disequilibration）**，我们会感到焦虑。这种焦虑就驱使我们通过同化和顺应不断搜索解决方法，由此我们的思维得以改变并向前发展。当然，这种失衡的程度必须是恰当的或是最佳的——太小，我们对变化没有兴趣；太大，我们可能会沮丧或焦虑，而不愿做出改变。

三、认知发展的四个阶段

现在，我们来看看皮亚杰提出的儿童发展过程中发生的变化。皮亚杰认为，所有人都是按照相同的顺序经历了相同的四个发展阶段。这些发展阶段与特定的年龄段有关，具体见表2—2。不过，这些只是一般性的概述，不能代表处于一定年龄段的所有儿童。皮亚杰认为个体可能会在不同阶段间经历较长的过渡期，也有可能在某一情境下表现出一个发展阶段的特征，但在另一情境下又表现出更高或更低阶段的特征。因此，知道一个学生的年龄绝不意味着你了解了他的思维方式（Orlando & Machado，1996）。

表2—2　皮亚杰的认知发展阶段

阶段	大约年龄	特征
感知运动阶段	0至2岁	通过反射、感觉和动作等与环境的互动来学习。 开始出现模仿和记忆；逐步向符号思维过渡。 开始意识到物体被藏起来时虽然看不到，但仍然存在。 从无意行为向有意行为转化。
前运算阶段	儿童开始说话至7岁左右	语言能力和符号思维能力逐步发展。 难以对未来或过去进行思考，思维是当下的。 能够进行单向的逻辑思维。 难以理解其他人的观点。
具体运算阶段	小学一年级左右至青少年早期（11岁左右）	能用逻辑的方式解决具体的（需要动手的）问题。 能理解守恒的规律，能分类和排序。 能进行逆向思维。 能理解过去、现在和未来。
形式运算阶段	青少年时期至成人	能用假设和演绎的方式思考问题。 思维更具科学性。 能用逻辑的方式解决抽象的问题。 能从多个角度看待问题，开始关注社会问题、个人认同以及公平公正。

（一）感知运动阶段

认知发展的最初阶段被称为**感知运动（sensorimotor）**阶段，这是因为这一时期的儿童是通过看、听、移动、触摸以及品尝等方式来思考的。在这一阶段，儿童逐渐发展出**客体永久性（object permanence）**概念，意识到不管他们能否感知到物体，物体始终存在于环境中。这一概念的获得表明个体开始具有构建心理表征的能力。正如大多数家长注意到的，在婴儿发展出客体永久性之前，尝试着分散他们的注意，趁他们没看的时候把东西拿走是很容易的。因为对婴儿而言，“看不见，即不存在”。大一点的婴儿会去寻找滚出自己视线以外的球，这表明他们已经意识到即使他们看不到物体，物体仍然存在（Moore & Meltzoff，2004）。然而近期研究表明，3～4个月大的婴儿可能已经意识到物体仍然存在，但他们缺乏记忆能力去记住物体的位置或是缺乏运动技能去协调搜索行为（Baillargeon，1999；Flavell et al.，2002）。

感知运动阶段获得的第二个主要的进步就是出现了有逻辑的**目的性动作（goal-directed actions）**。想想那种婴儿常玩的塑料容量玩具，上面有个盖子，里面有一些彩色的物体，这些物体可以从容器里倒出来，也可以替换成其他的物体。6个月大的婴儿可能会因为拿不到里面的玩具而感到沮丧。大一点的、已经具有感知运动阶段基本特征的儿童，或许能通过建立一个“容器—玩具”图式而有序地解决这一问题：（1）打开盖子；（2）把盒子倒过来；（3）如果物体塞住了，就摇一摇容器；（4）看着物体掉出来。为达到目标，这些分离的低水平图式已经被整合成一个更高水平的图式。

儿童很快就能反着做，将容器重新塞满。学会反向动作，是感知运动阶段一个基本的进步。

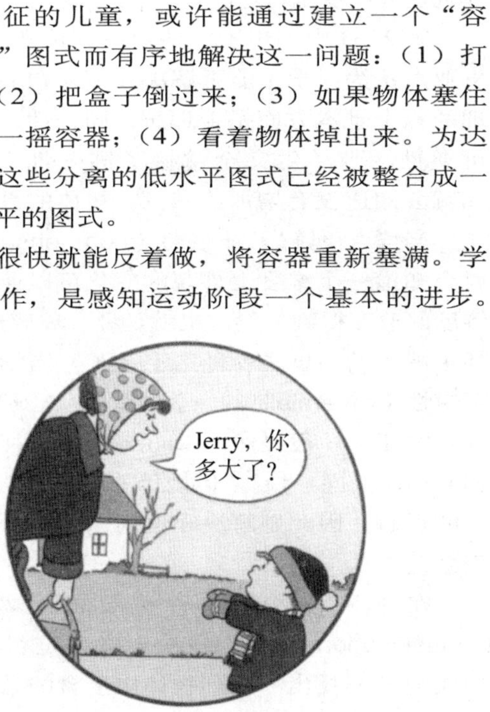

“我不能告诉你，因为我戴着手套。”

但我们接下来会发现，学会逆向思维——学会从心理上逆转动作的顺序——则需要更长的时间。

（二）前运算阶段

到了感知运动阶段晚期，儿童已经能使用很多动作图式了。然而，因为这些图式仍是和具体的身体动作相联结的，所以它们对回忆过去、追踪信息和做出计划等都毫无帮助。因此，儿童需要发展出皮亚杰所说的**运算（operation）**能力。所谓运算，是指在心理上而非身体上能够完成和逆转的动作。在**前运算（preoperational）**阶段，儿童还未能精通这种心理运算，但已经在逐渐掌握（所以思维是前运算式的）。

皮亚杰认为，和动作分离的最初的思维方式就是将动作图式符号化。这种形成和使用符号（单词、手势、标记、表象等）的能力，是前运算阶段的主要进步，有助于儿童进一步掌握下一阶段的心理运算。这种运用符号的能力，如使用单词“马”或是一幅马的图片，又或者是假装骑在“扫帚马”上来表征一匹实际上并未出现的真正的马，被称为**符号功能（semiotic function）**。事实上，儿童最早使用符号常常出现在扮演游戏中。那些还不会说话的儿童经常会使用动作符号——假装从空杯子里喝水或者是假装在拿着梳子梳头发，以此来表示他们知道每个物体的用途。这种行为也表明儿童的动作图式越来越概括化，越来越少地依赖于具体的动作。例如，吃的图式，可以在过家家时用到。在前运算阶段，语言这一非常重要的符号系统也得以快速发展。从2岁到4岁，多数儿童的词汇量从约200个扩展到约2 000个。

在这一阶段，儿童利用符号形式分析客体的思维能力始终停留在一个方向或者说只发展出单向的逻辑能力。对这一阶段的儿童来说，**逆向思维（reversible thinking）**或是想象如何逆转一个任务的步骤是很困难的。很多处于前运算阶段的儿童，难

感知运动（sensorimotor） 包括感觉和自主运动。

客体永久性（object permanence） 能够意识到物体的存在是独立的、永久性的。

目的性动作（goal-directed actions） 指向一定目标的有意行为。

运算（operation） 指个体通过思考而非实际行动完成的行为。

前运算（preoperational） 儿童掌握逻辑心理运算之前的阶段。

符号功能（semiotic function） 利用符号（语言、图片、标记或手势）对动作或物体进行心理表征的能力。

逆向思维（reversible thinking） 反向思维，从结束到开始。

守恒（conservation） 指尽管外形发生变化，但物体的某些特性保持不变的规律。

去中心化（decentering） 同时关注事物的多个方面。

自我中心（egocentric） 假定其他人和自己体验世界的方式是一样的。

具体运算（concrete operations） 与具体物体或情境相联系的心理加工。

同一性（identity） 指人或物不随时间发生变化的规律。

补偿性（compensation） 指一个维度上的变化可能被另一维度上的变化抵消掉的规律。

可逆性（reversibility） 皮亚杰逻辑运算的一种特征——思考一系列的步骤，然后在心理上逆转这些步骤，回到起点的能力，也被称为逆向思维。

分类（classification） 将物体归类。

以完成包含有逆向思维的任务，例如**守恒（conservation）**问题。

守恒是一种客观规律，即如果没有增加新的东西并且没有拿走任何东西，那么无论事物的排列或外观如何变化，事物的数量（或总量）都不会改变。例如，无论把一张纸撕成几片，碎纸片的总大小和原来整张纸时是一样的。为证明这点，你可以把整个过程反过来，把碎纸片重新粘在一起。前运算阶段的儿童在守恒问题上还存在困难，下面是个典型的例子：Leah今年5岁，给她看两个相同的杯子，高度和粗细都是一样的，里面盛有同样多的彩色墨水。实验者问Leah，两个杯子里的水是不是一样多，Leah回答说“是的”。然后实验者将一个杯子里的水倒进另一个高高细细的杯子里，然后问Leah：“现在，是一个杯子里的水多些还是两个杯子里的水一样多？”Leah回答说高杯子里的水多些，因为“高杯子里的水面更高些”（她指着高杯子里较高的水平面）。

关于Leah的回答，皮亚杰的解释是Leah将注意的焦点和中心放在高度这一维度上。她很难做到同一时间内考虑一个情境的多个方面，也很难做到**去中心化（decentering）**。前运算阶段的儿童不能理解“直径的减少抵消了高度的增加”，因为这需要同时考虑两个维度。因此，前运算阶段的儿童很难将思维从对物体外在表现的直接知觉中摆脱出来。

这让我们看到了前运算阶段的另一个重要特点。皮亚杰认为，前运算阶段的儿童有一种**自我中心（egocentric）**的倾向，他们总是倾向于从自己的想法出发去看待别人眼中的世界和经验。皮亚杰指出，自我中心并不意味着自私，只是儿童常常认为别人的感觉、反应和看法应该是和自己一样的。例如，一个处于前运算阶段的小女孩，她害怕狗，那么她可能会认为所有的小朋友都怕狗。正如本章一开始提到的那个2岁的小男孩，会让自己的妈妈去安慰正在哭泣的朋友，即使那个小朋友自己的妈妈当时也在场。这是因为他只能简单地从自己的角度来考虑这个情境。非常年幼的儿童都是以他们自己的理解和他们所看到的情境为中心的，正因如此，当你面对这些儿童时，他们很难理解你的右手和他们的右手为什么不在同一边。

然而研究表明，幼儿不是在所有情境下都是完全自我中心的。2岁大的儿童在向父母描述一个情境时，如果父母当时不在场，他们的描述会比父母在场时更加详细。因此，至少在某些情形下，幼儿似乎也能考虑到别人的需要与自己不同（Flavell et al.，2002）。公平地讲，即使是成年人，也有可能认为别人的感受或想法与自己相同。例如，你是否曾收到过一份显然不适合你的礼物？因为送礼者以为你会像他一样喜欢那件礼物。下面的“家庭和社区合作实践指南”将为教师提供一些与前运算阶段的儿童打交道的办法，以及家长如何促进儿童的认知发展的建议。

（三）具体运算阶段

皮亚杰用**具体运算（concrete operations）**来描述这个阶段的“动手”思维。这个阶段的基本特征就是对物理世界逻辑稳定性的认知，意识到变化或者转化了的元素仍保有它们原有的特征，并且这些改变是可逆的。

表2—3中列出了一些用来评估守恒的任务。皮亚杰认为，学生能否解决守恒问题取决于对推理的三个基本方面是否理解：同一性、补偿性和可逆性。当学生完全掌握了**同一性（identity）**，他就会知道没有增加或减少，物体的量就不会变化。当学生理解了**补偿性（compensation）**，他就会知道一个维度上外观的变化可以通过另一个维度的改变得到补偿。也就是说，玻璃杯变细了，杯中液体的高度也就随之上升了。当学生理解了**可逆性（reversibility）**，学生就能从心理上取消已发生的变化。很显然，Leah知道换了杯子的水是相同的水（同一性），但她仍缺乏对补偿性和可逆性的理解，因此她解决守恒问题的能力尚未发展完全。

在本阶段，另一种重要的运算是**分类（classification）**。分类取决于学生是否具有这样的能力——找出一系列物体中蕴含的某个单一特性（如颜色），并根据这个特性进行分组。具体运

家庭和社区合作实践指南　　前运算阶段儿童的教育

- 尽可能地使用具体的道具和视觉上的帮助。

例如：

1. 讨论“部分”、“整体”或者“一半”等概念时，最好使用一些儿童熟悉的物体来解释，比如苹果或比萨。

2. 让孩子用小棍、小石块或彩色的薄片来学习加减法。这种技巧对处于早期具体运算阶段的学生同样有效。

- 指示要相对简短——不要一次讲解太多步骤，边说边示范。

例如：

1. 在教授如何养宠物等时，可先示范整个过程，然后让儿童自己进行尝试。

2. 以演示的方式讲解游戏。

- 帮助儿童形成站在他人角度看世界的能力。

例如：

1. 要求儿童想象“如果你把妹妹的玩具弄坏了，她的感受如何”。

2. 向他们解释清楚进行分享或使用材料的规则。帮助儿童理解规则的重要性，要求他们思考一下希望别人如何对待自己这个问题，以培养他们的共情能力。避免进行关于“分享”或“友善”的长篇大论。

- 让儿童进行大量的基本技能练习，为将来掌握更为复杂的技能（如阅读理解或合作）奠定基础。

例如：

1. 提供一些字母纸片或字母磁石，让儿童组词。

2. 安排需要测量或简单计算的活动，如烹饪或平分一些爆米花。

- 提供广泛的实际经验，为概念的学习和语言发展打下良好的基础。

例如：

1. 到动物园、公园、剧场、音乐厅等地方进行实地考察参观，或是鼓励儿童讲故事。

2. 提供词汇，帮助儿童学会用词汇描述他们正在干什么、听什么、看什么、摸什么、尝什么、闻什么。

表2—3　　一些皮亚杰守恒任务

（这里是一些涉及数量、重量以及体积等方面的守恒任务。这些任务均能在具体运算阶段完成。）

	初始情境	➡	改变后的情境	➡	询问儿童的问题
(a) 质量守恒	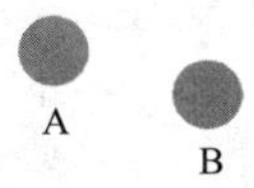	将泥球B搓成长条状	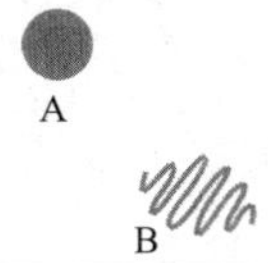		A和B，哪个泥球更大？
(b) 重量守恒	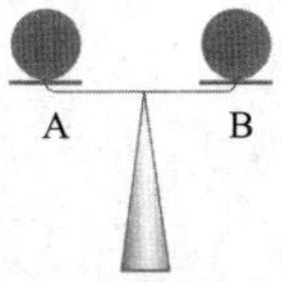	将泥球B搓成长条状	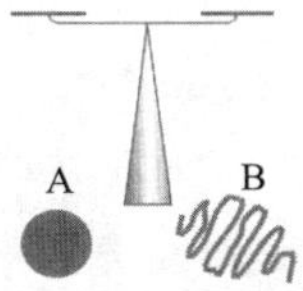		A和B，哪个泥球更重？
(c) 体积守恒	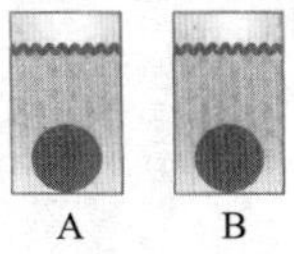	将泥球从水中取出，然后将泥球B搓成长条状	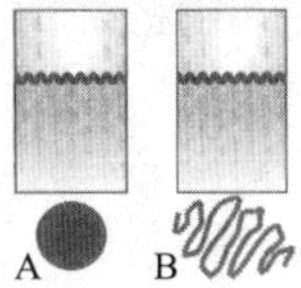		如果将这些泥球重新放进盛水的水杯中，哪个水杯的水面会更高些？
(d) 连续量守恒	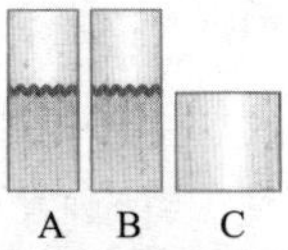	将水杯A中的水倒入水杯C中	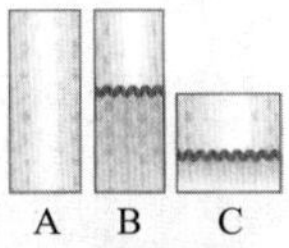		B和C，哪个水杯里的水更多？
(e) 数量守恒	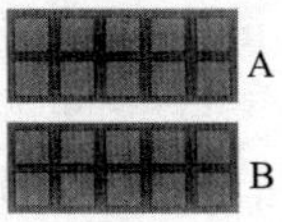	将糖块B切成几块	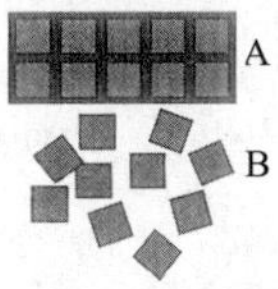		A和B，哪个糖更多？

资料来源：Woolfolk, A., & Perry, N. E. (2012). *Child development*. Pearson Education, Inc.

排序（seriation） 按大小、重量或体积等某一个方面，将物体有次序地排列。

算阶段中更高水平的分类是把一类纳入更高一级的类别中去。例如，一个城市可能在一个州或省内，也可能在某个特定国家内，就像我们在前面提到的“匹兹堡、宾夕法尼亚州和美国”那个问题。当儿童应用这种高水平分类法解决位置问题时，他们通常会热衷于描述出“完整的地址”，例如 Lee Jary 可能会说出这样的完整地址：森林山街区 5116 号，列治文山市，安大略省，加拿大，北美，北半球，地球，太阳系，银河，宇宙。

分类与可逆性也有关系。在心理上逆转一个过程的能力，能够帮助处于具体运算阶段的学生认识到我们可以从多个角度对物体进行分类。例如，学生知道可以按颜色将纽扣分类，也可以根据大小或扣眼的多少将它们重新分类。

排序（seriation）是指按照从大到小或从小到大进行有序排列的过程。对次序关系的理解有助于学生建立起逻辑序列，如 A<B<C（A 小于 B，B 小于 C）等。与前运算阶段的儿童不同，具体运算阶段的儿童能够理解“B 大于 A 但仍小于 C”。

掌握了守恒、分类、排序等运算能力后，具体运算阶段的学生终于建立起了一个完整的、非常有逻辑的思维系统。然而，这种思维系统仍然是与物理现实联系在一起的。这一阶段的儿童已经能够对基于具体情境的逻辑进行组织、分类和操作。因此，他们在规划自己的房间时，已经能在实际搬动家具前，想象出几种不同的安排方式，而不必通过实际搬动进行尝试或纠正错误。但是，这一阶段的儿童仍然不能对假设性、抽象性的问题进行推理，因为这需要同时协调多个因素——皮亚杰认为这是下一阶段（也就是最后阶段）将要发展的能力。

无论你教哪个年级，有关具体运算阶段的知识都对你都有帮助（见“实践指南”）。小学低年级时，学生正在朝着这一逻辑性思维发展；中年

实践指南　具体运算阶段儿童的教育

- 继续使用具体的道具和视觉上的帮助，在处理复杂问题时更应如此。

例如：

1. 教历史时使用时间轴，教科学时使用三维空间模型。

2. 使用图表来说明等级关系，如政府的各个部门以及各部门的下属机构。

- 继续给予学生动手操作和检验的机会。

例如：

1. 做一个简单的科学实验，如探讨火焰和氧气的关系。当你试图从远处吹灭火焰时，火焰会有什么变化？（如果你没有吹灭它，火焰会短暂地变旺，这是因为它获得了更多的氧气助燃。）如果你用瓶子罩住火焰，又会出现什么现象？

2. 让学生把烛芯浸入蜡中制成蜡烛，用简单的织布机制衣，烤制面包，用手固定模型，或者做一些其他手工活动，从而体验工业发展初期人们从事的日常工作。

- 保证你的讲解和你提供给学生们的阅读材料都是简短且结构性强的。

例如：

1. 将故事或书分为短的、有逻辑的章节供学生阅读，等他们具备了相应的能力后，再布置较长的阅读任务。

2. 分步讲解，每讲完一步就给学生练习的机会。

- 用熟悉的事例来解释复杂的观点。

例如：

1. 将故事中人物的生活与学生的生活进行比较。读完《蓝色的海豚岛》（一个女孩独自在一座荒岛上长大的真实故事）后，问学生：“你试过长时间一个人待着吗？那时你有什么感觉？”

2. 在教授“面积”这一概念时，可以让学生去测量校内两个不同大小的教室来帮助理解。

- 给学生提供机会，对复杂的物体或观念进行分组和归类，复杂程度逐步递增。

例如：

1. 给学生看写有不同句子的纸片，要求学生将句子连成段落。

2. 把人类身体系统比拟成其他系统，如大脑和计算机、心脏和泵。

3. 将故事分成几部分，从一般到具体——作者、故事、人物、情节、主题、地点和时间。

- 提出一些需要逻辑分析、系统思考的问题。

例如：

1. 讨论开放性问题，激发学生思考。如“大脑和思想是一回事吗”、“城市应当如何处理流浪动物”、“最大的数字是几”。

2. 利用与运动相关的图片或是危急时刻的照片（红十字会在灾难中的救援活动、贫困或战争的受害者、需要援助的老人等），激发学生就如何解决相关问题展开讨论。

级时，他们的思维正在发展之中，可以通过你的教学得以应用和拓展；进入高年级（甚至成人）后，他们仍然会经常使用这种逻辑性思维——尤其是当他们需要进入新的、不熟悉的领域时。

（四）形式运算阶段

有些学生在整个学校学习期间甚至一生都停留在具体运算阶段。但是，发生在学校里的一些新的经历会给他们带来一些用具体运算解决不了的问题。

停下来 想一想

你即将去长途旅行，而你希望轻装出行。如果你放入三件衬衫、三条休闲裤以及三件夹克，那么你将有几种不同的三件套搭配穿法呢（假设它们搭配起来都很完美）？给自己计时，看你需要多长时间来回答这个问题。

当多个变量交互作用时会出现什么情况，比如实验里的操作或是上面的问题？这时就需要一个能够控制这些变量，并在众多可能性中起作用的心理系统。这些就是皮亚杰所说的**形式运算（formal operations）**。

在形式运算水平上，思维的焦点可以从"是什么"转变到"可能是什么"。有些情境不需要经历，就能想象出来。你应该还记得本章开始提到的 Jamal。尽管他是个很聪明的小学生，但他回答不了"如果人不睡觉，生活会有什么不同"这个问题，因为他认为"人就得睡觉"。相反，已经掌握了形式运算的青少年就可以考虑这个与事实相反的问题了。他们对这个问题的回答能体现出形式运算的特点——**假设—演绎推理（hypothetico-deductive reasoning）**。形式运算的人能思考一个假设的情境（人不睡觉），并进行演绎推理（从一般推论到具体内容，如工作时间变长，更多的钱花在能源和照明上，更小的、没有卧室的住宅或是新的娱乐产业）。形式运算也包括归纳推理，即通过特殊个案归纳出一般规律。例如，经济学家观察股票市场上多次特殊的变化，尝试找出经济循环的一般规律。

这种抽象的形式运算思维是顺利完成许多高中和大学课程所必需的。例如，大多数数学问题都是和假设性情境、预先的假设或给定的条件有关，如"令 x=10"或"假设 $x^2+y^2=z^2$"或"给出两条边和一个直角……"。在学习社会学和文学时同样也需要抽象思维，如："威尔逊所说的第一次世界大战是'结束一切战争的战争'是什么意思？""在莎士比亚的十四行诗中有哪些是表示'希望'和'绝望'的隐喻？""在 T.S. 艾略特的《荒原》中，什么象征着逝去的岁月？""《伊索寓言》是如何用动物表现出人类的品质的？"

有条理的、科学的形式运算思维，需要学生找出特定情境系统生成的多种可能性。例如，当问到"现有衬衫、休闲裤、夹克每种各三件，每样各取一件，能有多少种不同的搭配方式"时，学生使用形式运算，能系统地确定 27 种可能的搭配（你做对了吗？）。而一个具体运算思维的人可能只是说出了其中几种搭配方式，可能一件衣服只用了一次，这是因为他还没有掌握基本的组合方法。

> **形式运算（formal operations）** 涉及抽象思维和多个变量间协调的心理任务。
>
> **假设—演绎推理（hypothetico-deductive reasoning）** 形式运算阶段中的一种问题解决策略，个体首先确定可能对问题有影响的因素，然后进行演绎推理，并系统地评价特定的解决方法。
>
> **青少年自我中心（adolescent egocentrism）** 认为他人与自己有共同的想法、感受和关注的问题。

这个阶段的另一个特征就是**青少年自我中心（adolescent egocentrism）**。与幼儿的自我中心不同，青少年并不否认其他人可能有不同的观点和信念；他们只是开始变得非常关注自己的想法。他们着迷于分析自己的信念和态度，这就导致了 Elkind（1981）所谓的"假想的观众感"——一种人人都在注视自己的感觉的出现。因此，青少年往往认为别人都在分析他们，"别人肯定发现我这件衬衫一周内已经穿了两次了"、"全班人肯定都在想我的回答有多愚蠢"。当你认为"人人都在注视着"自己时，那些社交上的失误或是外表上的缺憾就会显得更具有毁灭性。幸运的是，尽管在陌生情境中我们可能仍会觉得自己的失误已经被注意到，但这种"在舞台上"的感觉在青少年初期（大约 14 ～ 15 岁）之后就逐渐减弱了。

拥有假设性思维、选择性思考、确认所有可能的组合、分析自己思维的能力，会对青少年产生很多有趣的影响。因为他们能思考并不存在的世界，所以他们常常对科幻小说很感兴趣；因为他们能从一般规律推论到具体行动，所以他们经常批评那些和自己的原则相悖的行为；他们能演绎出"最好"的可能性，并想象出一个理想的世

为假想观众进行表演

青少年似乎“独自在人群中”，他们变得非常关注自己的想法，觉得自己的每一个失误都会被大家注意到。

界（或理想的父母、教师）。这就解释了为什么这个时期的学生大多热衷于乌托邦、政治抱负和社会问题。他们希望设计出更理想的世界，而他们的思维也有能力让他们这样做。青少年也会设想自己的未来，并试图确定哪种可能性是最好的，他们对这些理想的感受往往会非常强烈。

（五）所有人都能发展到第四阶段吗？

多数心理学家同意存在一个比具体运算更为复杂的思维水平，但即使在成人中，形式运算是否普遍存在仍然是个有争议的问题。大多数人认为，皮亚杰理论的前三个阶段是基于物理现实的。物体的确具有永久性，把水倒进另一个杯子不会改变水的总量。但是，形式运算与物理环境的联系就没有那么紧密了，它们可能是练习解决假设性问题过程中产生的，也可能是应用形式科学推理的结果。关注读写能力的文化，尤其是大学教育，特别重视形式运算能力，并专门对这种能力进行教学。但即便如此，也只有30%～40%的高中生能够完成皮亚杰的形式运算任务（Meece & Daniels, 2008）。下面的“实践指南”或许能帮助你学会如何促进学生形式运算能力的发展。

皮亚杰（1974）自己也认为，多数成年人只能在他们极为熟悉或是极为感兴趣的少数领域中使用形式运算思维。大学的特定课程可能只能培

实践指南　　形式运算阶段学生的教育

- 继续使用具体运算阶段使用的教学策略和教具。

例如：

1. 使用图表等视觉辅助材料，必要时还可以使用更为复杂的曲线图。在教授新内容时，更应如此。
2. 将学生的经历和故事中人物的经历进行比较。

- 提供机会，让学生探索假设性问题。

例如：

1. 让学生就当今的社会问题——环境、经济、国民健康保险等写下自己的见解，然后和意见相反的同学交换想法，并展开讨论。
2. 让学生把自己心中的乌托邦写出来，描述一下没有性别差异的世界会是什么样子，人类灭绝后地球会是什么样子。

- 给学生提供解决问题和科学推理的机会。

例如：

1. 组织小组讨论，让学生设计一些实验来回答相关问题。
2. 给出有关动物权益的两种对立观点，要求学生合理地论证每种观点。

- 尽可能地借助与学生生活密切相关的材料和观念，教学生一些包摄性强的概念，而不要只是告诉他们一些具体事实（Delpit, 1995）。

例如：

1. 在讨论美国内战时，想一想除了种族主义之外，还有哪些因素导致南北方的对立？
2. 利用流行歌曲中的抒情诗体（阐明诗歌的技巧）进行诗歌教学，探讨这些抒情诗体能否有效地传达歌曲创作者的想法和感受。

养出个体相应学科的形式运算能力，但对其他学科的形式运算能力影响甚微（Lehman & Nisbett，1990）。因此，初中生或高中生难以假设性地思考问题是很正常的，在学习新的内容时他们更可能表现出这样的困难。有时，学生会发现一些捷径，如死记硬背公式或解题的步骤，以解决那些超过他们能力范围的问题。但是，这种方法只是对通过考试有帮助，对真正的理解并没有好处。只有当学生能超越对知识的简单记忆和浅层应用时，真正的理解才可能发生。

四、认知发展的信息加工、新皮亚杰与神经科学视角

正如你在第8章中将会看到的，有些心理学家从注意、记忆容量、学习策略等认知加工技能发展的角度，对儿童为何难以完成守恒问题和其他皮亚杰任务进行了解释。随着生理的成熟和大脑的发展，儿童能更好地集中注意力，更快地进行信息加工，在记忆中储存更多的信息，更容易也更灵活地使用学习策略。对此，Siegler（2000）曾指出，随着儿童日益长大，他们会逐渐发展出更好的规则和策略来解决问题，进行逻辑思考。教师可以提供一种既挑战儿童思维又能暴露其逻辑思维缺陷的情境，促进学生形式思维能力的发展。Siegler提出的这种方法，关注于理解、挑战并改变学生的思维运用规则，因此被称为规则评估法。

一些发展心理学家提出**新皮亚杰理论（neo-Piagetian theories）**，他们保留了皮亚杰关于儿童知识建构以及儿童思维发展趋势的深刻见解，但加入了信息加工研究中的有关注意、记忆和策略等如何促进发展的新发现。例如，Robbie Case（1992，1998）对认知发展进行解释时，认为儿童在特定领域内是按阶段发展的，如数字概念、空间概念、社会任务、讲故事、对具体物体的推理以及动作发展等。儿童不断地练习使用某一特定领域的图式（例如在数字概念领域中使用计算图式），于是完成该图式所需的注意力也随之减少；图式变得更加自动化，儿童也就无需费力去想；这样，就释放出更多的心理资源和记忆去做更多的事情；最终，儿童就能将简单的图式整合成更复杂的图式，以及必要时建立新的图式（动作中的同化和顺应）。

Kurt Fischer（2009）则将不同领域中的认知发展与大脑相关的研究联系起来，并探讨了阅读或数学等特定领域的发展。还记得前文中我们提到过的Nico和Brooke吗？这两个儿童都由于严重的癫痫病而切除了某一侧大脑，却通过大脑其他的神经回路，奇迹般重新习得了一度失去的视觉和言语能力。正如前文中提到的，大脑相关研究对教育的一个重要启示就是——学习有多条通道。

Fischer发现，尽管儿童在发展说话、阅读和数学等技能时，其大脑会采用不同的神经通路，但这些技能的发展都表现出相似的一系列的急速增长，并遵循一个严格的发展顺序。儿童在学习某一技能时，其技能的发展会先后经历感知动作、表征与抽象三个阶段。而在每一个阶段中，技能的发展都遵循着相同的发展模式：起初是完成单一动作（single actions）；然后是对应（mapping）——将两个动作协调起来，如在数学中同时使用加法和乘法；最后是建立起一个整合的意义“系统”（system）。而到了抽象阶段，个体在完成“系统”的建立后，仍将继续发展，并最终建构出解释性的抽象化原则。这可能会让你联想到，前文中提到的皮亚杰认知发展理论的感知运动、前运算、具体运算和形式运算等四个发展阶段。在表2—4中，我们将描述个体是如何从感知动作阶段逐步过渡到表征阶段，再发展到抽象阶段的。

每发展到一个新的技能水平，大脑都在重新组织。表2—4描述了个体从出生到30岁左右，加、减、乘、除等数学运算能力的发展过程。需要说明的是，表中有一列标记为“达到理想水平的年龄”，即个体在获得有效支持并伴有练习的条件下，技能发展到理想水平的年龄。相对地，在缺乏有效支持和练习的情况下，技能自然涌现（或称功能水平）的相应年龄如表2—4最后一列所示。在随后介绍的维果斯基的认知理论中，我们将会看到支持和练习是影响儿童认知发展的关键因素。

新皮亚杰理论（neo-Piagetian theories） 新近出现的一种理论，将有关注意、记忆和策略使用的发现与皮亚杰有关儿童思维方式和知识建构的观点整合在一起。

表2—4　　从出生到30岁左右个体认知发展的模式

（说话、阅读和数学等技能的发展表现出相似的一系列的急速增长，并遵循一个严格的发展顺序。儿童在学习某一技能时，其技能的发展会先后经历感知动作、表征与抽象三个阶段。）

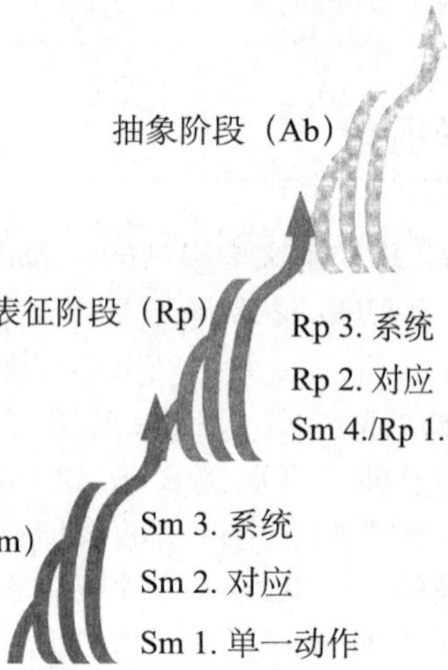

阶段	水平	达到理想水平的年龄	呈现功能水平的年龄
抽象阶段（Ab）	Ab 4. 抽象化原则	23～25岁	30～45岁
	Ab 3. 系统	18～20岁	23～40岁
	Ab 2. 对应	14～16岁	17～30岁
	Rp 4./Ab 1. 单一抽象	10～12岁	13～20岁
表征阶段（Rp）	Rp 3. 系统	6～7岁	7～12岁
	Rp 2. 对应	3.5～4.5岁	4～8岁
	Sm 4./Rp 1. 单一表征	2岁	2～5岁
感知动作阶段（Sm）	Sm 3. 系统	11～13个月	11～24个月
	Sm 2. 对应	7～8个月	7～13个月
	Sm 1. 单一动作	3～4个月	3～9个月

资料来源：Fischer, K. W. (2009). Mind, brain, and education: Building a scientific groundwork for learning and teaching. *Mind, Brain, and Education, 3*, 2-16.

五、皮亚杰理论的局限

尽管大多数心理学家认同皮亚杰关于儿童如何思维的深刻见解，但很多人不同意他对儿童认知为何如此发展的解释。

（一）发展阶段存在的问题

一些心理学家虽然同意儿童的确会经历皮亚杰所描述的那些变化，但他们质疑认知发展的四个彼此独立阶段的存在（Mascolo & Fischer，2005；Miller，2011）。阶段模型的一个问题就是儿童思维缺乏一致性。例如，在获得数量守恒（积木被重新排列后其数量不会发生改变）1～2年后，儿童才发展出重量守恒（泥球被压扁后其重量不会发生改变）。为何他们不能将守恒一致地应用于每种情境中？这里应当指出，在皮亚杰后期的著作中，他也较少强调认知发展的阶段，而更多地关注于思维是如何通过平衡发生变化的（Miller，2011）。

另一个关于阶段独立性的问题是，这些过程可能比表面看起来的更为连续。当我们纵观较长时间时，这些变化看上去是非连续的、定性式的飞跃。玩具滚到沙发底下，3岁的儿童会不断地去寻找这个丢失的玩具，而婴儿则似乎遗忘了这件玩具，不会去寻找它，这两者之间可能存在着质的差别。但是，当我们密切关注一个发展中的儿童，时刻观察他的发展变化时，就会发现事实上这些变化都是渐进的、连续的。"玩具是被藏起来的"这一认知并非瞬间出现的，而是年长儿童记忆更为全面发展的结果：年长儿童之所以知道玩具躺在沙发底下，是因为他记得曾看到玩具滚到那里，而婴儿则不能保持这些记忆。儿童在搜索前等待的时间越长，他们要记住物体的时间越长，对成功完成任务的年龄要求就越大（Siegler & Alibali，2005）。

正如数学的一个分支"突变理论"所描述的那样，变化既是连续的，又是非连续的。那些突然出现的变化，就像一座桥的倒塌，是许多缓慢发展的变化所累积的结果，例如渐进持续的金属结构的腐蚀。同样，在儿童身上的渐进持续的变化也可能导致突然出现能力上的巨大改变（Dawson-Tunik，Fischer，& Stein，2004；Siegler & Alibali，2005）。

（二）低估了儿童的能力

结合目前的情况来看，皮亚杰低估了儿童的认知能力，尤其是幼儿的认知能力。他给幼儿提出的问题可能太难，指导语太含糊不清了。在解决问题时，被试对问题的理解可能比他们所表现出来的要多。例如，Gelman 及其同事所做的研究表明，虽然学前儿童有时会犯错误或者感到困惑，但他们对于数字概念的理解要比皮亚杰设想的多得多（Gelman，2000；Gelman & Cordes，2001）。如果学前儿童一次只操作 3 ～ 4 个物体，无论物体被分得很散或是被密集地堆在一起，他们都能判断出物体数量没有发生变化。Mirjam Ebersbach（2009）的研究发现，当儿童被要求估计木块的体积时（实际的问题是，需要多少块小的立方体才能组成更大的、不同体积的木块），绝大多数德国幼儿都能同时考虑到长、宽、高三个不同的维度。换句话说，我们天生就具有的“认知工具储藏库”可能比皮亚杰所设想的要大。对一些基本概念的理解或核心知识，如客体永久性或数量感，可能是我们发展装备的一部分，在认知发展过程中可以随时备用（Geary & Bjorklund，2000；Woodward & Needham，2009）。

皮亚杰理论并未解释，为何幼儿能在他们擅长的某些领域内“超前思维”。例如，一个 9 岁的小专家棋手能够抽象地思考棋子的移动，而一个 20 岁的新手或许不得不借助于更具体的策略去计划和记忆棋子的移动（Siegler，1998）。

最后，皮亚杰认为守恒或抽象思维等认知操作不会因外在影响而得以加速发展，学习是在发展之后发生的。然而相当多的研究表明，如果给予有效的教学指导，儿童就能学会使用守恒等认知操作。他们无需独自一人等待成熟后才能习得这些思维方式，特定情境下的知识和经验能促进其思维方式的发展（Brainerd，2003）。

儿童专家

皮亚杰理论的一个局限是对幼儿认知能力的低估。例如，他的理论并没有解释为什么这些小女孩国际象棋能下得跟成人一样好。

（三）认知发展与文化

对皮亚杰理论的另一个批评来自于它忽视了文化和社会环境对儿童的重要影响。跨文化研究一致证实了皮亚杰关于儿童思维发展阶段先后顺序的准确性，但发展阶段的年龄范围在不同文化中并不相同。西方社会的儿童一般比非西方社会的儿童早 2~3 年进入下一个阶段。然而，更为严谨的研究表明，这些不同文化间的差异可能归因于被试取样或维度选择，以及不同文化是否重视并教授特定维度的知识。例如，那些辍学在街头卖糖果的巴西小孩，不能顺利完成某一特定的皮亚杰任务，如类包含（图片中的雏菊、郁金香和花，哪个较多？）问题。但如果把任务描述成他们能懂的概念（卖糖果）时，他们比同年龄上学的巴西儿童表现得更好（Saxe，1999）。如果某一文化或社会环境强调某一特定的认知能力，那么在该文化背景下长大的儿童，该特定认知能力的发展也更快。一项研究以一、三、五年级的中国和美国儿童为对象，采用守恒任务，考察不同文化中儿童关于距离、时间和速度关系的发展情况。结果发现，中国儿童先于美国儿童两年时间，就能很好地掌握距离、时间和速度间的关系。这可能是由于教育体系的差异，中国非常重视小学低年级的数学和科学教育（Zhou，Peverly，Beohm，& Chongde，2001）。

即使像分类这样的具体运算，在不同文化下的发展也有所差异。例如，当要求来自非洲的 Kpelle 人对 20 个物体进行分类时，他们会创建出他们认为有意义的组别——锄头和土豆、刀子和橘子。实验者无法劝服 Kpelle 人改变他们的类别划分，因为他们认为这是智者的做法。但是，实验者绝望地问道：“好吧，那傻瓜会怎么做？”随后，这些 Kpelle 人迅速地将物体分成四堆，如食物、工具等，而这恰恰是实验者原先所期望的结果（Rogoff & Morelli，1989）。

目前另一种认知发展观的影响力正在日益扩大。它是由列夫·维果斯基在多年前提出来的，近些年重新得到了重视，这一理论将认知发展和社会文化联系了起来。

第四节　维果斯基的社会文化观

现代心理学家意识到，文化决定了儿童学习哪些关于外在世界的知识以及如何学习，也就是思维的内容和加工过程，从而塑造着儿童的认知发展。例如，一位住在墨西哥南部的印第安小姑娘会从周围成人的非正规教育中学会各种复杂的织布方法。重视合作和分享的文化早早地教授儿童协作能力，而鼓励竞争的文化则培养儿童的竞争能力（Bakerman et al.，1990；Ceci & Roazzi，1994）。正如前面Kpelle人告诉我们的那样，皮亚杰所观察的那些发展阶段可能并不适用于所有儿童，因为这些阶段在一定程度上只反映了西方文化的期待和活动特征（Kozulin，2003；Rogoff，2003）。

社会文化理论（sociocultural theory） 强调儿童与比他们更富有知识的社会成员之间的合作对话在儿童认知发展中的作用。通过这些社会互动，儿童能够学习他们所处团体的文化（思考和行为的方式）。

这种**社会文化理论（sociocultural theory）**（也称社会历史理论）的代表人物是苏联心理学家列夫·维果斯基。他80多年前死于肺结核，当时年仅38岁。在他短暂的一生中，维果斯基撰写了逾百部著作和论文，其中一部分现在已有英译本（例如，1978，1986，1987a，1987b，1987c，1993，1997）。最初，维果斯基研究学习和发展是为了提高自身的教学水平。此后，他不断进行研究，撰写出语言与思维、艺术心理学、学习与发展、特殊儿童教育等方面的著作。他的著作因为提及西方的心理学家而被苏联政府查禁了许多年。然而在最近40年里，他的著作被重新认识、重视，他的思想逐渐成为心理学和教育领域的主流思想，对皮亚杰的许多理论做出了有益补充（Gredler，2009；Kozulin，2003；Van Der Veer，2007；Wink & Putney，2002）。

社会文化理论

列夫·维果斯基详尽阐述了发展的社会文化理论。他有关语言、文化和认知发展的思想正日益成为心理学和教育领域的主流。

维果斯基认为，人类活动是在一定的文化环境中发生的，不能脱离这些文化环境去理解人类的活动。他的一个主要思想是：我们特有的心理结构和思维过程来自于我们与他人的社会互动，这些社会互动不只影响到认知发展，事实上正是它们创造了我们的认知结构和思维过程（Palincsar，1998）。实际上，维果斯基将发展界定为“外部社会活动向内部过程的转化”（John-Steiner & Mahn，1996，p.192）。下面我们将探讨维果斯基著作中的三个主题，以便说明社会互动过程是如何促成学习和思维的：个体思维的社会源泉、文化工具（尤其是语言）在学习和发展中的作用以及最近发展区（Driscoll，2005；Wertsch & Tulviste，1992）。

一、个体思维的社会源泉

维果斯基认为：“在儿童文化发展过程中，每项功能会出现两次：首先是社会活动水平，随后是个体水平；首先是人际的（人际心理），随后是儿童内部的（内在心理）。这一规律同样适用于有意注意、逻辑记忆以及概念习得等过程，所有的高级功能都源于人类个体之间的互动。”（Vygotsky，1978，p.57）换句话说，高级心理过程，如控制注意力和思考问题等，首先在人和人之间的协作活动中产生，通过活动进行**共同建构（co-constructed process）**，然后被儿童内化成自己认知发展的一部分（Gredler，2009）。例如，在和其他人的交往活动中，儿童先是使用语言来指导其他人的行为（“不要睡觉”或“我想要饼干”）。随后，儿童能用自我言语来协调自己的行为（“小心，不要弄洒了”）。我们将在后面的章节中详述这一现象。因此，对维果斯基而言，社会互动不仅仅是一个简单的影响因素，而是儿童高级心理过程（如问题解决）的起源。请看下面的例子：

共同建构（co-constructed process） 人们之间通过互动和协商（通常是口头的）来进行理解或解决问题的一种社会过程。最终产品的形成是所有参与者合作的结果。

一个6岁的小女孩，把玩具弄丢了，向父亲求助。父亲问她最后一次看到玩具是在什么地方，小女孩说："不记得了。"父亲又问了许多问题——你把它放在房间里了吗？外面？隔壁？每次问，小女孩都回答"没有"。当父亲问："汽车里呢？"她说："我想是在那里。"于是，她跑去取玩具。（Tharp & Gallimore，1998，p.14）

"玩具在汽车里"是谁记起来的？好像既不是父亲也不是女儿，而是他们两个人一起想起来的。这种回忆和解决问题是在两个人的互动协作中完成的。孩子（和父亲）可能从中对这些策略进行内化，下次东西丢了就能用上了。到了一定时候，孩子就能够独立解决这类问题了。因此，就像找回玩具这类策略一样，高级功能首先出现在儿童和一个"指导者"之间，然后在儿童个体内部出现（Kozulin，1990，2003）。

这里还有一个关于个体思维的社会起源的例子。Richard Anderson 和他的同事（2001）研究了四年级学生在课堂小组讨论中，如何学习并使用讨论中所出现的论证图式。论证图式通常有某个特定的形式，如"我认为……（观点）因为……（原因）"，学生需要往里填充观点和原因。如一个学生可以说："我认为人不应该捕捉狼，因为它们现在没有伤害到任何人。"另一种形式是"如果……（行动）那么……（坏结果）"，如"如果不捕捉狼，那么狼会吃掉牛"。还有一种用于参与管理的形式，如"你认为怎么样，……（姓名）"或"请……（姓名）说说"。

Anderson 的研究中选择了13种有助于讨论进行的论证策略，它们能促使每个人都参与进来，表达和辩解观点，解决困惑。研究者发现，这些不同的谈话和思维策略在使用时出现了"滚雪球效应"，即一旦一个学生使用了一种有效的论证图式，这种论证图式就会在学生中散播开来，在讨论中被频繁地使用。与教师主导的讨论相比，开放性讨论——学生互相提问和回答问题——更有利于这些论证图式的发展。随着时间的流逝，这些表达、批评和辩解观点的方式就会内化成为学生个体的心理推理和决策能力。

皮亚杰和维果斯基都强调社会互动在认知发展中的重要性，但皮亚杰看到的是社会互动的另一种功能。他认为，社会互动通过产生失衡状态来促进认知发展——认知冲突激发改变。因此，皮亚杰认为最有效的互动应该发生在同伴之间，因为同伴之间的认知水平相似，能彼此提出异议。维果斯基则认为儿童的认知是在与更善于思考、思维水平更高的人（如家长或教师）的互动活动中发展的（Moshman，1997；Palincsar，1998）。当然，学生既可以向成人学习，也可以向同伴学习，还可以利用互联网进行学习。如今，互联网正跨越地域和语言的限制，在支持有效的人际沟通方面发挥重要作用。

二、文化工具与认知发展

维果斯基认为，**文化工具（cultural tools）**包括物质工具（印刷机、尺子、算盘、方格纸——现在，还要加上移动设备、计算机、互联网、为移动设备和聊天软件服务的实时翻译软件、搜索引擎、文件整理器和电子日历、为学习处于不利地位的学生提供的各种辅助技术等）和心理工具（手势和符号系统，如数字和数学系统、盲文和手语、地图、艺术作品、代码和语言），它们在认知发展中起到了非常重要的作用。例如，如果我们只知道用罗马数字来表示数量，数学思维的一些特定方式——从长除法到微积分——是难以甚至不可能形成的。而如果我们开始知道数字系统中有零、分数、正负值和无穷数，更多的思维才成为可能。数学系统是支持学习和认知发展的一个文化工具——它改变了思维过程，这种符号系统通过成人与孩子或孩子之间的正规和非正规的互动和教学活动得以传递下去。

（一）数字时代的技术工具

计算器、拼写检查器等技术工具的使用在教育界引起了一些争议。科技正在越来越多地帮助我们进行检查。我常常会依赖文字处理系统中的拼写检查器来避免写错字的尴尬，同样我也看过一些借助拼写检查器完成的学生作业，然而在对这些作业进行"拼写替换"时，学生完全依赖于文字处理系统，而缺乏自主地进行有意义的检查。计算器、拼写检查器这些技术的使用是促进了学生的学习，还是阻碍了学生的学习？不能因为过去学生在学习数学时需要纸笔的程序和练习，就认为这种学习方

> **文化工具（cultural tools）** 供一定社会中的人们交流、思考、解决问题和创造知识使用的物质工具（计算机、天平等）和符号系统（数字、语言、图表）。

式是最有效的。例如，第三次国际数学和科学评测报告（TIMSS，1998）指出，与很少使用或从未使用计算器的学生相比，每天使用计算器完成数学课程作业的学生在每项高难度测试中都有更好的表现。事实上，过去十多年的研究表明，使用计算器不仅不会损害儿童的基本技能，而且对学生的问题解决技能和数学学习兴趣都有积极的影响（Waits & Demana，2000）。

（二）心理工具

维果斯基认为所有的高级心理过程，如推理和问题解决，都是以心理工具为中介的，即心理工具支持高级心理过程，高级心理过程借助心理工具得以完成。心理工具能够帮助学生逐渐掌控自身的认知加工过程，因此儿童在使用这些工具时也在促进其自身的发展。事实上，维果斯基认为，认知发展的实质就是学会使用语言等心理工具，从而实现更高水平的思维过程和问题解决。而这些高水平的认知能力的发展，在不借助心理工具的情况下是不可能实现的（Gredler，2009；Karpov & Haywood，1998）。这一过程差不多可以这样描述：儿童跟成人或更有能力的同伴进行活动的过程中，彼此交流想法、思维方式或表征概念的方式，比如用地图来代表空间和位置，然后，儿童内化这些共同建构的想法。这样，儿童的知识、思想、态度、价值观就通过吸取社会文化及群体成员所提供的行为和思维方式得以发展（Wertsch，2007）。

在这个用符号、象征和解释来进行交流的过程中，儿童开始建立起一种“文化工具箱”，以此来理解和学习周围的世界（Wertsch，1991）。这个文化工具箱不仅包括物质工具，如方格纸或尺子等直接指向外部世界的工具，还包括心理工具，如智力活动中所需的概念、问题解决策略以及前文中提到的论证图式。儿童不只是接受从别人那里传递来的工具，他们在建构自己的表征、符号、模式和理解的同时，也在改造工具。正如皮亚杰所言，儿童的意义建构不同于成人，在数字系统等符号和象征的交流中，儿童会创造性地得出自己的理解（浣熊是小猫）。在儿童随后继续参与社会活动、继续尝试理解周围世界的过程中，这些理解也会不断发生变化（浣熊是浣熊）（John-Steiner & Mahn，1996；Wertsch，1991）。在维果斯基的理论中，语言是儿童文化工具箱中最为重要的符号系统，正是语言帮助其他工具进入文化工具箱中。

三、语言和自我言语的作用

语言在认知发展中有着十分重要的作用，它提供了表达思想、请教问题、思考类别与概念、联结过去和未来的工具。正是语言，使我们得以摆脱现实情境的束缚，去思考过去曾经怎样以及想象未来将会怎样（Das，1995；Driscoll，2005）。维果斯基认为：

> 人类特有的言语能力给儿童提供了解决困难任务的辅助工具，帮助他们克服冲动性行为，学会在解决问题前先进行计划，并在解决问题的过程中控制自己的行为。（1978，p.28）

集体独白（collective monologue） 一种言语形式，儿童在群体里讲话，但实际上并没有与其他人进行任何互动和交流。

自我言语（private speech） 儿童的自我对话，用于指导他们自己的思维和行为。最终，这些有声的外在言语将会转化为无声的内部言语。

维果斯基比皮亚杰更强调学习和语言在认知发展中的作用，他认为“思维是由语言、思维方式和儿童的社会文化经验所共同决定的”（Vygotsky，1987a，p.120）。事实上，维果斯基认为，自我言语（与自己对话）引导着认知发展。

如果你曾花时间跟孩子们相处过，你肯定知道他们玩的时候经常会自言自语。这种情况不只在孩子一个人玩的时候会出现，当一群孩子在一起玩的时候，这种情况反而出现得更频繁——每个孩子都热热闹闹地说，但没有任何实质的交流和对话。皮亚杰将这种情况称为**集体独白（collective monologue）**，同时将每个孩子指向自己的对话叫做“自我中心言语”。他认为，这种自我中心言语正表明了儿童不能从别人的角度看待世界，因此在谈话过程中他们不会考虑到听众的需要和兴趣。皮亚杰认为，随着儿童的不断成熟，尤其是当他们与同伴发生分歧时，他们的社会言语也会随之发展，并开始学会倾听和跟别人交流（或争论）。

对于儿童的**自我言语（private speech）**，维果斯基则有着截然不同的观点。他认为这些喃喃自语并不是一种认知不成熟的表现，它们在认知发展中有很重要的作用，能促进儿童自我调节能力（计划、监控、指导自己思维和问题解决的能力）的不断发展。最初，儿童的行为是由其他人调节的，通常需要借助语言和其他符号，如手势。例如，当儿童把手伸向蜡烛火苗时，父母会说："不行！"下一次儿童就学会了用同样的语言来调节其他人的行为。当其他孩子要拿走玩具时，儿童会说"不行"，甚至常常还会模仿父母的语气。在学会用外部言语调节他人行为的同时，儿童也开始学着用自我言语来调节自己的行为，在想摸火苗时会轻轻地跟自己说"不行"。最后，儿童学会用无声的内部言语来调节自己的行为（Karpov & Haywood，1998）。

例如，在每个学前班里，当儿童在玩拼图时，你都会听到四五岁大的孩子说："不行，不合适。试试这里。转一下。转一下。可能这个行。"随着儿童的成熟，这种指向自己的言语变得越来越隐蔽，从讲出来到悄悄话，再到唇语。最后，儿童只是在头脑中思考这些指导性词句。这种自我言语的使用在 9 岁左右达到顶峰，随后逐渐消失。但也有研究表明，11~17 岁的某些儿童在解决问题时仍然会不自觉地使用自我言语（McCafferty，2004；Winsler，Carlton，& Barry，2000；Winsler & Naglieri，2003）。维果斯基将这种内部言语称为"言语思维的内在平台"（Vygotsky，1934/1987c，p.279），是个体高级思维过程发展历程中一个重要的成就。

这种从可以听见的自我言语到无声的内部言语的一系列过程，再次说明了高级心理功能是如何出现的——首先出现在人与人之间的交流和彼此调节行为的过程中，然后作为一种认知过程出现在个体思维内部。通过这一基本过程，儿童学会了使用语言来完成重要的认知活动，如定向注意、问题解决、计划、形成概念、获得自我调控等。有很多研究支持了维果斯基的理论（Berk & Spuhl，1995；Emerson & Miyake，2003）。儿童和成人感到困惑、有困难和犯错误时，倾向于使用更多的自我言语（Duncan & Cheyne，1999）。你可能也这样对自己"说过"："让我想想，第一步是……""我最后一次用眼镜是在哪儿？""读完了这页，我就可以……"这些时候你都是在用内部言语来回忆、找线索、鼓励和指导自己。

研究表明，这种内部的言语思维大约到 12 岁以后才趋于稳定。因此，小学生在解决问题时仍需要不停地说话，阐述自己的推理，帮助自身学会控制思维过程（Gredler，2009）。正因为自我言语能帮助学生调节思维，因此我们应该允许甚至鼓励学生在学校中使用自我言语。如果教师要求学生在解决难题时保持绝对的安静，这样可能会使学生更难解决这个问题。要注意，当课堂上孩子们喃喃自语多起来的时候，也正是他们需要帮助的时候。

表 2—5 比较了皮亚杰和维果斯基关于自我言语的理论。请注意，皮亚杰后来接受了维果斯基的部分观点，他认同自我言语既可以是自我中心的表现，也可以用于帮助解决问题（Piaget，1962）。

表2—5　皮亚杰和维果斯基关于自我中心言语或自我言语的不同观点

	皮亚杰	维果斯基
发展的意义	代表儿童还不能接受他人观点，不能与他人交流。	代表外部思维；它的功能在于自我交流，以实现自我指导和自我定向。
发展的进程	随年龄增长逐渐减少。	年幼时增长，然后逐渐减少，从有声言语转向内部言语。
与社会言语的关系	消极的；社会化程度和认知成熟度越低的儿童，使用自我中心言语越多。	积极的；自我言语是从与他人的互动活动中发展起来的。
与环境背景的关系		随任务难度的增大出现越频繁。在需要付出更多认知努力才能解决问题的情境中，自我言语能够帮助儿童进行自我指导。

资料来源：Berk, L.E. & Garvin, R.A. (1984). Development of private speech among low-income Appalachian children. *Developmental Psychology, 20*, p.272.

四、最近发展区

维果斯基认为，不论处于哪个发展点，儿童总会遇到这样一些问题：它们似乎并不太难，但总处在自己解决能力的边缘上。此时他们只是需要多一些结构、线索、提示，又或是帮助自己记

最近发展区（zone of proximal development，简称 ZPD） 如果给予儿童恰当的帮助和支持，儿童就能完成任务的一种状态。

住一些细节或步骤、鼓励自己坚持尝试等。当然，还有另一类问题，即使每一步都已经解释得很清楚，也还是超出了儿童的能力范围。对此，维果斯基指出，儿童有两种发展水平，一种是“独立解决问题时所表现的”现有发展水平，一种是“在成人的引导或更有能力的同伴的协助下”，解决问题时所能达到的水平，两者之间的差距就是**最近发展区（zone of proximal development，简称 ZPD）**（Vygotsky，1987，p.86）。由于学生和教师不断地互动交流，因此最近发展区是一个动态的、不断变化的区域。维果斯基认为，在这个区域里进行的教学，才有可能是成功的。Kathleen Berger（2012）将这一区域称为“魔法中心”——介于学生已经知道的和暂时没有能力学习的知识之间的区域。

（一）自我言语与最近发展区

维果斯基认为，自我言语在认知发展中所起到的作用很符合最近发展区的观点。成人经常用口头言语提示和结构化指导来帮助学生解决问题或者完成任务。在后面的章节中，这种类型的帮助被称为“支架”。随着儿童自主程度的提高，这种帮助可以渐渐减少，由最初的自我言语提示到最后的内部言语。我们再来回顾一下那个丢课本的小姑娘，当她发现课本不见时，她会怎么想？可能会是这样的：

数学课本呢？上课的时候用了，下课后放进书包，坐公车的时候落在公车上，那个笨蛋 Larry 踢到我的书包，所以可能……

这个小姑娘已经可以不用他人的帮助，自己有条理地思考那本书的下落了。

（二）学习与发展的关系

皮亚杰将发展定义为知识的主动建构，而学习只是被动地形成联结（Siegler，2000）。他很关注知识的建构，认为认知发展必须先于学习——学生必须在认知上为学习做好准备。他说：“学习服从于发展，而非相反。”（Piaget，1964，p.17）例如，即使学生能记住“日内瓦是在瑞士”，但他仍然可能坚持自己无法同时出现在日内瓦和瑞士。只有当儿童发展出类包含的运算能力———个类别可以从属于另一个类别，才能真正理解“日内瓦是在瑞士”。但正如我们在前文所见，研究并未支持皮亚杰的“认知发展必须先于学习”这一观点（Brainerd，2003）。

相反，维果斯基认为学习是一个主动的过程，不需要被动地等待认知的发展。事实上，“恰当的、有组织的学习能促进心理发展，并引发大量的无法脱离学习的发展过程”（Vygotsky，1978，p.90）。他将学习视为发展的一个工具——学习推动发展进入更高水平，而社会互动在学习中起着关键作用（Glassman，2001；Wink & Putney，2002）。维果斯基关于学习推动发展进入更高水平的观点，意味着他人（包括教师）在儿童认知发展中扮演了一个重要的角色。

五、维果斯基理论的局限

维果斯基在他的理论中增加了一些重要的影响因素，即强调文化和社会过程对认知发展的作用，但他或许有些矫枉过正了。正如我们在本章所见，我们生来就具有一个认知工具，其容量可能超出了皮亚杰和维果斯基的设想。我们对事物有一些基本的理解，如“添加”能增加数量，这些可能是一种生理倾向，用来指导我们的认知发展。幼儿在向社会或教师学习之前，似乎已经对这个世界有了一定的了解（Schunk，2008；Woodward & Needham，2009）。此外，维果斯基并没有详细地说明那些发展变化背后所隐含的认知过程——哪些认知过程使儿童能够更高水平地、更独立地参与到社会活动中？然而，维果斯基理论最主要的缺陷在于，它更多只是停留在一般性的理念上。由于维果斯基英年早逝，他未能有足够的时间对其理论做进一步的拓展与完善。此后，虽然维果斯基的学生们对他的思想作了进一步的研究，但这些著作在 20 世纪五六十年代之前一直受到斯大林政府的查禁（Gredler，2005；Kozulin，1990，2003）。维果斯基理论的最后一个局限就是，尽管他本人对教学十分感兴趣，但他未能有足够的时间详述如何将他的理论应用到实际的教学中。因此，大部分关于维果斯基理论在教学中的应用，都是由其他学者提出来的——我们甚至都不知道维果斯基是否会赞同这些观点。

第五节 皮亚杰和维果斯基的理论对教师的启示

虽然皮亚杰没有具体提出什么特别的教育建议，维果斯基没有足够的时间来提出完整的应用体系，但是这两个人的理论仍可对实际教学提供某些启示。

一、皮亚杰的理论对教师的启示

与指导教师的教学相比，皮亚杰对了解学生的思维过程更加感兴趣，但他也提出了一些有关教育哲学的一般性观点。他认为教育的主要目的应当是帮助儿童学会学习，教育应当帮助学生“形成”自己的思维方式，而不是“提供给”学生一种思维方式（Piaget，1969，p.70）。皮亚杰告诉我们，只要我们仔细去“聆听”和观察学生解决问题的方式，我们就能了解到关于儿童思维特点的众多知识。了解了儿童的思维后，我们才能使教学方法和学生已有的知识、能力更加匹配。换句话说，教师应当因材施教。

尽管皮亚杰并没有根据自己的想法设计出教育方案，但他对现代教育实践的影响是极其巨大的（Hindi & Perry，2007）。例如，美国国家幼儿教育协会就已经将皮亚杰的观点融入发展适应性教育实践的指导方针中（Bredekamp，2011；Bredekamp & Copple，1997）。

（一）基于学生的思维进行教学

即使在同一个班上学习的学生，他们在认知发展水平和理论知识上都会有所不同。作为老师，当你发现学生遇到困难时，怎么判断是因为他们缺乏必需的思维能力，还是因为不知道一些基本的事实？要判断这一点，Case（1985b）建议在学生尝试解决教师所给出的问题时，仔细观察他们：他们使用的是哪一种逻辑？是不是只注意到问题情境的一个方面？是不是被事物的表象误导了？是在有步骤、系统地解决问题，还是只是在猜，猜完就把已经试过的内容忘记了？问问学生他们是怎样考虑的，倾听他们使用的策略。如果学生老是重复出现同一个错误或问题，这意味着什么？要想了解学生的思维，学生本身就是最佳的信息来源（Confrey，1990a）。

皮亚杰理论对教学的一个重要启示是Hunt（1961）多年前提出的“匹配问题”：教学不应当让学生因为学的东西太简单而厌倦学习，也不应该让学生因为学的东西太难以理解而弃之不理。Hunt认为，失衡状态必须恰到好处才能促进发展。创设一些容易犯错误的情境，有助于建立合适的失衡水平。当学生在情境中感到应该发生的（这么大的木头应该沉到水里）和实际上出现的（木头是漂着的）有冲突时，他们就会重新思考，并从中学习新的知识。

事实上，许多材料和课程都能找到与不同发展阶段的认知能力相匹配的表现形式，从而让处于不同认知发展阶段的学生都能理解。例如，《爱丽丝梦游仙境》等童话故事，可以放在具体和符号化两种理解水平上供儿童阅读。教师也可以向学生介绍一个主题，并在随后的活动中按照学生的学习需求进行个别化教学。这种使用多水平课程的教学被称为差异化教学（Hipsky，2011；Tomlinson，2005b），我们在第1章中曾有所涉及，在后面的第14章我们将会详细介绍这种教学方法。

（二）活动与知识建构

皮亚杰的基本观点是个体在建构自己的理解；学习是一个建构的过程。无论在哪个认知发展水平，我们都希望能看到学生积极地参与学习过程。皮亚杰认为：

> 知识不是现实的简单复制。了解一个物体，了解一个事件，不能只是观察它，然后形成心理表征或表象。了解一个物体应该是在活动中进行的。了解就是要去修改、改变物体，了解物体改变的过程，最终了解物体是如何被建构的。（Piaget，1964，p.8）

这种主动的活动体验，即使在低年级也不应只局限于对物体进行物理操作，还可以对课程或实验中蕴含的观点进行心理操作（Gredler，2005，2009）。例如，在讲授一堂关于不同职业的社会课后，小学教师可以拿出一张图片，上面有一个女性，然后问：“这是一个什么样的人？”在得到诸如“教师”、“医生”、“秘书”、“律师”、“售货员”之类的答案之后，教师再提示：“她是不是一个女

主动学习

对具体物体进行操作有助于儿童理解抽象关系，如符号和数量之间的关系。

儿？”接下来的答案可能就是“姐姐”、“妈妈”、“阿姨”、“孙女”等。这有助于学生变换思维的角度，注意问题情境的另一方面。下一步教师再提示“美国人”、“慢跑者”、“白肤金发碧眼的女人”。大一点的学生可能就会用一定的等级类别来描述这个女性：这是一张女性的图片，画中的女性是一个人，人是灵长类动物、哺乳类动物、动物、一种生命形式。

所有的学生都需要与教师和同伴进行互动，以检验自己的思维，接受反面意见的挑战，接受各种反馈，并观察他人是如何解决问题的。如果教师或其他同学提出了一种新的思维方式，失衡的状态自然就会产生。一般而言，学生应该动手操作、仔细观察，然后向教师或同伴说出（或写出）自己的体会。具体的经验能为思维提供待加工的内容和对象，而与别人的交流能帮助学生进行应用、检测，有时甚至能改变他们的思维策略。

二、维果斯基的理论对教师的启示

与皮亚杰相似，维果斯基认为教育的主要目的是发展高级心理功能，而非简单地记住一些事实。因此，维果斯基很可能会反对那些“这有 1 英寸深 1 英里宽”等类似琐碎事实的课程。例如，Margaret Gredler（2009）曾列出了这样一个案例：教师为 9 周的科学课程准备了一系列的材料，其中涉及水溶液、氢键结合、分离结晶等 61 个术语词汇。然而，教学材料对这些术语的解释极为简短，只有一两句话。这一案例就是典型的琐碎事实课程，维果斯基对此应该是会很反感的。

维果斯基认为，高级心理功能是借由文化工具得以发展的，并在人际进行传递。而完成这一过程至少有三种不同的方式：模仿学习（个体试图模仿其他人）、指导性学习（学习者把教师的指导内化，并用这些指导来自我调节）、合作学习（同伴团体的所有成员在互相理解的过程中共同学习）（Tomasello，Kruger，& Ratner，1993）。维果斯基更关注的是指导性学习，即通过直接指导或提供结构性经验，从而帮助另一个人学习。但他的理论同样也支持模仿和合作等形式的学习。因此，维果斯基的观点对于那些采用直接教学、有意识地采用示范教学和致力于创设合作学习氛围的教育者都会有所帮助（Das，1995；Wink & Putney，2002）。当然，这其中也包括我们。

支架（scaffolding） 为学生的学习和问题解决提供的帮助。这种帮助可能是线索、提示和鼓励，将问题分解为几个步骤，提供实例或者其他一些辅助，让学生逐渐成长为一个独立的学习者。

（一）成人和同伴的作用

维果斯基认为，儿童不是独自发现守恒或分类等认知操作的。家庭成员、教师、同伴，甚至是软件工具等都会介入这个发现过程中，并提供帮助（Puntambekar & Hubscher，2005）。大部分时候，指导是通过语言交流实现的，至少在西方是这样的。但在某些文化中，最主要的方式不是口头指导，而是让儿童观察熟练者的示范，以此来指导儿童的学习（Rogoff，1990）。一些学者将这种成人的帮助称为**支架（scaffolding）**，这一概念最早是 1976 年由 Wood、Bruner 和 Ross 提出的。这一术语巧妙地说明了这样的过程：儿童在尚未建立稳固的理解时，利用这种帮助作为支持；而当他们建立起稳固的理解后，他们最终将离开这些支持，独立解决问题。事实上，Wood 和他的同事最初使用这一术语时，他们所关注的是教师如何建立或架构学习环境，而维果斯基的理论则更强调教师与学生之间更加动态的交流，这种交流让教师能够协助学生完成他们不能独立完成的任

支架教学

维果斯基认为，教师或家长以及情境中的工具都会参与到大多数儿童的学习过程中，为儿童提供帮助或作为学习的中介，而这种指导多是以语言作为媒介的。

务，实际上就是下面将会介绍的辅助学习中的互动（Schunk，2008）。

（二）辅助学习

为了让学生成为独立的学习者，维果斯基认为教师除了设置学习环境外，还需要做许多其他的工作。我们不能也不应该期望儿童去重新发明或重新发现文化中已有的知识；相反，我们应该在他们学习的过程中提供指导和帮助（Karpov & Haywood，1998）。

辅助学习（assisted learning）或称有指导的参与，是指首先根据学生的需要确定学习内容；接着在恰当的时候给予适量的信息、提示、提醒和鼓励；然后逐渐让学生独立去做。教师可以通过多种方式辅助学生进行学习，如根据学生的水平调整材料或任务，示范解题技巧或思维过程，带领学生一步步地解决复杂问题，替学生完成一部分任务（例如，在代数学习中，学生建立方程，教师做具体计算部分，或者反过来），给予详细的反馈并允许修改，通过提问集中学生注意等（Rosenshine & Meister，1992）。第10章中将介绍的认知学徒制就是辅助学习的一种形式。表2—6举例说明了一些有效的辅助学习的策略，可供你参考。

辅助学习（assisted learning） 在学习的最初阶段提供的策略帮助，随着学生越来越独立，这种帮助逐渐减少。

表2—6 为学生提供支架的教学策略

● 为学生示范思维过程：例如，在解决问题或构思文章框架时将自己的思维过程大声地说出来。
● 为学生提供一些诸如“谁”、“什么”、“为什么”、“怎么样”、“接下来是什么”等连词或引入语。
● 替学生完成部分任务。
● 为学生提供暗示或线索。
● 鼓励学生设定短期目标和采用小步骤。
● 将新知识与学生的兴趣或已有学习经验联系起来。
● 鼓励学生使用时间轴、航海图、表格、类别图、核查表和曲线图等图表形式。
● 简化任务，阐明目的，给予清晰的指示。
● 教授关键词汇，并举例说明。

资料来源：http://projects.coe.uga.edu/epltt/index.php? title=Scaffolding#Sharing_a_Special_Goal; http://condor.admin.ccny.cuny.edu/~group4/; http://k6educators.about.com/od/helpfornewteachers/a/scaffoldingtech.htm.

三、教学与“魔法中心”

皮亚杰和维果斯基都同意，教育应该在学生的“魔法中心”（Berger，2012）或“匹配”（Hunt，1961）空间中进行——在这样的区域里，学生既不会觉得无聊，也不会感到受挫。我们应该把学生放在他们需要去努力理解但同时也能得到同伴或教师帮助的情境中。有时，能帮助一位学生解决问题的最好的“教师”，恰恰是另一位刚好能解决这个问题的同龄学生，因为这个同龄学生可能正在这位学生的最近发展区。让一个学生和另一个稍比他（她）强一点的同伴一起学习是个不错的想法——两个学生都能从相互解释、说明和质疑中受益。另外，应当鼓励学生使用语言去组织自己的思维，谈论他们正在尝试完成的任务。对话和讨论是非常重要的学习途径（Karpov & Bransford，1995；Kozulin & Presseisen，1995；Wink & Putney，2002）。下面的“实践指南”中总结了一些基于维果斯基观点所提出的教学建议。

实践指南　　维果斯基理论在教学中的应用

● 建立适合学生需要的支架。

例如：

1. 当学生刚开始新的任务或主题时，提供示范、提示、引入语、训练和反馈。随着学生逐渐掌握，减少帮助，给他们更多独立学习的机会。

2. 让学生自己选择任务的困难水平和完成任务的独立程度，鼓励他们向自己挑战，但真正进行不下去的时候，要教会他们如何寻求帮助。

● 确保学生能够获得促进思维的有效工具。

例如：

1. 教学生使用学习和组织的策略、研究工具、语言工具（维基百科、词典或电脑搜索）、电子制表软件以及文字处理程序。

2. 示范如何使用工具。例如，向学生展示你是如何使用记事本或电子记事本制订计划和管理时间的。

● 以学生的文化知识库为基础进行教学（Gonzales, Moll, & Amanti, 2005; Moll et al., 1992）。

例如：

1. 让学生互相家访，了解彼此父母的职业和关于每个学生家庭的丰富知识（农业、经济、工业、家庭管理、医学和疾病、宗教、儿童教养、烹饪等）。

2. 根据这些知识库设计学习任务，并请社区专家来评估这些任务。

● 利用对话和小组进行学习。

例如：

1. 让同伴当小老师；教学生如何提出好的问题，如何给予同伴有帮助的解释。

2. 应用第 10 章中提到的合作学习策略。

四、认知发展对教师的启示

虽然认知发展存在文化差异，也具有不同的理论解释，但仍存在某些共同的规律。皮亚杰、维果斯基和更多新近研究脑与认知发展的研究者，都会认同以下的核心观点：

（1）认知发展既需要物理环境的刺激，也需要社会因素的促发。

（2）为了发展思维，儿童需要进行心智的、物理的和言语的活动，他们需要实验、对话、描述、反思、写作和问题解决。同时，他们也能从教学、辅导、提问、解释、演示和对他们思维的挑战中获益。

（3）教授学生已经知道的知识，对学生而言是非常无聊的；而试图去教授学生还没有做好学习准备的知识，对他们而言将是挫败的和无效的。

（4）有支持的挑战性任务，是保持学生无恐惧地投身学习的关键。

▼本章小结

第一节　发展的概念

发展有哪些种类？

人类发展可以被划分为生理发展（身体的变化）、个性发展（个体人格的变化）、社会性发展（个体与社会其他成员间关系的变化）和认知发展（思维能力的变化）。

关于发展的三个问题和三个一般规律是什么？

几十年来，心理学家和公众一直在争论发展更多地取决于先天还是后天，发展是一个连续的过程还是涉及质变或阶段，以及是否存在发展的关键期。现在我们已经了解到简单的“非此即彼”是无法解释人类发展的复杂性的，发展其实是一系列因素交互影响、协同作用的结果。心理学家一般都认同：每个人是以不同的速度发展的，发展是相对有序的，发展是渐进的。

第二节　脑与认知发展

大脑的哪些部位和高级心理机能相关？

褶皱的大脑皮层布满了神经元，它有三种主要功能：从感觉器官接收信号（比如视觉或听觉信号），控制随意运动，形成联结。控制生理活动的那部分皮层最先成熟；其次是控制复杂感知的，比如视觉和听觉；最后是额叶，控制高级思维过程。

什么是偏侧化？为什么偏侧化重要？

偏侧化是大脑两边或两半球的专门化。出生后不久，大脑就开始偏侧化了。对大多数人来说，左半球在语言加工中起重要作用，右半球主要处理空间和视觉信息。即使特定功能和大脑特定的部位相关，大脑的各个部分也得相互协作才能完成复杂的活动，比如阅读和意义建构。

神经科学对教育实践有哪些启示？

近年来，神经科学借助先进的研究技术取得了丰富的研究成果，帮助我们了解到学习过程中大脑的活动以及大脑的活动模式会因个体所处的文化、自身能力与局限性而存在差异。这些发现对教育实践有一定的启示意义，然而“基于脑的教育”的支持者所提供的教学策略往往仅仅是对好的教学的重述。不过，神经科学研究能够帮助我们了解教学策略是如何起作用的。

第三节 皮亚杰的认知发展理论

影响认知发展的主要因素有哪些？

皮亚杰的认知发展理论基于这样一种假设：个体总是试图理解外界，并在对物体、人和观念的直接经验中主动创造知识。成熟、活动、社会传递、平衡都会影响思维过程和知识的发展。作为对这些影响因素的回应，思维过程和知识通过思维组织的变化（图式的发展）和适应而发展——其中适应包括同化（纳入已有图式）和顺应（改变先前已有的图式）这两个互补的过程。

什么是图式？

图式是思维大厦的基石，这些组织化的动作和思想系统使我们得以在头脑中表征或思考世界中的物体和事件。图式可能很小、很专门化（抓、辨认正方形），也可以很大、很一般化（在一个陌生的城市使用地图）。个体就是通过不断增加和组织自身的图式来适应环境的。

儿童从感知运动阶段到形式运算阶段过程中发生了哪些主要的变化？

皮亚杰认为儿童发展经历了四个阶段：感知运动阶段、前运算阶段、具体运算阶段和形式运算阶段。在感知运动阶段，婴儿通过直接感觉和动作来探索世界，掌握客体永久性和目的性动作；在前运算阶段，儿童开始符号思维和逻辑运算；具体运算阶段，儿童能对具体情境进行逻辑思考，获得守恒、逆向思维、分类和排序的能力；运用假设—演绎推理，协调一系列变量以及想象其他世界，则是形式运算阶段的标志性进步。

新皮亚杰理论和信息加工观点如何解释儿童随时间而发生的思维变化？

信息加工理论主要关注注意、记忆容量、学习策略以及其他加工技能等方面，并以此来解释儿童为了理解世界和解决问题是如何发展出规则和策略的。新皮亚杰观也关注注意、记忆和策略，以及思维在不同维度（如数字或空间关系）是如何发展的。神经科学的研究表明，当儿童在学习一门新的技能时，会先后经历三个不同的阶段：感知动作、表征和抽象。而在每一个阶段中，技能的发展都遵循着相同的发展模式：起初是完成单一动作；然后是对应——将两个动作协调起来，如在数学中同时使用加法和乘法；最后是建立起一个整合的意义“系统”。

皮亚杰理论有哪些局限？

皮亚杰理论受到批评的原因在于儿童和成人经常表现出与所处认知发展阶段不符的思维方式。另外，皮亚杰明显低估了儿童的认知能力，他认为儿童只能依靠自身获得发展，不可能通过教学获得下一阶段的运算能力。相对地，其他认知发展理论则不仅关注学生信息加工技能的发展，还特别关注教师对这一发展过程的促进作用。此外，皮亚杰的理论忽视了文化因素在儿童发展中的作用。

第四节 维果斯基的社会文化观

根据维果斯基的观点，影响认知发展的三个主要因素是什么？

维果斯基认为必须将人类活动置于其文化背景中去理解。他认为，我们特有的心理结构和思维过程来自于我们与他人的社会互动，文化工具尤其是语言是个体发展的关键因素，最近发展区是使学习和发展成为可能的一个区域。

什么是心理工具？为什么心理工具很重要？

心理工具是指符号和象征系统，如数字和数学系统、代码和语言，它们在认知发展中起到了非常重要的作用——通过激发和塑造思维来改变思维过程。许多心理工具都是成人通过正规和非正规的互动和教学活动传递给儿童的。

解释人际心理发展如何转变成内在心理发展。

高级心理过程首先出现在人与人之间的协作

活动中，是在活动中共同建构的。所谓共同建构，指的是当儿童与成人或更有能力的同伴共同参与活动时，彼此间交流想法以及思考或表征概念的方式。这些在活动中共同建构的想法最终被儿童内化。这样，儿童的知识、思想、态度和价值观就通过吸取社会文化及群体成员所提供的行为和思维方式而得以发展。

皮亚杰和维果斯基对于自我言语及其在发展中的作用有什么不同的看法？

维果斯基的社会文化观认为，认知发展取决于社会互动和语言的发展。例如，他描述了儿童在引导和监控思维和问题解决过程中自我言语的作用。而皮亚杰认为，自我言语正是儿童的自我中心的体现。维果斯基比皮亚杰更强调成人和更有能力的同伴在儿童发展中的作用，这种成人辅助为学生建立以后独立解决问题所需要的知识提供了早期支持。

什么是学生的最近发展区？

不论处于哪个发展点，总有一些问题是儿童有可能解决的，还有一些问题是超出儿童能力范围的。最近发展区就是儿童不能独立解决问题，但在成人或者更有能力的同伴的指导或帮助下能成功解决的这样一个区域。

维果斯基理论的两大局限是什么？

维果斯基可能太过于强调社会交往在认知发展中的作用了，其实儿童依靠自身就可以发展出不少能力。另外，由于维果斯基英年早逝，未能有足够的时间对其理论做进一步的拓展与完善。所幸的是，此后，维果斯基的学生和其他学者继承了他的思想，并进行了相关研究。

第五节 皮亚杰和维果斯基的理论对教师的启示

Hunt 的“匹配问题”是指什么？

匹配问题是指学生会因为学的东西太容易产生厌倦，也会因为教师教的东西太难理解而放弃。Hunt 认为，失衡状态必须是恰到好处的才能促进发展。创设一些容易犯错的情境，有助于建立合适的失衡状态。

什么是主动学习？主动学习为什么符合皮亚杰的认知发展理论？

皮亚杰的基本观点是个体在建构自己的理解；学习是一个建构的过程。无论在哪个认知发展水平上，学生都必须能把信息纳入他们自己的图式中去。要做到这一点，他们必须以某种方式对信息进行加工。这种主动的活动体验，即使在入学的最初阶段，也应该包括对物体的物理操作和对概念的智力操作。一般而言，学生应该动手操作、仔细观察，然后说出或写出自己体会到的。具体的经验能为思维提供待加工的内容和对象，而与别人的交流能帮助学生进行应用、检测，有时甚至能改变他们的思维策略。

什么是辅助学习？支架在其中起什么作用？

辅助学习或有指导的参与需要支架在适当的时候提供信息、提示、回忆线索、鼓励，然后逐渐让学生独立去做。教师可以通过多种方式辅助学生进行学习，如根据学生的水平调整材料或问题，示范解题技巧或思维过程，带领学生一步步地解决复杂问题，完成一部分任务，给予详细的反馈并允许修改，通过提问集中学生注意等。

▼复习思考题

（一）多项选择题

1. Winstel 先生很担心他的学生 Ramon。Ramon 曾经是一名明星学生，但自从上七年级后，Ramon 就沉迷于花式滑板，因此违反了校规经常被叫到校长办公室训话。此外，Ramon 还喜欢尝试一些危险动作。最近，Ramon 的父母向 Winstel 先生反映，Ramon 经常逃课，跟附近的一些大男生混在一起。下列哪个选项能最好地解释 Ramon 的这些行为？
   A. Ramon 身处的文化要求男孩到了他这个年龄，就要做出一些展现自己勇敢的行为。
   B. Ramon 的边缘系统正在逐渐成熟，但他的前额叶皮层的发展则相对滞后。
   C. Ramon 希望通过这种类似于小孩哭闹的异常行为来唤起父母的注意。
   D. Ramon 正在经历一个突触修剪期，而这正是导致青少年做出冒险行为的原因。
2. McClintock 小姐最近发现她班上有五名学生有些超前发展。这些学生的语言能力正在爆炸式增长。当班上很多学生还没学会分享时，这五名学生就已经能意识到，分享会让每个人都感到快乐。其中，有一名学生甚至能够解决守恒问题了。根据皮亚杰的理论，你认为 McClintock 小姐班上的学生处于哪个发展阶段？

A. 形式运算阶段
B. 具体运算阶段
C. 前运算阶段
D. 感知运动阶段

3. 在讲解说服性广告时，下列哪种方法会让学生印象深刻？
A. 确定学生对于该主题已有哪些知识经验，将新知识与他们的先前知识建立联系。
B. 让学生先看一些广告，并做笔记。
C. 讲解几种主要的说服他人的技术，并用一个小测验来评估学生的学习情况。
D. 让学生分组研究说服他人的技术。

4. 根据脑与学习的相关研究，下列哪种说法是错误的？
A. 没有所谓的“左脑思维”或“右脑思维”。
B. 新的神经元不断产生的过程会一直持续到成人时期。
C. 在教学和活动中，教师可以采用多种模式来调动起学生不同的感觉，从而促进他们的学习。
D. 修剪过程会损害经常使用的认知回路。

（二）开放论述题

案例：Gething 先生知道在计划教学内容时，既不能让学生感到无趣，也不能让他们感到沮丧。他也是这样做的，但是在第二学期教语言艺术课时，他还是有点不知所措，因为他班上学生的水平参差不齐。有些学生的英语还不是很熟练，而有些学生已经准备参加学校一年一度的莎士比亚戏剧节了。他知道如果将不同能力水平的学生混合分组，那么他有时就可以借助优秀的学生来帮助发展相对较慢的学生。他也知道，如果没有任何指导，学生是无法完成任何学习的。

5. 案例刚开始，Gething 先生借用了哪种学习理论？这种理论的代表人物是谁？
6. 为使发展相对较慢的学生获得成功，小组中优秀的学生可能会提供一定的帮助。请用一个专业术语来描述这种同伴间的帮助，并列举出一些相应的策略。

▼ 他们会怎么做？

回顾章前教师案例簿中的内容，看看下面几位教师是如何应对的。

Linda Glisson 和 Sue Middleton　五年级团队教师
St. James Episcopal Day school, Baton Rouge, LA

在开始授课前，我会让学生通过查词典来给“象征”（symbolism）这个词下定义［词根：“符号”（symbol）］，学生们会发现象征的意思是“代表或表征其他事物的东西”。然后我会要他们做一个简单的“跨学科”练习，把符号和象征融入他们每天的思考中。例如：（社会研究课、美国历史课）美国国旗只是一块布，为什么我们要对着它宣誓呢？为什么游行时经过国旗要行注目礼？它代表了什么？［英语课、文学课（寓言和童话）］狼常常象征（代表）什么？狮子呢？小羊呢？（艺术课）什么颜色能够体现灿烂的夏日？什么颜色能够象征邪恶、善良或纯洁？接下来我会用数学符号、科学符号和音乐符号引导学生自己找一些其他的例子，比如，什么能象征他们的假期。然后，我会告诉他们我已经把他们举出的象征的例子记下来了，通过观察学生们对练习的参与和热情程度，我就可以确定他们是否为学习那些教学材料做好了准备。

Nancy Sheehan-Melzack 博士　美术和音乐教师
Snug Harbor Community School, Quincy, MA

如果一开始给孩子呈现图形符号，接着给他们解释，这样即使很小的孩子也能理解“象征”。在一个杆子上加一个八角形，学生见到这样的符号往往会说它是“一个停止标志”。孩子们认识符号，教师要做的工作是把他们的具体经验上升到更为抽象的概念。他们的日常生活中有很多符号，孩子们自己也能画下来。小学一年级的孩子就会辨认交通符号、字母表上的字母、数字，进一步能认识到这些符号代表着方向、声音和多少。当孩子们彼此间说起这些常见的符号时，他们也能意识到彼此使用这些符号时指的是同样的意思。

Valerie A.Chilcoat　五、六年级高级教师
Glenmount School, Baltimore, MD

关于象征的具体实例必须来自于学生自己的世界。街道的标志，尤其是那些包含图案而非文字的符号，都是非常好的例子。但这些具体的符号和诗歌中的象征还不完全一样，教师需要帮助学生建立具体和抽象之间的联系，简单的歌谣就是这样一种方法。它能够激励学生去读或听，提供了很多用一种事物充当另一种事物的实例。这种方法也可以用在低年级教学中，如让学生接触一些包含象征的诗歌。

Karen Boyarsky　五年级教师
Walter C.Black Elementary School, Highstown, NJ

只需要去理解学生的反应，你就能对他们的思维方式有很多的了解。如同可能使用的其他评估工具一样，知道如何去理解学生的反应也是相当重要的。在这里，很明显，学生被“象征”这一概念弄糊涂了。对多数五年级学生来讲，要理解这一概念是很困难的，只能慢慢来。一种方法是向学生展示一些常见符号的图片，如麦当劳的金色拱形、耐克的斜钩，或者美国塔吉特百货公司的商标。此时，可以让学生试着解释每个符号所代表的意义，接着组织学生讨论，为什么厂商会选择符号而不是单词来做商标。另一种方法是让学生解释用“像”或“如”的比喻。比如，“Sue 像花一样美丽”。教师可以引导学生理解，作者是用花来象征 Sue 的外貌。

第3章
自我、社会性与道德发展

教师的案例簿

你会怎么做？

或许以前你也见过这种情形，但今年在你就职的中学里，这种情况似乎特别严重：一群学校里受欢迎的女生，正在合伙极力排挤某些女孩，而这些女孩曾经也是这个女生群体的一分子。她们被排挤的主要原因是因为她们“不合群”，例如穿得不够时尚、长得不够漂亮、对男生不感兴趣等。为了让自己跟“不合群”的女孩划清界限，那些受欢迎的女孩会散布一些不利的谣言来攻击她们昔日的好友，并泄露她们还是好朋友时对方分享给自己的秘密。最近，你发现一个被排挤的女孩 Stephanie 给她曾经最好的朋友 Alison 写了一封很长且感情真挚的邮件，询问她为什么要这样对自己。令人没想到的是，受欢迎的 Alison 却将这封邮件转发给全校学生，这让 Stephanie 倍感羞辱。自从这件事情发生以后，Stephanie 已经三天没来上学了。

想一想：

- 你会怎么处理 Stephanie 和 Alison？
- 你还会对其他学生说些什么?
- 在你的教学过程中，如果遇到这种情况，你会怎么处理?
- 回想过去的求学经历，你是否也遭遇过类似 Stephanie 或 Alison 的情形?

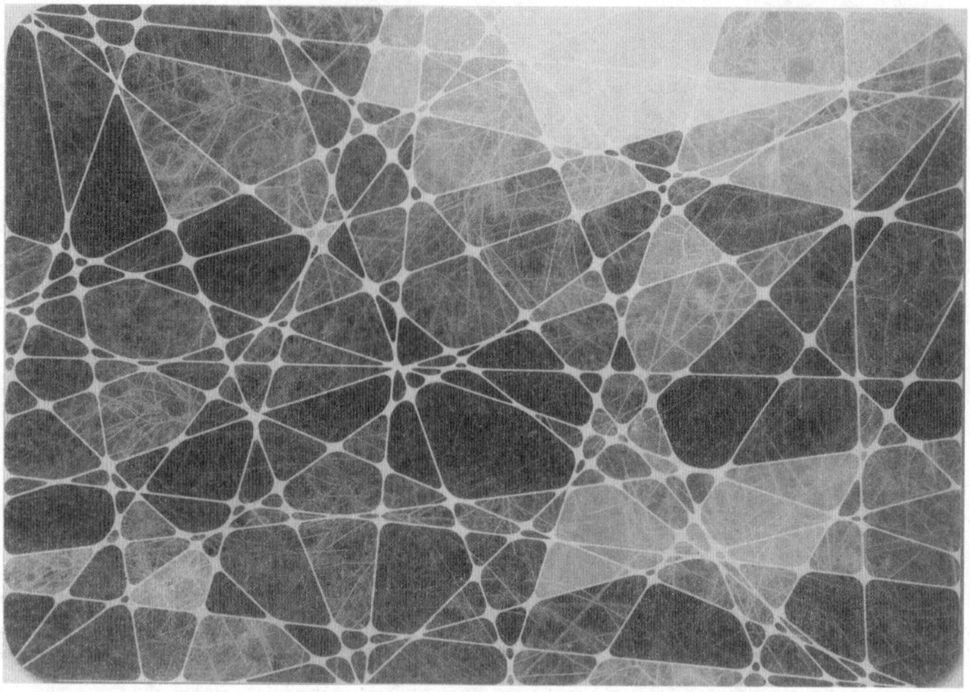

概览与目标

除了认知发展，学校教育还涵盖很多方面。当你回想自己的求学经历时，什么令你印象最深刻？是那些最重要的学术知识还是关于情感、友谊、恐惧的记忆？在本章中，我们会探讨个性、社会性和道德的发展。

首先，我们将探讨发展的一个基本方面——随学生成熟而发生的生理变化，这一变化影响着其他方面的发展。接着，我们会介绍尤里·布朗芬布伦纳（Urie Bronfenbrenner）的生态系统理论，并以此为框架探讨影响儿童个性和社会性发展的三个主要因素：家庭、同伴和教师。随后，我们将探讨个体是如何通过自我概念和同一性（包括种族—民族同一性）来认识自己的。埃里克·埃里克森（Erik Erikson）的心理社会理论为我们观察这些发展提供了很好的理论视角。最后，我们会探讨道德发展。哪些因素决定了我们的道德观？教师如何培养诚实、合作等个人品质？为什么有些学生在完成作业时会作弊？教师应当如何处理这种情形？

学完这一章后，你应该能：

- 描述在孩童时期和青少年时期，个体生理发展的一般趋势及其群体差异。
- 论述布朗芬布伦纳的生态系统理论中的各个成分会如何影响个体的发展。
- 论述父母教养方式与儿童发展之间的关系。
- 描述自我概念和自我同一性发展的一般趋势及其群体差异。
- 阐述现有的道德发展理论。
- 阐述积极的同伴关系（友谊）和消极的同伴关系（攻击行为）会如何影响儿童的社会性发展。

第一节　生理发展

本章将主要探讨个性和社会性发展，但我们先从生理发展这一备受个体和家庭关注的发展开始谈起。

停下来　想一想

你现在多高？你是几年级时长到现在这么高的？在中学阶段，你是班上最高的还是最矮的，还是中等水平？你知道有些学生因为外表原因经常被其他同学取笑吗？对你来说，生理上的发展对你的自我感觉有多重要？

一、生理与运动发展

对大多数儿童来说，至少在最初几年中，成长意味着长得更高大、更强壮和更协调，这些变化可能使人感到惊慌、失望、兴奋或困惑。

（一）学前阶段

学前阶段的儿童非常活跃。在最初的几年中，他们的大运动（大肌肉）技能发展得很快。在 2 岁到四五岁之间，学前儿童的肌肉变得更强壮，大脑能更好地整合动作相关的信息，平衡感增强，身体重心下移，因此他们能做到跑、跳、爬和单脚跳。一般而言，2 岁之前的儿童都在蹒跚学步，他们的步伐非常笨拙，走路会左右摇摆。而到了 2 岁，大多数儿童都能较为平稳地走路了，他们的步伐变得日趋流畅和富有律动。3 岁的儿童大多能完成跑、投掷和跳等动作，但这些动作直至四五岁才能变得娴熟。如果儿童的生理机能正常并有玩耍的机会，大多数运动能力都会自然发展起来；但对于那些有生理缺陷的儿童，可能需要特殊训练才能发展这些能力。因为儿童还不会判断什么时候应该停下来，因此在长时间运动后他们需要有规律的休息（Darcey & Travers，2006；Thomas & Thomas，2008）。

至于精细运动技能，如穿鞋或系纽扣，则需要细小动作的协调。这些技能在学前期同样发展得很快。学校应提供大的画笔、粗的铅笔或蜡笔、大的乐高玩具、大张的画纸和松软的黏土供学前儿童使用，以适应他们未发育完善的技能。这一期间，儿童将表现出他们对左手或右手的偏好，这一偏好将会伴随他们一生。到了 5 岁，90% 左右的儿童倾向于使用右手，10% 左右的儿童倾向于使用左手，并且偏好左手的男孩多过女孩（Feldman，2004；Hill & Khanem，2009）。这种偏好是有遗传基础的，因此不要轻易尝试改变儿童的偏好。

（二）小学阶段

在小学阶段，大多数儿童的生理发展都是相对稳定的，他们变高了、瘦了，也更强壮了，因此他们能更好地从事体育运动和游戏。然而，儿童彼此间存在很大的差异。某些儿童可能长得比平均水平要高很多或矮很多，但仍然非常健康。这个年龄阶段的儿童已经意识到生理上的差异，但他们说话时比较直接，不够婉转，因此你可能会经常听到他们在谈论：“你太小了，不应该上五年级，你是不是有什么毛病？”“你怎么这么胖？”

整个小学阶段，很多女孩会和班上的男孩子一样高或比他们更高一些。平均而言，11 岁到 14 岁之间的女孩子比同龄的男孩子更高且更重一些。这种差异使女孩子在生理活动方面占据优势，但有些女孩对此感到很矛盾，因此也并不看重自己的体能（Woolfolk & Perry，2012）。

（三）青春期

青春期（puberty）标志着性成熟的开始。它并不是某个单一方面的发展，而是涉及身体几乎每个部分的一系列变化。那些在小学后期出现的生理发展中的性别差异，到了青春期早期就表现得更加明显了。但这些变化需要时间。女孩进入青春期后，最先被觉察到的变化就是乳头的生长和乳房的发育，欧裔美国女孩和欧裔加拿大女孩开始发育的时间大约是在 10 岁。差不多同年龄，男孩也开始发育，他们的睾丸和阴囊正在逐渐变大。一般而言，在 12 岁

青春期（puberty）　青少年期达到生理上的成熟并具备生育能力。

初潮（menarche） 女性第一次的月经期。

遗精（spermarche） 男性第一次的射精。

体质指数（body mass index，简称BMI） 体内脂肪的测量指标，可由身高、体重计算得到。

和13岁之间，女孩会经历人生的第一次月经期，即**初潮（menarche）**；男孩则会经历人生的第一次射精，即出现**遗精（spermarche）**。而在随后的几年里，男孩开始长胡子。有些男孩可能迟迟未长胡子，但不用太担心，胡子发育的时间最晚会到十八九岁。当然，除了性特征的发育，青春期也会带来一些令人不太愉快的变化，比如皮肤出油、长痘和体臭。

就身高而言，女孩的个子长得很快，到十五六岁就基本达到顶峰了。这种性别的差异导致在小学后期，很多女孩的个子会超过班上的男同学。男孩的发展则相对滞后，在十五六岁后还需要几年身高才能逐渐趋向顶峰，很多男孩到了19岁左右才不再长高。但无论是男孩还是女孩，在25岁之前，都有可能缓慢地长高（Thomas & Thomas，2008；Wigfield，Byrnes，& Eccles，2006）。非裔和拉美裔的美国青少年达到身高顶峰的年龄相对较早，而亚裔的美国青少年则相对较晚。

（四）早熟与晚熟

心理学家很关注早熟和晚熟的青少年在学业、社会性和情感上的差异。早熟，对女孩来说可不是件好事，因为长得比班上同学更高大或更"成熟"，并不符合很多文化所鼓励的女性形象（Jones，2004）。在很多国家，尤其是那些崇尚以瘦为美的国家，早熟常常会带来各种情绪问题，如抑郁、焦虑、进食障碍等（Steinberg，2005）。早熟还可能会导致女孩的学业成绩落后、药物和酒精的滥用、意外怀孕和自杀，以及更高的乳癌患病率。环顾全世界，早熟与很多国家的青少年问题有关。如在芬兰，早熟与贪食症的发生率、饮酒等有关；在挪威，早熟与自杀、饮酒有关；在澳大利亚，早熟可能会导致抑郁和焦虑（Mendle et al.，2007）。另外，研究还发现来初潮的年龄与成年后的**体质指数（body mass index，简称BMI**，体内脂肪的测量指标）有关。平均而言，女性越早经历初潮，成年后的BMI越高（Harris et al.，2008）。晚熟的女孩遇到的困难可能会少一些，但她们会担心自己有什么毛病，为什么迟迟未发育。此时，成人的安慰和支持是非常重要的。

对男孩而言，早熟意味着越受欢迎。比同伴相比，早熟的男孩身体会更高一些，肩膀更宽一些，体形也更符合传统的理想男性形象。相对地，晚熟的男孩则不太符合理想男性的标准，他们体格比较小，也不够强壮。而这可能导致晚熟的男孩会有些自卑。实际上，大众的审美标准已经发生了改变，变得日益多元和包容（Harter，2006）。近年来的研究更发现，对男孩而言，早熟的弊大于利（Westling，Andrews，Hampson，& Peterson，2008）。对白种人、非裔和墨西哥裔的美国男孩来说，早熟可能意味着有更多的问题行为（Cota-Robles，Neiss，& Rowe，2002）。另外，早熟的男孩更可能出现抑郁、吸烟、酗酒等问题（Westling et al.，2008）。

对晚熟的男孩而言，他们可能会在刚开始面临更多的困难。但有研究表明，晚熟的男孩成年后会更有创造性、容忍性和理解力。可能晚熟所带来的考验和焦虑，使得这些男孩成为更好的问题解决者（Brooks-Gunn，1988；Steinberg，2005）。如果能意识到成熟的"正常年龄范围"其实很大，而早熟和晚熟各有优势，这对所有学生来说都是有益的。如何应对班上学生的生理差异，下面的"实践指南"会给你一些建议。

体形各异的学生

青少年身体的变化对个体同一性的形成有重要影响。心理学家很关注早熟和晚熟的青少年在学业、社会性和情感上的差异。

实践指南　应对班上学生的生理差异

- 重视学生的生理差异，但不必过分关注。

例如：

1. 不要明显按身高来安排座位，但要尽量安排个子矮的学生坐在合适的位置——既能看到黑板，也能很好地参与班级活动。
2. 可以玩一些依靠体形、力量获胜的游戏和运动，但同时也要组织一些展示学生认知、艺术、社交、音乐等方面能力的游戏和运动，如根据动作猜字谜的游戏或画画等。
3. 教师不要根据身体特点来给学生起外号，也要禁止学生之间这样做。
4. 确保班上有足够的专供左利手使用的剪刀。

- 帮助学生获得有关生理发展差异的正确信息。

例如：

1. 开设讲授生长速度性别差异的科学课程。
2. 提供一些有关早熟和晚熟的差异、方便学生阅读的书籍或材料，确保学生理解每种情况的优点与缺点。
3. 了解学校在性教育和对学生进行非正式指导方面的政策。例如，一些学校鼓励教师和那些因第一次月经而烦恼的女孩谈心，另一些学校则希望教师将这些女孩送到校医院的护士那里，让护士与她们交谈。
4. 从文学作品或学生群体中，找到那些虽不具备理想的生理特征但仍然取得高成就的个体，为学生提供榜样。

- 理解青少年对外表和异性的关注会占用他们很多的时间和精力。

例如：

1. 课后允许学生有一些时间用于社会交往。
2. 在课程相关的资料中，讨论这些与生理差异有关的主题。

二、游戏、休息和体育活动

蒙台梭利（Maria Montessori）曾说过“游戏就是儿童的工作”，皮亚杰和维果斯基想必也赞同这样的观点。近期，美国儿科学会宣称“游戏对发展来说是必不可少的，它有利于儿童和青少年认知、生理、社会性和情感等方面的健康”（Ginsburg，2007，p.182）。我们知道大脑的发展需要适当的刺激，而游戏能够在不同年龄阶段为发展提供刺激。事实上，一些神经学家认为游戏有助于儿童时期大脑的突触“修剪”过程（Pellis，2006）；还有一些心理学家则认为游戏能让儿童安全地体验、了解周围的环境，尝试新行为，解决问题以及适应新环境（Pellegrini，Dupusis，& Smith，2007）。感知运动阶段的婴儿通过探索、吮吸、拍打、摇晃、投掷等方式与环境互动；前运算阶段的学前儿童喜欢玩扮演类游戏，他们会在游戏中形成符号、使用语言与他人互动，并且开始进行一些简单的、有固定规则的比赛；小学阶段的儿童也喜欢幻想，但他们开始玩更为复杂的游戏和运动，在这个过程中他们学习合作、公平、协商，体验成功与失败，并发展出更为复杂的语言；随着儿童发展进入青春期，游戏对他们的生理和社会性发展依然有着重要的作用（Woolfolk & Perry，2012）。

鼓励学生参加体育锻炼，有充足的科学依据。Phillip Tomporowski 和他的同事们（2008）回顾了已有关于体育活动和认知发展的研究，总结出“系统的运动计划的确能促进某些心理过程的发展，这些心理过程将有助于个体克服学业和人生道路上的挑战”（p.127）。另一些研究者则发现，亚洲国家的学生普遍在阅读、科学和数学测验中表现优于美国学生，部分原因可能是亚洲学生每天在学校休息的次数多于美国学生。一项研究以11 000名八九岁的学生为被试，发现与没有课间休息或很短课间休息时间的儿童相比，每天有15分钟或更多课间休息时间的儿童在课堂上的表现更好（Barros，Silver，& Stein，2009）。这种课间休息对于那些注意力缺陷多动障碍（ADHD）的儿童尤为重要。事实上，课间休息次数更多时，可能被诊断为ADHD的学生（尤其是男孩）会更少（Pellegrini & Bohn，2005）。

学校应当鼓励和促进学生参与体育活动。这对出生在贫困家庭的儿童或身体有残疾的儿童更为重要。不幸的是，为了腾出更多的时间应对考试，学校正在不断地缩减休息的时间（Ginsburg，2007；Pellegrini & Bohn，2005）。但美国联邦政府已经意识到体育运动的重要性。2004 年美国国会通过了一项法律，要求接受政府资助的教育机构（涵盖了绝大多数学校）必须制定相应的健康教育规划。美国心脏协会等多个部门指出，作为健康教育规划的一部分，所有的儿童和青少年应当每天至少进行 30 分钟的强度不等（中等强度到高强度）的体育运动（McKenzie & Kahan，2008）。我们之所以关注体育运动，很重要的一个原因是有越来越多的儿童患上肥胖症。我们将在下面介绍这方面的内容。

三、生理发展中的挑战

生理发展是没有秘密可言的，每个人都能看到你有多高、多矮、多胖、多瘦、肌肉发不发达，或是体型协调不协调。随着学生进入青春期，他们感觉自己“站在舞台上”，好像每个人都在评价自己；生理的发展也是被评价的一部分。因此，生理发展会影响到心理发展（Thomas & Thomas，2008）。

（一）肥胖症

如果你稍微留意一下最近的新闻，就会了解在美国肥胖症是个日趋严重的问题，尤其是儿童患者的比率越来越高。事实上，自 1971 年以来，2 ～ 19 岁期间各个年龄阶段的儿童患肥胖症的比率都翻了一番（Centers for Disease Control，2009）。肥胖症通常是指那些与年龄、性别和体格均相同的儿童相比，体重超过平均体重20% 以上。表 3—1 说明了肥胖症发展的趋势。

表3—1 日益增多的肥胖症儿童

（表中的数据摘自美国国家卫生统计中心所做的国家健康与营养评估调查。）

美国儿童和青少年超重率（2 ～ 19 岁）				
	调查时期			
	1971—1974	1976—1980	1988—1994	2007—2008
2 ～ 5 岁	5%	5%	7.2%	10.4%
6 ～ 11 岁	4%	6.5%	11.3%	19.6%
12 ～ 19 岁	6.1%	5%	10.5%	18.1%

资料来源：Centers for Disease Control and prevention. http://www.cdc.gov/obesity/childhood/data.html.

肥胖症会给儿童和青少年带来很多疾病和危害：糖尿病、骨头与关节紧张、呼吸方面的问题；他们成年后更容易出现心脏方面的问题。肥胖症也会影响儿童与同伴玩耍和参加体育运动。另外，患有肥胖症的儿童经常会被同学取笑和嘲讽。与儿童发展的其他方面一样，众多相互影响的因素共同导致了肥胖症发病率的增高，其中包括不正常的饮食、遗传因素、看电视和玩电子游戏的时间增多以及缺乏运动等（Woolfolk & Perry，2012）。然而对很多儿童来说，生理发展还面临着另一种挑战——体重不是太重，而是太轻了。

贪食症（bulimia） 一种进食障碍，特点是暴饮暴食，再通过自我催吐或服用泻药将食物排出体外。

神经性厌食症（anorexia nervosa） 一种进食障碍，特点是摄取非常少的食物。

（二）进食障碍

处于青春期的青少年非常在意自己的身体，这本来是很正常的。但当今社会对身材和形象的重视，使得青少年太在意自己的身材是否符合“标准”。青春期男孩和女孩都会不满意自己的身材，因为自己不符合杂志和电影中理想男人或女人的形象。对于女孩来说，与朋友谈论外貌之类的话题，可能会让她们对自己更加不满意（Jones，2004）。某些青少年会过度在意身材以至于产生进食障碍，如**贪食症（bulimia）**和**神经性厌食症（anorexia nervosa）**，而这两种症状在女性中更为常见。贪食症患者常常暴饮暴食，一次性吃下一桶冰淇淋或是整个蛋糕，但为了防止变胖，吃完后他们会迫使自己呕吐，或是服用泻药，以排出多余的热量。虽然这样做能使贪食症患者维持正常的体重，但他们的消化系统会受到永久性损伤。

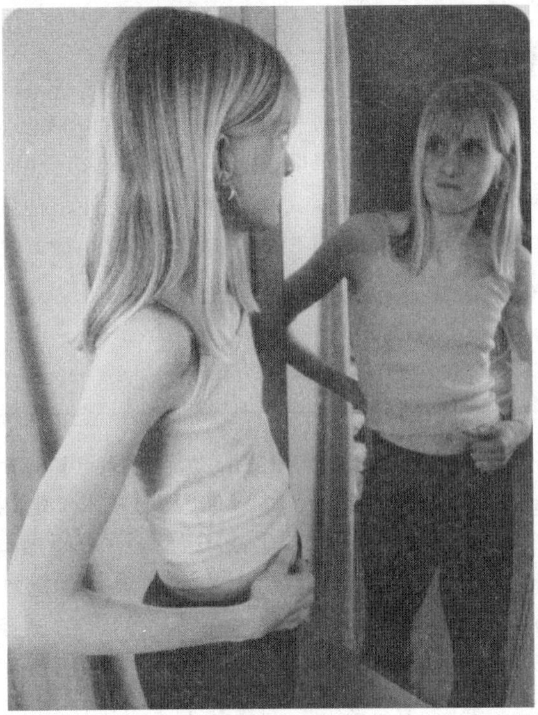

不要离我而去

患有厌食症的学生需要专业帮助——不要忽视任何一个患病的征兆。教师可能是最早发现并帮助学生解决这些问题的关键人物。

厌食症是一种更为严重的进食障碍，因为厌食症患者经常拒绝吃东西，或几乎不吃任何东西，但同时却经常过量运动。在这个过程中，他们的体重可能会减轻 20% ～ 25%，其中一些人（20% 左右）甚至会活生生把自己饿死。厌食症的学生看起来脸色很苍白，指甲非常脆弱，身上的毛发细而发暗。他们很容易觉得冷，因为体内脂肪太少，无法使身体保温；也常感到沮丧、缺乏安全感、闷闷不乐、孤独；一些女生甚至会停经。这类饮食不正常的情况通常从青少年时期开始出现，而且变得越来越普遍——约有 1% 的青少年（主要是女性，也有部分男性）是厌食症患者（Rice & Dolgin，2002）。这些学生需要专业的治疗和帮助，因此家长和教师应当注意每一个患病的征兆。但事实上，只有不到三分之一的进食障碍患者能真正得到治疗（Stice & Shaw，2004）。教师可能是最早发现并帮助学生解决这些问题的关键人物。下面的“实践指南”将告诉你该如何帮助青少年建立积极的身体意象。

当然，个体的发展绝不仅限于生理方面。接下来，我们将会介绍个性和道德的发展。首先，我们会探讨尤里 · 布朗芬布伦纳的理论，看看他是如何在环境背景中考察个体的发展的。

实践指南　帮助学生建立积极的身体意象

- 聆听学生关于自身健康方面的谈话。

例如：

1. 当他们谈到自己打算减肥的时候，适时地加入他们的谈话中，一起探讨健康体重、身体意象、文化对年轻人的影响等方面的话题。
2. 当他们谈到自己或朋友打算节食的时候，适时地加入他们的谈话中，从健康营养的角度为他们阐释关于当下流行的各种节食方法的迷思、误解及其危害。
3. 留意学生的话语，一旦青少年对健康方面的问题发表了一些自己的见解，教师就可以把握机会，就身体意象与他展开有意义的对话。

- 询问学生一些问题。

例如：

1. 你是否很在意自己的体重（身形或大小）？你觉得身边的朋友在意他们的体重吗？你或你的朋友会经常谈论你的体重吗？
2. 你知道节食是减肥或保持体重最差的一种方法吗？你节食过吗？为什么？
3. 你知道只摄取低脂或无脂食物是不健康的饮食方式吗？你知道我们需要从食物中摄取脂肪吗？你知道没有脂肪，我们会出现各种健康问题吗？

- 确保学生在遇到身体意象方面的困扰时，有足够的资源寻求帮助。

例如：

1. 提供准确的、适合年轻人的资源，供他们阅读、网上浏览或图书馆查阅。
2. 鼓励学生在遇到身体意象方面的困扰时，与你、健康专家、其他信任的教师或关心自己的、有智慧的长者就这方面的问题进行交流。
3. 将一些意象方面的话题纳入日常的课程教学中。

资料来源：Story, M., & Stang, J. (2005). Nutrition needs of adolescents. In J. S. M. Story (Ed.), *Guidelines for adolescent nutritional services*. Minneapolis, MN: University of Minnesota, pp. 158–159.

第二节　发展的社会背景

我们将通过探索尤里·布朗芬布伦纳（Urie Bronfenbrenner，1917—2005）的工作来考察个体发展的社会背景因素。布朗芬布伦纳出生于俄国莫斯科，6 岁时随家人迁往美国，1938 年在康奈尔大学获得心理学和音乐双学位，1942 年在密歇根大学获得心理学博士学位。在漫长的职业生涯里，他曾担任美国军队的临床心理学家，也曾是密歇根大学和康奈尔大学的教授。此外，他还是美国开端计划（Head Start，针对学前儿童）的创始人之一。

一、背景的重要作用和生态系统模型

背景（context） 内在和外在的环境和情境，会与个体的思维、情感和动作相互作用，并最终决定个体的发展和学习。

生态系统模型（bioecological model） 布朗芬布伦纳提出的理论，认为影响个体发展的社会和文化环境是一个嵌套结构，每个人都是在微观系统中发展的，这个微观系统包含于中间系统，中间系统又被嵌入外部系统中，这三个系统都是某一文化的宏观系统中的一部分。此外，所有的发展都发生在特定的时间段内，并受到时间段的影响。因此，生态系统还包括一个历时系统。

教育心理学家和发展心理学家日益关注环境的作用。**背景（context）**，是指环绕在个体的思维、情感和动作的周围，并与个体的这些活动相互作用，最终决定个体的发展和学习的所有环境因素。发展中的个体既会受到内部环境的影响，也会受外部环境的影响。例如，身体内的激素既是大脑等器官发育的环境，也是青少年自我概念发展的环境。但在本书中，我们主要关注个体以外的环境因素。儿童成长于家庭，但同时也是某一特定种族或民族、语言、宗教和经济群体中的一员。儿童与邻居们生活在同一社区，但他们也会接受学校教育，成为某个班级、球队或合唱团的一员。另外，社会工程、教育计划以及政府制定的相关政策也会影响儿童的生活。这些环境因素向儿童提供了学习和发展的基石——资源、支持、奖惩、期望、教导、示范、工具等，并以此影响着儿童行为、信念和知识的发展（Dodge，2011；Lerner，Theokas，& Bobek，2005）。

背景也会影响人们如何对行为进行解释。例如，当陌生人接近一个 7 个月大的婴儿时，如果周围环境是陌生的，这个婴儿很可能会哇哇大哭；但当陌生人出现在家里时，婴儿可能就不会哭了。再比如，与生活在大城市的成人相比，生活在小城镇的成人更愿意去帮助陌生人（Kagan & Herschkowitz，2005）。再请你设想一下“电话铃响”的情景：一个是下午 3 点钟，一个是凌晨 3 点钟，你会有什么不同的想法？如果是你之前打给别人并留下口信让他打过来呢？你此前已经接过无数个电话了，还是今天的第一通电话？你才刚坐下来准备吃饭呢？可见，背景不同，电话铃声的意义和你的感受也会变化。

布朗芬布伦纳关于发展的**生态系统模型（bioecological model）**（Bronfenbrenner，1989；Bronfenbrenner & Morris，2006）认为，我们所处的物理和社会环境是一个生态系统，系统中各成分总是在持续不断地交互作用和相互影响着。正如图 3—1 所示，我们每个人都生活在一个微观系统中，这个微观系统包含于中间系统，中间系统又嵌入外部系统，这三个系统都是宏观系统中的一部分——就像俄罗斯套娃（一种玩具），层层镶嵌。此外，所有的发展都发生在特定的时间段内，并受到时间段的影响。因此，生态系统还包括一个历时系统。

微观系统包含了个体直接的人际关系和活动。对儿童而言，微观系统可能就是与家人、朋友或教师建立的亲密关系以及游戏、学习等活动。微观系统中的各种关系都是双向的，即个体与其他元素是相互影响的。例如，儿童影响父母，同样父母也会影响儿童。中间系统是指微观系统中各种元素之间一系列的相互作用和关系——家庭成员间的相互作用或是家庭成员与教师的相互作用。同样，这些关系也是双向的——教师影响父母，父母对教师也有影响，而父母和教师的相互作用会最终影响儿童。外部系统包括所有对儿童产生影响的社会环境，即使儿童并不直接参与到该系统中。例如，教师与管理者、校董会的关系，父

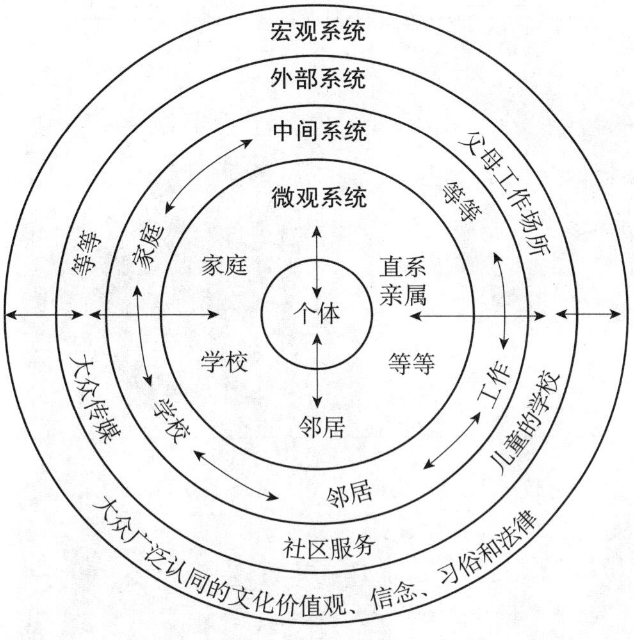

图 3—1　尤里·布朗芬布伦纳关于人类发展的生态系统模型

个体的发展是在一个微观系统（如家庭、朋友、学校活动和教师等）中进行的，这个微观系统包含于中间系统（所有微观系统中元素的相互作用），中间系统又嵌入外部系统（尽管儿童并未直接参与，但对他们的发展仍会产生影响的社会环境，如社区资源、父母的工作场所等）；这三个系统都是宏观系统（更大的拥有特定法律、习俗和价值观的社会环境）中的一部分。此外，所有的发展都发生在特定的时间段内，并受到时间段的影响。因此，生态系统还包括一个历时系统。

母的工作，社区提供的卫生、工作或休闲等方面的资源，家庭的宗教信仰等。宏观系统是一个更大的社会环境，里面包含相应的价值观、法律、习俗和传统。

二、家庭

个体发展的最初环境是母亲的子宫，科学家们正逐渐认识到这一最初发展环境的重要性——准妈妈的压力水平、营养、吸烟、饮酒和服用药物、运动和总体健康水平等都会对婴儿发展造成影响。很显然，在出生前家庭对个体的发展就有了影响，但出生后家庭还会对个体产生很多新的影响（Woolfolk & Perry，2012）。

（一）家庭结构

在美国，自 20 世纪 70 年代以来，在单亲家庭长大的儿童比例已经翻了一番。约有 10% 的儿童是非婚生子，其中 89% 的儿童和未婚妈妈生活在一起。事实上，大约仅有一半的儿童在成长过程中未遭遇父母离异（Amato，2006；Schoen & Canulas-Romo，2006）。现在越来越多的儿童生活在**混合家庭（blended families）**中，在他们的生活中有同父异母或同母异父的兄弟姐妹加入或离开。一些学生可能和姑姑，或爷爷奶奶，或父母一方，或寄养家庭成员、收养家庭成员，或某个哥哥或姐姐住在一起。在亚洲、拉丁美洲或非洲等文化中，儿童通常生活在**扩展家庭（extended families）**中——和爷爷奶奶、姑姑、叔叔以及堂兄弟姐妹生活在同一屋檐下，或者至少每天都有密切的接触。此外，在美国还有数百万的同性恋家庭。由于同性恋家长为保护自己的孩子免受歧视和偏见，会隐瞒自身的性取向，因此很难获得准确的统计数据。由于上述种种情况，因此教师在和学生交谈时，最好不要用"你的父母"、"你的妈妈和爸爸"，而是用"你的家人"。

研究发现，无论儿童由谁抚育，抚育者之间的确存在不同的教养方式。

混合家庭（blended families） 由于再婚使得父母、子女和继子女生活在一起的家庭。

扩展家庭（extended families） 不同的家庭成员——爷爷奶奶、姑姑、叔叔以及堂兄弟姐妹等生活在同一屋檐下，或者至少每天都有密切的接触。

多元的家庭结构

在美国，仅有25%的家庭是由有婚姻关系的父母以及与父母均有血缘关系的儿童所组成。很多家庭还包括祖父母、收养的儿童、寄养的儿童、继子女等成员。家庭结构可能是由两个妈妈或两个爸爸组成，可能是混合家庭或单亲家庭，还有其他多种可能。

（二）教养方式

Diane Baumrind（1991，1996）基于自己的研究，提出了著名的**教养方式（parenting styles）**理论。她早期主要从事一个以100名学前儿童（主要来自欧裔美国中产阶级家庭）为对象的纵向研究。通过对儿童、父母的观察以及对父母的访谈，Baumrind及其同事发现，根据父母在温暖和控制两个维度上的高低水平不同，可以划分出四种不同的教养方式：

（1）权威型（高温暖、高控制）给儿童设定明确的界限，要求儿童遵守规则，期望儿童有成熟的行为。但与此同时，父母能给予儿童很多的温暖。他们能倾听子女讲他们关心的事情，告诉儿童遵守规则的原因，给予儿童更多的民主选择权。这种类型的父母较少惩罚儿童，更多地给予指导，并帮助儿童学会认真思考自己的行为会导致什么后果（Hoffman，2001）。

教养方式（parenting styles）　与儿童互动以及教养儿童的方式。

（2）专制型（低温暖、高控制）在与儿童相处时看起来很冷酷无情，而且控制欲很强。这种类型的父母总是期望儿童能很快成熟起来，并且按父母的话办事——“我怎么说，你就得怎么做！”父母与儿童之间没有太多的情感交流。父母对儿童的惩罚很严厉，但不会滥用惩罚。他们很爱儿童，只是没有表达出来。

（3）放纵型（高温暖、低控制）给儿童温暖并且养育儿童，但他们很少制订规则或者告诉儿童行为的后果，对儿童能做出成熟的行为不抱太大的希望，因为“他们只是孩子”。

（4）拒绝型/忽视型/不作为型（低温暖、低控制）对儿童漠不关心，也不会费心控制儿童的行为、与儿童沟通或教育他们。

专制型、权威型和放纵型的父母都很爱他们的子女，并且尽力做到最好——只是他们对什么是最好的教养方式存在不同的看法。一般而言，不同的教养方式可能会导致儿童有不同的感受和行为。至少对欧裔美国中产阶级家庭的儿童而言，权威型父母的子女在学校里表现出色，对自己很满意，与他人相处融洽，专制型父母的子女更容易产生负罪感和抑郁情绪，放纵型父母的子女往往不能处理好与同伴的关系——因为他们习惯了我行我素（Berger，2006；Spera，2005）。

当然，极度的放纵就会变成溺爱。溺爱型的父母会满足子女每一个无理取闹的要求——他们可能感觉顺着孩子的意愿比违背孩子的意愿更轻松、更容易。溺爱型和拒绝型/忽视型/不作为型的教养方式对儿童的发展都是有害的。例如，研究者让3 407名九至十二年级的欧裔美国儿童描述父母对自己的教养方式以及自己对同伴群体的偏好，结果发现，那些在不作为型教养方式下长大的学生，尤其是女生，更倾向于加入“派对党”（partyers）、“瘾君子”（druggies）等与成人价值观相悖的团体（Durbin，Darling，Steinberg，& Brown，1993）。

（三）文化与教养

大部分关于教养方式的研究都关注欧裔美国中产阶级家庭。但文化不同，家庭的教养方式也会有一定的差异。研究表明，对于非裔的美国学生以及某些亚裔学生而言，父母控制的程度越高，教养方式越专制，学习成绩反而越好（Glasgow，Dornbusch，Troyer，Steinberg，& Ritter，1997）。如果教养方式是严格的、指导性的，告知具有明确的规则和行为后果，同时具有高水平的温暖和情感支持，那么在这种教养方式下成长的城市儿童会拥有更高的学业成绩和更好的情感发展（Garner & Spears，2000；Jarrett，1995）。但如果生活在不同的文化价值观里，或生活在治安情况较差的郊区，父母的控制性高是合适的，甚至是必需的（Smetana，2000）。此外，在那些尊敬长辈、以集体为中心而不崇尚个人主义的文化中，如果把父母要求孩子服从命令的做法看成是“专制”，显然是不对的（Lamb & Lewis，2005；Nucci，2001）。实际上，Ruth Chao（2001；Chao & Tseng，2002）的研究对 Baumrind 有关亚洲家庭的结论提出了挑战。Chao 认为，“训练”这种教养方式能更好地表述亚洲和亚裔美国家庭的教养方式。

有关拉美裔家庭的研究也对欧裔美国家庭教养方式的普适性提出了质疑。通过一个精心设计的观察系统，Melanie Domenech Rodríguez 及其同事们发现了教养方式的第三个维度，即父母是否给予儿童足够的自主权（能够自由地做决定）。研究者发现，几乎她们所研究的所有家庭都可以划分为保护型（高温暖、高控制 / 高要求、给予儿童较少的自主权）和权威型（在所有维度均为高水平，高温暖、高控制 / 高要求、给予儿童较多的自主权）。此外，研究者还发现，这些拉美裔的家庭会对女孩有更高的要求，并给予较少的自主权（Domenech Rodríguez，Donovick，& Crowley，2009）。

教养方式的跨文化研究

Ruth Chao 关于亚裔美国家庭教养方式的研究结果，对已有的基于欧裔美国父母和儿童的教养方式模式提出了挑战。此外她还探讨了父母不会说英语时，儿童充当翻译或“语言中介”是否会对他们的心理健康以及与父母的关系有所影响。

无论你所面对的学生来自何种家庭，下面的“家庭和社区合作实践指南”或许能给你一些帮助，有助于你与学生的家庭进行良好的沟通。

家庭和社区合作实践指南　与家庭建立联系

1. 与家庭合作，共同找出家庭参与教育的方法。提供一系列可能的计划，确保这些计划适合你所面对的家庭，并切实可行。

2. 记住，有些家庭成员可能在学校有过不愉快的经历，或是害怕、不信任学校和教师。尝试在学校之外的地方和他们沟通，如在球赛开始前或结束后，或是在当地的教堂、休闲中心。去那些家长可能去的地方，不要总是期望他们会来学校。

3. 通过电话或便条等方式定期与家庭保持联系，如果有些家庭没有电话，则需要确定一个联系人（该家庭的亲戚或朋友）帮助传递信息。如果家长不识字的话，可以借助图画、符号和代码进行沟通。

4. 确保每次交流都是积极正面的，强调发展、进步和成就。

5. 和家长一起设计家庭活动，以庆祝学生的努力和成功，如一场电影、特别的饭菜、去公园或图书馆、外出吃冰淇淋或比萨等。

6. 通过便条，以文字或图画的方式定期向家长报告学生所取得的进步。要求家长注明他们是如何庆祝这些进步的，并将便条返还给教师。

7. 给学生家里打电话，讨论学生所取得的进步，回答家长提出的问题，征求家长的意见，并对学生家庭所给予的支持和帮助表达谢意。

8. 鼓励家长参观学校并观摩课堂教学。

资料来源：Fantuzzo, J., Davis, G., & Ginsburg, M. (1995). Effects of parent involvement in isolation or in combination with peer tutoring on student self-concept and mathematics achievement. *Journal of Educational Psychology, 87,* pp.272–281.

（四）依恋

人与人之间形成的情感联结称为**依恋**（attachment）。最初的依恋是建立在儿童和父母或其他照顾者之间的，而这种联结的质量可能会影响随后人生中其他关系的建立（Thompson & Raikes，2003）。与照顾者之间形成安全型依恋的儿童，他们在有需要时会及时得到安慰，更有自信去探索世界，可能是因为他们知道自己可以依赖照顾者。而形成不安全型或紊乱型依恋的儿童，在与照顾者互动时可能会表现出害怕、难过、紧张、过分依赖、拒绝或生气。一些研究表明，专制型的教养方式与不安全型依恋的形成有关。但正如上面所提到的，很多因素会影响教养方式发挥作用（Roeser，Peck，& Nasir，2006）。

依恋（attachment） 与他人建立情感上的联结，最初发生在儿童与父母或家人之间。

依恋的质量对教师也有影响。例如，在学前阶段与父母形成安全型依恋的儿童会较少依赖教师，并与其他小朋友相处融洽。进入学校后，安全型依恋与成就测验分数、教师对其社会胜任力的评估，甚至是低辍学率均呈正相关（Roeser，Peck，& Nasir，2006）。在后面的章节中，我们将介绍研究者新近关注的依恋议题，即学生与教师、学校的依恋会如何影响学生的发展。

（五）父母离异

美国是世界上离异率最高的国家之一。一些分析家估计，在20世纪90年代第一次结婚的夫妻中，有40%～50%的人已以离异告终，而第二次或第三次婚姻的离异率甚至更高（Amato，2001；Schoen & Canulas-Romo，2006）。正如我们很多人从自己家庭的经历中了解到的，即使在最好的环境下，分居和离异对所有的当事人来说都会带来压力。父母真正分居之前，要么是家庭矛盾已经持续了很多年，要么显得非常突然，让所有人感到震惊，包括朋友和孩子。在离异过程中，可能会因财产和监护权的抉择而使冲突加剧。父母离异后，更多的变化可能会扰乱孩子的生活，比如获得监护权的父亲或母亲可能不得不搬进新的社区，可能需要工作更长的时间。对孩子来说，这意味着在他们最需要支持的时候，却不得不离开原来的邻居和原来学校里的好朋友。即使在一些少见的案例中——夫妻之间很少发生冲突，家庭有良好的经济基础，离异后仍能获得很多朋友和扩展家庭的支持——离异对于任何人来说，也永远不会是件轻松的事情。但对于儿童来说，与其在一个充满矛盾、冲突的家庭中长大，也许父母离异是更好的选择。“对于任何家庭来说，毁灭性冲突都会伤害父母和儿童的健康。”（Hetherington，2006，p.232）

不管对男孩还是女孩来说，父母离异后的前两年可能都是最困难的时期，而这对刚进入青春期的青少年（10～14岁）尤为艰难。近来有研究发现，与女孩相比，男孩更难适应父母的离异。这可能是因为母亲通常会获得监护权，而这会导致男孩在家中缺乏一个男性角色的榜样（Fuller-Thomson & Dalton，2011）。父母离异后，孩子可能在学校里出现很多问题或者干脆逃学，体重不正常地增加或减少，出现失眠和其他方面的问题。但对父母离异的适应是因人而异的，一些孩子可能会因此变得更有责任感，更加成熟，应变能力也有所提高（Amato，2006；Amato，Loomis，& Booth，1995；APA，2004）。随着时间的流逝，75%～80%左右的离异家庭儿童都能逐渐适应，并且在一定程度上适应良好（Hetherington & Kelly，2003）。下面的“实践指南”是关于教师如何帮助离异家庭学生的建议。

三、同伴

儿童的成长离不开同伴群体。Rubin及其同事们（2005）区分了两种同伴群体：社交圈和帮派。社交圈（cliques）通常是由3至12名儿童以友谊为枢纽所组成的小群体，这种同伴群体在儿童中期更为常见。帮派（crowds）的组织则相对松散，成员间的联系也相对疏远，彼此之间可能不存在互动。

停下来　想一想

回想高中生活，你的朋友中是不是有些来自于某些同伴群体，如“正常人”、“时尚人物”、“智囊团”、“运动队”、“派对党”、“瘾君子”以及其他的群体？你们学校最主要的帮派有哪些？你的朋友们是如何影响你的？

实践指南　　帮助离异家庭的孩子

- 记录学生任何一个突如其来的行为变化，它们可能表明家庭出现了问题。

例如：

1. 关注学生的身体症状，如反复的头疼或胃痛、体重剧增或剧减、疲乏或精力过剩等。

2. 警觉学生不良情绪的征兆，如喜怒无常、脾气暴躁、注意力无法集中等。

3. 让家长了解学生有压力的信号。

- 与学生个别交谈，讨论他们态度和行为上的变化，可以借此了解是否发生了不寻常的压力事件，如父母离异。

例如：

1. 做一个好的聆听者，因为可能没有其他成年人愿意去倾听他们的心声。

2. 让学生了解你可以和他们交谈，并让学生来决定谈话的时间。

- 注意你的语言，避免形成对“幸福”（双亲）家庭的刻板印象。

例如：

1. 课堂上尽量使用“你的家人”，而不是说“你的父亲和母亲”。

2. 避免使用诸如“我们需要妈妈的协助”或“你爸爸会帮你”这类语句。

- 帮助学生维持自尊。

例如：

1. 对出色的工作给予认可。

2. 确保学生能理解作业，并能完成作业。这个时期不适合增添新任务或加大任务难度。

3. 学生可能对自己父母不满，却把火气撒在教师身上，所以不要太在意学生的愤怒。

- 发现学校可利用的资源。

例如：

1. 与学校心理学家、辅导咨询师、社会工作者或校长谈论特别需要帮助的学生。

2. 考虑建立一个讨论小组，由受过训练的成人主持，帮助学生度过父母离异的阶段。

- 明确了解父母双方的知情权。

例如：

1. 如果父母双方有联合监护权，他们都有权利了解孩子的情况和出席家长会。

2. 没有监护权的家长可能仍然关心孩子在学校的进步。与校长一起了解法律上无监护权的父母的权利。

- 了解学生因奔波于离异父母双方家庭而产生的一些“长期问题”。

例如：

1. 学生与离异父母一方共同生活时，可能会将书本、作业、运动服遗忘在另一方的家里。

2. 离异父母可能收不到学校通知，因此没有按时到学校接孩子或是错过了家长会。

（一）帮派

很多青少年会加入一些大型的帮派，以获得一种身份的认同（例如，Terrice是“运动队”的成员，Lou是“智囊团”成员，Olivia是“瘾君子”的成员）。Laurence Steinberg及其同事的研究发现，在学校里存在诸如“运动队”、“智囊团”、“时尚人物”、“瘾君子”这样的同伴团体或群体，而团体中的成员往往拥有共同的行为和态度（Durbin，Darling，Steinberg，& Brown，1993；Sternberg，1996，1998）。Steinberg对威斯康星州和加利福尼亚州的9所高中、两万名学生进行了为期3年的调查，结果发现，同伴会鼓励特定的行为、嘲弄他人，而这些形成了特定的校园文化，最终影响到教师的行为。在Steinberg等人的调查中，每5个学生中就会有1个学生说到，他的朋友曾经捉弄过那些想在学校里当“好学生”的同学。Steinberg发现，40%左右的学生学习只是在做做样子，90%左右的学生曾经抄过别人的作业，66%的学生在最近一年考试中作过弊。Steinberg认为，学生缺乏学习投入的部分原因可能是同伴压力，因为对于大部分青少年而言，“同伴，而非父母，是决定他们是否积极投入学校并努力学习的最主要因素”（1998，p.331）。下面让我们更详细地了解同伴的影响。

（二）同伴文化

不同的学生群体都有自己的一套规则，如穿衣风格、说话方式、发型、沟通方式等，这些被称为**同伴文化（peer cultures）**。同伴群体会决定哪些活动、音乐或学

> **同伴文化（peer cultures）** 儿童或青少年群体所拥有的一套规则和规范，尤其涉及特定的穿着、外表、音乐、语言、社会价值观以及行为等。

生是他们喜欢的或讨厌的。例如，Jessica是一名受欢迎的高中女生，当询问她所在群体的规则时，她毫不费劲地就能说出：

第一点，衣服。除了星期五，其他时间都不能穿牛仔裤，一周以内扎马尾和穿运动鞋的次数不能超过一次；星期一是特别的日子——可以穿黑色的短裤或裹胸的裙子，让别人知道你有多么可爱，免得他们过了周末就忘了。第二点，派对。当然，我们会坐下来讨论去哪个派对，因为我们不想打扮得漂漂亮亮地去参加一些没有意思的派对。（Talbot，2002，p.28）

同伴文化鼓励成员遵从群体的规则。当Jessica所在群体中的一个女孩，星期一穿了牛仔裤去上学，Jessica就会问她："为什么你今天穿了牛仔裤？你忘了今天是星期一吗？"（Talbot，2002，p.28）Jessica说，如果发生这种情况，她所在的群体就会惩罚这个"叛徒"，不允许她和群体成员一起吃午饭。而这种惩罚已经实施了好几次了。

为了解同伴的力量，我们有必要看看当父母的价值观及兴趣与这些同伴文化发生冲突时，哪个的影响会更大。在这些比较中，同伴通常在时尚及社交方面的影响更大，而父母在道德、职业选择及宗教上则有更大的影响（Harris，1998）。当然，并不是同伴文化的所有方面都是不好的，一些团体的规范是积极的，因此能够促进学生获得学业上的成功。

（三）社交圈与友谊

友谊是学生生活的重心。当学生与朋友发生争吵时，当其他人散播流言并且联合起来排挤某个学生时（就像本章开头介绍的Alison和Stephanie），其结果可能是毁灭性的伤害。除了"退出"团体所带来的直接的精神创伤，同伴关系还会影响学生在学校里的动机和成就（A. Ryan，2001）。一项研究表明，与至少拥有一个朋友的学生相比，没有朋友的六年级学生表现出更低的学业成就、更少的积极社交行为以及更多的不良情绪，而这一结论即使两年后依然成立（Wentzel，Barry，& Caldwell，2004）。朋友的个性和友谊的品质也很关键。与有社交能力且成熟的朋友保持稳定的、相互支持的关系，能够促进学生社会性的发展，尤其是在困难时期，如父母离异或刚刚转学时，这一作用更加明显（Hartup & Stevens，1999）。那些被同伴排挤的儿童可能更少参与课堂学习活动，因此他们的学业成就较低；到了青春期，更可能会辍学；成年时也可能面临更多的问题。例如，被排挤的带攻击性的学生，成年后出现犯罪行为的可能性更大（Buhs，Ladd，& Herald，2006；Coie & Dodge，1998；Fredricks，Blumenthal，& Paris，2004）。

穿着规则及其他

同伴文化会设定一些规则，如穿衣风格、行为方式等，并以此来决定哪些活动、音乐或学生是他们喜欢的或讨厌的。

（四）受欢迎性

如何判断学生是否受欢迎？我们可以通过观察学生或根据家长和教师的评定得到答案。但评定学生受欢迎性最常见的方法是询问学生们两个问题：你喜欢这个小孩吗？你眼中的这个小孩是什么样的？根据上述两个问题的答案，我们就可以区分出一个群体中的四种儿童（如表3—2所示）。

正如表3—2所示，受欢迎的儿童（评定中得分较高的儿童）可能有积极或消极的行为表现。被拒绝的儿童由于攻击性较高，不够成熟，社会技能也比较差，在交往中表现出退缩等原因，他们在评定中得分较低。有争议的儿童所得到的评价则是彼此冲突的，他们既表现出积极社会行为，也表现出消极社会行为。被忽视的儿童几乎是"透明人"，因为他们的同伴很少提及他们。但关于"被忽视的儿童很焦虑或社交退缩"的说法，目前还没有定论（Rubin et al.，2005）。

（五）谁可能会有同伴问题？

儿童和青少年一般很难接受那些与众不同的事物或同学。当班上的学生已经形成了固定的同伴群体后，那些在体形、智力、民族、种族、经济或语言上有所不同的新学生，会受到排挤。而那些带有攻击性、性格内向、散漫多动的学生，则更有可能受到排斥。但班集体的气氛也很重要，尤其对于那些带攻击性、性格内向的学生，更是

表3—2　　怎样才能受欢迎？

受欢迎的儿童
受欢迎的亲社会儿童：这些儿童在学业和社交上均有优秀的表现。他们在学校中的表现良好，与同伴相处融洽。当他们与其他儿童意见不合时，他们会有恰当的反应，并能采取有效的策略化解冲突。
受欢迎的反社会儿童：有攻击性的男孩通常会被归入这种类型。他们的体格可能比较健壮，而他们那些欺凌同学、挑衅成人权威的行为，在其他同学看来很"酷"。
被拒绝的儿童
被拒绝的攻击型儿童：这类儿童常会与同伴发生冲突，行为上多表现出多动和冲动的特点。这些儿童的观点采择能力很差，自控力也较弱。他们常常会误解他人的意图，推卸责任，在生气和受到伤害时会用攻击性行为来表达自己的情绪。
被拒绝的社交退缩型儿童：这类儿童比较害羞和孤僻，常常是被欺凌的对象。他们不太懂得如何与人交往，常常在社交中表现出退缩行为，以此来避免别人的嘲笑和攻击。
有争议的儿童
这类儿童既有积极的社交行为，也有消极的社交行为，因此他们在群体中的社会地位是随时间发生变化的。他们会在某些情境下表现出敌对和破坏性行为，但随后在与他人的互动中又表现出积极的亲社会行为。这类儿童有自己的朋友，并且通常对自己的同伴关系感到满意。
被忽视的儿童
可能令人惊奇的是，这类儿童大多都适应良好。与其他儿童相比，他们的社交能力也不算差。同伴们会认为他们比较害羞，但他们自己并不觉得孤独或对现有的社交状况感到不满。因此，他们不会像社交退缩型儿童那样，经历极端的社交焦虑或在社交过程中过分谨慎小心。

资料来源：Woolfolk, A., & Perry, N. E. (2012). *Child and adolescent development*. Columbus, OH: Pearson, p. 416.

如此。如果班级总体的攻击性水平很高，那么带攻击性的学生可能更少会受到同伴的排斥；如果班上的学生更习惯于独自玩耍和学习，那么性格内向也未必会招来同伴的排斥。因此，受排斥的部分原因可能仅仅是这些学生与班上大部分人不同。无论班集体的气氛如何，分享、合作和友好的互动这些亲社会行为，都可以帮助学生融入集体中。很多高攻击性和性格内向的学生，往往缺乏这些社交技能。散漫多动的学生经常会误解社交线索，或是没办法控制自己的冲动，最终导致他们也缺乏这些社交技能（Coplan，Prakash，O'Neil，& Armer，2004；Stormshak，Bierman，Bruschi，Dodge，& Coie，1999）。教师应当了解每个学生与团体相处的情况。是否有被排挤的情况？尤其是在小学高年级和中学阶段，成年人的细心介入，通常都能很好地纠正这些问题（Pearl，Leung，Acker，Farmer，& Rodkin，2007）。

四、教育每一位学生：教师的支持

由于一周当中的多数时间，学生都是与教师一起度过的，因此教师在学生的个性和社会性发展中扮演着十分重要的角色。有时候，教师是帮助学生解决情感或人际问题的最好人选。对那些生活在混乱、不稳定家庭的学生而言，他们需要一个温暖而稳定的学校环境；需要教师设定明确的规则，并且前后一致、坚定（但非惩罚性）地执行规则，需要教师尊重、真诚地关心他们。中学阶段，教师的喜爱能消除掉被同伴孤立的负面影响。对那些只有一两个朋友的学生而言——他们并没有被孤立，只是被忽视了，如果得到教师的喜爱和支持，他们仍然能在学业和社交上适应良好。

作为教师，你可以与学生讨论个人问题，但不要强迫他们进行这种讨论。我有一个当教师的学生，曾经送过一本名为"痛苦想法"的日记本给她班上的一个男孩，让这个男孩写下对父母离异的感受。有时候这个男孩会跟教师分享日记的内容，但有时男孩只是独自记录自己的感受，而这位教师也非常注意尊重男孩的隐私。

什么样的教师是一位好教师？有研究者对此问题进行了探索。研究者曾要求学生描述出自己心目中的"好老师"，结果发现学生心目中的"好老师"应当具备以下三个特质：首先，关心自己的学生，拥有良好的师生关系；其次，有效地管理和组织班级，拥有教师权威，但不会采取过于严格或"卑鄙"的手段；最后，能很好地激励学生——通过创新和改革让学习变得有趣，激发学生学习。与权威型的教养方式类似，权威型的教学策略有助于建立良好的师生关系，激发学生的学习动机（Noguera，2005；Woolfolk Hoy & Weinstein，2006）。我们会在第 12 章谈到动机的问题、在第 13 章谈到班级管理的问题，现在我们先来谈谈关心和教学的问题。

（一）教师对学生的关心

在过去的近 20 年里，众多研究已经证实良好的师生关系对每个年龄段的学生都具有重要意义（Davis，2003）。教师可以用眼神交流、放松的身体姿势和微笑等行为来表达喜爱和尊重学生，这样能有效地促进学生对教师的喜爱、对课程的兴趣以及完成学业的动机（Woolfolk & Perry，2012）。例如，我的一位博士生曾对中学数学课堂进行研究，发现学生感受到的教师对自己的情感支持和关心，与他们学习数学的努力程度有很大关系（Sakiz，Pape，& Woolfolk Hoy，2008）。Tamera Murdock 和 Angela Miller（2003）发现，即使控制了父母及同伴对学习动机的影响后，八年级学生感知到的教师对自己的关心与其学习动机仍存在显著的相关。

学生将教师的关心分为两种：一种是学业上的关心——建立高的、合理的期望，帮助学生达到这些目标；另一种是对个人的关心——耐心，尊重学生，有幽默感，愿意倾听，关心学生的个人问题。成绩好的学生认为，学业上的关心特别重要；而那些成绩很差、经常逃课的学生则认为，对个人的关心才是最为重要的（Cothran & Ennis，2000；Woolfolk Hoy & Weinstein，2006）。实际上，对得克萨斯州一所高中的研究表明，墨西哥学生或墨西哥裔的美国学生认为教师的关心是自己关心学校的先决条件。换句话说，在他们关心学校之前，他们需要被关心（Valenzuela，1999）。但不幸的是，在那所高中，绝大部分非拉美裔的教师希望在他们对学生投入关心之前，学生能够关心学校。而对于很多教师而言，对学校的关心就意味着学生要表现得中规中矩。

教师与学生对关心有着不同的看法，而这最终导致了师生间彼此的不信任。在感受到来自教师发自内心的关心前，学生是不愿意配合教师工作的；而在学生表现出尊重和合作之前，教师也不愿意增加对学生的关心。这些被忽视的学生常常预期自己将会受到不公正的待遇，因此只要感受到一点点不公正，他们就会表现出反抗教师的防卫性行为。面对这种情况，教师会变得更加严格，并惩罚学生。而教师的这些行为，会让学生更加不信任教师，更加警戒和挑衅。相应地，教师也会更加不信任学生，从而进一步采取控制和惩罚的措施。如此便进入了恶性循环的轨道（Woolfolk Hoy & Weinstein，2006）。

当然，学生需要教师关心他们的学业，但他们也需要教师关心其个人方面的问题。1999 年，Katz 访问了八名从拉丁美洲移民来的中学生，得出以下结论：

> 一方面，对学生怀有高期望但不给予关心，就是给学生设定了一个缺乏成人支持和帮助、无法独立完成的目标；另一方面，教师一味地给予关心，但缺乏应有的期望，这样就变成危险的家长式教育，这种作风的教师只为那些“处境困难”的年轻人感到遗憾，但从不要求他们在学业上有所成就；而对学生既有高期望又给予关心，则会令学生的人生产生巨大的改变。（p.814）

总之，关心不仅仅是在课堂上示范和教学时友善地对待学生，更为重要的是绝不放弃自己的学生（David，2003）。

（二）教师与受虐儿童

毫无疑问，关心学生的一个重要方面就是保障他们的权益，及时介入和保护那些受虐儿童。在美国，很难统计出受虐儿童的准确数字，因为有很多个案未被报告出来。但相关部门每年都会接到大约 300 万例虐待和忽视儿童的报告，最终被证实的有 90 万例。也就是说，每 35 秒内就会有一个儿童被虐待或忽视（Children’s Defense Fund，2010；U.S. Department of Health and Human Services，2007）。当然，并不一定都是父母虐待儿童，兄弟姐妹、其他亲戚，甚至是教师都有可能对儿童实施身体虐待和性虐待。

作为教师，如果你发现可疑的虐待情况，必须报告校长、学校心理学家或社工。在美国，几乎所有联邦和地方法律，均要求专业人士（通常包括教师）报告可疑的虐待儿童事件。在许多州，法律对虐待的定义已经扩展到包括忽视以及没有提供恰当的照顾和监护。作为教师，必须充分了解你所在地区关于这方面的法律法规和教师相应的道德责任。在美国，每天至少有四个儿童死于虐待或成人的忽视，很多情况是因为没有人愿意伸出援手（Children's Defense Fund，2011）。即使有些受虐儿童幸免于难，他们也付出了很大的代价：与非受虐儿童相比，这些身体受虐的儿童在学校表现出更多的攻击性，更经常留级，也更需要接受特殊教育服务（Roeser，Peck，& Nasir，2006）。你如何发现儿童受虐的征兆呢？表 3—3 列出了一些可能出现的征兆。

表3—3 儿童受虐待的征兆

（下面是儿童受到虐待的一些征兆。当然，并不是每一个出现这些征兆的孩子都受到了虐待。但一旦发现这些情况，就需要格外注意。）

	身体征兆	行为征兆
身体虐待	• 儿童没来上学或过完周末后，会定期出现原因不明的淤青和鞭痕（处于不同的愈合阶段）、皮带扣或电线形状的伤痕、人咬过的伤痕、刺伤及头上秃块 • 原因不明的烧伤或烫伤，尤其是烟头烫伤、熨斗形状的烫伤、因绳子摩擦导致的烧伤、浸泡式烧伤（袜子或手套形状） • 原因不明的骨折、撕伤或擦伤（处于不同的愈合阶段） • 造成儿童举止“笨拙”或“更容易发生意外”的伤害	• 行动不自在，抱怨疼痛 • 自残 • 极端的退缩或攻击行为 • 不喜欢身体接触 • 很早到校、很晚离校，好像很害怕 • 慢性的、程度日趋严重的离家出走（青少年） • 穿不合时令的衣服，用高领、长袖以遮掩身体 • 频繁地逃学
身体忽视	• 被遗弃 • 无人注意其生理问题或就医需要 • 长期的疲劳，缺乏精力 • 很少甚至没有监护 • 总是饥饿，衣着不当，个人卫生糟糕 • 长有虱子，胃部胀大，身体消瘦	• 在课堂上打瞌睡 • 偷东西吃，向同学乞讨 • 说在家里无人照管 • 经常不上学或迟到，或尽可能在学校里待到很晚 • 自残 • 违法
性虐待	• 走路或坐下有困难 • 生殖器官疼痛或瘙痒 • 内衣被撕裂、弄污或有血迹 • 外生殖器有淤伤或出血 • 性病，尤其是在进入青春期之前 • 经常性的泌尿系统感染或宫颈感染 • 怀孕	• 不愿意去健身房或上体育课 • 退缩，长期消沉 • 角色颠倒，过分关心兄弟姐妹 • 滥交，过于招摇诱惑 • 同伴问题，不爱参与群体活动 • 体重大幅度变化 • 有自杀倾向（尤其是青少年） • 缺乏自尊，自我贬低，缺乏自信 • 玩不适宜的性游戏，或性早熟，频繁地手淫，与玩具娃娃或填充动物玩具发生性行为 • 学业上突然出现困难

资料来源：美国多个州和国家预防儿童虐待网站：美国卫生部，www.childwelfare.gov/pubs/usermanuals/sexabuse/sexabusec.cfm；宾夕法尼亚州，www.pa-fsa.org/about_child_abuse_neglect/indicators_of_child_abuse.aspx；新泽西州，www.state.nj.us/dcf/abuse/indicators/。

五、社会与媒体

作为教师，你所要面对的每一个学生，都是在一个充满各种媒体、移动设备和机械的世界里成长起来的。据统计，2010 年有超过 70% 的学生在自己的卧室里拥有一台电视。这是一个多么令人震惊的数字！很多学生，甚至在很小的时候，就有了电脑和手机（Rideout，Foehr，& Roberts，2010；Turkle，2011）。每年，学生使用现代科技手段的比率都在不断增加（Nielsen，2010）。2010 年，12 ～ 17 岁的青少年中有 75% 的个体拥有自己的手机。图 3—2 呈现了 12 ～ 17 岁的青少年使用不同科技产品联系朋友的情况。

近期 Nielsen 调查公司的一项报告指出，青少年平均每个月发送和接收 3 339 条短信，也就是每天有超过 100 则的短信（Nielsen，2010）。他们还有时间做其他的事情吗？这些短信要求即时的注意。一个高二学生告诉 Sherry Turkle（2011），在他的朋友圈中，一旦收到短信必须尽快回复，最迟不能超过 10 分钟。正如这名高中生所说：

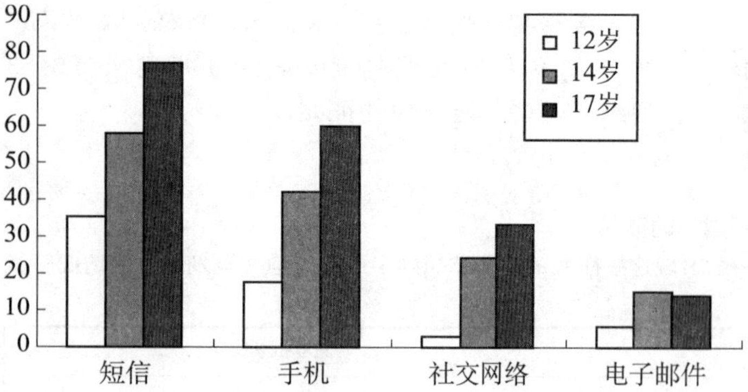

图 3—2 科技与朋友联络

图中为 12、14、17 岁的青少年为日常联系朋友使用科技产品的情况。他们还有时间学习吗？

资料来源：Lenhart, A. (2010). *Teens, cell phones and/texting: Text messages become centerpiece communication*. Washington, D. C.: Pew Research Center.

"短信给人带来压力。"（p. 266）这种压力意味着同伴甚至家长"总是在线"。一旦他们发来短信，这名学生就必须马上回复，哪怕他是在上课，他都得偷偷在桌子底下或把手放在书包里发短信。现在，学生和成人会把更多的时间花在科技上，而非彼此身上。事实上，这种借助手机、电脑、iPad 以及其他电子设备所建立起的即时的、肤浅的联系，是无法帮助学生与他人形成更深的亲密关系的。但现实情况却是这种联系整天占据着我们的思想，使我们不停地分心（Turkle，2011）。每天发送和接收超过 100 则的短信，Facebook（著名的社交网络）上出现一则新消息就不能专心听讲。面对这样的学生，教师该如何进行教学呢？这些是作为教师的你，在教学前必须解决的问题。

第三节 同一性与自我概念

什么是同一性？同一性和自我概念或自尊有差别吗？我们是怎样开始了解他人和我们自己的？在本节中，我们将探讨个体的同一性及其对自我的感觉是如何形成和发展的。你会发现，这些方面的发展与第 2 章的认知发展遵循相同的模式。儿童对自己的了解起初是具体的，有关自我和朋友的早期观念都是从直接的行为和外表中获得的，他们认为他人与自己有着同样的情感和知觉。他们对自己和他人的想法通常是简单的、分割的、教条的、不灵活的或是无法整合的。但终有一天，他们能够抽象地思考内部过程——信念、目的、价值观和动机。随着抽象思维的发展，儿童对于自我、他人和情境的认识也呈现出更为抽象的特点（Harter，2003；Woolfolk & Perry，2012）。

在本节中，你会经常看到"同一性"和其他一些关于自我的术语，如自我概念、自尊和自我价值等。其实这些概念之间并没有很大的差别，而且不同心理学家对于每个概念的界定还存在争议（Roeser，Peck，& Nasir，2006）。总体而言，与其他关于自我的术语相比，同一性是一个更为广泛的概念，包括个体对自己的总体感觉以及他们所有的信念和态度，它整合了自我的不同方面和不同功能（Wigfield et al.，2006）。但研究者通常将自我概念和同一性这两个概念混用，本书也是如此。现在让我们在埃里克森的理论框架下，来探讨同一性或自我概念这一主题。

一、埃里克森：心理社会发展的阶段

与皮亚杰一样，埃里克森最初也并不是一位心理学家。他并未接受大学教育，而是游历欧洲各国，并最终在维也纳落脚，成为一名教师。也正是在那里，埃里克森跟随安娜·弗洛伊德（Anna Freud，西格蒙德·弗洛伊德的女儿）学习精神分析。在完成精神分析的训练后不久，为了躲避纳粹的迫害，他不得不逃离维也纳。由于丹麦政府拒绝收留他，埃里克森最终选择了他的第二个目标居住地——纽约。尽管他从未受过大学教育，但由于他那创新性的研究工作，他最终成为了一名备受尊敬的哈佛大学教授。在他随后的职业生涯中，他同 Benjamin Spock 一起工作。Spock 是一名著名的儿科医生，也是《Spock 博士的育婴指南》一书的作者。他的这一著作广为流传，是当时美国生育高峰期父母养育儿童的重要指南（Green & Piel，2010；Miller，2011），这其中也包括了我的父母。

埃里克森提出了心理社会发展的理论，并指出在生命发展的不同阶段，个体需要完成不同的任务。

埃里克森提供了一个基本的理论框架，以解释青少年的需要，以及这些需要与青少年在其中成长、学习并在随后为之做出贡献的社会之间的联系。埃里克森的**心理社会（psychosocial）**理论强调自我的出现、同一性的追寻、个体与他人的关系，以及文化在整个生命历程中所起的作用。

与皮亚杰一样，埃里克森将发展看成是历经一系列阶段的过程，阶段之间相互影响，但每个阶段都有它特定的目标、关注的问题、任务和危机（如表3—4所示）。埃里克森认为，在每一阶段个体都将面临一个**发展危机（developmental crisis）**。每个危机都可以通过两种方式得以解决，一是接受两种极端反应的某一端，一是以更健康、更有成效的方式在两种极端反应中寻求一种平衡。个体在某一阶段解决危机的方式将会影响到后续阶段危机的解决，并对个体的自我形象以及个体对社会的观念产生持久的影响。接下来我们将简要探讨埃里克森理论中的八个阶段，也称作“人生八阶段论”。

心理社会（psychosocial） 描述个体的情感需要与社会环境的关系。
发展危机（developmental crisis） 一种特定的冲突，解决这一冲突的方式有利于下一阶段的发展。

表3—4 埃里克森心理社会发展的八个阶段

阶段	年龄范围	重要事件	描述
1. 基本信任对基本不信任	出生至12～18个月	哺育	婴儿必须与照料者建立最初的爱和信任的关系，否则就会形成不信任感。
2. 自主对羞愧和疑虑	18个月～3岁	如厕训练	儿童的精力多用于发展运动技能，如走路、抓握、排便等。若能控制自如，则发展顺利；否则会形成羞怯和疑虑。
3. 主动对内疚	3～6岁	独立	儿童变得更加自信和主动，但过分自信和主动可能会导致内疚感。
4. 勤奋对自卑	6～12岁	上学	儿童必须学会新的技能，以满足自身需要；否则会产生自卑感、失败感和不胜任感。
5. 同一性对角色混乱	青春期	同伴关系	青少年必须在职业、性别角色、政治和宗教等方面获得同一性。
6. 亲密对孤独	成年早期	恋爱	青年人必须建立亲密关系，否则会感到孤独。
7. 繁殖对停滞	成年中期	抚养、教育后代	每个成年人都必须发现一些满足和支持下一代的方法。
8. 自我整合对绝望	成年晚期	反思和接纳自己的人生	完善感是一种自我接纳和自我实现的感受。

资料来源：Lefton, L. A. (1994). *Psychology (5th ed.)*. Upper Saddle River, NJ: Pearson Education, Inc.

（一）学前阶段：信任、自主与主动

埃里克森将“信任对不信任”视为婴儿期最基本的冲突，他认为此时如果照顾者能够回应并满足婴儿对食物、照顾的需要，婴儿就会发展出信任感。在出生后第一年，婴儿正处于皮亚杰所说的感知运动阶段，刚开始懂得将自己与周围世界区分开来，这种意识使得信任更为重要：婴儿必须信任这个他无法控制的世界（Miller，2011；Posada et al.，2002）。形成安全的依恋（前面已介绍过）能够帮助儿童发展信任，并让儿童明白在什么情况下表现出不信任是合适的。无论是极端的信任，还是极端的不信任，都是功能失调的表现。

埃里克森的第二阶段**自主（autonomy）**对羞愧和疑虑，标志着自制和自信的开始，儿童开始承担自己照顾自己（比如吃饭、上厕所和穿衣）的责任。在这一阶段，父母必须把握好分寸——给予必要的保护，但不过分保护。如果父母没能对儿童掌握基本动作和认知能力的努力给予强化，儿童可能就会感到羞愧，开始怀疑自己应对世界的能力。埃里克森认为，在这一阶段儿童经历了太多的疑虑，可能导致其终生对自己的能力缺乏自信。当然，当任务过于困难或危险时，适当的疑虑是必要的——再次强调了平衡的必要性。

埃里克森指出，下一阶段的“**主动（initiative）**对内疚”比自主发展了一步，主动性还涉及为积极推进活动而承担责任、制订计划并着手表现这种品质”（Erickson，1963，p.255）。这一时期的挑战是既要维持对活动的兴趣，也要明白并不是每件想做的事都能付诸行动。同样，成人要把握好分寸——进行监督但不要加以干涉。如果不允许儿童独立做事，他们将会产生内疚感，可能渐渐相信自己想做的事情总是“错”的。下面的“实践指南”提出了一些关于如何鼓励儿童主动性的建议。

主动性的发展

为促进主动性的发展，应该给儿童提供让他们自己主动学习的机会。

（二）小学阶段：勤奋对自卑

接下来我们将进入下一阶段。绝大多数儿童在5～7岁左右开始上学，他们的认知能力在这一时期得到快速发展。他们能够更快地加工更多的信息，记忆容量也大幅增多，正从前运算阶段逐渐迈向具体运算阶段。伴随这些内在的变化过程，儿童每天有大量的时间生活在学校里，探索周围的物质环境和社会环境。此时他们必须在陌生的学校环境中重建埃里克森的心理社会发展阶段：学会信任新认识的成人，在这个更为复杂的情境中自主地行为，表现出符合学校规定的主动行为。

埃里克森认为，在学龄早期，儿童面临的心理社会挑战是**勤奋（industry）**对自卑。这一阶段的儿童开始了解毅力与完成工作所带来的喜悦之间的关系。儿童在家庭、邻里间和学校的适应能力和他们处理学业学习、小组活动和朋友关系的能力，将促进他们胜任感的增长；但如果儿童难以应对这些挑战，就会产生情绪上的自卑感。儿童必须掌握新的技能，为新的目标努力，但同时他们会被拿来与他人比较，可能会体验到失败。

自主（autonomy） 独立。
主动（initiative） 愿意从事新的活动和探索新的方向。
勤奋（industry） 渴望参与有成效的活动。

儿童在学前阶段和低年级所学到的技能和概念是极为重要的，因为它们决定了儿童后面的学校生活是走向成功还是失败（Paris，Morrison，& Miller，2006）。Entwisle 和 Alexander（1998）认为：“与其他时期相比，儿童在小学阶段的表现更能决定他们未来是否会成功。”（p. 354）由于学校在一定程度上反映的是中产阶级的价值观和行为规范，因此来自其他经济条件或文化背景的儿童可能会更不适应学校生活，更难面对勤奋对自卑的挑战。下面的“实践指南”就如何鼓励勤奋提出了一些建议，你可以参考。

小学毕业进入中学后，学生会有一段适应的过渡时期，他们会越来越关注自己的成绩和表现，以及在学业、社交和运动方面的竞争。在他们渴望能自己做决定和更加独立的同时，他们也面临更多的规则、必修课程和学习任务。他们与教师的关系也会发生变化，从长期与一个教师保持亲密的关系，转变成一年当中与多门课程教师

实践指南　鼓励主动性和勤奋

● 鼓励儿童做出选择并付诸行动。

例如：

1. 给儿童自由选择活动和游戏的机会。

2. 当儿童正在全神贯注地做事时，尽量避免打扰他们。

3. 当儿童提议一种活动时，尽量接纳他们的建议或是在正进行的活动中加入他们的想法。

4. 提供积极的选择，不要说“你现在不能吃饼干”，而是问：“午餐或午觉后再吃饼干，好吗？”

● 确保每个儿童都有体验成功的机会。

例如：

1. 介绍一种新的游戏或技能时，采取小步子教学。

2. 如果班上学生的能力水平差别很大，避免进行竞争性游戏。

● 鼓励儿童扮演各种不同的角色。

例如：

1. 准备好儿童喜欢的故事中的服装和道具，鼓励儿童表演故事或是为喜爱的人物编写新的冒险故事。

2. 监控儿童的游戏，确保没有人独揽“教师”、“妈妈”、“爸爸”或“英雄”的角色。

● 容忍意外和错误，尤其是当儿童正在尝试独立做事的时候。

例如：

1. 使用杯子和水罐，这样倒水比较容易，而且不易外溢。

2. 即使结果并不尽如人意，对儿童的尝试也要给予肯定。

3. 如果错误已经发生，就教导儿童如何清理、修复或重做。

4. 如果某个学生经常表现出不正常或怪异的行为，就应该寻求学校咨询师或心理学家的帮助。帮助学生解决心理社会问题的最佳时机是儿童早期。

● 确保学生有机会设定合理的目标并为之努力。

例如：

1. 先从短期的任务开始，然后再转向较长期的任务。通过任务进程核查表，随时了解学生的进步。

2. 教导学生设定合理的目标，要求学生写下这些目标，并记录下自己为之不断努力和进步的过程。

● 给学生展现独立性和责任感的机会。

例如：

1. 容忍诚实的失误。

2. 委派给学生一些任务，诸如浇灌班级植物、收集和分发材料、管理计算机实验室、评定家庭作业、记录回收的表格等等。

● 当学生受挫时，给予适当的支持。

例如：

1. 针对每个学生使用个别化的图表来展示学生各自的进步。

2. 保留学生以往的作品，使其能够看到自己的进步。

3. 对进步最大的、最乐于助人的、学习最勤奋的学生给予奖励。

有联系，但彼此间的感情比较冷淡。这些学生曾经都是各自那个小且熟悉的小学中最成熟和地位最高的学生，如今却变成了一个大而“没有人情味”的中学中的“小婴儿”（Murdock，Hale，& Weber，2001；Rudolph，Lambert，Clark，& Kurlakowsky，2001；Wigfield，Eccles，MacIver，Rueman，& Midgley，1991）。在这要求众多的环境中，学生将面临另一个挑战——同一性。

（三）青少年时期：寻求同一性

步入青春期，学生在发展抽象思维、理解他人观点等认知能力的同时，生理上也会发生更大的变化。随着心理和生理上的发展，青少年会面临这一时期的核心问题——**同一性（identity）**的建构，它将为成年时期的发展打下坚实的基础。自婴儿时期，个体就已经开始发展自我意识，直至青春期，他们才第一次有意识地去回答这个迫在眉睫的问题——“我是谁？”这一阶段的冲突是“同一性对角色混乱”。同一性是指由个体的动机、能力、信念和经历组成的一个一致的自我形象，它涉及深思熟虑的选择和决定，尤其是关于工作、价值观、意识形态、对他人的承诺及看法等方面（Miller，2011；Penuel & Wertsch，1995）。如果青少年没有整合好这些方面和选择，或是感到茫然不知如何抉择，就会感受到角色混乱的威胁。

同一性（identity） 对“我是谁”这个问题复杂的回答。

同一性的建构

随着心理和生理上的发展，青少年会面临这一时期的中心问题——同一性的建构，它将为成年时期的发展打下坚实的基础。进入青春期个体需要回答一个迫在眉睫的问题——“我是谁？”

停下来　想一想

你已经想好了将来做什么工作吗？你考虑过其他的各种选择吗？什么人或是什么事可能会影响你的决定？

探索（exploration）　在Marcia关于同一性状态的理论中，探索这一过程是指青少年考虑并尝试多种可能的信念、价值观和行为，并最终做出决定——哪种信念、价值观或行为能给予他们最大的满足感。

承诺（commitment）　在Marcia关于同一性状态的理论中，承诺是指个体在政治信念和宗教信仰等方面的选择，通常是探索多种选择后的结果。

同一性获得（identity achievement）　在自由考虑各种选择后对生活选择的强烈认同感、责任感。

延缓（moratorium）　同一性危机，由于仍在选择中挣扎，因此推迟做出选择。

同一性早闭（identity foreclosure）　未经考虑而接受父母的生活选择。

同一性混乱（identity diffusion）　无中心的，对于“我是谁”以及“我想要什么”感到困惑。

James Marcia（1991，1994，1999）进一步阐述了埃里克森理论中同一性的形成过程。他认为，要形成一个成熟的同一性必然包括两个基本的过程：探索和承诺。所谓**探索（exploration）**，是指青少年考虑并尝试多种可能的信念、价值观和行为，并最终做出决定——哪种信念、价值观或行为能给予他们最大的满足感。**承诺（commitment）**是指个体在政治信念和宗教信仰等方面的选择，通常是探索多种选择后的结果。随后，Marcia根据个体是否曾经探索选择以及是否做出承诺，将个体同一性的状态分为四种不同的类别。

第一种是**同一性获得（identity achievement）**，即个体在探索现实的选择后，已经做出决定并为之不断努力。很显然，只有很少的学生在高中毕业之前能达到这种状态；而且即使上了大学，也可能需要经历较长时间的探索才能做决定。个体在二十来岁的时候仍在探索同一性，这很正常。大约80%的学生至少换过一次专业；还有一些成人在人生的某一时期获得了自我同一性，但之后又会选择另一种同一性。因此，对每个人而言，已形成的同一性可能并不是一成不变的（Adams，Berzonsky，& Keating，2006；Kroger，2000；Nurmi，2004）。

在选择中挣扎的青少年，正经历着埃里克森所说的同一性**延缓（moratorium）**。埃里克森用这个术语来说明青少年在探索个人及职业选择时，推迟许下承诺的状态。这种推迟对现在的青少年来说是很普遍的，而且可能是有益的。埃里克森认为处于复杂社会的青少年在延缓时期会有一个同一性危机。但如今，这一时期不再被认为是一种危机，因为对大部分人来说，这种经历是渐变的探索过程，而不是带来心理创伤的巨变（Grotevant，1998；Wigfield，Byrnes，& Eccles，2006）。同一性获得和同一性延缓都被认为是一种健康的状态。

同一性早闭（identity foreclosure）是指个体未经过探索就做出承诺，这些青少年没有体验过不同的同一性或探索过各种不同的选择，只是要求自己服从于他人的目标、价值观和生活方式。这里的他人通常是指他们的父母，有时也可能是某种教派或极端组织。同一性早闭的青少年，容易变得刻板、偏执、武断和自我防御（Frank，Pirsch，& Wright，1990）。

当个体没有对任何选择进行探索，也没有采取任何行动时，就会发生**同一性混乱（identity diffusion）**。他们不知道自己是谁，也不知道自己有生之年想做什么。这些同一性混乱的青少年可能会成为冷漠、退缩和对未来不抱希望的人，也可能变得公开叛逆。他们经常成群结党，因此更可能滥用药物（Archer & Waterman，1990；Kroger，2000）。

学校应当给青少年提供社区服务、实践工作、实习以及家教等机会，以促进学生同一性的形成（Cooper，1998）。下面的“实践指南”对如何促进学生同一性的形成提出了一些建议，你可以参考。

实践指南　促进同一性的形成

- 给学生提供职业选择的范例和其他成人角色的榜样。

例如：

1. 从文学作品、历史人物中选出一些榜样，在日历上标出杰出女性、少数族群领袖或对你所教学科做出贡献的人物的生日。在这些人的生日当天，简短地讨论他们的成就。

2. 邀请演讲嘉宾来讲述他们是如何选择以及为什么选择自己的专业，确保这些嘉宾能涵盖各个专业领域。

- 帮助学生寻找解决个人问题的资源。

例如：

1. 鼓励学生与学校咨询师谈话。
2. 讨论可利用的校外服务机构。

- 在不冒犯他人或不干扰学习的前提下，对青少年的流行文化保持包容的态度。

例如：

1. 讨论早期的流行文化（霓虹灯似的头发、粉染卷状假发、可爱的珠子项链）。

2. 对学生的着装和发式不强加任何严格的限制。

- 对学生的学业提供切实可行的反馈，促进他们进步。青少年可能需要很多次“重新开始”的机会。

例如：

1. 当学生有不良行为或表现不佳时，确定他们了解该行为的后果——对自己及他人的影响。

2. 给学生提供标准答案或早年间其他学生完成的作品，使他们能将自己的作品与好的榜样进行比较。

3. 教师可以利用其他各种资源来创造负面的例子，这其中也可以包括教师自身所犯的错误。但是，绝对不要拿学生的作品作为“反面教材”。

4. 学生可能只是在“尝试扮演”某些角色，不要将行为和个人混为一谈。可以批评学生的行为，但不要批评他们个人。

（四）同一性与科技

一些科技方面的学者认为，如今的青少年想要建立起一个独立的同一性是非常困难的，因为他们总是与其他人联系在一起。在9岁到13岁这段时间内，父母通常会给孩子一部手机，有些父母甚至会更早。当然前提是，孩子需要经常接听父母的电话。Sherry Turkle（2011）将这些很开心收到新手机的孩子称为“被拴住的孩子”，有了手机，父母就会很放心孩子去商场或海滩消耗时间。而在没有手机这条安全的拴绳前，孩子是不可以允许做这些事情的。但是这样的代价是，这些孩子从未有完全单独的社会空间和物理空间可以被自由地支配，因为父母和朋友离他们的距离只有“快速拨号”之遥。而有机会独立地解决问题、体验自主和应对特定状况，是个体获得同一性、做出成熟判断的前提条件。这些被拴住的孩子从不会独自一人，而短信更是让拴绳变得更短。Turkle访谈过的很多高中生告诉她，教会父母使用短信或即时通信软件是他们犯的一个“大错误”。我的朋友是一所大学校医院的内科医生，当她询问大学生“你今天哪里不太舒服”时，大学生的回答却是“我妈妈在电话那头，她会告诉你”，然后大学生就会把手机递给我的这位医生朋友。可以说，无时不在的连通性，使得独立的同一性和自主性的获得变得极为复杂。

当然，这种连通性也“为个体体验同一性提供了新的可能，尤其是在青少年时期。这种连通性为个体提供了一种自由空间的感觉，即埃里克森所说的延缓”（Turkle，2011，p.152）。在第二人生（Second Life）、模拟人生（The Sims Online）或其他生活模拟网站上，青少年可以创造出全新的同一性，并确保多个不同的人格同时“并存”。一些人甚至会讨论他们这种“混合的生活”——线上虚拟世界的生活与真实世界的生活的融合。对于一些青少年来说，虚拟世界的生活与真实世界的生活之间并没有清晰的界限，他们很容易在两种生活之间切换。青少年在Facebook社交网络上创建的档案是一个“真实的”个体，还是如同一个高三学生所说，是一个你“设计好”的呈现给世界的身份？但个体这种线上的自我展示，全世界的人都可以关注到，由此便引发了一个重要的问题：“我所呈现的自我会被其他人如何评价？”对如今时刻被联系着、被拴住的青少年而言，Elkind所说的“假想观众”已经变成了真实的线上观众，而这确实会带来一些负面的影响。正如另一名高三学生很痛苦地说：

你不得不意识到，你放上网的所有东西很有可能会被其他人非常仔细地阅读。因此你必须想清楚什么可以放上网，以及你想呈现出什么样的自己。而当你不得不思考自己看起来是什么样子时，这实际是另一种方式，一种不好的反思自己的方式。（Turkle，2011，p. 184）

（五）离开学校以后

在埃里克森理论中，成年时期各阶段的危机都涉及人际关系的品质。**亲密（intimacy）**对孤独这一危机，是指个体是否有意愿与他人建立深层的、兼顾双方需求的关系。那些没有获得充分同一性的人，倾向于害怕被他人征服或压制，因此选择退缩到孤独中去。**繁殖（generativity）**对停滞，则是指个体是否具有照顾他人以及关心、指导后代子孙的能力。生产性和创造性是繁殖的基本特征。到了**自我整合（integrity）**对绝望这一阶段，此时个体的危机主要是能否整合自我意识，完全接受自己独特的、已无法改变的过去。

亲密（intimacy） 与他人形成紧密的、持久的关系。
繁殖（generativity） 关爱后代的感觉。
自我整合（integrity） 自我接纳和自我实现的感觉。

埃里克森的努力开启了毕生发展（life-span）的研究取向，他的理论对理解青少年以及自我概念的发展尤为重要。但也有女权主义者批评他"同一性先于亲密"的观点，因为他们的研究表明，对女性来说，同一性的获得是与对亲密的追求融合在一起的（Miller，2011）。

接下来，我们将会提到最近的研究焦点——种族和民族同一性，埃里克森并未对此进行全面探讨。

二、种族—民族同一性

早在1903年，杜波依斯（W.E.B. DuBois）就写过关于非裔美国人"双重意识"的文章。实际上，像其他民族或种族一样，非裔美国人在争取成为美国大文化环境中的一员时，也意识到自己的种族同一性问题。少数族群学生不得不"在两种文化价值观和同一性选择中徘徊"，以获得一个稳定的同一性，因此他们需要更多的时间去探索——经历更长的埃里克森所说的"同一性延缓"（Markstrom-Adams，1992，p.177）。但这种探索是非常重要的。一些心理学家认为种族—民族同一性具有"首要地位"，即个体在自我判断时种族—民族同一性决定了其他方面的同一性（Charmaraman & Grossman，2010；Herman，2004）。

（一）民族同一性：结果与过程

Jean Phinney（1990，2003）指出，少数民族青少年寻求同一性可能出现四种结果：第一种，他们可以尝试同化，完全接纳主流文化的价值观和行为方式，拒绝所属民族的文化；第二种，与之相反，他们也可能与主流文化隔离，只与民族文化中的成员建立联系；第三种可能是边缘化，他们生活在主流文化中，却感觉自己被主流文化所疏远，生活在其中并不自在，但同时也脱离了自己的民族文化；第四种可能是拥有双文化（有时被称为整合），与两种文化均维持紧密的联系。研究表明，至少有三种途径可能实现双文化：你可以在两种文化中随时转换，在一种情境中遵循主流群体的行为方式，但在另一种情境中遵循所属民族的行为方式；你也可以把两种文化结合起来，寻找并遵循两种文化中共同的价值观和行为；最后你也可以将两种文化融合在一起，真正形成一种全新的文化（Phinney & Devich-Nevarro，1997）。

无论你寻求同一性的结果如何，保持心理健康的一个重要因素是对自己的民族有强烈的积极情感（Steinberg，2005）。事实上，Amy Marks 及其同事（2011）发现，与拥有单一民族同一性或尚未形成多民族同一性的同伴相比，形成了坚定的、积极的多民族同一性的青少年有更高的自尊、更少的心理健康问题以及更高的学业成就。

一些心理学家用 Marcia 的同一性状态来理解民族同一性的形成过程。儿童刚开始可能是拥有一种未经检验的民族同一性，因为他们从未探索过（同一性混乱）或是已经接受了他人支持的同一性（同一性早闭）。很多欧裔美国青少年可能都符合上述情况。经过一段民族同一性的探索时期（延缓），他们可能就找到了解决冲突的方法（同一性获得）。

（二）种族同一性：结果与过程

William Cross(1991；Cross & Cross，2007；DeCuir-Gunby，2009）等曾提出一个理论框架，专

门用于解释非裔美国人种族同一性的形成。他认为**黑人化（nigrescence）**的过程可以分为五个阶段：

（1）遭遇前。Cross认为在这一阶段非裔美国人的态度是多元化的，有的直接忽视种族，有的对种族保持中立，也有的真正反感黑人种族。这一阶段的非裔美国人可能接纳了美国白种人的某些信念，包括倾向于认为“白种人”是更优越的，而这些信念可能会导致某种程度的自我贬低。在遭遇前阶段，这些非裔美国人更重视其他方面的同一性，如宗教、职业或社会地位。

（2）遭遇。这一阶段常常是由或公开或隐蔽或制度上的种族歧视所引起的。例如，一个非裔美国人在高级商店里老是被店员跟着，被警察殴打，又或是看到类似殴打事件的新闻报道，他会开始意识到现实——美国社会中存在种族问题。由此，非裔美国人开始意识到自己是黑种人。

（3）沉浸/再现。Cross认为这一阶段是一个过渡的阶段——中间状态，这种状态中的人们可能会为“成为一个真正的黑人”而感到焦虑（Cross，1991，p.202）。为回应所遭遇的歧视，这些非裔美国人会让自己的生活充满黑人种族的标记，比如他们会去买有关黑人历史的书，主要与其他非裔美国人来往等等。他们渴望更加深入地了解自己的种族传统。

（4）内化。此时，非裔美国人坚持自己的种族同一性，并感到安全。他们不会担心朋友或外人会怎么想——他们对自己黑人种族性的标准很有自信。

（5）内化—承担义务。这一阶段与内化阶段关系紧密，主要的区别在于个体对黑人事务持久地关注，并愿意承担义务。这些人在绘制自己的人生蓝图时都会与黑人种族同一性联系起来。比如，某个画家用一生的时间描绘黑人形象，某个研究者一生都在研究非裔美国人的教育经历。

对于出身于两个或多个种族的混血青少年来说，确定种族同一性就更加困难了。跟他们一起生活的父母、邻居的装扮、个人的外表以及生活中受歧视或鼓励的经历，都会影响这些青少年种族同一性的形成。一些心理学家认为这些挑战有利于出身多个种族的混血青少年发展出更强大、更复杂的同一性，但也有研究者认为在原本已经很艰难的同一性形成过程中，这些挑战可能是一种额外的负担（Herman，2004）。而种族同一性的形成，很可能部分取决于青少年在面对这些挑战时能否得到有力的支持。

（三）种族和民族自豪感

黑人化（nigrescence） 发展出黑种人同一性的过程。

种族和民族自豪感（racial and ethnic pride） 关于个体种族或民族传统的积极的自我概念。

对于所有学生来说，对家庭和社区的认同感是建立稳定同一性的基础。花时间去激发学生的**种族和民族自豪感（racial and ethnic pride）**是非常重要的，这样学生在检验自己的同一性时，才不会接收到“差异就是缺陷”等不适当的信息（Spencer & Markstrom-Adams，1990）。一项研究发现，家里充满非裔美国人文化的非裔美国学前儿童拥有更多的事实性知识，解决问题的能力也更好。鼓励儿童为自己的民族传统自豪的父母，其孩子出现行为问题的情况也更少（Caughy，O'Campo，Randolph，& Nickerson，2002）。另一项研究则发现，无论是非裔美国儿童还是美国白种人儿童，积极的种族自豪感都与更多的自尊、更少的情绪问题相联系（DuBois，Burk-Braxton，Swenson，Tevendale，& Hardesty，2002）。

我们每个人都有自己的民族传统。Janet Helms（1995）曾写过关于白种人同一性发展阶段的文章。Richard Milner（2003）曾指出种族同一性的发展和种族意识的重要性，尤其是在教学当中。当多数青少年了解自己的文化传统并

了解自己

当多数青少年对自己的传统很了解并感觉安全时，他们也会更尊重其他人的传统。

感觉安全时，他们也会更尊重其他人的传统。因此，探索学生的种族和民族根源，能培养个体的自豪感，提高个体对他人的接纳程度（Rotherham-Borus，1994）。

接下来，我们将不再关注同一性的多个方面，而专门探讨自我概念。在教育心理学当中，很多研究都非常关注自我概念和自尊。

三、自我概念

我们在日常交流中常常使用“自我概念”这个词，我们会说一些人自我概念“弱”或是自我概念“不强”，就好像“自我概念”是汽车里的油位或是腹部的肌肉，这实际上是误用了这个概念。在心理学中，**自我概念（self-concept）**一般指个体对自身的观念、感受、态度和期望等的认识和信念（Harter，2006；Pajares & Schunk，2001）。我们可以这样来理解“自我概念”，它是我们尝试向自己解释自己，以此来建构一个关于自己的印象、感觉和信念的图式（皮亚杰的术语）。但这种模式或图式并不是永久性的、统一的或是一成不变的，我们的自我知觉会随着情境的改变和生活阶段的变迁而发生变化。

自我概念（self-concept） 个体对自己的看法、感觉、态度和期望等的认识和信念。

（一）自我概念的结构

学生的总体自我概念是由多个更具体的概念构成的，包括学业自我概念和非学业自我概念。Herbert Marsh（2006）及其同事指出，在非学业领域和学业领域共有17个不同的自我概念，其中非学业领域的自我概念如外表、受欢迎程度、可信赖性、与父母的关系以及情绪稳定性等，学业领域的自我概念则涉及言语、数学、问题解决、艺术、计算机等方面。对青少年而言，总体的学业自我概念（他们学习的效率以及在学校里的总体表现）和特定学科的自我概念（他们的数学学得怎么样）都会影响他们的行为和动机。例如，Martin Brunner及其同事（2010）认为：“学生在教育方面的进取心（如是否继续接受高等教育）是由其总体的学业自我概念所决定的，但训练课程或大学专业的选择则主要受其特定学科的学业自我概念的影响。”（p. 977）但对成人而言，这些单独的、特定的自我概念没有必要整合成一个总体的自我概念。因此，成人的自我概念更具有情境特定性（Marsh & Ayotte，2003；Marsh，Craven，& Martin，2006；Schunk，Pintrich，& Meece，2008）。

（二）自我概念的发展

自我概念是通过在不同情境中不断进行自我评价而形成的。实际上，儿童和青少年总是不断地问自己：“我现在做得怎么样？”他们会根据重要他人对自己的言语和非言语的反应来进行判断。早期的重要他人是父母和其他家庭成员，以后朋友、同学和教师也会成为个体的重要他人（Harter，1998，2006）。

年龄较小的儿童倾向于对自己有积极的、乐观的看法。在一项调查中，超过80%的一年级学生认为自己是班上最棒的学生（Stipek，1981）。经历更多的学校生活后，儿童会根据自己的进步来评价自我概念。有研究者曾对新西兰60名学生进行追踪研究，从刚开始入学一直追踪到三年级中期（Chapman，Tunmer，& Prochnow，2000）。在入学头两个月里，学生在阅读方面的自我概念开始产生差异，这是因为一些学生觉得阅读很容易，而一些学生则觉得很难。那些入学时拥有较好的语音、字母知识的学生，学习阅读会更容易，因此发展出更为积极的阅读自我概念。随着时间的发展，阅读自我概念不同的儿童在阅读表现上的差异也越来越大。因此，学校里阅读学习的早期经验对学生的自我概念有重要的影响。

随着学生成熟，他们也会变得更加现实，但仍然有很多学生对自己的能力判断不准确（Paris & Cunningham，1996），甚至一些学生可能会有“我完全没有能力”的错觉——他们严重低估了自己的能力（Phillips & Zimmerman，1990）。到了中学阶段，学生的自我意识增强。在这个年龄阶段，自我概念与个人的外表、社会接纳度以及学业成就紧密联系在一起，因此，对于本章开头提到的Stephanie这类学生来说，经历这一阶段将会十分困难（Wigfield，Eccles，& Pintrich，1996）。

自我概念的形成来源于个体与自己及他人的比较，至少在西方文化中是这样的。学生在数学方面的自我概念，是通过与自己以往在数学上的表现进行比较而形成的；当然，他们也会将自己同其他学生进行比较（Altermatt，Pomerantz，Ruble，

Frey, & Greulich, 2002; Schunk et al., 2008)。在普通学校中表现出较强数学能力的学生，比那些在重点学校里表现平平（但其实二者能力相当）的学生，对自己的数学能力感觉更好。Marsh（1990; Marsh et al., 2008）称这种现象为"大鱼小池塘"（Big-Fish-Little-Pond，简称 BFLP）效应。研究者对全球 41 个国家 10 221 所学校中的 265 180 名 15 岁的学生进行的调查发现，在每个国家中均存在"大鱼小池塘"效应（Seaton, Marsh, & Craven, 2009）。而那些接受天才儿童教育计划的学生似乎表现出相反的情况，即"小鱼大池塘"（Little-Fish-Big-Pond）效应——与仍留在常规班级中的天才儿童相比，他们学业的自我概念会逐步降低，但对非学业的自我概念没有影响（Marsh & Craven, 2002; Preckel, Goetz, & Frenzel, 2010）。

（三）自我概念与成就

很多心理学家将自我概念看作是社会性和情绪发展的基础。研究发现，自我概念与多个方面的成就有关——从竞技体育的表现到工作满意度，再到学生在学校里的自豪感、乐趣和成就（Byrne, 2002; Marsh & Hau, 2003; Goetz, Cronjaeger, Frenzel, Ludtke, & Hall, 2010; Möller & Pohlmann, 2010）。一些研究证实了自我概念与学业成就的关系：学生在特定学科方面的表现与他在该学科领域的特定自我概念有关，但与社会或生理的自我概念无关。例如，一项研究发现，数学自我概念与数学测验成绩的相关系数为 0.77，与成绩等级的相关系数为 0.59，与课程选择的相关系数为 0.51（Marsh et al., 2006; O'Mara, Marsh, Craven, & Debus, 2006）。

上述结论的最后部分提到数学自我概念与课程选择存在相关，这揭示了自我概念是如何影响学生的学习的。回想你的高中生活，如果你有机会去选择课程，你会选你表现最差的那门课吗？可能不会吧。1997 年，Herbert Marsh 和 Alexander Yeung 考察了澳大利亚悉尼的 246 名男生在高中早期是如何选择课程的。结果发现，对特定学科的学业自我概念（如数学、科学等）是预测课程选择的最重要因素——比这门学科的先前成绩或总体自我概念都更为重要。高中时期选择的课程会影响学生今后的发展，因此特定学科的学业自我概念可能会影响个体的一生。

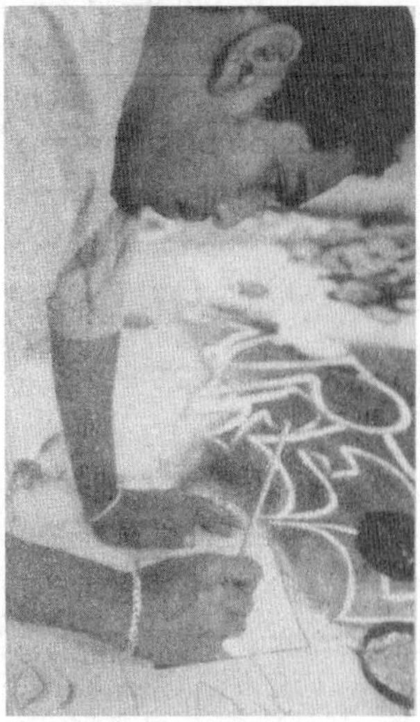

选择影响未来

高中时期选择的课程会影响学生今后的发展，因此特定学科的自我概念会影响个体的一生。

但不幸的是，某些大学录取标准中对平均成绩点数（grade point average，简称 GPA）的着重强调也会影响课程的选择。尤其是当学生认为自己在数学、科学、外语或其他有挑战性的课程上"不够好"时，他们会避免选择这些课程，以保持自己良好的 GPA。当然，正如我们在第 1 章中所提到的，相关关系并不能说明两个变量之间的因果。高的自我概念可能会促进学业成就的提高；但高的学业成就也可能会导致自我概念的提高。因此，这种因果关系可能是双向的（Pinxten, De Fraine, Van Damme & D'Haenens, 2010）。

四、自尊

停下来　想一想

你在多大程度上同意或不同意下面的陈述？
总体上，我对自己满意。
我觉得我有很多优秀的品质。
我希望我能更尊重自己。
有时，我会觉得自己一无是处。
我有时会觉得自己很没用。
我对自己抱有积极的态度。

上述"停下来　想一想"中的题目选自一份应用非常广泛的自尊测量问卷（Rosenberg, 1979; Hagborg, 1993）。**自尊（self-esteem）**是一种情感反应——一种对自我价值的总体判断，包括个体对自己感到自信和骄傲。如果个体对自己的判断是积极的——如果他喜欢自己眼中的自己——我们就说他拥有高自尊（Schunk, Pintrich, & Meece, 2008）。通过"停下来　想一想"的问题，你能

自尊（self-esteem） 个体对自己的个性、能力和行为的总体评价。

正方观点 / 反方观点：学校应该如何提高学生的自尊？

目前有关如何提升自尊的著作已经超过 2 000 本，学校和心理健康机构仍在不断研发提升自尊的计划（Slater，2002）。提升学生自尊的方法主要有以下三种形式：（1）个人能力提升活动，如敏感性训练；（2）自尊计划——通过特定的课程直接提升学生的自尊；（3）改革学校结构——更强调合作、学生参与、社区参与和民族自豪感。这些努力是否有用呢？

正方观点

自尊提升运动存在问题。

一些人对学校的自尊发展计划表示不满，因为这些计划的目标只是“给予大量的赞美，却不在乎实际的成就表现”（Slater，2002，p.45）。但很多年前，埃里克森就警告说：“儿童不会被没有理由的赞美和鼓励所蒙骗。在某些场合，儿童可能不得不（不情愿地）接受那些虚情假意的赞美和意图提升他们自尊的鼓励。”埃里克森进一步解释，强烈而积极的同一性只能来自于“别人对自己取得的实际成就表示真诚、一致的认同，也就是说，只能来自其所在文化中有社会价值的成就”（1980，p.95）。

Frank Pajares 和 Dale Schunk（2002）指出自尊提升运动还存在另一个问题：“在儿童很小的时候，我们就开始给他们灌输‘没什么比自尊和自信更重要’这样的思想，却同时相信环境迟早能教会他们‘谦虚’这个棘手的课程。自我意识的迷茫会导致抑郁以及其他心理问题的极速增加。”（p.16）敏感性训练和自尊课程认为我们可以通过改变个体的信念，让年轻人更加努力地与各种困难进行抗争，以提升他们的自尊。但如果学生身处的环境是不安全的、弱势的、无助的呢？或许有些人能克服，但期望每个学生都能做到的话，只能说“忽视了一个事实，即在当今社会，要那些被迫面临不公平待遇而处境凄苦的年轻人拥有积极的自尊是不太可能的”（Beane，1991，p.27）。

更糟的是，一些心理学家认为自尊过低并不是问题，自尊过高才是。比如，他们认为，高自尊的个体更可能把痛苦和惩罚施加在他人身上（Baumeister，Campbell，Krueger，& Vohs，2003；Slater，2002）。另外，高自尊并不能预测学业的学习结果。一项大型的青少年调查发现，总体的自尊与测量的九项学业成就均没有相关（Marsh et al.，2006）。而当人们把自尊作为主要目标时，他们会不惜付出长期的代价来追逐这个目标，例如他们可能会回避别人建设性的批评或是逃避挑战性的任务（Crocker & Park，2004）。心理学家 Lauren Slater（2002）在她的文章《自尊的麻烦》中建议我们重新思考自尊，努力诚实地进行自我评价，以发展出良好的自我控制。她认为：“或许自我控制应该取代自尊作为我们追求的首要目标。”（p. 47）

反方观点

自尊提升运动前景乐观。

一项研究对 322 名六年级学生追踪了两年，结果发现，学生对学校的满意度、对课程的兴趣、体会到教师的关心和教师的反馈与评价都会影响学生的自尊。在体育教学中，教师的看法对学生形成运动能力方面的自我概念有特别强有力的影响（Hoge，Smit，& Hanson，1990）。被分到低能力组或者在学校受到压抑对学生自尊的形成有负面影响，而在协作或合作情境中进行学习似乎对自尊有积极影响（Covington，1992；Deci & Ryan，1985）。有趣的是，那些特殊的培训计划，如“每月之星”计划或进入数学提高班，对学生自尊的影响不大（后者与“大鱼小池塘”效应有关）。

除了包含所谓的“让内心感觉良好”等方面，自尊运动还包含这样一个基本事实：自尊是每个人不可剥夺的基本权利。我们每个人都应当尊重自己，学校不能损害个体的自尊（Beane，1991）。如果我们将自尊看作是个体思想和行动的产物——包括我们的价值观、想法、信念以及与他人的互动，我们就能了解学校的重要作用。在学校里，允许实际参与、合作、问题解决和成就的教育模式，应当替代那些根据学生能力编班和竞争性的评分制度等损害自尊的教育政策。

超越非此即彼 另一种可能是调整焦点，更关注特定的自我概念，因为特定领域的自我概念与该领域的学习有关，如数学自我概念与数学学习有关（O'Mara et al.，2006）。由于自我概念与成就可能是相互影响的，因此研究者总结道：

> 总的来说，短时间内提高自我概念最好的方法就是直接针对自尊的提高进行教学干预；但当教学干预的目标是希望能同时提高自我概念和成绩时，那么教学干预不仅要结合直接提高自尊和提高成绩的内容，还要辅以恰当的反馈和鼓励，这样才会更有效。（Marsh et al.，2006，p. 198）

看出自己的自尊水平吗？

自我概念和自尊经常被混用，尽管它们有不同的含义。自我概念是一种认知结构——关于自己是谁的信念，例如，你认为自己是个优秀运动员的信念。自尊是一种对自我价值总体的、一般的感觉，是将自我概念融入生活的各个方面，所以它是对个体自我价值的总体性判断（O'Mara，Marsh，Craven，& Debus，2006）。正如你在前面的“停下来 想一想”中看到的，那些问题都是一般意义上的，而不涉及学业或外表等这些特定的领域。个体所在的文化是否重视他所特有的个性和能力，会影响到个体的自尊（Bandura，1997；Schunk et al.，2008）。一些作者会混用自我概念和自尊，但两者是不同的概念——一个是思维，一个是评价。

学校会影响学生的自尊吗？学校对学生自尊的形成重要吗？正如你在以上“正方观点 / 反方观点”中所看到的，关于学校在学生自尊发展中扮演什么样的角色，研究者争论得非常激烈。

一百多年前，威廉·詹姆斯（William James，1890）就指出，自尊取决于我们能否成功地完成任务，或是能否达到自己所看重的目标。如果一项技能或成绩对个体来说不重要，那么不擅长该领域的活动并不会威胁到个体的自尊。学生必须在他们认为重要的任务上取得成功。个体解释自己成功或失败的方式也是非常重要的。要建立自尊，学生必须把他们的成功归因于自己的行为，而不是运气或是他人的帮助。

五、自我概念和自尊的性别差异

男孩和女孩的自我概念有差异吗？有研究对 761 名中产阶级的美国学生（主要为欧裔美国人）进行了研究，从小学一年级一直追踪到高中（Jacobs，Lanza，Osgood，Eccles，& Wigfield，2002）。由于纵向研究的数据很难取得，因此这个研究极具价值。在小学一年级时，男孩和女孩在语言能力上的感知没什么差异，但男孩在数学和运动能力方面明显感觉更自信。随着年级上升，男孩、女孩的胜任感都在逐渐下降，但男孩在数学方面的胜任感下降得更快，因此到了高中，男孩和女孩的数学胜任感基本持平。在语言方面，一年级以后男孩的胜任感下降的幅度明显大于女孩胜任感下降的幅度，但到了高中，他们的胜任感都基本处于稳定状态。在运动方面，男孩、女孩的胜任感均有所下降，但在小学一年级至高中这 12 年间，男孩在运动方面始终明显比女孩感觉更自信。

其他研究也发现，女孩认为自己在阅读及亲密友谊上优于男孩，男孩则认为自己在数学和运动方面优于女孩。当然，这种自信上的差异可能部分反映出不同性别在成就上存在真实差异——比如，女孩比男孩的阅读能力强。但正如前文所说，很多方面的自信与成就是相互影响的双向关系（Eccles，Wigfield，& Schiefele，1998；Pinxten，De Fraine，Van Damme，& D'Haenens，2010）。将上述结果同 Herbert Marsh 和 Alexander Yeung（1997）的结论综合在一起，我们不难发现，学业自我概念影响课程的选择，而很多学生在做出课程相关决定的同时，也就永远限制了自己未来的可能性。

对于绝大部分族群来说（非裔美国人除外），男性对自己在数学和科学方面的能力更为自信。遗憾的是，目前尚未有关于其他族群的纵向研究，因此这一结论也可能只局限于欧裔美国人。

教师的反馈、等级评定、评价以及基于关心与学生所进行的交流等，都能改变学生对特定学科的自我胜任感。但只有当学生在自己重视的领域上能力得到增长，其自尊才会得到最大的提高，这其中也包括社交领域，该领域对于青春期的学生非常重要。因此，对于教师来说，最大的挑战在于帮助学生获得对某些重要领域的理解和技能。

第四节 理解他人和道德发展

当我们寻求自我同一性、形成自我形象时，我们也在学习是非对错。道德发展的一个重要方面是理解我们周围的“重要他人”。我们是如何学会解读他人的想法和感觉的呢？

一、心理理论与意图

两三岁的时候，儿童开始发展**心理理论**（theory of mind），即理解他人也是人，有他们自己的心智、想法、情感、信念、愿望和感觉（Astington & Dack，2008；Flavell，Miller，& Miller，2002；Miller，2009）。儿童需要应用心理理论去理解他人的行为。为什么 Sarah 在哭？她难过是不是因为没人陪她玩？正如我们将在第 4 章看到的，对自闭症的一种解释是自闭症儿童缺乏心理理论，因此他们难以理解自己或他人的情绪和行为。

2 岁左右，儿童有了对“意图”的理解，至少是开始理解自己的意图。他们会说：“我想要花生酱三明治。”当儿童发展出心理理论后，他们也能理解他人也有自己的意图。那些能与同伴和谐相处的学前儿童，能区别有意行为和无意行为，并做出不同的反应。例如，当其他小孩不小心撞倒了他们的积木，他们不会生气。但攻击性儿童在评估他人意图上存在困难，他们可能去攻击每一个碰倒他们积木的人，即使对方不是故意的（Dodge & Pettit，2003）。随着不断成熟，儿童能更准确地判断和考虑他人的意图。

随着心理理论的发展，儿童逐渐能理解他人有不同的感觉和体验，因此可能会有不同的观点或看法。这种**观点采择能力**（perspective-taking ability）随年龄一直在发展，直至成年时达到高度复杂的水平。总体而言，理解他人的想法和感受在促进合作和道德发展、减少偏见、解决冲突、激励亲社会行为等方面都很重要（Gehlbach，2004）。如果学生虐待同伴的行为不是出于深层的情绪或行为障碍，那么教师只需对他进行观点采择方面的训练，就可能收到明显的改善效果（Woolfolk & Perry，2012）。

二、道德发展

随着心理理论和对意图理解的进一步发展，儿童也逐渐发展出是非观。在本小节中我们将关注儿童的**道德推理**（moral reasoning），即他们对是非的看法以及他们对道德判断的积极建构。最初的课堂教育中主要涉及的道德议题包括平分、分享材料或**分配公平**（distributive justice）（Damon，1994）。对幼儿（5～6 岁）来说，公平就是基于“平等”进行分配。因此，教师经常听到：“Keshawn 拿得比我多，这不公平！”在随后的一两年中，儿童逐渐意识到基于“功劳”，一些人应该获得更多，因为他们学习更努力或表现得更好。最后，8 岁左右时，儿童已经能考虑别人的需要，并基于“善意”进行推理。因此，他们能理解一些学生可能从教师那儿获得更多的时间或资源，因为他们有特殊的需要。

另一个涉及道德发展的领域是对规则的理解。你如果有机会与幼儿相处，你会发现在某些时期当你说“不准在卧室里吃东西”时，儿童就会乖乖遵守，因为对幼儿来说，规则就是理所当然的客观存在。皮亚杰（1965）将这一阶段称为**道德现实主义**（moral realism）。在这一阶段，五六岁的儿童相信行为规则或游戏规则是绝对的、不能改变的。如果违反了规则，儿童就该受到惩罚，并认为惩罚取决于行为后果的严重性，而不是根据行为的意图或其他情况。因此，在他们看来，不小心打破三个杯子比故意打破一个杯子更糟糕，并且应该受到更重的惩罚。

随着儿童与他人社会互动的深入，他们开始了解不同的人有不同的规则，儿童将逐渐转向**合作的道德**（morality of cooperation）。儿童逐渐意识到规则是人制定的，也能被人为改变。当规则被打破时，需要同时考虑造成的损失和触犯者的动机两个方面。

心理理论（theory of mind） 理解他人也是人，有他们自己的心智、想法、情感、信念、愿望和感觉。

观点采择能力（perspective-taking ability） 理解他人有不同的感觉和体验。

道德推理（moral reasoning） 判断是非、对错的思维过程。

分配公平（distributive justice） 有关群体成员间如何公平分配物品和权利的信念。最初是基于绝对的公平，逐渐发展到论功行赏，再发展到基于善意的阶段。

道德现实主义（moral realism） 在这一道德发展阶段，儿童将规则看作是绝对的。

合作的道德（morality of cooperation） 儿童意识到规则是人制定的，也能被人改变的道德发展阶段。

（一）柯尔伯格关于道德发展的理论

劳伦斯·柯尔伯格（Lawrence Kohlberg）关于道德发展的理论（1963，1975，1981）部分源于前面介绍过的皮亚杰的思想。

停下来 想一想

一个男人的妻子快要死了。现在有一种药可以救她，但是这种药很贵，而发明该药的药剂师又不愿意降价，因此这个男人买不起这种药。最后这个男人绝望了，决定铤而走险，为妻子去偷药。他应该怎么做？为什么？

柯尔伯格评估儿童和成人道德推理的方法是，呈现**道德两难问题（moral dilemmas）**，要求人们必须在一个假设性情境中做出艰难的选择并说明理由。在他们道德推理的基础上，柯尔伯格提出了道德发展或是非判断的具体阶段理论，并将道德发展分为三个水平：（1）前习俗水平，此时道德判断是基于个人的需要和感知；（2）习俗水平，此时道德判断会考虑社会期望和法律；（3）后习俗水平，此时道德判断是基于抽象、更人性化的公平原则，这些原则未必受制于法律。上述每个水平又可细分为两个不同的阶段。

前习俗水平。

阶段1：服从取向——遵守规则以避免惩罚和不好的后果。

阶段2：奖赏/交换取向——以个人的需要和愿望决定是非对错，"我想要的都是对的"。

习俗水平。

阶段3：好孩子/关系取向——好就是意味着"乖"，令他人高兴。

阶段4：法律和秩序取向——必须遵守法律和尊重权威，社会秩序必须维持。

后习俗水平（原则水平）。

阶段5：社会契约取向——行为的好坏取决于社会普遍认同的标准，"为最多的人谋求最大的幸福"就是其典型代表。

阶段6：普遍道德原则取向——无论法律或其他人如何说，个体都坚持关于个人尊严和社会公平的普世原则。

道德推理与认知发展、情感发展有关。正如前面讲到的，抽象思维在道德发展的较高阶段变得更加重要，因为儿童的抉择从依据绝对规则转向了依据公平、仁慈等抽象原则。理解他人观点的能力、判断行为意图、利用形式运算思维去想象法律和规则的可变性，这些都将融入较高阶段的道德判断中。

> **道德两难问题（moral dilemmas）** 很难做出明确和完全正确的抉择的问题情境。

（二）对柯尔伯格理论的批评

尽管有研究证实柯尔伯格划分的道德推理的不同水平确实构成了一个层次结构，并且每一个阶段的推理能力都比上一个阶段的推理能力有所提高（Boom，Brugman，& van der Heijden，2001），但这一理论仍然受到了许多批评。首先，这些阶段未必是独立的、连续的和一致的。人们对道德选择的解释，往往同时反映了多个不同阶段的道德推理水平；或是个体在某个情境下的选择可能符合某一阶段，但在其他情境下的决定可能反映了另一阶段。如果要求儿童和青少年在"帮助他人"与"满足自己需要"之间做判断，他们表现出来的道德推理水平都高于在有关触犯法律或惩罚的情境中所做的推理（Arnold，2000；Eisenberg et al.，1987；Sobesky，1983）。

另外，在日常生活中，我们在做出道德选择时不仅要依靠道德推理，还会涉及其他很多因素。情绪、对抗性目标、人际关系以及实际性考虑均会影响道德选择。个体也许能在较高水平进行道德推理，但他们可能会因为其他原因而做出较低水平的选择（Carpendale，2000）。柯尔伯格强调道德的认知推理，但忽视了道德成熟的其他方面，如个性和品德。而正是这些，有助于个体解决日常生活中的道德问题（Walker & Pitts，1998）。

（三）性别差异：关爱的道德

关于柯尔伯格理论的最激烈的批评之一是，该理论的道德发展阶段主要偏重于强调个人主义的西方男性价值观。柯尔伯格的道德发展理论是在仅以美国男性为对象的纵向研究的基础上发展起来的，因此其观点未能代表西方女性或其他文化中个体道德推理的发展过程（Gilligan，1982；Gilligan & Attanucci，1988）。

后来，卡罗尔·吉利根（Carol Gilligan，1982）提出了一个不同的道德发展顺序——关爱的道德。吉利根认为个体是从关注自我利益发展到对特定个体和特定关系负责的道德推理，然后发展到道德的最高水平，即基于对所有人负责和关爱的原则（有点类似于柯尔伯格的第三个水平）。如果女性未能达到柯尔伯格所认为的"公平"的最高阶段，是不是就意味着她们的道德不够成熟？

一些研究证实了这种关爱道德，并发现女性在解决道德问题时更倾向于关爱道德取向，尤其是在她们在对个人和现实生活方面的问题进行推理时（Garmon，Basinger，Gregg，& Gibbs，1996）。但是，一项元分析回顾了113个相关研究的结果发现，男性和女性在吉利根所说的道德取向上仅有微小的差异（Jaffee & Hyde，2000）。这项元分析表明，男性和女性在面对人际方面的两难问题时，都会采用关爱来进行道德推理；而在面对社会方面的两难问题时，则都会采用公平来进行推理。因此，道德推理在很大程度上是受情境和两难问题的内容的影响，而非推理者的性别。尽管男性和女性似乎都很看重关爱和公平，但在日常生活中仍有一些性别差异。女性会对违背关爱规则（不顾及别人或不值得信任）感到更加有负罪感，而男性则会对自己的暴力行为（打架或损坏财产）感到更有负罪感（Williams & Bybee，1994）。

很多教育家已经开始关注"关爱学生和帮助学生学会关爱"这一教育主题。例如，Nel Noddings（1995）强烈呼吁将"学习关爱"编入课程中。可能的主题包括"关爱自我"、"关爱家庭和朋友"、"关爱陌生人和世界"。其中"关爱陌生人和世界"主题可包含犯罪、战争、贫穷、宽容、生态、科技等单元。美国中西部龙卷风肆虐造成的巨大损失、海地和日本大地震导致数以万计的居民流离失所，这些都是学习上述单元的契机。表3—5说明了如何将犯罪和关爱陌生人等主题融入高中课堂教学中。

表3—5　"关爱陌生人和世界"作为教学主题

（在学习"关爱陌生人和世界"单元的内容时，高中教师可安排几堂课让学生讨论犯罪问题。在每堂课中，对犯罪的不同方面的学习要始终围绕着关爱这一主题，学生可针对安全、责任、互信、致力于建立一个更安全的未来等方面展开讨论。）

学科	内容
数学	统计：收集有关犯罪地区和犯罪率、犯罪者的年龄和犯罪对社会造成危害的资料。惩罚的严厉程度与犯罪率是否相关？一次刑事审判的实际成本是多少？
英语和社会	阅读《雾都孤儿》，将主人公与当时的社会历史背景联系起来，是什么因素导致19世纪英国的犯罪如此猖獗？ 阅读流行侦探小说。它们只是文学创作吗？它们是否准确描述了刑事法律制度？
科学	遗传学：犯罪倾向是否会遗传？攻击性行为是否存在性别差异？在道德推理上男性是否优于女性（为什么一些社会科学家会这样认为）？你如何检验这一假设？
艺术	在公共场所涂鸦是真正的"艺术"吗？

资料来源：Noddings, N. (1995). Teaching themes of care. *Phi Delta Kappan, 76*, pp.675–679.

三、道德判断、社会习俗和个人选择

停下来　想一想

如果没有法律的约束，就可以弄瞎别人吗？

如果没有规则的约束，就可以在课上嚼口香糖吗？

谁能决定你最爱吃的蔬菜或你的发型？

社会习俗（social conventions） 在特定情境下，人们普遍赞同的规则和做事方式。

我们可能都会同意弄瞎别人、违反班级规则、决定他人的食物偏好或发型等行为都是不对的，但每种情况下的"不对"是有差别的。第一个问题涉及内在的不道德行为，对这个问题的回答与公平、公正、人权、人类福利等概念有关。即使是幼儿也知道，无论有无法律的约束，伤害别人或偷别人东西都是不对的。但是有些规则，例如第二个问题中的不嚼口香糖，这些属于**社会习俗（social conventions）**——在特定情境下，人们普遍赞同的规则和做事方式。当班级规则（习俗）要求课上不准嚼口香糖时，学生（大多数）都不会那样做了。嚼口香糖不是一种内在的不道德行为，它只是违背了规则。一些班级，尤其大学的班集体，会使用很多不同的规则。最后，不喜欢吃青豆或是女生剪短发，都不属于内在的不道德行为（至少我希望不喜欢吃青豆不算不道德），这些都仅是个人的选择——个人偏好和隐私问题。

一些批评者认为，柯尔伯格的阶段理论混淆了道德判断与社会习俗，同时也忽视了个人选择。Larry Nucci（2001）认为道德发展涉及三个维度或领域：道德判断、社会习俗和个人选择。儿童的思维和推理在这三个维度上均有所发展，但发展速度可能有所不同。

道德环境的营造

教育者可以通过提倡和强化相互尊重的集体，进而在学校和班级中营造出道德环境。

（一）道德与习俗维度

对教师而言，最常见的“是非对错”情境会涉及道德与习俗维度。在道德维度上，儿童最开始只是关注是非对错的一些基本观念（伤害别人是不对的），随后儿童会经历以下阶段：认为“公平就是平等对待所有人”；理解公平和他人的特殊需要；形成更为抽象的、整合的关于公平与平等的概念，同时在人际关系中融入关爱的意识；最后，成年时意识到道德包含仁慈和公平，道德准则是独立于任何特定群体的规则而存在的。

在习俗维度上，儿童最初会相信他们看到的规则就一定是真实、正确的，例如，男人头发短，女人头发长——就应该是这样。随着儿童逐渐成长，他看到了例外（男人留马尾，女人留短发），意识到这些习俗是人为的。接着，儿童认识到尽管这些规则是人为的，但是它们是用来维持秩序的，并且这些规则是由那些负责的人制定的。随着他们进入青少年，学生对习俗的认识在不同的看法中左右摇摆，可能会认为习俗是某一社会系统中恰当的活动方式，也可能会认为习俗只是一种社会标准，之所以被建立起来是因为它们被广泛地应用，又很少受到挑战。最后，成年后他们开始意识到习俗有利于协调社会生活，但同时也是可以被改变的。因此，年长的青少年和成人，通常比幼儿更能接受那些思想异于习俗和传统的人。

（二）对教师的启示

Nucci（2001）就如何营造班级道德环境提出了一些很好的建议，你可以参考。首先，建立一个相互尊重、彼此温暖，且能公平、一致地执行规则的集体是非常重要的。如果缺乏这样的集体氛围，任何营造班级道德环境的努力都会徒劳无功。其次，教师应当针对不同的维度——道德维度或习俗维度，对学生的行为做出恰当的反应。例如，针对道德问题的反应可以是（Nucci，2001，p.146）：（1）当一个行为是伤害性的或不公平的，强调这种行为给他人带来的伤害：“John，你那样真的会伤到Jamal。”（2）鼓励观点采择：“Chris，如果有人偷了你的东西，你会有什么感受？”而针对规则或习俗问题的反应可以是：（1）重申规则：“Lisa，开会期间你不准离开自己的座位。”（2）命令：“Howie，不要再骂人了！”

在以上四种情况中，教师针对不同维度做出了恰当的反应。如果把1或2的反应与3或4的反应调换，就是不恰当的反应了。例如，老师问：“Lisa，如果开会时别人都离开自己的座位，你会有什么感受？”Lisa可能会觉得“还好”。再比如，“John，打人是违反规则的”——这种对违背道德的行为的反应是软弱无力的，因为这种行为不仅是违反了规则，它还会伤害到他人，因此是错误的。

在面对第三种维度——个人维度时，儿童必须区分出哪些选择和行为是他们的个人选择，哪些不是。这一过程是发展出与个人权利、公平及民主等有关的道德概念的基础。这里需要注意的是，不同文化可能对个人选择、隐私以及在大社会环境下的个体角色有迥然不同的理解。

四、道德推理的多样性

文化差异可能会影响道德推理。较传统的文化往往更加重视传统和惯例，传统和惯例随时间而变化的进程很缓慢；相反，较现代的文化中传统、惯例会更快速地发生改变。Nucci（2001）认为在那些更为传统的文化中，传统可能被"道德化"了。例如，不围头巾的行为在外人看来应该属于习俗领域，但在一些文化的成员看来更像是属于道德领域，尤其是当涉及宗教信仰时。Nucci曾做过一项研究，要求虔诚的印度教徒对35种违反社会规范的行为进行评定。结果发现，长子在父亲死后第一天吃鸡被认为是最为严重的违规行为，而丈夫打不听从命令的妻子则是最轻的违规行为。看似习俗的问题（吃鸡）被他们当成是一种道德问题，因为印度教徒认为儿子的行为会阻碍父亲得到救赎——摆脱永世可怕的命运。因此，理解什么是习俗，什么是道德，我们必须了解不同文化的信仰。

在以家庭为中心或集体取向的文化中（经常被称为集体主义文化），最高水平的道德价值观可能涉及把集体意见放在基于个人良知所做决定的前面。研究发现，不同文化中儿童关于道德、习俗、个人等维度的推理是相似的。即使在中国等提倡尊重权威的社会中，儿童也赞同西方儿童的观点：成人没有权利决定儿童如何利用自己的空闲时间。另外，这些儿童还认为：只要别人要求自己做的事是公平、公正的，那么即使这个人不是权威的成人（甚至也只是儿童），我们都应当服从；而当别人命令的事情是不道德或不公正时，就应当拒绝服从（Helwig，Arnold，Tan，& Boyd，2003；Kim，1998）。

柯尔伯格晚年一直在研究学校里的道德行为，我们接下来就讨论一下这方面的问题。

五、道德行为：攻击与作弊

影响道德行为的三个重要因素是模仿、内化和自我概念。首先，经常看到有同情心的、宽宏大量的成人榜样的儿童，更倾向于关注他人的权利和感受（Eisenberg & Fabes，1998；Woolfolk & Perry，2012）。其次，多数道德行为理论均假设，幼儿的道德行为是他控的，即他人通过直接教导、监控、奖赏和惩罚儿童对其进行控制。随后，儿童逐渐**内化（internalize）**那些指导他们的权威人士的道德准则和原则。也就是说，儿童把外在准则当成自己的道德标准。此外，当纠正儿童的行为时，如果能向他们解释为什么该行为必须纠正——尤其是向他们解释这样的行为对他人造成的影响时，儿童更可能内化道德原则，学会即使在无人监督的情况下也能做出道德的行为（Hoffman，2000）。

内化（internalize） 儿童把外在准则当成自己的标准的过程。

工具性攻击（instrumental aggression） 旨在获得一样东西、一个位置或某种利益的强烈行为。并非有意造成伤害，但有可能会造成伤害。

敌意性攻击（hostile aggression） 旨在伤害他人的明显的、直接的行为，以及无缘故的攻击。

外显攻击（overt aggression） 敌意性攻击的一种，包括身体攻击。

最后，我们必须将道德信念、价值观整合到我们总体的自我意识、自我概念中。

> 个体做出道德行为的倾向在很大程度上取决于道德观念、价值观整合到人格以及自我意识中的程度。因此，道德信念对我们生活的影响，取决于我们是否重视它们——我们必须认同它们是自我的一部分，并尊重它们。（Arnold，2000，p.372）

（一）攻击性行为

请注意，不要把攻击性行为和自我肯定行为混为一谈，自我肯定行为只是为了明确或维护自己的合法权利。例如，一个孩子说"你坐了我的椅子"，这是自我肯定行为；而如果他把坐在自己椅子上的同学推开，则是攻击性行为了。攻击有多种形式。最常见的形式是**工具性攻击（instrumental aggression）**，这种攻击是为了获得一样东西或某种利益，例如，推开别人好让自己有个座位，或是把书从别的同学那儿抢过来。尽管这种行为的本意是为了获得自己想要的东西，而非伤害别人，但伤害随时随地都可能发生。另一种形式是**敌意性攻击（hostile aggression）**——故意造成伤害。敌意性攻击可以是**外显攻击（overt aggression），如恐吓或身体攻击（如“我要痛打你一顿！”），也可以是**关系攻击（relational aggression）**，包括威胁或破坏社会关系（如“我再也不会跟你说话了！”）。男孩子更倾向于使用外显攻击；而女孩子，尤其是上了中学以后，更倾向于使用关系攻击，就像本章“教师的案例簿”中的 Alison 一样（Ostrov & Godleski，2010）。此外，还有一种敌意性攻击正逐渐受到人们的关注，它就是**网络攻击（cyber aggression）**。这种攻击主要是借助电子邮件、社交博客、社交网站以及其他社交媒体来传播谣言、威胁他人，当然也可以用来恐吓同伴，就像本章“教师的案例簿”中的 Stephanie 的“朋友们”对她那样。

攻击性儿童相信使用暴力能得到好处，他们通过攻击行为获得自己想要的东西。对他们而言，用暴力进行报复是可以接受的：“当你很愤怒的时候，推倒别人是很正常的。”（Egan，Monson，& Perry，1998）看到暴力行为没有受到惩罚时，他们的这种想法就会得到证实和强化。此外，一些攻击性儿童，特别是男生，有时候很难理解别人的意图（Dodge & Pettit，2003；Zelli，Dodge，Lochman，& Larid，1999）。当他们的积木城堡不小心被别人推倒了，在车上偶尔被别人推了一下或者发生一些其他意外时，这些儿童会认为其他人都是“故意这样做的”。然后，他们就会进行报复，攻击性行为就这样恶性循环下去。

儿童若出现更严重的品行问题，通常会在小学阶段被鉴别出来。但这些严重的品行问题往往不是这些儿童突然冒出来的新行为，而是因他们早期发展受阻而遗留下来的（Petitclerc，Boivin，Dionne，Zoccolillo，& Tremblay，2009）。因此，等待儿童自行“克服”攻击性行为，这种做法并不奏效。例如，芬兰的一项研究要求教师对学生的攻击性进行评定，教师需要判断学生的某些行为的发生频率，如“生气时会伤害其他同学”，是“从不”、“有时”还是“经常”发生。如果学生在 8 岁时被教师评定为具有攻击性，就预示着他们在青少年早期可能会有学校适应问题，成年时可能会长期失业（Kokko & Pulkkinen，2000）。在加拿大、新西兰和美国做的研究也发现了类似结果。在小学时期经常对他人进行身体攻击的男孩（而非女孩），在整个青春期都存在做出暴力和非暴力形式犯罪行为的风险（Broidy et al.，2003）。

帮助学生学会处理攻击性行为，可能会改变他们的一生。而防止后期出现攻击性行为的最好方法就是尽早地进行干预。例如，一项研究发现，教师教会攻击性儿童一些冲突管理的策略，将能帮助这些攻击性儿童开始新的人生，让他们的生活不再充满着攻击和暴力（Aber，Brown，& Jones，2003）。Sandra Graham（1996）曾成功地帮助五、六年级的攻击性儿童学会更好地判断他人的意图。Graham 通过让学生进行角色扮演、参加与个人经验有关的讨论、解读图片中的社交线索、玩哑剧游戏、拍摄录像以及续写故事结局等方式来进行训练。经过 12 个阶段的训练，这些带攻击性的男孩在理解他人意图上有了明显的改善，也较少表现出攻击行为。

> **关系攻击（relational aggression）** 敌意性攻击的一种，包括言语攻击和其他破坏社会关系的行为。
>
> **网络攻击（cyber aggression）** 借助电子邮件、社交博客、社交网站以及其他社交媒体来传播谣言、威胁他人，或恐吓同伴。

（二）关系攻击

侮辱、说闲话、排斥、嘲笑——这些都属于关系攻击，有时候关系攻击也被称为社交攻击，因为这些攻击行为的意图都是去伤害社会关系。到了小学二三年级以后，女孩比男孩更常使用关系攻击，这也许是因为女孩开始意识到性别刻板印象，开始压抑自己的外显攻击行为，转而使用言语的而非身体的攻击。关系攻击可能会比身体的攻击造成更大的伤害——无论是对受害者还是攻击者。受害者，如本章开始时提到的 Stephanie，通常在情感上会受到很大的伤害；而在教师和其他同学眼中，关系攻击者的问题可能比身体攻击者更严重（Crick，Casas，& Mosher，1997；Ostrov & Godleski，2010）。在学前阶段，儿童就需要学习如何不使用攻击行为来调解社会关系。研究者对青少年进行访谈的结果发现，他们基本上不指望教师和学校里的其他成人会来保护自己（Garbarino & deLara，2002）。在后面第 13 章（学习环境的创设）中，我们将介绍更具体的如何处理欺凌的各种策略。

（三）媒体、模仿与攻击性行为

模仿在攻击性行为的发生中起着重要的作用（Bandura，Ross，& Ross，1963）。在充斥着严厉惩罚和家庭暴力的家庭环境中成长的儿童，更有可能通过暴力来解决问题（Patterson，1997）。

如今，几乎每个美国家庭中都有电视，而电视是现实中儿童模仿暴力行为的一个重要来源。

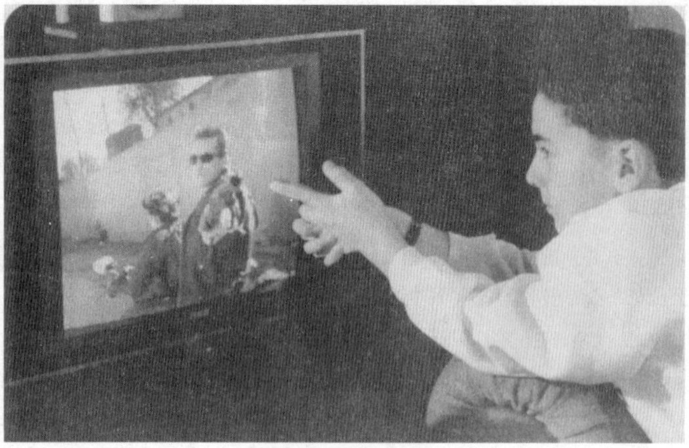

攻击行为的模仿

充斥了大量暴力行为的电视节目是儿童模仿攻击行为的一个现实来源。

6～11岁的儿童平均每周会花28个小时来看电视，这远远超过了其他活动的时间（睡觉除外）（Rideout, Foehr, & Roberts, 2010）。而在美国，82%的电视节目都存在或多或少的暴力镜头。而在儿童节目中暴力镜头的出现率更高——平均每小时32个暴力动作，卡通片中尤其严重。而在超过70%的暴力场景中，施暴者并没有受到惩罚（Kirsh, 2005; Mediascope, 1996）。因此，电视暴力对儿童身心发展可能造成的影响是一个亟需关注的问题。观看暴力电视会增加儿童的攻击性吗？美国军医总监组织了一个专家小组，专门探讨媒体和暴力的关系，最终得到了一个稳定而清晰的结论："针对有暴力内容的电视、电影、电子游戏及音乐的研究明确地证实了，媒体中的暴力内容会增加即时的和长期的攻击性行为以及暴力行为的可能性。"（Anderson et al., 2003, p. 81）

作为教师，你可以通过强调以下三点来降低电视上暴力内容的负面影响。首先，大多数人都不会像电视上那样使用暴力；其次，电视上看到的暴力场面都不是真实的，是经过特殊效果和特技创造出来的；最后，有很多其他更好的非暴力的方法来解决矛盾冲突，这些才是现实中大部分人解决问题的方法（Huesmann et al., 2003）。同时，也要避免将电视作为奖惩的工具，因为这会让电视更加吸引孩子（Slaby et al., 1995）。不仅电视节目是儿童模仿暴力行为的源头，报纸、杂志和广播里也都充斥着有关谋杀、强奸和抢劫的报道，而很多受欢迎的电影中也都充满了"英雄"拯救世界的暴力镜头。那么电子游戏呢？

（四）电子游戏与攻击性行为

近期，研究者回顾了来自美国、澳大利亚、

实践指南　　处理攻击性行为和鼓励学生合作

- 注意自己的言行，为学生树立一个无攻击性的榜样。

例如：

1. 不要使用攻击性的威胁来逼迫学生服从。
2. 问题发生时，示范非暴力的冲突解决策略（详见第13章）。

- 确保教室里每个学生都有足够的空间和恰当的资源。

例如：

1. 避免教室过分拥挤。
2. 确保有足够的奖励性玩具和资源。
3. 拿走或没收那些会引发攻击性行为的物品，如玩具枪。
4. 避免使用竞争太过激烈的活动和评价方式。

- 确保学生无法从攻击性行为中获益。

例如：

1. 安慰被攻击的受害者，并且忽视攻击者。
2. 必要时使用合理的惩罚，尤其是对年龄较大的学生。

- 直接教导积极的社会行为。

例如：

1. 将社会伦理和道德教学融入阅读和讨论当中。
2. 讨论偷窃、恃强凌弱以及散播谣言等反社会行为造成的影响。
3. 提供示范——以角色扮演的方式示范恰当的冲突解决方法。
4. 帮助学生通过提高技能、增长知识的途径来建立自尊。
5. 为那些受到孤立和攻击的学生寻求帮助。

- 提供机会，让学生学会容忍和合作。

例如：

1. 强调人与人之间的相似性，而非差异性。
2. 设计鼓励学生合作的小组课程。

德国、意大利、荷兰、葡萄牙、英国等西方国家以及日本的 130 份研究报告，这些报告涉及被试的人数超过 13 万（Anderson et al.，2010）。结果发现，玩暴力电子游戏会导致个体攻击性的观念、情绪和行为的增多，同时也会导致共情能力的下降，而且这种影响不限于特定的文化或性别。但值得注意的是，玩积极的电子游戏也能增加亲社会行为。因此，电子游戏这种形式本身并没有问题，关键是游戏的内容。我们会从自己所玩的游戏中学习，而现在市面上充斥着各种暴力的电子游戏，亲社会电子游戏的数量很少。因此，摆在教师、家长和整个社会面前的一个重要问题就是：如何降低儿童周围环境的负面影响？前面的“实践指南”就如何处理攻击性行为和鼓励学生的合作提出了一些建议，你可以参考。

（五）作弊

调查发现，80% 到 90% 左右的高中生和大学生曾作过弊。事实上，学业作弊的比例在过去 30 年里持续增高，可能是由于压力日益增大以及各种测验被赋予的利害关系越来越大等原因（Murdock & Anderman，2006）。

作弊存在个体差异。多数关于青少年和大学生的研究发现，男性比女性更可能作弊，低成就的学生比高成就的学生更易作弊，持表现目标的学生（获得好成绩、看起来很聪明）比持掌握目标的学生更易作弊，低学业效能感（认为自己在学校不可能有好的表现）的学生更可能作弊。另外，比较冲动的学生也更可能作弊（Anderson，Cupp，& Lane，2009；Murdock & Anderman，2006）。

当然，作弊不只是个体差异的问题，情境也会起到一定的作用。以数学为例，一项研究发现，当学生从原先重视竞争和表现的班级转到重视理解和掌握的班级后，其作弊水平会有所下降（Anderman & Midgley，2004）。而如果学生认为教师是可靠的知识来源，他们的作弊水平也会下降。当学生认为教师可靠时，他可能更重视教师所教授的内容，因此更希望真正地学会它（Anderson，Cupp，& Lane，2009）。此外，当学生成绩落后或“临时抱佛脚”，或认为教师不在乎他们时，学生更可能会作弊。例如，Erica 认为：

> 我是一个诚实的高中生，我认为班上存在不同程度的作弊。我是一个认真的学生，但当我的历史老师一口气布置了 50 道问题，并且明天要交，或晚上老师布置了一份填空卷子，而我本来已经就很忙了，要做游泳练习、礼拜以及有氧运动，还有其他作业——我就会选择抄同学的答案！……我是迫不得已的时候才会去作弊，所以不算是一个习惯。每个小孩在紧急关头都会这样做。（Jensen et al.，2002，p.210）

Tamera Murdock 和 Eric Anderman（2006）曾提出一个模型，用以整合已有关于作弊的认识。他们认为学生在决定作弊之前，会问自己三个问题：我的目标是什么？我能做这个吗？作弊的代价是什么？表 3—6 列出了一些对上述三个问题的回答，这些回答与是否作弊的决策有关，同时表中还列出了一些防止作弊的策略。

表3—6　学生何时会作弊？

（Tamera Murdock 和 Eric Anderman 提出了一个学业作弊模型，学生是否作弊取决于他们对三个问题的回答。）

问题	不太可能作弊：回答举例	很可能作弊：回答举例	教师应当怎么做？策略举例
我的目标是什么？	目标是学习，变得更聪明，尽可能做到最好。 这是我的目标。	目标是看起来很棒，比其他人都出色。 这目标是别人强加在我身上的。	与全班学生讨论交流对学习的看法——学习能让每个人变得更优秀。
我能做这个吗？	通过适当的努力我能做到。	我怀疑自己能不能做到。	采取小步子原则，让学生成功地完成每个小步骤，以此帮助他们建立自信心。 指出学生过去取得的成就。
作弊的代价是什么？	如果作弊，我会被逮到，受到惩罚。 如果作弊，我会觉得自己道德有问题，感觉很丢脸。	如果作弊，可能不会被逮到和受到惩罚。 每个人都这样做，所以这没什么不对。 压力实在太大了——我不能失败，只能作弊。	把错误当作是一次学习的机会。 允许修改，以此来降低作业带来的压力。 监督学生，防止作弊，对作弊行为给予适当的惩罚。

资料来源：Murdock & Anderman (2006).

上面的例子对教师有很直接的启示。为防止作弊，教师应尽量不要让学生处于高压情境之中，确保他们已经做好测验、课题或作业的准备，确保他们无需作弊也能做得很好。教师也要成为值得信任的、可靠的知识来源。关注学习而非成绩，鼓励学生在作业、实验等方面进行合作，并采用开卷、合作性或在家完成等形式的测验。我常常告诉我的学生哪些概念会考，并鼓励他们在考试前对这些概念及这些概念的应用进行讨论。教师可以对需要帮助的学生给予额外的、恰当的帮助。明确关于作弊的政策，并且始终如一地执行它们。在测验中认真地监督学生，帮助他们抵制作弊的诱惑。

第五节　个性与社会性发展对教师的启示

很明显，埃里克森和布朗芬布伦纳都强调个体会受到社会和文化背景的影响。下面列举的，是其中的核心观点：

（1）那些父母离异的学生能从权威型教师那儿获益，权威型教师是指既让学生感觉温暖，也对学生有明确要求的教师。

（2）对所有学生来说，自我概念随着时间在不断地分化——他们可能会觉得自己能胜任某一学科，但不擅长其他学科；或是认为自己是一个非常称职的朋友或家庭成员，但不擅长学校的学业。

（3）对所有学生来说，整合自己关于职业、宗教、种族或民族、性别角色以及与社会的联系等方面的决定，最终形成一个有意义的同一性——这一过程是极具挑战性的。教师能够促进学生同一性的发展。

（4）对所有学生来说，被同伴拒绝都会受到伤害。很多学生需要指导以帮助他们发展社交能力，更准确地理解他人的意图，更好地处理冲突以及应对攻击性行为。同样，教师可以提供这样的指导。

（5）当学习压力很大、学习负担很重且作弊被抓住的概率很小时，多数学生会作弊。这就需要教师和学校共同避免这些情况的发生。

▼本章小结

第一节　生理发展

描述儿童在学前、小学及中学阶段生理发展方面的变化。

在学前阶段，儿童的大运动技能和精细运动技能快速发展。整个小学阶段，儿童的生理发展仍在持续，女孩通常比男孩更高、更壮些。青少年进入青春期后，会变得情绪化，并努力去应对青春期所带来的所有变化。

早熟和晚熟对男孩和女孩有什么样的影响？

女性比男性提前两年成熟。早熟的男孩可能会拥有更高的社会地位，他们可能更受欢迎，更容易成为领袖。但对白种人、非裔和墨西哥裔的美国男孩来说，早熟可能意味着有更多的问题行为。对女孩来说，早熟并不是一件好事。

休息和体育活动对于发展有什么作用？

游戏促进大脑发展、语言和社会性的发展。在游戏中，儿童能够减轻压力，学会解决问题，适应新的环境，学会合作与协商。儿童肥胖率的不断增高与缺乏运动、看电视节目和玩电子游戏、网络游戏等时间的增长有关。

进食障碍有哪些征兆？

厌食症的学生看起来脸色很苍白，指甲非常脆弱，身上的毛发细而发暗。他们很容易觉得冷，因为体内脂肪太少，无法使身体保温；也常感到沮丧、缺乏安全感、闷闷不乐和孤独；一些女生甚至会停经。

第二节　发展的社会背景

描述布朗芬布伦纳关于发展的生态系统模型。

这一模型认为影响发展的因素既包括个体内在的生物特点，也包括嵌套结构的社会与文化环境。每个人都生活在一个微观系统中（直接的关系和活动），这个微观系统包含于中间系统（微观系统中各元素之间的关系），中间系统又被嵌入外部系统中（更大的社会环境，如社区）；这三个系统都是宏观系统（文化）的一部分。此外，所有的发展都发生在特定的时间段内，并受到时间段的影响。因此，生态系统还包括一个历时系统。

家庭的哪些方面会影响到学生在学校里的表现？

学生可能会经历不同的教养方式，而教养方式会影响这些学生的社会适应。至少对欧裔美国中产阶级家庭的儿童而言，权威型父母的子女更可能对自己满意，与他人相处融洽；而专制型父母的子女更容易产生负罪感和抑郁情绪；放纵型父母的子女往往不能处理好与同伴的关系。但教养方式存在文化差异。对亚裔和非裔美国学生而言，父母的控制程度越高，儿童的学习成绩可能越好。

父母离异会如何影响学生？

在离异过程中，父母可能会因财产和监护权的抉择而使家庭冲突加剧。父母离异后，获得监护权的父亲或母亲可能不得不搬进便宜一些的住房、初次涉入职场，或工作更长的时间。对孩子来说，这些变化意味着在他们最需要支持的时候，却不得不离开自己重要的朋友；尽管与父亲或母亲生活在一起，但彼此相处的时间比以前更短；父母再婚时还得去适应新的家庭结构。

为什么同伴文化很重要？

同伴关系对个性、社会性的健康发展有重要作用。相关研究表明，与拥有孤独童年的成人相比，童年时拥有亲密朋友的成人有更高的自尊，更能维持与他人的亲密关系。童年时被拒绝的成人，往往会有诸如辍学或犯罪等更多问题行为的表现。

什么是同伴文化？

学生团体发展出自己的、有关外表与社会行为的规则。对团体的忠诚会导致排挤某些学生，而这会使被排挤的学生感到不安、难过。

教师对学业的关心和对个人的关心是如何影响学生的？

学生重视来自教师的关心。这种关心可以是对学业学习的支持，也可以是对个人问题的关注。对于成就更高、社会经济地位更高的学生来说，学业上的关心更为重要；但对那些被学校边缘化的学生来说，对个人的关心更为重要。

儿童受到虐待的征兆有哪些？

儿童受到虐待、忽视会有以下征兆：原因不明的淤青、烧伤、咬伤或其他伤口和疲倦、消沉、经常不上学、个人卫生糟糕、衣着不当、同伴问题以及其他众多征兆。一旦发现可疑的儿童受虐案例，教师必须及时上报相关部门，并协助学生应对其他的危险。

第三节　同一性与自我概念

埃里克森的心理社会发展阶段是什么？

埃里克森强调社会与个体的关系，因此他的理论是一种关于发展的心理社会学观点——将个体发展（心理的）与社会环境（社会的）联系在一起的理论。埃里克森认为个体要经历八个生命阶段，每个阶段都涉及一个主要危机。如果能够顺利地克服危机，儿童的个性以及社交能力将会得到极大的发展，并以此作为解决下一个危机的基础。在前两个阶段，婴儿必须形成信任感，克服不信任感，形成自主感，克服羞愧和疑虑。第三个阶段发生在儿童早期，其焦点在于形成主动性，避免内疚感。处于小学时期的第四个阶段涉及获得勤奋感，避免自卑感。第五个阶段，个体面对着同一性对角色混乱的挑战，青少年需要不断努力以统合他们的同一性。根据 Marcia 的观点，这些努力可能导致同一性混乱、同一性早闭、同一性延缓或同一性获得。埃里克森成人的三个阶段涉及获得亲密、繁殖与自我整合。

描述民族和种族同一性的形成过程。

少数民族和少数种族的学生面临着生活在两种世界中如何形成同一性的挑战。他们既有所属群体的价值观、信念和行为，也会受到大文化环境中价值观、信念和行为的影响。大多数关于民族和种族同一性形成的解释，都认为个体最开始并未觉察到少数群体与主流群体间的差异，接着通过不同的方式调和这些差异，最终形成一种不同文化的整合。

随着儿童的发展，自我概念是如何变化的？

自我概念（自我的定义）随着个体的成熟，会逐渐变得复杂、差异化和抽象。自我概念是通过自我反省、社会交往以及在学校内外的各种经验逐渐形成的。学生通过将自己与个人的（内在的）标准和社会的（外部的）标准相比较来发展自我概念。高自尊与较好的整体学校体验相联系，包括学业和社交两方面的体验。此外，性别与民族刻板印象也是影响自尊的重要因素。

说明自我概念与自尊的区别。

自我概念和自尊都是关于自我的信念，自我概念是我们试图建构一个用于组织关于自己的印象、感觉和态度的图式。但这个图式不是固定的、永久不变的，我们的自我知觉随着情境的改变和生活阶段的变迁而发生变化。自尊是对自我价值的评价，如果个体积极地评价自我价值，我们就说他拥有高自尊。自我概念和自尊经常被混用，尽管它们有不同的含义。自我概念是一种认知结构，自尊是一种情感评价。

自我概念是否存在性别差异？

从小学一年级到高中，男孩和女孩对自己在数学、语言艺术和运动方面的胜任感都在逐渐下降。到了高中，男孩和女孩表现出相近的数学胜任感，女孩在语言艺术方面的胜任感更强，而男孩在运动方面的胜任感更强。对于一般自尊而言，男孩和女孩在进入初中的过渡时期均有所下降，但男孩在高中阶段自尊逐渐增高，而女孩的自尊则保持继续下降的趋势。

第四节　理解他人和道德发展

什么是心理理论？它为什么很重要？

理解他人也是人，有他们自己的心智、想法、情感、信念、愿望和感觉。儿童需要心理理论去理解他人的行为，而当他们发展出心理理论后，他们就能理解他人也有自己的意图。

随着学生的成熟，他们的观点采择能力如何变化？

随着逐渐成熟，儿童理解意图的能力在不断发展，但攻击性儿童在理解他人意图上存在困难。随着逐渐成熟，儿童社会性的观点采择也在逐渐改变。年幼的儿童认为每一个人的想法和感觉与他们自己一样；之后，他们才渐渐了解到他人是不同的个体，因此会有不同的感觉和看待事物的观点。

道德推理的前习俗水平、习俗水平和后习俗水平三者之间有何重要差异？

柯尔伯格的道德发展理论包括三个水平：（1）前习俗水平，此时道德判断是基于个人利益；（2）习俗水平，此时道德判断会考虑传统的家庭价值观和社会期望；（3）后习俗水平，此时道德判断是基于更抽象、更个人化的道德准则。批评者认为，柯尔伯格未考虑道德推理可能存在的文化差异，以及道德推理和道德行为之间的差异。

描述吉利根的道德推理水平理论。

吉利根认为柯尔伯格的阶段理论只是基于男性的纵向研究，它很可能无法恰当地解释女性的道德推理及其发展阶段，因此她提出了“关爱的道德”。吉利根认为个体是从关注自我利益发展到对特定个体和特定关系负责的道德推理，然后发展到道德的最高水平，即基于对所有人负责和关爱的原则。研究表明女性更可能采用关爱倾向，但男性和女性都能采用两种倾向。

道德维度和习俗维度的思维随时间如何变化？

关于道德的信念是从幼儿的意识——公平就是平等对待所有人，逐渐发展为成人的理解——道德涉及仁慈和公平，道德准则是独立于任何特定群体的规则而存在的。在习俗维度方面，儿童开始会相信他们所看到的规则是真实正确的。经过几个阶段，成人意识到习俗有利于协调社会生活，但同时也是可以被改变的。

什么会影响道德行为？

幼儿的道德行为是他控的，他人通过直接教导、监控、奖赏惩罚以及矫正进行控制。另一个影响儿童道德行为发展的因素是榜样的示范。经常看到有同情心的、宽宏大量的成人榜样的儿童，更倾向于关注他人的权利和感受。

有哪些不同类型的攻击性行为？

同伴攻击可能是工具性的（旨在获得一样东西或某种利益），也可能是敌意性的（旨在造成伤害）。敌意性攻击可能是恐吓或身体攻击，也可能是涉及威胁或破坏社会关系的关系攻击。男孩更倾向于使用外显攻击，女孩更倾向于使用关系攻击。如今，众多社交媒体应用程序和网站为关系攻击提供了新的渠道。

媒体无处不在，它会如何影响个体的攻击性行为和共情能力？

周围环境和媒体提供了很多负面行为的榜样。随着时间的发展，儿童会逐渐内化那些指导他们的权威人士的道德准则和原则。如果指导者能向儿童说明行为的理由——尤其是他们的行为对他人可能的影响，儿童就能理解自己的行为为什么会被纠正，从而更可能内化道德原则。一些学校已经开始专门设置了教学计划，用以提高学生关爱他人的能力。

学生为什么会作弊？

作弊是学校内涉及道德议题的一种常见行为问题。是否作弊取决于学生对三个问题的回答：我的目标是什么？我能做这个吗？作弊的代价是什么？作弊是由个体和情境因素共同造成的，但如果压力太大、被逮到的概率很低，很多学生会作弊。

▼复习思考题

（一）多项选择题

1. 一些学区缩短了学生休息和游戏的时间，但美国国家幼儿教育协会却建议儿童参与游戏活动。下列哪个选项不能支持美国国家幼儿教育协会的建议？
   A. 游戏能提高儿童的技能，从而能让儿童成功地适应周围的世界。
   B. 游戏能调动多种感觉，而当儿童整个身心沉浸其中，他们的学习效果最好。
   C. 通过游戏，儿童能意识到他人有自己的观点。
   D. 游戏能增加儿童的焦虑，从而为以后面对挑战做好准备。
2. 学生心目中的“好老师”通常会使用权威型教学策略。下列选项中哪位教师在课堂上使用了权威型教学技巧？
   A. Marcus 不愿意离开座位去别的教室，Thomas 小姐提醒他班规以及违反班规的后果。
   B. Paulo 是一名新来的学生，他很害羞。但当他第一天到学校的时候，Hall 先生要求他给班上同学讲讲他在危地马拉的经历。
   C. Dina 的老师允许她不参加课间的休闲和游戏活动，可以待在教室里自娱自乐，原因是 Dina 没有朋友。
   D. 在新学年刚开始的时候，Krall 先生会给学生两天自由的时间来熟悉班上的同学。
3. Taylor 女士是一名初中教师。今年，她的班上新转来了一名学生。Taylor 女士知道，新转来的学生在刚开始通常都会有适应问题。因此，Taylor 女士会给每名新生配一个搭档，以帮助他们适应学校。此外，她还会照顾新生们心理社会方面的需要。下列哪个策略能帮助 Taylor 女士班上转来的新生？
   A. 允许学生自主安排他们在学校里一天的活动。
   B. 鼓励学生自行解决自己的个人需求。
   C. 提供支持，让新生体验到胜任感和成功。
   D. 让学生了解到，他们在初中建立的人际关系在很大程度上决定了他们今后人生中情绪的健康和快乐。
4. 研究表明，多数学生都曾作过弊。下列选项中哪种做法不能降低班上学生作弊的可能性？
   A. 明确规则，让学生了解到作弊带来的各种严重的不良后果，以此来威慑他们。
   B. 降低对分数的关注，确保考试内容是学生熟悉的。
   C. 为提供必要的支持和降低焦虑，鼓励学生在完成作业时相互协作。
   D. 确保学生已做好完成作业和测验的准备。

（二）开放论述题

案例：Suzanne Wilson 是秋天转到 Sullivan 女士班上的，这个孩子没有朋友。当很多同年级（三年级）的学生在操场上一起玩游戏的时候，Suzanne 会站在旁边，但没有人叫她一起玩。在班上，Suzanne 总是表现出很幼稚的行为，紧张时会咬拇指，也不愿意在团体活动中分享。到了 12 月份，Sullivan 女士决定采取一些措施来改善 Suzanne 的状况。因此，Sullivan 女士邀请了 Suzanne 的父母来学校，就 Suzanne 的情况彼此交流下想法。当 Wilson 夫妇出现的时候，Suzanne 正陪在他们的身边。而接下来发生的事情让 Sullivan 女士大吃一惊，当她希望 Suzanne 回避，单独与 Wilson 夫妇交谈时，Suzanne 就开始大哭大闹，拒绝离开。Wilson 夫妇只好道歉，并表示哪天 Suzanne 同意配合了，他们再过来学校。

5. Wilson 夫妇的教养方式是哪种？为什么？
6. 你会建议 Sullivan 女士使用什么策略来帮助 Suzanne 的情绪发展？

▼他们会怎么做？

回顾章首教师案例簿中的内容，看看下面几位教师是如何应对的。

Thomas Naismith　中学科学教师

Slocum Independent School District, Elkhart, TX

在这种情况下，我会通过两步来让班上的学生学会尊重他人。第一步，我会跟涉及这次事件的两个女孩单独谈话。我会清楚地告诉 Alison，她的行为是非常不恰当的，并且是不应该出现的。我确信这种行为只是她一时判断错误造成的，并相信这种意外不会再发生。此外，我还会请她协助我阻止班级中其他不恰当行为的发生。

我会对 Stephanie 解释说，她并不需要感到难堪，因为班上的同学都会赞赏她为挽回“逝去的友谊”所做的努力。我会称赞 Stephanie 拥有的优秀品质，安慰她应该欣赏自己，并建议她与乐于接纳她的同学做朋友。

第二步则主要针对全班学生。我不会在自己的话中加入任何评论性的语言，但会明确表示，说其他同学的闲话和其他“不好的”行为都应该被禁止。我会解释说，班级就是小社会，每个成员都有责任友善待人。我还会进一步说明，不需要把每个人都当成“朋友”，但要尊重他人和维护他人的尊严。

Jacalyn D. Walker　八年级科学教师

Treasure Mountain Middle School, Park City, UT

“没有人是在真空中工作的”，这点认识对于初中教师尤为重要。你可以与你所在学校的咨询师、其他年级的教师以及家长一起交流和开展工作。如果这样做，你就会有很多处理问题的方式可供选择。不要假装很关心这些青春期的学生，他们能分辨出你是否真心关心他们。你必须真正把学生当成成人来进行交流，试着欣赏学生们的幽默和能力。以关怀、信任及尊重的态度对待学生，学生才会愿意敞开心扉接受你的帮助与建议。在初中阶段，父母一般不参与课堂的教学，但还是有很多方式可以把父母邀请进来。

Nancy Schaefer　高中教师

Cincinnati Hills Christian Academy High School, Cincinnati, OH

我会先打电话去 Stephanie 家，借口询问她最近因缺课没交作业的事，跟她的父母或监护人通话。我首要的目的是了解 Stephanie 的父母是否了解整个情况。毕竟，像 Stephanie 这样的女孩，有时会不好意思告诉父母整个事件的来龙去脉，甚至父母可能对事情一点也不了解。如果 Stephanie 父母并不清楚事情发生的经过，那我会尝试让 Stephanie 接过电话，帮助她将事件的经过告知父母。因为让身边的成人了解事情始末，将有助于缓解 Stephanie 某些羞愧的情绪。

之后，我会跟 Stephanie 及她的父母会面，一同协助 Stephanie 重新回到学校上课。学校咨询师也可能参与其中。这样的会面主要是帮助 Stephanie 制订一个计划来应对学校中可能出现的各种困境：面对面地撞上 Alison，遇见其他“老”朋友，在学校里可能听到或看到的令她难堪的信息，其他同学对自己的评论等。我们会帮她分析所有的这些情况，并让她练习如何应对。我也会跟 Stephanie 的班主任沟通，为 Stephanie 重新安排小组或座位，让她能够远离那些给她造成压力的女孩，并有利于她建立新的友谊。因为每个人都可能遇到不忠诚的朋友，因此可以安排 Stephanie 与高年级的学长交谈，让她从他人的交友经验以及交友方法中获益。最后，我会试图安排 Stephanie 和 Alison 在有成人监督的情况有个简短的见面。让她们在一个受控的环境下会面，能帮助 Stephanie 说出自己内心受到的伤害，而不会做出某些不当的行为。

在整个过程中，我也会确保有人始终在帮助 Alison，以防止事态进一步扩大。如果 Alison 的行为已经违反了校规，则由学校咨询师或是与 Alison 关系好的老师来负责对 Alison 的惩处。我也会邀请 Alison 的父母参与其中，尤其是当 Alison 已经不是第一次这样做的时候。

第4章 学习者差异与学习需要

你会怎么做?

教师的案例簿

又到了一个新学年，国家的教育政策有一些调整。原先的特殊教育计划被终止，现在所有的学生都将接受全日制的普通教学。通过之前章节的学习，你知道未来你所面对的学生会在能力、社交技能以及学习动机方面存在很大的差异，但现在你还需要面对更多复杂的情况：有个学生患有严重的哮喘，有个学生相当聪明但患有亚斯伯格症候群，有个学生有严重的学习障碍，还有两个学生正在接受注意力缺陷多动障碍的药物治疗。你不清楚有哪些资源可以帮助到你。但即便如此，你仍满怀信心和效能感地接受了这个挑战，希望能教育好每一位学生。

想一想：

- 你会怎样基于标准来设计课程，以便让所有学生都能发挥他们最大的潜能进行学习，并熟练掌握课程标准所要求的内容?
- 当班上被确认有特殊需要的学生遇到某些特殊问题时，你会如何处理?
- 遇到新的情况时，你会如何保持自己的自信心?

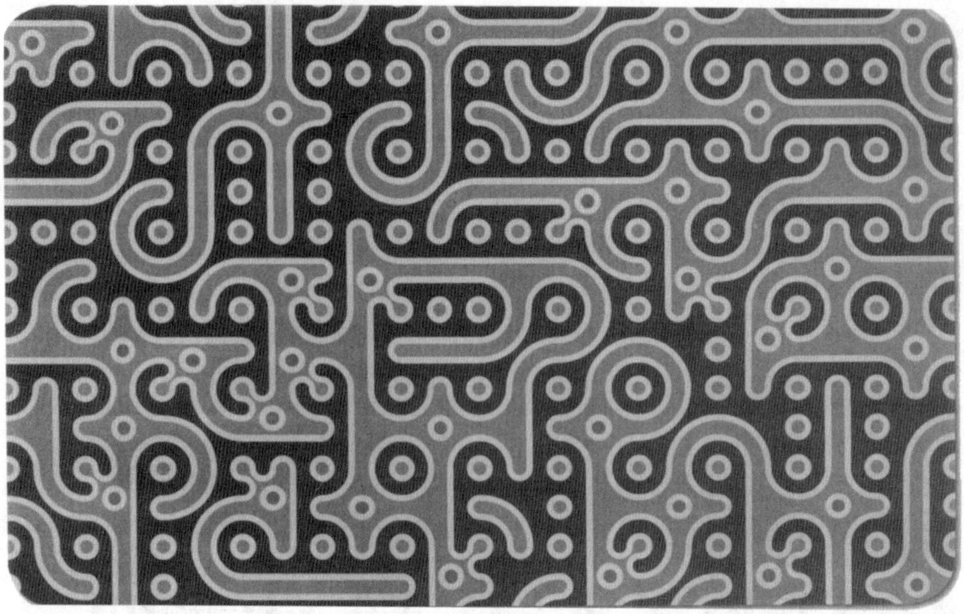

概览与目标

要回答上述问题，你必须了解个体差异。到目前为止，我们几乎没怎么讨论过个体差异。前面介绍的主要都是可应用到每个人身上的发展原则——阶段、过程、冲突和目标。人类的发展在很多方面都是类似的，但不是在所有方面都是如此。即使是同一家庭中的成员，在外表、兴趣、能力和性格上也会有明显的差异，而这些差异对教学有着十分重要的意义。在本章中，我们将会讨论智力与学习风格，因为这些概念经常被误解。另外，无论你教哪个年级，都可能遇到有特殊需要的学生，因此我们也将探讨一些在学生中或多或少会发生的学习问题。在讨论每一种学习问题时，我们将讨论教师怎样才能意识到问题、如何寻求帮助，并针对个体的需要制订教学计划，其中还包括如何使用一种新方法——干预反应模型。

学完这一章后，你应该能：

- 描述现有的智力层次理论和多元智能理论。
- 阐述智力是如何测量的以及这些测量方式对教师的启示。
- 论述在教学中考虑学生学习风格的意义及其局限。
- 论述《残疾人教育促进法》（IDEA）和“504 条款”对当代教育的实践意义。
- 理解在学习上面临挑战的学生可能存在的特殊教育需要。
- 认识到超常与天才儿童的特殊教育需要。

第一节 智力

智力这一概念在教育中非常重要，但又很容易引起争议和误解，因此我们将用一些篇幅来讨论它。但在此之前，让我们先来考察一下根据个体智力、能力或障碍等的个别差异来给学生贴标签的做法。

一、用语与标签

每个儿童都有自己独一无二的天赋、能力与不足。例如，某些学生可能存在学习障碍、沟通障碍、情绪或行为障碍、智力障碍、生理缺陷、视觉受损或听觉困难、自闭症、创伤性脑损伤或某些综合障碍，而有些学生却有着非凡的天赋与才能。即使我们在本章中使用这些术语，但请注意：给学生贴标签是一种存在广泛争议的做法。

其实，标签并不能告诉我们该用什么方法对待个别的学生。比如，没有几个具体的“治疗方案”能在行为障碍的“诊断”后自发地产生；针对不同情况，使用多种不同的教学策略和教材可能比较合适。而且，标签可能会成为自我实现的预言。每个人——教师、父母、同学，甚至学生自己，都可能把标签看作是一个不可改变的特征。最后，标签常常被错误地用来解释学生的行为，就像这样——“Santiago 常常打架是因为他有行为障碍。”“你怎么知道他有行为障碍？”“因为他常常打架。”（Friend，2011）

但另一方面，一些教育者认为对于年幼的学生，给他们贴上“有特殊需要”的标签至少是在保护他们。例如，如果同学们知道某个学生有智力障碍（有时称为智力落后），他们就更容易接纳这个学生的古怪行为。当然，诊断性的标签也能带来一些特殊方案、有用的信息、特别的技术与设备或财政援助。标签对学生来说可能是种污辱，但也有可能帮助学生。

（一）残疾与障碍

残疾（disability）这个词的含义是指不具备做某种特定事情的能力，如读单词、看东西或走路；而**障碍（handicap）**是指在某些情境下的缺陷，某些残疾会导致在特定情境下存在障碍，但不是针对所有的情境。例如失明（视觉残疾），如果你去开车，这就成了一种障碍；但如果你去作曲或听电话，失明就不是一种障碍。斯蒂芬·霍金（Stephen Hawking），这位在世的最伟大的物理学家，因患有卢伽雷氏病而无法走路和说话。他曾说很庆幸自己成为一名理论物理学家，因为“研究它用头脑足矣，所以我的残疾在这方面并没有成为一种障碍”。重要的是，我们不要因自己对他人残疾的反应而给他人造成障碍。一些教育者建议不再使用“障碍”这个词，因为这个词的来源有贬低他人的含义。障碍来自于短语“cap-in-hand”（手里拿着帽子），用来形容那些因生存所迫而行乞的残疾人（Hardman，Drew，& Egan，2005）。

我们可以将人类所有的特征都看成连续体。例如，人的听力可以从非常敏锐到完全失聪。我们的听力处在这个连续体的某个位置上，并且会随着生命的进程而变化。当我们逐渐变老时，我们的听力、视力甚至智力的某些方面都会发生变化。这些，你在本章后面将会看到。

当谈论某方面有残疾的个体时，要尽量避免使用那些“怜悯”的语句，诸如“只能待在轮椅上”或“艾滋病的受害者”之类的。轮椅并不是种限制，它能让那些某方面有残疾的个体自由地走动。使用“受害者”或“受苦”这类语词时，会让人觉得那些有残疾的个体软弱无力。联合脊髓协会在其网站上（http://www.unitedspinal.org/）提供了很多与残疾个体打交道的建议，每位教师都应当读读。图 4—1 就是其中一则建议。

另外，尊重某方面有残疾的个体，还应该使用“以人为本”的语言，我们将在下面进行介绍。

（二）“以人为本”的语言

因为每个个体都有很多方面的能力，因此应当避免使用这样的标签，如“情绪失调的学生”或“处在危险中的学生”。用简单的一两个词来描述一个复杂的个体，就意味着被标记的那个方面是该个体最为重要的方面。实际上，个体有很多特质与能力，

> **残疾（disability）** 指不具备做某种特定事情的能力，如走或听。
> **障碍（handicap）** 指在某些情境下的缺陷，某些残疾导致在特定情境下的无能。

图 4—1　与某方面有残疾的个体打交道时需要注意的礼仪

只关注他有残疾的方面并不能恰当地代表该个体。比较好的表达方式是使用“以人为本”的语言，如“这个学生有行为失调的问题”或“这个学生正处在危险中”。这里强调的重点首先是学生。

学生有智力障碍	而非	有智力障碍的学生
学生接受特殊教育	而非	接受特殊教育的学生
一个人患有癫痫症	而非	一个癫痫症患者
一个儿童有生理缺陷	而非	一个残疾儿童
儿童被诊断为患有自闭症	而非	自闭症儿童或自闭症患者

（三）使用标签可能带来的偏见

现在，我们可以借助很多优秀的测验和严谨的测验程序来诊断学生是否患有某方面的障碍，并保证我们能准确地使用标签。然而，少数种族和少数民族的学生在残疾中所占的比率过大，而在天才计划中的比率则过小。例如，根据不同种族的实际学生数，非裔美国学生被诊断为心理不健康的可能性比其他种族高出两倍，被诊断为智力障碍的可能性则高出了三倍。而与欧裔和亚裔的美国学生相比，这些非裔学生在学校里更可能被排除在普通教育体系之外。拉美裔和亚裔的美国学生的情况则恰恰相反，除听力损伤外，他们被诊断为其他类型障碍的可能性明显小于其他种族。在天才计划方面，尽管非裔和拉美裔的儿童约占全美学生总人数的 13% 和 20%，但他们在天才计划中的比率都只有 8% 左右（U.S.Department of Education，2007）。

在过去近 40 年的时间里，教育工作者试图找到导致“比率过大”和“比率过小”这些现象的原因。对此，有众多解释，其中包括非裔和拉美裔的家庭有更高的贫困率，而这会导致更差的产前照料、营养状况以及健康护理；教师的态度、课程、教学以及校方推荐学生的程序中都有着根深蒂固的偏见；而教师也不知道如何跟少数族群学生沟通，从而有效地进行教学（Friend，2011）。为避免校方推荐学生的程序中可能存在的不公正问题，教育者建议校方在给予正式的推荐前，应对学生进行更多的了解。他来美国已经多长时间？他英语怎么样？他有没有一些不寻常的压力，如无家可归？课程的设计是否考虑到了学生已有的语言和文化知识（第 5 章）？班级气氛是文化兼容的（第 6 章）、积极的（第 12 章）吗？教师是否了解并尊重学生的文化？是否采用了创造性测验、档案袋和行为表现等方式来评估学生的能力（第 15 章）？对学生及其校外环境了解越多，越

标签可能形成错误的刻板印象

如果将标签视为最重要的个人特质，标签本身就成了障碍。对“坐轮椅的人”的刻板印象，可能会干扰人们对这个年轻女孩其他特质和个性的认识。

有利于帮助教师做出恰当的教学决策（Gonzales，Brusca-Vega，& Yawkey，1997；National Alliance of Black School Educators，2002）。

在教育等领域，智力多用于人员安置。生活中，智力作为一个标签也被广泛地使用。下面让我们先从一个基本的问题开始。

二、智力意味着什么？

停下来 想一想

谁是你们高中阶段最聪明的人？写下他的名字，并列出当你想到他时最先想到的 4 ～ 5 个词语。是什么原因使你选择了这个人？

长期以来，人们意识到不同个体在**智力（intelligence）**方面存在差异。早在两千多年前，柏拉图就讨论过类似的一些差异。许多关于智力本质的早期理论都涉及下面三个主题：（1）学习的能力；（2）个体获得的所有知识；（3）成功适应新情境和一般环境的能力。近期对智力的界定则涵盖了上述三个主题，并强调了高级思维过程，即“有能力进行演绎与归纳推理、抽象思维，使用类比以及整合信息，并能将上述能力应用到新的维度”（Kanazawa，2010，p. 281）。不过，关于智力是一种单一的能力还是由多种独立的能力组成的，一直存在争议。

所有的智力测验分数间均存在中度或高度相关，这种一致性的发现实际上“可以说是智力心理学研究中最著名和最引人注目的现象”（van der Mass et al.，2006. p.855）。正是由于这些持续稳定的内在相关的存在，一些心理学家认为智力是一种一般能力，会影响到个体在所有认知任务上的表现，从解决数学问题到诗歌赏析，再到完成历史论文。那么究竟该如何解释这一结果呢？查尔斯·斯皮尔曼（Charles Spearman，1927）认为心理能量，他称之为 g 因素，在任何智力测验中都会用到；但除了这种一般能力，这些智力测验同时还需要一些特殊能力。因此，完成任何智力任务都必须运用 g 因素以及与特定任务相关的能力。如今，心理学家一般都赞同：我们可以通过数学计算的方法算出认知测验中的共同因素（g 因素），但这种计算所得的因素只是**一般能力（general intelligence）**的指标或测量结果，而非一般能力本身（Kazazawa，2010）。仅仅有一个智力的总体数学指标，这对理解智力这一人类特有的能力并没有多大帮助；g 因素这一概念似乎没有太多的解释力（Blair，2006）。

雷蒙德·卡特尔（Raymond Cattell）和 John Horn 提出的流体智力与晶体智力理论，则能提供更好的解释（Cattell，1963；Horn，1998；Kanazawa，2010）。**流体智力（fluid intelligence）**指心理效率和推理能力（前文中引述的 Kanazawa 也认为推理能力是智力的主要成分）。流体智力的神经生理基础可能与大脑容量的变化、髓鞘化（神经纤维被脂质包裹，让加工过程变得更快）、多巴胺受体的密度或大脑前额叶的加工能力有关，其中大脑前额叶的加工能力主要包括选择性注意和工作记忆等（Waterhouse，2006）。工作记忆是大脑机能的一个方面，我们将在第 8 章中进行介绍。流体智力，这部分智力会随着大脑的发展而上升，到青年期（22 岁左右）达到高峰，然后随着年龄逐渐下降。流体智力对疾病非常敏感，也容易受到损害。

相反，**晶体智力（crystallized intelligence）**是指在特定文化情境中应用恰当的问题解决方法的能力，类似于 Kazazawa 在其智力的定义中提到的“应用到新维度”的能力。这种能力在人的一生中持续增长，因为它包括已获得的技能和知识，如阅读、了解事实以及如何搭出租车、缝制棉被、设计关于诗歌中象征手法的教学单元等。我们在解决问题时运用流体智力，并以此发展出自己的晶体智力；但生活中许多任务的解决，如数学推理，同时需要流体智力和晶体智力（Ferrer & McArdle，2004；Finkel，Reynolds，McArdle，Gatz，& Pederson，2003；Hunt，2000）。

现在被人们最广为接受的一种心理测量观

智力（intelligence） 为解决问题、适应环境而获取知识，并运用知识的一种能力或多种能力。

一般能力（general intelligence/g） 认知能力中的一般因素，与所有智力测验上的成绩都存在不同程度的相关。

流体智力（fluid intelligence） 以大脑的发展为基础的心理效率和非言语能力。

晶体智力（crystallized intelligence） 在特定文化情境中应用恰当的问题解决方法的能力。

点是：智力就像自我概念一样存在很多方面，是不同层次的能力体系。体系的顶端是一般能力，下面是特殊能力（Carroll，1997；Sternberg，2000）。John Carroll（1997）认为，智力包含一种一般能力、几种广泛能力（如流体智力与晶体智力、学习与记忆、视觉与听觉的感知能力、加工速度等）和70多种特殊能力，如语言发展、记忆广度、简单反应时等。一般能力可能与前额叶的成熟及其功能有关，特殊能力可能与大脑的其他部位有关（Byrnes & Fox，1998）。

三、多元智能

霍华德·加德纳（Howard Gardner）是一位发展心理学家，当他从事哈佛大学零点计划以及波士顿退伍军人管理局医疗中心的相关工作时，他发现自己面对着两个截然不同的群体，哈佛大学零点计划吸纳的都是极其有艺术天赋的学生，波士顿退伍军人管理局医疗中心则主要是有脑部损伤的病人。正是这样的工作经历激发了他对智力的思考，并最终提出了一种全新的智力理论。长期在波士顿退伍军人管理局医疗中心工作，让加德纳有机会见到很多不同的脑损伤病人。一些病人因脑部损伤失去了空间能力，但他们能完成所有言语任务；有些病人的情况则恰恰相反，失去了言语能力，但能完成所有与空间相关的任务。而在哈佛大学零点计划中，加德纳看到了一些儿童尽管绘画技术很精湛，但却组织不出一个优美的句子；当然，相反的情况也存在。根据对众多儿童和脑损伤病人的观察，加德纳认为存在着几种独立的心理能力，并提出了著名的**多元智能理论（theory of multiple intelligences）**，认为至少存在八种独立的智能（1983，2003，2009）。

多元智能理论（theory of multiple intelligences） 根据加德纳的智能理论，每个人都有八种独立的能力：逻辑—数学、言语、音乐、空间、肢体—动觉、社交、自知以及自然观察。

（一）多元智能的具体内容

多元智能理论（MI）所提到的八种智能分别是言语（语言）智能、音乐智能、空间智能、逻辑—数学智能、肢体—动觉（运动）智能、社交智能（理解他人）、自知智能（了解自己）和自然观察智能（观察与理解自然的和人工的模式与系统）。加德纳强调可能存在更多的智能种类——“8”并不是确切的数字。近期，他提出可能存在精神信仰智能和存在智能（思考关于生命意义等重大问题的能力）（Gardner，2009）。早期对学生和退伍军人近距离的观察，使加德纳意识到，一些个体可能在这八个领域中的某个方面表现突出，但在其他几个领域中表现一般，甚至出现困难。表4—1对这八种智能进行了总结。

表4—1　八种智能

（加德纳的多元智力理论认为个体拥有八种能力，每个个体可能在一个或多个领域具有优势或劣势。）

智能	最终状态	核心成分
逻辑—数学智能	科学家 数学家	具有分辨逻辑与数字模式的敏感度和能力；处理连锁推理的能力
言语智能	诗人 记者	对声音、韵律和词义敏感；对语言的不同功能敏感
音乐智能	作曲家 小提琴家	创作与欣赏韵律、音调及音色的能力；对不同音乐表现形式的鉴赏
空间智能	航海家 雕刻家	对视觉空间的精确感知能力，并能够对最初的感知进行修正
肢体—动觉智能	舞蹈家 运动员	对身体运动的控制能力以及熟练的器械操作能力
社交智能	临床咨询师 销售员	能辨别他人的情绪、脾气、动机和需要，并做出恰当的反应
自知智能	具有细致而准确的自我知识的个体	把握和辨别自己感觉的能力，并利用自己的感觉指导行为；了解自己的优缺点、需要和智力
自然观察智能	植物学家 农民 猎人	识别动物、植物的能力，在自然界进行区别判断的能力，理解系统和分类的能力（甚至也包括“智力”的分类）

资料来源：Gardner, H., & Hatch, T. (1989). Multiple intelligences go to school. *Educational Research, 18*(8), p.6; Kane, J. (ed., 2002). *Education, information and transformation*. Prentice Hall.

加德纳认为，智能有其生物学基础。所谓智能，是“一种生理心理的可能性，即为解决问题或创造有价值的产品而以特定方式加工的可能性。其中‘有价值的产品’必须至少在一种文化或社会群体中有价值”（Gardner，2009，p. 5）。不同文化和历史时期对八种智能的重视程度不同，如在农耕文化中自然观察智能是极为重要的，而在技术文化中言语智能和数学智能则很重要。事实上，加德纳认为，工业文化中通常所指的“智力”只不过是言语能力和逻辑—数学能力的结合物；尤其是那些在现代的、非教会的学校中所教授的能力，更是如此（2009）。

（二）对多元智能理论的批评

尽管已经有很多教育工作者非常支持加德纳的多元智能理论，但该理论目前还没有被学术界广泛接受。Lynn Waterhouse（2006）指出，目前尚未有公开的研究证实多元智能理论的有效性，八种智能并不是相互独立的，彼此之间存在相关。事实上，逻辑—数学智能和空间智能存在很高的相关（Sattler，2001）。因此，这些“独立能力”可能并不是那么独立。近期关于音乐智能和空间智能存在相关的证据，也促使加德纳考虑这些智能之间可能有联系（Gardner，1988）。此外，一些批评者认为这些智能实际上是一些才能（肢体—动觉技能、音乐能力）或个人特质（社交能力）。有些“智能”也并不是新的概念，许多研究者都已经把言语能力和空间能力确定为智力的成分。Daniel Willingham（2004）则批评得更加直白：“最后，加德纳的理论并不是那么有用。对学者来说，这个理论几乎都是错的；对教育工作者来说，打着加德纳理论旗帜所进行的教学实践（当然，加德纳并不赞同其中某些应用）也很难帮助到学生。”（p. 24）

确实，到目前为止，尚未有强有力的证据表明基于多元智能理论的教学能够促进学习。在1997年一项少有的精心设计的评估中，Callahan、Tomlinson和Plucker发现，那些参加START项目的学生，无论是在学业成就还是自我概念上，均未有显著的增长。所谓START，是一种基于多元智能理论的教学方法，用于识别那些处在失败危险中的学生，并促进他们才能的发展。

（三）加德纳的回应

针对这些批评，多元智能理论的拥护者指出，批评者对智能以及有关智能的研究均抱有一种非常狭隘的观点。加德纳认为，其多元智能理论是建立在对不同领域的心理学研究成果进行整合的基础之上的。这些作为判定标准的研究素材来源于：（1）脑损伤的潜能隔离现象（某一智能受损，但其他智能保持正常）；（2）天才和其他特殊的个案的存在（在某些领域达到专家水平，但在其他领域的表现平平，甚至很差）；（3）（与某个智能相关的）一个可识别的核心运算或系列运算；（4）从新手到达专家水平这一独特的发展轨迹；（5）进化历史和进化的可塑性；（6）实验心理学任务的支持；（8）心理测量研究的证据；（9）便于在符号系统中进行编码（Gardner，2009）。加德纳的拥护者认为，一些关注动态模型和在文化背景中研究智能的新近研究方法，能有效地支持多元智能理论（Chen，2004；Gardner & Moran，2006）。此外，加德纳（2003，2009）对这些批评也做出了回应，指出了一些对多元智能理论和学校教育的错误看法和观念。例如，他强调智能并不等同于某种感觉系统，并不存在听觉智能或视觉智能。另外，智能也不是学习风格（加德纳认为，实际上并不存在固定不变的学习风格）。还有一种错误观念认为，多元智能理论反对一般能力理论（g因素）。事实上，加德纳并未否定一般能力的存在，只是质疑g因素对人类成就的解释力究竟有多大。当然，多元智能理论也有待进一步发展。

（四）多元智能理论在学校中的应用

首先，让我们了解一下多元智能理论在学校教育中的一些误用。加德纳特别谴责了澳大利亚的一项教育计划，因为这项计划宣称不同的种族有其独特的智能，并缺乏其他种族所具备的智能。加德纳在澳大利亚的电视节目上公开指出，这项计划是伪科学的，也是一种“隐蔽的种族歧视”（2009，p. 7），最终这项计划被取缔。另一种误用则是一些教师生搬硬套加德纳的理论，无论合适与否，他们都要在每节课中涵盖所有的智能。

事实上，应用这一理论的有效方法是在课程设计中关注六种教学切入点——叙述的、逻辑—量化的、审美的、体验的、人际的、存在的/基础的（Gardner，1991）。例如，在进行“进化”的教学时，教师可采用以下的教学切入点（Kornhaber，Fierrors，& Veenema，2004）：（1）*叙述的*。讲述达尔文在前往加拉帕戈斯群岛的航海历程中发生的奇闻轶事，或是有关不同植物或动物的传统民间故事。（2）*逻辑—量化的*。讨论达尔文就绘制物种分布图所做的努力，或就某一物种消失会对生态系统造成什么影响等相关逻辑问题进行讨论。（3）审美的。讨论达尔文以自己在加拉帕戈斯群岛上研究的物种为主题的绘画作品。（4）体验的。进行一些实验室活动，如喂养果蝇或完成进化过程的数字模拟。（5）人际的。形成研究团队或举行辩论。（6）存在的／基础的。思考“物种为何会消失”、“物种多样性的意义是什么”等问题。

（五）多元智能理论对教师的启示

经过20年对多元智能理论的研究，加德纳认为，这一理论对教师有两点最为重要的启示（Gardner，2009）。首先，教师应当慎重对待学生间的个体差异，并针对每个学生制定差异化的教学。本章将会用大量篇幅来帮助你完成这一过程。其次，教师在教授任何学科、技能或概念时，都应采用多种恰当的方式（并非每次都使用八种方式）。每一个有价值的信息都有多种不同的表征方式，也适用于多种不同的思维方式。另外，对信息的理解可以通过词汇、图像、动作、图表、数字、公式、诗歌等多种方式表达出来。教师应当用这两个重要的启示来指导自己的教学。不过，加德纳强调多元智能理论本身并不是一种教学模式。多元智能理论拓展了我们对能力的认识以及教学的途径，但即使有多元的学习方式来习得知识，学习仍是一件很困难的事情。

四、智力过程

正如你所看到的，前面介绍的各种智力理论都倾向于描述个体在智力成分上存在何种差异——不同的能力。而近来认知心理学的研究则强调所有个体共有的信息加工过程，关注人类是如何收集和利用信息来解决问题，并做出明智的行为的。由此，新的智力观产生了。例如，在《行为与脑科学》（*Behavioral and Brain Science*）2006年的专题讨论中曾强调，工作记忆容量、集中注意与抑制冲动的能力、情绪的自我调节是流体智力的基本成分。

罗伯特·斯腾伯格所提出的（Sternberg，1985，2004；Stemler，Sternberg，Grigorenko，Jarvin，& Sharpes，2009）**成功智力的三元理论（triarchic theory of successful intelligence）**也是从认知加工的角度来理解智力的。斯腾伯格更喜欢使用“成功智力”这一术语，以强调智力远不止心理能力测验所测得的那些内容，他认为智力是指在特定文化背景下基于个体对成功的定义而达到人生成功所需要的能力。

> **成功智力的三元理论（triarchic theory of successful intelligence）** 认为智力由三个部分（思维过程、应对新情境以及适应环境）组成，这些部分会引起智力行为的增加或减少。
>
> **顿悟（insight）** 有效应对新情境的能力。
>
> **自动化（automaticity）** 通过熟练掌握行为或思维过程，使之能自动进行，并不需任何努力，是学习的结果。

斯腾伯格认为，智力所涉及的加工过程是人类共有的，这些加工过程被称为成分。根据成分的功能及其概括水平，可以将不同成分进行分类。根据功能，至少存在三种不同的成分。第一种成分是元成分（也可称为执行过程，详见第8章），即使用计划、选择策略和监控等高级执行过程。第二种成分是操作成分，即执行个体选择的策略，如在课堂上为集中注意力而记笔记。第三种成分是知识获得成分，即获得新的知识，如在理解新的概念时会将相关信息和无关信息区分开来。斯腾伯格认为，其中的一些过程是特异化的，只有完成某一任务操作时才需要，例如解决类比问题；另一些过程则是一般化的，如监控过程和转换策略等，几乎每种认知任务都需要涉及这些过程，这也有助于解释为什么不同的智力测验间均存在持久、稳定的相关。能有效地选择好的解决问题策略，监控认知过程，以及当一种方法不奏效时能及时改用新的方法，这样的个体更有可能在各种测验上取得成功。

斯腾伯格认为，个体就是通过应用元成分、操作成分和知识获得成分来解决不同情境中的问题的，并以此为基础发展出三种成功智力：分析性智力、创造性智力和实践性智力。分析性智力涉及在问题相对熟悉的情况下应用成功智力的三种成分。创造性智力则是个体成功应对新经验所必需的，解决方式主要有两种：（1）**顿悟（insight）**，即有效应对新情境和发现问题解决新方法的能力；（2）**自动化（automaticity）**，使思维和问题解决变得有效与自动化的能力，即能快速将新的解决方法放入自己的认知工具箱中。

成功智力的三元理论的第三个部分是实践性智力，强调个体选择一个可能成功的环境、适应这个环境，并在必要时改造环境的重要性。成功人士通常会选择能体现出自己能力价值的环境，然后努力工作，并利用这些能力去弥补其他弱点。因此，智力在第三个意义上包括职业选择、社交技能等实践性的内容。Elena Grigorenko 和罗伯特·斯腾伯格（2001）在俄罗斯沃罗涅日所进行的现场研究发现，实践性和分析性智力越高的个体，越能较好地从心理上和生理上应对因世界快速变化所带来的压力。

近年来，斯腾伯格在原先对成功智力解释的基础上增添了一个新的概念——智慧，并由此提出了 WICS（Wisdom，Intelligence，Creativity Synthesized，智慧、智力、创造力的整合）理论。根据 WICS 理论，教育的目的在于帮助每个个体：（1）使用创造性智力去产生新的想法、问题及其可能的解决方法；（2）使用分析性智力去评估这些解决方法的品质；（3）使用实践性智力去执行决定，并说服别人接受自己的价值；（4）使用智慧去确保这些决定有助于实现长期效益和短期效益的共赢（Grigorenko et al.，2009）。

尽管有众多关于智力的理论，但对于校长、教师、学生和家长来说，智力最熟悉的含义就是智力测验的一个数值或分数。

五、智力的测量

停下来　想一想

1 英寸和 1 英里有什么相同点？“吵闹”是什么意思？倒数这些数字：8、5、7、3、0、2、1、9、7。电灯比蜡烛在哪两个方面更有优势？

以上这些题目摘自 Sattler（2001，p.222），它们与一般的儿童个别智力测验中的口语问题很类似。这个测验的其他部分还要求儿童使用积木复制出特定的图案，找出测验图片中缺了哪一部分，或是从一堆图片中找出两张可以拼在一起的图片。对于智力是什么，心理学家们尽管不能达成一致，但他们都同意通过标准测验测出来的智力与学校中的学习有关。为什么会这样呢？这在一定程度上和智力测验最初形成的方式有关。

（一）比奈的困境

1904 年，阿尔弗雷德·比奈（Alfred Binet）在巴黎碰到了法国公共教育部长给他出的难题：如何在入学初期鉴别出那些需要特殊教育和额外帮助的学生，以帮助他们避免在常规班级里经历失败？比奈也是一个政治活动家，非常关注儿童的权利。他认为对学习能力进行客观测量能保护那些面临退学的贫困家庭的学生，因为他们一直被歧视，被看作是迟缓的学习者。

聪明的含义

目前关于智力的含义还存在相当大的争议，“聪明”的含义不止一种，如何对智力进行测量也有不同的看法。

比奈和他的同事西奥多·西蒙（Theodore Simon）希望不只测量学业成绩，还包括在学校里表现出色所需要的各种智力技能。在尝试许多不同的测验以及删除一些不能区分成功和不成功的学生的题目后，比奈和西蒙最终确定了 58 个项目，依年龄分组各有一些项目适用于 3～13 岁的儿童。比奈量表能让施测者确定儿童的**心理年龄（mental age）**，如果一个孩子通过了大多数 6 岁儿童能通过的测验项目，那么不管这个

心理年龄（mental age） 在智力测验中，代表某一年龄组平均水平的成绩。

孩子实际是4岁、6岁还是8岁，他的心理年龄都被认定为6岁。

智力商数（intelligence quotient，简称IQ）的概念是在比奈量表被传到美国后提出的，而比奈量表也由斯坦福大学修订为斯坦福—比奈量表。IQ的分数是心理年龄和实际生理年龄的比值，公式如下：

智商（IQ）= 心理年龄 / 生理年龄 ×100

智力商数（intelligence quotient，简称IQ） 心理年龄与生理年龄的比值。
离差智商（deviation IQ） 利用统计方法比较个体的成绩与所在年龄组其他人的成绩得出的分数。
弗林效应（flynn effect） 由于更好的健康状况、结构更小的家庭、日益复杂的环境以及更多更好的学校教育，不同时代的个体在IQ测验的得分稳步上升的现象。

早期的斯坦福—比奈量表共进行了五次修订，最近的一次是在2003年（Roid，2003）。计算心理年龄的实践被证明是有问题的，因为IQ分数是在心理年龄基础上测量出来的，因此随着儿童年龄的增长，IQ分数的意义也不尽相同。为解决这一问题，心理学家提出了**离差智商（deviation IQ）**的概念。离差智商是和同年龄组的其他人相比，得出的一个表示高于或低于平均水平多少的数字，后面的章节将会详细介绍。

个别智力测验的实施

这个女孩正在接受个别智力测验中的某一任务。这一评估过程必须由受过良好专业训练的成人来实施，根据测验的不同，个体完成测验的时间需要1～2小时。一般而言，个别智力测验比团体智力测验更准确和可靠。

（二）IQ分数意味着什么？

大多数智力测验都是经过精心设计的，因此它们有一些明确的统计特征。例如，平均分数是100，也就是说50%参加测验的个体得分是100分或以上，而另外50%得分在100分以下。68%的个体成绩在85分到115分之间，只有16%参加测验的个体得分在85分以下，也只有16%的个体得分在115分以上。但需要注意的是，这些统计数字只对美国本土出生的并且母语是标准英语的白种人才有意义。对于能否将IQ测验应用于少数族群的学生身上，还存在很大的争议。

（三）团体智力测验与个别智力测验

斯坦福—比奈量表是一种个别智力测验，它必须由受过训练的心理学家施测，并且一次只测量一个学生，完成测验的时间大约为2小时。大多数问题都是口头问答，不需要阅读或书写。当直接接受一个成人的测试时，学生通常会更加集中注意力，也更愿意努力做到最好。

除个别智力测验外，心理学家还发展了团体测验的方法，用于对整个班级或学校的学生进行测量。与个别测验相比，团体测验可能难以精确描述一个人的能力。当学生以团体的方式进行测验时，他们可能会做得比较差，因为他们可能不理解指导语、阅读存在困难、铅笔断了、在答题纸上写错了位置、别的学生让他分心了，或是不懂如何答题（Sattler，2001）。作为一名教师，你必须谨慎对待团体智力测验得到的IQ分数。下面的“实践指南”将帮助你根据实际情况来解释IQ分数。

（四）弗林效应：我们正在变得越来越聪明吗？

自20世纪初发展出IQ测验以来，在20个不同的工业化国家和其他一些更传统的文化中，人们的IQ分数都在不断地增长（Daley，Whaley，Sigman，Espinosa，& Neumann，2003）。实际上，每增加一代，标准IQ测验的平均分数就上升大约18分——也许你真的比你的父母聪明！这一现象以它的发现者詹姆斯·弗林（James Flynn，政治学家）命名，被称为**弗林效应（Flynn effect）**。对这一现象的解释包括：儿童比父母有

实践指南 **解释IQ分数**

- 确认分数是来自于个别测验还是团体测验，谨慎对待团体测验分数。

例如：

1. 个别测验包括韦氏量表［韦氏幼儿智力量表（WPPSI-Ⅲ）、韦氏儿童智力量表（WISC-Ⅳ）、韦氏成人智力量表（WAIS-Ⅳ）］、斯坦福—比奈量表、麦卡锡儿童能力量表（the McCarthy Scales of Children's Abilities）、伍德科克—约翰逊心理教育成套测验（the Woodcock-Johnson Psycho-Educational Battery）、Naglieri非言语能力测验个人版（the Naglieri Nonverbal Ability Test—Individual）以及考夫曼儿童成套评价测验（the Kaufman Assessment Battery for Children）。

2. 团体测验包括奥蒂斯—列农学校能力测验（Otis-Lennon school abilities test）、斯劳森智力测验（the Slosson Intelligence Test）、瑞文推理测验、Naglieri非言语能力测验团体版（the Naglieri Nonverbal Ability Test—Multiform）、区别能力量表（Differential Abilities Scales）以及大年龄跨度（4～85岁）智力测验（Wide Range Intelligence Test）。

- 记住，IQ分数只是对学习的一般能力的估计。

例如：

1. 忽视学生分数间的细小差异。

2. 切记，个别学生的分数可能因为很多原因改变，包括测量误差。

3. 注意，总分往往是多个问题得分的平均分。处于中间或平均水平的分数可能意味着学生在每种问题上表现平均，也可能意味着学生在某些领域（如口语任务）上表现优异，但在其他领域（如量化任务）表现很差。

- 记住，IQ分数反映的是学生过去的经验和学习。

例如：

1. 把这些分数看作是对学生学习能力的预测，而不是对先天智能的测量。

2. 如果你班上有个学生一向表现不错，不要只是因为一个IQ分数比较低就改变你对他的看法，或降低对他的期望。

3. 谨慎对待少数族群和母语为非英语的学生的IQ分数。即使在那些所谓"文化公平"的测验中，处于不利环境的学生得分也往往较低。

4. 记住，适应性技能和IQ测验的得分都是用来确定智力正常和智力障碍的。

更好的营养和医疗护理，环境的日益复杂化刺激思维能力的发展，结构更小的家庭能给予儿童更多的关心，父母文化水平有所提高，更多更好的学校教育，以及为测验进行更充分的准备等。弗林效应的一个结果是：必须不断地修订用来确定分数的常模（第15章会对常模进行详细的介绍）。换句话说，为保持平均分为100，必须加大测验问题的难度。这种难度的增加对使用IQ分数作为入学条件之一的做法有一定的启示。例如，上一代那些"中等水平"的学生现在可能会被鉴定为智力障碍儿童，因为测验问题变难了（Kanaya，Scullin，& Ceci，2003）。

（五）智力与成就

对不同族群而言，IQ测验上的高分数都是与学校成就有关的。但标准化智力测验所测查的仅仅是分析性智力，缺乏对实践性智力或创造性智力的考察。Elena Girgorenko及其同事（2009）曾研究过用常见的标准化智力测验得分以及GPA来预测中学生在高中阶段学业成绩的准确性这一问题。在该研究中，他们同时也测量了学生管理自身学习和动机的能力、实践性智力和创造性智力等变量。通过广泛地考察学生的各种能力，研究者发现，标准化智力测验的得分不仅能预测学生在高中时的学业成绩，也能预测学生成绩的增长率。也就是说，智力测验得分确实能在一定程度上预测学生的学业成绩。但是，如果将自我调节的学习技能、实践性智力以及创造性智力作为变量也同时进行考察，则对其学业成绩的预测率会更准确，也更长久。

IQ测验分数与离开学校后的生活的关系如何呢？IQ测验中得分高的人，在他的一生中会取得更大的成就吗？这个问题的答案就不那么明确了，因为生活中的成功与"教育"是缠绕在一起的。与高中未毕业的个体相比，高中毕业的那些人在一生中平均会多赚20万美金，大学毕业生会多赚110多万美金，博士毕业生会多赚240万美金，而专业学位的毕业生（如医生、律师）可多赚340多万美金（Cheeseman Day & Burger，

2002）。在智力测验中得分较高的个体，倾向于接受更长时间的教育，因而也往往拥有更高社会地位的工作。然而当受教育的年限相同时，IQ分数与日后的收入和成功并不具有高相关；个体的自我调节能力、成就动机、社交技能、机遇和运气等其他因素，都可能对其生涯的成功发挥了更大的作用（Grigorenko et al.，2009；Goleman，1995；Neisser et al.，1996）。

六、智力的性别差异

从婴儿直至学前阶段，多数研究未发现男孩和女孩在总体的心理发展、动作发展以及特定能力方面存在显著差异。在学校阶段以及日后的生活中，心理学家采用标准化测验也未发现男性和女性在一般智力上存在差异——这些测验经过精心设计并标准化，使性别差异最小化。但是，一些特定能力的测验却发现了性别差异。总体而言，男性的分数离散程度更大，也就是说与女性相比，男性在成绩非常高和非常低的群体中所占的比例更大（Halpern et al.，2007；Lindberg，Hyde，Peterson，& Linn，2010），也有更多的男性被诊断为学习障碍、注意力缺陷多动障碍、自闭症。Diane Halpern 和她的同事（2007）在总结研究时指出：

> 从小学高年级开始，女性在言语能力测验上就表现得更为优异。这些测验中，写作占了很大的分量，有关语用方面的测验项目所包含的主题也是女性十分熟悉的；与不涉及写作的言语能力测验相比，女性在有写作任务的测验中的性别优势更为明显。与之相对，男性更擅长视觉空间能力测验。（p. 40）

然而需要注意的是，多数关于智力的性别差异的研究都未考虑种族和民族等因素的影响。当单独研究某一种族时发现，白种人的男性在高中和大学时期的数学成绩会比同种族的女性高一点；但是在其他少数族群中，却是女性的数学成绩略优于同种族的男性。此外，男性在高中期间解决复杂问题的能力略优于女性，这可能是由于与数学相比，教师在物理课堂上会教授更多的解决问题的方法；而与女性相比，男性更喜欢学习物理。因此，有必要鼓励所有学生为今后的科学学习奠定良好的基础（Lindberg et al.，2010）。

近年来，几项国际性的元分析（对同一主题的众多不同研究的数据加以整合与分析）发现，男性和女性在数学成绩上的确存在一些性别差异。例如，Sara Lindberg 及其同事对 242 项研究的数据进行了分析，共涉及 130 万小学生和中学生。结果发现，在美国和其他一些国家，男生和女生在数学上的总体表现是相当的；但在有些国家却存在性别差异——在俄罗斯、巴林和墨西哥等国家，女生的成绩高于男生；而在瑞士、荷兰和非洲等国家，男生的成绩则高于女生（Else-Quest，Hyde，& Linn，2010；Lindberg et al.，2010）。不过，总体而言，女生在数学课堂的成绩要高于男生。此外，一项针对四年级学生阅读能力的国际比较研究（Mullis，Martin，Gonzalez，& Kennedy，2003）发现，34 个国家中四年级男生的阅读能力得分低于同年级女生。

虽然上述研究结果似乎说明女生在语言能力上占优、在数学能力与男生相当，但是男性也确实在某些特定测验上表现得更为优秀。例如，在要求对空间中的图形进行心理旋转、预测运动物体的轨迹以及动手操作等测验中，男生表现明显优于女生。一些研究者认为，是进化导致了男性在这些技能上更为擅长（Buss，1995；Geary，1995，1999）；但其他研究者则认为，男性更为活跃的游戏风格、更多玩电子游戏的体验、更加积极地参与体育运动才是导致男性更擅长相关技能的原因（Else-Quest et al.，2010；Stumpf，1995）。一些教育心理学家认为，由于学校课程几乎忽略了对空间能力的培养，因此一点点的指导和帮助就会让学生产生巨大的改变（Uttal，Hand，& Newcombe，2009）。跨文化的比较研究表明，数学成绩的性别差异多数源自于后天的学习，而非生物学因素。有研究者要求成人对一份数学试卷进行 5 点评分，当告诉他们答题人是 John T. McKay（典型的男性人名）时，他们评定的分数比答题人是 Joan T. McKay（典型的女性人名）时所评的分数足足多出了 1 分，这表明性别歧视在数学评分中起到了一定的作用（Angier & Chang，2005）。

对此，Lindberg 及其同事进行了很好的总结："很明显，在美国和其他一些国家，女生在数学上的总体表现是与男生相当的。将这一信息广为传播，有助于消除家长、教师以及学生自身关于女性不擅长数学的刻板印象。"（Lindberg et al.，

2010，p. 1134）消除这些刻板印象很重要，这点我也赞同。Melanie Steffens 及其同事（2010）发现，在德国，女生到了 9 岁就已经发展出了内隐的（无意识的）数学—性别刻板印象——女生认为，数学是男生的事情。这些内隐的观念到了青少年时期会更加强烈，能直接预测女生的数学成绩，并会影响她们是否选修数学课程的决定。

那么，究竟是什么对智力产生了重要影响呢？遗传与环境在此领域内产生了最为激烈的争论。智力应该被看作是一种潜能，受制于我们的遗传特质，还是指个体智力机能的当前水平，受到经验和教育的影响？实际上，这两者并非完全对立的两面，将“遗传基因”中的智力和“由经验得来”的智力区分开来几乎是不可能的。如今，大多数心理学家认为智力的差异是遗传和环境共同作用的结果；对儿童来说，它们所起的作用可能也大致相同（Petrill & Wilkerson，2000）。环境的影响包括很多方面，从孩子母亲孕期的健康状况，到儿童家里的铅污染含量，再到儿童所受教育的质量。例如，与美国学生相比，日本和中国学生有更多的数学知识，但他们在智力测验上的分数却是极为接近的。造成这一差异的原因，可能与这三个国家数学的教学与学习方式的差异有关，也与很多亚洲学生的自我激励策略有关（Baron，1998；Stevenson & Stigler，1992）。

在前文中我们了解到，最初发展智力测验的部分原因是为了保护来自贫困家庭的儿童的权益，防止他们因为“来自贫困家庭的儿童没有能力学习”这种错误立场而失去教育机会。同样，我们也了解到，对于不同族群和家庭收入水平的学生而言，智力测验能同等准确地预测他们在学校的成功。尽管如此，但智力测验不可能完全脱离特定的文化内涵，因此这些智力测验有着一些固有的偏见。当你看到学生在任何智力测验上的成绩时，请不要忘记这一点。另外，请牢记，对每一个学生进行的每一次评估的目的都在于帮助学生的学习和发展，促进有效的教学实践，而非剥夺学生获取资源或有效教学的机会。对所有关心孩子的成人——父母、教师、行政官员、辅导员、医务工作者来说，最重要的是要认识到：认知能力与其他技能一样是可以不断提高的。智力是一种当前的心理状态，受过去经验的影响，并指向将来的变化。

现在你已经对什么是智力有所了解了，接下来我们将讨论另一种个体差异——学习风格，这种个体差异也经常被误用和误解。

第二节　学习风格

多年来，心理学研究一直关注个体风格上的差异——认知风格、学习风格、问题解决风格、思维风格、决策风格……名单还在不断增加。张丽芳和罗伯特·斯腾伯格（2005）对有关个体风格的研究进行了整理，将个体风格划分为三个取向：（1）以认知为中心的风格，重视评估个体加工信息的方式，如个体做出反应时是反思型的还是冲动型的（Kagan，1976）；（2）以人格为中心的风格，强调评估个体更为稳定的人格特质，如外向或内向、思维型或直觉型（Myers & McCaully，1988）；（3）以行为为中心的风格，则是评估认知和人格作为一个整体会影响个体做出何种行为。正因为如此，教师可能会对这些个体风格有特殊的兴趣。

以行为为中心的个人风格的一个重要主题是，个体在学习情境中加工信息的不同倾向——深层加工与浅层加工的差异（Snow，Corno，& Jackson，1996）。采用浅层加工方式的学生看重的是记住学习材料，而非理解学习内容。这些学生倾向于从一些外在的动机因素得到激励，如奖励、分数、外在标准、期望获得他人的积极评价等。而那些采用深层加工方式的个体，则将学习活动看作是一种理解基本概念或意义的方法。这些学生倾向于为了获得知识而学习，较少考虑到别人怎样评价他们的学习表现。当然，学习情境会鼓励学生进行深层或浅层加工，但有研究表明，个体确实有以某种特定方式处理学习情境的不同倾向（Biggs，2001；Coffield，Moseley，Hall，& Eccestone，2004；Tait & Entwistle，1998）。

学习风格（learning style） 个体特有的学习与思维方式。

你可能曾经听过或用过另一种有关风格的术语——**学习风格（learning style）**。学习风格通常被界定为个体进行学习和研究的方式。但请注意：有些关于学习风格的概念拥有坚实的研究基础，但还有一些则缺乏研究的支持，首先你必须谨慎地对待“学习风格”。

一、有关学习风格的注意事项

从 1970 年末期到现在，已经有大量关于学生学习风格差异的研究（Dunn & Dunn，1978，1987；Dunn & Griggs，2003；Gregore，1982；Keefe，1982）。但我认为**学习偏好（learning preferences）**是更为准确的说法，这是因为大部分研究是在描述个体对特定学习环境的偏好，这些偏好可能是学习的地点、时间、伙伴，学习时的灯光、食物或音乐等等。有许多工具可以用来评估学生的学习偏好，如学习风格调查表（Dunn，Dunn，& Price，1989）、学习风格调查表修订版（Kolb，1985）、学习风格测查表（Keefe & Monk，1986）。

学习偏好（learning preferences） 思维和学习时偏爱的方式，如使用图片而不是文本，和其他人一起学习而不是自己单独学习，喜欢结构化的学习情境而不是非结构化的等等。

那么，这些工具是否有用呢？学习风格测验一直以来受到反对者强烈的批评（Pashler，McDainel，Rohrer，& Bjork，2009）。事实上，根据一项针对学习风格测量工具所进行的大规模调查，英国学习技能研究中心的研究者指出："针对 Dunn 和 Dunn、Gregorc 以及 Riding 等人所编制的学习风格测量工具，我们对它们的信度、效度进行了检验，结果表明这些测量工具根本不应该被用于教育或商业。"（Coffield et al.，2004，p.127）大多数研究者质疑学习偏好的价值。"研究者之所以会质疑学习风格，是因为完全没有任何证据表明，对学生的学习风格进行评估并以此选择相匹配的教学方法，会对学生的学习有任何帮助。"（Stahl，2002，p.99）事实上，一项实验研究曾让大学生判断自己的学习风格（听觉型、视觉型、运动知觉型），然后根据不同的学习风格对他们进行教学（Kratzig & Arbuthnott，2006），结果表明匹配学习风格所进行的教学并未改善学生的学习状况。当研究者考查学生是如何确定自己的学习风格时，结果发现，在评估自身的学习风格时，人们可能错误地使用了自己的直觉。具体来说，这些学习风格可能更多地表明了个体的偏好和动机，而不是使用特定知觉方式接受、回忆信息的内在效率。既然大学生在确定自己的学习风格时都存在问题，更何况是四年级或九年级的学生！

最近一项关于学习风格研究的综述，在其结语中也总结道："在我们看来，教育中'针对学习风格进行教学'思想受欢迎的热烈程度，与这种方式的有效性缺乏可信的证据支持形成了强烈的对比，深令人担心。根据学习风格将学生进行分类，这种教育实践的有效性还有待证实。"（Pashler et al.，2009，p. 117）

但为什么"针对不同学习风格进行教学"这些思想会如此受欢迎呢？部分原因是"通过确定学习风格，从而给教师、导师和管理者提供建议——这已经发展成为一个繁荣的商业模式。这一产业多是由自吹自擂的观点和武断的结论所支撑，而事实上这些结论早已超出现有知识的基础以及某些理论家的具体建议"（Coffield et al.，2004，p. 127）。真是有钱能使鬼推磨啊！

不过，目前有一种学习风格的差异确实得到了研究的普遍支持。Richard Mayer（例如，Mayer & Massa，2003）对视觉型学习者和言语型学习者之间的差异进行了研究，探讨两者在以计算机为基础的多媒体学习中的差异。在这项研究中，研究者对学习风格进行了谨慎的评估，与那些根据商业测量工具所进行的评估相比，这些评估更为有效。Mayer 发现存在视觉型与言语型这一维度，并且这一维度有三个方面的特征：空间认知能力（低或高）、认知风格（视觉型或言语型）以及学习偏好（视觉型学习者或言语型学习者），如表 4—2 所示。因此这一描述比简单区分为视觉型学习者或言语型学习者显得更为复杂。一个学生可能喜欢利用图片学习，但可能因为空间能力低而导致不能有效地学习。事实上，情况可能更加复杂。空间能力对于静态图片的学习很重要，但对动态图片的学习作用相对较弱。因此，学习材料的类型也很重要（Hoffler & Leutner，2011）。客观地说，虽然这一研究的结果具有很好的信度，但研究并未说明针对这些学习风格进行教学的效果。但显然，采用多种感觉通道呈现信息可能是有用的。

因此，在你鼓励教师适应每个学生的学习风格前，请记住：学生，尤其是年幼的儿童，可能并不能很好地判断自己应该如何学习。对某一特定风格的偏好，并不意味着采用这种风格就是有效的。有时候一些学生，特别是那些成绩比较差的学生，喜欢简单和舒适的学习；但实际的学习是困难而艰苦的。有时候一些学生喜欢以某种特定的方式学习，可能是因为他们没有其他的选择，

表4—2　　视觉型—言语型维度的三个特征

（视觉型—言语型学习存在三个特征：能力、风格和偏好。个体可能在某一两个特征或所有特征上表现出较高或较低水平。）

特征	学习者的类型	定义
认知能力	高空间能力	良好的创造、记忆以及操作图像和空间信息的能力
	低空间能力	较差的创造、记忆以及操作图像和空间信息的能力
认知风格	视觉型	利用图像和视觉信息进行思维
	言语型	利用文字和言语信息进行思维
学习偏好	视觉型学习者	喜欢使用图片的教学
	言语型学习者	喜欢使用文字的教学

资料来源：Mayer, R.E., & Massa, L.J. (2003). Three facets of visual and verbal learners: Cognitive ability, cognitive style and learning preference. *Journal of Educational Psychology, 95*(4), p. 838.

或是他们只知道用这种方式来完成任务。帮助这些学生发展新的、更有效的学习方式会让他们获益。学习风格可能只是一个对学习影响较小的因素，教学策略、班级中的社会关系等背景性的因素可能有更为重要的作用（Kratzig & Arbuthnott，2006）。

二、考虑学习风格的价值

尽管不可靠的测量和夸大其词的宣传导致多数关于匹配学习风格和偏好的教学研究不太可信，但在教学中考虑学习风格仍具有一定的价值。首先，通过帮助学生思考自己是如何学习的，可以帮助他们发展出全面的自我监控能力和自我意识。在下面的章节中，我们将会介绍这些自我知识对于学习和动机的重要性。其次，考虑每个学生的学习方式可能会帮助教师欣赏、接受和适应学生的个体差异，并实行差异化教学（Coffield et al.，2004；Rosenfeld & Rosenfeld，2004）。

学校可以为学习提供多种选择：安静、私密的角落和适合多人工作的大桌子，舒适的靠垫和直背靠椅，明亮的课桌和光线比较暗的区域，用于听音乐的耳机和耳塞，结构化和开放式的作业，信息的呈现采用 DVD、录像带和书本等形式。做出这些改变能让学习变得更好吗？答案并不明确。比较聪明的学生可能需要更少结构化的任务，喜欢安静、独自地学习（Torrance，1986），视觉型—言语型的区别似乎是有效的。即便没有其他效果，适应学生的风格会让你的班级更具吸引力、更加友善，同时这也向学生传递了一个信息：你关心他们每一个个体。

到目前为止，我们主要关注学生能力和风格上的差异。在本章接下来的内容中，我们将探讨那些干扰学习的因素。对每个教师来说，了解这些主题非常重要，因为过去 40 年里法律和政策的变化要求教师在面对所有学生时需要承担更多的责任。

第三节　个体差异与法律

停下来　想一想

你是否曾有过这样的经历，即做一件事时，小组中其他人都做得很好，只有你一个人遇到了困难？如果你每天在学校里遇到的都是同一种困难，而其他人似乎都比你做得轻松，你会有什么样的感受？当你在不断努力尝试时，你需要哪些支持和教学？

一、《残疾人教育促进法》

美国于1975年通过了"94～142公法"（PL 94-142），此后又通过了一系列相关的法律，这些举措彻底改变了残疾儿童教育的状况。这一法规，现在被称为**《残疾人教育促进法》（Individuals with Disabilities Education Improvement Act，简称IDEA或IDEIA）**，曾在1990年、1997年和2004年进行过数次修订。在一般意义上，这一法律要求美国各州为所有参加特殊教育的残疾儿童提供**免费的、适当的公立教育（free，appropriate public education，简称FAPE）**，没有任何例外——这项法律要求**零拒绝（zero reject）**，因此这项政策也适用于那些患有传染病的儿童，如艾滋病儿童。满足这些学生的特殊需要，是全社会的责任！在美国，每个州都设有"发现孩子"（child find）系统，用以提醒和向公众普及残疾儿童可享有哪些服务等方面的知识。此外，这一系统也用于发布有用的相关信息。

《残疾人教育促进法》（Individuals with Disabilities Education Improvement Act，简称IDEA） 94～142公法的最近一次修订，确保所有儿童无论是否残疾，都能得到免费的公立教育。

免费的、适当的公立教育（free，appropriate public education，简称FAPE） 无论残疾儿童需要什么，公共基金都能为所有学生提供合适的教育计划。

零拒绝（zero reject） 《残疾人教育促进法》一个基本的原则。这一原则明确指出，无论残疾的性质和严重程度，任何残疾儿童都不应该被公立教育排除在外。

接受公立教育

《残疾人教育促进法》（IDEA）保证为所有残疾儿童提供免费的、适当的公立教育。

《残疾人教育促进法》对残疾进行了具体的界定，包括13种类别的残疾，如表4—3所示。表4—3中还列出了不同类别残疾儿童的数量。在美国所有6～21岁学生中，大约有13%的人根据《残疾人教育促进法》接受了特殊教育（National Center for Education Statistics，2009）。不过，这些学生中的绝大多数也会接受一部分的普通教育课程。表4—3中也列出了不同类别的残疾学生中，在普通教育班级中接受教学的时间占40%以上的人数百分比。由此可以看出，无论你教哪个年级或哪门学科，你都会面对这些有特殊需要的学生。

表4—3 符合《残疾人教育促进法》条件的6～21岁学生

（根据《残疾人教育促进法》，共有13种类别的残疾人可接受相应的服务。表中列出了2008—2009年不同类型的残疾儿童的数量，以及不同类别中在普通教育班级中接受教学占40%以上时间的学生百分比。）

残疾类别	2008—2009年的数量	在普通班级中接受教学占40%以上的学生百分比
特殊学习障碍（如阅读障碍）	2 522 735	90
言语/语言障碍	1 121 496	92
其他健康障碍（非肢体障碍）	648 112	84
智力障碍（智力落后）	475 713	44
情绪障碍	417 872	58
自闭症	292 638	54
多重障碍	123 924	30
发育迟缓	96 853	83
听觉受损	70 682	71
肢体障碍	62 332	68
视觉受损	25 975	76
脑外伤	24 857	68
聋—盲	1 735	47
总计	5 884 924	

在探讨不同类型的残疾前，我们先来了解下《残疾人教育促进法》的要求。这里介绍的是家长和教师较为关心的三个主要的要求："最少受限制的环境"的观念、个别化教育方案、保护残疾儿童及其家长的权利。

（一）最少受限制的环境

《残疾人教育促进法》要求美国各州确保每个残疾学生都能在**最少受限制的环境（least restrictive environment，简称 LRE）**中得到教育。这也意味着，残疾学生的教育环境应该尽可能接近普通教育班级的环境。多年来，促成这一目标的方法从**回归主流（mainstreaming**，在条件允许的情况下让有特殊需要的儿童进入少数常规教学班级），到**一体化（integration**，将有特殊需要的儿童放入现有的班级结构中），再到**全纳（inclusion**，重建教育环境，提升所有学生的归属感）（Avramidis，Bayliss，& Burden，2000）。尽管《残疾人教育促进法》并不使用"全纳"一词，但现在看来，最少受限制的环境也就意味着"全纳"。当然，成功的"全纳"可能取决于教师知识是否渊博、准备是否充分、教学时是否得到支持、是否相信"全纳"并为之努力。同时，对标准化测验的强调可能会妨碍教师教育好那些被纳入的残疾学生（Friend，2011；Idol，2006；Kemp & Carter，2006）。

（二）个别化教育方案

《残疾人教育促进法》的起草者意识到每个学生都是独一无二的，需要给他们专门设置不同的学习方案以促进他们的学习。**个别化教育方案（Individualized Education Program，简称 IEP）**是学校与家长就提供给学生的服务达成的协议。个别化教育方案是由一个团队共同制定的，这个团队包括学生的家长或监护人、一名负责该学生的普通教师、一名从事特殊教育的教师、一名校方代表（通常是校长）、一名有资格对学生评估结果进行解释的人员（通常是学校心理学家），还有可能包括学生本人。对于 16 岁及更大的学生而言，该团队还应包括校外机构的代表，而这一校外机构负责为学生提供服务，帮助他们在结束学校教育后适应生活。如果学校和家长同意，这个团队最好还能包括一些了解该学生特定信息的人员（如治疗师）。教育方案每年都需要更新，并且必须以书面形式呈现以下信息：

（1）学生的现有学业成就和功能性表现水平（有时简称 PLAAFP）。

（2）制订可测量的年度目标。面对有强烈需求或多重障碍的学生，也可以制订一些短期目标或基线水平，以确保学生有持续的进步。这项方案必须说明如何来达成制定的年度目标，以及如何测量短期目标。让家长及时了解学生的进展，在每次将成绩单送到所有学生家里的同时，必须附上学生的目标达成进展报告。

最少受限制的环境（least restrictive environment，简称 LRE） 尽最大的可能，让每个儿童与同伴一起在常规班级中接受教育。

回归主流（mainstreaming） 在学校的部分时间或全部时间，让残疾儿童在常规班级中接受教育。

一体化（integration） 将特殊需要的儿童放入现有的班级结构中。

全纳（inclusion） 将所有学生包括那些有严重残疾的学生融合在一起，组成正常的班级。

个别化教育方案（Individualized Education Program，简称 IEP） 由教师、家长、专家共同拟定的针对某个特定儿童的教育方案，可能儿童也会参与其中。这份教育方案应详细说明儿童现有的成就水平、目标以及相关的策略，且每年都应进行修订。

（3）说明为学生提供的具体特殊教育和相关服务，并详细说明这些服务从何时开始进行。这项方案也可以对附加的帮助和辅助技术加以说明，如借助 Dragon 等语音识别软件从而能口述答案、写作文，或使用电脑完成写作。

（4）说明学生的教育方案中有多少内容不能在常规班级和学校环境中进行，并对此做出解释。

（5）说明学生将如何参加所在州或地区的统一评估，特别是《不让一个孩子掉队》法案中要求的那些学生。

（6）对 14~16 岁的学生，这项方案还需对他需要的过渡服务进行说明，以便为学生成年后进一步的学习和工作做准备。（Friend，2011，Rosenberg，Westling，& McLeskey，2011）

图 4—2 就是一个为就业而制定的个人过渡计划（individual transition planning，简称 ITP）的例子。

（三）学生与家长的权利

《残疾人教育促进法》中有一些条款保障了家长和学生的权利。学校必须采取措施保证学校记录的保密性。测验程序必须平等地对待不同文化背景的学生。家长有权利查看所有与其子女的测验、安置及教学有关的记录。如果需要，家长还可以获得一份针对其子女的独立的评估。在制订个别化教育方案时，家长可邀请律师或有关代

为就业制订的过渡计划

IDEA 2004

学生： Robert Brown

碰头日期： 2003 年 1 月 20 日

毕业日期： 2004 年 6 月

个别化教育方案 / 过渡计划团队成员：Robert Brown（学生）、Brown 夫人（家长）、Jill Green（教师）、Mike Wealtherby（职业教育专家）、Dick Rose（康复专家）、Susan Marr（发展性障碍机构代表）

过渡计划领域： 就业

学生的偏好和毕业后期望的目标： Robert 希望能在杂货店里当一名进货员。

现有的表现水平： Robert 曾在当地的几家杂货店实习过，有一定的工作经验（见附件中的实习总结）。他需要用一份符号标记的自我管理清单来帮助自己完成分配的工作任务。Robert 的任务完成率比合格员工的水平低。

需要过渡服务： Robert 需要一份工作和相关培训，还包括一位职业专家的追踪—陪同服务。此外，要到达工作地点，Robert 还需要学会如何乘坐公交车。

年度目标： 如果在连续十周的调查中，Robert 都能不依靠职业专家的帮助，独立地完成所有分配给他的工作任务，他将成为 Smith 美食中心的一名进货员，每周工作时间为周一至周五下午的 1 点到 4 点。

活动	负责人	完成日期
1. 将 Robert 登记在州政府支持的求职候选人名单上	Susan Marr	2003-5-1
2. 获得一张公交车月票卡	Brown 夫人	2003-2-1
3. 安排 Robert 参加员工入职培训		2003-2-16

图 4—2 ITP 案例

这份个人过渡计划是为一个打算去杂货店工作的学生所制订的。这份计划详细说明了需要为学生提供哪些服务，以帮助他顺利过渡到支持性就业。

资料来源：McDonnel, J.J., et al. (2003). *Introduction to persons with moderate and severe disabilities: Educational and social issues (2nd ed.)*. Upper Saddle River, NJ: Pearson Education, Inc.

表参与会议。如果家长不能参与制定个别化教育方案，则必须指定一名代理家长参与其中。在对学生进行任何评估或对学生的安置进行调整之前，家长必须接到相应的书面通知，并且这份通知是用家长的母语书写的。最后，家长有权利质疑为其子女制订的方案，这一权利受到正当法律程序的保护。由于校长和教师经常会与家庭进行讨论，因此在下面的“家庭和社区合作实践指南”中，我会对如何更加高效地进行讨论提出一些建议，但请注意这些实践指南是针对所有类型的学生和家长的。

家庭和社区合作实践指南　　富有成效的讨论

- 预先做好相应的计划和准备。

例如：

1. 明确讨论的目的，收集所需的信息。如果你希望讨论学生的进步情况，就用学生的一些作业进行举例说明。

2. 给家长准备一些问题寄到他们家里，要求他们讨论时将这些信息带过来。下面列出了一些样题（Friend & Bursuck，2002），可供你参考。

（1）您的孩子最喜欢哪种班级活动？

（2）您的孩子会对班级活动感到焦虑吗？如果是，请说明是哪些活动？

（3）您觉得这个学年孩子的教育应该最优先考虑什么？

（4）您对孩子这个学年在我班上受到的教育有什么疑问？

（5）为了使您的孩子在今年取得最大成功，我们学校应该提供什么样的帮助？

（6）会上您还希望讨论哪些主题？如果有，请告诉我，我可能需要准备一些资料。

（7）您想让其他人参与这个讨论吗？如果是，请给我列一个名单。

（8）您还希望了解哪些特定的学校信息？如果有，请告诉我。

- 在讨论过程中，营造和维持一种相互合作与尊重的氛围。

例如：

1. 准备一间会客室，在门上贴标牌以防打扰。为了更好地交流合作，大家最好围绕圆形会议桌而坐。准备一些纸巾。

2. 称呼家庭成员时请用“先生”、“女士”，不要随学生用“妈妈”、“爸爸”、“奶奶”这类词。提到学生时，请说出学生的名字。

3. 倾听家长关心的问题，认真考虑他们的建议。

- 讨论结束后，做好记录并追踪结果。

例如：

1. 做好笔记，并将它们整理好。

2. 以书面形式总结相关的活动或决定，并将复印件寄给学生的家人以及参加讨论的其他教师或专家。

3. 在其他场合与家长进行交流，尤其是在有好消息要分享的时候。

二、504条款的保护

《残疾人教育促进法》并没有涵盖所有在学校中需要特别帮助的儿童，也不是所有学生都能符合该项法律的要求而得到相关的服务。不过，所幸的是，这些学生的教育需要可能会受到其他法律的保护。20 世纪六七十年代美国掀起的民权运动带来了诸多影响，其中包括美国联邦政府在 1973 年通过了《职业康复法案》。其中 **504 条款（Section 504）** 保护残疾个体在所有接受联邦资助的计划中（如公立学校）不会受到歧视。

由于 504 条款对残疾的界定比较宽泛，因此它保证了所有学龄儿童都有平等的机会参与学校活动。如果某个学生因自身的某项条件被限制参与学校的活动，那么即使在没有任何额外资助的情况下，学校也必须制订相应的计划，以帮助学生获得教育。不过，学生如果想要通过 504 条款得到帮助，就必须接受相应的评估，这种评估通常都是由一个团队制订和实施的。与《残疾人教育促进法》不同，504 条款并没有太多“一定要如何”的规定，因此每个学校可以自主设计相关的训练课程或方案（Friend，2011）。表 4—4 是一个为学生进行调整的例子。其中的很多观点似乎只是“好的教学”应该做的，但我也曾惊奇地看到很多教师不让学生使用计算器或录音机，因为教师认为：“他们应该像其他人一样学习！”符合 504 条款标准进行调整的学生主要有两大类：有医疗需要或健康需要的学生（如糖尿病、药物成瘾或酗酒、严重过敏、传染病或因意外造成的暂时性障碍）和多动症学生。目前，《残疾人教育促进法》尚未涵盖这两类儿童。

> **504 条款（Section 504）** 民权法的一部分，保护残疾个体在所有接受联邦资助的计划中（如公立学校）不会受到歧视。

表4—4　　根据504条款为学生进行调整的一个例子

写入 504 条款计划中的这些调整没有种类的限制，一些调整可能与学习环境的物理变化有关，例如安装空气过滤器以消除过敏源，但很多参与 504 条款计划的学生存在学习或行为方面的功能性损伤，他们的需要在某种程度上类似于那些残疾学生。下面是可以被纳入 504 条款计划中的教学调整的一个例子：

- 让学生坐在离教师讲台最近的地方。
- 安排同伴坐在学生旁边，以便学生需要时能得到帮助。
- 不让学生坐在门口或窗边，避免分心。
- 把作业减半，使学生不会被大量的作业所压垮。
- 给予学生简洁、清晰的指示。
- 允许使用计算器或磁带录音机。
- 在电脑上使用语音识别软件完成写作任务。
- 标记出正确的答案，而不是错误的答案。
- 提供一套课本让学生放在家里，这样他们就可以不用从学校带书回家了。
- 给书配上磁带，使学生能够听作业，而不需要阅读它们。

总结这几点，你可以看出它们使教学更有意义，是有效的教学实践，可以帮助有特殊需要的学习者在你的课堂上取得成功。

资料来源：Friend, M., & Bursuck, W.D. (2002). *Including students with special needs: A practical guide for classroom teachers (3rd ed.)*. Boston: Allyn and Bacon.

1990 年《美国残疾人法》（American with Disabilities Act of 1990，简称 ADA）禁止在工作、公共交通、公共设施使用、地方政府、通信服务等方面歧视残疾人。这一综合性法律将 504 条款对残疾人的保护从学校和工作场所扩展到了图书馆、地方和州政府、饭店、旅馆、剧院、商店、公共交通和其他许多场所。

1990 年《美国残疾人法》（American with Disabilities Act of 1990，简称 ADA） 美国联邦政府的一项法律，禁止在工作、公共交通、公共设施使用、地方政府、通信服务等方面歧视残疾人。

第四节　学习上面临挑战的学生

在讨论这些学习上面临挑战的学生之前，我们先来回顾一下有关学习困难的神经科学研究。在使用神经科学新技术的众多研究中，关于大脑与学习障碍的研究正在呈指数增长。

一、神经科学与学习挑战

早期对学习障碍的一个解释是轻微脑功能失调（minimal brain dysfunction）。如今我们知道有很多其他因素会导致学生在学习时出现困难，但脑损伤或脑疾病确实会导致个体在语言、数学、注意力或行为等方面出现障碍。此外，一些研究表明大量的教学干预，能改变个体的大脑功能（Simos et al.，2007）。研究还发现，学习障碍和多动症的学生在大脑结构和活动方面与正常儿童存在差异。例如，与没有注意力缺陷的个体相比，注意力缺陷个体的某些特定脑区体积更小，小脑和额叶的血流量比正常水平低，而特定脑区的脑电活动水平也有所不同（Barkley，2006）。有特殊语言障碍的小学生，他们的听觉系统相对不够成熟——其大脑加工听觉信息的方式与 3 至 4 岁的儿童类似（Goswami，2004）。不过，这些大脑差异的发现离应用到教学实践中还有一段距离，目前还很难说清楚学习问题和大脑差异谁是因、谁是果（Friend，2011）。

有相当多关于学习问题的研究都在关注工作记忆（我们将在第 8 章中介绍），部分原因在于工作记忆容量是一系列认知技能的有效预测指标，其中包括语言理解、阅读和数学能力、流体智力（Bayliss，Jarrold，Baddeley，Gunn，& Leigh，2005）。此外，研究表明那些在阅读和解决数学问题方面存在障碍的儿童有明显的工作记忆困难（Siegel，2003；Swanson & Saez，2003）。具体来说，一些研究表明学习障碍的儿童在使用工作记忆系统方面存在困难，他们很难记住口语和听觉信息。由于学习障碍的儿童很难记住词汇和语音，所以他们很难将词汇组合在一起去理解句子的意义或弄明白这道数学应用题到底在问什么。

一个更为严重的问题是，有学习障碍的学生很难从长时记忆中提取所需的信息，因此这些儿童很难做到在加工新信息的同时仍能记住原先的信息。例如代数中的乘积问题，一旦新增加了一个乘数，这些学习障碍的学生很难记得住原先两个数字的乘积。重要的片段信息在不断地丢失。最后，在数学和问题解决方面存在学习障碍的学生，可能在保持视觉—空间信息上也存在问题，如绘制数轴或在工作记忆中比较数量多少。因此对他们来说，创建“谁比谁少”、“谁比谁多”等问题的心理表征也是一种挑战（D'Amico & Guarnera，2005）。

正如你在表4—3中所看到的，在公立学校中接受特殊教育服务的所有儿童中，大约有一半被诊断为学习障碍——这是目前为止美国残疾儿童中最大的一个类别，下面我们将从这些学生开始说起。

二、学习障碍

如果一个学生在阅读、写作、拼写或数学学习方面存在困难，但他没有智力障碍、情绪问题或教育劣势，还拥有正常的视觉、听觉和语言能力，你会如何解释这种情况？——这个学生可能有**学习障碍（learning disability）**，但目前关于学习障碍尚没有一个统一的定义。一本有关学习障碍的专著列举了八种学习障碍的定义（Hallahan et al.，2005），其中包括了《残疾人教育促进法》所使用的定义：“与个体理解或运用语言（口头或书面语言）有关的一个或多个基本心理过程存在障碍，这种障碍可能表现为个体在听、想、说、读、写、拼读或数学计算等方面的能力缺陷……”（p.15）不过，多数定义都认同学习障碍学生的表现与自身其他方面的能力不匹配，其表现显著低于预期水平。

教育心理学家大多认为学习障碍有其生理基础，也会受到环境的影响，如脑损伤、出生前接触到毒素（母亲怀孕时吸烟或喝酒）、营养不良、家中的含铅油漆，甚至是不良的教学等（Smith，2004）。当然，遗传因素也有一定的影响。如果父母有学习障碍，那么他们的子女存在学习障碍的概率是30%～50%（Friend，2011）。

（一）有学习障碍的学生的特征

有学习障碍的学生并不是完全一样的。最普遍的特征包括：在一个或多个学业领域有特定的困难，协调能力很差，在注意力方面有问题，多动和冲动，在组织问题以及解释视觉和听觉信息方面存在困难，缺乏动机，很难建立和维持友谊（Hallahan & Kauffman，2006；Rosenberg et al.，2011）。正如你所看到的，很多有其他障碍的学生（如多动症）和很多正常的学生都或多或少有一些这样的特征。情况更为复杂的是，并不是所有学习障碍学生都会有上述所有问题，只有很少一部分有上述所有问题。

> **学习障碍（learning disability）** 在获得和运用语言方面存在困难；可能表现为在阅读、写作、推理或数学等方面存在困难。

例如，一个学生可能在阅读方面落后同龄人三年，但在数学方面却超过一般的学生；另一个学生情况则刚好相反，阅读很好，但数学很差；还有一个学生在组织和学习方面有问题，而这会影响他所有的方面。

大多数有学习障碍的学生在阅读方面存在困难。表4—5列出了一些最常见的问题，但这些问题并不一定总是学习障碍的表现。对英语学习障碍儿童而言，出现这些困难可能是因为他们的音位意识比较落后，即在建立语音和字母（词的组成部分）之间的对应关系上存在困难，从而导致拼写也存在困难（Lyon，Shaywitz，& Shaywitz，2003；Willcutt et al.，2001）。对汉语儿童而言，阅读障碍似乎与语素意识有关，即将语素组合成词的能力。语素是最小的表示意义的独立单位。例如，books有两个语素：“book”和“s”——“s”也有意义，它将“book”变成了复数。研究表明，识别汉字的意义单位有助于学习这门语言（Shu，McBride-Chang，Wu，& Liu，2006）。

数学，包括计算和问题解决，是学习障碍儿童的第二大普遍的问题领域。英语阅读障碍的学生在建立语音和字母的联结上存在困难，有数学障碍的学生则很难自动地将数字（如1，2，3）与正确的数值对应起来——例如，28是多少。因此，在学习数学计算前，一些年幼的学生可能需要额外的练习，以帮助他们最终能够自动地将数字和它所代表的数值联系起来（Rubinsten &

表4—5 有学习障碍的学生的阅读习惯和在阅读中所犯的错误

（你的学生有这些表现吗？这些可能是学习障碍的征兆。）

因阅读感到焦虑 • 不愿意读书。 • 通过哭或其他行为来回避阅读。 • 读书时很紧张。
识别字词存在困难 • 添加一个错误的词；用一个字词替代原来的字词，省略字词。 • 颠倒字母或数字（如将 24 读成 48）。 • 发错字词的读音（如将“cope”读成“cape”）。 • 混淆语句中词的顺序（如将“我会骑车”读成“我会车骑”）。 • 读得很慢、不流利，经常停顿。
口语词汇技能落后 • 不认识新的口语词汇。 • 词汇量非常少。
不能理解或记住读过的内容 • 不能回忆基本事实。 • 不会做出推论或理解文章大意。

资料来源：Smith, D. D., & Tyler, N. C. (2010). *Introduction to special education: Making a difference (7th ed.)*. Columubs, OH: Merrill, and Helpguide. org.

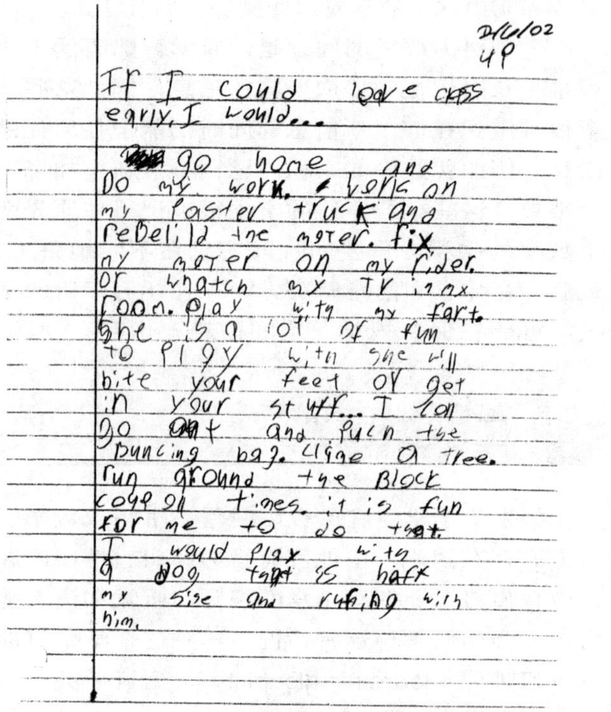

图 4—3 学习障碍学生的书写材料示例

资料来源：Friend, M. (2008). *Special education: Contemporary perspectives for school professional (2nd ed.)*. Boston, MA: Allyn and Bacon.

Henik，2006）。

正如你在图 4—3 中所看到的，一些有学习障碍的学生写的东西根本没办法阅读，讲话也结结巴巴、杂乱无章。有学习障碍的学生通常缺乏完成学业任务的有效途径。他们不知道如何注意、组织相关的信息，不知道如何运用学习策略和学习技能，也不知道当一种学习策略不奏效时，如何去尝试其他学习策略以及评估自己的学习。他们通常是消极的学习者，部分原因是他们不知道如何学习——他们总是失败。独立工作对他们更是一种挑战，因此家庭作业和课堂作业经常不能完成（Hallahan et al.，2005）。

（二）对有学习障碍的学生进行教学

学习障碍的早期诊断非常重要，这样能避免那些有学习障碍的学生变得非常受挫和沮丧。这些学生并不明白自己为什么会有这些困难，他们可能会成为**习得性无助**（**learned helplessness**）的牺牲品。这种现象最早是在动物实验中发现的——把动物放在接受惩罚（电击）的情境中，这种情境是动物本身不能控制的；后来，这个情境发生了变化，动物可以逃避电击或关闭电击，但此时动物甚至连试都不试（Seligman，1975），它们已经成为了习得性无助的牺牲品。有学习障碍的学生可能也会渐渐相信他们不能控制或改善自己的学习。这是一种很强的信念，这些学生从来没有努力尝试着去发现他们自己能在学习中起到怎样的作用，所以他们一直很悲观和无助。

> **习得性无助（learned helplessness）** 由于先前多次无法操控结果的体验而产生的未来所有努力都会失败的预期。

有学习障碍的学生也可能尝试掩饰自己的问题。在这个过程中，他们会逐渐形成不良的学习习惯，或是因为害怕不能完成任务而回避特定的学科。为了避免这些情况的发生，教师应当及早将学生送到学校相应的专业人员手上，以寻求帮助。

目前有两种教学方法（一般推荐同时使用），对有学习障碍的学生很有效（Friend，2011）。第一种是直接教学（将在第 14 章中详细介绍）。这种方法的基本过程是：对新材料进行清晰的解释和示范；小步子教学，每个步骤后都有相应的练习；及时反馈；教师的引导与帮助。第二种是策略教学（将在第 9 章中详细介绍）。这些策略主要是用以集中注意力和完成任务的特殊规则，例如用以帮助小学生完成议论文写作的 TREE 策略：（1）主题句（Top sentence）。说出你的观点。（2）理由（Reasons）。给出 3 个或更多的理由来支持你的观点。你的读者也会这么认为吗？（3）结尾（Ending）。总结你的文章。（4）检查（Examine）。检查上述三个部分。当然，这些策略的教学必须借助优秀的直接教学——解释、举例和有反馈的练习。

这里还有一些其他的一般性策略，可用于对有学习障碍的学生进行教学。在学前和小学阶段，坚持使用简短的口头指示；要求学生向你重复指示，以确保他们真正理解了；提供多元的例子，多次重复教学重点；允许他们比其他人进行更多的练习，特别是在学习新材料的时候。这些策略大部分到中学仍然适用。此外，还可以直接教导高年级学生自我监控策略，如提示学生问自己："我刚刚集中注意力了吗？"教学生使用一些外在的记忆策略（如记笔记）和手段（如任务书、将要做的事情列成清单，或是使用电子日历等）（Hardman，Drew，& Egan，2005）。在对任何一个年级进行教学时，教师都可以鼓励学生将新材料与他已有的知识经验建立联系。你可能在想，对那些需要额外辅导和策略学习的学生来说，上述教学策略也是非常有用的。你想的没错！

三、多动症与注意力缺陷

停下来 想一想

如果一个学生在时间管理和问题组织方面存在困难，你会提供什么样的帮助？

你可能听过甚至使用过"多动症"这一术语。这是一个现代的概念，在五六十年前并没有所谓的多动症孩子。这样的孩子，就像马克·吐温笔下的哈克贝利·费恩，被看作是叛逆懒散的或"坐立不安的"（Nylund，2000）。今天，注意力缺陷多动障碍（ADHD）已经非常普遍了。不久前，我翻开报纸，看到这样一则标题，"近四年来被诊断为 ADHD 的人数急剧增长"。据美国疾病控制与预防中心统计，平均 10 个美国儿童就有 1 个会被诊断为 ADHD（Wechsler，2010）。但这种情况并不是美国所独有的。第二届 ADHD 国际会议上有报告指出，ADHD 是全球性的问题，而 ADHD 患者在所有文化中均有鲜明而一致的特征（Thome & Reddy，2009）。目前，不同文化中 ADHD 的发病率在 4% 到 10% 之间（Fabiano et al.，2009；Gerwe et al.，2009）。而环顾身边，我发现很多参与我课程学习的教师，他们班上往往有五六个被诊断为"多动症"的学生，其中一个班级竟有 10 个这样的学生；甚至，我直系亲属中也有几位患上了 ADHD。

（一）定义

实际上，多动症并不是一个特定的症状，注意力缺陷和冲动—多动这两种问题可能同时出现，也可能不同时出现。而在美国，近一半的被诊断为多动症的儿童同时存在这两种问题。如今，大多数心理学家都同意那些被贴上"多动症"标签的儿童，他们的主要问题在于注意力的集中和保持，而不仅仅是身体活动的控制。美国精神病协会已经确定将拥有这种问题的儿童诊断为**注意力缺陷多动障碍（attention-deficit hyperactivity disorder，简称 ADHD）**，并将其界定为"与同一发展水平的个体相比，注意力不集中、冲动以及多动的状态更加频繁和严重"（American Psychiatric Association，DSM-IV-TR，2000，p. 78）。

注意力缺陷多动障碍（attention-deficit hyperactivity disorder，简称 ADHD） 当前描述破坏性行为障碍的术语，表现为活动过度、很难维持注意力、易冲动。

《精神障碍诊断与统计手册（第四版修订版）》（DSM-IV-TR）指出，ADHD 具有以下典型症状：（1）注意力不集中。不能密切注意班级活动、任务细节、教师的指示以及课堂上的讨论；不能组织任务，不能整理笔记本、书桌和作业；容易分心和遗忘。（2）多动。坐立不安，身体动来动去；不能坐在自己的座位上；好像"安上了发动机"，做事很快，停不下来；话太多。（3）冲动。不假思索地说出答案；等不及轮到自己；经常打断别人。

所有儿童都可能在某种情况下表现出上述一些行为，但患有 ADHD 的儿童可能在 7 岁之前就有一些上述的行为，这些行为不仅出现在学校，还出现在其他很多情境中。而这些行为会导致儿童在学习方面存在困难，并难以与其他人和睦相处。ADHD 通常是在小学阶段被诊断出来，但近期研究表明这种注意力缺陷和多动问题可能早在3岁时就会表现出来（Friedman-Weieneth，Harvey，Youngswirth，& Goldstein，2007）。被诊断为ADHD的儿童中，男孩的数量大约是女孩的两到三倍，但这种差距正在日益缩小。患有ADHD的女孩其症状与男孩相同，但她们常常是以较为隐蔽的方式表现出这些症状，因此她们通常很难被发现，从而很可能错过获得适当帮助的机会（Friend，2011）。

几年前，多数心理学家认为儿童进入青春期后，ADHD会有所减轻。但如今有证据表明，至少有一半的ADHD患者，其问题会持续到成年

正方观点 / 反方观点：我们该为ADHD儿童提供药片还是技能？

大约有3%的学龄儿童（6～18岁）在服用一些治疗ADHD的药物。我们该不该为这些患有ADHD的儿童提供药物呢？

正方观点

药物确实能帮助患有ADHD的儿童

利他林和其他处方药如阿得拉尔、叶酸、右苯丙胺以及匹莫林都属于兴奋剂。如果服用特定的剂量，这些药物会对许多患有ADHD的儿童产生看似矛盾的影响：合作、注意和服从等社交行为在短期内可能有所改善，研究表明70%～80%患有ADHD的儿童在服用药物后变得更容易管理，而在服药期间能更好地从教学干预和针对社会性的干预中获益（Hutchinson，2009）。事实上，兴奋剂类药阿得拉尔、利他林和非兴奋剂性药物托莫西汀会给很多患有ADHD的儿童和青少年带来一些有利的影响（Kratchovil，2009）。一些报告也发现，丁螺环酮这种通常用于治疗焦虑的药物，甚至碧萝芷等保健类药物，都会带来一些积极的影响（Trebaticka et al.，2009）。有研究还发现，托莫西汀有助于改善工作记忆、计划和抑制等功能——至少对所研究的中国ADHD儿童而言（Yang et al.，2009）。德国研究者则对长效型药物哌甲酯制剂的效果进行了考察，患者每天服用一次哌甲酯制剂。结果发现，与短效型兴奋剂类药物相比，哌甲酯制剂“能显著地提高患者在多个生活领域的日常功能，改善疾病的严重程度，提升生活品质”（Gerwe et al.，2009，p. 185）。

反方观点

药物不应当成为治疗ADHD的首选

很多儿童在服用药物时会有不良的反应，如心率增加、血压升高、生长速度受到干扰、失眠、体重下降、恶心等（Smith & Tyler，2010）。对多数儿童而言，这些不良反应是轻微的，并且能通过调整药物的剂量而得以控制。但关于药物治疗的长期效果，目前还所知甚少。一种新的被称为“托莫西汀”的药物虽然不是兴奋剂，但可能会增加儿童自杀的倾向。作为家长或教师，你需要时刻关注有关ADHD治疗的研究动向。

很多研究表明，使用药物会给ADHD儿童带来行为方面的进步，但很少能带来学业学习或同伴关系方面的改善，而患有ADHD的儿童在这两个方面都有很大的问题。因为这些学生似乎在行为方面有了显著改善，家长和教师看到这些变化也就松了一口气，可能就会认为问题已经得到根治。但其实不然，这些学生在学习方面仍然需要特殊的帮助。尤其是针对在阅读或表述过程中如何联系不同成分，从而建立起一个有条理的、准确的信息表征等方面的教学干预而言，更是如此。（Bailey et al.，2009；Doggett，2004；Purdie，Hattie，& Caroll，2002）。

超越非此即彼 应坚守的底线是：即使你班上的学生正在接受药物治疗，他们也应该学习将来生存所需的学业技能和社交技能。他们需要学习如何以及何时应用学习策略和学习技能。他们也需要鼓励——在面对困难任务的挑战时，需要有人来鼓励他们坚持下去，需要有人来鼓励他们控制自己的学习和行为。仅有药物治疗是不够的，但药物治疗会有一定的帮助。为了促使学习的发生，药物治疗应该与其他有效的教学干预相结合。

（Hirvikoski et al.，2011）。青少年时期，个体面临着日益增大的青春期压力——即将进入初中或高中，学业任务的要求增加，开始接触更加复杂、充满诱惑的社会关系，这对患有 ADHD 的学生来说是一个极为艰难的阶段（Taylor，1998）。被诊断为 ADHD 的儿童进入成年期后，约有 30% 不会有更多的症状出现，25% 会有持续的行为问题，如吸毒或犯罪，25% 左右会患上严重抑郁（Rosenberg et al.，2011）。

（二）使用药物治疗 ADHD

现在，对 ADHD 的治疗越来越依赖药物。但正如上面“正方观点 / 反方观点”中所述，这种治疗方式还存在很多争议。

（三）药物治疗之外的选择

Gregory A. Fabiano 及其同事（2009）对 1967—2006 年的 174 项有关 ADHD 行为治疗的研究进行了分析。在这些研究中，被试人数接近 3 000 人，所有研究都达到了质性研究的严格标准。研究中采用的行为治疗方法主要是强化后效管理、隔离、塑造、自我调节和行为示范等行为主义学习理论（详见第 7 章）所衍生出的干预方法。这些研究或采用未接受治疗的组别作为控制组，与实验组进行比较，或将个体接受一种或多种不同治疗前后的状态进行比较。那么，这些研究得出了什么结论呢？应该说，其发现是非常清晰有力的——“这些研究为行为治疗方法治疗 ADHD 的有效性提供了强有力、一致的支持。”（p. 129）Gregory Fabiano 在一次访问中说：“这项分析的结果提示我们，今后的努力方向应该从争论行为治疗的有效性，转向传播、促进和改善这些方法在社区、学校和心理健康等机构的应用。”对瑞典成人 ADHD 患者的研究也发现，注重接纳和改变 ADHD 症状间平衡的行为治疗方法是有效的（Hirvikoski et al.，2011）。

通过上面的介绍，你可能会有这样的想法，即“我们应该从各个方面来解决这个问题”。澳大利亚的一项大型研究证实了这种想法：

> 从长久的效果来看，多种方式的综合干预是最有效的。对多数（并非全部）患有 ADHD 的儿童和青少年而言，服用精神兴奋药，同时根据情况提供补救性的课程指导和咨询，家长和教师进行必要的行为管理，多管齐下，可能会有较好的治疗效果。因此，听取不同领域的专家建议是很有必要的。（van Kraayenoord，Rice，Carrol，Fritz，Dillon，& Hill，2001，p. 7）

总之，即使你班上的学生正在接受药物治疗，他们也应该学习将来生存所需的学业技能和社交技能。再次强调，即使药物治疗能带来行为方面的改善，但这些学业技能和社交技能不会自动地提高（Purdie et al.，2002）。

（四）对患有 ADHD 学生的教学建议

作业过多可能会把 ADHD 学生压垮，因此最好每次只给他们布置几个问题或几段文章，并附有清晰的完成步骤。另一种好的方法是将学习和记忆策略的教学与动机训练结合起来。这种方法的目的是帮助学生提高相关的“技能和意愿”，从而改善自己的学业成就。此外，教师还要教这些学生学会监督自己的行为，鼓励他们不断坚持，并且相信自己能够“自我控制”（Pfiffner，Barkley，& DuPaul，2006）。

“自我控制”这一观念是 ADHD 治疗策略中的一部分，它强调个人自身的力量。David Nylund（2000）提出的“SMART”方法主张，不要把问题儿童作为治疗的对象，而应利用儿童本身的力量来克服自己的问题——实现自我控制。与之相对应，Nylund 希望大家认识到，ADHD、学习障碍、厌倦情绪和其他“学习的敌人”，这些都不是来自于儿童自身，而是存在于儿童之外的因素——是儿童在完成任务中需要去解决的一群恶魔，或是需要去征服的一些任性的精灵。“SMART”关注的是问题的解决，主要的步骤如下：（1）将 ADHD 的问题与儿童本身分离开来（Separating）；（2）描绘（Mapping）出 ADHD 对儿童及其家庭的影响；（3）注意（Attending）ADHD 儿童的特殊情况；（4）开发（Reclaiming）那些被诊断为 ADHD 儿童的特殊能力；（5）让取得进步的学生讲述（Telling）自己的新故事，并为之庆祝（Nylund，2000）。

作为一名教师，你要去寻找 ADHD 学生全神贯注的时间，哪怕只是很短的时间。这些时间能有什么作用呢？它们能让你发现 ADHD 学生的优点，为之感到惊奇，并促使你在教学中进行一些调整，以此来支持学生想要改变的努力。Nylund 给出了下面这个例子：Chris（9 岁）和他的老师 Baker 女士一起合作，共同帮助他在学校里控制自己的注意力。Baker 女士将 Chris 的座位移到了教室的前面，她和 Chris 共同设计了一个明显的信号用于提醒 Chris 集中注意力，而 Chris 也整理了自己凌乱的书桌。这些措施听起来很像表4—4中根据504条款所进行的调整。当Chris的注意力得到改善后，他会在班会上得到奖励。Chris讲述了自己是如何学习上课听讲的："你必须有一个坚定的意志，告诉ADHD和厌倦情绪不要来打扰你。"（Nylund，2000，p. 166）正如你在表4—6（Nylund，2000，pp. 202-203）中所看到的，患有ADHD的学生对教师也有一些建议。

表4—6　患有ADHD的学生对教师的一些建议

患有 ADHD 的学生对教师有下列建议（Nylund，2000）：	
• 大量使用图片（视觉线索）以帮助我们学习。 • 注意文化认同和种族同一性。 • 根据情况适时调整规则。 • 及时注意到我干得不错。 • 不要告诉其他同学我在吃哌甲酯。 • 给我们提供一些选择。	• 不要只是讲课——那太无聊了！ • 知道我其实很聪明。 • 允许我在教室里来回走动。 • 不要布置那么多的家庭作业。 • 更多的课间休息！ • 耐心。

四、沟通障碍

在6～21岁接受特殊教育的所有学生中，沟通障碍是第二大主要的类别，所占比率约为19%。这些学生可能患有语言障碍或言语障碍，或上述两种障碍。很多因素会导致沟通障碍，这主要是因为语言的学习和言语的使用会涉及个体许多不同的方面。一个儿童如果听觉有损伤，就不可能正常地学会说话。一些损伤会导致神经方面出现问题，也会影响儿童的言语行为或语言获得。儿童因注意力不集中根本没在听，或是情绪障碍导致他感知的世界是扭曲的，这些问题都会反映在他的语言发展上。说话还涉及运动，因此与言语有关的运动功能出现任何障碍都会导致语言障碍。语言的发展与思维密不可分，因此认知功能有任何问题也会影响个体运用语言的能力。

（一）言语障碍

如果学生在说话时不能有效发音，就会被认为存在**言语障碍（speech disorder）**。大约5%的学龄儿童有言语方面的障碍。发音问题和口吃是两种最常见的言语障碍。

发音障碍（articulation disorders）包括：歪曲一个语音，好像口齿不清（将sometime读成thumtimes）；用一个语音替代另一个语音（将chair读成shairp）；添加一个语音（将chair读成chuch air）；省略语音（将chair读成chai）（Rosenberg et al.，2011）。然而，请记住，大多数儿童要到6～8岁才能发出日常对话中出现的所有的英语语音。其中l、r、y、s、v、z这几个辅音和sh、ch、ng、zh、th等辅音连缀是最后学会的（Friend，2011）。地域差异导致的不同方言的差异，并不属于发音障碍。即使你班上某个来自新英格兰的学生将idea读成ideer，他也可能不是发音障碍。

> **言语障碍（speech disorder）** 说话时不能正确地发音。
>
> **发音障碍（articulation disorders）** 任何一种发音的偏差，如语音的替代、歪曲和省略。
>
> **声音障碍（voicing problems）** 使用不恰当的音调、音质、音量或语调。

口吃一般出现在3～4岁之间。目前出现口吃的原因还不清楚，但可能涉及情绪或神经问题、习得行为等。如果口吃持续了一年左右，甚至更长，这个孩子就应该接受言语治疗。早期的干预会带来巨大的改变（Hardman et al.，2005）。当你的班上有口吃的学生时，你可以私下多与这个学生交谈，但在交谈过程中不要催促、打扰或补充学生的词汇和语句。当学生说完后，可以停顿一会儿。在这个过程中，你和学生要达成共识——在说话前花些时间思考是合适的行为。要注意学生什么时候更容易口吃，什么情境下则不易口吃。不要催促学生说快些。在课堂讨论中，可以让学生早点发言，这样不容易紧张。问问题时，也尽可能选择答案简短（只需几个词语）的问题。此外，可以经常和学生坦诚地讨论口吃，让学生认识到口吃没什么可耻的，很多成功人士（包括一些国王）都有口吃，但是通过学习，他们口吃的情况都得以改善了（Friend，2011；Rosenberg et al.，2011）。

声音障碍（voicing problems）是第三种言语障碍，包括用不恰当的音调、音质、音量或单语调说话。有上述这些问题的学生都应该尽快地接受言语治疗。首先要认识到问题的存在，注意那些在发音、音量、音质、言语流畅性、表达范围以及速度方面异于同龄人的学生；也要注意那些经常不说话的学生，了解他们不说话只是因为害羞，还是存在言语方面的障碍。

（二）语言障碍

语言差异并不一定都是语言障碍。有语言障碍的学生是指那些与相同文化背景下的同龄人相比，在理解或表达语言方面有明显缺陷的学生（Owens，2012）。一些学生可能很少说话，只会用很少的词汇或非常简短的句子，或只能依靠手势进行交流。这样的学生都应当及早地接受专业人士的观察或测试。表 4—7 中列出了一些促进所有学生语言发展的建议。

表4—7　　促进语言发展

- 讨论学生感兴趣的话题。
- 跟随孩子的指引。对他们的指导和意见做出回应。分享他们的喜悦。
- 不要问太多的问题，如果必须要问，就提这样的问题，如怎么了、为什么、发生了什么……这样孩子会说出较长的解释性答案。
- 鼓励孩子问问题，真诚开放地做出回答。如果你不想回答某个问题，可以直接拒绝，但需要说明理由。（“我不想回答这个问题，因为这是很私人的问题。”）
- 用愉快的语气说话。你不需要是个喜剧演员，但你可以是轻松幽默的。孩子有时喜欢笨一点的成人。
- 不要评判或取笑孩子的语言。如果你老是批评孩子的发音，或试图找出并纠正孩子所犯的每一个错误，他们就再也不想和你聊天了。
- 允许孩子有足够的时间做出反应。
- 礼貌地对待孩子，不要在他们说话的时候打断他们。
- 允许并鼓励孩子参与家庭会议和课堂讨论，倾听他们的想法。
- 接纳孩子和他们的语言。包容和接纳，对他们的语言学习很有帮助。
- 提供机会让孩子使用语言，让他们学会利用语言来实现自己的目标。

资料来源：Owens, R.E. (2010). *Language disorders: A functional approach to assessment and intervention (5th ed.)*. Boston, MA: Allyn and Bacon.

五、情绪或行为障碍

情绪和行为障碍（emotional and behavioral disorders） 行为严重偏离了正常的标准，以至于极大地阻碍了儿童的成长与发展，可能也会妨碍其他人的生活——有不恰当的行为，痛苦或抑郁，害怕与焦虑，人际关系方面存在问题。

在正常班级中，有**情绪和行为障碍（emotional and behavioral disorders）**的学生是最难教的，他们也是令很多新手教师焦虑的原因（Avramidis，Bayliss，& Burden，2000）。如果没有得到恰当的帮助，患有情绪和行为障碍的学生前景很不乐观，约有三分之一的患者在读书期间被拘留过；而在离开学校后，有一半的学生会失业 3 ～ 5 年（Rosenberg et al.，2011）。因此，对于情绪和行为障碍的早期干预非常重要。

教育专家将行为障碍界定为行为严重偏离了正常的标准，以至于极大地阻碍了儿童的成长与发展，并可能妨碍其他人的生活。《残疾人教育促进法》中将情绪障碍（emotional disturbances，简称 ED）定义为：有不恰当的行为，痛苦或抑郁，害怕与焦虑，人际关系方面存在问题。美国心理学会和医学委员会则认为这种情绪或行为障碍属于精神障碍（Friend，2011）。表 4—8 列出了 DSM-IV-TR 中提到的一些具体的类别。

无论如何定义，作为教师，你所看到的是一个有攻击性、焦虑、回避或抑郁的学生，一个很难遵守规则、集中注意力或与其他人互动的学生。目前，在美国有超过 40 万的学生患有情绪障碍，使得这一障碍成为接受特殊服务的第五大群体。这一数字自 1991—1992 学年就不断增加，增幅约有 20%。与学习障碍和 ADHD 一样，有更多的男孩被诊断为患有这种障碍——被诊断为情绪与行为障碍的儿童中，男孩的数量至少是女孩的三倍。令人担忧的是，非裔美国学生在这一障碍类别中占有很大的比例，他们大约占总人口的 13%，但其中 26% 左右的学生都被诊断为患有情绪与行为障碍。

很多学生可能会表现出潜在的情绪与行为障碍，并且患有其他障碍的学生（如学习障碍、智力障碍或 ADHD）在适应学校的过程中也可能会出现情绪或行为方面的问题。应用行为分析（第 7 章中将会介绍）或直接对自我调节技能进行教学（第 11 章中将会介绍），都是比较有效的方法。另外还有一种方法已被证实能帮助这些情绪与行为障碍的儿童，就是提供良好的结构、有组织的

表4—8 DSM-IV-TR中情绪与行为障碍的一些例子

《残疾人教育促进法》中对情绪与行为障碍的界定是很宽泛的，没有列出具体的情况。但医学委员会已经确定了很多种具体的障碍，并将它们收录在 DSM-IV-TR 中。但这些障碍不再被称作是情绪与行为障碍，而是属于精神障碍的范畴。下面的条目并不完整，但已经包括 DSM-IV-TR 中提到的一些精神障碍，这些障碍在教育工作者看来可能就是情绪与行为障碍。

- **焦虑障碍**（anxiety disorders）。学生体验到极其强烈的害怕或恐惧情绪时，就会出现焦虑障碍。例如强迫症（obsessive-compulsive disorder，简称 OCD）：学生无法克制自己对某个特定事物的担忧，如细菌。例如恐惧症：害怕特定的事物，如蜘蛛；或是害怕特定的活动，如去上学。例如创伤后应激障碍（posttraumatic stress disorder，简称 PTSD）：学生在梦魇或闪回中重现他们经历的创伤性事件。
- **破坏性行为障碍**（disruptive behavior disorders）。它包括三种不同类型的障碍：
  - **注意力缺陷多动障碍**。这种障碍的特征是注意力不集中、高水平的活动性和冲动性或这几种症状的结合。但注意，人们通常认为注意力缺陷多动障碍并不是一种障碍。
  - **对立违抗性障碍**（oppositional defiant disorder，简称 ODD）。如果学生在很长一段时间里严重地违抗成人和报复或指责同伴，那么很可能是对立违抗性障碍。
  - **品行障碍**（conduct disorders）。如果学生有打架、欺凌弱小、残忍地对待动物或人，或反复破坏重要规则的行为，那么很可能是品行障碍。
- **饮食障碍**（eating disorders）。最常见的饮食障碍是神经性厌食症，患有这种障碍的学生认为自己太胖而拒绝进食，哪怕他们快要饿死了。
- **心境障碍**（mood disorders）。也称为情感障碍，包括抑郁症和双相障碍。其中，双相障碍也称躁抑症，是指学生的情绪在高水平（躁狂）和低水平（抑郁）两个极端之间来回摆动。
- **抽动障碍**（tic disorders）。抽动是特定肌肉群不自主的、快速的、刻板的运动。有抽动的学生可能会经常眨眼或反复吸气。最著名的抽动障碍是抽动秽语综合征，这是一种从轻度到重度的障碍，特征是面部和身体其他部位以及发声的经常性抽动，经常"叫喊"或咒骂。

资料来源：Friend, M. (2008). *Special education: Contemporary perspectives for school professionals (2ne ed.)*. Boston, MA: Allyn and Bacon.

工具以及选择。对此，Terri Swanson（2005）提出了如下建议：

（1）环境的结构化。尽量减少视觉和听觉刺激；若期望学生在不同区域做出不同的行为，则在不同区域之间建立清晰的视觉界限；整理日常所需的材料，并放入方便使用的容器里。

（2）日程的结构化。将每个月和每天的日程张贴出来，并用清晰的标志来表示开始和结束，明确提交作业的步骤。

（3）活动的结构化。使用颜色代码的学科文件夹（如蓝色代表数学），张贴指导语并附有视觉的提示，或将某个活动所需的所有材料放入一个"科学箱"中。

（4）规则和日常安排的结构化。例如教学生一套标准用语，用于询问其他学生是否愿意和他一起玩游戏；以积极的方式制定规则；帮助学生应对日常安排的变化，例如通过展示一些图片来帮助学生了解复活节假期里会发生什么。

（5）提供选择。在完成作业或课题时提供几个不同的选择。

由于有情绪与行为障碍的学生经常有破坏规则和逾矩的行为，因此教师会发现自己经常在惩罚这些学生。要注意，惩罚有严重情绪问题的学生会引发法律诉讼（Yell，1990）。当你面对这些情境时，下面的"实践指南"可能会对你有些帮助。

接下来我们讨论另一个问题——自杀。教师应当要及时发现并采取措施，避免悲剧的发生。

（一）自杀

当然，不是所有有情绪或行为问题的儿童都会想到自杀；相反，很多没有这些问题的人也可能想到自杀。但抑郁通常和自杀联系在一起。10% 以上的青少年曾经尝试过自杀，但有更多的人曾想过自杀。印第安人和生活在乡村的学生更可能做出自杀行为。关于自杀，有六个普遍的危险因素，即抑郁与药物滥用、家族自杀史、正处在压力情境中、更容易冲动或完美主义、相信死后人会去更好的地方、被家庭遗弃或有家庭冲突，并且这些因素似乎适用于所有处于青春期的非裔、拉美裔、美国白人的男性和女性。个体如果同时存在多个上述因素，自杀的危险性将非常高（Friend，2011；Steinberg，2005）。此外，目前较受关注的是，治疗抑郁或 ADHD 的处方药可能会

实践指南　惩罚有情绪问题的学生

- 注意不要侵犯学生的正当权利，学生和家长必须知道哪些是期望的行为以及不良行为的后果是什么。

例如：

1. 向学生清楚地说明哪些是期望的行为，并把它们写下来。
2. 让家长和学生在班级规则的副本上签名。
3. 把班级规则和违反班规的后果张贴出来，并放在班级的主页上。

- 非常谨慎地使用让学生长时间离开教室的严厉惩罚措施。如果需要改变儿童的个别化教育方案（IEP），需要遵循一定的正当程序。

例如：

1. 停学 10 天以上的，需要正当程序。
2. 持续很长时间的隔离（在校的停学），需要正当的程序。

- 对有严重情绪问题的学生的惩罚，必须要有一个明确的教育目的。

例如：

1. 将学生的某个行为与他的学习或其他学生的学习联系起来，为惩罚或纠正提供恰当的理由。
2. 使用书面的行为契约，其中包括对惩罚目的的说明。

- 确保规则和惩罚是合理的。

例如：

1. 考虑学生的年龄和生理状况。
2. 针对学生所犯的过错，所采取的惩罚是否恰当？是否与对待班上其他学生的方式一致？
3. 面对类似的情境，其他的教师是否也是采取相同的处理？
4. 先尝试低强制性的惩罚措施，要有耐心。不严厉的惩罚方式失败时，再考虑用一些更严格的处理方式。

- 做好记录并与他人一起合作，使所有相关人员均能了解真实的情况。

例如：

1. 在日记或记录簿上将对所有学生的惩罚记录下来。列出学生受惩罚的原因，使用了哪些程序，惩罚持续的时间，惩罚的结果，对惩罚进行的调整以及新的结果。
2. 在与家长、特殊教育教师以及校长进行会谈时做记录。
3. 和家长、其他教师共同修改管理计划。

- 给学生负面反馈的同时也使用一些积极的反馈。

例如：

1. 如果学生因违反规则而丢了分数，给他们机会——能通过积极的行为再得到分数。
2. 认可学生真正的成绩和细小的进步。不要说：“时间差不多了，你……”

增加青少年自杀的倾向。

自杀常常源于生活问题，而对于这些问题，父母和教师有时未予重视。有很多信号在警告我们不幸正在酝酿，要注意儿童在饮食和睡眠习惯、体重、成绩、性情、活动水平、对朋友或曾喜爱的活动的兴趣等方面的变化。处在危险中的学生有时候会突然扔掉平时自己最珍爱的收藏，如 iPad、书、衣服或宠物。他们可能看起来沮丧或亢奋，而且可能说一些这样的话，“什么都不重要了”、“我不应该在这儿”、“如果我死了，他们就会更爱我”、“你不用再为我担心了”或“我想知道死是什么样子”。他们可能开始逃课或不做作业。如果学生不但谈论到自杀，而且还有了具体的实施计划，那就极其危险了。

如果你怀疑某个学生有潜在的自杀危险，就应直接找他谈话。企图自杀的人常常都会觉得没有人真正在意他们。询问细节问题，并且认真地对待学生。当学校管理人员、家长或其他成人忽视了这些预警信号时，你需要成为学生的支持者。同时，要小心自杀的连锁反应，在一个学生出事之后，或者一个自杀事件被媒体报道后，其他青少年更可能去效仿这种行为（Lewinsohn，Rohde，& Seeley，1994；Rice & Dolgin，2002）。表 4—9 列出了有关自杀的一些误区和事实。

表4—9　有关自杀的误区和事实

误区：	会说要自杀的人实际上不会自杀。他们只是想引起别人的注意。
事实：	自杀的人通常在采取行为前会跟别人讨论这个问题。他们很痛苦，渴望能寻找到帮助，因为他们不知道该怎么做，他们已经绝望了。教师应当经常认真地与学生谈论自杀。经常！
误区：	只有特定类型的人才会自杀。
事实：	所有类型的人都有可能自杀——不论男性和女性、年轻的和年老的、富有的和贫穷的、农村的和城市的，自杀可能发生在任何一个种族、民族和宗教团体中。
误区：	不要问自杀的人他们是否想过自杀或者他们是否想到了自杀的方法，因为谈论这些问题会让他们有自杀的想法。
事实：	询问别人是否想过自杀并不会让他们有自杀的想法，并且跟自杀的人讨论自杀是非常重要的，因为你可以更了解他们的心态和打算，也能让他们释放一些导致他们有自杀情绪的压力。
误区：	多数自杀的人确实想死。
事实：	绝大多数自杀的人都不想死。他们只是生活在痛苦中，希望能摆脱痛苦。自杀往往只是希望能得到帮助。
误区：	年轻人从不会想到自杀，他们的人生才刚刚开始。
事实：	自杀是 15 ～ 24 岁的青年人死亡的第三大原因。有些 10 岁以下的小孩也死于自杀。

资料来源：改编自 Kevin Caruso, Suicide Myths。可在 http://www.suicide.org/suicide-myths.html 在线获取。

（二）药物滥用

尽管有情绪或行为问题并不一定会滥用药物，很多没有这些问题的人也会滥用药物，但的确有很多存在情绪问题的青少年会滥用药物。研究发现，药物滥用对非裔美国男性是极其危险的。一项研究曾持续追踪 19 岁的非裔美国男性至 27 岁，结果发现约有 33% 滥用药物的年轻男性在 27 岁就去世了，而欧裔美国男性因滥用药物的致死率为 3%，非裔美国女性和欧裔美国女性因滥用药物而死亡的比率都是 1%（Clark，Martin，& Cornelius，2008）。

现代社会使得青少年的成长过程充满了困惑。留意电影和广告牌上的信息，你会发现那些“美丽”、受人欢迎的人似乎都会喝酒和抽烟，似乎一点都不在乎自己的健康。几乎每种治疗常见疾病的药物都不需医生的处方就能得到。药物公司也在不断通过广告来宣扬新的处方药的益处，咖啡帮我们提神，安眠药帮我们入睡，但是我们却告诉学生要对药物说“不”。

除了这些相互矛盾的信息，还有很多其他的原因导致药物滥用。这已经成为学生要面对的一大问题。很难找到精确的统计数据，但密歇根大学 2011 年所做的“监测未来”调查估计 9.5% 的八年级学生、18.5% 的十年级学生、23.8% 的十二年级学生在过去 30 天里曾使用过违禁药物，其中大麻是使用最多的药物（如表 4—10 所示）。事实上，从 2008 年到 2010 年，青少年使用大麻的比例在增加。在撰写本节内容时我所得到的最

表4—10　美国八至十二年级学生报告在过去30天曾使用药物的百分比

药物	八年级	十年级	十二年级	与 2009—2010 年的数据相比有显著增加
各种违禁药物	9.5	18.5	23.8	
大麻	8.0	16.7	21.4	是
吸入剂	3.6	2.0	1.4	
麦角酸二乙基酰胺	0.6	0.7	0.8	
摇头丸	1.1	1.9	1.4	是
可卡因	0.6	0.9	1.3	
海洛因	0.4	0.4	0.4	
苯丙胺	1.8	3.3	3.3	
酒精	5.0	14.7	26.8	
香烟	7.1	13.6	19.2	
无烟烟草	4.1	7.5	8.5	

资料来源：Johnston, L.D., O'Malley, P. M., Bachman, J. G., & Schulenberg, J. E. (2011). *Monitoring the future national results on adolescent drug use: Overview of key findings, 2010*. Ann Arbor: Institute for Social Research, The University of Michigan.

近数据是，约有 1% 的八年级学生、3% 的十年级学生和 6% 的十二年级学生报告自己天天服用大麻。其他药物的使用情况则不太一致：对年长学生而言，摇头丸、香烟和海洛因的使用情况日益严重，但酒精、可卡因、维柯丁以及镇静剂的使用呈下降趋势。很多其他药物的使用情况则趋于平稳，如麦角酸二乙基酰胺、五氯苯酚、强效纯可卡因、奥施康定、脱氧麻黄碱、止咳药和感冒药（服用目的是获得兴奋感），还有一些被称为“俱乐部毒品”的药物（氟硝西泮、丙种羟基丁酸盐、氯胺酮）以及合成代谢类固醇也使用较为稳定。对于年幼一些的学生而言，他们更喜欢使用吸入剂（胶水、涂料稀释剂、洗甲水、气雾喷雾剂等），因为这些药物的价钱不贵，并且很容易获得；而且他们并没有意识到，使用这些吸入剂会对自己造成伤害甚至死亡。

另外值得注意的是，15% 左右的高中男生和 2% 的女生曾使用一些无烟烟草。使用无言烟草会导致口腔癌、咽喉癌、喉癌、食道癌、胃癌以及胰腺癌，出现牙龈萎缩和齿龈病（最终导致牙齿脱落、口腔出现变肿瘤前的斑点），引发尼古丁成瘾，还可能导致心脏病和中风（American Cancer Society，2010）。

既然药物滥用危害甚大，那么我们应该怎样来预防药物的滥用呢？首先要注意区分“尝试”和“滥用”。很多学生会在某个聚会上尝试一下某种药物，但并没有上瘾。研究发现，通过知识介绍或是“恐吓手段”（如药物滥用防治教育，DARE）来预防毒品似乎没有多大效果，甚至可能会激发学生的好奇心和尝试行为（Dusenbury & Falco，1995；Tobler & Stratton，1997）。

那什么是更有效的方法呢？ Adam Fletcher 及其同事对全球范围内的学校教育项目进行了分析。其中一个惊人的、不断重复出现的发现是：在控制了学生先前的药物使用情况和个性特点后，“对学校的疏离和不良的师生关系，与学生后续使用药物的情况和其他危害健康的行为都有显著的相关”（Fletcher，Bonell，& Hargreaves，2008，p.217）。例如，研究者描述了其中一项研究，发现对年幼的青少年而言，与学校关系的疏离能预测他们未来 2 ～ 4 年内的药物使用情况。这就给我们一个启示：让青少年参与到校园生活中，与他们建立积极的关系，以及帮助学生与关心他们的成人和同伴建立联系，这些措施是非常重要的，能为学生创造一个保护的环境。

六、智力障碍

有很多术语都是用来描述这一障碍的，但与智力落后（mental retardation）相比，**智力障碍（intellectual disability）**是目前更为通行的名称，可能你还听过“认知缺陷”、“一般学习障碍”或“认知障碍”等术语。智力障碍是更受欢迎的名称，因为“智力落后”有一些伤害和侮辱的含义，但美国《残疾人教育促进法》和很多学校仍在使用“智力落后”这一名称。2007 年美国智力落后协会（American Association on Mental Retardation）改名为美国智力与发展障碍协会（American Association on Intellectual and Developmental Disabilities，简称 AAIDD），反映了对“智力落后”这一名称的排斥。美国智力与发展障碍协会对智力障碍的界定是“在智力功能和适应性行为上具有明显的局限而表现出来的障碍；所谓适应性行为是指在概念、社会和实践等方面的适应性技能；这种障碍发生于 18 岁之前”（AAIDD.org）。

智力功能通常是用智力测验进行测量的，其中测验分数低于 70 分是智力障碍的一个指标。但仅凭智力测验分数在 70 分以下不足以被认定为智力障碍，还必须在适应性行为、日常独立生活、社会技能等方面也存在问题。这一点在解释不同文化背景下学生的智力测验分数时尤为重要。如果只靠智力测验的分数来诊断智力障碍，就会造成某些批评者所称的“6 小时落后”，即学生只是在学校的那段时间被看作是智力障碍。

> **智力障碍（intellectual disabilities）** 在 18 岁之前，智力和适应性社会行为显著低于平均水平。

只有大约 1% 的人符合美国智力与发展障碍协会的定义，在智力功能和适应性行为方面均存在障碍。多年来，智力障碍被进一步划分为轻度智力障碍（IQ 范围为 50 ～ 69）、中度智力障碍（IQ 范围为 35 ～ 49）、重度智力障碍（IQ 范围为 20 ～ 34）、极重度智力障碍（IQ 在 20 以下）。目前很多地区仍在使用这一分类系统，甚至包括世界卫生组织。但这些 IQ 范围并不能很好地预测学生的适应能力。因此，美国智力与发展障碍协会现在建议使用新的分类系统，即根据个体要达到自身最佳表现水平时所需支持的数量进行分类。这种支持是从间歇的（如在个体承受压力时提供支持）到有限的（持续的支持但时间有限制，如就业培训），到广泛的（日常照顾，如生活在团体家庭中），再到全面的（对生活的所有方面提供持续的、高强度的照顾）（Taylor，Richards，& Brady，2005）。

作为一名普通的教师，除非你所在的学校参与了全纳计划，否则你可能不太会接触到需要广泛或全面支持的学生，但你可能会接触到需要间歇性或有限支持的儿童。在低年级，这些学生可能比同伴学得慢些，需要更多的时间和练习，很难将学习内容从一种情境迁移到另一种情境中，或是不能把小的技能结合起来以完成更为复杂的任务。他们通常在元认知技能和执行功能上存在困难，导致他们难以进行计划、监督、重新定向注意和使用学习策略（Simon，2010）。因此，高度结构化和完整的教学与辅导对他们会很有帮助。下面的“实践指南”中列出了更多的建议，可供你参考。

过渡计划（transition programming） 帮助有特殊需要的学生逐渐准备从高中进入高校接受进一步的教育、培训或参与社区活动。

多数 9 ～ 13 岁智力障碍的学生，他们的学习目标包括基本的阅读、写作、算术、了解当地环境、社交行为和个人兴趣。到了中学阶段，学习目标的重点是培养职业与家政技能、生活所需的读写能力（阅读符号、标签、报纸广告，填写求职申请）、与工作有关的行为（如谦恭和守时）、自我健康护理以及公民技能。如今，教育者越来越强调**过渡计划（transition programming）**——为学生在社会上生活和工作做准备。正如你在本章前面所看到的，法律要求学校为需要特殊服务的儿童制定个别化教育方案，而个别化过渡计划是为智力障碍儿童所制定的个别化教育方案中的一部分（Friend，2011）。

实践指南　对智力障碍儿童进行教学

1. 根据学生的长处和不足，确定具体的学习目标。不管儿童先前经验的多少，必须确保他已经做好学习下一步的准备。

2. 根据成年生活的需求，练习实践技能和对概念进行教学。

3. 分析学生即将学习的任务，识别出成功完成该项任务所需要的特定步骤。不要忽略教学计划中任何一个步骤。

4. 简单地陈述和呈现目标。

5. 小步子、有逻辑地呈现材料。在进行下一步学习前，进行大量的练习。在课堂上可以使用计算机训练程序和实践练习活动；在课后可以请义工和家庭成员继续辅导学生练习。

6. 不要跳过或省略步骤。智力正常的儿童能将一个步骤和下一个步骤建立起联系，并形成元认知判断——自己现在是如何完成任务的；但智力障碍的儿童需要了解每一个步骤以及每个步骤之间的明确联系。帮助学生找出联系，不要指望他们自己能“看出来”。

7. 做好准备，使用不同的表征方式（语言、视觉、动作操作等）、借助不同的形式呈现相同的观点。

8. 如果感觉学生没跟上，就回到简单一点的水平。

9. 要特别注意激发学生的学习动机，维持学生的注意力水平。允许和鼓励学生使用不同的方式来表达自己的理解，如书写、画画、口头反应、手势等。

10. 寻找那些不会让学生感到被侮辱的恰当的教学材料。一个初中男孩可能需要低年级读物中的简单词汇，但如果和他讨论这些读物中人物的年龄和内容，他可能会感觉自己被侮辱了。

11. 关注某些目标行为或技能，以确保你和学生能有机会体验到成功。每个人都需要积极的强化。

12. 请注意，与智力正常儿童相比，智力障碍的学生必须过度学习，有更多的重复和练习。必须教会他们如何学习，他们也必须不断地复习，并在不同的情境中练习新学习的技能。

13. 密切注意社会关系。只是将智力障碍的学生放入常规班级中，并不能保证他们会被同伴接受或是能交到朋友并维持友谊。

14. 建立同伴辅导计划，训练班上所有的学生都能成为一个辅导小老师，并乐意接受别人的辅导（详见第 10 章）。

七、健康与感觉障碍

在教学中，你可能会遇到一些有健康障碍的学生，包括脑瘫、发作性疾病、哮喘、艾滋病、糖尿病、视觉受损和听觉障碍等。

（一）脑瘫和多重障碍

在出生前、出生时或婴儿时期大脑受到损伤，会导致儿童在协调身体运动方面存在困难。这种困难可能是很轻微的，儿童只是看上去有点笨手笨脚，也可能是非常严重的，导致儿童几乎不可能进行随意运动。**脑瘫**（cerebral palsy）最常见的表现是以**痉挛状态**（spasticity）为特征（肌肉过度紧绷或紧张）。很多脑瘫儿童还伴有其他障碍。在教室里，这些伴随性障碍是最受关注的，一般也是普通教师最能给予帮助的。例如，很多脑瘫儿童会伴有视觉受损或言语问题；大约50%～60%的脑瘫儿童有轻度智力障碍。但一般来说，很多脑瘫儿童在智力测验上的得分高于平均水平（Pellegrino，2002）。

（二）发作性疾病（癫痫症）

发作是指由于大脑出现不正常的神经化学活动而导致的一系列行为（Hardman，Drew，& Egan，2005）。**癫痫症**（epilepsy）患者会经常性发作，但不是所有的发作都是由癫痫症造成的；高烧、感染或停药等暂时性状态也会引起发作。根据长度、频率和动作，发作有多种形式。

大多数**全身性发作**（generalized seizure，曾被称为大发作）伴随有不能控制的肌肉抽搐，一般持续两到五分钟，可能造成肠和膀胱失控，呼吸不正常，接着是沉睡或昏迷。恢复意识后，学生可能非常疲倦、困惑，非常需要睡眠。多数发作都能通过药物治疗得到控制。如果学生在课堂上癫痫病发作伴随抽搐，教师必须采取措施以免学生受伤。癫痫症发作的主要危险是，在猛烈地抽搐中撞到坚硬的物体表面而受伤。

如果班上有某个学生癫痫症发作，教师应保持冷静并安抚班上其他的学生。不要试图限制这名学生的运动，癫痫发作一旦开始，你就不可能让它停下来。把学生渐渐地放低到地面，使其远离家具、墙壁和坚硬的物体。松开丝巾、领带或其他可能妨碍呼吸的衣物。轻轻地将学生的头转向一侧，将一件柔软的外套或毛毯垫在他的头下。不要把任何东西放进学生的嘴里——“癫痫发作时人们会吞掉自己的舌头”，这种观点是错误的。除非发作停止后学生没有呼吸，否则不要使用人工呼吸。询问学生的家长平时如何处理发作。一旦出现下列某种情况，要立即寻求医疗帮助：一个发作紧跟着另一个发作，中间学生没有恢复意识；学生怀孕了或病历上未说明患有“癫痫症，发作性疾病”；学生已经受伤或发作已经持续五分钟以上（Friend，2011）。

不是所有的发作都是明显的，有时候学生只是短暂地失去了意识。他们可能在发呆，对问题没反应，手里的东西掉了，不知道刚刚过去的几十秒内发生了什么。这些曾被称为小发作，现在一般称为**失神发作**（absence seizure），而且这种发作不容易发现。如果你班上的一个学生好像经常做白日梦，有时好

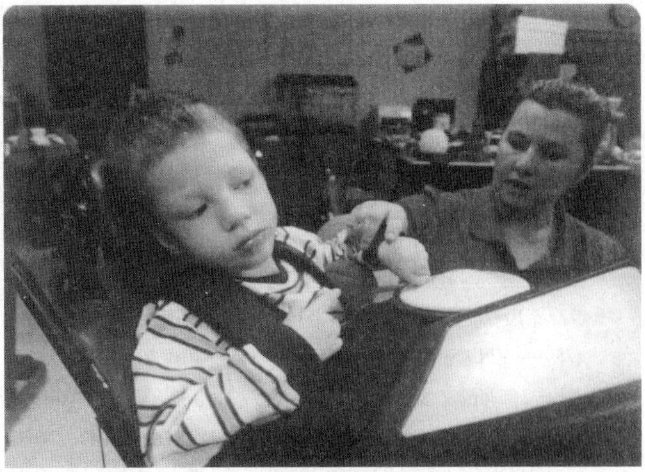

教学调整

调整物理环境和教学过程，能使很多残疾儿童参与到普通课堂教学中。一个特别设计的课桌能帮助这名脑瘫的儿童在班上独立地学习。

脑瘫（cerebral palsy） 因大脑损伤引起的一系列运动与协调方面的困难。

痉挛状态（spasticity） 肌肉过度紧绷或紧张，也是某些脑瘫的特点。

癫痫症（epilepsy） 由大脑不正常的放电所引起的障碍，其特征是发作。

全身性发作（generalized seizure） 涉及大脑大部分区域的发作。

失神发作（absence seizure） 只涉及大脑小部分区域的发作，造成儿童短暂失去意识。

像不知道正在发生的事情，问他的时候也不记得刚刚发生了什么，这时你应该去咨询学校心理学家或者医护人员。这些学生最大的问题是不能连续地参与课堂互动——失神发作发生的频率通常是一天100次左右。如果他们的癫痫症发作频率较高，学生就会对课程内容感到很困惑。经常提问这些学生，确保他们能理解上课的内容并且能跟得上进度。同时，教师要准备不时地重复说过的内容。

（三）其他健康问题：哮喘、艾滋病和糖尿病

有很多其他的健康问题，也会影响学生的学习。其中，相当一部分原因是因为这些学生不能去上学，因此失去了受教育和建立友谊的机会。哮喘是一种慢性肺病，这种疾病在贫困地区和贫困家庭中更为常见，它影响了美国五六百万儿童的健康。你可能听说过不少有关艾滋病的信息，这是一种慢性疾病，通常能通过药物治疗得到控制。庆幸的是，目前美国在预防儿童感染艾滋病方面已经取得了巨大的进步。

Ⅱ型糖尿病是一种慢性疾病，会影响体内糖（葡萄糖）的新陈代谢。必须认真对待这种疾病，因为它几乎会影响身体的每一个大的器官，包括心脏、血管、神经、眼睛和肾脏（Mayo Clinic，2009）。对多数儿童而言，这种疾病可以通过吃健康食物、体育活动和维持健康体重等方式得以控制和预防。若改变饮食和运动习惯还不够，儿童则需要通过药物（如胰岛素）来控制他们的血糖（Rosenberg et al.，2011；Werts，Calatta，& Tompkins，2007）。

遇到有健康问题的学生，教师需要与家长进行沟通，了解如何处理有关的问题、危险情形发生前可能会有哪些征兆、有哪些资源可以用来帮助学生。此外，教师需要将学生发生的每次意外都记录下来，这有助于学生的医学诊断和治疗。

（四）视觉受损

在美国，每1 000名儿童中约有1个存在严重视觉受损，需要特殊的教育服务。在这个需要特殊服务的群体里，多数成员被划为**低视力（low vision）**群体，也就意味着这些学生借助放大镜或大字体书籍才能够进行阅读。还有一小部分学生，大约每2 500名学生中会有1个，是**教育意义上的失明（educationally blind）**，他们必须使用听觉和触觉作为自己主要的学习渠道（Kirk，Gallagher，& Anastasiow，1993）。

低视力（low vision） 只能看清楚近处的物体。

教育意义上的失明（educationally blind） 需要借助盲文材料进行学习。

有视力问题的学生常常把书拿得离眼睛特别近或特别远，他们可能斜视、经常揉眼睛，或是常抱怨眼睛感到灼热和发痒。他们的眼睛可能水肿、充血或有血块。有视力问题的学生可能会读错黑板上的材料，常说自己的视力模糊不清，对光线很敏感，或是将头歪成了一个很奇怪的角度。如果要求他们必须在书桌上做功课，他们可能会变得易怒。如果要求他们参与一个发生在教室全域的活动，他们可能会没有兴趣（Hunt & Marshall，2002）。如果你发现了上述任何一条症状，那么都应该及时地报告给专业的学校心理学家。

一些特殊的材料和设备能帮助这些学生在常规班级里顺利地接受教育，其中包括大字体书籍、将书面材料转换为语音或盲文的软件、个人备忘记事本（如记事簿或通讯录）、特殊计算器、算盘、三维地图、图表、模型以及特殊的测量设备等。对有视力问题的学生来说，印刷的质量往往比字体的大小重要，因此应该尽量避免使用不易辨识的讲义和模糊的复印材料。

教室的布置也是非常重要的，有视力问题的学生需了解什么东西放在哪里，因此应该保持教室布置的一致性，即每个东西都有固定存放的地方，每个东西都在它该在的位置上。教室里要留出足够的空间，让学生可以走来走去；随时警惕可能的障碍物和安全隐患，如过道上的垃圾桶以及开着的柜门。如果重新布置了教室，那么要让那些有视力问题的学生有机会了解新的布局。同时，在进行消防演习或发生其他紧急事件时，应确保这些有视力问题的学生身边有同伴（Friend & Bursuck，2002）。

（五）耳聋

以后你可能会听到“听觉受损”这一术语，它是用来描述耳聋学生的，但耳聋团体组织和研究者反对这一术语，因此我将使用他们喜欢的术语——耳聋和重听。耳聋学生的数量在过去30年里已有所减少，但当听觉发生问题时，这些学生的学习结果会很糟糕（Hunt & Marshall，2002）。出现听觉问题的迹象是把一只耳朵朝向说话者这边，交谈时喜欢用一只耳朵，或当看不到说话者的脸时，常常误解谈话的内容。其他一些迹象还包括不听从指令，有时看上去在走神或很迷惑，常常让别人重复说过的话，读错生词或新名字，

不愿意参加课堂讨论等。要特别注意那些经常耳痛、鼻窦感染或过敏的学生。

过去，教育工作者一直在讨论对耳聋和重听的学生是用口语教学好还是用手语教学好的问题。口语的教育方式包括看话（也称唇读）和训练学生使用他们有限的听力；手语的教育方式包括手势语与手指语。研究表明学会一些手语交流方式的学生在学业上表现得更优异，比那些只接受口语教育的学生在社交方面更成熟。现在的趋势是将口语和手语教学相结合（Hallahan & Kauffman，2006）。

另一种观点认为耳聋的人形成了另一种不同文化，他们有着不同的语言、价值观、群体制度和文学。Hunt 和 Marshall（2002）曾引用一位失聪专家的话："难道女人喜欢说自己有'男性障碍'，白人愿意被标签为有'黑人障碍'吗？我没有障碍，我只是听不见！"（p.348）从这个观点来看，对耳聋儿童的教育目标是帮助他们成为双语和双文化者，使他们在两种文化中都能很好地适应。技术革新、电子邮件和网络等多种沟通手段已经扩展了每个人沟通的可能性，当然也包括这些有听觉问题的人。

八、自闭症与亚斯伯格症候群

你可能很熟悉"自闭症"这个术语。1990 年《残疾人教育促进法》将**自闭症（autism）**纳入有资格接受特殊教育的残疾类别中，并将它界定为"一种发展性障碍，严重影响了个体的言语和非言语的交流和社会互动，一般在 3 岁前发病，对儿童的教育表现有不利影响"（美国联邦法规第 34 册第 300.7 节）。本书中我使用了这一领域专业人员偏好的术语——**泛自闭症障碍（autism spectrum disorder）**，旨在强调自闭症包括从轻微到严重的一系列障碍。你可能也听说过**广泛性发展障碍（pervasive developmental disorder，简称 PDD）**这一术语，尤其是当你与专业医护人员聊天的时候。对自闭症儿童数量的估计差异很大，但其数量呈快速上升的趋势却是公认的事实。《残疾人教育促进法》估计，3 ～ 21 岁之间，患有自闭症的儿童比例约在 0.25%。美国疾病控制与预防中心的最新数据显示，每 310 名女生中就有 1 名患有自闭症，男生的比例则是 1 : 70（CDC，2010）。其他的统计数据表明，在所有 3 ～ 17 岁的儿童中，自闭症的比例高达 1%（Friend，2011）。

自闭症 / 泛自闭症障碍（autism/autism spectrum disorders） 一种发展性障碍，严重影响了个体的言语和非言语的交流和社会互动，一般在 3 岁前发病，分为轻微到严重等不同程度。

广泛性发展障碍（pervasive developmental disorder，简称 PDD） 医护群体喜爱使用的术语，用以描述泛自闭症障碍。

从年幼时起，患有泛自闭症障碍的儿童就可能有社会关系方面的困难，他们不会与他人建立联系，回避眼神交流，不会与他人分享自己的感受，如快乐或兴趣等。这些儿童的沟通存在障碍，有一半左右是不说话的，没有或只有极少的语言技能；另一些则"创造"出自己的语言。他们可能过度地坚持环境的整齐和不变——他们对变化非常恼怒。他们可能有刻板的

患有亚斯伯格症候群的名人

Michael Fitzgerald（2005）在他的著作《艺术创造力的起源》中提出，著名的音乐家贝多芬、莫扎特以及艺术家凡·高、沃荷等人都表现出与亚斯伯格症候群有关的行为。

行为和狭隘的兴趣，例如一遍又一遍地看相同的DVD。他们可能对光线、声音、接触或其他感觉信息非常敏感，如某些声音可能让他们很痛苦，或荧光灯的闪光就像是持续的爆炸，会引起他们严重的头痛。他们能记住单词或问题解决的步骤，但一旦情境发生变化或问题以不同的方式呈现时，他们就不能恰当地使用先前记住的信息或感到很困惑（Franklin，2007；Friend，2011；Matson，Matson，& Rivet，2007）。

亚斯伯格症候群是泛自闭症障碍中的一种，患有亚斯伯格症候群的儿童会表现出上述多种特征，但他们最大的问题在于社会关系。语言所受的影响相对较少，这些学生说话是很流畅的，但不太正常，例如会混淆代词“我”和“你”。很多患有自闭症的儿童也会有中度到重度的智力障碍，但患有亚斯伯格症候群的学生则通常拥有平均水平或平均水平以上的智力（Friend，2011）。

（一）心理理论

关于自闭症和亚斯伯格症候群，一种普遍的解释是患有这些障碍的学生缺乏心理理论（Miller，2009）。我们在第3章中简要地介绍过这一概念——心理理论是指能意识到自己与他人都有独特的思想、想法和情感。患有自闭症的学生很难解释自己的行为、理解他人可能会有不同的感受，而且不会预测行为将如何影响情绪。因此，一个自闭症的学生可能不能理解，为什么自己重复讲一些故事或者谈论一些自己很感兴趣但晦涩难懂的知识时，其他同学会感到很厌烦。或者在与别人互动时，自闭症的学生可能会站得离别人过近或过远，却没有意识到自己的行为让别人感到不舒服（Friend，2011；Harris，2006）。

（二）干预

早期的、高强度的针对沟通和社会关系的干预，对患有泛自闭症障碍的儿童来说是非常重要的。如果缺乏干预，他们回避眼神交流和言谈举止怪异等行为会随着时间日益增多（Maston et al.，2007）。随着他们进入小学，这些学生中有些可能会进入全纳的环境，有些可能会在特殊班级接受教育，而更多是在两种模式结合的环境中接受教育。教师和家庭之间的合作尤为重要。规模更小的班级、结构化的环境、找到一个班级“伙伴”给予支持、在儿童面对压力时提供安全的“堡垒”、保持稳定一致的教学以及过渡程序、辅助技术、视觉资料的使用等这些策略，都可以成为合作性计划的一部分（Friend，2011；Harrower & Dunlap，2001）。对他们而言，在整个青少年期和成人过渡期，生活、工作和社交等方面的技能都是重要的教育目标。

九、干预反应模型

对于有严重学习问题的学生来说，存在这样一个问题：在被识别、评估、归为《残疾人教育促进法》中某一类残疾，接受个别化教育方案（IEP），并最终得到恰当的帮助之前，他们不得不在学习中苦苦挣扎，往往与同伴的差距越来越远。这种现象被称为“等待失败”（wait for fail）模式。2004年《残疾人教育促进法》的修订者为教育工作者提供一种新的方法，用于评估和教育可能存在严重学习问题的学生。这一程序被称为**干预反应模型（response to intervention，简称 RTI）**。RTI的主要目的是确保学生能尽早地获得恰当的、有研究基础的干预和支持。若有必要，学生在幼儿园阶段就能获得这种帮助，这样可以避免学生在获得帮助时已远远落后于同龄人。第二个目的是确保教师系统地记录下对这些学生使用了哪些教育干预以及每种教育干预的效果。此外，教育工作者放弃了以往通过智力分数与成就的差异来鉴别学习障碍学生的方法，如今利用RTI来判断哪些学生需要更密集的学习支持（Klinger & Orosco，2010）。但是利用RTI来鉴别学生是否患有学习障碍，其有效性和可靠性受到了很多质疑，因为它无法全面而深入地描述学生的优势和劣势，包括记录学生可能出现的其他问题（Reynolds & Shaywitz，2009）。

> **干预反应模型（response to intervention，简称 RTI）** 用以确保学生能尽早地获得恰当的、有研究基础的干预和支持的程序。教师系统地记录下对这些学生使用了哪些教育干预，为个别化教育方案的制定提供信息。

为达到RTI的目标，常用的一种方法是使用三层系统（有时还会增加第四层）。第一层是针对所有学生使用有效的、有良好研究基础的教学方法（我们将在第14章具体介绍这些教学方法）。通过持续的质性课程评估，若发现有学生

干预反应模型（RTI）

干预反应模型这一程序的主要目的是尽早地识别出可能存在学习困难的学生，避免在认识到问题前学生已远远落后于同龄人。第二个目的是记录不同教育干预对每个学生的效果，为制定个别化教育方案提供信息。

在第一层的教学中表现不良，则将他们送至第二层，接受额外的帮助和辅助的小组教学。如果一些学生在这个过程中仍未有明显的进步，则将他们送至第三层，接受一对一密集的帮助，可能还包括特殊需要的评估（Buffum，Mattos，& Weber，2010）。这种方法至少有两个好处：学生能及时地得到额外的帮助；如果学生进入干预反应模型的第三层，根据他们前期对不同教学干预的反应而得到的相关信息，将有助于个别化教育方案的制定。想了解更多 RTI 的信息，请登录美国国家干预反应模型中心的网站（http://www.rti4success.org/）。

在本章的结尾我们将介绍另一种有特殊需要的群体，但并不涵盖在《残疾人教育促进法》或 504 条款中，他们是超常和天才学生。

第五节　超常和天才学生

试想下面的情境，这是一个真实的故事：

当 Latoya 进入某个大城市的市区学校就读一年级时，她已经是一个高水平的阅读者了。她的老师注意到 Latoya 带到学校的书非常有难度，但她几乎不费力就能阅读。通过阅读评估，学校的阅读顾问确认 Latoya 已经具备五年级的阅读水平。Latoya 的父母自豪地说，她在 3 岁时就已经可以独立阅读，并且“她已经阅读了每一本她能拿到的书”。（Reis et al.，2002）

可惜的是，在她就读的学校，Latoya 并没有得到特别的待遇，等到了五年级时，她的阅读水平仅仅是比五年级的其他同学略高一点而已，而 Latoya 的五年级教师甚至根本不知道她曾经是一个高水平的阅读者。

还有另一个真实的故事：

Alex Wade 一直潜心于语言的研究。他一直在寻找一种完美的语言，这一过程“很烦人”——他用世界语说道。而正在这个过程中，他创造出了 10 种不同的语言以及三四十个字母，其中还有一种没有动词的语言。目前他正在内华达大学雷诺分校学习巴斯克语以及其他语言学方面的课程，另外他还在学习微生物学方面的课程，因为他在科学方面也很有天赋……Alex 今年才 13 岁。（Kronholz，2011）

Latoya 和 Alex 并不是个案，他们是**超常和天才学生（gifted and talented students）**群体中的一员。然而，这个有特殊需要的群体却常常被学校所遗忘。现在，人们越来越多地意识到，超常学生在大部分公立学校中没有得到很好的教育。美国一个全国性的调查发现有一半以上的超常学生，学业成绩并没有达到与其能力相对应的水平（Tomlinson-Keasey，1990）。2008 年由美国超常儿童协会（National Association for Gifted Children，简称 NAGC）对各州进行的调查发现，至少有 12 个州不允许学生提前上幼儿园，哪怕学生已有很好的阅读水平；至少有 30 个州只允许十一年级和十二年级的学生选修大学课程。这些对 Latoya 和 Alex 这样的学生意味着什么呢（Kronholz，2011）？

> **超常和天才学生（gifted and talented students）** 非常聪明、有创造性、有才华的学生。

一、谁是超常和天才学生？

关于超常学生有很多的定义，因为不同个体有很多不同方面的天赋。请回想一下加德纳（2003）提出的八种独立的智能以及斯腾伯格（1997）的三元智力模型。与此类似，Renzulli 和 Reis（2003）提出了一种独特的“三环天才儿童”的概念，认为天才儿童是由三种主要的心理品质所构成：一是中等以上的智力；二是杰出的创造力；三是强烈的责任感和动机。《不让一个孩子掉队》法案（2002）对天才儿童的界定是：“有高水平的智力、创造性、艺术能力、领导才能或特定学业领域的能力，而学校日常提供的服务和活动不能完全满足他们的发展需求。为了最大限度地发挥其潜能，需要为他们提供额外的教育和服务。”（p. 544）威廉与玛丽学院天才儿童教育中心根据智力测验的得分提出了一个新的划分标准：超常学习者智力分数在 130 以上，高度超常在 145 以上，特别超常在 160 以上，极度超常在 175 以上（Kronholz，2011）。

真正的超常儿童不是那种只需付出很少努力就能学得很快的学生，他们的重要特点是作品具有原创性，大大超出了现有年龄的水平，有潜在持久的重要价值。这些儿童到了三四岁几乎不用教就能流畅地阅读；可能会像一个很有技巧的成人那样演奏乐器；会把去杂货店变成一个数学游戏；而当朋友还在为简单的加法发愁时，他们已经对代数着迷了（Winner，2000）。现代的观念对“天分”的看法有所扩展，注意到了儿童的文化、语言和特殊需要（Association for the Gifted，2001）。这些新观念能更好地识别出 Latoya 这样的儿童。

我们对这些出众的个体有多少了解？数十年前，刘易斯·推孟（Lewis Terman）和他的同事们进行了一项关于学术型和智力型超常儿童特征的经典研究（1925，1947，1959；Holahan & Sears，1995）。这个大型课题追踪了 1 528 名天才男性和女性的生活，并一直持续到 2010 年。这些被试的 IQ 分数在人群中均位于智力分布顶端的 1%（在斯坦福—比奈量表上的得分为 140 或更高），他们是根据测验分数和教师的推荐确定的。

推孟和同事们发现，这些超常儿童比正常儿童更加高大、强壮和健康。他们通常走路很快，更活跃好动，情绪比同伴更稳定，成年后适应性更好，出现不良行为、情绪困扰、离婚、吸毒问题等的概率较低。当然，推孟的这项研究中负责提名的教师可能最初选择的就是适应得比较好的学生。另外，需要注意的是，推孟的研究仅仅是以学术型的超常儿童为对象。事实上，还存在很多其他类型的超常儿童。

（一）天才的来源

对多个领域的神童和天才所进行的研究表明，要达到某一技能的最高水平，必须进行深入的、长时间的练习。例如，牛顿用 20 年的时间才将他最初的想法变成最终的成就（Howe，Davidson，& Sloboda，1998；Winner，2000）。我记得布卢姆（Bloom，1982）有关天才的早期报告中提到，他的研究团队访谈了世界顶级的钢琴演奏家、雕刻家、奥林匹克游泳选手、神经学家、数学家和网球选手。为了解网球方面的才能，布卢姆访谈了世界顶尖的网球选手，还有他们的教练、父母、兄弟姐妹和朋友。一个教练可能会说，只要他提出一个建议，几天后这个年轻的运动员就能熟练掌握这个动作。然后这个天才运动员的父母却说他们的孩子会花数个小时来练习这个动作，直至达到教练的要求。因此，专注、密集的练习是非常重要的。此外，“神童”的家庭倾向于以孩子为中心，会投入大量的时间支持他们孩子天赋的发展。布卢姆的研究团队叙述了这些家庭所付出的巨大牺牲：天还没亮就起床开车送他们的孩子到另一个城市的游泳教练或钢琴老师那里，他们做两份工作，甚至为了找到最好的老

天才的来源

多年来，研究者一直在争论一个问题：个体所具有的卓越能力和才能是源自先天还是后天？对多个领域的神童和天才所进行的研究表明，要达到某一技能的最高水平，必须进行深入的、长时间的练习。

师或教练而举家搬迁到另一个城市。孩子们会以更多的努力来回报家人的牺牲，而家人则以更大的牺牲来回应儿童的努力——投入和成就的双螺旋上升。

但是，仅仅依靠努力是不可能让我成为一个世界级的网球选手或牛顿的，先天因素也有很重要的作用。布卢姆所做的研究表明，这些天才儿童很早就在日后发展的领域中表现出不俗的才能。杰出的雕刻家幼年时就不停地画画，出色的数学家幼时就着迷于刻度盘、齿轮和计量器。一旦儿童在早期表现出高水平的成就，家长就开始对他们进行投入（Winner，2000，2003）。近期研究表明，超常儿童，至少那些在数学、音乐、视觉艺术等方面有杰出能力的儿童，可能有与众不同的大脑结构——这可能有利有弊。在数学、音乐、视觉艺术方面的天赋似乎与优异的视觉—空间能力以及大脑右半球的高度发展有关。有这些方面天赋的儿童，一般不会是右利手，并可能存在语言方面的障碍。这些大脑差异表明“超常儿童、神童和著名科学家的出现不是偶然的，而是他们生来就有不寻常的大脑——能让他们在特定领域中快速地学习”（Winner，2000，p.160）。

（二）超常儿童会面临什么问题？

尽管布卢姆和推孟的研究得出了一些积极的结果，但不是每一个超常儿童在适应和情感健康方面都表现优异。事实上，天才青少年，尤其是女孩，更容易抑郁；而且不论男女，天才青少年都很容易有厌倦、沮丧和孤独等情绪。当学校里的同伴们热衷于棒球或为数学考试担心时，这些超常儿童却着迷于莫扎特，关注某个社会问题，或沉迷于电脑、戏剧艺术、地质学等。超常儿童可能对不能与他们分享兴趣和能力的朋友、父母，甚至是教师感到不耐烦（Woolfolk & Perry，2012）。有位研究者曾要求美国 7 个州的 13 000 名天才学生用一个词语来描述自己的体验，结果最常出现的词语是“等待”——“等待老师往下教，等待同学赶上来，等待学习新东西——总是在等待”（Kronholz，2011，p.3）。

超常儿童的语言发展得很好。因此，有时即使他们只是想要表达自己，也可能被看成是一种炫耀。他们对其他人的期望和情感很敏感，所以他们很容易因为批评和奚落而受伤。由于他们是目标取向的，并且很专注，因此他们可能看上去很固执和不合作。他们敏锐的幽默感，可能是伤害教师和其他学生的武器（Hardman，Drew，& Egan，2005；Robinson & Clinkenbeard，1998）。对最有天赋的、在学业能力方面处在最高位置的这些学生（如智商在 180 分以上）来说，适应似乎是最大的问题。虽然任何一名教师在其 40 年的教学生涯中，也只有 1.25% 的机会遇上如此高智商的学生（智商在 180 分以上），但如果你刚好遇到了，你会怎么做呢（Kronholz，2011）？

二、超常学生的鉴别

鉴别超常儿童并不容易，很好地教导他们可能更具有挑战。很多家长会对他们的孩子进行早期教育。在初中和高中阶段，一些非常有能力的学生会故意考很低的分数，这使得他们的真实能力更加难以辨别出来。特别是女孩，更可能会隐藏自己的能力（Woolfolk & Perry，2012）。

那么，怎样才能鉴别出这些超常儿童呢？Marilyn Friend（2011）认为，以下的问题有助于教师鉴别超常儿童：谁能轻松地掌握抽象符号系统，如数学？谁能因为兴趣而长时间地集中注意力？谁能很容易就记住所学的内容？谁很早就发展出语言能力和阅读能力，就像本节刚开始提到的 Latoya？谁有很强的求知欲，有很多的爱好？谁的作业是原创的、有创造性的？很明显，前文中的 Alex 表现出对发明文字的兴趣和创造性，符合最后两个标准。这些学生也可能更喜欢独自学习，对公平、公正很敏感，精力充沛，充满热情，对朋友信守承诺（他们的朋友通常比他们年长），追求完美。

团体成就和智力测验通常会低估非常聪明的儿童的智商。团体测验适用于筛选，但不适用于人员安置。一些证据表明，韦氏儿童智力量表（WISC-IV）等个别智力测验的分数是预测天才儿童阅读和数学成就的最佳指标（Rowe，Kindsley，& Thompson，2010）。韦氏儿童智力量表包含了对口语理解和工作记忆的考察。很多心理学家推荐个案研究的方法来鉴别超常儿童，这也就意味着要收集该名学生在不同情境下的各种信息：测验分数、成绩、作业样本、项目和个人档案、社区或教会成员的推荐信或评估、自我评估以及教师或同伴的提名等等（Renzulli & Reis，2003）。特别是鉴别艺术型超常儿童，可以请这一领域的专家来评估儿童作品的价值。科学项目、展示、表演、面试和访谈都是可以使用的方法。创造力测验能鉴别出一些其他测量方法未能鉴别的超常儿童，尤其是那些可能在其他类型测验上处于不利地位的少数群体学生（Grigorenko et al., 2009）。请记住，在某个领域上有杰出才能的学生可能在其他方面能力并不突出。事实上，在美国学校里大约有18万学生既是超常学生，但同时也存在学习困难。另外，有两类群体在超常教育计划中的比率过少：女孩和生活贫困的学生（Stormont, Stebbins, & Holiday, 2001）。表4—11列出了一些用于识别和帮助天才学生的观念，可供你参考。

表4—11　识别和帮助所有超常和天才学生

识别和帮助有学习障碍的天才学生。这里有一些观念，能用来帮助有学习障碍的天才学生（McCoach, Kehle, Bray, & Siegle, 2001）：
• 通过长期地观察学业成就来鉴别这些学生。 • 针对学生的技能缺陷进行补救，但同时发掘出他们的天赋和优势，并促进这些方面能力的发展。 • 提供情感支持。情感支持对所有学生都很重要，对这一群体尤为重要。 • 帮助学生学会直接对他们的学习困难进行补偿，协助他们了解自身的优势与困难。
识别女性天才学生。到了青春期，女孩在发展自我同一性的过程中，往往会拒绝被贴上天才的标签。在她们看来，为公众所接受、受欢迎以及"合群"比成就更重要（Basow & Rubin, 1999; Stormont et al., 2001）。教师如何帮助有天赋的女生呢？
• 及时注意到在中学的某些阶段，女孩的测验成绩会有所下降。 • 鼓励所有学生更加自信，取得更大的成就，树立高远目标以及承担高难度的任务。 • 通过聆听演讲、参与实习或阅读的方式为学生提供成功的榜样。 • 在学业成就以外的其他方面寻找并帮助那些超常女生。
识别生活贫困的天才学生。健康问题、资源匮乏、无家可归、担忧自身的安全与生存、频繁的搬家以及照顾其他家庭成员的责任，这些都会使他们很难在学校中取得成就。为识别出这些天才学生，教师可以这样做：
• 选择其他的评估方法，如教师的提名和创造力测验。 • 对不同文化中有关集体成就和个人成就的价值观差异保持敏感（Ford, 2000）。 • 使用多元文化的教学策略，促进学生学业成就和种族同一性的发展。

三、超常儿童的教学

一些教育家认为超常学生应该加速学习进程——跳级或者加速学习某门学科，其他一些教育家更倾向于丰富教学内容——给超常学生额外的、更复杂的、更能引发思考的课程，但让他们与同龄人在一起上学。实际上，这两种方法都是可行的（Torrance, 1986）。这样做的一个方法是压缩课程，即评估学生对教学单元中教学内容的掌握情况，然后只教授没有达到教学目标的那部分内容（Reis & Renzulli, 2004）。通过压缩课程，教师在对某些超常儿童进行教学时可省去日常课程一半左右的内容，但不会对这些学生的学习有任何损害。节省下来的时间可用来学习一些丰富的、复杂的和新颖的目标（Werts et al., 2007）。

（一）加速

很多人反对加速学习，但多数严谨的研究表明那些提早进入小学、初中、高中、大学甚至研究生院的真正的超常儿童，和那些按正常步骤读书的非超常学生做得一样好，常常还会更好一些。这些超常学生在社会适应和情绪适应上并没有出现任何问题。超常学生更喜欢和年长的玩伴在一起（Davis, Rimm, & Siegle, 2011）。事实上，Colangelo、Assouline和Gross（2004）整理了相关研究，总结出加速学习的诸多优点，并出版了两卷本的《国家的欺骗：美国学校是如何阻碍高天资孩子的发展的》。这两卷由艾奥瓦大学出版的著作，为加速学习提供了强有力的支持。

另一种方法是让学生在某两门学科上加速学习，或同时允许学生参与更高一级课程或大学课程的学习，但其他时间和同龄人一起学习（Robinson & Clinkerbeard, 1998）。对那些智力极高的学生（如在个别智力测验上的得分160或更高）来说，唯一可行的方法是加速他们的教育进程（Davis, Rimm, & Siegle, 2011; Kronholz, 2011）。

（二）方法和策略

针对超常学生的教学方法应该是鼓励他们进行抽象思维（形式运算思维），发挥创造性，阅读高水平或原创性的课文，学会独立，而不仅仅是学习更多的事实性知识。另一个看似普通的方法是组成混合能力小组进行合作学习。超常学生在与其他高能力的同伴合作学习时，能学到得更多（Fuchs，Fuchs，Hamlett，& Karns，1998；Robinson & Clinkenbeard，1998）。事实上，与其他能力高的同伴同组，超常学生不太会觉得无聊。但有意思的是，这种分组方式的代价是当他们与能力高的同伴分在一组时，这些超常学生学术的自我概念可能会降低，即我们在第 3 章中提到过的“小鱼大池塘”效应（Preckel，Goetz，& Frenzel，2010）。

与超常学生打交道，教师必须想象力丰富，富有灵活性，很包容，不会被这些学生的能力吓倒。教师必须问自己：这些学生最需要什么？他们已经准备好学什么？谁能帮助我来挑战他们？对所有学生来说，挑战和支持是不可或缺的。但挑战那些比学校里其他人都要更了解历史、音乐、科学或数学的学生，这本身就是一个挑战！你可能可以求助于附近大学的教学人员、退休的教授、书籍、博物馆、网络或高年级学生。最简单的策略可能就类似于让学生做高年级的数学题，还可以让超常学生参加一些暑假课程、选修附近大学里的课程，让他们参加当地的艺术家、音乐家或舞蹈家开设的课程，让他们独立研究一些课题，为年幼学生选择高中课程，让他们上重点班、参加兴趣小组等（Rosenberg，Westling，& McLeskey，2011）。

当然，在提供挑战的过程中，请不要忘记给他们提供支持。我们都看过那些令人厌恶的情景：家长、教练或老师不顾超常儿童的兴趣不断地要求他们练习和完善，使这些孩子失去了原本的快乐。我们不能阻止儿童发展他们的天赋（“哦，米开朗基罗，不要再傻傻地画画了，出去外面玩吧”），同样我们也不要让沉重的压力和外在奖赏破坏了儿童的内在动机。

至此，我们已经有针对性地对儿童的需要进行了简单的讨论。如果你认为你班上的学生可能需要从某种特殊服务中获益，第一步就是转介。那么，如何转介呢？表 4—12 将会介绍转介的全部过程。在第 14 章介绍差异化教学时，我们将会了解更多满足每个学生需要的方法。

表4—12　　转介

1. 与学生的家长联系。在转介前与家长讨论学生所存在的问题是非常重要的。
2. 在转介前，检查学生所有的在校记录。该学生是否：

    - 接受过心理评估？
    - 具备特殊服务的资格？
    - 已经参与其他特殊计划（如针对处境不利儿童的计划、言语或语言治疗）？
    - 标准化测验的得分远低于平均水平？
    - 留过级？

    这些记录是否表明：

    - 在一些方面表现不错，在其他方面表现较差？
    - 有生理问题或疾病？
    - 该学生正在接受药物治疗？

3. 与学生的其他老师和帮助该名学生的专业人员谈谈你对该学生的担心。其他老师是否也发现这些问题？他们是否找到了成功教育该学生的方法？记录下你在班上为满足该学生的特殊需要而尝试的方法。你的记录非常有用，将有助于专业人士对这名学生进行评估，专业人士可能也会要求你提供这样的记录。用书面形式记录下你对该学生的关注。你的笔记应该包括以下内容：

    - 清晰地说明你关注的是什么。
    - 你为什么关注这个问题？
    - 这些问题出现的日期、地点和次数。
    - 准确记录下为解决这一问题你进行了哪些尝试。
    - 是谁帮助你设计了你所使用的计划或策略？
    - 策略成功或失败的实证。

请记住，只有当你能提供有说服力的证据说明某个学生有残疾，如果没有特殊教育，该学生就不能得到恰当的教育，你才可以转介该学生。特殊教育的转介是一个耗时、费钱、充满压力的过程，可能会对学生造成伤害，并且会带来很多法律后果。

▼ 本章小结

第一节 智力

贴标签有什么好处和问题？

标签和诊断性分类很容易成为一种污辱和自我实现的预言，但它们也为特殊教育方案开了一扇门，帮助教师发展恰当的教学策略。

什么是“以人为本”的语言？

“以人为本”的语言（“学生有智力障碍的情形”、“学生正处在危险之中”等）是对贴标签的有益替代。先前的标签是用简单的一两个词来描述一个复杂的个体，这意味着被标记的那个方面是该个体最为重要的方面。而“以人为本”的语言，强调的重点首先是学生，而不是他们所面对的特殊挑战。

请描述残疾与障碍的区别。

残疾是指不具备做某种特定事情的能力，如看东西或走路；障碍是在某些情境下的缺陷。某些残疾会导致在特定情境下的障碍，但不是针对所有的情境。教师必须避免将障碍一词强加在残疾学生身上。

什么是 g 因素？

斯皮尔曼认为存在一种心理特质，在任何智力测验中都会用到，他称之为 g 因素或一般能力。当然，完成任何一个测验也需要一些特殊能力。“一般能力 + 特殊能力”这一观点的近期代表是卡特尔的层次理论，他认为智力除一般能力外，还包括一些广泛的能力（如学习与记忆、视觉感知、口语流畅性）和 70 多个特殊能力。流体智力和晶体智力在多数研究中被认为是两种广泛的能力。

加德纳的智能理论是什么？他对 g 因素有什么看法？

加德纳认为智能是一种解决问题以及在特定文化情境中创造有价值的产品的生物和心理潜能。这些智能在个体的环境中作为经验、文化和动机因素的结果已经被或多或少地认识。这些智能是言语、音乐、空间、逻辑—数学、肢体—动觉、社交、自知和自然观察，可能还包括存在智能。加德纳并不否认一般能力的存在，但质疑 g 因素对人类成就的解释力究竟有多大。

斯腾伯格智力理论中的成分是什么？

斯腾伯格的三元智力理论从认知加工的角度来理解智力：（1）分析性 / 成分性智力包括根据成分定义的心理加工过程：元成分、操作成分和知识获得成分。（2）创造性 / 经验性智力是指通过顿悟和自动化来应对新经验。（3）实践性 / 情境性智力是指选择在一个可能成功的环境中生活和工作，适应这个环境，并在必要时改造这一环境。实践性智力主要是由在日常生活中习得的、行动导向的缄默知识所组成。

怎样测量智力？IQ 分数意味着什么？

对智力的测量可采用个别测验（斯坦福—比奈量表、韦氏量表等）以及团体测验（奥蒂斯—列农学校能力测验、斯劳森智力测验、瑞文推理测验、Naglieri 非言语能力测验团体版、区别能力量表、大年龄跨度智力测验等）。与个别测验相比，团体测验可能难以精确描述一个人的能力。智力测验的平均分是 100，人群中大约 68% 的个体 IQ 分数在 85 ～ 115 之间，只有 16% 的个体得分在 85 分以下，也只有 16% 的个体得分在 115 分以上。不过，这些统计数字只对美国本土出生的，并且母语是标准英语的白种人才有意义。智力能预测个体在学业上的成功；但在预测一生的成就状况时，若考虑教育水平等因素，其预见性就差了。

什么是弗林效应？它对教育有什么启示？

自 20 世纪初期以来，人们的 IQ 分数在不断增长。为保持平均分为 100，必须加大测验问题的难度。这种难度的增加对使用 IQ 分数作为入学条件之一的做法有一定的启示。例如，上一代那些“中等水平”的学生现在可能会被鉴定为智力障碍的儿童，因为测验问题变难了。

不同性别在认知能力上有差异吗？

女性似乎在言语能力测验上表现更优异，尤其是那些涉及写作的测验；男性则在要求对某个物体进行心理旋转等特定任务上表现更好。总体而言，男性的分数离散程度更大。因此，与女性相比，男性在成绩非常高和非常低的群体中所占的比例更大。目前关于性别差异的成因还没有定论，但研究表明男生和女生在数学方面的学业社会化和教师对男女生数学学习的区别对待可能会有一定的影响。

第二节 学习风格

请描述学习风格与学习偏好的区别。

学习风格是个体特有的学习与研究方式，学习偏好是个体对特定学习方式和学习环境的偏爱。尽管学习风格和学习偏好与个体的智力或努力无关，但它们仍会影响个体的学业表现。

教师的教学应该适应个人的学习风格吗？

一些研究表明学生在他们偏好的环境中以自己喜欢的方式进行学习时能学得更多，但多数研究并未证实这一点。通过发展出新的、更有效的学习方式，很多学生可能会表现得更好。

哪些学习风格的差异得到了研究的有力支持？

一种被研究重复证实的差异是深层加工与浅层加工：采用深层加工方式的个体将学习活动看作是一种理解基本概念或意义的方法；采用浅层加工方式的学生看重的是记住学习材料，而非理解学习内容。第二种则是 Mayer 的视觉型与言语型这一维度，该维度有三个方面的特征：认知空间能力（低或高）、认知风格（视觉型或言语型）以及学习偏好（视觉型学习者或言语型学习者）。

第三节　个体差异与法律

描述有关残疾学生的法律政策。

从“94～142 公法”（1975）开始，随后的一系列相关的法律，如《残疾人教育促进法》（简称 IDEA，2004），都详细地阐明了教育残疾学生的有关要求。每一个有特殊需要的学习者或学生（零拒绝）都应该根据个别化教育方案（IEP）在最少受限制的环境中接受教育。这些法律也保障了有特殊需要的学生及其家长的权利。此外，1973 年《职业康复法案》中的 504 条款保护残疾个体在所有接受联邦资助的计划中（如公立学校）不会受到歧视。504 条款要求，必须保证所有学龄儿童都有平等的机会参与学校活动。在 504 条款和《美国残疾人教育促进法》中，残疾的定义是非常宽泛的。

第四节　学习上面临挑战的学生

神经科学的研究有助于我们了解学习困难的哪些方面？

针对学习障碍和多动症的学生的大脑所进行的研究发现，这些学生在大脑的结构和活动方面与正常儿童存在差异。有学习障碍的学生在使用工作记忆系统方面存在困难，他们很难记住口语和听觉信息。由于学习障碍的儿童很难记住词汇和语音，所以他们很难将词汇组合起来去理解句子的意义或是弄明白这道数学应用题到底在问什么。这些有学习障碍的儿童很难在加工新进入的信息的同时（如增加下一组数字），从长时记忆中提取所需的信息。很多重要的信息都丢失掉了。

什么是学习障碍？

学习障碍是指与个体理解或运用语言（口头或书面语言）有关的一个或多个基本心理过程存在着障碍，进而影响个体听、说、读、写、推理或数学等方面的能力。这些障碍对个体来说是内在的，可能是中枢神经系统失调的结果，终身都可能发生。有学习障碍的学生一旦开始相信他们不能控制或改善自己的学习，他们就可能成为“习得性无助”的牺牲品，也就无法成功。注重学习策略的教学，通常能帮助这些有学习障碍的学生。

什么是 ADHD？在学校里如何应对 ADHD？

注意力缺陷多动障碍（ADHD）这一术语是用来描述任何年龄阶段的有多动症和注意力缺陷的个体。使用药物治疗 ADHD 存在争议，但目前这种做法有上升的趋势。药物对很多学生有副作用，并且对于药物治疗的长期效果，我们还知之甚少。同时，没有证据表明药物能促进学业学习或同伴关系方面的改善。将动机训练与学习和记忆策略的教学相结合、对 ADHD 儿童进行行为矫正，是两种有效的训练方法。关注儿童能力的 SMART 方法，是另一个不错的选择。

最常见的沟通障碍有哪些？

常见的沟通障碍包括言语障碍（发音障碍、口吃和声音障碍）和口语障碍。如果能在早期对这些障碍进行干预，就会取得较大的改善。

帮助患有情绪和行为障碍的学生最好的方法是什么？

应用行为分析以及直接对自我调节技能进行教学是两种有效的方法。对环境、日程、活动和规则进行结构化与组织，也能帮助这些患有情绪和行为障碍的学生。

自杀的预警信号有哪些？

有自杀危险的学生可能在饮食和睡眠习惯、体重、成绩、性情、活动水平或交友兴趣等方面发生一些变化。他们有时突然扔掉自己心爱的东西，如 iPad、书、衣服或宠物。他们可能看起来沮丧或多动，开始逃课或不做作业。如果学生不但谈论到自杀，而且还有了具体的实施计划，那就极其危险了。

智力障碍是如何界定的？

智力障碍是指发生在 18 岁之前，标准化智力测验的得分在 70 以下，在适应性行为、日常独立生活的能力、社会功能等方面均存在问题。美国智力与发展障碍协会现在建议使用新的智力障碍的分类系统，即根据个体要达到自身最佳表现水平时所需支持的数量进行分类。这种支持是从间歇的（如在个体承受压力时提供支持）到有限的（持续的支持但时间有限制，如就业培训），到广泛的（日常照顾，如生活在团体家庭中），再到全面的（对生活的所有方面提供持续的、高强度的照顾）。

学校应如何满足有健康障碍的学生的需要？

如果学校有必要的建筑措施，如斜坡、电梯和进出方便的休息室，并且教师也能考虑到学生的身体缺陷，那就不太需要改变常规的教育方案了。确定一个同伴来帮助有健康障碍的学生进行活动或上下台阶等过渡，这种方法会很有用。

在课堂上你怎样处理癫痫发作？

不要限制儿童的运动，把他渐渐地放低到地面，使其远离家具、墙壁和坚硬的物体。将儿童的头转向一侧，将一件柔软的外套或毛毯垫在他的头下，松开任何过紧的衣服。不要把任何东西放进学生的嘴里。询问学生的家长平时如何处理发作。如果一个发作紧跟着另一个发作，中间学生没有恢复意识，或者该学生怀孕了或发作已经持续 5 分钟以上，要立即寻求医疗帮助。

视觉受损和听觉受损的迹象有哪些？

如果学生常常把书拿得离眼睛特别近或特别远、斜着看东西，经常揉眼睛、读错黑板上的材料，把头歪成了一个很奇怪的角度等，都是可能出现视觉问题的迹象。出现听觉问题的迹象是把一只耳朵朝向说话者这边，交谈时喜欢用一只耳朵，或当看不到说话者的脸时，常常误解谈话的内容。其他听觉受损的迹象还包括不听从指令，有时看上去在走神或很迷惑，常常让别人重复说过的话，读错生词或新名字，不愿意参加课堂讨论等。

如何区分自闭症与亚斯伯格症候群？

亚斯伯格症候群是泛自闭症障碍中的一种。很多患有自闭症的儿童也会有中度到重度的智力障碍，但患有亚斯伯格症候群的学生则通常拥有平均水平或平均水平以上的智力，并且与其他患有自闭症的儿童相比，有更好的语言能力。

什么是干预反应模型（RTI）？

干预反应模型是一种能帮助有学习问题的学生尽早获得帮助，而不需要等到经过多年的评估、确诊和计划后才获得帮助的方法。干预反应模型的一种典型程序是三层系统：第一层是针对所有学生使用一种有效的、有良好研究基础的方法进行教学；如果学生在这些教学方法中表现不良，则将他们送至第二层，接受额外的帮助和辅助的小组教学；如果一些学生在这个过程中仍未有明显的进步，则将他们送至第三层，接受一对一密集的帮助，可能还包括特殊需要的评估。

第五节 超常和天才学生

超常学生有什么特点？

超常学生学得很轻松、很快，对学过的东西也记得很牢；会利用常识和实用性知识；知道很多其他儿童不会的东西；轻松、准确地使用大量词汇；认识关系和理解意义；机灵，观察敏锐，反应很快；对某些任务很坚持，有很高的积极性；有创造性或能做些有趣的联系。教师应该做一些特别的努力去帮助那些不太常见的超常学生——超常的女孩、有学习障碍的超常学生以及生活贫困的超常学生。

加速学习对超常学生来说是一种有用的方法吗？

很多人反对加速学习，但多数严谨的研究表明那些真正的超常儿童，加速学习也能和按正常步骤读书的非超常学生做得一样好，甚至还会更好一些。超常学生更喜欢和年长的玩伴在一起，与同龄人在一起时他们可能会觉得很无聊。跳级对于某个特定的学生来说可能不是最好的解决方法，但对那些智力极高的学生（如在个别智力测验上的得分 160 或更高）来说，唯一可行的方法是加速他们的教育进程。

▼复习思考题

（一）多项选择题

1. 与欧裔学生相比，非裔美国学生更可能被鉴定为需要特殊教育服务，并被排除在普通教学系统之外。下列哪个原因不能解释非裔美国学生的这一独特现象？
   A. 高贫困率，导致落后的产前照料、营养和健康护理。
   B. 教师没做好和少数族群的学生共事的准备。
   C. 教师态度和课程的偏见。
   D. 超常和天才学生中有 80% 是非裔美国学生。
2. 发展心理学家霍华德·加德纳提出的多元智能理论迄今仍对美国课堂有重要影响。以下的哪个教学策略是根据多元智能理论提出的？
   A. 差异化教学
   B. 斯腾伯格成功智力的三元理论
   C. 回归主流

D. 干预反应模型

3. 在确定学生需要特殊教育服务后，下列哪一项不是《残疾人教育促进法》的要求？

A. 调整必须在特定时间内进行，即各州对所有接受特殊教育服务的学生进行标准化测验的期间。

B. 这一法律要求美国各州为所有参加特殊教育的残疾儿童提供免费的、适当的公立教育。

C. 各州必须设计相应的教学程序，确保儿童能在最少受限制的环境中接受教育。

D. 受特殊教育服务的学生必须有一个相应的个别化教育方案。

4. Collins 先生是一名幼儿教师。在他的班上，有几个学生似乎能力上存在缺陷，但学校要到明年才能为这些学生进行评估和提供相应的特殊教育服务。下列哪种解决方法是最好的选择？

A. Collins 先生应当与这些需要特殊教育服务的学生的家长联系，鼓励他们在家里陪伴孩子一起学习。

B. 学校应该等到明年才开始提供特殊教育服务。

C. Collins 先生应该采用干预反应模型。

D. 应当将这些存在问题的学生送到专门提供特殊教育服务的学校。

（二）开放论述题

案例：当发现自己要面对很多有特殊需要的学生时，很多新手教师会崩溃。今年刚当上教师的 Paige Morris 也不例外。她的班上有 25 名学生，其中有 7 名学生被确定为需要特殊教育服务。尽管她具有从事特殊教育和初等教育的资格，但她还是觉得自己能力不足，不足以完成那么多个别化教育方案的撰写和执行工作。更让她焦虑的是，其中 3 名学生被诊断为患有注意力缺陷多动障碍。Morris 小姐开始想象自己未来的处境：努力去控制混乱的课堂，但缺乏通向成功的工具。

5. 列出个别化教育方案中需要撰写下来的部分，并指出 Paige 需要负责个别化教学方案中的哪些部分。

6. 每个学生的个别化教育方案中，有哪些部分能帮助 Morris 小姐在学年开始前就对自己的学生有更多的了解？

▼ 他们会怎么做？

回顾章首教师案例簿中的内容，看看下面几位教师是如何应对的。

Barbara Presley　高中过渡 / 工作研究协调员

B.E.S.T.T Program (Baldwinsville Exceptional Student Training and Transition Program) C. W. Baker High School, Baldwinsville, NY

作为过渡计划的协调员，我的职责是将特殊教育标准与过渡计划结合起来。因此，在教师的协助下，我们会将工作地点分配的工作和任务与课堂规范联系起来。所有工作必备的技能和行为在课堂上已经得到了强化。而课堂教学主题也融合在每一个工作地点中，当学生在工作地点时，工作教练将强化相应的教学主题。工作教练、教师和过渡计划协调员日常会通过目标记录本彼此沟通。成功能孕育出成人和学生的自信。对于有特殊需要的学生来说，将课堂教育同社区教育联系起来，并根据社区教育来调整课堂教育，这一措施有着至关重要的作用。

Jennifer Pincoski　中小学学习资源教师

Lee County School District, Fort Myers, FL

教师最重要的一个考虑是在进行课堂设置时如何将学生分组，以获得最大化的学习效果。提前对学生进行评估，能让教师了解到每个学生的学习风格、兴趣、长处和需求。教师对这些方面有所了解后，能更恰当地对学生进行分组。

学习小组应当是流动的，即这些小组会根据目标和环境经常变化。教师可以根据不同的方式对学生进行分组，如异质性（擅长某一技能的学生辅导不擅长这一领域的学生）、同质性（将某一能力存在缺陷的学生分在一组，以便提供教学干预），也可以根据学习风格或感兴趣的领域进行分组。

教师也可以通过研究来了解学生的需要。现在有很多资源供教师学习，这些资源可以为患有注意力缺陷多动障碍、泛自闭症障碍、学习障碍和健康问题的学生提供支持性策略。这些资源还包括学校职工（教学顾问、医护人员和特殊教育教师等）、社区支持小组、学术期刊和文献资料（在当地图书馆里可以找到），当然还包括网络。

从根本上来说，帮助学生最好的方式是了解他们的长处和所面临的挑战，并利用这些信息来组织课堂的物理环境和教育安排。

Jessica N. Mahtaban　八年级数学教师

Woodrow Wilson Middle School, Clifton, NJ

对我来说，熟悉所有学生的个别化教育方案，并与特殊教育教师讨论如何对班级进行调整，这些是非常重要的。而当完成这些事情后，我就可以开始建构课程，确保能满足所有学生的需要。要把差异化教学融合在课堂中。档案袋是我评估学生的主要来源。每个学生的学习各异，学习速度也不同。因此，档案袋是最好的评估方式，因为它能看到每个学生自己的成长。保持与家长的密切联系，也是帮助每个学生在课堂内外都能获得成功的关键要素。

Auren Rollins　一年级教师

Boulevard Elementary School, Shake Heights,OH

满足所有学生个性化的需求是教学中具有挑战，但也不可或缺的一个环节！面对这种情况，我会根据学生能力的不同创建差异化的学习中心。在这里，学生可以学习课程的不同内容。采用同质性小组（学生的能力是相近的）能让我进行差异化教学，从而让课程的内容最能满足学生的学业需要。小组应该是流动而灵活的，以确保课程能不断地挑战学生的能力。在每个学习中心里，我会提供多种与学科相关的学习材料和文献资料，以满足不同学习风格学生的需要。此外，我还会允许学生自主选择各自学习中心使用的辅助学习材料。为学生提供选择能激发他们的动机。我甚至还会考虑在每个学习中心中增加一些他们希望使用的学习材料。最后，我会招募一些有意愿、有能力的家长或社区志愿者来协助我管理学习中心的学生。根据能力将学生分为小组，让学习材料更具吸引力以及为学生提供选择，这些措施结合在一起能让学生自主处理课程内容，以实现他们最大化的可能性。

Linda Sparks　一年级教师

John F. Kennedy School, Billerica, MA

我们大部分是全纳班级，只能得到很有限的额外帮助。学年初，我翻看了学生所有的记录，个别化教育方案和504计划，并记下了我的问题、顾虑以及其他对学生有帮助的信息。然后，我们举行了一次团队会议，将以前教过这些学生的教师和专家召集在一起。这非常有助于我为班上的学生制订计划。我也不需要花时间去重新评估学生在哪些领域最有可能成功，因为我们团队中的成员已经了解这些信息。因此，在学年初我就获得了所需要的资源，而在整个学年里我们会不断召开团队会议，以便获得额外的所需资源。我们也很幸运，老年中心、家长社团以及当地企业共同组织了一个志愿者计划。这些成人志愿者每周都会服务几个小时，他们将接受学校职工的培训，内容则是专门针对学生需要帮助的特定技能。随后，这些志愿者将学以致用，在学生的身上执行这些技能。

Paul Dragin　高中 ESL 教师

Columbus East High School, Columbus, OH

班上学生能力的差异很大，这种情况正趋于常态——至少在大城市的公立学校里如此。被确定为有特殊需要的学生会有一个个别化教育方案，用以详细说明该学生认知、行为等方面的相关信息。这个方案可以为我调整自己的教学提供指导，确保我为那些与班上大部分学生（主流学生）相比在学习上面临更大挑战的学生所提供的教学形式便于他们理解。与哮喘症学生有关的医疗问题则要求我更加敏锐，对课堂上可能发生的医疗紧急事件保持警觉。如何才能自信地应对这种复杂的状况？我会尝试各种策略，并通过试误的方法来发现哪种教学策略最为有效，以满足学生多种多样的教育需要。

Paula Colemere　特殊教育教师——英语、历史

McClintock High School, Tempe, AZ

每个教师的梦想都是班上的学生都渴望学习，并且能力水平都能达到年级应有的要求。但以我的经验，这种情况是不可能发生的！在任何一个班级中，都会有能力低于年级水平、能力达到年级水平以及能力高于年级水平的学生。首先，教师需要认识到，公平不意味着平等。要求班上学生写一篇五个段落的作文，但在写作方面有学习障碍的学生很难完成那么多的任务，我就会推迟他交作业的时间或者将要求降低，只要求他写三个段落。如果学生的能力还不能完成这个任务，那么我可能只要求他写一个段落的作文。同样，我也会增加班上最聪明学生的难度。我会确保我的学生知道，我相信他们，并帮助他们建立对自己能力的信心。亲近学生，这会对你的课堂管理有极大的帮助。我会持续在教室里来回走动，这样能推动我的学生始终关注在任务上，或是提醒他们做出适宜的课堂行为。当然，这个过程是非常安静而私密地进行的。在这一过程中，我也会给予大量的强化，指出学生所有做对的地方，并尽可能多地使用积极的信息，少使用消极的信息。

第5章 语言发展、语言多样性与移民教育

你会怎么做？

教师的案例簿

你是一名高中教师，今年你班上的学生差不多由美籍非裔、亚裔和拉美裔三个人数相近的群体组成。每个族群内的学生似乎都非常团结，很少与“外面的”学生做朋友。当你要求学生自由选择项目伙伴时，学生的选择通常是以种族为界限的。有时，不同种族之间会相互辱骂对方，班级的气氛也骤然紧张起来。亚裔和拉美裔的学生常常用他们的母语彼此交流，而你却不懂这些语言。你感觉他们是在拿你开玩笑，因为他们一直盯着你笑。你意识到自己不知道如何跟这些有着截然不同的语言、文化和背景的学生建立积极的师生关系，而很多学生也注意到了你的不安，使得你不由自主地想躲避他们。

想一想：

- 这个案例中真正的问题是什么?
- 你会如何帮助学生（还有你自己），让他们彼此相处更融洽?
- 在解决这一问题的过程中，你的首要目标是什么?
- 这些问题会如何影响你的教学效果?

概览与目标

事实上，所有发达国家和很多发展中国家，正变得日益多元化。很多教室里充斥着多种语言。由于全球动荡等多方面的原因，很多家庭为了更好、更安全的生活选择了出国移民。他们的孩子可能就在你的班级里。在本章中，首先，我们将了解到全世界 6 000 多种语言如何发展、文化的作用、语言发展的阶段以及读写能力的萌芽等议题。接下来，我们将介绍语言发展的多样性和双语的发展。但语言的多样性不仅仅只是双语。因为我们每个人都会讲一种以上的方言，因此我们将探讨教师需要了解的有关方言和性别化语言（对我来说，这是个新的术语）的知识，并探讨学校在第二或第三语言学习中的作用。最后，我们将探讨对教师最为关键的一个主题：面对移民学生和英语作为第二语言的学习者，如何做一名有能力、有自信的教师？在这一主题中，我们将探讨双语教育和掩蔽教学的作用是什么、情绪和焦虑会如何影响这些学生的学习、如何去鉴别英语学习者中有特殊才能或特殊需要的学生等问题。

学完这一章后，你应该能：

- 理解语言是如何发展的，以及如何促进读写能力的萌芽。
- 论述儿童同时发展两种语言的过程。
- 判断方言的差异是否会影响学习，并阐述教师相应的教学对策。
- 论述浸入式英语教学和双语教学哪种方式对英语学习者更有效。
- 阐述 1.5 代学生的定义，并描述他们的学习特征。
- 阐述掩蔽教学的含义及其工作原理。
- 论述当教师不懂得学生的母语时，鉴别有特殊学习需要和特殊才能学生的方法。

第一节　语言发展

除非遭到严重的刺激剥夺或存在生理缺陷，否则所有文化环境下的儿童都能掌握母语的复杂结构。这一知识系统极为惊人。要进行一次谈话，儿童必须学会协调声音、意义、词、词序、音量、声调、曲折以及话语权交替互换的规则。实际上，大部分儿童到 4 岁就已经掌握了数千个词以及用于基本对话的语法规则知识（Colledge et al., 2002）。

一、语言发展与文化差异

世界上有 6 000 多种语言（Tomasello, 2006）。一般而言，每种文化所创造的词汇都是用来表示对该文化情境有重要意义的概念。例如，你能说出多少种不同的绿色？薄荷绿、橄榄绿、祖母绿、蓝绿色、海泡石绿、铬绿色、松石绿、黄绿色、酸橙绿色、苹果绿……油画家还能说出钛钴绿、朱红绿、酞青绿、鲜绿色和其他绿色。英语国家中有 3 000 多个单词用来表示不同的颜色。相反，生活在纳米比亚的辛巴族以及巴布亚新几内亚以狩猎和采集为生的部落成员，尽管他们能分辨出许多不同的颜色，但他们只用 5 个单词来表示不同的颜色。无论颜色术语数量是多还是少，儿童总能逐步掌握适合他们自己文化的颜色类别（Roberson，Davidoff，Davies，& Shapiro，2004）。

语言会随着时间不断发生变迁，这实际上反映了文化需求和价值观的改变。肖肖尼族人（美国印第安人的一支）曾用一个单词来表示“走在沙上发出的嘎吱嘎吱的响声”。这个单词过去在有关打猎的交流时非常有用，但随着肖肖尼族人不再过游牧的生活，他们开始使用一些新的、表示技术工具的单词。如果你想听听 21 世纪使用的日常用具的单词，或许可以去听听工程师们关于计算机的讨论（Price & Crapo，2002）。

在语言的发展过程中，很多因素都可能起到了十分重要的作用，如生物因素、文化因素、经验因素等。为了掌握一门语言，儿童必须做到：（1）理解他人的意图，从而习得语言中的词汇、短语和概念；（2）了解他人是如何使用词汇和短语建构语言的，即语法规则（Tomasello，2006）。重要的是，就像发展其他认知能力一样，儿童学习语言的过程是一个主动尝试的过程，理解所听的、寻找其中的模式、建立规则，并将所有这些拼接在一起，才能习得语言。

在这一过程中，人类存在的各种关于语言的固有偏好、规则和限制会影响我们的想象，因此我们所能想到的，往往只是所有可能性中的一部分。例如，幼儿习惯性地认为一个新的名称是代表一个完整的物体，而不是物体的一部分。同时，他们也习惯性地认为一个新的名称是代表一类相似的物体。因此，当儿童学习到“兔子”时，他会认为兔子指的就是整个动物（而不只是动物的耳朵），并且其他看起来相似的动物也是兔子（Jaswal & Markman，2001；Markman，1992）。奖赏和纠正有助于儿童学会正确地使用语言，但儿童的思维在拼组这个复杂系统的各个环节时显得更为重要（Waxman & Lidz，2006）。

语言的发展

如同其他认知能力的发展一样，儿童学习语言的过程是一个主动尝试的过程，理解所听的、寻找其中的模式、建立规则，并将所有这些拼接在一起，才能习得语言。

二、语言发展的时间与方式

表 5—1 列举了西方文化中 2 ～ 6 岁儿童语言发展的里程碑事件，以及如何促进语言发展的一些建议。

表5—1　　儿童早期语言发展的里程碑和促进语言发展的策略

年龄范围	里程碑	促进发展的策略
2 ～ 3 岁	能辨别身体部位；以“我”而不是名字称呼自己；连用名词和动词；词汇量达到 450 个；运用短句；知道三四种颜色对应的单词；知道“大”、“小”；喜欢重复听相同的故事；会变换一些词的复数形式；能回答“在哪里”这样的问题。	• 通过一些简单的游戏帮助儿童学会聆听和跟随别人的指导。 • 不断重复新的词汇。 • 描述出你正在做的、计划做的和正在思考的内容。 • 让儿童向你传递一些简单的信息。 • 通过回答、微笑和点头等方式告诉儿童你了解他说的意思。 • 拓展儿童说的话。如果儿童说“更多果汁”，你就接着说：“Chris 想要更多果汁。”
3 ～ 4 岁	会讲故事；说出由 4 ～ 5 个词组成的句子；词汇量约 1 000 个；知道自己的姓、街道的名字和一些童谣。	• 与儿童讨论物体的相同点或不同点。 • 帮助儿童学会用书和图片来讲故事。 • 鼓励儿童和其他同伴一起玩，讨论你曾经去过的或计划要去的地方。
4 ～ 5 岁	能说出由 4 ～ 5 个词组成的句子；使用过去时态；词汇量约 1 500 个；认识颜色和形状；会问很多“为什么”和“谁”这样的问题。	• 帮助儿童对物体和事物进行归类（如食物、动物）。 • 教儿童学会用电话。 • 让儿童帮你策划活动。 • 不断谈论儿童感兴趣的事。 • 让儿童讲故事和编故事。
5 ～ 6 岁及以上的年龄	能说出由 5 ～ 6 个词组成的句子；6 岁的孩子词汇量大约 10 000 个；根据物体的用途给它们下定义；认识空间关系（如“在上面”、“远”）及其对立面；知道地址；理解“相同”和“不同”；会使用所有类型的句子。	• 当儿童谈论感受、想法、愿望和恐惧时，称赞他们。 • 与儿童一起唱歌、读诗。 • 像面对成人一样跟他们说话。 • 当儿童和你说话时，愉快地倾听。 • 不断地和儿童交谈。 • 提问题让儿童思考和讨论。 • 每天读书给儿童听，随儿童年龄的增长而增加故事长度。

（一）发音和拼读

大部分儿童在 5 岁左右就已经掌握了母语中的大部分发音，但仍有少部分尚未掌握。正如前面章节中提到的，英语中 l、r、y、s、v、z 等辅音和 sh、ch、ng、zh、th 等辅音连缀是最晚学会的（Friend，2011）。幼儿可能理解并能使用很多词汇，但他们更喜欢使用那些容易发音的词。当儿童在学习区分不同的语音时，他们喜欢押韵诗、儿歌和有关语音的笑话。他们最喜欢 Seuss 博士的系列故事书，部分原因可能是因为这些书的名字都是由很容易发音的单词组成的，拼读起来很好玩，如 All Aboard the Circus McGurkus 或 Wet Pet，Dry Pet，Your Pet，My Pet。我朋友的小儿子打算给自己刚出生的妹妹起名字叫“Brontosaurus”（雷龙），“就是因为这个名字念起来很有意思”。

接受性词汇（receptive vocabulary） 在口语或书面语中，个体能理解意义的词汇。
表达性词汇（expressive vocabulary） 个体能说出或写出来的词汇。

（二）词汇和意义

正如表 5—1 所示，2~3 岁的儿童尽管已经能听懂很多单词——**接受性词汇（receptive vocabulary）**，但实际只会使用 450 个左右的单词——**表达性词汇（expressive vocabulary）**。到了 6 岁，儿童的表达性词汇会增长到 2 600 个左右，而接受性词汇已经达到惊人的数目 20 000 个（Otto，2010）。事实上，一些研究者估计低年级学生每天能学会 20 个单词（Bloom，2002）。在小学初期，一些儿童可能没办法理解“公平”或“经济”这样的抽象词汇，也不能理解假设性情境（“如果我是一只蝴蝶”），因为他们缺乏推理非真实事件的认知能力（“但事实上你不是蝴蝶”）。这些儿童只能从字面上理解语句，因此会曲解讽刺或隐喻的真实意思。例如，寓言被简单具体地理解成故事，而非道德课程。在青春期前，儿童一般难以分辨是嘲弄还是开玩笑，也难以理解不能只从字面上解释的讽刺性话语。到了青春期，学生就能利用发展中的认知能力去学习抽象词汇，使用诗意的、比喻的语言了（Owens，2012）。

在英语中，幼儿可以通过多种方式来让自己较为简单的语言变得复杂，如增加复数形式，在动词后面加上 -ed 和 -ing，使用 and、but 和 in 等小词，使用冠词（a 和 the）和所有格（'s）等。Jean Berko 在 1958 年所做的一个经典研究表明，即使从未看过特定单词的复数形式、所有格或过去式，儿童也能尝试应用这些规则。例如，向儿童展示一张名为“wug”的图片，当研究者说“现在还有一个，总共有两个，这里有两个 ____”，学前儿童能准确地回答出“wugs”。当然，在学习如何使用语言中类似的规则时，儿童也会犯各种非常有意思的错误。

（三）词法和句法

有段时间，儿童能正确使用特定单词的不规则形式，他们似乎听到过什么就会说什么。随后开始学习规则时，他们会出现**过度规则化（overregularize）**，即将规则应用到所有事情上。例如，儿童原本会说“Our car is broken”，后来会坚持改成“Our car is broked”。原先儿童谈及自己的脚时，她会使用“feet”；但当她发现单词变成复数形式时应该加 -s，她就可能会说“foots”；后来她发现一些单词变成复数形式时加 -es（如 horses、kisses），她可能会说“footes”；不过，最终她又会重新使用“feet”来表示她的脚（Flavell et al.，2002）。家长经常很困惑，为什么他们的孩子好像发生了“倒退”。实际上，这些“错误”正表明了当儿童试图将新的词汇同化到已有图式的过程时，他们是多么富有逻辑性和理性。很显然，这种过度规则化在所有语言中都会发生，包括美式手语。这是因为绝大多数语言都有许多不规则单词，顺应在掌握语言过程中是非常必要的。最近一项有趣的发现指出，在使用动词时态时，女孩比男孩更容易过度规则化，因此她们可能会经常说“holded”，而非“held”。Joshua Hartshore 和 Michael Ullman（2006）对此进行了解释，他们认为女孩拥有更好的单词记忆能力，因此她们更容易想起相似词（folded、molded、scolded），并推论出“holded”。

我说“runned”，你知道我说的是“ran”就行了。不要为这种小事争吵。

> **过度规则化（overregularize）** 将句法或词法应用到不适用的情境中，如“the bike was broked”。
>
> **句法（syntax）** 词在短语或句子中的顺序。
>
> **语用学（pragmatics）** 有关在特定文化中何时以及如何使用语言以成为一个有效沟通者的规则。

儿童在母语学习的早期阶段就掌握了**句法（syntax）**的基本要素（词序）。但同样地，在掌握句法的过程中也会出现过度规则化现象。例如，英语中常见的顺序是主谓宾，刚刚掌握了这种句法规则的学前儿童很难理解其他语序的句子。4 岁的 Justin 如果听到了一个被动句，像“一辆卡车被一辆轿车撞了”，他可能会认为是卡车撞了轿车，因为“卡车”先出现在句子中。有意思的是，在那些被动式很重要的语言中，例如南非语言中的塞索托语，三四岁的儿童就能使用这种结构（Demuth，1990）。因此，跟儿童聊天，至少在用英语时，最好使用主动式。许多小学低年级学生都能理解被动语态的意思，但他们自己说话时一般不用这种结构，除非这种被动结构在他们的文化中非常普遍。

（四）语用学：社会情境中语言的使用

语用学（pragmatics）涉及在社会情境中如何恰当地使用语言——如何参与对话，讲笑话，打断别人，保持谈话顺畅进行，或是根据听众调整自己的语言。例如，跟比自己小的儿童聊天时会使用更简短的句子，或是命令宠物“到这来”时会使用更大、更低沉的声音，又或者像前面提到的，向当时不在场的父母描述事件时会提供更多的细节——这些都表明儿童已经理解了语用学（Flavell et al.，2002；Rice，1989）。因此，即使是幼儿也能根据情境使用适当的语言，在面对熟悉的人时尤其如此。

不同文化间，恰当使用语言的规则有所差异。例如，Shirley Brice Heath（1989）对白人中产阶段家庭和非裔美国贫困家庭进行了很长时间的观察，结果发现，成人会询问儿童不同类型的问题，并鼓励不同类型的“谈话”。白人成人会询问测试型问题（有明确的答案），如：“这里有几辆车？”“哪辆车更大？”要是拿这些问题去问非裔美国学生，他们会觉得很奇怪，因为他们的家人不会问一些他们已经知道的问题。可能这些学生还会好奇：“为什么我的婶婶会问我这里有几辆车？她明明看到了3辆啊。”非裔美国家庭会鼓励儿童讲述丰富的故事，他们也会故意捉弄自己的孩子，以磨炼他们的急智和果断的反应。

（五）元语言意识

5岁左右，儿童开始发展**元语言意识（metalinguistic awareness）**。这意味着他们对语言和语言使用规则的理解变得外显了。他们已经具备了语言本身的知识，并准备学习和拓展曾经处于内隐状态的规则——所谓内隐，是指他们能够理解这些规则，但还不能有意识地表达出来。这个过程将持续一生，他们也随之学会越来越熟练地使用语言。阅读习得和书写习得会促进元语言意识的发展，而这两者是以读写能力的萌芽为开端的。

三、读写能力的萌芽

如今，对于绝大多数语言而言，阅读是学习的基石，阅读的基础则主要在幼儿早期形成。由于幼儿在有关阅读的知识和技能上存在很大的差异，因此，研究者很想知道是哪些因素促进了这些读写技能的涌现。这些早期涌现出来的读写能力，通常被称为**读写能力的萌芽（emergent literacy）**。图5—1中展示的是一个6岁儿童写的故事和购物清单，我们可以从中看出一些正在萌芽的读写技能。

虽然目前尚不明确哪项技能更能促进读写能力的萌芽，但研究者发现有两大类别的技能对后期的阅读有重要影响，它们分别是：（1）与理解语音和编码有关的技能，如知道字母名称、知道特定字母有特定的发音、知道单词是由语音组成的。（2）口语技能，如表达性和接受性词汇、句法知识、理解和讲述故事的能力等（Dickinson et al.，2003；Storch & Whitehurst，2002）。

对于如何促进读写能力的萌芽，有些教育工作者强调解码能力，有些强调口头语言，但美国儿童健康与人类发展研究所儿童早期研究网（NICHD Early Childhood Research Network，2005b）进行的一项研究，追踪调查了1 000多个从3岁到小学三年级的儿童，结果发现，儿童4.5岁时的口语技能可以预测一年级的词汇解码能力和三年级的阅读理解能力。因此，研究人员得出以下结论：“近期绝大多数调查表明，学前口语技能（如口语词汇量、运用句法的能力、理解和讲述故事的能力等）与编码技能一样，对预测学龄初期

元语言意识（metalinguistic awareness） 理解自己对语言的应用。

读写能力的萌芽（emergent literacy） 学前阶段发展出来的技能和知识，是阅读能力和书写能力发展的基础。

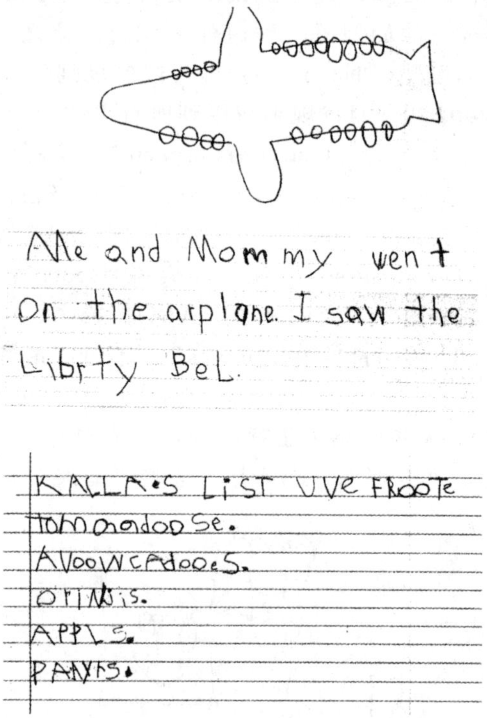

图5—1 故事和购物清单

这个儿童对阅读和写作已经有了相当多的了解，他知道字母组合成单词用来传递信息，写字时应该从左到右，列清单时应该从上往下地写，故事和购物清单应该用不同的方式表示。

这个例子是由刚满6岁的Kalla Terpenning提供的，他向我们展示了正在萌芽的书写能力。

阅读能力有重要作用。”（p.439）不过，由于这个研究缺乏严谨的实验设计（详见第 1 章），因此我们无法确定儿童早期的解码和口语技能是不是后期阅读成就的原因。但这一结果仍表明解码和口语技能对儿童语言发展有重要作用，并且这些技能会相互促进。解码和口语技能同样重要，不应失之偏颇。

（一）由内及外的技能和由外及内的技能

1998 年，Grover Whitehurst 和 Christopher Lonigan 在思考读写能力萌芽这一议题时，也考虑了编码技能和口语技能，并提出了**由内及外的技能（inside-out skills）**和**由外及内的技能（outside-in skills）**以及相对应的过程等概念，具体如表 5—2 所示。在这一模型中，有两个相互依存的技能系列和过程。

> 读者必须将视觉书写单元解码为语音单元，再将语音单元解码为语言单元。这是一个由内及外的过程。但是能说出一个书面词语或一系列的书面词语只是阅读的一部分。流畅的阅读者还必须理解这些听觉词语，也就是要将它们放进正确的概念和情境框架中。这是一个由外及内的过程。（p. 855）

例如，即便是理解一个简单的书面语句，如“她从亚马逊上订购了一台照相机？”，读者也必须理解字母、语音、语法和标点符号。在读最后一个词语的时候，读者还必须记住他第一个阅读的词语。但仅有这些由内及外的技能是不够的。要理解这个语句的含义，读者必须有相关的概念知识——什么是照相机？订购是什么意思？这个亚马逊是指亚马逊运河还是亚马逊网站？为什么这个问题被标记出来了？这句话与整个故事内容的一致程度如何？要回答上述问题，就需要借助由外及内的技能和知识。

> **由内及外的技能（inside-out skills）** 字母知识、语音意识、句法意识、形—音对应规则以及萌芽的书写能力等读写能力的萌芽。
> **由外及内的技能（outside-in skills）** 语言、叙事、书面文字的惯例以及萌芽的阅读能力等读写能力的萌芽。

表5—2 读写能力萌芽的成分

成分	主要含义	示例
由外及内的过程		
语言	语义、语法和概念知识	当儿童读到“bat”这一词语时，会联想到棒球或飞行动物的知识。
叙事	理解和产生叙事	儿童能讲一个故事，知道书上有故事。
书面文字的惯例	标准书面文字格式的知识	儿童知道，在阅读英语书面文字时，顺序应当是从左到右，从前到后；知道书籍封面和内页中图片和书面文字的差别。
萌芽的阅读能力	假装阅读	儿童选择一本喜爱的图书，复述“故事”，在这个过程中，儿童常常借助图片作为线索。
由内及外的过程		
字母知识	字母名称知识	儿童能识别字母，并进行命名。
语音意识	识别韵母；操作音节；操作单个音位	儿童能告诉你“hat”的韵母。儿童能有节奏地说出“cat”中的语音：/k/ / ǎ / /t/。
句法意识	修改语法错误	儿童会说：“不对，你应该说‘I went to the zoo’，而不是‘I goed to the zoo’。”
形—音对应规则	字母—语音知识	儿童能问这样的问题：“这些字母会发出什么声音？”
萌芽的书写能力	语音拼写	儿童会写“eenuf”或“hambrgr”。
其他因素	读写能力的萌芽还有赖于其他因素，如对语音和顺序的短时记忆、识别和命名字母串的能力、动机和兴趣等。	

资料来源：Woolfolk, A., & Perry, N.E. (2012). *Child and adolescent development*. Upper Saddle River, NJ: Pearson Education, Inc.

（二）奠定读写能力萌芽的基础

怎样才能为这些正在萌芽的读写技能奠定坚实的基础呢？研究发现，有两种活动至关重要：（1）与成人对话，发展语言的相关知识；（2）亲子阅读，即以书本为支架，就语音、词汇、图片和概念进行讨论（NICHD Early Childhood Research Network，2005a）。特别是在幼儿时期，家庭阅读经验在儿童语言和读写能力发展中处于中心地位（Burgess，Hecht, & Lonigan，2002；Sénéchal & LeFevre，2002）。在一个家庭中，如果父母和其他成人以读书为乐，家里各个地方都有图书和其他书面材料，那么这样的家庭就能促进儿童读写能力的发展。父母可以读书给儿童听，带他们去书店和图书馆，限制家里每个人看电视的时间，鼓励家庭成员进行读写能力相关的游戏（如假装在学校上学或写信等）（Pressley，1996；Snow，1993；Whithurst et al.，1994）。保育员和教师也应致力于促进儿童读写能力的发展。有一项研究以近300个低收入家庭的儿童为研究对象，从幼儿园追踪至五年级。研究结果表明，家庭参与学校教育的程度越高，儿童读写能力的发展越好。当母亲的文化程度较低时，家庭参与学校活动就显得尤为重要（Dearing，Kreider，Simpkins，& Weiss，2006）。

四、双语儿童

无论儿童是使用一种语言还是多种语言，读写能力的萌芽对入学准备都有着至关重要的作用（Hammer，Farkas，& Maczuga，2010）。虽然大多数学校希望所有儿童能学会用英语阅读，但Carol Hammer及其同事最新的研究发现，可能并没有必要强调只用英语阅读。事实上，促进读写能力发展的一个关键因素是接受性语言的增长。你可能还记得，所谓接受性语言是由你能理解的词汇和语言结构所组成，即便你不会在表达性语言（你说话时实际使用的词汇和结构）中使用它们。

在一项研究中，Hammer对88名参加开端计划的儿童持续追踪了两年（Hammer，Lawrence，& Miccio，2007）。这些儿童的母亲都说着一口西班牙语的波多黎各方言。这些学生被分为了两组：一组儿童自出生后就要说英语，也要说西班牙语；另一组儿童则在3岁参加开端计划后才开始学习英语。研究者发现，仅有儿童在开端计划中接受性语言的增长能预测儿童早期的阅读成就，其他任何测验均无显著预测作用。而这一结果也与儿童是否出生后既说英语，也说西班牙语，或到了学校才开始学英语没有任何关系。因此，研究者得出结论："儿童在开端计划中英语接受性语言的增长，而不是他们在开端计划后达到的英语水平，能正向预测他们英语方面读写能力的萌芽以及识别英语字母和词汇的能力。这一结果与儿童先前的英语暴露程度无关。"（p. 243）此外，儿童西班牙语语言能力的增长也能预测他西班牙语的阅读表现。

上述研究结论给教师和家长的一个启示就是：我们应当关注持续的语言发展，不必担心"得赶紧让儿童只说英语"。正如Hammer及其同事所说："双语儿童在上幼儿园前，无论是西班牙语还是英语，若有较好的发展，到了幼儿园，儿童都会发展出较好的英语和西班牙语的早期阅读能力。"（p. 244）这些发现与儿童发展研究协会（Society for Research in Children Development，SRCD）的意见一致，即"开发双语，替代仅有英语的教学课程，鼓励幼儿在上幼儿园前就参与阅读活动，这样不仅能提高西班牙语儿童的学习机会，也会增加他们成功的可能"（SRCD，2009，p. 1）。下面的"实践指南"给出了一些建议，可以供你参考。

接下来，我们将进入一个对教师而言极为重要的主题——语言发展的多样性。

第二节　语言发展的多样性

很多儿童在成长过程中会同时学习两种语言。事实上，美国是"世界上少数几个会因为自己的国民只讲一种语言而感到自豪的国家之一"（Noguera，2005，p. 13）。

一、双语发展

如果你掌握了自己的第一语言，然后再学第二种或第三种语言，这是一种附加性双语（additive bilingualism）现象，也就是说你学习了新的语言，但同时也保留了自己的母语。如果你在掌握第二语言的同时却丧失了自己的母语，那你就经历了一种削减性双语（subtractive

实践指南 促进语言发展和读写能力萌芽

给家庭的建议

• 亲子共读。

例如：

1. 让孩子了解什么是阅读——书里有故事；想看几遍都可以；书里的图画是用来说明故事意义的；他们读故事的时候，书里的单词是不会变的。这就是阅读！（Hulit & Howard，2006）

2. 养成晚上睡觉前阅读的习惯。

• 选择合适的读本和故事。

例如：

1. 选择故事情节简单、叙述清晰的读本。

2. 在阅读前先做一些相关的说明，帮助儿童学会预测后续的内容。

3. 语言应当是重复的、有韵律的、简单的。

给教师的建议

• 从故事出发，展开对话。

例如：

1. 复述曾经和学生一起读过的故事。

2. 讨论读本中的单词、活动和物体。学生的家里或教室里有没有类似的东西？

• 找到并利用学生家庭的优势（Delpit，2003）。

例如：

1. 让学生画出或写出家人的经历、故事和技能。

2. 如果学生使用不同语言，赞美他们所使用的语言中的诗歌、歌曲，以示尊重。

• 提供家人都能参与的家庭活动。

例如：

1. 鼓励家长跟孩子一起阅读食谱并进行简单的烹饪，玩一些语言游戏，记家庭日记、游记，参观图书馆。从家长或学生那里得到这些活动的反馈。

2. 给家长回馈单，让他们帮忙评价学生的作业。

3. 给儿童列出一些在当地能找到的优秀读物的书单——你可以与图书馆、俱乐部和教堂合作，以找到合适的资源。

给学校辅导员和管理者的建议

• 和每个家庭交流你的教学目标和教学活动。

例如：

1. 从学校、社区找帮手，或者找一位高年级学生帮忙，把你计划送给学生家庭的所有文字材料翻译成学生在家庭中使用的语言。

2. 学期初，把班级课程要达到的目标送到学生家里，保证其清晰易懂。

3. 每个单元开始的时候，寄给家长一些教学内容方面的信息，告诉他们学生正在学什么，建议组织一些辅助学校教学的家庭活动。

• 让家长参与课程设置。

例如：

1. 不时组织家庭所有成员加入某个团队任务，比如让儿童照顾更年幼的弟弟妹妹，让儿童和家人一起完成任务。

2. 把父母请到课堂上来为学生读书、听写故事、讲故事、做有声书或装订书，并示范一些技能。

• 为家长来学校提供便利。

例如：

1. 为了方便带幼儿的家长来与教师见面，学校应提供托儿服务。

2. 考虑家长出行的交通需求，比如，他们是否方便搭乘交通工具到达学校。

资料来源：Hulit, L.M., & Howard, M.R. (2006). *Born to talk: An introduction to speech and language development (4th ed.)*. Boston: Allyn and Bacon.

bilingualism）现象（Norbert，2005）。如果家庭成员和社会重视孩子的母语，那么他很可能会在掌握第二语言后仍然保留自己的母语；但如果这个孩子曾因为母语而受到歧视，那么他很可能在熟练掌握新的语言后抛弃自己的母语（Hamers & Blanc，2000；Montrul，2010）。移民往往更可能会遭受到歧视，因此也会更倾向于"消减"自己的母语。

双语（bilingual）儿童（讲两种语言的儿童）从出生起就暴露在两种语言环境下，每种语言的发展历程与**单语（monolingual）**儿童（只学习一种语言的儿童）相同。最初，双语儿童可能在某一种语言上有更多的词汇量，而

双语（bilingual） 讲两种语言，并能恰当地应对两种不同的文化。

单语（monolingual） 只讲一种语言。

关键期（critical periods） 学习如果没有在这些时间发生，以后也就永远不会发生。

敏感期（sensitive periods） 我们对某些学习内容更容易做出特定反应的某段时间。

这种语言是最经常跟他在一起的或者跟他有最亲密联系的人所使用的。因此，一个整天跟讲汉语的父母待在家里的儿童，很可能使用更多的汉语词汇。但只要儿童在很早的时候就暴露在两种语言的环境中（5岁之前），两种语言都能出现在广泛而丰富的环境中，并且儿童在家里和社会上都系统、一致、持续地暴露在两种语言环境中，那么随着时间的发展，这些儿童就能同等熟练地使用两种语言，成为完全的双语者（Petitto，2009；Petitto & Kovelman，2002）。不过，第二语言的比重必须超过儿童语言输入总量的25%以上，少于这个比例，儿童不可能学会第二语言（Pearson et al.，1997）。双语儿童可能在说话时会混用两种语言的词汇，但这不一定意味着儿童混淆了这两种语言，因为他们的双语父母经常也会有意识地混用两种语言，以选择最能表达自己意图的词汇（Greese，2009）。因此，一致、持续地参与到两种语言活动中，儿童就可能成为完全的双语者。

近期关于脑和双语的研究表明，在5岁前学习两种语言的个体在加工两种语言时，其加工方式与只学习一种语言的个体相同，使用的脑区也相同（大部分在左半球）。但较晚学习两种语言的个体使用的脑区则不同，他们需要使用大脑两个半球以及额叶和工作记忆，他们不得不付出更多的认知努力。正如Laura-Ann Petitto（2009）所言："晚期的双语暴露会改变语言加工相关的大脑神经组织的典型模式，但早期的双语暴露不会。"（p. 191）

（一）第二语言学习

如果成长过程中没有学习两种语言会怎么样？应该什么时候、用什么方法学习第二语言？要回答上述问题，我们需要回忆下学习的**关键期**（critical periods）与**敏感期**（sensitive periods）的区别。关键期是指学习如果没有在该时间发生，以后也就永远不会发生；敏感期则是指我们在某段时间内对某些学习内容更容易做出特定的反应。正是所谓的关键期的概念，限制了成人学习语言的可能性（Marinova-Todd，Marshall，& Snow，2000）。事实上，年长儿童比幼儿能更快地学会第二语言。成人拥有更多的学习策略和语言知识，可以帮助他们掌握第二语言（Diaz-Rico & Weed，2002）。但近期关于脑和双语的研究表明"的确存在最佳的双语语言和双语阅读的暴露敏感期和掌握敏感期。第一次暴露在双语环境的年龄，能预测儿童在双语的每种语言上能否成为熟练的阅读者以及最终成为何种程度的熟练阅读者"（Petitto，2009，p. 192）。

尽管整体的语言学习不存在关键期，但似乎存在一个学习准确语言发音的关键期。越早学习第二语言的人，他们的发音就越接近母语者。这是因为从出生到4个月左右，婴儿能分辨世界上6 000多种语言中任何一种语言的所有的基本语音单元。但到了14个月左右以后，婴儿便丧失了这种能力，只能分辨他们正在学习的语言的语音。对于同时学习两种语言的儿童来说，这道"发展中的窗口"似乎开得久一些，因此这些儿童到了14个月后仍能继续分辨不同语言的语音（Petitto，2009）。

青春期以后才学习第二语言，就很难不带口音了（Anderson & Graham，1994）。哪怕儿童只是偶尔听到一种语言，并没有实际的正式学习，也会促进以后的学习。通过对学西班牙语的大学生进行研究，Terry Au和他的同事们总结道："尽管成年后学习语言时基本上都会带有口音，但幼年时若曾听到这种语言，则相当有可能避免口语较差的情况发生。"（Au，Knightly，Jun，& Oh，2002，p.242）因此，通过暴露来自己学习双语（以及两种语言准确的发音）的最佳时机是在幼儿早期（Au，Oh，Knightly，Jun，& Romo，2008）。

（二）成为双语者的好处

一般而言，学习和使用两种语言并不会给儿童带来任何认知的不利后果。事实上，双语学习对儿童发展大有益处。儿童的双语化程度越高，其概念形成、创造力、心理理论、认知灵活性以及对书面词汇作为语言符号的理解等认知能力发展得越好。此外，这些儿童的元语言意识（理解语言是如何运作的）发展水平更高。例如，他们更容易注意到语法错误。更惊人的是，来自于单一使用英语的家庭的儿童在参加双语学校并学习西班牙语后，与那些只接受单一英语教学的儿童相比有更好的音位意识和阅读理解能力。回顾这一研究的诸多发现，Petitto（2009）总结道："早期就成为双语者不会给个体带来任何劣势。相反，年幼的双语者会有语言和阅读上的优势。此外，

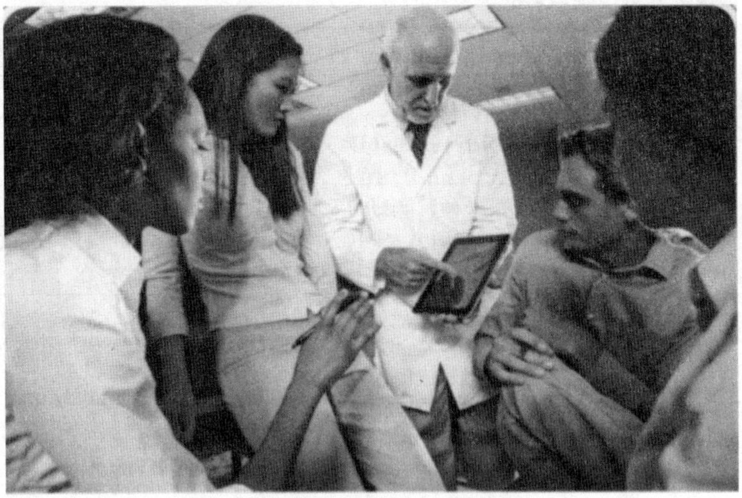

语言发展的多样性

儿童的双语化程度越高，概念形成、创造力、心理理论、认知灵活性以及对书面词汇作为语言符号的理解等认知能力发展得越好。

学会阅读两种语言能让来自单一语言家庭的儿童获得音位意识上的优势，而音位意识对阅读的成功有着至关重要的作用。”（p. 193）

只要不用歧视的眼光看待双语者，且不强迫学生放弃他们第一语言的学习，双语学习是有利于学生的发展的（Bialystok，2001；Bialystok，Majumder，& Martin，2003；Galambos & Goldin-Meadow，1990；Hamers & Blanc，2000）。Laura-Ann Petitto 和 Ioulia Kovelman（2003）指出，人类进化到使用多种语言，可能是因为这种能力具有生存价值，因此可能“在现代众多文明中，只说一种语言的文明是一种异常的变异。换句话说，可能我们的大脑从神经学上就已经被设定为多语言的”（p. 14）。另外，会说两种语言对于即将进入商界的毕业生来说，也是一个优势（Mears，1998）。

（三）语言的丧失

尽管成为双语者的好处显而易见，但许多儿童和成人正在失去他们的传统语言（Montrul，2010）。**传统语言（heritage language）**指学生家庭或年长亲属使用的语言，而家庭之外更大的社会使用的是另一种不同的语言（在美国就是英语）。通常，因父母或祖父母移民而在新国家出生的学生会丧失自己的传统语言，因为这些学生从未在每个人都说传统语言的国家里生活过。在一项针对迈阿密和圣迭戈地区八、九年级的第一代移民学生和第二代移民学生所进行的调查中，Portes 和 Hao（1998）发现仅有 16% 的学生能较好地使用传统语言，72% 的学生表示自己更喜欢说英语。这种情况同样发生在美国印第安语的使用上，目前印第安语正在不断地消失，仅剩下了三分之一左右的语种，而这其中九成的语种已经不为儿童所使用（Krauss，1992）。Wong 和 Xiao（2010）对两位在美国读大学的华裔学生进行了访谈，两位受访者表达了他们的忧虑：

> 我最害怕的是等我有了孩子，他们完全不会说中文，因为我自己的中文水平已经不如我的父母了，所以我害怕我们将丧失这一语言。（p. 161）
>
> 我的传统语言当然是台山话，但即便如此，我的父母也常常说得不流利，所以……我知道在某些地方，我可能是最后一个说台山话的人，我也感觉它似乎不再是我的传统语言。（p. 165）

事实上，与其为学会一种语言而放弃另一种语言，还不如能同等流利地使用两种语言，成为**平衡的双语者（balanced bilingualism）**（Gonzalez，1999）。这样，家庭语言能帮助学生与扩展家庭以及重要的文化传统建立联系，而在家庭之外，英语能帮他们获得学业、社交和经济方面的机会（Borrero & Yeh，2010）。

> **传统语言（heritage language）** 在学生家里使用的语言或家人使用的语言。
>
> **平衡的双语者（balanced bilingualism）** 在不丧失传统语言的情况下，获得第二种语言能力的人。

在很多国家，都有一些学校致力于传承传统语言和文化。学生除了参加日常的公立学校教育外，还会在下午、周末或暑假参加这些学校的学习。在英国，这些机构被称为辅助学校或补习学校；在澳大利亚，它们被称为社区语言学校或社区民族学校；在美国和加拿大，这类学校多被称为传统语言学校（Greese，2009）。表 5—3 列出了这些学校的部分案例及其办学宗旨。

作为英国伯明翰大学的教育语言学教授，Angela Creese（2009）对教师如何了解自己所在区域的传统学校提出了一些建议，你可以借鉴：（1）查明你所在区域补习或传统学校的地理位置，并与它们联系。（2）当你的学生参加了补习或传统学校，你可以参加他们的颁奖典礼和展会，表现出对他们的双语和多元文化课程的支持。

表5—3　美国和加拿大支持传统语言的学校

语言	学校	简介
德语	新斯科舍省哈利法克斯市，德语传统语言学校 www.german-language-school.ca/	为成人和儿童提供课程。一周一次（周三下午），时间为2小时。内容为德语语言技能（读、写、说、听）。
汉语	安大略省万锦城，Reidmount周六学校 www.rhls.ca/	补习性质的周六学校，为幼儿园小班到十一年级的学生提供汉语（普通话和广东话）、中国历史、英语（语法和写作）、数学、科学、沟通和绘画等方面的课程。
汉语	新泽西州蒙茅斯枢纽站，汉语传统学校 www.chsnj2000.org/	除常规的语言课程外，他们也强调口语对话、中国文化和家庭价值观。他们的目的是创建一个有趣的环境，激发学生学习汉语的动机，会为自己是华裔而感到自豪。
多种语言	美国传统语言提升联盟 www.cal.org/heritage/index.html	联盟的宗旨是为了个人、社区和社会的利益，促进传统语言的维持与发展。
西班牙语	Grupo Educa www.elgrupoeduca.org/	Grupo Educa的宗旨是，为已有一定西班牙语知识的儿童提供更多使用西班牙语的机会。这一机构成立于2003年，是由一群南加州的父母发起的，希望借此让他们学龄前的子女接触到双语（英语和西班牙语）教育。
阿拉伯语和印地语	UCLA（加州大学洛杉矶分校），阿拉伯语和印地语传统语言班级 www.international.ucla.edu/languages/programs/article.asp?parentid=105146	提供五周密集的课程，服务对象是那些在家里使用印地语或阿拉伯语，希望提高自己的读写能力以及对南亚的历史文化和现代文化有更深刻了解的高中生。这一项目化的课程会使用文化相关的主题来作为听、写、说、读等任务的载体。

（3）弄清楚是否有教师同时在补习或传统学校和主流学校部门任职，邀请他们为学校里的其他教师举办专业发展的工作坊。（4）向补习或传统学校的负责教师提出聚会的要求，让你有机会和他们面对面交流。（5）鼓励利用补习与主流教育的内在联系，开展小规模的研究或实践项目。

二、手语

能使用一种口语，还能使用一种手语，或能使用两种不同的手语，这样的个体也可以看作是双语者（Petitto，2009）。世界上使用的手语与口语之间存在很复杂的平行关系，如美国手语（American Sign Language，简称ASL）、手势英语（美国、爱尔兰、新西兰、澳大利亚、英国）、尼加拉瓜手语、澳大利亚土著手语和加拿大魁北克手语。每种手语都是独一无二的，不是某种口语简单的衍生版本。例如，使用魁北克手语的个体与使用法国手语的个体彼此都无法理解对方的意思，尽管在两个地方法语是常用的口语。

口语和手语都有大量的词汇和复杂的语法。Laura-Ann Petitto和Ioulia Kovelman（2003）认为，口语和手语的语言习得装置是相同的。此外，手语发展的里程碑也与口语相同。例如，儿童大约会在12个月左右“说”出他的第一个词，无论是口语还是手语（Bloom，2002）。事实上，对从婴儿期就学习手语和口语的儿童进行的研究表明，“从出生就暴露在两种语言环境下，尤其是从出生就暴露在一种手语和一种口语的环境下，并不会导致儿童语言滞后或混淆”（Petitto & Kovelman，2003，p. 16）。如同说两种口语一样，儿童也能成为使用一种口语和一种手语的平衡双语者。

20世纪70年代，尼加拉瓜建立了他们自己的第一所聋人学校，语言学研究者得以有机会来研究一种全新的、社会共享的手语是如何形成的。研究发现，学生入校时，他们都会使用自己创造的、独特的手语。多年后，在学生自己手语的基础上，一种新的语言诞生了。当学生发展新的尼加拉瓜手语时，这一语言变得更加系统，词汇量丰富了很多，语法也变得更加复杂。后来，新的学生将发展中的尼加拉瓜手语作为自己的母语来进行学习（Hoff，2006；Senghaus & Coppola，2001）。

三、成为双语者的过程

从1995年到2005年，美国使用亚洲语言的学生增加了100%，说西班牙语的学生增加了65%。实际上，美国说西班牙语的人口数量已经在世界上排名第五（Lessow-Hurley，2005）。英语学习者数量最多的州分别是得克萨斯、加利福尼亚、佛罗里达、纽约和伊利诺伊，但美国中西部、南部、内华达州以及俄勒冈州的人数正在急剧上升。随着英语学习者数量的增加，人们对双语者也产生了很多错误的看法，具体如表5—4所示。

表5—4 对双语者的错误看法

错误看法	事实
学习第二语言不需要花费时间和精力。	以英语作为第二语言为例，掌握口语需要2～3年，掌握学术性语言则需要5～7年。
所有语言技能（听、说、读、写）都是从第一语言迁移到第二语言。	阅读是最容易迁移的语言技能。
语码转换是语言障碍的一种迹象。	语码转换表明在第一语言和第二语言上均拥有高水平的语言技能。
每个双语者都能很轻松地保持这两种语言。	这两种语言都需要花很多的精力和注意力才能维持高水平的语言技能。
儿童不会丧失自己的第一语言。	丧失第一语言且第二语言没能发展好，是第二语言学习者常会遇到的问题（第一语言和第二语言成了半语）。
只要暴露在外语环境中，人们就足以学习第二语言了。	为学习第二语言，学生必须有动机去交流、接触讲外语的人，并与他们互动、获得支持与反馈，同时也需要时间。
为学习外语，学生的父母需要在家里只说外语。	儿童需要在很多情境中使用两种语言。
阅读第一语言材料会不利于外语的学习。	无论是第一语言或第二语言，营造丰富的读写环境都有助于儿童前阅读技能的发展。
语言障碍必须用英语测验来鉴定。	为鉴定语言障碍，儿童必须接受第一语言和第二语言的测验。

资料来源：Brice, A.E. (2002). *The Hispanic child: Speech, language, culture and education.* Boston: Allyn and Bacon.

到底什么才是双语者？一些对双语的界定仅仅关注语言层面的含义，即双语者就是说两种语言的人。但其他的定义则更加严格，认为双语者“有早期、集中、持续暴露在双语环境的经验，并在成年后生活中使用这两种语言”（Petitto，2009，p. 186）。但实际上，这还不够。成为双语者和双重文化人，还要求个体能熟练掌握两种文化中交流所必需的知识，也能应对潜在的歧视。请思考下面两位学生的谈话：

一位刚从墨西哥搬到加利福尼亚州的初中三年级男生说：“我在这里受到很多的歧视，他们不喜欢我，甚至那些同样从墨西哥来的孩子也歧视我，他们只不过早来一些罢了。他们不把我们当作兄弟，甚至更讨厌我们，这样做使他们觉得自己更像美国人。他们想成为美国人，他们不想和我们说西班牙语；他们已经学会了英语，也知道该如何表现。如果他们和我们一起，其他人就把他们当作‘湿背人’（对生活在美国的墨西哥人的蔑称，尤指非法进入美国的墨西哥人），所以他们会想方设法地避开我们。”（Olsen，1988，p. 36）

20年后，一位华裔美国大学生很矛盾：“因为我出生在这，我的父母认为英语是世界的语言，（但）我告诉我妈妈，普通话很重要，但她并不认同。她的想法有些老派，比如她认为只有在美国才能赚到钱。我感觉，作为一个华裔美国人，作为第二代华裔移民，我是第一个没有跟随前人的脚步生活的。”（Wong & Xiao，2010，p. 168）

这两个学生的经历告诉我们，作为双语者，你必须能在两种文化和两种语言中穿梭，同时仍能保持自身的同一性，因此双语也要求双文化（Lee，Wong，& Alvarez，2008）。成为一个成功的双语者还有一个要求——学习学术性语言。

四、情境性语言和学术性语言

熟练掌握第二语言涉及两个独立的方面：面对面的交流（基本语言技能或情境性语言技能）和语言的学术性运用，如阅读或语法练习（也称为学术性语言）（Fillmore & Snow，2000；Garcia，2002）。**学术性语言（academic language）**是指在小学、中学和大学阶段教育中使用的所有语言。学术性语言包括多种学科会使用到的一般性的词汇和概念，如分析、评价和总结，也包括特定学科使用的词汇和策略，如数学中的角度、系数方程（factor the equation）或导函数（derivative），统计学中的因子（factor），金融学中的期权（derivative）等。你可以看到，实际情况很复杂，相同的一个单词在不同领域中会有两个差别极大的意思。学术性语言往往与抽象、高级、复杂的概念有关（Vogt，Echevarria，& Short，2010）。

学术性语言（academic language） 指在小学、中学和大学阶段教育中使用的所有语言，包括学术科目的词汇、概念、策略和过程。

一般而言，通过两三年的高质量培训，第二语言的学习者就可以使用基本的或情境性的语言来进行面对面的交流。研究表明，基本的或情境性的第二语言学习存在一些发展阶段，具体如表5—5所示。

表5—5　学生学习第二语言时常见的错误与成就

语言阶段	常见错误与局限	成就
学习语言的第一年	• 根本不说话。 • 一次只能理解一个词。 • 读错词的发音。 • 省略词。 • 用一到两个词回应。 • 很大程度上依赖语境。	• 使用手势、姿势和指向（某东西）等方式进行交流。 • 能使用“是的”、“不”或其他单个词语。
学习语言的第二年	• 基本的发音和语法错误。 • 词汇量有限。	• 能使用整句。 • 理解能力很好（在语境中）。 • 能使用语言与他人进行良好的互动。
学习语言的第三年及以后	• 复杂语法的一些错误。	• 能讲述一个完整的故事。 • 理解能力很好。 • 开始理解并使用学术性语言。 • 更大的词汇量。

资料来源：Miranda T. Z. (2008). Bilingual education for all students: Still standing after all these years. In L. S. Verplaetse & N. Migliacci (Eds.), *Inclusive pedagogy for English language learners: A handbook of research-informed practices*. New York: Erlbaum, pp.257-275.

掌握学术性语言技能（如阅读新语言的课文）则需要更长的时间，一般为5到10年。至于具体时间的长短，则取决于学生在母语中所掌握的学术性知识的多少。因此，那些说起话来似乎已经掌握第二语言的学生，在用第二语言从事复杂的学习任务时可能仍存在很大困难（Bialystok，2001；Verplaetse & Migliacci，2008）。有一个来自西班牙语国家的国际学生，她希望能获得博士学位并在大学任教，她是这样描述自己在大学中努力钻研教科书的情景的：

> 我不懂，为什么我做得这么差？毕竟我的语法和拼写成绩是很优秀的！我花了很长时间才明白原来用英语编写的教科书与用罗曼语言（西班牙语）编写的教科书是不一样的。这个过程中涉及截然不同的修辞规则，而这需要了解相应的文化才会明白。我从来都没有听说过论文观点、结构规则、衔接性、连贯性或其他的论述方式。（Sotillo，2002，p. 280）

一个来自墨西哥的十年级学生讲述了她的教师是如何帮助她掌握学术性语言的：

> 我之所以喜爱我的ESL老师，是因为她会解释如何去组织我们的想法以及如何用学校的方式来写作。她也教我们怎样去成为一个好的、批判性的阅读者。这对我其他课程的学习很有帮助，我知道它对我的生活也会很有益处。（Walqui，2008，p. 111）

下面的“实践指南”提供了一些促进语言学

实践指南　　促进语言学习

● 提供结构、框架、支架和策略。

例如：

1. 在解决问题时进行“出声思维”，以此建立和澄清学生所接收到的信息。

2. 使用视觉组织者、故事地图或其他辅助手段，帮助学生组织和联系信息。

● 教授相关的背景知识和关键词汇概念。

例如：

1. 了解学生现有的背景知识，如果有缺失，直接对学生需要的信息进行教学。

2. 聚焦关键词汇，并持续地使用这些词汇。

● 给予集中、有用的反馈。

例如：

1. 针对语义进行反馈，而非语法、句法或发音。

2. 频繁给予简短而清晰的反馈。如果可能，使用学生母语中的词汇。

3. 确保学生了解自己何时成功了。

4. 将作业和活动分解为更小的单元，“一小口大小”，并且在每“咬”一口后给予反馈。

● 确保学生参与和投入。

例如：

1. 使用小组和配对工作。

2. 创设情境，让学生可以详细地阐述自己的观点。

3. 用清晰的、高水平的问题挑战学生，允许他们花时间去思考和写出答案。当然，也可以让学生配对完成。

● 真诚地尊重学生的文化和语言。

例如：

1. 了解学生个人和语言的背景——在家里说哪种语言？家庭是什么时候搬到这里来的？在美国生活了多长时间？在其他国家接受了什么教育？

2. 了解学生的宗教背景、食物偏好和限制、家庭习惯，将学生的经验融入写作和语言艺术活动中。

3. 学习一些学生传统语言中的关键词汇。

4. 将差异视为一种财富，反对文化缺陷的观点。

资料来源：Peregoy, S.F., &. Boyle, O. F. (2009). *Reading, writing, and learning in ESL: A resource book for teaching K-12 English learners (5th ed.)*. Boston: Allyn & Bacon/Pearson; Echevarria, J., & Graves, A. (2011). *Content instruction: Teaching English learners with diverse abilities (4th ed.)*. Columbus, OH: Pearson; Gersten, R. (1996b). Literacy instruction for language-minority students: The transition years. *The Elementary School Journal, 96*, 217-220.

习的方法，但在教学过程中你也需要时刻牢记文化的差异。文化的差异可能会在很多方面干扰学术性英语的发展和学术性内容的理解。例如，很多亚洲学生，在他们原先的文化里，问老师问题是粗鲁且不恰当的行为，因为提问意味着教师的教学没有做好。在亚洲的课堂中，学生问问题可能会让教师在学生面前丢脸——这是绝对不允许发生的情形。因此，教师需要不断地反问自己为什么我的学生不问问题。再例如，在视教师为权威知识的来源的文化里，班级讨论会被认为是在浪费时间。从不是权威的其他学生身上，学生能学到什么？因此，文化塑造了我们对学习的观念，先前在不同类型的班级中的经验，也许可以解释为什么许多英语学习者在课堂上那么安静、不愿意说话。英语学习者可能也会认为自己的老师不够好，因为他们没有把每一件事情都解释清楚。如果先前的学校强调记忆，那么这些英语学习者也会更偏爱记忆这种学习策略（感谢俄亥俄大学的 Alan Hirvela 博士指出这些关于学校和教师的观念上可能存在的文化差异）。

接下来，我们将探讨语言教学的另一个主题——方言。

第三节　班级中的方言差异

教学的核心是交流，但正如我们在本章所看到的，文化会影响交流。在本节里，我们将讨论两种语言差异——方言与性别化语言。

一、方言

停下来 想一想

当你想要一杯饮料的时候，你会怎么说？你认为美国其他地区的人会使用相同的词吗？

方言（dialect） 特定群体所使用一种语言的各种变体。

在我从小居住的得克萨斯州，我们常常会问："你要一杯可乐（coke）吗？"如果答案是肯定的，下一个问题会是："要哪种？可口可乐（Coca-Cola）、根汁汽水、七喜还是橙汁？"后来搬到新泽西州，我必须得说"我要苏打水（soda）"，因为如果我说"我要一杯可乐（coke）"，那我只能喝到其专指的某种饮料。20年后，在我们为庆祝搬迁到俄亥俄州的聚会上，一位从小就住在俄亥俄州哥伦布市的同事对我说："你要学会说美国中西部的语言，我们管可乐叫'bottlapop'。"不同地区有不同的说话方式——不仅包括口音，还包括如何使用词汇。

方言（dialect）是特定群体所使用的一种语言的各种变体。Eugene Garcia（2002）将方言定义为"一种语言的地域性变体，有自己独特的语法、词汇和发音"（p. 218）。方言是某个群体集体认同的一部分。实际上，读这本书的每个读者至少会一种方言，有的可能还会几种，这主要是因为没有绝对标准的英语。英语有一些方言，如澳大利亚、加拿大、英国和美国等地方的英语；并且每个地方的英语还有很多变体，如美国英语中就有南方方言、波士顿英语、路易斯安那州法裔英语、美国黑人英语等变体（Garcia，2002）。

不同的方言在有关发音、语法和词汇规则上会有差异，但重要的是，请记住这些差异并不是错误的。每一种方言都是有逻辑的、复杂的，并且遵循一定的规则。双重否定的使用便是一个例子。在美国英语的变体中，像"I don't have no more"这样的双重否定结构是错误的。但在很多方言中，比如美国黑人英语的一些变体，却像其他许多语言一样（如俄语、法语、西班牙、匈牙利语），双重否定的表达方式在语法上是可以接受的。在西班牙语中，当我们想说"I don't want anything"（我什么都不想要）时，就得这样说："I don't want nothing"或"No quiero nada"。

（一）方言与发音

一般而言，不同方言存在发音的区别，这可能会导致拼写错误。比如在美国黑人英语的一些变体和美国南方方言中，人们很少会注意单词词尾的发音。但不发单词最后的辅音，如 /s/，就会导致不能指明标准英语中的所有格、动词的第三人称单数以及单词的复数形式。因此"John's book"可能会读成"John book"，thinks、wasps和lists等单词的单数形式和复数形式听起来一样。当词尾不发音时，学生谈话中出现的同音异义词（发音相同但意义不同的词）会比教师预料到的更多，例如spent和spend可能发音相同。当然，即使没有这些方言差异导致的混淆，英语中也存在很多同音异义词。通常在拼写课上要特别注意这些单词。如果教师意识到学生方言中的特殊同音异义词，可以直接讲解它们的不同。表5—6列出了方言差异的一些例子。

课堂中的方言差异

教师应当接纳语言多样化的学生的方言，视他们的方言为一种有效和正确的语言体系，但同时也还应该让学生学会使用更加正式和书面的主导语言形式，这样学生才会有更多的发展机会。

表5—6　在美国黑人英语和受西班牙语影响的英语中的方言差异示例

语言领域	标准英语	美国黑人英语
语音：不发单词最后的辅音	Hand，picked	Han，pick
名词复数	Two puppies	Two puppy
名词所有格	Mama's house	Mama house
过去时	John came.	John come.
系动词的使用	She has been running for a long time.	She bin running.
多重否定	I don't ever have any problems.	I don't never have no problems.
语言领域	**标准英语**	**受西班牙语影响的英语**
语音：ch 和 sh 互换	Chair，show	Share，chow
语音：不发单词最后的辅音	Start，least	Star，leas
反身代词	Himself，themselves	Hisself，theirselves
用 borrow 替换 lend	Lend me a pencil.	Borrow me a pencil.
用 barely 替换 recently	They recently graduated from high school.	They barely graduated from high school.
多重否定	I don't have any pain.	I don't have no pain.
使用西班牙语的词汇	15-year-old girl's coming out party	quinceñera

资料来源：Brice, A. E., & Brice, R. (2009). *Language development: Monolingual and bilingual acquisitions*, Upper Saddle River, NJ: Pearson Education, Inc.

（二）方言与教学

教师在课堂上如何应对语言的多样性呢？首先，教师应该注意自己是否对说方言的儿童持有潜在的消极刻板印象。其次，为确保学生理解教学内容，教师应该用不同的词语重复讲解，并请学生用自己的话复述或举例说明。从表面上看，教师的最佳教学方法应该是理解学生，接纳他们的方言，视他们的方言为一种有效和正确的语言体系；但实际上，还应该把焦点放在让学生学会使用更加正式和书面的语言形式（或在本国占主导地位的语言），这样学生才会有更多的发展机会。例如，Lisa Delpit（1995）曾这样描述一位土生土长的阿拉斯加籍教师 Martha Demientieff，她目前在小村庄教一群讲阿萨巴斯卡语的学生。她的教学目标是：要让学生既能流利地使用方言，即“传统语言”，也能流利地使用“正式英语”，即雇主和外面的人所使用的语言。她对学生说，外面的世界将会根据他们说话和写作的方式来评价他们。她接着解释道：

> 我们不得不替他们惋惜，因为他们只有一种说话方式。我们将要学习两种说话的方式，一种是我们的传统方式，另一种将是正式英语。当我们出去找工作时，我们要能够使用那些人唯一可以知道和听懂的表达方式。也许在我们工作之后，我们可以慢慢地帮助他们去体验拥有另一种语言的感觉，就像我们一样，那是种非常棒的感觉。在需要的时候，我们就像他们那样讲话；但我们会永远记得，我们自己的语言才是最好的。（p. 41）

语码转换（code-switching）
在两种说话方式间转换。

我们将变换使用两种不同的语言称为**语码转换（code-switching）**，有时我们的确需要学习这样做。不同的语码，有时是用于教育上或专业上交流的正式语言，有时是跟朋友和家人聊天的非正式语言，有时则指不同的方言系统。即使是儿童也能意识到语码的变化。Delpit（1995）叙述了她第一次给一年级学生上阅读课时学生的反应，在她认真地说完她早已背得滚瓜烂熟的教师手册上的内容后，一个学生举手问道：“老师，你说话的方式怎么那么像白人啊？你跟我妈妈在讲电话时的样子好像喔！”

对绝大多数原先说方言的学生来说，只要有好的榜样、清晰明了的指导和切近生活的练习机会，学会标准语言是很容易的。

二、性别化语言

如果请你根据自己对方言的了解来猜猜什么是**性别化语言（genderlects）**，你可能会猜到性别化语言就是指男性和女性所具有的不同的说话方式。男孩和女孩之间也有会一些细小的差别——女孩往往会稍微健谈一些，说话更加亲和（用亲和的言语交谈是为了建立和维持关系）。但多数研究都是以出生在白人中产阶级家庭中的儿童为对象，其研究结果未必适用于其他群体和文化。例如，一些研究指出女孩更喜欢合作和谈论情感，而男孩则更具有竞争性，喜欢谈论权利和公正；但另一些研究发现非裔美国女孩跟男孩一样喜欢竞争，在聊天时常常谈论她们的权利（Leaper & Smith，2004）。

和语言的大多数特性一样，性别化语言也具有文化差异性。打断别人说话就是一个很好的例子。在美国，男孩比女孩更喜欢打断别人说话；但非洲、加勒比、南非以及东欧等地区的女性，比美国女性更喜欢打断男性的发言。而在泰国、夏威夷、日本以及安提瓜岛，男孩和女孩的说话风格是非常相似的——他们不会打断别人的发言，而是彼此合作、轮流发言（Owens，2005）。

第四节　移民学生和英语学习者的教学

Felipe Vargas 是一名五年级的学生，三年前父亲在美国的鸡肉加工厂找到一份工作，因此他随家人从墨西哥搬到了美国。他们居住在佐治亚州北部的一个小城镇，当地有很多墨西哥工人，因此也建有西班牙语的教堂、墨西哥商店和墨西哥酒吧、饭馆。Felipe 的妈妈是一名家庭主妇，她不会说英语，而他的爸爸和哥哥 Enrique 都能说一点英语。哥哥 Enrique 来美国时已经 15 岁，他读了一年的英语课程后就不再上学了，现在也在鸡肉加工厂工作。哥哥因为自己能帮家里赚钱而感到自豪，但他的梦想是成为一名汽车修理工；他利用业余时间帮助邻居们修理汽车，并以此赚点外快。Felipe 的姐姐今年 15 岁，跟 Felipe 一样先学习了两年专门的英语课程，然后转入常规英语学校学习。父母已经帮姐姐在家乡挑了一位“新郎”，姐姐打算一到 16 岁就退学，虽然她其实并不愿意嫁给父母选择的那个人。他还有两个小妹妹，分别是 8 岁和 4 岁。最小的妹妹在“开端计划”学前班里学习英语，另一个妹妹则因为有阅读困难而留级，重读二年级。

> **性别化语言（genderlects）** 男性和女性所具有的不同的说话方式。
> **移民（immigrants）** 指那些自愿离开自己国家迁往另一个国家永久定居的人。
> **难民（refugees）** 是移民中的一个特殊群体，他们虽然也是自愿的，但却是因为安全问题而逃离自己的国家。

Felipe 在学校的成绩基本上都是刚刚及格。他在阅读课文时还存在一些困难，但他在班上交了很多美国朋友，跟他们讲英语也完全没有问题。事实上，他爸爸只要工作能脱身，就会到学校参加家长会，而 Felipe 常常为父母担任翻译。他在数学上具有天赋，每次考试都能得 A，数学能力在班上表现突出，因此有一名教师常常对他进行额外辅导。那名教师叫他“Phillip”，他说 Felipe 长大以后可能会成为一名会计师或工程师。Felipe 很喜欢这个主意，但他的爸爸则说上大学太费钱，而且他们打算一赚够买个小农场的钱就搬回墨西哥，那才是他爸爸的梦想。

如今，在美国的学校里有很多像 Felipe 和他的兄弟姐妹一样的学生。在本章接下来的内容里，我们将探讨如何对这些学生进行教学，让他们无论最终生活在何处，都能实现自己的大学梦和从事自己梦想的职业。

一、移民与难民

2003 年，12% 生活在美国的人出生在另一个国家。这些儿童中有很多是移民，就像 Felipe Vargas 和他的兄弟姐妹一样。**移民（immigrants）**是指那些自愿离开自己国家迁往另一个国家永久定居的人。墨西哥人，就像 Felipe 的家庭，是美国最大的移民群体（Okagaki，2006）。**难民（refugees）**是移民中的一个特殊群体，他们也是自愿的，但却是因为安全问题而逃离自己的国家。美国规定寻求难民地位的个人必须有“因种族、宗教、国籍、特殊社会团体成员或政治见解等原因，存在可能被迫害的充分证据”（U.S.Citizenship and Immigration Services，2011）。1975 年迄今，已有超过 300 万的难民获得了美国的永久居住权，其中一半是儿童（Refugee Council USA，2011）。

教育移民学生和英语学习者

多数教育心理学家认为没有任何一种文化是有缺陷的，学生面临的问题是因为学生的家庭文化与学校期望存在不一致。

起初几十年里，社会期望这些新移民能够融入当地文化中，即加入这个文化的**熔炉（melting pot）**，就像当地的那些早期移民一样。多年来，美国学校的教育目标一直是促进各种文化的融合，为文化熔炉添柴加火。这些移民的儿童说着不同的语言、有着不同的宗教信仰和迥异的文化传统，人们希望通过上学能够帮助他们学习和掌握英语，成为美国主流社会中的一员。当然，多数学校是针对欧裔美国中产阶级家庭的儿童。因此，人们期望移民的儿童去适应和改变，而非学校进行调整。非自愿的移民，比如那些被迫移民到美国的奴隶们的后裔，通常不愿意加入这个文化熔炉中。

在 20 世纪六七十年代，一些教育家提出，移民学生、有色人种学生以及贫困学生之所以在学校面临问题，是因为他们“在特定文化中处于不利地位”或出现“文化障碍”。这种**文化缺陷模型（cultural deficit model）**认为移民学生的家庭文化是次等的，因为它无法让儿童更好地适应学校。如今，教育心理学家都反对这一观点，他们认为文化是没有缺陷的，学生面临问题是因为学生的家庭文化与学校期望存在不一致（Gallimore & Goldenberg，2001）。此外，越来越多的族群不愿完全被美国主流社会所同化，相反，他们希望在成为社会中受尊敬的成员的同时，也能保留其自身的文化和身份。因此，多元文化主义便成为了目标。多元文化主义反对熔炉的观点，认为注重多元化的社会更像是填满各色原料的色拉盘（Banks，1997，2006；Stinson，2006）。

过去几十年里，美国移民绝大多数集中在大城市地区，以及加利福尼亚州、得克萨斯州、亚利桑那州和纽约州。但如今在很多其他的城市和小镇都有了“新的埃利斯岛”（1892—1954 年美国主要的移民检查站），尤其是美国中西部的几个州。如何对英语口语水平参差不齐的学生进行教学，这对教师来说是一种挑战。此外，教师还需要应对问责制测验的要求。显然，每个地方的教师都承受着很大的压力（Garcia & Tyler，2010）。更糟糕的是，只有不到 1% 的小学教师和中学教师做好了准备，能将英语作为第二语言进行教学（Aud et al.，2010）。

熔炉（melting pot） 一种比喻的说法，用来形容移民被主流社会所吸收和同化，最终消除不同族群间差异的现象。

文化缺陷模型（cultural deficit model） 该模型用来解释为什么美国少数族群学生在学业成绩上存在问题。它假设少数族群的文化是次等的，因为它没有让儿童能更好地适应学校，以取得学业上的成功。

二、当今的课堂

英语学习者是美国人口增长最快的部分。从 1994 到 2004 年在我任教的俄亥俄州，不精通英语的学生数量增长了 125%（Newman，Samimy，& Romstedt，2010）。2008 年，近 21% 的美国学龄儿童在家里会使用英语之外的另一种语言，这一数量几乎是 1979 年的三倍（Aud et al.，2010）。

英语学习者（English language learner，简称 ELL） 指第一语言或传统语言不是英语而在学习英语的学生。

据推测，到 2030 年，从托儿所到高中约有 40% 的学生只能说有限的英语（Guglielmi，2008）。一些估计认为，到 2050 年，仅拉美裔就会占美国人口的四分之一（U. S. Census Bureau，2011）。当然，这些变化并不是美国所独有的。据推测，到 2031 年，每 3 个加拿大居民中就有 1 个来自于有色少数族群；每 4 个加拿大居民中就有 1 个是在其他国家出生的。因此，在加拿大不使用官方语言英语和法语，而使用其他语言的人数也会增加（Freisen，2010）。事实上，所有发达国家都有很多移民学生。例如，在荷兰阿姆斯特丹的学校里，12 岁以下的学生超过一半来自于移民家庭（Crul & Holdaway，2009）。

移民家庭一般生活在特定的社区，所以这些社区的学校通常会有最多的移民学生和**英语学习者（English language learner，简称 ELL）**。在这些学生中，有一些甚至连母语的阅读和写作都不会。显然，为这些学生提供服务的学校需要额外的资源，雇佣和培训能说他们母语的教师和助手，实施更小的班级教学，购买设计良好的教材，以帮助这些不精通英语的学生学习复杂的学术课程（Crul & Holdaway，2009）。也许你能猜到，这些额外的资源通常并不容易得到。

在当今的课堂中，有四种典型的英语学习者，具体如下所示（Echevarria & Graves，2011）：

（1）*平衡的双语者*。这些学生能很好地使用第一语言和英语进行听说和读写。他们能用两种语言学习所必需的学业知识、技能和态度。这些学生可能不会提出很难的教学挑战，但他们需要维持自己在两种语言和两种文化下的技能。

（2）*单语/有读写能力的学生*。这些学生具有母语的读写能力（用母语时，他们的成绩达到了年级水平或超过年级水平），但他们的英语水平有限。对这些学生而言，教学的挑战是帮助他们发展英语，并继续学习学术课程。

（3）*单语/无读写能力的学生*。这些学生几乎没有读写能力。他们不能用母语进行阅读或写作，或仅有很低的读写能力。一些学生从未上过学。此外，他们的英语很差。在学习学术课程和语言的过程中，这些学生需要最多的帮助。

（4）*有限的双语者*。这些学生能很好地使用两种语言进行对话，但由于种种原因，他们在学术学习方面存在困难。潜在的原因可能是学习障碍或情绪问题。进一步的测验，也许有助于诊断他们存在的具体问题。

这些学生的剖面图与我们在前面介绍的对话性语言和学术性语言的差异有关。你可能还记得，我们需要 2 ～ 3 年的时间发展出较好的对话性语言，但要用 5 ～ 10 年的时间去掌握学术性语言。对话性技能包括使用恰当的词汇和语句、提出和回答问题、开始和结束对话、聆听以及理解与使用习语。

学术性语言包括流畅地阅读和写作，语法和句法，特定词汇的知识，跟随书面和口头的指引，与其他学生一起合作完成作业，理解不同类型的文章和写作格式，如小说、诗歌、数学问题、科学图表、历史大事年表，学习概述、总结和阅读理解等技能（Echevarria & Graves，2011）。要成功学习课程内容，英语学习者必须将对语言的理解和特定学科的（如数学或生物）专门术语、概念和习俗整合在一起。图 5—2 列出了为了学习必须整合在一起的语言的不同领域。

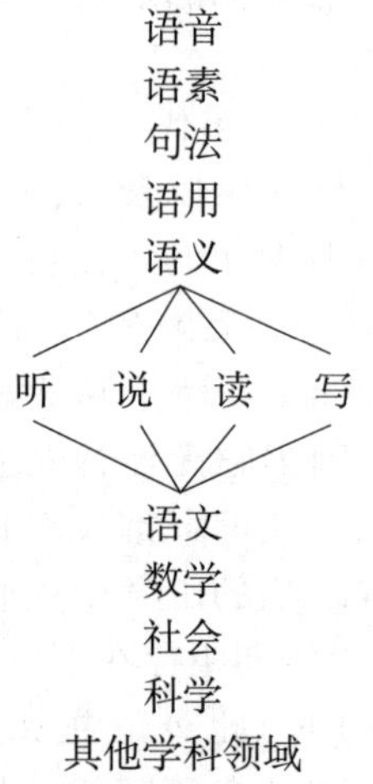

图 5—2 在学校里成功学习所需的语言领域

资料来源：Echevarria, J., & Graves, A. (2011). *Sheltered content instruction: Teaching English learner with diverse abilities (4th ed.)*. Columbus, OH: Pearson.

如果你任教的学校里有很多英语学习者，学校可能会有专门的人事部门负责正式的评估，以便妥当地安置这些学生。

三、1.5代学生：生活在两个世界里的学生

停下来 想一想

想象你是这样一个人：

大约一年前，你来到美国。你的家庭是非法入境的。你有一个弟弟和一个妹妹，他们出生在美国，是合法的居民。但你不是。你的父母和年长的同胞很辛勤地工作，经常做两份工作，为的是让年幼的孩子能受到良好的教育。在美国你家生活的新社区里，你上了幼儿园、小学和高中。你以优异的成绩从高中毕业，希望能上大学。但很快，你发现你没有资格申请奖学金，你不得不按照国际学生的标准来缴纳学费，而这是你负担不起的。尽管你人生的大部分时间是在美国，能说一口流利的英语，甚至你还是一个勤奋、有前途的学生，但是你也不能合法地工作、投票，在很多州里也不能驾车。

如果你是这样的学生，你就是“1.5 代”这个大群体的一员。之所以称为**1.5 代（generation 1.5）**，是因为这些学生的特点、教育经验和语言流畅度是介乎出生于美国的学生和刚移民到美国的学生之间（Gonzalez，2010）。这些学生出生在其他国家，但他们人生的大部分时间生活在美国，因为他们的家庭在他们年幼的时候移民到了美国。他们在家里说的语言可能不是英语，但他们通常能很流利地用英语进行对话；不过，他们的学术性英语可能不是很好。事实上，有很多不同类型的 1.5 代学生，Dubarry 和 Lima（2003）曾对此进行了描述：

- 来自于波多黎各等美国属地的学生，有时也被称为移民。
- 在美国出生的移民后代，其父母是生活在社会关联紧密的社区的移民。在那里，传统语言因家庭成员的使用和商业生活的用途而得以保留。
- 为了接受美国教育而被富有的父母送出国，并与年长的同胞生活在一起的学生。这些学生，有时也被称作“降落伞儿童”。
- 家庭在不同国家间来回迁徙的儿童。
- 说其他“英语”的移民，如牙买加英语、东印度英语或新加坡英语。

仔细分析可以发现，这些学生有一些共同特点，也面临类似的挑战。他们可能没有在家庭所使用的语言上发展出高超的读写技能，因为他们的学校教育并不使用这种语言。他们可能是通过听朋友或年长的同胞的谈话、与他们聊天、看电视或听音乐来习得大部分的英语的。有人称他们为“耳朵学习者”，因为他们是通过周围听到的语言来建立自己对英语的认识的；但他们听到的常常是白话或俚语，因此他们可能在准确阅读和书写英语方面存在困难。我们大部分人在听到或读到英语时就知道它们的语法是否正确，因为在我们的生活中我们听到的（绝大多数）都是正确的语法，我们的耳朵很好地教会了我们。但对很多 1.5 代的学生来说，通过耳朵而学习到的是不完美的，甚至是不准确的英语语法概念。因为他们是“耳朵学习者”，他们可能会使用不正确的动词和名词形式，读错复数形式的单词，或混淆读音相近的单词，如 confident 和 confidence。他们需要依靠语境、手势、面部表情和声调来理解言语，因此阅读对他们来说更加困难，校正作业则是极具挑战性（Harklau，Losey，& Siegal，1999；Reid & Byrd，1998；Roberge，2002）。相反，我班上很多国际研究生在学习英语时是“眼睛学习者”，通过阅读、写作、词汇和语法练习来学习英语。他们的写作能力很好，但他们在口语互动方面有更多的困难。了解学生的类型以及他们最初是如何学英语的，能帮助你理解他们所犯的错误和他们所面临的挑战。

> **1.5 代（generation 1.5）** 指那些在个性特点、教育经验和语言流畅度上介乎出生于美国的学生和刚移民到美国的学生之间的群体。
>
> **有限英语水平者（limited-English-proficient，简称 LEP）** 这一术语也用于称呼第一语言或传统语言不是英语而在学习英语的学生。但通常不建议使用这一术语，因为带有明显的贬义。

四、双语教育和英语学习者

有很多术语与双语教育有关。在美国，刚开始学习英语的学生有时被称为**有限英语水平者（limited-English-proficient，简称 LEP）**。更常看到的是，这些学生被称为英语学习者（ELLs），

正方观点 / 反方观点：教育英语学习者最好的方式是什么？

针对这一问题，有两种不同的立场，导致两种截然相反的教学方法：一种是将教学重心放在沉浸式的全英语教学，尽快让学生转换到英语使用阶段；另一种则是在英语技能完全发展起来以前，努力保留和促进学生的母语，并在教学时主要使用母语。

正方观点

对英语学习者来说，结构化的英语沉浸式教学是最好的方式。

赞成"沉浸式"或"快速转换"教学方式的人认为，应该尽可能早地让学生接触英语，并且越密集越好。他们认为如果用学生的母语进行教学，这些学生就会失去学习英语的宝贵时机。支持者引用了加拿大沉浸式教学计划，用以证明语言沉浸的有效性（Baker，1998）。在一份写给教育管理者的文章中，Kate Clark 宣称："这些教学计划非常有潜力，能加速英语学习者英语的发展，并为学习相应年级水平的学科内容做好了语言的准备。"（2009，p. 42）如今很多学校遵循这个思路开展了结构化的英语沉浸式教学（structured English immersion，简称 SEL）。虽然有很多不同取向的结构化英语沉浸式教学，但它们通常有两个基本的特征：（1）教师在教学中尽可能多地使用英语；（2）课堂中学生的能力水平决定着教师如何使用和教授英语，即英语的使用和教学必须适合学生的能力（Ramirez，Yuen，& Ramey，1991）。

Clark（2009）认为，至少有三个原因可以解释学校为何采用这种教学方式：首先，一些州通过法律强制执行这种沉浸式教学方式，并且限制了使用儿童母语的教学工作量。其次，美国所有校区实行的问责制测验都必须使用英语。如果学生在这些测验上的得分很低，学校将要面临处罚，因此让这些参加测验的学生尽可能快地掌握英语对学校很有利。最后，学校担心，英语学习者的学生如果没有得到密集、持续的英语教学，就算能学会足够的对话性英语，也发展不出中学以及高等教育所需的学术性英语。

Clark（2009）总结道，沉浸在一种语言中，是学习一种新语言最好的方式，也是全球很多语言学习计划的基础。

反方观点

在学生的英语技能完全发展以前，应努力保留和促进其母语。

用英语教学（teaching in English）不同学科的内容，并希望学生从中学会英语，这一过程与教授英语（teaching English）并不相同。建议保留母语的教学方式的支持者指出，这一做法存在四个重要问题（Gersten，1996b；Goldenberg，

英语作为第二语言（English as a second language，简称 ESL）致力于为英语学习者的学生提供教学的课程。

因为他们的第一语言或传统语言不是英语。**英语作为第二语言（English as a second language，简称 ESL）**是对课程的称呼，这些课程致力于教这些学生英语。不精通英语，在美国通常也意味着更低的学业成就和更差的工作前景。因此，围绕着语言发展多样性的一个重要主题就是，我们应当如何对这些学生进行教学。

（一）英语学习的两种教学方式

几乎每个人都赞同，所有公民都应学习自己国家的官方语言，但究竟该何时以及如何开始学习官方语言呢？对英语学习者来说，是先用他们的母语来进行阅读教学比较好，还是要一开始就用英语来教他们阅读？如果先为这些儿童安排一些英语的口语练习课程，会不会让之后的阅读教学更为有效？在学生能说流利的英语之前，是否应采用母语教授其他科目，如数学和社会学？正如你在上面"正方观点 / 反方观点"中看到的，关于这些问题的争论已经持续了很长时间。

（二）双语教育的研究

同时学习两种语言对个体而言是极为有益的。前面我们曾介绍过 Petitto（2009）的研究，来自于单一使用英语的家庭的儿童在参加双语教育后，在阅读两种语言均需要的技能上有优异的表现。美国少数族群儿童与青少年读写能力委员会（National Literacy Panel on Language-Minority Children and Youth）回顾了有关全英语的沉浸式教学和保留母语的教学的研究，结果发现，参加保留母语教学的学生在多种不同测验上的表现更好（Francis，Lesaux，& August，2006）。Lee Branum-Martin 及其同事（2010）选取了得克萨斯州和加利福尼亚州的 128 个班级，直接对比沉浸式和保留母语教学计划的效果。结果发现，教学计划的类型不能预测在教学中使用英语和西班牙

1996；Hakuta & Garcia，1989）：

首先，深层次地学习第一语言将会促进第二语言的学习。例如，一项全美大样本的研究对八年级拉美裔的学生持续追踪了 12 年，结果发现，西班牙语作为第一语言，其熟练程度能预测英语阅读能力，英语阅读能力能预测学生在学校和职场的成就（Guglielmi，2008）。学生在习得第一语言的阅读能力时所发展出的元认知策略和知识，会迁移到第二语言的阅读中（van Gelderen，Schoonen，Stoel，de Glopper，& Hulstijin，2007）。因此，维持和促进第一语言的熟练程度是很重要的。学生在学习母语时所获得的学习策略和学科内容（数学、科学、历史等），是不会在他们学习英语的过程中遗忘掉的。

其次，强迫儿童用一门陌生的语言来学习数学或科学，他们一定会遇到困难。如果你才学了一个学期的第二语言，就被迫用这门语言来学习分数或生物，你觉得结果会怎样？一些心理学家认为，用这种方法所教出的学生可能会成为**半语（semilingual）**者，学生对两种语言都不精通。而这可能是社会经济地位低的拉美裔学生辍学率居高不下的重要原因之一（Ovando & Collier，1998）。

再次，如果忽视第一语言，完全只强调英语，学生可能会因此得出他们的母语（连带他们的家庭和文化）低人一等的认识。这种偏颇的认识，非常不利于其积极自我概念的建立。

最后，就像 Kenji Hakuta 多年前所说的“一种自相矛盾的态度，一方面崇尚在学校习得双语，并为此自豪；另一方面，鄙视由于移民而在家庭里产生的双语者，并为他们感到羞愧”（1986，p. 229）。具有讽刺意味的是，当学生升入中学，他们逐渐掌握了学术性英语而他们的母语已开始衰退的时候，却又被再次鼓励去学习第二语言。有时候，母语为西班牙语的学生被鼓励学习法语或德语，因此他们很可能在三种语言上都成为半语者（Miranda，2008）。

半语（semilingual） 不精通任何一种语言，不能有效地使用一种或多种语言。

超越非此即彼 当然，在关于双语教育的争论中，我们很难将教育政策与教学实践完全剥离开来。很明显，高质量的双语教育计划会有积极的结果。研究发现，参与 ESL 教学计划的学生在使用母语教学的学科上以及英语的掌握程度上都有进步，同时他们的自尊心也有所提高（Crawford，1997；Francis，Lesaux，& August，2006），对学生的阅读理解也有积极的影响（Procotr，August，Carlo，& Snow，2006）。但如今争论的焦点不再是一般的教学方式，而是有效的教学策略。正如你在本书中经常会看到的，清晰的学习目标、对所需技能的直接教学（包括学习策略和方法）、从教师或同伴指导逐步过渡到学生的独立练习、真实有趣的任务、关注于学习内容的互动和对话、教师温暖的鼓励等，都是行之有效的教学策略（Chamot & O'Malley，1996；Gersten，1996b；Goldenberg，1996）。

语的数量——存在很多地方性的差异。一些英语沉浸式的教师会使用相当多的西班牙语；一些保留西班牙语的教师会使用相当多的英语进行教学。另一个发现是，保留西班牙语的教学计划对学生在英语上的表现有积极的影响。

由美国教育部资助的一项研究（Gersten et al.，2007）向英语学习者提供了五个主要的建议，并可扼要概括如下（Peregoy & Boyle，2009）：（1）教学前对阅读进行一个正式评估（详见第 15 章），以便准确地判断英语学习者现在知道什么以及已做好准备学什么，也可以鉴别出那些在阅读方面需要更多帮助的学生。（2）采用小组的形式，针对评估中需要识别的领域进行集中教学。（3）有目的地对课程内容中出现的基本词汇和课堂上的常见词汇、短语和表达方式进行教学。（4）直接对学术性英语进行教学——发展学生阅读文章、书写学术性作业以及使用正式语言和论证的能力。（5）在完成学术任务时，可广泛地使用同伴辅助学习，尤其是配对合作学习的形式。

（三）让所有学生都成为双语者：双向的沉浸

学生需要同时掌握对话性英语和学术性英语，并都达到很高的水平，但这一过程不应该牺牲他们的母语。学校教育的目标应该是平衡的双语者。为达到这一目标，一种行之有效的方法是将正在学第二语言的学生和以第二语言为母语的学生编排在同一个班级中。这样做的目的是，让两类学生都能熟练地掌握两种语言（Peregoy & Boyle，2009；Sheets，2005）。我女儿曾在魁北克省参加过这样的项目，经过一个暑假的学习，她从此在法语课上名列前茅。

为真正有效对英语学习者进行教学，我们需要很多双语教师。如果你在某种语言上有所涉猎，那么为了教学你可能需要更好地掌握它，因为目前的生师比是每 100 个英语学习者才有 1 个有资格进行双语教学的教师（Hawkins，2004）。促进语言的学习是绝大多数教师的责任。图 5—3 提供了很多教学策略，可用以促进不同年级学生语言和读写能力的发展。

学生在结束沉浸式或双语教学后会掌握一些英语技能，但学习并没有结束。对很多学生来说，接下来将进入掩蔽教学阶段。

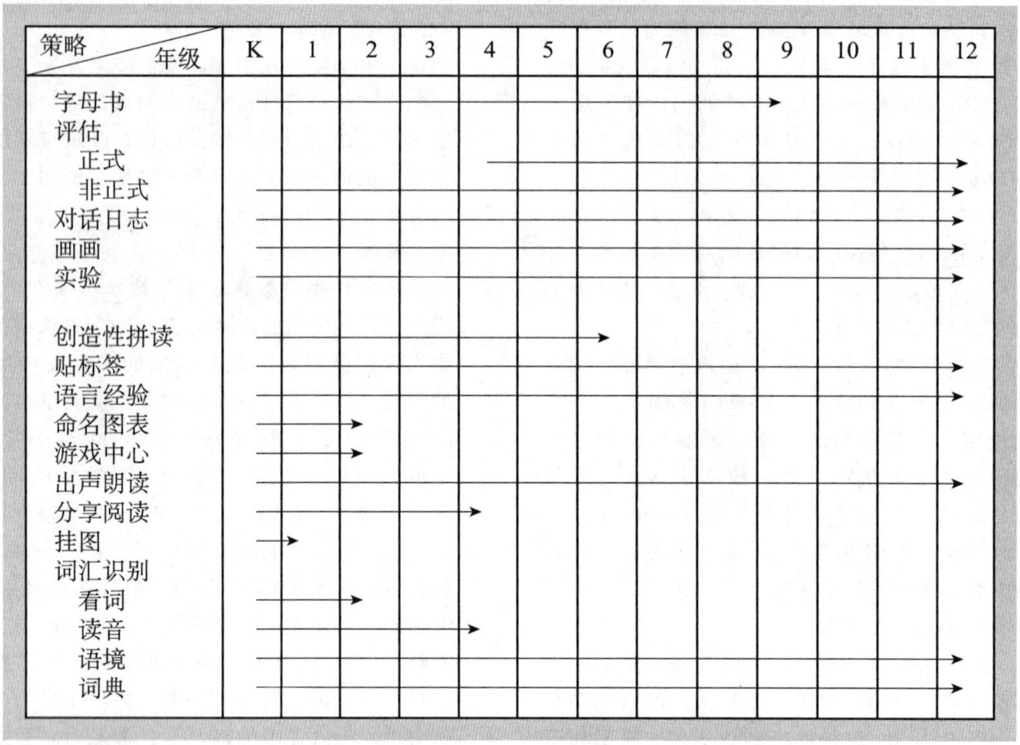

图 5—3 促进学习和语言习得的教学策略

在双语课程和英语作为第二语言的课程中，对学生进行有效的听说读写教学需要整合很多策略——直接教学、借助媒介、辅导、反馈、示范、鼓励、挑战和真实的活动等。

资料来源：Peregoy, S. F., & Boyle, O. F. (2009). *Reading, writing, and learning in ESL: A resource book for teaching K-12 English learners (5th ed.)*. Upper Saddle River, NJ: Pearson Education, Inc.

五、掩蔽教学

对绝大多数教育移民和英语学习者的教师来说，一个现实的挑战是在教授学科内容的同时也要发展学生的英语语言技能。**掩蔽教学（sheltered instruction）**这种教学方法已被证实能成功达到上述两个目标。将学科内容的词汇和概念放在语境中，从而使学科内容更易理解，掩蔽教学就是通过这样的方式来向英语学习者教授学科内容。这样的策略包括简化和控制语言，注意英语相关的语法和形式——帮助学生“解开密码”，借助视觉和手势，涵盖现实生活的支持和实例。此外，在教学过程中，不再是教师始终在说话，取而代之的是强调学生的发言和讨论。为了更清晰地了解什么是好的掩蔽教学，Jana Echevarría 及其同事（2008）识别出八个关键要素：准备、建立背景知识、可理解性、策略、互动、练习和应用、课程传授、复习和评估。研究者开发出一套**掩蔽教学观察报告（Sheltered Instruction Observation protocol，简称 SIOP）**的系统，可用以检查每个要素是否都包含在教学中。图 5—4 就是掩蔽教学观察报告可能包含的每个要素的一些实例。

掩蔽教学（sheltered instruction） 将学科内容的词汇和概念放在语境中，使学科内容更易理解，从而在向英语学习者教授学科内容的同时，促进他们英语语言技能发展的一种教学方法。

掩蔽教学观察报告（Sheltered Instruction Observation Protocol，简称 SIOP） 一种用于检查教师所呈现的掩蔽教学中的每个要素的观察系统。

究竟掩蔽教学是什么样的？这是七年级语言艺术课堂上的一个活动，学生正在学习比较和对比故事中人物性格这一文学过程（Vogt，Echevarria，&

Short，2010）。在同一课堂上，学生也在学习语言艺术这门学科特有的一些词汇（如性格特征）以及可用于很多学科的学术性词汇（如比较、对比）。此外，教师还要求学生思考情境性行为和性格特征等方面的问题，以此来锻炼他们的高级思维技能。这些问题如："人们的表现总是相同的吗？害羞的人在所有场合都害羞吗？动机会影响行为吗？性格特征会影响行为吗？它总是以同样的方式影响吗？"学生已经读了两个故事，即 Gary Soto 的《七年级》以及 Richard Peck 的《Blossom Culp 的神奇力量》。为了学习有关性格特征的词汇，学生们列出了一个很长的单子，上面有各种性格特征，从"能干"、"活泼"到"闷闷不乐"、"没有经验"。他们还完成了对两个故事中主要人物的性格特征的语义特征分析（semantic feature analysis，简称 SFA），图 5—5 就是其中一个例子。

	自信	害羞	古怪	富有同情心的	容易难为情的	残酷的
《七年级》						
Victor	−	+	−	+	+	−
Teresa	+	−	−	+	NE	−
Michael	+	−	+	+	−	−
Bueller 先生	+	−	−	+	−	−
《Blossom Culp 的神奇力量》						
Blossom	+	−	+	−	−	−
Blossom 的妈妈	+	−	+	−	−	−
Letty	+	−	−	−	NE	+
Cartwright 小姐	+	NE	−	+	−	−

图 5—5　两个故事中人物性格的语义特征分析

资料来源：Echevarria, J.J., Vogt, M. J., & Short, D. J. (2010). *The SIOP model for teaching mathematics to English learners*. Upper Saddle River, NJ: Pearson Education, Inc.

借助语义特征分析，学生可以比较他们的分析，寻找内在模式以及讨论他们的结论。他们可以结伴完成"比较与对比"论文的写作，这样能有更多的机会进行交流。所有这些活动都要求英语学习者进行思考、阅读、说话和写作，而在此同时，他们也在学习新的内容概念、学术性词汇和理解策略。

六、情绪和情感或社会性的考虑

停下来　想一想

你刚走进教室，老师就走到讲台上，然后说了一堆日语。

班上没什么变化，直到你拿到试卷，并且被告知"这次测验占你总分的 20%，要好好做"。你觉得难以置信！你会怎么做？

上面这种事情应该不太可能发生？事实上，我的一位博士生在他的教育心理学课程中故意设计了这样一堂课（没有测验），因此他班上的学生体验到了，当教师使用一种你不擅长的语言（假设你的日语不太好）进行重要内容的教学时，你会有什么样的感受。有关英语学习者的研究发现，他们在学校里会经历严峻的挑战和巨大的压力。他们会没有归属感，认为其他人都在取笑他们，或干脆忽视他们。因为其他人每一个都知道规则和正确的词语，他们需要很大的勇气和耐心来不断尝试与别人交流。尽可能少说话往往是更轻松的方式。因此，沟通练习尽管是这些学生极度需要的，但它基本上不会发生。

教师如何去支持学生，让他们有勇气和耐心跟别人进行交流？第一步是创设一个关心和尊重的班集体。我们将在第 13 章中介绍相关的策略。在下面的"实践指南"中，Echevarria 和 Graves（2011）提出了一些用以向英语学习者提供情感支持和提高他们自尊的其他方法，你可以参考。

掩蔽教学观察报告共有 30 个特征或领域需要在观察中进行评估。对每个特征的评定是从 4（高度明显）到 0（不明显）或 NA（不适用）。最终，这些评定将转化为一个分数。

观察者：＿＿＿＿＿＿＿＿ **教师：**＿＿＿＿＿＿＿＿

日　期：＿＿＿＿＿＿＿＿ **学校：**＿＿＿＿＿＿＿＿

年　级：＿＿＿＿＿＿＿＿ **ESL水平：**＿＿＿＿＿＿＿＿

班　级：＿＿＿＿＿＿＿＿ **课程：**＿＿＿＿＿＿＿＿

指导语：请根据你在掩蔽课程中看到的内容，在最能反映这一内容的数字上画圈，评分在0～4分之间。"评论"处可描述你所观察到的行为的实例。总分：□% 分值：□ 录像#：＿＿＿＿

	高度明显 4	3	有些明显 2	1	不明显 0	不适用
准备						
1. 内容目标必须清晰确定，并清楚地向学生阐述和复述。	□	□	□	□	□	□
2. 语言目标必须清晰确定，并清楚地向学生阐述和复述。	□	□	□	□	□	□
3. 内容概念必须符合学生的年级和教育背景水平。	□	□	□	□	□	□
4. 大量地使用辅助性材料（如计算机程序、图表、模型和可视教具），使课程清晰易懂。	□	□	□	□	□	□
5. 改变内容，以适应各种熟练程度的学生。	□	□	□	□	□	□
6. 设计有意义的活动，将课程概念（如访谈、写信、模拟、模型）与听、说、读、写的语言练习机会结合起来。	□	□	□	□	□	□
评论：						
建立背景知识						
7. 外显地将概念与学生的背景经验联系起来。	□	□	□	□	□	□
8. 外显地将过去的学习与新的概念联系起来。	□	□	□	□	□	□
9. 强调关键词汇（如介绍、板书、重复、突出相关内容，以便让学生看到）。	□	□	□	□	□	□
评论：						
可理解性						
10. 使用适合学生语言水平的语言授课（对初学者采用更慢的语速、清晰的发音和简单的句子结构）。	□	□	□	□	□	□
11. 对学业任务进行清晰的解释。	□	□	□	□	□	□
12. 采用各种手段帮助学生弄清学科内容概念（如示范、可视教具、动手活动、演示、手势和身体语言）。	□	□	□	□	□	□
评论：						

策略	高度明显		有些明显		不明显	不适用
13. 提供充足的机会让学生使用学习策略。	☐	☐	☐	☐	☐	☐
14. 持续使用支架技术（如出声思维），以帮助和促进学生的理解。	☐	☐	☐	☐	☐	☐
15. 设计各种问题或任务，激发学生的高级思维技能（记忆、分析和解释性的问题）。	☐	☐	☐	☐	☐	☐
评论：						
互动						
16. 为学生提供频繁的互动和讨论的机会（师生、生生之间），激发学生对课程概念做出各种复杂的反应。	☐	☐	☐	☐	☐	☐
17. 采用多种分组结构，促进课程的语言目标和内容目标的实现。	☐	☐	☐	☐	☐	☐
18. 始终为学生提供充足的反应时间。	☐	☐	☐	☐	☐	☐
19. 给予充足的机会，让学生用母语澄清关键概念，在必要时可借助助手、同伴或母语的相应课文。	☐	☐	☐	☐	☐	☐
评论：						
练习和应用						
20. 提供动手操作的材料和工具，以便让学生练习使用新的内容知识。	☐	☐	☐	☐	☐	☐
21. 组织活动，让学生同时运用内容知识和语言知识。	☐	☐	☐	☐	☐	☐
22. 把听、说、读、写各种语言技能融入活动中。	☐	☐	☐	☐	☐	☐
评论：						
课程传授						
23. 整个授课过程要确保内容目标的实现。	☐	☐	☐	☐	☐	☐
24. 整个授课过程要确保语言目标的实现。	☐	☐	☐	☐	☐	☐
25. 要保证学生90%～100%的课堂时间是积极学习的。	☐	☐	☐	☐	☐	☐
26. 根据学生的能力水平调整授课的速度。	☐	☐	☐	☐	☐	☐
评论：						
复习和评估						
27. 充分复习关键词汇。	☐	☐	☐	☐	☐	☐
28. 充分复习关键内容概念。	☐	☐	☐	☐	☐	☐
29. 经常对学生的学习效果（如语言、内容、作业等）提供反馈。	☐	☐	☐	☐	☐	☐
30. 在课堂上评估学生对所有课程目标的理解和学习效果（如现场抽查、小组反应）。	☐	☐	☐	☐	☐	☐
评论：						

图 5—4　掩蔽教学观察报告示例

资料来源：Echevarria, J.J., & Graves, A. (2011). *Sheltered content instruction: Teaching English language learners with diverse abilities (4th ed.)*. Upper Saddle River, NJ: Pearson Education, Inc.

实践指南　向英语学习者提供情感支持和提高他们的自尊

- 创设能促进阅读和写作成功的学习活动。

例如：

1. 与年幼学生每周进行一次个别对话，将他们复述故事的内容记录下来。让学生校订和修改听写作业，将它读给同伴听。

2. 与年长学生进行互动式日志，每周收集一次，写完后再交给学生完成。

- 确保学生有充足的时间进行练习，并能得到详细而有针对性的校正。

例如：

1. 私下指出学生的书面作业中哪些是正确的，哪些是接近正确的，哪些是错误的。

2. 小心处理公开的口头纠正，以让学生知道什么正确为原则，不要过多纠缠。当然，也不能接受明显错误的答案。

- 将教学与学生生活中的相关知识联系起来。

例如：

1. 要求学生调查家庭成员最喜爱的电影，利用电影人物去探讨文学的基本要素，如情节、观点等。

2. 让学生创建建筑公司或企划方案，以此来学习数学概念。

- 积极让学习者参与其中。

例如：

1. 将历史课程中的时间轴与根据家庭历史制成的个人时间轴进行比较。

2. 让农村学生完成一些动物或农业的科学项目。

- 使用不同的分组策略。

例如：

1. 在写故事和练习口语陈述时采用学生配对的形式。

2. 在研究新近移民群体的文化和语言时采取小团队的形式。

- 提供母语的语言支持。

例如：

1. 学习和尽可能多地使用学生的母语。他们能学会，你也可以。

2. 找到网络翻译资源和当地使用母语的志愿者。

3. 带一些学生母语的杂志和书籍进入班级。

- 让家庭和社区参与进来。

例如：

1. 邀请故事作者和当地企业家、艺术家和工匠进教室。

2. 为你的班级创设一个“欢迎中心”。

- 对所有学生保持高期望，并跟学生清晰地交流这些期望。

例如：

1. 当学生进入职场或大学后，保持他们以前的剪贴簿。

2. 不接纳普通平凡的作品。

3. 为学生做尊重多元化、抵制偏见的榜样。

资料来源：Echevarria, J.J., & Graves, A. (2011). *Sheltered content instruction: Teaching English language learners with diverse abilities (4th ed.)*. Upper Saddle River, NJ: Pearson Education, Inc.

另一个问题与文化差异有关。正如我们前面提到的，初中或高中才移民到美国的学生在自己的家乡曾经历过截然不同的教育体系和教育观念。他们可能因为出色地记住了课程所要求的内容而在那些体系中获得了成功。当他们面对一种不同的教育方式时，突然间他们会很挣扎，感觉自己只知道一点点或一无所知。作为教师，你需要了解这些学生的长处，了解他们的能力，并在此基础上进行教学。

七、与家庭合作：文化工具的使用

Luis Moll 及其同事希望能找到一种更好的教学方式，来帮助生活在美国亚利桑那州图森市的墨西哥裔工人阶级家庭的儿童（Moll et al.，1992）。Moll 认为，与其改变学生的不足，不如从这些学生的家庭出发，找出并依靠他们的工具和文化**知识储备（funds of knowledge）**。通过对家庭的访谈，研究者发现这些家庭拥有广博的农业、经济学、医学、家务管理、机械学、科学以及宗教等方面的知识。当教师根据这些知识资源设计作业

> **知识储备（funds of knowledge）** 家庭或社区成员所拥有的在工作、家庭和宗教生活等多个领域的知识，可以成为教学的基础。

家庭和社区合作实践指南　　欢迎所有家庭

- 确保家长能理解所有的沟通内容。

例如：

1. 尽可能使用学生家庭所使用的母语。
2. 尽可能使用口头交流——电话或家访。

- 平衡积极信息和消极信息的比重。

例如：

1. 将儿童的成就和善举记录或描述下来，并送到家里。
2. 向家长解释，相关的训练是为了帮助儿童成功。

- 建立欢迎新家庭的系统。

例如：

1. 指派更有经验的“好伙伴”家庭与新家庭沟通。
2. 在发布学校的公告时，采用多种媒介与社区沟通。

- 确保信息的通达。

例如：

1. 建立电话树或短信网络。
2. 让家长了解，每周会有一个便笺送到家里，因此家长可以向子女询问相关的信息。
3. 建立一个多种语言版本的班级简报或网站。

时，学生会更加投入，教师也因此重新认识了这些学生的生活。例如，在参加了一个知识资源项目后，一位教师意识到，过去她总是认为自己的学生是有缺陷的或有问题的——学业落后、不合群、有家庭问题以及贫穷。但现在，通过不再关注他们的局限，而是关注他们的资源，这位教师开始了解这些学生的家庭，也意识到自己原先常常曲解学生的行为。

强烈的家庭价值观和责任感是我访问的这些家庭的特点。通常，家长希望我的学生在家里做一些家务，比如打扫房间、汽车保养、准备食物、洗盘子以及照顾年幼的弟弟妹妹。当我的一个学生没能来参加学校戏剧和合唱团的排练时，我认识到这种洞察力意味着什么。我用一本日记详细记录了自己参加项目的点点滴滴。在日记中我记录了下面发生的事件：

周三（1992 年 11 月 25 日）音乐教师向我抱怨：“你知道，Leticia 已经缺席了两次合唱团的排练了。”我还没说话，学校的戏剧老师就接过话，补充道：“哦，她很没有责任感。她参加了戏剧俱乐部，但她每两次开会才能来一次。”这时，我说：“等一下，听我说……”接着我告诉她们，Leticia 的弟弟正在医院接受一系列的手术，她妈妈不在家的时候，Leticia 要在家负责照顾两个年幼的弟弟妹妹。她放学后没去参加排练，正是一种负责任的、孝顺的和对家庭忠诚的行为。（Gonzales et al.，1993）

通过与学生家庭的接触，这位教师了解到社区里有价值的认知资源，也让她更加尊重她的学生及其家庭。在美国西南部托儿所直至小学五年级实施的“欢迎中心”（Welcome Center）计划，也是以 Moll 的工作为基础的。过去四年里，美国学校中拉美裔学生的比例从 12% 上升到 43%，其中大部分学生是新近的移民。欢迎中心可以说是“学校里一个社交和教学的空间。在这里，新近的移民家庭可以交流各种专业知识，互相见面，获取子女教育的相关信息，也可分享一些实际事务的一般信息”（DaSilva Iddings，2009，p. 207）。一般而言，欢迎中心是一个明亮、舒适和非正式的空间，配有小厨房、野餐桌、电脑和打印机、西班牙语和英语的书籍及杂志、数学计算器、学生作品的陈列柜以及其他欢迎物品。五年级学生放学后，将会在中心为其他学生辅导家庭作业。使用西班牙语的家庭，会为中心成员开设西班牙语、烹饪和跳舞等课程。中心还提供了一些英语读写活动，供家长和儿童一起学习。欢迎中心创造了很多成功的案例——教师与学生家庭建立联系，并逐步欣赏学生的语言及其文化的价值；一些移民家庭获得了居留权，另一些则创办了企业和餐馆。教师与家庭的联系对移民学生的成功尤为重要。关于如何与移民家庭和社区建立合作关系，上面“家庭和社区合作实践指南”提供了很多有益的建议。

第五节　特殊的挑战：有障碍和特殊天赋的英语学习者

是否还记得前面我们曾介绍过四类不同的英语学习者，其中有一类的学生可能存在学习障碍，但由于学生的英语水平有限而很难确诊？有障碍的英语学习者是很难诊断的，因此需要专业的评估（Garcia & Tyler，2010）。有时，学生被不恰当地放置在特殊教育中，只是因为他们在英语方面存在问题；但有些时候，一些应当能从特殊服务中受益的学生却被拒之门外，因为人们认定他们的问题只是简单的语言学习问题（USDE，2004）。此外，有特殊才能和天赋的学生也难以被识别出来。

一、有障碍的英语学习者

作为教师，你会面临一个抉择：是否推荐一个在学业中苦苦挣扎的英语学习者去接受评估？当然，第一步是使用最好的教学方法，整合掩蔽教学以促进学科内容的学习和英语语言的发展。但如果某学生的学习进程比寻常慢得太多，你可能需要问一些 George De George（2008）推荐的问题：该学生的教育背景如何？他的家庭背景如何？学生何时来到美国？如果学生虽在美国出生，但家里使用的是另一种语言，或学生是在他很小的时候移民到美国的，往往会让其低年级的学习变得更加困难。有些学生，在移民前已经在故乡的学校里取得了成功，有一定的读写能力的基础。他们知道一些学术内容，也知道自己能在学校里学习。相反，有些学生在家里使用另一种语言，也从未上过学。当他们学习书面英语的字母和语音时，没有任何口头英语可以借鉴。此时，双语教学是最好的策略。

当考虑转介学生去接受双语教学时，还需要思考的另一些问题是：学生的母亲在怀孕时是否有任何的疾病或并发症？儿童是否经历过严重的伤害或疾病？儿童是不是经常搬家？儿童是否有足够的机会在好的双语或英语作为第二语言的课程里学习？儿童的教师是否受过英语作为第二语言的教学训练？尽管落后于同龄人，但儿童是否仍在进步？儿童有没有什么才能或特殊的技能？这些问题将帮助你判断儿童的困难是因为缺乏学习机会、不恰当的教学，还是确实存在障碍。无论诊断的结果如何，关心和恰当的教学都是必需的，因为英语上有困难的学生更可能辍学（USDE，2004）。

二、教育每一位学生：识别双语学生中的天才

由于双语儿童的学术性英语不够熟练，即便他们很聪明，也可能会被超常和天才教育计划所忽视。一位来自墨西哥的十年级男生，如今在美国已经生活两年了。在访谈中他用西班牙语告诉采访者：

> 我英语不好，所以高中的课程对我来说很难。很多时候我会感到有压力，因为我想说些什么，但我不知道怎么说。很多时候，老师问的问题我都知道答案，但我害怕别人会笑话我。（Walqui，2008，p. 104）

这个学生可能很有天赋。为鉴别超常的双语儿童，你可以使用个案研究或档案袋的方法来收集各方面信息，包括对家长和学生同伴的访谈、正式和非正式的评估、学生作业和学业成绩的实例、学生的自我评估等。Castellano 和 Diaz（2002）开发的核查表是一种非常有用的工具（如表 5—7 所示）。

表5—7　鉴别超常和天才的双语学生

（以下是一些用于鉴别超常和天才的双语学生的方法。请注意这样的学生。）

- 学英语学得很快。
- 勇于尝试用英语交流。
- 自发地练习英语技能。
- 主动与母语为英语的人交谈。
- 不容易受挫。
- 对生词或新短语感到好奇，并练习使用它们。
- 质疑单词的含义，例如："'bat' 是一种动物，你怎么能用它打球呢？"
- 在母语和英语中寻找某些单词的相似性。
- 在跟英语能力较差的个体交谈时，有能力调整自己的语言。
- 用英语展现自己的领导才能。例如，用英语解决争端、促进学习小组成员间的合作。
- 喜欢独立工作，或与英语水平比自己高的人一起工作。

- 用有限的英语词汇表达抽象的口语概念。
- 创造性地使用英语。例如，用英语说些双关语、念诗、讲笑话或是自编一些故事。
- 很容易对常规的任务或一成不变的事情感到厌烦。
- 有很强的好奇心。
- 有恒心，能够坚持完成一项任务。
- 独立自主。
- 注意力持久。
- 对自己选择的问题、主题或议题能全神贯注地投入。
- 记忆力好，很容易回想起以前的事情，并能使用新信息。
- 表现出很高的社会化程度，尤其是在家里或群体中。

资料来源：Castellano, J.A., & Diaz, E. (2002). *Reaching new horizons: Gifted and talented education for culturally and linguistically diverse students*. Upper Saddle River, NJ: Pearson Education, Inc.

▼本章小结

第一节　语言发展

人类语言是如何发展的？文化和学习在其中起了什么作用？

每种文化所创造的词汇都是用来表示对该文化情境有重要意义的概念，像发展其他认知能力一样，儿童学习语言的过程是一个积极尝试的过程，理解所听的、寻找其中的模式、建立规则，并将这些部分整合在一起，才最终习得语言。在这个过程中，一些固有的偏好、规则把这种寻找限制在一定范围之内，并引导模式的再认。奖赏和纠正有助于儿童学会正确地使用语言，但儿童的思维过程更为重要。

语言的要素是什么？

5 岁左右，大部分儿童已经掌握了母语中的大部分发音。词汇方面，儿童理解词汇的数量比他能使用的要多很多。到了 6 岁，儿童能理解 20 000 多个词汇，同时能使用 2 600 个左右的词汇。对于抽象词汇和假设性情境的理解，发展相对较晚，这需要儿童的认知能力得到一定的发展后才会出现。当儿童发展出语法后，他们可能会将新的规则应用得过于广泛，例如将“broken”说成“broked”。在掌握了主动语态后，儿童开始发展被动语态。

语用学和元语言意识是什么？

语用学是关于如何使用语言的知识——何时说、何地说、如何说以及对谁说。元语言意识是关于我们所使用的语言以及语言使用规则的知识。儿童从五六岁时就开始发展这种元语言意识，并将持续终生。

哪项技能对于促进读写能力的萌芽最为重要？

研究表明，对后期阅读发展有重要作用的技能有两大类：（1）与理解语言和编码有关的技能，如知道字母名称、知道特定字母有特定的发音、知道单词是由语音组成的；（2）口语技能，如表达性词汇和接受性词汇、句法知识、理解和讲述故事的能力等。强调读写能力萌芽需同时考虑编码和口语技能的新提法是：由内及外的技能和由外及内的技能以及相对应的过程等概念。由内及外的技能是指有能力将视觉书写单元解码为语音单元，再将语音单元解码为语言单元；由外及内的技能则是指有能力将这些听觉词汇放进正确的概念和情境框架中。对母语为西班牙语的双语儿童而言，西班牙语或英语接受性语言的增长都能预测早期阅读成就。家长和教师应当通过与儿童一起阅读、复述故事、和儿童讨论、限制看电视的时间等方式来促进读写能力的萌芽。

第二节　语言发展的多样性

学习两种语言涉及哪些因素？

如果拥有充足的学习每种语言的机会，儿童是能够同时学会两种语言的。学习一种以上的语言有利于认知发展，因此在学习一种新的语言时保留自己的传统语言是十分有价值的。学习纯正发音的最佳时间是幼年早期，但在任何年龄，人们都可以学习新的语言。童年时曾偶尔听到一种语言，将会促进成年时该语言的学习。尽管成为双语者的好处显而易见，但很多儿童和成人正在丧失他们的传统语言。与其为学会一种语言而放弃另一种语言，还不如能同等流利地使用两种语言，成为平衡的双语者。能使用一种口语，还能使用一种手语，或能使用两种不同的手语，这样的个体也可以看作是双语者。

真正的双语意味着什么？

一些对双语的界定仅仅关注语言层面的含义，

双语者就是说两种语言的人。但其他的定义则更加严格，认为双语者是在成年日常生活中有效使用两种语言和两种文化的成人——他们在两种文化和两种语言中穿梭，同时仍能保持自身的同一性。熟练掌握第二语言涉及两个独立的方面：面对面的交流（基本语言技能或情境性语言技能）和语言的学术性运用，如阅读或语法练习（也称为学术性语言）。如果儿童接受了高质量的教学，2～3年的时间就可以发展出基本的语言技能，而学术性语言技能则需要5～10年的发展时间。双语学生也常常被双文化的社会适应问题所困扰。

文化差异如何影响双语学生？

文化的差异可能会干扰学术性英语的发展和学术性内容的理解。例如，很多亚洲学生，在他们原先的文化里，问老师问题是粗鲁且不恰当的行为，因为提问意味着教师的教学没有做好。因此，教师需要不断地反问自己为什么我的学生不问问题。文化塑造了我们对学习的观念，先前在不同类型的班级中的经验，也许可以解释为什么许多英语学习者在课堂上那么安静、不愿意说话。英语学习者可能也会认为自己的老师不够好，因为他们没有把每一件事情都解释清楚。如果先前的学校强调记忆，那么这些英语学习者也会更偏爱记忆这种学习策略。

第三节 班级中的方言差异

什么是方言？

方言是特定群体所使用的一种语言的各种变体。方言是某个群体集体认同的一部分。实际上，读这本书的每个读者至少会一种方言，有的可能还会几种，这主要是因为没有绝对标准的英语。不同的方言在有关发音、语法和词汇规则上会有差异，但重要的是，请记住这些差异并不是错误的。每一种方言都是有逻辑的、复杂的，并且遵循一定的规则。甚至，男性和女性在说话方式上也会存在一些差异，我们将它称为性别化语言。

教师应如何应对方言？

首先，教师应该注意自己是否对说方言的儿童持有潜在的消极刻板印象。其次，为确保学生理解教学内容，教师应该用不同的词语重复讲解，并请学生用自己的话复述或举例说明。从表面上看，教师最好的教学方法应该是理解学生，接纳他们的方言，视他们的方言为一种有效和正确的语言体系；但实际上，还应该把焦点放在让学生学会更加正式和书面的语言形式（或在本国占主导地位的语言），这样学生才会有更多的发展机会。

第四节 移民学生和英语学习者的教学

“移民”与“难民”有什么区别？

移民是指那些自愿离开自己国家迁往另一个国家永久定居的人。难民是移民中的一个特殊群体，他们虽然也是自愿的，但却是因为安全问题而逃离自己的国家。

“熔炉”与多元文化主义有什么区别？

统计数据表明，美国社会的文化正在日趋多元。过去的观点认为少数群体成员应该放弃他们自身文化的独特性，完全融入美国社会这一“熔炉”中，或是认为少数群体成员的文化是有缺陷的。而新近的观点则强调多元文化主义、教育机会均等以及文化多样性的价值。

有哪四类英语学习者？

平衡的双语者能很好地使用第一语言和英语进行说话、阅读和写作。单语/有读写能力的学生具有母语的读写能力（用母语时，他们的成绩达到了相应年级水平或超过年级水平），但他们的英语水平有限。单语/无读写能力的学生没有读写能力。他们不能用母语进行阅读或写作，或仅有非常少的读写能力。有限的双语者能很好地使用两种语言进行对话，但由于种种原因，他们在学术学习方面存在困难。潜在的原因可能是学习障碍或情绪问题。

什么是1.5代？

1.5代是指那些个性特点、教育经验和语言流畅度介乎出生于美国的学生和刚移民到美国的学生之间的人群。这些学生出生在其他国家，但他们人生的大部分时间生活在美国，因为他们的家庭是在他们年幼的时候就移民到美国的。他们在家里说的语言可能不是英语；即便他们的学术性英语可能不是很好，但他们通常能很流利地用英语进行对话。他们通常是“耳朵学习者”，因为他们是通过听周围的语言榜样以及与他人进行互动来掌握语言的。

与英语学习者有关的名称有哪些？

英语学习者有时被称为有限英语水平者（LEP）。更常见的是，这些学生被称为英语学习者（ELLs），因为他们的第一语言或传统语言不是英语。英语作为第二语言（ESL）是对课程的称呼，这些课程致力于为英语学习者提供教学。不精通英语通常也意味着更低的学业成就和更差的工作前景。因此围绕着语言发展的多样化的一个主题是，我们应当如何对这些学生进行教学。

什么是双语教育？

尽管什么教学方法能最有效地帮助双语学生掌握英语还存在争议，但研究表明最恰当的做法是不强迫学生放弃他们的第一语言。学生第一语言越熟练，掌握第二语言越快。

什么是掩蔽教学？

掩蔽教学这种教学方法已被证实能同时成功地教授英语和学术内容。将学科内容的词汇和概念放在语境中，从而使学科内容更易理解，掩蔽教学就是通过这样的方式来向英语学习者教授学科内容。这样的策略包括简化和控制语言，注意英语相关的语法和形式——帮助学生"解开密码"，借助视觉和手势，涵盖现实生活的支持和实例。此外，在教学过程中，不再是教师始终在说话，取而代之的是强调学生的发言和讨论。当然，在掩蔽教学中，还需考虑英语学习者的情感和情绪。他们在学校里会经历严峻的挑战和巨大的压力，他们会认为其他人都在取笑他们或干脆忽视他们，因而可能没有归属感。以学生的文化知识资源为基础，能让课堂更具支持性，教学也因此更加有效。

第五节 特殊的挑战：有障碍和特殊天赋的英语学习者

教师如何处理有特殊需要的英语学习者？

作为教师，你会面临一个抉择：是否推荐一个在学业中苦苦挣扎的英语学习者去接受评估？当然，第一步是使用最好的教学方法，整合掩蔽教学以促进学科内容的学习和英语语言的发展。但如果学生的学习进程比寻常慢得太多，你可能需要推荐学生去接受观察或评估。无论诊断的结果如何，关心和恰当的教学都是必需的。英语上有困难的学生更可能会辍学。由于语言的差异会遮蔽学生的天赋，因此教师应当付出特殊的努力去识别出双语学生和英语学习者中超常的个体和有天赋的个体。

▼复习思考题

（一）多项选择题

1. 在 20 世纪六七十年代，一些教育家提出，有色人种学生以及贫困学生是在特定文化中处于不利地位的。文化缺陷模型认为，这些学生的家庭文化是次等的，因为它无法让儿童更好地适应学校。关于学生家庭环境与学校之间的不匹配，教育心理学现在持什么样的观点？
   A. 学生的家庭文化与学校期望存在不一致。
   B. 家庭文化和学校的缺陷可以通过特殊教育服务得以补偿。
   C. 从历史观点而言，家庭环境与学校环境之间的隔阂不是很重要。
   D. 人们越来越意识到，少数群体希望能完全被吸纳到美国主流社会中。
2. Carney 女士决定去拜访班上来自墨西哥的英语学习者的家庭，以便能更好地理解他们的背景和文化。根据 Luis Moll 的研究以及理想的教育实践，你认为 Carney 女士会如何处理家访所得到的新信息？
   A. 她会将这些信息分享给她的上级领导，并继续改善学生的不足。
   B. 她会在学生的档案袋中对这些收集到的信息做一些注释。
   C. 她会尝试找出并依靠学生家庭的工具和文化知识资源。
   D. 她不会向她的上级领导报告这些信息，因为领导可能不赞成她去家访。
3. 如果 Heney 先生有这样的认识，即他的亚裔英语学习者会认为问老师问题是粗鲁的行为，因为向老师提问意味着教师的教学没有做好，那么他能将这一认识推广到下列哪个假设？
   A. 如果他的英语学习者不提问，那么他需要问他们原因。
   B. 他应该经常抽查他的亚裔学生，因为他们可能并没有理解。
   C. 亚裔学生通常都是很有礼貌的，但安静意味着他们并不尊重老师。
   D. Heney 先生不能做出任何关于文化和学习的推论。
4. 教师激发学生动机的一个重要途径是表现对他们生活的兴趣。下列哪种做法是不恰当的动机激发策略，不能体现出你对来自不同背景的学生生活的兴趣？
   A. 将学生的传统融入写作和语言艺术活动中。
   B. 学习他们母语中的一些词汇，表明对他们多元化的尊重。
   C. 要求学生用英语写 3 页的论文来描述自己的家庭。

D. 询问学生过去在故乡的经验。

（二）开放论述题

案例：Nick Takis 很兴奋，因为他的履历帮他获得了第一份教学工作，工作地点是在得克萨斯州。尽管他从未去过这个州，但他仍然很兴奋，他要有自己的学生了。但8月，在他参加完两周的入职培训后，他的好心情一散而空。他了解到，他班上有一些学生的英语不是很流利。为了迎接即将到来的挑战，他听从了一位他最喜爱的教授常给出的建议："将大的项目分解为一小口、一小口的内容，确保你在做决定前已经获得了所有的信息。"

5. Nick 应当了解在当今的课堂上可能存在哪四种不同的英语学习者？
6. 你会为 Nick Takis 提供哪些技巧，以帮助他促进班级的语言学习？

▼ 他们会怎么做？

回顾章首的案例簿，看看下面几位教师在面对非裔、亚裔和拉美裔的学生彼此相处不融合时，他们是如何与学生建立积极关系的。

Jennifer Pincoski　中小学学习资源教师

Lee County School District, Fort Myers, FL

教师难以和学生建立联系，是因为有多种不同的文化，而不同文化群体间难以相互理解。很明显，教师会感到不舒服。但这样是有问题的。因为作为教室的领导者，教师的态度和行为为其他每个人都设定了基调。建立一个包容、接纳的学习环境要从教师开始做起。通过尊重每一个学生个体，为他们的差异感到高兴，真诚地对他们的生活感兴趣等方式，教师可以向学生示范如何去理解和接纳彼此。这点很重要。

教师可以利用各种机会，在更个人化的水平上了解学生。例如，在布置完一个安静的、独立完成的任务后，教师可以利用这段时间与每个学生一对一地进行简短的交流。这一交流的目的是为了逐渐与学生熟悉起来，了解他们的兴趣以及与他们讨论学习目标。这样不仅能形成积极的关系，也能为设计后续的课程和活动提供重要的信息。

此外，为了让来自不同文化的学生彼此交流，教师可能需要改变教室和学生座位的空间安排。与其允许学生自行选择自己的组别，还不如老师随机分组或根据学生的强项、兴趣、学习风格等有目的地进行分组。小组应当经常变化，学习任务也应当考虑到学生个别化的特点。

Lauren Rollins　一年级教师

Boulevard Elementary School, Shaker Heights, OH

每个学期开始，我都会空出一段相当长的时间，专门用来了解我的学生，让他们也能了解彼此以及了解我。这是建立课堂共同体必要的一个步骤。想要成功，就必须熟悉每个群体的文化。让学生群体学会彼此尊重也是很重要的。在没有达成这些目标前，暂停授课也是值得的。应当组织一个活动，邀请学生在"分享和讲述"的情境下分享自己的背景和文化。另一个活动可以是让学生彼此之间为对方创建"赞美图"。在这些赞美图上，学生将写下对对方的赞美、积极的评价以及喜欢对方的品质。这个活动结束后，每个人都会感到被尊重和欣赏。这是一个"让学生感觉很好"的活动，也是迈向尊重和欣赏课堂成员的一大步。

Linda Sparks　一年级教师

John F. Kennedy School, Billerica, MA

学生很快就能觉察出别人是如何看待他的或是别人对他有什么样的感觉。我没有遇到过教师案例簿发生的事件，因为我现在在小学任教。但我相信，这种事情会在任何一个年级发生，尤其是当教师感觉环境令人不舒服的时候，学生很快就知道教师对他们有什么样的感觉。在学生学习尊重他人以及建立他们对你的信任和信心之前，学生需要先被尊重。一旦你赢得了学生的信任，他们会更愿意参加课堂活动。我会用一些灵活的方式、很简单的问题来进行分组，比如"如果你有绿色的运动鞋，你就去左边"。当然，学生可能不动，而原因可能在于他们有自己特定的族群。不过，我常常有很多类似"绿色运动鞋"这样的稀奇古怪问题，我可以利用这些有趣的问题让学生动起来，尤其是当我需要调整课桌的时候。这样做，也能让教学最大化，因为现在他们希望自己的小组能打败朋友的小组。当这些发生时，学生就开始学习和睦相处了，而他们的学业需要也会同时得到满足。

Paula Colemere 特殊教育教师——英语、历史
McClintock High School, Tempe, AZ

我的首要目标是为学生创造一个安全的学习环境。由于教室里种族界限分明而带来的种种潜在的问题，学生很难在走进教室时就做好学习的准备。需要消除班级里的敌意。因此，我会组织班上学生进行一个团队建设的活动。这个活动的目的是向学生展示：无论他们的外表如何，他们的相同之处远大于不同之处。在这个活动里，如果学生经历过某些事情，就站到中心线上。刚开始会比较简单，但随着活动的进行，会越来越深入。例如，活动引导者会说："如果你知道某个人，他被谋杀了，请你站到中心线上。"很遗憾，很多学生经历过这件事情，他们也会发现自己并不孤单。在这个活动结束后，我会与学生展开讨论，主题是"将我们的不同摒弃在门外"。教师可以利用这个时刻展开教学——在我们的人生中，我们将遇到一些人，我们可能不喜欢他，或他与我们不同，但为了工作，我们需要找到一种方式来跟他们建立起良好的关系。

第6章
文化与多元化

教师的案例簿

你所在的小学，学生相当同质。实际上，大多数你教的学前班和小学一年级的学生都是来自中产阶级和中上阶层的白人儿童。1月，一名新生转来了你所在的班级。她是一位非裔美国教授的女儿，这位教授最近刚到附近的大学任职。几周以后，你发现在很多活动中都看不到这名新生的身影。课间休息的时候，她总是一个人坐在图书角或独自玩耍，午餐时也没有人和她坐在一起。课间游戏活动中，任何一支队伍挑选队员时，她总是最后一个人选。情况已经够糟糕了，但更糟的是，一天你偶尔听到班上两个成绩很好的女生在谈论她们的“白人女孩俱乐部”。

你会怎么做?

想一想：

- 你是否会进行一些调查，以便更了解这个“俱乐部”？你会如何调查?
- 如果你发现你的学生真的创建了一个拒绝有色人种的俱乐部，你会怎么做?
- 如果面对的是高年级的学生，那么你会如何处理这些用“谁不可能是我们的成员”来定义自己的学生团体?

概览与目标

在美国，教室文化的组成成分正在发生变化。其他许多国家也是如此。著名教育心理学家弗兰克·帕贾瑞斯（Frank Pajares）曾在美国教育研究协会的演讲中指出："教育中最棘手的那些问题都不能用一种简单通用的方法解决。要解决这些问题，就必须关注我们生活中文化的力量。"（Pajares, 2000, p. 5）我同意他的观点。在本章中，我们将探讨构成社会结构的多种文化。首先，我们将通过一些统计数据来了解学校中的多元化，然后我们将通过五个学生的故事（本章将介绍其中四个，另一个在第 5 章中已介绍）体会多元化在生活中的意义。接着，我们将考察学校对不同种族或民族和文化群体的不同反应，以文化的广泛内涵为基础，探讨构成学生身份的社会阶层、种族或民族、性别等三个重要维度。随后，我们将讨论多元文化教育。这是学校改革的普遍趋势，强调多元化的融合和包容。我们也将探讨，如何创设具有文化兼容和弹性的课堂。最后一部分内容，是关于面向每位学生进行教学的三条一般性原则。

学完这一章后，你应该能：

- 描述社会阶层、民族和种族会如何影响多元化社会中的教与学。
- 阐述刻板印象威胁的定义，并论述它对学生的成就可能带来的影响。
- 描述性别同一性的发展以及性别在教学中的作用。
- 论述多元文化教育的定义。
- 将多元化相关的研究应用到文化兼容课堂的创建中。

第一节　当今的多元化课堂

多元文化的内涵很广泛，本章将探讨多元化中的社会阶层、种族、民族和性别等方面。我们首先看看什么是文化。很多人会将这个概念与报纸上的“文化事件”专栏联系起来，例如艺术展、博物馆、莎士比亚戏剧节、古典音乐会等等。事实上，文化的含义更加广泛，它涵盖了特定人群的整个生活方式。

一、美国文化的多元化

文化（culture） 在特定群体中，指导人们行为并借以解决环境中生活问题的知识、价值观、态度和传统。

关于**文化（culture）**，存在多种定义。多数定义都认为，文化是塑造和指导特定人群的信念和行为的知识、技能、规则、规范、惯例、传统、自我概念、制度（教育、法律、公共、宗教以及政治等）、语言和价值观，以及创作并流传于后世的艺术、文学作品、民间故事和手工艺品（Cohen，2009，2010；Pai & Alder，2001）。群体创造了一种文化——一种生活规则——并把这种文化传达给群体成员。这些群体的界定，可能是依据地域、民族、宗教、种族、性别、社会阶层或其他标准。我们每个人都隶属于多个不同群体，因此我们都会受到多种不同文化的影响。有时，不同的影响会无法融合，甚至互相抵触。例如，如果你是一名女权主义者，但同时又是一位天主教徒，你可能很难协调两种文化中关于女神父地位的不同信念。你个人的信念将部分取决于你对每个群体的认同程度。

每个现代国家都存在多种不同的文化。以美国为例，在平原地区的某个小村镇长大的学生，与在东北部地区的城市中心或得克萨斯州郊外的学生相比，他们所属的文化群体有很大区别。即使同在平原小镇，便利店职员的子女与镇医院医生的子女之间的成长文化也不同。在美国，那些美籍非裔、亚裔、拉美裔、印第安人和欧裔白人，他们有着迥然不同的历史和传统。虽然他们生活在同一个国家，拥有许多共同的经历和价值观——尤其是在大众媒体的影响下——但他们生活中的许多方面仍受不同文化背景的影响。

我们可以将文化看成是一座冰山（图6—1）。冰山上部的三分之一是可见的，而其余部分则是看不见的、未知的。文化中可见的标志（如民族

图6—1　文化如同一座冰山

如同绝大部分的冰山是看不到的，隐于水面之下，绝大多数的文化差异也是意识不到的。这些意识不到的差异，常常会导致误解和冲突。

只有一种文化？

文化体现了人们在地域、民族、宗教、种族、性别、社会阶层和其他领域中的差异。我们每一个人都同时隶属于不同群体，所以我们都会同时受到多种不同文化的影响。

服饰、婚嫁习俗等）只反映出文化差异中很小的部分。

绝大多数的文化差异是“隐于水面之下”的。它们是内隐的、无法用语言表述的，甚至是无意识的偏见和观念（Sheets，2005）。例如，不同文化在处理人际关系时有不同的规范。在有些群体里，倾听者应该一边听一边轻轻点头表示赞同，或者偶尔发出“嗯、嗯”的声音表示自己正认真倾听。但在另一种文化的群体里，倾听的过程中不应该表示赞同，应该双眼低垂，以表示对对方的尊重。在某些文化中，应该由地位更高的人开始话题并提问，而地位更低的人只能回答。而另一些文化中，情况则正好相反。

文化的影响是广泛而深远的。有些心理学家甚至认为文化会决定智力。例如，在巴厘岛的社会生活中“体态优雅”非常重要，因此在该地文化中，掌握肢体动作的能力是智力的标志。而西方社会认为使用词汇和数字很重要，因此在相应的文化中，这些技能才是衡量智力的指标（Gardner，1983）。研究甚至发现，心理障碍的症状表现也会受到文化的影响。例如，在工业化社会的文化中人们强调洁癖，因此强迫症患者往往表现为不断洗手，而在巴厘岛人们强调社会关系，因此强迫症患者往往表现为不断窥探亲朋好友生活中的全部细节，即他们的社会网络（Lemelson，2003）。

让我们看看不同学生的表现，以了解更多关于文化多元化的细节。

二、文化多元化的表现

在第1章中，我们看到了一些有关美国学生的统计数据。现在，只要重新看看这些统计数据，我们就能了解当前和未来美国学生的概况。正如你所见，课堂正变得越来越多元化。但教师的工作对象不是统计数据，而是学生——他们中每个人都是独一无二的个体，就像你在第5章中遇到的Felipe Vargas。美国佐治亚大学的Nancy Knapp向我们描述了另外四个学生的案例。每个案例中的主人公并非真实存在，而是Nancy认识和教过的不同学生的特征的组合体。他们的名字和所属学校都是杜撰的，但他们的生活是真实的。

案例1 Ternice的故事

Ternice Mattox是一名七年级的学生，她跟妈妈和三个弟弟妹妹一起住在美国东北部的一个大城市。妈妈白天在一个干洗店工作，晚上和周末则在办公楼做清洁赚钱。因此，Ternice每天都要叫弟弟妹妹起床，并送他们去学校，晚上还要帮他们做晚餐，监督他们做作业。她从10岁就开始做这些事情。

学业对Ternice而言并不困难，她小学的时候各门功课常常拿B，但老师们都说她太爱说话。Ternice原本不太喜欢学校，直到去年才喜欢上了学校。她六年级时的老师似乎很喜欢让学生发言。这位老师让学生们阅读一些真实而熟悉的人的故事。上课时，她让学生们讨论书里的人物会怎么做或者作者为什么这样写。最妙的是，她允许学生自己决定写些什么，即使写自己的生活琐事也可以。她从不因为学生犯错而立即责备他们，而是陪他们继续努力或让他们跟同伴一起学习，直到他们最终取得值得自豪的成绩。在这个课堂上，Ternice发现自己很喜欢写作，老师也称赞她擅长写作。她写的一个故事还发表在学校报纸上。Ternice在班上表现得很活跃，以至于她的朋友Anthony Bailey质问她为什么“表现得那么像白人”。她非常愤怒，对他说“表现得像白人总比表现得像笨蛋好”。但她还是为此感到困扰。她觉得自己跟 Anthony 才是同类，而且她很喜欢他。她在所有笔记本上把自己的名字和 Anthony 的昵称写在一起。

然而，今年她的英语课不再那么好了。她的老师从去年开始就一直希望她参加额外测试，以争取转到专门的提高班，但 Ternice 还在犹豫。即使她能考上，她也担心自己交不到朋友，提高班里几乎所有孩子都是白人，少数的几个黑人孩子也是从其他城区来的。此外，她的朋友们都会因此不高兴，尤其是 Anthony，因为在学校里“聪明人”从不跟“普通人”交往，“普通人”也从不跟“聪明人”交往。她的妈妈希望她去试试，她说如果考上提高班可能会前途无量，但 Ternice 不想离开她的朋友们。而且，她很希望多上一些类似去年那样的英语课。

案例2 Benjamin的故事

Benjamin Whittaker 跟父亲住在美国科罗拉多泉市的郊区，他的父亲是当地银行的副经理，也是当地一所医院的董事。他的父母离婚了，但他每隔两周会去看望母亲。他的姐姐今年上大学二年级，正在接受兽医课程的训练。Benjamin 今年刚升入中学，所学课程包括代数、世界历史、法语、英语和初级化学。选择这些课程是他父亲的主意，尤其是初级化学。Benjamin 觉得自己完全脱离了班级的同伴，但父亲坚持认为如果他以后打算考上医学院，现在就必须着手学习科学。Benjamin 的妈妈也说医学是赚钱的行业，而且她相信只要 Benjamin 认真，就一定能做好。

然而，Benjamin 却没有这种信心。他从不像姐姐那样是个明星学生，初中的学习一开始对他而言就充满困难。他抓不住记笔记的窍门，也不明白哪些东西才是重点，因此他不得不努力把老师说的每句话记下来，否则他就会被其他东西打扰，整节课都不明所以。但要弄明白作业对他而言也很吃力，即使他记住了需要完成的作业，而他的笔记本和书包也很混乱，以至于常常会弄丢作业。第一学期快结束的时候，班主任建议他去检查是否患有 ADHD（注意力缺陷多动障碍），家庭医生给他用了哌甲酯试剂，效果似乎不错。在接受了针对组织性技能的额外训练后，Benjamin 在不断进步，而且成绩稳定在 B 水平，并读完了初二年级。虽然他上学的时候他还需要服用哌甲酯，但周末进行艺术创作的时候，则不需要了。

艺术是 Benjamin 真正的兴趣所在。当他还很小的时候，他就常常画人、动物和自己想象的场景。有时，他在作画时会忘记时间。他妈妈称之为“定身术”，还调侃说，如果她没有叫他，他甚至会忘记吃饭。后来，Benjamin 开始尝试在电脑上使用绘图程序，他甚至在自己的网站里创作了一些插图。他只给一些朋友看过这些图，而他们都觉得很有趣。不可思议的是，他在作画时从来不会有注意力困难。今年在学校学习时，Benjamin 即使服用了哌甲酯，也越来越难集中注意力。他担心自己的成绩会不太好，化学甚至可能不及格。他觉得如果思想负担轻一些，自己就能学得更好。如果能让他跳出高压学习而参加一些艺术课程，就更好了。但他的父母说，艺术只能作为一种业余兴趣，不能作为谋生手段。

案例3 Davy的故事

Davy Walker 今年二年级，他担心自己会留级，但他不敢去问老师。他不喜欢任何方式的提问，因为提问就会被大家盯着看，有时他们会笑你问了个傻问题。他的困难在于他无法像大多数孩子那样进行阅读。如果给他足够的时间，尤其当旁边没有人听的时候，他还能阅读一些单词。但如果老师要求他们轮流大声朗读，他就很反感。似乎其他每个人都读得比他更好更快，因此他变得更僵硬，老是犯一些低级错误。

去年秋天，老师跟他的父母面谈了一次，告诉他们 Davy 需要在家里增加阅读量。他的父母在他们居住的俄勒冈州一个小城镇里经营着一家家庭饭馆，他们每天都得工作很长时间，就连姐姐周末也得去帮忙。有一段时间，他的妈妈尝试让他每天上床前读一点东西给她听，但这似乎不太有效。Davy 厌倦了读那些他已经会读的幼儿故事书，但当妈妈要求他读一些更难的故事时，他的速度就会变得很慢，以至于妈妈失去了耐心，并最终放弃。Davy 对此也无所谓。他打算长大后就接父亲的班经营饭馆。他已经学会擦桌子，并把餐碟摞进洗碗机，有时爸爸还让他帮忙收钱和找钱。等他再大一点，他还要学习收订单和使用烤箱。Davy 认为，阅读与经营好饭馆没什么关系。

案例4　Jessie的故事

Jessie Kindkaid 是威斯康星州某中学二年级的学生。她跟母亲住在城镇的一所小房子里。她的母亲在一家诊所作接待员。她的父亲是福特汽车的代理商，他与第二任妻子和 3 岁的小儿子（Jessie 的同父异母弟弟）住在城外不远的地方，因此他们经常见面。

Jessie 在学校接受职业课程，大多数学科都得 C，少数几门得 D。有时她会不及格，但她只关心明年毕业前她是否能得到足够的学分。她经济学的老师称赞她在烹调上有才华，建议她提高成绩，以便申请到厨师学校就读。Jessie 喜欢烹调，也知道自己擅长于此，但她不打算继续进修。她争取毕业只是为了取悦父母，她对自己的生活已经有所打算。毕业后她打算在城里找份工作，用两年时间赚些钱，然后就嫁给 Walter Aiken。Jessie 在读一年级时，Walter 在读二年级，他们从那时起就开始交往。Walter 今年开始将在威斯康星大学攻读动物学学位，他们计划等到 Walter 毕业就结婚。随后，他们将搬到 Aiken 家族农场的小房子里，直到三四年之后 Walter 的父亲退休。到时候他们就能接管农场，搬到大房子里。Jessie 希望到时候他们至少能有一个孩子。

因此，只要能毕业，Jessie 一点都不在乎自己的成绩。她的父亲也同意不必浪费时间和金钱继续升学，反正她以后用不上那些东西。Jessie 的妈妈 17 岁就退学结婚了，她希望 Jessie 再好好考虑清楚。她说，她只是希望 Jessie 能“保留选择的余地”。

Felipe、Ternice、Benjamin、Davy 和 Jessie 只是其中五个学生，而这样的案例还有成千上万——每个人都有着独特的能力和经历。他们说着不同的语言，有着不同的民族和种族背景，且生活在不同的社区。有些来自贫困家庭，另一些来自有权势的家庭——但他们都面临教育中的各种挑战。本章接下来的部分将考察当今学校中文化差异的不同维度。

停下来　想一想

现在请停止阅读，稍作休息。你可以打开电视，找出一个正在播放广告的频道（我想，没有广告的频道还更难找吧），并欣赏 15 个左右的广告。注意看看在每个广告中，旁白或演员是年老的还是年轻的？是有钱人还是穷人？是男人还是女人？是什么民族或种族？请快速估算每一类型人群的数量。

三、有关文化差异的注意事项

我们在探讨文化差异时，需要注意以下两点。第一，我们需要分别考察社会阶层、民族、种族和性别等维度，因为已知的研究大多只集中于上述变量中的某一项。但实际上，现实中的孩子当然不仅仅是非裔美国人，或仅仅是中产阶级、女性或西班牙语者。他们是多个群体的成员，拥有复杂的身份，就像上述案例中提到的那五个学生一样。

第二个需要注意的是，属于哪个特定群体并不是决定性因素。知道一个学生属于哪个特定文化群体，并不能因此确定该学生的表现。每个人都是独特的个体。例如，如果你班上有个学生总是迟到，可能是因为这个学生每天上学前还需要工作，必须步行很长的路，必须负责送弟弟妹妹上学（像 Ternice 那样），但也可能是因为像 Jessie 那样害怕上学。

（一）文化冲突和融合

不同文化的差异有时是显而易见的，例如节日风俗和服饰这些冰山顶端的特点，有时又是很微妙而深入的，例如交谈中的发言顺序。当细微而不明显的文化差异碰撞时，就很容易发生误会和冲突。如果用主流文化中的价值观和能力观去判断学校中各种行为是否“正常”或合适，就会发生文化冲突。在这种时候，那些生活在不同社会文化中的孩子，他们的行为举止会被看作是不恰当的、不服从规则的、粗鲁的或是失礼的。

Rosa Hernandez Sheets（2005）曾描述过一个5岁墨西哥裔美国女孩的故事。她每天中午在学校食堂吃午餐时都会省下一份面包卷，带回家分给弟弟吃。她的父母很高兴她具有这种分享的精神，但学校管理者命令她把面包卷扔掉，因为学校规定不允许把食物带出食堂。这个女孩面临着服从学校规则还是遵从家庭文化价值观的冲突。在这个案例中，老师解决这一问题的方法是：与食堂厨师沟通，让他们把面包卷装进一个小塑料袋里，然后把塑料袋放进小女孩的书包，以方便她带回家。

当然，并不是所有的文化差异都会在学校造成冲突。例如，与其他族群相比，亚裔美国人在高中、大学和研究生院的毕业率都是最高的——因此，他们有时会被称为“模范的少数人”（Lee，2006）。这种想法合理吗？

（二）警惕刻板印象

习惯性认为亚洲人和亚裔美国人就是模范学生——安静、勤奋且听话，这种想法是有问题的。因为这种做法会强化学生的顺从，扼杀他们的自信。Stacey Lee（2006）指出，人们对亚裔美国人还有另一种刻板印象：从外表看，他们永远是外国人。即使他们的家族已经在美国生活了几十年，即使他们已经是第四代或第五代的移民，他们看起来也都不是“真正的”美国人。事实上，Lee的研究表明教师往往会叫他们“亚洲人”，而不是“亚裔美国人”或“美国人”。按照这种逻辑，他们也会叫我德国学生，因为我的曾祖父是从德国来到威斯康星州的。我出生在得克萨斯州，我对德国文化的了解仅仅局限于曾祖父制作圣诞小酥饼的秘方。大多情况下，学生会很介意这些刻板印象，尽管自己出生在美国，但感觉自己仍然是“外国人”。一个高中生曾告诉Lee（2004），“MTV会非常影响我的行为方式，因为我希望自己更美国化，我染了头发，戴彩色隐形眼镜”（p. 44）。在本章后面的部分，我们将探讨如何让学校与家庭文化相融合。但首先，我们需要讨论一下文化冲突和歧视对学生成就的影响。

第二节　经济和社会阶层的差异

尽管多数研究者同意社会阶层是人们生活中最有意义的文化特征之一，但这些研究者却很难对社会阶层进行明确的界定（Liu et al.，2004）。研究者使用不同的术语——社会阶层、社会经济地位、经济背景、富裕、贫困或特权等。有些人只考虑经济上的差异，还有些人同时考虑了权力、影响力、流动性、对资源的控制和威信等方面的差异。

一、社会阶层和社会经济地位

现代社会中，财富、权力和威信这三者并不总是统一的。一些人，例如大学教授，他们是专业人士，因此理所当然地拥有较高的社会地位，但他们的财富或权力却相对较少（相信我）。另一些人，尽管并不富裕，但他们却拥有一定的政治权力；还有一些人甚至已经身无分文，但他们却是城镇社交名流中的一员。大多数人都能意识到自己的社会阶层，即能觉察出一些群体的社会阶层高于他们，而另一些群体的社会阶层低于他们。他们甚至会表现出一种“阶级主义”（类似于种族主义或性别歧视），认为自己比那些拥有较低社会阶层的人更优秀，并尽量避免与这些人接触。例如，在一项人种志研究中（详见第1章），高中时属于受欢迎和有特权的小团体的成员之一Marissa，这样描述最不受欢迎的群体“乡巴佬”：

> 这些人很穷，我想他们大部分人都是住在乡下的。我们（很快自我纠正），哦，我的一些朋友管他们叫“乡巴佬”或“乡下人”。我猜他们大部分都生活在小镇西边的山上，那边都是贫民窟。

这些人吸烟、嗑药、穿得很邋遢。他们使用方言，通常成绩都很差，他们不喜欢学校，所以我想他们已经落了很多节课了。他们没有真正地融入学校，老是惹麻烦。我常常看不到他们；我没跟他们一起上过一节课。（Brantlinger，2004，pp. 109–110）

除社会阶层外，研究中还会从其他方式探讨这些差异。社会学家和心理学家将财富、权力、对资源的控制、威信等方面的变量综合成一个指标，称为**社会经济地位（socioeconomic status，简称 SES）**。与社会阶层不同，多数人并不了解自己的社会经济地位。研究者通常用社会经济地位将人群分类；计算社会经济地位的公式不同，分类也可能不同（Liu et al.，2004；Sirin，2005）。没有一个变量能够单独、有效地测量社会经济地位，即使是收入也不行。多数研究者认为社会经济地位有四种水平：上流、中产、工人和底层，表6—1总结了这四种社会经济地位的主要特征。在之前“停下来 想一想”中，你看到的那些广告中有多少人看上去像是来自底层？

社会经济地位（socioeconomic status，简称 SES） 人们基于其所拥有的收入、权力、背景和威望而在社会中所处的相对地位。

表6—1 不同社会经济地位的若干特征

	上流	中产	工人	底层
收入	20万美元以上	11万～20万美元（1/2） 5万～11万美元（1/2）	2.5万～5万美元	2.5万美元以下
职业	公司法人、专业人士、家族企业	白领、高级蓝领	蓝领	最低工资的、非技术性工种
教育	名牌大学或研究生院	高中、大学或职业学院	高中	高中及以下
房产	至少有一处	通常有一处	50%左右有一处	无
健康保险	有	一般都有	一些有	无
居住环境	高级、舒适	舒适	适中	恶劣
供子女上大学	容易	一般可以	很少	没有
政治权力	国家、州或地方	州或地方	有限	无

资料来源：Macionis, J.J. (2010). *Sociology (13th ed.)*. Upper Saddle River, NJ: Pearson and Macionis, personal communication, 4/2/2010.

二、贫困与学业成就

正如第1章中所提到的，在美国每5个18岁以下的儿童就有1个生活在贫困家庭（四口之家的年收入在22 050美元及以下），占全美儿童人口的21%。事实上，有9%的儿童生活极度贫困（年收入在11 025美元及以下）。超过一半的贫困儿童生活在加利福尼亚、得克萨斯、纽约、佛罗里达、伊利诺伊、佐治亚、俄亥俄以及密歇根等八个州。从目前来看，这种情况有一定的改善。2000年贫困家庭的数量是近21年来最低的，约为620万（U. S. Census Bureau，September 25，2001）。但此后，贫困家庭的比率又在持续增高，数量已超过1 500万。据预测，有40%的美国儿童会在人生的某段时间里生活在贫困中（Koppelman，2011）。

2008年，美国有490万非西班牙裔白人儿童、560万拉美裔儿童以及450万黑人儿童生活在贫困中。但贫困儿童所占的比率在黑人、拉美裔以及印第安人中更高——2008年，黑人儿童有35%生活在贫困中，印第安人和拉美裔的比率分别是34%和31%；而亚裔和非西班牙裔白种人的比率分别是13%和11%（National Poverty Center，2011）。由单个女性抚养的黑人和拉美裔家庭有着最高的贫困率，约为50%（Moore，Redd，Burkhauser，Mbwana，& Collins，2009）。与很多刻板印象相反，多数贫困儿童生活在郊区和乡村，而非那些大城市。但在城市学校中贫困儿童的比率也是非常高的。2008—2009学年美国百大公立学区中，有56%的学生由于家庭收入过低而获准享用免费或优惠午餐（NCES，2011）。

研究发现，社会经济地位和学业成就有中等相关，约在0.30～0.40之间（Sackett，Kuncel，Arneson，Cooper，& Waters，2009；Sirin，2005）。

财富与学业成功

在所有族群中，社会经济地位高的学生在测验上的平均成绩要高于社会经济地位低的学生；这些贫困学生被留堂的概率是非贫困学生的两倍以上。社会经济地位不同的学生群体可以获取的资源也有天壤之别。

总体而言，在所有族群中，社会经济地位高的学生在测验上的平均成绩要高于社会经济地位低的学生，他们接受教育的年限也更长（Berliner，2005；Gutman，Sameroff，& Cole，2003）。贫困儿童被留堂的概率是非贫困儿童的两倍以上。儿童生活在贫困中的时间越长，贫困对其学业的影响越大。例如，即使我们将家长的受教育水平也考虑在内，贫困儿童被留级或到特殊教育班级的数量仍在以每年 2% ～ 3% 的比率增加（Ackerman，Brown，& Izard，2004；Bronfenbrenner，McClelland，Wethington，Moen，& Ceci，1996）。

低社会经济地位如何导致学生的低学业成就？研究发现，不能把它归咎于某个单一的原因（Evans，2004）。母亲和孩子缺乏良好的健康护理、危险或不健康的家庭环境、有限的资源、家庭压力、学业中断、遭遇暴力、过度拥挤、无家可归、歧视和其他因素共同导致了学生的学业失败。结果，这些低学业成就的学生成年后只能获得收入微薄的工作，又导致下一代只能继续在贫困中出生。Evans（2004）、Jensen（2009）和 McLoyd（1998）等提出了其他一些可能的解释。下面我们将逐一分析。

（一）健康、环境和压力

在儿童出生前，贫困就已经对他产生了消极的影响。贫困家庭无法为胎儿与幼儿提供良好的健康护理和营养，一半以上的未成年母亲从未接受过任何产前护理。贫困家庭中的母亲和未成年母亲更可能生下早产儿，而早产儿一般在认知与学习上会有较多的问题。贫困儿童在出生之前更可能会接触到各种合法的（尼古丁、酒精）和非法的药物（可卡因、海洛因）。如果母亲在怀孕期间服用毒品，儿童会出现组织、注意和语言技能等方面的问题。

在儿童早期，贫困儿童会比中产阶级和富裕家庭中的儿童体验到更多的应激激素。这些高水平的应激激素会干扰大脑的血液流动和神经元联结的形成（Shonkoff，2006）。此外，应激激素还会减少身体的色氨酸供应（Richell，Deakin，& Anderson，2005），而色氨酸是一种能抑制冲动和暴力行为的氨基酸（Hudley & Novak，2007）。贫困儿童更可能经历由于被驱逐、食物匮乏、过度拥挤、公共设施被切断而带来的压力，其概率是其他儿童的 4 倍。压力的增加可能会导致学校缺勤的增多、注意力和专注力的下降、记忆和思维方面出现问题、动机和努力的降低、抑郁情绪的增加以及神经形成（新的大脑细胞的生长）的减少（Jensen，2009）。在成长过程中，贫困儿童会接触到污染程度更大的空气和水（Evans，2004）。贫困儿童铅中毒的比率是非贫困儿童的两倍以上，而铅中毒与较低的学业成就和长期的神经损伤有关（McLoyd，1998）。

（二）低期望与低学业自我概念

由于贫困学生可能会穿旧衣服、说方言、对图书和学校活动不熟悉，因此教师和其他学生可能会认为这些学生不聪明。教师会避免在课堂上叫这些学生回答问题，因为他们认定这些学生不知道答案，也会为他们设定更低的学业标准，并接受他们低水平的作业。于是，低期望似乎成为正常，因此提供给这些学生的教育资源也会不足（Borman & Overman，2004）。低期望和较差的受教育经历，会导致学生产生习得性无助（我们在第 4 章中介绍过）。社会经济地位低的儿童，特别是那些还受到种族歧视的儿童，会逐渐认定学校是个死胡同。没有高中文凭，这些学生很难找到薪水不错的工作，很多工作提供的报酬只能勉强糊口。

（三）同伴影响与抵抗文化

一些研究者提出，社会经济地位低的学生可能会成为**抵抗文化（resistance culture）**的一部分。对于这种文化的成员来说，在学校的成功就意味着背叛和努力把自己变成“中产阶级”。为了保持他们的身份以及在群体中的地位，社会经济地位低的学生必须拒绝那些会让他们在学校中取得成功的行为——学习、与教师合作，甚至是到学校上课（Bennett，2011；Ogbu，1987，1997）。John Ogbu 发现，这种抵抗文化的现象大多出现在贫困的拉美裔美国人、印第安人以及非裔美国人等群体中，但同样的情形也出现在美国与英国当地贫困的白人学生以及巴布亚新几内亚当地的高中生身上（Woolfolk Hoy，Demerath，& Pape，2002）。但这并不是说所有社会经济地位低的学生都拒绝获得高学业成就。父母重视学业成就的青少年，倾向于选择有相同价值观的朋友（Berndt & Keefe，1995）。很多年轻人，尽管他们的经济状况不好或有消极的同伴影响，但仍然能取得很高的学业成就（O'Connor，1997）。当然我们也不能忽视学校教育的某些方面会激发所有学生的抵抗，如竞争性评分制度、公开训斥、压力很大的测验和作业、过难或过分简单的重复性任务等（Okagaki，2001）。单纯关注学生的抵抗，只是一种用来责备学生低学业成就的方式；与其这样，还不如让学校成为一种包容的环境，避免引起学生的抵抗（Stinson，2006）。

（四）家庭环境与资源

多数贫困家庭无法为幼儿提供学前阶段的高质量照顾，以促进儿童认知能力和社会性的发展（Duncan & Brooks-Gunn，2000；Vandell，2004）。生活在贫困家庭中的儿童很少读书，却会花更多时间看电视；他们很少接触到书籍、电脑、图书馆、旅行和博物馆（Evans，2004；Kim & Guryan，2010）。但同样地，不是所有的低收入家庭都缺乏资源。很多低收入家庭会为他们的孩子提供丰富的学习环境。不论社会经济地位如何，父母只要支持和鼓励孩子——读书给孩子听，提供书籍和教育性玩具，带孩子去图书馆，提供学习时间和场所——他们的孩子往往更会阅读，也更乐于阅读（Peng & Lee，1992）。

在学校教育时间以外，比如暑假或学前阶段，家庭和社区资源对儿童成就的影响似乎是最大的。

（五）暑假中的退步

> **抵抗文化（resistance culture）** 拒绝采纳主流文化的行为和态度的群体价值观和信念。
>
> **分层教学（tracking）** 按成绩将学生分配到不同的班级，接受不同的教学。

过去 10 年里，不断有证据表明在刚入学时，贫困学生与家境较好的学生相比，阅读技能大约落后 6 个月。但到了六年级，这种差距扩大到 3 年左右。对于这种持续增长的差距，一种解释是来自贫困家庭的儿童以及尤其是那些母语不是英语的儿童，在暑假里丧失了学习的机会。即使来自贫困家庭的儿童在校期间的成绩与来自优越家庭的儿童相当，但每一个暑假都会造成两组儿童的阅读成就增加 3 个月左右的差距（Kim & Guryan，2010）。一项研究表明，二年级到六年级的四个暑假能解释来自贫困家庭与来自优越家庭的儿童在学业成就上 80% 的差异（Allington & McGill-Frazen，2003，2008）。这实际上就是一种“马太效应”（穷人越来越穷，富人越来越富）。家境较富裕的儿童始终有更多的机会接触书籍，尤其是在暑假里，他们会读更多的书。而儿童读的书越多，他们也就越会阅读。阅读的数量对阅读能力的提高有很重要的作用。

（六）分层教学：不良的教学方式

很多社会经济地位低的学生成绩较低的一个重要原因是他们都接受了**分层教学（tracking）**，因此经历了不同的学业社会化过程。也就是说，

暑假中的退步

贫困儿童在暑假里丧失了学习的机会，而与此同时，中产阶级和上流阶级的家庭则让他们的子女在暑假里接受很多教育。一项研究表明，二年级到六年级的四个暑假能解释来自贫困家庭与来自优越家庭的儿童在学业成就上 80% 的差异。

正方观点 / 反方观点：分层教学是有效的策略吗？

在很长一段时间里，将学生分到不同的班级或培养方向（大学预科、职业学校、补习班、超常班等）是很多学校的标准模式。但它真的有用吗？批评者认为分层教学是有害的，支持者则声称，即使面临着一些挑战，分层教学依然是有效的。

正方观点

分层教学是有害的，应该取消。

Tom Loveless（1999）发表在《教育领导》（*Educational Leadership*）上的一篇文章中指出："著名的研究者和权威的国家报告都主张，分层教学不利于教育机会的平等。"（p. 28）

Loveless 还引用了 Braddock 和 Slavin（1993）、卡耐基青少年发展理事会（Carnegie Council on Adolescent Development, 1995）、Oakes（1985）以及 Wheelock（1992）的文章，他们都反对分层教学。这些观点的依据是什么呢？令人吃惊的是，似乎没有清晰和直接的证据。例如，只有少数几项设计周密和精心完成的研究发现，分层教学通过降低低能力组学生的成绩、提高高能力组学生的成绩而加大了二者的差距（Gamoran，1987；Kerckhoff，1986）。Gamoran 还发现高低分层学生之间的成绩差距，大于辍学学生和毕业学生之间的差距。由于低收入学生和有色人种的学生在低能力组所占的比率过高，他们因分层教学受到的伤害最大，取消分层教学对这些学生最有利（Oakes，1990b；Oakes & Wells，2002）。真的会这样吗？在一次接受 Marge Scherer（1993）的访谈中，Jonathan Kozol 这样描述分层教学残酷的预测性：

> 分层教学具有如此准确的预测性，一个小女孩二年级时被编入低阅读能力组，到了八年级教师可能会更鼓励她学美容而不是代数；到了十年级，如果她还没有辍学，那么她更可能会选修职业课程，而不是与大学有关的课程。（p. 8）

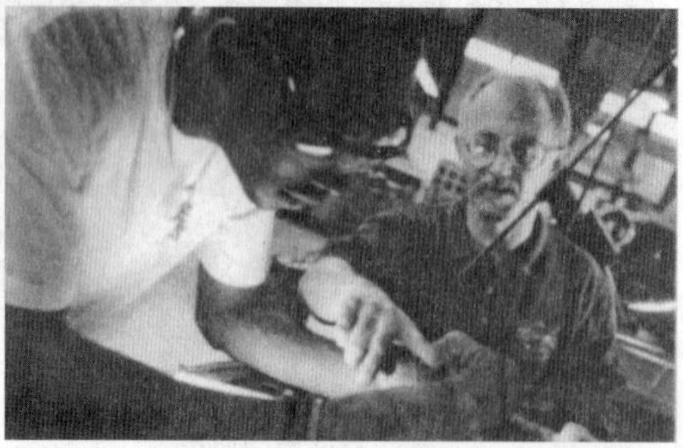

反方观点

取消分层教学对很多学生不利。

密切关注分层教学的研究者认为，分层教学可能对某些学生在某些时刻是有害的，但不是对所有的学生，也不是在所有的时间。首先，绝大多数人赞同，分层教学对能力高的学生有积极影响。超常班、重点班和大学预科班似乎是行之有效的（Fuchs，Fuchs，Hamlett，& Karns，1998；Robinson & Clinkenbeard，1998）。没有人（尤其是父母）希望消除这些措施所带来的积极影响。另外，非裔美国学生被分在高能力班的概率要高 10%（Gamoran & Mare，1989），因此取消分层会对这些学生产生不利影响。

如果没有分层，学校将会怎样？Loveless（1999）指出了一些可能会出现的潜在问题。第一，一项大规模的全国性研究结果表明，与进入低能力班相比，那些能力较低的十年级学生在异质班级中学习，成绩会提高 5 分——这看起来很好，但从总体来看，在异质班级中学习的其他能力一般的学生平均成绩下降了 2 分，尤其是能力高的学生成绩下降了 5 分左右。

> 成绩的差距的确变小了，但显然是以牺牲能力一般和能力较高的学生为代价的，在美国十年级的学生中，这部分学生大约占到 70%。（Loveless，1999，p. 29）

取消分层的另一个后果是聪明学生的流失——最聪明的学生会退学。非裔美国父母和白人父母都认为，混合能力的班级不能满足其子女的需要（Public Agenda Foundation，1994）。

超越非此即彼 在一些班级中，使用混合能力结构似乎会损害所有学生的成绩。例如，无论学生的能力水平如何，他们在异质代数班级里学到的东西都不如在能力分层班里多（Epstein & MacIver，1992）。对学生自尊的一项元分析表明，在低能力班学生的自尊水平并不低于异质班的学生（Kulik & Kulik，1997）。

那么，结论是什么？通常来讲，情况要比简单的分层或不分层复杂得多。认真观察每个学生的成绩变化，可能会发现在不同的情况下结论不尽相同。

他们实际上接受了不同的教育（Oakes，1990b）。如果他们被分到"低能力"、"一般"、"实践型"或"职业型"班级中，他们只能学会如何记忆，做个听话的学生；中产阶级的学生在他们的班级中，则更多地会被鼓励去思考和创造。分层教学有问题吗？请看上面的"正方观点 / 反方观点"。

事实上，即使没有被分层，家庭收入低的儿童更可能就读于那些教育资源匮乏的学校，并且面对教学能力较差的教师（Evans，2004）。例如，在贫困率很高的学校，有超过 50% 的数学教师和超过 60% 的科学教师是没有教学经验的或是原先教授其他学科的，他们没有接受过现在所教学科的相关训练（Jensen，2009）。如果社会经济地位低的学生接受的是低水准的教育，他们的学业技能也会较差，改变生活的机会也会很有限，从一开始就不能为后续教育做好准备（Anyon，1980；Knapp & Woolverton，2003）。如何为生活在贫困中的学生提供优质的教学，以下的"实践指南"提供了一些建议。

实践指南　教育生活在贫困中的学生

- 学习相关资料，了解贫困会给学生的学习带来什么影响。

例如：

1. 阅读优秀期刊上的相关论文和研究报告。
2. 寻找可靠的资源，如 Eric Jensen（2009）著的《时刻记住对贫困学生的教学：贫困对儿童大脑的影响及学校的应对之策》（*Teaching with Poverty in Mind: What Being Poor Does to Kid's Brains and What Schools Can Do about it*）。

- 设定并保持高期望。

例如：

1. 警惕自己不要因为贫困而对学生感到遗憾，原谅他们低水平的作品，并对他们抱持低期望。不要怜悯，而是去深入地了解他们，并在此基础上进行共情。
2. 与学生交流，让他们了解"成功源于努力而非家境"的道理。
3. 提供建设性的批评，因为你坚信你的学生能做出高质量的作业。
4. 增加具有挑战的科目和大学先修课程。

- 与学生形成一种关怀的关系。

例如：

1. 使用包容性的语言，如"我们的班级"、"我们的项目"、"我们的学校"、"我们的努力"等。
2. 课后与学生聊天，发现他们的兴趣和能力。
3. 参与学生喜欢的运动或其他事件。
4. 为学生家庭创设一个"班级欢迎中心"（详见第 5 章）。

- 将学习技能和自我调节技能纳入教学内容中。

例如：

1. 教会学生如何组织作业、集中注意力和寻找恰当的帮助。
2. 将冲突管理和解决社会性问题的技能纳入课程中。

- 注意健康问题。

例如：

1. 注意那些经常缺席或迟到的学生。
2. 检查是否有一些学生听不见课堂讨论，或坐在教室后面看不到黑板。
3. 示范健康的饮食和体育锻炼。

- 评估学生的知识基础，从他们已有的水平出发进行教学，但不要停滞不前（Milner，2010）。

例如：

1. 使用简短的、不分层的任务来评估每个单元的学习目标。
2. 根据评估的结果进行差异化教学（详见第 14 章）。

资料来源：Jensen, E. (2009). *Teaching with poverty in mind: What being poor does to kid's brains and what schools can do about it*. Alexandria, VA: Association for Supervision and Curriculum Development.

第三节　教学中的民族和种族问题

美国是一个多元化的社会，到 2023 年，大约三分之二的学龄人口将是由非裔、亚裔、拉美裔或其他族裔美国人所组成（Children's Defense Fund，2010）。在我们了解有关民族和种族的研究之前，先来澄清一些相关术语。

一、何谓民族和种族

民族（ethnicity） 有共同文化传统的一群人。

种族（race） 根据外表和血统进行社会建构而产生的类别。

少数群体（minority group） 长期在社会上处于不利地位的一群人，在实际数量上并不总是“少数的”。

民族（ethnicity）是指具有共同的历史、祖国、语言、传统或宗教等文化特征的群体。无论我们是意大利人、犹太人、乌克兰人、中国人、日本人、纳瓦霍人、夏威夷人、波多黎各人、古巴人、匈牙利人、德国人、非洲人或爱尔兰人（这里仅举几例），我们都有各自的民族传统。

种族（race）则被定义为“拥有共同的生物遗传特征的男人和女人所组成的一个特定的类别，这些生物遗传特征有重要的社会意义”，如肤色、发质等（Macionis，2003，p. 354）。实际上，种族是人们依据外在特征对自己和他人进行的归类，在生物学上并没有完全纯正血统的种族。例如，随机地选择任何两个人，他们遗传密码的字母排列顺序上的差异，平均只有 0.012% 源自于种族（Myers，2005）。如今，很多心理学家强调，民族和种族是社会建构的观念。然而，种族仍然是一个强有力的构念。就个体水平而言，种族是我们自我认同的一部分，通过理解种族我们可以理解自己，并与他人互动；就群体水平而言，种族则与经济结构、政治结构联系在一起（Omi & Winant，1994）。

社会学家有时会使用**少数群体（minority group）**来指代这些受到不平等待遇或歧视的群体。但严格来说，这一名词是指数量上相对于总体人口来说较少的群体。在某些情况下，称一些特定的民族或种族群体为少数群体，严格来说是错误的。因为在某些特定地区，所谓的“少数群体”可能是“多数群体”，如芝加哥或密西西比州的非裔美国人。这种根据种族或民族传统将特定人群称为“少数群体”的做法，常因其容易让人产生误解及其负面的历史含义而受到批评（Milner，2010）。

二、民族和种族对学业成就的影响

学校里的一个主要问题是，某些民族群体的成绩总是低于全体学生的平均水平（Matthews，Kizzie，Rowley，& Cortina，2010；Uline & Johnson，2005）。这一结果反映在所有标准化测验上，但这种差距在过去的四五十年里正在日益缩小（Raudenbush，2009）。例如，如图 6—2 所示，在美国国家教育进展评估（National Assessment of Educational Progress，简称 NAEP）的数学成绩上，四年级白人学生和黑人学生之间的分数差距从 1996 年的 34 分缩小到了 2009 年的 26 分，四年级白人学生和西班牙裔学生之间的差距则从 1996 年的 25 分缩小到了 2009 年的 21 分（NCES，2009）。

目前，“成就差距”的支持者受到了众多批评。批评者认为，这一概念采用了一种狭隘的视角，将中产阶级白人学生的成绩作为标准，其他所有学生都必须以此为参照而被比较和被测量。多元文化学者 H. Richard Milner（2010）提醒教师：“有色人种经历的是另一种‘标准的’生活，优秀能以多种各样的形式表现，事实也的确如此。来自各行各业的有色人种都很成功。”（p. 9）他认为，我们应该思考其他类型的“差距”，如教师学历和资质的差距、住房购买力的差距、课程挑战性的差距、健康护理和营养的差距、学校资助的差距、儿童保育质量的差距，所有这些差距综合在一起造成了很多有色学生的机会差距。

事实上，机会差距会造成教育经历的差距。2007 年在全美约有 80% 的白人学生从高中毕业，非裔美国学生的比率为 60%，拉美裔的比率为 62%，亚裔和来自太平洋岛屿的学生的比率为 91%，印第安学生的比率则为 61%。但这是美国所有州的平均数据。如果单独来看每个州，我们会发现一些有意思的差异。例如，内华达州总体的高中毕业率是最低的（52%），而艾奥瓦州、内布拉斯加州、佛蒙特州以及威斯康星州的毕业率都超过了 86%。从不同种族来看，白人学生的高中毕业率范围从南卡罗来纳州的 66% 到威斯康星州的 94%，非裔学生的毕业率范围从佛罗里达州和南卡罗来纳州的 51% 到新罕布什尔州的 100%，拉美裔学生的比率范围从南卡罗来纳州的 44% 到西弗吉尼亚州的 90% 多，亚裔学生的比率范围则从夏威夷的 77% 到阿肯色州、特拉华州、艾奥瓦州、伊利诺伊州、缅因州、密苏里州、蒙大拿州、新罕布什尔州、新泽西州、北达科他州、俄克拉何马州、南达科他州以及西弗吉尼亚州等地的 100%（NCES，2009）。

尽管不同民族群体的学生在认知能力测验上有差异，但大多数研究者认为这些差异主要是歧视、文化不兼容、语言差异，或者在贫困环境中的成长经验而导致的结果。因为大部分少数群体的学生在经济上也处于不利地位，因此将这两种不同的影响区分开来是很重要的（Roberts，Mohammed，& Vaughn，2010）。例如，近期一项研究发现，即使控制了男生的社会经济地位、家庭环境和问题行为，学习技能和自我调节技能（专注、毅力、组织能力以及学习自主性）仍能解释幼儿园至五年级非裔美国男生读写能力的发展（Matthews，Kizzie，Rowley，& Cortina，2010）。因此，至少对非裔美国男生来说，早期这些学习技能的发展有助于消除机会差距。这可能也适用于其他群体。

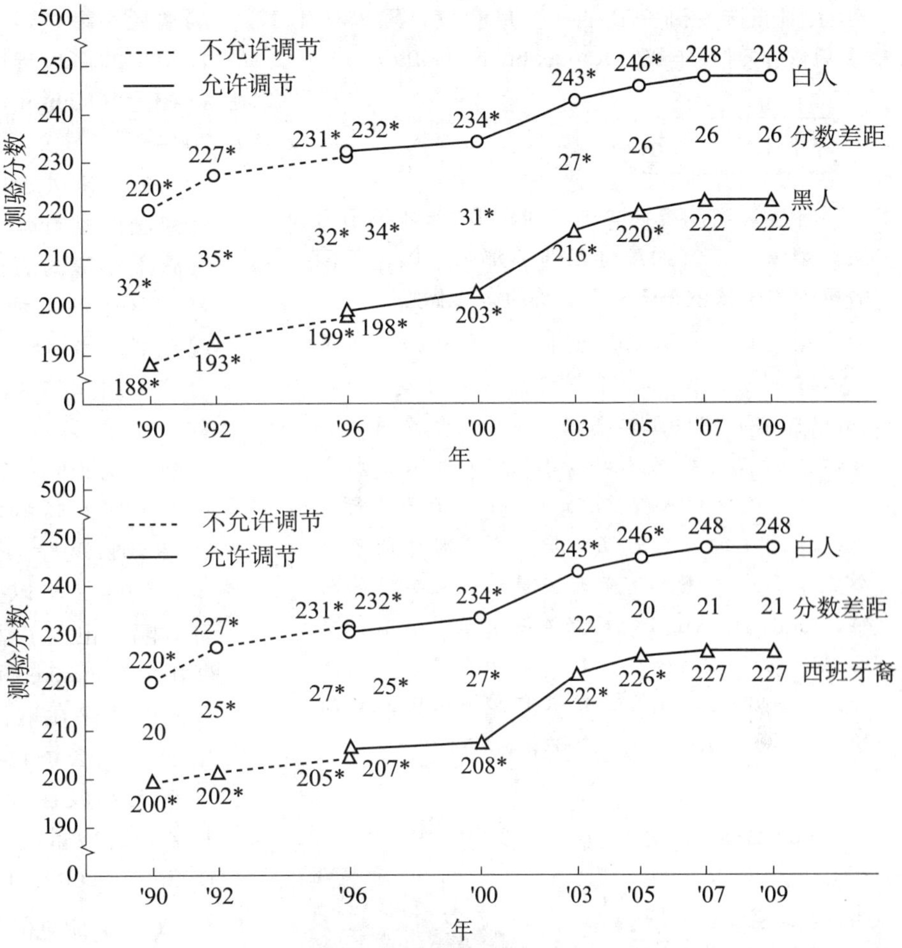

*与2009年的成绩有显著差异（$p<0.05$）。

注：黑人包括非裔美国人，西班牙裔包括拉美裔。这里的种族分类不包括从西班牙移民来的个体。分数差距是根据未进入四舍五入的平均分之间的差异计算得到的。

图 6—2　美国国家教育进展评估中四年级学生的数学成绩

该图比较了 1990 年至 2009 年美国白人、黑人以及西班牙裔的四年级学生在分数上的变化。

资料来源：National Assessment of Educational Progress (2011). National Report Card.

与关注不同群体在成就上的差距相比，很多教育工作者呼吁加强对非裔和拉美裔学生的学业成功的研究。Berry（2005）对两名数学成绩优异的非裔中学生进行了研究，结果发现在他们的生活中，有来自家庭和教师的支持和高期望，在学前和小学阶段有积极的数学学习经验，常常去教堂做礼拜，课外活动活跃，对自己是“数学成绩优异的学生”这一身份有积极的认同感。Berry 建议教育工作者和研究者“关注那些非裔男性和男孩的成功事迹以及其他促进成功的因素。他们一般对自己的优势和技能有很好的认同感”（p. 61）。

那些成功的非裔男孩身上还有一个决定性的特征就是，他们的家庭教会了他们如何理解和应对歧视，我们将在下一个主题中谈到。

三、歧视的传统

在探讨社会经济地位低的儿童之所以在学校面临问题的原因时，我们说到了有限的教育机会、低期望以及来自教师和同学的歧视。实际上，很多少数族群的学生也在经历类似的歧视。例如，在 1924 年美国南方的一些地区，学校是实行种族隔离制度的，黑人学生和白人学生在各自的学校上学。在黑人的学校里，学生每年只能接受 6 个月的教育，因为他们需要在农场工作 6 个月；白人学生则能接受到完整的9个月教育。黑人学生最多只能上到八年级（Raudenbush，2009）。

停下来　想一想

种族隔离制度在美国直到1954年才不再合法。想象一下，如果你回到了那个时候，下面故事中的小孩就是你自己，你会怎么做?

在堪萨斯州首府托皮卡，一位牧师牵着他7岁的女儿去离家四个街区的一所小学上学。Linda Brown想要上二年级，但学校不允许，公立学校的官员要求她到两公里以外的另一所学校就读。这就意味着Linda Brown每天要步行六个街区到车站，有时还要等半个小时才能等到公交车。如果遇上下雨天，等到公交车来的时候，Linda Brown可能已经浑身湿透了。有一次站在车站实在太冷了，她就跑回家了。她问父母，为什么她不能在离家只有四个街区的那所学校上学？（Macionis，2003，p. 353）

Linda Brown父母的解决办法是，在其他有关家庭的帮助下对学校政策提出诉讼。众所周知，1954年Brown一家诉托皮卡教育局案的结果是：宣布对黑人儿童实行“隔离但平等”的学校本身就是不平等的。尽管学校里的种族隔离在60多年前已属于违法行为，但仍有三分之二左右的非裔美国学生就读在少数群体占学生总数一半以上的学校。这是因为在住宅和邻里环境中，种族隔离还在继续，而且一些地区甚至有意划分了学校招生的区域界限，使学校可以按照不同种族进行招生（Kantor & Lowe，1995；Ladson-Billings，2004）。

Linda Brown

9岁的Linda Brown是诉托皮卡教育局的原告。

偏见（prejudice） 一种先入为主的判断，对某个特定群体的不合理的概括。

多年来关于废除种族歧视的研究表明，依靠法律硬性推行融合教育并不能马上解决数百年来种族不平等的历史所带来的不利影响。部分原因是一旦有色人种学生增多，白人学生就会转学。现在很多市区学校的种族隔离程度比最高法院出台校车制和其他消除种族歧视的措施之前更加严重。在洛杉矶、迈阿密、巴尔的摩、芝加哥、达拉斯、孟菲斯、休斯敦、底特律等地区的学校里只有不到11%的非西班牙裔的美籍白人学生。在几乎90%的学校里，大多数是非裔和拉美裔学生，其中一半以上的学生生活在贫困中。因此，种族隔离也成了经济隔离（Ladson-Billings，2004；Orfield & Frankenberg，2005；Raudenbush，2009）。

即使是在融合教育的学校里，少数群体的学生通常也会被再次隔离到低能力班级中。简单地将人们放在同一栋建筑中，并不意味着他们将会彼此尊重，或接受相同质量的教学（Ladson-Billings，2004；Pettigrew，1998）。

（一）偏见的概念

“偏见”（prejudice）一词与“预判”（prejudge）一词关系密切。**偏见（prejudice）**是对某一特定群体的刻板的、不合理的概括——一种先入为主的判断。偏见由信念、情绪和特定行为的倾向所组成。例如，如果你认为胖人很懒（信念），对他们感到很厌恶（情感），不愿和他们约会（行为），那你就对胖人有偏见（Myers，2010）。偏见可以是积极的，也可以是消极的，但多数是指消极的态度。偏见可能针对某个特定的种族、民族、宗教、政治立场、地理位置、语言、性取向、性别或外表。

种族偏见是普遍存在的，并不只是针对某一群体（Clark，Anderson，Clark，& Williams，1999）。过去40年间，公然的种族偏见已经有所减少。例如，1970年，50%以上的美国人会理所当然地认为少数群体不应该成为自己的邻居；到了1995年，这个比例下降到了10%（Myers，2005）。但微妙的、潜在的种族偏见仍在继续。针对多起美国警察枪击手无寸铁的黑人的案件，研究者开发了一种电子游戏。在这个游戏中会出现一系列白人和黑人，他们可能有武器，手里拿着

一把枪，也可能没有武器，手里拿着一个手电筒或钱包。实验要求被试"射击"游戏中拿着武器的人。实验中并没有提到种族的问题。但结果发现，在射击有武器的目标时，被试射击黑人目标的速度更快，频率也更多；在决定不射击没有武器的目标时，被试对白人的反应更快，频率也更高（Greenwald，Oakes，& Hoffman，2003）。而在另一个研究中被试是真正的警察，结果发现与错击没有武器的白人嫌疑犯相比，他们错击没有武器的黑人嫌疑犯的可能性更大（Plant & Peruche，2005）。除了上述研究中个体受到的偏见会明显危害他们的安全外，心理学研究还表明，个体受到的偏见会损害他们的心理和生理健康、学业成绩以及在职业上的成功（McKown，2005）。

（二）偏见的形成

儿童在很小的时候就开始形成偏见。一项研究表明大约到了 6 岁，研究中一半以上的美国白人儿童和 85% 的加拿大学生已经有明显的"白人高等、讨厌黑人"的偏见。目前有两个非常流行的观点：一个是儿童天生对肤色是没有偏见的；另一个是除非父母教他们，否则儿童是不会形成偏见的。尽管这些观点听起来很吸引人，但却缺乏研究的支持。即使没有父母的直接教导，很多幼儿也会形成偏见。目前的观点认为，偏见的形成涉及个人、人际以及社会等方面的因素（Katz，2003；McKown，2005）。

产生偏见的一个原因是人们倾向于将社会分为两类——我们和他们；内群体和外群体。这些分类可能是根据种族、宗教、性别、年龄、民族，甚至是运动团队来进行划分的。我们往往认为外群体的人不如我们，与我们不同，但他们之间是相似的——"他们看起来都一样"（Aboud，2003；Lambert，1995）。另外，那些拥有更多财富、更高社会地位和更多威信的人会认为自己之所以有特权，是因为他们比那些"一无所有"的人更优秀，拥有更多的东西是理所当然的。这种想法导致人们将责任归咎到受害者身上：那些生活在贫困中的人或被强奸的女性，之所以会遭遇不幸完全是他们自找的——"他们罪有应得"。情绪在偏见的发展中也有一定的作用。有不好的事情发生时，我们往往会寻找某些人或某些群体来当替罪羔羊。例如，在"9·11"悲剧发生后，一些人会以攻击无辜的美籍阿拉伯人来泄愤（Myers，2010）。

但偏见不只是形成一种"内群体"的倾向、一种自我辩白或一种情绪反应，它也是文化价值观的一种体现。儿童会从家庭、朋友、教师和周围环境中学习那些被认为是重要的特征和个性。回想你之前对广告的分析——在广告里有很多女性或有色人种吗？多年来，出现在书本、电影、电视和广告中的榜样，大多是欧裔美国人。其他民族和种族背景的人很少能饰演"英雄"（Ward，2004）。不过这种情形正在逐渐改变，2002 年奥斯卡最佳男女主角都是美籍黑人，但丹泽尔·华盛顿（Denzel Washington）是以反派角色胜出的。2005 年，杰米·福克斯（Jamie Fox）则凭借对 Ray Charles 这一英雄角色的出色表演荣获奥斯卡最佳男主角。当然还有当我写这本书的时候，巴拉克·奥巴马已经是美国总统了。

停下来　想一想

列出下列人物的三个主要特征：
大学新生
政治家
运动员
佛教徒
美国步枪协会的成员

偏见是很难消除的，因为它已经是我们思维过程的一部分。正如第2章所提到的，儿童会形成图式——关于客体、事件和动作的有组织的知识体系。我们头脑中有关于认识的人、所有日常行为等知识的图式。同样，我们也会形成关于不同群体的图式。当我要你列出大学新生、政治家、运动员、佛教徒以及美国步枪协会的成员的主要特征时，你可能会写出一大串，而这些特征所透露出来的就是你对上述群体的**刻板印象（stereotype）**。刻板印象实质上就是一种图式，它可用来组织你所知道的（并且相信的）关于这些群体的知识。

通过各种图式，我们用自己的刻板印象来理解世界。正如第8章将会提到的，利用图式能够让你更快地、更有效地加工信息，但它同时也会扭曲信息以使其更加符合你的图式（Macrace，Milne，& Bodenhausen，1994）。就种族、民族和性别的刻板印象来说，这是很危险的。我们会注意那些与刻板印象一致的，甚至会增强刻板印象的信息，而忽视或排除那些不符合刻板印象的信息。例如，有一个陪审员对亚裔美国人有消极的刻板印象，当他在被告是亚裔美国人的案件审判期间聆听相关证据时，可能会更加负面地理解这些证据。实际上，这个陪审员甚至可能会忘记对被告有利的证据，但会记住更多不利的证据。研究发现，符合刻板印象的信息甚至会被更快速地加工（Anderson，Klatzky，& Murray，1990；Baron，1998）。

刻板印象（stereotype） 组织某一类别的知识和知觉的图式。
歧视（discrimination） 不平等地对待某一特定人群。

（三）持续的歧视

偏见包括对某一类群体的信念和情感（通常是消极的），也包括一种行为的倾向，即歧视。**歧视（discrimination）**是指特定人群所受到的不平等待遇。很显然，很多美国人每天都会受到微妙的或公然的偏见和歧视。比如，拉美裔、非裔和印第安人占美国总人口的35%左右，但在众议院中所占的比率仅为17%，在参议院的比率则为5%（Koppleman，2011）。2007—2008学年获得博士学位的学生中，拉美裔所占的比率不到4%，非裔的比率为6%，印第安人的比率则为0.4%；相对地，27%的博士学位授予给了非美国居民的国际学生（NCES，2010）。在美国，不到9%的科学家、工程师和数学家是非裔或拉美裔美国人。尽管他们比白人学生更热爱科学和数学，但非裔和拉美裔学生早在小学就开始失去机会，他们很少被选入超常班，也很少有机会参与加速或丰富化的课程，他们更可能会被分到“基本技能班”。随着他们历经初中、高中和大学，他们的足迹与培养科学家的道路越来越远。即便他们真的成为了科学家或工程师，与女性的不公平待遇一样，他们在同等的职位上所得到的报酬仍会少于白人（Mendoza & Johnson，2000；National Science Foundation，2011）。

为保护自己的子女，少数种族和民族学生的家庭常常不得不对歧视很敏感。他们可能会教导儿童注意并反抗潜在的歧视。教师如果对可能会造成歧视的信息不够敏感，就可能会不小心冒犯到这些家庭。Carol Orange（2005）叙述了这样一个故事：一位教师将印有全班学生姓名的假期工作表（按字母顺序排列）寄到每个学生家里，结果有三个学生的名字没有被打印出来，教师用笔将他们的名字写在工作表的一侧，并没有写在原先的顺序里。这三个学生有两个是拉美裔美国人，还有一个是非裔美国人。那个非裔学生的母亲感到很不舒服，觉得她的儿子在名单中被完完全全“边缘化”了（名字被写在页面的边缘）。实际上，这三名学生是在名单设计出来之后才转学到这个班级里来的。但教师其实是可以避免这种无心的冒犯的——重新做一份名单，列出每一个学生的名字。这对教师来说只是举手之劳，但却表明她重视每一个学生。

刻板印象和偏见还会引起另一个问题，而这个问题会降低学生的学业成就，那就是刻板印象威胁。

四、刻板印象威胁

刻板印象威胁（stereotype threat）是指“个体对自己会验证所属群体的刻板印象的一种担心”（Aronson, 2002, p. 282）。它的基本观点是：当被刻板印象化的个体处在一种适用该刻板印象的情境中，他们将承受额外的情感和认知负担。这种负担是指，个体担心以他人或自己的视角验证刻板印象。例如，女孩在解决复杂的数学问题时，她们就承担着又一次证实刻板印象的风险，即证实“女孩在数学方面不如男孩”的刻板印象。即使她们不相信这些印象，但当个体意识到这个刻板印象，就会希望可以表现得更好，以便证明这个刻板印象是错的（Aronson, Lustina, Good, Keough, Steele, & Brown, 1999; Huguet & Régner, 2007）。刻板印象会造成什么影响？近期研究提供了解答。

（一）短期效应：测验成绩

回顾有关女性、数学以及刻板印象威胁的研究，我们不难发现，哪怕是极其细微的线索也可能会引发焦虑。例如，在正式测验前要求测试者将性别写在答题纸上，都会导致女性取得更低的数学成绩，尤其是测验很难的时候。人们通常认为女性并不是很擅长数学，而“做个女人”是女性自我同一性中很重要的部分。值得庆幸的是，刻板印象威胁造成的平均差异并不大。一个能在 SAT（学术能力评估测试）或 GRE（美国研究生入学考试）等类型的测验上取得 500 分的具有中等数学能力的女性，往往实际上能得到 450 分的样子。一项研究估计，若排除了刻板印象威胁的干扰，能多出 6% 的女性通过高难度的微积分测验（Nguyen & Ryan, 2008; Wout, Dasco, Jackson, & Spencer, 2008）。其他研究则发现，有刻板印象威胁时，女生的数学测验得分低于男生；而没有刻板印象威胁时，两者的成绩相同 (Smith & Hung, 2008)。因此，只需告诉女生她们参加的数学测验不能揭示性别差异，就足以消除不同性别间分数的差异。

Joshua Aronson、Claude Steele 及其同事通过一系列的实验发现，当非裔或拉美裔学生被放置在会引发刻板印象威胁的情境时，他们的表现会比较差（Aronson, 2002; Aronson & Steele, 2005; Okagaki, 2006）。例如，在斯坦福大学的一项实验中，实验者告诉其中一组非裔和白人大学生被试，将要进行的测验会准确地测量出他们的口语能力；而另一组相似的被试则被告知这个测验的目的是要了解问题解决的心理过程，不涉及对个人能力的评估。如图 6—3 所示，当被告知这个测验是用来诊断口语能力时，非裔美国学生只完成了白人学生一半数量的问题；而在无威胁的情境中，非裔学生完成问题的数量与白人学生相当。

> **刻板印象威胁（stereotype threat）**
> 个体承受的额外的情感和认知负担，即你担心自己在学业情境中的表现会强化其他人对自己持有的某种刻板印象。

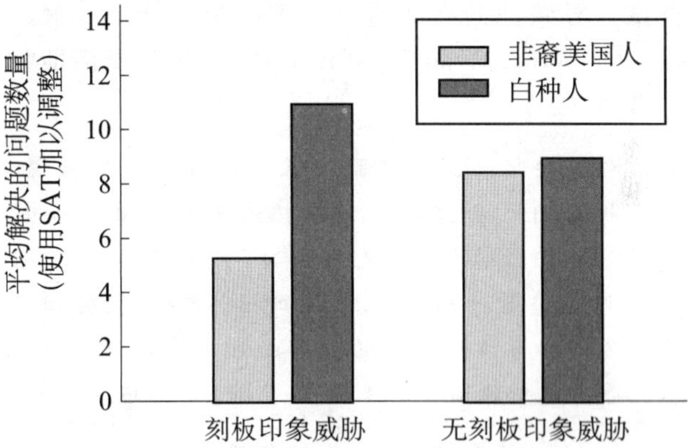

图 6—3 刻板印象威胁对大学生标准化测验成绩的影响

当非裔美国大学生被告知将要进行的测验会诊断出他们的口语能力（刻板印象威胁）时，他们完成的问题只是另一组没有被告知测验会评估能力的非裔美国大学生的一半。白人的表现，则没有受到刻板印象威胁的明显影响。

资料来源：Aronson.J, Steele C.M., Salinas, M. F., & Lustina, M.J. The effect of stereotype threat on the standardized test performance of college students. In *Reading about the social animal* (*10th ed.*). Worth Publishers.

不仅仅是少数群体的学生，所有群体都可能会受到刻板印象威胁的影响。在另一个研究中，被试是擅长数学的白人男性大学生。实验者告诉其中一组被试，所要进行的测验将帮助实验者了解为什么亚裔学生在特定测验上的表现比白种人更优异；另一组被试只是进行测验。面临刻板印象威胁的那组学生，担心自己可能会验证“亚裔学生具有数学天赋”的刻板印象，其测验成绩显著低于另一组学生（Aronson et al., 1999）。最易受刻板印象威胁影响的学生，是那些对刻板印象最在意的和那些为取得好成绩投入精力最多的学生（Ryan & Ryan, 2005）。《不让一个孩子掉队》

法案相关测验带来的压力，可能会让学生更容易受到刻板印象威胁的影响。

为什么刻板印象威胁会影响测验成绩？其中一个原因是焦虑。“焦虑”是 Katherine Ryan 和 Allison Ryan（2005）所提出的理论模型中的一部分，这一模型被用于解释刻板印象威胁是如何造成女性以及非裔美国人在数学方面表现较差的。在唤醒刻板印象威胁的情境（如高压力测验）中，这些学生会倾向于选择表现回避目标。我们将在第 12 章中详细介绍这种目标。但简单来说，设定表现回避目标就意味着学生想要避免自己看上去很蠢。设定这些自我保护目标的学生坚持性较差，也不会使用有效的策略——他们只是想要自己看上去不是那么蠢。但正是他们拖延学习、不努力尝试，导致他们在测验过程中因缺乏准备而很焦虑。Katherine Ryan 和 Allison Ryan 如此概括他们的模型：

> 对那些努力想在测验上表现优异的学生来说，他们担心自己会证实一种消极的刻板印象（女性和黑人不擅长数学），这种担心会导致他们对测验情境的定位是一种表现回避目标。这种表现回避目标会增加考试焦虑中的负面成分，降低自我效能感，导致认知紊乱或认知能力下降。（2005，p. 60）

另外，还有两种相关的解释。一种是刻板印象威胁会降低工作记忆容量——会导致学生没办法在认知过程中容纳那么多信息（Okagaki，2006）；另一种则认为刻板印象威胁会减少学生对任务的兴趣和投入——为什么要在让自己看起来很蠢的事情上花心思（Smith，Sansone，& White，2007）？

（二）长期效应：缺乏认同感

学生如果持续选择表现回避目标，为避免自己看上去很蠢而发展出自我妨碍策略，他们会变得退缩、声称不在乎成绩、几乎不付出努力，甚至退学——他们在心理上逃避成功，声称“书呆子才会学数学”、“失败的人才去上学”。一旦学生认定学习一点都不“酷”，他们就不可能付出更多的努力去学习。一些证据表明，与非裔女性学生和白人学生相比，非裔男性学生对学习更不认同，也就是说，他们将自尊与其学业成就分离开来（Cokley，2002；Major & Schmader，1998；Steele，1992）。但其他研究则质疑这种分离。历史上，非裔美国人是非常重视教育的（Walker，1996）。一项研究发现，与认同白人文化的非裔美国青少年相比，那些有着强烈非洲中心主义的非裔青少年有更高的学业目标和自尊（Spencer，Noll，Stoltzfus，& Harpalani，2002）。

这里想要告诉教师的是，要帮助所有学生意识到学业成就是他们民族同一性、种族同一性以及性别同一性的一部分。

（三）应对刻板印象威胁

Aronson、Fried 和 Good（2002）发现，改变能力观能非常有效地对抗刻板印象威胁的作用。研究者要求非裔美国大学生和白人大学生写一封信寄给“处境不利”的中学生，鼓励他们坚持学业。研究中，向一些大学生提供支持“能力可以增长”的证据，并鼓励他们将这样的信息写信告诉他们的中学生笔友。提供给另一些大学生的信息是有关多元智能的，但并未提及这些多元智能是可以增长的。实际上并不存在那些中学生。但研究发现，撰写有关能力增长观的劝说信的这一过程是非常有用的。在随后一学期，那些被“能力可以增长”说服的非裔美国大学生和白人学生有更高的平均成绩（白人学生提高的程度较小），更享受学校生活且更愿意参与学校活动。改变女生对智力的看法——能力可以增长，也能帮助中学女生取得更高的年终数学成绩（Good，Aronson，& Inzlicht，2003）。因此，能力增长观可以帮助学生对抗刻板印象威胁。另一项研究则发现，重新建构威胁性测验，将其看作是能“提高思维能力”的一种“挑战”，能降低刻板印象威胁对四至六年级非裔美国学生和普林斯顿大学学生（他们均来自于那些鲜有学生考上常春藤大学的高中）的影响（Alter，Aaronson，Darley，Rodruiguez，& Ruble，2009）。

在第 12 章中，我们将介绍考试焦虑以及如何克服考试焦虑的消极影响。那些有助于克服考试焦虑的方法，许多也可以用于帮助学生对抗刻板印象的威胁。

第四节　教学中的性别问题

在本节内容中，我们将探讨两个相关的同一性发展——性认同和性别角色认同。我们将特别关注男女两性的社会化过程以及教师在提供性别公平教育中的作用。

一、性和性别

性别（gender）一词通常是指特定文化决定的适合男人或女人的特征和行为。相反，性（sex）是指生物学上的差异（Brannon，2002；Deaux，1993）。个体在性别和性方面的同一性包括三个成分：性别认同、性取向和性别角色行为（Patterson，1995；Ruble，Martin，& Berenbaum，2006）。**性别认同（gender identity）**是个体对作为男性或女性的自我认同；性别角色行为是指特定文化中与每个性别相关的行为和特征；性取向涉及个体对性伴侣的选择。

在实际生活中，这三个成分之间的关系是极为复杂的。例如，一个女人可能会认同自己是女性（性别认同），但她的行为并不符合性别角色（踢足球或摔跤），她的性取向可能是异性恋、双性恋或是同性恋。因此，**性认同（sexual identity）**是一个复杂的结构，涉及信念、态度和行为。埃里克森和其他一些早期心理学家认为，形成自己的性别认同是非常简单的：认识到自己是男性或女性，然后做出相对应的行为。但现在，我们认识到有些人经历着有关性别的冲突。例如，变性人常常会说自己被困在错误的身体里，他们感觉自己是女性，但他们的生物学性别是男性，或是情况刚好相反（Ruble et al.，2006；Yarhouse，2001）。

性取向（sexual orientation）是目前广受关注的一个议题。研究发现，大约 8% 的青春期男孩和 6% 的青春期女孩报告自己与同性发生过性行为或被同性强烈吸引。青少年阶段，男性比女性更可能拥有同性性伴侣。但在大学期间，女性则更可能拥有同性性伴侣。但实际上，只有少数的青少年是真正的同性恋或双性恋——大约 4% 的青少年确认自己是同性恋或双性恋（拥有不同性别的伴侣）。到了成年，这个数字增加到 5% ～ 13%（Savin-Williams，2006）。

科学家对同性恋的来源进行了探讨。不过，大多数研究都是针对男性的，对女同性恋者了解较少。迄今为止的证据表明，同性恋的形成涉及生物因素和社会因素。例如，同卵双胞胎的性取向相似程度比异卵双胞胎高，但不是所有的同卵双胞胎都拥有相同的性取向（Ruble et al.，2006）。

> **性别认同（gender identity）** 个体对作为男性或女性的自我意识以及对性别角色和特征的观念。
>
> **性认同（sexual identity）** 由性别角色和性取向等观念形成的复杂组合。

在心理学的研究历程中，只有极少的模型将性取向作为自我同一性的一部分，对其发展过程进行了描述。总体而言，这些模型包括下列或与之类似的阶段（Yarhouse，2001）：

（1）感觉不同——6 岁左右开始，大部分儿童会减少对同性活动的兴趣。而一些儿童可能发现自己与其他人不同，因此感到焦虑并害怕被别人发现。其他儿童则不会经历这些焦虑。

（2）感到困惑——青少年时期，当他们发现自己被同性吸引时，这些学生会感到困惑、不安、孤独、不知所措。他们可能缺少角色榜样，会尝试改变自己的活动和约会模式，以符合异性恋的刻板印象。

（3）接受——成人早期，大部分年轻人已经梳理好自己的性取向，并认同自己是同性恋者或双性恋者。他们可能公开或不公开自己的性取向，但会告诉身边的一些朋友。

不过，这种同一性发展的阶段模型存在一个问题，它们都假设同一性获得就是最终的结果。实际上，新近的模型强调性取向是灵活的、复杂的、多层面的，在人的一生中都可能发生改变。例如，一些人可能在人生的一段时间与异性伴侣约会或结婚，但在随后的一段时间内会受到同性的吸引或有同性伴侣（Garnets，2002）。

在实际生活中，父母或教师通常不是第一个知晓青少年的性认同困惑的。但如果有学生向你寻求帮助时，表 6—2 列出的一些提供援助的建议，可以供你参考。

表6—2　向存在性认同困难的学生提供援助

（这些建议来自于 Attic Speakers Bureau——雅典青少年中心的一项计划。雅典青少年中心主要是训练同伴教育者来帮助年轻人，以及对在学校、相关组织、卫生保健机构中为青少年提供服务的人进行培训。）

提供援助
当一个同性恋、双性恋或跨性别的青少年或对自己的性取向感到困惑的年轻人直接找你寻求帮助时，请记住下面简单的五步计划： **倾听**　这个方法看起来很平常，但却是与那些年轻人交谈初期你最应该做的事情。通过倾听，可以让他们尽情地宣泄和表达他们的经历。

续前表

提供援助
支持 告诉他们“你不是孤单的”。这点至关重要，很多同性恋、双性恋或跨性别的青少年感到孤独，因为他们缺乏与自己讨论性取向问题的同伴。让他们了解到有很多人也面临同样的问题，这对他们来说弥足珍贵。这样的陈述对交谈也是非常重要的，因为它不涉及对个人的评价。 **求助** 没必要把自己当成一个专家。把这些青少年转介给专门处理这些问题的专家。这是在帮助这些年轻人，而不是失职。 **处理** 应对骚扰者——不要忽视因性取向而引起的言语或身体的骚扰。创设并维持一个让所有青少年感觉舒适、愉快的环境是非常重要的。 **随访** 确保跟进这些个体，看看情况是否有所改善，考虑未来你还可以做些什么来帮助他们。 除此之外，还有一些建议能够帮助你更好地为这些同性恋、双性恋或跨性别的青少年提供服务，以帮助他们更好地应对性取向方面的问题： ● 面临有关性取向和性方面的话题时，表现得坦然、放松。 ● 参加相关培训，学习如何有效地呈现有关性取向的信息。 ● 通过了解事实、分享信息等方式肃清有关性取向的谣言。 ● 工作时要撇开自己的个人偏见，以便更好地帮助学生解决性取向和性方面的问题。

资料来源：The Attic Speakers Bureau and Carrie E. Jacobs.

二、性别角色

性别角色（gender roles）是指对男性和女性应当如何行为的期望——什么是男性化，什么是女性化。性别角色随文化、时代和地域的不同而有所差异。尽管女性仍被认为是儿童的主要照顾者，应负责家庭事务，但如今对女性的期望显然与18世纪有所不同。

儿童是何时以及如何发展出性别角色的？早在2岁时儿童就意识到性别差异——他们知道自己是男孩还是女孩，知道妈妈是女性，爸爸是男性。到了3岁左右，他们意识到自己的性别是不能改变的；他们以后一直都是男性或女性。生物学因素会影响性别角色的发展。很小的时候，激素会影响儿童的活动水平和攻击性，因此男孩更喜欢剧烈的、粗犷的、吵闹的游戏。游戏模式导致年幼儿童更喜欢与拥有相同游戏模式的同性玩伴一起玩，因此4岁儿童与同性玩伴玩耍的时间是与异性玩伴玩耍时间的3倍；到了6岁，这个比率上升到11∶1（Benenson，1993；Hines，2004；Maccoby，1998）。

但是，生物学因素不是唯一的影响因素。人们对待男孩和女孩的方式不同，也是重要的影响因素。研究发现，家长会给男孩更多的自由，让他们去邻居家串门，也会较早地允许男孩做一些具有潜在危险性的活动，如独自过马路等。因此，与女孩相比，家长会更鼓励男孩独立和主动。事实上，父母、同伴和教师可能会奖励那些符合性别角色的行为——女孩的温柔善良、男孩的坚强自信（Brannon，2002）。

性别图式（gender schemas） 有组织的认知网络，涉及男性、女性意味着什么的相关知识，会影响儿童如何思维以及做出何种行为。

不仅如此，玩具也发挥了作用！当走到任何一家商店的玩具区，你可以看看有哪些玩具是给女孩的，哪些是给男孩的。布娃娃和厨房用品是给女孩的，玩具枪是给男孩的。几十年来一直如此。但我们不能只是去指责玩具厂商，成人在给儿童买玩具时也喜欢去买那些具有性别特征的，爸爸也不会鼓励自己年幼的儿子去玩“女孩子的玩具”（Brannon，2002）。

在与家庭、同伴、教师、玩具以及周围环境的互动中，儿童开始逐渐形成**性别图式（gender schemas）**。所谓性别图式，是有组织的知识网络，它涉及男性、女性分别意味着什么的相关知识。性别图式能帮助儿童理解世界，并引导他们的行为（如图6—4所示）。如果一个小女孩关于女孩的图式包括“女孩应该玩布娃娃，而不是卡车”或“女孩不可能成为科学家”，那么她会注意、记住这些准则，更多地与布娃娃而不是卡车互动，她可能会避免参加科学活动（Golombok et al.，2006；Leaper，2002；Liben & Signorella，1993）。当然，这只是一般的情况，并非所有个体都符合这种情况。例如，女孩如果觉得“卡车是男孩玩的”这一性别图式跟自己无关，而卡车又很吸引自己，那她就会玩卡车（Liben & Bigler，2002）。

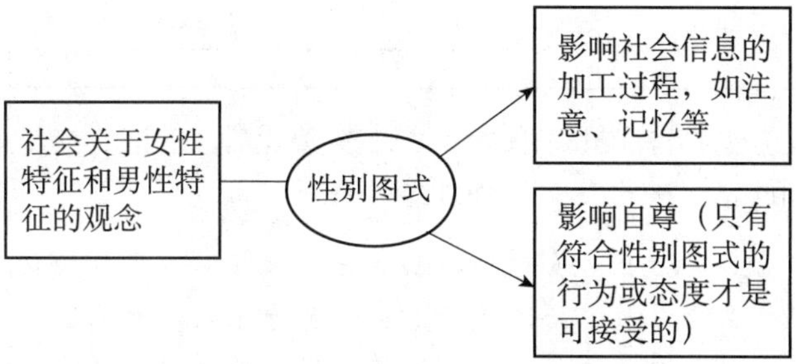

图 6—4　性别图式理论

根据性别图式理论，儿童和青少年将性别作为一个系统的主题，用来分类和解释他们对世界的感知。

到了 4 岁，儿童开始意识到性别角色。5 岁左右，他们已经发展出一般的性别图式——能分辨哪些衣服、游戏、玩具、行为和职业是适合男孩或女孩的，儿童的这些想法非常刻板（Brannon，2002）。即使现代社会在“男女机会平等”方面有了很大进步，但一个学前的女孩也更有可能告诉你她想成为一个护士，而不是工程师。我的一个同事曾教育她的小女儿性别刻板印象存在危害，然后她将小女儿带到自己的大学课堂。当学生们问这个小女孩：“你长大后想做什么啊？”这个小孩立刻回答：“医生！”她的教授妈妈骄傲地笑了。然后，小女孩偷偷地告诉前排的学生：“我其实想做一个护士，但我妈妈肯定不让我做。”实际上，这是幼儿常见的反应。与年长儿童相比，学前儿童有更刻板的性别角色观念；与女性的职业相比，所有年龄的儿童对男性的职业都有更刻板、传统的想法（Woolfolk & Perry，2012）。随后，儿童进入青春期，他们变得更关注自己的行为是否表现得“像男人”或“像女人”，而这些标准是由他们的同伴文化所决定的。总之，从生物学因素到文化规范，很多因素都会影响性别角色的发展，不要失之偏颇。

三、教材中的性别歧视

当我在长途火车上忙着校对这本书前一个版本的这一页时，一位列车员在我身边停下来说：“对不起，打扰一下，我能看看你的车票吗？”他这种性别歧视的态度（我确定是无意的）让我笑了一下。我很怀疑他是否会用同样的问题去质问那个坐在走道对面正在写东西的男人。就像种族歧视一样，性别歧视的信息可能很微妙，并可能出现在教室里。

不幸的是，学校经常用不同的方式助长**性别歧视（gender biases）**的观念。即使出版业者已经制订了一些准则，以避免学校教材中的性别歧视，但我们仍有必要检查教材中是否存在性别角色的刻板印象。例如，即使现在儿童的书籍中男性和女性作为主角的次数相同，但在标题和举例说明中有更多的男性，并且书中的角色（尤其是男性）仍脱离不了刻板印象的框架。男孩多是好争斗、善争辩，而女孩则是善于表达情感、温柔亲切。女孩角色有时会跨越性别角色的界限，变得更加主动，但男孩角色则很少表现出“女性的”善于表达情感的特征（Brannon，2002；Evans & Davies，2000）。视频学习软件、虚拟世界、社会媒体网站以及 YouTube 等资源，不会像多数教材那样仔细地筛选有关性别、种族、民族、经济、宗教或年龄的刻板印象和偏见，因此它们也成了这些刻板信息的来源（Henry，2011）。DVD、电脑程序以及测验材料中的人物也多以男孩为主，同时包含其他的偏见。看看视频格斗游戏中男性和女性的体格，它们正在宣传多么不真实、不健康的身体形象！

学生在正式上学前，他们接触时间最长的“教材”便是电视。一项研究采用内容分析法对电视广告进行分析，结果发现，白人男性的角色远远多于其他群体（在前面的“停下来　想一想”中，当你看广告时是否也发现了这一点？）即使是在只呈现声音的情况下，男性解说广告的数量也可能是女性的十倍之多。这种以男性为代言人的电视广告模式也普遍出现在欧洲、澳大利亚和亚洲等地区。女性比男性更容易被塑造成“依赖男性的”，而且多是以“家”为主要描述背景的（Brannon，2002）。因此，无论是在上学前还是上学后，学生都可能会接触到男性占多数比例的教材。

性别偏见（gender biases） 对男性和女性有不同的看法，通常喜欢某一性别，而不喜欢另一性别。

四、教学中的性别偏见

关于教师如何对待男女学生的研究有不少，但大多数研究所关注的都是白人学生。因此，本小节中所报告的结果多数都是针对白人学生的。

很多研究均证实，性别偏见似乎更偏向男性。过去30年来最具说服力的一项发现是：总体而言，教师与男生的互动比与女生的互动要多，但同时也有更多的消极互动，而非积极互动（Jones & Dindia，2004）。这个情况从学前一直持续到大学。教师会问男生更多的问题，给男生更多的反馈（赞扬、批评和纠正），并且也会给男生更多具体而有价值的建议。这些差异所造成的影响是，从学前到大学，女孩平均得到的关注和指导比男孩少1 800小时（Sadker，Sadker，& Klein，1991）。当然，这些差异并不是平均分配的，一些男孩，通常是成绩好的白人学生，得到的关注和指导会比平均数更多；而成绩好的女孩，受到教师的关注则是最少的。

但并非所有的偏见都偏向男生。在过去10年里，北美、西欧、澳大利亚和一些亚洲国家的教育工作者，开始质疑学校是否为男生提供了良好的教育。之所以会有这样的担心，是源自很多国家的数据似乎都表明男生的学业成绩不佳。例如，美国政府的一项调查结果表明，十一年级男生的平均写作水平相当于八年级女生的平均水平（Younger & Warrington，2006）。更为惊人的指控还包括学校试图破坏“男孩文化”，并将“女性的、女孩的”文化强加给男孩。

> 实际上对女孩的歧视已经结束了，只是争论仍在继续。由于女权运动，女孩有特殊的待遇和教育计划。但现在男孩呢？是不是男孩学习阅读的速度更慢，更容易辍学，更可能被惩罚，也更可能参与针对有特殊需要儿童的课程？学校里女孩做得更棒，而男孩则面临很多困难，因此有必要为男孩提供特殊的教育计划。（Connell，1996，p. 207）

男孩之所以在学校里面临困难，一种解释是学校教育的期望并不符合男孩的学习方式（Gurian & Henley，2001），尤其是那些非裔美国男生（Stinson，2006）。另一种解释是男生为“表现自己的男子气概，赢得尊重”，会对抗学校的期望和规章制度，从而故意破坏自己的学习（Kleinfield，2005，p. B6）。批评者认为，学校应该提供更小的班级、更多的讨论、更清晰的规则、更好的指导课程，以为满足男孩的需要。同时，学校里应该有更多的男性教师，而实际上90%的小学教师是女性（Svoboda，2001）。

为使学校能更有效地对男孩和女孩进行教育，一种通行的做法是男女分班。几年前《纽约时报杂志》的封面故事就是这个主题（Weil，2008）。世界范围内有关这种教育方式的研究表明，男女分班对男孩和女孩的学习、动机和投入均有积极影响，但前提是必须满足一些特定的条件：教师必须意识到没有什么针对男孩或女孩的特殊教学策略——好的教学就是好的教学。根据性别将学生分组并没有让教学变得更简单；实际上，男女分班让班级更加难以管理。为达到好的教学效果，教师和学生都必须意识到男女分班的目的是为了营造出一种氛围，让每个学生更好地学习。这种氛围会有助于课堂上更加开放的讨论，而学生也较少担心会在同伴面前留下不好的印象（Younger & Warrington，2006）。下面的“实践指南”会提供一些其他的方法，帮助你避免在课堂上对学生产生性别歧视。

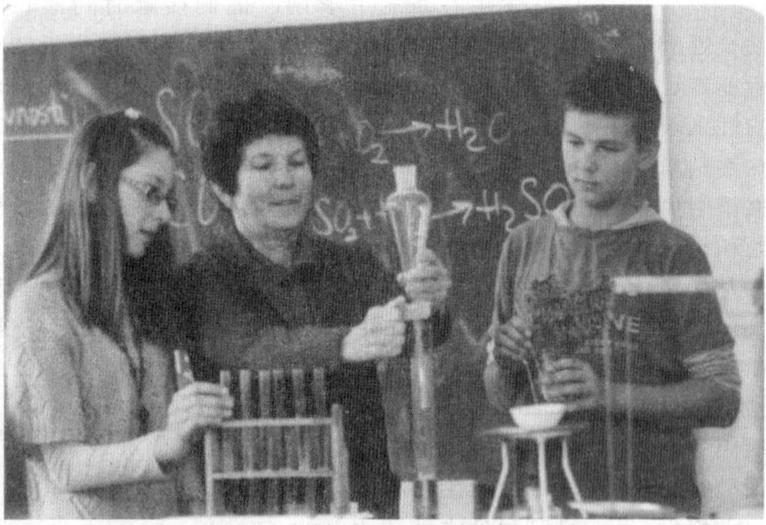

针对不同性别的特殊教育？

好的教学就是好的教学，无论学生的性别如何，教学目标都应当是让每个学生在学业上获得成功。

实践指南　避免教学中的性别歧视

● 检查你所使用的课本和其他教学材料，看看这些材料是否在用公正的态度来看待男性和女性。

例如：

1. 在工作、休闲和家庭情境中，男性和女性是否都会被塑造成传统的角色和非传统的角色？

2. 与学生讨论你的分析，并邀请学生一起帮你找出这些素材中的性别角色偏见，例如杂志广告、电视节目、新闻报道等。

● 保持警惕，避免课堂活动中存在任何无心的偏见。

例如：

1. 你会在某些特定的活动中用性别来分组吗？这样的分组合适吗？

2. 你会特别叫某一性别的学生来回答特定的问题吗？比如数学方面的问题让男生回答，诗歌方面的问题让女生回答。

3. 小心你的隐喻。在课堂中避免使用可能会引起性别歧视的隐喻，比如让学生解决问题时不要使用“tackle the problem”这个短语，因为“tackle”在一些俚语中是指男性外生殖器官。

● 找出学校可能针对性别所设的限制。

例如：

1. 指导教师在课堂和职业选择方面会给学生什么样的建议？

2. 有没有提供男女生都适合参与的运动项目？

3. 女生会被鼓励参加高级科学或数学课程吗？男生会被鼓励参加英语和外语课程吗？

● 尽可能使用与性别无关的语言。

例如：

1. 用“law-enforcement officer”（执法人员）和“mail carrier”（邮递员）来替代“policeman”（警察）和“mailman”（邮差）。

2. 在称呼某个委员会的负责人时，用“head”（领导）来替代“chairman”（主席）。

● 提供性别榜样。

例如：

1. 要求学生阅读由女性科学家或女性数学家发表在专业期刊上的文章。

2. 邀请近期毕业的主修科学、数学、工程或其他科技领域的女大学生，跟你班上的学生聊聊大学生活。

3. 为男生和女生均开设网络指导课程，让学生有机会接触到自己所感兴趣的领域中的相关从业人员。

● 确保所有学生都有机会从事复杂、技术性的工作。

例如：

1. 把相同性别的学生分在一组做实验，以避免女孩老是当“秘书”、男生总是当“技术人员”的情况出现。

2. 在组内轮换工作，或随机分配任务。

至此，在本章中我们已经讨论了很多方面的差异。那么，教师如何才能为所有学生提供合适的教育呢？一种方法就是采用多元文化教育，创建文化融合的课堂。

第五节　多元文化教育：创建文化融合的课堂

多元文化教育（multicultural education）是一个涉及广泛的学校改革并为所有学生提供基础教育的过程。多元文化教育反对与拒绝学校和社会中的种族歧视和其他形式的歧视，接纳和支持学生、学生所在的群体以及他们的教师所反映的民族、种族、语言、宗教、经济、性别等多元文化。（Nieto & Bode，2008，p. 44）

James Banks（2006）认为，多元文化教育存在五个维度：内容的整合、知识的建构过程、偏见的减少、包容的学校文化和社会结构、公平的教学，具体如图6—5所示。很多人只是熟悉内容的整合这一维度，或是在教一门学科时会使用不同文化的实例和内容。这是因为，他们认为多元文化教育就是在课程上做些改变，一些教师甚至认为多元文化教育与数学、科学这样的学科无关。但如果你考虑其他四个维度——帮助学生理解知识是如何建构的、减少偏见、在学校创设一种促进所有学生学习和发展的社会结构以及实行公平的教学或使所有学生受益的教学——你便会发现

多元文化教育（multicultural education） 旨在促进教育机会均等，使所有学生都能公平地接受教育的教育改革运动。

多元文化教育的观点与所有学生和所有学科有关。

是否存在比多元教育更好的教育方法？这已经超出了教育心理学的范围，但我们必须意识到，关于什么是最好的教育方法是没有定论的。很多教育学家认为文化关联教学应该是多元文化教育改革中的一部分。

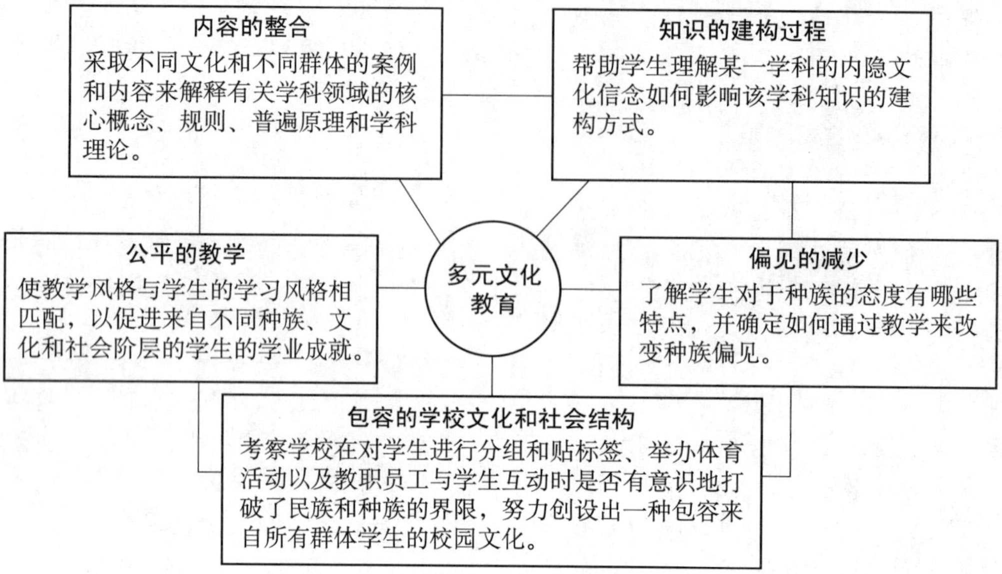

图 6—5　Banks 的多元文化教育的维度

多元文化教育不仅仅是在课程上做些改变。为使教育能满足所有学生的需要，我们必须同时考虑其他的维度。体育活动和咨询程式的结构化、教学方法的运用、对偏见的教训、对知识观的探讨等，所有这些共同构成了真正的多元文化教育。

资料来源：Banks.J.A. (2006). *An introduction to multicultural education (4th ed.)*. Boston: Allyn and Bacon, p.32.

一、文化关联教学

一些研究者主要关注那些在教育有色人种学生和贫困学生方面取得成功的教师（Deplit，1995；Ladson-Billings，1994，1995；Moll，Amanti，Neff，& Gonzalez，1992；Siddle Walker，2001）。Gloria Ladson-Billings（1990，1992，1995）的研究便是一个很好的例子。她用三年时间研究了在加利福尼亚州为非裔美国人社区服务的优秀教师。她请家长和校长来推荐这样的教师。家长所推荐的教师不仅会尊重家长，激发孩子的学习热情，而且能理解孩子需要很好地适应两种不同的世界——家庭社区和外面的白人世界。在校长推荐的教师所带的班级里，学生较少违纪、出勤率高，并且在标准化测验上成绩较高。在这项研究中，家长和校长共同提名了9位教师，Ladson-Billings 深入研究了其中的 8 位。

文化关联教学（culturally relevant pedagogy） 能有效地对有色人种的学生进行教学，包括让学生体验到学业上的成功，发展或维持自身的文化能力，以及具备一种挑战现状的批判意识。

根据研究，Ladson-Billings 提出了一个优质教学的概念，她将这种优质的教学称为**文化关联教学（culturally relevant pedagogy）**，并指出文化关联教学必须符合下列三个原则：

（1）学生必须体验到学业上的成功。“尽管当前社会存在一些不公平的现象，课堂环境也不太友善，但学生仍然需要发展他们的学业技能。发展这些技能的途径是多样的，但所有学生都需要具备基本的读写、运算、操作、社会和政治方面的技能，以便成为民主社会中的积极参与者。”（Ladson-Billings，1995，p. 160）

（2）学生必须有发展或维持自身的文化能力。随着学生学业技能的提高，他们仍需要维持自身的文化能力。“采用文化关联教学的教师，会把学生的文化当作学习的工具。”（Ladson-Billings，1995，p. 161）例如，一位教师用说唱音乐来教授学生学习诗歌中的字面含义和象征意义、押韵、头韵和拟声。另一位教师则将社区里一个做红薯派很有名的人请进教室来指导学生的学习。后续的课程还可以包括探究乔治·华盛顿·卡佛（George Washington Carver，美国著名的农业化学家、植物学家）关于红薯的研究、味道测试的数量分析、红薯派的市场销售计划以及成为一名厨师所需的教育准备等。

（3）必须培养学生形成挑战现状的批判意识。除了发展学生的学业技能、维持学生的文化能力外，优秀教师还应该帮助学生“发展一种广泛的社会政治洞察力，使他们对滋生和助长社会不平等的社会规范、价值观、道德观念、社会制度予以批判”（Ladson-Billings，1995，p. 162）。例如，一所学校的学生对使用过时的课本感到不满。于是，他们动员学生调查那些特许中产阶级学生使用新课本的款项支出，然后给报社编辑写信，质疑这些不平等的现象，并通过其他渠道获得新信息来更新课本内容。

Ladson-Billings（1995）指出，很多人认为她所提到的三个原则是教学的基本要求。她赞同这样的说法，但同时也质疑“为什么这样的教学却很少发生在非裔美国学生的课堂上”（p. 159）。Geneva Gay（2000）则提出了一种与文化关联教学类似的教学方法——文化回应教学（cultural responsive teaching），这种教学方法是利用“不同族群学生的文化知识、先前经验、参照框架以及表现风格，让学习变得更有意义、更有成效。这种教学方法会利用学生本身的优势，并促进这些优势进一步的发展。这就是文化回应教学的有效性，即对学生文化知识等方面的肯定”（p. 29）。

Lisa Delpit（2003）指出，采用文化关联教学方式对有色人种学生进行教学包含以下三个步骤：（1）教师必须相信学生内在的智力特征、人性和精神特征——教师必须信任学生。在美国，很多学校都有这样的例子，即有些来自低收入家庭的非裔美国学生的阅读水平高于年级平均水平，数学成绩也非常优秀。学生的学习成绩低，责任不在于学生，而在于他们所接受的教育。（2）常常有教师会认为，学生测验成绩高就说明学生学得好，自己照本宣科地上课就是好的教学。这实际上是一种错误的观点，采用文化关联教学的教师必须摒弃这种错误的观点。成功的教学应该是“持续的、严谨的，是将不同学科的知识加以整合的，与学生所处的文化相联系，与学生的智力遗传特征相联系，能够吸引学生，并能促进学生批判性思维和问题解决能力的发展，因为这两者有利于学生适应课堂外的世界”（p. 18）。（3）教师必须从各方面了解学生，并了解他们有什么样的遗传特征。这样，学生才能不断去发现自己的智力遗传特征，才能理解为什么要发展学业、社会、身体及道德等方面的技能——学习不仅仅是“为了找到一份工作，而是为了我们的社会，为了我们的祖先，为了我们的后代”（p. 19）。

Michael Pressley 及其同事（2004）选取了一所在教育非裔美国学生方面很成功的学校（该校同时设有小学部、初中部和高中部），进行个案研究。研究者列出了该学校有效教学的一些特征，如上面表6—3所示。

过去关于如何对来自少数群体（种族、民族或语系）的低收入学生进行教学，争论的焦点主要集中在补救问题或克服已有的障碍等，但现在的观点则强调发挥学生的长处，培养他们的心理弹性。

表6—3　与非裔美国学生学业成功有关的学校和教师特征

学校的特征	教师有效教学的特征	其他特征
强有力的行政领导。	教师有为教育献身的精神，并对学生的学习负责。	总体上有充足的学习时间，能有效地利用每一天或每一周的时间。如利用上学前和放学后的时间与其他学生进行互动和帮助他人，充分利用每一分钟的上课时间，为某些需要的学生提供暑假学校课程等。
经常对学生的进步做出评价。	很多时间教师只是提供支架，鼓励学生自我调节。	学生会帮助其他学生提高学习成绩。
重视学习。	课程和教学重视学生的理解。	家庭和学校之间有紧密、牢固的联系。
安全有序的环境。	为学生提供指导，尤其是在申请大学等方面。	有成就的校友会通过捐赠和物质资助来回馈学校。
对学生的学业成就有很高的期望，会选择性地招收和保留学生——学校会淘汰那些不好好把握学习机会的学生（如行为不端的学生，或没有达到学业标准的学生），再重新招收有良好学习意愿的学生。	有意识地、大量地、频繁地激发学生的动机，包括使用以下方法： • 积极的预期。 • 来自教师和管理者的易觉察的关心。 • 赞扬学生某些特定的成就。 • 整体的一种积极氛围，鼓励学生。将学习结果归因于努力。 • 让学生体验合作学习。 • 对成就给予明确的奖励。	一些在学校里不太常见的动机激发方法： • 为学业成功举行盛大的集体庆祝仪式。 • 鼓励学生将自己看成是一个未来的大学毕业生和成功的专业人士。 • 避免学生对未来形成消极的看法。 • 提供事实和证据，使非裔美国学生为自己的文化传统和生活感到自豪。

续前表

学校的特征	教师有效教学的特征	其他特征
大多数课堂的课堂管理都非常好，因此教学时间大多是花在学习任务上。	教师为学生的学业成就提供坚强有力的教学支持（如指导学生学习，明确考试期望，提供有益的信息，对学生的作业给予反馈，并在考试前组织学生复习）。	提供很多课外活动，丰富课程内容——绝大多数措施都是以促进学业发展为目的，或希望能增加学生对学业追求的投入。
		学校建筑富有吸引力，并能提供很多的资源，以促进学生的学业追求。

资料来源：Pressley, Raphael, DiBella, & Gallagher.(2004), pp. 234–235.

二、培养心理弹性

每周，有12%～15%的学龄儿童迫切地需要人际和情感上的支持，但他们并没有得到帮助。有一些处于高危状态的学生常常得不到社工和心理健康服务的帮助，但同时也有很多处于学业失败危机中的学生，他们自己不仅坚持了下来，而且还茁壮地成长。因此，他们是有心理弹性的学生。我们能从这些学生身上学到什么呢？为培养学生的**心理弹性**（resilience），教师和学校应该做些什么呢？

心理弹性（resilience） 能有效地应对困难情境或有碍自身发展威胁的一种良好适应能力。

（一）富有心理弹性的学生

富有心理弹性的学生，是那些即使经历多次磨难仍能健康成长的学生，在平时他们都会积极地参与学校生活。他们有很好的人际关系技巧，对自己的学习能力很自信，对学校有积极的态度，为自己的民族而感到自豪，对自己也有很高的期望（Borman & Overman，2004；Lee，2005）。另外，那些智商很高或有重要天赋的学生也能更好地应对危机。个性随和乐观的人，他们的心理弹性也会更好。人际关系、社会支持等外部因素，同样对学生的适应能力也有重要影响。一些父母会对学生抱有很高的期望，并在家庭为学生提供充足的学习空间和时间来促进他们的学习。这样的父母通常会和孩子保持很好的亲子关系，而这也为学生应对危机提供了良好的社会支持。即使没有这样的父母，但与其他重要他人如祖父母、姑姑、叔叔、教师、辅导员或其他关心他们的成人有紧密的情感联结，也能为学生提供相应的社会支持。参加学校、社区或宗教活动可以使学生与相关的重要他人有更多的联系，学到更多的社会交往技巧和领导能力（Berk，2005）。

（二）促进心理弹性的课堂

你没办法选择学生的个性和他们的父母。如果你处理不当，即使是最有心理弹性的学生，也会体验到压力。Beth Doll及其同事（2005）认为，我们要改变的不是学生，而是课堂，因为“只有当策略融入学生周围自然的、支持性的环境系统（如学校）时，这种策略才会更持久有效”（p.3）。另外有证据表明，与拉美裔和白人学生相比，课堂的一些改变会对美籍非裔学生的学业成就有更大的影响，这些改变包括减少学生的数量、创设一种安全有序的环境、与教师建立支持性的关系等（Borman & Overman，2004）。那如何创设一种促进学生发展心理弹性的课堂呢？

促进学生心理弹性的发展

如果处理不当，即使是最有弹性的学生，也会体验到压力。作为教师，你如何才能创设出一种促进学生心理弹性发展的课堂？一种重要的因素就是处理好与学生的人际关系。

Doll 及其同事（2005）描述了教育学和心理学中有关如何最有效地对贫困儿童和残疾儿童进行教学的研究，借此说明能促进心理弹性的课堂所具备的特征。他们认为，有两个因素维系着学生和他们的课堂：学生的自我管理和人际关系因素。

1. 自我管理因素

（1）*学业自我效能感*。学业自我效能感是一种关于自身学习能力的信念，是预测学业成就最为稳定的一个指标。正如你将会在第 11 章中所看到的那样，在提供给学生必要支持的情况下，让学生处理有挑战的、富有意义的任务，同时观察完成同样任务的他人表现时，他们的自我效能感就能得到发展。教师正确的和鼓励性的反馈，也有利于学生学业自我效能感的发展。

（2）*行为的自我控制*。行为的自我控制也称作学生的自我调节，是建立安全有序的课堂环境的必要条件。第 7 章、第 11 章以及第 13 章将会介绍一些帮助学生发展自我控制的方法。

（3）*学业自我决定*。自我决定是自我管理因素的第三个成分，包括做出选择、设定目标、持续付出等方面。正如你将会在第 12 章中所看到的那样，自我决定的学生有更强的学习动机和学习投入。

家庭和社区合作实践指南　　建立一个学习型社区

Joyce Epstein（1995）描述了六种家庭、学校与社区的合作关系，下列内容就是根据这样的分类方式加以陈述的。

- 共同教养：帮助所有家庭建立促进学生学习的家庭环境。

例如：

1. 提供工作坊、录像带、课程、家长文化展览会和其他信息渠道，帮助家长解决他们认为重要的教养问题。

2. 为家庭开设营养、健康和社会服务等方面的辅助性课程。

3. 寻找途径帮助家庭与学校分享一些与儿童有关的信息，如儿童的文化背景、天赋和需求等，并向家庭学习。

- 沟通：设计有效的“学校到家庭”和“家庭到学校”的沟通方式。

例如：

1. 确保沟通的内容符合家庭的需求。提供翻译、视觉辅助设备、大字体材料等有助于沟通有效进行的工具。

2. 在争得同意后进行家访。只有建立起彼此信任的关系，家长才会愿意到学校来。

3. 沟通时既要讨论学生存在的问题，也要报告学生所取得的成绩和好消息，保证沟通内容的平衡。

- 志愿者：招募和组织家长为学校提供帮助和支持。

例如：

1. 利用明信片进行一年一度的调查，了解每个家庭的特殊才能、兴趣、空闲时间和对学校的建议。

2. 整理好所有家庭的联络信息，比如建立一个列有所有家庭电话号码的电话簿（电话树）。此外，也要确保没有遗漏那些没有电话的家庭。

3. 如果可能，提供一个专门的房间供志愿者开会和讨论项目。

- 在家里学习：向家庭提供信息和观念，使其了解如何协助儿童完成学校功课和学习活动。

例如：

1. 提供作业清单和有关作业的规定，并提出如何协助学生完成功课（而不是替他写作业）的建议。

2. 邀请家长参与课程计划，这样可以交流彼此的想法和做法。

3. 向家庭发放学习资料，并布置一些寓教于乐的学习活动，尤其是在假日和暑假。

- 共同决策：邀请家庭参与学校决策，发展来自家庭和社区的领导者和代表。

例如：

1. 建立由家长代表组成的家庭顾问委员会。

2. 确保家庭代表能代表所有家庭。

- 与社区合作：发现并整合来自社区的资源和服务，以加强学校活动、家庭实践以及学生的学习与发展。

例如：

1. 请学生和家长调查现有哪些资源可以利用，并建立一个数据库。

2. 发现社区中适合学生的服务项目，探索服务性学习，即让学生在服务中学习。

3. 寻找社区中的校友，请他们参与学校项目。

资料来源：Epstein, J.L. (1995). School/family/community partnerships: Caring for children we share. *Phi Delta Kappan, 76*, pp. 701–712.

2. 人际关系因素

（1）温暖的师生关系。充满关怀的师生关系与学生良好的在校表现呈现稳定的正相关，对那些正面临严重挑战的学生更是如此。我们在第 1 章和第 3 章已经介绍了教师的关注对学生的影响，在本书的余下章节中我们将会继续探讨这种充满温暖的师生关系的价值。

（2）有效的同伴关系。正如我们在第 3 章所见，同伴关系也是联结学生与学校的重要因素。

（3）有效的家—校关系。有效的家—校关系是为学生建立一种充满关怀的人际网络的最后一个成分。在学校发展计划中，James Comer 发现当家长持续地积极参与子女教育时，其子女的学习成绩和测验分数会提高（Cormer，Haynes，& Joyner，1996）。上面的“家庭和社区合作实践指南”，会给你一些如何与家庭建立联系的建议。

三、学习中的多样性

20 多年前，Roland Tharp（1989）认为课堂具有以下几个特征：社会组织、文化价值观、学习偏好以及社会语言学，这些特征都能反映出学生的多样性，并且能通过适当的调整以更好地符合学生的背景。他的建议，如今仍然适用。

（一）社会组织

“教育设计的核心在于使教学、学习与行为表现等方面的组织结构符合相应的社会结构，这样学生才最富有创造性、最投入，也最有可能学习。”（Tharp，1989，p. 350）这里所说的社会结构或社会组织，是指人们为达到某一特定的目标而进行互动的方式。例如，夏威夷的社会组织注重协同合作。儿童会和一群朋友、邻居玩在一起，年长的孩子则常常会照顾年幼的孩子。在课堂上，如果将四五名夏威夷男孩和女孩组成合作小组，学生的学习和参与的积极性就都会有所提高（Okagaki，2001，2006）。教师在特别关注某一小组时，其他小组内的孩子则会相互帮助。但同样的结构，放在纳瓦霍的课堂上就不适用了，这些学生不会一起合作，因为纳瓦霍的儿童从小接受的观念就是要独立，不可以跟异性儿童一起玩。面对这样的儿童，教师可以通过组成 2～3 人的同性别学习小组来鼓励他们合作。因此，如果你班上有来自不同文化的学生，你需要提供多种不同的分组方式供学生选择。

（二）文化价值观与学习偏好

一些研究的结果表明，拉美裔的学生很注重对家庭和群体的忠诚，这可能就意味着，这些学生更喜欢合作性的活动，而不喜欢与同伴竞争（Garcia，1992；Vasquez，1990）。很多拉美裔学生有四种共同的价值观：（1）家庭主义——与家庭有很紧密的联系，讨论有关家庭的问题和事情都会被视为对家庭的不忠诚；（2）和谐——重视人际关系的和谐，武断地发表自己的看法或争论在他们看来都是不妥的；（3）尊重——非常尊重教师和政府官员等权威人士；（4）人际取向——重视亲密的人际关系，不喜欢疏远的、冷淡的、职业化的人际关系（Dingfelder，2005）。

非裔美国学生的学习风格可能与美国多数学校的教育方式有冲突，他们的学习风格具有以下的特点：喜欢视觉的 / 整体的学习方式，而不是言语的 / 分析的；喜欢随意的推断，而不是有条理的逻辑推理；关注人与人之间的关系；喜欢精力充沛地同时参与几项活动，而不愿意按部就班地学习；喜欢估算数字、空间和时间；喜欢更多地依赖非言语交流。与只有唯一正确答案的封闭性问题相比，那些认同自身传统文化的有色人种学生似乎在开放性问题上表现得更好，经常会想出多个答案；而且与细节题相比，他们更能创造性地回答概括性问题或强调意义理解的问题（Bennett，2011；Gay，2000；Sheets，2005）。

美国印第安学生似乎也是比较喜欢整体的、视觉的学习风格。例如，纳瓦霍学生喜欢在讨论故事情节前先把故事从头到尾完整地听一遍。对这些学生来说，教师中途停下来提问是一件很奇怪的事情，也会打断他们的学习过程（Tharp，1989）。这些学生有时候会有强烈的愿望，希望能独自地通过尝试错误的方式来学习，他们不喜欢教师公开指出自己所犯的错误（Vasquez，1990）。

很少有研究关注亚裔美国学生的学习风格，可能是因为他们被人们视为“模范的少数人”的缘故。一些教育家认为亚裔学生重视教师的赞许，在结构化的、安静的学习环境中学习，同时伴有明确的目标和社会支持时，会取得较好的学习效果（Manning & Baruth，1996）。其他研究则发现，亚洲的学习风格和西方文化的学习风格有着清晰而深刻的不同。来自亚洲文化的学生更倾向于人际互赖，更重视与他人的共同学习，这也许能部分解释他们在学校里的成功。西方文化的价值观则更强调人际独立和个体化学习，这也许能部分解释美国在科学、技术和创新方面的成功（Chang et al.，2011）。但正如前面所提到的，对任何一个群体抱有刻板印象都是有危险的，尤其是在不同文化的学习风格方面。

（三）谨慎参考有关学习风格的研究

当你在阅读有关学习风格的研究时，请牢记以下两点：首先，一些有关学习风格的研究，它们的效度已经受到了严重的质疑（我们在前面的章节中已做过介绍）。其次，关于“研究不同群体中学习风格和学习偏好上的差异是不是危险的、种族主义的或性别歧视的”——这如今已是争论的热点。在我们的社会中，我们常常会把“差异”当作是“缺陷”或刻板印象（Gordon，1991；O'Neil，1990）。这里我介绍了一些有关学习风格差异的信息，是因为我相信，只要明智地使用，它们能帮助我们更好地理解学生。但如果假定某个群体中的每一个个体的学习风格都是相同的，那就是极其错误和危险的了（Sheets，2005）。给教师的最好建议是：敏锐地观察所有学生中的个体差异，促成可行的、适当的学习方式。永远不要根据先入为主的有关民族或种族的假设，对学生的最佳学习方式抱有成见，应认真去了解每一个学生。

（四）社会语言学

社会语言学（sociolinguistics）是有关“不同文化中交谈的礼节和习俗”的研究（Tharp，1989，p. 351）。社会语言学的知识能帮助你了解为什么课堂上有时会出现交流中断。教室是一个特殊的交流环境，它有自己的一套规则，规定了使用语言的时间、方式、对象、主题和礼节。有时候，学生的社会语言学技能并不符合教师或教育顾问的期望，正如前面所提到的。

为了成功地进行交流，学生必须了解交流规则。也就是说，他们必须理解课堂上的**语用学（pragmatics）**——交流的时间、地点和方式。但这并不是件容易的事情，当课堂活动发生变化时，交流规则也在变化。有时你必须举手才能发言（老师讲课的时候），有时却不需要（当大家围坐在地毯上讲故事时）；有时提问是好的，例如讨论时，但在另外一些情况下，提问就不太合适了，例如老师在批评你的时候。这些不同的活动规则被称为**参与结构（participation structures）**，它们明确了每一种课堂活动的适当的参与方式，大多数课堂有很多不同的参与结构。要在课堂上进行有效的交流，学生有时需要理解那些非常微妙的、非言语的线索，以便了解何种参与结构是比较有效的。例如，当老师走向黑板，学生就应该抬起头看着黑板，做好认真听讲的准备。

> **社会语言学（sociolinguistics）** 旨在考察研究不同文化群体内部的正式和非正式的交流规则，例如交流的方式、时间、主题、对象及时间跨度等方面的规则。
>
> **语用学（pragmatics）** 有关在特定文化中何时以及如何使用语言以成为一个有效沟通者的规则。
>
> **参与结构（participation structures）** 关于参与某项特定活动的正式和非正式的规则。

（五）误解的来源

一些儿童之所以会比其他儿童能更好地理解课堂情境，是因为学校的参与结构与他们在家庭所学到的结构是一致的。大多数学校的交流规则与中产阶级家庭的规则接近，因此来自这些家庭的儿童通常看起来能更好地交流，他们了解那些不成文的规则。而来自其他文化背景的学生，则可能并不了解这些规则。研究者发现，当教师给予更长的反应时间，那些印第安学生参与课堂的程度是之前的两倍。教师等待的时间更长，也有助于女孩更自在地参与数学和科学的学习（Grossman & Grossman，1994）。研究发现，来自不同文化背景的学生在家庭或社区所学到的可能是与学校期望相冲突的参与结构。例如，夏威夷儿童在家里的交谈方式是你一言我一语地共同讲述一个故事，但在学校，这种方式会被看作是“打断”别人说话。当教师意识到这些差异，使学生阅读小组的活动更像是他们家里的交谈，这些年幼的夏威夷儿童在阅读方面就会有所提高（Au，1980；Tharp，1989）。

即使学生和教师说同样的语言，这些学生在交流方面仍可能有困难，也因此导致在学习上出现问题。面对这种情况，教师可以做些什么呢？教师应该清晰明确地说明交流规则，尤其是对低年级的学生更需如此。不要误以为学生知道该怎么做。一旦情境发生改变，记得给学生一些提示，解释并示范正确的行为。我曾见过教师向学生解释如何使用“默读”、“小声说话”及“轻声细语”，他先讲解，然后做示范：“当我在和其他同学一起工作时，如果你需要我的帮助，那么请你安静地站在我的旁边等，直到我可以帮助你为止。”对学生的反馈要保持一致。如果希望学生举手回答问题，就不要叫不遵守规则的学生回答。教师可以用这些方法教会学生该如何在学校里学习。

四、给教师的启示：教育每一位学生

本章的目的是为了让你意识到当今和未来学校的多元化，帮助你应对多元文化课堂教学中所遇到的挑战。你该如何理解学生的文化，并以此为基础开展教学？你该如何应对多种不同的语言？下面将介绍三条一般性的教学原则，以帮助你解答这些问题。

（一）了解学生

我们必须了解我们的学生是谁，有着怎样的传统（Delpit，2003）。读完这一章有关文化差异的内容，并不足以让你了解所有学生的生活。我建议你参加一些大学的相关课程或阅读一些其他的相关资料。但仅仅阅读和学习也还是不够的，你应该去了解学生的家庭和社区。Elba Reyes 是一位为有特殊需要的儿童服务的成功的双语教师，她介绍了自己的做法：

> 我发现通常如果你真的想要了解一位家长，就要到他所处的环境中去，这是与家长建立信任、理解家长观点的关键。首先，去了解他们所在的社区，熟悉当地的杂货店在哪、学生放学后干些什么。然后，在家长方便的时间安排一次家访。家庭环境并不总是带来失败，有时我会发现孩子在家里做得很成功，比如骑车或帮忙做晚饭。（Bos & Reyes，1996，p. 349）

试着与学生及家长一起做些课外活动，邀请家长到教室里来，向学生们介绍自己的工作、爱好或自己民族的历史和传统。在低年级时，不要等到学生有问题时才跟家长见面。观察和倾听学生在不同规模的团体中与他人的互动情形。让学生给你写信，并给他们回复。和一两个学生一起吃午饭。在教学之外，也要花一些时间与学生相处。

教育每一个学生

了解、尊重和教育学生。

（二）尊重学生

我们应当尊重学生的学习意志——因为他们面临着很多挑战，也克服了很多障碍。我们必须相信自己的学生（Delpit，2003）。对一个孩子来说，得到真诚的接纳是发展其自尊的必要条件。有些少数群体儿童的自我形象及其职业抱负会在上学的最初几年有所降低，这可能就是因为学校过分强调主流文化的价值观、成就和历史。教师可以通过介绍某些民族特定成员的成就，或在课堂上介绍他们的文化（以文学作品、艺术、音乐或其他文化知识的形式），帮助学生保持对自己民族文化的自豪感。这种文化的融合绝不仅仅是做些表面功夫，例如介绍某个民族的饮食或服饰，学生必须了解不同群体对社会与人类智慧发展所做出的重要贡献。目前，有很多优秀的文献资料可供教师参考，以便帮助教师能更好地了解不同群体学生的背景信息、历史和相应的教学策略（例如，Banks，2002；Gay，2000；Irvine & Armento，2001；Ladson-Billings，1995）。

（三）教育学生

对学生来说，教师能做的最重要的事情就是教他们学会读、写、说、计算、思考和创造——教学应该具有持续性、严谨性，并应该与学生所处的文化相联系（Delpit，2003）。但对于社会经济地位低的或少数群体的学生来说，教学的目标往往停留在基本技能上。教师总是先教他们学习词语和读音，故事的意义往往总是留到以后再讲。针对这种情况，Knapp、Turnbull 和 Shields（1990）提出了如下建议：（1）应自始至终将教学的重点放在意义和理解上。例如，教学目标应该是阅读时能理解所读的篇章，写作时能表达重要的观点，或是能理解数据事实背后的概念。（2）从学习一开始就注重常规的技能学习和新颖复杂的任务之间的平衡。（3）为技能学习提供情

实践指南　　文化关联教学

- 尝试不同的分组方式，促进班级人际关系的和谐与合作。

例如：

1. 尝试结伴学习和配对学习。
2. 组成四五人的异质小组。
3. 让高年级学生建立较大规模的团队。

- 为不同学习风格的学生提供不同的学习方法。

例如：

1. 为学生提供不同阅读水平的文字材料。
2. 提供诸如图表、模型等各种视觉材料。
3. 提供录音带和录像带。
4. 组织活动和项目。

- 直接教授课堂规则，即使是那些你认为每个学生都应该知道的行为规则。

例如：

1. 告诉学生该如何引起教师的注意。
2. 告诉学生当他们需要帮助的时候，何时以及怎样打断教师。
3. 说明哪些材料学生可以随意使用，哪些需要征得老师的同意。
4. 向学生示范如何适当地表达对其他同学观点的不赞同或质疑。

- 了解学生不同行为的含义。

例如：

1. 询问学生，当你肯定和表扬他们时，他们的感觉如何，为什么他们有此感觉？
2. 向家庭、社会成员或其他教师征询那些你不熟悉的学生的表情、手势或其他反应的含义。

- 在教学中强调意义的理解。

例如：

1. 确保学生理解他们所读的内容。
2. 尝试一些不需要书面材料的教学方式，如讲故事等。
3. 以日常生活经验为例来说明抽象概念。比如，用账单上的透支来说明负数。

- 了解学生的风俗习惯、传统和价值观念。

例如：

1. 以节日为主题，探讨不同传统和风俗的由来与含义。
2. 分析不同文化对某个主题的不同传统。
3. 参与社区事务和节日活动。

- 帮助学生鉴别有关种族主义和性别歧视的信息。

例如：

1. 分析课程材料中的偏见。
2. 让学生当“偏见侦探”，报告媒体上有偏见倾向的评论。
3. 讨论学生会使用什么样的方式来表达自己对其他同学的偏见，以及遇到这种情况时应该做些什么。
4. 讨论偏见的表现方式，如反犹太主义。

境，以明确学习这些技能的原因。（4）不仅对技能和知识进行教学，还要引导学生对学业课程内容有一种正确的态度和信念。（5）减少课程中不必要的冗余环节（如年复一年地重复同一个数学技能的教学）。

最后，直接教学生如何做一个学生。在低年级，可以直接讲授课堂的礼节和行为规则：如何依次发言、何时和怎样打断教师、如何轻声说话、如何在小组中得到帮助，以及如何做出有利的解释。高年级时，教师要教给学生适用于不同学科的学习技巧。在不违背前面提到的第二条原则“尊重学生”的前提下，要求学生学习“在学校里我们该怎么做”。在学校里提问题的方式可能与家庭里围坐在餐桌旁提问题不同，但学生可以同时学会这两种方式，而不必考虑孰优孰劣。当然，在学校里可能会出现更多不同的情况，你也可以自己尝试一些其他适当的方法。上面的“实践指南”会为你提供更多的建议。

▼本章小结

第一节　当今的多元化课堂

什么是文化？

关于文化存在多种定义。多数定义认为，文化是特定群体中指导人们行为的知识、技能、规则、传统、信仰和价值观，文化是一种生活规则。我们每个人都隶属于多个不同群体，这些群体的界定可依据地域、国籍、民族、种族、性别、社会阶层和宗教等许多标准。某个特定群体的成员身份并不能决定一个人的行为或价值观，而是使得某种价值观或某些行为更容易出现。每个群体内部都有很广泛的变异。就如前文中介绍的四个不同的学生——Ternice、Benjamin、Davy 和 Jessie，从他们身上你可以看出文化的多样性。

第二节　经济和社会阶层的差异

什么是社会经济地位（SES）？它与社会阶层有什么区别？

社会阶层反映了特定群体在社会中的威信和权力。大多数人都能意识到他们和类似的同龄人属于同一个社会阶层。社会经济地位（SES）是社会学家将财富、权力、对资源的控制、威信等方面的变量综合而成的一个指标。社会经济地位取决于多个变量，而不仅仅取决于收入。此外，社会经济地位的作用往往会超过其他文化差异。没有一个单一变量能够有效地测量社会经济地位，但多数研究者认为社会经济地位有四种水平：上流、中产、工人和底层。表 6—1 总结了这四种社会经济地位的主要特征。

社会经济地位与学业成就有什么样的关系？

社会经济地位和学业成就有中等相关。在所有族群中，社会经济地位高的学生在测验上的平均成绩要高于社会经济地位低的学生，也会接受更长时间的教育。儿童生活在贫困中的时间越长，贫困对其学业的影响越大。为什么低社会经济地位会导致学生的低学业成就？这可能是因为社会经济地位低的学生会面临以下方面的问题：缺乏良好的健康护理，教师对他们的期望较低，自尊较低，形成习得性无助，陷入抵抗文化，学校采用分层教学，家庭环境中刺激的匮乏以及暑假中的退步等。其中最后这项发现让人感到惊奇，社会经济地位低的学生在暑假里丧失了学习的机会，但同时社会经济地位高的学生仍在不断地进步。

第三节　教学中的民族和种族问题

民族和种族的区别。

民族（文化方面传承的行为）和种族（生理上的遗传特征）是人们用以描述自己和他人的重要的社会类别。在美国，少数群体（数量上的或历史地位上的）的人口正在迅速增长。

教师和学生来自不同的民族，这会如何影响学生的学业成就？

教师和学生来自不同的文化，他们的信仰、价值观和期望可能会有很大的区别，而这些差异可能会引起冲突。文化冲突常常发生在那些深层的差异上，当这些细微而不明显的文化差异碰撞时，就很容易发生误会。学生在某些特定文化中所习得的态度和行为可能更符合学校的期望。不同族群的学生之所以会在认知能力测验上有差异，主要是种族隔离、持续的偏见与歧视所造成的。

区分偏见、歧视和刻板印象威胁。

偏见是对某一特定群体的刻板的、不合理的概括——一种先入为主的判断。偏见可能针对某个特定的种族、民族，或是有特定宗教信仰、政治立场、地理位置、语言的群体，也可能是针对某个个体的性别或性取向。歧视是人们所受到的不平等待遇或不平等地对待某些特定的人群。刻板印象威胁是指个体承受的额外的情感和认知负担，即你担心自己在学业情境中的表现会强化其他人对自己持有的某种刻板印象。你可以不相信这些印象，但当你意识到这个刻板印象，并且希望可以表现得更好，以便证明这个刻板印象是错的时候，刻板印象威胁就已经发生了。短期来看，对自己可能证实消极刻板印象的这种害怕情绪可能会引发考试焦虑，影响考试成绩。长期来看，经历刻板印象威胁可能导致个体对学校教育和学业成就的否定。

第四节　教学中的性别问题

同性恋青少年获得性取向的过程会经历哪些阶段？

同性恋青少年获得性取向的基本过程是：从感觉不适，到感到困惑，最终接受。一些研究者认为性认同并非固定的、一成不变的，会随时间而发生改变。

什么是性别角色？性别角色是如何发展的？

性别角色是指个体对自己男性特征或女性特征的印象，是自我概念的一部分。生物学因素（激素）会影响性别角色的发展，父母和教师对待男孩和女孩的差别化行为也会影响儿童性别角色的发展。在与家庭、同伴、教师和周围环境的互动中，儿童开始逐渐形成性别图式，即有组织的知识网络，它涉及男性或女性意味着什么的相关知识。

性别歧视有哪些表现形式？

在儿童的书籍中，男性会更多地出现在标题和举例说明中，并且书中的角色（尤其是男性）仍脱离不了刻板印象的框架。女孩角色有时会跨越性别角色的界限，变得更加主动，但男孩角色则很少表现出“女性的”善于表达情感的特征。电视广告中男性出现的比例也明显多于女性。教师与男生有更多的积极互动和消极互动。近来，一些研究者认为，学校教育并不能促进男孩的发展，男女分班是一种解决办法。但关于男女分班的价值，研究结论尚不统一。

第五节 多元文化教育：创建文化融合的课堂

什么是多元文化教育?

多元文化教育是一个新的研究领域，旨在提高所有学生的教育公平。根据多元文化教育的理念，美国应该转型成为一个重视多元化的社会。James Banks 认为多元文化教育包含五个维度，分别是：内容的整合，帮助学生理解知识如何受到信念的影响，减少偏见，在学校创设一种促进所有学生学习和发展的社会结构，以及应用使所有学生受益的教学方法。

什么是文化关联教学?

文化关联教学“是一种利用不同族群学生的文化知识、先前经验、参照框架以及表现风格，让学习变得更有意义、更有成效的教学方法。这种教学方法会利用学生本身的优势，并促进这些优势进一步的发展”(Gay，2000)。Gloria Ladson-Billings (1995，2004) 指出文化关联教学必须符合下列三个原则：学生必须体验到学业上的成功；必须发展或维持自身的文化能力；必须培养学生形成挑战现状的批判意识。

富有弹性的课堂有哪些组成成分?

有两个因素维系着学生和他们的课堂，一个强调学生的自我管理，即设定和追求目标的能力，包括学业自我效能感、自我控制及自我决定；另一个则强调与教师、同伴及家庭之间的一种充满关爱的紧密联系。

▼复习思考题

(一) 多项选择题

1. 社会经济地位通常与学业成就相关。关于社会经济地位和成就水平的关系，下列哪个陈述是错误的?
   A. 儿童生活在贫困中的时间越长，贫困对其学业的影响越大。
   B. 贫困儿童并没有比非贫困儿童更经常地被老师放学后留下来补课。
   C. 在所有族群中，社会经济地位高的学生的测验平均成绩高于社会经济地位低的学生，他们接受教育的年限也更长。
   D. 多数贫困儿童生活在郊区和乡村，而非那些大城市。
2. 教育工作者通常认为，学生之所以不聪明是由于家庭资源不够充足，这种不足主要表现为对学校相关活动的不熟悉。当这种情况发生时，会出现哪种后果?
   A. 为了向老师证明自己，这些学生会更加努力。
   B. 教师可能对这些学生持有低期望，而这会对学生未来的学业成功造成负面影响。
   C. 这些学生的表现会非常糟糕，因为他们永远赶不上他们的同伴。
   D. 教师会意识到，并不是所有的学生都能获得学业上的成功。
3. Damon 是一名非裔美国学生。在数学老师 Diane Collins 的课堂上，测验开始没多久，Damon 就将测验扔在一边，还说“这太蠢了，我不知道为什么我们要做这个”。面对这一情况，Collins 老师该怎么做?
   A. 她应该想把 Damon 送到校长办公室。
   B. 对非裔学生来说，这次测验可能太难了。她下次应该给他们一些简单的测验。
   C. Damon 的行为表明他正采取一种表现回避目标，因为他不希望自己看起来很蠢。
   D. Damon 的自我效能感很高，以至于他认为测验是在浪费他的时间。
4. 为避免自己所在的四年级班级里出现性别偏见，Bonner 先生做了很多努力，如使用与性别无关的语言、提供积极的角色榜样、通过轮流班级工作和活动以确保所有学生都有机会参与不同的活动等。他所在的学校也在尝试进行男女分班。明年，Bonner 先生将有望执教男女分班的班级。下列关于男女分班的说法中，哪一项是错误的?
   A. 在满足一些特定条件的情况下，男女分班对学生的学习、动机和投入均有积极影响。
   B. 根据性别将学生分组并没有让教学变得更简单。
   C. 教师必须意识到，针对不同的性别会有一些特殊的教学策略。
   D. 通常学生会较少担心在同伴面前留下不好的印象。

（二）开放论述题

案例：五年级时 Paulo Nzambi 离开家乡安哥拉，来到美国。尽管 Paulo 的英语很好，也接受过恰当的学校教育，老师 Katie Wyant 仍然很担心他的社会适应问题。他安静的举止、温柔的声音，在很多方面与班上的其他男同学截然相反。在与 Katie 老师沟通的时候，Paulo 总是很迟疑，就好像他不知道该怎么做。随着这一学年渐渐过去，Katie 老师发现 Paulo 在适应课堂方面没有任何改善。Katie 老师觉得自己应当积极主动去寻找问题解决的办法。

5. 为了更好地了解 Paulo，并让学校教育成为更加积极的体验，哪三种关系能帮助到 Paulo 和 Katie？
6. Katie 老师可以使用文化关联教学的哪些方面来帮助 Paulo 顺利地过渡到美国课堂?

▼ 他们会怎么做?

面对本章开头所描述的“白人女孩俱乐部”，看看下面几位专家型教师是如何应对这一情境的。

Jennifer Pincoski　中小学学习资源教师

Lee County School District, Fort Myers, FL

所有教师都面临着高风险测验以及达到学业标准的压力。不幸的是，这导致教师只有很少的时间来进行品格教育以及团队建设活动。甚至是在幼儿园，学校也会牺牲社会技能或友谊课程来换取更多的时间进行学业教学，即使很多学生来到学校后还不知道如何恰当地跟同伴互动。

面对《不让一个孩子掉队》以及“力争上游”等法令或计划，暂停对学业内容的教学，转而对善意等美德进行教学以及创建一个相互尊重的班集体，看起来似乎有点浪费宝贵的学业时间。但是，建立一个积极的环境，让学生感到安全和被重视，这样做的教师最终会较少地在改变和纠正学生的不当行为上消耗时间。当学生感到被接纳和欣赏时，他们会在学习任务上投入更多的时间，并对学习表现出更大的兴趣。

在本章的案例中，关于多元化、尊重和包容的课程会让班级中的所有成员获益。学校顾问是这些活动的重要资源，他们通常能直接对这些课程进行教学或协助教师共同完成。

长远来看，积极主动的方法其效果远胜于消极被动的方法。花些时间来建立密切的师生关系和同伴关系，并获得一种集体归属感，能保证教学时间不会因同伴冲突、开小差以及学生的不服从行为而流失。

Lauren Rollins　一年级教师

Boulevard Elementary School, Shaker Heights, OH

在我的班级里，任何形式的歧视都是不允许的！我会采用多种不同的方法来应对这种不幸的情境，如整班教学、私下的小组讨论、与我的新学生及其家长进行一对一的会面。在整班教学的开始，我会发放一些糖果（或其他学生喜爱的东西，如贴纸、铅笔等）给特定群体的学生，如男生或眼睛是棕色的学生。我会有意识地选择特定的组别，以便将那些成立“白人女孩俱乐部”的女孩排除在外。这个活动将会引发一次我与全班的对话，讨论的主题是一群学生有机会做什么，另一群却没有，这有多么不公平。我们将会讨论被排除在外的小组在被忽视时有什么样的感受，以及“无论任何理由都不应该歧视别人”这点为什么很重要。我还会选择一本能支持这一主题的儿童故事书，大声地朗读出来。我会时不时地停下来，跟学生一起讨论书中不同人物的感受。接下来，我会跟成立“白人女孩俱乐部”的女生私下见面。我会提醒她们，我们不应该将其他学生排除在小组之外，我也不能容忍这样的事情发生。要么所有人都能玩，要么所有人都不能玩。最后，我会与新生及其家长见面。我会让她给我一份简短的名单，她希望能跟班上哪几个学生成为朋友。我会鼓励家长安排一个一对一的游戏，帮助他们的女儿跟她希望成为朋友的几个学生建立友谊。

Linda Sparks　一年级教师

John F. Kennedy School, Billerica, MA

每年刚开始，我们都会设定班级规则和期望；然后我们会将它们写下来，所有学生都会在这份“合约”上签字；最后我们会将这份“合约”贴在班级醒目的位置上。接下来这一年，我们都会遵守这份“合约”。“合约”的第一条通常是“我们希望如何被对待，就以这样的方式来对待别人”。我们也曾有过与教师案例簿中提到的类似的团体，如“课间休息时只有男生能运动”到“像个孩子样”。当我注意到班级气氛的变化时，我总是以一个泛化的场景为开头进行教学。如课间休息时，校长注意到只有男生在打篮球，一些女生在旁边看，也想加入进去。接下来，我们将进行头脑风暴，看看校长能采取哪些措施来帮助女生也能打篮球。当我们没有将矛头指向学生，而是给全班学生彼此分享想法的机会时，他们会想出非常棒的主意！我发现这种方式能激发学生思考。他们会开始思考有哪些时候这种事情曾发生在自己身上以及自己是如何解决这种事情的。当上完这次课后，我惊奇地发现，这些“俱乐部”或“群体”极为迅速地消失了。我们学校有一些计划，专门用于对“包容”进行教学。其中一个是“第二步”，我们会呈现一些场景，学生进行角色扮演。这是他们很喜欢的一种方式。另一个是“加水人”，当学生或学校职员发现有学生在好事，他们就会填写一个填充水桶的小纸片，然后将它放入一个很大的银色水桶里。没有人希望自己因为让别人伤心或忽视别人而成为“倒水人”。无论学生的年龄如何，只要给他们机会，让他们来解决问题，这种“俱乐部”都会很快解散。

Paula Colemere　特殊教育教师——英语、历史

McClintock High School, Tempe, AZ

学年刚开始，在我最受欢迎的一门课上，我给每个学生发五颗巧克力豆，并让学生从中选出“最好的”一颗。接下来，我们将讨论为什么他们会认为某一颗是最好的，以及这些巧克力豆的区别。这些讨论，我们只会停留在巧克力豆上，不会将它们与我们自身联系起来。讨论结束后，我们会通过在不同的场景进行角色扮演，来帮助学生学会应对多元化。这是一门好的课程，因为它不仅涉及多元化，还会涉及学生的自尊。当所有学生都能通过这门课程提高自己的自尊时，我相信它也能帮助新来的女孩更好地应对自己的处境。这门课程同样适用于年龄更小或更大的学生。当学生很年幼时，我希望这会是一种温和的方式，让“白人女孩俱乐部”的女孩意识到她们所做的一切是不对的。下一步，我会组织这些女孩进行一次讨论，需要的时候我会从中调停。

Paul Dragin　高中 ESL 教师

Columbus East High School, Columbus, OH

根据案例簿中的观察，我会毫不犹豫地快速采取行动来解决这种“排除”的情形。针对这个年龄阶段的学生，我最初会采取两个措施。我会在课堂上花些时间来讨论如何建立班集体，并呈现一些场景和视频，来讨论当被排斥或忽视时我们会有什么感受。案例中的儿童正处于一个敏感的年龄阶段，如果处理得当，这一麻烦的困境会给儿童留下难以忘怀的印记。因此，需要让学生内化那些被排斥在外的学生在面对自己是“外人”时必然经历的情绪。我会联系那些组建“白人女孩俱乐部”的女生的家长，让他们了解我希望看到的新生应该是什么样的。我们希望，这样能让一个不幸的情境转变成一个重要的学习机会，让学生学会如何跟来自其他种族、民族或文化的个体相处。

Jessica N. Mahtaban　八年级数学教师

Woodrow Wilson Middle School, Clifton, NJ

我的第一反应是，去调查这个“白人女孩俱乐部”。我会单独跟每个女孩谈话，询问她为什么会组织这个俱乐部，以及为什么她们觉得将其他人排除在俱乐部之外是很重要的。我也必须确保所有女孩的家长、学校领导以及学校顾问都了解这一状况。

我的工作是尽可能向每个学生解释，将任何人排除在外是非常不礼貌的行为。我会为他们提供各种不同的关于“排斥”的场景，要求他们反思自己对每个场景的感受。我们还会组织小组和整班来进行讨论。一起解决问题是找到多种解决问题途径的最佳方式，也是找出在不同情境中能向谁寻求帮助的最佳方式。我相信，这些课程结束后，每个学生都能意识到我们的班级是一个家庭，而作为家庭成员，我们会为彼此的差异而欢庆，而不是彼此隔离。

Barbara Presley　高中过渡 / 工作研究协调员

B.E.S.T.T Program (Baldwinsville Exceptional Student Training and Transition Program) C. W. Baker High School, Baldwinsville, NY

只有通过接触、知识和体验，才能消除偏见。我曾教过一些有严重障碍的学生。我发现，当这些有特殊需要的学生有机会跟其他学生互动时，他们会更少受到挑剔和排斥。我会弄清任何有潜在破坏性的“俱乐部”的所有情况。我们会创建一些情境，以便让其他学生注意到有特殊需要的学生的技能和天资，然后这些有特殊需要的学生会邀请班上其他同伴加入他们中来。大多数人都希望与其他人分享成功，因此那些没有特殊需要的同伴会加入进来，偏见和敌意也就随之消失了。

Sara Vincent　特殊教育教师

Langley High School, McLean, VA

因为无知，歧视和种族主义才会经常发生。

消除歧视的最好方法是对每个人进行多元化相关的教学。教师可以邀请新生的家庭走进教室，跟学生谈谈他们的背景和经历，教师也可以让全班学生来完成家族史的课题。一旦班上其他学生对新生的文化有了更多的了解，他们就更有可能去接纳新生的不同，并理解她其实跟自己没有太多的不同。此外，教师也可以让该新生担任课间活动或班级事务的团队负责人，这样就能避免她永远是最后一个候选人。这能帮助她建立信心，与其他同伴成为朋友。教师在关注教育学生的积极后果的同时，也要让学校领导了解“白人女孩俱乐部”这一情况。学校领导应参与其中，并能及时注意到那些女孩的不当行为是否仍在继续。

第二部分

学习与动机

第7章 学习的行为主义观点

你会怎么做?

教师的案例簿

你的班上有一名学生，每周至少两次向你请假去看校医。而据校医反映，他大部分所说的病症都是没有依据的。真实的情况是：他每次以流感作为请假理由，而十之八九是无中生有。近来，你发现他总是在需要完成口头作业时或将要在全班同学面前演讲时生病。你将采取什么措施来解决这个问题?

想一想：

- 这是一个经典条件性恐惧症的案例吗? 如果是，你该怎么做?
- 这种行为发挥了什么样的功能?
- 你会怎样去支持更多的积极行为，并帮助这个学生找到其他方式来满足他的需要?
- 在这种情况下给予奖励或实施惩罚是否有用? 为什么?

概览与目标

在本章中，我们将首先给出学习的一般定义，并同时介绍各种理论流派对学习的不同观点。本章主要讨论的是行为主义，第 8、9 章将主要分析认知主义，第 10 章主要分析社会建构主义，第 11 章将主要介绍社会认知的观点。就个人而言，我们每个人都有很多种看待学习的方式，每一种方式都为教育者提供了解学习的独特视角。

本章将着重讨论四种行为主义学习过程，即邻近原则、经典性条件作用、操作性条件作用和观察学习，其中对后两个过程的阐述是重点。在探讨完怎样应用行为分析对教学产生效果后，我们还将讨论新近出现的行为主义学习方法——自我管理。最后，我们将探讨班杜拉对行为主义学习观的挑战、批判和质疑，并介绍行为主义应用于教育应遵守的伦理原则。

学完这一章后，你应该能：

- 明确学习的定义，并区分出邻近原则、经典性条件作用和操作性条件作用。
- 区分正强化、负强化、呈现性惩罚和撤除性惩罚。
- 应用行为主义的方法来矫正课堂内外的行为。
- 描述应用行为分析的新进展，包括功能性行为评估和自我管理。
- 讨论当代行为主义学习理论面临的挑战及其应用的堪忧之处。

第一节　科学地理解学习

听到“学习”一词时，我们大多数人会想到学业学习和学校，想到需要掌握的学科课程或技能，如代数、西班牙语、化学或空手道。然而事实上，学习并不局限于学校，在生活中我们每天都在学习：婴儿学习用踢脚的方法使床上的风铃动起来；年轻女孩学唱所有她们喜爱的歌曲；像我一样的中年人则学着改变自己的饮食和锻炼习惯；每隔几年，我们就会发现曾经喜欢的旧衣服过时了，需要添置一款更时尚的新衣服了——这些都是学习。尤其是最后这个例子，它说明学习并不总是有意而为之的，我们并不是故意要去喜欢新款式而讨厌旧款式，这一切似乎都是自然而然发生的。再比如，当我们听到老师叫我们的名字或者是走上舞台的时候，我们本不想变得紧张，但事实是我们大部分人都会紧张。那么，这些被称为学习的现象究竟是什么呢？

从广义上说，**学习（learning）**是指由经验（或实践）引起的个体知识或行为的相对持久的变化。这种变化可能是有意识的，也可能是无意识的；可能是好的，也可能是不好的；可能是正确的，也可能是错误的；可能是可觉察的，也可能是无意识的（Mayer，2011；Schunk，2012）。同时，这种变化必须是由经验（个体与环境之间的相互作用）引起的，那些由成熟导致的变化（如长高、头发变白等）不能称为学习。当然，由疾病、疲劳、药物及饥饿等导致的暂时变化也不能称为学习。一个两天没有进食的人不是“学习”到了饥饿，一个生病的人也不是因为“学习”才行动缓慢的。然而，不可否认的是，学习可以帮助我们应对饥饿和疾病。

上述定义指出，学习引起的变化发生在个体的知识或行为当中。大多数心理学家同意这个看法，但也有部分心理学家更倾向于强调知识上的变化，而另一些则更强调行为上的变化。强调知识变化的认知心理学家认为，学习是内在的智力活动，是不能被直接观察到的。因此，在下一章中你将看到，研究学习的认知心理学家对无法观察到的心理活动（如思维、记忆和问题解决）是非常感兴趣的（Schwartz，Wasserman，& Robbins，2002）。

什么是学习？

行为主义学习观认为学习的结果是行为的变化，重点关注可观察到的行为反应。

本章接下来将介绍的是**行为主义学习理论（behavioral learning theories）**。行为主义学习观认为学习的结果是行为的变化，因此很重视外部事件对个体的影响。一些早期的行为主义者［如持有激进观点的华生（J.B. Watson）］认为，思维、意志以及其他一些内在心理事件是看不见的，不能进行严格、科学的研究。他们甚至认为，这些“心灵主义”的概念应该从学习的解释和理论中剔除出去。

学习（learning） 指由经验引起的个体的知识或行为的相对持久的变化。

行为主义学习理论（behavioral learning theories） 对学习的解释聚焦于外部事件，将其视为行为改变的原因。

一、行为学习的神经科学

正如第 2 章中所说，我们对大脑相关知识的了解正在日益增加。持行为主义观点的研究者发现，人类大脑的很多部位都参与了新行为的学习过程——在动物的研究中更是如此。例如，有研究者发现小脑的某一部分参与了简单的反射学习（如学习跟随特定的音调眨眼），而大脑的一些区域则参与学习如何避免痛苦情境，如休克反应（Schwartz，Wasserman，& Robbins，2002）。还有一些研究者探讨了动物和人为何能以特定方式做出行为反应，以获得刺激和强化。研究发现，刺激老鼠大脑的相应部位会导致饥饿的老鼠长时间忽视食物。刺激动物这部分脑区产生的感觉似乎与人类从进食、音乐等事物中体验到的快乐感觉相类似。因此，可能正是我们大脑内众多区域的复杂活动模式，促使我们去拥有各种经验，比如“产生想要得到某个东西的期望，以及学习如何实现这些期望”（Bernstein & Nash，2008，p.187）。

在深入探讨行为主义学习观之前，让我们先进入一个真实的课堂情境，看一看学习可能产生什么样的结果。

二、学习并非尽如所见

在跟随合作的教师进行了数周的见习后，Elizabeth 准备独立接管八年级的一个班级，讲授社会研究课。当她走向讲台时，她忽然看到学校的督学 Ross 先生正要走进教室。Elizabeth 顿时感到很紧张。

“我是来听课的。你是今天的第一个。”Ross 先生说，“昨晚没能联系到你，所以没有提前告知。”

虽然 Elizabeth 努力掩饰她的紧张反应，但当她整理上课讲义时，还是禁不住双手颤抖。

“今天，我们先做一个游戏。首先，我会说一些词语，然后请大家告诉我，你们第一时间联想到什么词语，我会将这些词语写在黑板上。当然，请大家一个一个地说，而且要等其他人说完后，再说你想到的词语。好了，第一个词语：奴隶制。”

“南北战争。”“林肯。”“自由。”“独立宣言。”……学生们回答得很快，Elizabeth 看到学生们领会了这个游戏，不由得松了一口气。

“好，非常好。”她说，“第二个词语是‘南方’。”

“南卡罗来纳州。”“南达科他州。”“南方公园。”……“不，是联邦，你这笨蛋。”“《冷山》。”“《犹大书》法典。”……话音刚落，教室里传来了一阵笑声。

“《犹大书》法典！”Elizabeth 很吃惊，然后恍然大悟——“上星期电视台正好放映《冷山》”。于是，她也跟着笑起来了，很快全班哄堂大笑。“好了，安静下来。”Elizabeth 说，“下一个词语是‘北方’。”

“保加利亚。”学生们继续笑。“果冻肚。”“肚皮舞。”……他们笑得更大声了，有些还做起了不合适的怪手势。

“等会儿，”Elizabeth 说道，“这些可有点离题了。”

“‘离题’？——棒球！”第一个提起《犹大书》法典的男孩大叫起来。他站起来，模仿蒂姆·林瑟肯（Tim Lincecum，美国著名棒球投手）将纸团扔给坐在教室后面的一个好朋友。

“旧金山巨人。”“不，是红袜。”“球赛。”“热狗。”“爆米花。”“电影。”“影碟。”“《冷山》。”“《犹大书》法典。”……此刻学生们回答很迅速，Elizabeth 根本来不及阻止他们。出于某些原因，当有人第二次提起《犹大书》法典的时候，引起了更大的哄堂大笑。Elizabeth 突然意识到这堂课已经失去了控制。

“好吧，既然你们都如此熟悉南北战争，就请你们合上书，拿出笔来。”Elizabeth 说。很显然，她非常生气。她将原打算让学生合作讨论并开卷完成的试卷发下去，说：“请你们在 20 分钟内完成测验。”

“你没有事先告诉我们有测试！”“这不公平！”“我们还没有学过这些东西呢！”“我们又没有做错什么！”学生们不停地抱怨并做鬼脸，甚至连那些最沉稳的学生也开始起哄。“我要告诉校长，这是侵犯学生权利的！”

学生们最后的这个反击击中了要害。因为这个班的学生在学习南北战争这个单元前，刚学习了关于人权的内容。Elizabeth 听着这些抗议，感到糟糕透顶。她该如何进行这项“测验”呢？试卷上的第一部分是有关南北战争期间发生的事件，第二部分是要求学生制订一个计划，去采访平常百姓对战争的感想。

“好了，好了，这不作为考试测验了，但你们必须要完成这个试卷。你们可以一起合作完成，不过你们今天的行为让我觉得你们还不具备小组学习的资格。如果你们安静、认真地完成第一部分以后，你们就可以合作完成第二部分了。”Elizabeth 知道她的学生喜欢一起写新闻采访部分的文稿。

Elizabeth 不敢去看坐在教室后面的督学，他会在听课表上写些什么呢？

从表面上看，Elizabeth 的这堂课几乎没有产生任何形式的学习。事实上，Elizabeth 有一些很好的想法，但她在运用学习原理时却犯了一些错误。在本章的内容中，我们将多次回顾这个案例中的课堂情景，用以分析教学过程中可能发生的各种事情。首先，我们先挑出四件事情进行分析，其中每一件都涉及一个不同的学习过程：（1）学生能由“南方”这一词联想到“卡罗来纳”、“达科他”和“公园”。（2）当督学走进教室时，Elizabeth的双手颤抖。（3）一个学生用不合宜的回答扰乱了课堂教学。（4）当Elizabeth对一个学生的回答发笑后，全班学生都跟着哄堂大笑。

事实上，这里描述的四个学习过程分别是邻近学习、经典性条件作用、操作性条件作用以及观察学习。接下来，我们先介绍邻近学习。

第二节 早期对学习的解释：邻近和经典性条件作用

亚里士多德最早尝试对“学习”进行解释。他指出，当事件相似、相反或邻近时，我们将会把它们联系起来记忆。其中最后一条原则是最重要的，因为各种认为“学习是通过联结而发生”的观点都包含了这一原则。**邻近（contiguity）**原则指出，如果两种或多种感觉连续发生的频率足够高，它们就会被联结在一起。随后，只要这些感觉中的一种（一个**刺激，stimulus**）出现，其他感觉也会被记起（一个**反应，response**）（Rachlin，1991；Schwartz et al.，2002）。例如，当Elizabeth说起“南方”时，学生们就联想到“卡罗来纳”和“达科他”，因为他们已经多次听到这些词语连在一起。当然，学生学习这些词语的同时也涉及其他的学习过程，邻近学习只是其中一个因素。邻近学习对另一种众所周知的学习过程——经典性条件作用，同样也具有重要影响作用。

> **停下来 想一想**
>
> 闭上你的眼睛，聚精会神地想象下面的情形：法国油炸薯条的香味、在学校里你最尴尬的时刻、巧克力奶油软糖的味道、牙医钻头的声响。脑海中想象这些画面时，你都注意到了哪些信息？

你是否会跟我一样：想象牙医钻头的声响时，脖子的肌肉就会绷紧；想到咸的油炸薯条和甜甜的酥软巧克力就会垂涎三尺——尤其是我在晚上7点还没吃晚饭时。记得我在学校遇到的第一件尴尬的事情发生在高中，我当着全班同学的面翻跟头，结果失败了，每每想起这件事，我都感到有些退缩。**经典性条件作用（classical conditioning）**关注情感和生理反应中的不随意学习，如害怕、肌肉紧张、唾液分泌或出汗等，这些有时也被称为**反射（respondents）**。它们是对刺激的一种自动反应。通过经典性条件作用过程，我们就能训练人和动物对某种原本无意义或无关的刺激做出不随意反应。这些刺激可以是受他人引发的或外界给予的，而随后的反应则是自动的。

> **邻近（contiguity）** 由于重复配对而使两个事件相联结。
>
> **刺激（stimulus）** 引发行为的事件。
>
> **反应（response）** 刺激引起的可观察的回应。
>
> **经典性条件作用（classical conditioning）** 新的刺激与自动化反应之间形成的联结。
>
> **反射（respondents）** 由具体的刺激所引起的反应（一般为自动或无意识的）。
>
> **中性刺激（neutral stimulus）** 与反应没有联系的刺激。
>
> **无条件刺激（unconditioned stimulus，简称US）** 能够自动地产生情感或生理反应的刺激。

20世纪20年代，生理学家巴甫洛夫（Ivan Pavlov）在测量“狗在喂食后多长时间会分泌唾液”时，发现狗分泌唾液的间隔时间是不断发生变化的，从而意外地发现了经典性条件作用。开始喂食的时候，狗会在预期的时间内分泌唾液；接着，只要它们一看见食物就开始分泌唾液；再后来，只要一听到科学家走进实验室的脚步声，它们就开始分泌唾液。于是巴甫洛夫决定绕道而行，暂时放下他原先的实验计划，先好好来研究这些意料之外的干扰因素，也就是最早被他称作“心理反射”的现象。

在他的第一批实验中，有一个实验是这样的：他先敲击音叉，然后记录狗的反应。如他所料，狗没有分泌唾液。这种情况下，音叉响声是一个**中性刺激（neutral stimulus）**，因为它不会引起狗分泌唾液。紧接着，巴甫洛夫给狗喂食，狗分泌了唾液。这时，食物就是**无条件刺激（unconditioned stimulus，简称US）**，因为食物引起的唾液分泌是自然发生的，所以二者之间的联系是自然建立的，不需要训练或先前的条件。同样地，唾液分泌是**无条件反射（unconditioned** response，简称 UR），因为它是自动发生的，不需要条件作用。

巴甫洛夫希望使用食物、唾液分泌和音叉这三个要素得出这样的结果：狗听到音叉发出的声响后能引起条件作用，并分泌唾液。为此，他不断地将声音与食物进行配对，从而引起狗的条件反射。他敲击音叉后很快给狗喂食，如此重复几次后，狗在听到声音但尚未得到食物之前就已经开始分泌唾液了。此时，声音就成了**条件刺激**（conditioned stimulus，简称 CS），能够单独引起唾液分泌；而听到声音后的唾液分泌，则成为了**条件反射**（conditioned response，简称 CR）。

如果你认为巴甫洛夫的条件作用已经过时了，那么你可以看看下面这段从《今日美国》中摘录的文字。它描写了一次以"Y 一代"（指出生于 1977—1994 年间的人）为目标群体的商品宣传活动：

> **无条件反射**（unconditioned response，简称 UR） 自然发生的情感或生理反应。
>
> **条件刺激**（conditioned stimulus，简称 CS） 条件作用后，能引起情感或生理反应的刺激。
>
> **条件反射**（conditioned response，简称 CR） 通过先前中性刺激所习得的反应。

"山露"（一种饮料）的经营者常常向顾客派发一些该品牌的赠品：竞赛冲浪板、溜冰鞋和滑雪板。对这种广告宣传策略他们有自己的术语，即巴甫洛夫式的联结。山露制造厂家（百事可乐公司）的高级市场管理者 Dave Burwich 说："商品品牌和愉快体验之间存在着巴甫洛夫式的联结。"（Horovitz，April 22，2002，p.B2）

或许，我们也可以运用这种方法解决数学家庭作业的问题！

我们对各种情境会做出不同的情感反应，其中一部分可能就是通过经典性条件作用而习得的。医生们有一个称为"白大褂综合征"的术语，用来形容有些人在医生办公室接受检查时，只要看到医生常穿的白大褂，就会血压上升（一种不随意反应）。另一个例子是 Elizabeth 看到学校督学时双手颤抖，这或许可以追溯到过去工作评价时产生的不愉快体验，而现在仅仅是想到被人评估就能让她心跳加快、手心冒汗。因此，经典性条件作用不仅对市场经营者有启示，对教师也同样存在着深远意义。我们需要记住，学生在课堂中不仅学习各种事实和观点，还将学到情感和态度。情感学习有时会干扰学业学习，而基于经典性条件作用设计的一些教学程序可以帮助人们学会如何更好地适应情感反应，请看下面"实践指南"所给出的建议。

实践指南　经典性条件作用的应用

- 将积极、快乐的事件与学习任务联结起来。

例如：

1. 强调团体竞争与合作，而不是个体竞争。许多学生对个体竞争存在消极的情感反应，而这种消极的情感反应可能会泛化到其他学习当中。

2. 让学生自己分配休息时间，享受分配的乐趣，并且让他们自己承担相应的结果。

3. 创造舒适的阅读角落，如摆放枕头、摆设五彩缤纷的书籍、放置阅读玩偶等，以此鼓励学生自愿读书。

- 帮助学生自愿、成功地体验会引发焦虑的情境。

例如：

1. 指派一名害羞的学生，在学习地图时，教其他两名学生如何分配学习材料。

2. 为实现较大目标，先设置一些小步骤。对于害怕考试的学生，先每天进行一些不评分的小测试练习，然后再每星期进行一次。

3. 如果一个学生害怕在全班同学面前发言，就让这名学生先坐着向一个小组同学读报告，接着站着读，接着只报告重点而不逐字逐句读；然后，逐步让学生走到讲台上，向全班同学做报告。

- 帮助学生辨认情境间的差异或相似之处，从而使他们能恰当地进行分化和泛化。

例如：

1. 向学生解释，让他们明白拒绝陌生人的礼物是正确的；但如果父母在场，那么接受这种好意也是安全的。

2. 让那些有高考焦虑的学生相信，这次考试和其他考试是一样的。

第三节 操作性条件作用：尝试新的反应

在上一节，我们一直关注于不随意反应的自动化条件作用，比如唾液分泌和害怕。但是显而易见，并不是所有的人类学习都是无意的，也不是所有的行为都是自动化的。实际上，人们会积极地操纵环境，这些有意识的行为被称为**操作性行为（operants）**。人们把包含了操作性行为的学习过程叫做**操作性条件作用（operant conditioning）**，我们正是在对环境实施操作的过程中习得了特定方式的行为。

一般认为，操作性条件作用这一概念的提出与发展都应归功于斯金纳（B.F.Skinner）。斯金纳一开始就坚信经典性条件作用的原则只能解释一小部分的习得行为，但人类的许多行为是操作性的而不是被动的反射。因此，经典性条件作用只能解释现有反应是如何与新的刺激匹配的，并不能解释新的操作性行为是如何学会的。

像反应、动作等词一样，行为是用来描述人们在某个情境中特定的所作所为的。从概念上讲，我们可以认为行为类似于一个三明治，夹在两种环境影响之间：行为前的**先行事件（antecedents）**，以及行为后的**结果（consequences）**变量（Skinner，1950）。这种关系简言之就是先行事件—行为—结果，也被称为A-B-C（Kazdin，2008）。同时，在行为进行过程中，某一特定结果可能成为了下一个ABC序列的先行事件。有关操作性条件作用的研究表明，操作性行为可能会随着先行事件、结果或者二者共同的变化而变化。早期的研究主要关注结果，且通常以老鼠或鸽子作为研究对象。

> **操作性行为（operants）** 人或动物发起的自主（一般指向目标）行为。
>
> **操作性条件作用（operant conditioning）** 自主行为被结果或先行事件强化或弱化的一种学习。
>
> **先行事件（antecedents）** 先于行为之前的事件。
>
> **结果（consequences）** 行为之后发生的事件。
>
> **强化（reinforcement）** 利用行为结果增强行为。
>
> **强化物（reinforcer）** 发生在行为之后，并能促使行为再次发生的任何事件。

一、结果的类型

> **停下来 想一想**
>
> 回想以前教过你的老师使用过哪些奖励或惩罚措施。请先努力回忆不同类型的奖励方法：
>
> - 具体奖励（小物品、食物、奖品、证书）。
> - 活动奖励（自由时间、猜谜游戏、自由阅读）。
> - “免除”式奖励（取消家庭作业、取消每周测验）。
> - 社会性奖励（表扬、认可）。
>
> 还有哪些惩罚措施呢？
>
> - 失去特别待遇（不能坐在你想坐的位置、不能和朋友一块合作）。
> - 罚“款”（减分、降级、扣钱）。
> - 附加任务（增加家庭作业、罚做俯卧撑）。

根据行为主义的观点，行为的结果很大程度上决定了一个人是否会重复这个行为，行为结果的类型与时间进程能加强或减弱行为。首先，我们先看看能够加强行为的结果。

（一）强化

虽然人们普遍将**强化（reinforcement）**理解为“奖励”，但这个术语在心理学中却有其特定的含义。**强化物（reinforcer）**是指能够增强后继行为的任何结果。因此，根据定义可知，受到强化的行为，其频率会增加、持续时间会延长。如果你看到一个行为持续出现，或随着时间有所加强，你就可以假定这个行为的结果对个体而言是一个强化物（Alberto &Troutman，2009；Landrum & Kauffmanm，2006）。强化过程如下所示：

结果　　　　影响
行为→强化物→加强或重复的行为

我们能够确定食物是动物饥饿时的强化物，但对人类来说是不是也这样呢？虽然我们现在还不清楚为什么有些事物能够作为个体的强化物，但已有许多理论尝试解释了强化为什么能够起作用。例如，有些心理学家认为这是由于强化物是个体偏好的活动，或者能满足个体的需要；而另一些心理学家认为这是因为强化物减少了个体的紧张，或者刺激了大脑某个区域（Rachlin，1991；Schwartz et al.，2002）。事实上，任何行为结果都是可能起到强化作用的，这取决于个体对事件的认知以及此事件对他的意义。例如，有些学生因为行为不良而多次被送进校长办公室，这似乎说明，虽然有些结果（如进校长办公室）并不是我们想要的，但却成为了正在强化他们行为的强化物。然而需要补充说明的是，斯金纳本人并没有探讨为什么强化物能够加强行为。因为他认为讨论类似于意义、期望、需要以及紧张之类的“心灵概念”是没有意义的。斯金纳只是描述了特定的操作性行为会因为特定的行为结果而加强这样一种现象（Skinner，1953，1989）。

强化有两种类型。第一种是**正强化（positive reinforcement）**。当行为导致新的刺激出现时，正强化就产生了。如鸽子啄击红键得到食物，人穿上新衣服获得很多赞美，你从椅子上摔下来引起全班同学的哄堂大笑等。

值得注意的是，虽然有些得到强化的行为（如从椅子上摔下来）在老师看来并不是“积极”的，但正强化仍然照常发生着。事实上，对不恰当行为的正强化在许多课堂上都在悄悄地发生着，有时教师甚至在无意中帮助和强化了这些问题行为。比如，当一个男孩第一次回答“《犹大书》法典”的时候，Elizabeth 对其发笑，这可能在无意中强化了课堂上的问题行为。当然，学生的问题行为也可能是由于其他原因而得以持续的，但 Elizabeth 的发笑的确起到了一定的作用。

当行为的结果促使一个新刺激出现时，该情境就被界定为正强化。反之，如果行为的结果使一个刺激消失了，这一过程就称为**负强化（negative reinforcement）**。如果某个行为能帮助我们避免或逃避一个令人**厌恶（aversive）**的情境，那么，这个行为可能会在相似的情境中再次发生。一个常见的例子是汽车安全带的蜂鸣器：只要你系上安全带，刺耳的蜂鸣声就会停止。那么，以后你就可能会重复这个行为（这个过程就是强化），因为该行为使令人厌恶的蜂鸣声刺激消失了——这就是所谓的负强化。

现在想想，有些学生临到考试就会生病，然后会被送进医务室——生病这一行为使学生逃避了考试这个厌恶刺激，所以生病现象就部分通过负强化而得到了持续。由于刺激（考试）消失了，所以这是负向的强化。正是由于生病这一行为导致了刺激的消失，而且该生病行为有所增加和重复，所以这是强化。当然，在这个过程中经典性条件作用可能也起到了作用，学生可能曾体验过考试造成的不愉快生理反应，所以产生了条件反射。

负强化中的“负”不意味着得到强化的行为就一定是消极或不好的，其含义与“负数”更为接近——指一些事情被减去了。在一个行为发生后，无论是增加或减少了刺激，都是为了强化该行为，所以我们将正强化和负强化与增加或减少刺激联系在一起。

（二）惩罚

负强化常常与惩罚相混淆。强化（无论正、负）过程总是与行为的增强有关，而**惩罚（punishment）**则涉及减少或压抑行为。假如一个行为发生后，个体受到惩罚，那么以后在相似的情境中人们就不太可能重复这个行为。由于不同的人对什么是惩罚有着不同的理解，因此人们往往根据行为结果对个体产生的影响来定义惩罚。例如，一个学生可能认为在学校被留堂是惩罚，而另一个学生却根本不在乎。惩罚的过程如下所示：

结果　　　　影响

行为→惩罚→行为削弱或减少

与强化一样，惩罚也有两种形式：第一种被称为Ⅰ型惩罚，但该术语包含的信息太过简单，因此，我把它称为**呈现性惩罚（presentation punishment）**，即行为后呈现某刺激，且该刺激抑制或减少了行为。如教师斥责学生、布置额外的作业、让学生多跑几圈等等，这些都是呈现性惩罚；我称另一类惩罚（Ⅱ型惩罚）为**撤除性惩罚（removal punishment）**，即行为后撤销某刺

正强化（positive reinforcement） 行为发生后呈现一个积极刺激，增加行为发生的概率。

负强化（negative reinforcement） 行为后消除一个厌恶刺激，增加行为发生概率。

厌恶（aversive） 使人烦恼或不愉快。

惩罚（punishment） 削弱或抑制行为发生的过程。

呈现性惩罚（presentation punishment） 行为后呈现一个厌恶刺激，以减少行为再次发生的概率，也称为Ⅰ型惩罚。

撤除性惩罚（removal punishment） 行为后撤除一个满意刺激，以减少行为再次发生的概率，也称为Ⅱ型惩罚。

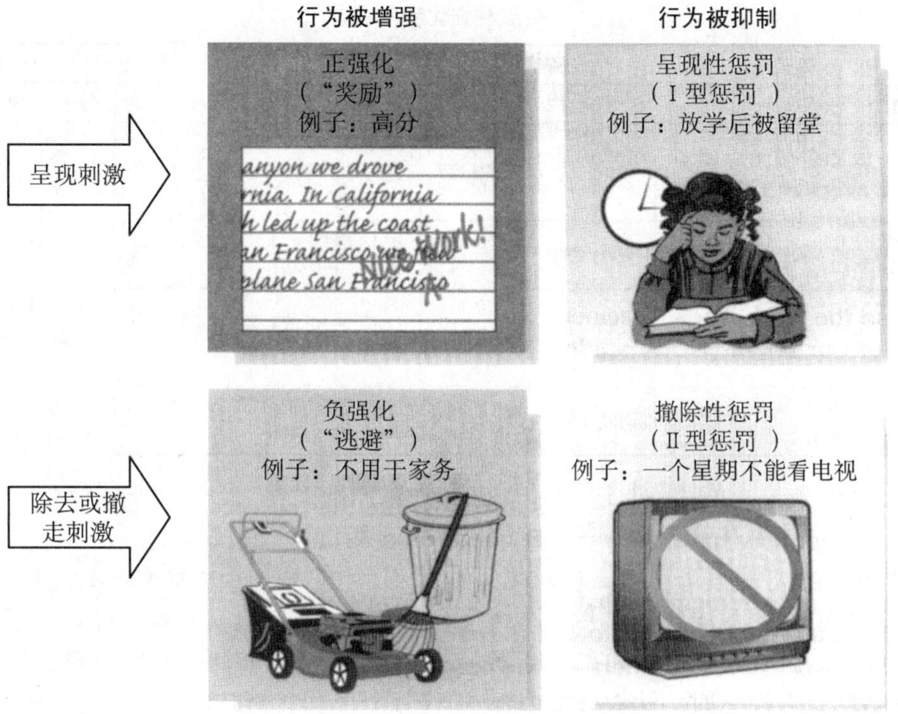

图 7—1　强化和惩罚的类型

人们常常将负强化与惩罚相混淆，这个图可以帮助你记住，强化通常与行为的增强相联系，而惩罚则通常是为了减少或抑制行为。

激。如教师或父母在小孩行为不良时，撤销对他们的特别待遇，运用的就是撤除性惩罚。这两种类型的惩罚都是为了减少导致惩罚的行为。图 7—1 总结了强化和惩罚的过程。

二、强化的程序

人们在学习新行为时，如果每一次正确的反应都得到强化，就会很快习得这个行为，这就是**连续强化程序（continuous reinforcement schedule）**。然后，当人们已经掌握了新行为时，对其进行间歇性强化（而不是每次都强化），则该行为能得到最好的保持。**间歇强化程序（intermittent reinforcement schedule）**能帮助学生在没有连续强化的条件下维持技能的学习。

间歇强化程序分为两种：一种称为**间隔程序（interval schedule）**，即以两次强化物之间的时间间隔为基础；另一种称为**比率程序（ratio schedule）**，以两次强化物之间学习者做出的反应数量为基础。间隔程序和比率程序既可以是固定的（可预测性），也可以是变化的（不可预测性）。表 7—1 总结了五种可能的强化程序（一种连续强化程序和四种间歇强化程序）。

不同强化程序对行为反应有何影响呢？行为表现的速度依赖于强化的可控制性。如果强化是根据你做出反应的数量所决定的，你就会感觉能更多地控制强化。例如，你做出的正确反应越快，强化就来得越快。一位教师说：“只要你们正确完成这 10 道题，就可以去听音乐了。”而另一位老师说：“在 20 分钟内完成这 10 道题目，然后我将检查你们的作业，做对 10 道题的同学可以去听音乐。”相比之下，第一位老师更可能激发学生良好的表现。

行为的持续依赖于强化的不可预测性。

连续强化程序（continuous reinforcement schedule） 每个适当反应后都给予强化物。
间歇强化程序（intermittent reinforcement schedule） 一些反应（不是每一个反应）后给予强化物。
间隔程序（interval schedule） 以刺激之间的时间间隔长度为强化依据。
比率程序（ratio schedule） 根据强化刺激之间的反应次数进行强化。

表7—1　五种强化程序

程序	定义	举例	反应模式	强化停止时的反应
连续强化	强化每一个反应	打开电视	快速学会反应	持续性很差；反应快速消失
定时距强化	在一段固定时间后给予强化	每周一次的小测验	随着强化时间邻近，反应比率提高；强化后反应比率降低	持续性差；强化后或无强化时，反应比率快速降低
变时距强化	在变化的、不确定的时间间隔后给予强化	突然测验	反应缓慢、稳定；强化后行为较少停止	持续性好；反应比率缓慢降低
定比率强化	在一定的反应数量后给予强化	计件工作，卖蛋糕	反应速度快；强化后行为暂停	持续性差；当预期的反应数量达到而强化仍未出现时，反应比率迅速降低
变比率强化	在变化的、不确定的反应数量后给予强化	老虎机	反应速率非常高；强化后行为很少停止	持续性很好；反应比率高，下降缓慢

资料来源：Sulzer-Azaroff, B., & Mayer, G.R. (1994). *Achieving educational excellence: Behavior analysis for school personnel*. San Marcos, CA: Western Image.

连续强化和两种类型的固定强化（比率和间隔）都是可以预测的，我们能够预测等待多长时间或进行多少反应后会得到强化。但是，如果实际上并没有如我们所料地获得强化时，我们通常会很快地放弃该行为。因此，为了使行为持续下去，变化的强化程序更为合适。今天早上读报纸的时候，我读到一篇有关 Valorie Lewis（《今日美国》全美教师团队成员）的文章，其中有一个非常好的关于使用变化强化程序促使学生坚持不懈地学习的例子。文章描述了 Lewis 所带的三年级班级，她的一个同事说："该班学生总是担心自己由于缺席而不能上课，因为他们不想错过任何的学习内容。这是由于 Lewis 老师从来不把她精心计划的特别内容告诉学生，因此学生不得不每天都按时上课。"（Johnson，2008，p.7D）事实上，如果强化程序渐渐地发生变化，直到变得让人觉得很罕见，即只有在很多次反应或间隔了很长时间后强化才发生——这时人们就可以在根本没有强化的条件下长时间地坚持该行为。看看那些玩老虎机的赌徒们，就可以发现这种强化程序是多么威力无比了！

消退（extinction） 习得反应的消失。

当暂时取消强化时，强化程序会影响我们是否坚持行为反应。那么，如果强化完全停止了，又会发生什么呢？那就是**消退（extinction）**。

间歇强化

老虎机是间歇强化有效性的一个很好例子：人们在输钱的情况下"学习"坚持下去，因为他们可能会得到累积的奖金，尽管这个机会是微乎其微、不可预测的。

在经典性条件作用中，当条件刺激出现而无条件刺激没有出现时（呈现声音，但不给予食物），条件反射就消退了（或消失不见了）；在操作性条件作用中，如果通常出现的强化物长时间没有出现，人或动物就不再坚持特定的行为，这一行为会慢慢消失或停止。例如，你三番五次给一位教师发邮件，但从未得到回复，不久你就会放弃。因此，强化消失会导致消退，然而这个过程需要一段时间。众所周知，对于发脾气的孩子，只要不予以注意就能让他们停止撒娇；而如果加以理会，没有采用消退策略，那么间歇性强化就发生了，这反而会纵容孩子以后继续哭闹、发脾气。

三、先行事件与行为改变

在操作性条件作用中，先行事件是指发生在行为之前的事件。要想判断哪些行为会引起积极结果，哪些行为会引起不愉快结果，我们就需要依靠先前事件来提供一些信息。斯金纳让鸽子学习在灯亮的时候啄食，灯灭时不啄食，因为灯灭的时候没有食物可啄。换句话说，它们学会了使用先前事件（灯光）作为辨别啄食可能产生何种结果的一个线索。在这里，鸽子啄食受到了**刺激控制（stimulus control）**，即受到不同灯光刺激的控制。其实我们人类也是这样的。例如，虽然我早已搬到了城镇另一头的新办公楼，但我自己还曾不止一次地转到旧办公地点的停车场去，这是因为当我开车的时候，旧的标志和线索总促使我自动地、不知不觉地开向旧的办公地点。另一个例子据说是一个真实的故事：一个银行抢劫者开车逃亡时被警察抓住了，原因是她很守规矩地在红灯前停车了。红灯这个刺激对她来说已经成为了一种自动化控制。

我们所有人都在学习辨别不同的线索，理解各种情境的含义。你会在什么时候向你的室友借车，是在一场激烈的争执后还是在一场愉快的舞会后？站在走廊里面的校长也可以作为一个先行线索，帮助学生判断是跑开还是砸开上锁的柜子。我们通常是在没有充分意识到先行事件影响行为的情况下就对先行事件做出了反应，但教师可以在课堂上有意识地使用这些线索。

（一）有效的教学传递

使用何种类型的教学指导，是提高学生课堂积极反应的一个重要先行事件。关于**有效的教学传递（effective instruction delivery）**的研究发现，简明扼要、清晰明确，并能产生预期效果的教学指导，要比模棱两可的指导更为有效；陈述优于提问；你应该和学生保持较近的距离，大声喊叫的指导几乎不能奏效。理想情况是，首先和学生保持目光接触，然后给予学生指示（Roberts，Tingstrom，Olmi，& Bellipannni，2008）。

（二）给予线索

从定义上看，**给予线索（cueing）**就是在某一行为发生前提供先行刺激的一种行动。线索对于指导学生“在特定时间采取特定行为”特别有用，但它往往容易被遗忘。教师们发现，在和年轻的学生们一起工作时，他们往往需要在事后纠正学生的行为。例如，他们会指责学生：“你们要什么时候才开始记住……？”这样的提醒经常引来学生的愤怒。因为错误已经犯了，学生们只有两种选择了：要么承诺下次更卖力一些，要么抱怨说“为什么干的时候不提醒我们呢”。两种反应都不令人满意。给予学生非评价性的线索，可以帮助教师防止此类消极对抗的发生。当学生理解了线索并做出恰当的行为后，教师应该给予表扬来进行强化，而不是惩罚学生的失败。

（三）提示

有时学生要学习以恰当的方式对线索进行反应，因此线索成了一个辨别性刺激。在第一个线索后我们还可以提供一个附加线索，这个附加线索称为**提示（prompt）**。教师使用线索和提示进行教学时有两条原则：第一，确保将要成为线索的环境刺激，在使用提示前就会出现，这样学生就会对线索做出反应，而不仅仅依赖提示；第二，一有可能就减弱提示，这样学生就不会再依赖它（Alberto & Troutman，2009）。

为学生提供一张工作清单或备忘录就是使用线索和提示的例子。图 7—2 是学生互助学习的步骤列表，两人一组合作是线索，列表则是提示。当学生熟悉整个程序后，老师可以让学生停止使用清单，只是提醒学生各个步骤。当书面或口头的提示都不再需要时，学生就已经学会了如何在两人一组合作这个环境线索下做出恰当的反应——他们已经学会了在互助学习情境中应该怎么做。然而，教师应该继续监督这个过程，认可好的行为表现，并纠正其中的错误。开始互助学习之前，教师可以让学生闭上眼睛“看一看”清单，集中注意想想每个步骤。当学生开始互助学习时，教师要多聆听学生的互动，并在学生不断改善互相学习技巧的过程中不断提供指导。

那么，在实际生活中，我们该如何来应用这些原则呢？在下一个模块中，我们将一起探讨这一问题。

刺激控制（stimulus control） 指让引发行为的先行事件出现或消失的能力。

有效的教学传递（effective instruction delivery） 简明扼要、清晰明确，并能产生预期效果的教学指导。陈述优于提问。

给予线索（cueing） 提供“建立”期望行为的刺激。

提示（prompt） 在某线索后提醒人们对该线索做出反应的刺激。

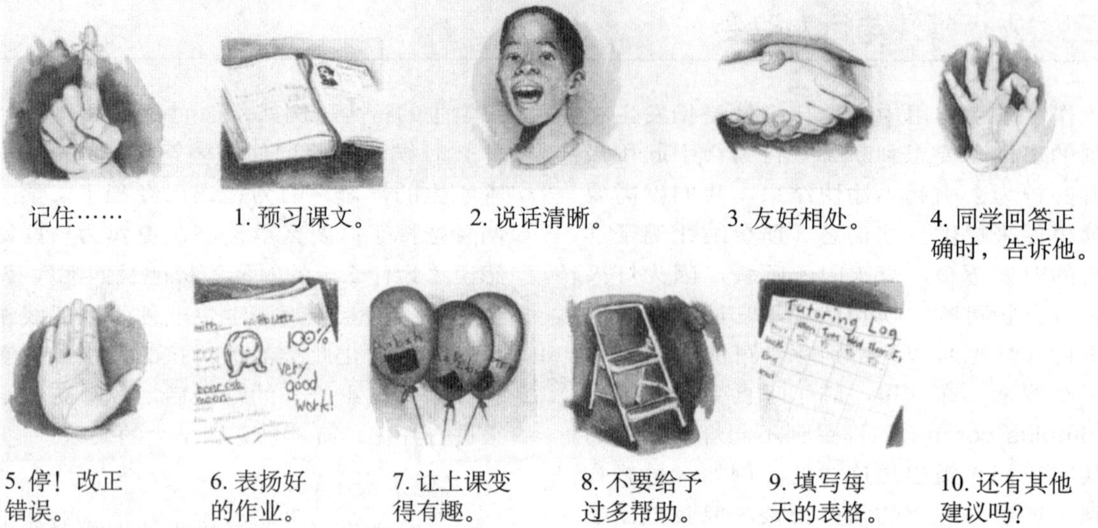

图 7—2　书面提示：同伴互助学习清单

使用这张清单，可以提醒学生如何有效地进行互助学习。当学生更加熟练以后，清单就逐渐不需要了。

资料来源：Sulzer-Azaroff, B., & Mayer, G.R. (1994). *Achieving educational excellence: Behavior analysis for school personnel*. San Marcos, CA: Western Image.

第四节　应用行为分析

应用行为分析（applied behavior analysis）是指运用行为主义的学习原理来改变行为。我们有时也称这种方法为**行为矫正（behavior modification）**，但许多人认为行为矫正这一术语有消极的含义，而且经常让人产生误解（Alberto & Troutman，2009；Kazdin，2001，2008）。

从严格意义上来说，应用行为分析应该包括：明确说明需要被改变的行为，认真测量行为的初始状态，分析维持不良行为或不受欢迎行为的先行事件，以行为主义的学习原则为基础实施行为改变的干预措施，以及仔细地测量行为的变化。在针对应用行为分析的研究中，研究者常用 ABAB 设计范式。也就是说，研究者先测量行为的基线水平（A）；接着实施干预（B）；然后停止干预，观察行为是否回到原有的基线水平（A）；然后再次引入干预（B）。

应用行为分析（applied behavior analysis） 运用行为学习原理了解并改变行为。
行为矫正（behavior modification） 系统运用先行事件和结果以改变行为。

在实际的课堂教学过程上，教师通常不能严格遵守 ABAB 的所有步骤，但他们可以做到：

（1）明确说明需要改变的行为，并记下当前水平。例如，如果有个学生很“粗心”，这是否意味着他在每 10 道题中会出现 2 ～ 4 个或者更多的计算错误呢？

（2）使用先前事件、结果反馈或二者兼有，设计一个具体、详细的干预方案。例如，每道题多给学生 1 分钟的计算时间，让他们能正确完成。

（3）跟踪干预结果，根据需要修改计划。

现在让我们具体探讨一下完成第二个步骤“干预”时可用到的一些具体方法。

一、鼓励行为的方法

就像我们先前讨论的，鼓励行为就是强化行为。下面是一些鼓励学生现有行为或教授新行为的具体方法，包括教师的关注和表扬、普雷马克原理、塑造和积极练习。

（一）以教师关注进行强化

许多心理学家建议教师应该强调学生的积极方面——表扬学生的良好行为，而忽视不良行为。事实上，一些研究者相信：“系统地运用表扬和关注，是教师最有力的激励方式和课堂管理工具。”（Alber & Heward，1997，p. 277；Alber & Heward，2000）一个相关的教学策略是差异性强化，即只要适当的行为一出现就进行强化，而忽视不适宜的行为。例如，如果一个学生提出的问题偏离了主题，你可以忽略它，不予回答；但只要与主题相关的问题或回答一出现，就应给予认可（Landrum & Kauffman，2006）。

这种或表扬或忽视的方法虽然有用，但它并不能解决所有的课堂管理问题。一些研究显示，当教师使用积极结果（大多是表扬）作为唯一的课堂管理策略时，学生的捣乱等破坏性行为仍会持续不止（McGoey & DuPaul，2000；Pfiffner & O'Leary，1987；Sullivan & O'Leary，1990）。此外，学生的问题行为受到同伴的关注，也会使问题行为持续下去，此时教师的忽视就没有多大作用了。

使用表扬时，还需要注意另一点。研究发现，当教师认真、系统地表扬学生时，学生会出现积极的结果（Landrum & Kauffman，2006），但仅仅说一些表扬的话并不能改善行为。要想行之有效，还需要做到：（1）在被强化的行为发生后立即给予表扬；（2）清楚地说明正在被强化的行为是什么；（3）表扬要可信（O'Leary & O'Leary，1977）。也就是说，表扬应该是针对良好行为的真诚认可。这样，学生才会明白他们因为做了什么而获得了这个认可（Brophy，1981）。综合 Brophy 对该问题的深入研究以及 Alan Kazdin（2008）对家长、教师的大量访谈，我们就如何有效地使用表扬提出了一些建议。具体内容详见下面的“实践指南”。

一些心理学家指出，使用表扬可能会使学生

实践指南 恰当地使用表扬

- 清晰且系统地给予表扬。

例如：

1. 让学生明确知道想要得到表扬，就应该做出适当的行为。

2. 让学生明确知道哪些特定行为或成就可以得到表扬。如“小组中每个成员都能积极发言”，而不仅是“小组中组长做得很好”。

- 表扬是认可而非评价。

例如：

1. 表扬并赞赏学生的努力、成就和行动——特别是当学生做了帮助他人的行为时。

2. 不要评价学生的性格或人格——表扬行为，而不是针对个人本身。

- 以每个人的能力和不足为基础设立表扬的标准。

例如：

1. 表扬学生因自己的努力付出而取得的进步或成就。

2. 让学生关注自身的进步，而不是与别人进行比较。

- 将学生的成功归因于他们的努力和能力，以使他们获得自信：自己可以再取得成功。

例如：

1. 不要给学生这样的暗示，即成功可以因为好运气、外在帮助或任务简单而取得。

2. 要求学生描述他们遇到的难题，并阐述他们解决问题的过程。

- 让表扬真正起到强化作用。

例如：

1. 不要企图通过表扬一些学生来影响班上其他学生。这个策略经常适得其反，因为学生能看出你的意图。另外，这样做还可能让受到表扬的学生处于尴尬境地。

2. 不要仅仅为了让失败的学生获得平衡，就给予他们不应得的表扬。这并不能安慰学生，也不能让学生找到取得成功的方法。

3. 不要“狗尾续貂”——在表扬之后附加批评，就像“这个星期你很好地完成了家庭作业，但为什么你不能每个星期都这样做呢”（Kazdin, 2008）。

- 认可真正的成功。

例如：

1. 奖励实现了特定目标的学生。

2. 不要奖励上课安静、没有捣乱但却没有专心投入的学生。

3. 表扬学生的能力提高或有价值的成就行为。如教师可以说：“我注意到你把所有的题目都检查了两遍，从你的分数中能看出你的认真与细心。”

为了获得赞许而学习，而不是为了学习本身。所以，也许最好的建议就是，教师需要了解滥用或误用表扬可能会带来的害处，更好地驾驭该方法。

（二）选择强化物：普雷马克原理

在大多数课堂上，除了教师的关注外，还有许多现成可用的强化物，如与其他同学谈话、玩电脑或者给班上小动物喂食等。但是，教师其实很少给学生从事这些活动的机会。如果教师能根据学生的学习表现和积极行为给学生一些特别的待遇和奖励（例如表扬），就能极大地提高学生的学习动机，强化其良好行为。

以大卫·普雷马克（David Premack，1965）名字命名的**普雷马克原理（Premack principle）**，是帮助教师选择最有效的强化物的参考指南。根据该原理，一个高频行为（个体偏好的活动）可以成为一个低频行为（不太喜欢的活动）的有效强化物。有时人们称之为“祖母规则”，即“先做我想让你做的事情，然后做你自己喜欢做的事情”。例如，Elizabeth在课堂上就使用了这个原理，她要求学生先安静地独自完成试卷上的第一部分内容，然后他们就可以合作完成关于南北战争的新闻采访活动。

普雷马克原理（Premack principle） 该原理认为更受偏爱的活动可以作为不太喜欢活动的强化物。

塑造（shaping） 强化指向目标或行为的每一个小步子。

连续接近技术（successive approximations） 每一个复杂行为都是由小部分组成的。

如果学生不喜欢学习，他们愿意干什么呢？——这个问题的答案就给我们提供了多种可能的强化物。对大部分学生来说，聊天、在教室里走动、挨着好朋友坐、免除考试或作业、读杂志、玩电脑或者做游戏，都是他们非常喜爱的活动。决定哪种强化物最适合于学生的方法，就是观察学生在自由时间都喜欢干些什么。

祖母规则

“首先，做我想让你做的事情，然后做你自己喜欢做的事情。”根据普雷马克原理，在学生的学习和积极行为后，教师紧随着安排学生偏好的活动，这样能够极大地增强这两类活动。

低频行为（学生不太喜欢的行为）必须首先发生，才能使普雷马克原理奏效。看看下面这段对话，注意教师是如何失去了使用普雷马克原理的最好时机的。

学生：哦，不！我们今天还必须再学习语法吗？其他班级的同学都在讨论我们今天上午在礼堂看的戏剧呢！

教师：但是其他班级的学生昨天就学完了这些句子，我们还有一些没讲完。如果我们不完成这课，我担心你们会忘记昨天复习过的语法规则。

学生：为什么我们不在快下课时再学习这些句子，而现在先讨论戏剧呢？

教师：好吧，但你们要答应我等会儿努力学完这些句子。

讨论戏剧可以作为学完语法课的强化物。实际上，该班原本可以花整段的时间讨论戏剧，但现在，这位老师不得不在讨论进行得如火如荼的时候打断它，然后再想办法让学生回过神来学习语法规则。

（三）塑造

如果学生在学习的初始阶段迟迟无法掌握一项技能，因而一直得不到强化的机会，那情况会怎样呢？思考以下例子：

- 一个四年级的学生看着刚刚发下的数学试卷。“又是差不多一半的题目连一分都没有得到，而这些题目中每一个我都只是犯了一个很愚蠢的错误。我讨厌数学。”
- 一个十年级学生每天都在找理由不去参加体育课的垒球运动，因为这个学生从未成功地接住过球，所以他现在拒绝再进行尝试。

在这两个情境中，学生在学习上都没有获得强化，因为他们努力的最终结果都不够好。我们可以很肯定地预测，不用多久，这些学生就会开始讨厌上课或者讨厌某学科，甚至可能还会讨厌任课老师和学校。防止这类问题发生的一种方法就是应用**塑造（shaping）**策略，也称**连续接近技术（successive approximations）**。塑造涉及对过程的强化，而不是等待尽善尽美时才进行强化。

为了使用塑造策略，教师必须首先熟悉学生将要学习的复杂行为，然后将这个行为分解成许多小步骤。确定小步骤的方法叫**任务分析（task analysis）**，该方法最早由 R. B. Miller（1962）提出，用于帮助军队训练士兵。Miller 首先界定了最后的表现要求，也就是士兵（或学生）在项目或单元结束时必须做到的事情；然后，他确定了通向最后目标的步骤，即把技能分解为各种子技能或子过程。

在下面这个任务分析的例子中，教师要求学生基于图书馆的文献研究，写一篇表明自己观点与立场的论文。如果教师在布置论文前没有进行任务分析，会发生什么情况呢？一些学生可能不知道如何进行系统的在线文献搜索：他们可能翻翻维基百科的一两个条目，然后仅仅以这些简略的阅读为基础，就开始写他们的看法了。一些学生可能知道如何在线使用电脑和搜索引擎，而且也知道如何使用书目索引获得信息，但是他们不擅长整合这些信息并得出结论，于是最终交上一篇冗长的论文，列举了各种不同思想的要点，但没有任何的整合结论或个人观点。而另一些学生可能得出结论，但他们写的文章内容混淆、语法错误，以致教师都看不懂他们要表达什么。虽然每组学生受挫的原因各不相同，但他们都没能很好地完成这次作业。

任务分析让我们了解到，达到最终目标需要完成具有逻辑顺序的一系列小步骤。了解这个逻辑顺序，可以帮助教师确定学生已经拥有了什么必要的技能，可以进行下一步骤。这样，当学生遇到困难时，教师能够指出问题所在。许多行为都可以通过塑造得到改善，特别是涉及坚持性、忍耐性、提高正确率、提高速度或扩展训练技能等学习任务时。塑造适用于持续时间较长的过程，因此，如果能通过更为简单的办法（如线索）获得成功，就不必使用塑造策略了。

> **任务分析（task analysis）** 按等级将任务分解成基本技能和子技能的系统。
>
> **积极练习（positive practice）** 在错误行为之后立即练习正确的反应。

（四）积极练习

在**积极练习（positive practice）**中，学生用一种行为代替另一种行为——这种方法在处理学业错误时特别适用。当学生犯了错，他们必须尽快地改正，并练习正确的反应。教师也可应用相同的原则来处理违反班级规章制度学生的行为。学生需要练习正确的反应，而不是接受惩罚。有时人们将这一过程称为“积极练习与矫枉过正”，因为在正确行为几乎成为自动化行为之前，个体一直在不断地进行练习（Cole，Montgomery，Wilson，& Milan，2000；Marvin，Rapp，Stenske，Rojas，Swanson，& Bartlett，2010）。

下面的“实践指南”总结了鼓励积极行为的几种方法，可以供你参考。

实践指南　　鼓励积极行为

- 要以学生看重的方式认可他们的积极行为。

例如：

1. 说明班级规章制度时，提出遵守制度的积极结果和违反制度的消极结果。
2. 给予第二次机会，认可学生承认错误的诚实行为。例如，“由于你主动承认了在考试时抄袭书本，所以我将再给你一个机会重新做”。
3. 提供努力学习的相应奖励，如额外休息时间、免除家庭作业或测验，或者对主要课程给予附加分等。

- 在学生学习新材料或尝试新技能时，给予大量的强化。

例如：

1. 在每个学生的第一份生活周记中，找出好的地方并给予鼓励。
2. 强化学生之间互相鼓励的行为。“初学法语时，难免会出现发音困难和别扭。当有同学大胆练习新单词时，我们其他同学不应取笑他，我们应该互相帮助。”

- 新行为建立后，使用不可预测的强化程序进行强化，以此鼓励学生不断坚持。

例如：

1. 对参与班级活动并表现出色的同学给予“意外”的奖励。
2. 每节课开始时给学生出一个简短、书面的附加题。学生不一定要回答，但如果答对了，将在学期总成绩中加分。
3. 确定好学生会不时因为他们的优秀表现而获得表扬，不要让他们觉得表扬是理所当然的。

- 使用普雷马克原理找出有效的强化物。

例如：

1. 观察学生在自由休息时都做些什么。

2. 注意哪些学生喜欢与他人合作。与朋友一起合作的机会，对他们就是一个很好的强化物。

• 使用线索帮助学生建立新行为。

例如：

1. 在教室里张贴幽默的标记，以提醒学生遵守班级制度。

2. 学期伊始，当学生走进教室时，让他们注意黑板上列出的物件，这些是他们来校时应带的。

• 确保所有学生，包括那些经常犯错的学生，只要表现好就都能获得表扬、特殊待遇或其他奖励。

例如：

1. 不时翻翻学生名单，确定每个学生都得到了一些强化。

2. 制定强化标准，让每个学生都有可能得到奖励。

3. 反思自己的偏爱。男生比女生会得到更多强化的机会吗？还是女生比男生多？不同种族学生获得强化的情况又是怎样的？

• 建立各种各样的强化物。

例如：

1. 让学生自己提出他们想要的强化物，或者让他们从“每周特殊待遇”的强化清单中进行选择。

2. 和其他老师或家长讨论强化物的建立和选择。

二、处理问题行为

不论你在增强积极行为时是多么成功，但总有些时候，你需要处理一些令人讨厌的行为，这要么是因为其他方法无效，要么是因为行为本身很危险，需要立即采取行动。为了达到这个目的，我们有很多解决办法可以采用，如负强化、训斥、反应代价和社交孤立。

（一）负强化

首先，回忆一下负强化的基本原理：如果一个行为能制止或避免一些不愉快的事情，那么这个行为就会在类似的情境中再次发生。在Elizabeth的课堂中也发生过负强化。当学生不满和抱怨后，他们躲过了测验。因此，他们以后可能还会通过负强化产生更多的抱怨。

负强化也可用来加强学习。比如，如果学生的行为改善了，你就可以让学生“逃离”不愉快的情境。请看看下面的例子。

- **教师对三年级的学生说：**“等你们把所有的东西放进橱柜里，并且每个人都安静坐好以后，我们就出去休息。否则的话，我们就失去休息时间了。”
- **高中教师对一个很少完成课堂作业的学生说：**“只要你完成作业，你就可以到大礼堂和大家一起上课。如果完不成，你就必须待在自习室做作业。”
- **电影《舞动天地》(*Take the Lead*)里的安东尼奥·班德拉斯(Antonio Banderas)：**班德拉斯与一些完全不合作的学生在一起上课，他给这些学生播放他们所讨厌的音乐。直到全班学生都站好队，而且准备练习舞蹈动作时，班德拉斯才关掉这些令他们讨厌的音乐。

事实上，真正的行为主义者也许会反对把这些例子叫做负强化，因为在这些例子中，要使负强化奏效，需要学生进行非常多的思考与理解。教师不能像对待实验室的动物那样对待学生，不能在他们的腿上施以轻微电击，直到他们做出正确反应才停止。但是，教师可以确保：当学生的行为改善时，他们所处的不愉快情境也将有所改善。

你可能会疑惑，为什么上面关于负强化的例子不能被认为是惩罚。毕竟，在休息时间还要待在教室、不能和全班一起参加活动、听不喜欢的音乐都是一种惩罚。但重点是，上述几个例子所关注的焦点都是加强某种特定的行为（如放好物品、完成课堂作业、站好队并与老师合作）。只要适当行为一出现，教师就撤除一些令人厌恶的东西，从而增强（强化）该行为。因为这种结果中包含了消除或“减少”某种刺激，因此，这种强化是负强化。

负强化同时也给了学生一个练习自我控制的机会。错过休息或者听厌恶的音乐都是不愉快的情境，但在上述例子中，学生对于不愉快情境最终是否会出现仍然保有控制权。只要他们表现出适宜的行为，不愉快的情境就会结束。反之，惩罚往往发生在事件之后，那时学生就不能如此容易地控制或制止不愉快反馈了。

负强化有几条规则：以积极的方式描述你所希冀的良好行为改变；不要有欺骗；确信你能改变不愉快的情境；尽管有抱怨但仍要坚持到底；坚持在行动上执行，而不是语言承诺，如果因为学生答应了“下次会表现更好”，你就终止了不愉快情境，那么你是在强化学生做出承诺，而不是在强化学生的行为改变（Alberto & Troutman，2009；O'Leary，1995）。

（二）训斥

我女儿所在的小学有一份名为《联合杂志》的报纸。在这份报纸上，我读到了一个叫做《我为什么喜欢学校》的故事。该故事是一个四年级学生写的，他说：“我也喜欢我的老师，他帮助我领悟知识和学习。他对每个人都很好，就连他对学生生气的方式我也喜欢。他不会在全班同学面前斥责学生，而是选择私下找他们谈话。”

温柔、平和、私下的**训斥（reprimands）**，比在公开场合大声的训斥更能有效减少捣乱行为（Landrum & Kauffman，2006）。研究显示，如果教师当着全班同学的面大声训斥学生，捣乱行为会增加或维持在一定水平上。这是因为有些学生希望他们的不良行为得到同伴的认可，或者不想让同学看到他们“输给”了老师。如果教师不经常训斥学生，班级气氛整体较为积极、温暖，那么学生通常会很快地对私下训斥做出反应（Kaplan，1991）。

（三）反应代价

曾被惩罚的人应该很熟悉**反应代价（response cost）**的概念。由于某些违反制度的行为，人们会失去一些强化物——钱、时间、特别待遇等（Walker，Shea，& Bauer，2004）。课堂中，教师可以有很多使用反应代价的方式。例如，学生第一次违反纪律时，教师予以警告；第二次，教师就在评分本上给该生做一个记号，并规定，画一个记号就会失去两分钟的休息时间。对于屡教不改的学生，一连串的记号意味着他将失去参与团体活动或玩电脑的权利。

（四）社交孤立

减少不良行为中最惹人争议的方法就是**社交孤立（social isolation）**策略，又被称为**隔离**或**强化暂停（time out）**。社交孤立过程包括让最捣蛋的学生离开教室 5 ～ 10 分钟，把他孤零零地关在空荡的、令人厌倦的房间里——这种惩罚就是暂时地与其他人隔离。学生被叫到校长办公室或者被罚坐在教室的角落里，其效果与让他们单独待在空房间里是不一样的。但需要注意的是，如果短暂的隔离不能改善处境，就不要让学生单独待更长时间了。Alan Kazdin（2008）是一位致力于帮助教师和家长积极地处理孩子问题行为的专家，他曾说：“如果你让学生待在外面的时间越来越长，这意味着你的策略失败了。所以，解决方案不是逐步增加时间。如果你让学生经常并且长时间待在外面，这表明你需要多下工夫在如何更积极地强化良好行为，并让其以良好行为取代不受欢迎的行为。”（p.10）——这对于任何形式的惩罚都是一个好的建议。

训斥

研究显示当着全班同学的面谩骂学生可能会强化他的捣乱行为，因为该学生由此得到了更多的关注。因此，平和、私下的训斥可能更有效。

（五）惩罚的注意事项

很不幸的是，惩罚经常被教师和家长使用——我说“很不幸”，是因为大量研究显示惩罚本身并不起太大作用。惩罚只能告诉学生不该做什么，而不能教学生应该做什么（Kazdin，2008）。任何时候如果你想使用惩罚，都要考虑到以下两点：首先，运用惩罚，以抑制不想要的行为；其次，明确学生应做的替代行为，并对那些想要的行为进行强化。这样，问题行为得到了抑制，而且积极行为也得到了强化。正如你在下面

训斥（reprimands） 批评错误行为，即指责。

反应代价（response cost） 失去强化物的惩罚。

社交孤立（social isolation） 让捣乱的学生离开教室 5 ～ 10 分钟。

隔离 / 强化暂停（time out） 在技术上就是取消一切强化物。实际应用中，就是将一个学生与其他学生隔离一小段时间。

实践指南　　惩罚的有效使用

- 设法创设可以运用负强化而非惩罚的情境。

例如：

1. 学生达到一定能力水平时，让学生避开不愉快的情境（如完成额外的练习作业、每周进行数学测验等）。

2. 坚决要求行动，而不是口头承诺。不要因为被学生说服，就改变了先前的协议。

- 如果你使用了惩罚，那么要适度、短暂——并且最好与良性的行为进行匹配。

例如：

1. 若对小孩子隔离，时间不要超过2～5分钟。如果学生一天只能挣得5分，那么扣分就不要超过1分。

2. 将短暂、适度的惩罚与学生做了正确事情而受到强化匹配起来。如果学生在洗手间涂鸦，那么短暂地惩罚他，同时让他洗掉涂鸦。

- 使用惩罚要前后一致。

例如：

1. 避免不经意地强化你本应惩罚的行为。私下与学生对质，这样学生就不会在公开场所站起来与教师争辩。

2. 让学生预先了解违反规章制度的后果。对低年级学生，需要把主要的班级制度张贴出来；对高年级学生，则可在课程提纲中简要说明班级制度及违反的后果。

3. 告诉学生惩罚之前只有一次警告机会，教师要以平静的方式进行警告，然后坚持到底。

4. 惩罚要在合理的范围内，尽可能地不回避且要及时。

5. 当生气时不要进行惩罚——因为你可能太苛刻了，随后还得收回惩罚——显得前后缺乏一致性。

- 关注学生的行为，而不是学生的个人品质。

例如：

1. 用平静而坚定的语气训斥学生。

2. 避免使用恶意或讽刺的语气。否则，当学生模仿你的讽刺时，你会听到自己生气时说的话。

3. 强调制止问题行为的必要性，避免表达出任何你不喜欢该学生的意思。

4. 清楚地知道你自己是否在不公平地惩罚不同类型的学生。留堂或赶出学校——你的做法公平吗？

- 调整对违规的惩罚。

例如：

1. 忽略不足以捣乱课堂的小行为，或者可以用不喜欢的眼光制止这些不良行为，或者只是朝那位学生踱过去。

2. 确保惩罚不会比学生犯的错误还恶劣——不要因为一次违反制度就取消学生的所有休息时间（Landrum & Kauffman，2006）。只要能将惩罚不良行为与做了良好行为而得到的强化匹配起来，惩罚就会越少越有效。

3. 不要用家庭作业来惩罚学生的捣乱行为（如上课说话）。

4. 当学生的不良行为得到同伴的接受时，将他和一群朋友分开是有效的，因为这样才是真正地与强化情境隔离开。

5. 如果问题行为仍在继续，分析一下情境并尝试新的方法。你的惩罚可能没有被视为惩罚，或者你无意中强化了不良行为。

将看到的，新近的教学法更强调对积极行为的支持。上面的“实践指南”对如何使用惩罚策略以获得积极行为提供了一些很好的建议，你可以参考。

需要再次强调的是，惩罚及其本身不能导致任何积极的行为。粗暴的惩罚向学生传达的是“暴力可能奏效”，而且可能会鼓动学生的报复。此外，只有当惩罚者（如教师）在的时候，惩罚的效果才是最好的——当教师在教室时，学生学着表现好些；然而，当教师离开或有代课老师时，这一系统就会坍塌崩溃。惩罚倾向于让学生关注行动对自身造成的结果，而不会让学生思考行为对他人的影响，因此惩罚并没有教导学生对他人产生同情与共情。最后，惩罚还会妨碍你和学生建立亲近的关系（Alberto & Troutman，2006；Hardin，2008；Kohn，1996a，1996b，2005；Walker et al.，2004）。

第五节　综合运用：教学和管理中的行为方案

行为主义的学习观对班级教学和班级管理产生了重要的影响，它提出在班级教学中应明确学习目标体系、进行直接教学（我们将在第14章讨论教学时再涉及这一议题）；在班级管理中，可以应用团体结果、相倚契约和代币制等方法（Landrum & Kauffman，2006）。尤其是当学习目标是习得某些确定信息或改变某些行为，或者当学习材料呈现出序列性或明确性时，这些行为方法都非常有用。

所有的学习行为方案中都包含了一个最重要的要素：反复练习正确的行为。与传统看法不同，我们认为练习并不能达到“熟能生巧”的目的；相反，练习会使行为持久、固化。因此，练习正确的行为至关重要。下面让我们再来看看行为方法的另外一些例子，比如团体结果、相倚契约和代币强化。

一、团体结果

教师可以基于某些特定学生的行为对全班进行强化。比如，如果午睡时间一结束，Jamarcus、Evan 和 Mei 就离开他们的垫子，那么全班学生将都可以吃到一个特别的点心。同样，教师也可以基于每一个学生的累积行为对全班进行强化，比如把全班或小组中每个学生的得分加到一起，并据此给予全班学生奖励。**良好行为游戏（good behavior game）**就是一个例子：首先，教师和学生讨论如何使班级变得更好；接着，他们一起找出指向学习的“良好行为”。基于讨论，教师和学生制定出班级规章制度，并将全班学生分成两组或三组，如果某个学生违反规则，就要给该学生所在的小组做一个记号。一段时间后，记号最少的小组就会得到一份特别的奖励或一个特殊待遇（更长的休息时间、先去吃午餐、让小组的“太空船”更接近于“月球”等等）。如果所有组的记号数目都比预期的少，他们就都能得到奖励。有时，班级还需要制定“无闲谈”规则，这样小组之间就不会把时间都花在指出彼此的错误上了。大量研究表明，尽管这种游戏对学生知识学习的促进作用比较小，但对学生行为规范的学习却可以产生明显的促进作用。此外，这种游戏形式还能预防学生多种行为问题的出现（Embry，2002；Tingstrom，Sterling-Turner，& Wilczynski，2006）。

如果我们将良好行为游戏的方法运用到对目标学业成就的干预中，会发生什么呢？Catherine Bradshaw 和她的同事刚好做了这一研究（Bradshaw，Zmuda，Kellam，& Ialongo，2009）。他们对 678 名来自城市的非裔美国学生进行了从一年级到高中的跟踪调查。在一年级的时候，这些学生要么到控制组，要么参加以下两个项目之一：（1）以课堂为中心的干预，将良好行为游戏与提升学业的课程相联系（放声朗读、撰写日志、读者剧场、批判思维技能、数学游戏、小组活动等）；（2）以家庭为中心的干预，提高父母在家庭阅读和数学游戏中的参与，并且帮助他们培养更好的管理孩子的策略。结果发现，参加前一项目的孩子，在高三的标准成就测验中取得了更高的分数，较少需要特殊教育服务，顺利完成高中学业的比率更高，并且有更高的大学录取率。而参加后一项目的孩子，在这些测验上虽然也取得了积极的进步，但是没有达到显著效果，仅在阅读测试中取得了较小的显著性成效。因此，早期投入时间和精力来帮助学生养成良好的行为和学习习惯，在数年之后可以看到成效。

当然，不将全班分组，你同样可以使用**团体结果（group consequences）**。也就是说，你可以基于全班学生的行为给予强化。然而，教师在使用小组方法时需要慎重：如果某个学生行为不当或犯了错误，但该行为并没有真正影响到小组，那么这时整个小组就不应因此而受惩罚。我曾看到这样一个情景：当老师宣布班上某个男孩将转学到其他学校时，该班所有学生都欢呼雀跃，整个教室充斥着“不用再被扣分啦、不扣分啦”的叫喊声。“扣分”指的是每次如果有人违反了纪律，教师就罚全班 1 分。1 分意味着失去 5 分钟的休息时间，而该班就曾因为那个转学的男孩而失去了很多休息时间。同学们一开始就不喜欢这个男孩，虽然罚分制度在维持纪律方面很有效，但却让这名男孩受到其他同学的排斥。

同伴压力并非都不好，支持和鼓励形式的同伴压力可以产生积极的影响。我们建议在学生关注同伴认可的情况下使用团体结果（Theodore，Bray，Kehle，& Jenson，2001）。如果有些学生的不良行为似乎是因为受到其他学生的关注和笑声所鼓励，那么此时使用团体结果将更加有效。教师可以教学生如何给予同伴支持和建设性反馈。但是，对于少数几个似乎很享受破坏纪律所带来的结果的学生，教师就需要单独安排与处理了，比如把所有的“破坏者”单独放在一个小组。

良好行为游戏（good behavior game） 将一个班分成几组，某组如违反事先达成的相应良好行为规则，就要被罚分。

团体结果（group consequences） 将班级作为一个整体，如果遵守或违反班级制度，则获得相应的奖励或惩罚。

二、相倚契约和代币强化

在**相倚契约**（contingency contract）方案中，教师会与每个学生分别制定一份个人契约，契约明确描述了学生为获得特殊待遇或奖品所必需做的事情。有时，也可以由学生提出受强化的行为以及希望获得什么奖励。契约协商的过程本身就是一种接受教育的过程，学生能从中学会建立合理的目标，并且学会遵守契约条款。此外，如果学生能参与目标的制定，他们往往会更热衷于实现这些目标（Locke & Latham，2002；Schunk，2008；Schunk，Pintrich，& Meece，2008）。

相倚契约（contingency contract）教师和学生共同制定的契约，说明学生为获得特殊待遇或奖励所必须做的事情。

图 7—3 是一个有关完成家庭作业的契约例子，它适用于中、高年级学生。它相当于一张合同、一张作业清单和一张进步记录。“取得学习进步”的信息能维持学生的学习动机，这类信息能帮助学生注意到课程的进度以及上交作业的日期。

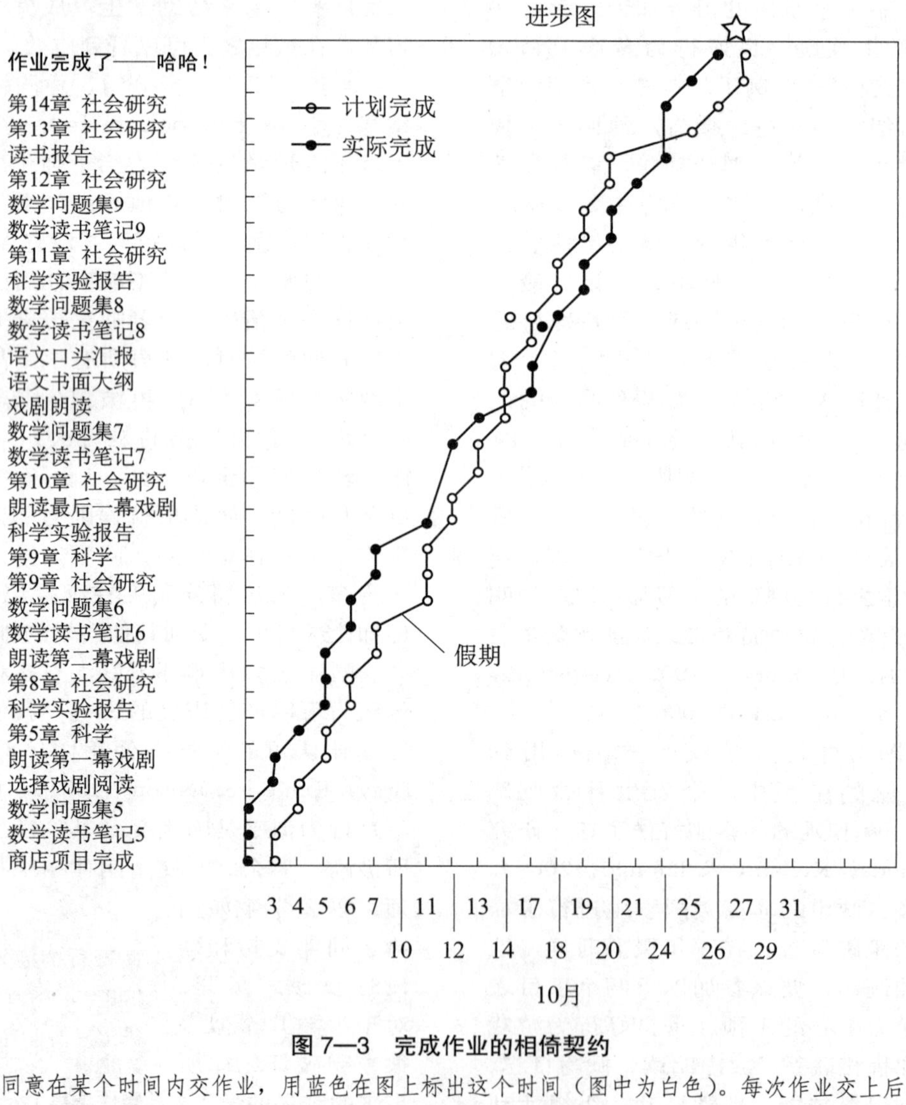

图 7—3 完成作业的相倚契约

教师和学生都同意在某个时间内交作业，用蓝色在图上标出这个时间（图中为白色）。每次作业交上后，便在图上用黑色标出实际完成的日期。只要实际交作业的时间点在计划完成点之前，学生便可得到自由时间或其他契约内的奖励。

资料来源：Sulzer-Azaroff, B., & Mayer, G.R. (1994). *Achieving educational excellence: Behavior analysis for school personnel*. San Marcos, CA: Western Image.

停下来 想一想

你参加过用加分或积累分数来换取奖品的活动吗？你是某个航空公司的会员吗？你的信用卡上有积分吗？你从"买十赠一"的活动中获得过类似免费咖啡的实惠吗？或者因为填写调查问卷得到过免费冰沙吗？这些活动方案会影响你的消费习惯吗？——对我而言，答案是肯定的。我买任何东西几乎都会使用信用卡付款，因为这样可以得到积分；出于同样的原因，我也总是乘坐同一家航空公司的飞机。

通常情况下，要让所有学生都获得他们想要的积极结果是非常困难的一件事，但**代币强化制（token reinforcement system）**可以帮助解决这一问题，即让所有的学生借由学业表现或积极的课堂行为而赚得代币。代币可以是分数、记号、打在卡上的洞、圆片、游戏钱币或其他容易代表学生得分的东西。学生可以定期将所挣得的代币兑换成一些想要的奖品（Alberto & Troutman，2009；Kazdin，2001）。

根据学生的年龄，奖品可以是小玩具、学习用品、自由时间、特别的班级工作、带回家的小奖状、有时间听音乐或其他特殊待遇。所谓的"代币制"一旦建立，教师就要定时、持续地给予代币，并让学生有机会常常将代币换成奖品。然而，等到代币制已经运作良好后，代币的分发就应该遵照间歇强化程序来进行，并逐渐延长学生每次兑换奖品的间隔时间。

另一种方式就是让学生在学校挣代币，然后回家换成奖品。如果父母愿意合作的话，这种方式会非常成功。学校定时（通常每天或一星期两次）用纸条或报告的形式把学生的表现告诉学生家长，纸条上标明前段时期学生在学校所挣的点数，而点数可以换成几分钟的看电视时间、特别的玩具，或者与父母在一起的时间。同样，学生可以把点数攒起来，以换取更大的奖励，如旅行。但是，如果你觉得孩子可能会因追求完美而感到压力或者因表现不好而受到家长的严重惩罚，就不要使用这种方法（Jurbergs，Palcic，& Kelly，2007）。

代币强化制（token reinforcement system） 在这个系统中，学生通过学业学习和积极行为挣得代币，然后将它们换成一些想要的奖品。

但是，代币强化制复杂且费时。一般来说，只有在下列三种情境下才使用它：（1）激发那些对学习毫无兴趣的学生的学习动机，且其他方法均不奏效时；（2）鼓励在学习上一直没有取得进步的学生；（3）处理失去控制的班级。研究发现，有些学生会比另一些学生从代币制中获益更多，思维迟钝的学生、经常失败的学生、缺乏学习技巧的学生、有问题行为的学生，似乎对具体、直接的代币强化都有反应。

在试着使用代币制之前，你必须确定你的教学方法和教材是适合学生的。有时学生捣乱或缺乏学习动机是因为教学方法不合适，或者是因为班级规章制度不明确、前后执行不一致，又或者是因为教学指导模糊不清，也可能是因为主题太容易、太难或步骤混乱等。如果存在这些问题，代币制虽然可以使情况得到暂时的改善，但学生学习材料时仍会存在困难。所以，首先要改变你的教学。此部分有关代币强化和相倚契约的内容仅是入门性的介绍，如果你想在班级大规模地设立奖励机制，你可能要学习一些更专业的知识。通常学校心理学家、教学顾问或校长可以为你提供帮助。

下一小节中列举的两个例子展示了如何成功运用行为原则来改善有特殊需要学生的行为。

三、应对严重行为问题

对教师而言最大的挑战是面对具有严重行为问题的学生。下面两个研究探讨了行为原则在帮助这些学生时是如何起作用的。

2001 年，Lea Theodore 和她的同事与一位老师合作，这位老师的班上有 5 名被诊断为有严重情感障碍的青少年学生。他们共同制定了一份简短、明确的规则（例如，不说脏话、在 5 秒钟内执行老师的要求、不贬损他人），将规定写在卡片上，并钉在每个学生的课桌上。教师桌上有学生的名单，用来记录违纪行为。每个人都可以很容易地看到这份名单，因此学生可以轻松地查看到自己和其他人的表现。45 分钟的课临近结束时，由一个学生选出一个"标准"，这个标准可能是：整个团体的表现、最高分数的学生、最低分数的

功能性评估

这种方法主要关注学生行为背后的原因。教师可以在一定的情境下观察学生的行为，也可以访谈学生、同事或学生家长。

学生、中等分数的学生或随机抽取的学生。如果符合该标准的那些学生在整节课上违反规定的次数少于5次，那么全班同学都将得到奖励，这个奖品同样可以任意抽取，可以是汽水、一包薯条、一根棒棒糖或允许迟到一次。Lea Theodore和她的同事使用了ABAB设计——基线水平、两星期的干预、两星期的撤除干预和两星期回到团体结果。奖励机制启动后，所有的学生在遵守规定方面都有了明显的进步。学生们喜欢这个方法，教师也觉得容易实施。

在第二个研究中，Kara McGoey 和 George DuPaul（2000）与幼儿园老师一起合作解决学生的问题行为，这4名学生来自三个班级，被诊断为注意力缺陷多动障碍（ADHD）。教师尝试使用代币强化方案（学生若遵守班级制度，就在表格上添加一个小纽扣或大纽扣）和反应代价系统（学生最初都有五枚纽扣，每天参加一个活动得一个大纽扣，违反制度就扣除纽扣）。结果发现，虽然两种方法对于减少违纪行为都有效，但反应代价系统似乎更便于操作实施。

行为干预也经常被用来治疗儿童的自闭症（Bartlett，Rapp，Krueger，& Henrickson，2011；Hall，Grundon，Pope，& Romero，2010；Soares，Vannest，& Harrison，2009）。例如，Sara Bartlett和她的同事运用反应代价策略来帮助Evan解决乱吐口水的问题，他是一个8岁的自闭症男孩，几乎没有语言能力。当Evan在学校的治疗室里坐着的时候，研究者让他听收音机，他的老师说这是他最爱的玩具。当他吐口水的时候，收音机就会停止10秒钟，然后再重新播放。在这个训练阶段，Evan的吐口水行为概率几乎降到了零。然后研究者终止了这项行为代价策略，即当他吐口水的时候收音机并未移除。结果，吐口水行为的概率又回升了。接下来，研究者重新启动这项行为代价策略，Evan的吐口水行为发生的概率又接近于零（可以看到，这也是一项ABAB设计——基线水平、干预、重新回到基线水平、重新进行干预）。最终，研究者让Evan回到教室，并在教室里进行了干预训练。他们教会Evan的老师使用这个策略，在接下来整整四个月的课堂日常活动中，Evan吐口水的行为概率基本维持在零的水平。

四、功能行为评估与积极行为支持

教师们发现，有一种新的教学方法对常规教育和特殊教育都很有效。这种新方法首先会考虑："学生为什么会有问题行为——这些行为的结果/目的是什么？"可见，该方法关注的焦点是为什么会产生某行为，而不是行为本身是什么（Lane，Falk，& Wehby，2006；Stage et al.，2008；Warren et al.，2006）。一般而言，问题行为发生的原因有四个方面（Barnhill，2005；Maag & Kemp，2003），学生产生问题行为可能是为了：

（1）从教师、父母或同伴等重要他人那里得到关注。

（2）逃避一些不愉快的学业或社会要求的情境。

（3）获得喜欢的物品或活动。

（4）满足感官的需要，如一些自闭的孩子通过摇摆或拍打手臂获得刺激。

如果能了解问题行为的原因，教师就可以帮助学生找出能发挥同样作用的积极行为，以此代替原有问题行为。例如，我曾经和一位中学校长共事，他很担心学校里的一位男孩。这个男孩几年前失去了父亲，而且在一些学科（尤其是数学）上存在学习困难，他每周至少两次因为破坏数学课堂教学而被叫到校长办公室。当他来到办公室时，他得到了校长专一的关注。训斥之后，校长开始跟他谈论体育，因为校长喜欢这个学生，并且担心他因为失去父亲而缺少男性的角色榜样。我们很容易就能发现，这个男孩在课堂上捣乱的行为所起的作用——破坏行为总能够让他逃避数学课（负强化），与校长一对一地交流（小小训斥之后的积极强化)。于是，校长、教师和我制定了支持学生进行数学积极行为的教学方案——给他额外的数学辅导；在他完成数学作业（而不是课堂调皮）后，让他和校长待在一起。这些新的积极行为与旧的问题行为发挥了同样的作用。

（一）发现“为什么”：功能行为评估

理解一个问题行为为什么发生的过程，就是大家所知道的**功能行为评估（functional behavior assessment，简称 FBA）**。教师调动各方面资源和方法来确定“A-B-C 情境”——先行事件、行为以及结果，以期找出行为的原因（Barnhill，2005）。很多不同的方法都可以帮助你确定某个行为的作用，你可以先就学生的行为与他们本人进行交谈。在一个研究中，采访者要求学生描述是什么使他们在学校陷入麻烦，之前发生了什么，之后又发生了什么。尽管学生并不总能清晰地说出他们为什么会这样做，但是与关心他们、努力理解他们处境的成人进行谈话，而不是被成人训斥——这本身就能让学生受益匪浅（Murdock，O'Neill，& Cunningham，2005）。但是你需要做的还远不只与学生谈话，你可能还需要与父母或其他教师谈话。你要带着下面的种种疑问去观察学生行为的先行事件、行为以及结果：问题行为在什么时间、什么地点发生？涉及什么人或哪些活动？问题行为之前发生了什么（别人做了什么或说了什么；针对你期望学生达到的目标，学生做了什么或说了什么）？行为之后发生了什么（别人做了什么或说了什么；针对你期望学生达到的目标，学生做了什么或说了什么）？出现问题行为的那个学生得到了什么，或通过行为而逃避了什么？学生行为之后发生了什么变化？图 7—4 展示了一种更为结构化的方法——基于简单的 ABC 分析的功能行为评估的观察指南。通过这一结构化的观察，教师很快就可以发现：每当进行课堂教学活动转换时，该学生的问题行为就会出现。同时，通过这一分析，学生问题行为的强化资源也很容易明确。

学生姓名：R.Denton　　日期：2/25/2012
地点：B 女士的数学课堂　　观察者：B 先生
开始时间：1:02　　结束时间：1:15

A: 先行事件	B: 行为	C: 结果
1:03 学生们拿出书本，打开，准备上课。	Denton 拿出他的帽子，戴上。	Denton 周围的学生开始大笑，并说“Hey”。
1:05 老师注意到了 Denton，告诉他把帽子摘掉。	Denton 站起来，慢慢地将帽子摘掉，并且弯腰鞠躬。	学生们鼓掌。
1:14 老师提问 Denton。	Denton 说：“我不知道。”	另一个学生说：“是的，你很愚蠢。”其他人大笑。

图 7—4　运用 ABC 框架进行功能行为评估的结构化观察指南

资料来源：Friend, M., & Bursuck, W.D. (2012). *Including students with special needs: A practical guide for classroom teachers (6th ed.)*. Upper Saddle River, NJ：Pearson Education, Inc.

同样的行为对于不同的学生可能有着不同的功能。例如，有研究者对三个学前儿童进行了功能性行为分析，结果发现其中两个学生表现出攻击或不合作行为是为了获得教师的关注，而第三个孩子却是想要逃避或避免教师的关注（Dufrene，Doggett，Henington，& Watson，2007）。从功能性行为分析中得到信息后，教师就可以开发出有针对性的干预方案，包括对每个学生的**积极行为支持（positive behavior supports，简称 PBS）**。例如，对前两个学生，当他们的行为满足了特定的标准时，给予他们想要的教师关注；对第三个孩子，则是当他的行为满足了特定标准时，不再给予关注。

（二）积极行为支持

我们在第 4 章中曾讨论过《残疾人教育促进法》（IDEA，2004），该法案要求给予学习困难学生积极行为支持（PBS），并且对那些处于学习困难边缘的学生实施特殊的教育措施。所谓积极行为支持，是指用人们设计的对学生具有相同作用

功能行为评估（functional behavior assessment，简称 FBA） 获取先行事件、行为和结果等信息，以此确定行为的原因和功能。

积极行为支持（positive behavior supports，简称 PBS） 人们设计的用新行为取代问题行为的干预措施。这些新行为对学生而言，具有和问题行为同样的功能。

预先校正（precorrection） 用于积极行为支持的一种工具，涉及识别学生不良行为发生的情境、明确说明替代的期望性行为、修正问题情境以降低问题行为的发生、在新情境中演练期望的积极行为，并给予强有力的强化物。

自我管理（self-management） 运用行为学习原则改变自身行为。

的新行为取代问题行为的干预措施。

积极行为支持可以帮助学习困难学生在课堂上取得成功。有这样一个案例，教师在常规教学和特殊教育中使用了基于功能性评估的积极行为对一个智力迟滞的5岁男孩进行支持性干预，结果在较短时间内就消除了他的捣乱行为。该干预策略包括：确定分配的任务难度适中，为这些任务提供帮助，教授学生如何寻求帮助以及教授学生如何在任务进行期间主动要求休息（Soodak & McCarthy，2006；Umbreit，1995）。

事实上，这些方法不仅适用于有特殊需要的学生。研究显示，各种学校使用这些方法都能促使违纪人数大大减少（Lewis，Sugai，& Colvin，1998）。大约50%的违纪行为来源于5%的学生，因此对于这些学生进行干预是有意义的，基于功能分析而进行的积极行为干预可以降低80%左右的问题行为（Crone & Horner，2003）。在班级里，我们鼓励教师使用类似**预先校正（precorrection）**的预防性策略，包括确定学生不良行为发生的情境、明确找出可替代的期望性行为、修正情境以降低问题行为发生的可能性。例如，给学生提供线索或转移具有诱惑性的分心刺激；接着，在新的情境中练习期望的积极行为，并且当积极行为发生时给予有力的强化物。需要强调的是，这一过程教师需要保持学生的投入、提供积极的关注、始终如一地执行校规或班规、预先校正破坏行为，并为使学生行为平稳地转变做出计划（Freiberg，2006）。

积极行为支持也可以在全校范围内展开。从学校层面来看，教师和管理者可以：（1）认可支持积极行为和改正问题行为是同样的目的；（2）制定几个积极陈述的、具体的行为期望，并向所有学生教授实现这些期望目标的程序；（3）确定一系列连续的方法（从小的、简单的到更为复杂和有力的），以此鼓励适宜的行为以及改正行为错误；（4）将积极行为支持程序融入学校的规章制度中。

有关学校范围内积极行为支持的研究比较有限，但到现在为止的研究结果都是积极的。一项研究将参与了行为支持课程的初中生与没有参与该课程的学生进行比较，结果发现参与行为支持课程的学生报告了更多由于适宜行为而得到的积极强化，而违纪行为以及言语和身体攻击却显著下降。另外，参与积极行为支持课程的学生，其学校的安全感也提升了（Metzler，Biglan，Rusby，& Sprague，2001）。另一些针对全校范围内开展积极行为支持工作的研究也发现学生的违纪行为有所降低（Lewis，Sugai，& Colvin，1998，1997；Soodak & McCarthy，2006）。

尽管近年来操作性条件作用纳入了很多新的方法（如PBS），但大多数行为心理学家发现操作性条件作用对于学习的解释还是太局限了。随着行为学习观的发展，一些研究者加入了对行为的思考行列中来。

五、自我管理

停下来 想一想

在生活中，你对哪些方面进行了自我管理？写下一个你想要增加的行为和一个你想要消除的行为。

这本书中贯穿始终的一个重要问题就是，学生在自主学习中的角色——这也是当今心理学家和教育者都普遍关注的问题。这个问题不局限于某个单一群体或理论。不同领域的研究和理论都认同一个重要目标：让学生对自己的学习负责，并有能力进行独自学习。学生必须积极主动——没有人可以替他人学习（Mace，Belfiore，& Hutchinson，2001；Manning & Payne，1996；Winne，1995；Zimmerman & Schunk，2004）。从行为观点看，学生可以部分或完全参与到基本行为转变的方案制定中；他们可以帮助设置目标、观察自己的行为、做记录并对自我表现进行评价；最后，学生可以选择并实现强化。

（一）目标设置

在**自我管理（self-management）**中，目标设置非常重要（Reeve，1996；Schunk，Pintrich，&

Meece，2008）。有研究显示，制定具体的目标并将目标公开化是自我管理计划的关键要素。例如，S.C.Hayes 和他的同事们曾找到一些有严重学习问题的大学生，并教他们如何制定具体的学习目标。结果发现，那些制定学习目标并将目标与实验者分享的大学生，在测试中的表现要显著好于那些私下制定学习目标并从未将目标告知任何人的学生（Hayes，Rosenfarb，Wulfert，Munt，Korn，& Zettle，1985）。

一般而言，个体设置的标准越高，越能得到好的表现（Locke & Latham，2002）。然而不幸的是，在现实教学中，学生制定的目标却反映出他们对自己的期望越来越低的趋势。通过监督学生的目标制定过程以及对学生的高标准进行强化等措施，教师可以帮助学生维持较高的标准与期望。

（二）监督和评价进度

学生同样可以参与行为改变计划中的监督和评价环节。事实上，自我管理的要素经常被学生自己所使用（Briesch & Chafouleas，2009；Mace，Belfiore，& Hutchinson，2001）。适于自我监督的行为有：计算完成作业的数量、计算练习一个技能所花的时间、计算阅读书籍的数量、计算正确解答问题的数量、计算跑 1 公里所花的时间等。适于自我监督的情况还包括在没有老师的监督下完成任务，如家庭作业或自习。学生可以通过绘制图表、写日记或对照核查表，以记录问题行为的频率及持续时间。“进步记录卡”可以帮助高年级学生将学习任务分解成一些小步骤，决定完成这些小步骤的最好顺序，并且通过制定目标记下每天的进步情况。填写记录卡本身，就是问题行为减弱的一个标志。

比起简单的自我记录，自我评价要稍微困难一些，因为自我评价涉及对质量的判断。在学生明白了良好表现或行为的判断标准后，他们能根据合理、正确的标准来评价自己的行为。学生正确进行自我评价的关键是教师要周期性地检查学生作业，并对学生的正确判断进行强化；高年级学生比低年级学生更容易学会正确的自我评价。当学生和教师的评价一致时，要奖励学生（Kaplan，1991）。自我纠正与自我评价可以同步进行。首先，学生进行评价；然后，改善他们的表现；最后将改善情况与标准进行再次比较（Mace，Belfore，& Hutchinson，2001）。

（三）自我强化

自我管理的最后一步是**自我强化（self-reinforcement）**。然而，大家对这一步是否有必要仍有异议。一些心理学家认为目标设置和监督进度就已足够，自我强化产生不了什么影响（Hayes et al.，1985）；另一些则坚信因工作良好而奖赏自己，可以比单纯制定目标和记录进步达到更高水平的表

自我强化（self-reinforcement）
自我控制强化物。

家庭和社区合作实践指南　学生自我管理

- 以积极的方式向父母和学生介绍自我管理系统。

例如：

1. 邀请家庭参与并强调所有家庭成员都能获益。
2. 考虑与志愿者一起开始这个计划。
3. 描述你是如何使用自我管理计划的。

- 帮助家长和学生建立可实现的目标。

例如：

1. 列举学生可能实现自我管理目标的例子，如晚上早些做家庭作业、记录已阅读的书目等。
2. 在家庭中展示如何提出目标及记录进步。鼓励每个家庭成员朝着同一目标努力。

- 教给家庭成员记录和评价孩子（或他们自身）进步的方法。

例如：

1. 将工作分解成容易检查的小步骤。
2. 对那些较难提出明确判断标准的工作（如创造性写作），可以提供出色完成工作的样板。
3. 给予家庭一个记录进步情况的记录表或清单。

- 鼓励家庭不时地检查学生记录是否正确，并帮助孩子发展自我强化。

例如：

1. 学生开始学习时，经常进行检查，以后则可以少些。
2. 让兄弟姐妹之间互相检查记录。
3. 在合适的时候，检测学生在家发展起来的技能，并奖励自我评价与表现一致的孩子。
4. 让学生和家庭成员一起进行“头脑风暴”，探讨如何奖励自己的出色表现。

现（Bandura，1986）。如果你愿意在目标实现之前变得坚定，并拒绝一些自己想要的东西，那么奖励的承诺可能会给工作带来额外的动机。知道了这个，读完本章以后你就可以设想一些进行自我强化的方法。我也是使用这一方法来不断强化自己完成本书的写作的。

有时，教学生学会自我管理除了可以帮助教师解决问题，还能带来一些其他好处。例如，游泳队教练很难说服 9 ～ 16 岁的游泳队队员保持较高的工作效率，针对这个问题，教练拟定了四张表，这些表标明了每个成员必须完成的训练计划，然后将它们贴在游泳池附近。每个游泳运动员都有责任记录自己已经完成的圈数和每个训练单元的完成情况。因为记录是公开的，每个人都能看到自己和其他队员的进度，并能了解自己已完成的训练单元。结果发现，队员的训练量增加了 27% 之多。教练非常喜欢这个系统，因为有了这个系统，队员们就不再被动等待指导，而是自己主动开始训练了 (Mckenzie & Rushall，1974)。

有时，家庭教育可以帮助学生发展自我管理能力。教师和家长可以通力合作，首先关注个别的目标，同时支持学生慢慢成长和独立。上面的“家庭和社区合作实践指南”给出了一些建议，相信对你会有所帮助。

第六节　挑战、警告与批判

在这一节，我们将看到关于学习的早期行为主义观点受到的挑战以及一些重要的批判和警告。

一、超越行为主义：班杜拉的挑战

35 年前，班杜拉（Albert Bandura）指出传统的行为主义学习观有很多局限。虽然有时班杜拉被当做新行为主义的代表，但他却对这一名号做出了修正：

> 在我研究生期间，整个心理学领域都是行为主义取向的，研究的焦点几乎全集中在学习的现象上。但是，我从未真正认同过行为主义的正统性。当时几乎所有有关学习的理论和研究，都强调通过强化行为的结果而发挥作用。在我自己从事的第一个的主要研究项目中，我反对将条件学习看作是首要的，而主张观察学习。在观察学习中，人们既不用做出反应，也不用接受强化。（引自 Pajares，2008，p.1）

在班杜拉早期的著作中，他将上述取向称为**社会学习理论（social learning theory）**，并对直接学习和观察学习、学习和表现等两组重要概念进行了区分。

社会学习理论（social learning theory） 强调通过观察他人进行学习的理论。

直接学习（enactive learning） 通过个体亲自做并体验行动的结果所进行的学习。

观察学习（observational learning） 通过观察和模仿他人所进行的学习。

（一）直接学习和观察学习

班杜拉对直接学习和间接学习（观察学习）进行了区分。**直接学习（enactive learning）**是一种通过亲自实践并体验行动的结果所进行的学习。这也许听起来有点像操作性条件作用，但实际上不是，二者的区别就在于对行为结果作用的解释不同。持操作性条件作用观点的人认为，行为结果会强化或者削弱行为。然而，在直接学习中，行为结果被看做是一种提供信息的来源。班杜拉强调，反馈不一定总是带来强化，相反它可以让个体产生对行为结果的预期——如果我做了这个行为，会产生什么样的后果？在班杜拉早期的著作《社会学习理论》（1977）中，对这一观点进行了阐述。换句话说，我们对行为结果的解释会产生预期，影响动机，进而形成个体的信念（Schunk，2012）。

间接学习是指通过观察别人而进行的学习，因此又叫做**观察学习（observational learning）**或替代学习。人和动物可以仅仅通过观察他人或其他动物来进行学习，这个事实对行为主义观点（认为认知因素在学习的解释中是多余的）提出了挑战。如果人类能够通过观察而学习，那么他们必须集中注意力、建构表象、记忆、分析并做出影响学习的决策。因此，在表现和强化发生前，这些行为就已经在人的大脑中演练了许多遍。在第 10 章中我们将讨论的“认知学徒制”就是替代学习的例子。

观察学习

观察学习理论看重"做中学"以及通过观察他人而学习。

（二）学习和表现

为解释行为模式的一些局限性，班杜拉区别了知识获得（学习）和以知识为基础的可观察的表现（行为）这一过程。换句话说，班杜拉认为，我们每个人知道的可能比我们表现出来的要多。在班杜拉 1965 年的研究中有一个这样的例子：幼儿园孩子观看了一部"榜样人物"拳打脚踢充气玩具"波波"的电影。然后，第一组孩子看到榜样的攻击行为得到奖励；第二组孩子看到榜样行为受到惩罚；第三组则没有看到奖励或惩罚的结果。当这些孩子独自待在一个有充气玩具"波波"的房间时，看到电影中榜样拳打脚踢玩具而得到奖励的孩子受到了强化，对玩具的攻击性最强；那些看到榜样受惩罚的孩子对玩具的攻击性最弱。但是，当告诉孩子谁模仿攻击行为就能获得奖励的时候，所有孩子都能将他们刚才观察到的行为表现了出来。

因此，诱因可以影响表现。尽管学习已经发生了，但情境不合适或没有诱因时，也不会表现出来。这可以解释为什么一些学生没有表现出"坏行为"，如从成人、同伴和媒体学来的咒骂或吸烟——行为结果制止个体表现出某些行为。还有一些例子也能说明学生们的表现并不代表他们的学习，如儿童学会了如何书写字母表，但他们却写得很差，这是因为他们精细运动的协调能力有限；又比如，儿童学会了如何简化分数，但在考试中却表现很差，这是因为他们很紧张。在这些例子中，行为表现并不能够代表他们的学习。

随着时间的推移，班杜拉对行为主义理论又发展出了新的解释，这就是现在广为人知的社会认知理论——这是在当今教育心理学领域中最具有影响力的理论之一。我们将在第 11 章进行详细的阐述。

二、对行为主义方法的批判

本章向你勾勒了改变课堂行为的几种策略。然而，你应该意识到这些策略只是工具，人们可以负责任地运用它们，也可以不负责地使用。那么，你应该谨记的原则是什么呢？

停下来　想一想

在求职面试时，校长问："去年有位教师用取消家庭作业的方式整顿班级纪律，结果却一团糟。对于教学中使用惩罚和奖励，你是怎么考虑的？"对此，你会怎么说？

在思考这个问题时，你可以看看下面针对"是否应该因为学习而奖励学生"这一议题而展开的"正方观点 / 反方观点"的讨论，你可以从中了解两种不同的观点。如果教师恰当地运用本章中的策略，就能有效地帮助学生取得学习进步，并增长自信。然而再有效的工具，也不是自动产生效果的。非常遗憾的是，在实际生活中，人们往往随意、前后不一、不正确或肤浅地使用行为策略（Landrum & Kauffman，2006）。事实上，即使是最好的工具，如果不加选择地使用，也会让你陷入困境。

一些心理学家担心在学习上奖励学生会使学生对学习本身失去兴趣（Deci，1975；Deci & Ryan，1985；Kohn，1993，1996b；Lepper & Greene，1978；Lepper，Keavney，& Drake，1996；Ryan & Deci，1996）。研究显示，如果对那些原本对学科课程有兴趣的学生使用奖励计划，那么当奖励计划结束时，学生对课程的兴趣会降低，就如你在"正方观点 / 反方观点"中看到的那样。另外，还有一些证据表明，如果教师在学生成功时表扬他们"聪明"，那么当他们下次表现得不如这次时，学生的兴趣就会大大降低。在经历失败后，那些曾被标榜为聪明的学生与那些因为学习勤奋而受到表

正方观点 / 反方观点：是否应该因为学习而奖励学生？

多年来，教育工作者和心理学家就教师是否应该在学业表现上奖励学生这一问题争论不已。20 世纪 90 年代初，Paul Chance 和 Alfie Kohn 在相关学术期刊上进行了学术观点的交流。后来，Judy Cameron 和 W.David Pierce（1996）在《教育研究评论》（*Review of Educational Research*）上发表了一篇关于强化的文章，但遭到了广泛的批评，Mark Lepper、Mark Keavney、Michael Drake、Alfie Kohn、Richard Ryan 和 Edward Deci（Kohn，1996；Lepper，Keavney，& Drake,1996；Ryan & Deci，1996）在同一刊物上对它进行了强烈的批驳。他们当中的一些人又在《心理学公报》（*Psychological Bulletin*）1999 年第 11 期中不断进行辩论 (Deci，Koestner，& Ryan，1999；Eisenberg，Pierce，& Cameron，J.，1999)。他们争论的到底是什么呢？

正方观点

奖励会"惩罚"学生。

Alfie Kohn（1993）认为："应用行为主义等于说'去做这个，你将获得那个'，其本质就是控制人们的一种技术。在课堂中，它是一种操控学生的方式，而不是和学生一起合作的方式。"他认为奖励是无效的，因为当表扬和奖品停止时，行为也就停止了。Edward Deci、Richard Koestner 和 Richard Ryan（1999）在分析了 128 个关于涉及外在奖励的研究后，得出结论说："物质奖励会削弱内在动机，即使在我们前面分析过的限制性条件下也是如此。即使把物质奖励当作表现良好的标志，这种奖励经常也会减少对原本有兴趣的活动的内在动机。"（pp.658–659）

关于奖励效果的争论到此还远未结束，Kohn 在他的文章中说，奖励学生学习实际上会减少他们对学习内容的兴趣：

> 学生会认为学习是获得一个小物品、一颗星星或一个等级——甚至更糟，是通过等级获得金钱或一个玩具，这等于是用一个外部动机替代另一个。所有这些方式可能让学生将学习当作是一种手段，而不是目的。为了获得奖励，学习目标变成了一定要得到想要的东西。如果儿童读了一定数量的书，就能吃比萨饼——这是在压抑学生。然而许多训练课程中却普遍运用这种方法。伊利诺伊大学的 John Nicholls 半开玩笑地说："这种课程的结果是得到了许多不喜欢读书的胖小孩。"(p.785)

反方观点

学习应该得到奖励。

根据 Paul Chance（1993）的观点：

> 行为主义的心理学家特别强调我们是在与环境的互动中学习的。正如斯金纳所说："人们作用于世界，并改造世界。同样，人类也被他们的行为结果所改变。"与 Kohn 不同，斯金纳认为在一个反应性的环境中，人们会学到最多的东西，教师对学生的表扬或奖励就提供了这样一个反应性环境……让学生知道他们已正确回答问题、为学生的努力轻拍他们的背、为学生理解了概念而高兴、给学生一颗星星或一个证书来认可他们的目标已达到，如果这些都是不道德的，那么，每个人都是罪人。(p.788)

奖励会破坏兴趣吗？Cameron 和 Piece（1994）的研究评论总结道："当教师为学生的表现（不仅仅是参与任务）提供暂时的、物质的奖励（如星星、金钱），或者出乎意料地给予奖励时，就能维持学生的内在动机。"（p.49）随后 Eisenberg、Pierce 和 Cameron（1999）在他们的一篇研究评论中补充说："有些奖励程序要求学生高水平地完成任务，这些任务对个人或社会具有意义，因此，这些奖励能增加学生的内在动机。"（p.677）即使 Edward Deci 和 Mark Lepper 等心理学家认为奖励会破坏内在动机，但他们也同意奖励是可以被积极运用的。当学生了解到奖励表明自己正在慢慢地掌握这门课程，或者奖励表明他人对自己出色表现的欣赏时，此时的奖励能使学生充满信心并对任务更感兴趣。如 Chance 所说，如果学生在奖励的支持下掌握了阅读或数学，表扬停止时他们也不会忘记所学的东西。那么，没有奖励后他们会学习吗？一些人会，而另一些人可能不会。你会为一个不给你报酬的公司继续工作吗？Alfie Kohn 会因为获得酬金和荣誉而失去写作兴趣吗？

扬的学生相比，更不容易坚持下去，也更少享受到成功带来的乐趣（Mueller & Dweck，1998）。

正如你必须考虑奖励机制对个体会产生什么影响一样，你也必须考虑它对其他学生的影响。奖励个别学生或更加关注某个学生会对班上其他学生产生不利影响吗？为了参与“奖励机制”，其他学生有可能故意变“坏”吗？关于这个问题的大部分证据表明，如果教师相信奖励计划，并向没被表扬的学生解释获得奖励的途径，那么教师进行的个别奖励不会对其他学生产生不利的影响。Cindy Fulk 和 Paula Smith（1995）在访谈一到六年级的 98 名学生后，得出的结论是：“教师比学生更关心自己是否平等地对待每个学生。”（p.416）如果一些学生的行为妨碍到其他同伴认真投入某项特别任务，那么我们在本章中讨论的一些程序可以帮助他们恢复到先前适当的行为状态中（Chance，1992，1993）。

“嗨，等一下！你把清理黑板擦当做惩罚？我可把它当做奖励！”

三、伦理问题

任何企图影响他人的过程都可能引起伦理问题，本章中探讨的策略也一样面临伦理的困境。行为目标是什么？这些目标是如何在总体上迎合学校要求的？特定的策略将对参与的个体产生什么样的影响？是不是给予了教师（或成人）太多的控制权？

（一）目标

如果教师将本章中描述的策略仅仅用于教学生如何静静地站立、说话前举手、其他时间保持沉默（Winett & Winkler，1972），那么使用这些技术肯定是不道德的。教师需要明确一些原则：一方面，不要指望行为改变了就一定能带来学习上的进步；另一方面，在一些情境中，强化和提高学习上的技能，反而会导致行为的改进。所以，无论何时，教师都应该将重点放在学生的学习上。学业上的提高比课堂行为改变更有意义，更能成功地推广到其他情境中去。

（二）策略

惩罚会产生消极的副作用：学生会将惩罚当作攻击性行为的示范，同时惩罚会带给学生消极的情感体验。惩罚是不必要的，甚至是不道德的；而积极方法的潜在危险更少，且效果更好。如果更简单、更少限制的方法失效了，再试试更复杂的方法。

选择策略需要考虑的第二个问题是策略对学生所产生的影响。例如，一些教师安排家长在家里用小礼物奖励学生，或者依据在校的表现允许学生参加一些特别活动。但是，如果一个学生经常因为学校的负面报告而遭到家长的严厉惩罚，那么以家庭为基础的强化计划可能就会对该学生产生不利影响。令人不满的学校报告，会增加家长对学生的谩骂。

四、行为主义学习观对教师的启示

每个学生的学习经历都存在巨大的差异。每个学生都是带着不同的担忧和焦虑来到你的班级的。一些学生害怕在公共场合讲话或在体育比赛中失败，另一些学生则对周围的事物感到焦虑。有些活动或物体可以作为一些学生的强化物，而对于另一些学生则没有效果。一些学生努力学习是为取得好成绩，而另一些学生则不怎么关注成绩。但几乎所有的学生都会从自己的家庭、邻居、教堂或社区中学到各种不同的行为。

本章所介绍的原理能帮助你理解为什么有些学生会对考试做出自动反应，如手掌冒汗和心跳加速——这可能是经典性条件作用在起作用；有些学生在学习经历中可能曾因为坚持不懈或哭诉而受到强化——这是操作性条件作用。进行小组合作学习，对一些学生来说是强化物，而对另一些学生则是惩罚。请记住，对一个学生有效并不一定对另一个学生也有效；还有一些学生已经得到“太多好东西”了，如果教师过度使用强化物，强化就会失去作用。

尽管班上的学生拥有不同的学习经历，但还是可以找到一些相同之处，即一些适用于所有人的原则：

（1）没有人想重复曾被惩罚或被忽视的行为，感觉不到进展的事也很难让学生坚持下去。

（2）如果某些行动产生了积极的结果，那么这些行动被重复的可能性就会提高。

（3）教师经常未能通过强化来认可恰当的行为，反而对不恰当的行为做出反应，有时甚至还对不恰当的行为提供了强化。

（4）有效的表扬应该是对学生所取得的成绩的一种真诚认可。

（5）无论学生当前处于何种水平，他们都能学会更好地自我管理。

▼本章小结

第一节 科学地理解学习

学习是什么？

尽管理论家对学习的概念意见不一，但大部分人都同意这样的观点：学习是指由经验引起的个体的知识或行为的相对持久的变化。简单地由成熟、疾病、疲劳或饥饿引起的变化不属于学习的范畴。行为主义理论家强调环境刺激在学习中的作用，并关注行为——可观察的反应。行为学习过程包括邻近学习、经典性条件作用、操作性条件作用和观察学习。

第二节 早期对学习的解释：邻近和经典性条件作用

中性刺激是如何变成条件刺激的？

巴甫洛夫发现了经典性条件作用。在经典性条件作用中，一个中性刺激多次与能引起情感或心理反应的刺激匹配，随后，这个中性刺激能独自引起反应，也就是说，该中性刺激能引起一个条件反射，中性刺激就变成了条件刺激。

经典性条件作用的日常例子有哪些？

这里列举了一些，你可以再想想还有哪些。当你闻到自己喜爱食物的味道时，就会分泌唾液；当你听到牙医的电钻响声时，就会感到紧张不安；当你登上舞台时，就会感到紧张。

第三节 操作性条件作用：尝试新的反应

根据什么将一个行为结果界定为强化或者惩罚？

根据斯金纳操作性条件作用的概念，人们是通过有意识反应进行学习的。对于某个个体来说，行为结果产生的影响可能是强化，也可能是惩罚。如果结果加强或维持了引起结果的反应，就可将这个结果定义为强化；如果结果减少或抑制了引起结果的反应，就可将这个结果定义为惩罚。

负强化经常与惩罚相混淆，它们的区别何在？

强化（正或负的）的过程总是涉及行为的增强。如果想要的行为已出现，教师就通过撤除一些令人讨厌的事情来强化想要的行为。因为结果包括取消或“减去”一个刺激，所以这种强化是负强化。另一方面，惩罚则涉及减少或抑制行为。一个行为发生后受到惩罚，以后在类似情境中，学生就不太可能重复这个行为。

如何鼓励学生坚持一个行为？

比率程序（以反应数量为基础）鼓励学生有更高的反应率，变化程序（以变化的反应数量或变化的时间间隔为基础）则可以鼓励学生坚持反应。

提示和线索之间的区别是什么？

线索是指某个特定行为发生之前的先行因素，提示指第一个线索之后的附加线索。在利用提示和线索教一个新行为时应遵循两个原则：第一，确保你在使用提示之前，可以使将成为线索的环境刺激马上发生，这样学生就会学会对线索做出反应，不会只依赖提示。第二，一有可能就减弱提示，这样学生就可以不再依赖提示了。

第四节 应用行为分析

应用行为分析的步骤是什么？

应用行为分析的步骤包括：（1）明确说明需要改变的行为，并记下当前水平；（2）使用先行事件、行为结果或者二者一起，设计具体的干预方案；（3）记录干预的效果，如有必要，修正计划。

普雷马克原理如何帮助你找出强化物？

普雷马克原理指出高频率行为（个体偏爱的行为）可以成为低频率行为（不太喜欢的行为）的有效强化物。要为学生选择适当的强化物，最好的方式就是观察学生在自由时间都做些什么。

对于大多数学生而言，他们偏爱聊天、在教室走动、坐在朋友身边、免除家庭作业或考试、读杂志或做游戏。

何时使用塑造比较合适？

塑造帮助学生一次学一点来习得新的反应，所以它有助于形成复杂技能、朝着困难目标努力以及提高坚持性、忍耐力、准确度或速度。塑造需要花较长的时间，因此，如果通过更简单的方法（如线索）可以获得成功，那就没有必要使用塑造。

使用惩罚时要注意什么？

惩罚不能引起任何积极的行为或对他人的同情，而且惩罚会妨碍教师和学生建立良好的人际关系。因此，无论何时你考虑使用惩罚，都应注意和强化良好的行为相结合。第一，运用惩罚，可抑制不想要的行为。第二，明确学生应做的替代行为，并对那些想要的行为进行强化。这样，当问题行为受到抑制时，积极的替代行为就得到了增强。

第五节　综合运用：教学和管理中的行为方案

描述团体结果、行为契约和代币方案的管理策略。

使用团体结果时，教师基于全班学生的表现对全班给予强化。在相倚契约方案中，教师与每个学生签订一份契约，契约明确描述了学生为获得特殊待遇或奖品所必须做的事情。在代币方案中，学生通过学业表现和积极课堂行为赚取代币（分数、记号、卡片上的洞、筹码等）。一段时间后，学生用挣得的代币换取想要的奖品。教师使用代币方案时必须谨慎，要强调学习而不只是“好”行为。

教师如何使用功能行为评估和积极行为支持来改善学生的行为？

进行功能行为评估时，教师需研究问题行为的先行事件和奖惩结果，以此确定行为的原因或功能。然后，教师设计积极行为，用新的行动取代问题行为。这些新行为同样符合学生的意图或目的，但不会产生相同的问题。

自我管理的步骤是什么？

学生可以独自运用行为分析来管理自己的行为。让学生参与制定目标、记录进步情况、评价成就以及自己选择并给予强化物，教师可以通过这些方法来鼓励学生发展自我管理的技能。

第六节　挑战、警告与批判

班杜拉对行为主义学习观的挑战是什么？

传统的行为主义学习观有很多局限。虽然在班杜拉受教育的时代，行为主义是主流，但他从未真正认同过行为主义的正统性。他主张观察学习，在观察学习中，人们既不用做出反应，也不用接受强化。

请区分直接学习和替代（观察）学习。

直接学习是指个体通过亲自做并体验行动的结果所进行的学习。替代学习（观察学习）指通过观察进行学习，这一观点极大挑战了行为主义“认知因素在学习的解释中是多余的”的观点。在表现和强化发生前，人在大脑中进行着很多的思考。在行为主义者看来，强化和惩罚直接影响行为。而在社会学习理论中，观察他人或榜样会对观察者的行为产生类似的影响。后来的社会认知理论进一步拓展了社会学习理论，强调了认知因素（如信念、期望和自我知觉）对行为影响的解释。

请区分学习和表现。

社会学习理论认为学习和表现之间存在差异。换句话说，我们知道的比我们表现的要多。你学到某些东西，但只有在环境和条件适宜的时候才表现出来。即使学习已经发生了，但也有可能不会表现出来，直到遇到合适的情境或者有引发行为表现的刺激物时，行为才会表现出来。

对行为主义方法主要的批评是什么？

误用或滥用行为学习方法是不道德的。行为方法的批判者指出，强化存在着一定危险：由于教师过度强调奖励，强化会降低学生对学习的兴趣，并会对其他学生产生消极的影响。教师在使用学习的行为主义原理时，要注意科学和伦理。

▼复习思考题

（一）单项选择题

1. 在春天发生了几起蜜蜂蜇人的事件后，Teddy Bear Cave 幼儿园里的几个小朋友拒绝到操场上进行活动。在幼儿园请专业人士发现和移除了蜂巢之后，Cochran 小姐立马向大家宣告：蜜蜂都飞走了。随后，她就让小朋友们排好队去操场。但令她没想到的是：有几个小孩顿时大哭起来，请求不要去操场。下面哪一项可以解释这一事件？

A. 操作性条件作用

B. 连续接近技术

C. 经典性条件作用

D. 反应代价

2. 下面哪一条行为主义的原理不适用于所有人？

A. 没有人会主动重复那些会受到惩罚或被忽略的行为。如果没有进步的感觉，人们很难坚持。

B. 当行为能够为个体带来积极的结果时，该行为被重复的可能性就会提高。

C. 表扬要想发挥作用，必须是一般性的。

D. 教师经常未能通过强化来认可恰当的行为，反而对不恰当的行为做出反应，有时甚至还对不恰当的行为提供了强化。

3. Camp 先生班上有几个学生总是不能好好地排队。他认为他已经运用了强化来控制这些学生。每次当学生有序地排好队时，Camp 先生就会发给学生一个代币。刚开始代币就像有魔力一样发挥作用，但是现在学生又回到了老样子。在学生有序地排好队后，Camp 先生应该采用什么样的强化程序？

A. 塑造

B. 间隔强化

C. 连续强化

D. 应用行为分析

4. 应用行为分析需要采用几个步骤来使行为作出改变。下面哪一个步骤不是必需的？

A. 对需要改变的行为进行清晰的界定和准确的测量

B. 对维持不恰当行为的引发事件和强化物进行分析

C. 基于行为主义的原理来进行改变行为的干预

D. 对良好的行为进行具体强化

（二）开放论述题

案例：Haley Williams 再一次坐在了 Karr 博士的办公室里，解释她为什么和数学老师关系不和。“我不知道她为什么把我叫到教室前面？我唯一知道的就是当她开始向我吼叫时，我的脾气就会失控。我甚至都不知道我该怎么做！好像在 Kemp 小姐眼里，我做什么都是错的。我知道我们已经讨论过如何友好相处，我也知道这样做对大家都好。但是 Karr 博士，我就是不喜欢 Kemp 小姐，而且她也不喜欢我。我能转到另外一个班吗？”

5. Kemp 小姐是不是做了什么导致 Haley 产生这种不良行为？请予以解释。

6. 如果 Haley 的这种行为没有减少的话，Kemp 小姐还能做些什么加以惩戒？

▼他们会怎么做？

回顾章前教师案例簿中的内容，看看下面几位教师是如何应对的。

Paula Colemere　特殊教育老师——英语、历史
McClintock High School, Temple, AZ

如果这是一个长期的习惯性问题，我会进行功能行为评估（FBA），并制定行为干预计划（BIP）来解决学生的需要。一个真实的问题是有个学生总是回避他不想参加的活动。我会跟该学生一起努力找到某种方式来让那个活动显得不那么令人畏惧，以减轻他的恐惧感。如果一个学生害怕在全班同学面前演讲，很多其他学生也可能会出现这种情况，也许他可以尝试着在一小部分人面前进行演讲。通过这种方式，让这个学生不断锻炼当众演讲的技能。我曾经让那些害怕在全班同学面前读书的学生跟着我读一小段文章来建立信心，然后我再叫他们在全班同学面前读书。如果去校医务室的功能就是为了逃课，那么我会找到一个替代行为。这种替代行为首先要与完成任务相联系。例如，“你回答完问题之后，可以把这个送到办公室。”这就为学生提供了运动作为完成任务的奖励。

Linda Sparks　一年级教师
John F. Kennedy School, Billerica, MA

每年，我们总是有几个学生经常去校医务室。他们中有些仅仅是想出去走走，而有些是想从感到不舒服的课堂情境逃离，在课堂上他们或是被取笑，或是被议论，或是被拒绝。在一开始的时候，我总是允许他们去，直到我有时间去观察他们或是问他们不同的问题。我发现当学生远离课堂情境的时候，他们会感到很安全，可以告诉别人发生了什么。有时候可能简单到他没有完成作业、他害怕会出错，或者家里发生了什么事。我有一个学生，他想要让自己每天都生病。这是一个新的行为，我们试图去发现究竟发生了什么。

我打电话给学生的家长，虽然家长很肯定地说家里没有发生什么改变，但最终我发现学生的家长正在出售他们的房屋。该学生偶然听到他们在电话里说要搬出去，而且正在寻找住所。这个学生经过几天的思绪整理，最终向我们袒露心扉：他害怕待在学校里，因为他觉得爸爸妈妈有可能会在他在学校的时候搬出去；而等到他回到家的时候，房子里可能会空无一人。这个例子也说明了我们需要时间、需要赢得信任以及需要表现出共情。

Jennifer L. Matz 六年级教师

Williams Valley Elementary, Tower City, PA

学生中的这种行为通常是为了寻求注意或者是逃避某种情境。首先，要私下与学生约谈。告诉他好像去校医务室过于频繁，这可能会导致他错过一些重要的课程。是不是课堂上有什么东西是他不喜欢的？当他开口说话的时候，向他解释说许多成年人一生中最害怕的事情就是当众演讲，这可以让学生觉得有很多人也跟他一样。要开导学生说，人的一生中总会有些事情是你必须去做的。还可以告诉他，有些学生已经发明了一个他可以使用的"信号"，这样当他知道答案的时候就可以准备好发言。这个信号是你和学生两个人一起想出来的，没有其他人会知道。它可以是简单地拉一下耳垂、碰一下鼻尖等。当然，这个信号应该对其他人而言不明显，只有你和学生知晓。首先和学生约定，他必须每天主动当众发言一次。随着他的进步，你逐渐增加他每天主动发言的次数。

Jennifer Pincoski 中小学学习资源教师

Lee County School District, Fort Myers, FL

我们需要承认学生明显地对公众演讲感到焦虑。惩罚他或是强制他进行演讲只会让情况更加糟糕。可以采取一些步骤让学生对口头表达感到更加舒服，但同时也要提供给学生其他可选的活动，让他展现自己的能力。

很多事情可以降低学生的焦虑。教师可以在事先约见学生，浏览任务，让他在没有听众的情况下进行练习。进而将学生分成两人一组，这样他们就必须要面对另外一个人进行互相展示。第一次，可以允许学生自己选择他的搭档（私下里商量，这样不致使他感到尴尬）。然后，两人小组可以逐渐增加到三至四人小组。这些小组可以轮换，以便使学生能够对所有人进行展示。此外，学生也可以以两人一组的形式完成作业，共同向全班同学展示。

这种提升学生口头表达信心的过程需要花费时间，耐心和正强化也很重要。当然，最重要的是，要保证有充足的途径来展示学生的学习，并用多种方式对其进行考核。

Jessica N.Mahtaban 八年级数学老师

Woodrow Wilson Middle School, Clifton, NJ

首先，我会单独找学生谈话，表达我的担忧。然后，我们会一起找到某种方式帮助他面对自己的恐惧。或许学生可以在开始的时候仅仅向我一个人演讲，然后我们再逐渐地增加人数，直到他可以安心地在全班同学面前演讲。或者学生也可以将他的演讲进行录音，然后作为小组演讲的一部分，向全班同学播放。如果这是一个非常严重的恐惧症案例，我会告知学校咨询师、校领导、学校心理医生、学生及其家长，我们会共同来解决问题。我认为奖励或者惩罚对此毫无用处。学生需要知道该如何依靠自己解决问题，而不是依赖任务完成时获得的奖励；当然，也无需在任务未完成时害怕受到惩罚。我们的目标是激发所有学生的内在动机，这将帮助他们做好准备面对真实的世界。

Lauren Rollins 一年级教师

Boulevard Elementary School, Shaker Heights, OH

这个学生明显对在全班同学面前演讲感到很别扭。如果为此对他进行惩罚，将是一个巨大的错误！我会私下跟他约谈。在我们的谈话中，我会告诉他我注意到他经常在面对公开演讲的时候跑去校医务室，而且我会帮助他战胜恐惧。刚一开始，我让他相信他的想法对我来说非常重要，而且我会提供给他机会让他把自己的想法写下来，而不是出声地告诉大家。同样，我还会让他私下里向我进行口头演讲。然后我会慢慢提高对他课堂参与度的要求——要求他每周进行一次课堂回答，然后增加到两次，等等。我会采用一种对他来说有激励作用和有意义的方式对他进行表扬和奖励。我会继续提高要求直到他能够自如自在地参与课堂讨论。至于口头演讲，随着他可以轻松地对我演讲，我会让他邀请他的一两个好朋友来听他演讲，进而逐渐增加到一群人。我的目标是逐渐让他在一群人面前演讲感到放松。最终，我期望他可以像其他同学一样当众演讲。

Sara Vincent　特殊教育教师

Langley High School, McLean, VA

这个学生表现出逃避任务的行为。为了消退学生的这种行为，必须要对任务进行一些修改。学生应该可以进行选择：要么在老师面前完成口头演讲，要么找一个对他来说舒适的地方将他的演讲进行录音。一段时间过后，学生可以参与到较大的小组中，一旦他完成了任务，就给予奖励。当然，一旦学生可以自如地在全班同学面前进行演讲时，奖励就可以渐隐。

Paul Dragin　高中 ESL 教师

Columbus East High School, Columbus, OH

在和校医室人员进行沟通、确定学生总是跑去校医室没有其他目的之后，我会找该学生谈话，试着让他开口说说参与课堂活动可能给他带来的恐惧。假如他就是害怕当众演讲，那么我会制定一些策略，通过改变要求、鼓励他尝试这些行动，来慢慢让他融入口头表达的活动中。害怕当众演讲是普遍现象，我会在全班同学面前坦承这一点，而且还会告诉他们为什么在课堂环境中练习这种能力如此重要。

第8章 学习的认知观点

教师的案例簿

你会怎么做？

你刚刚对这学期的第一次大型单元测验进行了评分。你发现，大约三分之二的学生已经掌握了学习内容，并理解了核心的概念。然而，还有三分之一的学生看起来完全不会。他们记不住基本的词汇和事实——这是他们能够在下一单元进行更复杂学习的基础。这些学生经常在记忆重要信息方面存在困难。

想一想：

- 你怎样来帮助这些学生提取和保持重要信息?
- 除了死记硬背的记忆术之外，你还有没有其他的方法?
- 你怎样利用学生已经掌握的知识来帮助他们更好地进行意义学习?
- 这些问题将如何影响你将要教学的年级?

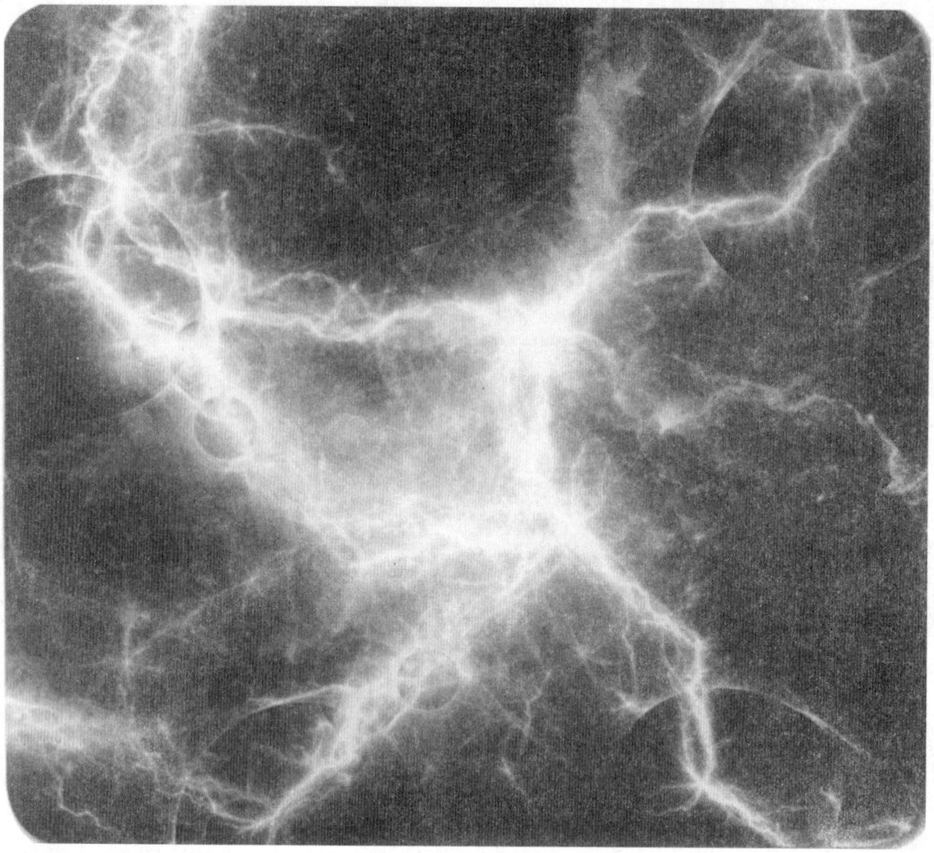

概览与目标

在这一章中，我们将从学习的行为主义观点转到认知观点，这意味着从“把学习者和他们的行为看作环境刺激输入的结果”转变为“把学习者看作是计划、意向、目标、思想、记忆以及情绪的来源，从而注意、选择与建构来自刺激与经验的知识和意义”（Wittrock, 1982, pp.1–2）。首先，我们将讨论学习和记忆的一般认知取向以及知识在学习中的重要性。为了理解记忆，我们将考察记忆的早期信息加工模型，以及建立在认知科学新发现基础之上的该模型的新进展。这一新模型重视工作记忆、认知负荷和知识表征等核心过程。接着，我们将了解教师如何帮助学生成为更有知识的人。

学完这一章后，你应该能：

- 区分行为主义学习观和认知学习观。
- 解释关于记忆的早期信息加工模型以及近期的认知科学模型，包括工作记忆和认知负荷理论。
- 讨论不同类型的知识在学习与记忆中的作用。
- 描述长时记忆中不同信息存储和提取的过程。
- 明确关于记忆的个体差异和发展差异。
- 描述成为有知识的人的过程与策略。

第一节 认知观的构成要素

认知观既是心理学历史中最古老的思想，又是心理学大家庭中最年轻的成员之一。说它古老，是因为对知识本质、推理的价值以及心理内容的探讨至少可以追溯到古希腊哲学家的思想（Gluck，Mercado，& Myers，2008）。然而，从 19 世纪末到几十年前，认知研究从备受推崇走向了衰落，而行为主义逐渐成为了主流。如今，人们又重新燃起了对学习、思维和问题解决的研究兴趣。其关注的焦点是对记忆和认知的科学研究——可以被广泛地定义为“当我们识别一个物体、记住一个名字、获得一个想法、理解一句话或者是解决一个问题时，我们所经历的心理过程”（Ashcraft & Radvansky，2010，p.2）。尽管异常思维（如精神分裂）有时能帮助我们更好地理解认知，但认知主义关注的焦点还是日常的正常思维。**学习的认知观（cognitive view of learning）**可以描述为一种被普遍认可的哲学取向。更重要的是，认知心理学家假定心理过程是存在的，而且这些过程可以被科学地加以研究；同时，人类是他们自身认知行为的主动参与者。

学习的认知观（cognitive view of learning） 将学习视为一种获得、记忆和应用知识的主动心理过程的取向。

认知科学（cognitive science） 研究思维、语言、智力、知识创造以及大脑的一门交叉学科。

在过去几年中，对记忆和认知的研究呈现出交叉学科的态势，且经常被称作**认知科学（cognitive science）**——对思维、语言以及正逐渐增多的关于脑的研究。认知科学将认知看作是一种复杂而又协调良好的操作系统，这种操作系统由不同的记忆成分构成，它们之间可进行快速而及时的互动（Ashcraft & Radvansky，2010）。在第 10 章我们将更详细地探讨认知科学。从更广义的层面上，认知科学有时也被称为“学习科学”。

一、认知观与行为观的比较

认知观与行为观的区别在于，它们对“究竟学到了什么”有着不同的假设。认知观认为人们学到的是知识和策略，知识和策略的变化有可能促使行为发生变化；行为观认为人们学到的是新的行为本身。行为和认知理论家都相信强化对学习的重要性，但理由却不同。严格的行为主义者认为，强化加强了行为反应；认知理论家认为，强化是一种信息来源，如果行为得到重复或改变，它就对将要发生的事情给予了反馈。

（一）学习观

认知观认为，学习是对我们已有理解的延伸和转化，并不是简单地在头脑中的白板上形成联结（Greeno，Collins，& Resnick，1996）。人们并不是被动地接受环境事件的影响，而是在追求目标时主动选择、实践、注意、忽略、反省并做出许多其他的决策。传统的认知观强调知识的获得，而新近的认知观则强调知识的建构（Anderson，Reder，& Simon，1996；Mayer，2011）。

（二）目标

行为研究者的目标是发现几种普遍的、能够应用到所有高级有机体的学习规律，包括人类，而不管其年龄、智力或其他个体差异。然而，认知心理学家研究了更为广泛的学习情境。因为他们关注个体的认知和发展差异，所以他们对普遍的学习规律没有太大兴趣，这也是为什么没有单一的认知模型或学习理论可以概括该领域研究的原因之一。

认知观

当学生设法建构模型或解决问题时，他们在不断地形成自己的理解。

二、脑与认知学习

纵观人的一生，大脑都在不断变化，学习也会影响这些变化。研究发现，出租车司机脑中的部分海马面积要大于其他汽车司机，增大的部分与司机开车的时间长度有关。研究者对此的解释是，出租车司机在驾驶过程中让这些增大的脑部区域得到了更多锻炼（Maguire et al.，2000）。在另一研究中，在进行音符学习时产生了自动反应，人们仅需要看一眼音乐表——无需讲授人们就可以读出，即人们的运动皮层已准备好朗读音符（Stewart et al.，2003）。观察与想象也可以支持学习，因为大脑可以自动地做出反应。例如，当观察某人的行动时，人们在观察过程中所涉及的大脑皮层也被激活了——大脑预演了观察者所看到的他人行动。这些既能在观察行动又能在做出行动时被激活的大脑区域，被称作是猴子的反射镜神经（首先在猴子这一种群中发现）以及人类的**反射镜系统（mirror systems）**，因为在人类大脑中被激活的区域里包含数百万的神经（Ehnrenfeld，2011；Rizzolatti，Fadiga，Gallese，& Fogassi，1996）。当你看一个物体时，你大脑的特定区域就会被激活。仅仅在心里想象这个物体，也会激发大脑2/3的相同区域（Ganis，Thompson，& Kosslyn，2004）。

> **反射镜系统（mirror systems）**
> 大脑中既能在知觉别人行动时被激活，又能在自己进行行动时被激活的区域。

显然，无论何时，只要有学习发生，就会有大脑卷入。正如Blakemore和Frith (2005) 从神经科学研究的角度来对教育课程进行的诠释：“我们相信大脑已经进化到教育与被教育的程度，且常常是本能的，无需费力就能进行。”（p.459）大脑塑造认知加工活动，同时也被认知加工活动所塑造。在神经中枢水平上，即使孩子没能成功地加工信息，几分钟后新的突触也会形成。所以，即使是不成功的信息加工过程，也能够促进大脑的发展（Siegler，2004）。

随着大脑的不断发展，特别是额叶前部皮层的成熟，孩子更加能够将过去经验与先前经验整合起来。婴幼儿或初学走路的孩子冲动地做出反应，而8岁的孩子则能够记忆和反省。分析、控制、记忆容量、加工速度以及相互联结信息等认知能力，可使人们更有可能进行自我规划和持续的认知发展。很多认知能力的发展和大脑变化都涉及知识，这是认知观中的一个关键要素。

三、知识在认知中的重要性

> **停下来　想一想**
>
> 快速写出10个教育心理学专业术语，再列出10个与陶瓷工程学相关的术语。

如果你没有学过陶瓷工程学，那么你写出此领域的10个专业术语所花的时间，可能要比你写出10个教育心理学术语所花的时间更多。也许有人会问：“究竟什么是陶瓷工程学？”答案依赖于你所拥有的有关陶瓷工程学的知识（提示：铜锌锡合金、陶瓷牙和骨头、计算机的陶瓷半导体、航天飞机的绝热瓷砖）。

知识（knowledge）和知道（knowing）都是学习的结果。当我们学习认知心理学历史、陶瓷工程学产品或网球规则时，我们知道了一些新东西。然而，知道不仅仅是先前学习的结果，它也可以指导新的学习。认知观认为，学习过程中最重要的因素之一就是个体带着什么样的原有知识进入新的学习情境。我们已知的经验，是建构所有未来学习的基础和框架，已有的知识在很大程度上决定了我们注意什么、感知什么、学习什么、记忆什么以及遗忘什么（Bransford，Brown，& Cocking，2000；Sawyer，2006）。例如，相比于对足球所知甚少的四年级学生，那些对足球很在行的同级学生能够学到和记住更多新的足球术语，即使这两组学生在记忆非足球术语方面的能力没有差别。原因在于那些对足球了解很多的学生，会利用他们原有的足球知识对这些足球术语进行组织和归类，而这有助于他们的记忆（Schneider & Bjorklund，1992）。

研究表明，认知观中的知识包括专门领域的知识（数学、历史、足球等）和一般的认知能力，如计划、问题解决和言语理解（Greeno，Collins，& Resnick，1996）。因此，知识具有不同的类型。一方面，有些是**特定领域知识（domain-specific knowledge）**，适合于特定的任务或主题。例如，知道击球手的位置在棒球场上二垒和三垒之间，这是棒球领域的特殊知识。另一方面，有些知识是一般的，适合于很多不同的情境。例如，关于如何读写或使用电脑的**一般知识（general knowledge）**在校内和校外都是有用的。

特定领域知识（domain-specific knowledge） 在特定情境中有用的信息或主要适用于某个特定主题的信息。
一般知识（general knowledge） 在许多不同任务中都有用的信息或能应用于许多情境中的信息。
信息加工（information processing） 人类输入、储存以及使用信息的心理活动。

当然，一般知识和特殊知识之间并没有绝对的界限。当你初学阅读时，你也许要学习许多有关字母发音方面的知识，这时字母发音的知识对于阅读领域就是特殊知识；但现在你可以用更为一般的方法运用语音知识和阅读能力进行阅读（Bruning，Schraw，& Norby，2011；Schunk，2008）。在学校中的学习总体上既需要特定领域知识，又需要一般知识。例如，Steven Hecht 和 Kevin Vagi（2010）对学生进行了四年级到五年级一年的跟踪调查，考察他们对分数的学习情况。研究发现学生较难掌握分数的原因，既包括缺乏与分数相关的特定知识，也包括缺乏关于如何在课堂上表现以及集中注意力的一般知识。

知道某一知识就是能长时间地记住它，并且在需要的时候能够找到。认知心理学家对记忆进行了广泛的研究，而且获得了很多有关记忆过程的知识。下面就让我们看看他们都获得了什么。

第二节　记忆的认知观

虽然有多种记忆理论，但最常用的理论是信息加工的解释（Ashcraft & Radvansky，2010；Bruning et al.，2010；Sternberg & Sternberg，2012）。我们将用这一经过了大量研究支持的理论框架来分析学习和记忆。

记忆的早期**信息加工（information processing）**观点以计算机进行模拟。这一观点认为，与计算机一样，人类大脑首先接受信息输入，接着对输入信息进行操作以改变其形式和内容，进而储存信息，并在需要时提取信息，最后对信息进行反应。对于大多数认知心理学家来说，计算机模拟仅仅是人类心理活动的一个比喻。图 8—1 所示的，就是记忆的早期信息加工模型图（Atkinson & Shiffrin，1968）。

从图 8—1 所示的模型图可以看出，来自环境的刺激（输入）进入感觉登记，各自对应其感觉通道（视觉、听觉、味觉等）。然后，一些信息被编码，进入短时记忆。短时记忆对信息的保持时间非常短暂，并与长时记忆的信息相联系。经过加工，一些信息进入长时记忆被存储起来。短时记忆也可以直接产生反应或输出。

大量研究证明，该模型是有效的，但也是不完整的。例如，在该模型中，信息在记忆系统中基本上是单向传递的，如从感觉登记到长时记

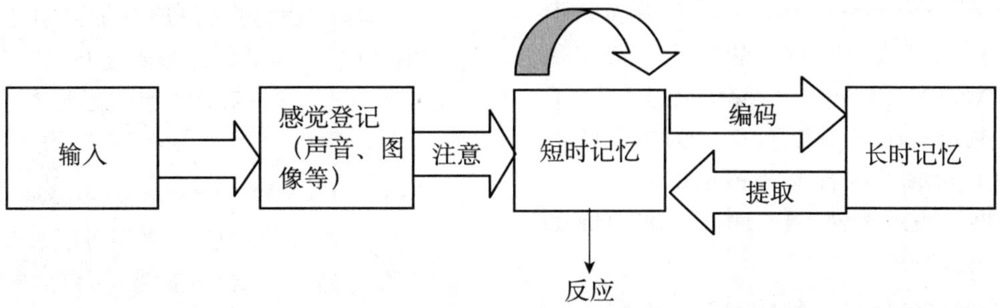

图 8—1　早期的信息加工系统

信息在感觉记忆中得到编码，注意决定哪些信息会保持到短时记忆中，以供进一步使用；在短时记忆中，新信息与长时记忆中已有信息联结。受到充分加工并与长时记忆中的信息建立了联系的信息，将成为长时记忆的一部分。这部分信息能够被激活，并返回到短时记忆中。

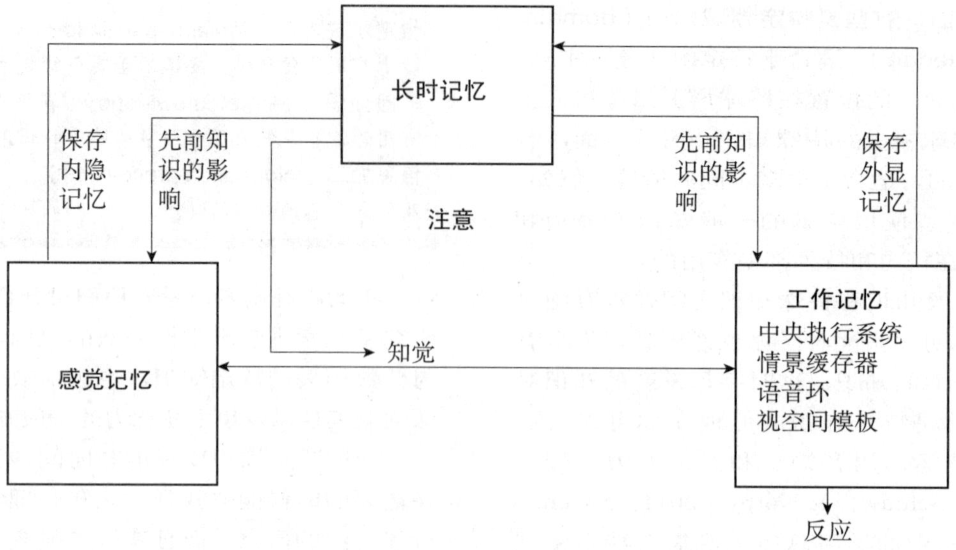

图 8—2　一个新近的信息加工系统模型

信息在感觉记忆中得到编码，知觉和注意决定哪些信息会保持到工作记忆中，以供进一步使用；在工作记忆中，执行系统会对信息流进行管理，并将新信息与长时记忆中已有信息进行整合。受到充分加工并与长时记忆中的信息建立了联系的信息，将成为长时记忆的一部分。这部分信息能够被激活，并返回到工作记忆中。内隐记忆不需要意识努力就可以获得。该系统中的三个要素之间相互作用，对知觉进行引导，对信息进行表征、组织和解释，对观点、概念、图像、图式以及策略加以运用和调整，建构知识和进行问题解决。注意在这三个记忆系统中发挥着作用，并且与它们之间进行互动。

忆。但研究表明，在这个过程中有很多的互动和联系。同时，该模型也无法解释意识之外的记忆或知识是如何影响学习的，以及几个认知过程是如何同时发生的——就像许多小型计算机处理系统以平行的方式运行。一个更新的认知科学信息加工模型保留了原有模型的一些特征，但是强调了工作记忆、注意以及系统中各要素相互作用的重要性，如图 8—2 所示。事实上，这一模型图是建立在很多科学研究的基础之上的（Ashcraft & Radvansky，2010；Bruning et al.，2011；Sternberg & Sternberg，2012）。

为了更好地理解这个模型，让我们来仔细研究模型的各个要素。

一、感觉记忆

感觉记忆（sensory memory） 短暂保持感觉信息的系统。

外界环境中的刺激（光、声、味道等）不停地刺激着我们的视觉、听觉、味觉、嗅觉和触觉等感官。**感觉记忆（sensory memory）**是加工的初级阶段，它把输入的刺激转化为信息，使得我们能够知道其含义。也有人将感觉记忆称为感觉缓存器、表象记忆（针对图像而言）或声像记忆（针对声音而言）。

（一）感觉记忆的容量、持续时间与内容

感觉记忆的容量巨大，它容纳的信息比我们立即处理的信息要多得多。但是，感觉记忆的大量信息在时间持续上很短，仅能持续 1 ～ 3 秒。

停下来　想一想

当直视前方时，用一支铅笔（或手指）在你眼前来回晃动，你看到了什么？拧你的胳膊，然后松开。松开后你有什么感觉？

你刚刚经历了感觉登记中感觉记忆的短暂停留。真实刺激移走后，你还可以看到铅笔的痕迹；松开胳膊后，你还能感觉到疼痛。在真实的刺激消失后，这种感觉登记还短暂保留着刺激的信息（Lindsay & Norman，1977）。

感觉记忆的信息内容与原始刺激的感觉很相似。视觉信息在感觉登记中以表象的形式得到初

步编码，就像照片一样。听觉信息以声音形式得到编码，就像回声。可能其他感觉也有自身的编码方式。在大约 1 秒钟内，从感觉经验得到的许多信息是完整的。为了进一步加工信息，此时我们有机会对信息进行选择和组织。在这一阶段，知觉和注意很关键。

（二）知觉

觉察刺激并赋予刺激意义的过程，称为**知觉（perception）**。意义的建构不仅基于来自外界的物理表征，而且还基于我们已有的知识。如符号“**13**”，如果问你这个字母是什么，你将会说是“B”；而如果问你这个数字是什么，你可能会说“**13**”。这个真实的符号没有变，但它的意义会随着你的期望（把它看作是一个字母或数字）以及你对阿拉伯数字和拉丁字母的知识而改变。对于孩子，如果没有恰当的背景知识，这个符号就是没有意义的。情境也很重要。如果以“A **13** C”这样的形式呈现，**13** 就是一个字母，但是如果呈现“12 **13** 14”，那么它就是一个数字（Bruning et al.，2011）。

从感觉输入到物体识别大概需要经历几个阶段。第一阶段是分解物体的特征，并进行大致分析，这种特征分析又被称为**自下而上的加工（bottom-up processing）**，这是因为刺激被分解为各种特征或元素，并且通过“自下而上”整合为一个有意义的模式。例如，一个大写字母 A 是由两条成 45 度角的射线以及一条通过中间的水平线段组成的。无论什么时候我们看到这些特征，或一些与之非常相似的表征，如A、A、**A**、A、A都会认作 A（Anderson，2010）。这就解释了为什么我们能够读出别人写的字，以及为什么人类能够填写出如“axqeye”这种伤脑筋的安全密码，而计算机却不能。

随着知觉过程的继续进行，特征被整合为模式。20 世纪初，德国（以及随后美国）的心理学家对这些过程进行了研究，这些心理学家被称作格式塔理论家。**格式塔（gestalt）**在德语中的意思是“模式或完形”，指人们倾向于将感觉信息组织为模式或在其间建立联系。图 8—3 列出了一些格式塔原理。

知觉（perception） 对感觉信息的解释。

自下而上的加工（bottom-up processing） 注意单个的定义性特征，对其进行知觉，并将它们组合为可识别的模式。

格式塔（gestalt） 德语的“模式”或“整体”的意思。格式塔理论家认为，人们倾向于把知觉组织为连贯的整体。

自上而下的加工（top-down processing） 通过使用情境以及与情境有关的先前知识来建构信息的意义的过程。也称作概念驱动的知觉。

a. 对象与背景
你看到了什么？脸还是花瓶？一个作为对象——另一个就成为背景。

b. 接近性
以线条的接近将这些线条分为三组。

c. 相似性
由于高度上的相似性，你会把这些线条看作是起伏的。

d. 封闭性
你察觉到的是一个圆环，而不是由点组成的曲线。

图 8—3 格式塔原理的例子

格式塔的知觉原理解释了我们如何将周围的世界知觉为不同的模式。

如果所有的知觉都仅仅依赖于特征分析和格式塔原理，学习将会非常缓慢。在知觉的最后阶段，人们会根据情境和已有的知识将觉察到的特征或模式组合起来——这可以称作是**自上而下的加工（top-down processing）**或者是概念驱动的加工。为了快速识别模式，除了注意特征，我们还需要知道情境以及有关情境的知识，也就是我们对于词或图画知识以及对世界运转方式的了解。例如，如果没有关于拉丁字母的知识，你就不会把上述的符号认作是 A。因此，我们知道的东西会影响我们的感知。如图 8—2 所示，知识在知觉中的作用是通过长时记忆、工作记忆和感觉记忆之间的双向箭头来表示的。

（三）注意的作用

如果任何一种颜色、动作、声音、气味和温度等的变化都会引起我们的注意，那么生活将变

注意（attention） 关注一个刺激。
自动化（automaticity） 不需太多心理努力就可完整表现习得行为的能力。

得无法想象。所幸的是，**注意（attention）**具有选择性。通过选择性注意某些刺激而忽略其他刺激，我们限制了将要知觉和加工的信息的可能性。我们注意什么，在一定程度上取决于我们所知道的以及我们需要知道的东西。因此，图8—2中的三个记忆过程都涉及注意，并且对注意产生影响。注意还受到当时所发生的其他事情、任务的类型复杂性以及个人控制或集中注意能力的影响。一些患有注意力障碍的学生，很难集中注意或忽略其他的竞争性信息。

但是注意需要付出努力，并且是一种有限的资源。我可以想象你正在费力地看这段话。我们一次只能注意一种需要认知努力的任务（Sternberg & Sternberg，2012）。例如，当我们初学开车时，我们不能同时听音乐和开车；在练习一段时间后，我们就可以边听音乐边开车了；但当交通比较拥挤的时候，我们必须把收音机关掉。经过几年的练习后，我们就上了一个等级，当我们开车的时候，可以一边听收音机，一边谈话。这很可能是因为许多初期的加工过程需要注意，但由于练习的增加，注意变得自动化了。事实上，**自动化（automaticity）**很可能是一个程度的问题，我们无法完全做到自动化。但是，我们的行为中能表现出或多或少的自动化，这都取决于我们练习的多少、所处的环境，以及我们是否有意识地集中注意力来引导自身的认知过程。例如，再熟练的司机在模糊不清的雪天也会变得专心致志，任何人都不应该在开车的时候发短信或是打电话。但是，美国汽车协会旗下的交通安全基金会发现，虽然已有研究表明开车的时候打电话，其危险性等同于醉驾，但在美国有一半以上的成人司机承认开车的时候使用过手机。每年因驾驶人员使用手机估计造成2 600人死亡、330 000人受伤以及150万美元的财产损失（Cohen & Graham，2003）。其他研究表明，开车时使用手机会增加400%的几率造成车祸，即使使用免提耳机也不会增加其安全性（Novotney，2009）。

（四）注意与多重任务处理

那些发短信或是打电话的司机可能会说他们正在进行多重任务处理，而且通常他们自认为一切正常。你现在也有可能正在进行着多个任务。青少年与以往相比更多地进行多任务处理，也许是因为他们有机会接触到了众多的技术。在一项对8到18岁学生的调查中发现，他们中约有三分之一的人边写作业，边使用多媒体，进行着多重任务处理（Azzam，2006）。据这些学生自己报告，他们每天平均使用6至7小时的多媒体，但在多重任务处理的情况下，他们实际使用多媒体的时间超过8至9小时。

多重任务处理是好还是不好？来自密歇根大学脑、认知和行为实验室的David Meyer和他的同事们的研究表明，这需要看具体情况（Hamilton，2009）。事实上，有两种类型的多重任务处理——继时性多重任务处理，在这种情境中，你逐个地完成任务，每次注意的焦点只集中在一项任务上；同时性多重任务处理，在这种情境中，你每次会聚焦多个任务，并且这多个任务之间存在重叠。此外，任务的内容也会有影响。有些任务，诸如走路和嚼口香糖，它们各自需要不同的认知和身体资源，且这两种任务都是自动化程度较高的。但有些其他的复杂任务，诸如开车和打电话聊天，它们需要某些共同的认知资源——注意交通以及注意电话中对方在讲什么。因此，多重任务处理的主要问题在于同时性的复杂任务。

对于非常复杂的任务而言，不管你之前多么擅长进行多重任务处理，你的表现都会受到影响（Hamilton对David Meyer的采访，2009，p.1）。实际上，如果你在写作业时进行多重任务处理，你有可能会花四倍多的时间才能完成作业（Paulos，2007）。在复杂情境中，大脑会优先并集中处理一件事情。你可以在学习的时候听一些轻缓的器乐作为背景，但是听那些你最爱的带有

道路上的眼睛（和注意）

图中的女孩做的是对的。你开车时可以与身边的乘客谈话，但是打电话或发短信就会将自己置于危险之中，因为这需要极大的注意资源。

歌词的音乐就会分散你的注意力，而且会耗费一定的时间让你重新回到你现在所做的事情上。

（五）注意与教学

学习的第一步就是注意，学生不能加工他们没有识别或没有感知到的信息（Lachter, Forster, & Ruthruff, 2004）。但是信息能否被成功地加工，则取决于多个方面，不仅仅是注意。有些任务是资源限制型的，只有分配更多的资源在这些任务上，才能取得更好的表现。例如，关上 iPod，集中注意力听有难度的报告。有些任务是知识限制型的，这意味着能否成功地进行加工，取决于已有知识的数量和质量。如果已有知识储备不足，那么不管我们怎样努力集中注意力，都不会取得成功。例如，如果你听不到报告或是对报告中所使用的术语知之甚少，那么即使你再集中注意力，也帮助不大。我们刚才已经谈及第三种任务类型——自动化的——这种任务无需过多的注意力，因为我们已经练习过多次。比如，一个专业级的音乐家拨动吉他琴弦的方式，就是非常自动化的（Bruning et al., 2011）。

课堂上有很多因素会影响学生的注意。引人注目的或令人吃惊的表现或行为，能够在一节课的开始就吸引学生的注意力。鲜艳的颜色、下划线、书面或口语词的强调、叫出学生的名字、惊讶的事件、引发好奇心的问题、任务和教学方法的多样性、声音的改变、灯光或照明以及走路的方式等，都可以用于吸引学生的注意力。同时，学生必须维持注意力——他们必须认真注意到学习情境中的重要特征。下面的“实践指南”提供了一些吸引和维持学生注意的方法，你可以参考。

实践指南　　吸引和维持注意

● 使用信号。

例如：

1. 发出一个信号，告知学生停止手头正在做的事情而注意到你。有的教师会走到教室的某个地点、打开灯、敲敲桌子或按下教室里钢琴上的键符，一般而言需要把视觉和听觉信号结合起来使用。

2. 避免分散注意力的行为。如在讲话时敲铅笔，这样会干扰信号和对学习的注意力。

3. 在课程过渡之前，发出简短、清晰的信息。

4. 生动的语调、引人注目的帽子或拍打游戏，对于小孩来说是十分有趣的（Miller, 2005）。

● 走近学生而不是大声叫唤（Miller, 2005）。

例如：

1. 走近孩子，看着他或她的眼睛。

2. 用坚定而不是威胁的声音说话。

3. 叫孩子的名字。

● 确保学生清楚课堂或作业的目的。

例如：

1. 上课之前，在黑板上写出你的教学目标或目的，并且与学生讨论，让学生总结或重新叙述目标。

2. 解释学习的原因，要求学生举例说明他们是如何应用自己所学知识的。

3. 把新材料与先前学过的功课联系起来——列出纲要或绘制概念地图，说明新的主题是如何与先前的材料以及即将学习的材料相联系的。

● 利用多样性、好奇心和惊奇感。

例如：

1. 用问题引发学生的好奇心，例如，“如果……将会发生什么？”

2. 安排学生意想不到的课程环节来激发学习兴趣。比如，在一节交际课前安排学生大声地争辩。

3. 通过移动教室内的物品等方式来改变教室的物理环境。

4. 给学生上一堂融合了触觉、嗅觉或味觉的课，以改变学生的感觉通道。

5. 使用动作、手势和声音变化——绕着教室走动、指指某处、轻轻地说话，然后富有激情地说（我丈夫在他的大学课堂上，曾经跳到桌子上来指出一个重要的观点！）

● 提问并给出回答的框架。

例如：

1. 询问学生为什么材料很重要，他们准备如何去学习，准备运用什么策略。

2. 给予学生自我检查或自我修正的指导，让他们发现常见的错误。考虑到学生有时很难看出自己的错误，可以让他们两人一组进行合作，以改进彼此的工作。

二、工作记忆

工作记忆（working memory）是记忆系统的“工作台”，是新信息的暂时储存以及将新信息与长时记忆中的知识进行整合以解决问题（如听懂一堂课）的界面。工作记忆“包含”此刻你正在思考的东西。正因为如此，一些心理学家认为工作记忆就是“意识”的同义词（Sweller，van Merrienboer，& Paas，1998）。与感觉记忆或长时记忆不同，工作记忆的容量非常有限，然而许多教授在快速讲课时，他们有时似乎忘记了这一点，即学生需要努力记忆并加工他所讲解的知识。

在图 8—1 中，你看到了**短时记忆（short-term memory）**。短时记忆与工作记忆并不完全相同。工作记忆既包括暂时储存，又包括主动加工——记忆的工作台——在此，人们运用积极的心理努力以加工新旧信息。但是，短时记忆通常仅仅是储存，对新信息的即时记忆通常只能保持 15 ～ 20 秒钟（Baddeley，2001）。早期的实验认为短时记忆的容量是一次大约为 5 ～ 9 个（神奇的 7 加减 2）独立的新项目（Miller，1956）。接下来，我们可以发现这种局限性可以运用形成组块或分组等策略来克服，但在日常生活中，确实存在 5 ～ 9 个容量的限制。当你打电话时，人们通常能记得刚刚在网上查询到的新电话号码。但是，如果你需要接连打两个电话，那会怎么样呢？人们大概不能同时储存两个新的电话号码。

工作记忆（working memory） 此刻你正关注的信息。
短时记忆（short-term memory） 记忆系统的组成部分，能保持大约 20 秒的信息。

Alan Baddeley 和他的同事们提出的工作记忆模型，对我们当前理解人类的认知至关重要。在这个模型中，工作记忆至少有四部分组成：（1）中央执行系统，该系统控制注意和其他心理资源（工作记忆中的“操作者”）；（2）语音环，负责保留口头和听觉（声音）信息；（3）视空间模板，负责处理视觉和空间信息；（4）情景缓存器，整合来自语音环、视空间模板以及长时记忆的信息，并基于语音、空间和视觉信息建立表征。语音环和视空间模板是对图像和声音信息的短时存储，因此它们有些类似于早期信息加工模型中所提到的短时记忆。语音环、视空间模板和情景缓存器为中央执行系统进行较为初级的工作——保持信息并对信息进行联结。Baddeley 指出，除了我们知道的语音环、视空间模板和情景缓存器之外，可能还存在其他针对不同信息的较为初级的工作系统（Baddeley，2007；Baddeley，Hitch，& Allen，2009；Jarrold，Tam，& Harvey，2011）。图 8—4 向我们展示了工作记忆系统——下面就让我们来实际体验一下吧。

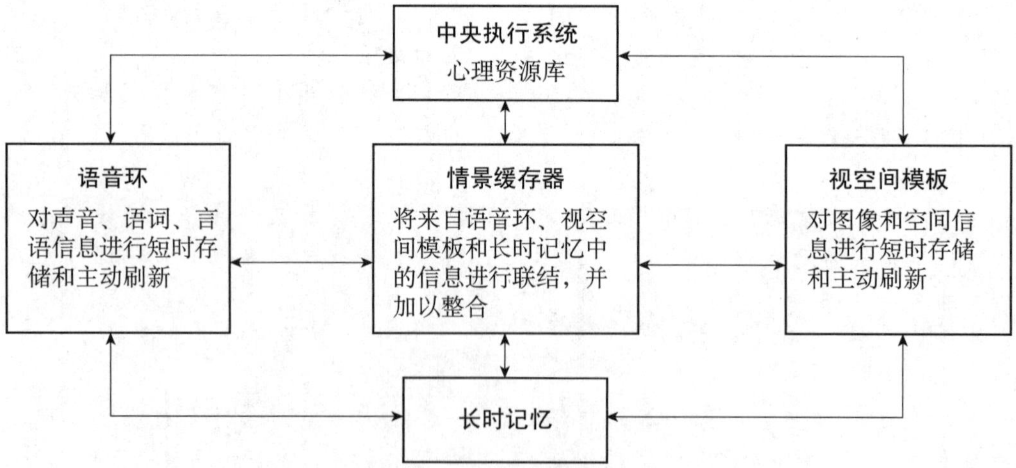

图 8—4　工作记忆的四个部分

中央执行系统是诸如集中注意力、推理和理解等各种认知活动的心理资源库。语音环保持话语和声音信息。视空间模板保持视觉和空间信息。情景缓存器整合来自语音环、视空间模板以及长时记忆的信息。不过，这一系统是有限制的。如果信息过多或过难，它可能无法承受。

停下来 想一想

解答 Ashcraft 和 Radvansky（2010，p.161）提出的这个问题，并请注意解答的加工过程。

$$\frac{(4+5)\times 2}{3+(12/4)}$$

（一）中央执行系统

当你解答上面这个问题时，你工作记忆中的中央执行系统会集中注意于你想要了解的事实（4+5 是多少？12/4 等于多少？）。回想运算规则，哪步运算先做，并且回想如何进行除法。**中央执行系统（central executive）**监控注意、制订计划、提取以及整合信息。经由言语理解、推理、信息复述等，信息进入长时记忆——所有这些活动和更多的活动都由中央执行系统来处理，就像你在图 8—4 中所看到的。

（二）语音环

语音环（phonological loop）是一个与言语和声音相关的系统，它能够保持和复述（刷新）短时记忆中的语词或声音。语音环可以短暂地存储声音信息，并且通过将其置于"环路"中——不断地对信息进行复述和注意，以此来保持信息处于活动状态。当你计算分数线下面的问题 3+（12/4）时，你已经把"18"（4+5=9，9×2=18）放在语音环中。Baddeley（2001，2007）认为，我们能在 1.5～2 秒钟内复述（自言自语）多少，语音环就能保留多少，7 位数的电话号码就符合这个限制。但是，如果你试图在头脑中保留这 7 个词，即 disentangle、appropriation、gossamer、anti-intellectual、preventative、foreclosure、documentation（Gray，2002），那么将会怎么样呢？除了词很拗口，复述这些词需要的时间都要长于两秒，而且在工作记忆中保留这些词比保留 7 个单独的数字或 7 个短语更为困难。

请记住——放入你的工作记忆中——我们正在讨论的是新信息的暂时储存。在日常生活中，我们肯定可以一次保持 5～9 个组块或多于 1.5 秒的信息。当你拨打刚刚查到的 7 位数电话号码时，你的脑子里（记忆中）一定还有其他的东西。例如，如何使用电话、你要打给谁以及为什么打这个电话。你没有必要注意这些事情，它们并非新的知识，因为这些过程（如拨电话）已经变得自动化了。然而，当你在国外尝试使用一个陌生的电话系统时，由于工作记忆的有限性，你也许在记忆电话号码时会遇到麻烦，因为在这个时候，你的中央执行系统需要设法了解电话系统。如果新信息非常复杂，在你不熟悉的情况下需要整合几个因素来理解这个情境，那么即使是很少量的新信息，也会让你觉得太多而不能记住（Sweller，van Merrienboer，& Paas，1998）。

> **中央执行系统（central executive）** 工作记忆的一部分，负责监控、指引注意和其他心理资源。
>
> **语音环（phonological loop）** 工作记忆的一部分，对口语和声音信息的记忆复述系统，大约为 1.5～2 秒钟。
>
> **视空间模板（visuospatial sketchpad）** 工作记忆的一部分，视觉和空间信息的保持系统。
>
> **情景缓存器（episodic buffer）** 在中央执行系统的监控下，对来自语音环、视空间模板和长时记忆中的信息进行汇聚和整合的过程。

（三）视空间模板

现在请试着解决一下这个问题。

停下来 想一想

如果你将 d 旋转 180 度，你得到的是 b 还是 p 呢？

大多数人在回答这个问题时，都会创造一个"d"的视觉表象并旋转它。**视空间模板（visuospatial sketchpad）**是你操作表象的地方（当然是在中央执行系统提取了"180 度"的意义之后）。在视空间模板中的操作与实际观看一幅图画或物体的操作有相同的地方。如果你一边看屏幕上的图像，一边解决"b"的问题，你的速度会减慢，就像你来来回回看两个不同的物体一样。但是，如果你一边诵读数字，一边解决"b"的问题，你的速度就不会慢下来。你能够同时使用你的语音环和视空间模板，但它们很快就被填满了，而且很容易负荷过重。事实上，每一种任务——口头的和视觉的——似乎发生在不同的脑区。就像我们随后将看到的，这些系统的容量也存在一些个体差异（Ashcraft & Radvansky，2010；Gray，2011）。

（四）情景缓存器

如果工作记忆是记忆系统的工作台，那么情景缓存器就是工作记忆的工作台。**情景缓存器（episodic buffer）**能够在中央执行系统的监控下，汇聚、整合来自语音环、视空间模板以及长时记忆的信息，形成复杂的记忆，如存储一个电影演员的外貌、声音、话语和动作信息以构建一个完整的形象。

（五）工作记忆的持续时间和内容

工作记忆系统中信息的持续时间是短暂的，除非你不停地复述或用其他一些方式加工信息，否则大约只能保持 5 ～ 20 秒。你可能认为，有着20 秒限制的记忆系统并没有多大的用处。然而，如果没有这个系统，那么你将会在读到句子中最后几个单词时，就已忘记前面读过的部分了。显然，这样你就很难理解整个句子的意思。

工作记忆中的信息内容可能以声音和图像的形式存在，这类似于感觉记忆中的表征。当然，工作记忆中的信息也可能基于意义而被更抽象地加以建构。

三、认知负荷和信息保持

就像前面提到的那些教授，他们非常快速地讲课，增加了学生的工作记忆负担。实际上，一些任务比其他任务需要更多的工作记忆。**认知负荷（cognitive load）**指人的心理资源总量，通常指完成特定任务所需的工作记忆。虽然这一概念的提出至今只有短短的25年，但是2010年的《教育心理学评论》（*Educational Psychology Review*）就有一整期专门报告认知负荷理论的特刊（van Gog，Paas，& Sweller，2010）。

（一）三种认知负荷

一个任务的认知负荷并不是绝对的“重量”，在特定情境中，认知负荷的程度取决于多个方面，包括对当前任务了解的多少以及可获取的资源。有三种类型的认知负荷：一种是不可避免的，一种是有阻碍作用的，还有一种是有价值的。

内在认知负荷（intrinsic cognitive load）是不可避免的，指的是理解材料所需的认知加工总量。它取决于你需要考虑多少要素、各要素之间的相互作用有多复杂以及你在这个问题领域的专业水平（Antonenko，Paas，Grabner，& van Gog，2010）。尽管工作记忆可以储存 5 ～ 9 个组块的信息，但一次也只能加工 2 ～ 4 个。因此，如果你想了解单个要素在复杂系统中如何相互作用，如掌握 DNA 的结构和功能，除非你已经了解了一部分 DNA 的知识，如相关词汇、概念和程序等（van Merrienboer & Sweller，2005），否则你将陷入困境。内在认知负荷是任务本身带来的，不能消除掉。不过，有效的教学可以帮助学生管理内在的认知负荷。

> **认知负荷（cognitive load）** 完成一个任务所需的资源量。
>
> **内在认知负荷（intrinsic cognitive load）** 与其他刺激无关，指完成任务本身所需的资源。
>
> **外来认知负荷（extraneous cognitive load）** 处理与任务无关刺激所需的资源。
>
> **关联认知负荷（germane cognitive load）** 与任务相关的深度信息加工过程，包括运用先前知识解决新的任务或问题。

外来认知负荷（extraneous cognitive load）是指用于处理与学习任务无关的问题的认知容量，如设法让你的同屋（配偶、孩子、伙伴）停止打扰你、努力学习凌乱的课程或编写差劲的教材（当然这本教材不是这样）。教师可以通过教学来帮助学生管理外来的认知负荷，如提供支持、关注于主要概念以及提供支架（请回头看看第 2 章的介绍）。

好的认知负荷被称为“有密切关系的”，因为它直接关系到高质量的学习。**关联认知负荷（germane cognitive load）**来自于深度加工相关信息——组织和整合你所知道的材料，并形成新的理解。教师可以通过教学来支持这一过程，如让学生彼此之间解释（或学生自己给自己解释）学习材料的意义、让学生将自己的理解画出来或制成图表、让学生记有益的笔记，以及让学生使用我们在接下来的章节中将会讨论的其他策略（Berthold & Renkl，2009；Mayer，2011；van Gog et al.，2010）。表 8—1 是对这三种认知负荷的总结。不过，需要说明的一点是：有些心理学家认为内在认知负荷和关联认知负荷之间没有实际的区别——学生在学习时，都会使用到这二者（Kalyuga，2011）。

（二）工作记忆中信息的保持

由于工作记忆中的信息很脆弱且容易丧失，因此必须要保持激活才能得以保存。只要你关注信息，就能保持信息的高度激活，但当注意转移了，激活就会快速地衰退或消失。工作记忆中信息的保持就像杂耍中一连串的盘子在竿子顶端不停地旋转。表演者让一个盘子旋转，接着旋转下一个盘子，然后再下一个，但是在第一个盘子的旋转速度变慢并从竿子上掉下之前，表演者必须

表8—1　　三种认知负荷

（学习中可能会出现三种认知负荷，它们有不同的起因，也会带来不同的结果。）

认知负荷的类型	性质	起因	例证	结果
内在认知负荷	**不可避免的：**注意和表征材料所需的核心加工过程	任务内在的复杂性：任务越复杂，越需要基本的加工过程	在解决如二次方程式这样的复杂任务时，需要更多的内在加工过程	集中注意力进行信息加工，开始管理学习过程，有可能会进行死记硬背的学习
外来认知负荷	**可避免的（可管理的）：**处理与学习任务本身无关问题所需的无益的加工过程	不良的学习策略，注意力分散，缺乏指导，背景知识不足	学生在文本和图表之间来回浏览，但是不知道该怎样读图表或怎样整合视觉信息和语音信息	不适宜进行信息加工，没有学习，可能会带来挫败感
关联认知负荷	**可取的：**形成意义学习的深加工过程（组织、整合和联系先前知识）	学习者理解的动机，付出极大努力，当第一次努力失败后又尝试新的策略	学习者将问题中的各种关系以图表的形式呈现出来，将文本中的重要观点联系起来	适宜进行组织、精细加工以及视觉化，以进行深度学习

资料来源：Bruning, R. H., Schraw, G. J., & Norby, M. M. (2011). *Cognitive psychology and instruction (5th ed.)*. Boston: Pearson, pp.220–224; Mayer, R. E. (2011). *Applying the science of learning*. Boston: Pearson, pp.62–71.

回到第一个盘子处。如果我们不让信息在工作记忆中保持“旋转”——保持激活状态——它就会“掉下来”（Anderson，1995，2010）。当激活消失了，遗忘也就随之而来。

为了保持信息的激活，大多数人会在心里不停地复述信息。复述包括保持性复述和精细性复述两种类型。**保持性复述（maintenance rehearsal）**既包括在你的语音环里不断重复信息，也包括在你的视空间模板中不断刷新信息。只要你重复信息，信息就能在工作记忆中无限地保持下来。保持性复述对于那些你准备运用但用完就可以忘记的信息来说是有用的，比如电话号码或地图上的一个位置。

精细性复述（elaborative rehearsal）指的是将已知信息（长时记忆中的知识）与正试图记住的信息联系起来。例如，如果你在聚会上遇到一个人，他与你的兄弟同名，那么你只需要与你的兄弟建立联结，而无需重复他的名字就可以记住了。这类复述不仅保留了工作记忆中的信息，而且还帮助信息转移到长时记忆中。复述是一个由中央执行系统控制信息流穿过信息加工系统的过程（Ashcraft & Radvansky，2010）。

工作记忆的容量有限，通过**组块（chunking）**的过程可以稍微绕开这一问题。由于信息块的数量（不是每个信息块的大小）是工作记忆的一个限制，所以，如果你将单个信息进行组合，就能保留更多的信息。你可以体验一下组块的效应，请尝试记住这些字母：FBIUSACIAMTVATM。现在试一下这个：FBI USA CIA MTV ATM。你刚刚运用组块的方法将这些字母串组合成了更可记（有意义的）的内容，这样你就可以记住更多的信息了。同样，你也可运用其他领域的相关知识来进行组块式记忆。组块可以帮助你记住一个电话号码或社会保险号码。

（三）遗忘

由于干扰或衰退的作用，工作记忆中的信息可能丧失。**干扰（interference）**相当容易理解，就是指新信息的加工干扰或混淆了旧信息。当新的信息累积到了一定程度，旧的信息就会从工作记忆中消失。信息也会随着时间**衰退（decay）**而丧失，如果你没有继续注意信息，那么信息的激活水平就会衰退（变弱）并最终降到最低，以至于信息不能被再次激活——全部消失。有些认知心理学家认为干扰是工作记忆发生遗忘的最主要的因素——当你的思维开始加工其他信息的时候，先前的信息却占据了位置。

事实上，遗忘是有用的。没有遗忘，人类的工作记忆很快就会出现认知负荷超载，学习也将停止。同样，如果你永远都记得读过的每一句话、听过的每一个声音、看过的每一幅画……这也是个问题。在知识的海洋中要找出某个信息块，这将是不可能的。如果有一个系统能暂时储存信息并且能“清除”你所经历事件的一些信息，那么这将是很有帮助的。

保持性复述（maintenance rehearsal）　通过重复保持工作记忆中的信息。

精细性复述（elaborative rehearsal）　通过将新信息与已知信息建立联结而保持工作记忆中的信息。

组块（chunking）　将单个的信息组合成有意义的较大的单元。

干扰（interference）　其他信息出现而阻碍某些信息回忆的过程。

衰退（decay）　随着时间推移，记忆信息的减弱或变得模糊。

四、个体差异与工作记忆

正如你可能认为的那样，工作记忆存在着发展性和个体性的差异，下面让我们来看一看。

（一）发展性差异

记忆共有三个基本的方面：记忆广度（储存在短时或工作记忆中的信息量）、记忆加工效率以及加工速度。随着孩子慢慢长大，他们加工诸如口语、视觉、数学等很多不同种类的信息的速度也越来越快，因此加工速度的提高可能是一个一般性因素。另外，研究也发现随着年龄的变化，美国和韩国儿童的加工速度具有同样的提高，因此随着年龄变化，加工速度的提高可能是具有全球普适性的（Kail，2000；Kail & Park，1994）。

记忆的这三个方面是共同运作并相互影响的。例如，加工效率越高，储存在记忆中的容量就越大（Demetriou，Christou，Spanoudis，& Platsidou，2002）。在你记忆 FBIUSACIAMTVATM 时将这些字母组块为 FBI USA CIA MTV ATM，这时你就体验了高效加工的效应。更高效和快速的加工扩展了你的记忆广度。孩子拥有较少的策略和知识，因此他们在记忆较长序列时就会有更大的困难。但是，随着孩子们慢慢长大，他们发展了更多记忆信息的有效策略。大概到五六岁，大多数孩子都自发地学会了复述，并且能不断使用此策略。大概也是在 6 岁，大多数孩子发现了使用组织策略的价值；而到了 9 ～ 10 岁，他们能自发地使用这些策略。现在，假设学生要学习下面这些词：

沙发、橘子、老鼠、灯、梨、羊、香蕉、地毯、菠萝、马、桌子、狗

年龄较大的孩子或成人可能把这些词组织成三类：家具、水果和动物。同样，具有某个领域的专业知识能够帮助我们使用类别去组织和记忆。我们可以教年幼儿童使用复述或组织策略去提高记忆，但这种策略的运用需要大人予以提醒。随着儿童的成长，他们更可能使用精细加工，但是这个策略在儿童晚期才会发展成熟。因此，小学高年级学生和青少年才更可能使用创造想象或故事来记忆各种观念（Siegler，1998）。

就策略来说，当小孩子使用一个新的策略或操作时——例如，够到玩具、数数或找单词，信息的加工会占据很大部分的工作记忆。但是，一旦操作被掌握并变得自动化了，这时就有更多的工作记忆可用于短时记忆中新信息的储存（Johnson，2003）。因此，随着大脑的变化、信息的快速加工、策略的发展和自动化以及知识的增加，4 岁到青春期学生的工作记忆容量会不断增加（Alloway，Gathercole，& Pickering，2006；Gathercole，Pickering，Ambridge，& Wearing，2004）。儿童直到 10 ～ 11 岁以后，才会有像成人一样的记忆（Bauer，2006）。

发展性差异

学生如何在工作记忆和长时记忆中加工信息存在着多种发展上的差异。

（二）个体差异

除了发展性差异，工作记忆还有其他个体间的差异，这些差异对学习也具有重要的影响。请你试着完成下面“停下来　想一想”的任务：

停下来　想一想

大声读出下列句子和大写的词，只读一次。

- 我的全家和朋友一直在农场工作了好多年。SPOT
- 因为房子不透气，Bob 走到外面去呼吸新鲜空气。TRAIL
- 我们驶出了 50 公里后，就见不到陆地了。BAND

现在遮住句子，然后回答问题（要诚实）。请说出所有大写的词，并回答：谁在不透气的房子里？谁在农场工作？

刚刚你做的是工作记忆广度测验中的几道题目（Engle，2001）。该测验要求你同时进行加工和储存——在加工句子意义的同时储存词。你做得怎么样？

教育心理学家们对工作记忆越研究，越意识到它对于每个年龄段孩子的学习和发展多么重要（Alloway，Banner，& Smith，2010；Welsh，Nix，Blair，Bierman，& Nelson，2010）。对于青少年和成人来说，工作记忆广度测验分数（像你刚在上面“停下来　想一想”中做的）与 SAT 中的言语部分分数之间的相关系数是 0.59，但是，SAT 和简单的短时记忆广度（重复数字）之间没有相关。对于小学生而言，工作记忆的提升（而不是简单的短时记忆）与其阅读能力和阅读理解相关；工作记忆的困难和阅读障碍的发生密切相关。工作记忆与小学生的学业成就、数学运算以及解决复杂数学问题有关。对于较小的孩子来说，学龄前工作记忆的成长以及注意力的控制，能够预测其将来的阅读和数学能力。

工作记忆广度和智力测验分数之间也有相关。如果一个任务需要有控制的注意和高水平的思维，那么工作记忆广度很可能是影响任务完成的一个重要因素（Ackerman，Beier，& Boyle，2005；Hambrick，Kane，& Engle，2005；Unsworth & Engle，2005）。有些人的工作记忆比其他人的效率更高（Cariglia-Bull & Pressley，1990；DiVesta & Di Cintio，1997；Jurden，1995），工作记忆的差异可能与数学和言语方面的天赋有关系。

接下来我们将转向长时记忆，由于长时记忆对于教师来说是一个至关重要的问题，所以我们将会多花点时间来讨论它。

第三节　长时记忆

工作记忆保留着当前被激活的信息，例如你刚刚遇到的一个人的名字；**长时记忆（long-term memory）**则储存着经过良好学习的信息，例如你知道的所有人的名字。

> **长时记忆（long-term memory）**　对信息的永久存储。

一、长时记忆的容量、持续时间与内容

（一）长时记忆的容量和持续时间

工作记忆与长时记忆之间有许多不同。信息快速地进入工作记忆，但要使信息进入长时记忆储存，则要花更长的时间和努力。工作记忆的容量有限，但对于所有的实用目的来说，长时记忆的容量好像是无限的。另外，一旦信息被牢固地储存在长时记忆中，就能永远得到保持。我们通达工作记忆中的信息是非常即时的，因为此刻我们正在思考这些信息；但是我们通达长时记忆中的信息，则需要时间和努力。

近来，一些心理学家指出，并不存在两个独立的记忆存储系统（工作记忆和长时记忆）。相反，工作记忆是长时记忆的一部分，负责加工当下被激活的信息。工作记忆和长时记忆的区别可能仅仅在于某个记忆内容被激活或未被激活的程度（Anderson，2010；Wilson，2001）。该系统认为记忆是由各种短时存储区域（语音环、视空间模板以及其他短时存储区域）组成的网状系统装置，该装置又嵌套在工作记忆中，使工作记忆成为记忆中被激活的部分，可以连接新旧信息（Sternberg & Sternberg，2012）。

（二）长时记忆的内容

至于长时记忆系统的内容，一般认为包括陈述性知识、程序性知识和自我调节知识（Schraw，

表8—2 知识的分类

	一般知识	特殊领域知识
陈述性知识	图书馆开放时间 语法规则	直角三角形斜边的定义 诗歌《乌鸦》中的诗句
程序性知识	如何使用你的手机 如何开车	如何解答氧化还原方程式 如何在陶工转盘上做罐子
自我调节知识	什么时候放弃一种方法而去尝试另一种方法 什么时候略读，什么时候精读	什么时候使用公式计算体积 打网球时什么时候到网前拦网

2006）。除前文中我们讨论过的一般知识和特殊知识外，陈述性知识、程序性知识和自我调节知识实质上是另一种知识的分类体系。

陈述性知识（declarative knowledge）指可通过各种文字和符号系统进行陈述的知识（盲文、手势语、舞蹈或音乐音符、数学符号等）。陈述性知识说明“是什么”的问题。陈述性知识的范围很广，高度专业性的知识（金的原子质量是196.967）、普遍的事实（有的树叶在秋天会改变颜色）、个人喜好（我不喜欢吃青豆）或规则（分数除法，转化除数后再相乘）都属于陈述性知识的范畴。陈述性知识的小单元可以组合成为更大的单元，如强化和惩罚原理可以组织成行为主义的学习理论。

程序性知识（procedural knowledge）是关于“知道怎么做”某事的知识，例如进行分数除法或清洗汽化器。程序性知识必须是可以示范的。请注意，当学生在重复“分数除法，转化除数后再相乘”这个规则时，表现的是陈述性知识，因为学生在表述。但是要表现程序性知识，学生就必须要操作怎样进行分数除法了。当学生把一篇文章翻译为西班牙文、对几何图形正确归类或构思连贯的段落时，他们所表现出来的就是程序性知识。

自我调节知识（self-regulatory knowledge）是知道如何管理学习的知识——知道何时和如何应用陈述性知识和程序性知识（Schraw，2006）。人们需要自我调节知识来了解什么时候应该逐字阅读文段，什么时候应该略读，以及什么时候应该使用策略来克服拖拉。自我调节知识也被称为“条件性知识”（Paris & Cunningham，1996）。对于许多学生来说，自我调节知识是一块绊脚石。学生拥有很多陈述性知识，并且也能够使用程序性知识，但却不知道如何在适当时候运用他们所知道的知识。自我调节知识可以是某主题领域特定的（在几何中，如果周长未知，知道何时使用公式来计算面积），或者是领域普遍的（如何总结要点或如何用图表组织信息）。事实上，所有这三类知识——陈述性知识、程序性知识和自我调节知识，都可以是普遍一般的，也可以是领域特定的，如表8—2所示（Schraw，2006）。

陈述性知识（declarative knowledge） 能通过各种文字和符号系统进行陈述的知识，如言语信息、事实，说明“知道什么”的问题。

程序性知识（procedural knowledge） 关于“知道怎么做”某事的知识，体现在执行任务的过程中。

自我调节知识（self-regulatory knowledge） 知道如何管理学习的知识——知道何时和如何应用陈述性知识和程序性知识。

外显记忆（explicit memory） 涉及有意的或有意识回忆的长时记忆。

内隐记忆（implicit memory） 我们不能有意识回忆的知识，但却可以无意识地影响我们的行为或思考。

大多数认知心理学家把长时记忆分为两种，即外显记忆和内隐记忆，每一种记忆又细分为一些小的类别，如图8—5所示。**外显记忆（explicit memory）**是可被回忆、有意识思考的长时记忆的知识，我们可以意识到这些记忆——我们知道我们记得它们。相反，**内隐记忆（implicit memory）**则是我们不能有意识回忆的知识，但却可以无意识地影响我们的行为或思考。这些不同类型

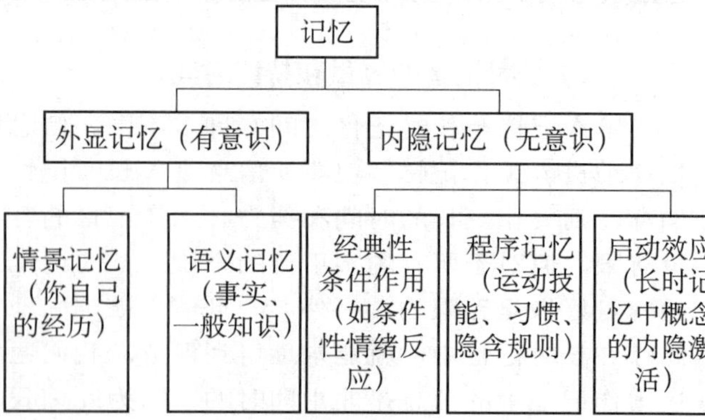

图8—5 长时记忆：外显与内隐

外显记忆和内隐记忆系统遵循不同的规则，并涉及不同的脑神经系统。每种记忆的子类型也可能涉及不同的神经系统。

的记忆与大脑不同部分的脑区有关（Ashcraft & Radvansky，2010；Gray，2011）。

不过，这种观点近来开始受到质疑。Lynne Reder和她的同事们认为内隐和外显记忆并不是两个不同的记忆系统，而是一个记忆系统负责的不同类型的任务（Reder，Park，& Kieffaber，2009）。让我们一起期待新的理论的形成吧。不过，现在让我们仍回到内隐和外显记忆系统的观点。首先，我们先了解一下外显记忆。

二、外显记忆：语义记忆和情景记忆

在图8—5中，你可以看到外显记忆既可以是语义的（基于意义），也可以是情景的（基于事件顺序）。

语义记忆（semantic memory）在学校中是非常重要的，是对意义的记忆，包括词语、事实、理论和概念——这些都是陈述性知识，因此有时也被称为陈述性记忆。这些记忆并不与特定的经验相联系，它们是以命题、表象和图式的形式进行表征的（Anderson，2010；Schraw，2006）。

（一）命题和命题网络

我们如何在记忆中表征句子和图画的意义？其中一个就是使用命题及其联结的网络。命题是知识的最小单位，并以真假的形式得以判断。Anderson（2010，p.123）列举了一个包含三个命题的陈述："林肯是美国总统，在残酷的战争期间，他解放了奴隶。"这其中的三个命题是：（1）战争期间林肯是美国总统；（2）战争很残酷；（3）林肯解放了奴隶。

共享某些信息的命题能相互联结起来，形成**命题网络（propositional networks）**。储存在命题网络中的是意义，而不是确切的词或词的顺序。相同的命题网络也适合于这个句子："奴隶被林肯解放，在残酷的战争期间，林肯是美国总统。"它的意义与上一句话是完全一样的。因此，储存在记忆中的是反映一组命题之间关系的意义。

大部分信息可能是以命题网络的形式进行储存和表征的。当我们要回忆一些信息时，我们可以将它的意义（就像在命题网络中表征的）转化为我们熟悉的短语、句子或心理图像。因为命题是联结成网络的，因此回忆一些信息将引发或激活另一些信息。当然，我们没有意识到这些网络，因为它们不是我们有意识记忆的部分（Anderson，2010）。同样，当我们用自己的语言形成一句话时，我们也没有意识到潜在的语法结构，我们不需要为了说出一个句子而对句子进行图示。

（二）表象

表象（images）是基于信息的结构或外在形式而进行的表征（Anderson，2010）。当我们形成表象时（就像你解决前文中的"d"问题），我们设法记住或重新创造信息的物理属性或空间结构。例如，当被问及小镇某一处星巴克咖啡店旁边是什么商店时，许多人会用他们头脑中的"眼睛"找到咖啡店的位置，然后再"看"咖啡店旁边是什么商店。然而，关于表象是如何储存在记忆中，研究者却有不同的意见。一些心理学家认为表象是以图像的形式来储存的；其他心理学家则认为我们在长时记忆中储存命题，只有必要时，才在工作记忆中将其转化为图像。这一争论目前还在继续（Sternberg & Sternberg，2012）。

> **语义记忆（semantic memory）** 对意义的记忆。
> **命题网络（propositional networks）** 长时记忆中存储的相互联系的概念。
> **表象（images）** 基于信息的结构或外在形式而进行的表征。

很可能，每一种加工过程都有各自的特征——有些记忆加工图像，有些记忆加工与图像有关的言语或命题描述。在人们心目中出现的与实际看到的图像并不完全一样，人们在心里进行复杂的图像转换要比现实中的图像转换困难得多。例如，你冰箱里有一个"d"形塑料磁铁，你可以快速旋转它，而心理上的旋转对于大多数人来说会花费更多时间。有一些词或概念会比较容易形成表象——对你来说，形成对星巴克的表象会比形成对某一个法官的表象要容易得多。然而，表象有助于你做出许多与现实有关的决定。例如，你起居室里的沙发看起来怎样？怎样排队等候打高尔夫球？表象同样有助于抽象推理，如物理学家法拉第和爱因斯坦，他们报告在解决复杂的新问题时，通过创造表象来进行推理。爱因斯坦说，当相对论概念在他头脑中涌现时，他好像看到自己正在追赶一束光并想尽力抓住它（Kosslyn & Koenig，1992）。

（三）两个好于一个：言语和表象

Allan Paivo（1986，2006；Clark & Paivio，

1991）指出，信息在长时记忆中是以表象、言语或表象与言语两种形式共同储存的。同意这一个观点的心理学家认为，以视觉和言语这两种形式编码的信息最易于学习（Butcher，2006）。这也许解释了为什么给学生解释词语概念，然后再用手指进行视觉表征（我们在教材中用到的）会有助于学生的学习。

停下来　想一想

是什么使杯子成为杯子的？请列举出杯子的特征。水果是什么？香蕉是水果吗？西红柿是水果吗？南瓜呢？西瓜呢？红薯呢？橄榄呢？可可果呢？你是怎样习得水果就是水果的？

变化的概念

概念有很多属性，而且并不是固定不变的。新近的技术应用手段，如文本信息化的应用，已经改变了"对话"的概念。

（四）概念

我们知道的关于杯子、水果以及世界的大部分知识，都涉及概念及概念之间的关系（Aschcraft & Radvansky，2010）。然而，确切地说，概念是什么呢？**概念（concept）**是用来把相似的事件、观点、物体或人进行分组的类别。我们谈论一个特定的概念，如"学生"，我们所指的是彼此相似的一类人——他们都在学习某个学科。不论年轻或年老、在校或不在校、学习棒球或巴赫音乐，他们都可以被归类为学生。概念是抽象的，在真实的世界中并不存在。存在于真实世界中的只是概念的单个样例。概念帮助人们把大量的信息组织成为易于管理和储存的单元。例如，现实生活中存在750万种不同的颜色，我们可以把这些颜色分成大约12组的样子，这样就能够较好地处理如此多姿多彩的颜色了（Bruner，1973）。

在早期研究中，心理学家们设想概念共有一组**定义属性（defining attributes）**或关键特征。例如，书是以某种方式订在一起的书页（但是，电子"书"是什么呢？）。"猫"这个概念包括的定义属性包括小身体、圆脑袋、三角形耳朵、腮须、四条腿以及皮毛。这个概念可以帮助你在面对不同类型的猫时，都能迅速地知道那个动物是猫，而不需要每次都重新学习。概念的定义属性理论表明，我们是通过注意事物的关键特征而识别出概念的具体样例的。

概念（concept）　用来把相似的事件、观点、物体或人进行分组的类别。

定义属性（defining attributes）　某个特定概念群体中的成员共有的特质。

原型（prototype）　类别的最好样例或最佳表征。

然而，自1970年开始，定义属性等观点受到了挑战（Ashcraft & Radvansky，2010）。尽管有些概念（例如等边三角形）有明确的定义特征，但对于大多数概念而言并没有明确的定义属性。就以"宴会"这个概念来说吧，它的定义属性又是什么呢？人们很难列出宴会的具体特征，但当人们看到或听到宴会时还是能识别出来的（除非，我们讨论的是政党会议或其他诉讼会，如果这样，声音可能就帮不了你识别"宴会"了）。鸟的概念又是什么呢？人们最先想到的可能是鸟会飞？那么鸵鸟是鸟吗？企鹅呢？蝙蝠呢？

（五）原型、样例和理论范畴

当前的概念学习观认为，人们在头脑中有一个宴会、鸟或者字母A的原型，这是对每个概念最本质特征的表象。**原型（prototype）**是类别的最好代表。例如，对许多北美洲人来说，"鸟"类的最好代表可能是知更鸟（Rosch，1973）。这个类别的一些成员可能与原型非常相似（麻雀），另一些成员可能与原型在某些方面相似，而在其他方面不同（鸡、鸵鸟）。处于类别边界处的样例，人们在判断其所属时会出现困难。例如，电话是“家具”吗？电梯是“交通工具”吗？橄榄是“水果”吗？某个具体样例是否属于某一类别只是程度的问题，因此类别的边界是模糊的。某些事件、物品或观点比起其他的事件、物品或观点，仅仅是概念的一个更好的样例（Ashcraft & Radvansky，2010）。

另一种概念学习观认为，人们通过指认具体样例来鉴别一个类别的成员。**样例（exemplars）**是我们对具体的一种鸟、宴会、家具等实际的记忆，人们使用这样的记忆对一个不确定的项目进行比较，看这个项目是否和人们指认的样例同属一类。原型可能源于经验中的许多样例，这是自然而然发生的，因为人们对具体事件的记忆（情景记忆）会随着时间而变得模糊。人们会从见过的所有沙发样例中，创造出一个一般的或典型的沙发原型（Smith & Kosslyn，2007）。

当然，原型和样例理论也存在一些不足。比如，如果你事先没有一个“鸟”的概念，你怎么知道什么样的“鸟的经验”能够共同形成鸟这一概念？有一种解释是：我们对事物的分类从本质上是以我们对世界的理解和认识为理论基础的。所以，如果范畴的要求是“在没有锤子去敲钉的情况下，我可以使用的所有东西”，那么“砖块、岩石和蹄铁”就可以划分为同一个范畴。我们对于哪些东西可以发挥作用的认识，形成了“可以敲钉子的东西”的范畴。不过，有些基于理论、用于创造概念的知识常常是内隐的，是意识觉察不到的。例如，对于什么是“好的音乐”——只有当我听到它的时候，我才会知道（Ashcraft & Radvansky，2010；Sternberg & Sternberg，2012）。

Jacob Feldman (2003) 提出概念形成的最后一个方面——简单性原则。Feldman 认为，遇到样例时，人类能够推导出涵盖所有样例的最简单原则。有时很容易建立这样的简单规则（三角形），而有时候却很困难（水果），但人类试图寻找出能够联结一个概念的所有样例的简单假设。Feldman 认为，简单性原则与认知心理学中最古老的观点一致：“有机体通过把输入的信息简化为一个更简单、更连贯和更有用的形式来试图理解其身处的环境。”（p.231）这种观念是否使你想起知觉的格式塔原则？

（六）图式

命题和单一的表象对于表征单个思想或关系是很合适的，但我们关于某个主题的知识往往是图像和命题相结合的。为了解释这种复杂的知识，心理学家提出了图式的观点。**图式（schemas）**是组织了大量信息的抽象知识结构。图式是引导我们知觉的心理框架，可以帮助我们在过去已知的以及对未来期望的基础上理解经验的意义（Sternberg & Sternberg，2012）。例如，图 8—6 是有关“强化”知识图式的部分表征。

> **样例（exemplars）** 对具体某一实物的具体记忆。
> **图式（schemas）** 有组织的信息的基本结构。

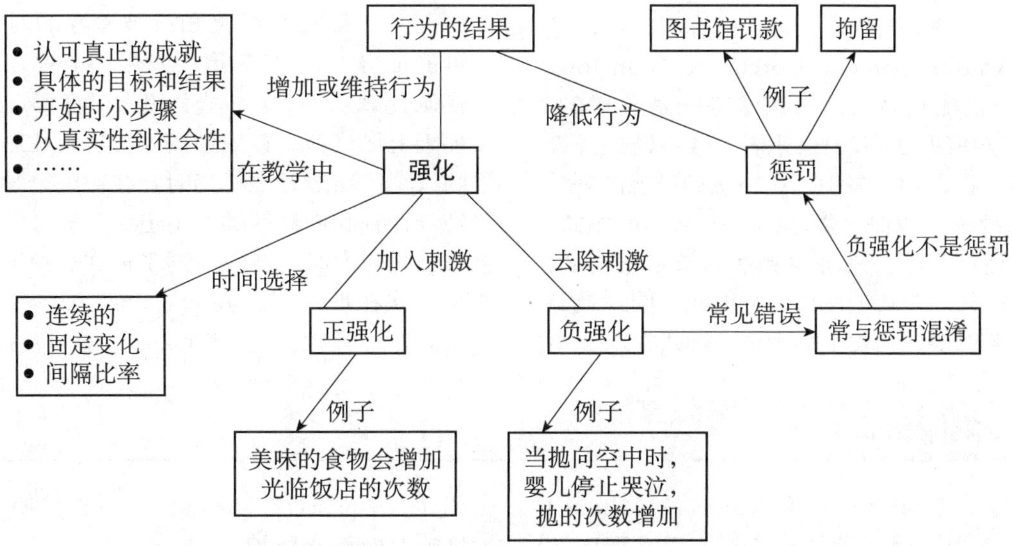

图 8—6 “强化”的部分图式

“强化”的概念属于“结果”这一分类中。依赖于个人经验，强化可能与其他的概念相关，如在饭店吃饭或抛婴儿游戏。

故事语法（story grammar） 有关故事的典型结构或组织。

情景记忆（episodic memory） 对特定的时间和地点信息的记忆，尤其是关于个体自身生活中的事件或情景信息的记忆。

闪光灯记忆（flashbulb memories） 个体对生活具有强烈情绪体验事件的清晰、生动的记忆。

程序性记忆（procedural memory） 长时记忆中关于怎么做的记忆。

图式会告诉你一个类别的典型特征是什么，对于一个实物或情境的期望是什么。当我们在特定情境下应用图式时，它能够提供许多具体信息。而且，图式带有个人特征。例如，我的强化图式就肯定不如斯金纳的图式发展得那么充分。在第2章讨论皮亚杰认知发展理论时，我们也曾遇到过一个非常类似于图式的概念。

当你听到“林肯是美国总统，在残酷的战争期间，他解放了奴隶”这句话时，你知道的不仅仅是三个命题。基于你的图式“残酷”，你可能推论战争后统一国家困难重重。有关“奴隶”的图式让你了解了他们的一些生活，而这些信息在句子中是没有明确阐述的。

图式知识帮助我们形成并理解概念。尽管假币也相当吻合真币的原型以及样例，而且也很像真币，那么我们是如何辨认真币和假币的呢？我们经由经验知道了假币与真币的区别，邪恶的人印刷了假币。因此，有关“钱”这个概念的理解就与犯罪、伪造罪、联邦财政等概念以及其他内容联系起来了。

有一种特别的图式叫**故事语法（story grammar）**（有时候称为文本图式或故事结构），这种图式能帮助学生理解和记忆故事。一般性的故事语法包括：背景、起因、反应、目标、行动、结果和结局（van den Broek, Lorch, & Thunrlow, 1996）。一个更加具体的故事语法可能是这样的：发现谋杀，寻找线索，找出谋杀者的致命错误，设圈套让疑犯承认，谋杀者中计……然后谜团解开！要理解一个故事，我们就要选择一个合适的图式。然后，我们用这个框架来决定哪些细节是重要的、要寻找什么信息以及要记住什么。因此，图式就是一个关于故事将要如何发生的理论。图式在对文本的“质问”中引导我们，指出我们期望找到的某些信息，从而理解整个故事。如果我们激活了“谋杀谜团计划”，我们就可能对一些线索或者谋杀者的一个致命错误非常敏感。如果没有合适的图式，那么理解一个故事、一本书或一节课将是非常缓慢和困难的，就像在没有地图或GPS导航仪的情况下要找到穿过一个新城镇的道路一样。

概而言之，命题、表象、概念及图式都属于外显的语义记忆。另一类型的外显记忆是情景记忆。

（七）情景记忆

情景记忆（episodic memory） 指对特定的时间和地点信息的记忆，尤其是关于个体自身生活中的事件或情景信息的记忆。情景记忆指向我们经历过的事情，因此我们经常能解释事情何时发生。相反，当我们获得语义记忆时，却常常不能描述出来。例如，你可能很难记住是何时获得“不公平”这个词的语义记忆的，但是，你很容易记住某次你受到的不公平待遇。情景记忆也有助于你记住事情的顺序，因此，它是储存电影中笑话、故事或情节的好地方。

人们对生活中戏剧性或充满感情的时刻的记忆，被称作**闪光灯记忆（flashbulb memories）**。闪光灯记忆很生动、完整，仿佛你的大脑要求你“记录这一时刻”。在压力下，更多葡萄糖为大脑的活动提供了能量，同时由压力引起的激素向大脑发出信号：重要事情正在发生（Myers, 2005; Sternberg & Sternberg, 2012）。因此，当我们有强烈的情绪反应时，记忆会更深刻、更持久。许多人对学校中发生的积极或消极事情有着生动的记忆，尤其是在获得奖励或被羞辱的时候。你也很可能记得“9·11”事件发生那天你在哪里以及正在做什么。而50岁以上的人对肯尼迪遭到暗杀的那天记忆犹新：肯尼迪搭乘飞机前往达拉斯，当他的汽车按路线开往机场时，我们整个学校的人都已经步行到我们社区的主街道鼓掌欢呼。当我回到学校上几何课时，我们听到了他在达拉斯被枪杀的消息。就在那一天，我的一个朋友曾和肯尼迪共进早餐，当他得知这一消息时，他沮丧极了。

三、内隐记忆

回顾上文的图8—5，你会看到三种形式的内隐记忆或无意识记忆：经典性条件作用、程序性记忆以及启动效应。就像我们在第7章中所看到的，在经典性条件作用中，一些无意识的记忆可能让你考试时产生焦虑，或者当你听到牙医的电钻响起时而心跳加快。

第二种内隐记忆是对技能、习惯以及如何做事情的**程序性记忆（procedural memory）**，即对首先，进入快餐店并排队。 → 接着，妈妈问我是要汉堡包还是热狗。 → 然后，我们拿到食物并找座位坐下。 → 我拿了调味番茄酱，妈妈帮我打开。 → 我们就餐，然后把垃圾扔了。

图 8—7　一个孩子在快餐店就餐的脚本

程序性记忆

程序性记忆适用于技能、习惯以及“如何做事情”。也许要花一些时间学习一个程序，如发网球，但一旦学会，这种程序就可以记忆很长时间。

程序性知识的记忆。也许你要花一些时间去学习一个程序——比如如何滑雪、怎样提取方程公因子或设计教学方案等。但一旦学会，这种知识就可以记忆很长时间。程序性知识通过脚本以及条件—行动规则来表征，有时候也被称为产生式。

脚本（scripts）是指行动的顺序或储存在记忆中的行动计划（Schraw，2006）。我们都有关于事件的脚本，如在餐馆点菜。由于餐馆不同（如四星级的酒店或快餐店），这些脚本也不尽相同。即使小孩子也有脚本，如在幼儿园加餐时如何表现，或者在朋友生日会上该如何表现，如图 8—7 所示。事实上，对于非常小的孩子来说，脚本似乎可以帮助他们组织和记忆自身世界中那些可以预知的事情。这样就释放了一些工作记忆，可以用于学习新东西或识别情境中怪异的事物。从人类生存的角度来说，记住可能继续发生的事情，并且注意到某些怪异的事物，可能是很有帮助的（Nelson & Fivush，2004）。

产生式（productions）明确说明了在某种条件下做什么：如果 A 发生，就做 B。产生式可能类似于这样：“如果你想在雪地上滑得更快，就稍微向后倾斜。”“如果你的目标是提高学生的注意力，那么当一个学生的注意力集中时间比以前更长时，就表扬这个学生。”在现实生活中，人们常常不能说出所有的脚本以及条件—行动规则，甚至都不知道他们正遵循着这些规则，然而却实实在在地在运用它们。程序性记忆被实践的机会越多，人们行动的自动化程度就越高，记忆也就更加内隐（Anderson，2010；Schraw，2006）。

停下来　想一想

请将空白处补全：mem _ _ _

最后一种类型的内隐记忆涉及**启动（priming）**。所谓启动，就是通过一些无意识加工，激活已经储存在于长时记忆中的信息。你也许在上面填空问题中看到了一个启动的例子。如果你填写的是 memory（记忆），而不是 memoir（记录）、member（成员）或其他以 mem 开头的词，那就是启动在起作用。因为“记忆”这个词在本章中的前面出现了很多次。启动可能是提取的基本过程，因为启动会激活联结，并扩散到整个记忆系统中（Ashcraft & Radvansky，2010）。

脚本（scripts）　关于普通事件（如买杂货或订比萨饼）行动顺序的图式或预期计划。

产生式（productions）　程序性记忆的内容；有关在何种条件下采用何种行动的规则。

启动（priming）　激活记忆系统中的某个概念或者激活一个概念与另外一个概念的联系。

四、长时记忆中信息的储存与提取

（一）将信息储存入长时记忆

怎样才能通过创造外显和内隐记忆来将信息永久“保存”呢？我们如何最有效地使用几乎无限的记忆空间来促进学习和记忆呢？首先，你学习信息的方式——开始时在工作记忆中加工信息的方式——会强烈地影响随后对信息的回忆。其次，当你建构理解时，你需要将新信息与已经储存在长时记忆中的知识整合起来。在这里，精细加工、组织、形象化以及情境发挥着重要作用。

1. 精细加工

精细加工（elaboration）是通过与已有知识建立联系，从而给新信息赋予意义。换句话说，我们应用自己的图式和已经存在的知识建构理解。在这个过程中，我们通常会改变已有的知识。我们经常自动进行精细加工，如一段关于古罗马时期历史人物的描述会激活我们已经存在的关于那个时期的知识，我们用原有的知识来理解新的知识。

第一次学习就得到精细加工的材料，会更容易回忆。首先，就像我们前面看到的，精细加工是复述的一种形式，它能够激活工作记忆中的信息并保持足够长的时间，从而有机会把新信息与长时记忆中的信息联系起来。其次，通过精细加工，新信息可以与已有知识建立额外的联系。一个信息或知识与其他的信息或知识联系越多，通达最初信息的路径就越多。用另一种方式表达就是：你将拥有多个启动（提取）线索来获取或识别你正在找寻的信息（Bruning et al.，2011）。

> **精细加工（elaboration）** 通过与已有知识建立联系，从而给新信息赋予意义。
> **组织（organization）** 将事物之间建立有序的、有逻辑的联系。

学生对新观点进行的精细加工越多，就越能“把新观点变为自己的东西”。对新观点理解越深，对该知识的记忆就越好。当我们要求学生用自己的话转译信息、举例、向同伴解释、以图表的形式呈现、理清关系或应用知识解决问题时，我们都是在帮助学生进行精细加工。当然，如果学生是用错误的解释来加工新信息，那么这些错误的概念也会得到记忆。

2. 组织

组织（organization）是改进学习过程的第二个因素。组织好的材料比零散的信息更容易学习和记忆，特别是当信息非常复杂或宽泛时。组块就是一种组织——将细小、琐碎的信息组合成更大的、有意义的信息单元。把一个概念放在一个结构中，将有助于你学习和记忆它的一般定义和特殊例子。当你需要该概念时，这个结构将成为一个指引，使你重新记起这个概念。例如，表8—2有组织地列出了有关知识种类的信息；图8—6有组织地列出了我的“强化”图式。下面的“家庭和社区合作实践指南”提供了一些有益的建议，从中我们可以知道如何和家庭合作来给学生提供更多的支持和练习机会。

3. 形象化

你可能还记得我们在记忆的双重编码理论中提到，同时采用视觉和言语形式加工的信息最易

家庭和社区合作实践指南　　组织学习活动

- 给家庭具体的策略来帮助孩子练习和记忆。

例如：

1. 设计出“超级学习者”家庭作业，作业包括学习材料和“家庭指导卡片”，卡片上可以附上一种简单的记忆策略（适于材料），父母能用这种策略来教孩子。

2. 提供一些检查学生理解情况的问题，以便家庭成员能帮助孩子复习家庭作业，并检查他们的理解情况。

3. 说明分散练习的意义，并且给家庭成员建议什么时候以及如何把技能练习融入家庭谈话和计划之中。

- 要求家庭成员分享他们的组织与记忆策略。

例如：

1. 建立家庭日历。

2. 鼓励他们讨论计划。在讨论中，家庭成员帮助学生把大的任务分解成较小的工作、确定目标，并找到所需的资源。

- 讨论注意对学习的重要性。

例如：

1. 鼓励家庭创造远离干扰的学习空间。

2. 确保家长了解布置家庭作业的目的。

于学习（Butcher，2006；Paivio，2006）。如果信息是依赖其自身的图像而被记住的话，那么形象化将会有助于记忆。例如，至少对我来说，将一辆小汽车形象化要比将内燃发动机形象化容易得多。此外，在构建心理表象的能力上存在着个体差异，一些人就是在这项任务上强于他人（Bruning et al.，2011）。那么，在教学中是否意味着一张图片胜过1 000个词呢？Richard Mayer（2001，2005）对这个问题进行了多年的研究，他发现将图片和文字恰当结合，至少对于高年级的学生而言，能够对其学习产生显著影响。Mayer的多媒体学习认知理论包含三个你应当熟悉的概念：（1）双重编码，即视觉和言语材料在不同的系统中得到加工（Clark & Paivio，1991）。（2）容量有限，即视觉和言语材料的工作记忆是受到严格限制的，人们需要管理认知负荷（Baddeley，2001；van Merrienboer & Sweller，2005）。（3）生成学习，即当学生关注相关信息并且产生或建立联系时，有意义学习就发生了（Mayer，2008，2011）。

但是，在工作记忆容量有限的条件下，应该如何建立复杂的理解以整合来自视觉（图表、影片）和言语（课文、讲座）的资源呢？正确的做法是：保证信息同时可以通达，或者只关注一小点信息。Mayer和Gallini（1990）给出了一个例子，他们使用三类文本解释自行车打气筒是如何工作的。第一篇文本中只使用言语词汇；第二篇文本中有图片，图片显示了刹车系统的各个部分以及步骤；第三篇文本（这一篇提高了学生的学习与记忆）用标签显示了每一个步骤及打气筒“开”与“关”的状态，如图8—8所示。

然而，在教学中使用多种表征方式也需要慎重。首先，Vernon Hall及其同事在1997年的研究中发现，那些自己画出打气筒工作原理图的学生与直接学习Mayer提供的原理图的学生相比，表现一样好。其次，Mayer和Hall的研究中均采用大学生作为被试，Erin McTigue（2009）在中学生的生命科学课和物理课上重复进行了该项研究，结果发现，图解对学生理解生命科学的知识有所促进，但是对理解物理知识却没有什么帮助。

因此，研究表明仅仅使用多种表征方式（文字、图片、图形、表格、动画等）并不一定能更好地促进学生理解。对于中小学生而言，可能更需要诸如颜色编码等辅助手段来帮助他们聚焦到图片和图形的关系上，或帮助他们不断地检查自己的理解、是否形成了错误概念等（Bertgild & Renkl，2009）。那么，上述研究结果告诉我们什么呢？教师要鼓励学生以多种方式来帮助理解——图片和解释，但是不要让工作记忆超出负荷——要在记忆容量范围内将视觉和言语信息进行“打包”，并且要直接教给学生如何认识图解以及自己如何画图。

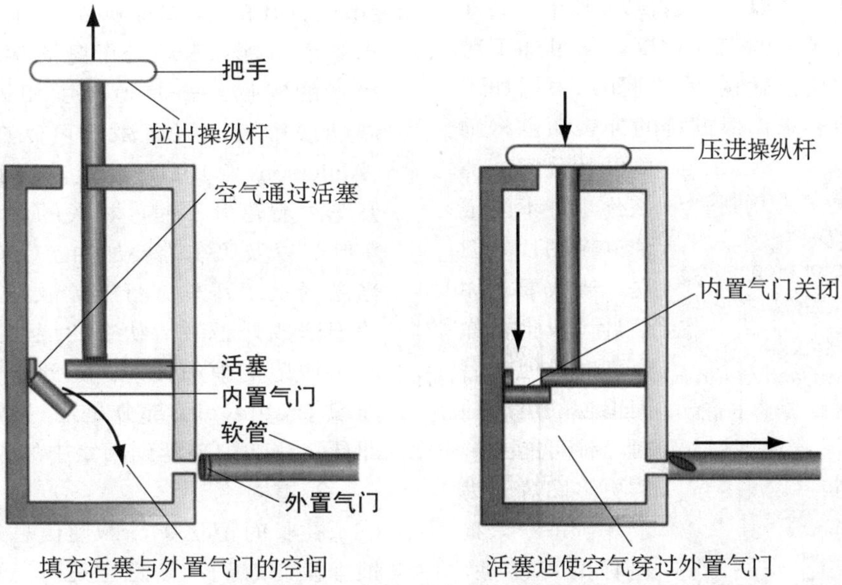

图8—8 帮助学生理解的表象和词语

在教学中，一张图片比得上1 000个词吗？就像上面的这个图解，图片与词的正确结合对大学生的学习有显著影响。但是这些图片说明并未对中学生产生显著影响。图片和文字对学生的学习究竟会有哪些帮助？

4. 情境

情境（context）是影响学习效果的第四个因素。人们在学习信息的同时，也会习得获取信息时的物理环境和心境等方面（如地点、空间、情绪、与谁在一起）。随后，当你设法回忆信息时，若现在的情境与最初的情境相似，信息就会更容易被回忆起来（Ashcraft & Radvansky，2010）。情境是一种激活信息的启动。例如，在一项经典研究中，对潜水员在学习一系列关于水下的单词之后进行测试，一部分人在水下进行测试，另一部分人在干旱的陆地上进行测试，结果发现前者记忆的内容比后者多（Godden & Baddeley，1975）。另一项研究发现，在特定空间内学习材料的学生，如果在相似的空间内进行测验，会比在一个表面上看似不同的空间内进行测验有更好的表现（Smith，Glenberg，& Bjork，1978）。因此，学习和测试都在相似的情境下（而不是在像麦当劳之类的地方）进行可以有更好的表现。当然，你不可能总为了回忆一些事情而常常返回到相同的或相似的空间，但如果你能在脑海中勾画出当时的情境、当天的时间以及你的同伴，或许最终你可以通达到你所要提取的信息。

5. 加工水平理论

Craik 和 Lockhart（1972）曾提出**加工水平理论（levels of processing theory）**来取代短时—长时记忆模型，但加工水平理论与先前描述的精细加工概念有着密切联系。Craik 和 Lockhart 提出，信息能被记住多久取决于该信息被分析的深度以及与其他信息关联的广泛程度。信息加工越完全，回忆起来的机会就越大。例如，根据加工水平理论，如果我要求你根据狗的外表颜色将狗的图片分类，那么你也许不能记住许多图片。但是，当我要求你估计一只狗在你慢跑时，他在后面追你的可能性时，你可能会记得更多图片。为了评价每一只狗追你的可能性，你必须注意图片中的细节，把狗的属性与危险的特征相联系，等等。这种评价过程需要更深层次的加工，需要更多关注图片的意义，而不是图片的表面特征。

> **情境（context）** 与某个事件相关联的物理背景或情绪感受。
>
> **加工水平理论（levels of processing theory）** 一种认为信息的回忆量与其加工水平有关的理论。
>
> **激活扩散（spreading activation）** 基于信息之间的彼此联系进行信息提取的过程。记住一个信息单位有助于对相关信息的回忆。
>
> **提取（retrieval）** 在长时记忆中搜索和找到信息的过程。
>
> **重构（reconstruction）** 通过运用记忆、调整期望、使用逻辑和现有的知识来重新创造知识。

（二）从长时记忆中提取信息

当我们需要使用长时记忆中的信息时，我们会搜寻它。有时候，这种搜寻是有意识的，如你看到一个朋友正在走近，便在长时记忆中寻找她的名字；有时，从长时记忆中查找和使用信息是自动化的，如你拨一个电话号码或解决一个数学问题时，不必在长时记忆中搜寻每一个步骤，或者当你看到 mem _ _ _时，memory（记忆）这个词就会浮现在你的脑海里。长时记忆就如同一个巨大的储存架，上面摆满了工具（技能、程序）和资源（知识、概念、图式），并准备随时返回到工作记忆的工作台来完成任务。这个储存架（长时记忆）储存的信息多得难以置信，使得你可能很难迅速地发现要找的东西。工作台（工作记忆）储存的信息非常少，但工作台上的任何信息都可即时通达。然而，正因为工作台储存信息很少，所以当它超负荷或者一些信息覆盖（干扰）另一些信息时，工作记忆中的资源（一些信息）就会丢失（E. Gagne，1985）。当然，在进入工作记忆和长时记忆前，你必须先予以注意（Silverman，2008）。

1. 激活扩散

长时记忆中的网络是巨大的，但是每次只能激活一小部分。只有我们正在思考的信息，才处于工作记忆中。通过**激活扩散（spreading activation）**，人们能够从这个网络中提取信息。当某个命题或表象处于激活状态——当我们正在思考的时候——其他高度相关的知识也可以被启动或触发，从而激活可以在网络中得到扩散（Anderson，2010）。因此，当我关注命题“我想开车去看落叶”时，相关的想法如“我应该寻找落叶”以及“车需要加油了”就会浮现在脑海中。当激活从“开车旅行”扩散到“加油”时，原来的想法或处于激活状态的记忆因为空间的限制就从工作记忆中消失了。因此，长时记忆中的信息**提取（retrieval）**部分是通过激活扩散而实现的，即从一些知识蔓延到网络中的相关概念。

2. 重构

在长时记忆中，即使信息未被激活或当时你根本没有想到，信息也是可以通达的。如果激活扩散没有“找到”我们寻找的信息，那么我们就可以通过**重构（reconstruction）**来解决。重构是一种认知工具或问题解决过程，通过填补缺失的内容，并利用逻辑、线索以及其他知识而建构一个合理的回答（Koriat，Goldsmith，& Pansky，2000）。有时候，重构的回忆是不正确的。例如，在 1932 年，巴特莱特（F. C. Barttlett）进行了一个关于记忆故事的著名研究，他让英国剑桥大学的学生们读了一个复杂的、不熟悉的美国故事，并在间隔不同的时间段以后，让学生们回忆。结果发现，学生回忆的故事一般都短于原来的故事，并且被转化为剑桥学生熟悉的概念和语言。例如，他给学生讲了一个捕获海豹的故事，但许多学生回忆（重构）成了一个“捕鱼旅行”故事，该活动更接近于他们的经验，并与他们的图式更一致。

3. 遗忘与长时记忆

100 多年前，一位研究言语信息记忆的先驱艾宾浩斯（Hermann Ebbinghaus，1885—1964）指出：“所有的观念，如果置之不理，最终都会逐渐被遗忘。这一事实，人所共知。”（p.62）随着时间的衰退和干扰，信息会从长时记忆中丢失。例如，一个人在结束了西班牙语课程的三年中，他记忆的西班牙语词汇会减少，然后会保持在一定的水平约 25 年，在接下来的 25 年中会再次减少。对于这种下降趋势的一种解释是：神经联结（类似于肌肉）不使用，就会逐渐减弱。虽然 25 年后记忆仍可能停留在大脑中的某个地方，但它们太微弱了，以至于不能被激活。此外，随年龄带来的神经老化也是造成后期记忆衰退的一个因素，因为一些神经元已经死亡了（Anderson，2010）。最终，更新的记忆会干扰模糊的旧的记忆，旧的记忆也会干扰对新材料的记忆。

即使长时记忆会衰退并受到干扰，长时记忆还是值得关注的。短时记忆中存储的信息有可能会丢失和遗忘，但是长时记忆中存储的信息只要有合适的线索，就可以保持很长时间（Erdelyi，2010）。鼓励学生参与并引导他们对最初的学习进行高水平加工的教学策略，与学生更长久的知识保持有关。例如，不时的复习和考试、精细的反馈、设立高标准、掌握学习、积极参与各种学习活动，都是有效促进长期记忆的有效策略。

五、个体差异与长时记忆

影响长时记忆的主要个体差异是知识。就像我们之前看到的小足球专家的例子，当学生有更多专门领域的陈述性知识和程序性知识时，他们能更好地学习和记忆该领域的材料（Alexander，1997）。想象一下你阅读某个不熟悉领域的技术性书刊的情景，应该读每一行都很困难吧！你不得不停下来查生词或者返回去阅读你不理解的概念，因为你必须在理解的同时进行记忆，所以很难记住你正在阅读的材料。如果你有良好的知识基础，学习和记忆就变得容易了；你知道得越多，就越容易知道得更多。这也许就是为什么你的专业课要比你专业之外的选修课看似更容易一些的原因吧。另一个与学习及记忆相关的因素是兴趣，要发展专家一样的理解和回忆，需要“技能（即知识）和刺激（即兴趣）”的不断相互作用（Alexander，Kulikowich，& Schulze，1994，p.334）。

接下来让我们进入一个非常重要的问题：教师如何促进学生所学知识的长久保持？

第四节　成为有知识的人：一些基本原则

我们将分别探讨陈述性知识和程序性知识的发展，但是请记住：真实的学习是多种要素的联结和整合。在下一章讨论元认知的时候，我们还将探讨第三类知识：自我调节的知识。

一、陈述性知识的发展

就像你所看到的，当人们对正学习的某个领域有较好的知识基础时，他们学得最好。因为有许多精细的图式和脚本引导他们，新的材料将会变得更有意义，而且在长时记忆网络中有许多可能的节点，它们可以将新旧信息联结起来。那么，可能的策略有哪些呢？或许帮助学生最好的办法就是让每一节课都尽可能有意义。

（一）使教学富有意义

有意义的课堂，是使用对学生有意义的词汇来呈现的。教师在阐明新术语时，可以将这些新术语与学生更熟悉的词语及概念联系起来。有意义的课堂应该组织良好，不同知识点之间应有清晰的联系。同时，有意义的课堂能够通过例子和对比，自然地利用旧信息帮助学生理解新信息。

下面源自 Smith（1975）的例子，就强调了有意义教学的重要性。

停下来 想一想

看下面的三行内容，先盖住其他行，只看第一行。看上一秒钟，合上书，写下你记得的所有字母。然后，以同样的方式进行第二行和第三行。

1. KBVODUWGPJMSQTXNOGMCTRSO
2. READ JUMP WHEAT POOR BUT SEEK
3. KNIGHTS RODE HORSES INTO WAR

每一行字母的个数相同，但是你记住第三行全部字母的概率更大一些，你也能记住第二行许多字母，第一行的字母记得最少。这是因为，第一行的字母没有意义，在短短的扫视下是没有办法组织它的。工作记忆很简单，它不能快速地保留和加工所有的信息。第二行比第一行有意义一些，你不必看每个字母，因为你的长时记忆会把拼写规则和词汇的先前知识提取出来，以完成目前的任务。第三行最有意义，仅仅扫视一下你就可以记住所有的字母，因为你从长时记忆中提取出来的信息，不仅有先前的拼写和词汇知识，还有句法规则和有关“knights”（骑士）的历史信息（他们没有驾驶坦克）。这个句子是最有意义的，因为你有现存的图式去同化它（Sweller，van Merrienboer，& Paas，1998）。

因此，教师面临的挑战就是别让课堂像学习第一行那样，而应像学习第三行那样。尽管这似乎显而易见，但是想想当你读到课本上的一句话，或听到教授的一个解释类似于看到 KBVODUWGPJMSQTXNOGMCTRSO 时，会是什么样的情形？请注意，要设法改变学生过去的学习方式：从死记硬背转变为有意义学习，虽然学生并不总是会热情地接受。学生也许只是关心他们的成绩，至少当他们死记硬背而得到 A 时，他们知道他们所期望的是什么。有意义学习更有风险和挑战性。在第 9 ～ 11 章中，我们将讨论更多有关教师用于支持学生进行有意义学习与理解的方法。

当你的学生没有良好的知识基础的时候，你会做些什么？记忆术或许是一种可行的策略。

记忆术（mnemonics） 有关提高记忆的策略、技术和艺术。

位置法（loci method） 将某些记忆项目与具体位置相联系的记忆策略。

首字母缩写法（acronym） 由一个短语中每个词的首字母组成一个新词，以帮助记忆的方法。

连锁记忆术（chain mnemonics） 将某个序列中的一个元素与下一个元素相联系的记忆策略。

（二）记忆术

记忆术（mnemonics）是提高记忆的系统程序（Atkinson et al.，1999；Levin，1994；Rummel，Levin，& Woodward，2003）。当信息缺乏内在意义时，记忆术通过把将要学习的信息与已存在于大脑中的单词或表象联系起来而建构意义。

位置法（loci method）的命名来自于拉丁词 locus 的复数形式，意思是“地点”。要使用位置法，你必须先想象出一个非常熟悉的地点，如你自己的房间或公寓；然后找出一些特定的位置作为记忆的门栓。例如，假如你想去商店买牛奶、面包、黄油以及谷类食品，那么想象一瓶巨大的牛奶堵塞了走廊，一条懒懒的面包睡在卧室的沙发上，一大块的黄油融化在整个餐桌上，谷物覆盖了厨房的地板。当你想记住这些物品时，你所要做的就是带着想象走过你的房间。

如果你想要长时间地记住信息，或许你可以使用一个首字母的缩写词。**首字母缩写法（acronym）**是缩写词中的一种——由一个短语中每个词的首字母组成的词。例如，HOMES 就可以帮助你记住北美五大湖（Huron，Ontario，Michigan，Erie，Superior）。另一种方法是用每个单词或列表中每个项目的第一个字母形成短语或句子。例如，Every Good Boy Does Fine 这句话就是要记忆 G 调上的首字母记号——E、G、B、D、F。因为作为一个句子，其中的单词一定有意义，这种方法具有**连锁记忆术（chain mnemonics）**的一些特征。连锁记忆术是用记住的第一个项目联结第二个，用第二个联结第三个，以此类推。一种连锁方法是通过一些视觉或故事联系，把清单上的每一个项目与下一个项目联系起来；另一种连锁方法是把所有要记住的项目合并为一句押韵的话语，如“i before e except after c”。

在教学中，被研究和应用得最为广泛的记忆

正方观点 / 反方观点：机械记忆有什么错?

多年来，学生依赖记忆来学习词汇、程序、步骤、名字和事实。这是一个馊主意吗?

正方观点

死记硬背产生惰性知识。

许多年以前，威廉·詹姆斯（1912）讲述了一个能够说明机械学习局限性的故事。通过这个故事，我们可以想象：如果学生只是记忆而不理解的话，他们最终的结果将会怎样。

> 我的一个朋友在参观一所学校时，被邀请去听低年级的地理课。她扫了一眼课本，问道："假设你在地上挖了一个好几百英尺深的洞，你觉得洞底比洞顶热还是凉？" 没有一个学生能回答她的问题。该班的老师说："我保证他们知道，但是你没有用正确的方式提问，让我问他们吧。" 于是她打开书本，问道："地球的内部处于什么状态？" 马上，有一半的学生直接说出了问题的答案："地球内部处于炙热的熔岩状态。"（p.150）

在这里，学生记住了答案，但是他们并不理解答案的真正含义，也不理解"内部"、"地球"或"炽热的熔岩"的含义。只有当他们回答考试题目时，而且只有当题目的表述与他们的记忆完全一致时，这些知识对于他们才是有用的。当学生不能确切地理解这些术语或者教师没有明确地解释这些术语时，他们才经常使用死记硬背，以记住定义中的每一个词。

加德纳一直强烈批判机械记忆，而支持"为理解而教"。在一次接受采访时（Siegel & Shaughnessy，1994），加德纳说：

> 对于美国教育，我最担忧的是，即使在我们比较好的学校里，那些成绩较好的学生们也仅仅是在走过场。在《未受学科训练的心智》这本书里，我列举了大量的例子，它们都提到了一种理解的缺乏——学生不能理解知识、技能和其他外在的成就，并且不能将知识成功地应用于新情境中。如此缺乏灵活性和适应性，学生所受的教育是没有什么价值的。（pp.563–564）

反方观点

死记硬背是有效的。

学习几乎没有内在意义的新信息，比如外语词汇，死记硬背不是一个坏方法。以学习塔家洛语（菲律宾的民族语言）为例，Alvin Wang、Margaret Thomas 和 Judith Quellette（1992）比较了两种方法的效果：死记硬背和关键词法。关键词法是一种在新词与已有单词和图像之间建立联结和意义的学习方法。在他们的研究中，用关键词法虽然在开始阶段记忆得更快更好；但时间一长，用关键词法的学生比用死记硬背学习的学生遗忘得更多。

一项对职前教师的调查发现，他们认为死记硬背对于低龄儿童掌握基本技能是有价值的（Beghetto，2008）。有些时候学生必须要死记硬背，并且如果我们没有教学生这样做，那简直就是在虐待他们。例如："在低年级的简单数学运算和词汇阅读活动中，死记硬背是需要的，并且有助于将来的学业成功；建构主义和基于问题的学习本身，可能不如将建构主义的问题解决与死记硬背联合起来更有效。"（Chang et al.，2011，p. 25）

每一个学科，都有它自己的术语、名词、事实和规则。作为成人，我们想要和这样的医生打交道：他们能够正确记住骨骼和器官的名字，还有对抗各种疾病的药物名称。当然，他们在某些条件下也可以查阅某些信息或者研究；但是，他们必须知道从哪里着手。我们想要和这样的会计师打交道：他们需要给我们正确的税率信息，所以他们必须机械地记住这些，因为每年的税率信息都在以非理性和无意义的形式变化。我们也想和这样一些电脑销售代表共事：他们能清楚地记得库存量，确切知道与我们的电脑匹配的打印机型号。也就是说，死记硬背学到的知识并不一定是惰性知识。真正的问题是，正如加德纳所指出的，你能否灵活而有效地使用这些信息去解决新的问题。

术是**关键词法（keyword method）**，Joel Levin 及其同事曾用 3R 记忆术来教关键词法：（1）把将要学习的词汇条目当作一个更熟悉、具体的关键词来编码（recode）——这就是关键词。（2）使用一个句子把关键词的线索与词汇条目的定义联系（relate）起来。（3）提取（retrieve）想要的定义。

关键词法已经被广泛应用于外语的学习中。例如，西班牙单词 carta（意为信件）读起来好像英语单词"cart"（推车）。在这里，cart 就成为了

关键词法（keyword method） 将新词与原有发音相似的线索词或图像相联系的记忆策略。

机械记忆（rote memorizing） 仅通过重复来记住信息，而不进行任何理解。

系列位置效应（serial-position effect） 倾向于记住系列项目的开头部分和结尾部分，但忘记了中间部分的项目。

部分学习（part learning） 将一个列表拆分成较小的部分进行学习。

分散练习（distributed practice） 练习一小段时间后，休息一会儿后再练习。

集中练习（massed practice） 一次超长时间的持续练习。

自动化的基本技能（automated basic skills） 不需要意识控制就能运用的技能。

关键词。你可以想象一辆装满了信件的购物 cart 开往邮局；或者你可以造一个句子，如“装满信件的 cart 翻倒了”（Pressley, Levin, & Delaney, 1982）。还有一个类似的方法可以用来帮助学生把艺术家和他们作品的某些方面联系起来。例如，让学生想象一下，鲁奥（Georges Rouault）油画中暗线条是用蘸了黑色油墨的尺子（ruler）画出来的（Carney & Levin, 2000, 2002）。

如果仅是教师给予学生关键词和图像，而不要求学生自己提供相关联的词和图像，那么利用关键词法记住的词汇会很容易被遗忘。因为记忆联结是由教师提供的，这些联系可能并不适合学生已有的知识，可能随后就会被遗忘或发生混淆，从而导致记忆出现一定的曲折和困难（Wang & Thomas, 1995; Wang, Thomas, & Ouellette, 1992）。低年级学生难以形成他们自己的表象，对他们来说，依赖听觉线索（押韵）记忆更有效，如“Thirty days hath September”似乎更有效（Willoughby, Porter, Belsito, & Yearsley, 1999）。

总之，在我们获得一些指导学习的知识之前，运用一些记忆术来建构词汇和事实是有帮助的。然而，就像你在前面“正方观点 / 反方观点”中见到的一样，并非所有的教育家都赞同这一说法。

（三）机械记忆

需要通过死记硬背来学习的情况是非常少的。教师面对的最大挑战是帮助学生思考和理解，而不只是背诵记忆。不幸的是，许多学生，包括我们在本章开头提到的那些学生，把**机械记忆（rote memorizing）**和学习画上了等号（Iran-Nejad, 1990）。

然而，在一些场合，我们必须逐字记忆，比如记忆歌词、诗词或者台词。那么，你如何背诵？如果你试着记忆一系列彼此相似的项目，你会发现你倾向于记住该系列项目的开头部分和结尾部分，但忘记了中间部分的项目。这个现象被称为**系列位置效应（serial-position effect）**。**部分学习（part learning）**能帮助你预防这个效应，即将一个列表拆分成较小的部分进行学习，因为把一个列表拆分成几个较小的部分，意味着遗忘的中间项目更少。

记忆较长片段或列表的另一个策略是**分散练习（distributed practice）**。一个学生把背诵哈姆雷特的独白分散在周末的两天时间内来完成，比另一个学生周六整晚都背诵的效果更好。持续学习较长一段时间，称为集中练习。**集中练习（massed practice）**会导致疲劳，减弱动机。分散练习为深入加工知识和加强大脑神经网络之间的联结，提供了时间（Mumford, Costanza, Baughman, Threlfall, & Fleishman, 1994; Paul, 2011）；同时，一段时间后遗忘的知识，能在下次的分散练习中进行重新学习。

二、程序性知识的发展

从文章阅读到医学诊断等领域，区分专家和新手的一个重要特征就是专家的许多陈述性知识已经“程序化”了。也就是说，专家的陈述性知识已经纳入了常规，它们能自动化地被运用，而不会给工作记忆增加太多负担。专家的外显记忆也变成了内隐记忆，而不再需要意识的控制。不需要意识控制就能运用的技能，叫做**自动化的基本技能（automated basic skills）**，如对标准的变速汽车换挡。开始时，你必须思考每一步，但是当你变得熟练后，整个程序就变得自动化了。但是，并非所有的程序都能变成自动化，即使是对于某个领域的专家来说，也不例外。比如，不论你的驾驶技术多么高超，你仍必须有意识地观察你周围的交通情况。这种有意识的程序，称为专门领域的策略。研究发现，人们是以不同的方式来学习自动化的基本技能和专门领域的策略的（Gagné, Yekovich, & Yekovich, 1993）。

（一）自动化的基本技能

大多数心理学家发现自动化技能的发展需要经历三个阶段：认知、联结和自动化（Anderson,

2010；Fitts & Posner，1967）。在认知阶段，当我们第一次学习时，我们依赖陈述性知识和一般的问题解决策略来完成我们的目标。例如，学习组装一个书架时，我们按照指导手册的步骤，每完成一步放一个标志在旁边，以便了解整个进程。在这个阶段，我们必须“思考”每一步，也许得回头参考一下部件的图片，看看“4英尺长的带锁的金属螺栓”是什么样的。此时，工作记忆的负荷是很重的。例如，当我们选择的螺栓不合适时，我们可能需要进行很多次的尝试错误学习。

在联结阶段，程序里的单个步骤被组合或“组块”成为较大的单元。例如，我们伸手拿到合适的螺栓，并把它放进合适的孔中。一个步骤自然提示着下一步。通过练习，联结阶段进入自动化阶段。在这个阶段，整个程序不需要很多注意就能完成。所以，当你组装了足够多的书架时，你可以一边组装一边轻松地谈话，几乎不用注意组装任务。不管是哪种领域的基本认知技能的发展，都经历了从认知到联结再到自动化的阶段。不过，研究者对科学、医学、国际象棋和数学领域进行的研究较多。可以明确的一个事实是：要想让技能变得自动化，需要花费很长时间的练习。

为了帮助学生经过这三个阶段并成为更加内行的学习者，教师要做些什么呢？一般而言，有两个因素最为关键：必备的先前知识和带有反馈的练习。首先，如果学生没有必要的先前知识（概念、图式、技能等），那么工作记忆的负荷会太大。其次，带有反馈的练习能让你形成联结，对线索进行自动认知并把小步骤组合成较大的条件—行动规则或产生式。即使在最早的第一阶段，也应该包括在真实情境中的简化练习。真实情境中的练习，不仅有助于学生学习如何去表现一个技能，而且有助于学习为什么以及什么时候去表现该技能（Collins，Brown，& Newman，1989；Gagné，Yekovich，& Yekovich，1993）。当然，正如每个体育教练都知道的，如果某个步骤、环节或者过程比较难把握，那么这个动作就应该单独训练直到熟练为止，然后再把这个动作放进整个动作序列中，这样就可以降低工作记忆的负荷（Anderson，Reder，& Simon，1996；Ericsson，2011）。

（二）专门领域的策略

如我们前面看到的，一些程序性知识（如开车时监控交通情况）不能达到自动化，因为其条件是不断变化的。一旦你决定改变行车道，操作动作完全是自动化的，但是根据周围的交通条件，你做出改变车道的决定却是有意识的。**专门领域的策略（domain-specific strategies）**有助于人们在问题解决过程中有意识地运用某些技能以达成目标。为了支持这种学习，教师需要提供在许多不同情境中进行练习的机会，比如用包裹标签、杂志、书籍、信函、操作说明、网页等来练习阅读。在下一章有关问题解决和学习策略的讨论中，我们将考察其他有助于学生发展专门领域策略的一些方法。下面的“实践指南”总结了一些发展陈述性和程序性知识的方法。在下一章中我们将详细讨论如何发展自我调节知识。

> **专门领域的策略（domain-specific strategies）** 人们在问题解决过程中有意识地运用某些技能以达成目标。

实践指南　帮助学生理解与记忆

- 确保课堂能够吸引学生的注意力。

例如：

1. 教师给出一个信号，告诉学生停止手头正在做的事情，将注意力转移到教师身上。确保学生会对信号做出反应——不要让学生忽略信号。练习使用信号。

2. 绕着教室走动、使用手势语并避免用单调的语调讲话。

3. 开始上课时，提出一个能激发学生对所学主题感兴趣的问题。

4. 通过走近学生、叫他们的名字或提问的方式来吸引学生的注意力。

- 帮助学生从无意义的细节中抓住要点，关注最重要的信息。

例如：

1. 概述教学目标，以提示学生该学什么，并将你正在呈现的教学材料和教学目标相联系。例如：“现在我将解释如何寻找信息，以达成黑板上呈现的第一个教学目标——判断故事的情绪色彩。”

2. 当你想指出重要信息时，你可以使用停顿、重复、让学生解释、在黑板上用彩色粉笔凸显该信息、让学生在他们的笔记或阅读材料上进行标记等方式来进行。

• 帮助学生在新信息和已有经验之间建立联系。

例如：

1. 复习的前提条件是帮助学生回忆他们理解新材料所需的信息："谁能告诉我们四边形的定义？现在，告诉我们什么是菱形？正方形是四边形吗？正方形是菱形吗？今天我们将学习一些其他的四边形。"

2. 用一个大纲或图表来说明新信息在你提出的知识框架中的位置。例如："既然你知道了FBI（联邦调查局）的职责，那你认为在美国政府的部门列表的哪个位置可以找到它呢？"

3. 布置需要学生使用新信息与已知信息的作业。

• 提供重复和复习信息的机会。

例如：

1. 开始上课前，快速复习家庭作业。

2. 进行频繁、简短的小测验。

3. 把练习和重复加入游戏当中，或者让学生和同伴一起互相测验。

• 清晰、有组织地呈现材料。

例如：

1. 将课程的目的和目标清晰化。

2. 给学生一个简明的大纲，把相同的大纲投在幻灯片上，这样学生就可以跟上你的节奏。当学生问问题或发表评论时，把这些与大纲的对应部分联系起来。

3. 在课程中间环节和结束时进行总结。

• 关注意义，不要死记硬背。

例如：

1. 在教新词时，帮助学生把新词与他们已经理解的一个相关词联系起来："敌意（enmity）与敌人（enemy）来自相同的词根。"

2. 在教余数时，让学生把12个实物分为2、3、4、5、6组，让他们算出在每种情况下的"余数"。

▼ 本章小结

第一节　认知观的构成要素

根据对学习内容和强化作用的认识不同，将学习的认知观与行为观进行比较。

认知观认为学到的是知识，知识的改变使行为的改变成为可能；行为观则认为，学到的是新的行为本身。行为派和认知派的理论家都相信强化对于学习是重要的，但是二者的理由不同。严格的行为主义者主张是强化增强了反应；认知主义者则把强化当作一种反馈的资源，这种反馈的资源告诉我们如果行为不断被重复或发生了改变（作为信息的来源）将可能导致什么发生。

知识如何影响学习？

学习的认知观认为，在学习过程中最重要的一个成分就是个体带到学习情境中的知识。我们已有的知识在很大程度上决定了我们的注意、知觉、学习、记忆和遗忘。

大脑在认知中有什么作用？

人类大脑似乎影响学习，同时也被学习所影响。例如，经常完成某种任务，如开出租车的个体，他们特定脑区的发展要多于那些没有参与此类活动的人。研究表明，学习改变了神经元之间的信息传递，这些改变使儿童大约在7岁就能够参与复杂的任务。

第二节　记忆的认知观

描述从感觉信息输入到模式识别的路径。

第一阶段是特征分析或自下到上的加工，因为刺激必须先被分解成特征或要素，并且被组合为有意义的模式。格式塔原则是关于特征如何被组织成模式的一种解释。除了注意特征以及使用格式塔原则之外，为了迅速识别模式，我们还会运用与该情境有关的知识、情境信息以及有关原型或最好样例的知识。

什么是工作记忆？

工作记忆既是语音环和视空间模板中的短时储存，也是由中央执行系统引导的加工——它是有意识思维的工作台。为了让信息在工作记忆中保持激活状态的时间超过20秒，人们需进行保持性复述（心理重复）和精细性复述（与长时记忆中的知识发生联系）。精细性复述也有助于新信息进入长时记忆。通过组块的控制加工，可以解决工作记忆容量有限的问题。

什么是认知负荷？它是如何影响信息加工的？

认知负荷是指认知资源的容量，包括完成任务所需的知觉、注意和记忆。这些资源不仅用于组织和理解任务，而且也用于分析解决方法以及忽略无关刺激。如果认知负荷过重，就会降低甚至抑制个体执行任务的能力。

第三节 长时记忆

比较陈述性知识、程序性知识与自我调节知识。

陈述性知识指可以被陈述的知识，通常以词语或其他符号形式呈现，陈述性知识就是“知道是什么”；程序性知识是指“知道如何做”，它必须通过示范说明；自我调节知识是“知道什么时候以及为什么”运用陈述性知识和程序性知识。

信息在长时记忆中是如何表征的？图式在其中有何作用？

记忆可以是外显的（语义的或情景的），也可以是内隐的（程序、经典性条件作用或启动）。在长时记忆中，大量的信息通过命题网络或表象和图式的形式储存或相互关联；概念是用来把相同的事件、观点、物体或人进行分组的类别，比如书、学生或猫。概念提供了将组别内成员的多样性组织起来的一种方式。人们经常用原型（理想样例）和样例（代表性记忆）来表征概念。长时记忆中包含了概念，可以使人们鉴别并识别小组成员。我们用图式来组织命题、表象和概念。图式是一种结构，可以让我们表征大量的复杂信息、做出推论以及理解新的信息。

什么样的学习过程能改进长时记忆？

第一次学习知识时所用的方法，会影响该知识后来所能回忆的程度。一个重要的要求是要通过精细加工、组织和情境的作用，把新材料与已经储存在长时记忆中的知识整合起来。记忆的另一个观点是加工水平理论，该理论认为信息的回忆量取决于它是怎样被加工的。

我们为什么会遗忘？

工作记忆中信息的丢失说明该信息真的不见了，但如果提取线索适当，工作记忆中信息还能通达。随着时间的流逝，长时记忆中的信息似乎衰退了（像肌肉一样，如果不使用，神经联结就变弱了），同时干扰也可能使长时记忆中的信息发生遗忘（新近的记忆可能干扰以前的记忆，以前的记忆也可能干扰新材料的记忆）。

第四节 成为有知识的人：一些基本原则

阐述发展陈述性知识的三种方法。

当我们将新信息与已有理解整合起来时，陈述性知识就得到发展。最有效、最有用的学习和记忆的方法是理解和使用新信息。将要记住的信息意义化很重要，而且通常这也是教师面临的最大的挑战。记忆术对记忆是有帮助的，包括位置法、缩写法、连锁记忆术和关键词法。一个强有力但有局限性的方法是机械记忆法，部分学习和分散学习的结果可以提供最有力的支持。

描述发展程序性知识的基本方法。

自动化的基本技能和专门领域的策略——两种程序性知识——可以用不同的方法学习。自动化技能的发展需要经历三个阶段：认知（遵循陈述性知识介绍的步骤或指导语）、联结（把单独的步骤合并成大的单元）和自动化（不需要太多注意即可完成整个程序）。必备的前提知识和带有反馈的练习，有助于学生顺利地通过这些阶段。专门领域的策略是人们有意识地运用能组织思想和动作以达到目标的技能。为支持这种学习，教师需要给学生提供在许多不同情境下练习和应用的机会。

▼复习思考题

（一）单项选择题

1. Rachel 在学年标准化考试到来之前已经对乘法表练习数周了。她对这些知识掌握得非常透彻了。Rachel 目前获得的这种知识不需要给予注意和集中精神了。这一过程被称作什么？
   A. 陈述性知识
   B. 闪光灯记忆
   C. 自动化
   D. 图式
2. 精细加工发生在个体与已有知识建立联系、为新信息增加意义的时候。换句话说，我们运用图式和已有的知识建构对信息的理解。下列有关精细加工的阐述，哪一项是错误的？
   A. 精细加工可以自动发生。
   B. 第一次学习时，如果能够对学习材料进行精细加工，那么以后回忆起来就比较容易。
   C. 精细加工会限制与已经存储的知识建立联结的数量。
   D. 学生对新信息进行的精细加工越多，他们对知识的理解就越深、记忆就越好。
3. Campbell 小姐想要确保参加她驾驶培训的所有学生在任何情况下都是安全的。为了达到这一目的，她让学生在雨雪天驾驶。同样，她还保证学生在交通拥挤状况和高速公路上有足够的练习。Campbell 小姐在促进下列哪项策略的发展?

A. 领域特定性策略

B. 记忆术

C. 陈述性知识

D. 精细加工

4. 认知负荷是指完成某种特殊任务所需的心理资源的数量，主要是工作记忆。在三种认知负荷中，哪种认知负荷能够通过引导学生互相解释学习材料、以图表的形式展现自己的理解或者是做一些有用的笔记来促进教学?

A. 内在认知负荷

B. 外在认知负荷

C. 关联认知负荷

D. 工作认知负荷

（二）开放论述题

案例：Beech 先生回想起他第一年做老师的时候，感到很羞愧，因为一开始教课的时候，他几乎对教与学的过程一无所知。他还记得在一场数学考试之后，他这样警告学生："教室里的每一个人都知道测验是在今天举行的，我简直不敢相信你们居然没有一个人通过这一测验。我想说的是，你们最好在考试季到来之前掌握这些概念。标准化测验的 30% 是关于代数的。我知道我们已经快速学完了几章，也许你们不太习惯这么快，但是我们得学完这本书。而且，我不会让你们重新考试的！"

5. 请解释 Beech 的学生在面对代数考试时，可能需要用到的三类知识。

6. 除了不让他的学生在学习新信息时认知负荷过重，Beech 今后还可以怎样做以帮助他的学生提高他们的理解和记忆?

▼ 他们会怎么做?

回顾章前教师案例簿中的内容，看看下面几位教师是如何应对的。

Paula Colemere　特殊教育教师——英语、历史

McClintock High School, Tempe, AZ

我经常会检查测验结果，来看学生的错误是不是来自于简单的拼写错误。如果很多学生都在一道测验题目上出错的话，我会回顾一下答案，看哪里出问题了。这可以帮助我检查是不是要改变测验或者是改变教学。作为一名教师，我一直都在反思我的成功与不足。我是不是在单元开始就设立了学习目标?我是不是与先前知识进行了联结?在我进行单元测试之前，是不是进行了足够的形成性评估?在课程中关注学生学到了什么以及他们在哪些方面需要更多的指导，会更有意义。对于学习有困难的学生，我会花费较多的时间在概念上，在午餐或者放学后给予额外的辅导，以帮助他们获得更好的理解。我会帮助他们学习怎样组织信息、怎样学习。将信息组块化也是一个帮助学业困难学生学习的好策略。我还会教学生一些应试技巧，以帮助他们对参加考试建立信心。

Lauren Rollins　一年级教师

Boulevard Elementary School, Shaker Heights, OH

在我的课堂上，我倡导采用多种方式进行教与学。然而，在呈现一些诸如词汇表、数学公式、常见词之类的学习材料时，我通常采用机械记忆的方法。在这种情境中，该方法对大部分学生都很有效，但不是所有的学生。因此，为学生创造机会采用不同的方式学习就是我作为一名教师的工作。以学习词汇为例，我会帮学生创建属于他们自己的词典，他们可以采用对他们来说有意义的方式来定义一个单词，并且提供他们可以记住的例子。一旦单词对他们来说是有意义的，那么记住单词就会变得更容易。在教室里，我试着为学生提供多种方法来记住概念。为书页涂颜色、配对活动、字母 / 数字搜查、秘密编码、游戏、书等都可以为学生们所用，以帮助他们每天记住常用词或者数学公式。我鼓励学生担任同伴监督者的角色，同时寻求家长的帮助以对学生进行一对一的指导。每一小步都能有所帮助！

Sara Vincent　特殊教育教师

Langley High School, McLean, VA

每个人的学习都不同。教师在这种情况下应当首先花时间找出学生应当怎样有效地学习。学习出现困难可能是源于记笔记的问题——相比于从一堆潦草的字迹中辨认哪些是重要信息，采用完形填空式记笔记的形式会对学生更有帮助。此外，在最终测试之前，教师应当更多地进行小测试来检测学生是否掌握了知识。接下来，教师对于那些掌握知识有困难的学生还会提供辅助。教师应当每天都要评估其知识的传输过程，同时还要检查学生是否在学习。换句话说，没有人会是一个完美的教师——有效的教学永远是在进程中。

Jessica N. Mahtaban 八年级数学教师
Woodrow Wilson Middle School, Clifton, NJ

思维地图是帮助学生保持和提取信息的一个重要工具。这是一种迅速且有趣的方式，可以帮助建立视觉笔记、丰富学生的视觉思维技巧，并进行有意义的学习。图表组织者是一个很有效的工具，可使学生避免仅仅记住一些概念。图表组织者有助于提升学生高水平的思维能力，并建立知识之间的联系。学生先前的知识能够帮助其学习新知识以及与新信息建立联结。当学生能够在学习内容之间建立有意义的联结时，将呈现出一个全新的课堂面貌！

Jennifer L.Matz 六年级教师
Williams Valley Elementary School, Tower City, PA

我在每节课的开始都会对单词进行复习，这只花费几分钟的时间。我会让学生们制作“手翻书”。手翻书相比于单词抽认卡更好，因为学生可以进行自我测试，而单词抽认卡可能会丢失。我们会先写下定义，然后再写一遍可以复制的单词。要求学生用他们自己的话对单词或事件进行解释。

一些复习的思路如下：组成两套卡片，一套写着单词，一套写着定义。将这两套卡片分发给全班学生，然后让“单词人”找到他们的“匹配定义”。此外，还可以让一个学生站到前面，蒙上自己的眼睛，教师在黑板上写下一个单词，让其他同学给这个学生提供线索。但是，他们不可以说出那个单词，而必须由那个蒙着眼睛的同学猜。

当然，也可以编一些歌曲来帮助学生记住知识。在我教二年级的时候，会有很多语法歌曲和押韵的诗来帮助记忆名词、代词等。我的学生们也编制了一些歌曲。你可以将已经掌握学习内容的学生和未掌握的学生分为一组。学生们通常会有比我们教给他们的更好的方法来进行记忆。

第9章 复杂认知过程

你会怎么做？

教师的案例簿

今年你带的班级比你以往带的任何一个班都要差。你给学生布置研究论文作业时，发现越来越多的学生使用网络作为素材来源。使用网络本身并不是坏事，但是学生似乎完全相信在网络上查找的信息，丝毫没有经过批判性的思考。大多数学生认为："在网上的信息，肯定是正确无疑的。"在学生的初稿中，充斥着与你的要求有偏的引用，而且没有标明或列出出处。这不仅仅是学生不知道如何引用参考资料的问题，你更关心的是，学生不能对他们所阅读的材料进行批判性的评价。所有他们阅读的，都是网络上的信息。

想一想：

- 你会如何帮助学生评估他们在网络上找到的信息？
- 除了这个问题，你将如何帮助学生批判性地思考你所教的学科？
- 当你支持学生进行批判性思考时，你将如何考虑学生的文化信念和价值观？

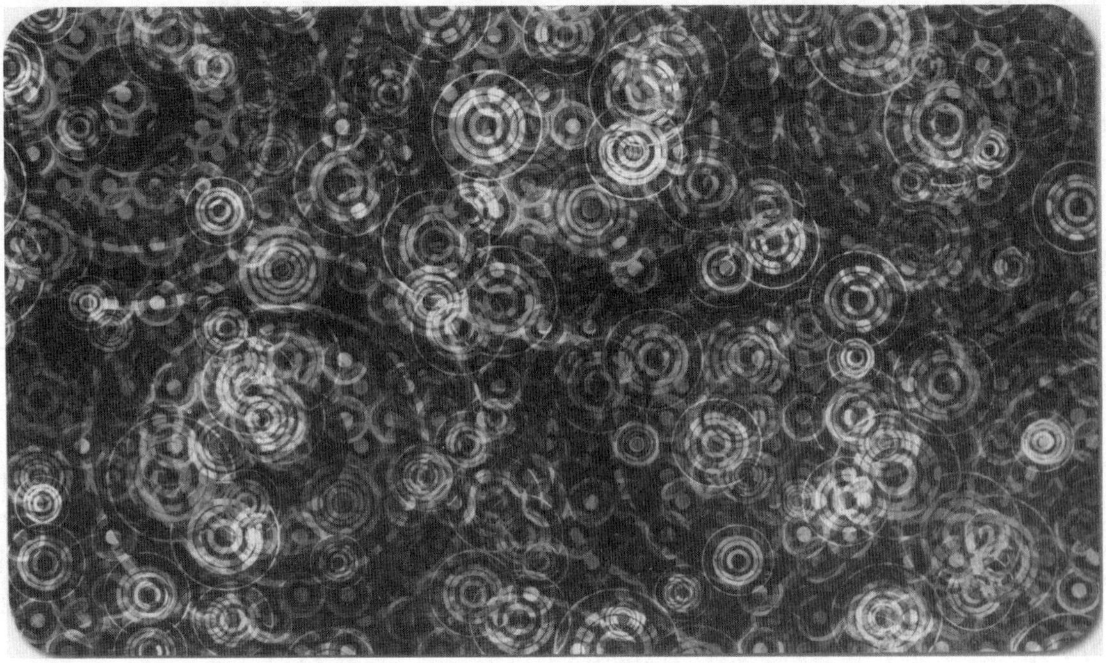

概览与目标

在前一章中，我们探讨了知识的发展——人们是怎样理解与记忆信息和观点的。本章我们将关注人们在理解知识时的复杂认知过程。理解不同于记忆，也不仅仅是用自己的话重述记忆内容。理解涉及对知识、技能及观点的恰当迁移与使用。在目前普遍使用的教育目标系统中，这样的理解被认为是“高水平的认知目标”（Anderson & Krathwohl, 2001; Bloom, Engelhart, Frost, Hill, & Krathwohl, 1956）。我们将特别关注认知理论对于日常教学实践的意义。

由于认知观点是一种哲学取向，而非一个统一的理论模型，因此源于认知观点的教学方法也各式各样。在本章中，首先我们将讨论元认知这一复杂认知过程。所谓元认知，就是有关如何进行学习和激发动机的知识与技能的使用，以及对自己的学习进行计划与调节的能力。接下来，我们将探索四个重要的认知领域——学习策略、问题解决、创造性、批判性思维与论证，以及认知理论家对这四个领域的学与教提出的有益建议。最后，我们将讨论如何鼓励学生将学习从一种情境中迁移到另一种情境中。

学完这一章后，你应该能：

- 论述元认知在学习和记忆中的作用。
- 描述能帮助学生发展元认知能力的几种学习策略。
- 了解问题解决所涉及的基本过程及其主要影响因素。
- 阐述创造性的基本内涵、主要评估方法及其激发措施。
- 阐述影响学生批判性思维、论点形成以及收集证据的因素。
- 论述在一个情境中学到的知识如何、为何以及何时运用到新的情境和问题之中。

第一节 元认知

在第 8 章中，我们讨论了许多**执行控制过程**（executive control processes），包括注意、复述、组织、表象以及精细加工。执行控制过程有时也称为元认知技能，因为人们可以有意地运用它来调节认知过程。

一、元认知知识与调节

Emily Fox 和 Michelle Riconscente 将**元认知**（metacognition）界定为人们“对自身作为获知者的知识或意识”（2008，p. 373）。“元认知”字面上的意思是对认知的认知——或者对思维的思维——有些像威廉·詹姆斯 100 多年前所论述的（尽管他当时并未提出此术语）。20 世纪 70 年代早期，约翰·弗拉维尔（John Flavell）及其同事将元认知引进儿童发展领域的研究。元认知是知道自身思维过程的知识以及运用这种高水平的知识调节理解、问题解决等认知过程的能力（Bruning et al.，2011）。由于人们的元认知知识和技能不同，因此个体在学习的效果和速度方面也就存在差异。

执行控制过程（executive control processes） 注意、复述、精细加工以及组织等过程，它们影响着信息的编码、储存以及提取。

元认知（metacognition） 知道自身思维过程的知识。

元认知包括我们前面讨论过的三种知识：（1）作为一个学习者所具有的陈述性知识，它是影响学习和记忆、技能和策略以及执行一个任务所需要的资源的因素，即知道做什么；（2）程序性知识或知道如何运用策略；（3）保证任务完成的自我调节知识——知道条件以及何时、为何应用程序和策略（Bruning et al.，2011）。元认知就是策略性地运用陈述性知识、程序性知识以及自我调节知识以达到目标和解决问题（Schunk，2012）。元认知还包括，知道在学习中运用认知策略的价值（Pressley & Harris，2006）。

元认知调节着思维和学习（Brown，1987；Nelson，1996），它包括有三个基本技能：计划、监控和评价。（1）计划包括决定在一个任务上花多长时间、使用哪种策略、怎样开始、收集什么资源、遵循什么顺序、哪些略读以及哪些需要特别注意等等。（2）监控是对“我正在如何做”的即刻意识。监控包括这样的问题：“这个有意义吗？我是不是太快了？我学够了吗？”（3）评价涉及对思维和学习的过程和结果的判断，如：“我应该改变策略吗？我需要求助吗？现在应该放弃吗？这篇论文（绘画、模仿、诗歌、计划等）完成了吗？”在实际的教学过程中，教学反思——回想上课时发生了什么以及为什么，提前思考下次可能会怎么做——是元认知的重要体现（Sawyer，2006）。

当然，我们不必每时每刻都使用元认知，因为有些行为已经习以为常。当任务具有挑战性，但又不是特别难时，元认知最有效用。此外，当我们计划、监控和评价时，这些过程不一定都是有意识的，特别是对成人而言，更是如此。我们可以在没有意识到我们付出努力的情况下，就自

元认知

元认知涉及选择最好的方式达成学习任务。有良好元认知技能的学生会设置目标、组织活动、在多种学习方法中进行选择，并在需要的时候改变策略。

动地使用元认知（Perner，2000）。计划、监控和评价可以说是专家的第二天性，但他们却很难清晰地描述自己的元认知知识与技能（Pressley & Harris，2006；Reder，1996）。

二、元认知的个体差异

元认知能力的一些差异是发展的结果。比如，年幼的孩子可能不会意识到一节课的目的——他们可能认为要做的就是完成它；他们也不擅长估计任务的困难程度——他们可能认为娱乐性阅读与科技书刊的阅读是一样的（Gredler，2009）。随着孩子长大，他们更可能对策略进行执行控制的练习。比如，他们更能决定自己是否已理解了指导语，或是否已学习到能够记住一系列内容的程度。元认知能力在5～7岁开始发展，并在整个中小学期间都在提高（Flavell，Green，& Flavell，1995；Woolfolk & Perry，2012）。

不过，并不是所有元认知能力的差异都与年龄和成熟有关，元认知能力的某些个体差异可能是由生理差异或学习经验的差异而引起的。事实上，许多被诊断为学习障碍的学生是注意失调（Hallahan & Kauffman，2006），特别是表现在一些需要长时间完成的任务上。致力于改进学生的元认知技能，对于那些存在学业困难的学生来说尤为重要（Schunk，2012；Swanson，1990）。

三、元认知的发展与促进

和所有的知识或技能一样，元认知知识和技能也可以学会并能得到提高。

（一）年幼学生的元认知发展

在纽约皇后区 Daric Desautel（2009）所带的二年级班，班里大部分学生是拉美裔和非裔孩子。作为教学任务的一部分，Desautel 非常关注学生的元认知知识和技能，如设定目标、进行计划、评估成绩和自我反思，以此来帮助学生养成“向内”审视自己思维过程的习惯。在教学中，他还使用自我反思策略以帮助学生学会如何评估自己的写作，并以此获得自己同时作为读者和作者的感受。例如，一个完整的自我反思包括下列问题：

- 是否选择了一个你所知甚多的话题？
- 写作的开始部分写得很有特色吗？读者会因此而想了解得更多吗？
- 是否组织好了自己的想法并将其整理成了内容表？
- 是否选用了能把内容阐释清楚的恰当的表达方式？
- 是否重读了作文，并核查了语气、时态、语序和可能的错误？

事实上，通过发展元认知能力，Desautel 成功地帮助了他所有的学生，而不仅仅是那些语言能力发展好的和学习成绩突出的学生。有位学生在他的反思中这样写道：“我很努力，尽自己最大的努力来写这本书。相对于故事而言，我更喜欢非小说类书籍。下次，我要写一本运动类书籍。”

> **KWL** 指导阅读和提问的策略。具体包括：读前“关于这个主题我已知道什么”；读中“我想知道什么”；读后“我学到了什么”。

Nancy Perry 对一年级和二年级学生进行研究发现，问学生两个问题能帮助他们发展元认知能力。这两个问题是：“今天，你作为一个读者 / 作者，你觉得自己学到了什么？”“你一遍又一遍地做，能学到什么？”当老师在班上定期问这些问题时，即使低年级的学生也会显示出相当老练的元认知理解和行为（Perry et al.，2000）。

和我多年一起合作的许多教师，都喜欢使用一个叫做 KWL 的策略来指导阅读与提问。这个通用的模式适用于多个年级的学生，它的基本步骤包括：（1）K（Known）。关于这个科目，我已知道什么？（2）W（Want）。我想知道什么？（3）L（Learned）。在阅读或探究结束时，我学到了什么？

KWL 策略鼓励学生审视并引导他们识别在某一学习情境中他们已经知道什么、他们想知道什么以及他们实际收获了什么，这对学习来说是一种重要的元认知策略。Marilyn Friend 和 William Bursuck（2002，pp. 362-363）描述了一个教师怎样通过示范和讨论来教授 KWL 策略。在明确了

KWL

KWL 是许多教师用来指导阅读和提问的一个合作性学习策略：我已知道什么？我想知道什么？我学到了什么？

KWL 的三个步骤之后，该教师示范了一个使用 KWL 学习“蜡笔”的正例和反例。

教师： 我们要学习一篇短文，我们怎样做呢？首先，我要进行头脑风暴，我会试着思考任何我已经知道的有关这个题目的事情，并把它们写下来。

教师在黑板上写出已经知道的蜡笔的属性，如“用蜡做的”、“有许多颜色”、“可以削”、“有几种不同的牌子”。

教师： 然后我把这些我已经知道的信息进行分类，如“蜡笔的成分”和“蜡笔的颜色”。接下来，我要写出我希望通过阅读能得出答案的问题，例如，“谁发明了蜡笔？它是什么时候被发明的？蜡笔是怎样制成的？在哪里制成的？”此时，我做好了阅读的准备。于是，我开始读“蜡笔”这篇文章。读完之后，我必须写出我从这篇文章中学到了什么，我必须写出阅读之前所提问题的任何答案和其他有关信息。例如，我知道了彩色蜡笔最早是由 Edwin Binney 和 E. Harold Smith 于 1903 年在美国制造的；我还知道了 Crayola 公司是最早制造魔幻标记笔的公司。最后，我必须把这些信息组织成一张示意图，好让我能够看到这篇文章的主要观点和支持性观点。

这时，教师在黑板上画了一张示意图。

教师： 让我们来谈谈我刚才所用的这些步骤以及我在阅读之前和之后所做的事情。

紧接着，教师组织了课堂讨论。

教师： 现在我将重读这篇短文，我想让你们根据 KWL 以及我们学过的策略来评价一下我的课文阅读技巧。

接下来，这位教师故意错误地展示了该策略。

教师： 这篇短文是关于蜡笔的。好了，除了知道蜡笔有数百种颜色以及它们似乎容易从中间折断之外，关于蜡笔我们还真正知道什么呢？蜡笔是给小孩子的，而我上初中了，所以我不需要知道很多有关蜡笔的事情。我会简单地浏览这篇短文，然后继续往下阅读，回答问题。好了，我使用该策略的步骤如何呢？

然后，学生们讨论了教师对该策略的不恰当使用。请注意，教师恰当地提供正例和反例，是有效教学的重要特征之一。

（二）年长学生的元认知发展

对年长的中学生、大学生来说，教师可以把元认知的问题整合进教学、讲座和作业中。例如，David Jonassen（2011）建议教学设计者把下列问题整合进多媒体学习环境中，以帮助学生更好地进行自我反思。这些问题包括：

- 学习中自己的优点和缺点是什么？
- 如何能激励自己去学习？
- 如何很好地判断自己是否理解了？
- 怎样重点关注新信息的意义和价值？
- 在任务开始之前，如何设定具体的目标？
- 在学习开始之前，应该就教学材料问些什么问题？
- 在完成这部分学业时，自己学习目标完成得怎么样？
- 在完成学习任务时，自己学到了所能学到的东西了吗？
- 在问题解决之后，自己考虑到所有可能的解决方法了吗？

元认知还包括使用学习策略的知识。这就是接下来讨论的话题。

第二节 学习策略

大多数教师会告诉你，他们想让学生“学会怎样学习”。多年的研究表明，使用好的学习策略可以帮助学生学习，而且教师可以将这些策略教给学生（Hamman，Berthelot，Saia，& Crowley，

2000；Pressley & Harris，2006）。但是，有人教给学生"怎样学习"了吗？我们的教师直到高中甚至大学才直接教给学生有效的学习策略和研究技能，所以，学生们很少有机会练习怎样运用这些策略。相反，从学龄早期开始，学生们通常就运用简单重复和死记硬背的学习方法，因而广泛地练习了这些策略。非常不幸的是，很多教师认为学习就是记忆（Beghetto，2008；Woolfolk Hoy & Murphy，2001）。这就是为什么许多学生坚持用单词抽认法来记忆学习内容的原因——他们根本不知道除了死记硬背外，还有什么别的方法（Willoughby，Porter，Belsito，& Yearsley，1999）。

正如我们在第 8 章中看到的，最初学习的方式会对我们随后的记忆和知识运用方式产生极大的影响。首先，为了学习，学生必须进行认知投入——他们必须把注意力集中在与材料相关的或重要的方面。其次，为了思考和深层加工，他们必须付出努力、建立联系、精细加工、转换、创造、组织和再认识——练习和加工得越多，学习效果越巩固。最后，学生必须调节和监控自己的学习——知道什么是有意义的，以及什么时候需要使用新方法，也就是元认知。下文我们就将重点来探讨如何集中注意和努力、如何深度加工信息以及怎样进行监控理解，以帮助学生形成有效的学习策略。

一、有策略地学习

学习策略（learning strategies）是一种特殊的程序性知识——知道如何去做的知识。学习策略有上千种：有些是通用的并可以在学校学会的，比如写概要或列提纲；有些是适用于特定科目的，比如使用记忆术来记住行星的顺序，"My Very Educated Mother Just Served Us Nachos"（我那受过良好教育的母亲给我们烤粟米脆饼）来指代水星（Mercury）、金星（Venus）、地球（Earth）、火星（Mars）、木星（Jupiter）、土星（Saturn）、天王星（Uranus）和海王星（Neptune）；还有些策略可能是非常独特的，比如某人自己发明出来的学习中国汉字的策略。学习策略可以是认知的（写概要、提取中心思想）、元认知的（监控理解，如"我理解了吗"），或行为的（使用网络词典、设定定时器）（Cantrell，Almasi，Carter，Rintamaa，& Madden，2010）。所有这些学习策略都是在常规方法不起作用而需要付出意志努力时，有目的地加以运用以完成学习任务的方法（Harris，Alexander，& Graham，2008）。随着时间的推移，你对策略的使用将更加老到，也就更少需要有意志的努力了。最终，你将可以自如地运用这些策略。也就是说，直到这些策略不再发挥作用，你不得不学习新的策略为止，它们都会是你完成学习任务的常规方式。

熟练的学习者有很多可以自如运用的学习策略。研究表明，学习策略与技巧的使用与高中学生的 GPA 以及这些学生在大学的持续良好表现呈相关关系（Robbins et al.，2004）。关于学习策略的使用，研究者提出了以下重要原则：

> **学习策略（learning strategies）** 一种特殊的程序性知识——知道如何完成学习任务的知识。

（1）向学生呈现几种不同的策略，不仅要有一般的学习策略，而且还要有适用于特定科目的非常具体的策略，比如在这部分稍后将介绍的画图策略。

（2）要教给学生关于何时使用、在哪里使用以及为什么使用各种策略的自我调节（条件性）知识。尽管大家都知道应该这样做，但教师经常忽略这一步骤。如果学生知道什么时候使用策略、在哪里使用策略以及为什么使用策略，他们更可能会坚持运用它。

（3）学生可能已经知道什么时候以及如何使用一个策略，但如果他们没有使用这些策略的愿望，那么他们的学习能力也不会提高。因此，有关学习策略的培养计划往往包含有动机培训的成分。

（4）学生们需要相信他们能够学会新的策略，相信自己的努力付出会有收获，相信策略的使用会让自己变聪明。

（5）学生们需要所学领域的背景知识和图式来理解所学资料。例如，如果你对鱼不了解，那么你对一个有关鱼类学的段落进行概括就会很困难。因此，学生们需要获得图式知识的直接指导，这种指导通常是策略训练的重要部分。

至于具体的学习策略，表 9—1 对常见的几种学习策略进行了简要的总结。

表9—1 学习策略举例

学习策略	例子
计划和集中注意力	设定目标和时间表
	画线和强调
	通过浏览来寻找标题和主题句
组织和记忆	制作组织结构图
	创建流程图、维恩图
	使用记忆术和表象
理解	概念图、概念网络
	作概括、列提纲、做笔记
	举例说明
	向同伴解释
认知监控	预测内容
	自我提问和自我测试
	确认自己没理解的内容
练习	分散和局部练习
	整体和集中练习

（一）确定什么是重要的内容

你可以从表9—1中的第一条看出学习是从集中注意力开始的——确定什么是重要的内容。但是，从不重要的信息中区分出主要观点并不总是一件容易的事。学生经常会注意“诱人的细节”或具体的例子，也许是因为它们更有趣（Gardner，Brown，Sanders，& Menke，1992）。上完一节课后，你可能会记住一个笑话或一个有趣的例子，但是并不清楚教授用这些例子想表达什么观点。如果你缺少某个领域的先前知识，而文章所提供的新信息又很多，那么你概括文章的中心思想就会尤其困难。教师可以通过让学生使用课文中的标题、粗体字、纲要或其他标记等信号来辨认关键概念和主要观点（Lorch，Lorch，Ritchey，McGovern，& Coleman，2001）。

（二）写概要

写概要能够帮助学生学习，但是必须教会学生怎样对学习材料进行概括（Byrnes，1996；Palincsar & Brown，1984）。Jeanne Ormrod（2004）总结了一些帮助学生写概要的方法，它要求学生：（1）找出或写出每一个段落或部分的主题句；（2）明确涵盖几个具体观点的上位观点；（3）找出支持每一个上位观点的信息；（4）删去任何多余的信息或不必要的细节。

在实际的教学过程中，可以让学生从短小的、简单的、结构良好的文章开始写概要，逐渐过渡到长的、结构不良的和难度大的文章。同时，教师可要求学生把自己写的概要与他人的概要进行比较，并讨论他们认为重要的观点是什么，他们的证据又是什么。

确定要点的另外两个学习策略是画出课文重点和做笔记。

停下来 想一想

你阅读的时候怎样做笔记？回过头来看一看这一章的前面几页，你有用黄色或粉红色标记出书上的某些话吗？在空白处有记号或画图吗？如果你已经做到了这些，请再看看你的笔记做得合适吗？它们是否像杂货铺的货物清单那样凌乱？

（三）画下划线和强调

你会在课本上画下划线或强调关键的短语吗？画下划线和做笔记可能是最常用的两种学习策略，但在大学生中使用的频率并不高。一个普遍的问题是，学生画的下划线或强调的内容太多了。在画线和强调时，有选择性会更好一些。有研究显示，限制学生画线的数量——例如，每一段只能画一个句子——学生的学习成绩会提高（Snowman，1984）。在你画线或做笔记时，除了有选择性外，你还应该主动把信息转化为你自己的语言，不要依赖于书本上的文字。要注意你正在阅读的和你已经知道的其他事情之间的关系，可以通过画表来说明它们之间的关系。最后，在材料中找出有条理的信息，并利用它们来指导你画线或做笔记。

（四）做笔记

做好课堂笔记不是一件容易的事情。首先，你必须将讲课信息保存在工作记忆中；接着，在这些信息从工作记忆中消失之前，你必须对重要的观点或主题进行选择、组织和转化；然后将这些重要的观点或主题写下来——所有这些事情都是在你听课的同时要做的（Peverly et al.，2007）。当你在笔记本上奋笔疾书并设法跟上老师的讲课思路时，你可能很想知道做笔记到底有什么作用。研究发现，如果笔记做得好的话，它确实能够促进学习效果的提高。具体表现为：

（1）做笔记能让你在上课时集中注意力。当然，如果做笔记妨碍了你听课和理解课程内容，那么做笔记可能就不是有效的方法了（Kiewra，1989，2002；Van Meter，Yokoi，& Pressley，1994）。

<table>
<tr><td>主题：</td><td>对于这个主题，我已经知道了什么？</td></tr>
<tr><td>关键点 / 关键术语</td><td>笔记</td></tr>
<tr><td colspan="2">概要：用 3 ～ 5 句概括主要观点。
1.
2.
3.
4.
5.</td></tr>
<tr><td colspan="2">问题：还有什么感到困惑或不清楚的吗？</td></tr>
</table>

图 9—1　一种更有策略地做笔记的形式

资料来源：Pauk, W., & Owens, R.J.Q. (2010) [1962], *How to study in college (10th ed.)*. Florence, KY: Cengage Learning.

（2）做笔记能让你从所听、所看和所读的内容中建构出意义，从而有助于你对所学内容的精细加工、深刻理解和记忆保持（Armbruster，2000）。即使学生在考试前不复习笔记，在最初学习时做笔记也可以帮助他们学习；特别是对那些在某个领域缺乏先前知识的学生而言，更是如此。

（3）笔记提供了大范围的外部储存，可以帮助你回顾和复习。经常做笔记的学生，在测验中表现较好，特别是当他们的笔记质量高时，效果更佳。所谓高质量的笔记，是指笔记抓住了要点、概念和知识之间的关系，而不仅仅是记录有趣的细节（Kiewra，1985，1989；Peverly，Brobst，Graham，& Shaw，2003）。

研究发现，优秀学生会把做笔记与他们预期的使用匹配起来，并会在测验或作业之后调整做笔记的策略。他们会使用个人编码来标记不熟悉或困难的材料；他们会通过咨询相关资源（包括课堂上的其他学生）来填补学习上的漏洞；只有当每个字都是必需的时候，他们才会逐字逐句地记录信息。换句话说，关于如何做笔记以及使用笔记，优秀的学生是有策略的（Van Meter，Yokoi，& Pressley，1994）。

尽管做笔记对中学生和大学生都很有价值，但有学习障碍的学生却常常不知如何做笔记（Boyle，2010a，2010b）。对于有学习障碍的中学生的研究表明，相对于使用传统笔记方法的控制组而言，那些使用有策略的做笔记形式的学生在科学学习中能回忆和理解更多的关键观点（Boyle，2010b；Boyle & Weishaar，2001）。图 9—1 展示了一个做笔记的通用形式，可以应用于学习的各种情境。这种把页面分开的想法，来自康奈尔大学的 Walter Pauk 所提出的康奈尔笔记。Walter Pauk 曾经在 20 世纪 50 年代写过一本《在大学如何学习》（*How to Study in College*）的经典指导书，它至今仍然非常有用（Pauk & Owens，2010）。对任何在做笔记方面需要额外指导的学生，这种形式都是有用的。

二、视觉化组织工具

为了有效地使用下划线和做笔记，你必须确认主要观点。另外，你必须理解课文内容的组织结构，也就是观点之间的联结和关系。目前开发的概念图等可视化的策略，可以帮助学生做到这关键的一步（Van Meter，2001）。**概念图（concept map）**是指画出概念之间关系的图示，如图 9—2 所示，该图描述的是如何制作概念图的一个网页。你也可以把这些相互联结的概念称为网。

在对被试年龄横跨小学四年级到研究生，研究主题涉及科学、统计、护理学等广泛学科主题的 55 篇相关研究进行综述后，John Nesbit 和 Olusola Adesope（2006）得出了这样的结论："与朗读课文段落、听讲座以及参与讨论等活动相比，制作概念图的活动对于知识的保持与迁移更加有效。"（p.434）研究表明，标明了因果关系、比较/对比关系以及例子的"示意图"都可以改善记忆。我在

> **概念图（concept map）**　绘制观点之间关系的制图。

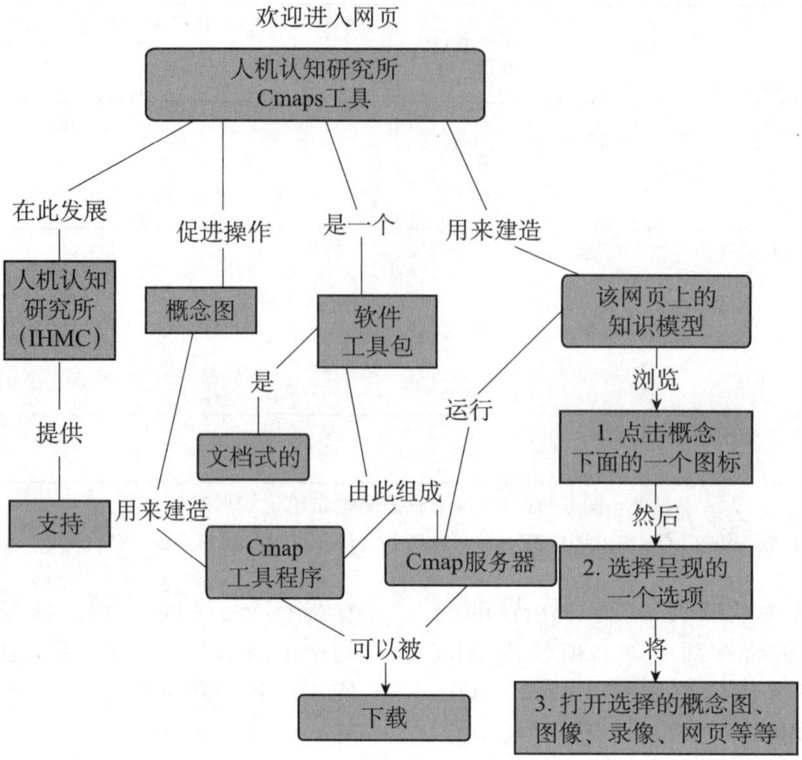

图 9—2　人机认知研究所 Cmaps 工具网页

在 http://cmap.ihmc.us/ 这个网页上，你可以下载 Cmaps 工具来建构、共享和评论任何学科的知识。

俄亥俄州的学生们喜欢使用 Cmaps，有一位甚至用它来计划自己的博士论文，并组织博士学位的阅读材料。Cmaps 是一个免费下载的创建概念图的工具，如图 9—2 所示。由于计算机上的 Cmaps 可以链接到互联网，全世界不同教室和学校的学生可以相互合作，学生们也因此可以比较和讨论自己画的“示意图”与他人画的“示意图”之间的区别。

在实际教学中，还有一些其他的视觉化组织工具可供使用。例如，维恩图（Venn diagrams）可用来表示观点或概念是如何重叠的；树形图可用来表示思想观点是如何相互分叉交织的；时间轴可用来组织有顺序的信息，在诸如历史或地理课中非常有用。

三、阅读策略

Cmaps　由人机认知研究所（IHMC）的研究者提出的制作概念图的工具，可以把许多知识网络和网上的其他资源连接起来。

READS　五步骤阅读策略：回顾标题；检验黑体字；问“我期望学习是什么样的”；阅读；用自己的话总结。

CAPS　用来阅读文学作品的一个策略，包括四个要素：主人公、故事的目的、问题以及解决方案。

正如我们前面了解到的，有效的学习策略可以帮助学生集中注意力、付出努力（如建立联结、精细加工、转换信息、组织材料、进行概括等），以便他们可以深度加工信息，监控自己的理解。在阅读过程中，有几个策略可以支持这些加工过程，其中许多都涉及使用记忆术来帮助学生记忆。例如，对小学之后的任何年级都适用的一个策略是 READS：R（Review），即回顾标题和副标题。E（Examine），即检查黑体字。A（Ask），即问“我期望的学习是什么样的”。D（Do），即做——阅读！S（Summarize），即用自己的话进行总结（Friend & Bursuck，2012）。

阅读文学作品可以使用的一个策略是 CAPS：C（Characters），即主人公是谁。A（Aim），即故事的目的是什么。P（Problem），即发生了什么问题。S（Solved），即问题是怎样解决的。

至于为什么上述列举的这些策略是有效的，一般有这样几个原因：首先，按照这几个步骤进行的阅读过程，能使学生更清楚地意识到所读的章节是如何组织的。例如，跳过标题可能会错过信息组织的主要线索，你经常这样做吗？其次，这些步骤要求学生分步学习新内容，而不是立即学习所有的内容。这样做需要学生进行分散练习。例如，回答有关的问题，可以把学生的注意力集中在更深层次、更精细的信息加工上。

不管你使用什么策略，都必须教会学生怎样使用这些策略。直接的教导、解释、示范和有反馈的练习，都是必需的。学习和阅读策略的直接指导，对有学习障碍的学生或英语作为第二语言的学生来说尤其重要。直接的教导、解释、示范和有反馈的练习的案例，可以参看本章前面有关 KWL 的讨论。

四、学习策略的应用

有关学习策略的研究有一个共同的发现，它被称为**产生缺陷**（production deficiency）。也就是说，学生习得了策略，但是在他们能够或应该使用时却没有应用（Pressley & Harris，2006）。研究表明，计划、组织、监控和调整等执行控制过程（也就是元认知策略），对于学习障碍的学生非常重要。但事实上，这些学习障碍学生的执行控制过程却常常发展不足（Kirk，Gallagher，Anastasiow，& Colemen，2006）。因此，直接教授他们这些策略就非常有意义。当然，要确保学生真正使用他们所知道的策略，必须满足以下几个基本条件：

第一，学习任务必须恰当。当教师制定的任务是“学习和重现”课文中具体的词汇时，学生还有必要使用复杂的学习策略吗？这样的任务，只是鼓励使用记忆方法，最好的策略包括分散练习和记忆术（见第 8 章）。但是在现代教学中，我们希望这样的任务较少为妙。如果任务是理解而不是记忆，那么需要什么其他的策略呢？

使用复杂策略的第二个条件是学生必须关注学习和理解，他们必须有使用有效策略的目标（Zimmerman & Schunk，2001）。我记得有个学期，我教教育心理学这门课的时候，我和学生们阅读一篇来自《今日美国》上关于学习技能的文章。文章的主旨是学生们应该不停地修改或重写他们某门课的笔记，最好到最后所有他们理解的内容都可以浓缩到一两页纸上。显然，到了那个程度，学生们可以记住所学知识的大部分内容，并且能够理解与其他知识的联系。“看！”我告诉那个班的学生，“这些观点是真实的——不仅仅是课文里写的。它们能够帮助你在大学里面更好地学习。”经过热烈的讨论，一个最优秀的学生恼怒地说：“我花了 18 个小时了——我没有时间学习这些东西！”她不相信她的目标——经过 18 个小时——通过使用重复抄写消耗时间能够达到。

> **产生缺陷**（Production deficiency）
> 学生习得了策略，但是在他们能够或应该使用时却没有应用。

使用学习策略的第三个条件是学生必须相信使用学习策略所需要的努力和投入是合理的，是有可能得到回报的（Winne，2001）。当然，学生也必须相信他们有能力使用学习策略，也就是说，他们必须拥有使用学习策略来学习相关材料的自我效能（Schunk，2012）。这又关系到另一个学习策略使用的条件——学生必须有所学领域的相关知识或经验。没有什么学习策略能帮助学生完成完全超出他们当前知识水平的任务。

下面的“实践指南”总结了一些如何有效应用学习策略的观点，你可以指导你的学生们参照使用。

实践指南　成为优秀学生

- 确保你有足够的陈述性知识（事实、概念、观点）来理解新信息。

例如：

1. 学习时，知道关键词汇的定义。
2. 学习新材料前，试图复习需要的事实和概念。

- 找出教师会用什么类型的测验（论述、简答），并在脑中研究相应的材料。

例如：

1. 对于细节问题的测验，练习写出可能问题的答案。
2. 对于多项选择测验，使用记忆术来记忆关键术语的定义。

● 确保你知道要学习的材料是如何组织的。

例如：

1. 预习标题、前言、主题句和课文的摘要。

2. 对表明关系的词和短语保持敏感，如“另一方面”、“因为”、“首先”、“其次”、“然而”、“自从”。

● 了解你自己的认知技能，并有意地使用它们。

例如：

1. 使用样例和类比把新材料与你所关心的并能很好理解的事情（如运动、爱好或电影）联系起来。

2. 如果一个学习策略不起作用，就尝试另一个——这样做的目的是练习使用这些策略，而不是仅仅使用某个特定的策略。

● 用正确的方法学习正确的信息。

例如：

1. 确保你准确地了解了测验所涵盖的主题和材料。

2. 把你的时间花在测验或作业要求的、重要的、有难度的和不熟悉的材料上。

3. 做一张表，列出你认为难度大的课文部分，在那几页上多花点时间。

4. 通过使用记忆术、形成表象、创建样例、回答问题、用自己的话做笔记以及对课文进行精细加工等方法来彻底加工重要的信息。不要试图记忆作者的话，而要用你自己的话。

● 监控你自己的理解。

例如：

1. 使用提问来检查你的理解。

2. 当阅读速度慢下来了，确定段落中的信息是否很重要。如果重要，就标注出来，以便你可以重读或获得他人帮助进行理解。如果不重要，就跳过去。

3. 和朋友一起学习并相互测验，以检查你的理解是否正确。

五、关注每个学生：适合学习障碍学生的学习策略

阅读是所有学习的核心，策略指导可以帮助学习障碍学生的阅读。正像你所看到的，运用记忆术可以帮助他们记住这些步骤。例如，2010年，Susan Cantrell 和她的同事筛选出 862 名阅读水平至少落后两年的六年级和九年级学生，这些学生来自 23 个不同的学校。把这些学生随机分配到学习策略课程组（Deshler & Schumaker，2005）和传统课程组。学习策略课程重点关注词汇识别、视觉表象、自我提问、LINCS 词汇策略、句子写作、阐释意义等六个策略。其中，**LINCS 词汇策略（LINCS Vocabulary Strategy）**通过使用故事和表象学习如何识别、组织、定义和记忆单词，可以增加学生学习的主人翁意识。LINCS 的步骤如下：L（List），即“列出词汇”。识别出词汇和关键信息。I（Identify），即“找到一个提醒词”。选择一个已知词，以提醒学生所要学习的词。N（Note），即“注解一个相关故事”。讲一个能把已知词和所学词联结起来的故事。C（Create），即“创建一个相关图像”。画一幅画，代表这个故事。S（Self-test），即“自我测试”。通过复述 LINCS 的各个部分来检查词汇学习情况。

LINCS 词汇策略（LINCS Vocabulary Strategy） 使用故事和表象学习如何识别、组织、定义和记忆单词的策略。

结果发现，一年后，参加学习策略课程组的六年级学生在阅读理解和策略使用上比参加传统课程组的学生表现要好，而九年级学生则没有显著差异。研究者们由此认为，也许当学生处于通过阅读而“学习如何学习”这个阶段时，阅读策略教学在小学和初中早期更加有效（Cantrell，Almasi，Carter，Rintamaa，& Madden，2010）。

当然，你所做的不仅仅是将策略告诉学生——你需要教授策略。Michael Pressley 和 Vera Woloshyn（1995）开发的认知策略模型，可以指导教师教授学生改进元认知策略。表 9—2 描述了教授这些策略的步骤。

表9—2　　改进学生元认知知识和技能的教学策略

（这 8 个指导方针取自 Pressley 和 Woloshyn（1995），可以帮助你教授任一元认知策略。）

• 一次教少数几个策略，在课程教学时可以分散或集中进行。
• 示范和解释新的策略。
• 如果学生不理解策略的某些部分，就对策略使用中容易产生混淆或误解的方面再次进行示范和解释。
• 向学生解释在什么地方以及什么时候使用策略。
• 提供大量的练习，尽可能多地让学生在恰当的任务中使用策略。
• 鼓励学生监控他们使用策略的过程。
• 通过提高学生“正在获得有价值的技能”的意识——这些技能是胜任学习的核心，以此来增强学生使用策略的动机。
• 强调反思性加工而不是快速加工；尽可能地采取策略来消除学生的高度焦虑；鼓励学生不要分心，将注意力集中到学习任务上。

资料来源：Pressley, M., & Woloshyn, V. (1995). *Cognitive strategy instruction that really improves children's academic performance*. Cambridge, MA: Brookline Books, p. 18.

第三节　问题解决

停下来　想一想

你正在参加一个学校心理学家职位的面试，给你面试的地区主管以面试时出其不意的提问而出名。他递给你一沓纸和一把尺子，说：“告诉我，一张纸的精确厚度是多少？”

这是一个真实的故事——若干年前我在面试中遇到的问题。答案是先测量整沓纸的厚度，然后用这个厚度除以这沓纸的页数。幸运的是，我答对了，也因此得到了这份工作，但那是多么紧张的时刻呀！我猜测主管是想了解一下我在压力情境下解决问题的能力。

问题（problem）包含初始状态（当前情境）、目标（期望的结果）和达到目标的路径（包括朝目标方向努力的操作或活动）。问题解决者在达到目标之前通常需建立次级目标，并完成该次级目标。例如，你的目标是开车去海滩，但你的刹车坏了，你如果要继续朝初始目标方向努力，那就应该完成修理刹车这个次级目标（Schunk，2012）。另外，根据目标的清晰程度和能提供用来解决问题的途径的数量，问题可以是结构良好的，也可以是结构不良的。大多数算术问题是结构良好的，但找到合适的大学专业则是结构不良的——可能有许多不同的解决方法和解决问题的途径。现实生活提供了很多结构不良的问题。

问题解决（problem solving）通常被定义为提出新的方案、超越先前所学规则的简单应用，以达成目标。当没有明显的答案时，就需要问题解决——例如，你买不起一个新的刹车，你的车滑向海滩时会发生什么（Mayer & Wittrock，2006）。一些心理学家认为，人类的大多数学习都涉及问题解决（Anderson，1993）。

关于问题解决至今仍存在许多争论。一些心理学家认为，有效的问题解决策略是具有领域特定性的。也就是说，数学中的问题解决策略是专门针对数学的，艺术中的问题解决是专门针对艺术的，等等。争论的另一方则认为，除了有针对特殊领域的问题解决策略以外，还存在某些对许多领域都有用的通用问题解决策略。通用问题解决策略通常包含明确问题、设定目标、寻找可能的解决办法、行动和评估结果等五个阶段。

实际上，争论双方的观点都有研究证据的支持。Steven Hecht 和 Kevin Vargi（2010）研究了四年级和五年级的学生，发现领域特定性和一般性因素都会影响被试分数问题解决的表现。具体来说，具有领域特定性的关于分数的概念性知识和通用的课堂注意力行为的信息加工技能都会影响被试的解决问题成绩。另外一个对三年级孩子的研究发现，特定的算术知识和一般的注意集中技能都与算术问题的解决有关（Fuchs et al.，2006）。最后，Robert Kail 和 Lynda Hall（1999）也发现具有领域特定性的算术知识和通用的一般信息加工技能（包括阅读和信息加工时间）对成功解决数学应用题都有影响。

由于情境不同以及专业知识水平

问题（problem）　你试图达成某个目标，且必须找到解决办法的任何情境。
问题解决（problem solving）　对问题创建新的答案。

不同，人们似乎在一般的和专门的方法之间来回选择。在早期，当我们对问题范围或领域知之甚少时，我们可以依靠一般的学习和问题解决策略来理解情境；当我们获得了更多的专门领域知识时（特别是有关在这个领域中应该如何做的程序性知识时），我们越来越少有意识地使用一般策略，我们的问题解决也变得更加自动化。但是，如果我们碰到了一个超越我们知识范围的问题，我们仍可能转而依靠一般性策略来攻克这个问题（Alexander，1992，1996）。

无论是一般的还是专门的方法，问题解决的第一步都是确认问题的存在（也许应把问题看作机会）。

一、确认与发现问题

确认问题通常不是直接的。从前，有一群房客因为他们居住楼的电梯太慢而特别恼火，受雇解决这个问题的顾问经过认真检测后报告说，这些电梯不比一般的电梯慢，如果要改善的话，费用会很高。一天，这个楼的主管看见人们正在焦急地等待一辆电梯，他意识到问题不是电梯太慢，而是人们太无聊了：他们在等电梯的时候无事可做。当明确了是“无事可做”的问题，并把它看成是改善“等待经历”的机会时，在每一层电梯旁安装一面镜子这样的一个简单的解决方案，就消除了人们的抱怨。

明确问题是关键的第一步。然而，研究表明，人们经常匆匆完成这重要的一步而“跳”到对跃入脑海的第一个问题进行定义（“电梯太慢了”）。研究发现，特定领域的专家更愿意花时间仔细考虑和界定问题的实质（Bruning，Schraw，& Norby，2011）。发现一个可以解决的问题，并且把它转化成一个机会，是隐含在许多成功发明中的过程，如圆珠笔、垃圾处理、定时器、闹钟、自清洁烤箱以及成百上千种其他东西的发明过程都是这样。

一旦确定了一个可解决的问题，下一步怎么做呢？

二、确定目标并表征问题

让我们来看一个真实的问题：用来摘番茄的机器会损伤番茄。我们该怎么办呢？如果我们把问题表征为机器设计有误，那么目标就是改善机器。但是，如果我们把问题表征为番茄品种有误，那么目标就是种出一种较硬的番茄。选择什么样的表征和目标，接下来就会有两个完全不同的问题解决途径（Bransford & Stein，1993）。为了表征问题和制定目标，你不得不把注意力集中在相关的信息上，理解问题的表述，然后激活正确的图式来理解整个问题。

停下来　想一想

如果你的抽屉里有黑袜子和白袜子，它们按照 4 : 5 的比例混合在一起，那么你必须拿出多少只袜子才能保证你拿出来的袜子有颜色相同的一双？（改编自 Sternberg & Davidson，1982）

（一）集中注意相关的信息

表征问题通常需要发现相关的信息而忽略无关的细节。例如，解决上面的袜子问题，什么信息是有关的？你意识到关于黑白袜子 4 : 5 的比例这个信息是无关的了吗？只要你的抽屉里有两种不同颜色的袜子，你就必须拿出 3 只才能保证他们中的 2 只是配对的。

（二）理解表述问题的语词

表征问题的第二个任务是理解表述问题的词语、句子和事实信息的意思，所以，问题解决需要理解问题表述的文字和上下文的关系。在数学问题中，就涉及数字的数学运算符（加法、除法等）之间的关系（Jitendra et al.，2010；Lee，Ng，& Ng，2009）。这些都对工作记忆提出了要求。例如，表征许多应用题的主要障碍是学生对部分—整体关系的理解（Cummins，1991），学生较难确定出什么是部分。关于这一点，在以下案例中的教师和这个一年级学生之间的对话中，表现得很明显。

教师： Peter 有 3 个苹果，Ann 也有一些苹果。Peter 和 Ann 一共有 9 个苹果，Ann 有多少个苹果？

学生： 9 个。

教师： 为什么？

学生： 因为你刚才是这么说的。

教师： 你能重复这个故事吗？

学生：Peter有3个苹果，Ann也有一些苹果。Ann有9个苹果，Peter也有9个苹果。（改编自 De Corte & Verschaffel，1985，p. 19）

这个学生把“一共 altogether（全部）”解释为“每一个 each（部分）”。

对大一点的学生来说，一个普遍的困难是理解比率和比例问题是基于乘法关系而非加法关系（Jitendra et al.，2010）。所以为了解决

2 : 14 = ? : 35

许多学生用减法来寻找2和14之间的差异（14－2 = 12），然后再用减法，从35中减去12，得到23。这样，就得出了如下（错误）答案：

2 : 14 = 23 : 35

而真正的问题是关于2和14之间的比例关系。14是2的多少倍？答案是7。那么问题是：“哪个数字的7倍是35？”答案是5（7 × 5 = 35）。所以：

2 : 14 = 5 : 35

有时，需要教学生寻找关键词（“更多”、“更少”、“更大”等），在这些关键词上（如“更多”意味着“增加”）提炼一个策略或公式，并且运用这个公式。实际上，这就到了形成对整个问题概念层面的理解上了——这是下一个挑战（Van de Walle，Kary，& Bay-Williams，2010）。

（三）理解整个问题的全貌

表征问题的第三个任务是，把所有相关信息和句子汇编成对整个问题精确的理解或转换中。这就意味着学生需要形成对这个问题的概念性模型——他们必须理解问题真正在问什么（Jonassen，2003）。看看下面这个例子：

停下来　想一想

两个火车站相距50英里（1英里约1.6千米），星期六下午两点，两列火车分别从两个车站出发，相向而行。刚好在两列火车从车站出发之时，一只鸟飞上天，从第一辆火车的前面向第二辆火车的前面飞行。当这只鸟到达第二辆火车时，它再转身向第一辆火车飞。这只鸟不停地这样飞来飞去，直到两列火车相遇。如果两列火车都以每小时25英里的速度行驶，鸟以每小时100英里的速度飞行，在两列火车相遇之前，这只鸟飞行了多少英里？（Posner，1973）

当你对这个问题进行解释的时候实际上就是在进行转换，因为你需要把问题转换成一个你能理解的图式。如果你把这个问题转换成距离问题（激活一个距离图式）并且制定一个目标（“我必须计算出这只鸟在遇到开过来的火车并且转身时飞了多远，它再次转身之前飞了多远，最后把所有来来回回飞的路程加起来”），那么，这就是一个非常难解决的问题。但是有一个更好的方法可以用来建构这个问题。你可以把它表征为时间问题，并把注意力放在鸟在空中飞行的时间上。这个方案可以这样陈述：

火车以每小时25英里的相同的速度从两个车站相向而行，所以它们将在两个车站的中点相遇。这样会花费1小时时间，因为它们每小时行驶25英里。1小时，鸟能飞行100英里，因为鸟的飞行速度是每小时100英里。这样就太简单了！

研究表明，学生能够很快地确定问题是什么。一旦问题被归类——“啊哈，这是一个距离问题”——一个特定的图式就被激活了。该图式把注意力引向相关的信息，并且产生对正确答案的预期（Kalyuga，Chandler，Tuovinen，& Sweller，2001；Reimann & Chi，1989）。

当学生缺乏表征问题的必要图式时，他们通常会依赖情境的表面特征而错误地表征问题，像这个学生，他用“15+24=39”作为“Joan有15个积分点，Louise有24个，那么Louise比Joan多几个”问题的答案。该学生看到了两个数字和“多”这个词的时候，他运用“加法”来获得“多”的过程。当学生使用了错误的图式，他们就会忽略关键的信息，使用无关的信息，可能读错或记错关键的信息来适应这个图式。但是，当学生使用正确的图式来表征问题时，他们很少被无关信息或欺骗性的词语所迷惑，如像“多”字出现在实际需要用减法的问题里（Fenton，2007；Resnick，1981）。图9—3给出了学生用不同的方法表征一个简单的数学问题的例子。用不同的方法表征和解决问题，有助于数学理解的发展（Star & Rittle-Johnson，2009）。

缺乏良好知识基础的学生，应该如何改进他们的问题转换能力和图式选择技巧呢？为了回答这个问题，我们通常需要从一般问题解决策略转到具体领域问题解决策略上，因为图式是内容领域特定的。

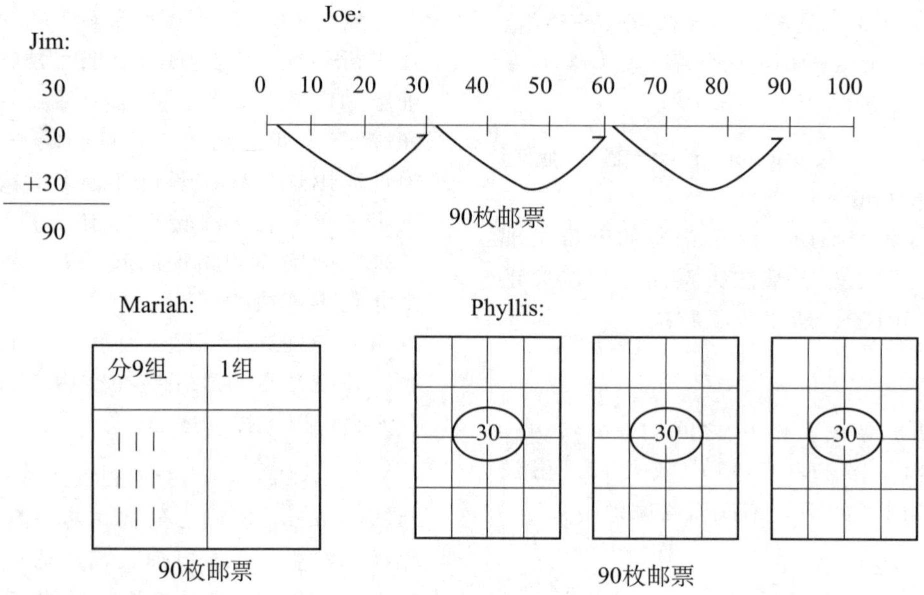

图 9—3 四种不同的表征问题的方法

一位教师问："Jane的书有3页，每一页要贴30枚邮票，Jane需要多少枚野生动物邮票？"教师给学生提供材料，如正方形、数字线和位置估计框，鼓励他们想出尽可能多的问题解决的方法。基于四种不同但都正确的表征，这里有四种解决方案。

（四）转换和图式训练：直接教授图式

对于没有太多特定领域知识的学生，教师应首先运用范例、示范和出声思考等方法直接教授学生必要的图式。正像我们刚刚看到的那样，像下列这样的比率/比例问题对许多学生而言是一个很大的挑战。

本周末，Ernesto 和 Dawn 要完成他们自己的社会研究课程。Ernesto 在课程上花费的时间与 Dawn 花费的时间比是 2∶3。如果 Ernesto 花费了 16 个小时，那么 Dawn 要花多长时间？（Jitendra et al.，2010，p.257）

教师可使用出声思考的方式，使学生在解决这个问题时关注于关键图式。例如，她可这样说："首先，我认为这是一个比率问题，因为是在比较 Ernesto 所花的时间与 Dawn 所花的时间。这是一个部分与部分的比率，Ernesto 和 Dawn 所花的时间之间是一个倍数关系（2∶3）。"教师继续出声思考："下一步，我是这样表征信息的……""最后，我会用等值分数策略……"接下来，这个出声思考的范例可以给学生提供许多得到解决的样例。在数学和物理中，在学习的早期阶段，似乎学生可以从观察许多已经得到正确解答的不同种类的样例问题中有所收获（Moreno，Ozogul，& Reisslein，2011）。但在我们在下一部分继续讨论之前，请注意，当学生具备了一些知识，而不是当他们关注于得到解决的样例时，他们解决新问题的能力就会有所进步。但是，对于更为优秀的学生来说，得到解决的样例事实上会阻碍他们的学习。这被称作专家反向效应，因为对专家适用的对初学者可能恰好不适用（Kalyuga & Renkl，2010）。

（五）转换和图式训练：得到解决的样例

得到完整解答的样例，反映出了问题解决的所有阶段——明确问题、设定目标、寻找可能的解决办法，采取问题解决步骤，直至最后评估结果（Schworm & Renkl，2007；van Gog，Paas，& Sweller，2010）。得到完整解答的样例，对许多领域的问题解决都非常有用。Adrienne Lee 和 Laura Hutchinson（1998）发现，如果给大学生提供有解题步骤的化学问题的范例，尤其是当这些范例显示出专家型问题解决者在关键步骤上的思维过程时，他们会学得更多。在澳大利亚，Slava Kalyuga 及其同事（2001）发现，当新手在电路领域经验不多时，有解决方案的案例有助于新手学习关于电路的知识。Silke Schworm 和 Alexander Renkl（2007）使用视频案例来帮助师范生做出支持或反对某个观点的令人信服的论证，也得到了积极的结论。

样例为什么有效？部分是由于前面章节中讨论过的认知负荷理论。当学生缺少某些领域的特

得到解决的样例

学生可以从观察许多已经得到正确解答的不同种类的样例问题中获益，特别是当这些样例显示了专家型问题解决者在关键步骤上的思考时。

定知识时——例如分数或者比例——他们会运用一般策略，例如寻找关键词或者使用某种机械程序来解决问题。但是这些方法对工作记忆造成了极大的压力——需要立刻记住太多东西。反之，得到解决的样例把步骤组块化，提供线索和反馈，聚焦于相关信息，对记忆的要求较少。这样，学生就能够运用认知资源去理解问题，而不是随机地寻找解决方法（Wittwer & Renkl，2010）。

然而，为了从得到解决的样例中获得最大的益处，学生必须积极参与——只是表面上看看样例是不够的。当你认真思考一下到底是什么促进了学生的学习和记忆时，以上说法就不足为奇了。你需要高度聚焦信息、深度加工信息，并把它和你已有的知识建立联结。学生应该将样例解释给自己听，这种自我解释很关键，它可以使学生更主动地从得到解决的样例中进行学习，而不是被动学习。自我解释策略包括尝试预测下一步的解决方法、核查自己是否正确、尝试总结和解释问题解决的基本原则。Schworm 和 Renkl（2007）对师范生做了一个研究，要求他们思考并解释在录像带中所看到的论证的一些要素，如："这一段包含哪些论点？他们与 Kirsten 的叙述是如何联系的？"（p. 289）学生需要通过心理卷入来理解这些例子——自我解释是学习卷入的一个关键（Atkinson & Renkl，2007；Wittwer & Renkl，2010）。

同时，学生还可以比较以不同方法得到正确答案的例子。每一种解决方法的共同之处是什么？不同之处是什么？为什么？（Rittle-Johnson & Star，2007）。而且，得到解决的样例应当是一次处理一种信息来源，而不是让学生来回翻阅文本、图表等。如果学生需要将不同来源的信息整合起来理解样例，那么学生的认知负荷就太大了（Marcus，Cooper，& Sweller，1996）。

样例虽然可以作为解决新问题的类比或模型，但是如果没有解释和指导，新手可能会记住样例或个案的表面特征，而不是其深层意义或结构。事实上，正是样例的意义或结构有助于解决新的、类比问题，而不是样例的表面相似性（Gentner，Lowenstein，& Thompson，2003）。我听到过学生抱怨说，数学课上他们备考的问题是有关船只和水流的，而考试中问的却是飞机和风速。他们抗议道："考试中没有船只问题！"事实上，考试中有关风速的问题与船只问题的解决方法几乎是一样的，但学生关注的只是表面特征。克服这种倾向的一种方法就是让学生进行样例或个案的比较，以此来发展他们基于个案的共同结构而非表面特征的一般问题解决图式（Gentner et al.，2003）。

学生还可以怎样发展用来表征特定学科领域问题的其他图式呢？Mayer（1983）建议可让学生进行以下练习：（1）识别并将不同种类的问题类型进行归类；（2）表征问题——以具体的图像、符号、图表或语言等；（3）在问题中挑出相关信息和无关信息。

（六）问题表征的结果

问题解决的表征阶段有两种结果，如图 9—4 所示。如果你对表征的问题马上就提出了解决方案，那么你的任务就完成了。在某种意义上，你还没有真正解决一个新问题；你仅仅把这个新问题看成是老问题的"伪装"版本，而那个老问题你已经知道怎样解决了。这可称为**图式—驱动问题解决（scheme-driven problem solving）**。根据图 9—4，此时你可以使用图式—激活途径，并可直接向解决方案迈进。

但是，万一你没有现成的问题解决方法或者你不能成功激活图式，那怎么办呢？寻找解决方案的时候就到了！

图式—驱动问题解决（scheme-driven problem solving）
把一个问题看成是一个已经解答的老问题的"伪装"版本。

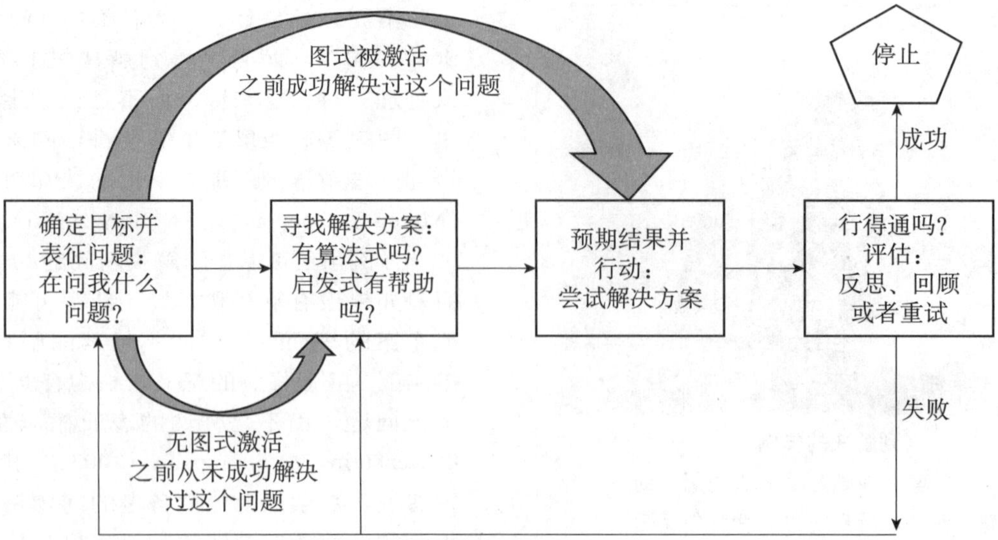

图 9—4 问题解决过程

一个解决方案有两条路径。如果正确的图式被激活，答案很明显——此时新问题是老问题的“伪装”版本。但是，如果没有图式可以利用，那么搜寻和检验将成为解决方案的另一个路径。

三、寻找可能的解决策略

在你执行搜寻解决方案的过程中，有两种通用的程序供你使用：算法式和启发式。它们是程序性知识的两种形式（Schraw，2006）

（一）算法式

算法式（algorithm）是为了达到目标而一步步尝试解决问题的方式。它通常是领域特定的，也就是说，它依赖于特定的学科领域。在一个问题解决过程中，如果你选择了一个恰当的算法（例如计算均数，把所有分数加起来，除以个数），并正确地实施它，就能保证得到一个正确答案。遗憾的是，学生通常不会系统地使用算法。他们先试试这个，再试试那个。他们可能碰巧得到了正确答案，但不知道自己是怎样发现的。对一些学生来说，偶然而随意地使用算法式，可能表明他们的形式运算思维和系统地执行一套可行性方案的能力还没有形成（正如皮亚杰描述的那样）。许多问题不能用算法式解决，那该怎么办呢？

算法式（algorithm） 解决问题的一步步程序，一一写出解决方案。
启发式（heuristic） 试图解决问题的一般策略。
手段—目的分析（means-ends analysis） 一个目标被分解成子目标的启发式。
逆向推理策略（working-backward strategy） 从目标开始通过逆向思维来解决问题的启发式。

（二）启发式

启发式（heuristic）是可能找到正确答案的一般策略（Schoenfeld，2011）。因为生活中的许多问题（如职业选择、人际协调等）是转弯抹角的，问题陈述是结构不良的，也没有明显的算法，因此，发现或形成有效的启发式策略非常重要（Korf，1999）。下面就让我们来看一些启发式策略。

在**手段—目的分析（means-ends analysis）**中，问题被分解为几个中级或次级目标，然后找出解决中间或次级目标的方法。例如，对一些学生来说，写一篇 20 页的学期报告像一个不可解决的问题一样压得人难受，他们最好把这个任务分成几个中间目标，如选定一个题目、查找资料、阅读和组织材料、制定一个纲要等等。当他们攻克了一个中间目标，他们可能发现其他目标出现了。例如，查找资料可能要求他们找一个人帮助他们重新学习使用图书馆计算机检索系统。请记住，对于那些在递交学期报告的前一晚才开始动手做的学生而言，心理学家还没有为他们找到一个有效的启发式。

一些问题适合使用**逆向推理策略（working-backward strategy）**。使用该策略时，人们从目标开始回溯，直到回溯到待解决问题的初始状态。逆向法有时对几何证明题是有效的启发式。它也是一种确定中期时限的好方法（“如果我必须在四个星期后交这章书稿，我应该在 11 号完成初稿。

那么意味着我在 ×× 之前最好不再查找新的文献，而要开始写作了……”)。

另一个有用的启发式是**类比思维（analogical thinking）**（Copi，1961；Gentner et al.，2003），它把你对解决方案的搜寻限制在与你目前所面临情境有某些共同之处的情境中。例如，当最初设计潜艇时，工程师必须弄清楚战舰怎样确定压力和藏在海底深处的船的位置。研究蝙蝠怎样在黑暗中飞行这个类比问题，促进了声呐的发明。然而，为了更有效地使用类比，必须关注意义而不是表面相似性。因此，仅仅只关注蝙蝠的外表，不会有助于解决通信问题。

由于经验和文化的影响，学生带到课堂的可能的类比不尽相同。例如，Zhe Chen 和他的同事（2004）想知道大学生是否可能使用民间故事——一种文化知识——来类比解决问题。事实正是如此。中国学生较好地解决了雕像称重的问题，因为这个问题与他们掌握的怎样称大象的民间故事类似（通过排水量）；美国学生则通过使用美国的一个民间故事——Hansel 和 Gretel 的类比，较好地解决了如何寻找山洞出路（留下一个痕迹）的问题。

> **类比思维（analogical thinking）** 把你对解决方案的搜寻限制在与你目前面临的相似情境之中的一种启发式。
>
> **言语化（verbalization）** 把你的问题解决计划和它的逻辑用语言表达出来。
>
> **功能固着（functional fixedness）** 不能以新的方式使用物体或工具。
>
> **反应定势（response set）** 僵化；用最熟悉的方式进行反应的倾向。

把你的问题解决计划总结成文字并且给出选择它的理由，这样就可以成功地解决问题（Lee & Hutchinson，1998）。在你正向其他人解释一个问题时，一个方案跃入你的脑海，这时你会意外地发现**言语化（verbalization）**过程的效用。

四、预期、行动与回顾

表征问题和探索可能的解决方案之后，下一步就是选择一个方案并预期结果。例如，当你决定通过生产一种较硬的番茄来解决番茄受损的问题，消费者会怎么反应呢？如果你花时间学习一种新的制图程序来优化你的学习报告并提高你的成绩，那么你还有足够的时间来完成这篇报告吗？

在你选择了一个解决方案并且实施它之后，你要通过核查问题解决结果来评估解决方案的有效性。许多人倾向于在获得最佳方案之前停止思考，只是简单接受一个仅在某些特定情况下才起作用的方案。对于数学问题，评价答案可能意味着进行常规的检查，如在涉及多个数字的连减竖式运算中，用加法来检验减法问题，把一栏自下向上进行叠加，而不是从上往下进行。另一种可能性是估计答案，例如，计算 11×21，答案应该在 200 左右，因为 10×20 等于 200。如果有的学生得到的答案是 2 311、32 或 562，他们应该能很快意识到这些答案是不正确的。当学生依靠计算器或计算机时，估计答案尤其重要，因为他们不能往回看已出现数字中的错误。

五、阻碍问题解决的因素

（一）功能固着与反应定势

有时，要想成功地问题解决，需要我们以新的方式来看待原有的事物。人们经常不能成功地解决某一问题，可能是因为他们受制于材料的常规用途。这一困难被称为**功能固着（functional fixedness）**（Duncker，1945）。在日常生活中，我们可能经常表现出功能固着。假如梳妆台抽屉把手的一颗螺丝钉松了，你是花 10 分钟时间寻找一把螺丝刀还是用一把尺子的边或一角硬币来拧紧它？

另外一种阻碍有效问题解决的固着是**反应定势（response set）**，它指固定用一种方法表征问题。请试试这个问题：

> 下面有四个火柴棒排列问题，对于其中的每一个，只移动一根火柴棒来改变方程式，让它变成真正的等式，如 V=V。

V = VII　　VI = XI　　XII = VII　　VI = II

你可能很快就找到了解决第一个例子的方法。你只需要从右边移动一根火柴到左边，使得

Ⅵ = Ⅵ。第二个例子和第三个例子也可以不费力就能解决，移动一根火柴把Ⅴ变成Ⅹ或反之亦然。但是第四个例子（取自 Raudsepp & Haugh, 1977）可能把你难倒了。为了解决这个问题，你必须改变你的反应定势或转化模式，因为对最初三个问题的解答方法这次不起作用了。这里的答案在于把罗马数字变成阿拉伯数字，并且使用平方根的概念。通过克服反应定势，你可以从右边移动一根火柴到左边来形成平方根的符号，这个答案读作 1 的平方根等于 1，用简单的符号表示为 $\sqrt{1}=1$。最近一位有创造性的读者读过本书后，通过电子邮件发来了一些其他答案。这位读者是 Jamaal Allan，他当时是太平洋大学的一名研究生，认为可以使用任何一根火柴把 = 变成 ≠。那么最后一个例子将是 Ⅴ ≠ Ⅱ，或精确描述为 5 不等于 2。他认为也可以移动一根火柴把 = 变成 <或>，这个陈述仍然成立（但不是上面问题里专门规定的等式）。阿什兰大学的一名学生 Bill Wetta 则提供了另一种解决办法，他同时使用阿拉伯和罗马数字。你可以移动一根火柴将第一个Ⅴ变成Ⅹ。这时Ⅵ = Ⅱ就变成了Ⅺ = Ⅱ，或者 11（罗马数字）等于 11（阿拉伯数字）。就在今天早晨，我收到了来自俄亥俄州立大学纽瓦克分校正在选修教育心理学课程的学生 Ray Partlow 的另一个有创造性的解决方案。他的方案是："移动左边Ⅴ一根火柴，把它直接放在Ⅰ上面，得到Ⅱ = Ⅱ。"用两根火柴覆盖在一起，有了一个全新的可能性。你还能想出其他的解决办法吗？发挥你的创造力吧！

（二）使用启发式的一些问题

我们经常自动地使用启发式来进行快速判断。这样做，确实可以在解决日常问题时节约时间。我们的头脑能够自动快速地做出反应，但为此付出的昂贵代价可能是我们没有很好地解决问题。调用老一套想法来判断新问题，有时即便是聪明人也会做出愚笨的回答。例如，我们可能使用**代表性启发式（representativeness heuristic）**，在原型基础上做有关可能性的判断——我们怎么看待一个类别的代表性。请思考下面这个问题：

> 如果我问一个喜欢诗的、苗条的、矮个的陌生人，更可能是一个卡车司机还是一位名牌大学的一流教授。你会怎么说？

你可能倾向于根据卡车司机或教授的原型来回答这个问题。但是，考虑一下这种可能性：如果有大约 10 个名牌学校，每个学校有 4 个左右的一流教授，就有 40 个教授。在这 40 个教授中，可能有 10 个是又矮又苗条的，这些人的一半喜欢诗——还剩下 5 个。但是美国至少有 400 000 个卡车司机。如果那些卡车司机 800 个中有 1 个是矮个、苗条的、诗歌爱好者，就有 500 个卡车司机符合这个条件。500 个卡车司机对 5 个教授，陌生人是卡车司机的可能性是一流教授的 100 倍（Myers，2005）。

教师和学生都很忙，他们经常基于当时头脑中的东西做出判断。当我们根据记忆中可以利用的信息而做出判断时，我们就使用了**可用性启发式（availability heuristic）**。如果事件的情境很容易跃入脑海中，那么这时我们就认为这些事件是经常发生的，但那不是必然的；事实上，这种想法经常是错误的。人们记忆那些生动的故事并且很快就相信这样的事，但他们经常会错。例如，如果你看了一部有关多子女贫穷家庭的电影，并且留下了生动的记忆，那么当你学习到一般的贫穷家庭平均只有 2.2 个孩子（Children's Defense Fund，2005a，2005b）时，就会感到很惊讶。数据可能不支持那个判断，但是**信念坚定（belief perseverance）**或者坚定信念的倾向，会使我们即使遇到矛盾的证据，也会拒绝改变。

确认偏向（confirmation bias）是寻找信息以证实自己的观点和信念的倾向，它源于我们想要获得好的解决方案的强烈愿望。你可能经常听到"别用事实迷惑我"，这个格言抓住了确认偏向的本质。大多数人会寻找支持他们观点的证据，而不是寻找可能驳倒他们观点的事实。例如，一旦你决定买某辆车，你可能注意有关你所选的那辆车优点的报告，而不是你没选上的车的优点。我们做判断时会自动使用启发式，我们乐于证实自己相信的事情，而且我们倾向于将失败解释为已经过去的事，这些综合起来就产生了过度自信。学生们经常过度自信于他们能很快完成论文

代表性启发式（representativeness heuristic） 基于事件与你的原型的匹配程度而做出某个事件可能性的判断——你认为一个类别的代表性是什么。

可用性启发式（availability heuristic） 基于你的记忆中可以利用的信息而做出的事件可能性判断，假定那些容易记住的事件是经常发生的。

信念坚定（belief perseverance） 即使碰到矛盾的证据也要坚持我们信念的倾向。

确认偏向（confirmation bias） 当有不能证实的证据时，寻找证实我们的选择和信念的信息。

实践指南　问题解决

● 问问学生们是否确定自己理解这个问题。

例如：

1. 他们能从无关信息中分离出相关的信息吗？
2. 他们意识到自己正在做的假设吗？
3. 鼓励他们用图或表的形式把问题形象化。
4. 让他们向其他人解释这个问题。问他们好的解决方案是什么样的。

● 鼓励学生尝试从不同的角度看问题。

例如：

1. 你自己提出几种不同的可能性，然后让学生也提供一些。
2. 让学生练习接受和捍卫一个问题的不同观点。

● 让学生思考，不要仅仅给予他们解决方案。

例如：

1. 既提供小组问题，又提供个别问题，以便每个学生都有机会练习。
2. 如果学生的答案错了，但他们能给出好的解释，就不要扣掉全部的分数，给一部分分。
3. 如果学生被问题难住了，不要提示太多，让他们仔细思考这个问题。

● 帮助学生形成系统的思考方式。

例如：

1. 当你解决问题时，出声思维。
2. 问“如果……会发生什么”这样的问题。
3. 把各种建议做成一张列表。

● 教授启发式策略。

例如：

1. 如果用类比来解决市区停车场有限这个问题，其他的“储存”问题怎样解决？
2. 使用逆向思维来筹划一个派对。

写作，但研究发现，典型的情况往往是实际写作过程一般要花所估计时间的两倍以上（Buehler, Griffin, & Ross, 1994）。尽管他们低估了完成时间，他们仍然对下一步的预期保持自信。

上面的“实践指南”给出了一些帮助学生成为好的问题解决者的方法，你可以借鉴。

六、专家知识与问题解决

大多数心理学家都认为有效的问题解决是建立在对有关问题领域大量的知识储备基础上的（Schoenfeld, 2011）。例如，为了解决火柴问题，你必须理解罗马数字、阿拉伯数字以及平方根的概念；你还必须知道 1 的平方根是 1。因此，让我们花点时间来了解专家知识。

（一）知道什么是重要的

专家知道应把注意力集中到哪里。例如，知识渊博的棒球球迷（别人告诉我的）会把注意力集中在游击手的移动上，以此来判断投手会掷出快球、弧线球还是滑行曲线球。但那些对棒球几乎一无所知的人，也许从不注意游击手的移动，除非安打击出到界内（Bruning, Schraw, & Norby, 2011）。一般而言，在判断诸如奥运会高台跳水的表现水平或哪种精美的巧克力蛋糕可获奖时，专家知道应关注什么；而对非专家而言，绝大部分高水平的跳水动作或不同式样的精美蛋糕，在他们眼中都是一样的。

（二）模式记忆和组织

对专家知识的现代研究起始于对国际象棋大师的研究（Simon & Chase, 1973）。结果表明，国际象棋大师能很快再认棋子的 5 万种不同的摆法。他们能够在几秒钟内找出每一个模式，并且记住每一个棋子在棋盘上的位置。这就好像他们有 5 万个模式的“词汇”一样。Michelene Chi（1978）表明，3 ～ 8 级的国际象棋专家有类似的记忆棋子排列的能力。对所有国际象棋大师来说，棋子的模式都像是词汇。如果几秒钟内给他出示任何一个他的词汇库中的词，他都能够按正确的顺序记住这个单词中的每一个字母（假定他能够拼写这个单词）。但是一系列随机排列的字母很难记，就像你在第 8 章中看到的那样。类比到国际象棋领域，情况也是如此。当象棋子随机摆放在棋盘上时，大师和一般棋手对棋子位置的记忆就没有什么不同了。大师记忆的是有意义的或在比赛中发生的模式。

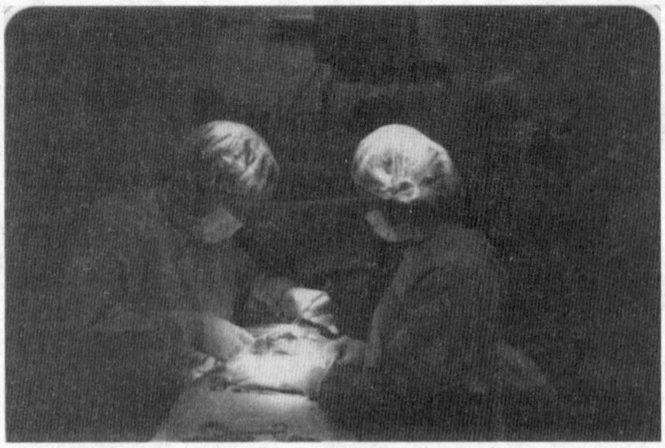

专家知识

成为专家的一个非常重要的方面是要获得大量领域特定的知识。这名外科医生很有可能经历了多年用心的、全神贯注的和坚持不懈的实践，才成为了他所在领域的专家。

类似的现象也发生在其他领域。基于识别模式以及知道那些模式的变形情况，如何解决一个问题可能是一种直觉。例如，物理学专家围绕核心原理组织他们的知识（如玻意耳定律或牛顿定律），而新手则围绕问题陈述的具体细节组织他们少量的物理知识（如杠杆或者滑轮）（Ericsson，1999；Fenton，2007）。

（三）程序性知识

除了能很快地表征问题，专家们还知道下一步该做什么并有能力去做。他们储备了在各种情境下采取何种行动的大量的产生式或条件—行动图式。因此，他们理解问题和选择解决方案的步骤同时发生，并且相当自动化（Ericsson & Charness，1999）。当然，这意味着他们必然有很多可以利用的图式。成为专家的一个重要方面是获得大量有关专业领域的知识（Alexander，1992）。为此，你必须接触那个领域很多不同种类的问题，看别人如何解决问题，并且自己尝试解决许多问题。有人估计说，对于大多数领域而言，人们要花10年或10 000个小时的用心、集中和持续的实践，才能成为那个领域的专家（Ericsson，2011；Ericsson & Charness，1994；Simon，1995）。专家储存的丰富知识是经过精细加工和大量练习的，所以，当需要这些知识时，它们能很容易地从长时记忆中提取出来（Anderson，1993）。

（四）计划和监控

在解决问题之前，专家会花大量的时间来分析问题、绘制图表、把大的问题分解成小的问题以及制订计划；而新手则可能马上开始写出一个物理问题的方程或一篇论文的第一段草稿。在问题解决前，专家会计划出整个方案，并经常在进行当中不断简化任务；在工作时，他们会监控整个进程，所有他们的时间不会花费在无用的尝试上（Schunk，2012）。

那么，我们可以得出什么结论呢？概而言之，专家能够：（1）知道把注意力集中在哪里；（2）在给定的信息中感知重要的、有意义的图式，而不会被表面特征和细节所迷惑；（3）在工作记忆和长时记忆中存储了更多信息，部分是由于他们把信息组织成了有意义的单元和程序；（4）花大量的时间分析给定的问题；（5）运用已经自动化的程序来完成问题的各个部分；（6）更好地监控自己的表现。当问题解决的领域是结构良好的时候，如国际象棋、物理或计算机程序，那么问题解决专家就会不断地根据这些方面的技能来解决问题。但是，当问题解决领域是结构不良的时候，而且几乎没有清晰的基本原理时，如经济学和心理学上的问题，那么专家和新手之间的差异就不是那么界限分明了（Alexander，1992）。

第四节　创造性

停下来　想一想

有一个学生有严重的阅读障碍——阅读和写作都极度困难。他把自己描述成一个“失败者”。在学校，他知道别人花一个小时能完成的作业，他必须花两到三个小时。他知道他必须准备一张列表，把自己拼写错误率很高的单词写在上面，以便他今后能尽量写对。他能够独自一人在房间待数小时。你觉得他的写作会具有创造性吗？为什么？

上面描述的这个人就是约翰·欧文（John Irving），被评论家称为“富有创造力”的小说家，他的小说有《盖普眼中的世界》、《苹果酒屋的规则》和《为欧文·米尼祈祷》等（Amabile，2001）。我们怎样理解他惊人的创造性呢？什么是创造性？

一、创造性的定义

创造性（creativity）是产生原创性工作的能力，但所做的工作仍必须是恰当和有用的（Plucker，Beghetto，& Dow，2004）。大多数心理学家认为，没有“通用的创造性”这样的事情，人们在特定的领域上有创造性，如约翰·欧文在写小说方面很有创造性。但是，要有创造性，“发明”必须是有目的的。颜料的偶然溢出产生了一个新颖的设计，这不是创造，除非这位艺术家看出这个“事故”的潜力或有意使用这个“溢出”技术来创造新的作品（Weisberg，1993）。尽管我们常常把艺术与创造性联系起来，其实任何学科都能以一种创造性的方式来进行。

二、创造性的评估

停下来　想一想

你能列出一块砖有多少种用途？思考一会并进行头脑风暴——能写出多少就写多少。

像作家约翰·欧文一样，保罗·托兰斯（Paul Torrance）也有学习障碍。当他还是高中英语老师时，他就对教育心理学产生了兴趣（Neumeister & Cramond，2004）。托兰斯以“创造性之父”而著称，他编制了两种创造性测验：言语测验和图形测验（Torrance，1972；Torrance & Hall，1980）。在言语测验中，指导语要求你想出砖块的尽可能多的用途（就像你上面做的）或者问你怎样把一个玩具变得更有趣。在图形测验中，给你 30 个圆圈，让你创造出 30 种不同的图画，每幅画至少包含一个圆圈。图 9—5 呈现了一个 8 岁小女孩在完成这个任务时所表现出来的创造性。

这些测验需要**发散思维（divergent thinking）**，它是创造性概念的重要成分。发散思维是提出许多不同观点或答案的能力。**聚合思维（convergent thinking）**是更普通的、只确定一个答案的能力。对所有这些创造性任务的回答分别在新颖性、流畅性和变通性上进行打分，它们是发散思维的三个方面。新颖性通常从统计角度进行确定。要想确定答案是新颖的，那么在参加测验的每 100 个人中必须有不超过 5 个或 10 个人有这样的回答。流畅性是指不同答案的数量。变通性一般通过对不同种类的答案的数量来测量。例如，如果你列出了砖块的 20 种用途，每一种都是建造某种东西，那么你的流畅性分数可能很高，但是你的变通性分数会很低。在这三个测量指标中，流畅性——答案的数量——是发散思维最好的预测者，但现实生活中的创造性远不止发散思维（Plucker et al.，2004）。

图 9—5　一个 8 岁儿童创造性的图解评估

她给她的画定了题目，从左到右分别是：“德拉库拉（Dracula）”、“一只眼的怪物”、“南瓜”、“呼啦圈”、“海报”、“轮椅”、“地球”、“月亮”、“行星”、“电影镜头”、“悲伤的脸”、“图片”、“红绿灯”、“沙滩球”、“字母 O”、“小汽车”和“眼镜”。

学生创造性的几个可能的预测指标是好奇心、专心致志、灵活适应、精力充沛、幽默（有时候怪异）、独立、喜欢开玩笑、不墨守成规、敢于冒险、对复杂和神秘东西感兴趣、喜欢狂热和白日梦、不能忍受枯燥的工作，以及有独创性（Sattler & Hoge，2006）。

创造性（creativity）　有想象力的、原创性的思考和问题解决。
发散思维（divergent thinking）　想到许多可能的答案。
聚合思维（convergent thinking）　缩小可能性，只确定一个答案。

三、创造性的来源

研究者研究了认知过程、人格因素、动机模式以及背景经验来解释创造性（Simonton，2000）。Teresa Amabile（1996）提出了一个创造性的三成分模型，该模型认为，创造性的个人或群体必须具备：（1）相关领域的技能，包括对该领域工作有价值的天分和能力。例如，米开朗基罗雕刻石头的天分，是他孩童时寄养在一个石匠家庭时形成的。（2）与创造相关的过程，包括工作习惯和人格特点。如约翰·欧文每天工作10小时的习惯，他不停地写作、重写、再写作、再重写，直到故事完美为止。（3）内在工作动机或强烈的好奇心和对工作的热情。创造性的这个方面受教师和父母的影响很大，同时还受到支持自主、激发好奇、鼓励想象和提供挑战等的影响。

（一）创造性与认知

重组（restructuring） 以一种新的或不同的方式看待事物。
顿悟（insight） 解决方案的突然实现。

在某个领域有丰富的知识储备是创造性的基础，但仅有丰富的知识还远远不够。对许多问题来说，"更多的东西"是以一种新的方式看待问题——对问题进行**重组（restructuring）**，这会引发**顿悟（insight）**。这种情况经常发生：当一个人已经在一个问题或一个项目上努力了很久后，常常会把它放在一边。一些心理学家认为从问题当中暂时脱离出来，是进入一段酝酿时间，它是一种无意识的问题解决过程。事实上，更复杂的是酝酿对发散性思维任务的帮助，比对语言或视觉任务的帮助更大。另外，酝酿对于把问题放在一边之前有更长时间准备和努力的人，帮助更大（Sio & Ormerod，2009）。它更像是通过离开问题一段时间来打破僵化的思考方式，因此你能重组对情境的看法，思维更加发散（Gleitman，Fridlund，& Reisberg，1999）。所以，创造性的产生需要广泛的知识、灵活性以及对观点的不断认识。而且，我们知道动机、坚持性和社会支持在创造性过程中也扮演着重要角色。

（二）创造性与多样性

尽管创造性已经被研究了好几个世纪，但正如Dean Simonton所说："心理学家在深入理解女性和少数族群的创造性问题上，仍然有很长的路要走。"（2000，p.156）过去那些年，创造性研究和著作的焦点都是白种男性。其他群体的创造性模式是很复杂的——有时与传统研究中发现的模式一致，而有时又不同。

关于创造性与文化之间的其他联系，研究发现，处于主流社会之外、能说两种语言或能接触到其他文化，有利于创造性的发挥（Simonton，2000）。事实上，真正的发明者经常打破规则。"创造者有一个动摇事物的愿望。"（Winner，2000，p.167）。另外，研究发现，即使那些没有处于主流社会之外的人，参与多元文化的经历也能培养创造性。Angela Ka-Yee Leung和她的同事（2008；Maddux，Leung，Chui，& Galinsky，2009）综述了各种将被试置于含有其他文化的信息与映像之中的相关实验研究。结果发现，多元文化经历不仅支持创造性过程，如从记忆中提取新颖的或非传统观点，而且还支持创造性表现，如产生有深刻见解的问题解决方案。当人们对发散性观点持

创造性的社会接受

历史上有很多在当时拒绝接受创造性突破的例子（例如，伽利略提出的太阳是太阳系中心的理论）。当今社会准备接受替代性能源领域的创造性贡献吗？

开放态度，并且当情境不强调快速、确定地找出答案时，人们的创造性会更大。有着多元文化背景的个体特别愿意去思考自己不熟悉的观点，容纳冲突性的选择以及在观点之间建立不可能的联系（Leung & Chiu，2010；Maddux & Galinsky，2009）。所以，即使你的学生不能到中国西藏或土耳其旅行，如果他们能了解不同的文化，他们仍然可以成为更好的创造性问题解决者。

四、课堂中的创造性

现在和未来的复杂问题都需要有创造性地去解决，创造性对个体的心理、身体、社会和职业成功都很重要（Plucker et al.，2004）。教师如何促进学生的创造性思维呢？在每天的课堂生活中，教师时常会扼杀学生的创造性观点，而自己却没有意识到。教师能接受学生不同寻常的、有想象力的观点，就会鼓励学生创造性的发展，否则就会妨碍学生创造性的发展。以下改编自 Fleith（2000）与 Sattler 和 Hoge（2006）的“实践指南”提供了其他一些鼓励创造性的方法，你可以借鉴。

头脑风暴（brainstorming） 产生观点，但不停下来评价观点。

除了通过与学生日常交往来鼓励创造性之外，教师也可以尝试使用头脑风暴法。**头脑风暴（brainstorming）**的基本原则是，把学生创造观点的过程与对学生进行评价的过程分离开来，因为评价经常会抑制创造性（Osborn，1963）。评价、讨论和批评，应该在所有可能的建议都提出之后再进行。在这种情况下，一个观点激发其他的观点；而且人们可以在不害怕批评的情况下，把所有

实践指南　鼓励创造性

- 接受与鼓励发散思维。

例如：

1. 在课堂上谈论时问：“有谁能提出对这个问题的不同看法？”
2. 强化对问题不同寻常的解决方案，即使这个最终的方案并不完美。
3. 为研究项目的主题或呈现模式（书面的、口头的、视觉的或图形的、使用技术手段的）提供不同的选择。

- 允许有不同的意见。

例如：

1. 让学生支持不同的观点。
2. 保证不守常规的学生享受同样的课堂权利和奖励。

- 鼓励学生相信他们自己的判断。

例如：

1. 当学生们问你一些问题，而你认为这些问题他们能自己解答时，你可以不直接回答他们，而是换一种问题表达的方式，或者使问题清晰化，让学生们自己回答。
2. 一次一次地布置作业，但不打分。

- 强调每一个人都有某种形式的创造力。

例如：

1. 避免把伟大的艺术家或发明家描述成超人。
2. 找出每个学生作业中的创造成分，在某些作业任务上单独给原创性打分。

- 提供时间、空间和材料，以支持创造性项目。

例如：

1. 为抽象拼贴画和创作物收集“建筑”材料——纽扣、石头、贝壳、纸、织物、珠子、种子、绘画工具、黏土——试着去跳蚤市场和朋友那里收集。用镜子和照片画脸。
2. 创设光线很好的空间，儿童可以做东西，可以停下来，可以再回去做。
3. 在一些值得纪念的时刻（远足、新闻事件、假期），创造机会让学生去画画、写作或制作音乐。

- 激发创造性思维。

例如：

1. 尽可能使用班级头脑风暴时间。
2. 通过对班级问题提出不寻常的解决方案，树立创造性问题解决的榜样。
3. 鼓励学生延迟判断一个问题的特定解决方案，直到所有的可能性都被考虑到为止。

创造性的解决方案说出来。John Baer（1997，p.43）指出，头脑风暴应遵循四条基本原则：（1）延迟判断。（2）避免说观点是谁的。当人们感觉到一个观点是“他们的”，自我有时可能会阻碍创造性思维。当他们的观点遭到批评时，之后他们可能会有更多的防御性，而且更不愿意别人修改他们的观点。（3）任何时候都可以利用他人的观点。这意味着可以借用已经写在表格中的观点，或者对已经提出的观点做稍微的修改。（4）鼓励疯狂的观点。不可能的、完全不可行的观点，可以使某人想到其他的、更可能的、更可行的观点。获得一个具有疯狂想象力的观点，即使它不适合现实，但可以把它调整到适合现实的需要，这也比获得一个空洞乏味的观点并把它调整为有趣的、富有启发意义的观点更容易。

个人和群体都有可能从头脑风暴中获益。例如，在写作这本书的过程中，我有时发现，把一章中所有的不同主题都列出来，然后把这个列表放在一边，稍后再回来评价这些观点，这样做对本书的写作很有帮助。

五、大C：革命性的创新

Ellen Winner（2000）描述了“大C创造性”，这是建立一个新领域或改革一个旧领域的发明。即使一个儿童很早就表现出了天赋，但成年后未必会成为发明者。天才很早就已经掌握了结构良好领域，但发明者改变了整个领域。加德纳（Gardner，1993，pp. 32–33）说：“最终做出了创造性突破的个体，往往在早年他们就有成为探险家、发明家和修补匠的趋势。虽然他们的冒险行为会被认为是不顺从的表现，但比较幸运的是，他们所提出的实验方法往往获得了老师或同伴某种形式的鼓励。”为鼓励这些有潜力的发明家，家长和教师能做什么呢？Winner（2000）列举了要避免的四种危险：（1）避免过多增加奖励，以免儿童把掌握一个领域的内在热情变成了对外在奖励的渴望。（2）避免逼迫得太紧急，以免儿童在后来回忆时感到童年生活有所缺失。（3）避免把学生限制在技术上看起来安全、能有效获得奖励的行为表现上，那样会导致学生仅仅为了奖励而学习。（4）特别留意那些在儿童时期表现很完美，但成年后碌碌无为、没能继续创造新东西的人。大家应该关注这样的人群，以防止后续的心理创伤。

最后，教师和家长要鼓励有突出能力和创造才能的学生回报社会。第10章将要讨论的服务性学习，就是这样的一种选择。

虽然我们的创造性不可能都具有革新性，但是我们所有人都可以在某一领域成为专家。这就涉及批判性思维。

第五节　批判性思维与论证

大多数教育心理学家认为学生良好的思维能够而且应该在学校得到发展。发展学生思维的一种方法是在课堂中创造出一种思维的文化（Perkins，Jay，& Tishman，1993）。这意味着教师应致力于培养学生的探究和批判性思维精神，它是理性思维和创造性的组成部分，并着力培养学生基于证据提出论点或者反驳不同论点的能力。

一、发展批判性思维

> **批判性思维（critical thinking）** 通过逻辑、系统地考察问题、证据以及解决方案而对结论进行评估。

批判性思维（critical thinking）在几乎每个生活情形中都有作用——甚至可用于评估经常轰炸我们的媒体广告。当你看到一群衣着华丽的人正在赞美某一品牌橙汁的优点，同时他们正穿着暴露的泳衣嬉戏打闹，这时你必须想一想性吸引是不是选择水果饮料的一个相关因素（或许你还记得第7章中巴甫洛夫式的广告）。

不管你用什么方法来发展批判性思维，额外练习活动的跟进都是很重要的。仅仅一堂课是远远不够的。例如，如果你所在班级考察了一个特定的历史文件，以确定该文件是否反映了某种偏见或仅仅是一种宣传的手段，那么随后你还应该分析其他的书面历史文件、同时代的广告或新闻故事等。只有思维技能得到了充分学习并变得相对自动化时，它们才可能被迁移到新的情境中去（Mayer & Wittrock，2006）。只有这样，学生才不仅能使用这些技能来完成社会研究的课程，还可以用来评价朋友、政治家、玩具制造商以及饮食计划的要求。表 9—3 提供了一个有代表性的批判性思考者的特征。

表9—3　批判性思考者的特征

批判性思维是面对相信什么或做什么的决断而进行的言之有据的反省思维。批判性思考者能够：
1. 对不同的观点保持开放和友善。
2. 乐意接纳各种新的信息和观点。
3. 对信息来源的可信度判断准确。
4. 识别表述的主要结论、理由以及支持它的前提假设。
5. 对论点的质量判断准确，包括对支持论点的理由、前提假设和证据的可接受性的判断。
6. 采取并维护合理的立场。
7. 提出合适的澄清问题。
8. 形成合理的假设；计划好实验设计。
9. 术语表达时符合语境。
10. 小心审慎地得出结论。
11. 在面对相信什么或做什么的决断时，能整合本列表中的所有项目。

二、特定学科的批判性思维

表 9—3 中的批判性思考者的特征可以应用到任何一个学科。但是，有一些批判性思维技能是专门适用于某一特定学科的。例如，Jeffrey Nokes 及其同事系统考察了使用传统教材与多种教材读物、直接教授批判性思维技能与不直接教授技能对历史学习的影响（Nokes，Dole，& Hacker，2007）。其中，多种教材包括历史小说、演讲摘录、政府文件、图片、图表和历史数据以及教材中的简短部分。所教授的历史批判性思维技能有：（1）考察资料来源，即在阅读和使用信息进行解释和推论之前，考察一下文件的来源。资料来源有偏差吗？我能相信吗？（2）对信息进行证实，即将不同文本中的信息进行联系，注意互相之间的相似性与矛盾之处。（3）置于当时的情境，即想象时间、地点、人物以及文化等事件发生的情境，以及所有可能起作用的政治和社会因素。

研究结果发现，学习多种教材的学生比那些学习传统教材的学生确实学到了更多的历史知识。而且，直接教授如何使用批判性思维技能的学生能够学会并应用上述三个思维技能中的两个——考察资料来源以及对信息进行证实。置于当时的情境这一思维技能更难一些，因为学生缺乏填充情境信息的背景知识。因此，特定学科的批判性思维也可以在学科学习时进行培养。但是就像你在以下“正方观点 / 反方观点”所看到的，教育工作者对于在学校培养学生批判性思维的最好方式意见不一。

三、论证

形成自己的观点并能用证据来支持自己观点的能力，对科学、政治、劝说文写作以及批判性思维等都必不可少。**论证**（argumentation）即与其他人争辩观点的过程，其核心是用证据和理智来支持你的观点立场，并能反驳对方的观点和证据。儿童不善于论证，青少年好一点，成年人更好一些，但并不完善。儿童很难注意到对方辩手的观点和证据。青少年能够明白对方辩手有不同的观点，但他们花在表达自己观点的时间比花在试图理解和反驳对方观点的时间要多得多。似乎青少年相信赢得一场辩论意味着要有更好的陈述，而无需去理解并削弱对方的观点（Kuhn & Dean，2004）。

儿童和青少年更多关注自己的观点和立场，因为要同时记住并加工自己以及对方的观点和证据，这个要求太高了——认知负荷太大了。此外，论证技能并不是天

> **论证（argumentation）** 与其他人争辩观点的过程。

正方观点 / 反方观点：学校应该教学生进行批判性思维与问题解决吗？

关于学校应该注重教学过程还是教学内容、应该注重问题解决技能还是核心知识、应该注重高级思维技能还是学业知识等问题的争论，已经持续了很多年。一些教育者认为学生必须学会如何思维和解决问题，但其他教育者则认为学生不可能学会抽象的东西——“思维”，他们必须针对具体的内容进行思考。那么，究竟教师应该注重传授学生知识，还是应该注重发展学生的思维呢？

正方观点

问题解决和高级思维可以并且应该教授。

1995 年 4 月 28 日，《高等教育编年史》（*Chronicle of Higher Education*）中的一篇文章写道：

> 批判性思维是有效的阅读、写作、说话和听力的核心。它使我们能够把对学习内容的掌握与自尊、自我约束、多元文化教育、有效合作学习以及问题解决等不同的目标联系起来。它让所有的指导者和管理者提高了他们自身的教学和思维水平（p.A-71）。

说些近点的，Peter Facione（2011）认为批判性思维与大学生的 GPA 和阅读理解紧密相关。学生如何学习批判性思维呢？一些教育者认为，可以通过大范围运用技术来直接教授学生的批判性思维，如产生式思维程序或认知研究中心（CoRT）技术。还有研究者认为，学习计算机程序语言可以促进学生的心智发展，可以教会他们如何有逻辑地进行思维。最后，由于专家型读者可以自动化地应用特定的元认知策略，因此，很多教育工作者和心理学家建议直接教授新手或阅读困难的学生如何应用这些策略。Michael Pressley 的优良策略使用者模型（Pressley & Harris，2006）、Palincsar 和 Brown（1984）的交互式教学模式都是直接教授学生元认知策略的成功典范。关于这些方法的研究普遍表明，运用过这些方法的所有年龄段的学生在学业成绩和阅读理解水平方面上都有进步（Pressley & Harris，2006；Rosenshine & Meister，1994）。

反方观点

思维和问题解决技能不能迁移。

E.D.Hirsch 曾直言不讳地对批判性思维课程提出了批评：

> 直接教授批判性思维或自我监控能力究竟能否真正提高学生的成绩，是一个目前仍存在很多争论的研究课题。例如，关于批判性思维的研究并没有让人们消除疑惑。关于批判性思维的教学已经在一些国家开展了 100 多年，但是研究者发现无论是来自以色列、德国、澳大利亚、菲律宾还是美国的学生，尽管他们已经学了批判性思维，但他们依然在继续犯荒谬的逻辑错误。（1996，p. 136）

认知研究中心（CoRT）推出的课程已经在 10 个国家超过 5 000 个课堂中实施了，但是 Polson 和 Jeffries(1985) 提出：“虽然这个课程已得到 10 年的广泛使用，但我们尚没有足够的证据证明这个课程的有效性。”（p. 445）另外，Mayer 和 Wittrock(1996) 指出，有关在实际情境中学生问题解决能力的研究表明，学生常常不能把在学校学到的数学问题解决方法应用于杂货店或家庭等这些实际的问题解决情境中。

尽管教育者已经在教授元认知技能方面取得了很多成功，可是依然有批评指出，这种教学往往是阻碍了而不是促进了学习。Robert Siegler（1993）提出，教学业成绩较差的学生使用自我监控策略，可能会阻碍他们运用真正适合他们的策略。强迫学生使用专家们的这些策略，可能会给学生的工作记忆带来较大的负担，他们可能会很费劲地使用他们并不熟悉的策略而无法顾及学习内容本身。比如，与其教学生从课文中提取某些词语的策略，不如教学生多学些单词来增加自己的词汇量。

超越非此即彼 当代对学习的研究达成的共识，无论是领域特定的知识还是学习策略，都是非常重要的。今天的学生需要成为对所有知识都能进行批判性思考的消费者，但仅仅有批判性思维是远远不够的。学生们需要知识、词汇和概念来理解他们所读、所看和所听到的。最好的教师应同时教授数学知识内容和如何学习数学，或是教授历史学科内容的同时教授如何批判性地评估历史知识的来源。

生的，需要花费时间来进行教学才能学会（Kuhn，Goh，Iordanou，& Shaenfield，2008；Udell，2007）。

那么，必须学习哪些知识才能发展出好的论证技能呢？在理解和反驳对方的论据时，为了提出令人信服的理由，必须清楚自己在讲什么、对方在讲什么以及如何反驳对方的观点。这需要计划、评估计划的进展情况、仔细思考对方所讲内容以及根据需要调整策略，也就是关于论证的元认知知识和技能。Deanna Kuhn 和她的同事（2008）设计了一种程序来发展学生的论证元认知技能。他们给六年级学生呈现下列两难问题：

> Costa 一家从遥远的希腊搬迁到城镇边缘地区，一起搬来的还有他们 11 岁的儿子 Nick。在希腊，Nick 是名好学生，也是一名走读制的足球运动员。Nick 的父母决定在这个新的居住地，不让 Nick 去学校和其他孩子在一起，而在家陪着他们。Nick 一家只会讲希腊语，他们认为如果 Nick 坚持讲母语并且不学习英语，会做得更好。他们认为他们可以在家教会 Nick 所需要的一切事情。应该怎么办？Nick 一家住在城镇却让 Nick 待在家里，还是应该要求他们像其他家庭一样把 Nick 送到镇上的学校，哪一种更好？（p. 1313）

根据学生在两难问题上的不同观点立场，全班 28 名学生分成两组——一组认为 Nick 应该去学校，另一组则认为 Nick 应该在家接受教育。两组学生再次分组，同性别的两名同学组成一对小组。所有认为尼克应该去学校这一方的同学到班级隔壁的房间去。某一方的两人小组使用即时通信（IM）与另一方的两人小组辩论大约 25 分钟。之后，这个过程重复多次，但是都是在不同的两人小组之间进行辩论，合计共有 7 次 IM 辩论。因此，每一对支持应该去学校一方的两人小组，在几个星期之内会和每一对支持待在家中一方的两人小组都有过辩论。在中间第四次结束时，给每一对小组提供他们上次辩论的对话脚本，同时还有任务清单，任务清单是为了培养他们对自己论证或对对方论证的反思，在成人的指导下，学生通过评价自己的论证活动来提高论证技能，反思部分共进行 3 次。

最后来一次“大决战”，即全体“去学校”组的学生和全体“待在家中”组的学生都只通过一台电脑进行辩论。为了准备这次辩论，每组的一半同学扮演他们组的立场，另一半同学需要扮演对方组的立场。在寒假和春假过后，面对新的两难问题多次重复进行整个过程。

在这里，我们可以看到，这项研究使用了三项技术来帮助学生提高论证的元认知能力：第一，学生结对合作；第二，研究者给学生们提供了他们与对方辩论的对话脚本，这样学生就能对讨论进行反思；第三，整个对话通过即时通信进行，因此拥有一个完整的讨论记录。

那么，到底发生了什么呢？研究表明，结对、即时通信和反思策略对大多数学生而言，可以帮助他们考虑对方的立场观点，并能为反驳对方的论点、论据而提供策略。结对练习似乎尤其有效。当青少年甚至是成年人独自工作时，通常很难形成有效的反论和驳论（Kuhn & Franklin，2006）。

第六节　为迁移而教

停下来　想一想

回想你上高中时某学科的一节课，该学科你在大学里并没有选修。想象老师、教室和课本。现在回忆你在课堂上实际学到的东西。比如这是一节科学课，你学的一些公式是什么？氧化还原还是玻意耳定律？

如果你和我们大多数人一样，你可能记得你学过哪些东西，但你不能非常确定你学到了什么。那些时间浪费了吗？这个问题与学习迁移紧密相关。我们接下来就讨论这个重要的话题。首先我们来看看迁移的定义。

如果先前任何时候学过的东西正在影响当前的学习，或者先前问题的解决影响你解决一个新的问题，此时**迁移（transfer）**就发生了。Erik De Corte（2003）称迁移是“认知工具与动机的创造性使用”（p. 142）。迁移的这种意义强调的是生产新东西（创造性），而不是重复使用先前的工具。如果学生在一节课上学了一个数学原理，并在几天或几个星期后在另外的课上用它来解决一个物理问题，就发生了迁移。然而，过去的学习对现在学习的影响并不总是正向积极的。功能固着和反应定势

> **迁移（transfer）** 先前材料的学习经验对新材料学习的影响；认知工具与动机的创造性（不是重复）使用。

（本章前面提到的）就是负迁移的例子，因为它们把熟悉但不恰当的策略运用到了新情境之中。

事实上，迁移有几个维度（Barnett & Ceci，2002）。你可以跨学科主题（将数学技能用于解决科学问题）、跨物理情境（将学校所学的用于工作中）、跨社会情境（独自学习经验可以用于与家庭或团队的合作之中）、跨时间进程（大学学到的可以在数月或数年后使用）、跨学习作用（为学术而学的收获也可用于为兴趣或娱乐而学习）以及跨模式（通过观看家庭花园频道获得的学习可用于与建筑师讨论如何建造院子）等进行迁移。因此，迁移涉及超越地点、时间以及学习方式等多个情境。

一、迁移的多面性

迁移成为教育心理学研究的焦点已经有100多年的历史了。毕竟，教育的一个基本目标就是使人在其一生中能够创造性地使用知识、技能和动机（Pugh & Bergin，2006；Shaffer，2010）。早期的研究关注技能的特殊迁移和从严酷的学科如希腊语和数学学习中获得心智训练的一般迁移。但是，桑代克（E.L.Thorndike）在1924年发现，学习希腊语并不能训练心智，学习希腊语仅仅是帮助学生学习了更多的希腊语。因此可以说，幸亏有桑代克，你才在高中不必学习希腊语了。

最近，研究者区分了自动的、直接使用的技能（如每天都使用的阅读和写作技能）的迁移和进行创造性问题解决的知识与策略的反省式迁移（Bereiter，1995；Bransford & Schwartz，1999；Salomon & Perkins，1989）。反省式迁移的关键是有意识地抽象内容，或有意识地确定一个原则、主要观点、策略和程序。这些内容往往不局限于某个特殊的问题或情境，而是可以运用到许多问题或情境中。当这样的抽象成为了元认知知识的组成部分之后，就可以用来指导将来的学习和问题解决。此外，Bransford 和 Schwartz (1999) 认为，丰富的、支持创造性与恰当迁移的资源环境也是影响反省式迁移的关键。表9—4总结了上述迁移的类型。

表9—4　迁移的种类

	直接运用	为将来的学习做准备
定义	高度熟练技能的自动迁移。	• 将抽象知识有意识地运用到新情境。 • 认知工具和动机的创造性运用。
关键条件	• 广泛练习。 • 在各种情境和条件下过度学习，直到自动化。	• 有意提取出能被用于许多情境中的原理、主要观点或原则。 • 在有效的教学环境中进行学习。
例子	• 开各种不同的车。 • 在机场寻找登机口。	• 运用KWL或READS策略。 • 将数学程序运用到为学校报纸设计版面。

二、为正迁移而教

多年的研究和经验表明，学生能够掌握新知识、问题解决程序和学习策略，但他们不会用，除非教师进行提示或提供指导。例如，研究真实世界中的数学时，发现人们总是不能把他们在学校里学到的知识运用到家里或百货商店的实际问题解决中（Lave，1988；Lave & Wenger，1991）。这种情况的发生是因为学习具有情境性，也就是说学习发生在特定的情境中。因为知识是作为解决具体问题的工具来学习的，当我们遇到一个看似不同的、至少在表面上是不同的问题的时候，我们可能意识不到知识是相关的（Driscoll，2005；Singley & Anderson，1989）。你如何确信你的学生在情境改变的情况下，还会使用他们所学的东西呢？

（一）什么东西值得学习？

首先，你必须回答这个问题："什么东西值得学习？"基本技能的学习，如阅读、写作、计算、合作和演讲，可以明确地迁移到其他情境中，因为这些技能对校内和校外的工作，如写求职信、阅读小说、支付账单、团队工作、评价卫生保健服务等，都是必需的。所有后来的学习都取决于能否将这些基本技能正向迁移到新的情境中。

教师还必须知道，不管作为一个群体还是个

人，你的学生未来要掌握什么，社会对成年人会有什么样的要求。作为在得克萨斯 20 世纪五六十年代成长的孩子，我没有学任何计算机的东西，尽管我的父亲是一个计算机系统分析家。然而，现在我每天都要花数小时在计算机上。那时我学习使用计算尺。现在，计算器和计算机已经使我荒废了使用计算尺的技能。我妈妈曾鼓励我在高中选修高等数学和物理，而不是练习打字。虽然数学和物理都是非常好的课，但是，我每天仍在我的计算机上努力练习打字——谁知道呢？毫无疑问，像这些极端的和未预料到的变化正等着你的学生。由此，原理、态度、学习策略、动机、时间管理技能和问题解决的一般迁移对学生而言，将会与基本技能的特殊迁移一样重要。

（二）教师怎样提供帮助?

对于基本的技能，通过**过度学习（overlearning）**——已经掌握了一项技能，再多进行一些练习——可以保证发生较大的迁移。学生在小学阶段学习的许多基本事实，如乘法表，就是传统的过度学习。过度学习可以帮助学生发展第 8 章中所介绍过的自动化的基本技能。

对于高水平迁移，学生们必须首先学习和理解。如果学生积极地卷入了学习过程，那么他们更可能把知识迁移到新情境中。学生应该学习一些可能会对其后续学习产生重要影响的抽象概念，这样他们才会明白迁移本身就是目的。如果学生把新知识与先前的知识结构和日常经验建立起了深度的联结，那么这也将有助于他们进行迁移（Pugh & Bergin，2007）。Erik De Corte（2003）认为，如果教师应用下列设计原则创建了有效的教学环境，他们就支持了学生的迁移——认知工具和动机的创造性使用。

高水平迁移

如果学生积极地卷入了学习过程，那么他们更可能把知识迁移到新情境。学生应该学习一些可能会对其后续学习产生重要影响的抽象概念，这样他们才会明白迁移本身就是目的。

过度学习（overlearning） 在已掌握一项技能的基础上，再多进行一些练习。

- 环境应该支持所有学生进行建构性的学习加工。
- 环境应该鼓励学生形成自我管理，使学生越来越多地对自己的学习负责。
- 学习应该包括互动和合作。
- 学习应该涉及对学生有个人意义的问题，以及他们将来可能遇到的问题。
- 课堂文化应该鼓励学生注意和发展他们的认知和动机过程。为了创造性地使用这些工具，学生必须知道这些工具并对它们进行评价。

本书接下来的三章就将围绕上述问题展开深入讨论，并将重点探讨如何支持学生的建构性学习、成就动机、自我调节、合作学习和自我觉察等。下面的“家庭和社区合作实践指南”，就如何获得家庭的支持以鼓励学生进行迁移提供了一些建议，你可以参考。

除此之外，还有最后一种迁移，对学生而言尤其重要，这就是我们之前遇到过的学习策略的迁移。学习策略意味着可以应用到很广泛的情境中。

（三）策略迁移的阶段

Gary Phye（1992，2001；Phye & Sanders，1994）描述了形成策略迁移的三个阶段：（1）在获得阶段，学生不仅要获得有关策略以及策略如何使用的指导，而且他们还应该复述这个策略并培养何时以及如何使用该策略的意识。（2）在保持阶段，更多有反馈的练习能帮助学生熟悉他们的策略使用。（3）在迁移阶段，教师应该给学生提供可以用相同的策略解决的新问题，即使这些问题在表面上看似不同。为了强化策略迁移的动机，教师应给学生指出策略如何帮助他们解决很多问题并完成不同的任务。策略迁移的这些步骤，可以帮助建构程序性和自我调节的知识——怎样使

家庭和社区合作实践指南　　促进迁移

- 让家长了解孩子的课程，以便他们能支持孩子的学习。

例如：

1. 在单元或课程方案开始实施时，给家长发一封信，概述单元课程的关键目标、几个主要的课程作业，以及学生在学习那个单元材料时可能存在的一些共同问题。

2. 让父母就如何将他们孩子的兴趣与课程内容相联系提出一些建议。

3. 邀请家长到学校参加“策略学习”之夜，让学生把在学校学过的策略教给家庭成员。

- 给家庭提出他们怎样鼓励孩子练习、扩展或应用学校所学的方法。

例如：

1. 在扩展写作方面，让父母鼓励他们的孩子给公司或市民组织写信或电子邮件，询问信息或免费产品。父母要给孩子提供信件结构和观点的基本格式，包括提供免费样品或信息的公司地址。

2. 要求家庭成员让他们的孩子参与一些需要测量、食谱减半或加倍、估计花费等的活动。

3. 建议学生与祖父母一起做一个家庭回忆录，把历史研究和写作结合起来。

- 让家长展示校内学习和校外生活的联系。

例如：

1. 让家庭成员谈论和展示他们怎样使用一些学习技能，这些技能是孩子们在研究、业余爱好或社区参与计划中正在学习的。

2. 让家庭成员来到教室演示他们怎样在工作中使用阅读、写作、科学、数学或其他知识。

- 让家庭成员一起搭档练习学习策略。

例如：

1. 一次关注一个学习策略——让家庭成员提醒他们的孩子在那个星期做家庭作业时使用那个具体的策略。

2. 建立书籍和视频录像的外借图书馆，教会家长使用有关的学习策略。

3. 根据学生的年级水平进行适当调整后，给家庭成员介绍本章前面提到的“成为优秀学生”的实践指南。

用策略、何时使用策略以及为什么使用这些策略。

对所有学生而言，使用学习策略与学生的学业成绩（如高中的GPA）以及大学持续的良好表现存在正相关（Robbins，Le，& Lauver，2005）。有些学生自己学习创造性的策略，但是所有的学生都能够从学习策略和研究技能的直接讲授、示范和练习中获得益处。这是所有学生为他们未来做准备的最重要的一种方式。新近掌握的概念、原理和策略必须被用于尽可能多样的情境和问题中，才能得以迁移（Chen & Mo，2004）。当技能在真实情境中得以练习时，就促进了正迁移的发生。通过与其他国家的笔友互通电子邮件，学生能够学会写作。通过学习自己家庭的历史，学生可以学习历史研究的方法。不过，这样的应用应尽可能涉及复杂的、难以界定的、结构不良的问题，因为学生在今后生活中（校内和校外）需要面对的问题不可能全部都得到指导。

▼本章小结

第一节　元认知

三个元认知技能是什么？

用于管理思维和学习的三个元认知技能是计划、监控和评价。计划包含决定在一个任务上花费多少时间、使用何种策略、如何开始等等。监控是意识到“我是怎么做的”。评价则涉及对思维和学习的过程与结果进行判断，同时按照判断做出行动。

元认知个体差异的来源是什么？

元认知的个体差异可能源于发展的不同阶段（成熟）或学习者之间的生理差异。例如，年幼学生可能不如年长学生那样能够理解课程的目标。

教师如何帮助学生发展元认知知识与技能？

对年幼的学生而言，教师可以通过帮助他们“向内看”来确认自己的思维过程，以使他们的阅读、写作和学习能更好。如果教师能进行适当的演示、解释和示范，像 KWL 这样的系统对于他们将很有帮助。对年长的学生而言，教师可以在作业环节和学习材料中设置更多的自我反思式问题，以发展学生的元认知。

第二节　学习策略

什么是学习策略？

学习策略是一种特殊的程序性知识——知道如何去做的知识。一个学习策略可能包括记住关键词的记忆术、确认组织结构的略读、写出回答题的可能答案。学习策略的使用反映了个体元认知知识的多少。

学习策略有何重要功能？

首先，学习策略帮助学生进行认知卷入——把注意力集中在材料的相关或重要方面。其次，学习策略鼓励学生为了深入思考和加工而付出努力、寻找联结、精细加工、转换、组织和重组——练习和加工得越多，学习得越好。最后，学习策略帮助学生管理和监控自身的学习——追踪有意义的信息，并注意何时需要新的方法。

描述学习策略形成的基本过程。

给学生集中呈现不同策略，不仅有一般的学习策略，而且还有非常具体的技巧，如画图策略。要教给学生关于何时、何地以及为什么使用各种策略的条件性知识。通过向学生展示他们使用策略后的学习与成绩的进步，可以激发学生使用策略的动机。为了有效地使用策略，教师还应给学生提供有关内容知识的直接指导。

学生什么时候会使用学习策略？

如果学生拥有恰当的策略，他们在下列情况下将会使用这些策略：任务需要良好的策略才能完成；重视完成任务的质量评价；认为使用策略的努力是值得的；相信自己能成功使用策略。另外，要使用深度加工策略，学生必须持有这样的学习信念：知识是复杂的，必须花时间来学习，并需要他们主动付出努力。

第三节　问题解决

什么是问题解决？

问题解决既可以是一般领域的，也可以是专门领域的。另外，根据目标的清晰程度和能提供用来解决问题的途径的多少，问题可以从结构良好到结构不良进行分级。一般问题解决策略通常包括五个阶段：明确问题，设定目标，采取问题解决步骤，解决问题，直至最后评价结果。一般领域和专门领域的问题解决都是有价值和必要的。

为什么问题解决的表征阶段如此重要？

为了准确地表征问题，你必须既要理解整个问题，又要理解它的各个部分。图式训练可以提高这个能力。问题解决过程有完全不同的路径，这取决于表征和目标的选择。如果你对问题的表征提出了一个即刻的解决方案，你的任务就完成了；把这个问题看成是一个老问题的“伪装”版本，而那个老问题已经有清晰的答案了。但是万一你没有现成的问题解决方法或者你不能成功激活图式，你就必须寻找一个解决方案。算法式和启发式的运用——例如手段—目的分析、逆向推理、类比思维和言语化都可以帮助学生解决问题。

描述阻碍问题解决的因素。

阻碍问题解决的因素包括功能固着或僵化（反应定势）。它们排斥精确表征问题和顿悟解决问题所必需的灵活性。此外，当我们做决定和判断时，我们可能会忽略重要信息，因为我们可能基于一个类别的典型代表性（代表性启发式）或可利用的记忆（可用性启发式）来做出判断，然后只注意能够证实我们选择的信息（确认偏向）。所以，即使面对矛盾的证据时，我们仍坚持信念（信念坚定）。

特定领域中专家和新手的区别是什么？

专家问题解决者储备着丰富的陈述性知识、程序性知识和条件性知识。他们围绕用于解决问题的一般原理或模式来组织这些知识。他们比新手能够更好地进入工作状态、记住相关信息并监控整个进程。

第四节　创造性

什么是创造性？如何评估？

创造性是独立地重组问题，用新的、有想象力的方式看待事物的过程。创造性很难测量，但是发散性思维测验可以从新颖性、流畅性和变通性等角度进行评估。新颖性通常从统计角度进行确定。要想确定答案是新颖的，那么在参加测验的每 100 个人中必须有不超过 5 个或 10 个人有这样的回答。流畅性是不同答案的数量。变通性一般通过不同种类的答案的数量来测量。

在课堂上教师可以做什么来支持创造性？

多元文化经历有助于培养学生思维的变通性和创造性。教师可以在与学生的课堂互动中鼓励学生的创造性，在互动过程中接受不同寻常的、有想象力的答案，示范发散性思维，使用头脑风暴，并包容不一致的意见。

第五节　批判性思维与论证

什么是批判性思维？

批判性思维包括界定和阐明问题，判断与问题相关的信息是否一致且恰当，以及得出结论。不管你用什么方法来发展批判性思维，额外练习活动的跟进都是很重要的。仅仅一堂课，对于培养创造性思维是不够的——过度学习有助于学生在日常生活中使用批判性思维。

什么是论证？

论证的核心（与其他人争辩观点的过程）是用证据和理智来支持你的观点和立场，并能反驳对方的观点和证据。论证技能并不是天生的，需要花费时间进行有效教学才能学会。对儿童和青少年更是如此，他们很难注意、理解并用证据反驳对方的观点和立场。

第六节　为迁移而教

什么是迁移？

在一个情境中学习到的规则、事实及技能应用到另一个情境中时，就发生了迁移。例如，使用标点符号规则来写求职信。迁移也包括把在其他情境尤其是不相似情境中习得的原理应用到新的问题解决中。

迁移的维度有哪些？

信息可以跨越多种情境进行迁移。例如，从一个学科迁移到另一个学科，从一个地点迁移到另一个地点，或从一个作用迁移到另一个作用。正因为有这些不同类型的迁移，我们才能把在一个领域中学到的技能应用到许多其他的任务中。

区分自动的迁移与有意识、有意图的迁移。

受到良好训练的知识和技能的自发运用，叫自动的迁移。有意识、有意图的迁移涉及把在一个情境中学习到的抽象知识反思式和有意识地运用到新的情境中。学习情境会支持积极的建构学习、自我调节、合作意识、认知和动机过程。另外，学生应该处理对他们生活有意义的问题。还有，教师可以直接教授策略、提供有反馈的练习，然后把策略的应用扩展到新的、不熟悉的情境中，以此来帮助学生迁移他们的学习策略。

▼复习思考题

（一）单项选择题

1. 下列哪项高阶知识能够区分出学生学得好和学得快？
   A. 陈述性知识
   B. 机械知识
   C. 元认知知识
   D. 程序性知识
2. 由于认识到元认知对学习的重要性，Joanna Pappas 决定让她的年轻的学生们关注自己的思维技能。Joanna 知道，如果让学生不断思考自身的思维过程，他们最终能够提升元认知技能。那么，Joanna 会使用下列哪一项策略来进行呢？
   A. 顿悟
   B. KWL 图
   C. 算法式策略
   D. 过度学习
3. 教师常常忽略给学生教授何时、何地以及为何使用不同的学习策略。当教师直接教授下列哪一类型的知识时，会更会倾向并合理运用某类策略？
   A. 陈述性知识
   B. 程序性知识
   C. 自我调节知识
   D. 机械知识
4. Richard 和 Bruce 是四年级学生，他们坐在学校外的门廊上。他们错过了校车，现在得做个决定是抄近路回家，还是等到母亲发现他们没有回家再说。

“我觉得我们现在就得走，也许在她们发现我们错过校车之前，就已经到家了。”

“我觉得我们应该等。如果我们自己抄近路回家，而母亲又过来找我们，她们就会看不到我们，她们会很着急的。错过校车已经很糟糕了，如果再找不到我们，她们会发疯的！”

这两个男孩所面对的，是哪种类型的问题解决？

   A. 启发式问题解决
   B. 图式—驱动问题解决
   C. 算法式问题解决
   D. CAPS

（二）开放论述题

案例：Karen Slagle 从操场上和朋友们分开

了，她刚刚和一个朋友争论了几句，这个朋友刚刚赢得班长的竞选。

“我觉得我哥哥应该赢得这次竞选，他有更多的朋友，也会获得更多的选票。”

“哦，Karen，不要太激动。学校政策和流程是怎么说的？”

“不要管那些玩意。去年 Regina Hoyt 能赢，就是因为她很受欢迎啊。唯一真正的问题是受欢迎度。”

“但是因为她的竞选纲领只处理体育事务，她前年竞选足球队的队长就失败了。你怎么看？”

“太愚蠢了！看看我们还是新生的那一年吧。那个很受欢迎的篮球明星不是赢了吗？”

5. 如何理解 Karen Slagle 的论证是一个证实偏见的范例？
6. 在这个论证中，Karen Slagle 并没有表现出批判性思维。一个批判性思考者，应该运用哪些类型的策略？

▼ 他们会怎么做？

回顾章前教师案例簿中的内容，看看下面几位教师是如何应对的。

Paul Dragin　高中 ESL 教师
Columbus East High School, Columbus OH

这个普遍的问题并不容易解决。几年前，一位学生完成了一篇关于“9・11”的研究论文，这篇论文充塞了许多阴谋论，而这位学生把这些当作发生过的事实进行报告了。这个有点戏剧性的例子，并没有事实依据，使我意识到需要教会我的学生们一些更直接的研究方法。可以确保高质量研究的一个通用的策略是模仿。除了允许学生使用像 Google 以及其他的搜索引擎来获得对某个主题的资料，我还会指导他们使用一些数据库，如 EBSCOhost 或者 ProQuest，这些数据库在我们市通过公共图书馆网址就能登录。通过限制学生能够使用的数据库资源，可以减少那些不准确和高偏见的信息在报告中出现的可能性。给学生们解释基于研究的学术信息与一般信息之间的区别，对于最终能够从事真正的研究有深远的影响。

Sara Vincent　特殊教育教师
Langley High School, McLean, VA

网络对学生是一个有用的工具，但同时也充满了大量的不良信息。幸运的是，案例中描述的教师在学生提交他们最终的论文前发现了这一问题。作为一名英语老师，我也常常遇到这类问题。但如果我对他们严格要求引用原则，大多数学生也能遵守。在把第一稿返回给学生时，我会要求他们在下一稿中使用可靠的资源，而不能使用不可靠的资源。我会给他们演示一些从网络而来的荒谬的观点。我也会给学生演示如何找到适当的信息，然后学生们可以互换他们的论文并进行相互批改。在这些课程中，学生会批评其他同学引用不当或根本不存在的部分。为了形成严格的引用指南，我会告诉学生不能使用以“.com”为结尾的网站资源，但可以使用以“.edu”或“.gov”为结尾的网站资源或者像 JSTOR 这样的在线数据库。如果学生使用了不合适的网站，他这次的成绩就自动不合格。如果其他老师也能使用这些严格的引用指南，学生就很可能去选择可靠的网络资源。

Paula Colemere　特殊教育教师——英语、历史
McClintock High School, Tempe, AZ

我常常在完成劝说文阅读和写作之后教授我的研究单元。虽然我会在劝说文单元中教授学生如何评价信息是否带有偏见，但我也明白在我们研究之前学生们是有他们的先前知识的。我会给学生们演示学术期刊、书籍和一般网站如维基百科等作为案例。然后，我会以出声思考的方式给学生示范我为何使用或不使用某个资源。我不允许我的学生在没有得到学校图书馆数据库证实之前使用任何网络资源。如果必须要使用，也会限定在一个以内。如果能给学生演示一些研究论文案例，这些可以是优秀的、令人满意的，也可以是糟糕的，这对学生有莫大的帮助。通过这种方式，他们就有了一个论文应该长成什么样的认识。另一个策略是在全班前阅读一篇文章，并集体进行批判性评价。批判性思维是一项需要示范的技能，也是一项能够教授的技能。假设学生们知道他们自己知道怎么做，是一个严重的错误。

Jessica N. Mahtaban　八年级数学教师
Woodrow Wilson Middle School, Clifton, NJ

教授学生如何评估来自网络资源的最好方式是示范。我准备了一个 PPT 演示来给学生解释如何评估网络信息的真实性。当学生开始对如何评估的要点有所熟悉时，我会在智能板上展示不同的网站，然后全班讨论，一起来评估网站的可靠性。

我们需要教授学生如何通过扩展自己的想法来形成自己的观点。老师们可以在问题结束之后再追问“为什么或者为什么不”。学生们处于高水平思维的问题之下，并学会如何去回答这些问题，就能对这些主题进行批判性思考。

Jennifer Pincoski 中小学学习资源教师

Lee County School District, Fort Myers, FL

确实网络在学生生活中起着很重要的作用，也能提供可靠的信息，但学生需要学习如何合适地使用网络来进行研究。这包括如何识别什么是可靠的信息，以及提供大量的机会进行练习。

为了让学生明白不是网络上的信息都是准确的，需要让学生看到真实的例子，并且这些例子和他们是相关的。很简单的做法是：给他们呈现几个不同的网站，针对同一主题是相互冲突的信息，然后询问他们如何来决定哪种信息是值得相信的。

一旦学生认识到他们需要练习来区分从网络上收集的信息，就可以教给他们如何来做。教师可以提供指导问题清单，这有助于学生批判性评价这些资源。最终目的是让学生能够独立地使用这些指导问题，并运用于不同的情境中。然而，刚开始时，学生需要有很多的支持，“我行，我们行，你行”的方法，也许是帮助学生发展并练习这些技能的最好方式。

Lauren Rollins 一年级教师

Boulevard Elementary School, Shaker Heights, OH

网络利用得好的话，是一种奇妙的资源。不幸的是，由于每个人都能在网络上发布信息，所以并不总是可靠或客观的。关于评价网络上的信息，我会鼓励我的学生带着多元的观点去访问多元的网站，并去权衡每一个的优缺点。通过这种方式，可以训练他们的批判性思维技能。通过在网络中的“事实”信息与实际事实之间的冲突，教会学生他们必须在他们所知道的真相的情境中去判断网络信息。这有助于他们理解不仅仅是网络，而是有其他多种资源可以使用。此外，我也会花些时间教会学生如何合理引用网络资源或其他资源。这是一项重要的技能，也是必需的技能，这样他们才不会受到抄袭剽窃的怀疑。

Linda Sparks 一年级教师

John F. Kennedy School, Billerica, MA

每次布置新的研究项目时，我都会给学生提供一个特定的资源指导清单。比如，我也许会指明两本书、两本杂志和三个网站。主题选定之后，我让学生们把他们的资料来源收集完并来见我，我需要核查以确保每个学生都处于正确的方向。这也让我可以更深地理解他们所做的，也能发现项目中是否有错误的概念。通过这个方式，我发现有很好的效果，学生们也会知道我很在意他们所进行的研究是什么，以及我也拥有这些资源（即使他们不用这些，我也想让他们看看有没有什么对他们是合适的）。我也会教授一些特定的写作技能。布置项目之前的第一项技能就是让他们阅读文章，并学会如何把这些信息转换成自己的语言。限制引用数也是一种方式。只要给予机会，许多学生比他们所阅读文章的作者都更有创造性。

Barbara Presley 高中过渡 / 工作研究协调员

C. W. Baker High School, Baldwinsville, NY

对我而言，讨论是很重要的，如全班讨论、小组讨论、一对一讨论。随时准备为某个主题辩护和批判。只要校正是尊重他们的，并对他们有个人意义，学生就能从错误中学到许多。如果没有对他们的观点提出质疑，他们也不需要为自己的立场而辩护。直到有人质疑他们的前提、他们不得不维护自己的观点，学生们才能学会批判性思维。当然，这种讨论和质疑应该是没有恶意的。正是在批评他人观点和接受他们批评的过程中，学生们才获得了批判性思维的经验。

第10章 学习科学和建构主义

教师的案例簿

你会怎么做?

你打算在你中学班级的学生中运用合作学习。尽管许多学生经常以小组的形式学习，但是几乎没有人真正参与过合作学习。当你询问班级成员的体验时，他们大都表示不满和抱怨。你从中知道他们的体验并不是正向积极的。这些学生的能力各异：有些真的很有天分，有些仅仅是在学习英语，有些非常害羞；还有一些学生如果你让他们主持讨论的话，他们会主导和霸占全场。你坚信在21世纪对所有学生而言，合作是一项重要的能力，在学生共同质疑、解释、建立自己的观点的过程中，他们的理解会得到加深。不管怎样，你希望共同学习的体验能够帮助你的学生建立信心，并提升你作为一名教师的效能感。因此，你想取得真正的成功。

想一想：

- 你怎么开始向你的学生介绍合作学习?
- 你会选择什么样的任务作为开始?
- 你如何建立小组?
- 你将观察和倾听哪些内容来确保学生能最大限度地利用这样的学习体验?

概览与目标

在前面三章，我们已经分析了学习的不同方面。我们从行为主义、信息加工和认知科学的角度分析了人们学习什么以及如何学习；我们也了解了复杂的认知过程，如元认知技能和问题解决的过程。这些对学习活动的解释关注的是个体，是解释他“大脑”里发生了什么。本章我们将扩大关于学习的研究，用新近被称为“学习科学”的交叉学科取向来理解学习。这一取向将许多学习研究领域整合起来，包括教育心理学、计算机科学、神经科学以及人类学。学习科学的其中一个基础是建构主义，这一广阔的视角吸引人们关注学习的两个关键方面：社会因素和文化因素。因此，本章我们将考察他人和文化背景在学习过程中的作用。社会文化建构理论由认知理论发展而来，但是又很好地超越了早期的认知解释。我们将探讨与认知主义观点相一致的一些教学策略和方法——探究学习、基于问题的学习、合作学习、认知学徒制以及服务性学习。最后，我们将考察数字时代的学习，包括了解丰富的技术环境中的学习。

学完这一章后，你应该能：

- 描述使得学习科学成为交叉学科领域的协同方法。
- 从不同的视角解读作为学习与教学理论的建构主义。
- 明确当代多数建构主义理论的共同点。
- 将建构主义的原理应用于课堂实践中。
- 评估基于社区活动的学习 / 服务性学习的运用。
- 阐述技术在儿童及青少年学习和发展过程中产生的积极和消极影响。

第一节 学习科学

在前三章，我们讨论的大多数有关学习的理论和研究都是由心理学家完成的，但是也有很多其他领域的专家在研究学习。在当今的学习科学领域，就存在着对学习的多种看法。

一、什么是学习科学？

近来，基于心理学、教育学、计算机科学、哲学、社会学、人类学、神经科学以及其他有关学习领域的研究，形成了**学习科学（learning sciences）**的交叉学科领域。你已经在第 8 章和第 9 章中了解了一些学习科学的基础，包括学习过程中记忆的组成及认知负荷的作用、信息是如何以复杂的结构（如图式）进行表征的、专家知道什么以及他们的知识与新手有何不同、元认知、问题解决、思维和推理以及知识是如何从课堂迁移（或不能迁移）到其他情境的等研究。

无论关注点是什么，所有学习科学领域的工作者都感兴趣于人们怎么学习诸如科学、数学及文学等学科中的深度知识，以及这些知识如何被科学家、数学家及作家在真实世界中进行应用。在《剑桥学习科学手册》（*Cambridge Handbook of Learning Sciences*）中，R. Keith Sawyer（2006）对比了深度学习与数十年来在很多国家的学校教学中占据主导地位的传统课堂实践。请参照表 10—1，看看它们有什么不同。

> **学习科学（learning sciences）** 基于心理学、教育学、计算机科学、哲学、社会学、人类学、神经科学以及其他领域的研究所形成的一个新兴的有关学习的交叉学科。

表10—1 深度学习与传统课堂实践

传统课堂中的学习	深度学习（来自认知科学的发现）
学习者将课程材料看做是与他们之前所学无关的内容。例如，老师说：“火成岩是……”	学习者将新的认识与先前的知识经验联系起来。例如，老师说：“你们当中有谁在电视节目当中看到过花岗岩柜台或者可能你家中就有一个？它们是什么样的……？”
学习者将课程材料看作是没有连贯性的知识片段。“变质岩的定义是……”	学习者将他们的知识相互联结、整合到更广的概念系统之中。“我们已经了解了两类岩石，通过上周的学习我们也知道了几个世纪以来地球是如何运动的，以及一些海洋层是如何变成陆地的。今天我们将学习大理石和金刚石是如何……”
学习者记忆事实并执行程序，但不理解如何以及为什么这样做。“要想除以分数，需先将分子分母倒置，再相乘……”	学习者寻找、发现潜在的规律和原则。“告诉我除法的意思是什么……那么，1/2 除以 3/4 需要进行哪几个步骤……”
学习者较难理解那些不能从课本上直接获得或是以不同方式阐述的观点。“你从课本上获得了什么……”	学习者评估新的观点，即使这个观点可能没有出现在课本中，并将新观点整合到他们的思想中。“昨天电视上说有一种新药对超过 1/8 的病例是有效的……那么这种新药有疗效的几率有多大？”
学习者认为事实和程序是一成不变和精确无误的，是从权威和专家那里传承而来的。“科学家认为……”	学习者认识到知识是人们建构出来的，因此需要对观点进行批判性的验证。“这是对上周主要争论之处的摘录，我们来思考一下：你是如何判断哪些论点更能够得到论据的支持……？”
学习者只是进行机械的记忆，而不去思考学习的目标以及服务于这个目标的最佳学习策略。“这个有可能在考试中考到……”	学习者会思考他们为什么学习，监控和反思他们的学习过程。“在你的生活中你将如何运用这一概念？你怎么能判断出你理解了这个观点？”

二、学习科学的基本假设

尽管研究者站在不同领域的视角去研究学习科学，但对于学习科学的一些基本假设还是逐渐达成了一致（Sawyer，2006）：

（1）专家具有深度的概念性知识。专家知道很多事实和程序，但是仅仅学习事实和程序并不能让你成为专家。专家具有深度的概念性理解，这可以帮助他们将知识付诸实践。他们能够应用并修正知识，以适应每一种情境。深度的概念性知识可以帮助专家发现问题并解决问题。

（2）*学习来自于学习者本身*。良好的指导本身并不能保证学生从教师那里学会深度理解的方法。学习绝不仅仅是接受和加工由教师或书本所传授的知识。相反，学生必须积极主动地参与到他们个人的知识建构过程中，我们是知识的创造者，而非复制知识的机器（de Koek，Sleegers，& Voeten，2004）。

（3）*学校必须创设有效的学习环境*。学校有责任创设有效的学习环境。这样，学生才能积极主动地建构个人的深度理解，从而能够对真实世界中的问题进行推论，同时可以把学校所学到的知识迁移到学校之外的生活之中。

（4）*先前知识是关键*。学生是带着有关世界是如何运作的知识和信念来到教室的。这些先前概念有一些是正确的，有一些是部分正确的，而有一些则是错误的。如果教学不从学生已经“知道”什么开始，那么学生只能学习一些用来应付考试的内容，他们有关世界的知识和信念将不会改变。

（5）*反思对于发展深度概念性知识很有必要*。学生需要通过写作、对话、绘画、完成项目、滑稽短剧、作业档案以及报告陈述等方式来呈现他们所知道的知识，但这些方式还远远不够。想要发展深度概念性知识，学生需要进行反思——充分分析他们的作业和进程。

三、具身认知

具身认知（embodied cognition） 一种强调认知过程是通过人与环境实时的、目标导向的互动过程发展起来的理论。

近来在认知和学习科学领域中出现了一个新的主题——**具身认知（embodied cognition）**，这种观点认为“我们认识和表征信息的方式反映了我们需要与外界进行互动这一事实”（Ashcraft & Radvansky，2010，p. 32）。这种互动通过我们的感官和身体发生，并且为达到目标，我们的身体与外界互动的方式会影响我们的认知。换句话说，认知来源于我们的身体与外界的互动——认知上的发展取决于我们对外界感觉运动的投入。以这种认知观来看，身体而非心智是居于主要地位的，但同时，身体又需要心智以成功实现与外界的互动。从某种意义上说，这一观点与皮亚杰认为早期的思维发展源于婴儿与外界的感觉运动互动是相似的。我们的感官和运动反应在认知过程中起到了关键作用，而不仅仅是作为处理外界声音和图像刺激的通道。因此，要想了解我们的心智，我们必须要先认识我们自己的身体是如何与外界进行互动的（Wilson，2002）。

事实上，人类好像既能胜任真实的、情境中的、调整的和不断变化的互动（在这种互动中，心智服务于身体。比如，在交通拥挤的道路上开车或者玩智力拼图游戏），又能进行抽象思考——利用先前的符号和表征解决目前的问题（在这个过程中，身体——主要是大脑控制系统，服务于心智。比如，使用图像和类比来学习一门新的语言）。人类的心理表征能力和操作非真实存在的符号的能力是非常重要的。实际上，Margret Wilson（2002）也提到：

> 这种心智活动以及伴随产生的对远距或远程事物的心理表征能力，可能是推动人类智力大发展并最终使我们区别于其他类人猿的力量之一。（p.635）

在教育心理学中，基于学习科学的这些基本假设和具身认知的观点，我们可以得出这样一个结论——认识是建构性的。在下面的部分中，我们将探讨认知建构主义和社会建构主义，这些话题在你为教学做准备的过程中将会反复听到。

第二节　认知和社会建构主义

请你思考以下情境：

> 一个之前从未去过医院的小孩子正躺在儿科的病床上。这时，从床头上方的对讲机传来值班护士的声音：“你好，Chelsea，你还好吗？你需要什么帮助吗？”小女孩很迷惑，没有出声。护士又重复了一遍，但小女孩还是没有回应。后来，护士一字一句地说：“Chelsea，你在吗？请讲话。”小女孩试探着回答道：“墙壁你好，我在这儿。”

Chelsea 遇到了一个从未见过的新情景——会讲话的墙。而且，它不停地在问，就像活的一样。她知道不应该和陌生人讲话，但她不知道应该怎样对待墙。结果，她只能利用自己所知道的以及当前的情境来建构意义并做出反应。

还有一个关于建构意义的例子。在这个例子中，Kate 和她 9 岁的儿子 Ethan 在杂货店买东西时，共同进行了意义的建构。

Ethan：（跑着去拿购物篮）我们要拿那个大点的吗？

Kate：大的总比小的装不下好。这是我们的购物清单，我们先去哪？

Ethan：我们要去买为聚会准备的冰淇淋（Ethan 走向冷冻食品区）。

Kate：哇哦！还记得你留在厨柜上的那盒冰淇淋变成什么样了吗？

Ethan：融化了！而且我保证它不能放在外面这么久！

Kate：对。我们可能要在商店里待一段时间，所以我们先买那些在我们购物过程中不会融化的东西——我通常会先买农产品。

Ethan：什么是“农产品”？

Kate：就是农民们种出来的蔬菜和水果。

Ethan：好的。清单上写了黄瓜，它们在这儿。等等，有两种黄瓜，你要哪一种？那种小的是“当地的”，什么叫当地的？

Kate：当地就是指离我们的位置很近的周边地区。嗯，大黄瓜 75 美分一个，小的是每磅 1.15 美元，你来判断一下哪个更划算？

Ethan：我猜大的更划算，对吗？或者是小的更好？

Kate：嗯，我想知道它们每磅的价格是否一样。你怎么能计算出来？

Ethan：我不知道——那些大黄瓜没有标出每磅的价格，只给出了每个黄瓜的价格。

Kate：医生想要知道你体重有多少磅的时候，她会把你放在体重秤上。你要想知道一个大黄瓜多重，是不是可以把它放在那边的食物秤上称一下？

Ethan：好的——它重 1/2 磅。

Kate：半磅要 75 美分，那一磅需要多少钱？也就是两个一半加起来需要多少钱？

Ethan：75 美分加 75 美分——1.5 美元，大黄瓜更贵一些。所以小黄瓜更划算，而且它们还是“当地的”——这也很好，对吗？

Kate：也许吧。我喜欢支持咱们当地的农民。那些小黄瓜来自于哪儿？看一下标签上的字。

Ethan：弗吉尼亚——这个地方离我们近吗？

Kate：不太近，大概得要 6 个小时的车程。

让我们看一下这种合作建构起来的知识都包括什么？噢，包括事先制订计划、词汇、数学、问题解决，甚至还有地理。学习的建构理论关注的是人们如何理解意义，人们既可以像 Chelsea 那样自己建构，也可以像 Ethan 那样与别人一起互动建构。

一、学习的建构主义观点

建构主义（constructivism）是一个被哲学家、课程设计者、心理学家、教育家等广泛应用的一个术语。Ernst Von Glasersfeld 称之为“在当代心理学、认识论和教育界中涉及领域很广但尚不明晰的领域”（1997，p.204）。建构主义观点是以皮亚杰、维果斯基、格式塔心理学家们、巴特莱特、布鲁纳、Barbara Rogoff、教育哲学家杜威以及人类学家 Jean Lave 等人的研究为基础而建立起来的。当然，这里只提到了其中的一些理论来源，为建构主义的发展做出贡献的学者还有许多。

虽然没有一个统一的建构主义学习理论，但多数建构主义者在两个核心观点上达成了一致：

核心观点 1：学习者能够主动建构他们自己的知识。

核心观点 2：社会互动在知识建构过程中很重要（Bruning，Schraw，& Norby，2011）。

> **建构主义（constructivism）** 强调学习者在建立理解和获取信息意义过程中的积极作用的观点。

在科学和数学教育、教育心理学和人类学以及基于计算机教育中的很多建构主义的方法，也都包含了这两个观点。但是，尽管心理学家和教育家都使用“建构主义”这一术语，他们却赋予了它不同的意义（Martin，2006；McCaslin & Hickey，2001；Phillips，1997）。

整合建构主义观点的一个途径就是讨论建构

建构主义观点

建构主义理论认为，学习者会主动地发展他们的知识，而不是仅仅被动地从教师和外界环境中以知识包裹的形式接受知识。

观的两种形式：心理建构和社会建构（Palincsar，1998；Phillips，1997）。我们可以简单地认为，心理建构关注的是个体如何运用信息和资源，以及如何通过接受他人的帮助来建构和完善自己的心理模型和问题解决策略——请参看上面的核心观点1。相反，社会建构把学习看做是通过提高我们自己的能力，从而能在具有某种文化意义的活动中，更好地与他人合作——请参看上面的核心观点2（Windschitl，2002）。下面就让我们更详细地来考察一下不同建构主义流派的观点。

（一）心理/个体/认知建构主义

很多心理学理论包含某些建构主义的观点，因为这些心理学理论认为，当个体在特定情境下解释他们的经验时，他们在建构自己的认知结构（Palincsar，1998）。这些心理建构主义者“关心的是个体如何建立他们的认知或情绪系统的某些要素”（Phillips，1997，p.153）。这些建构主义者研究个体知识、信念、自我概念或认同，所以他们有时被称为个体建构主义者或认知建构主义者，他们都是关注人的内在心理世界。前述案例中的Chelsea对墙壁说话做出回应，就是她利用自身的知识和信念来理解当前的新情境，她先前的知识和信念中存在当别人（或其他事情）和你说话时你该如何回应的信息。她利用自己已知的经验来建构有关她的世界的心理结构（Piaget，1971；Windschitl，2002）。当孩子观察到大多数植物的生长需要泥土，并推论说这些植物“吃泥土”时，他们是在利用自己所知道的有关饮食如何支持生命的信息来理解植物的生长（Linn & Eylon，2006）。

建构主义的第一次浪潮（first wave constructivism） 认为知识来源于个体或心理资源，如皮亚杰的理论。

激进建构主义（radical constructivism） 认为知识是个体建构的，对建构而成的知识不能进行正确或错误的判断。

从这些理念来看，最新崛起的信息加工理论也是建构性的，因为信息加工理论关注的是个体如何建构可被记忆和提取的内部表征（命题、表象、概念、图式）（Mayer，1996）。外部世界被看做是信息输入来源，但一旦感觉被觉察到并进入工作记忆中，人们便认为这项重要的工作是在个体的“头脑内部”进行的（Schunk，2008；Vera & Simon，1993）。然而，很多心理学家认为信息加工只是“轻微或弱的建构主义”，因为个体唯一的建构贡献就在于建立了关于外部世界的精确的内部表征（Derry，1992；Garrison，1995；Marshall，1996；Windschitl，2002）。

相反，皮亚杰的心理（认知）建构观较少关注“正确”的表征，而更多关注个体建构的意义。正如我们在第2章中所见，皮亚杰认为随着孩子的发展，他们的思维变得越来越有组织性和适应性，而较少依赖于具体事件。皮亚杰特别关注的是逻辑以及不能直接从环境中学到的普遍性的知识结构——像守恒或可逆性（Miller，2002）。这些知识是来自对我们自己的认知和思维的反思与协调，而不是来自对外部现实世界的映射。皮亚杰将社会环境看做是儿童发展过程中的一个重要因素，但是他认为社会互动并不是思维改变的主要机制（Moshman，1997）。许多教育心理学家和发展心理学家都将皮亚杰的这种建构主义观点看作**建构主义的第一次浪潮（first wave constructivism）**或“个体”建构主义，它强调的是核心观点1，关注个体对意义的理解（DeCorte，Greer，& Verschaffel，1996；Paris，Byrnes，& Paris，2001）。

个体建构主义的一个极端是**激进建构主义（radical constructivism）**。这个流派认为，这个世界根本不存在事实或真理，只存在个体的观念和信念。我们每个人都从自己的经验中建构意义，但是，我们没有办法理解或知晓他人的现实（Woods & Murphy，2002）。这一观点的困难之处是，如果严格按照极端的建构主义来说，那么所有的知识和信念都是同等的，因为他们都是有效的个体知觉。这一点对于教育者来说是存在问题的。教师承担着帮助学生树立诸如诚实或公正等价值观的责任，而非促进偏执或欺骗等价值观的形成，这些观点和信念是不能等同的。作为教师，我们要求学生努力学习，但如果所有的观念都同样好，那么就算努力学习也不能增进理解了，正如David Moshman（1997）所言："我们可能只能让学生继续相信那些他们所相信的东西了。"（p.230）而且，好像很多知识诸如数数或者一一对应关系并不是建构的，而是具有普遍性的。明白一一对应关系，是每个人都必须了解的（Geary，1995；Schunk，2008）。

（二）维果斯基的社会建构主义

正如你在第2章中所见，维果斯基强调上面的核心观点2，即社会互动、文化工具以及活动塑造了个体的发展和学习。正如前文的案例，Ethan在杂货店与其妈妈的互动及活动使他学到了预期可能的行为结果（从购物车的空间和融化的冰淇淋这两件事中）、"农产品"和"当地"的含义、怎样计算每磅的价格和地理学知识（Martin，2006）。通过与他人共同参与广泛的活动，个体就能内化通过共同学习而获得的东西，包括新策略和新知识。**内化（appropriating）**指的是能够使用文化工具进行推理、行动以及参与——例如，使用诸如"力"和"加速度"的概念性工具来对物理进行推理（Mason，2007）。在心理（认知）建构主义看来，学习意味着个体性的加工信息；而社会建构主义认为，学习意味着从属于某一群体并参与知识的社会建构过程（Mason，2007）。将学习置于社会和文化背景中，就是众所周知的**建构主义的第二次浪潮（second wave constructivism）**（Paris，Byrnes，& Paris，2001）。

由于维果斯基的理论多是根据社会互动和文化背景来解释学习的，因此大多数心理学家将维果斯基归为社会建构主义者（Palincsar，1998；Prawat，1996）。然而，一些理论家将他归为心理建构主义者，因为他主要感兴趣的是个体的发展方面（Moshman，1997；Phillips，1997）。在某种意义上，维果斯基二者兼而有之。他的学习理论的优势是，他给我们提供了同时考虑心理和社会因素的一个途径：他联结了两大阵营。例如，维果斯基的最近发展区的概念，即儿童可以借助成人或更出色的伙伴的帮助（支架）来解决问题，已被认为是文化和认知互创的一个领域（Cole，1985）。当成人使用来自文化的工具及（语言、地图、计算机、织布机、音乐等）实践时，文化就创造了认知，并引领儿童趋向文化价值目标（阅读、写作、编织、跳舞等）；而当成人和儿童在一起进行新的实践活动，找到新的问题解决办法，从而成为整个文化的一部分时，认知就创造了文化（Serpell，1993）。所以，人们既被他所在的社会和文化所创造，同时也在创造着他所在的社会和文化（Bandura，2001）。一种整合个体和社会建构主义的方式就是，将知识看做是个体性和社会性建构的中介（Windschitl，2002）。

内化（appropriating） 能够把与他人或文化工具互动发展而来的知识和技能转化为自己的知识。

建构主义的第二次浪潮（second wave constructivism） 认为知识来源于社会和文化资源，如维果斯基的理论。

建构论（constructionism） 有关像科学、数学、经济或历史等学科的公共知识是如何建构的理论。

建构论（constructionism）这个术语有时被用于讨论公共知识是如何被创造出来的，尽管这不是我们教育心理学领域的主要兴趣，但也值得简单探讨一下。

（三）建构论

社会建构论者并不关注个体的学习，他们关注的是诸如科学、数学、经济或历史学这些学科的公共知识是如何被建构的。除了这一类学业知识，建构论者还感兴趣于人们如何与一个社会文化团体中的新成员交流常识观念、日常信念以及对世界的普遍性理解（Gergen，1997；Phillips，1997）。他们可能还会研究下列的问题：谁来决定历史的内容、在公共场合举止得体和恰当的方法，以及如何当选阶层领袖。社会建构论者认为，所有的知识都是社会建构的，更重要的是，有些人比别人更有能力来界定哪些内容建构了这些知识。教师、学生、家庭以及社区之间及其内部之间的关系，是其中的中心问题。他们应该注意综合理解各种不同的观点，传统的知识体系常常会受到挑战（Gergen，1997）。建构论主要来源于雅克·德里达（Jacques Dierrida）和米歇尔·福柯（Michel Foucault）的哲学思想。维果斯基的理论关注认知如何创造文化，这与建构论有很多相同点。

总之，虽然这些不同取向的建构主义的观点并不一致，但他们引发了人们对某些普遍问题的关注。也许这些问题永远都无法得到真正的解决，但是不同的理论都对此做出了不同程度的贡献。下面就让我们一起来思考一下这些问题。

二、知识是如何被建构的？

存在于不同建构主义流派之间的一个核心争论是人们是如何建构知识的。对于这个问题，Moshman（1982）描述了三种解释：

（1）外部世界的真实性与相关事实引导知识建构。个体通过建立精确的心理表征，如命题网络、概念、因果模式以及能够反映事物真实发展情况的条件—行为产生式规则，进而重新建构外部世界。个体学得越多，他的经验就越深入和广泛，个体的知识就越能反映出客观现实。信息加工观点就是持这种知识观（Cobb & Bowers，1999）。

（2）类似皮亚杰理论体系中的组织、同化和顺应等内部加工引导知识建构。新知识是从旧知识中抽象而来的。知识并不是现实世界的镜像，而是随着认知活动发生变化和发展的一种抽象。知识无所谓对与错，它只是随着发展在其内部变得更加一致，更加有组织性。

（3）外部与内部因素共同引导知识建构。知识的发展是通过内部（认知）与外部（环境和社会）因素的交互作用完成的。维果斯基通过内化和文化工具（如语言）的使用来描述认知发展，与这个观点是一致的（Bruning，Schraw，& Norby，2011）。与此观点相一致的另外一个例子，是在第11章中将要探讨的班杜拉关于人、行为以及环境三者间的交互作用理论（Schunk，2012）。表10—2总结了以上三种有关知识建构的观点。

表10—2 知识建构的主要观点

类型	关于学习和知识的假设	代表性理论
外部建构	知识是人们通过建构外部世界的表征而获得的。直接教学、反馈及解释都会影响学习。知识是对外部世界的事物本质的反映，从这个角度说，知识是精确的。	信息加工理论
内部建构	知识是通过转化、组织和重组先前知识而建构的。尽管经验影响思维，而思维也影响知识，但知识并不是外部世界的镜像，探索和发现远比教学更重要。	皮亚杰的理论
内外共同建构	知识是基于社会互动和经验而建构的。知识在反映外部世界的同时，还受到文化、语言、信念、与他人的互动、直接教学以及示范等因素的影响。有指导的发现、教学、示范和辅导以及个体的先前知识、信念和思维都会影响学习。	维果斯基的理论

三、知识是情境性的还是普遍性的？

有关建构主义观点的第二个分歧是：知识究竟是内在的、普遍的、可迁移的，还是局限于特定的时间和地点进行建构的？强调知识的社会建构和情境学习的心理学家赞同维果斯基的观点，认为学习是社会的内在属性并依存于特定的文化情境（Cobb & Bowers，1999）。在某时某地是正确的事情——如哥伦布时代之前，认为地球是平的这一“事实”——在另外的时间和地点却会变成谬误。特定的观念可能在特定的**实践共同体（community of practice）**中是有用的。比如，前面例子中提到的观点对于15世纪的航海是有用的，但在其他情境下可能是没有用的。一个新知识的价值，部分取决于这个新观点与当时认可的实践相吻合的程度。随着时间发展，当前的实践可能遭到质疑或被推翻，但直到这种变更出现，当前的实践仍是有价值的。

实践共同体（community of practice） 观念得以验证是否有价值或正确的社会情境或背景。

情境学习（situated learning） 认为技能和知识是与当时学习的具体情境相联系的，难以应用到新的情境中。

情境学习（situated learning）强调真实世界的学习不同于学校中的学习。它更像是一个新手在专家引导和示范下所做的学徒工作，慢慢上手，直到可以独立工作。情境学习的支持者说，情境学习可以有效地解释发生在诸如工厂、餐桌、高中礼堂、街道社团、商务办公室以及绿茵场等情境中的学习。

情境学习常被描述为一种“文化适应”或对规范、行为、技能、信念、语言以及特定团体态度的适应。一个共同体可以是一群数学家、一个街道团体、一批作家、一些八年级学生或一支足球队。任何具有特定思维方式和行为方式的团体，都可以算是一个共同体。知识不是个体的认知结构，而是一个共同体长期的创造结果。共同体的实践是共同体互动和做事的方式，同时也是共同体创造的用来建构这个共同体知识的工具。学习意味着变得更有能力去参与这些实践，以及使用这些工具（Greeno，Collins，& Resnick，1996；Mason，2007；Rogoff，1998）。

从最基础的层面来看，“情境学习强调多数所学的观念都是特定于当时所学习的情境的”（Anderson，Reder，& Simon，1996，p.5）。这样，很多人可能会说，在学校学习算术只能帮助学生做更多的学校运算，而并不能帮助他们做账目收支平衡工作，因为这些技能只能用于他们当时的学习情境，即只能在学校使用（Lave，1997；Lave & Wenger，1991）。与此同时，当你能够阅读并计算你的税收账目时（虽然这些税收计算知识并非属于你的高中课程），也说明了知识和技能是可以跨越当时特定的学习情境并被运用到其他更广泛的情境的（Anderson，Reder，& Simon，1996）。

当然，学校情境下的学习并非都是死板的或者与现实无关的（Bereiter，1997）。像你在第 9 章中所看到的，在教育心理学和更广泛的教育领域中，人们关注的一个主要问题就是知识怎样由一个情境迁移到另一个情境中。我们应该如何促进这种迁移呢？下文就将讨论这一问题。

四、建构主义的共性：以学生为中心的教学

停下来　想一想

以学生为中心的课堂是什么样的？列举出这种把学生置于中心地位的课堂特点。

我们已经了解了不同建构主义流派之间的一些分歧，那么他们之间是否存在一些共性呢？所有的建构主义理论都认为，知识是学习者试图理解他们的经验而发展起来的，就像 Chelsea 和 Ethan。“所以，学习者并不是一个被动的等待灌输的容器，而是一个积极寻求意义的有机体。”（Driscoll，2005，p. 487）这些学习者建构了心理模型或图式，并继续修正这些模型或图式，以更好地理解自身经验。再次强调：我们是知识的创造者，而不是“档案柜”。虽然学习者的建构并非一定与外部真实的世界有必然联系，但这却是学习者自己建构的独一无二的解释。就像在 Chelsea 看来，与她对话的不是一面冷冰冰的墙壁，而是一面一如既往保持友好的墙壁。然而，这并不意味着所有的建构都是同等有效或有用的。学习者是通过自己的经验或他人对问题的理解来协商和共同建构意义的，就像 Ethan 和他母亲所做的那样。

不同的建构主义者对学习目标也有类似的看法。他们都强调学习者要学习可以加以使用的知识，而不仅仅利用储存在大脑内部的事实、概念和技能。学习目标包括促进学生发现和解决结构不良领域的问题、进行批判性思维、探究、自我决策以及保持对各种不同观点的开放心态（Driscoll，2005）。虽然没有一个单一的建构主义理论，但很多建构主义流派都认为学习应该具备以下五个条件：（1）学习应该发生于复杂、真实和相互关联的学习环境中；（2）将社会协商和责任共享作为学习的组成部分；（3）支持对同一内容有多种观点和多种表征方式；（4）培养自我觉察和对知识建构过程的认识；（5）倡导学生的学习主体性。

（一）复杂的学习环境和真实任务

复杂的学习环境（complex learning environment） 模仿现实生活中不良结构的问题和学习情境。

建构主义者认为，教师不应给予学生已经分解好的、简化了的问题和基础技能训练，而应该让学生面对**复杂的学习环境（complex learning environments）**，去解决模糊的、结构不良领域的问题。因为在学校以外的世界中很少有简单的问题或者有详细步骤的指示，所以学校应该尽力让每个学生体验解决复杂问题的经历。复杂问题并不仅仅是难题，而是包含多种多样、互相制约的因素，并有着多种多样的解决方法。没有唯一正确的解决方案，每种解决办法都可能会带来一系列新的问题。

这些复杂的问题应该被置于真实的任务和活动中。在这些情境中，学生会把自己所学到的知识应用到真实的世界中（Needles & Knapp，1994）。在解决这些复杂问题时，学生可能需要支持，教师可以帮助他们查找资料，记录他们的进步情况，并帮助他们将大问题分解为小问题。在

真实的任务和社会协商

建构主义方法强调复杂的、现实的、相关的学习环境，同时也重视社会互动在学习过程中的重要作用。比如，图中的学生正在合作学习共同做家居物品的预算工作。

这一方面，建构主义和情境学习观点相一致：强调学习应该发生于知识能够被运用的情境中。

（二）社会协商

很多建构主义者赞同维果斯基的观点，认为高级心理过程的发展是通过**社会协商**（social negotiation）和互动来完成的，因此合作学习很有价值。教学的一个主要目标是培养学生建立和维护自己观点的能力，同时尊重他人的观点，并与他人一起合作共同协商或共同建构意义。因此，在交流过程中，学生需要互相谈论和倾听。对于生活在像美国这样注重个人主义又充满竞争力的文化环境中的儿童来说，秉持所谓的**主体间态度**（intersubjective attitude）是一个极大的挑战，这种主体间态度指的是通过发现共同的基础并交流解释而达成的一种共识。

社会协商（social negotiation） 基于与他人的合作以及对不同观点的尊重的学习过程。

主体间态度（intersubjective attitude） 通过寻找共同点并交流解释而与他人达成共识。

同一内容的多种表征方式（multiple representations of content） 利用多种类比、举例和比喻来考虑问题。

旋转式课程（spiral curriculum） 布鲁纳提出的教学设计思想。认为在学校学习早期，在教学时应给学生介绍所有学科的基本结构，随着时间的发展，再以越来越复杂的形式来重新学习特定学科。

（三）同一内容的多种观点和表征方式

如果学生仅仅接触到理解复杂问题的一种模型、一个类比或一种理解方式，那么他们在应用时常常就会过分简化，将一种方法应用于每一个情境中。在我的教育心理学课堂中，我就发现了这种情况。六个学生在课堂上演示一个有指导的发现学习的课例时，他们几乎复制了我在本学期早些时候所讲授的一个发现学习的课例，而且还存在一些错误概念。看来，学生只了解了一种表征发现学习的方式，所以课堂的讲授资料应该通过不同的类比、举例以及比喻，为学生提供关于**同一内容的多种表征方式**（multiple representations of content）。这一观点与杰罗姆·布鲁纳（Bruner，1966）提出的**旋转式课程**（spiral curriculum）的观点是一致的，这种课程指的是，在学校学习早期，在教学时给学生介绍所有学科的基本结构和核心概念，随着时间的发展，再以越来越复杂的形式来重新学习特定学科。

（四）理解知识建构的过程

建构主义观点强调，要让学生明白其自身在知识建构过程中的作用。我们做出的假设、信念以及经历，塑造了我们每个人所了解的世界。不同的假设和经历会让我们获得不同的知识，就像我们在第 6 章里探究知识形成过程中文化差异所起的作用。如果学生知道影响他们思维的因素，他们就能更好地以自我批判的方式去选择、发展和辩护自己的观点，同时尊重他人的观点。

（五）学生学习的主体性

“尽管关于建构主义理论的解释尚未达成一致，但大多数人仍认为，这个理论是一个巨大的变革，因为它主张学生是教学的焦点，处在教育的中心位置，教师应该让学生通过自己的努力来理解问题。”（Prawat，1992，p.357）重视学生的主体性，并非意味着教师放弃教学的责任。在本书中，教学设计恰恰是一个中心问题。在本章后面的内容里，我们将讨论学习主体性的例子以及如何以学生为中心进行教学。

第三节　建构主义取向的教与学

建构主义学习理论有着广泛的应用，我们能从教师和学生的活动中发现很多建构主义的方法。Mark Winschitl（2002）就曾提出以下这些有助于促进学生有意义学习的建构活动：

（1）教师引发学生对某一主题的先前想法和经验，然后改变学习情境，以帮助学生进行精细加工或重新建构他们当前的知识。

（2）教师经常为学生提供机会，让他们参与复杂的、有意义的、基于问题的活动。

（3）教师为学生提供学习所必需的各种信息来源和工具（包括技术性工具和概念性工具）。

（4）教师让学生参与合作学习，并支持学生参与与他人进行的任务驱动的对话。

（5）教师将自己的思维过程外化呈现给学生，并鼓励学生以同样的方式通过对话、写作、绘画和其他表征进行实践。

（6）教师经常让学生将所学知识用于不同的真实情境中，利用所学知识来解释观点、解析文章、预测现象并基于证据建构自己的论点，而不是仅仅拘泥于获得“绝对正确的答案”。

（7）教师鼓励学生在上述列出的学习条件下进行反思性的、自主性的思维。

（8）教师采用多种不同的评价策略来理解学生观点是如何变化的，并对他们的学习过程和思维结果提供反馈。

另外，建构主义方法还包括提供**支架（scaffolding）**等方式来支持学生的专业发展。维果斯基认知发展理论的一个应用是，学生要获得深度理解，则需要理解最近发展区内的问题。学生需要支架，以便在最近发展区内解决问题。对支架的一个较好的界定是，支架既强调其具有动态的相互作用的特点，又强调它是教师和学生所拥有的知识——在某些事情上是专家知识：“支架是一个重要的教学和学习概念，指的是教师将自身的文化知识和日常经验与学生的知识形成有意义的联结。”（McCaslin & Hickey, 2001, p.137）回过头来看前一节开头提到的 Ethan 和他母亲在杂货店的谈话，也许你注意到了他的母亲正是如何利用橱柜上融化的冰淇淋与医生办公室里的体重秤作为支架，并在此基础上让 Ethan 联系日常经验和知识来促进 Ethan 的理解的。

支架（scaffolding） 教师与学生在教师所知和学生所知与所需之间建立有意义的联结，以帮助学生学到更多。

探究学习（inquiry learning） 教师首先提出一个疑难情境，然后学生通过收集数据以及检验结论来解决问题的一种教学方法。

尽管对支架这一概念存在许多不同的看法，但大部分教育心理学家基本上都认同它具有三个特征（van de Pol, Volman, & Beishuizen, 2010）：（1）适当的支持。教师会根据学生的情况不断进行调整，给予学生不同的、有针对性的指导。（2）渐隐。随着学生认知和技能的增加，教师会逐渐撤销对学生的支持。（3）转移的责任。学生逐渐承担越来越多对自己学习的责任。

在本节内容中，我们将讨论三种将学生作为中心的独特的教学方法：探究与基于问题的学习、认知学徒制和合作学习。

一、探究与基于问题的学习

杜威早在 1910 年就描述了**探究学习（inquiry learning）**的基本模式。这种教学策略虽然具有很多变式，但其基本模式通常包括以下一些要素（Echevarria, 2003; Lashley, Matczynski, & Rowley, 2002）。在教师向学生呈现一个有难度的事件、问题或困境后，学生需要：（1）阐明可以解释事件或解决问题的假设；（2）收集数据验证假设；（3）得出结论；（4）反思原问题及解决原问题的思维过程。

（一）探究学习举例

Shirley Magnusson 和 Annemarie Palincsar 曾制定了一个支持学生多元素养的引导性探究模型（Guided Inquiry Supporting Multiple Literacies，简称 GisML），该模型可用于教师计划、执行及评价科学探究学习单元的不同阶段（Hapgood, Magnusson, & Palincsar, 2004; Palincsar, Magnusson, Collins, & Cutter, 2001; Palincsar, Magnusson, Marano, Ford, & Brown, 1998），如图 10—1 所示。

在这一模型中，教师首先需确定好课程内容和一些一般的引导性的问题、难题或困境。例如，一个教师选择“交流”作为探究的内容，与此相对应的一般性问题是：“人类和动物是如何进行交流的？为什么进行交流？”然后，这位教师可提出一些具体的聚焦性问题：“鲸是如何进行交流的？大猩猩是如何进行交流的？”教师要谨慎选择特定的聚焦性的问题，以引导学生更好地理解问题。在理解动物的交流方式时，一个关键问题是，了解动物的身体结构、生存技能和生活习性之间的关系。动物具有某些特殊的身体结构，如

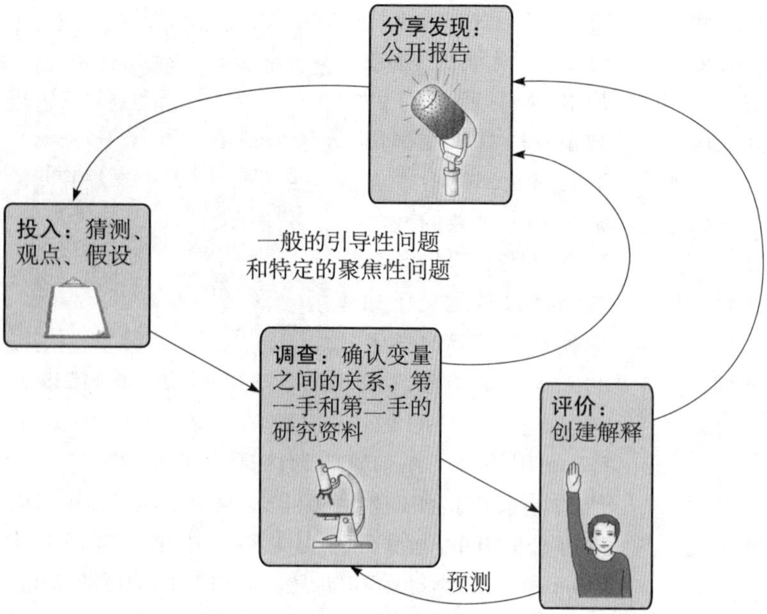

图 10—1 引导教师思考探究性科学教学的模型

直线表示教学阶段的顺序，曲线表示在教学过程中可能会反复出现的循环。

资料来源：Palincsar, A.S., Magnusson, S.J., Marano, N., Ford, D., & Brown, N. (1998). Designing a community of practice: Principles and practices of the GisML community. *Teaching and Teacher Education*, *14*, p.12.

大大的耳朵或回声定位器，这些结构的功能是帮助动物寻找食物、吸引异性同伴或辨认敌人的。而这些结构和功能都是与动物的习性有关系的。这样看来，要想了解动物的交流方式，关键问题是找出动物与众不同的交流生理结构、得以生存的生理功能以及生活习性。而那些关于某动物与其他动物有何相似或相同类型的生理结构或习性的问题，就不是好的引导性问题（Magnusson & Palincsar，1995）。

接下来的步骤就是让学生投入探究过程中，可以通过扮演和模仿不同动物的叫声，让学生猜测他们的交流方式，并询问学生的猜测及假设。然后学生开始调查一手资料以及二手资料。一手资料指直接经验和实验，如测量蝙蝠的眼睛和耳朵的大小与它们身体之间的关系（借助图片或音像资料而不是实体）；二手资料的调查指学生通过书籍、网络、采访专家来收集特殊的信息或有关的新观点。作为调查的一部分，学生还需要确认模型。图 10—1 中的曲线表示这样的阶段具有循环性。实际上，学生可能已经反复多次进行了“调查、确认模型以及报告结果”这些步骤，然后才着手整理对问题的解释，并做最后的总结报告。另一种可能是，在作出假设并检验它之前对解释进行评价，即将解释置于新的情境中。

基于问题的学习（problem-based learning） 为学生提供未必有“正确”答案的真实问题的一种学习方法。

探究教学使学生能够同时学习具体的内容和探究过程。在上述的例子中，学生学习了动物如何交流以及结构是如何与生活习性相关的等知识。另外，他们还习得了探究过程本身——如何解决问题、评价解决方案、批判性地思维等。

（二）基于问题的学习

探究学习由科学学习的实践而来，基于问题的学习则来源于对医学领域专家知识的研究。**基于问题的学习（problem-based learning）**的主要目的是为了帮助学生发展能够运用于很多情境中的灵活性知识，而不是惰性知识。惰性知识只是记忆在学生大脑中的信息，很少被应用于实际情境中（Cognition and Technology Group at Vanderbilt [CTGV]，1996；Whitehead，1929）。基于问题的学习的另一个目的是，增强学生的内部学习动机，提高其问题解决、小组合作、基于证据进行决策判断以及自我指导的终身学习能力。

在基于问题的学习中，学生面对引发探究的问题，合作寻找解决问题的方案。学生基于某些情节确定并分析问题，然后提出问题解决方案的设想。当他们提出各种设想后，他们发现自己忽视了的信息——他们需要知道用什么方法来检测他们的方案是否奏效。这便引发了实施研究的阶段。接着，学生运用他们的新知识对问题解决方案进行评价，如果有必要的话，还要循环重复研究的步骤。最后，学生对他们自己所获得的知识和技能进行反思。在整个过程中，学生不是单独一人，也不是没有指导的。教师、计算机软件支持系统、相关模型、教练技术、专家提示、指导手册、组织支持以及合作小组中的其他学生，可以为他们的思维和问题解决提供很好的支架作用——因此，他们的工作记忆没有出现过多负荷。例如，当学生进行探究学习的时候，他们需要填写表格，而这可帮助他们对科学论点中的“观点”和“原因”进行区分（Derry，Hmelo-Silver，Nagarajan，Chernobilsky，& Beitzel，2006；

Hmelo-Silver，Ravit，& Chinn，2007）。

在真正的基于问题的学习中，问题是真实存在的，学生的行动更是至关重要的。例如，在2010年深海石油泄漏事件发生后，许多老师将其当作了教学的案例。学生们从大小、位置、起因和解决办法等方面，将此次石油泄漏事件和其他泄漏事件进行比较。可以采取什么措施？水流和潮汐会对此产生什么影响？哪些地区、商业以及野生动物处在危险之中？会对经济和环境产生哪些短期和长期的影响？学生可以采取哪些有建设性的行动？后来，许多教师在博客中分享了将这次石油泄漏事件作为基于问题的学习的各种案例，并为其他教师提供了可资借鉴的资源。

当然，还有一些问题，虽然它们并不是直接影响学生生活的真实存在的问题，但学生同样乐于进行探究。例如，在一个叫做“生活挑战之河”的计算机模拟活动中（Sherwood，2002），学生们遇到了 Billy 和他的实验搭档 Suize，Suize 正在分析当地河流的水质，他担心 Billy 的结论有些疏忽之处。这时，涉及不同种族人物的群体 Legacy League 就对 Billy 提出了挑战，要求他进行更加深入的研究。这一组织提出问题并引导 Billy 和 Suize 查找资源，这样他们就能够深入研究其结论的合理性了。这一挑战的样式就是 STAR Legacy Cycle，这一循环包含六个阶段：遇到挑战、产生观点、考虑多种观点、研究并修正你的观点、考验你的勇气（检查你的理解）、将结论公开化。研究发现，使用这一模拟的科学教育专业的本科生的文章阅读能力提高了，对一些主题（如空气的构成、河流生态系统中有机体的分类）的概念性理解也加深了（Kumar & Sherwood，2007）。

下面让我们来仔细地看看这些循环阶段，因为它们也可能发生在高水平的科学课堂中（Klein & Harris，2007）。

（1）循环始于给全班学生提出一个激发他们兴趣的挑战任务。例如，在学习生物力学时，可以给学生提出这样的挑战：“假设你是生物反应器的一个活细胞，什么会影响你的寿命呢？”或者：“你奶奶患病的臀部正在康复，她该用哪只手扶拐杖来帮助她保持平衡呢？”所有这些问题的设计，都要求学生利用他们当前的知识和概念。

（2）接下来，学生利用个人、小组或全班的头脑风暴或其他活动产生观点，将他们当前所知道和相信的内容组织汇编起来。

（3）通过各种外部媒介（电视直播、录像视频以及书本等）、网页、杂志、报刊文章或某一主题的 CD 等形式，在教学过程中加入多种观点与看法。例如，在上面提到的“生活挑战之河”中，Legacy League 就指导 Billy 和 Suize 去探寻了多种视角。

（4）学生们更为深入地进行研究和修正。他们查询更多的资源或者聆听相关讲座，不断地修正自己的观点，并可能将其思维过程记录下来。

（5）学生通过其他学生或教师对其结论的反馈来检验自己的理解。在这一点上，某些形成性（不打分）测验可以检查他们的理解。

（6）学生可以通过口头报告、海报展示、项目成果或最终考试等形式，将他们的最后结论或解决方案公开化。

基于项目的科学（project-based science）是一个多媒体的学习环境，类似于聚焦中小学生的基于问题的学习（Krajcik & Czerniak，2007）。其中，MyProject 就是一个在大学中使用的基于网络的科学学习环境（Papanikolaou & Boubouka，2011）。

简言之，教师在基于问题的学习中的角色是：确定所要解决的问题和恰当的资源；通过描述目标和基本原理，引导学生认识问题；帮助学生设定目标、明确任务；当学生收集信息、制定解决方案和准备成果（模型、报告、录像、幻灯片、作品集等）时，给予支持、训练和指导；鼓励学生对其学习过程和结果进行反思（Arends & Kilcher，2010）。

（三）关于探究与基于问题学习的研究

使用探究和基于问题的学习活动，就会带来更好的学业表现吗？这一问题已经争论了好多年，其中一些研究得出了肯定的结论。例如，有研究发现，比起那些在传统科学课堂学习的高中生而言，使用开放性的 GenScope 软件来支持探究科学方法的学生，可以学得更多（Hickey et al.，1999，2000）。在另一项针对某大城区接近 20 000 名使用探究材料的初中生进行的调查发现，那些参与探究学习的学生在标准化学业测验上有更高的通过率，尤其是非裔美国男孩从这些探究学习方法上受益最多（Geier et al.，2008）。其他几个研究也显示，只要学习过程有支持并且学生有足够的背景知识，探究学习方法就能够提高学生的学习投入，并增强探究学习的动机（Hmelo-Silver et al.，2007）。但是，并非所有教育心理学家都认同基于问题的学习对全体学生都是有价值的。关于这一点，你可以在后面的“正方观点 / 反方观点”的论战中看到。

正方观点 / 反方观点：探究和基于问题的学习是有效的教学方法吗?

探究学习、发现学习和基于问题的学习都非常吸引人，但是它们是否真的有效? 对大多数学生而言，基于问题的学习是否能够促进更深的理解?

正方观点

基于问题的学习被高估了。

Paul Kirschner 和他的同事曾在《教育心理学家》（*Educational Psychologist*）杂志上发文对基于问题的学习等进行了明确的批评。他们文章的标题就是"为什么在教学中给予最少的指导是无效的：对建构主义教学、发现式教学、基于问题的教学、试验性教学和探索式教学失败原因的分析"。在该文中，他们明确指出：

> 尽管非指导性教学或者说指导最少化的教学方法非常流行，而且看上去上更吸引人。问题在于这种教学方法忽视了构成人类认知结构的框架，同时还忽视了已有的实证研究证据，即在过去半个世纪以来，研究一直表明相比于强调对学生认知过程进行引导的指导性教学方法，指导最少化的教学方法并不十分有效。（Kirschner，Sweller，& Clark，2006，p.75）

一些广受尊重的研究者（以及近来的一些研究者）通过梳理以往数十年的研究，指出非指导性的发现探究学习和基于问题的学习是没有效果的，尤其对于那些先前知识匮乏的学生而言，更是如此（Kalyuga，2011；Klahr & Nigam，2004；Tobias，2010）。Louis Alfieri 和他的同事（2011）对过去 50 多年的研究结果进行梳理后发现，外显的教学比不给予指导的发现式教学更有益处，尤其是那些发表在高水平期刊上的研究，更是如此。他们的结论是："不给予指导的发现式教学，基本不会促进学习。"（p.12）

那么，基于问题的学习情况又怎么样呢? 大部分关于基于问题的学习的研究都集中在医学院，研究结果也各异。在一项研究中，学生在基于问题的教学指导下，在诊断技能上表现更好，如确诊和推理能力有所提高，但在基本科学知识上表现更糟，似乎他们在科学知识方面准备不足（Albanese & Mitchell，1993）。其他研究者在对医学院基于问题的学习课程进行研究综述后，也得出了如下结论：这种教学方法在促进学生获得更高层级知识方面，是没有效果的（Colliver，2000）。

反方观点

基于问题的学习是一种有效的教学方法。

基于问题的学习有一些优势。在另外一项研究中，采用基于问题学习方法的学生在面对医学问题的时候能够想出更多精准的、条理清晰的解决方案（Hmelo，1998）。在芬兰进行的基于问题学习的一个大规模医学项目中，Schmidt 和他的同事（2009）得出了这样的结论：基于问题学习项目的学生相比于传统项目的学生，在实际医学技能和人际互动技能上表现更好，花费更少的时间完

另外一个主要基于支架思想的建构主义教学方法就是认知学徒制。

二、认知学徒制与交互式教学

（一）认知学徒制

几个世纪以来，学徒式教学已经是一种公认有效的教育形式。通过与师傅或其他学徒一起工作，年轻人能够学会很多技能、学会做生意或者学会一门手艺。知识渊博的引导者提供了学习的榜样、演示和正确做法，同时也提供了有利于提高学习动机的个人联结。在学徒制中，要求学习者进行的操作很实际，也很重要，同时随着学习者技能的愈加娴熟，操作的复杂性也在增加（Collins，2006；Linn & Eylon，2006；Hung，1999）。随着在实际任务中的引导性参与变为参与性内化，学生不断内化知识、技能以及操作任务中涉及的价值观（Rogoff，1995，1998）。另外，新加入的学习者与较早参与的学习者，通过双方对技能的掌握和再掌握，能共同促进实践共同体的发展——有时也能够在这个过程中提高自己的技能（Lave & Wenger，1991）。

Allan Collins（2006）提出，学生在学校所学的技能与他们在校外所需要的技能是割裂开来的。为了改变这种不平衡状态，许多教育者建议学校

成学业，而且在医学知识和诊断推理能力上有微弱的优势。相比于通过听课和讨论这种方法学习新概念，运用基于问题的方法学习新概念的 MBA 学生，在解释这些概念方面表现更好（Capon & Kuhn，2004）。擅长自我管理的学生会从基于问题的学习方法中获益更多（Evensen，Salisbury-Glennon，& Glenn，2001），而长期使用基于问题的学习方法会帮助学生养成自我指导的学习技能。

Cindy Hmelo-Silver（2004；Hmelo-Silver et al.，2007）对以往研究进行回顾后发现，已有证据表明基于问题的学习有助于学生建构灵活的知识体系、培养问题解决的能力和自我指导的学习技能，但是鲜有证据表明基于问题的学习能激发学生的内在动机或促进学生的合作学习。近来在对高中经济学课程和数学课程的研究中发现，在学习更复杂的概念和解决层级的应用问题时，人们更倾向于使用基于问题的学习方法。

超越非此即彼 在实际教学中，你不必在探究式学习方法和聚焦于具体内容的学习方法之间“二选一”。在中小学里，最好的教学方法可能就是在内容掌握和探究或基于问题的学习这二者之间保持一种平衡。例如，Eva Toth、David Klahr 和 Zhe Chen(2000) 在教授四年级学生如何在科学课上使用控制变量的策略设计出良好的实验中，对这种平衡的教学方法进行了检测。这种方法包含三个阶段：（1）学生以小组的形式先进行探索性实验，以确定能使小球在斜坡上滚得更远的变量。（2）教师带领学生进行讨论，解释什么是控制变量策略，并示范如何进行实验设计的思考。（3）学生设计和实施应用性实验，以分离出那些能使小球滚得更远的变量。提问、讨论、解释和示范的相互结合，能够有效地帮助学生理解概念。提供清晰明确的支架支持，也是探究学习和基于问题的学习获得成功的关键因素。

之所以会存在上述差异，究其原因，应该源自于完全的非指导式教学与有指导、有支持、有良好支架的探究式教学之间的不同。Alfieri 和他的同事（2011）总结道：

> 整体看来，非指导的探究式学习任务对学习的促进效果是有限的，而有引导的探究式学习任务，能够帮助学习者主动参与和建构知识，这似乎是一个最佳的选择。基于对目前研究的分析，最佳的教学策略应该至少包含下列三个特点之一：（1）有引导性的学习任务，而且具有支架来辅助学习者。（2）学习任务需要学习者能够对自身的想法进行解释，并且通过提供及时的反馈来保证这些想法是正确的。（3）能够提供有效的案例来说明如何有效地完成学习任务。（p.13）

实行学徒制，但并非让学生去学习雕塑、跳舞或做衣柜，学校中的学徒制应该关注认知目标，如阅读理解、写作、数学问题解决等。**认知学徒制（cognitive apprenticeship）**有很多种模式，但大多数都具有以下六个方面的特征：（1）学生观察专家（通常是教师）示范操作；（2）学生通过教师的训练或辅导（包括提示、反馈、示范及提醒）获取外部支持；（3）学生接受概念性支架，随着他们学得越来越娴熟、精通，逐渐撤除支架；（4）学生不断地清晰阐述他们所获得的知识——将其对学习过程的理解以及学到的内容，用文字表达出来；（5）学生反思自身的进步情况，将他们的问题解决与专家的操作以及他们先前的操作进行比较；（6）要求学生运用自己所学的知识探索解决问题的新方式——这些方式是师傅尚未示范过的。

当学生学习时，会面临很多挑战，他们需要掌握更为复杂的概念和技能，并需要在很多不同的情境下加以运用。

那么，教学过程中如何提供认知学徒关系呢？教学中的导师制就是一个例子。另外一个例子是把不同年龄的学生编排成一个小组。Key 小学是印第安纳州一个市内的公立小学，在这个小学里，不同年龄的学生每天有固定的时间聚在一起，在专门设计的具有很多学徒情境的专题中共同学

认知学徒制（cognitive apprenticeship） 一个经验不足的新手在专家的引导下获得知识和技能的一种教学关系。

习。这些专题可能针对一项技巧，也可能是一门学科，还可能是园艺、建筑，甚至是“如何赚钱”这样的内容。不同年龄的学生其专业水平显然不同，所以学生可以在舒服自然的情境中学习，并且还能够从水平较高的同学的示范中获益。社区志愿者，包括很多父母，都会去参观有关专题的技能学习情况。

另一种认知学徒制教学模式的例子是 Alan Schoenfeld（1989，1994）的数学问题解决教学。

（二）阅读中的认知学徒制：交互式教学

交互式教学（reciprocal teaching）的目标是帮助学生理解和深入思考他们所阅读的内容（Palincsar，1986；Palinscsar & Brown，1984，1989）。为了实现这个目标，学生在阅读小组学习时要学习四个策略：总结一篇文章的内容、问一个关于中心观点的问题、搞清材料中的难点部分、预期接下来要发生什么事情。熟练的阅读者可以几乎自动化地运用这些策略，而阅读困难者却很少用到这些策略——或者他们不知道如何运用。为了有效地运用这些策略，阅读困难者需要直接指导、示范和在实际阅读情境中进行练习。

交互式教学（reciprocal teaching）
用来帮助学生理解和深入思考他们所阅读内容的一种教学方法。

首先，教师对这些策略进行介绍，可以每天只关注一个策略。作为专家，教师解释并示范每个策略，并鼓励学生进行实践。接下来，教师和学生一起默读短文。然后，教师通过在阅读基础上的总结、提问、阐述或预期，再提供一次示范。每个人再读另一篇文章，学生逐渐充当教师的角色，而教师成为小组中的一员。当学生接管教学任务后，教师可以最终放手。通常情况下，学生第一次尝试这些策略时会犹豫不决，同时使用方法也会存在一定的问题，教师可以通过提供线索、指导、鼓励、做部分任务来提供支持（如提供问题）、示范以及其他的支架形式来帮助学生。这样做的目的，是让学生在阅读时独立使用这些策略，以使自己能够理解课文。

（三）交互式教学的应用

尽管交互式教学看起来似乎对任何年龄的学生都有用，但大多数相关研究采用年龄小的青少年做被试，他们能正确地大声朗读，但是在阅读理解方面却远远低于平均水平。自采用交互式教学法练习了 20 多个小时后，许多在班上处于后四分之一位置的学生提高到了平均水平或在阅读理解测验中高于平均水平。Palincsar（1986）确定了有效交互式教学的三个指导方针：（1）逐渐转变，即从教师到学生的责任转换必须是逐渐进行的；（2）使要求和能力相匹配，即任务的难度和责任必须与每个学生的能力相匹配，并随这些能力的发展而增加；（3）诊断思维，即教师应该仔细观察每个学生的“教”，为学生怎样思考以及学生需要什么类型的教学提供线索。

培养独立的阅读者

交互式教学以及认知学徒制的一个关键成分就是给学生提供支架，然后逐渐让学生独立和流畅地进行阅读理解。

与试图教 40 个或更多策略的教学方法相反，交互式教学的好处是它集中关注四个强有力的策略。不是所有的学生都能自己形成这些策略，这些策略必须教授给学生。一个进行了三年多的交互式研究发现，提问是最常用的策略，但必须教学生怎样问高水平的问题，因为大多数学生提问都是字面化的或表面化的（Hacher & Tenent，2002）。交互式教学的另一个优点是，它强调在真实的阅读文学作品和阅读课文等阅读情境中练习这四个策略。最后，给学生提供支架，并逐渐让学生独立和流畅地进行阅读理解，这个观点是交互式教学的关键成分（Rosenshine & Meister，1994）。

三、协作与合作学习

尽管当今所有学校都在关注学业标准、学业水平测试以及学业成就的国际比较，但学校教学远远不止是学业学习。确实，学业成绩是学校教育的主要指标，但是，教育也应该为学生的生存以及与形形色色的人一起合作做好准备。

绝大多数公司在招募职员时，不仅要求对方具有某一专业技能，更要求他能与其他员工合作，在工作中表现出主动性、责任感和高效率，并形成紧密和谐的团队。（Aronson，2000，p.91）

最近 40 年，研究者对学校中的学生协作与合作进行了研究。尽管研究结果不一致，但大多数研究发现，真正的合作性小组对于各个年龄段学生的共情、归属感、友谊、自信、高水平推理、问题解决、对差异性的宽容、对他人观点的意识以及校园出勤都有积极的影响（Galton，Hargreaves，& Pell，2009；Gillies & Boyle，2011；Solomon，Watson，& Battistich，2001）。有报告指出，合作学习的经验对于儿童、青少年遭遇的社会交往问题，能够起到延缓和减轻的作用（Gillies，2003，2004）。

（一）协作、小组工作与合作学习

人们经常互换使用“协作”、“小组工作”、“合作学习”这些字眼，好像它们是同一回事。当然，这三者之间的确有一些重叠之处，但也存在一些差异。首先，“协作”与“合作”之间确实较难进行清晰的区分。Ted Panitz（1996）指出，**协作（collaboration）**是如何与他人学习与工作的哲学思想。我们在协作过程中，尊重差异，分享权利，同时也共享知识。而**合作（cooperation）**则指为了达到某一共同的目标而与他人一起工作（Gillies，2003）。协作学习源于英国教师的工作，他们希望学生对其所学的文学著作进行积极回应；合作学习则源于美国心理学家杜威和勒温的工作。当然，你也可以认为合作学习就是在学校进行协作的一种方式。

协作（collaboration） 如何与他人学习与工作的哲学思想。

合作（cooperation） 为了达到某一共同的目标而与他人一起工作。

合作：一个值得追求的目标

学业成绩是学校教学的一个关键目标，同时学校教学也应为学生的生存以及与他人的合作做好准备。合作学习研究表明，合作学习对学生的共情、宽容、友谊、自信甚至学校出勤率都有积极影响。

另一方面，小组工作仅指几个学生在一起学习——不管他们是否真正在合作。在小组中，有很多活动可以完成，如学生们一起开展一项当地调查。人们对于建立新的购物商场的意见如何呢？一方面商场的建立会带来生意，同时又会使交通阻塞。一个社区的住户是支持还是反对核电站的建立呢？如果学生在一节生物课上必须要掌握 10 个新概念，那为什么不让学生把概念和术语分组，并让他们互相教授呢？当然，我们一定要确定小组中的每个人都能够完成任务。有时，仅仅就是一个或两个学生未能完成任务，也会导致前功尽弃。

小组工作是有用的，但真正的合作学习绝不是将学生拼凑在一起那么简单。在罗格斯大学，我的同事 Angela O'Donnell 和 Jim O'Kelly 描述了一个声称自己使用合作学习进行教学的老师，他让学生一对一地学习，轮流进行抄写。不幸的是，该教师根本没提供时间给学生一起来学习，教师在这个过程中没有具体指导或者未对合作学习中的交往技巧予以指导；学生得到一个独立的个人分数，同时得到他所在小组的一个小组分数。某一学生可能在独立活动中得了“A”，但其所在小组仅得“C”，这是因为他的同伴得了“F”——他从未参与任何活动。所以，一个学生可能因为无法控制局面而得“C”，而另一个学生则可能因在小组内什么也没做而得“C”。这并非合作学习，甚至连小组工作都算不上（O'Donnell & O'Kelly，1994）。

1. 超越小组的合作学习

> **合作学习（cooperative learning）**将精细加工、阐释、解释以及论证等整合到小组活动中，且学习受到其他个体支持的一种学习情境。

David Johnson 和 Roger Johnson（2009a）作为美国合作学习的两位发起人，对正式的**合作学习（cooperative learning）**界定为“学生在一节课或几周的时段内一起学习，以达到共同的学习目标、共同完成某项任务”（p.373）。合作学习在美国教育中历史悠久，几十年来时而被赞同，时而又不被接纳。当今，建构主义视角的引入，使人们又开始投身于学习情境的研究中，在这种学习情境需要精细加工、深入解释、清晰说明和严谨论证，也就是合作学习。David Johnson 和 Roger Johnson（2009a）指出：

> 合作学习从起初被忽略、不受重视，到现在逐渐稳步发展成为一种在全球范围内占据主导地位的教学实践之一，正被广泛地应用于各个不同的学科领域和各级各类的教育活动之中。（p.365）

不同的学习理论流派对合作学习有着不同的解释（O’Donnell，2002，2006）。信息加工理论强调小组讨论的价值，认为小组讨论能够帮助参与者复述、精细加工，并扩展他们的知识。当小组成员提出问题并加以解释时，他们必须组织相应的知识、形成联结，并进行总结——所有过程都支持信息的加工与记忆。皮亚杰流派的支持者认为，组内互动能够对个体构成认知冲突和不平衡，促使个体重新思考自己的理解，并想出新的观点。正如皮亚杰（1985）所说的“超越现状，达到新的境界”（p.10）。维果斯基理论的支持者认为，社会互动对学习是非常重要的，因为推理、理解和批判性思维等高级心理机能，就是在社会交往中得以发展，而后被个体所内化的。学生在独立完成心理任务之前，可以借助社会支持来完成。因此，合作学习为学生的学习深化提供了社会支持和支架。想要从合作学习中受益，那么小组成员之间必须开展真正的合作——所有成员都必须参与。但正如任何一位教师或家长所知的一样，将学生放在一个小组内并不能保证合作学习会自动发生。

2. 小组学习的误用

如果缺乏教师的仔细计划和监控，小组互动可能会阻碍或降低学习，而非改善班级的社会关系。例如，如果一个小组内有从众压力——小组中奖赏使用不当或某个同学占据主导地位，那么互动就是没有收益的，而且不能带来反思。此外，错误概念可能受到强化，而且更糟糕的是，学生可能建构起非常肤浅的理解（Battistich，Solomon，& Delucci，1993）。如果学生在小组内学习，然而得到了错误的答案，那么他们会更加确信他们是正确的——正如“两个错误的头脑与一个相比，情况更糟”（Puncochar & Fox，2004）。同样，当高成就学生的观点被接受或受到强化时，低成就学生的想法可能被忽略，甚至于受到嘲笑，从而忽视不同观点的独特价值（Anderson，Holland，& Palincsar，1997；Cohen，1986）。

Mary McCaslin 和 Tom Good（1996）研究发现，小组学习还可能存在以下缺点：（1）学生往往重视过程和程序，而忽略了学习本身；对速度与任务完成的关注，先于深思熟虑与认真钻研。（2）学生不是对错误概念进行挑战与修正，而是支持和强化错误的理解。（3）学生优先关注社会化和人际关系，而不是学习本身。（4）学生可能仅仅把对教师的依赖转移到对小组内的专家成员的依赖——学习依旧是被动的，而且学到的可能是错误的。（5）组员之间的差异变大了，而不是降低了。一些学生学会了虚度光阴，因为小组进步和他们自身没有什么关系；而其他学生可能更加坚信没有小组的支持，我是无论如何也没法弄懂那些问题的。

下面我们将具体考察教师应该如何避免出现这些问题，以及如何鼓励学生进行真正的合作学习。

（二）合作学习的任务

正如教学中的其他许多决策一样，使用合作小组的教学计划也始于目标的设定。什么是学生被期望完成的？在一项对成功老师的访谈中发现，他们强调小组活动必须要周密计划，学生需要准备进行小组学习，老师对任务的期望必须要明确地表达出来（Gillies & Boyle，2011）。任务是什么？是一个真正的小组任务吗？——任务是基于若干个学生来共同建立知识和技能，还是此任务更适于个体来学习（Cohen，1994；O’Donnell，2006）？

真实生活中的学习任务，可能是结构良好的，也可能是结构不良的。高度结构化的任务指有特定答案的操作，包括训练、应用日常事务或程序、回答阅读中的问题以及计算数学题目等等。结构不良的任务通常都有多个答案并且程序不明，需要发现问题以及高级思维的参与。这些结构不良的问题才是真正的小组任务，也就是说，这些任务需要所有小组成员运用自身的资源（知识、技能、问题解决策略和创造性）来完成，而结构化的任务通常可以由个体完成。了解这些区别是很重要的，因为比起常规任务，结构不良的、复杂的真实小组任务，需要更多和更高质量的互动来进行学习和问题解决（Cohen，1994；Gillies，2004；Gillies & Boyle，2011）。

1. 高度结构、温故知新以及技能构建型任务

人们可以很好地使用结构化技术（如 STAD）来完成一项相对结构化的任务，比如为考试复习先前学过的材料。此时，四人小组之间进行比赛，确定哪个小组成员比起先前成绩水平有了更大进步（Slavin，1995）。教师给予学生表扬、认可或外在奖励，可以增强学生的学习动机、努力付出以及坚持不懈的程度，进而促进他们的学习。当学生面对需要练习或复习的任务时，给学生分派一些角色，并关注他们的对话，也可以帮助学生保持学习的投入。

2. 结构不良、概念理解以及问题解决型任务

如果任务是结构不良的，而且在本质上需要更多认知活动，那么开放性的交流和精细化讨论则更为有益（Cohen，1994；Ross & Raphael，1990）。因此，当想要发展学生的高级思维以及问题解决能力时，教师就非常适于使用鼓励学生进行扩展性和创造性互动的教学策略。在这种情况下，紧密结构化的过程、小组之间为获得奖励而竞争以及死板的角色分配等，都可能抑制学生互动，同时干扰达到学习目标的进程。使用开放性的技术，如循环提问（King，1994）、交互教学（Palincsar & Brown，1984；Rosenshine & Meister，1994）、配对分享（Kagan，1994）以及拼图法（Aronson，2000）都将使学生受到更大启发，因为当恰当使用这些技术时，教师能够鼓励学生在处理复杂的问题材料时，进行更为广泛的互动和精细思考。在这些情况下，使用奖励可能会转移小组完成深度认知加工这一目标。当给小组提供奖励时，学习的目标就变为尽可能高效地完成任务以获得奖励了（Webb & Palincsar，1996）。

3. 社会技能与交流的任务

当同伴学习的目标是增强社会技能或增加组内理解与多样性时，给学生分派特定的角色及指定其在小组内的职责，可能会促进学生的交流（Cohen，1994；Kagan，1994）。在这些情况下，学生之间互换领导角色将非常有益，这样少数族群学生和女生就有机会展示和发展她们的领导技能。此外，所有小组成员都能够体验每个个体的领导能力（Miller & Harrington，1993）。这时，奖励可能是不必要的，而且它们可能会起到妨碍作用，因为此时学生关注的是建立一个共同体、获得被尊重的感觉以及让所有小组成员建立责任感。

（三）合作学习的准备

David Johnson 和 Roger Johnson（2009a）认为，真正的合作学习小组包含积极互赖、促进性互动、个人责任、协作和社交技能、小组进程等五个要素。

在真正的合作学习中，小组成员会体验到积极互赖。成员们相信只有小组其他成员达到了目标，他们才能够达到目标，因此他们会互相支持、解释和引导。促进性互动是指小组成员鼓励并且支持其他成员的努力，他们通常面对面或利用数字媒体聚集在一起进行互动，而不是散落在房间的各个位置。尽管学生在一起学习并互相帮助，但小组成员最终还必须依靠自己来学习。他们在学习中有个人责任，这通常通过个体测验或其他评估方式来衡量。协作和社交技能对有效的小组运作是很必要的，通常在小组解决学习任务之前，教师必须教授或让学生练习这些技能，如给予建设性的反馈、达成共识以及让每个人都卷入。最后，小组成员要监控小组过程及关系，以确保小组有效地进行运作，并了解小组的动力。学生需要花时间询问："我们小组做得如何？每个人都和他人一起合作了吗？我们下次有哪些需要改进的？"

澳大利亚的一项对八至十二年级学生的研究发现，与无结构的学习小组相比，要求积极互赖和互相帮助的结构化合作小组的学生，在数学、科学和英语上学到了更多（Gillies，2003）。此外，较之无结构小组的学生，结构化小组中的学生也反映学习更为有趣。

1. 设立合作小组

一个合作学习小组规模应该多大呢？这取决于你的学习目标。如果小组学习的目标是复习、复述信息或练习，那么 4 ～ 6 个学生比较合适。而如果小组学习是鼓励每个学生参与讨论、解决问题或学习计算机，那么 2 ～ 4 个学生就是最好的了。还有，当设计合作小组时，通常还需要平衡男生和女生的比例。一些研究揭示，如果一个小组内的女生人数太少，那么除非这些女生能力是最强或最积极进取的，否则她们往往并不参加

讨论。与此形成对比的是，如果在一个小组内只有1或2个男生，那么他们往往能占据主导地位，而且女生总喜欢请他们拿意见，除非这些男生非常无能或非常害羞。在一些男女混合小组的研究中（当然不是所有的研究），研究者发现女生会避免冲突，男生则主导讨论（O'Donnell & O'Kelly，1994；Webb & Palincsar，1996）。不管在什么情况下，教师都必须监控合作小组，确保每个成员都对小组有所贡献并参与学习。

如果一个小组里包含一些被认为特殊的或者经常被排斥的学生，那么保证这个小组里有一些友善、包容的学生就很重要。Gillies和Boyle（2011）访谈的一位成功教师，这样说道：

> 我也试图确保一个小组里有一两个有包容心的学生。这样问题儿童至少会知道，尽管其他小组成员不会成为他的好朋友，但是他们也不会给他难看。我试着安排一个最不活泼的孩子与问题儿童在一个组。今年我遇到两个女孩非常善于跟问题儿童相处。她们不会忍受荒唐的行为，但是她们也不会反应过度，并且展现出了良好的社交技能。（p.72）

2. 给予与接受解释

从实践来看，小组学习的效果不一，这取决于小组中真正发生了什么以及有谁参与。如果只有少数几个人承担责任、完成小组任务，那么得益的将是这些人；而那些未参与的成员，将获益甚微。提出问题、获得解答并尝试解释的学生，要比那些不提问、不回答的学生更可能获益。事实上，有证据表明，如果一个学生对小组内其他学生进行精细详尽、深思熟虑的解释，那么该学生学到的将会更多。在学习过程中，"解释者"远比"静听者"对学习更为重要（O'Donnell，2006；Webb，Farivar，& Mastergeorge，2002）。因为为了给别人解释清楚，解释者不得不组织信息、把信息转换成自己的语言、思考恰当的例子或类比（这些例子将信息与你已有的知识联结起来）以及通过回答问题来检验自己的理解等等。这些都是高级的学习策略（King，1990，2002；O'Donnell & O'Kelly，1994）。

好的解释总是适时地提供那些相关的、正确的、详尽的信息，以帮助听者修正错误的理解，最好的解释则是告诉人们为什么（Webb et al.，2002；Webb & Mastergeorge，2003）。例如，在一节中学数学课上，学生以小组为单位解决下列问题：

> 请你计算一下，打30分钟的电话，该电话字头为717。第一分钟花费为0.22元，以后每增加一分钟是0.13元，一共需要多少钱？

教师给学生提供的讲解和帮助水平与学生的学习显著相关。教师讲解水平越高，学生学习得越多。表10—3显示了教师所提供的不同水平的帮助。当然，学生要想有所学习，则必须注意到并使用教师所提供的帮助。例如，如果一个学生说"13×29"，那么指导者就应当问："为什么是29呢？"提出好的问题并给出清晰的解释很关键，通常教师需要教授这些技能。

表10—3　合作学习小组内教师不同程度的帮助水平

（在小组内，如果学生得到高水平的指导，他们就更可能学习。）

水平等级	描述与举例
6（最高）	对如何解决部分或所有问题给予口头解释（"是13乘以29，因为减去第1分钟，还剩下29分钟"）
5	列出数字运算式，而不进行口头解释（"这是30，所以你要减去1"）
4	直接用数字表达或列出运算式（"13乘以29"）
3	写出或模仿数字（"13写在上面，29写在下面，然后相乘"）
2	直接给出部分或所有答案（"我得到3.77美元"）
1	没有内容性或信息性的反应（"按题目要求做就行了"）
0（最低）	不作任何反应

资料来源：Webb, N.M., Troper, J. D., & Fall, R. (1995). Constructive activity and learning in collaborative small groups. *Journal of Educational Psychology, 87*, p. 411.

3. 分派角色

在合作学习中，教师常常会给学生分派角色，以鼓励学生合作和全身心参与。表10—4描述了合作学习中的各种角色。当然，如果你给学生分派角色，必须要确保这些角色是支持学生学习的。在小组内，如果我们着眼于改善学生的社交技能，那么所分派的角色应该支持倾听、鼓励以及尊重差异性。如果我们关注的是练习、复习或掌握基本技能，那么所分派的角色应该支持培养学生的毅力、鼓励他人和参与。如果我们重在高水平问题解决或复杂学习，那么所分派的角色应该支持学生深思熟虑的讨论、互相分享解释和见解、开展大胆的探索、进行头脑风暴和发挥创造性。请确保你没有告知学生小组的主要目标是按

表10—4　　合作学习小组中学生的角色

（根据设立小组的目的以及参加者的年龄，以下分派的这些角色能帮助学生进行合作和学习。当然，我们还得教学生如何有效地扮演每种角色，学生要轮流尝试扮演不同角色，这样才能在以后各种类型的小组学习中积极参与。）

角色	描述
鼓励者	鼓励那些不情愿或腼腆害羞的同学参与
赞赏者 / 拉拉队队长	对他人的贡献予以赞赏，认可其成绩
裁判员	平衡各成员的参与活动，防止个别成员一言堂
辅导员	对要学习的学业内容提供帮助，解释概念
问题指挥官	确认所有成员均已提问并得到回答
检察员	检查整个小组的理解情况
指挥官	保证小组工作围绕任务而开展
记录员	写下小组成员的观点、决策和计划
反馈员	让小组知悉进展与否
噪音检测员	检测小组的说话声是否干扰了他人
材料保管员	收拾并返还材料

资料来源：Kagan, S. (1994). *Cooperative learning*. San Clemente, CA : Kagan Publishing.

照指令完成任务。如果真是那样的话，学生就仅仅承担了表演的角色。当然，角色可以支持学生的学习，但角色本身不是最终目标（Woolfolk Hoy & Tschannen-Moran，1999）。

合作学习的策略通常还包括小组如何向全班做报告。如果你是班级汇报的听众，你可能知道这些报告异常无趣、难以理解。为了令听众和报告者都感到报告过程是有价值的，Palincsar 和 Herrenkohl（2002）教授班级成员在听报告时，如何充当一个理智和聪明的角色。这些角色是基于科学研究策略的，如进行预测和建立理论、总结结论、将预测与理论和结果联系起来。教师可以让一些班级成员检查报告中预测与理论之间的关系是否清晰明确；其他一些学生鉴别哪些发现是清楚确凿的；剩下的学生则负责评价小组报告中的预测、理论与结果发现之间的逻辑关系。研究发现，给学生分派这些角色很好地促进了班级的对话沟通、思维与问题解决以及概念性理解（Palincsar & Herrenkohl，2002）。表 10—5 总结了基于小组目标来设计合作学习所要考虑的事项。

（四）设计合作学习

在合作小组内发展深度的理解，需要所有的小组成员参与到高质量的讨论之中。支持学习的

表10—5　　在计划和开展合作学习时应该考虑什么？

要考虑的事项	社交技能任务：团队建设、合作技巧	结构化任务：复习、练习事实和技能	非结构化任务：概念掌握、问题解决、思维和推理
小组的规模和构成	2～5 人，可按兴趣分组、混合分组或随机分组	2～4 人，混合能力匹配（高—中能力 / 中—低能力）	2～4 人，自由选择成员以鼓励互动
分配角色的理由	监控参与和冲突，轮流负责	监控卷入情况，确保低成就学生也有所贡献	角色可能是个干扰。如果使用的话，也仅仅是为了鼓励互动、发散性思维以及扩展性的、有关联的对话，如辩论方及小组促进者
外在奖励或激励	不必要，但可能有益	支持动机、努力状况以及坚持不懈	不必要
教师的角色	榜样和鼓励者	榜样、指导者和教练员	榜样促进者
学生需要的技能	聆听、轮流、鼓励、管理冲突	质疑、解释、鼓励，相关领域知识和相应的学习策略	质疑、解释、精细加工、探究、发散思维、提供逻辑证据、综合分析
支持学习的条件（看什么、听什么）	示范和练习	给予多样、精细的解释，注意和练习	高质量和充分的互动，使用并联结各种知识来源，探究和精细加工
潜在的问题	无创造性的冲突，无参与	缺乏助人技巧，不参与或不接纳他人	不参与或不接纳他人，游手好闲，认识肤浅，逃避争论
解决办法	布置简单的任务，直接教授社交技能，团队建设，矛盾化解技能，讨论小组进展	结构独立，赋予每人一定职责，传授如何给予帮助和解释	结构化争论，分派“思维角色”，给予充裕时间
应变技巧	一两个技巧，如聆听以及释义	学生成对诘问	几个负责人在一起合作

资料来源：Woolfolk Hoy, A., & Tschannen-Moran, M. (1999). Implications of cognitive approaches to peer learning for teacher education. In A. O'Donnell & A. King (Ed.), *Cognitive perspectives on peer learning*. Taylor & Francis Group, p.278.

讨论包括让学生进行说明、联结、解释以及使用证据来支持论点。现在我们将讨论几种不同的策略，它们为构建学生的参与和高质量讨论提供了支持。

1. 交互式提问

交互式提问（reciprocal questioning）不需要特殊的材料或测试程序，且适用于不同年龄阶段的学生。当老师讲完课或做完报告后，学生可以两个或三个一组就学习的材料进行提问和回答（King，1990，1994，2002）。教师先给学生提供问题题干（见表 10—6），然后教授学生如何根据本节课的内容，从一般的问题题干中生成具体问题。学生提出具体问题，然后轮流提问和回答。这一过程比传统的小组讨论更为有效，因为它鼓励学生对材料进行深度思考。像表 10—6 中的问题，它们鼓励学生将课堂所学与先前的知识或经验联结起来，似乎最有帮助。

> **交互式提问（reciprocal questioning）** 学生两个或三个一组就课堂学习材料进行提问和回答。
>
> **拼图式课堂（Jigsaw Classroom）** 每个学生都是小组的一部分，每个小组成员学习一部分小组材料的学习过程。学生成为他所负责部分材料的专家，然后将其教给小组中的其他成员。

表10—6　在交互式提问中为鼓励对话而设的问题单

（在学习完材料或上完课后，学生使用这些问题项目相互提问和回答。）

你还能举出一个……的新例子吗？
你将如何使用……来……？
如果……将会发生什么？
……的强项和缺点是什么？
……是如何与我们以前学过的相联系的？
解释一下为什么……以及如何……
……是如何影响……的？
……的意义是什么？
为什么……是重要的？
……与……的相似之处是……？不同之处是……？
最好的是什么……以及为什么？
根据……比较……与……
你认为是什么导致了……？
你能得出什么结论……？
你对这种叙述……同意与否？理由何在？

例如，Garcia 先生在教授九年级学生学习“世界文化”这一课时，其中的一个小组就使用表 10—6 中的问题题干，对“文化”这一概念进行了如下讨论：

Sally：请大家用自己的话来谈一下什么是“文化”？

Jim：Garcia 先生在课堂上曾说，文化是全体社会成员的认识与理解。我认为，文化是社会全体成员所共有的所有事物、信念和活动，包括宗教、法律、医疗实践等等。

Sally：还包括舞蹈、艺术和家庭角色。

Barry：知识包含语言，所以我想文化还包括语言。

Jim：我也是这么想的。实际上，我有一个问题：文化是如何影响一个社会的语言呢？

Barry：好的。一方面，语言是由词构成的，人们用这些词语来命名他们所关心之事、所需之物以及所用之物，因此这些词对处于某一种文化中的群体具有举足轻重的作用。然而，在不同文化中有不同的词汇。在一些文化中可能没有“电话”一词，这是因为他们本身就没有电话之物。但是，电话在我们的文化中却很重要，因此我们有大量不同的与电话有关的词汇：移动电话、数字电话、车载电话、无线电话、电话机等等。

Jim（大笑）：我打赌沙漠文化中肯定没有关于雪花或溜冰的词了！

Sally（转向 Barry）：你有什么问题呢？

Barry：我有一个大问题。你们绝不可能回答出来。你们设想一下，如果某一群体没有任何的口头语言，那么会发生什么呢？或许他们所有人都是天生不会说话的，或者类似于这种情况的。那么，这种情况又怎么影响他们的文化呢？他们还有可能拥有所谓的文化吗？

Sally：哦，这意味着他们不能彼此进行交流。

Jim：他们也一定没有音乐，因为他们根本就不会唱歌。

Barry：等一下！为什么他们就不能交流了呢？或许他们可以创造一种非言语系统。正如你们所知，有些人使用手语、聋哑人使用哑语等。（King，2002，pp，34-35）

2. 拼图法

在 Elliot Aronson 任得克萨斯大学奥斯汀分校社会心理学教授时（当时我还是一名学生），他与他的研究生首创了**拼图式课堂（Jigsaw Classroom）**。我的一些朋友在他的研究团队工作，Aronson 将这一方法进一步发展，他认为拼图式课堂是“绝对必要的，它可以化解非常突发性乃至危险的状况”（Aronson，2000，p.137）。那时候，依照法庭命令，奥斯汀的学校刚刚废止了种族隔离，白人、非裔和西班牙裔学生第一次坐在了同一间教室上课。相互敌视、互相对抗自然会引发各种冲突，Aronson 正是通过拼图式课堂来解决这一棘手问题。

在拼图式课堂上，老师给小组每个成员提供部分材料，学生通过学习各自的材料而成为“专家”。因为每位同学必须学习并相互检测对每个部分的掌握情况，他们之间需要相互依赖，因此每个学生的贡献都很重要。更新近的第二代拼图式课堂上的每个小组都增加了专家，他们也跟其他同学一样阅读相同的材料，但他们首先要负责确认组里的其他成员的确对自己所阅读的部分进行了充分的理解，另外要计划向整个小组成员进行教学的方法。下一步，学生带着自己的意见和观点返回到自己的学习小组。最后，每个学生接受相关知识的个别化测验，为他们的学习小组赢得分数。小组可以是为了赢得奖励而学习，也可以仅仅是为了得到认可而学习（Aronson，2000；Slavin，1995）。

3. 结构性争论

建构主义强调的冲突问题的解决在课堂上是很必要的，因为冲突难以避免，甚至是学习过程中必不可少的。皮亚杰的理论告诉我们，知识的发展需要认知冲突。David Johnson 和 Roger Johnson（2009b）曾有力地论证了建构认知冲突的价值：

> 冲突就像是学生学习的助燃发动机。内在的助燃发动机会用一点星火点燃燃料和空气，产生运动和加速的能量。如果没有星火，燃料和空气就不会发挥作用；同样，没有认知冲突这一星火，课堂上学到的知识也是惰性的。（p.37）

一项对十年级学生的研究发现，学生常常会因为各种原因而得到错误答案，但如果让这些学生在一起议论他们相互矛盾的错误答案，这时学生可能能够更好地修正他们的错误理解（Schwarz，Neuman，& Biezuner，2000）。小组中的个体间也会有人际冲突，但如果利用得好，这也能促进学习。表 10—7 显示了学业和人际冲突对于学习共同体可能起到的积极影响。

就像你在表 10—7 中所见，**结构性争论**（structured controversy）中的结构化部分是指，学生在协作小组内两两配对研究一个具体争论，如是否应该允许木材厂砍伐国家森林里的树木。小组中的每一对学生都研究这个问题，发展出他们的正面或反面观点，将他们的论点和证据呈现给另一对学生，并讨论这个问题。接着对换观点并议论其他的看法。然后，小组做出最后报告，总结出每一种观点的最好论据，并达成一致认识（Johnson & Johnson，1999a；O’Donnell，2006）。

结构性争论（structured controversy） 学生在协同小组内两两配对研究一个具体的争论。

除了这些方法，Spencer Kagan（1994）还开发了很多合作学习的结构，用于实现不同类型的学业和社交任务。下面的“实践指南”提供了将合作学习纳入课堂教学的有效方法，你可以一试。

表10—7　结构性争论：从学业和人际冲突中学习

（冲突如果处理得好，可以促进学习。学业冲突能促使批判性思考和概念改变；利益的冲突是不可避免的，但如果控制得好，没有谁是失败者。）

学业争论	利益冲突
一个人的看法、信息、理论、结论和观点与他人存有异议，双方希望达成一致。	一方试图将利益最大化的行为妨碍或干扰了另一方最大化自己的利益。
争论的程序	整合的（问题解决）协商
研究对方的观点，准备好自己的观点。	描述自己的需求。
呈现自己的观点，寻找支持者。	描述自己的感受。
驳斥相反的观点，回击他人的辩护。	描述要求或感受的理由。
转变视角，改变方式。	推己及人，从他人的观点看问题。
综合分析和整合最好的证据，进行全面推理。	找出三种能将利益协调处理的方案，选择一种形成文字，并签署协议。

资料来源：Johnson, D., & Johnson, R. (1999). The three Cs of school and classroom management. In H. J. Freiberg (Eds.), *Beyond behaviorism: Changing the classroom management paradigm*. Boston: Allyn and Bacon.

实践指南　运用合作学习

● 根据学习目标确定小组规模与人员构成。

例如：

1. 如果以社交技能与团队建设为目标，小组人数宜为2～5人，可以按照兴趣分组、混合分组或者随机分组。

2. 如果进行结构化事实和技能练习以及复习任务，小组人数宜为2～4人，可采用混合能力匹配分组，如高—中和中—低搭配，或者高—低和中—中搭配。

3. 如果旨在进行高水平概念学习和思维任务，小组人数宜为2～4人；可以自由选择组员，以鼓励互动。

● 分配合适的角色。

例如：

1. 如果以社交技能与团队建设为目标，则应分配角色专门监控成员的参与与矛盾化解，以及轮流担任小组领导。

2. 如果需要进行结构化的事实和技能的练习以及复习任务，则需有人专门监督大家是否踊跃参与，并且确保低水平学生也能有所贡献，就像在拼图式课堂中的那样。

3. 如果旨在进行高水平概念学习和思维任务，则应设专职人员负责鼓励成员互动、发散思维，并进行扩展性的、相关联的对话，像在辩论队中或小组中的促进者。切忌角色成为学习的障碍。

● 确保教师承担了支持性的角色。

例如：

1. 如果以社交技能与团队建设为目标，教师要成为一个榜样和鼓励者。

2. 如果进行结构化事实和技能的练习以及复习任务，教师应该成为一个榜样、指导者或教练员。

3. 如果旨在进行高水平概念学习和思维任务，教师应该成为一个榜样和促进者。

● 在教室来回走动并监控小组。

例如：

1. 如果以社交技能与团队建设为目标，则应该注意学生是否倾听他人、是否轮流担任角色、是否给予他人鼓励以及如何管理矛盾。

2. 如果进行结构化事实和技能的练习以及复习任务，则关注学生的提问、给出多种详细解释、注意状态以及练习情况。

3. 如果旨在进行高水平概念学习和思维任务，则关注学生的提问、解释、精细加工、探究、发散性思维、证据的提供、综合分析以及使用和联结不同来源的信息。

● 学习起始于小的简单任务，直到你和学生都知道如何进行合作。

例如：

1. 如果以社交技能与团队建设为目标，则尝试先从一两个技能开始，如倾听与释义。

2. 如果进行结构化事实和技能的练习以及复习任务，则尝试将学生配对，相互诘问。

3. 如果旨在进行高水平概念学习和思维任务，则尝试使用配对小组和核心题干来进行交互式提问。

（五）关注到每个学生：灵活使用合作学习

如果计划仔细，合作学习通常有显著成效，但有时由于一些小组中有特殊需要的学生，因此教师必须额外关注合作学习的计划与准备。例如，在合作学习过程中运用脚本式提问和同伴辅导是有前提的，这样的合作结构取决于担任提问或解释角色的人与回答问题或被教授的学生之间进行一种平衡性的互动。在这些互动过程中，你希望亲自看到并听到解释和教学，而不是仅仅将正确答案说出来。但有些学习障碍的学生在理解新的概念方面存在较大困难，所以解释者和学生双方都会感到灰心挫败，这时学习障碍的学生可能处于拒绝和否定的情绪之中。由于学习障碍的学生通常存在社交问题，将他们置于可能会产生更多拒绝的情境之中，可能不是好的方法。因此，当你教授全新或较难掌握的概念时，合作学习对学习障碍学生可能就不是明智之举（Kirk et al., 2006）。事实上，研究发现，一般来说合作学习对学习障碍的学生并不总是有效的（Smith，2006）。

对于天才学生来说，如果合作学习小组按照能力混合编排，他们也未必能从合作中受益。其原因在于小组学习速度太慢、任务太简单或有太多的重复。另外，天才学生在小组内往往担任“小教师”的角色，他们的工作似乎更多体现在促进整个小组的学习进度。如果你在分组时，将天才学生和普通学生按能力混合编排在一起，那么你必须使用复杂的学习任务，让不同能力水平的学生都能参与，保证让天才学生在积极卷入的同时，又不降低其他学生的参与（Smith，2006）。

然而，合作学习对英语学习者（ELLs）而言是最明智的选择。拼图式合作学习的结构对英语学习者大有裨益，由于小组中的所有学生，都掌握着小组需要的信息，因此他们之间必须对话、解释和互动。事实上，拼图式方法就是为了让各种各样的小组成员之间形成高度的互赖关系而产生的。在当今很多学校课堂中，学生可能会用四种甚至更多种语言来进行表达，但是我们不可能要求教师掌握学生所说的每一种语言。在这些课堂中，合作小组就可以帮助解决这一问题，使学生在学业任务上共同学习。在一个小组内，说两种语言的学生可以帮助小组其他成员翻译或解释课堂所学。而且，对于学习另一种语言的学生来说，在一个更小的组内进行表达，焦虑程度也会少很多，因此英语学习者在这些小组内可能获得更多带有反馈的语言练习（Smith，2006）。

当然，合作学习即使设计得再好，但如果不能很好地执行，仍然不能发挥其有效的功能。出现这种状况的部分原因是，要教会学生合作学习的方法，需要教师花费大量的时间，并付出长期的努力（Blatchford，Baines，Rubie-Davis，Bassett，& Chowne，2006）。

四、建构主义实践的两难困境

多年前，Larry Cremin（1961）发现，先进的、创新的教学方法需要训练有素的教师来实施。今天，对于建构主义教学来说，也是如此。我们知道，对建构主义的不同理解衍生出了不同的建构主义流派以及很多相应的实践操作。我们也知道，今天所有的教学都处于严峻的应试情境中，教师担负着很大的责任，有着不少的压力。在这些情境中，建构主义取向的教师确实面临着许多挑战。如表 10—8 所示，Mark Windschitl（2002）总结了教师在运用建构主义的实践过程中所面临

表10—8　教师实践建构主义的两难问题

（教师在运用建构主义教学的实践过程中，面临着概念性的、教学法方面的、文化和行政方面的两难问题。以下是这些两难问题的具体解释以及教师所面对的一些问题的具体形式。）

教师面临的两难问题	教师的代表性疑问
1. **概念性问题**：基于认知和社会建构主义的理论基础；将当前关于教学的理念与支持建构主义学习环境的理念结合起来。	哪一种建构主义的教学法适合我的教学？
	我的课堂应该是一个全体同学都积极进行概念转变的集体，还是一个通过学习者参与课堂活动的情况来衡量其发展状况的学习者共同体？
	如果专家认为某些概念是正确的，那么学生应该直接将这些概念内化，而不进行自我建构吗？
2. **教学法方面的问题**：鼓励学生积极思考的同时，保持一定的纪律约束；获得深度理解的学科知识；掌握成为促进者的艺术；有效管理学生的对话和合作学习。	我的教学是应该基于学生现有的观念，而非基于学习目标吗？
	使我成为一个促进者的必要技能和策略是什么？
	如果学生互相交头接耳而不听讲，那么我该如何管理这样的课堂？
	我是否应该对学生建构自己的观念加以限制？
	什么样的评价方式才能体现出我所要达到的教学目标？
3. **文化方面的问题**：留心你课堂上的文化问题；提问让学生思考“什么样的活动是有价值的”；充分利用经验、对话模式以及不同文化背景学生所具有的当地知识。	我们如何摆脱传统的但行之有效的课堂常规，而与学生就有关什么是有价值的以及如何奖赏达成一致共识呢？
	我原有的课堂印象如何限制了我看到可能存在另外一种不同的学习环境？
	在我的课堂文化氛围中，如何容纳各种不同背景学生的世界观？
	我能相信学生能够为自己的学习负责吗？
4. **行政上的问题**：应对学校共同体中各方的责任和义务问题；与重要的当局人协商，让其支持为理解而教的理念。	我如何才能让行政领导和学生家长支持我使用一种全新的方式进行教学？
	我是应该使用尚不能满足学生需求但却得到正式批准的课程，还是应该自己开设一个课程？
	各式各样的基于问题的经验，如何满足特定州和地方的标准呢？
	建构主义教学是否足以让我的学生为参加大学考试做好准备？

的四种两难问题。第一种是概念性问题：究竟该如何理解建构主义的认知观和社会观，并将两者结合起来用于我们的教学之中？第二种是教学法的问题：如何真正地践行建构主义的教学方式，即如何鼓励学生积极思考，同时又保证学生能够学到真正的学科知识？第三种是文化方面的问题：什么样的课堂活动、文化知识以及沟通的方式可以在多元的课堂环境中建立起学习共同体？第四种是行政方面的问题：如何培养学生深刻的理解力和批判性思维，同时又仍能满足学生家长的需求以及《不让一个孩子掉队》法案的要求？

第四节　服务性学习

服务性学习（service learning） 将大中学生的专业学习与他们的个性及社会性发展整合起来的学习方式。

服务性学习是将大中学生的专业学习与他们的个性和社会性发展整合起来的一种学习（Woolfork Hoy，Demerath，& Pape，2002）。对**服务性学习（service learning）**一个更正式的界定是，“将有意义的社区服务与教学和反思整合起来的一种教与学的策略，旨在丰富学生的学习体验、树立学生的公民责任感，并增强学校与社区的联结。”（National Service-Learning Clearinghouse，n.d.）差不多一半的美国高中学校都有一些这样的服务性学习（Dymond，Renzaglia，& Chun，2007）。教育改革中的服务性学习联盟（Alliance for Service Learning in Education Reform，1993）总结了服务性学习的若干特征，认为：（1）服务性学习是有组织的，且能满足社区的实际需求；（2）服务性学习是能与学生的课程进行有机整合的；（3）服务性学习给予时间让学生反思，并记录服务后的感受；（4）服务性学习强调让学生将新学到的知识和技能应用于实际；（5）服务性学习可以提升学生的专业学习和关心他人的情感。

服务性学习

社区服务项目可以促进青少年的道德发展、提升完成任务的胜任感、增强他们对差异的包容性，并可鼓励他们反思自己在社会中的角色。

服务性学习的活动可能包括直接服务（如担任家庭辅导老师、给无家可归的人们提供膳食）、间接服务（如为救济场所收集食物、募款）或宣传辩论（如设计一个食物募集海报并分发、在报纸上写文章）等（Johnson & Notah，1999）。服务性学习也可以基于问题的学习方式进行。

参与服务性学习，能够提升青少年的政治意识和道德发展。通过服务性学习项目，青少年能够体验自身的能力以及在危急之中与他人合作的价值，他们视自己为政治家、道德家，而不仅仅是好公民而已（Youniss & Yates，1997）。除此之外，服务性学习能够帮助学生以一种新的方式重新审视如何与那些不喜欢自己的人相处，从而学会更宽容地对待差异性（Tierney，1993）。最后，服务性学习经历能够培养学生关怀他人的道德素质，使他们能够持续不断地面对复杂的社会问题（Rhodes，1997）。从这个观点来看，投身于服务性学习能够有效激发和完善学生用批判性的眼光重新定位自己在社会中的角色（Woolfolk Hoy，Demerath，& Pape，2002）。在美国许多学校已经将学生参与服务性学习作为高中毕业的一个必要条件，但也有教师质疑这种“必要”的公平性或合理性。至少有三所学校因此而受到法庭的起诉，时至今日这种“必要”还不具备法律的强制性（Johnson & Notah，1999）。

关于服务性学习的研究得到的结果是多方面的。一些研究发现，学生的社会责任感明显增强，对他人更为宽容、更加谦虚、对成人更为礼让，而且自尊心更强（Solomon et al.，2001）。有一项个案研究描述了一个城市某教区中学的一个成功的服务性学习项

家庭和社区合作实践指南　　服务性学习的使用

- 服务性学习重在持续实践，不能停留在短期行动。

例如：

1. 取消班级轮流为无家可归者提供两周免费午餐的服务，代之以让学生更长时间地为无家可归者烹饪食物并照料他们的饮食。

2. 与当地社区机构联系，确定真正的需求，以便学生能够从事服务活动。

- 考虑实际的志愿活动。

例如：

1. 将有关文件翻译为另一种语言。

2. 提供多媒体专门技术，如 PowerPoint、QuickTime 或其他基于计算机的介绍。

3. 设计代理服务员的使用手册或编辑有关出版物。

4. 拟定小队宣传册和电子出版物的草稿。

5. 研究并撰写小册子、通讯稿或网页。

6. 设计服务机构或项目的标识，或做一些其他力所能及的事。

- 关注学校里的服务性学习项目，确保学习是服务性学习的核心。

例如：

1. 对服务项目有清晰明确的学习目标。

2. 探讨科学、历史、健康、语文和其他领域的年级水平标准，了解如何通过服务性项目实现这些标准——例如，如何在为高中生或学前儿童设计营养教育项目的过程中习得生物学的概念。

3. 让学生随着时间发展不断反思他们的经历，记日记、写下或画出所学的知识，并将学生的这些反思运用于课堂讨论之中。

- 确保在服务中发挥学生的天赋和技能，这对于参与学生而言是很有价值的。他们能在运用自身技能帮助他人的过程中，获得成就感和价值感。

例如：

1. 具备艺术天赋的学生可以帮助装饰老人中心的游戏房间。

2. 擅长讲故事的学生可以到日托中心或儿童诊所工作。

3. 会讲双语的学生可以帮助教师将学校的新闻手册翻译给学生家长，或到当地门诊部做翻译。

- 创造多样化的服务性学习机会，以满足不同人群的需求。

例如：

1. 考虑残疾学生的交通需要。

2. 将服务性学习项目与人们的生活技能联系起来，如有关工作、安全及准时性等社交技能。

3. 监控服务小组中所有成员的互动情况，了解有特殊需要的学生是如何参与其中的。

目（Youniss & Yates，1999）。此服务性学习项目是该学校初中学生必选的，这门课是学年课程的一部分。在课上，学生审视了自己对当前一些社会现象的道德认识，如无家可归、贫穷、对移民劳工的剥削以及城市暴力等；然后，学生必须在市内餐厅服务 4 次（接近 20 个小时）。研究者得出的结论是：通过该课程，学生“对社会公正有了深刻的理解，能够正视这些不公正现象，同时对自己的能力更加自信”（Yates & Youniss，1999，p.64）。

你的学生可能想要参与校内外的服务性学习，你可以参考上面的“家庭和社区合作实践指南”。其中大部分资料取自 Richard Sagor（2003）以及 Elias 和 Schwab（2006）的研究。

第五节　数字世界中的学习

计算机、智能手机、iPod、iPad、iTouch、平板电脑、数字阅读器、互动型视频游戏等数字化工具以及 iCloud、Facebook、Twitter、Google、Yahoo 等数字化媒体，已经深刻地改变了每个人的生活。家庭和学校都充斥着各种数字媒体。对学生来说，做家庭作业时经常通过电子邮件、即时通信软件或手机与朋友交流信息、浏览网页或下载资源，而且几乎所有时间学生都在用 iPod 听音乐或看电视（Roberts，Foehr，& Rideout，2005）。年龄在 6 个月到 3 岁的儿童中，35% 以上

媒体多任务者

对高年级学生来说，做家庭作业时经常通过电子邮件或手机与朋友交流信息、浏览网页或下载资源，而且几乎所有时间学生都在用 iPod 听音乐或看电视。

在其卧室里有电视机，95% 的家庭里有 DVD 播放机，27% 的儿童在其卧室里有 DVD 播放机，平均每天看电视的时间为 6 个小时（Rideout et al.，2003；Rosen，2010）。Vandewater 等（2005）在其研究中发现，35% 的家庭里电视机会几乎一整天都开着。事实上，儿童除了睡觉之外，在看电视上花费的时间是最多的。

一、学习环境和技术

随着计算机技术的发展，人们越来越感兴趣于技术丰富的学习环境（technology-rich learning environments，简称 TREs）。这些学习环境包括虚拟世界、支持基于问题学习的计算机模拟（如前面描述的“生活挑战之河”）、智能辅导系统、教育游戏、音频唱片、手提无线设备以及多媒体环境等。

云计算（cloud computing） 允许计算机用户通过网络在线获取一些应用如谷歌文档、微软电子邮件以及计算资源如网络上可以获得的数据存储和数据加工过程。

虚拟的学习环境（Virtual Learning Environments，简称 VLEs） 用于描述在虚拟系统中各种学习方式的一个宽泛的概念。

学习管理系统（Learning Management System，简称 LMS） 一种可以传送网络学习、提供学习工具和材料、保持记录、进行测试和管理学习的系统。

在学校里，技术的使用主要有三种形式。首先，教师可以为课堂、虚拟学习环境或者是课堂与虚拟环境的混合模型设计基于技术的活动。其次，学生可以采用多种方式与技术进行互动，例如使用计算机或平板电脑完成作业，运用**云计算（cloud computing）**在虚拟环境中与其他教师或者学生之间进行合作。云计算允许计算机用户通过网络在线获取一些应用如谷歌文档、微软电子邮件以及计算资源如网络上可以获得的数据存储和数据加工过程。最终，管理者通过技术的使用，可跟踪学校、社区或者全国系统内教师、课堂和学生的信息。你可以将上述任何一点或者全部都运用到你的教学中。

将技术引入课堂的主要目的是辅助学生学习。这个过程乍一看有些困难和繁琐，尤其是对于缺乏技术能力的老师而言，更是如此。不过，你可以尝试着这样着手：研究你的学校或社区的技术政策和程序，确定内在的资源如技术整合小组，寻求培训资源，与那些已经在课堂中使用技术的教师合作。逐渐熟悉现有的技术资源会帮助你明确和使用新的技术，这些新技术将会提升你的教学。在任何课堂上技术整合的一条黄金法则就是不要做无用功。聚焦在可以使用的资源优势上，并对其加以调整和使用。

二、虚拟的学习环境

虚拟的学习环境（Virtual Learning Environments，简称 VLEs）是一个宽泛的概念，用于描述在虚拟系统中的各种学习方式。最传统的虚拟学习环境是指**学习管理系统（Learning Management**

System，简称 LMS)。学习管理系统使用诸如 Moodle、BlackBoard、RCampus 和 Desire2Learn 的应用程序传送网络学习。学习管理系统十分庞大、复杂和昂贵。我所在的大学使用一种叫做“Carmen”的系统辅助校园里的每一门课程。我在 Carmen 系统上的网站有读书资料、讨论组、基于班级建立的 Wikis、幻灯片、网站链接、日历以及其他资源。在没有这些资源的情况下，我们已经进行了几十年的教学，但是学习管理系统的出现，扩大了我们教学的选择。为了解决费用问题，一些学院使用免费的开放资源软件来建设虚拟学习环境。支持开放资源软件的工具包括：Moodle、Google、Apps、Microsoft SharePoint 以及 PBWorks。

有多种多样的虚拟学习环境。**个人学习环境（Personal Learning Environment，简称 PLE）**框架提供了支持个体在多种情境下学习的工具，学习者可以控制自己的学习如何发生以及在何时发生。学生可以在个人的学习环境中从 Panera 网站上下载作业，在公交车上阅读材料，然后凌晨 4 点的时候在房间里上传他们的分析到网上讨论板上。学习是异步的，它可以发生在任何时间、任何地点。复杂的个人学习环境还包括一些工具，这些工具可以评估学习者的知识，进而调整接下来的学习内容，以满足学习者的需要。支持个人学习环境的工具包括基于计算机的训练模块、电子书、认知导师、问答小测验以及自我检测工具。

个人学习网络（Personal Learning Network，简称 PLN）是一个通过同伴在线互动建构知识的框架。PLN 同时包括使用互动网络会议、混合课堂或在线讨论的同步技术和异步技术。个人学习网络既可以服务于基础教育的教学目的，也可以作为专业发展的资源。社交网络工具如 Facebook、Twitter、Edutopia 和 EdWeb 让教学可以走出学校、城市，甚至国家，走向全球范围内有共同兴趣的学习者。支持个人学习网络的工具包括：网络会议工具，如 Adobe Connect 和 Elluminate，互动录像或录音信息，社交网络，讨论版以及博客。

最复杂的虚拟学习环境（VLE）是**沉浸式虚拟学习环境（Immersive Virtual Learning Environment，简称 IVLE）**，它是对真实环境的一种模拟。其目的在于通过对文化的适应进行学习，例如成为热带雨林的生态探索者，或者成为记者报道当地一所学校的食品中毒事件（Gee，2003；Gibson，Aldrich，& Prensky，2006；Hamilton，2011；Shaffer et al.，2009）。拟真的虚拟学习环境是设计用于领域特殊性的现实场景（Bagley & Shaffer，2009；Shaffer et al.，2009）。拟真的学习环境会让学生体验模拟的任务，这种任务需要专业实践，例如为食物中毒事件的新闻稿采访食物供货方，跟踪校领导，从他们那明确问题的来源，创作出一篇精确、有吸引力的文章，最终将现实世界里的努力投入与虚拟情境相融合。拟真的环境通常会包括认知导师——这种技术可以像导师一样互动，如在分析学生的反应之后给出指点。

大型多人在线游戏（Massive Multi-player Online Games，简称 MMOGs）是一种建立在虚拟世界中的互动游戏环境，在这种环境中学习者将会扮演一个角色或化身。包括 MMOGs 在内的虚拟世界仿真技术，已经在医学领域的实践和教学中得到了广泛应用，并很快得到了中小学教师教育项目的关注。设计良好的游戏，其教育价值在于可以通过运用示范或者基于问题的学习场景以及其他教学方法设计课程，进而创造出复杂的情境（Gee，2008）。

例如，唤起项目（Evoke Project）是一个由世界银行设计的游戏。当来自世界各地的青少年在玩游戏的时候，他们可以尝试共同解决一些诸如饥饿这样重大的世界性难题。为了设计出更有趣味的学习世界，相关的设计人员一直在不断寻求新的突破。

> **个人学习环境（Personal Learning Environment，简称 PLE）** 提供工具以支持在多种背景和情境下的个别化学习。
>
> **个人学习网络（Personal Learning Network，简称 PLN）** 一个通过同伴在线互动建构知识的框架。
>
> **沉浸式虚拟学习环境（Immersive Virtual Learning Environment，简称 IVLE）** 对现实世界的一种仿真，能够让学生沉浸于任务中，就像在专业实践中所需要的那样。
>
> **大型多人在线游戏（Massive Multi-player Online Games，简称 MMOGs）** 一种建立在虚拟世界中的互动游戏环境，在这种环境中学习者将会扮演一个角色或成为某种化身。

三、发展适宜低龄儿童的计算机活动

数字媒体是很吸引人的，但它适合于学前孩子吗？这是一个激烈争论的问题。人们不应该用计算机来让孩子做孤立的练习。适宜 3 ～ 4 岁儿童使用电脑的方式与我们在小学使用电脑的方式是不同的。随着适宜儿童的电脑游戏的发展，低龄儿童能够在认识上有所受益而不会造成创造性的丧失。适合孩子的软件应该包括简单的口头指导语，计算机活动应该具有开放性，并且鼓励发现、探究、问题解决以及对因果关系的理解。通过与计算机之间的互动，儿童应该能控制计算机的活动。最后，计算机上呈现的内容应该是适宜的，而且应考虑使用者不同的文化背景、年龄及能力（Fischer & Gillespie，2003；Frost，Wortham，& Reifel，2005）。Linda Tsantis 和她的同事（2003）建议，你可以就关心的任何一个程序问这样一个问题："这个软件程序所创设的学习机会是独一无二的吗？"（Tsantis，Berwick，& Thouvebelle，2003）

还有需要考虑的一点就是，程序的多媒体特征（如内置的录像，图像放大技术，音乐，增强的声音、图像）是更加有助于学习，还是让学生离学习更远？事实上，存在着这样一种风险：那些含有吸引人的视觉或听觉效果的技术，实际上会妨碍和干扰学生对一些重要概念的习得。例如，在一个"彼得兔"讲故事的程序中，嗡嗡作响的拉锯以及树木倒下的声效会不会导致注意力分散，从而影响对故事、情节和人物的理解？也许会吧（Tsantis et al.，2003）。

在多媒体世界中，通过对刺激的某些安排确实可以使孩子同时完成多项作业，但孩子的观点采择能力以及对情节、主题及故事顺序的理解等深度思考过程却可能较差。这样，虽然学生一次做了好几件事情，但都只是表面的肤浅理解（Carpenter，2000）。

然而，芬兰的研究表明，多媒体的故事书能够为来自低教育水平家庭且在语言和识字能力上落后的幼儿园儿童提供支持，以帮助他们理解故事、记住言语信息（Verhallen，Bus，& de Jong，2006）。之所以会出现这种差异，大概是因为该研究中故事的多媒体特征可以提供意义建构的多种通道、呈现故事核心要素的视觉和听觉表征、聚焦于重要信息以及强化核心思想，正是这些方式促进了学生的理解和记忆。这种额外的支架作用，可能对于语言和识字能力有限的儿童来说尤其重要。因此，低龄儿童使用计算机的一个基本原则是：多媒体元素应当关注意义，而不是仅仅提供吸引人的视听刺激。

四、计算机与高年级学生

很明显，如果任务适合于学生的能力水平，使用计算机——特别是使用那些需要多种活动、视觉注意、想象力以及快速反应的游戏——确实能够支持学生视觉技能的发展（Subrahmanyam，Greenfield，Kraut，& Gross，2001）。但是，计算机的使用能够支持学生的学业学习吗？答案是很复杂的，甚至有些令人惊讶。Roschelle、Pea、Hoadley，Gordon 和 Means (2000) 在上百篇研究和综述的基础上，得到了如下结论：对于这两者之间的关系，人们至今没有得到强有力的结论。使用计算机辅助程序看似能够改进中小学生的学业测验分数，但是计算机模拟和丰富化程序几乎没有产生效应，或许是当你自己教授和测试这些特定技能时，学生才会习得这些技能。相比于其他学科，计算机更有助于改进数学和科学技能，但是在阅读提升上作用不大（Slavin，Lake，Chambers Cheung，& Davis，2009）。像任何一个教学工具一样，如果人们有效地使用了计算机，那么计算机是有用的；仅仅依凭计算机本身，不会自动提高学生的学业成就，尤其是当学业成就是通过标准化测试进行的时候（Richtell，2011）。Roschelle 和同事推断，如果计算机支持有助于学习的基本过程，如积极卷入、经常进行反馈互动、真实性及与真实世界联结、建设性的小组表现，那么计算机就有可能提高学生的学业成就（Jackson et al.，2006）。请参见下面的"实践指南"，了解更多这方面的观点。

数字化的处境不利

很多学生在家庭或社区不能方便地使用计算机技术。人们在技术使用上的这种分界，被称为数字鸿沟。

实践指南 计算机的使用

当教室里只有一台计算机时

- 为学生提供方便的使用途径。

例如：

1. 如果在教学中要用计算机来展示一些材料的话，尽量将计算机放在中心位置。

2. 选择一个最佳观看点以使学生坐着就能看到屏幕。但当计算机被个人或小组使用时，让学生不要拥挤或干扰其他同学。

- 做好使用计算机的准备。

例如：

1. 使用前检查计算机，以确定课程或任务所需的软件是否已安装并运转良好。

2. 确保指导学生使用软件或完成任务的指令清晰明确，并在所有学生的视线范围内。

3. 提供完成任务所需的清单。

- 训练一些学生来辅助使用计算机。

例如：

1. 训练学生中的计算机专家，并轮流训练其他学生。

2. 获取成人志愿者（如父母、祖父母、叔叔阿姨和年长的同胞等任何一个关心学生的人）的帮助。

- 编写计算机的使用说明。

例如：

1. 制定计算机使用时间表，确保每个学生都有同样的机会使用计算机，避免某些学生独霸设备。

2. 创建保存学生操作的标准步骤。

当教室里有一台以上的计算机时

- 制定好计算机的使用说明，以适合你的教学目标。

例如：

1. 在合作小组中应安排好计算机，以使学生更好地围绕自己小组的计算机进行合作。

2. 如果不同的计算机小组有不同的项目，则可以允许组别之间进行简单的轮换。

- 试验使用计算机的其他模式。

例如：

1. 浏览者模式——每四个学生使用一台计算机。一个学生控制键盘和鼠标，另外一个学生主要作为显示器的浏览者。坐在后面的一个学生负责管理小组的进度，坐在后面的另一个学生负责管理小组活动的时间进程。显示器浏览者要接受10～20分钟的关于完成任务所需软件的培训，并且他不可以碰触鼠标。其他三位同学可以轮换岗位。

2. 促进者模式——每六个学生使用一台计算机。促进者有更多关于计算机的经验、专业技能或受到更多的训练——促进者在小组中的作用相当于指导者或教师。

3. 合作小组模式——每七个学生使用一台计算机。将整个小组的最终目标分解为一些子目标，再将小组分解为一些次级小组，每个次级小组负责一个子目标。例如，一个次级小组负责写报告，另一个次级小组负责画图，第三个次级小组负责通过计算机收集数据。

当教室里的计算机数量不确定时

- 选择能够鼓励学习、创造性及社会互动发展的适宜程序。

例如：

1. 鼓励两个孩子一起合作，而不是让每个孩子单独学习。

2. 核查程序的暗含信息。例如，一些绘图程序允许学生擦掉自己不喜欢的作品，因此该程序实际上不能让学生解决问题，而只是擦掉了作品。Tsantis等（2003）建议不要使用擦掉程序，而可以重新利用。

3. 寻找鼓励发现、探索、问题解决和多元反应的程序。

- 当学生使用计算机时，进行适当监控。

例如：

1. 确保计算机放在成人能够观察得到的地方。

2. 与学生讨论为什么一些程序或网页禁止入内。

3. 适当平衡电脑使用时间与动手做项目、堆积木、玩沙、玩水以及制作艺术作品等主动活动时间。

- 当孩子使用计算机时，保证他们的安全。

例如：

1. 教育孩子在网络上隐蔽自己的身份，并监控与他们交流的任何“朋友”。

2. 安装过滤软件，保护孩子远离不适宜的内容。

五、媒体与数字化素养

随着数字媒体的到来，人们开始关注一种新的素养——媒体素养或称数字化素养。当今社会，有素养的人意味着能读、能写、能交流，因此，孩子需要通过媒体进行阅读和写作，而不仅仅限于印刷文字。电影、录像、DVD、计算机、图片、艺术品、杂志、音乐、电视、广告牌等，都是通过影像和声音来交流的。孩子如何理解这些信息呢？这是教育与发展心理学中一个新的研究和应用领域（Hobbs，2004）。

作为一个实践的案例，你可以参考伊萨卡学院发展心理学家 Cynthia Scheibe 指导的“Look Sharp”项目（http://www.ithaca.edu/looksharp）。该项目的目的是，促进教师将媒体素养和批判性思维整合进课堂教学，同时让这些媒介为教师提供材料、培训和支持。而参与该项目的教师要帮助学生成为媒体的批判性阅读者。一组小学生在科学课上学习蚂蚁，接着他们观看了一部栩栩如生的电影《小蚁雄兵》（*Antz*），看完电影后要求学生进行讨论，老师对学生提出挑战，让他们描述电影中有关蚂蚁的描述哪些是正确的、哪些是不正确的。此电影传达的信息是什么？广告是如何在电影中体现的（如一只蚂蚁在喝百事可乐）？讨论完之后进行即时测试，六个月以后又进行再测。结果显示，学生在那些与电影精确性讨论相关的问题上，表现最好（Scheibe，2005）。“Look Sharp”项目认为，以下这些问题有助于引导有关媒体的讨论：（1）这个节目是谁制作的？谁赞助的？这个节目的目的是什么？（2）信息的目标受众是谁？该信息是如何为受众量身定做的？（3）这个节目使用了哪些不同的技术来告知、说服、娱乐以及吸引注意力？（4）什么信息传达了（或暗示）特定的人、地点、事件、行为、生活方式等等？（5）信息的流行性、准确性以及可信性如何？（6）它遗漏了哪些可能对了解有帮助的信息？

下面的“实践指南”给出了更多来自 Scheibe 与 Rogow（2004）用于支持学生媒体素养发展的观点，你可以参考。

实践指南　促进媒体素养的发展

• 使用媒体来练习观察、分析、批判性思维、观点采择以及创造技能。

例如：

1. 让学生对广告、新闻节目以及教科书中呈现的信息进行批判性思考。不同的人会以不同的方式诠释信息吗？

2. 让学生根据所学的主题创建一个自己的媒体，以此来培养学生的创造性。

3. 让学生比较信息呈现的方式，如以文件、电视新闻报道、广告、公共服务通告等形式。

4. 举例说明词语选择、背景音乐、拍照角度以及颜色等等是如何用来渲染情绪或歪曲信息的。

• 使用媒体来激发学生对新主题的兴趣。

例如：

1. 分析杂志上有关该主题的文章。

2. 阅读小说或电影剪辑中有关该主题的选段。

• 基于流行媒体上的内容，帮助学生了解他们在某一主题上的理解和确信程度，帮助他们识别出自己的错误信念。

例如：

1. 学生对时光旅行知道多少？

2. 从广告中他们了解了哪些生物学知识？

• 将媒体作为标准的教学工具。

例如：

1. 通过不同的媒体来源给学生提供关于某个主题的信息，如网络、书籍、DVD、音频录音、在线报纸等等。

2. 布置需要使用不同媒体的家庭作业。

3. 让学生表达观点或尝试去使用不同的媒体，如图片、抽象拼贴画、录像、诗歌、歌曲、电影等。

• 分析媒体对历史事件的影响。

例如：

1. 艺术和电影中是如何描绘美国土著人的？

2. 50 年前有哪些信息来源？ 100 年前呢？

▼ 本章小结

第一节　学习科学

学习科学的基本假设是什么？

学习科学的重要假设包括专家具有深度的概念性知识；学习来自于学习者本身；创设学习环境是学校的责任；先前知识是关键；反思对于发展深度概念性知识很必要。这些共同的假设使得研究者能够从不同学科背景、以不同视角对学习科学中的相同问题进行解答。

第二节　认知和社会建构主义

描述两种建构主义并将其与建构论进行区分。

心理建构主义者如皮亚杰关注的是个体如何基于自身的知识、信念、自我概念或认同来理解外部世界，因此也被称作建构主义的第一浪潮。社会建构主义者如维果斯基认为，社会互动、文化的工具和活动塑造了个体的发展和学习，因此也被称作建构主义的第二浪潮。通过与他人共同参与广泛的活动，个体就能内化通过共同学习而获得的东西，包括新策略和新知识。最后提到建构论者，他们关注的是学科领域的公共知识是如何建构的，以及如何将日常信念传递给社会文化团体中的新成员。

建构主义者如何看待知识的来源、准确性和普遍性。

建构主义者在知识是对外部事实的镜像反映、知识是对内部认知的调整和改变、知识是通过外部世界和内部认知的相互作用而建构的等观点之间存在争论。不过，大部分心理学家认为外部和内部因素都发挥着作用，只是他们强调的侧重点不同而已。此外，对于知识是在某个情境中建构起来并可以应用于另一情境，还是知识是根植于某个特定的情境，仅与这个特定学习情境相联系的，也存在争议。

学习的建构主义理论有哪些共同点。

虽然没有一个统一的建构主义学习理论，但是许多建构主义流派都倡导：复杂且具有挑战性的学习环境和真实任务、社会协商和合作建构、对同一内容的多种表征形式、理解知识是建构而来的、学生是学习的主体。

第三节　建构主义取向的教与学

区分探究学习和基于问题的学习。

使用探究学习策略时，首先教师呈现一个疑难事件、问题或难题，学生试图来提出问题（在有的探究学习中，只能是“是/否”形式的问题），然后形成假设来解释事件或解决问题。接着，学生搜集证据来验证因果关系的假设，并形成结论和推论。最后，反思最初的问题以及解决问题所需的思考过程。基于问题的学习虽然遵循了类似的路径，但是其学习是始于一个真实的问题——对学生有意义的问题。其目的在于学习数学、科学、历史或其他重要科目时，让学生找到对真实问题的真实的解决方案。

描述认知学徒制的六个特征。

学生观察一位专家（通常是教师）示范某种行为，通过教练或导师获得外部支持，得到概念性的支架，而随着学生能力的增强和对任务的精通，逐渐撤除支架。然后，学生继续表达他们的知识——将他们的学习过程和所学内容用语言表达出来。学生对自己的进步进行反思，并把自己的解决问题的方法与专家的，以及自己早期的表现进行对比。最后，学生探索出新的运用他们所学知识的途径。

描述交互式教学中对话的使用。

交互教学的目的是帮助学生深度理解和思考他们所阅读的内容。为了实现这个目标，学生在阅读小组中学习四个策略：总结一篇文章的内容，问一个关于中心观点的问题，搞清材料中的难点部分，预期接下来要发生什么事情。这些策略在班级对话中得以练习。首先教师担任中心角色，然后随着讨论的进展，学生越来越多地控制对话过程。

协作与合作的区别是什么？

一种观点认为，协作是如何与他人联系——如何学习与工作的哲学思想。我们在协作学习中，尊重差异、分享权利并共享知识。而合作则指为了达到某一共同的目标而与他人一起工作。

合作学习的学习理论基础是什么？

信息加工理论认为，通过复述和精细加工可以增强小组的合作学习；皮亚杰的理论认为，通过产生并解决认知不平衡状态可以增强合作学习；维果斯基的理论认为，可以通过提供支架支持高级思维过程来增强合作学习。

描述合作学习的五个要素。

学生面对面地聚集在一起进行互动，而不是横跨整间教室。小组成员体验积极互赖——他们需要彼此的支持、解释和指导。尽管学生在一起学习并互相帮助，但小组成员最终还必须自己单独表现所学。他们在学习中有个人责任，这通常通过个体测验或其他评估方式来衡量。合作技能对有效的小组运作是很必要的。通常地，在小组解决学习任务之前，教师必须教授或让学生练习这些技能，如给予建构性反馈、达成共识以及让每个人都卷入等。最后，小组成员要监控小组过程及关系，以确保小组有效地进行运作，并促进小组的动力。

合作学习中如何设计任务？

人们可以很好地使用结构化技术来完成一项相对结构化的任务。在这种情况下，外在奖励可以增强他们的学习动机、努力付出以及坚持不懈。给学生分配角色，特别是那些关注于任务达成的角色，也是有效的。另一方面，当想要发展学生的高级思维以及问题解决能力时，教师就非常适于使用鼓励学生进行扩展性和创造性互动的教学策略。在这些情况下，使用奖励可能会转移小组完成深度认知加工这一目标。当同伴学习的目标是增强社会技能或增加组内的理解以及多样性的认可时，给学生分派特定的角色及指定其在小组内的职责，可能会支持学生的交流。这时，奖励可能是不必要的，而且可能还会起到妨碍作用，因为此时学生关注的是建立一个共同体、获得被尊重的感觉以及建立所有小组成员的责任感。

合作学习的可能策略有什么？

有效的合作学习策略包括交互式提问、拼图法、结构化争论以及 Spencer Kagan 描述的很多合作结构。

第四节 服务性学习

服务性学习的关键特征有哪些？

服务性学习的活动应该是有组织的，且能满足社区的实际需求；与学生的课程进行有机的整合；让学生有时间反思并记录服务后的感受；创造机会让学生将新学到的知识和技能应用于实际之中；有助于提升学生的专业学习以及关心他人的情感。服务性学习不应该成为学生常规活动的附属，而应该是学生学习不可或缺的一部分。

第五节 数字世界中的学习

技术在教育中的可能应用是什么？

诸如计算机、iPod、手机、数字阅读器以及互动性游戏系统等技术，在年轻人当中越来越流行。事实上，通过技术与他人进行交流和互动的很多种新的方式，甚至可能塑造学生对何谓社会化的思考方式。这些技术可以成为有用的教学工具，但它们确实也有局限性。最核心的是，当使用技术来进行直接教学时，技术不能取代教师，也不是所有的程序都能够产生学习。未来的课堂可以充分利用这种学习环境：让学生置身于数字世界中，他们可以独立或者合作解决问题、开发项目、模拟专家技能、访问历史网站、参观世界课堂博物馆或者是玩一些可以教授或运用学业能力的游戏。有关数字技术学习的研究结果强调：技术本身并不能保证学业成就的提高。像其他任何工具一样，技术必须要由自信、有能力的老师来使用。

▼复习思考题

（一）单项选择题

1. 下面哪一项活动与建构主义者所说的环境不相符？
   A. 学生经常有机会参加复杂的、有意义的问题解决活动。
   B. 学生进行合作学习，并且在任务导向的对话中互相给予支持。
   C. 教师提取出学生关于重要话题的观点和经验，然后创设出有助于学生进行精细复述或者重构其已有知识的学习情境。
   D. 教师运用有限的测评工具，给出关于结果而非过程的反馈。
2. 在 Lawrence 先生的课堂上，学生正在学习驾驶的艺术。他们观察 Lawrence 先生进行示范，从他的演示中获得提示以及获得对自己表现的评价。Lawrence 先生鼓励学生将他们新学习到的技能用语言表达出来。这种学习方式与下面所说的哪项最相符？
   A. 交互式教学
   B. 认知学徒制
   C. 合作学习
   D. 图式建构

3. 小组活动必须要经过精心策划。学生需要做好准备，教师需要明确说明他们的要求。下面哪一项不是合作学习的真正含义?
   A. 积极互动和个人责任
   B. 小组加工
   C. 竞争
   D. 协作与社交技能
4. 研究表明，有建设意义的争论能够带来更好的学习、更加开放的心态，并能提高洞悉他人观点的能力、创造性、学习动机和活动参与度等。下面哪一项设计的活动有助于学生参与到结构性的争论中?
   A. 学生在四人合作的小组中两两配对，共同研究某一个议题。
   B. 每个学生都是小组的一部分，每个小组成员被分配完成阅读材料的一部分，这样学生就会成为那部分学习材料的专家，然后教授小组其他成员。
   C. 学生凭直觉理解那些能够帮助他们对所读材料思考更深的设计。
   D. 创设一种能促进大中学生学业学习和个人与社会性发展相整合的环境。

(二)开放论述题

案例：Brenda Rhodes 为了能够在她的班级中使用建构主义的策略，设计了几个基于问题的学习情境。其中有一个情境是要求学生为城市中无家可归的人群找到一个解决办法。在过去几年中，无家可归的人数以惊人的速度增长，城市的社会福利机构、收容所也在积极寻求应对之道。Brenda 相信她的学生会觉得这个话题很有趣，并且认为这符合基于问题学习的原则。

5. Brenda Rhodes 设计的这项活动符合基于问题学习的基本原则吗? 请给出你的解释。
6. 请列出几种能够帮助学生进行问题解决的支架。

▼ 他们会怎么做?

回顾章前教师案例簿中的内容，看看下面几位教师是如何应对的。

Paula Colemere 特殊教育教师——英语、历史
McClintock High School, Tempe, AZ

首先，合作学习应该早些引入课堂，且应以多种形式开展。一些简单的活动，如“思考—配对—分享”、“告诉同伴你学到的两件事”，都是最基本的让学生进行合作学习的方式。此外，苏格拉底式的讨论会也是一种很好的方式，能够让学生彼此对话，获得对某个概念更深的理解。苏格拉底式的讨论会首先开始于教学促进者给小组提出一个开放式的问题，然后鼓励参与者在这个有意义的讨论中进行学习，而非记忆一些信息碎片。当然，这需要练习。但如果在学年开始引入得早，并且在整个学年中都进行练习，那么学生的思维技能会更上一层。最后，让学生在课堂上进行小组活动时，教师必须对小组的划分进行用心的思考。需要向小组成员教授一些有助于顺利进行小组合作的必备技巧，如主动聆听、怎样给予以及接受批判性评价。小组成员的能力需要多样化，在小组中学生应该被分配给特定的任务，这样每个人都有一个角色和目的。

Paul Dragin 高中 ESL 教师
Columbus East High School, Columbus, OH

为了引入合作学习，我会先进行一些不需要说话的练习，如拼图，只能够通过小组合作完成，不可以进行口头言语交流。每个小组成员都会拿到组成大拼图的一小部分，隐情在于这一小部分有可能是属于另外一个小组。目标是通过有策略地迅速交换，成为最先完成拼图的小组。鉴于每个人为了完成自己的拼图都需要他人的帮助，这就为下面进行合作学习的讨论做了铺垫。所有高效的合作学习都需要每个人的投入，没有这种投入，就无法充分实现活动的意义。小组的建立可以进行多种多样的选择，这是一件好事情。随意分配学生以及有策略地分配学生进行合作学习，对于学生而言都是一次非常重要的学习机会，而且与现实世界更加贴近——我们无法选择合作者。

Jennifer Pincoski 学习资源教师
Lee County School District, Fort Myers, FL

为了建立一个高效的小组，学生需要尊重彼此，而且感到被同伴所接纳。因此在小组进行学习任务之前，有必要进行一些班级建设和团队建设。目的在于让学生互相认识，拥有集体感。

如果教师提前对小组成员进行信息收集，就会比较容易建立小组。这些信息包括学生偏好的学习风格、最喜爱的课程以及职业期望等。了解学生目前的学业水平同样也很重要。小组应当是流动的，因为不同类型的小组会产生不同的结果。

教师在让小组进行活动之前，应当明确活动

的目标。在一些情境中，将某种能力表现突出的学生与表现不足的学生分在同一组是合适的。在另外一些案例中，将有着共同兴趣和职业目标的学生分到同一组会更加有效。这取决于教师决定采用哪种分组方式最有助于学生学习。

Lauren Rollins　一年级教师
Boulevard Elementary School, Shaker Height, OH

团队合作是课程的一个重要组成部分，也是我在学年一开始就在使用的一种教学方法。随着我对学生的了解加深，学生之间的了解也逐渐加深，合作学习的活动就会变得很简单、易于组织。这些经历能够让他们形成合作学习的能力。小组的建立以及任务的分配，都是由我制定的。随着学年的推进，我运用合作学习聚焦在特定的技能上，如促进同伴指导、完成作业、玩游戏等等。根据我想要学生在这些活动中学到什么，小组是随机分配的，也可能由学生自选或由我来选。学生们很喜欢有机会可以在不同类型的组里学习。当小组开始进行活动时，我会在教室里四处巡看，确保每个小组都在进行任务处理，以及每个小组成员都参与到了小组活动中。我会在每个小组里花几分钟，了解他们活动的进展程度，并在需要时给予指导。

Barbara Presley　高中过渡 / 工作研究协调员
Baker High School, Baldwinsville, NY

在高中阶段，随着学生要准备高中后的生活，我会把年龄最小的新生交给那些在职场上成功的老生作为“实习生”。新生在面临一个新的环境时，如果有老生的陪伴或支持，会感到有安全感。老生在给他的“实习生”分享知识和技巧的时候，也会产生自信心和自豪感。入门级的职业技能是共同的，因此每个学生都能在这次经历中有所收获。

Linda Sparks　一年级教师
John F. Kennedy School, Billerica, MA

在这些年里我经常使用合作学习，从中我也学到了很多东西。虽然总是对某些学生感到沮丧，但总体上合作学习还是有帮助的。我也试着以多种方式开展活动，如让学生自己选择组成小组；或者从一个帽子中选择名字纸条，分发给学生不同的话题，然后依据话题组成小组。我也可能依据测验分配小组，以确保每个学生都有某项具体的任务（如计划书编辑、信息管理者、组织者、报告者、研究者等等）。不过，好像总是有这样的学生：坐在最后面，让小组中的其他成员做所有的工作。我们会认真讨论小组合作所需的社交技能。通常我们会在教室前面贴出一些基本原则：使用恰当的语言，讲话要轻声、尊重对方，聆听和鼓励团队成员，当有需要的时候要寻求帮助。当学生进行小组活动的时候，我会在教室进行巡视，并对活动的开展情况进行记录，确保学生没有对活动产生误解。当活动结束后，我会采用多种方式对他们的表现进行打分。一分给每个成员对这个活动的贡献，一分给整个小组的成果展现，一分给小组的参与过程。当学生积极参与教学活动时，他们会学得更多。这又是另一种类型的学习。

Jessica N. Mahtaban　八年级数学教师
Woodrow Wilson Middle School, Clifton, NJ

在课程一开始，我会首先给出合作学习的定义以及一个真实生活的例子。开始的活动会比较简单，叫做“编号头脑集合”（从 Kagan 合作学习课堂上借鉴的）。学生在小组内先进行编号，使每个学生都有一个不同的数字，然后教师提出一个问题并且给出思考时间。学生将“头脑汇聚到一起”讨论问题。教师说出一个号码，每个小组中是那个号码的学生就代表整个小组向全班同学分享小组的答案。随着学生逐渐适应合作学习，这项活动可以增加难度。

对班级中的学生进行分组，理想情况下最好每组有四个人面对着面。一边是一个高水平的学生（基于学业成绩），与他相邻的是一个中等偏上的学生，斜对面是一个低水平学生，与他相邻的是一个中等偏下水平的学生。高水平的学生较少会和低水平学生互动，当需要进行配对组活动时，他们通常会和中等偏上或者中等偏下的学生进行合作。基于我十年的教学经验，高水平学生极少有耐心会和低水平学生合作，但是中等偏上和中等偏下的学生会和低水平学生合作得很好。当然，也可以根据人格的异质性来进行分组。

第11章 学习与动机的社会认知观

你会怎么做？

教师的案例簿

你知道班上的学生需要学会有条理地做事，他们需要对当前和未来的学习进行很好的自我调节。但是，很多学生似乎还不知道应该如何管理自己的学习；很多人总是处于被动等待的状态，不拖到最后期限不行动，因此他们很难完成大的学习项目；很多人不能有效组织自己的学习，没法决定什么是最重要的事情；有些学生甚至还不能完成家庭作业；有的学生的书包永远一团糟，里面有着长长的没有完成的家庭作业、上学期分发的被揉烂的班级手册以及有关野外考察的时事通讯和批准条。作为教师，你很担心，因为随着他们接受教育年限的增长，学生应该学会更加条理有序并具有良好的表现。按照学区教学指南的要求，你应该给学生提供很多材料，但你知道很多学生正被淹没在大量的作业之中。

想一想：

- 在你的课上或者是学科中，学生需要具备什么样的组织技能才能取得成功?
- 你将如何教授这些技能，同时又不耽误春季学业考试需要学习的学科内容?
- 你准备怎样帮助学生形成自主学习的真实效能感?

概览与目标

在前四章中，我们站在多个理论视角分析了学习的不同方面。我们从行为主义和信息加工的角度，分析了人们学习什么以及如何学习；我们也考察了认知科学和复杂的认知过程，如概念学习和问题解决。不过，这些对学习活动的解释关注的仅仅是个体及其“大脑”里发生了什么。近来，研究者十分关注学习的另外两个关键方面——社会因素和文化因素。在前一章中，我们考察了社会建构主义和作为交叉学科的学习科学。在本章，我们将了解社会认知理论，当前有关学习与动机的观点。这一理论关注的是学习和动机过程所涉及的很多行为、个人及文化因素之间的动态交互作用。

社会认知理论源于班杜拉早期对行为主义学习观的批判，我们在第 7 章已经对这些早期理论作了介绍。社会认知理论超越了行为主义，认为人们是自我导向的学习者，能够做出选择并调配资源，以实现目标。社会认知理论的核心概念是自我效能和自我调节学习，这些概念对理解动机也很重要。因此，为了方便读者理解，本章搭建了从学习过渡到动机（下一章的主题）的桥梁。本章最后我们将回顾不同的教学模型，并基于不同的学习理论来考察这些教学模型的贡献，而不是争论每一种教学方法的优缺点。不要以为你必须选择所谓的“最佳”方法——其实根本不存在什么最佳方法。尽管理论家们一直在争论哪种理论最好，但多数优秀的教师并不热衷于理论优劣的争论，而是重视如何恰当地综合运用这些方法。

学完这一章后，你应该能：

- 阐述学习与动机的社会认知理论的基本原理，包括三元交互作用论、示范与观察学习、自我效能感和主体性。
- 讨论观察自我效能感在学习中的作用。
- 描述自我调节学习的重要构成要素。
- 将自我调节学习应用到教学实践中。

第一节　社会认知理论

正如第 7 章中所提到的，20 世纪 60 年代初期，班杜拉提出人们能够通过观察他人的行为以及这些行为的结果来进行学习。今天我们所知道的大多数社会认知理论都是基于 20 世纪 50 年代班杜拉在斯坦福大学所做的工作。在讨论该理论之前，让我们先了解一下班杜拉其人。

一、班杜拉：自我指导的一生

阿尔伯特·班杜拉（Albert Bandura）一生的经历简直就是一部电影。你可能会说，他虽然来自加拿大，但是却生活在美国梦的时代。他的父母从东欧移民到北美，并选择了崎岖不平的北阿尔伯塔的土地作为家庭农场。虽然班杜拉的父母没有接受过教育，但他们却非常重视教育。他的爸爸自学了三种语言，这给年幼的班杜拉树立了自我调节学习的好榜样——自我调节学习是当今社会认知理论中最突出的一个概念。在高中毕业前，班杜拉做过很多零工，包括在一家家具厂做木匠，以及在阿拉斯加高速公路做路段维护工。在大学期间，尽管班杜拉把所有课程都选择在上午，以便下午有时间出去打工，但他仅仅用了三年的时间就获得了加拿大英属哥伦比亚大学（UBC）的本科学历。由于在班杜拉上午的安排上，还有选修一门课程的时间，于是他选择了心理学导论，并由此发现了自己的职业兴趣所在（Bandura，2007，p.46）。随后的 1950 年，班杜拉来到了当时的心理学研究中心之一——艾奥瓦大学研究生院。获得博士学位以后（也仅用了三年时间），班杜拉在 1953 年成为了斯坦福大学的一名教员——当时他仅仅 28 岁。此后，他一直在斯坦福大学，至今已有 60 多年，现在甚至可以教授以前那些学生的一些孩子了。

当我读班杜拉的自传时（参见 http://www.des.emory.edu/mfp/bandurabio.html，请参阅班杜拉的照片及简介），我被深深地触动了，因为班杜拉的理论很大程度上反映了他自己的生活，他就是一个成长在充满挑战的环境中，并进行自我指导和自我调节的学习者。班杜拉这样描述他的高中学习经历，那所学校只有两名教师，他说：

阿尔伯特·班杜拉

你可能还会记得在第 7 章中提到班杜拉，在背景中呈现了观察学习中著名的布娃娃实验的图片。今天我们所知道的大多数社会认知理论都是基于 20 世纪 50 年代班杜拉在斯坦福大学所做的工作。

> 我们不得不掌控自己的学习。自我指导的学习是学业自我发展的基本手段，而不是理论的抽象。教学资源的缺陷不是不能超越的障碍，对我而言，极少的教育资源也能很好地供我使用。课程内容容易陈旧，但是不管你追求什么，自我调节的技能有永久的功能性价值。（p.45）

在接下来的小节中，我们将从以下四个主题来探讨班杜拉研究工作的关键特征以及社会认知理论：超越行为主义、三元交互决定论的概念、观察学习的作用与价值、主体性和自我效能信念。

二、超越行为主义

班杜拉的早期**社会学习理论（social learning theory）**强调示范及经由观察他人受到强化或惩罚而习得某些特定行为。但是，正如你在第 7 章所看到的那样，他发现基本的行为主义观点太有局限性了。在他的自传中，班杜拉（2007）描述了行为主义的不足，认为需要将人们置于社会情境中去：

> 我发现行为主义理论观点不符合我们的社会现实，因为我们所学到的大多数内容都是通

社会学习理论（social learning theory） 强调通过观察他人进行学习的理论。

社会认知理论（social cognitive theory） 扩展了社会学习理论，并将诸如信念、自我知觉以及期望等认知因素纳入其中的理论。

三元交互决定论（triarchic reciprocal causality） 强调个人、环境、行为三者之间相互影响的观点。

过社会性示范习得的。我不能想象会有这样一种文化，那就是通过对每个新成员的试误行为进行奖励和惩罚，由此逐渐形成该文化中的语言、道德、家庭风俗和习惯、职业能力以及教育、宗教和政治实践。（p.55）

随着时间的发展，班杜拉更多地关注通过认知因素如期望和信念等来解释学习（Bandura，1986，1997，2001）。他当前的观点被称作**社会认知理论（social cognitive theory）**，既强调充当榜样和教师的他人的作用（社会认知理论中的社会性部分），同时也包括了思维、信念、期望、预测、自我调节以及进行比较和判断等概念（社会认知理论中的认知性部分）。社会认知理论是一个用来解释人类适应、学习和动机的动态系统。该理论致力于了解人们如何发展社交、情绪、认知与行为能力，人们如何调节自己的生活以及行为的动机是什么等问题（Bandura，2007；Bandura & Locke，2003）。事实上，本章的许多概念将会帮助你理解下一章的动机议题。

三、三元交互决定论

我说过，社会认知理论描述了一个系统。这个系统，叫做三元交互决定论。所谓**三元交互决定论（triarchic reciprocal causality）**，指的是个人因素、环境因素以及行为因素等三种影响因素之间的动态相互作用，如图 11—1 所示。个人因素（信念、期望、态度以及知识）、物理和社会环境（资源、行为结果、他人、榜样和教师以及物理设置）与行为（个体的行动、选择以及口头陈述）三者之间互相影响。

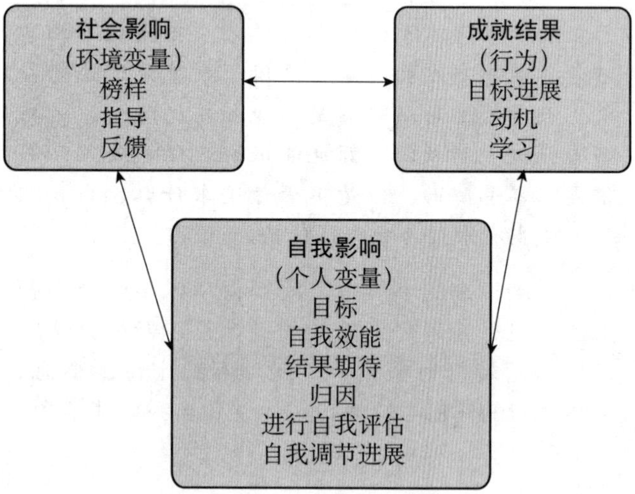

图 11—1 交互影响

个人、社会 / 环境以及行为这三个因素处于不断的相互作用中，它们彼此之间相互影响。

资料来源：Schunk, D.H. (1999). Social-self interaction and achievement behavior. *Educational Psychologist, 34*, p. 221.

图 11—1 显示了学习情景中的个人、环境和行为三个因素之间的交互作用（Schunk，Pintrich，& Meece，2008）。外部因素诸如榜样、教学策略或教师反馈（学生的环境因素）会影响到学生的个体因素，如目标、对任务的效能感（下一节将进行描述）、归因（成功与失败的原因分析）以及自我调节过程（如计划、监控和控制干扰）。比如，教师的反馈会使学生要么更自信，要么更沮丧，这样学生就会相应地调整他们的目标。环境和个人因素会鼓励学生做出有益于学习的行为，如勤奋努力和坚持不懈。而这些行为，也会反过来影响个人因素。例如，当学生付出努力达到目标（行为）时，他们的自信心和兴趣会增强（个人）。同时，行为也会影响社会环境。例如，如果学生轻言放弃或没有理解教学内容，这时教师就会改变教学策略或学习小组的分配，从而改变学生的学习环境。

请花几分钟时间思考一下交互决定论在课堂中的作用。如果个体因素、行为和环境处于持续的相互作用状态，教学就会处于持续不断的循环之中。试想，有个新转来的学生由于不熟悉环境迷路而迟到了，该学生刺有文身，且身上还有几个清晰可见的刺洞。第一天来学校，他本来就非常紧张，希望在这个新学校能有好的表现。然而教师却对他的迟到以及着装，表现出略微的敌意。这个学生觉得自己受到了伤害，因此也以同样的方式回应老师，老师这时已经想好了如何对待这个学生——更加警惕而且更加不信任。学生感到了教师的不信任，并认为这所学校和他先前的学校一样糟糕。这样，学生由于实在想不出还要继续尝试的理由，就会放弃努力。一旦教师看到学生心灰意冷，在他身上花费的心血也会越来越少，如此就会形成恶性循环。当然，这种交互决定的作用并不是凭空臆想出来的。Trevor 和 Kitty Williams（2010）对 30 个不同国家高中生的数学成绩和数学自信心的数据进行分析后发现，在其中 26 个国家中数学成绩和数学自信心之间存在交互作用，正如班杜拉所预测的那样。

社会认知理论中有两个关键要素：观察学习和自我效能感。我们将对它们进行更加细致的考察，并着重分析它们对教学的启示。

第二节　示范：通过观察他人进行学习

通过观察他人而进行学习，是社会认知理论的一个关键要素。那么，是什么促使个体学习并表现出榜样的行为和技能呢？研究表明，有若干因素在其中发挥了作用。第一，观察者的发展水平影响了他们的学习。随着孩子不断长大，他们能更长久地集中注意力、使用记忆策略来保持信息，而且能自我激励去进行练习，如你在表 11—1 中所看的那样。第二个影响因素是榜样的身份地位。孩子更可能模仿那些看起来有能力、威力无比、名声远扬以及热情洋溢的人的行为，所以，根据孩子的年龄和兴趣，父母、教师、哥哥姐姐、运动员、动作英雄、摇滚明星或电影角色等可以充当榜样。第三个影响因素是，通过观察他人，我们了解了与我们相像的人的哪些行为是适宜的，因此，我们更容易模仿那些与我们相似的人的榜样行为（Schunk，Pintrich，& Meece，2008）。不管学生的种族、社会经济地位或性别有何差异，所有的学生都希望看到与自己相像的成功的、有能力的榜样。

表11—1　　影响观察学习的因素

特征	对示范过程的影响
发展状况	随着注意时间的增长以及信息加工、策略使用、比较记忆表征与行为表现、激发内部动机等能力的提高而提高。
榜样的声望和能力	观察者更加关注有能力的、高地位的榜样；示范行为的结果传达了功能性价值的信息，观察者乐于学习那些他们认为自己需要表现的行为。
替代结果	榜样的行为结果传达了有关行为适宜性及行为可能的结果等信息。有价值的结果会激发观察者。观察者与榜样在性格或能力上的相似，会促进其行为表现和动机水平。
结果期待	观察者更可能表现那些他们认为合适并会带来奖励结果的示范行为。
目标设置	如果榜样展示了观察者有可能实现的目标行为，观察者更容易注意这样的榜样行为。
自我效能	当观察者相信他们有能力学习或表现示范行为时，他们就会注意榜样。观察到与自己相像的榜样，也会影响自我效能（如果他们能做，我也能做）。

资料来源：Schunk, D.H. (2004). *Learning theories: An educational perspective (4th ed.)*. Columbus, OH: Merrill.

从表 11—1 可以看出，影响个体学习并表现出榜样行为与技能的最后三个影响因素涉及目标和期待。如果观察者期待榜样的特定行为会产生特定的结果（如特定的练习方法促使竞技水平的提高），而且观察者看重这些结果或目标，那么观察者更可能注意榜样的行为，并试图再现榜样的行为。最后，如果观察者有较高的自我效能感，那么他更可能向榜样学习。也就是说，如果观察者相信他有能力做到达到目标所需的行动，或至少他相信自己有能力学习如何做出这些行动，那么他更可能向榜样学习（Bandura，1997；Schunk，Pintrich，& Meece，2008）。

一、观察学习的要素

停下来　想一想

你在一所中学进行面试，目前进展顺利。接下来，你被问到了这样的问题："你心目中的榜样教师是谁？你会不会听到自己或看到自己在做一些其他老师已经做过的事情？有没有你想要模仿的电影或者书本中的老师？"

替代强化（vicarious reinforcement） 通过观察他人因某种行为被强化而增加自己重复这种行为的几率。

自我强化（self-reinforcement） 控制（选择和管理）自己的强化物。

通过观察学习，我们不仅知道该如何去表现一种行为，而且还知道了在特定情境中表现这一行为将会带来什么样的结果。观察是一种非常有效的学习过程。根据儿童的肌肉发展和协调能力，当他们第一次拿起梳子、杯子和网球拍的时候，他们通常是为了模仿梳头发、喝水、摇摆球拍的动作。让我们进一步探究一下观察学习是如何发生的。班杜拉（1986）指出，观察学习包括注意、保持信息或印象、动作再现以及激发行为复现的动机等四个要素。

（一）注意

为了通过观察进行学习，我们必须集中注意力。在教学中，你需要通过清晰的呈现以及对重点部分的强调，以保证学生的注意力集中在课程的核心部分。在展示一项技能时（如给缝纫机引线或操作车床），你可能需要让你的学生站在你的同一方向，认真观察你是如何操作的。从相同的角度观察你的手的动作，就像观察他们自己的手一样，这样会引导他们将注意力关注在正确的情境特征上，也会使得观察学习变得更容易。

（二）保持

为了模仿榜样的行为，你需要记住它。这就意味着需要以某种形式进行心理表征，或是通过言语，或是通过表象，抑或是二者皆有。保持的效果可以通过心理演练（想象模仿的行为）或是实际练习而得到提升。在观察学习中的保持阶段，练习能够帮助我们记住目标行为的要素以及步骤的顺序。

（三）再现

即使我们已经知道了一种行为是什么样的，并记住了它的构成要素或步骤，我们可能依然不能熟练地表现出来。有时，在我们能够再现榜样的行为之前，我们需要大量的练习、反馈和细微的指导。在再现阶段，反复的练习能够使行为变得更加流畅和熟练。

（四）动机与强化

如第 7 章所言，社会学习理论将行为的习得和表现区分开来。我们可能通过观察会掌握一个新的技能或行为，但是如果没有动机或刺激物的激发，我们可能不会表现出来。强化在观察学习中发挥着多重作用。如果我们期待通过模仿榜样的行为而受到强化，那么我们可能会更有动力去注意、保持和再现行为。此外，强化在学习的维持中也非常重要。一个尝试新行为的人如果没有强化，是不可能坚持下去的（Schunk，2008）。例如，如果一个不受欢迎的学生穿了流行小组的服饰，却被忽视或者嘲笑，那么他的这种模仿很难持续下去。

班杜拉认为有三种可以促进观察学习的强化形式。首先，当然是观察者模仿榜样的行为后，得到了直接的强化。例如，当一个体操运动员成功地完成一个前翻动作时，教练或是榜样会高呼："太棒了！"

但是强化也有可能不是直接的——它可以是**替代强化（vicarious reinforcement）**。观察者可能仅仅看到他人因某个特定行为受到强化，进而激发自己再现这种行为。例如，如果你夸奖了两位学生在实验报告中采用了图表，那么其他看到这一幕的学生也有可能在下次的实验报告中加入图表。大多数电视广告就期望获得这种效应。在商业广告中，当人们开着某种车或是喝着某种饮料时，会表现得异常兴奋，观众的行为就会被演员们明显的愉悦感而被替代性地强化。惩罚也可以是替代性的：当你在高速公路上行驶时，看到前面有几个人领到了罚单，你有可能会降低速度。

最后一种强化形式是**自我强化（self-reinforcement）**，也就是自己控制强化物。这种强化对教师和学生都很重要。实际上，如果教育的目标之一是培养能够进行自我教育的人，那么学生就必须要学会管理他们自己的生活、自己设置目标，并进行自我强化。在成年人的生活中，奖励有时是模糊的，而且目标通常需要很长一段时间才会实现。请想想要完成学业并找到第一份工作，需要经历多少个小的步骤？作为一名教师，有时自我强化是推动你走下去的唯一动力。生活中充满了各种需要自我调节的任务，关于这一话题，我们在本章的后面会继续讨论（Rachlin，2004）。

社会认知理论对教学有很重要的启发意义。在接下来的部分中，我们将详细探讨观察学习在教学中的应用。

二、教学中的观察学习

停下来　想一想

你将如何把观察学习整合进你的教学中？当你在教学时，什么技巧、态度以及策略是可以模仿的？

观察学习可能产生五种结果：吸引注意力、鼓励现有行为、改变抑制状态、教授新的行为和态度以及唤醒情绪。下面让我们来逐一考察发生在课堂上的这些结果。

（一）吸引注意力

在观察他人时，我们不仅学会了行动，而且还注意到了行动中涉及的物体。例如，在学前班，当一个孩子很高兴地玩耍一个被忽视多天的玩具时，很多其他的孩子可能也想要玩耍该玩具，即使他们用不同的方式进行玩耍或只是拿在手上。之所以发生这种情况，部分原因是由于孩子们的注意力被那个特定的玩具吸引了。

（二）微调习得的行为

我们所有人都有这样的经验：当发现自己在不熟悉的情境中时，我们都会从他人那里寻找线索。观察他人的行为可以告知我们如何使用先前已学会的行为：吃沙拉时正确使用叉子、什么时候离开聚会、使用哪种语言是恰当的等等。采用电视或音乐偶像的着装和装饰造型，也是该效应的一个例子。

（三）增强或减弱抑制

如果班上同学看到一个学生违反纪律而没有受到惩罚，那么他们可能感觉到违反纪律并不总是会得到不好的结果。如果违反纪律的人是很受大家欢迎且有较高地位的班干部，那么榜样的增强作用甚至可能更强。教师可以利用这种**连锁效应（ripple effect）**并从中受益（Kounin，1970）。当教师有效地处理了违反纪律者，特别是违纪的班干部时，看到这一行为的其他学生就可能会抑制违反纪律的念头。这样做，并不意味着教师一定要训斥每一个违反纪律的人，但一旦教师采取了某个特定的行为，就要坚持到底，这是优化连锁效应的重要部分。

（四）教授新的行为

长期以来，人们一直使用示范来教授舞蹈、体育和工艺，同时也教授诸如食品科学、化学以及焊接等学科的技能。教师也可以在课堂教学中有意地使用示范来教授心智技能以及开拓学生的视野——教授新的思维方式。教师可以示范大量的行为，比如单词发音、对癫痫学生抓取的反应以及对学习充满激情等。例如，教师针对学生的提问进行大声的出声思维示范，以表现良好的批判性思维。又如，高中教师往往会担心女生对职业有刻板印象，因此，你可以邀请在非传统领域工作的女性来班级演讲。研究显示，当教师很好地使用了前文描述的观察学习的各个要素，特别是强化和练习时，示范就是最有效的教学方法。

连锁效应（ripple effect） 通过模仿而产生的行为的传播。

与学生同年龄段的榜样，对学生的示范作用会特别有效。例如，Schunk 与 Hanson（1985）对比了两种用来教授在减法学习上存在困难的二年级学生的教学方法。一组学生观察其他的二年级学生学习减法程序，另一组则观察教师演示。然后，两组学生都参与同样的教学课程。研究发现，观察同伴榜样的学生不仅在教学后的减法测验中获得了更高分，而且对自己的学习能力也更加自信。对于那些怀疑自己能力的学生，好的榜样就是那些学业成绩较差但一直坚持努力并最终掌握了材料的人（Schunk，2004）。

像我这样做

长期以来，人们一直使用示范来教授舞蹈、体育和工艺，同时也教授诸如食品科学、化学以及焊接等学科的技能。教师也可以在课堂教学中有意地使用示范来教授心智技能以及开拓学生的视野。

（五）唤醒情绪

最后，通过观察学习，人们可能对自己从未亲身经历的情境做出情绪反应，如飞行或驾驶。看到朋友从秋千上摔下来并摔断胳膊的孩子，可能对秋千很恐惧。2001 年“9·11”事件以后，当孩子看到飞机接近地面飞行时，他们可能会很紧张。听到关于鲨鱼袭击的新闻报道，我们很多人会对去海洋游泳充满焦虑。请注意，听到或读到有关情境的信息，也是观察学习的一种形式。例如，听到过“疯狂杀猫”游戏或看到过自杀报道的学生，也可能在校园中模仿这些恶性事件。当你的学生了解了和他们同龄或处于同样情境中的人们遭遇了恐怖事件时，你需要给学生提供机会，让他们表达自己的情绪。

下面的“实践指南”提供了一些关于如何在课堂中使用观察学习的方法，你可以参考。

除观察学习外，自我效能感是社会认知理论中的另一个关键要素，在教与学中尤其重要。

实践指南　　观察学习的使用

- 示范你希望学生学习的行为和态度。

例如：

1. 表现出你对所教科目的热情。
2. 乐于示范你期望学生操作的心理和物理任务。一次，我看到一名教师坐在沙盒里面，而她 4 岁的学生就注视着她演示“玩沙”与“掷沙”的不同。
3. 当对学生朗读时，示范好的问题解决思路。例如，停下来并说“我要看看我是否记得至今为止发生了什么”，或“那个句子很难读，我要再读一遍”。
4. 示范好的问题解决技能——当你解决一个难题时，进行大声的出声思维。

- 用同伴特别是班干部做榜样。

例如：

1. 在小组学习中，将好学生与那些学习困难学生进行配对学习。
2. 让学生演示“窃窃私语”与“安静、不说话”的区别。

- 确保学生看到他人因积极行为而受到强化。

例如：

1. 在故事中，指出积极行为与积极结果之间的关系。
2. 公平地给予学生强化。对于问题学生以及没有惹祸的学生，应该应用同样的奖励规则。

- 获取班干部的支持，让他们给全班同学做示范。

例如：

1. 让很受学生喜欢的学生友好对待自闭、恐惧的学生。
2. 当你需要全班合作或当学生起先不情愿时，让较受欢迎的学生引导大家做活动。受欢迎的学生可以在外语课上示范对话，或在生物课上第一个进行解剖程序。

第三节　自我效能与主体性

班杜拉（1986，1994，1997）指出，人们对于行为可能出现的结果做出预测会对学习产生关键的作用，因为这些预测会影响到人们的目标设置、努力付出、坚持不懈、策略使用以及学习韧性。“我会成功还是失败？”“我会受到欢迎还是被嘲笑？”“在这个新学校，老师会更接受我吗？”学生的这些预测受到**自我效能（self-efficacy）**的影响，自我效能指的是在某一特定领域，人们对自己的能力或效力的信念。班杜拉（1994）将自我效能定义为：“人们对于自己是否有能力达到指定的表现水平的一种信念，人们的这些表现会影响到事关他们生活的事件。”（p.71）

自我效能（self-efficacy） 个体对自己是否有能力有效解决一项特定任务的感知和判断。

人类主体性（human agency） 调整学习技巧、动机和情绪以达成目标的能力。

近来，班杜拉（2006）和许多其他研究者都非常关注自我效能对**人类主体性（human agency）**的作用——主体性包括有能力做出有益的选择和行动计划、有能力设计适宜的行动步骤、有能力激发并调节计划和行动的执行过程。当我们在本章稍后讨论自我调节时，你将会看到学生和教师可以如何变得更具有主体性，即他们会更多地进行自我导向并更多地掌控自己的学习与动机。

一、自我效能、自我概念和自尊

很多人以为自我效能等同于自我概念或自尊，其实不然。自我效能是针对未来的，是“在特定情境下，对于个人完成某项特定任务的能力的评价”（Pajares，1997，p.15）。自我概念是更为宽泛的概念，它是包含自我效能在内的很多关于自我感知的集合。自我概念是通过内外世界的对比发展起来的，并将他人或自我的其他方面作为参照框架；而自我效能关注的是你能够成功完成一项特定任务的能力，无需做什么对比——问题是你是否能成功完成任务，而不是他人是否会成功。同时，自我效能感对个体行为具有很强的预测力，但自我概念的预测力会微弱得多（Anderman & Anderman，2009；Bandura，1997）。

我能做到吗？

自我效能指的是个人是否有能力成功完成一项特定任务的判断，无需与他人的能力进行对比——问题是“我能做到吗”，而不是“别人比我强吗”。

大量研究表明，自我效能感是情境特定性的。这就意味着自我效能感是变化的，随着主题或任务的变化而变化。例如，我在唱歌方面的效能感确实很低，但我却对自己查看地图和方位导向的能力（除非在一些特定的城市）充满信心。即使年龄很小的学生，对不同的任务也有不同的效能感。一项研究发现，在一年级，学生就已经对阅读、写作和拼写等方面有了不同的效能感（Wilson & Trainin，2007）。

自我效能感是对个人能力的判断，自尊则是对自我价值的判断，二者之间没有直接的关系。一个人可能在某个领域有较高的自我效能感，但未必有较高的自尊，反之亦然（Valentine，DuBois，& Cooper，2004）。例如，像我前面说过的，我在唱歌方面的自我效能感很低，但这并不会影响我的自尊，可能是因为唱歌在我的生活中并不是必需的。但是，如果由于某门课程没有上好而使我的教学效能感开始下降，我想我的自尊也会受挫，因为教学是我所看重的。

二、自我效能感的来源

班杜拉确定了自我效能感可能的四个来源：成功经验、生理和情绪唤醒状态、替代性经验以及社会性劝说。**成功经验（mastery experiences）**是我们自身的直接经验——效能感的最有力来源。成功会提高效能感，失败则会降低效能感。**唤醒（arousal）**水平也影响自我效能感，这取决于人们如何对唤醒进行解释。当你面临一个任务时，你是紧张焦虑（降低效能感）还是兴奋激动（提高效能感）？（Bandura，1997；Schunk，Pintrich，& Meece，2008；Usher & Pajares，2009）

替代经验（vicarious experiences）指的是作为榜样的其他人成功完成的行为。学生对榜样的认同度越高，榜样对其自我效能感的影响就越大。当榜样做得很好时，学生的效能感就会提高；当榜样做得不好时，学生的效能感期待就会降低。尽管一般而言直接经验被公认为是成年人主要的效能感来源，但 Keyser 和 Barling（1981）的研究发现，孩子（研究被试来自六年级学生）更多依赖榜样

成功经验（mastery experiences） 我们自身的直接经验——效能感信息的最有力的来源。

唤醒（arousal） 导致个体感到警觉、兴奋或紧张的生理和心理反应。

替代经验（vicarious experiences） 供一些人模仿完成的行为。

示范（modeling） 通过观察另一个人——榜样而发生的行为、思维或情绪的改变。

社会性劝说（social persuasion） 鼓舞人心的激励性言辞，或对特定行为表现的反馈——效能感的一个来源。

的示范（modeling）作为其效能感的信息来源。

社会性劝说（social persuasion）可以是“鼓舞人心的激励性言辞”，或者是对特定行为表现的反馈。仅有社会性劝说无法持久提高自我效能感，但鼓励性的言辞能够推动学生付出努力、尝试新的策略或竭尽全力去取得成功（Bandura，1982）。社会性劝说能够帮助学生抵抗突如其来的挫折，这些挫折往往会令学生产生自我怀疑，并且挫伤他们的毅力。社会性劝说能否有效，取决于劝说者的可靠性、学生对其的信任程度以及他的专业水平（Bandura，1997）。表11—2总结了自我效能感的来源。

表11—2 **自我效能感的来源**

来源	例子
成功经验	个体感知到的过去在类似情境中的成功和失败经历；为了提高自我效能感，个体必须将成功归因于能力、努力、选择以及策略的使用，而不是运气或从他人那里得到的外在帮助。
替代性经验	看到和你相像的人在任务上获得成功，或实现了类似于你所面对的目标。
社会性劝说	鼓励，信息反馈，从可信赖的资源处（包括重要他人）获得有益的指导。
生理唤醒	积极或消极的唤醒，如兴奋感、存在感等。兴奋激动与准备行动，会提高效能感；感到焦虑与预感不祥，则会降低效能感。

三、学习中的自我效能

停下来　想一想

如果用1～100的量度来表示信心的程度，你对自己能够在今天读完本章内容有多大的信心？

假设你对自己今天能够读完本章的效能感在90上下，那么，在面对挫折时，你就有更强的效能去推动你做出更大的努力和坚持，即使你在阅读过程中被打断了，你也很可能会重新回到任务中来。我相信我能够在今晚写完本节内容，所以即使我的电脑系统崩溃，我还是要重新开始我的工作，再多写几页。当然，我可能会工作得很晚，因为我还要在今晚7点的时候去旧金山市看一场棒球比赛，可能会在比赛结束后再完成本节的写作。

自我效能感也会通过目标设置影响动机。如果我们在某个领域有很高的效能感，我们就会设置更高的目标，很少惧怕失败，即使在已有策略失败的情况下，也会积极寻找新的策略。如果你对今晚读完本章内容的效能感很高，那么你很可能设置较高的目标来阅读本章——可能你还会做一些读书笔记。然而，如果你的效能感很低，那么，你很可能难以坚持阅读，或者在遇到问题或有更好的选择等干扰时，就会很容易放弃阅读（Bandura，1993；Pajares & Schunk，2001）。请参阅下面关于自我效能提高的“实践指南”。

自我效能的最大激励作用是什么？学生应该拥有怎样的预期？精确的、乐观的抑或是悲观的？有研究表明，高自我效能感能够支持学生的动机；即使自我效能感被高估了，也是如此。无论是儿童还是成人，如果他对于未来是积极乐观的，那么他的生理和心理也会更加健康，很少感到沮丧失落，并且有更强的动机去完成任务（Flammer，1995；Seligman，2006）。在考察了近140项关于非裔美国人的动机特征的研究后，Sandra Graham总结说，即使面对困境，非裔美国人也具有很强的自我概念和很高的期望（Graham，1994，1995）。

你可以想象，如果教师低估学生的能力，那将是很危险的。如果这样，学生就只会付出很少的努力，而且很容易放弃努力。但高估学生的能力同样也有危险，因为如果学生对自己阅读能力的评价高于实际水平，那么他们在阅读时就不会回头检查并修正错误的理解，直到最后，他们才发现原来自己并未真正理解阅读材料，但却为时已晚（Pintrich & Zusho，2002）。

在学校，我们特别感兴趣的是学生学习数学、写作、历史、科学、体育以及其他学科的自我效能感，以及学生在应用学习策略以及应对课堂呈现的很多其他挑战时的自我效能。例如，对学生的研究发现，自我效能感与小学三年

实践指南 自我效能感的提高

- 强调学生在特定领域中的进步。

例如：

1. 复习先前学过的材料，并显示这些材料在现在看来很简单。
2. 当学生已经学习较多时，鼓励他们改进项目。
3. 将做得特别好的作业保存在成长档案袋中。

- 为学生设置学习目标，并且为他们示范成功的方向。

例如：

1. 认可学生的进步和提高。
2. 分享你自己是如何发展特定领域能力的例子，并且提供与你的学生相似的其他榜样的成就——不包含那些学生无法企及的超人的成就。
3. 给学生讲述那些克服身体、心理或经济上挑战的学生的故事。
4. 不要将学生校外的问题作为失败的托词，帮助学生在校内获得成功。

- 为学生的改进提出具体建议，当学生改进后则修改其得分。

例如：

1. 将作业发给学生时，要做评语标出学生哪些地方做得对，哪些是错的，以及他们为什么会出错。
2. 尝试进行同伴之间的相互校正。
3. 向学生说明，他们修正后所得的高分如何反映了他们的能力及提高了班级的平均分。

- 强调过去的付出与成就之间的关系。

例如：

1. 与学生开展个人目标设置及目标回顾讨论会，让学生反思自己是如何解决困难问题的。
2. 直接对抗学生自我挫败和避免失败的策略。

级到高中阶段的数学学业成绩（Fast et al.，2010；Kenney-Benson，Pomerantz，Ryan，& Patrick，2006，Pajares，2002）、青春期学生的生活满意度（Vecchio，Gerbino，Pastorelli，Del Bove，& Caprara，2007）、大学生深层认知加工策略的使用（Prat-Sala & Redford，2010）、大学专业的选择（Pajares，2002）以及大学高年级的表现（Elias & MacDonald，2007）等都密切相关。自我效能感似乎具有跨文化的一致性。例如，自我效能感与墨西哥裔美籍青少年的数学和科学学习的目标或兴趣高度相关（Navarro，Flores，& Worthington，2007），与中学男生和女生的数学成绩也关系密切（Kenney-Benson，Pomerantz，Ryan，& Patrick，2006），与安哥拉和韩裔加拿大籍中学生的数学成绩同样相关（Klassen，2004）。

因此，你可能认为，高自我效能就一定与高的成就相关，因为能力更强的学生自我效能感也更高。但是，只有当我们将实际能力纳入考虑范畴时，自我效能感与学业成就之间的关系才能明朗。例如，研究发现，即使两个学生的实际能力相当，具有更高自我效能感的学生在数学上的表现也更好一些（Wigfield & Wentzel，2007）。

研究发现，学生在以下三种情况下，学习成绩会提高，自我效能感也会增强。第一种情况是，学生设置一些短期目标，从而可以轻而易举地对学习进程进行判断；第二种情况是，教师教授学生使用特定的学习策略，如概括或总结，来帮助他们集中注意力；第三种情况是，学生由于学业成就而得到奖励，而不是由于简单的参与而获得奖励，因为学业成就的奖励标志着个人不断提升的能力（Graham & Weiner，1996）。

四、教师效能感

你可能在第 1 章中注意到，我的很多研究一直特别关注教师效能感。所谓**教师效能感**（**teachers' sense of efficacy**），是指一个教师相信自己能够帮助即使学业成绩很差的学生进行学习，表现出一种能够让学生学有所成的难得的教师人格特质（Tschannen-Moran & Woolfolk Hoy，2001；Tschannen-Moran，Woolfolk Hoy，& Hoy，1998；Woolfolk Hoy & Burke-Spero，2005；Woolfolk Hoy，Hoy，& Davis，2009）。当然，如果人们高估了自己的实际

> **教师效能感（teachers' sense of efficacy）** 教师相信自己能够帮助即使学业成绩很差的学生进行学习的信念。

正方观点 / 反方观点：教师效能感高真的有益吗?

基于班杜拉有关自我效能的研究，我们可能认为，高教师效能感是一件好事。但是并非每个人都同意这一观点。这里就有一些争论。

正方观点

教师效能感高比教师效能感低好。

有关教师效能感的研究发现了很多与高教师效能感相关的积极结果，我的研究团队对这些研究进行了总结（Woolfolk Hoy，Hoy，& Davis, 2009）。有着高效能感的教师更为热情，且对那些他们有较高效能感的学科领域，他们会花费更多的时间；而当他们对某学科有较低效能感时，他们就会逃避教授该门课。有着较高效能判断的教师，倾向于对新观点更为开放，更愿意为了满足学生的需要而实验新的方法，更可能使用那些很有用但却较难组织的方法，如探究学习和小组合作，而较少采用简单却效果较差的方法，如讲座。高效能感的教师较少批评学生，更加坚持跟进学生的错误答案。有着较高效能感的教师，还倾向于选择能够支持学生学习的策略，而不局限于课程涵盖的学习策略。与低效能感的教师相比，那些报告更高效能感的教师倾向于更积极地监控课堂作业并维持讲课焦点，而且他们能够在不生气或感到受威胁的情况下，通过再次引导学生的注意力而快速应对学生的不良行为。那么，教师的效能感对学生有何影响呢？除了与学生的学业成绩密切相关外，教师的效能感还与学生的内在学习动机和学生自身的效能感等方面有关。

反方观点

高教师效能感会有一些问题。

尽管有大量的文献描述了与高教师效能感相关联的积极结果，但也有一些研究者质疑高效能感是否总是很好。例如，Karl Wheatley（2002，2005）认为，一些形式的教师效能感可能是有问题的。一个问题是，新手教师的过分乐观会妨碍他们准确判断自身教学的有效性。Carol Weinstein（1988）对即将开始教学的师范生进行分析，研究发现这些学生存在强烈的不切合实际的乐观感——相信他人经历的问题不会在自己身上出现的倾向。有趣的是，这些不切实际的乐观在控制学生的活动中（如维持纪律、建立与执行班级规则），表现得最为明显。这些发现与 Emmer 和 Hickman（1991）的观察相一致，他们发现难以管理班级的师范生仍然报告了较高的班级管理效能。高教师效能感的另外一个问题就是，这些教师抵触学习新的知识和技能，而且倾向于坚持使用那些奏效的教学方法——这些奏效的方法使得教师在过去很有掌握感。如果实际任务比先前想象的更难，那么有着过高自我效能感的教师就会很快放弃。Wheatley（2002）甚至认为："低效能信念对于教师学习是必不可少的，怀疑会激发改变。"（p.18）

超越非此即彼 确实，在表现较差时仍怀有持续的高效能知觉（不切合实际的乐观主义），会产生逃避而不是行动，并会妨碍教师的学习。但是我相信，学习如何教学的效能感可以以积极的方式应对以上所提出的质疑。最有挑战性的是建立一种真实的自我效能感——这种效能感是准确的或者稍微高估的。

能力的话，任何一种效能感都是利弊同在的。积极乐观的教师可能设置更高的目标，工作更努力，必要的时候会进行反复教学，并在遇到问题时坚持不懈。但是，很多好处就伴随在对你效能感的疑问背后。上面的"正方观点 / 反方观点"就反映了对教师效能感的不同看法。

自我效能感是进行自我调节的基础。在接下的部分，我们将探讨如何帮助学生迈向自我指导的生活。

教师的自我效能感

研究表明，教师的效能感会随着他与学生进行的真正成功的教学而增长。教师在日常的教学任务中取得的成功经验或培训，都有助于教师效能感的提高。

第四节　自我调节学习

也许你还记得本章一开始所述，班杜拉曾经说道，他早期在一所加拿大很小的学校上学的经历教会了他受益终生的自我调节技能。他还指出：

> 正式教育的一个主要目标就是让学生拥有可以进行终生自我教育的智力工具、自我信念以及自我调节能力。技术日新月异、知识加速扩充，这一切使得自我指导的学习能力的地位越来越突出。（Bandura，2007，p.10）

今天，人们在退休之前大约要变换 7 次工作。很多职业变换都需要新的学习，这些学习活动肯定是自我发起且自我引导的（Martinez-Pons，2002）。因此，就像班杜拉所言，教学的一个目标就是让学生能够摆脱对教师的依赖，这样学生就能够持续终生地进行独立的学习。而要想让学生做到这一点，那么他必须是一个自我调节学习者，也就是我们日常对话中所说的自我启动者。

停下来　想一想

想一想你使用这本教材上的一节课，并在 7 点量表上对以下问题进行打分，1 表示一点也不符合，7 表示非常符合。

1. 当我为考试而学时，我尝试将课堂所学信息与书本知识结合起来。
2. 当我做家庭作业时，我尝试记住老师在课上所说的，以便我可以正确地回答问题。
3. 我知道我能学会这门课的内容。
4. 我期望学好这门课。
5. 我进行自我提问，以此确认我了解正在学习的材料。
6. 即使学习材料枯燥乏味、了无兴趣，我也会坚持学习直到结束。

你刚刚做了学习策略激发问卷（MSLQ）中的六个项目（Midgley et al.，1998；Pintrich & De Groot，1990），上百个研究中都使用了该问卷来评估学生的自我调节学习和动机。你做得怎么样？前两个问题评估的是我们在第 9 章中讨论的那些策略的使用，中间两个问题评估的是你对这门课的效能感，最后两个问题是特别用于评估**自我调节（self-regulation）**的。Barry Zimmerman 和 Dale Schunk（2011）将自我调节界定为人们用于激发并维持自身的思维、行为及情绪以实现目标的过程。班杜拉（2007）将自我调节总结为设置目标，并动员达成目标所需的努力和资源。当目标涉及学习，我们便称之为自我调节学习（Dinsmore，Alexander，& Loughlin，2008）。自我调节学习者是“具有元认知的、有动力去学习且具有策略的”（Perry & Rahim，2011，p.122）。

> **自我调节（self-regulation）** 激发并维持思维、行为及情绪以实现目标的过程。

自我调节学习者具有综合的学业学习技能以及有益于学习的自我控制力，所以他们具有更强的学习动机。换句话说，自我调节学习者有能力而且愿意学（Murphy & Alexander，2000；Schunk，2005），他们会把自己的心智能力转化为学业技能和策略（Zimmerman & Schunk，2001）。目前的许多研究都将策略的使用与学业成就的不同测验相联系，特别是有关中学生的研究，更是如此（Fredricks et al.，2004）。对于年龄更小的学生来说，对注意和情绪的自我调节能力与其在校的学习和成就表现都密切相关（Valiente，Lemry-Chalfant，& Swanson，2010）。

一、自我调节学习的影响因素

自我调节学习的概念整合了很多关于有效学习和动机的内容。正如你从上面描述的过程中看到的，有三个因素会影响自我调节学习的技能和意向：知识、动机以及自我约束力或意志力。此外，学生之间还存在发展阶段的差异。

（一）知识

要想成为一个自我调节学习者，学生需要具备有关自己、所学科目、学习任务、学习策略以及所学知识的用途等的知识。专家型学生很有自知之明，而且知道如何才能学得更好。例如，他们知道自己最偏爱的学习方法是什么，对他们来说哪些是简单的、哪些是困难的，如何应付难题，他们的兴趣点和天赋特长是什么以及如何发挥他们的长处等。这些学生还非常了解他们所学的科目——他们知道得越多，就能越容易学到更多（Alexander，Schallert，& Reynolds，2009）。他们了解不同的学习任务需要不同的学习方法。例如，面对简单的记忆任务时，可能需要使用记忆术策略（参见第8章）；而面对复杂的理解任务时，可能需要使用关键点的概念图方法（参见第9章）。同时，这些自我调节学习者也明白，学习往往是有难度的，知识也不是绝对的，他们看待问题的角度以及解决问题的方法往往也是多种多样的（Greene，Muis，& Pieschl，2010；Winne，1995）。

这些专家型学生不仅知道每种任务需要何种策略，而且还能应用这些所需的策略。他们能略读也能精读，能使用记忆策略也能对材料进行组织。随着他们在某一领域的知识越来越丰富，他们逐渐能够自动化地使用这些策略。简而言之，他们已经掌握了大量能够灵活使用的学习策略和技巧（参见第9章）。最后，自我调节学习者会思考他们所学知识的应用情境——什么时候以及在什么方面应用所学——因此他们可以设置富有挑战性的目标，并把当前所学与将来的成就联系起来（Weinstein，1994；Winne，1995）。

（二）动机

自我调节学习者具有强烈的学习动机（参见第12章）。他们发现学校里的很多任务都很有趣，他们很看重学习，而不仅仅满足于在他人眼中自己表现得不错；他们坚信自己的智力和能力是可以提升的；即使对某个特定任务没有内在动机，他们也会认真对待，希望有所收益；他们能集中注意力，将其他认知和情感资源聚焦于手头上的任务；他们知道自己为什么而学，因此他们的行为和选择是自我决定的，而不是受他人控制的（Zimmerman，2011）。但是，仅有知识和动机还远远不够，自我调节学习者还需要意志力或自我约束力。“动机如果代表承诺，意志就代表坚持不懈的努力。”（Corno，1992，p.72）

意志（volition） 意志力；自我约束力；通过自我调节学习保证个体抓住有利于达到目标的机会的工作风格。

共同调节（co-regulation） 学生在教师、家长或同伴的行为示范、直接教导、结果反馈和训练帮助下，逐渐内化自我调节学习技能的过渡阶段。

技能和意愿

自我调节学习者具有综合的学业学习技能以及有益于学习的自我控制力。他们具备学习的技能和学习的意愿。

（三）意志

这个写作任务我已经落后两个月了，自从一月份以来，我每周有六天几乎都是在写作。我非常想睡觉，但我还是在继续写作，因为距离我自己设定的本章内容的截止期限已经很近了。我了解这一切情况，而且也有动机继续写。但是要想持续下去，我必须具有坚强的意志力。**意志（volition）**是一个描述意志力的旧式用法，它更为科学的定义是：保证个体抓住一切有利于达到目标的机会。自我调节学习者知道如何保证自己在学习过程中不受外界干扰，他们也知道当自己紧张焦虑、昏昏欲睡或懒洋洋时，自己应该怎么办（Corno，1992，1995；Snow，Corno，& Jackson，1996）。而且，当他们面对诸如停下工作、喝杯咖啡等外界诱惑时——我现在就正面临着诱惑（在美丽的旧金山，阳光明媚，我忍不住想在自己后院撒种。当你面对艰苦的写作工作时，撒撒种总是那么吸引人！）——他们也知道应该如何来应对这些诱惑。

（四）自我调节的发展

与其他心理过程一样，自我调节的发展也存在差异。自我调节一般随着时间的推进而提高。在小学的低年级阶段，女孩比男孩可能具有较强的自我调节能力（Greene，Muis，& Pieschl，2010；Matthews，Ponitz，& Morrison，2009）。

那么，学生是怎样发展自我调节的知识、动机和意志的呢？研究表明，共同调节和共享调节是支持自我调节发展的两个重要社会过程。所谓**共同调节（co-regulation）**，是指学生通过教师、家长或同伴的行为示范、直接教导、结果反馈和辅导协助等而逐渐内化自我调节学习技能的过渡阶段。而当学生在共同学习的过程中，通过暗示、提醒和其他辅导手段来相互调节时，**共享调节**（shared regulation）就发生了。

经过发展成熟后，自我调节学习会是怎样的呢？下面我们就来具体考察。

二、自我调节学习模型与主体性

从高中毕业到任教斯坦福大学的 6 年时间里，班杜拉一直在应用着自我调节学习的知识和技能。但是，并不是你所有的学生都像班杜拉那样养成了坚持不懈的习惯。因此，一些心理学家认为，教师可以将自我调节学习的能力作为区分个体的一个重要特征（Snow，Corno，& Jackson，1996）。在这一点上，一些学生比其他学生表现得更加出色。在学校里，你如何帮助更多的学生成为自我调节的学习者呢？进行自我调节的学习涉及哪些方面呢？

自我调节学习（self-regulated learning）的理论模型描述了像你一样的学习者如何设置目标，以及如何动员实现目标所需的努力和资源。虽然有关自我调节学习的模型各有差异，但是它们都认同自我调节学习所需的认知过程需要努力的付出（Greene，Muis，& Pieschl，2010；Puustinen & Pulkkinen，2001；Winne，2011）。下面就让我们一起来考察一下如图 11—2 所示的 Phil Winne 和 Allyson Hadwin（1998）所提出的模型。这一自我调节学习模型刻画了很多方面，核心主题是学生如何管理其学业生活。

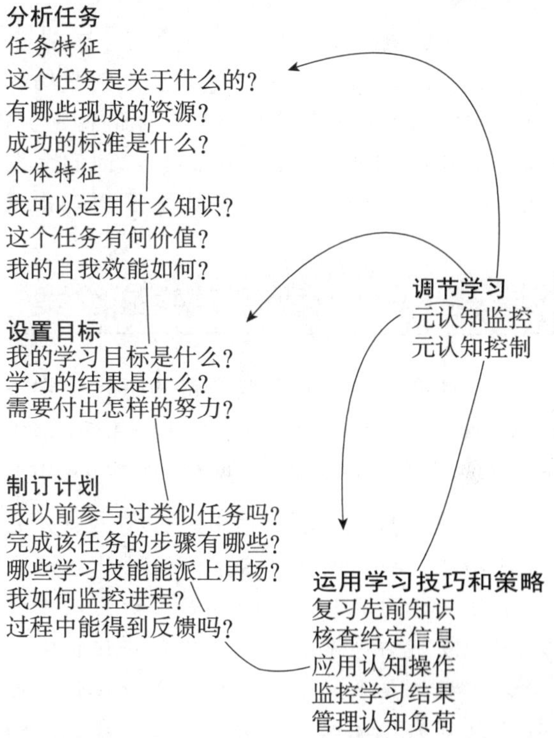

图 11—2　自我调节学习的循环结构

资料来源：Woolfolk, A.E., Winne, P. H., & Perry, N. E. (2006). *Educational psychology (3rd Canadian ed.)*. Toronto: Pearson，p.307.

图 11—2 所示的自我调节学习模型，是基于学习者是学习的主体这一认识而提出的。就像我们前面所看到的，主体性就是指调整学习技巧、动机和情绪以达到目标的能力。主体并不是由教师、教材作者或者网站设计者所操纵的工具，相反，主体控制着很多影响学习的因素。自我调节学习者可以通过参与一个包括四个主要阶段的循环过程来练习自己的主体性：分析任务、设置目标并制订计划、投入学习过程以及调整学习方法。

（1）分析学习任务。这个阶段你可能比较熟悉。当一个教授宣布某天要考试时，你打算怎么做？你可能询问一些你认为会影响你后面备考的相关事宜。比如是写一篇论文还是多项选择题？你的好朋友有最新要考的材料，并能够和你一起学习吗？一般来说，学习者会考察他们认为相关的各种信息，以此来理解任务是什么、有哪些参考资料以及他们对完成任务有何感觉——对任务感兴趣吗？有信心完成吗？紧张焦虑吗？有足够的知识储备吗？无力完成吗？

（2）设置目标并制订计划。了解有关任务的信息和条件有助于学习者制订学习计划；然后，人们可以制订计划去达到这些目标。如果一个测验仅仅检测一章的内容，且该章仅占你本门课程得分的 3%，那么你打算为这次测验设定一个怎样的目标呢？如果测验包含最后六章内容，且占你课程得分的 30%，那么你的目标会改变吗？在这些目标中，

共享调节（shared regulation）学生在共同学习的过程中，通过暗示、提醒和其他辅导手段来进行的相互调节。

自我调节学习（self-regulated learning）一种应用技能与意愿去分析任务、设置目标并制定达成目标的计划、运用技能和策略，并对学习的进展情况进行调整的学习观。

你设定了哪些子目标呢？例如，能够复述定义，能够讨论教师如何把教材中重要的研究结果加以运用或者有批判性的理论观点，选择能够影响学习者学习计划的目标。填鸭式（集中练习）是否是最好的方法？每天学习半小时，而且每次复习一些前一天所学的内容（分散练习）是否是更好的学习计划？

（3）实施策略和技巧以完成任务。在这个阶段，自我调节学习者会考虑有助于他们成功的一些已知或仍需了解的策略和技巧。他们特别警觉，因为他们在监控计划是否良好运行。他们会询问自己这样一些问题：认知负荷太大了吗？我无法应对了吗？我要怎么处理这些复杂的信息？我采用的方法对于要达到的结果太费力了吗？我达到目标了吗？为了保证考前做好充分的准备，我的进度是否足够快？

（4）调节学习。这是元认知监控和控制（参见第9章）。在这个阶段，学习者决定是否需要对前面进行的三个阶段做些改变。例如，如果学习进展太慢，学生就会问：我应该与最好的朋友一起学习吗？我需要复习一些先前的资料，从而为现在所学的内容打好基础吗？我需要重新开始吗？——确定任务究竟是什么，然后设置新的目标（高一些、低一些或不同的目标）。

三、一个自我调节学习的个案

当今社会，总是有很多新奇的事物让学生分心。Barry Zimmerman（2002，p.64）描述了一个叫Tracy的高中生，她沉迷于Facebook和Twitter。

> 还有两个月就要数学期中考试了，她开始一边复习功课，一边听流行音乐“放松”。Tracy没有设置任何学习目标——她只是告诉自己在考试中尽可能发挥好一些。她没有使用任何特定的学习策略去提炼重要的学习内容并进行记忆，也从来没有规划自己的时间。所以，每次考试前的几个小时，她就临时抱佛脚地死记硬背一下。她只有含糊的自我评估标准，不能准确评估自己的学习备考情况。Tracy将自己的学习困难归因于天生没有数学细胞，却始终不肯改进自己的学习方法。她从来不向别人求助，因为她怕别人觉得自己“看起来很蠢”；她也不在图书馆寻找辅助材料，因为她觉得已经有太多东西要学了。她觉得学习就是她焦虑的源头，对于取得成功她几乎没有任何信心，甚至认为掌握数学技能没有什么实质的价值。

显然，Tracy不会在考试中取得理想的成绩。那么，怎么帮助她呢？办法之一就是让我们看看Zimmerman的自我调节学习循环模型。在他提出的这个循环中共包括三个阶段——前虑阶段、表现阶段、反思阶段——这与前面描述的Winne与Hadwin模型是一致的。在Zimmerman的第一阶段——前虑阶段（类似于Winne与Hadwin提到的第一步和第二步，分析任务并设置目标），Tracy需要设置清晰合理的目标，并制定一些策略来达到这些目标。在这个阶段，Tracy的动机信念也是至关重要的。如果Tracy对应用她所制定的策略拥有自我效能感，如果她相信利用这些策略能促进数学的学习并最终顺利通过考试，如果她能意识到个人兴趣与数学学习之间有一些联系，如果她能够更努力地掌握材料、打好基础——而不仅仅是看起来不错或避免看起来糟糕——她就会走向自我调节学习之路。

从前虑阶段过渡到Zimmerman的表现阶段（类似于Winne与Hadwin的第三步，运用策略）会带来新的挑战。现在Tracy必须有自我控制力（需要意志努力）和学习策略，包括使用表象、记忆术、注意力集中以及其他在第8～9章中出现过的其他技术（Kiewra，2002）。她还要学会自我观察，即学会监控进展如何，这样她才能在需要的时候改变学习策略。确切记录所花的时间、解决的问题或读完的书页，都能为何时以及如何更好地利用学习时间提供线索。学习的时候关掉音乐，也将有所帮助。

最后，Tracy需要进入Zimmerman的第三阶段——反思阶段（类似于Winne与Hadwin的第四步，监控学习），她要回顾自己的行为表现并反思发生了什么。如果她将成功归因于不懈的努力和使用了良好的策略，同时避免故意少努力、假装不在乎或声称自己不擅长数学等自我挫败的行为和信念，那么这将有助于她发展自我效能感。

Zimmerman与Winne、Hadwin的模型都强调了自我调节学习的循环特性：每个阶段都与下一个阶段紧紧衔接，当学生遇到新的学习挑战，循环就不断持续下去。两个模型都始于学生对学习任务了如指掌，这样你才能设定良好的目标。同时，两个模型也都要求学生有一套学习策略和技巧。同时，在自我监控之后进行计划修正，也是很关键的。另外，学生对任务的理解方式以及他们完成任务的能力——他们的自我调节效能感——也很关键（Zimmerman，2011）。

四、两节自我调节学习的课例

学生自我调节方面的知识和技能各不相同，但是教师却必须面对全体学生进行教学，而且需要“满足每一个学生”。关于这方面的内容，本节将呈现两个真实的案例，第一个例子是关于写作的，第二个例子是关于数学问题解决的——两个都是复杂任务。

（一）写作

Carol 是一个二年级的学生，Nancy Perry 和 Lynn Drummond（2003）描述过她的情况。Lynn 小姐是 Carol 的老师，她认为 Carol 是一个“写作非常差的学生”。Carol 在写作过程中难以寻找事实，也不能将这些事实转换为有意义的证据。而且，她的写作技能也比较薄弱，用 Lynn 小姐的话讲就是“这拖累了她”。

在一年的教学中，Lynn 小姐让二年级和三年级的学生完成三个关于动物的写作任务。通过这些写作任务，她希望学生能够学会以下几个内容：（1）如何做研究；（2）如何写探索性文章；（3）如何撰写并修改自己的文章；（4）如何使用计算机作为研究和写作的工具。第一篇报告由全班学生一起来研究一个有关花栗鼠的主题。学生们寻找事实性材料并一起写作，之所以这样做，是因为 Lynn 小姐需要向学生展示如何做研究以及撰写研究报告。同样，作为学习者共同体，全班学生还制定了合作学习框架。当他们写第二篇有关企鹅的报告时，Lynn 小姐给学生提供了更多选择，并鼓励他们更多地依靠自己和同学之间的互相帮助。最后，写第三篇报告时，学生们可以自由选择一种动物，开展一项自我调节的研究项目，并写出报告。现在，学生们知道了如何做研究以及如何写报告，他们能够独立工作或者与同伴协作学习，并成功地完成了这个复杂的任务。

Carol 与一个三年级的学生合作（Carol 上二年级），她俩的研究主题很相关。这个三年级的学生向 Carol 展示了如何使用目录表，并就如何在报告中用短语表达她的意思提出了自己的建议。同时，Carol 标出了她觉得拼写不正确的单词，稍后，她要与 Lynn 小姐见面讨论自己的研究报告。这样，她就可以在那个时候核对这些单词。Carol 不像那些学业困难的学生那样没有学会自我调节学习的策略，她并不惧怕尝试那些具有挑战性的任务，而且她对自己有能力成长为一个好的写作者充满了信心。反思自己在学校一年来的进步，Carol 说：“我在一年级时学了很多东西，虽然那时我的确陷入了困境。”

（二）数学问题解决

Lynn Fuchs 和她的同事（2003）对一些真实课堂教学进行了评估，评估主题为怎样将自我调节学习策略整合于数学问题解决。他们与 24 个教师进行合作，所有老师都在教三年级学生同样的教学内容。他们随机抽取了部分教师，这些教师按照原有的方法进行教学。另一组教师在教学中运用策略来鼓励学生迁移相关问题解决的方法。所谓迁移，就是利用在一些课中所学过的技巧和知识来解决其他课堂或真实情景中的问题。第三组教师将迁移和自我调节学习策略都运用于他们的数学问题解决教学中。以下是教师所教的一些关于迁移和自我调节学习的策略：（1）对照答案，学生自己给家庭作业打分，并交给收作业的同学（同伴）。（2）学生在班级报告中将自己的作业完成情况用图表描绘出来。（3）学生每天将个人的相关得分绘制下来，并保存在档案袋中。（4）在开始学习每一小节时，学生反思自己以前图表上的得分情况，并设置新的目标来超越以前的分数。（5）学生与同伴讨论如何把问题解决策略运用到课外。（6）在一些课之前，学生向全班报告他们是如何将问题解决策略运用到课外的。

研究表明，迁移策略和自我调节学习策略都有助于学生学习解决数学问题，同时也有助于他们将这些知识运用到其他新的问题情境之中。当学生面临与他们在课堂上所学的截然不同的问题时，加入自我调节策略的教学尤为有效。各种成绩水平的学生，甚至是那些有学习障碍的学生，都能从这些策略中受益。

五、技术支持与自我调节

在前一章中，我们了解到使用丰富的技术环境来学习复杂概念的一些例子。但是，要想在这些丰富的技术环境中学有所获，学生需要元认知和自我调节技能。这样，他们才不会迷失在信息的汪洋大海之中。如果学生学习的概念充满挑战且较为复杂，这时教师就需要给学生提供一些支架来支持他们的概念发展（Azevedo，2005；Azevedo，Johnson，Chauncey，& Graesser，2011）。例如，Roger Azevedo 和他的同事（2004）研究了使用超媒体百科学习循环系统的本科生。他们所用的材料包括书本、图表、相片、视频短片以及循环系统如何运作的真实例子。在该研究中，共设置了三种不同的学习条件。研究者告诉第一组学生尽可能多地学习有关循环系统的知识。第二组学生也得到同样的指导语，但研究者还额外给他们一张标有 10 个子目标的列表来引导学习。第三组学生不仅有一张子目标列表，而且还配备了一名进行自我调节辅导的教练，即帮助学生制订学习计划、监控概念发展、尝试不同的策略以及当问题出现时进行解决。研究者要求所有三组学生在使用超媒体资料时都要出声思维——描述出当他们浏览材料时正在想什么。研究发现，得到教练支持的学生发展出了更加完善和复杂的关于循环系统的心理模型，因为对学生进行自我调节辅导的教练关注于任务分析、目标设置、策略使用以及进程的监控。

你会如何给学生提供类似的自我调节教学和辅导呢？除同伴辅导外，或许寻求家庭的帮助也很有必要。

六、触及每一个学生：家庭与自我调节

事实上，孩子在家庭中就开始学习自我调节了。家长可以通过示范、鼓励、促进、对目标设置进行奖励、使用好的策略以及本章后面将探讨的相应过程来支持自我调节学习（Martinez-Pons，2002）。下面的“家庭和社区合作实践指南”提供了如何帮助学生成为自我调节学习者的一些方法，你可以参考。

家庭和社区合作实践指南　在家庭和学校支持自我调节

- 强调鼓励的价值。

例如：

1. 教授学生互相鼓励。

2. 告诉家长哪些领域对孩子来说是最具有挑战性的——这些领域是最需要给予鼓励的。

- 示范自我调节。

例如：

1. 采用小步子来改进某项学业技能，制定符合学生当前学业水平的任务。

2. 与学生讨论你是如何设置目标并监控进程的。

3. 让家长和照料者为孩子展示他们是如何为一天或者一周设置目标、如何撰写行动计划以及如何预约图书的。

- 让家庭成为一个良好策略理念的发源地。

例如：

1. 写一个简短的描述“每月策略”的材料，让学生在家里练习。

2. 为学生创建一个包含目标设置、动机激发、学习方法以及时间管理策略等在内的借阅图书室。

3. 在孩子做家庭作业时，鼓励家庭帮助孩子关注问题解决过程，而不是立刻翻到书后面去对答案。

- 提供自我评估指导。

例如：

1. 与学生制定自我评价的条目（参见第 15 章），并示范如何使用。

2. 在年初为学生提供作业计分表，然后逐渐让学生自己来制定。

3. 鼓励家长和照料者针对他们需要改进的方面进行自我评估的示范。

4. 开家庭讨论会时，家长可以参考其他家庭成功记录进步过程的资料。

七、自我调节的另一途径：认知行为矫正

认知行为矫正（cognitive behavior modification） 基于行为和认知学习原理，通过使用自我对话和自我指导来改变行为的程序。

自我指导（self-instruction） 通过自我言语来完成任务的各个步骤。

当一些心理学家正在研究如何通过使用强化和惩罚等方法来管理自己的行为（被称为自我管理）时，Donald Meichenbaum（1977）已成功地教授了强迫症学生使用自我言语来完成任务。Meichenbaum 称他的这种方法为认知行为矫正（Manning & Payne，1996）。**认知行为矫正（cognition behavior modification）** 关注的是运用自我言语来调节行为。

你可能还记得第 2 章中所说的认知发展阶段理论。当孩子使用自我言语来引导自己完成任务时，他们正处于认知发展的某个阶段。他们自言自语，经常重复家长或教师的话。在认知行为矫正中，人们直接教授学生如何进行**自我指导（self-instruction）**。Meichenbaum（1977）指出，自我指导的一般步骤包括：（1）成人榜样一边大声对自己说话，一边操作任务（认知示范）。（2）孩子在榜样指导语的引导下操作同一个任务（清晰的外在辅导）。（3）孩子一边大声指导自己，一边操作任务（清晰的自我辅导）。（4）当完成任务时，孩子低声对自己说指导语（微弱的、清晰的自我辅导）。（5）孩子通过内部言语引导对任务的操作（隐秘的自我指导）。

Brenda Manning 与 Beverly Payne（1996）列举了能够提高学生学习的四种技能：听讲、计划、操作以及核查。认知自我指导能够如何帮助学生发展这些技能呢？一种可能性就是使用个人小册子或班级海报，来提示学生通过自我对话来谈论这些技能。例如，五年级的一个班级针对每一个技能都设计了一套提示，并把这些提示张贴在班级的四周。针对听讲技能设计的提示包括："这个有意义吗？""我明白这个了吗？""在我遗忘之前，我要问一个问题。""集中注意力！""我能照他说的做吗？"针对计划的提示有："我准备好所有东西了吗？""现在我需要朋友帮忙吗？""让我先来梳理一下。""我做这个的顺序是什么呢？""我知道这个资料。"图 11—3 显示了针对这四个技能所设计的海报。这一过程的部分作用，就是让学生卷入思考并创造他们自己的指南和提示。让学生讨论并将想法张贴出来，可以提升学生的自我觉察能力，并促进他们的自我监控。

自我调节始于家庭

家长可以通过示范、鼓励、促进以及对目标设置进行奖励等方法来教授并支持自我调节学习，以此帮助孩子成为自我调节的学习者。

事实上，Meichenbaum 和其他研究者和实践者都认为，认知行为矫正包含很多要素，而不仅限于教学生使用自我指导。Meichenbaum 认为，认知行为矫正的方法还包括：教师和学生之间的对话与互动、示范、有指导的发现学习、动机性策略、反馈、将任务与学生发展水平有机匹配以及有效教学的其他原则。不仅如此，学生甚至还需要参与到认知行为矫正课程的设计之中（Harris，1990；Harris & Pressley，1991）。考虑所有这些，学生能够将认知行为矫正中发展的技能推广运用到新的学习情境之中，也就不足为奇了（Harris，Graham，& Pressley，1992）。

今天，许多学校设立了基于认知行为矫正的完整干预计划。例如，"应对能力计划"（Coping Power Program）包括对家长及孩子进行训练，该方案始于每学年的第二学期，并持续到下一学年，这一整年的时间集中训练学生调整自己的愤怒和攻击性行为。不同训练时段都强调设置个人目标、学会觉察自身情绪（特别是愤怒）、学习放松并转移在愤怒情绪上的注意力、学习陈述问题的应对方式、学习有条理地整合问题的技能、学会了解他人的观点、学习解决社会问题的技能以及通过练习说"不"来处理同伴压力等（Lochman & Wells，2003）。另外一个与此类似的方法叫做"融洽相处

海报1
当听讲时：
1、这个有意义吗?
2、我明白这个了吗?
3、在我遗忘之前，我要问一个问题。
4、集中注意力!
5、我能照他说的做吗?

海报3
当操作时：
1、我做得足够快吗?
2、停止注视女朋友，回到学习上来。
3、还剩下多少时间?
4、我需要停止，重新开始吗?
5、这个对我有难度，但我能做到。

海报2
当计划时：
1、我准备好所有东西了吗?
2、现在我需要朋友帮忙吗?
3、让我先来梳理一下。
4、我做这个的顺序是什么呢?
5、我知道这个资料。

海报4
当核查时：
1、所有都完成了吗?
2、我还需要重新核查什么?
3、我为此任务感到自豪吗?
4、我写下所有单词了吗？数一下。
5、我想我完成了。我有序组织了。我的白日梦太多了吗?

图 11—3　提醒学生用自我言语进行学习的海报

这是五年级一个班的学生设计的有关听讲、计划、操作和核查的四张海报，用来提示他们使用自我指导的方法。其中的某些提示语，反映了这些前青春期孩子的特殊世界。

资料来源：Manning, B.H., & Payne, B.D. (1996). *Self-talk for teachers and students: Metacognitive strategies for personal and classroom use.* Boston，MA: Allyn and Bacon.

工具”（Tools for Getting Along）（Daunic，Smith，Brank，& Penfield，2006）。实践经验表明，这两个课程在帮助具有攻击性的初中生与同学及教师融洽相处方面都是有效的。此外，在心理治疗中，基于认知行为矫正的方法也被证明是治疗抑郁等心理问题的最有效的方法之一。

应对能力计划和融洽相处工具这两个方案都包括有情绪自我调节技能的训练，下面我们就来学习这方面的相关知识。

八、情绪的自我调节

社会与情绪能力以及自我调节，对于人们的学业和个性发展都是至关重要的。学业、社会及情绪学习合作体（The Collaborative for Academic，Social，and Emotional Learning，简称 CASEL）列出了五种核心的社会与情绪能力：（1）自我意识——准确地评估你的情绪、兴趣、价值观以及优势；保持良好的自信。（2）自我管理——管理你的情绪以应对压力、控制冲动，坚持克服困难；设立个人以及学业目标，并且监控其实现目标的进程；合理地表达情绪。（3）社会意识——从他人的立场上看待事物，抱有同情心；意识到并且接纳个体与团体之间的异同；认识和使用来自家庭、学校和社区的资源。（4）社交技巧——在合作的基础上建立和维持良好的、有意义的关系；抵制不良的社会压力；避免、管理和解决人际冲突；必要时学会求助。（5）负责任的决策——决策前要考虑伦理标准、安全性、社会规范、对他人的尊重以及各种行为可能产生的后果；将决策能力运用到学业和社交情境中；为学校和社区的健康发展做贡献。

许多对美国和意大利学生进行的多年追踪研究发现，低年级学生的亲社会行为和社交能力与他们 5 年甚至多年后的学业成就以及在同伴中的受欢迎情况有关（Elias & Schwab，2006）。培养情绪的自我管理对于学生早期学会如何在学校学习是非常重要的。例如，Carlos Valiente 及其同事（2010）对大约 300 名学生从幼儿园进行跟踪调查，以探究有效的自我控制、情绪性质与学业成就之间的关系。结果发现，学生愤怒、悲伤和害羞的情绪与学业成就负相关，而自我管理与学业成就正相关，尤其是对于那些有较低负性情绪水平的学生而言。因此，帮助学生形成对情绪的自我管理能够为学生在校的学习，乃至与同伴之间的社会交往奠定一个良好的基础。教师应该如何帮助学生发展来这些技能呢？下面的“实践指南”就给出了一些方法。

实践指南　鼓励情绪的自我调节

● 创建信任的班级氛围。

例如：

1. 避免听到学生之间的相互闲谈。

2. 以公平的结果一以贯之。

3. 避免不必要的比较，并给学生以改进的机会。

● 帮助学生识别并表达他们的感受。

例如：

1. 给学生提供情绪词汇表，并让学生注意人物及故事中对情绪的描述。

2. 清晰地叙述自身的情绪。

3. 鼓励学生将自己的感受写入日记，并保护学生写作的隐私（参见上面的信任）。

● 帮助学生识别他人的情绪。

例如：

1. 对于年幼孩子，可以这样引导：“看看 Chandra 的脸，当你说那些事时，你认为她的感受是什么样的？”

2. 对于年长孩子，可以通过分析文学作品、电影中的人物性格特点或各种反面角色来帮助他们识别他人的情绪。

● 提供应对情绪的策略。

例如：

1. 讨论并练习各种情绪管理方法和愤怒管理策略，如停下来思考他人的感受，寻找帮助，自我言语或离开愤怒情境。

2. 为学生示范策略，如谈论你是如何处理愤怒、失落及焦虑的。

● 帮助学生识别情绪表达上的文化差异。

例如：

1. 让学生写下或讨论他们是如何在家里表达情绪的。

2. 教授学生核查情绪——询问他人是如何感受的。

第五节　自我效能和自我调节学习的教学

停下来　想一想

当前你是怎样学习的？你为今天的阅读设置了什么目标？你的学习计划是什么？你当前的学习策略是什么？你是如何学习这些策略的？

大多数教师承认，学生需要发展未来进行独立、终身学习（自我调节学习和学习的效能感）所需的技能和态度。幸运的是，越来越多的研究团队也在关注并指导如何设计教学任务和组织课堂互动，以此来支持学生自我调节学习的发展和积极卷入（Neuman & Roskos，1997；Perry，1998；Sinatra & Taasoobshirazi，2011；Stoeger & Ziegler，2011；Wharton-McDonald et al.，1997；Zimmerman & Shrunk，2011）。

研究显示，当教师让学生进行复杂的、有意义的、耗时较长的任务时（非常类似于第 10 章所描述的建构主义活动），学生不仅从中学会了自我调节的学习技巧，同时也提高了学习效能感。同样，想要发展学生的自我调节学习和学习效能感，学生需要控制自己的学习过程和学习结果——他们需要做出学什么、在哪学以及和谁一起学习的选择，并控制任务的难度——决定读写的数量、学习的步调、支持的水平等。因为自我监控和自我评估是有效的自我调节学习以及高效能感的关键，因此教师可以让学生参与设定用于评价学习过程和学习结果的标准，然后给学生提供机会让他们使用这些标准来评价学习的进步情况，以此来帮助学生在学习过程中进行自我调节。最后，让学生与同伴进行合作学习并互相给予反馈，也有助于学生进行自我调节的学习。如你前面所看到一样，这就叫做共享调节。在这整个过程中，教师通过“提供恰当的、及时的信息来共享调节任务，以帮助学生掌握和运用自我调节学习”（Perry & Rahim，2011，p.130）。下面我们将详细地探讨这些过程。

一、复杂任务

教师不想给学生布置太难的任务，因为任务太难会让学生感到挫败。特别是当学生有学习困难或学习障碍时，这一点尤其如此。事实上，研究表明，最能激发学生而且对学生学业最有帮助的，是那些富有挑战性但又不至于让学生束手无策的任务（Rohrkemper & Corno，1988；Turner，1997）。对学生而言，复杂任务不必过难。

“复杂”这个术语指的是任务的设计，而不是任务的难度水平。从设计的观点来看，复杂任务包含多重目标以及大量的意义组块，例如项目以及主题性单元。另外，复杂任务要花费较长的时间段，需要学生多种认知和元认知过程的参与，还要产生多元的学习结果（Perry，VandeKamp，Mercer，& Nordby，2002；Wharton-McDonald et al.，1997）。例如，对于埃及金字塔的研究可能产生书面报告、地图、图表以及模型等成果。

更重要的是，复杂任务给学生提供了有关他们学习过程的信息。这些任务需要他们参与深层次的、精细加工的思维和问题解决。在这个过程中，学生发展并完善他们的认知和元认知策略。另外，在这样的任务中取得成功，会增强学生的自我效能和内部动机（McCaslin & Good，1996；Turner，1997）。为此，Rohrkemper 和 Corno（1988）建议教师设计复杂的、能提供机会让学生修正其学习条件的任务，以此让学生应对挑战性的问题。事实上，学习应对并适应压力情境，是教育的一个重要目标。就如第 4 章斯腾伯格所言，智力的其中一个方面就是选择并适应环境，以此获得成功。

二、控制感

教师能够通过给学生选择权而与学生分享控制感。当学生有选择（如可以创作什么、如何创作、在哪里学、与谁一起学）时，他们更可能预期成功的结果（提高自我效能），在遇到困难时，也会更加努力与坚持（Truner & Paris，1995）。而且，通过让学生自己做决策，教师可以促使学生主动负责地制订计划、设置目标、监控进步并评价结果（Turner，1997）。而这些都是高效的自我调节学习者所具备的品质。

教师为学生提供选择，也就为学生调节特定任务的挑战性水平创设了机会（例如，他们可以选择简单的或者更具有挑战性的阅读材料，可以决定在报告中用哪一种写作手法以及写多大篇幅，可以用其他的学习表达法对写作进行补充）。但是，如果学生做了比较差劲的学业选择，该怎么办呢？高效自我调节学习模式下的教师，会谨慎地把握他们所赋予学生的选择权问题。他们会在确保学生具有独立完成某项任务并做出恰当决策所需的知识和技能时，才会给予学生一定的学业选择（Perry & Rahim，2011）。例如，当学生学习新的技能或常规知识时，教师可以给学生提供有条件的选择权（例如，学生必须至少写出 4 个句子或 4 个段落或 4 页纸的内容；他们可以选择写更多内容，但必须将自己对动物的饮食等生活习惯及繁殖方式的理解展示出来，可以选择用写作、绘画或者演讲等方式）。

高效的教师还会教学生如何做出好的决策。当然，教师需要对此进行示范。例如，当学生选择搭档时，教师会让学生考虑他们希望从搭档那里获得什么（例如分享他们的兴趣和承诺，或者是他们想要发展的知识和技能）。当学生决策如何

发展学生的控制感

为了发展自我调节学习和提高学习的效能感，学生必须对其学习过程和学习结果具有某种程度的控制。在这一过程中，教师可通过让学生卷入关于自己的学习过程、学习结果和学习进步等的评价来予以帮助。

才能更好地利用时间时，教师会问他们：“当你完成任务后，你会做些什么？当你在等待我的帮助时，会做些什么？”通常，教师会将这些问题列举并张贴出来，这样学生就可以在学习过程中随时参考。最后，高效的教师会对学生所做出的选择进行反馈，而且还会根据特定学生的独特性制定最佳的选择方案。比如，他们可能会鼓励一些学生选择研究主题，并提供给适合学生现有学习水平的研究资料。教师可能会鼓励一部分学生合作完成项目，同时鼓励另一部分学生单独完成任务，并确保他们能得到成功完成任务所需的支持。

三、自我评价

对自我调节学习的评价实践是非强迫性的。它们可以与正在进行的活动紧密结合在一起，在重视活动过程的同时也强调活动的结果，关注个体的活动进展，并且帮助学生从错误中吸取经验。在这种情景下，学生就会享受并真正寻找有挑战性的任务，因为在这种情况下参与的代价是很低的（Paris & Ayres，1994）。让学生参与制定评价标准并评价他们自己的学业，可以降低学生的焦虑；而这种焦虑往往是伴随评价而来的，因为评价让学生觉得他们的学习结果如何，似乎是由老师说了算，自己没有控制感。学生可根据一系列被他们自己和老师所认定为“好的”作业特点为标准，以此来评价自己的学习。在自我评价过程中，他们会考虑自己学习方法的有效性，并能从提高效率的角度来调整自己的学习行为（Winne & Perry，2000；Winne & Perry，2000）。

在进行自我调节学习的课堂中，学生有很多正式和非正式的机会来评价自己的学习。例如，老师让四年级和五年级的学生交一份反思日志，描述在学习概率和统计这个单元时，他们与小组合作者共同设计的游戏（Perry，Phillips，& Dowler，2004）。他们的日志阐述了自己对于团队工作进程及成果所作出的贡献，同时描述了他们从中的收获。教师在评价他们设计的游戏时，也会考虑这些反思日志。同时，教师也可通过更加非正式的方式直接问学生：“今天，你在写作方面学到了什么？”“优秀的研究者和作家都做些什么？”“对于我们原来做不了的事情，我们该怎么处理？”这些问题可以向单个学生提问，也可以在班级讨论中穿插进行，它们可以促进学生元认知、动机和策略性行为的发展，而这些恰恰是自我调节学习的内容。

四、协作学习

提高高中生学习动机委员会（The Committee on Increasing High School Students' Motivation to Learn，2004）认为，当学生齐心协力共同做同一件事情时，他们会更愿意接受具有挑战性的任务——这是一种可以发展学生自我调节能力的复杂任务。委员会补充道：

> 协作工作还可以帮助学生发展合作的技能。而且，这种学习有助于创建促进大家相互负责的学习者共同体，而不是对很多学生来说非常不自在的竞争性环境。特别是对那些学习成绩很差的学生而言，更是如此。（p.51）

合作或协作关系对于自我调节学习最有效的支持作用，就是它们营造了学习共同体和共享问题解决的氛围（Perry & Drummond，2002；Perry，VandeKamp，Mercer，& Nordby，2002）。在这样的情境下，无论大家是单独学习、两人小组学习还是多人（三人及以上）小组学习，教师和学生都可以真正地互相调节对方的学习，并相互给予支持（McCaslin & Good，1996）。这种支持对于个体的发展、元认知的使用、内部动机的激发以及策略性行为的发展（如分享观点、对比问题解决的策略以及确认每个人擅长的领域）都具有重要的作用。那些高效的教师，在每个学年伊始都会花些时间来安排教学工作，并建立学生活动参与的规范（例如，如何提供建构性的反馈、如何解释和回应同伴的建议等等）。正如你将在第 13 章中看到的，在学年伊始来设计有益的管理与学习程序以及做好常规教学活动的安排，的确花费时间，但这个时间的付出是值得的。一旦常规教学活动和师生互动模式建立良好，学生就可以集中精力学习了，教师也可以致力于教授学业技能和学科课程了。

第六节 学习理论的整合

我们如何理解前面几章中理论观点的多样性？我们已经探讨了行为主义、认知主义、建构（个体和社会）主义和社会认知对于人们学习什么以及如何学习的解释。表11—3总结了这几种学习理论的观点。

表11—3 四种学习观

	行为主义	认知主义	建构主义		社会认知
	应用行为分析（斯金纳）	信息加工理论（J. Anderson）	个体（皮亚杰）	社会/情境（维果斯基）	社会认知理论（班杜拉）
知识	一成不变的知识体系； 从外界获得。	一成不变的知识体系； 从外界获得； 先前知识影响信息加工的方式。	可变的知识体系； 在社会环境中进行的个体性建构； 知识的建构基于学习者已有知识。	知识是社会建构而来； 知识的建构依赖于参与者的贡献，是共同建构的。	知识体系是可变的，是由个体、他人和环境互相作用而建构的。
学习	事实、技能和概念的获得； 通过操练、指导性的练习产生。	事实、技能、概念和策略的获得； 通过有效的策略使用而产生。	在先前知识的基础上积极建构； 通过多种机会和不同过程将先前知识联结起来。	将社会性界定的知识和价值进行合作性建构； 通过社会性建构机会而产生。	基于观察积极建构知识； 个体与物理和社会环境相互作用，并发展主体性——进行自我调节。
教学	传授：讲课告知。	传授：引导学生获得更精确与完整的知识。	挑战，引导学生思考，以获得更完整的理解。	与学生共同建构知识。	呈现榜样，展示并支持学生的自我效能与自我调节。
教师的角色	管理者、监督者； 纠正学生的错误答案。	教授和示范有效的策略； 纠正学生的错误概念。	促进者、引导者； 听取学生当前的概念、观点和想法。	促进者、引导者； 共同参与者； 共同建构对知识的不同解释，听取来自社会性建构的概念。	榜样、促进者、动机激发者； 自我调节学习的示范者。
同伴的角色	经常不考虑。	不必要，同伴甚至会影响信息加工。	不必要，但同伴能激发思考，并提出问题。	通常是知识建构过程的必要部分。	担任榜样作用； 通常是知识建构过程的必要部分。
学生的角色	被动接收信息； 积极的听众、指导的追随者。	积极的信息加工者、策略使用者； 信息的组织和再组织者； 记忆者。	内心的积极建构； 积极的思考者、解释者、诠释者以及提问者。	与他人及自我进行积极主动的共同建构； 积极的思考者、解释者、诠释者以及提问者； 主动的社交参与者。	与他人及自我进行积极主动的共同建构； 积极的思考者、解释者、诠释者以及提问者； 主动的社交参与者。

对于上述不同的学习理论观点，我们无需去争论每一种理论的优点是什么，而应去思考这些理论对于人们理解学习和改进教学所做的贡献。不要认为我们必须选择一个“最好”的理论取向，事实上这是不可能的。就像化学家、生物学家以及营养学家借助于不同的理论来解释和改进人们的健康一样，教师也可以综合运用不同的学习观点，为不同的学生创建具有创造性的学习环境。行为主义理论帮助我们理解线索在行为发展阶段中的作用，并让我们理解行为结果和练习在鼓励或阻碍特定行为中的作用。但是，许多人类的生活和学习并不仅仅是行为。语言和高级思维需要复杂的信息加工和记忆，而认知模型有助于我们理解这些。当然，人类不仅仅是信息的加工者，那些创造者和知识的建构者是什么样的人呢？建构主义观点能告诉我们很多这方面的内容。最后，社会认知观点强调主体性和自我指导的重要作用，而生活正需要我们具有自我调节学习的能力。

我喜欢把表11—3中的四种主要的学习理论看作是教学的四个支柱。学生首先必须理解材料

（建构主义观），接着他们必须记忆他们所理解的内容（信息加工的认知观），然后他们必须实践和应用（行为主义观），以使新的技能和理解更加顺畅和自动化，并成为学生行为库中的永久贮存。最后，学生必须自己掌控自己的学习（社会认知观）。如果不能充分考虑到学习过程中的这些方方面面，那就只能是低质量的学习了。

▼ 本章小结

第一节 社会认知理论

比较社会学习理论与社会认知理论。

社会学习理论拓展了行为主义关于强化和惩罚的观点。在行为主义看来，强化和惩罚直接影响人们的行为；而社会学习理论认为，人们通过观察另一个个体或者榜样受到强化或惩罚也同样能对个体的行为产生影响。社会认知理论扩展了社会学习理论，将信念、期望及自我概念等认知因素纳入进来。当今的社会认知理论是一个用来解释人类适应、学习和动机的动态系统。该理论致力于了解人们如何发展社交、情绪、认知与行为能力，人们如何调节自己的生活以及行为的动机是什么等问题。

什么是三元交互决定论？

三元交互决定论指的是个人、环境以及行为这三种影响因素之间的动态相互作用：个人因素（信念、期待、态度以及知识）、物理和社会环境（资源、行为结果、他人、榜样和教师以及物理情境）以及行为（个体的行动、选择以及口头陈述）三者之间彼此互相影响。

第二节 示范：通过观察他人进行学习

什么是示范？

通过观察他人进行学习是社会认知理论的一个关键要素。示范受到以下几个因素的影响：观察者的发展特征、榜样的身份地位和声望、榜样行为的结果、观察者对表现出所观察行为的期望（我会受到奖励吗？）、观察者知觉到的自身目标与榜样行为之间的关联性（像榜样那样做会得到我想要的吗？）以及观察者的自我效能感（我能做到吗？）。

观察学习会产生哪些类型的结果？

观察学习会产生五种可能的结果，包括引导注意力、鼓励现有行为、改变抑制状态、教授新的行为与态度以及唤醒情绪。通过引导注意力，我们了解他人会如何作出反应以及行动的对象是什么。鼓励或微调现有的行为，可以形成好习惯并且可以更高效率地做事。观察他人也可以提示我们注意他人的注意力，这可以促使我们更加意识到或更少意识到自身的行为。当他人做某事时，我们也很容易做同样的事。小孩子特别会通过观察和仿效他人进行学习，但是每个人都可以通过观察他人的行为而了解事情做得如何。最后，观察会促使人们将情绪与特定的活动联结起来。如果观察者看到他人很享受某个活动，那么观察者也会学习享受该活动。

第三节 自我效能与主体性

什么是自我效能感？它与其他的自我图式有何不同？

自我效能感与其他的自我图式有所区别，因为前者包括个体对自己完成特定任务的能力的判断。而自我概念是一个更加宽泛的构念框架，它包括很多其他关于自我的概念，当然也包括自我效能感。与自尊相比而言，自我效能感关注个体对个人能力的判断，而自尊则关注个体对个人价值的判断。

自我效能感的来源是什么？

自我效能感共有四个来源：成功经验（直接经验）、面对任务时的唤醒水平、替代经验（成就被他人模仿）以及社会性劝说（激励性的演说或对特定表现的反馈）。

自我效能感如何影响动机？

更高的自我效能感能够使个体付出更大的努力、在挫折面前更加坚持不懈、设置更高的目标，并能够在一个策略失效的情况下继续寻找新的策略。如果自我效能较低，人们就会逃避任务；而当遇到问题时，就会轻易放弃。

什么是教师效能感？

与学生学业成就有关的教师个体特征之一就是教师的效能感，即教师对自己能够帮助学生即使是难以对付的学生进行学习的信念。具有较高效能感的教师工作更加努力，毅力更强，并且较少体验到倦怠。在学校里，当其他教师和管理者对学生怀有很高的期望，而且校长能够帮助教师解决教学和管理中的问题时，教师的效能感就会比较高。在你的职业生涯中，任何帮助你成功完成日常教学任务的经历和培训，都会给你一个发展自我效能的基础。当然，低自我效能感可能也有益处，因为它会促使教师去寻求专业发展和提高。

第四节 自我调节学习

影响自我调节学习的因素有哪些？

教学的一个重要目标就是为学生的终身学习做准备。要想实现这个目标，学生必须成为自我调节的学习者。也就是说，他们必须把知识、学习动机和意志力结合起来，具有独立和有效学习所必备的技能和意愿。知识包括对于自我、学科主题、任务、学习策略以及应用情境等方面的认识。学习动机让学生做出承诺，意志则是最终让学生战胜三心二意、保持持续学习的毅力。

自我调节学习的循环是什么？

自我调节学习有多个不同的模型。Winne 与 Hadwin 描述了一个四阶段模型：分析任务、设置目标并制定计划、实施策略以完成任务，以及调节学习。Zimmerman 提出了类似的三阶段模型：前虑阶段（包括目标设置、计划制订、自我效能以及动机）、表现阶段（包括自我控制和自我监控）以及反思阶段（包括自我评估和调整，并重新返回前虑和计划阶段）。

如何将学生培养成为自我调节的学习者？

自我调节的学习者要参与四种类型的活动：分析任务、设置目标和制订计划、卷入学习，以及调整学习方法。要想把学生培养成为自我调节的学习者，教师需要给学生提供界定并分析手头任务的机会，学生则要自问：任务是什么？任务的理想结果是什么？同时，学生也能从目标设置练习中有所获益，他们可能问的是：我的短期目标是什么？长期目标是什么？下一步就是要使用一定的学习策略，如确定重要情节以及对材料形成全面理解的策略。最后，学生需要反思自己是否成功，并想出新的策略来克服自我调节过程中的不足之处。他们可能自问：哪个地方做得比较成功？什么地方还需要改进，以便与未来的目标相吻合？

什么是认知行为矫正？

认知行为矫正就是人们利用自我言语来调节行为的过程。认知行为矫正有很多种形式，包括帮助学生继续保持学习状态，以及帮助学生有效处理愤怒及攻击性。研究者确定了特别有助于自我对话策略的四个技能：听讲、计划、行动以及核查。认知行为矫正可适用于各个年龄段的学生，但是对于年幼的孩子以及那些没有机会练习自我调节策略的人来说，帮助他们进行自我对话，可能需要更多的成人帮助与指导。

情绪自我调节的技能有哪些？

能进行情绪自我调节的个体，能意识到自身的情绪以及他人的感受——意识到内在情绪是不同于外在表情的。他们能够以适合于自身文化群体的方式谈论和表达自身的情绪。他们对悲痛的人感同身受，同时也能应对自身的悲伤情绪——他们能应对压力。这些人知道，人们如何交流情绪部分决定了人们的关系。综合使用所有这些技能，人们就能进行情绪的自我调节了。

第五节 自我效能和自我调节学习的教学

教师如何帮助学生发展自我效能感和自我调节学习？

教师应当指导学生参与复杂的、有意义的、耗时较长的任务，并且监控他们的学习过程和学习结果，在这个过程中学生也需要做出选择。此外，教师还应当让学生参与设计用于评价学习过程和学习结果的标准，然后给学生提供机会让他们使用这些标准来评价学习进步情况。最后，鼓励学生与同伴进行合作学习，并互相给予反馈，也是有效的策略之一。

第六节 学习理论的整合

四种不同学习观的价值是什么？

四种主要的学习理论（行为主义观、认知主义观、建构主义观和社会认知观）是教学的四个支柱。学生首先必须理解材料（建构主义观），接着他们必须记忆他们所理解的内容（信息加工的认知观），然后他们必须实践和应用（行为主义观），以使新的技能和理解更加顺畅和自动化。最后，学生必须自己掌控自己的学习（社会认知观）。如果不能充分考虑到学习过程的这些方方面面，那就会导致低质量的学习。

▼复习思考题

(一)单项选择题

1. “我相信我在英语课会取得好成绩。”Chris 跟她的弟弟说道：“我在 SAT 中的词汇测验部分得了满分，我在文学课上的表现也一直很优秀。”Chris 所展示的是下面哪一项特点?
   A. 高自尊
   B. 高共情水平
   C. 英语学习的高自我效能感
   D. 英语学习的低自我效能感
2. 观察学习是指通过观察他人而引发自己在行为、认知或者情绪方面的改变。下面的哪一个理论及其提出者与观察学习有关?
   A. 行为主义理论，斯金纳
   B. 建构主义理论，皮亚杰
   C. 社会认知理论，班杜拉
   D. 社会文化理论，维果斯基
3. Hutton 小姐转过身，一脸怒容，冲着二年级的学生吼道：“Johnny，你在做什么? 我说过让你离开座位了吗? 你不要让我再抓到你做一些不允许做的事情。”全班同学都安静地坐着，惊恐地看着这一幕。当午餐铃声响起一个小时之后，没有一个学生敢从他们的座位上离开。这是下面哪一概念的例子?
   A. 自我调节学习
   B. 自我效能感
   C. 交互决定论
   D. 替代性学习
4. 通过观察学习，个体知道该如何去行为表现以及在特定情境下进行某种行为表现之后的结果。观察学习是一种非常有效的学习过程，它包含哪四个要素?
   A. 注意、保持、再现和动机 / 强化
   B. 注意、认知、信念和价值
   C. 观察、渴望、发展的能力和适应性
   D. 观察、动机、抽象化和强化

(二)开放论述题

案例：“Marcus，你的拼写测试做得很棒！”Bonner 先生笑着看着 Marcus，Marcus 也报之以微笑。“我知道当我们开始画进步表的时候，你会做得很好。在前面三次测验中，你都取得了很好的成绩。这表明你每晚都会学习，你的分数不断地在上升！我看着我们在学年初制定的那张表的时候，我觉得这真的有帮助。”

“Bonner 先生，我想在数学学习中也采用同样的做法。我想如果我每晚都练习，并且将我的进步制成一张表，我会在数学测验中也会取得很好的成绩的。我打算做一张表，选一些我可以在家进行练习的数学游戏。”

5. Bonner 先生是怎样激发 Marcus 的自我效能感的?
6. Marcus 对 Bonner 先生提出的自我调节学习的例子做出了怎样的反应?

▼他们会怎么做?

回顾章前教师案例簿中的内容，看看下面几位教师是如何应对的。

Jane W. Campbell　二年级教师

John P. Faber Elementary School, Dunellen, NJ

学年一开始，我会教给学生一些获得独立并取得成功的方法。首先，我会向学生介绍一个标有班级编号和学校名称的家庭作业文件夹。当然，主体感很重要，因此他们也需要在那个标签上写上自己的名字。同时，还有区域是留给家长签字的，需要上交给教师检查的家庭作业和只需在家完成的家庭作业，有些需要家长的签字。每天学生都会将作业放在合适的区域，我会在教室中巡视，检查他们的文件夹，看看他们做得怎样。随着一些学生对此逐渐精通时，我就让他们当助手来帮助检查其他同学的作业。让学生学会条理有序确实需要花费时间，但是一旦规则建立起来，大部分的学生就能够成功地完成任务了。随着规则的建立和不断练习，学生变得更加成功和自立。这样，学生、家长和教师每个人都很开心。

Carla S. Higgins　小学语文教学协调员

Legend Elementary School, Netwark, OH

我不会主观假定学生的组织技能。相反，我会直接教给他们一些有助于当前课堂学习以及未来组织技能发展的小技巧，如使用结构化的文件夹来放置课堂作业、经常检查以及运用作业日历表或者计划表。我会让学生考虑完成每个任务需要的时间，在此基础上制定出相应的计划。对于周期较长的作业，我会让学生制作一个合理的完成任务步骤的时间表。最后，由于目前我们处于一个依赖信息技术交流的时代，我会建立一个网站或者邮件提醒系统来为学生提供额外的辅助，并与学生家长进行沟通，让他们也参与进来。

Marie Hoffman Hurt 八年级外语教师（德语和法语）

Pickerington Local Schools, Pickerington, OH

要想成为一名优秀的教师，除了要学习如何教给学生必备的知识内容，还要学习如何教给学生学习的过程。在大教学观的框架下，教授给学生具体领域的知识内容仅仅是教学的一个很小的组成部分——这一点我在刚刚开始执教生涯的时候并未意识到。想要在生活中获得成功（当然也包括在成就测验中获得好成绩），应该更多关注学生在学习法语动词时所形成的学习习惯、学习计划与学习策略，而不仅仅是让学生知道如何对法语动词进行词形转换。知道了这一点，就很容易照此安排手头的任务了。如果教师将注意的焦点放在诸如组织和计划等学习的基础策略上，并且将这些策略的使用与课堂实践紧密相连，那么这些概念就会成为学生的第二天性。由于学生掌握了必备的工具，因此他们就能更好地学习和吸收具体领域的知识内容。

Kelly L. Hoy 五年级教师

The Phillips Brooks school, Menlo Park, CA

在小学，组织条理化技能对于减轻学生、教师，甚至家长的压力都是很核心的。学生有时把作业放在课桌上，放在活页夹中，放在背包里，或者不知何故就莫名其妙地找不着了。不过，教师有办法来处理这种问题。在某个教学时段结束时，教师需要花点时间清晰地规定作业应该放在什么地方，而且每个孩子要标出他的作业是否放在正确的位置。对于时间比较紧的项目，教师可以设定不同的期限，如给出注解、制定草案以及完成最后项目的期限，这样能帮助学生学习时间管理。学生能在作业记录中核对他们的材料是否正确，并得到教师的签名。定期检查书包，也能帮助学生把家庭作业条理有序地放在书包里。

Patricia A. Smith 高中数学教师

Earl Warren High School, San Antonio, TX

在高中数学教学中，我会在学年开始的前两个月培训学生的组织技能。所有学生都会收到一张日程表，上面列出需要讨论的话题、作业提交日期和测验日期。我还会发给学生一张成绩卡，他们可以在上面记录自己的分数。这不仅可以让我进行检查，而且还给了学生一种挣得分数的主人翁意识。

所有学生都有一个三环的塑料皮活页夹——他们的时间安排表装入塑料皮内。在学年开始，上课前我都会看看学生的时间安排表，并询问学生作业的截止期限。此外，我将所有的作业和测验放在不同科目、不同颜色的文件夹中。当学生走进班级并看到讲台上特定颜色的文件夹时，他们就知道哪些作业到截止期限了。我给学生布置的大多数小测试都是那种要带回家完成的，我把这些小测试放在教室后面的桌子上，学生需要找到作业的放置地点、完成测验并将小测试放回原处。事实上，我提前将小测试放在后面桌上，而且拒收晚交的测试，这样，就增强了学生的责任心和组织条理性。评过分的试卷也采用同样的流程，这样就可以让有秩序的新系统不断运行，而废止无组织性的老方式。

第12章
学习动机与教学

你会怎么做？

教师的案例簿

今年 7 月，你在一所学校找到了工作。尽管该校所在的地区不太理想，但工作机会的确难得，能在自己擅长的领域找到这样的职位，已经很令人满意了。但是你很快发现，除了必需的课本和练习册，你们学校的教学资源近乎于零。你向学校提出要求，希望多配置一些教学软件、游戏程序、直观教具和其他教辅材料，但都遭到了委婉的拒绝。他们告诉你："对不起，我们没有额外的预算来添置这些东西。"而当你翻阅学生的课本时，你发现它们不仅内容枯燥乏味，而且也具有相当大的难度，但是教学目标表明这些内容非常重要，而且明年春天进行的全区统考将要对这些内容进行考察。

想一想：

- 你怎样激发学生对学习内容产生兴趣?
- 你如何让学生认同这些学习内容的价值?
- 你将怎样处理教材中难度较大的内容?
- 为了解决这些问题，你需要了解哪些与学习动机相关的知识?
- 为了激发学生的学习动机，你需要了解他们的哪些信息?

概览与目标

大多数教育者都认为激发学生的动机是教学的关键任务之一。只有对学习充满了兴趣的学生，才会为了学习积极地从认知、情感和行为上投入富有成效的课堂活动中去。本章，我们首先回答“什么是动机”的问题，具体来说，我们将验证那些经讨论得出的可能答案，包括内部动机和外部动机的论述，以及五种取向的动机理论——行为取向、人本取向、认知取向、社会认知取向和社会文化取向。接着，我们将进一步探讨那些和动机有密切关系的个人因素，包括：需要、目标定向、信念与自我图式、兴趣与好奇心、情绪、焦虑等。

我们怎样把所有这些信息综合运用到教学中去？我们又如何创设环境、教学情境和教学关系来激发学习动机？首先，我们要思考学生的个人因素对学习动机的影响；其次，我们要考虑课堂中的学习活动、学习价值和学习环境等如何影响学习动机；最后，我们需要制定一些有利于激发并维持学生学习动机的教学策略。

学完这一章后，你应该能：

- 明确动机的含义，并辨析行为取向、人本取向、认知取向、社会认知取向和社会文化取向的动机理论对学生动机的解释。
- 解释个人需要如何影响学习动机。
- 描述不同的目标定向及其对动机的影响。
- 讨论学生的信念以及对成功和失败的归因如何影响动机。
- 描述兴趣、好奇心、情绪、焦虑等因素对动机有何作用。
- 解释教师如何激发学生的学习动机。

第一节　动机的基本含义

在前面几章中，当我们探讨学生关于自身能力的信念（自我效能感）时，我们涉及过动机的问题。本章我们将进一步深入探讨动机，因为它对学生的社会互动和学业成就都有直接而重大的影响。两个能力和知识水平都相似的学生，可能因为动机不同而产生很不同的学业表现（Wigfield & Wentzel，2007）。那么，动机是如何发挥作用的呢？下面就让我们从这一基本的问题谈起吧。

一、什么是动机?

动机（motivation）通常被定义为一种激发、指向并维持某种行为的内部心理状态。心理学家研究动机时，通常把重点放在以下五个基本问题上：

（1）人们为什么选择不同的行为？例如，为什么一些学生选择集中精力做作业，而另一些学生则选择看电视？

（2）他们需要花多长时间才开始行动？为什么有些学生能立刻开始做作业，而另一些学生则总是拖拖拉拉？

（3）开始活动后，他们的参与程度如何？一旦打开书本，学生是全神贯注地投入还是三心二意、敷衍了事？

（4）什么因素决定一个人选择坚持还是放弃？学生是一口气读完整本莎士比亚作品，还是翻几页就放下？

（5）活动进行的过程中，他们有什么想法和感受？阅读莎士比亚作品时，学生是享受阅读且感觉很有成就感，还是在为即将到来的考试担忧（Graham & Weiner，1996；Pintrich，Marx，& Boyle，1993）？

（一）学生动机的表现

学习动机受到众多因素的影响。为了对这个问题的复杂性有所认识，让我们走进一所中学的科学课堂。老师对将要进行的实验活动进行讲解之后，学生有各种不同表现。下面让我们一起来看看 Stipek（2002）所描述的学生个案资料：

绝望的 Geraldo 像往常一样，不打算开始学习。他总是说："我不懂"、"这太难了"。即使是答对问题时，也说"是猜的"、"我其实不知道"。他把时间都花在发呆上了，于是成绩越来越落后。

保守的 Sumey 追求完美，每做一步都要跟你核对一下。她曾经绘制了一幅实验仪器的彩图，为此你给了她额外的加分。从此，在每次实验以后，她就坚持画图。但她不愿采取任何冒险的行为，以免只得到 B 的分数。对于考试要求以外的内容，她完全不感兴趣。

> **动机（motivation）**　一种激发、指向并维持某种行为的内部心理状态。

自满的 Spenser 则相反，他对学习内容很有兴趣。事实上，他知道的比你讲授的更多，显然他花了不少时间自学化学和做实验。但总体而言，他的成绩只能在 B− 和 C+ 之间徘徊，因为他从不完成家庭作业。对于自己不需要努力就能及格的现状，他已经很满意。

防御的 Daleesha 又没有带实验手册，所以不得不跟其他同学一起看。她假装正在做实验，但大部分时间都在开小差，然后趁你不注意的时候抄袭同学的答案。她不愿意尝试，因为她害怕如果自己努力却失败了，就会被其他人笑为"笨蛋"。

焦虑的 Amee 在多数科目上成绩不错，但她对科学课考试却非常焦虑。在课堂上她能够答对问题，到了考试中却全都"忘记"了。她的父母都是科学家，他们希望她也能成为一名科学家，但她对此并不看好。

> **停下来　想一想**
>
> 以上每个同学在动机的选择、启动、强度、坚持性、思想与情感等五个方面至少存在一个问题。你能识别这些问题吗？你可以从后面的内容中找出答案。

每个学生面临着不同的动机障碍，而你需要激发全班学生的学习动机并进行教学。在下面的内容里，我们将更深入地探讨动机的含义，以便于我们进一步理解这些学生的行为。

（二）内部动机与外部动机

我们都曾有过强烈动机驱动下的体验：充满活力、直指目标、努力工作，甚至有时候即使我们觉得这个任务很枯燥，我们仍能全力以赴。是什么激活了我们的行为？我们可能将其解释为驱动力、基本要求、自身需要、诱因、恐惧、目标、社会压力、自信、兴趣、好奇心、信仰、价值观、期望等。有些心理学家将动机描述为一种个体特质或个人特征。例如，有人渴望成功，有人害怕考试，有人对机械很好奇，有人长期对艺术感兴趣，因此他们可能会努力工作以追求成功，或努力逃避考试，或成天埋头在车库里修车，或沉迷于画廊。但另一些心理学家则将动机视为一种暂时的状态。例如，如果是因为明天的考试才努力学习，那么，你当下的动机就是由情境引起的。当然，大多数时候我们的动机都受到特质和状态的双重影响。例如，你之所以学习，既是因为学习内容很有价值，也是为了应对明天的考试。

对动机的一个最经典的区分就是将动机划分为内部动机和外部动机。**内部动机（intrinsic motivation）**是指当我们追求个人兴趣和能力提升时所产生的一种寻求并克服挑战的本能倾向。当我们激发内部动机时，我们不需要依靠外部诱因或惩罚，因为活动本身就能带来满足感和回报（Anderman & Anderman，2010；Deci & Ryan，2002；Reiss，2004）。上文中自满的Spenser利用课外时间学习化学，完全是因为他自己喜欢学习化学，没有其他人强迫他。内部动机常常与在学校获得的学业成绩、创造力、阅读理解、享受学业以及深度学习策略的使用等积极结果相关（Corpus，McClintic-Gilbert，& Hayenga，2009）。

相反，如果我们做一件事情，是因为我们希望得到高分、避免惩罚、取悦老师或者出于其他与这件事情本身无关的原因，驱动我们的就是**外部动机（extrinsic motivation）**。我们并不是对这件事情本身有兴趣，我们只是为了得到某种东西才去做它。上文中保守的Sumey就是为了成绩而学习，她对学习内容本身并没有兴趣。外部动机与消极情绪、不良的学习成绩以及不当的学习方法有关（Corpus et al.，2009）。

内部动机（intrinsic motivation） 活动本身能够带来奖励的动机。

外部动机（extrinsic motivation） 由外部因素（如奖励、惩罚等）引发的动机。

因果控制点（locus of causality） 对行为起源于内部还是外部的定位。

只是为了获奖？

运动员努力练习，只是为了获得奖牌，还是因为他希望在运动中成就自我？

支持动机的内外划分的心理学家们认为，仅仅依靠观察外部行为无法辨别出驱动某一行为的究竟是内部动机还是外部动机。区别两类动机的关键在于学生做出这一行为的原因，即该行为的**因果控制点（locus of causality）**对个体自身而言是内在的，还是外部的。例如，学生之所以读书、练习游泳、画画，可能是因为个人兴趣，这就是自愿的选择（内部控制点/内部动机），也可能是受到其他人或事情的影响（外部控制点/外部动机）（Reeve，2002；Reeve & Jang，2006a，2006b）。

当我们反思自己的动机时，常常发现内外动机的二分法过于绝对和简单。有两种理论对这种二分法进行了调整。其中一种观点认为，我们的行为处于从完全的“自我决定”（内部动机）到完全的“外部决定”（外部动机）的连续体上。例如，有些学生之所以愿意从事那些他们不怎么感兴趣的学习活动，是因为他们知道这些活动很重要，将有助于他们达到有价值的目标，就像你愿意花很长时间学习教育心理学，为的是当一位称职的教师。这样的动机是内部的还是外部的？事实上，介于两者之间——人们自愿选择接受某些外因的影响（如取得资格证等），并尽量从中获得益处。这就是内化了的外部原因（Vansteenkiste，Lens，& Deci，2006）。

另一种解释则认为，内部和外部不是一个连续体的两极，而是两个独立的维度。任何状态下，我们的动机都或多或少地同时包含了两者（Covington & Mueller，2001）。教师固然可以通过将教学与学生的个人兴趣和能力增长相联系，从而激发学生内部动机，但这一方法并不总能奏效。

你见过不受外因干扰而能够长时间保持的"兴趣"吗？你见过能够持续对"不规则动词"产生好奇心的学生吗？因此，如果教师靠在任何时候、任何情况下都依赖内部动机来激发学生，那么他一定会失望的。在一些情况下，教师仍然需要借助诱因和外部支持来激励学生。教师要培养和激发学生的内部动机，同时，也需要有效地利用外部动机来促进学生的学习（Anderman & Anderman，2010；Brophy，2003）。要做到这一点，我们需要进一步了解哪些因素会影响动机。

停下来　想一想的答案

绝望的 Geraldo 的问题在于无法"开始"（2），并且总是感到沮丧（5）。在整个活动中他都感到受挫和绝望。

保守的 Sumey 能够做出正确选择（1），及时开始学习（2），并坚持下去（4），但她不能真正参与其中并体验到活动的乐趣（4 和 5）。

只要按照自己的选择（1），自满的 Spenser 可以迅速开始学习（2），投入（3）、坚持（4）并体验到快乐（5）。

防御的 Daleesha 做出了错误的选择（1），拖拖拉拉（2），不愿参与（3），轻易放弃尝试（4），因为她太在意别人对她的评价了（5）。

焦虑的 Amee 的问题在于不知如何处理学习过程中的消极思想和负面情绪（5）。她的焦虑和担忧会使她退缩（1）和拖拉（2），而由此造成的不良表现又会加剧她的焦虑情绪。

（注：1. 选择；2. 启动；3. 强度；4. 坚持性；5. 思想与情感）

二、动机理论的五种基本取向

停下来　想一想

你为什么阅读本章内容？是对动机这个主题感到好奇而产生兴趣，还是因为不久的将来你需要应付一个考试？你是否需要这门课程的成绩来获得教师资格证书或毕业证书？也许你相信你能在班上取得好成绩，是这种信心让你坚持学习吗？还是上述理由都有一些？究竟是什么激发了你的学习动机呢？

动机是一个内涵丰富而复杂的概念，也具有很多不同的理论解释。有些理论是通过动物实验发展而来，有些理论基于研究人们如何解决特殊任务（比赛、猜谜等），还有些理论来源于临床和工业心理学领域的工作实践。这些理论的研究非常丰富，我们只能选择其中最重要的一部分进行阐述。

（一）行为取向的动机理论

根据行为主义的观点，要对学生的动机有所了解，就必须深入分析课堂中存在的各种诱因和奖励。所谓**奖励（reward）**，是指在个体出现某个特殊行为后，给予其有吸引力的事物或事件。例如，当保守的 Sumey 画了一幅出色的图后，教师就给了她额外的加分。而所谓**诱因（incentive）**，是激发或阻碍人们采取某种行为的事物或事件。对 Sumey 而言，得到分数 A 就是个诱因，也是一种奖励。事实上，获得分数本身就是一个奖励。通过给予分数、星星、小贴画以及其他强化物以激发学习，或者惩罚有缺点和错误的行为，这些都是试图通过诱因、奖励或惩罚的外部方法来激发学生的动机。

（二）人本取向的动机理论

> **奖励（reward）** 个体出现某个特殊行为后，给予他的有吸引力的事物或事件。
> **诱因（incentive）** 激发或阻碍人们采取某种行为的事物或事件。
> **人本主义观点（humanistic interpretation）** 强调个体对自由、选择、自我决定和自我成长的追求是动机来源的一种理论。

20 世纪 40 年代，人本主义心理学的倡导者罗杰斯（Carl Rogers）指出，当时占据主流地位的行为主义或弗洛伊德精神分析理论，都不能很好地解释人们的行为及其背后的原因。**人本主义观点（humanistic interpretation）**认为，每个人都有"自我实现"的需要（Maslow，1968，1970）、天生的"实现倾向"（Rogers & Freiberg，1994）或者"自我决定"的需要（Deci，Vallerand，Pelletier，& Ryan，1991），而这些正是个体行为动机的内在源泉。因此，在人本主义看来，所谓的激发动机，就是发掘人们自身的内在动力——他们对胜任感、自尊、自主和自我实现的需要。我们将在后面的内容中详细介绍两种最具影响力的人本主义动机理论：马斯洛的需要层次理论以及 Deci 和 Ryan 的自我决定理论。

（三）认知取向的动机理论

在认知主义看来，每个人都是积极主动、充满好奇并努力解决身边问题的个体。因此，认知主义很重视内部动机。认知取向的动机观点在许多方面与行为取向的动机观点针锋相对。认知主义的理论认为，人们的行为是思考的结果，而不是简单地由过去的奖惩经验所决定的（Stipek，2002）。特定行为之所以产生并改变，是出于对计划（Miller，Galanter，& Pribram，1960）、目标（Locke & Latham，2002）、图式（Ortony，Clore，& Collins，1988）、期望（Vroom，1964）和归因（Weiner，2000）等因素的考虑。后面的内容中我们将详细介绍目标、期望和归因对动机的影响。

（四）社会认知取向的动机理论

期望 × 价值理论（expectancy × value theory） 用个体对成功的期望和对目标的价值评估来解释动机的一种理论。

动机的社会文化观（socialcultural views of motivation） 强调社会实践活动中个体的参与、身份认同和人际互动对动机的作用。

合法的边缘性参与（legitimate peripheral participation） 真实地参与社会活动，但是在这个过程中，个体可能能力不足，贡献很少。

社会认知取向的动机理论可以归纳为**期望 × 价值理论（expectancy × value theory）**。这意味着动机是两种力量共同作用的结果，即个体对达到目标的期望，以及对该目标的价值的评估。换句话说，就是回答两个主要问题："如果我努力，我能成功吗？""如果我成功了，有什么意义或好处？"动机是这两个变量共同作用的结果，如果其中任何一个变量是零，指向该目标的动机就不会产生。例如，我相信自己有机会进入篮球队（高期望），而且加入篮球队对我而言很重要（高价值），我的动机就会很强烈。但如果其中一个因素不成立（我不相信自己能进入篮球队，或者我根本不喜欢打篮球），我就不会产生任何动机（Tollefson，2000）。

后来，Jacqueline Eccles 和 Allan Wigfield 在期望 × 价值的公式中加入了"代价"这一变量。也就是说，我们评估某一目标的价值时，还得考虑为了实现这一目标需要付出什么样的代价。需要花费多大精力？是不是有替代方案？如果失败了将面临什么风险？我会不会看起来很傻（Eccles，2009；Eccles & Wigfield，2002）？

（五）社会文化取向的动机理论

请试着填完这个句子："我是一个________。"你的身份是什么？你认为自己属于哪个群体？**动机的社会文化观（socialcultural views of motivation）**强调个体参与的社会实践。人们参与各种活动，以维持他们在社会中的身份和人际关系。因此，学生之所以有学习动机，是因为他们是课堂和学校中的一员，而这个社会团体很重视学习的价值。想象一下，我们是如何学会说话、穿衣或者在饭店点餐的？我们是通过观察和模仿比我们更有能力的社会成员，从而实现社会化的。同样的道理，我们通过观察和模仿学校团体中的其他成员，从而学习怎样成为一名学生。换句话说，我们的学习是在特定的社会团体中进行的（Eccles，2009；Hickey，2003；Rogoff，Turkanis，& Bartlett，2001）。当我们声称自己是一名足球运动员、雕塑家、工程师、教师或心理学家时，实际上我们就是确认了自己属于不同社会团体的身份。为了最终成为这个社会团体的一员，我们需要经历从合法的边缘性参与到核心参与的过渡。所谓**合法的边缘性参与（legitimate peripheral participation）**，是指新成员真实地参与社会活动，但是在这个过程中他们可能能力不足、不够成熟，贡献也很少。例如，新手纺织工人在进行纺纱和编织之前，先学习染色；再如，新手教师在正式教授一个班级学生之前，先练习一对一地辅导学生。无论是新手，还是熟练的专家，都需要参与某个特定社会团体，从而实现身份认同。因此，保持社会成员身份的意愿，能够激发他们学习这个社会团体的价值观和行为规则的动机（Lave & Wenger，1991；Wenger，1998）。

表 12—1 对行为、人本、认知、社会认知和社会文化取向的动机理论进行了总结。虽然不同取向的理论在回答"什么是动机"的问题上存在争议，但每种取向都能从不同角度帮助我们完整地理解动机。

那么，我们如何将所有这些动机理论进行整合，从而有效地指导教学呢？让我们从四个领域来探讨。新近的研究认为，我们可以从需要、目标、自我图式以及动机中与情绪相关的"热"因素——包括兴趣、好奇心、情感和焦虑等四个方面出发来进行尝试（Murphy & Alexander，2000）。

表12—1　　动机的五种观点

	行为取向	人本取向	认知取向	社会认知取向	社会文化取向
动机来源	外部	内部	内部	内部和外部	内部
重要影响因素	强化、奖励、诱因和惩罚	自尊、自我满足和自我决定的需要	信念、成败归因、期望	目标、期望、意图、自我效能感	积极参与学习共同体，在团体活动中获得身份认同
代表人物	斯金纳	马斯洛 Deci	维纳 Graham	Locke 和 Latham 班杜拉	Lave Wenger

第二节　需要

早期的心理学研究将动机看作是个体特质性的需要或稳定的人格特征。这些研究关注于三种主要的心理需要：成就感、力量感、归属感（Pintrich，2003）。这些因素都被马斯洛（Abraham Maslow）所提出的著名的需要层次理论所涵盖了。

一、马斯洛的需要层次理论

马斯洛（1970）指出，人们按照一定的顺序排列**需要层次（hierarchy of needs）**，从最低层次的生存需要、安全需要，到较高层次的求知需要，以及最高层次的自我实现需要。**自我实现（self-actualization）**最早由马斯洛提出，是对自我满足、个人潜能实现的总称。只有每个低层次的需要得到满足后，人们才可能去考虑下一个更高层次的需要。

马斯洛（1968）将四种低层次的需要——生存需要、安全需要、归属需要和自尊需要统称为**缺失性需要（deficiency needs）**。当这些需要得到满足后，追求这些需要的动机就会减弱。而三种较高层次的需要——求知需要、审美需要和自我实现的需要统称为**存在性需要（being needs）**。当这些需要得到满足后，人们进一步追求这些需要的动机非但不会减弱，反而会更加强烈。与缺失性需要不同，存在性需要永远不会完全得到满足。例如，当你努力成为一名教师时，你体验到越多成功感，就会越渴望更大的进步。

马斯洛的理论也受到了很多质疑。显然，我们并不总是像理论中预测的那样行动。我们常常会在不同类型的需要之间前后摇摆，有时也会同时受到多种需要的驱动。例如，有些人宁愿放弃安全和友谊的需要，也要去追求知识、理解和自尊。

> **需要层次（hierarchy of needs）** 马斯洛建立的人类需要的七级模型，包括从最基本的生理需要到自我实现的需要。
>
> **自我实现（self-actualization）** 个体潜能的充分发挥。
>
> **缺失性需要（deficiency needs）** 马斯洛理论中最底层的四种需要，必须首先得到满足。
>
> **存在性需要（being needs）** 马斯洛理论中的三种高层次需要，也称为成长性需要。

尽管存在这些质疑，马斯洛的理论还是给了我们许多启示，它提醒我们将学生看成一个整体的“人”，其生理需要、情感需要和智力需要是互相关联的。例如，如果一个孩子因为父母的离婚而缺乏安全感和归属感，他就很可能没有兴趣好好学习。同样，如果学校变成一个充满恐怖和不可预知的场所，老师和学生都不知所措，那么师生都会更关注安全感的寻求，而无心于教学。再比如，对学生而言，与同伴的社会关系和归属、自尊的需要非常重要，如果教师的要求与同伴团体有冲突，学生很可能会拒绝服从，甚至当众顶撞教师。

除了需要层次理论，近年来发展迅速的自我决定理论也很重视个体的内在需要（Deci & Ryan，2002；Reeve，2009）。

二、自我决定理论：胜任、自主和关联的需要

自我决定理论认为，我们每个人都有各种心理需要：与外界事物互动时能感觉有能力、足以胜任，对自己的生活拥有控制和选择权，与他人交流并从属于某个社会群体等。请注意，这些概

自主需要（need of autonomy） 能够依据自身意愿（而非依据外部奖惩或压力）来决定自己的行为的心理需要。

认知评价理论（cognitive evaluation theory） 认为外界事件是通过个体是否将其感知为控制性或信息性行为而影响动机的一种理论。

念与早前研究的基本需要很相似：胜任需要与成就感相似，自主和控制需要与力量感相似，关联需要与人际归属感相似。因为不同的文化具有不同的自我概念，一些心理学家试图探讨胜任、自主和关联需要是否具有文化普遍性。在一系列研究中，Hyungshim Jang 和她的同事（2009）发现，即使对于崇尚集体主义文化的韩国高中生而言，胜任、自主和关联需要的满足也和满意的学习体验密切相关。也就是说，这些需要可能是具有跨文化的普遍性的。

在上述三种需要中，**自主需要（need of autonomy）**最为核心，它是指我们依据自身意愿（而非依据外部奖惩或压力）行事的需求（Deci & Ryan，2002；Reeve，Deci，& Ryan，2004；Ryan & Deci，2000）。人们希望对自己的生活拥有支配权，能够对自己的行为负责。为此，我们会持续地反抗外部的控制，如他人强加的各种规则、规划、期限、命令或限制。有时候，我们甚至会拒绝别人的帮助，因为我们害怕丧失支配权（deCharms，1983）。

（一）课堂中的自我决定

如果课堂环境能支持学生的自我决定和自主需要，那么学生对学习会更感兴趣和充满好奇（甚至是家庭作业）、更有胜任感、更有创造性，

自我决定的学生

如果课堂环境能激发学生的自我决定和自主需要，那么学生对学习会更感兴趣，更有好奇心，更有胜任感，更有创造性，更愿意尝试，概念学习的效果也更好。

他们的概念学习、学业成绩、学校出勤率和满意度、课堂参与度、自我调节学习策略的使用、心理幸福感都会提高，同时他们也更愿意去迎接挑战。这一关系从一年级小学生到大学生中，都得到了证实（Jang，Reeve，& Deci，2010；Moller，Deci，& Ryan，2006；Reeve，2009；Shih，2008）。当学生对某些事件拥有选择的权利时，他们往往会认为这件事很重要，即使它做起来很枯燥。由此，学生能够对教育目标进行内化，并将它视为自己的目标。

与此相反，控制型课堂只能促进学生的机械记忆学习。当教师强迫学生学习，学生就会试图寻求最简单、快捷的途径。然而令人不安的是，有研究发现，虽然控制型教师的教学效果更差，但是教师在受到管理者、学业成绩要求、“管教”的文化及来自家长的期望等等压力后，依然不得不这样做。此外，学生也更被动，更少付出努力。最后，一些教师使用控制型课堂上课时会感觉更舒服（Reeve，2009）。如果你能承受这些压力，你会如何支持学生的自主性？一个方法是，在与学生互动时，你应该更多地关注于提供信息，而非控制行为。

（二）信息提供与行为控制

每个学生在学校都会有不同经历：受到表扬或批评，被迫在规定期限内完成作业，得到不同分数，拥有选择权，接受规则教育等。**认知评价理论（cognitive evaluation theory）**认为，这些事件之所以能改变学生的内部动机，是因为它们会影响学生的自我决定感和胜任感（Deci & Ryan，2002）。认知评价理论指出，上述各种不同事件都包含有两方面的特征：控制性和信息性。如果教师行为是高控制性的，也就是说教师强行要求学生按照特定的方式学习和体验，学生就会感觉缺少控制力，从而导致内部动机减弱；相反，如果教师行为主要是提供信息，就会增加学生的胜任感，从而提高学生的内部动机。当然，如果教师提供的信息令学生感到太难、无法胜任，也很可能减弱内部动机（Pintrich，2003）。下面是一个高控制型沟通的案例：

> 你们的论文周一必须提交。今天我们将要去学校的图书馆，在那儿你们会找到用于写论文的相关书籍和网址。不要浪费时间，也不要出错，确保完成你们的作业。在图书馆里，你可以独自查阅，也可以与同伴一起。（Reeve，2009，p.169）

这位老师也许认为他为学生提供了选择权，也就支持了学生们自主性。但对比下面的沟通方式后，你就会发现，为学生阐述来到图书馆的价值，才是有效的信息型沟通。

你们的论文需要周一提交。为了帮助你们写好一份基于良好研究成果的论文，我们将去图书馆寻找那些知识和信息。我们到图书馆的目的是通过书籍和互联网来查询信息。在那里你们也许会开小差，但来过图书馆的学生们都发现这是写好一篇论文的很关键的一部分。为了尽可能写出一篇好的文章，独自查阅或结伴皆可。（Reeve，2009，p.169）

作为一名教师，怎样才能激发学生的自主需要和胜任需要？首要的一步就是尽量避免使用控制性指导，因为控制性词汇（“必须”、“应当”、“应该”、“非得这样做”……）会破坏学生的内部动机（Vansteenkiste，Simons，Lens，Sheldon，& Deci，2004）。相反，你应该尽量在你提供的信息中，突出学生能力不断增长的事实。下面的“实践指南”给出了一些相关建议，你可以参考。

（三）关联的需要

关联需要是指与他人建立亲密的情感联结和依恋关系的心理欲求。如果教师和家长对孩子的行为保持敏感，并且关心孩子的喜好、健康状况、快乐程度，孩子就会表现出较高的内部动机。那些感觉自己与教师、家长和同伴关系亲密的学生，往往更全心全意地投入学习（Furrer & Skinner，2003）。每个学生都需要充满爱心的教师，尤其

实践指南 支持自我决定和自主

- 允许并鼓励学生做选择。

例如：

1. 针对学习目标，可以设计多种不同的教学活动（如写论文、做资料汇编、做测验、出板报等），然后让学生选择其中的一种。鼓励他们说说自己选择的理由。

2. 要求班委会自行提议并设计一些工作流程。例如，如何照顾班级宠物，如何分配仪器等。

3. 留出时间让学生进行独立、扩展的学习活动。

4. 在有利于学生专心学习的前提下，允许他们自由选择合作学习的同伴。

- 帮助学生制定计划，从而实现自己选定的目标。

例如：

1. 尝试使用目标卡片。让学生列出自己的一系列长期和短期目标，并写下三四种有助于实现这些目标的具体行动计划。每个人的目标卡片都应该有他自身的特点，就像信用卡一样。

2. 鼓励初中和高中学生针对不同学科分别设定不同目标，把它们记录在专门的笔记本上，定期检查自己目标完成的进展情况。

- 引导学生对自己的选择及其结果负责。

例如：

1. 如果学生选择跟自己的好朋友们一起学习，但他总是开小差聊天，没能完成任务，你可以客观地评分，并帮助学生认识到分数低是因为他们浪费了太多时间。

2. 如果学生选择的学习主题激发了他们的想象力，你可以引导他们去发现这一事实——学习过程中的努力，能提高学习结果的质量。

- 向学生解释制定规则、限制和约束的原因。

例如：

1. 解释为什么要制定这些规则。

2. 以身作则，遵守规定和约束。

- 承认消极情绪是对教师控制的正当反应。

例如：

1. 通过跟学生沟通，让他们明白在学习中偶尔感觉枯燥乏味是很正常的，没有关系。

2. 通过跟学生沟通，让他们明白学习过程中难免会感觉受挫、困惑和疲惫。

3. 当学生感觉“这个问题真太难了”，你可以认同学生的感受，或者说“我能够理解为什么你会有这种感觉”。

- 使用非控制的积极反馈。

例如：

1. 把学生的低分或问题行为看作尚待解决的问题，而不是批判的对象。

2. 避免使用控制性词汇，如“你应该……”、“你必须……”、“你非得……不可”。

资料来源：Raffini, J.P. (1996). *150 ways to increase intrinsic motivation in the classroom.* Boston, MA: Allyn and Bacon; Reeve, J. (1996). *Motivating others: Nurturing inner motivational resources.* Boston, MA: Allyn and Bacon.

是对那些处境不利的学生而言，更是如此。那些与教师关系良好的小学生，在高中时表现更好，上大学的可能性也有所提高（Stipek，2006；Thompson，2008；Woolfolk Hoy & Weinstein，2006）。此外，缺乏社会关联的人，更经常出现饮食障碍或自杀等各种情绪和躯体问题（Baumeister & Leary，1995）。关联是一种与归属感类似的情感，详见第 3 章（Osterman，2000）。

三、需要理论对教师的启示

从婴儿到老年，人们都希望自己拥有能力，并且人际关系良好。学生更愿意参加那些能够增强他们能力的活动，而不愿意参加那些总是以失败告终的活动。这就意味着，他们需要具有适当挑战性的任务——既不太容易，也不至于完全做不到。此外，当他们通过自我监控、成长档案等方式看到自己的能力有所增强时，他们也会受益。而为了与他人保持人际联系，学生希望能感受到学校里的其他人都关心他们，可以帮助他们进行学习。

那么，还有哪些因素会影响动机呢？很多理论都把目标看作是动机的关键成分。下一节我们就围绕目标定向来进行讨论。

第三节 目标定向

目标（goal） 个人努力要实现的东西。

目标（goal）是个体通过努力要完成和达到的结果（Locke & Latham，2002）。当一位学生努力阅读文章或力争得到满分时，他实际上就在进行一项目标导向的行为。在追求目标的过程中，学生通常明白目前的状况（如“我还没有开始读书”）、理想的状况（如“我已经理解了书中的所有内容”）以及两者之间的差距。目标激励人们采取行动，从而减少“现在在哪儿”和“希望去哪儿”之间的差距。目标设置对我们来说通常会很有效。当然，类似于吃饭这样的常规任务不需要我们花费什么注意力，但是对于其他事情我们每天都要设定目标。例如，今天我打算写完这一章节、在跑步机上锻炼身体、预约牙医、再洗一堆衣服（我知道这很无趣）。如果已经计划好的事情不能完成，我就会感到很不舒服。

根据 Locke 和 Latham（2002）的理论，目标设定之所以能够提高成绩，主要有四个理由：

（1）目标能指引我们把注意力保持在手头的任务上，避免分心。例如，每当我的心思从本章的内容中游离时，要写完这一章节的目标就会帮助我把注意力转移回写作上。

（2）目标能提供努力的动力。目标越具有挑战性，我们就会越努力。

（3）目标能增加坚持性。当我们有明确的目标时，我们更不容易放弃目标，直到完成。因为，有难度的目标要求我们付出努力，而时间紧迫的目标会让我们加快速度。

（4）当旧的策略失效时，目标能促进新的知识和策略的形成。例如，如果你的目标是得优，而第一次测验时你没有做到，那么下一次测验时你就可能尝试一种新的学习方法。

一、目标类型与目标定向

不同目标类型的设定，会影响我们产生动机的大小。那些具体、难度适中且在不久的将来可能实现的目标，会增强我们的动机和坚持性（Schunk，Pintrich，& Meece，2008；Stipek，2002）。

具体的目标会为我们自己行为表现的判断提供清晰的标准。如果成绩还没有达到目标，我们就会继续努力。例如，Ralph Ferretti 和他的同事（2009）为四年级和六年级同学的一篇论说文的写作设定了一般性的总体目标（“给老师写一封信阐述是否该给学生留更多的课外作业……”），并将一般性的总目标分解成了以下具体的子目标：（1）你需要清楚说明你的观点；（2）你需要两个以上的原因来支持你的观点；（3）你需要说明为什么你选择这些原因。结果发现，无论是正常的学生，还是具有阅读障碍的孩子，当他们获知这些具体的子目标时，他们的论说文写作水平都有明显的提高。

中等难度的目标，也有利于动机的激发。所谓中等难度，是指任务既对我们提出了挑战，但又并非不可完成。最后，如果目标很快就能实现，我们就不会因为其他急迫的事情而把它搁置一边。一些类似于"匿名酗酒者"的团体就很明白短程目标的激励价值，他们总是要求他们的成员"每次少喝一天"。

停下来 想一想

用 1~5 分进行评定，分别回答下面的问题，1 分代表非常同意，5 分代表完全不同意。

在学校，能让我感到高兴的事情有：

____通过努力我解决了问题。

____我知道的比其他人多。

____我不必努力学习。

____我一直很忙。

____我第一个完成任务。

____所有学习内容都很容易。

____我学到了新的东西。

____我是唯一得优的学生。

____我和朋友们在一起。

（一）学校里的四种成就目标定向

目标就是具体的靶子。**目标定向（goal orientations）**是指与学业成就相关的不同类型的目标信念。目标定向包含了我们追求目标的理由和我们用以评估目标实现的进展情况的标准。例如，你的目标可能是这门课程得优。那么，为了掌握教育心理学，你会怎么做呢？是认真学习所有的相关知识，还是尽量在朋友和家长眼里表现得好一些？目标定向的类型主要有四种：掌握目标（学习）、表现目标（表现好）、回避努力和社会目标（Schunk，Pintrich，& Meece，2008）。你能分辨出你刚刚完成的"停一停 想一想"环节中的不同回答分别反映出了哪种目标定向吗？这些问题大多引自一项关于学生数学学习观的研究（Nicholls，Cobb，Wood，Yackel，& Patashnick，1990）。

研究学生目标时最常见的分类法是将目标区分为掌握目标（也称为任务目标或学习目标）和表现目标（也称为能力目标或自我目标）。**掌握目标（mastery goal）**的核心是为了提高能力，为了学习知识，而不在乎表现如何。如果学生选择掌握目标，他们的参与积极性会更高，更愿意投入。持有掌握目标的学生倾向于寻求挑战，遇到困难时能够坚持，他们也更喜欢学习（Midgley，2001）。他们将注意力放在手头的学习任务上，而不会去担心自己的成绩表现与班上其他人相比是否"合格"。我们常常形容他们是"沉迷于学习的人"。除此之外，他们也很愿意寻求恰当的帮助，更多使用深层认知加工策略，更愿意使用各种有效的学习策略，同时面对学习任务也更有自信（Anderman & Patrick，2012；Kaplan & Maehr，2007）。

"合格"不是关键所在

如果学生持有掌握目标，他们的参与积极性会更高，更愿意投入，他们更不会担心自己的成绩表现与班上其他人相比是否"合格"。

另一种目标是表现目标。持有**表现目标（performance goal）**的学生关注于把自己的能力展现给别人看。他们很重视考试能否得高分，他们很关心自己能否获胜并击败其他同学。那些希望自己的表现比别人强的学生，会选择做一些使自己看起来聪明的事情。例如为了"读最多的书"，他们会选择去读一些非常简单的书。对他们而言，重要的是别人如何评价他们的表现，而不是他们学习了什么。持有表现目标的学生所采取的一些行为，实际上可能会妨碍学习。例如，为了完成任务他们可能作弊或偷工减料，他们只对需要考试的内容下工夫，如果成绩不好就很沮丧并把试卷藏起来，选择最简单的任务，面对没有明确评分标准的作业会感到很不安（Anderman & Anderman，2010；Stipek，2002）。

目标定向（goal orientations） 不同类型的与学业成就相关的目标信念。

掌握目标（mastery goal） 个体的目标是为了提高能力和掌握知识，而不管成绩如何。

表现目标（performance goal） 个体的目标是使自己在别人眼里看起来有能力或成绩很好。

（二）表现目标一无是处吗？

表现目标听起来相当低效紊乱，不是吗？早期研究发现大多数时候表现目标对学习有害，但就像外部动机一样，它并不是在所有时间都是不好的。事实上，有些研究发现无论是掌握目标还是表现目标都能促进学生使用积极的学习策略，并提高他们的自我效能感（Midgley，Kaplan，& Middleton，2001；Stipek，2002）。对于大学生来说，追求表现目标与高成就感密切相关。更为重要的是，就像内外动机的关系那样，学生往往是同时追求掌握目标和表现目标。

为了解释这些近期的研究发现，教育心理学家在区分掌握目标和表现目标的过程中，增加了趋近和回避这一区分维度。也就是说，学生可能因为趋近掌握目标而产生动机，也可能因为避免无知而产生动机。他们可能为了趋近表现目标，也可能为了避免看起来很傻。表12—2中列举了每种目标定向的例子和效果。你认为最大的问题在哪里？你是否认为真正的问题在于回避？那些害怕无知（掌握回避型）的学生可能形成完美主义——追求完全精确的成功；那些避免看起来很傻（表现回避型）的学生可能采取防御性、回避失败的策略，正如前文案例中防御的Daleesha那样，装作漫不经心，表现出"我并没有真正尽力"的样子，或者作弊（Harackiewiz，Barron，Pintrich，Elloit，& Thrash，2002；Harackiewiz & Linnenbrink，2005）。

表12—2　目标定向

（对于掌握目标和表现目标定向，学生都可能表现出趋近或回避的倾向。）

目标定向	趋近型	回避型
掌握目标	关注点：掌握任务，学习，理解 标准：自我提高，进步，深入理解（任务卷入）	关注点：避免无知或无法掌握任务 标准：只求不出错，不犯错就是完美
表现目标	关注点：表现出众，胜利者，冠军 标准：常模比较——得到最高分，在竞争中获胜（自我卷入目标）	关注点：避免看起来很傻，避免失败 标准：常模比较——不要成为最差的、最低的或最慢的（自我卷入目标）

资料来源：Pintrich, P.R., & Schunk, D.H. (2002). *Motivation in education: Theory, research and applications (2nd ed.)*. Boston, MA: Allyn and Bacon.

最后，我们还要警惕：如果学生希望表现得"聪明"却没有成功，他们的表现趋近目标可能转变为表现回避目标。变化的过程是从表现趋近目标（努力获胜），变成表现回避目标（保住面子，不让自己看起来很傻），再变成习得性无助（我放弃）。因此，教师最好不要尝试用比赛和人际比较的方法来激励学生（Brophy，2005）。

（三）超越掌握与表现目标

有些学生既不想学习，也不在乎表现得聪明或笨拙，他们只希望马上结束任务或者干脆逃避不学。这些学生会尽可能用最快速度完成作业，并且不付出任何努力（Schunk，Pintrich，& Meece，2008）。John Nicholls称这些学生为**回避努力学习者（work-avoidant learners）**——只有当他们不需要付出努力、任务很容易或可以游手好闲的时候，他们才会感到成功（Nicholls & Miller，1984）。

回避努力学习者（work-avoidant learners） 那些不想学习，也不想看起来很聪明，只希望不花功夫的学生。

社会目标（social goal） 为了与他人保持人际联系或成为团体中的一分子而产生的各种需要和动机。

除掌握目标和表现目标外，还有一种目标类型就是**社会目标（social goal）**。随着学生年龄的增长，这种目标的作用日趋重要。当学生进入青春期以后，他们的社交网络会包含进更多的同伴，一些非学业的活动，如体育运动、约会、闲逛等，都会跟学校学习抢时间。社会目标涵盖了各种不同的需要和动机，他们有些有助于学习，而另一些则会妨碍学习。例如，为了避免伤害朋友的感情，青少年在合作学习中可能不愿意挑战他人的错误答案或错误概念，这时维持友谊的目标就会阻碍学习进程（Anderson，Holland，& Palincsar，1997）。同样，如果追求的社会目标类似于"跟朋友们玩得开心"、"不要成为令人讨厌的对象"等，那么这也会对学习造成妨碍。但是，另一些类似于"为家族带来荣耀"、"共同奋斗的团结精神"、"成为学习团体中的一员"等社会目标，则会促进学习进程（Pintrich，2003；A. Ryan，2001；Urdan & Maehr，1995）。

虽然我们对不同目标分开进行讨论，但事

实上学生总是同时追求多种目标(Bong，2009；Darnon，Dompnier，Gillieron，& Butera，2010)。他们必须对自己的不同目标进行整合，从而决定究竟做什么、如何去做。如果社会目标和学业目标发生冲突怎么办？例如，如果学生不明白学业成就与人生成功之间的关系——尤其是那些受到歧视而无法成功的人——他们就不可能将学业成就看作一个重要目标。这种“反学业”的学生群体可能在每所高中都存在（Committee on Increasing High School Students' Engagement and Motivation to Learn，2004；Wentzel，1999）。有时，对于学生来说，要想在同伴团体中受欢迎，就意味着学业上不能太优秀——而对他们来说，前者是更重要的。维持人际关系的需要对大多数人而言，都是最基本，也往往是最重要的。

（四）社会情境下的目标

我们在前面的章节中已经知道，新近的教育心理学观点认为应该把人置于特定情境下研究，目标定向理论也不例外。人们总是在特定社会情境下去思考每个行动的意义的，例如学生在生物课堂情境下完成某项作业，对这个行为的目标设定会反映出学生对“我们正在做什么”的不同理解。因此，如果置身于一个高度竞争化的课堂氛围，学生很可能更多地选择表现目标。相反，如果置身于支持型、以学习者为中心的课堂氛围，则即使自我效能感较低的学生，也会尝试着追求较高难度的掌握目标。根据社会认知理论，目标是“在个体、环境和行为三者之间的互动中形成的，是联结‘意义’、‘目的’和‘自我’，从而指导和整合行为、思维和情感的中间环节”（Kaplan & Maehr，2007）。

学生对于他们课堂的感知，称为课堂目标结构（classroom goal structure），也就是学生们认为的他们的课堂所强调的目标（Murayama & Elliot，2009）。Lisa Fast 和她的同事们（2010）发现，对于四至六年级的学生而言，如果他们感觉到数学课堂是温暖的、富有挑战的和掌握目标定向的，他们就有非常高的自我效能水平，也会取得较好的数学成绩。所以，适度挑战、社会支持和关注学习，而不是看起来不错，似乎可以营造出一种积极的课堂氛围。

二、反馈、目标建构和目标认同

除了设定具体的目标、创设支持性的社会关系外，还有三个因素可以提高课堂上目标设定的效率。第一个是反馈。为了让“现在在哪儿”和“希望去哪儿”之间的差异激发出动机，我们必须明确自己目前的状态以及需要努力的距离。有研究表明，强调进步的反馈是最有效的。在一项研究中，研究者向两组成人分别提供不同的反馈，一组强调成功（“你成功了75%”），一组强调失败（“你离成功还差25%”）。结果发现，受到较多成功反馈的被试更自信，更愿意积极思考，且成绩显著提高（Bandura，1997）。

另一个影响因素是目标建构。我们可以将不同活动和任务解释或建构为有助于学生提高能力、促进自我决定、促进积极的师生关系和同伴关系、促进身心健康等内部目标，也可以将它们理解为有助于学生实现考试得高分、迎合他人要求、为下学期分班做准备等外部目标。如果将学习与学生的内部目标（能力增长、自我决定和维持人际关系等）相联系，则学生会对学习内容进行更深入的加工，且更愿意花时间进行概念性理解，而非浅尝辄止。如果将学习与学生的外部目标（迎合他人标准等）相联系，那么学生更倾向于机械学习，而不愿深入理解，且缺乏坚持性（Vansteenkiste，Lens，& Deci，2006）。

第三个影响因素是目标认同。认同感很重要——只有人们认同这些目标，它们才会对个人表现起到最大的促进作用（Locke & Latham，2002）。如果学生拒绝他人为自己设定的目标，或者拒绝设定目标，他们的动机就会很低。一般而言，学生更愿意接受那些实事求是、难度适中且有意义的目标——就像我们上文提到的一样。找出合理的理由，将学习活动与学生的内部兴趣相联系，就能帮助他们认识到学习目标的价值，从而认同这些目标（Grolnick，Gurland，Jacob，& Decourcey，2002）。

三、目标理论对教师的启示

学生喜欢追求的目标是清晰、具体、合理的，它们往往具有中等挑战性，且在较短时间内能完成。如果老师比较重视学生的成绩、分数或在竞争中取胜，他们就是在鼓励学生设置表现目标。但是，这会破坏学生的学习能力，阻碍他们成为“任务卷入型学习者”，导致他们逃避学校学习，并最终形成习得性无助（Anderman & Maehr，1994；Brophy，2005）。如果学生还不擅长自己设置目标，也还不能完全专注于目标，鼓励和恰当的反馈就非常必要。如果需要使用一些奖励和诱因策略，就要确保设定的目标是知识掌握和能力进步，而非好成绩或表现得聪明。此外，要注意目标不能太难。学生和成人一样，当面对一些总是令他们感到不安或沮丧的教师时，他们不可能坚持学习或者认真回答问题，这一点与我们马上要讨论的动机中信念的重要性有关。

第四节　信念与自我图式

至此，我们已经讨论了需要、目标与动机的关系，但除此之外还有一个重要的影响动机的因素，那就是学生对知识、学习、能力、成败等的认识问题。学生如何看待知识、怎么看待学习、怎么看待他们自己和自身能力、怎么看待造成自身成功或失败的原因等，都会深刻地影响学生的学习动机。下面就让我们从“学生如何看待知识”这个最基本的问题入手来展开讨论。

一、知识观：认识论信念

认识论信念（epistemological beliefs） 对知识的结构、稳定性和确定性以及如何更好地学习知识的信念。

学生持有的知识观和学习观即**认识论信念（epistemological beliefs）**，会影响他们的学习动机，甚至会影响他们对不同学习策略的选择。

停下来　想一想

对 Chan 和 Sachs（2001）提出的下列问题，你会怎样回答？

1. 学习数学的时候哪一项最重要？

（a）记住教师讲过的内容；（b）大量地练习解题；（c）理解需要解决的问题。

2. 学习科学的时候哪一项最重要？

（a）严格按照老师说的做；（b）试着发现理论的意义；（c）努力记住想要知道的一切。

3. 如果你想彻底了解某种东西（如动物），需要学习多长时间？

（a）如果努力，不用一年时间；（b）大约一两年时间；（c）永远无法结束。

4. 当你对某样东西了解得越多，你越会觉得……

（a）问题越来越复杂；（b）问题越来越简单；（c）所有问题都找到答案了。

研究者们使用类似上面的问题，确定出认识论信念存在多个维度（Chan & Sachs，2001；Schommer，1997；Schommer-Aikins，2002；Schraw & Olafson，2002），例如：（1）知识的结构性。每个领域的知识是不同事实的简单组合，还是由不同概念和关系形成的复杂结构？（2）知识的稳定性与确定性。知识是固定不变的，还是始终在不断演进的？（3）学习的能力。学习的能力是固定不变的（基于先天能力），还是可改变的？（4）学习的速率。知识是在短时间内就可以快速习得的，还是需要长时间的付出而缓慢发展的？（5）学习的本质。学习是意味着背诵权威者传授的事实，并一个一个孤立地把它们记住，还是说，学习意味着形成自己整合后的理解？

学生对知识和学习的信念会影响他们对学习策略的选择。例如，如果你相信知识能够快速习得，你就会只尝试一两种快速策略（只读一遍课文、花两分钟时间完成所有拼写）就停止学习。如果你相信学习意味着形成整合后的理解，你就会对学习材料进行更深入的研究，联系已有的知识、列举你知道的例子、绘制示意图，从而将新的信息变为你自己的知识（Kardash & Howell，2000；Muis & Franco，2009）。一项针对小学四、六年级学生的研究发现，那些认为学习需要建立在理解基础上的学生与那些认为学习仅仅是复述知识的学生相比，前者对科学材料的加工更深入（Chan & Sachs，2001）。研究者使用了上面“停下来　想一想”中的那些问题来评估学生的信念。答案中的 1c、2b、3c 和 4a 分别对应的信念是：知识是复杂的、不断演进的、需要花时间理解的以及需要从学习中积累的。

在认识论信念中，有一个维度尤其重要，那就是学习的能力。

二、能力观

停下来　想一想

用 1~6 分回答 Dweck（2000）量表中的部分问题，1 代表非常同意，6 代表完全不同意。

____你的智力水平是确定的，对此你无法改变多少。

____你可以学会新的东西，但你无法改变你的智力水平。

____无论你是谁，你都可以在很大程度上改变你的智力水平。

____无论你的智力水平如何，它只会有一点点的改变。

在学校里，最能强有力地影响动机的信念是关于能力的信念。人们对能力有两种基本认识，那就是能力实体观和能力增长观（Dweck，2002，2006）。**能力实体观（entity view of ability）**认为能力是一种稳定的、不可控的特质，是个体无法改变的特征。根据这一观点，某些人可能比另一些人更有能力，但每个人的能力的总量是固定的。相反，**能力增长观（incremental view of ability）**认为能力是不稳定的、是可控的，是“无尽扩展的技能和知识的总和”（Dweck & Bempechat，1983，p.144），通过努力工作、学习或练习，知识会增加，能力也会随之提高。你如何看待能力？看看前面你对“停下来　想一想”中问题的回答吧。

研究表明，年幼的孩子倾向于持有能力增长观。小学低年级阶段，大多数学生都相信努力和智力是一回事。聪明的人会努力学习，而努力学习会让人变聪明。如果学业失败了，就说明你不够聪明且不够努力（Dweck，2000；Stipek，2002）。到了十一二岁的时候，孩子能够区分努力、能力和成绩的不同。大约在这一时期，他们开始相信那些不需努力就能成功的人才是真正聪明的人。从这时开始，他们关于能力的信念就对其学习动机产生影响了（Anderman & Anderman，2010）。

持有能力实体观（不可变）的学生倾向于设置表现目标，避免在别人眼里显得很差。他们寻求能让自己看起来聪明、能维护他们自尊的情境，就像前文案例中保守的 Sumey 一样。他们总是选择自己擅长的事情，而不愿付出更多努力，不敢承担失败的风险——因为无论是努力还是失败，对他们而言都是“低能”的标志。如果努力学习却仍然失败，这样的结果对他们将是毁灭性打击。那些在学习上有障碍的学生，更可能持有能力实体观。

相反，持有能力增长观与更强的学习动机相联系。相信能力可以提高的信念，会帮助你专注于解决问题的过程，并采用良好的学习策略，而不会太关注测验分数和成绩等级等结果（Chen & Pajares，2010）。

持有能力实体观的教师倾向于更快速地对学生形成判断，而当这一判断与证据相冲突时，他们的看法发生转变却很慢（Stipek，2002）。相反，持有能力增长观的教师倾向于设置掌握目标，创设让学生提高技能的情境，因为学习进步就意味着变得更聪明；而失败也并不可怕，它仅仅是说明努力的程度还不够，而不会对能力造成威胁。持能力增长观的个体倾向于设置难度适中的目标，而从前文的阐述中我们已经知道，这种目标才是最能激发动机的。

有关能力的信念与其他一些信念也是密切相关，如对于学习中你能控制什么、不能控制什么的信念，这就涉及了归因理论。

能力实体观（entity view of ability）认为能力是一种固定、不可改变的个人特质的信念。

能力增长观（incremental view of ability）认为能力是一系列可以改变的技能的信念。

三、因果与控制观：归因理论

关于动机有一种众所周知的理论，它认为我们通过寻求各种解释和因果关系来弄清自己和他人行为的意义。为了理解我们的成功或失败，尤其是出乎意料的成败，我们常常会问“为什么”。学生们会问自己：“为什么我期中考试没有及格？”“为什么我这个学期考得这么好？”他们可能把自己的成败归咎于能力、努力、心境、知识、运气、兴趣、教学的明晰、他人的帮助、他人的干扰、不公平的政策等等。而为了理解他人的成功或失败，我们也会进行归因——例如，认为他们的成功是因为聪明、幸运或努力。动机的**归因理论（attribution theories）**阐述了人们对自己和他人行为的解释、判断和辩解如何影响他们的动机这一问题（Anderman & Anderman，2010）。

> **归因理论（attribution theories）** 关于人们对自己和他人行为的解释、判断和辩解会如何影响他们的动机和行为的理论解释。

维纳（Bernard Weiner）是把归因理论运用到学校教育中的主要心理学家之一（Weiner，2000，2010）。根据他的观点，大部分成败的原因可以归属于以下三个维度：（1）控制点（原因的控制点——在个体的内部还是外部）。比如，将一次成功的钢琴演奏归因于你的音乐天赋或者努力就是内部归因，而归因于老师的培养则是外部归因。（2）稳定性（引起事件的这个原因是否具有跨时间和跨情境的一致性）。比如，天赋是稳定的，努力是可变的。（3）可控性（这个原因能否受个体控制）。比如，努力和找到一个好老师是可控的，而音乐天赋则不可控。

造成成功或失败的每种原因，都可以根据上面的三个维度进行归类。例如，运气是一种外部的（控制点）、不稳定的（稳定性）、不可控（可控性）的原因。在归因理论中，能力通常被看作是一种稳定而不可控的原因，这与上一节我们提到的能力增长观不同，因为能力增长观认为能力是不稳定且可控的。维纳使用的控制点和可控性维度，与Deci提出的“因果控制点”（locus of causality）概念之间存在密切相关。

维纳认为，这三个维度对动机有重要意义，因为它们会影响个体的期望和价值评估。例如，稳定性维度可能与对未来的期望有密切关系。如果学生把失败归因于稳定的因素（如学习内容太难），他们就会预期以后遇到同样的内容还会失败；但如果他们把失败归因于不稳定的因素（如心境、运气），他们就会期望在下一次能取得更好的结果。内外控制点维度可能与自尊体验有密切关系。如果将成功或失败归因于内部因素，成功就会带来自豪感并增强动机，而失败则会降低自尊。可控性维度与各种情绪相关，例如气愤、同情、感激、羞愧等。如果我们认为失败的责任在于自己，我们会感到内疚；如果我们认为成功是自己的功劳，我们会感到自豪；而如果某项任务的失败是不可控的，我们会感到羞愧或气愤（Weiner，2010）。

对自己学习的控制感会促使学生选择更难的学习任务，付出更多努力，使用更好的学习策略，坚持更长的学习时间（Schunk，2000；Weiner，1994a，1994b）；而性别歧视、种族歧视、特殊人群歧视等因素，则会让这些人对于自己是否有能力控制自身的生活产生怀疑（van Laar，2000）。

（一）课堂中的归因

如果人们对某项任务有很强的自我效能感（如“我很擅长学数学”），那么一旦失败了，他们会更倾向于归因于不够认真（“我原本应该再多检查一遍”）、误解指导语或不够努力。这些都是内部、可控的归因。因此，在下一次，他们通常会把重心放在成功的策略上。这种行为模式往往能带来成就、自豪感和更强的控制感。但那些自我效能感较低的人（如“我的数学学得一塌糊涂”），则倾向于将自己的失败归因于能力低下（“我很笨”）。

如果学生把失败归因于稳定、不可控的因素，就会对动机造成最严重的损害。这些学生对失败采取听天由命的态度，感到沮丧、无助——我们通常称之为“无动机者”（Weiner，2000，2010）。他们把错误归因于自己的无能，对待学习的态度也日益恶化。既然这些学生相信失败的原因是稳定、不可改变且无力控制的，那么他们对待失败的态度理所当然也会越来越冷漠。此外，这样看待失败的学生也更不愿意寻求帮助，因为他们认为没有人能帮助他们。至此，就产生了一个失败与逃避的恶性循环——“越是缺乏动机的学生，就越容易逃避困难，然后也就更加缺乏动机了”（Marchland & Skinner，2007）。你会发现，如果

无动机者？

如果学生把失败归因于自己无能等不可控的因素，他的动机就会出现最严重的问题。当学生认为自己对失败的原因完全无法掌控，他们难免会变得越来越冷漠。

一个学生持有能力实体观（能力不能改变），且自我效能感很低，总是把失败归因于缺乏能力（“我不会做，也学不会”），那么他的动机状况就会很糟（Bandura，1997；Schunk，Pintrich，& Meece，2008；Stipek，2002）。

（二）教师行为与学生归因

我们对他人的成败也会进行归因。如果教师认为学生的失败应归因于学生不可控的原因，他就会对学生表示同情，而非惩罚。然而，如果教师认为学生的失败是因为可控的原因（如不够努力），则他更可能表现出生气、愤怒，并谴责学生。这些行为倾向具有跨时间和跨文化的一致性（Weiner，1986，2000）。

学生会怎么理解教师的这些行为呢？Sandra Graham（1991，1996）给出的答案令人吃惊：有研究表明，当学生犯错时，如果教师表现出同情，表扬说“有勇气”，或者主动提供帮助，那么学生更可能将自己的失败归因于不可控的因素，他们通常归因于自己能力低。这是否意味着教师的这种行为应该受到批判，教师不应该提供帮助呢？当然不是！但它提醒我们，提供过于热切的帮助会传达出令人意料的信息。Graham（1991）指出，教师的善意同情会使很多来自少数族群、弱势群体的学生受到伤害。这些学生真正面临的困扰是：教师会对他们“放松”要求，以便他们能够获得“成功体验”。但教师的同情、表扬和额外的帮助，也微妙地传达了类似于“你没有能力完成这个任务，所以我不介意你失败”的信息。Graham 认为：“黑人孩子面临的一个问题就是，他们过去学业失败的历史使他们更可能成为教师提供同情性反馈的对象，并因此接收到低能的暗示。”（1991，p.28）这种善意的反馈，即使是出于好心，其实质也属于一种微妙的种族歧视。

四、自我价值信念

虽然使用了不同的术语，但大多数理论家都认同自我效能感、控制感、自我决定感对人们的内部动机具有关键性的作用。

（一）习得性无助

如果人们相信他们生活中大多数事件都是无法控制的，那么他已经形成了**习得性无助（learned helplessness）**（Seligman，1975）。为了理解习得性无助的破坏力，让我们看看下面的实验（Hiroto & Seligman，1975）：在实验的第一阶段，研究者让两组被试分别完成可破解和不可破解的字谜。第二阶段时，给所有被试一系列可破解的字谜。结果发现，那些在第一阶段面对不可破解字谜的被试在第二阶段完成的字谜数量显著更少。他们似乎已经知道自己不可能得出答案，那又何必再尝试呢？

习得性无助会对个体的动机、认知和情感三方面造成不良后果。感到无助的学生会缺乏动机，不愿意学习，就像前文案例中描述的绝望的 Geraldo 那样，他们预期会失败，因此甚至不愿意尝试——于是，动机受损。同时，因为对学习很悲观，这些学生放弃了通过练习提高自身技能的机会，因此他们往往会表现出认知缺损。此外，他们还常常会受到沮丧、焦虑、倦怠等情绪问题的困扰（Alloy & Seligman，1979）。习得性无助的破坏力一旦形成，就很难逆转。

> **习得性无助（learned helplessness）** 由于先前多次无法操控结果的体验而产生的未来所有努力都会失败的预期。

（二）自我价值

归因与能力观、自我效能感、自我价值之间到底是什么关系？Covington 及其同事认为，这些因素共同作用会导致三种动机模式：掌握定向

表12—3 掌握定向型、回避失败型、接受失败型学生

	对失败的态度	目标设定	归因	能力观	学习策略
掌握定向型	不畏惧失败	学习目标：中等难度和挑战性	成功是因为努力、策略使用正确、知识丰富	增长观：可提高	适应性策略，如转换方式、寻求帮助、增加练习
回避失败型	高度害怕失败	表现目标：非常难或非常简单	失败是因为能力不足	实体观：固定不变	自我防御策略，如不作努力、装作不在乎
接受失败型	预期失败，沮丧	表现目标或无目标	失败是因为能力不足	实体观：固定不变	习得性无助；很可能放弃

型、回避失败型和接受失败型，如表 12—3 所示（Covington，1992；Covington & Mueller，2001）。

掌握定向型学生（mastery-oriented students）倾向于重视成就，认为能力是可增长的（能力增长观），因此他们追求掌握目标以提升自己的技巧和能力。他们不害怕失败，因为失败不会威胁到他们的胜任感和自我价值。因此，他们会设定中等难度的目标，敢于冒险，能够从失败中吸取经验。他们通常将成功归因于自己的努力，因此他们对自己的学习有责任感和很强的自我效能感。他们在竞争情境下表现最好，学习很快，更自信，更有活力，唤醒水平更高，喜欢针对性的反馈（这对他们没有威胁性），且渴望掌握“游戏规则”——因此，他们会成功。所有这些因素有助于他们持之以恒地成功学习（Covington & Mueller，2001；McClelland，1985）。

回避失败型学生（failure-avoiding students）倾向于持有能力实体观，因此他们设置表现目标。他们缺乏独立于成绩之外的胜任感和自我价值感。也就是说，他们完全根据最近一次的考试成绩衡量自己是否聪明，因此无法形成稳定的自我效能感。为了获得胜任感，他们必须保护自己（和自我价值感）远离失败。如果他们已经取得了成功，他们就会像保守的 Sumey 那样，通过选择低风险和已经熟悉的任务来尽力避免失败。另一方面，如果他们体验到一点点失败，他们就会像防御的 Daleesha 那样，采取各种自我妨碍性策略，如避免努力、设置过低或过高的目标、声称自己不在乎学习等。考试前，有些学生会说“我从不学习”或“我只要及格就好”。这样，只要分数高于及格线他们就算成功了。拖拖拉拉也是一种自我保护策略。如果学生有理由声称“考虑到我昨晚才开始复习，这样的成绩已经不错了”，那么低分就不会意味着低能。事实上，所有这些都是**自我妨碍（self-handicapping）**策略。因为这些学生为自己的学业设置了种种障碍，因此他们的学习也往往无法进步。

> **掌握定向型学生（mastery-oriented students）** 指那些关注学习目标的学生，他们看重学习中的进步，并认为能力是可提升的。
>
> **回避失败型学生（failure-avoiding students）** 使用回避风险、只选择熟练任务、声称不在乎成绩等方法避免失败的学生。
>
> **自我妨碍（self-handicapping）** 为了避免暴露自己的真实能力，有些学生会采取一些阻碍自己成功的行为。
>
> **接受失败型学生（failure-accepting students）** 那些认为自己的失败是因为无能且自己对此无能为力的学生。

不幸的是，避免失败策略反而往往会导致学生的失败。如果不断地失败，借口变得越来越苍白无力，最终学生会认定自己很无能，他们的自我价值和自我效能感荡然无存，他们甚至会选择放弃，最终成为**接受失败型学生（failure-accepting students）**将自己的所有问题归咎于能力不足。正如我们前面所见，这些将失败归因于低能且认为能力无法改变的学生往往会变得沮丧、冷漠和无助。像前面案例中提到的绝望的 Geraldo 一样，接受失败型学生对能力的改变不抱希望。

为了防止回避失败型学生发展成接受失败型学生，教师可以帮助他们重新设定更现实的学习目标。从这个意义上来说，每个孩子都有成功的机会，至少可以达成几个目标（Chen，Wu，Kee，Lin & Shui，2009）。同样，教师要帮助学生克服由于长期遭受性别歧视或种族歧视而在他们内心留下的“能做好什么”、“不能做好什么”的刻板印象，并且帮助学生重新设定更高的期望。对于这种学生，教师的帮助很重要。教师应该教会他们如何学习、如何对自己负起责任，而不只是给予他们同情或谅解。这样，才能帮助学生形成学习的自我效能感，避免习得性无助。关于如何鼓励学生的自我价值，请参阅下面的“实践指南”。

实践指南　　鼓励自我价值

- 强调能力不是固定的，而是可提高的。

例如：

1. 跟学生分享你是如何在写作、运动或某种工艺学习中增长知识、提高技能的。
2. 给学生聊聊你是如何通过尝试新策略或寻求正确帮助，从而将失败转化为成功的。
3. 收集学生以前学习过程中的最初作业和最后成果，从而帮助他们看到自己通过努力和互助而实现的进步。

- 直接告诉学生学习目标和表现目标之间的差异。

例如：

1. 鼓励学生针对每个单元制定一系列小目标。
2. 使用真诚的有针对性的表扬，帮助学生发现自己的进步。
3. 把目标设定为每个人尽力做到最好，而不是与其他人进行竞争比较。

- 让学生明白在课堂上犯错并不可怕，错误能帮助我们找出需要改进的地方。

例如：

1. 如果上课时有学生回答错误，可以说："我想其他人可能也会得出这个答案。让我们一起看看为什么这个答案不是最好的。这是一个深入思考的好机会——真棒！"
2. 鼓励学生反思、改进，在对知识做精细化或重复化的工作时，重点强调他们的进步。
3. 让学生明白认真复习与考试得高分之间的联系，特别强调他们在这一过程中能力的增长。

- 鼓励学生之间互相求助和互相帮助。

例如：

1. 指导学生如何针对自己不明白的地方提出明确的问题。
2. 表扬那些帮助他人的学生。
3. 在班上专门安排一些人负责操作指导、进度监控一类的任务。

五、信念与归因理论对教师的启示

如果学生认定自己没有能力学习高等数学，他们就会按照这个信念去行动，即使他们的实际能力远高于平均水平。这些学生在学习三角函数或微积分时可能缺乏动机，因为他们对自己在这些领域的期望很低。如果学生相信失败就意味着愚蠢，他们就可能采取各种自我妨碍（同时也是自我防御）的策略。而那些强调成绩、学分和竞争压力的教师，恰恰在无意识中鼓励着学生的自我妨碍（Anderman & Anderman，2010）。仅仅告诉学生"再努力一点"是没有用的，要用事实证据让他们相信：努力就会有回报，设置更高的目标不会导致失败，每个人都能进步，能力可以改变。他们需要真实的成功体验。

除前面讨论过的需要、目标、信念之外，还有哪些因素会对学习动机发生影响？那就是下面将要讨论的情感因素。

第五节　兴趣、好奇心与情绪

你还记得自己刚入学的时候吗？那时的你是否对未来充满好奇？是否对你即将进入的新的世界感到非常激动？是否感到兴趣盎然并充满挑战？很多孩子都是这样的。但令家长和教师都感到担忧的是，不久后这种对学习的好奇和兴奋劲就会被枯燥感、无趣感所取代，上学变成了一项不得不做的工作，学校也变成了不怎么有趣的场所（Wigfield & Wentzel，2007）。学习中的兴趣和好奇心究竟是什么呢？

一、激发兴趣

停下来　想一想

假设你希望到一所大型高中找工作，面试时校长问你："你怎样让学生对学习感兴趣？在教学中你能激发他们的兴趣吗？"你会如何回答？

兴趣可以分成个体兴趣和情境兴趣两类，其中个体兴趣是特质性的，而情境兴趣是状态性的。个体兴趣或个人兴趣是个体能够被语言、历史、数学等科目或者运动、音乐、影视等活动长久吸引并持久保持的动力。对学习持有普遍性个体兴趣的学生会追求新鲜知识，对学习的态度也更积极。情境兴趣是活动、课文或材料的某个方面对学生注意力的短时间吸引。无论是个体兴趣还是情境兴趣，都会影响知识学习效果——学习兴趣越大，对学习材料的情感反应越积极，因而学习的坚持性越强，思考越深入，对材料的记忆效果越好，学习成就越高（Ainley，Hidi，& Berndorf，2002；Hofer，2010；Pintrich，2003）。同时，当学生体验到胜任的感觉时，他们的学习兴趣会提高，所以即使学生一开始的时候对某部分学习内容或某项活动没有兴趣，他们也可能在体验到成功后慢慢形成兴趣（Stipek，2002）。

Ann Renninger（2009）阐述了一种兴趣形成的四阶段模型：情境兴趣被激发→情境兴趣得以保持→产生个体兴趣→形成成熟的个体兴趣。例如，Hidi 和 Renninger（2006）描绘过一个叫 Julia 的大学毕业生的案例。当她紧张地等在牙医诊室外时，她百无聊赖地翻阅一本杂志，忽然她的注意力被其中一篇文章吸引了（情境兴趣被激发），文章讲的是一个人放弃了工程师的工作而去做法律冲突协调员。直到牙医叫她的号了，她还在读这篇文章，等到看完牙，她又重新找出这本杂志读完这篇文章（情境兴趣得以保持）。此后的几周，她开始对协调员这个职业进行更详细的调查，做笔记、上网搜索、上图书馆查资料、向导师咨询（产生个体兴趣）。四年以后，Julia 终于如愿成为一名协调员，在一家法律事务所处理了很多例仲裁个案（稳定、成熟的个体兴趣）。

兴趣与兴奋

学生对所学内容的兴趣和兴奋是教育中最重要的因素。

在四阶段模型的早期阶段，情感扮演了重要角色，如兴奋感、愉悦感、趣味感和好奇心。当 Julia 开始阅读时，积极的情感能激发情境兴趣。随之而来的好奇心，帮助她在不断学习如何成为协调员的过程中保持积极性。随着 Julia 为了满足好奇心而不断增长知识，她的个体兴趣出现了，而积极情感、好奇心和知识的不断循环，巩固了持久的兴趣。

无论什么时候，如果能把学习内容跟学生持久的个体兴趣联系起来，会对学习很有帮助。但是，教师要讲授的内容是根据当前课堂中大多数学生的标准而选定的，因此想要根据每个学生的个人兴趣来安排课程就变得很困难。为此，你需要更多地使用激发和保持学生情境兴趣的策略。对于教师而言，最困难的不是抓住学生的兴趣，而是如何保持兴趣（Pintrich，2003）。例如，Mathew Mitchell（1993）发现，在中学数学课堂上可以使用计算机、分组学习、猜字谜等方式抓住学生的兴趣，但这些兴趣无法保持。而那些将数学与解决现实生活中的问题相联系或者让学生积极参与实验室实验教学的策略，则可以长久保持学生的兴趣。兴趣的另一个来源是想象。例如，Cordova 和 Lepper（1996）让学生用一套计算机程序学习数学，程序中学生扮演星际航行的船长，通过接受挑战、完成各种数学题从而实现宇宙航行。学生们运用想象力，为自己的飞船起名字，往上面装载食物，给每个同伴分配代号。结果发现，学生学到了更多数学知识。Durik 和 Harachkiewicz（2007）在研究了青春期后期学生的数学学习后发现：使用带图的彩色课本吸引学生兴趣的方法，对原本没有兴趣的学生有所帮助；

但对那些原本就有兴趣的学生却没有什么促进。对已经有兴趣的学生，让他们明白数学对他们的实用性，是保持兴趣的一种更有效的方法。

请阅读下面的“正方观点 / 反方观点”，其中有如何培养学生兴趣的注意事项，你可以借鉴。

正方观点 / 反方观点：让学习有趣就能让学习有效吗？

很多新手教师被问到如何激发学生的学习兴趣时，会提到很多让学习变得有趣的方案。但让学习有趣是不是必需的呢？

正方观点

教师应该让学习变得有趣。

在 Google 上搜索“让学习有趣”（making learning fun）时，我发现了 10 多页相关内容条目。显然，大家对如何让学习变得有趣这个话题都很有兴趣。研究表明，文章中越有趣的段落，记忆效果越好（Schunk，Pintrich，& Meece，2008）。例如，学生会在自己感兴趣的书上花费更多时间和精力，并体验到更多的阅读愉悦感（Guthrie & Alao，1997）。

玩游戏或模型也会使学习更有趣。举个例子，当我女儿上八年级时，她跟全班同学一起花三天时间进行了一项由老师设计的叫做 ULTRA 的游戏。学生分成不同小组，每个小组扮演一个“国家”。每个“国家”都要起一个名字，选择不同的代表符号、国花和国鸟。他们还谱写并演唱了“国歌”，并选举了“政府官员”。老师给不同“国家”分配了不同资源。为了获得多种资源从而完成指派的工程，各个国家之间需要进行贸易往来。游戏中存在一个金融体系和一个股票市场。学生们需要与其他“市民”合作，完成各种合作学习任务。有些国家在贸易中“欺骗”了其他国家，造成非常不好的后果，这就促使学生探讨国际关系、信任与战争的关系。Liz 说她觉得很有趣——同时她也学会了如何在没有老师指导的情况下进行团体学习，她也对世界经济和国际冲突的形势有了深刻理解。

在另一项研究中，一位很会激励学生的三年级教师让她的学生建立了一个校内邮局。他们给学校的每个班级编地址和邮政编码。学生们在邮局工作，学校里每个学生都可以利用邮局给同学和老师写信。他们自己设计邮票和投递频率。这位教师说，这个系统“在不知不觉中提高了学生进行创造性写作的水平”（Dolezal，Welsh，Pressley，& Vincent，2003，p.254）。

反方观点

趣味性会妨碍学习。

早在 20 世纪初就有教育者警告说，对学习趣味性的关注是有害的。杜威曾深入地阐述了兴趣对学习的作用，也恰恰是他提出了警告：在原本枯燥的学习中加入一些有趣的成分并不能使学习变得有趣，这与你往辣椒里加香料热狗酱而改善口味是不同的。杜威写道：“‘我们把事物变得有趣，是因为我们希望能够激发出兴趣——这句话本身就是误导。这件事、这个东西本身并没有因此比原来更有趣。”（Dewey，1913，pp.11–12）

目前的大量研究表明，靠加入一些吸引人的与内容无关的细节来提高趣味性，事实上反而会阻碍重要信息的学习。这些“诱人”的细节会使人们的注意力从相对无趣但更重要的内容上转移开来（Harp & Mayer，1998）。例如，学生们阅读历史人物的传记时，记住的更多是那些有趣但不重要的信息，而不是有趣而重要的观点（Wade，Schraw，Buxton，& Hayes，1993）。

Shannon Harp 和 Richard Mayer（1998）在针对高中生科学课本学习的研究中也发现了同样的结果。研究中使用的课本，在介绍闪电的发生过程时，加入了能激发情感兴趣且吸引人的细节：游泳运动员和高尔夫运动员被闪电击伤的故事。结果发现：“如果拿情感兴趣和认知兴趣相比较，结论很清楚，即为了提高情感兴趣而增加的内容，无法促进对科学解释的理解。”（p.100）吸引人的细节会打断学生对科学理论逻辑性的理解，从而妨碍了学习。Harp 和 Mayer 总结说：“帮助学生享受阅读的最好方法就是帮助他们理解内容。”（p.100）

二、好奇心：新异性和复杂性

大约 50 年前，心理学家们提出每个人天生都具有追求新颖、惊喜和复杂的动机（Berlyne，1996）。探究欲是一种天性，婴儿就是通过探索世界来进行学习的（Bowlby，1969）。近年来，Reiss（2004）将好奇心列为 16 种人类基本动机之一，而 Flum 和 Kaplan（2006）更是提出了学校应该把培养学生的好奇心和探究欲作为主要目标。

好奇心和兴趣密切相关，好奇心可以被定义为对广泛的不同领域感兴趣的倾向（Pintrich，2003）。根据 Renninger（2009）的兴趣四阶段模型，当我们提出并试图解答“感到好奇的问题”时，我们就开始萌生个人兴趣。这些“感到好奇的问题”有助于我们整理自己所知道的关于某个主题的知识。为了将情境兴趣转化为更长久的个体兴趣，好奇心和探究欲就显得很必要。

George Lowenstein（1994）指出，当学生的注意力集中到某个知识的缺口上时，就会激发出好奇心。这种信息空白会造成一种缺失感，表现为好奇心。这种观点与第 2 章中皮亚杰提出的“失衡”的概念很相似。这种观点对教学有很多启示。首先，学生必须具备一定的基本知识，这样他们才有可能体验到某些知识空缺。其次，学生必须发现让他们好奇的知识缺口。也就是说，他们要有自己知道什么、不知道什么的元认知意识（Hidi，Renninger，& Krapp，2004）。要求学生进行猜测，然后提供反馈，是一种有效的办法。同样，恰当地运用他们犯的错误，也会激起他们的好奇心，因为这会指出他们缺乏的知识。最后，对某个主题我们了解得越多，往往好奇心越强。就像马斯洛（Maslow，1970）所说的，求知的需要越是得到满足，越会增强（而非降低）求知的需要。关于如何在课堂中培养兴趣和好奇心的更多内容，你可以参看下面的“实践指南”。

实践指南　培养学生的兴趣和好奇心

- 把学习内容与学生的经验相联系。

例如：

1. 与其他学校的老师一起，建立班级间的联谊。让学生们通过写信的方式交流个人经验、相片、绘画、文章，并且互相提问和回答问题，例如“你学过书法吗”、“你现在的数学课都做什么”、“你读什么书”。为了节约邮费，可以把信件装进大信封一起寄出去或者通过电子邮件的方式。

2. 弄清班上擅长各种工作和任务的人才。谁会用电脑画图？谁会上网搜索资料？谁会烹饪？谁会查目录？

3. 安排“交换日”活动，让学生们与学校教师或监护人互换角色。学生需要访谈教师、研究交换对象、进行工作准备、扮演好“交换日”的角色，并在一天结束后评价自己的成绩。

- 弄清学生的兴趣、习惯和课余爱好，将它们融合进教学。

例如：

1. 让学生们自己设计并进行一次访谈或调研，以便了解彼此的兴趣爱好。

2. 确保班级图书室的书籍符合学生的兴趣爱好。

3. 允许学生根据兴趣进行选择，例如选择阅读什么故事或参与哪项科学实验。

- 用幽默、个人经历和趣闻轶事来丰富你的教学，展示出学习内容中人性化的一面。

例如：

1. 跟学生分享你的兴趣、习惯和爱好。

2. 告诉学生将会出现一位意想不到的访客。然后，把自己化装成书本故事的作者，向学生介绍“你自己”和你的文章。

- 使用内容有趣、细节丰富的原创性教材。

例如：

1. 历史上的信件或日记。

2. 达尔文的生物学手稿。

- 创造条件，让学生惊喜和好奇。

例如：

1. 实验中，先让学生预测会发生什么现象，然后让他们看看自己是否正确。

2. 从历史书中摘录一些名言，然后让学生们猜猜分别是谁说的。

资料来源：Raffini, J.P. (1996). *150 ways to increase intrinsic motivation in the classroom*. Boston, MA: Allyn and Bacon; Pintrich, P., & Schunk, D. (2002). *Motivation in education(2nd ed.)* Merrill/Prentice Hall, pp. 298–299.

三、情绪与焦虑

你对学习的感受如何？感到兴奋、枯燥、好奇还是害怕？今天，研究者强调学习不只是推理和问题解决这类“冷认知”过程。学习和信息加工过程同样受到情绪的影响，因此“热认知”也扮演着重要角色（Pintrich，2003）。如今我们对情绪、学习和动机的研究日益丰富起来，部分也是因为我们对大脑和情绪的了解更深入了。

（一）神经科学与情绪

对哺乳动物（包括人类）而言，只要对大脑中一个叫杏仁核的小区域进行刺激就会产生强烈的情绪反应，如“战或逃”反应。这种反应在动物身上更明显。但在人类身上，情绪不只是大脑激发的生理反应的结果，还综合了人们对当前情况和其他一些信息的理解。因此，如果你在电影院观看动作片时，忽然听到一声惊叫，只会引起短暂的情绪反应；而如果你是在午夜走过漆黑的小巷子时听到，则会引起很强烈且持久的情绪反应。虽然杏仁核在情绪反应中扮演了核心角色，但大脑中其他很多区域也与情绪有关。情绪是“认知评估、有意识的情感和身体反应三者的持续互动，这三者中每一个都能影响其他两个”（Gluck，Mercado，& Myers，2007，p.418）。人们更容易注意、学会并记住那些引起自己情绪反应的事件、图像和文章（Murphy & Alexander，2000；Cowley & Underwood，1998；Reisberg & Heuer，1992）。情绪能改变脑内多巴胺的水平从而影响长时记忆，情绪能指引注意力集中到问题的某一个方面，这些都会影响我们的学习效果（Pekrun，Elliot，& Maier，2006）。有时，情绪也会占用注意资源和工作记忆空间，从而妨碍学习（Pekrun，Goetz，Titz，& Perry，2002）。

教学中，我们尤其要注意一种特定的情绪——与学校学业成就相关的情绪。经历成功或失败会激发出各种“学业情绪”，例如自豪感、希望感、厌倦感、气愤感或羞愧感（Pekrun，Elliot，& Maier，2006）。这些发现对教学有什么启示呢？

（二）学业情绪

除了对焦虑的研究外，过去我们很少关注情绪在学习和动机中的作用（Linnenbrink-Garcia & Pekrun，2011）。但就像前文所述，神经科学的研究已经发现情绪既能影响学习过程，也受到学习过程的影响。Reinhard Pekrun 和他的同事（2006）以美国和德国的青少年为对象进行研究，以证明不同目标定向与厌倦及其他情绪的关系。目标定向就是我们前文讨论过的三种类型：掌握定向、表现趋近定向和表现回避定向。

持有掌握目标的学生关注于学习本身。他们认为学习是提升能力的有效途径，他们感觉对学习是有控制力的。他们不害怕失败，所以能集中精力完成当前的任务。研究者发现，掌握目标能预测学习中的愉悦感、希望感和自豪感。厌倦是学习过程中的一个很大的问题，因为它与注意力集中困难、缺少内部动机、不够努力、学习不深入以及较弱的自我调节学习有关（Pekrun et al.，2010）。

而持有表现趋近目标的学生希望看起来聪明，他们把注意力放在是否能得到好成绩上。表现趋近目标与自豪感的关系最密切。持有表现回避目标的学生害怕失败，害怕被视为笨蛋，这几乎占据了他们全部的注意力。表现回避目标能预测焦虑、绝望和羞愧情绪。表 12—4 中对这些研究结果进行了总结。

表12—4　不同成就目标对学业情绪的影响

（不同目标与影响动机的不同情绪相关联。）

目标定向	学生情绪
掌握定向： 关注学习，可控性强，重视学习	提高：愉悦感、自豪感、希望感 降低：厌烦感、气愤感
表现趋近定向： 关注结果，可控性强，重视成绩	提高：自豪感
表现回避定向： 关注结果，可控性差，不重视成绩	提高：焦虑感、绝望感、羞愧感

资料来源：Pekrun, R., Elliot, A. J., & Maier, M. A. (2006). Achievement goals and discrete achievement emotions: A theoretical model and prospective test. *Journal of Educational Psychology, 98*, 583-597.

教学中怎样才能增加积极的学业情绪而减少厌倦情绪呢？如果学生们认为自己对所学内容缺乏控制，并且认为学习没有价值，他们就会对学习感到厌倦。将学习任务与学生的能力水平相匹配，并给学生提供选择的机会，可以提高学生的控制感。除此之外，帮助学生建构学习兴趣并且展现学习的价值，可以帮助学生克服厌倦情绪。请记住，学业情绪是领域特异性的。学生喜欢并擅长数学，并不意味着他们也会同样喜欢英语或历史（Goetz，Frenzel，Hall，& Pekrun，2008；Pekrun et al.，2010）。除此之外，那些喜欢本学科的老师更有热情也鼓励学生们享受学习。因此作为教师，你要尽可能确保自己对教学工作充满热情和兴趣（Brophy，2008；Frenzel，Goetz，Lüdtke，Pekrun，& Sutton，2009）。

（三）唤醒与焦虑

我们都知道被激发出动机是什么感觉。同样，我们也知道被唤醒是什么感觉。**唤醒（arousal）**包含了生理反应和心理反应。生理反应包括脑电波模式、血压、心率和呼吸频率的变化，心理反应则包含我们感到警觉、非常清醒甚至异常兴奋。

为了理解唤醒对动机有什么影响，我们先思考两种极端情况。第一种情况是在深夜，你第三次尝试去理解老师布置的阅读任务，但你实在太困了。你的眼皮睁不开，注意力也无法集中。你决定上床睡觉，等第二天再早点起床继续学习（其实你知道你很可能起不来）。相反的极端情况是，你知道明天有一场非常重要的升学考试，你感到压力很大，因为其他同学成绩都很优秀。你知道你应该好好睡一觉，但你却非常清醒，完全无法入睡。在第一种情况中，你的唤醒状态太低；而第二种情况中，你的唤醒状态又太高。心理学家很早就发现，多数活动都有一个最佳的唤醒水平（Yerkes & Dodson，1908）。通常来说，面对简单任务（如将衣服分类以便于清洗）时，唤醒水平偏高的效果比较好；但面对复杂任务（如参加SAT或GRE考试）时，唤醒水平偏低的效果反而较好。

（四）课堂中的焦虑

我们每个人都曾经体验过**焦虑（anxiety）**、不安、自我怀疑和紧张。焦虑对学业的影响很明显。焦虑既是学业失败的原因，也是学业失败的后果——学生们会因为焦虑而考试失败，而考试失败会更加剧他们的焦虑。焦虑既是一种特质，也是一种状态。有些学生在各种场合都会感到焦虑（特质焦虑），而有些场合又尤其容易令人焦虑（状态焦虑）（Covington，1992；Zeidner，1998）。

> **唤醒（arousal）** 引起个体警觉、集中注意、清醒、激动、紧张等的生理和心理反应。
> **焦虑（anxiety）** 普遍的不安感和紧张感。

焦虑包含了认知和情感的成分。认知方面包括担忧和负面思维，例如总是想到如果失败会有多可怕，总是担心自己会失败；情感方面包括生理和情绪反应，例如手心冒汗、反胃、心跳加快、感到害怕等（Jain & Dowson，2009；Schunk，Pintrich，& Meece，2008）。任何时候，考试压力、失败的严重后果、学生间竞争性比较等，都会导致焦虑的产生（Wigfield & Eccles，1989）。针对学龄儿童的研究发现，睡眠质量（入睡速度和睡眠好坏）与焦虑有关：高质量的睡眠能促进积极的唤醒和对学习的渴望；相反，低质量的睡眠会导致令人虚弱无力的焦虑和学业成绩下降。也许你在自己当学生的时候，就发现过这种现象（Meijer & van den Wittenboer，2004）。

（五）焦虑是怎样影响成绩的？

一般而言，焦虑会通过干扰注意聚焦、学习过程和考试发挥而影响学习与考试的成绩。当学生学习新内容时，他们必须全神贯注；而高焦虑的学生会因为事先感到担忧、紧张而分散注意力。他们无法集中注意力，总是因为自己胸口的紧张感而分心，总是想："我太紧张了，我无法学会这些内容！"从一开始，焦虑的学生就可能遗漏掉很多有用的信息，因为他们的注意力主要集中在自身的焦虑上了（Cassady & Johnson，2002）。

但问题并不是到此为止。即使他们能够集中注意力，焦虑的学生在学习条理不够清晰或难度偏大的内容时也会有困难，因为这些内容的学习需要依靠记忆力。不幸的是，学校里大多数学习内容都是这样的。仅仅教会他们如何放松地学习，并不能提高他们的学习成绩，因为他们的学习策略和技巧也需要提高（Jain & Dowson，2009；Naveh-Benjamin，1991）。

最后，焦虑的学生知道的往往比考试中所表现出来的要多。他们缺乏重要的应考技巧，他们已经学会的内容在考试中也会"失灵和遗忘"（Naveh-Benjamin，McKeachie，& Lin，1987）。

（六）帮助学生应对焦虑

有些学生会有学习焦虑，尤其是那些存在学习障碍或情绪障碍的学生。当学生面临类似考试这样的压力情境时，他们通常会采取三种应对策略：问题解决、情绪管理和逃避。聚焦于问题解决的策略包括制订学习计划、借阅复习笔记、寻找安静的学习空间等。聚焦于情绪管理的策略主要用于降低焦虑感受，例如采取放松训练或向朋友倾诉。当然，后一种也可能变成一种逃避策略，例如一起出去吃比萨或者忽然决定对书桌进行彻底清理（在清理完之前就无法学习了）。如果使用得当，不同的策略在不同的时候都可能有所帮助。例如，考试前使用问题解决策略，而考试中使用情绪管理策略。同样，不同的策略也适用于不同的人和不同的情境（Zeidner，1995，1998）。

教师应帮助高焦虑的学生设定对他们而言更现实的目标，因为这些学生往往无法做出明智的选择。他们选择的任务不是太难就是太简单。如果太难，他们很可能失败，这会加剧他们的绝望和学习焦虑。如果太简单，他们虽然会成功，但无法体验到满足感，不会因此感到受鼓励或因此减少对学业的担忧。使用目标卡、进步表或目标—计划日记，对他们可能会有帮助。除此之外，直接教给学生自我调节的学习策略和提高自我效能感，也可以帮助他们更好地控制学习过程与学业焦虑（Jain & Dawson，2009）。

四、好奇心、兴趣和情绪理论对教师的启示

教师应该尽力让学生保持与当前学习任务相匹配的唤醒水平。当学生们昏昏欲睡时，可以通过介绍变异、激发好奇心、让他们吃惊、让他们稍微站起来活动一下等方法提高他们的活力。教师要了解学生们的兴趣，并把它们融入教学和作业之中。如果学生的唤醒水平过高，教师可以参考下面“实践指南”中的方法来应对焦虑。

实践指南　应对焦虑

- 谨慎使用竞争。

例如：

1. 注意观察学生，确保没有学生处于过度压力之下。

2. 进行竞争性比赛时，确保每个学生都有获胜的机会。

3. 尝试安排合作学习性质的活动。

- 避免让容易焦虑的学生在全班同学面前回答问题。

例如：

1. 提问容易焦虑的学生时，使用那些他们能够用“是”、“否”或简单几个字回答的问题。

2. 让容易焦虑的学生在小组成员面前发言，从而锻炼他们。

- 不确定性会导致焦虑，确保指导语清晰明确。

例如：

1. 把考试指导语写在黑板上或印在卷面上，而不是口头讲述。

2. 确认一下学生是否完全理解了。可以让几个学生说说他们打算怎么做第一道题或例题，如果有误解，则及时纠正。

3. 如果你使用了新的题型或新的作业类型，要向学生提供一些例子或模型来帮助他们了解应该怎么做。

- 避免不必要的时间压力。

例如：

1. 偶尔给学生布置一些可以拿回家完成的测验。

2. 确保所有学生都能在指定时间内完成随堂考试。

- 降低重要考试带给学生的压力。

例如：

1. 教给学生一些考试技巧，安排一些模拟考试，提供学习指导。

2. 不要只通过一次考试的成绩就决定学生的学期成绩。

3. 设置一些额外的作业，学生可以通过这些作业得到考试加分。

4. 考试中设置不同的题型，因为有些学生对某些特定的题型并不擅长。

- 设置笔试之外的考核方式。

例如：

1. 尝试口试、开卷考或分组测验等考核方式。

2. 让学生们做实验、写论文、进行口头报告或制作作品。

- 教授学生自我调节策略（Schutz & Davis, 2000）。

例如:

1. 考试前鼓励学生把考试看作一项他们有能力做好的重要而富有挑战性的学习任务。帮助学生把注意力集中到如何从考试中学到更多知识上来。

2. 考试中提醒学生考试很重要（但也不至于生死攸关）。鼓励学生把注意力集中到任务上——找出题目的重点，放慢速度，保持放松。

3. 考试后让学生反思一下哪些地方做得好，哪些地方没做好。让他们把焦点放在可控的归因上，如学习策略、努力、细心审题、放松策略等。

那么，我们应该如何来整合所有关于动机的知识呢？教师应该如何通过创设环境、安排教学、维持人际关系来激励学生呢？接下来我们就来探讨这些问题。

第六节　学校中的学习动机：TARGET 模型

教师关心的是如何培养学生的**学习动机**（motivation to learn）。学习动机可以定义为“学生寻找学习活动的意义和价值，并努力从中获得预期的学业收益的倾向”（Brophy，1988，pp.205-206）。拥有学习动机不仅指学生希望或愿意采取一项学习行为，它还包含了心理上的努力。例如，把课文反复阅读十几遍可能体现出学生的坚持性，但不意味着有学习动机。有学习动机意味着更多地思考，使用更积极的学习策略，如概括、阐述基本观点、用自己的语言转述、把主要人物关系画成图表等（Brophy，1988）。

学习动机（motivation to learn）学生寻找学习活动的意义和价值，并努力从中获得预期的学业收益的倾向。

如果每个学生来上学的时候都充满学习动机，这当然很好，但事实却并非如此。因此，在培养学习动机方面，教师主要有三个目标：第一个目标是让学生有效地参与到班级学习活动中，也就是说，抓住他们的兴趣，创设一种学习动机的状态；第二个更长远的目标是培养学生相对持久的个体兴趣，将学习动机转化为一种个人特质，这样他们就能在今后的生活中坚持自我教育；第三个目标是引导学生的认知卷入，让他们深入地思考学习内容，即希望他们养成勤于思考的良好习惯（Blumenfeld，Puro，& Mergendoller，1992）。

在本章前面的内容中，我们重点探讨了内外动机、归因、目标、信念、自我概念、兴趣、好奇心与情绪对学习动机的影响。表 12—5 中总结了这些因素对学习动机的作用。

表12—5　学习动机概念的建构

（以下五个要素共同作用时，可激发学习动机。）

动机来源	学习动机的最佳特征	降低学习动机的特性
目标设定类型	内部的：个人因素，例如需要、兴趣、好奇心和愉悦感	外部的：环境因素，例如奖励、社会压力、惩罚等
学业卷入类型	学习目标：对迎接挑战和取得进步的个人满足感；倾向于选择中等难度和挑战性的目标 任务卷入：关注对学习内容的掌握	表现目标：渴望提高自己在别人心目中的表现；倾向于选择难度过高或过低的目标 自我卷入：关注别人如何看自己
成就动机	追求成功动机：掌握定向	避免失败动机：容易焦虑
归因倾向	成败归因于可控的努力和能力	成败归因于不可控因素
能力信念	增长观：相信能力可以通过努力学习、增长知识和技能而得到提高	实体观：相信能力是固定不变的、无法控制的特质

一、TARGET模型

那么，教师该如何运用学到的关于归因、目标、信念、自我概念、兴趣和情绪等的知识来提高学生的学习动机呢？为了有效地组织我们的讨论，下面我们将通过 TARGET 模型来进行具体阐述（Ames，1992；Epstein，1989）。该模型认为，教师在以下六个领域的抉择会影响到学生的学习动机：（1）T，即布置的学习任务（task）的特点；（2）A，即学习中给予学生的自主权（autonomy）和控制权；（3）R，即认可（recognized）学生成就的方法；（4）G，即分组（grouping）练习；（5）E，即评估（evaluation）方式；（6）T，即课堂时间（time）的安排。

（一）学习任务

为了知道**学习任务（academic task）**会如何影响学生的学习动机，我们需要对学习任务本身进行分析。不同学习任务对学生而言具有不同价值。

1. 任务价值

前面我们讨论过的很多理论都指出，动机的强度由我们对成功的预期和对成功的价值评估共同决定。学生对学习任务的价值理解能预测他们做出什么样的选择，如是否学习前沿科学课程或是否加入田径队。对效能的预期能预测实际学习中的成就，如学生在前沿科学课程的学习中或在田径队中的表现如何（Wigfield & Eccles，2002b）。

我们可以将学习任务的价值分四个成分来探讨：重要性、趣味性、实用性和代价（Eccles & Wigfield，2002；Hulleman，Godes，Hendricks，& Harackiewicz，2010）。**重要性或达成价值（importance or attainment value）**，是指完成好这个学习任务的意义，它与个体的需要（如希望自己看起来俊美、健壮的需要等等）密切相关。例如，如果某个人很想表现得聪明一点，而且相信高分就代表聪明，那么对他而言考试就具有很高的达成价值。第二个成分是**兴趣或内在价值（interest or intrinsic value）**，指个体能从活动本身获得的愉悦感，正如有些人喜欢学习，有些人喜欢高强度的体育锻炼，有些人喜欢具有挑战性的字谜。学习任务还有**实用性价值（utility value）**，也就是说它能帮助我们实现其他短期或长期目标，如获得学位。最后，完成学习任务要付出代价——执行任务的过程中可能带来一些消极后果，如没有时间做其他事情，或者让自己看起来很笨拙。

从我们对任务价值的探讨中可以发现，影响动机的个人因素和环境因素始终在交互作用。我们要求学生进行的任务是环境因素的一个方面，对学生而言是外部的。但对任务价值的理解，却是与个人的内部需要、信念和目标密不可分的。既然对任务价值的评估会决定个人的选择，那么对学习任务价值的不同评估就会改变我们整个生活，因为在高中阶段选择什么课程以及在大学选择什么专业会影响我们的整个职业和生活（Durik，Vida，& Eccles，2006）。

2. 超越任务价值的真正欣赏

Jere Brophy（2008，p.140）提醒老师们说，比实用性和兴趣具有更大价值的是知识本身的力量。"强有力的思想扩展和丰富了学生们的主观生活"，这些思想给了我们一副观察世界的放大镜、做决定的工具以及用词汇和图像欣赏世界的框架。著名期刊《从理论到实践》（*Theory Into Practice*）曾专期探讨了 Brophy 有关使学生看到学习的价值和发自内心欣赏知识的思想（Turner，Patrick，& Meyer，2011）。其中一种让学生建立对知识的欣赏的方法就是真实性任务。

3. 真实性任务

最近，有大量文献探讨了真实性任务在教学中的应用。**真实性任务（authentic task）**是指学习任务与现实生活中发生的问题有某种联系，与学生现在和未来可能在校外遇到的情境相关。如果你要求学生背诵那些他们永远不会用到的定义，学习那些单纯用于应付考试的材料，或者反复练习他们已经理解的内容，那么学生肯定没有学习动机。但如果学习任务是真实性的，学生就更容

> **学习任务（academic task）** 学生必须完成的活动，包括书面的作业和需要心理运算的任务。
>
> **重要性或达成价值（importance or attainment value）** 完成好某项学习任务的重要性；学习任务的成功对个人需要的满足程度。
>
> **兴趣或内在价值（interest or intrinsic value）** 个体从任务本身获得的愉悦感。
>
> **实用性价值（utility value）** 一项任务对实现个人的目标所提供的贡献。
>
> **真实性任务（authentic task）** 与学生会在课堂外的现实生活中遇到的问题有关联的任务。

易发现学习的真正实用价值，也更容易发现学习任务的重要性和趣味性（Pugh & Phillips，2011）。第 10 章中所介绍的基于问题的学习和服务性学习，就是应用真实性任务进行教学的两个例子。例如，物理教师可以使用“玩滑板”作为提出问题和举例的依据，因为玩滑板对很多学生而言都是一项真实的任务（Anderman & Anderman，2010）。请比较一下 Anderman 和 Anderman（2010）研究中的两位低年龄学生的教师有什么不同：

Byrnes 女士要上一堂新课，介绍关于二分之一与四分之一的概念。她将学生分成三人一组，给每组分发两个蛋糕和一把塑料刀。她要求学生先把其中一块蛋糕切分成大小相同的两块，然后把另一块蛋糕切成大小相同的四块。然后她提出一个挑战性问题——如何利用蛋糕块来判断二分之一（1/2）与四分之三（3/4）哪个更大？Byrnes 女士观察了每组的情况，要求每组学生把自己的学习过程说给她听。如果学生答对了，他们就可以得到蛋糕作为奖励。

Fletcher 先生也要上同样的一堂新课。他的方法是设计一份练习单分发给每个学生，上面列出了一些简单的题目以帮助学生学习分数。在解答这些题目时，要求学生想象他们手里有若干张纸，要用剪刀把它们剪成数量不同的小纸片，例如将其中一张剪成大小相等的两小张，将另一张剪成大小相等的四小张。然后，问学生二分之一（1/2）和四分之三（3/4）相比，哪个分数更大。最后，要求学生把答案和简要说明写下来。

第一位老师向学生呈现的是更具有真实性和吸引力的任务，包括让学生切分食物、与他人合作并享受劳动成果（蛋糕）。此外，学生还将探索如何把两个半块的蛋糕和四个四分之一的蛋糕平均分给小组的三个成员，这是更高水平的合作。

（二）支持自主和认可成就

1. 支持选择

TARGET 模型的第二部分涉及学生有多少选择和自主的空间。在学校，一般很少有选择的空间。青少年们待在学校的上千个小时里，都是由别人决定他们的行为。但我们知道，自我决定感和因果的内部控制感对保持内部动机非常重要（Jang，Reeve，& Deci，2010；Reeve，Nix，& Hamm，2003）。那么，教师要怎么做才能促使学生自主选择而又不至于造成混乱呢？

教师必须提供大量可供选择的项目，这样学生才能根据自己的兴趣选出对他们而言重要的活动（Katz & Assor，2007）。但是，提供的选择也不能太多。就像完全缺乏指导的探索或缺乏主题的讨论一样，无结构和缺乏指导的选择反而会对学习造成阻碍（Garner，1998）。如果老师让孩子们按照自己喜欢的任何方式写出或画出任何一样东西，孩子们会感到焦虑和不安。我知道如果我让班上的研究生自行设计一份结业研究以决定他们的学分，他们也会感到惶惶不安。我也一样，如果要求我进行一场演讲，主题“随我定”，我也会感到恐慌。

比较好的做法是让学生进行“有限制的选择”——设定一些有价值的任务，要求学生从中进行选择。这样虽然有所限制，但也给学生留出了按照自己的兴趣选择的空间。平衡必须恰到好处，“太多自主会让学生不知所措，而太少自主会让学生感到厌烦”（Guthrie et al.，1998，p.185）。

学生可以参与对分组、座位安排、成果呈现方式、制定班级规则的决策。此时，教师对学生的自主权能提供的最重要的支持是对认知自主的支持——允许学生讨论学习中的不同认知策略、解决问题的不同方法以及对某些问题的不同意见（Stefanou，Perencevich，DiCinto，& Turner，2004）。同时，学生还会练习如何自主地接受教师和同学的反馈。图 12—1 中描述了一种“核查表”策略：学生将学习中涉及的需要他人进行评估的技能列出来，当单元课程结束时，所有技能都要“核查完毕”，但学生可以自行选择每种技能在什么时候接受评估。

2. 认可成就

TARGET 模型的第三部分是认可成就。如果学生取得个人进步、克服困难、坚持不懈或表现出创造力，我们就应该表示认可，而不是只有当他们的成绩比别人好时才能得到认可。第 7 章中我们曾指出，对学生原本喜欢的活动进行奖励会降低学生的内部动机。但在实际教学中，一切都没那么简单。有时，表扬也会带来意想不到的效果。

什么样的认可才能鼓励学生呢？Ruth Butler（1987）的研究给出了一种答案。在该研究中，当五、六年级的学生完成了一些有趣的发散思维作业后，分别让他们接受个性化点评、标准化表扬（“很好”）、评分或无反馈等四种反馈方式。结果发现，接受个体化点评后学生的兴趣、成绩、努力归因和任务卷入程度都会提高；而接受评分和标准化表扬后学生的自我卷入动机（希望看起来聪明或比别人强）增强了。

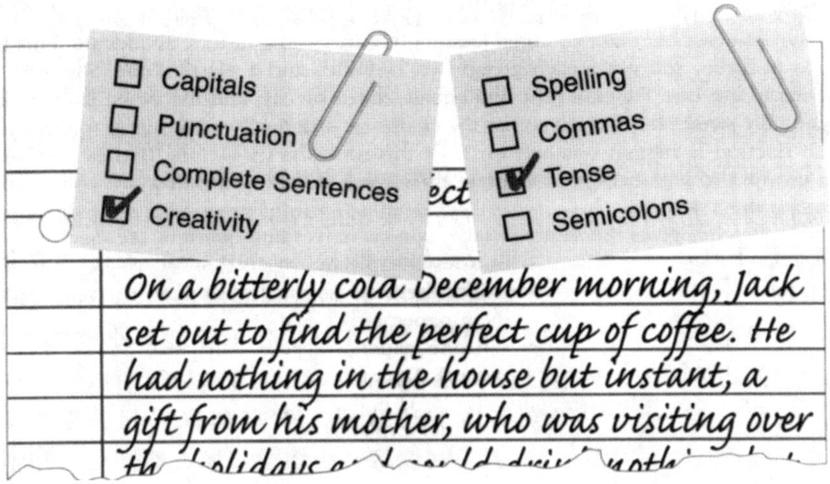

图 12—1　学生的自主性：核查表

教师可以使用这种方法调动学生的自主性。教师将本单元中需要提高的各项技能列出来，但是由学生自己决定每项技能根据哪次作业的成绩进行评估。单元学习结束后，所有技能都要"核查完毕"。上图的学生表示，她希望老师在这次的作业中考察她的创造力和动词时态的使用情况。

资料来源：Raffini, J.P. (1996). *150 ways to increase intrinsic motivation in the classroom.* Boston, MA: Allyn and Bacon.

（三）分组、评价和时间安排

你是否还记得某位老师，上课生动有趣，令你爱上学习？或者，你是否还记得自己参加某个球队、乐队、唱诗班或戏剧社之后，在其中拼命练习的那段时光？如果是，你就能体会到人际关系对动机的影响。

1. 分组和目标结构

我们的动机在很大程度上会受到与那些我们有共同目标的他人的影响。Johnson 和 Johnson（2009a）将这种人际因素称为任务的**目标结构（goal structure）**。目标结构主要分为三种，即合作、竞争和个体化，见表 12—6。

目标结构（goal structure）学生与那些跟自己拥有同样学习目标的其他人之间的关系。

表12—6　　不同的目标结构

（每种目标结构与不同的人际关系相联系，这些人际关系影响了追求目标的动机。）

	合作	竞争	个体化
定义	学生们相信，只有当每个人都能达到目标时，他们的目标才能达到。	学生们相信，只有当其他人都不能达到目标时，他的目标才能达到。	学生们相信，自己能够达到目标与其他人能否达到目标之间无关。
举例	团队的胜利——只有全队胜利才是每个队员的胜利，如接力赛、演奏交响乐、表演戏剧等。	高尔夫比赛、网球单打赛、百米赛跑、演讲赛等。	减少打球失误、慢跑、学习新的语言、参观博物馆、增减体重、戒烟等。

资料来源：Johnson, D. & Johnson, R. (1999). *Learning together and alone: Cooperation, competition, and individualization (5th ed.).* Boston, MA: Allyn and Bacon.

当任务需要我们具有学习复杂内容与解决问题的技能时，合作比竞争的效果更好，尤其对那些能力较低的学生而言。在合作结构中，学生会学到如何设置合理的目标以及如何进行磋商，他们会变得更为他人着想。这样，学生们最喜欢的同伴互动成为了学习过程的一部分。结果呢？马斯洛所说的归属需要得到了满足，因此其学习动机也就得以提高（Stipek，2002；Webb & Palincsar，1996）。正如你在第 11 章中所看到的，同伴学习和小组学习有许多种不同的形式。例如，鼓励学生采用合作目标结构、依据学生的兴趣（而非能力）组建阅读小组、每月重新分组等都可以激发学生的学习动机（Anderman & Anderman，2010）。

2. 评价

教师越是强调竞争性评价和分数，学生就越容易采取表现目标而非掌握目标；而那些既无望考高分又无望学懂内容的差生，可能就会应付了事（Brophy，2005）。教师怎样才能防止学生仅仅关注分数或者对学习"应付了事"呢？最直接的方法是在班上不再强调分数，而是强调学习。学生必须理解学习的价值。不要说"为了考试，你需要学会这个"，而要告诉学生们所学内容对解决他们面临的各种问题有何帮助，告诉学生课堂学习能解答一些有趣的问题。学会理解学习内容比完成学习任务更重要。不幸的是，很多教师并不是这样做的。

3. 时间安排

大多数有经验的教师都感到学校学习的任务太多、时间太少。即使学生正在全神贯注地研究某个问题，当下课铃响起时或教师要按照教学进度进入下一个新主题时，他们还是不得不停下来，把注意力转移到下一堂课或下一个新主题上。此外，团体里的学生必须保持同一步调，如果某些人学习速度很快或者学习时间不够用，他们也不得不配合整个团体的进展进行学习。因此，教学进度的安排常常会要求学生以不适合的速度学习，或者打断学生的学习，从而妨碍学习动机的培养。如果学生不能坚持做完挑战性的活动，他就很难培养起坚持性和自我效能感。作为一名教师，你是否知道如何安排时间让学生开始并坚持完学习？有些小学教师采用了DEAR法安排时间，即“放下所有事情，进行阅读”（Drop Everything And Read），这样就可以留出时间让每个人（包括教师）进行阅读。有些初中和高中采用了连课的方法，将课堂时间“打包”延长，由教师们合作备课。这些方法，都是有益的尝试。

4. 整合

从上面的阐述中我们可以看到，影响动机的各种因素如何在真实的课堂中共同发挥着作用。Sara Dolezal和她的同事们观察和访谈了八所天主教学校里的三年级教师，并对他们学生的动机做出高、中、低三个水平的评定（Dolezal，Welsh，Pressley，& Vincent，2003）。表12—7总结了研究中促进与妨碍动机的教学策略之间的戏剧性差异。在低充实度的课堂里，如教室布置得一片空白，没有吸引力，充满管理漏洞，当学生面对简单、轻松的学习任务时，会不停地开小差聊天，教学过程缺乏条理，课堂氛围总是很消极。而在中等充实度的班级里，教室布置看起去很“友好”，设置了阅读区、小组学习区、通知栏，并张贴了学生的绘画作品。在这里，老师显得温暖而有爱心，将教学内容与学生的背景知识相联系；课堂管理流畅而有条理，课堂氛围积极；教师很擅长抓住学生的注意力，鼓励学生进行自我调节，但他们不擅长保持学生的注意力，这主要因为学习任务太简单了。而高充实度的教室除了拥有前面描述的课堂的优点（积极的氛围、流畅的管理、促进学生自我调节、高效的教学）外，还增加了很多挑战性的任务，同时为学生克服挑战提供帮助。这些擅长激发学生动机的教师并不依赖于某一两种激励方法，他们综合应用了表12—7中的各种策略。

表12—7　课堂中促进或妨碍动机的教学策略

促进动机的教学策略	实例
传达出责任感和高期望	教师要求学生家长检查某些作业并签字。
说明学习活动的重要性	“我们至少要核对一分钟，这样才算认真检查过。”
清晰的目标和指导语	教师详细解释学生应该如何分组，如何列出自己喜欢的书单。
跨学科的联系	教师把数学课中比率的概念与阅读课中比较 / 对照的技巧相联系。
让学生学习和练习表演	学习完某个历史人物后，学生可以自编自演一段话剧。
归因于努力	进行拼写游戏时，老师问一个学生：“你昨晚复习了吗？”学生点头。老师问：“看出复习的好处了吗？”
鼓励冒险	“我想找个新面孔。有些人还没有回答过我提的问题，谁愿意来试试？”
用游戏或比赛辅助概念学习和复习	在教授“平衡”的数学课上，学生事先带来自己最喜欢的玩具，然后用五分钟时间称它们的重量。
家校联系	学习数学科学的单元时，要求家长配合完成一次回收活动：用图表记录下家里人一周内回收的所有物品。
任务的多种表征	教师使用“神奇的倍数”、背乘法表、使用卡片、“环球”游戏等四种方法教授乘法。
积极课堂管理、表扬、私下批评	“准备好了就举手。第七组已经举手了。第七组很有耐心地等其他人，我很高兴。”
激发创造性思维	“我们今天要运用想象力。我们要在头脑中开始一次想象的参观戏剧院之旅。”
提供选择机会	学生写周记时，可以选择老师给的主题，也可以自由发挥。
让学生明白，他们可以战胜挑战，完成任务	“这份材料很难，你们做得很好。据我所知，有些大人都不会做。”
重视学生沟通的价值	教师让新来的学生跟他的好朋友坐在一起。

妨碍动机的教学策略	实例
归因于智力而非努力	当有学生上课时说"我很笨"，教师对此不置一词，只是接着说："让我们找个更聪明的人回答。"
教师强调竞争，而非合作	教师举行一次诗歌比赛：每个学生在班上朗读诗歌，然后接受全班同学的举牌打分。
很少展示学生的作品	班级板报栏张贴的都是成绩单。
教授新知识时不应用"支架技术"	当学生遇到困难时老师会大声批评："自己去查查术语表，不要因为犯懒就不去查。"
无效或消极反馈	"每个人都明白了吗？"只有一部分学生点头，而老师继续讲课。
学习内容缺乏联系	在马丁·路德·金的纪念日，老师只简短介绍了一下他，就转入关于哥伦布的学习中。
任务太简单	教师使用的任务太简单，虽然有趣但无助于教学。
消极的课堂气氛	"对不起，我已经说过页数了。你不认真听，才会不知道。"
惩罚性的教学安排	如果学生不查阅词汇表，老师就给低分。
任务太难	教师布置的需要独立完成的数学作业，只有一两个学生会做。
进度太慢	根据最慢的学生设定教学速度，因此其他完成的学生无事可做。
强调完成，而非学会	告诉学生目标是完成课程，而不是学会理解或使用这些单词。
松散、无吸引力的教室	不使用精美的板报，不使用地图、图表，不展示学生作品。
计划不周	学习材料准备不足，迫使教师把小组改成大组。
公开惩罚	所有学生站着，老师读出完成作业的学生的名字，听到名字才能坐下。而对剩下的仍然站着的学生，老师会当众进行责任心教育。

资料来源：Dolezal, S. E., Welsh, L. M., Pressley, M., & Vincent, M. (2003). How do nine third-grade teachers motivate their students? *Elementary School Journal*, *103*，pp. 247–248.

二、学习动机的多样性

学生之间存在语言、文化、经济地位、个性、知识和经验上的差异，因此他们的需要、目标、兴趣、情绪和信念也会有所差别。在使用 TARGET 激励学生的学习动机时，在如何设计任务、支持自主、认可成就、分组、进行评估和时间管理等各个环节，教师都必须考虑到这种多元性。以兴趣为例，根据文化背景设计作文题目是抓住并保持学生情境兴趣的一种方法（Alderman，2004；Bergin，1999）。对拉丁美洲移民的中学生而言，如果不再要求他们按要求进行传统写作，而将作文主题定为关于移民、双语现象、群居之类对他们和他们的家庭而言很重要的内容，则他们写出来的文章会更长，质量也更高（Rueda & Moll，1994）。

语言是把学生与学校联系起来的核心因素。如果允许双语学生同时使用英语和他们的母语，他们的动机和参与热情会提高。Robert Jimenez（2000）针对拉美裔双语学生的研究发现，阅读能力强的学生会将阅读看作理解阅读材料意义的过程，他们会同时使用两种语言去理解阅读材料。例如，他们可能会在英语单词中寻找西班牙语单词的片段，以帮助自己进行翻译。而阅读能力差的学生的目标则不同，他们认为阅读就意味着用英语正确说出这些单词。因此，他们用英语阅读的兴趣和自我效能感也都相对较低。

三、对教师的启示：激发学习动机的策略

要想激发学生的动机，必须满足四个基本条件。第一，课堂教学要有一定的组织性，不会被随时打断或中断（第 13 章中我们会详细探讨如何做到这一点）。第二，教师应该有耐心和支持性，不会因为学生犯错而责骂他们。每位师生都应该把错误视为学习的契机（Clifford，1990，1991）。第三，学习必须具有合理的挑战性。如果学习过难或太简单，学生都不会有学习动机。他们只会

想着完成任务，不会关注于学习。第四，学习任务必须具有真实性。至于怎样的任务才算具有真实性，我们前文已经探讨过，这个问题的答案也与学生的文化背景有关（Bergin，1999；Brophy & Kher，1986；Stipek，1993）。

如果上述四个基本条件都能满足，特定情境下影响学生学习动机的就是以下总结的四个问题：我能成功完成这个学习任务吗？我希望成功吗？为此我需要做些什么？我是孤军作战吗？（Committee on Increasing High School Students' Engagement and Motivation to Learn，2004；Eccles & Wigfield，1985）我们希望学生对自己的能力充满信心，这样他们才能积极热情地学习。我们希望学生相信只要运用正确的学习策略就能取得成功，而不必运用自我防御、回避失败或保护面子的策略。当遇到困难时，我们希望学生把注意力放在任务本身，而不是放在对失败的担忧上。同时，我们希望学生对学校有归属感，能感受到来自教师和同学的关心和信任。

（一）我能行吗？

他人的鼓励（或“拉拉队”）所发挥的作用并不能代替真正的成就。为了让学生取得真正的进步，我们应该让学生对自己建立自信和积极的期望，具体措施如下：

（1）从学生现有的水平开始，以小步调前进。一种可行的办法是：在每次考试和布置作业时，同时安排一些很容易的题目和一些很难的题目。这样，每个学生都能成功，也都会感到挑战性。如果必须评分，要保证班上所有学生通过努力都能及格。

（2）确保学习目标清晰、具体，且有可能很快实现。如果学习周期很长，你可以把总体目标分成若干个小目标，让学生在学习中不断体会到自己正朝着目标进步。如果可能，就给学生一系列不同难度水平的目标，让他们自行选择。

（3）强调自我比较，而不是与他人比较。提供反馈或纠正错误时要具体化，告诉学生哪些地方做对了，哪些地方做错了以及错在哪里。同时，还可以周期性地让学生做一些曾经难倒过他们但现在看来很简单的题目，并指出学生进步的地方。

（4）让学生明白学习能力是可以提高的，而且会因任务不同而不同。也就是说，代数学不好并不意味着几何也学不好。不要在班级板报中只张贴那些满分的试卷，这样不利于鼓励学生进步。

（5）示范如何尝试多种方法，最终成功解题。让学生明白，即使对老师而言，学习也不会是一帆风顺和不会犯错的。

（二）我想做吗？

教师可以运用各种内外动机策略帮助学生发现学习任务的价值所在。

1. 成就与内部价值

为了帮学生建立成就价值，我们必须将学习任务与学生的需要联系起来。首先，学习过程要能使学生的安全需要、归属需要和成就需要得到满足。教室不应该成为令人感到害怕或孤独的地方。很多学生默默地承受着来自教师言语和学校活动的伤害，他们令学生感到困窘、给学生贴标签、贬低学生（Olson，2008）。其次，我们要让学生明白，无论男生还是女生都能在所有学科上取得高成就，没有哪个学科是专属于某个性别的。数学、科学、汽车机械和体育并非不适合女性，而文学、艺术、音乐或法语也并非不适合男性。

激发内部动机（兴趣）的教学策略有很多，以下是 Brophy（1988）提出的一些方法：

（1）将课堂活动与学生的兴趣结合起来，如运动、音乐、时事、宠物、日常家庭冲突和同伴冲突、时尚、影视人物，或生活中的其他重要事件（Schiefele，1991）。

（2）激发好奇心。帮学生认清自身信念与现实之间的差距。例如，Stipek（1993）描述过一个案例：五年级课堂上，老师问学生其他星球上是否有“人类”生存，学生回答“有”；她又问学生人类呼吸是否需要氧气，因为学生刚学过相关知识，所以他们都回答“需要”；然后她告诉学生其他星球上的大气层里没有氧气。于是，学生对氧气的认识与他们相信存在外星生命的信念之间的巨大反差，引发了他们对于“其他星球的大气组成”的学习兴趣。

（3）使学习任务变得有趣。在前文的“正方观点 / 反方观点”中可以看到，很多课堂都能通过模拟或游戏的方式使学习变得有趣。恰当地使用这些活动，可以使它们既能辅助学习，又能让学生感到有趣和有意义。

（4）利用新异性和熟悉性。不要总是使用几种教学方法和激励策略，而需要注意变化。你可以使用不同教学媒体，也可以改变学习任务的目标结构（合作、竞争、个体化）。如果分发的学习材料对学生而言太抽象或太陌生，就试着把它们与学生了解的内容相联系。例如，为了介绍雅典卫城的面积有多大，你可以借用足球场做比较。

2. 工具性价值

有些时候激发内部动机很难，因此教师也需要依靠任务的实用性或"工具性"价值来激发动机。有些知识和技能在后续的学习或毕业后的生活中都可能会用到，因此对它们的学习是很重要的，这就是这些知识和技能的工具性价值。因此，如果学生没有认识到目前的学习与今后的学习或生活的关系，你应该向他们解释其重要性（Hulleman，Godes，Hendricks，& Harackiewicz，2010）。当然，在有些情况下，教师可以为学习提供诱因和奖励（见第 7 章）。但也要记住，对学生原本就感兴趣的活动进行奖励会降低内部动机。同时，在教学中可使用非结构化的问题和真实性任务。将学校中学习的问题与现实生活中的问题相联系，例如购买第一辆车、挑选手机或者写作求职申请等，这些活动有助于学生发现学习的工具性价值。

（三）我该怎样做？

学生在完成具有挑战性的学习任务时，他们难免会遇到困难，这时他们应该把注意力集中于学习任务本身。如果他们因为担心成绩、害怕失败、太在意别人的眼光而分散了注意力，学习动机就会下降。促使学生全神贯注于任务本身的方法很多，下面是一些可行的选择：

（1）经常让学生回答问题、完成小作业、展示技能。教师应该检查学生的答案，一旦发现错误要及时纠正。不要让学生长时间地错误练习。

（2）尽可能让学生创作完整的作品。如果学生感到成功近在眼前，他们会有更强的坚持性，更专注于学习任务。我们都体验过对"完成"的渴望带给我们的力量。例如，在刚开始油漆房子时，我常常希望只工作一个小时，但最后总是一连工作了几个小时，因为我很想看到最后完成时的样子。

（3）避免过于强调分数和竞争。过于强调分数会使学生自我卷入而非任务卷入。易焦虑的学生尤其会容易受到竞争性评价的打击。

（4）降低任务的挑战性，但也不能过度简单。如果学习任务有风险（有可能失败，并且失败的后果很严重），学生的动机会降低。当学习任务很难、很复杂或含糊不清时，要给学生充足的时间、支持、资源、帮助和检查或改进的机会。

（5）以身作则地示范你的学习动机。给学生讲讲你对这个学科的兴趣，以及你如何应对遇到的学习困难。

（6）有针对性地教给学生掌握当前材料所需的学习策略。告诉学生如何学习与背诵，这样他们就不必退而使用自我妨碍策略或机械背诵的策略了。

（四）我属于这个班级吗？

最后这个问题不是只言片语所能说清的，因此我们将用第 13 章的大部分篇幅来阐述如何创设学习共同体。当你为学生设计不同策略时，家庭的支持也很有益。下面的"家庭和社区合作实践指南"提供了与家庭配合的一些建议，你可以参考。

家庭和社区合作实践指南　　学习动机的促进

- 了解家庭为孩子设定的目标。

例如：

1. 在某个非正式场合（如喝咖啡、吃点心等），与个别家长或一小组家长座谈，听听他们为自己的孩子设定了什么目标。

2. 邮寄问卷或让孩子把反馈卡带回家，问问家长他们自己的孩子哪些技能最急需得到提高。从中为每个孩子选择一个目标，并为达成这个目标制定校内外的学习计划。把计划书拿给家长阅读，并询问他们的意见。

- 了解学生和家庭与学习目标有关的兴趣。

例如：

1. 邀请一位家庭成员表演某种技能或爱好。

2. 了解"家庭爱好"，如喜欢的食物、音乐、假期、运动、活动、诗歌、电影、游戏、点心、食谱、记忆等。将教学与兴趣联系起来。

- 告诉家长如何追踪学生的进步。

例如：

1. 制作简单的"进步图表"或目标卡片，然后把它们贴在醒目的地方，如冰箱上。

2. 要求家长反馈你对他们孩子提供的帮助是否有效。

- 与家庭配合，树立信心和积极预期。

例如：

1. 与家长开会和讨论时，不要拿一个孩子跟另一个孩子作比较。

2. 要求家长鲜明地指出孩子的家庭作业的优点。他们可以在作业后附上一个评语，说明这份作业中最好的三个方面和需要改进的一个地方。

- 要求家长合作，展示出学习的价值。

例如：

1. 邀请家庭成员到课堂上讲述他们如何在工作中使用数学或写作能力。

2. 让家长找出那些在家庭中得到运用并且十分有帮助的技能和知识，例如，做记录、写投诉信或者调查度假场所。

- 提供资源帮助家庭提高技能和意愿。

例如：

1. 告诉家庭成员一些能够帮助他们的孩子提高学习能力的简单策略。

2. 让高年级学生参加“家庭作业热线”的电话网，为低年级的学生提供帮助。

- 经常为学习举办庆典。

例如：

1. 学完恐龙的单元后，让学生在大礼堂、图书馆或自助餐厅里创建一个“博物馆”。邀请家长参观这个“博物馆”，并到教室里查看自己的孩子在这个单元里承担的工作。

2. 在当地的杂货店、图书馆或社区活动中心举办小型的学生作品展。

▼ 本章小结

第一节　动机的基本含义

动机的定义

动机是一种激发、指向并维持某种行为的内部心理状态。对动机的研究主要关注人们为何及如何启动指向具体目标的某个行动、开始该行动需要花费多少时间、采取行动后他们参与的深度如何、为了实现目标他们的坚持性如何以及整个过程中他们的想法和感受如何。

内部动机和外部动机有何区别？

内部动机是指当我们追求个人兴趣和能力提升时所产生的一种寻求并克服挑战的本能倾向——它激励我们去做那些并非“不得不”做的事情。外部动机是指做这件事情是基于与其本身无关的原因，我们并不是对这件事情本身有兴趣，我们只是为了得到某种东西才去做它。

因果控制点如何影响动机？

区别内外动机的关键在于人们采取行动的原因。也就是说，行动的原因来源于个体的内部还是外部。如果定位于内部，就会激发内部动机。当然，大多数时候动机同时包含了二者。事实上，内外动机可能是两个独立的倾向——在特定情境下可以同时存在。

根据行为主义、人本主义、认知主义、社会认知、社会文化的观点，动机的核心要素是什么？

行为主义者倾向于强调由诱因、奖励和惩罚引起的外部动机。人本主义观点则强调个人的成长、自我实现和自我决定的需要引起的内部动机。认知的观点强调个体寻求意义、理解和胜任的行为，以及个体归因和解释的力量。社会认知理论同时关注了行为主义对行为及其结果的概念阐述和认知主义对个体信念和期望的重视。社会认知取向的动机理论可以归纳为期望 × 价值理论。社会文化观点强调在特定团体中的合法参与和身份认同。

什么是期待 × 价值理论？

期望 × 价值理论认为指向某个目标的动机取决于我们对成功的预期和对目标价值的预期。如果二者中任何一个为零，则我们的动机就为零。

什么是合法的边缘性参与？

合法的边缘性参与是指新成员真实地参与社会活动，但是他们可能能力不足、不够成熟，贡献也很少。新手和专家都需要参与某个特定社会团体，从而实现身份认同。保持社会成员身份的意愿，能够激发学习价值观和行为规则的动机。

第二节　需要

区分马斯洛理论中缺失性需要和存在性需要。

马斯洛将四种低层次的需要——生存需要、安全需要、归属需要和自尊需要，统称为“缺失性需要”。当这些需要得到满足后，追求这些需要的动机就会减弱。他将三种较高层次的需要——求知需要、审美需要和自我实现的需要，统称为“存在性需要”。当这些需要得到满足后，人们进一步追求这些需要的动机非但不会减弱，反而会更加强烈。

影响动机的基本需要是什么？自我决定如何影响动机？

自我决定理论认为动机受到胜任需要、自主与控制需要、关联需要的影响。如果学生体验到自我决定，他们会受到内部激励——他们会对学习更有兴趣，有更强的自尊感，并且学得更多。学生是否能够体验到自我决定，部分取决于教师与学生交流时采取的方式是提供信息还是试图控制他们。此外，教师必须承认学生的观点、提供选择、解释设置限制的原因，且将低分视为有待解决的问题而非批判的对象。

第三节　目标定向

什么类型的目标最能激发动机？

那些具体、难度适中且在不久的将来就可能实现的目标能增强动机。

描述掌握目标、表现目标、回避努力目标和社会目标。

掌握目标是获得知识和掌握技能的意愿，它能让学生寻求挑战，且在遇到困难时能够坚持努力。表现目标是获得高分或让自己显得比其他人更聪明、能干的意愿，它会让学生专注于自己和自己的表现（自我卷入学习者）。学生可能趋向或回避这两种目标——回避型的最容易出问题。还有一种回避型是回避努力学习者，他们只想着寻求解决问题的最简单途径。社会目标对学生的学习动机既可能有益也可能有害，这取决于具体的目标（如与同伴玩乐或为家庭增光）。

如何使课堂中的目标设置有效？

要使课堂中的目标设置有效，学生需要得到关于他们进度的精确反馈，且他们必须接纳这个目标设定。一般而言，学生更愿意接受那些实事求是、难度适中、有意义，且其价值能够得到合理说明的目标。

第四节　信念与自我图式

什么是认识论信念？它对动机有何影响？

认识论信念是指对思维和学习如何发生的理解方式。个体的认识论信念会影响他们的学习过程、他们对自身和所从事工作的预期，以及他们参与学业任务的程度。具体而言，认识论信念包括个体对知识的结构、稳定性和确定性的理解。例如，如果认为所有知识可以构成彼此相关联的网络，学生就会尝试着通过有意义的途径将所有新知识与先前知识联系起来。如果学习任务挑战性过大，他们会认为这些新信息对他们毫无意义，不值得学习。

能力观如何影响动机？

持有能力实体观的个体相信能力是固定不变的，他们倾向于设置表现目标，尽力避免失败以求自保。然而，如果个体相信能力是可增长的，即持有能力增长观，他们会倾向于设置掌握目标，建设性地处理失败。

维纳归因理论中的三个归因维度是什么？

根据维纳的理论，大部分成败的原因可以归属于三个维度：控制点（原因的控制点在个体的内部还是外部）、稳定性（引起事件的这个原因是否具有跨时间和跨情境的一致性）和可控性（这个原因能否受个体控制）。如果学生把失败归因于稳定、不可控的因素，则会对动机造成最严重的损害。这些学生对失败采取听天由命的态度，感到沮丧、无助——我们通常称之为“无动机者”。

什么是习得性无助？它会造成什么不良后果？

如果人们相信他们生活中的大多数事件都是无法控制的，他们就已经形成了习得性无助，并会对动机、认知和情感等三方面造成不良后果。感到无助的学生会缺乏动机，不愿意学习；这些学生放弃了通过练习提高自身技能的机会，因此他们常常表现出认知缺损；他们还常常受到沮丧、焦虑、倦怠等情绪问题的困扰。

自我价值如何影响动机？

掌握定向型学生倾向于重视成就，认为能力是可增长的，因此关注掌握目标，敢于冒险，能够从失败中吸取经验。而自我价值感较低的个体往往采取回避失败型或接受失败型策略，以便保护自己不受失败的伤害。这些策略短期内似乎有所帮助，但长期来看对动机和自尊都是有害的。

第五节　兴趣、好奇心与情绪

兴趣和情绪如何影响学习？

学习和信息加工过程会受到情绪的影响。学生更容易注意、学会并记住那些引起自己情绪反应或与自己个体兴趣有关的事件、图像和文章。然而，我们要谨慎地处理学生的兴趣。那些与学习无关的“诱人的细节”、有趣的插入信息，反而会妨碍学习。

好奇心如何影响学习？教师如何才能在他们的学科领域激发学生的好奇心？

好奇心可以定义为对广泛的不同领域感兴趣

的倾向。学生的好奇心受到他们的兴趣的指引，会激发出他们自我驱动的探索新观点和新概念的动机。因此，好奇心是学校中吸引和维持学生注意力的有力工具。教师可以通过各种方式提高学生好奇心：激发学生的兴趣、说明学习材料与学生可能感兴趣的应用之间的联系，或者让学生自己去发现这两者之间的联系。例如，可以让学生去找出滑雪板或过山车中应用的简单机械原理。

唤醒对学习有何作用？

多数活动都有一个最佳的唤醒水平。一般而言，面对简单任务时，唤醒水平越高，学习效果越好；但面对复杂任务时，唤醒水平偏低，效果反而较好。如果唤醒水平太低，教师可以通过指出知识空缺、使用活动变式等方法激发学生的好奇心。严重的焦虑，是唤醒水平过高的表现，不利于学习的进行。

焦虑如何影响学习？

焦虑既是学业失败的原因，也是学业失败的结果，它会妨碍对信息的注意、学习和检索。很多焦虑的学生需要在掌握有效的应考与学习技巧上获取帮助。

第六节　学校中的学习动机：TARGET 模型

学习动机的定义。

教师关心的是如何培养学生的某种特定的动机——学习动机。学生的学习动机既是一种特质，也是一种状态。它包括认真对待学习任务、努力从中获益并在过程中应用合适的学习策略。

TARGET 代表什么？

教师在以下六个领域的抉择会影响到学生的学习动机，这六项内容的首字母合并起来就是 TARGET：布置的学习任务（task）的特点、学习中给予学生的自主权（autonomy）和控制权、认可（recognized）学生成就的方法、分组（grouping）练习、评价（evaluation）方式以及课堂时间（time）的安排。

任务如何影响动机？

教师设置的任务会影响动机。如果对学生而言任务与自身兴趣有关、能激发好奇心，或任务与现实生活情境相关，学生的学习动机都会提高。任务对学生而言有达成价值、内在价值或实用性价值。达成价值是指完成学习任务的重要性。内在价值是指学生能从活动中获得的愉悦感。实用性价值取决于它对我们实现短期或长期目标的帮助有多大。

有限制和无限制的选择有何区别？

就像完全缺乏指导的探索或缺乏主题的讨论一样，无结构和缺乏指导的选择会对学习起到阻碍作用。比较好的做法是让学生进行“有限制的选择”——为他们设定一系列有价值的不同任务，但允许学生根据自身兴趣进行选择。两者之间的适当平衡很重要，这样才能使学生既不会因为选择太多更感到迷乱，也不会因为选择余地太小而感到乏味。

教师的认可会如何影响动机和自我效能感？

如果课堂上的认可是针对个体的进步而非竞争获胜，那么认可和奖励会促进学习动机。表扬和奖励应该关注于学生的能力增长。很多时候，当学生把教师的表扬或批评视为能力高低的指标时，表扬就会起到相反的效果。

列举三种目标结构，并说明它们的区别。

学生在课堂中与其他同伴的关系如何会受到活动目标结构的影响。目标结构有三种：竞争的、个体化的和合作的。合作目标结构有利于提高动机和促进学习，尤其是对那些成绩较差的学生而言，更是如此。

评价氛围如何影响目标设置？

分数的竞争性越强，学生越倾向于设置表现目标，越关注于“看起来有能力”，也就是说，他们自我卷入的程度更高。当学生更关注成绩而非学习时，学生常常将课堂任务的目标设定为简单地完成就好，当学习任务较难时尤其如此。

时间安排对动机有哪些影响？

为了提高学习动机，教师在使用课堂时间时应保持一定灵活性。如果学生被迫以他们不适应的速度（加快或放慢）学习，或者当他们刚开始投入某项工作时就被打断，他们就不可能形成学习的坚持性。

▼复习思考题

（一）单项选择题

1. Johnson 小姐希望她的学生即使不给他们额外的奖励或增加休息时间也能够自觉地完成作业。她希望她的学生具有哪种类型的动机？
   A. 外在动机
   B. 内在动机

C. 内在控制
D. 关联需要

2. 为什么教育工作者需要关注马斯洛的需要层次理论?
A. 学生的发展阶段可能会决定他们是否能够成功胜任某门课程。
B. 学生的社会性和情感发展会影响他们与同伴之间的合作。
C. 学生生活中的缺失会影响他们在学业方面的成就。
D. 教养风格是学生能否取得学业成就的决定因素。

3. 有的老师给学生布置各种作业，并且一再强调学生要独立完成作业。这些老师忽略了自我决定的哪些方面?
A. 自主需要和胜任需要
B. 自主需要和关联需要
C. 关联需要和胜任需要
D. 自主、关联和胜任需要

4. 下面有关外部动机的表述中，哪一项是正确的?
A. 在任何情况下我们都应该减少学生的外部动机，因为这会削弱学生的内在需求。
B. 外部动机与成绩和环境刺激无关。
C. 外部动机可能在一开始会激发学生主动参与某些活动。
D. 随着教师对课堂掌控能力的提升，应该更多地促进外部动机而非内部动机。

（二）开放论述题

案例：Stephanie Wilson 在学生时代所接受的教育是“古老的学校教育方法”。她的老师要学生们成排地坐好，不准许在课上讲话或者抱怨作业。尽管 Stephanie 在这种教育模式下是成功的，但并不是所有她过去的同学都受益于这种僵化的教育环境。Stephanie 现在成为了一名新手教师，她想要为学生营造一种更轻松的学习环境。她设想的课堂是这样的：学生能够在教学活动的激发下，进行合作学习。“我想要我的学生期待来上学，希望学生是学习过程中的主体，而不是课程的被动接收者。”她想象设计出能够让所有学生都获益的学习环境，他们可以一步一步地进行学习。随着学生的逐渐进步，她可以看到学生能够脱离教师的辅助，主动调节自己的学习过程。Stephanie 认为，通过这种方式，她的学生没有一个会成为学业失败者。

5. 当学生处于挣扎之中时，Stephanie 准备给他们提供一些早期的帮助。请解释这为什么是个好主意?
6. Stephanie Wilson 是怎样在她的课堂上促进自我决定和自主需要满足的?

▼ 他们会怎么做?

回顾章前教师案例簿中的内容，看看下面几位教师是如何应对的。

Aimee Fredette　二年级教师
Fisher Elementary School, Walpole, MA

我使用的最有效的激发学生好奇心和兴趣的方法，就是在上课前向学生们提出一个问题。这样会使学生们把注意力集中到课堂上。随着课程的深入，学生们开始学会自己提出问题。另一种能够成功提高学生兴趣和好奇心的方法是使用“三栏辅助表”，这是一种师生共同参与的头脑风暴活动。学生们用头脑风暴回答“对于这个主题，我们已经知道了什么”。教师记录下学生的所有答案，写在一张表格纸上。然后，学生们用头脑风暴回答“对于这个主题，我们还想知道什么”，教师把这些答案再记录下来。第三栏的标题是“我们已经学习了什么”，随着教学的进程，我们将在表里陆续添加内容。当学生学习相关内容时，可以跟前两栏中提到的内容建立联系。

Danielle Hartman　二年级教师
Claymont Elementary School, Ballwin, MO

首先，不要泄气。教科书不是成为成功教师的必要条件。认真研读课程标准，找出你将教授的每个单元的教学目标。一旦你了解了教学目标，就可以开始创新。让学生在学习过程中始终保持动机和兴趣是非常关键的。通过给他们提供选择，并使用丰富的教学方法，你能让他们积极地参与到学习中。当学生拥有选择权时，他们的表现会让你感到惊喜。

Michael Yasis
L.H.Tanglen Elementary School, Minnetonka, MN

大多数学习都可以通过学习活动和社会参与来实现。因此，如果把那些关注于操练和练习的教科书作为学习的首要资源，学生很可能感到乏味。我解决这个问题的方法是，首先让学生参与自由讨论，以评估他们先前的知识水平。然后，我会通过有指导的发现学习来挑战和扩展他们对原本来源于“枯燥”教科书案例的那些概念的理解。当他们可以独立学习教科书上的概念时，他们的信心和自尊心就会得到提升。

Kelly McElroy Bonin 高中教学顾问

Klein Oak High School, Spring, TX

你只需要情绪兴奋地与三年级学生一起学习，表现出对学习材料的兴趣和热情，就可以激发出学生们的学习兴趣，鼓励他们进行学习。我在做学生和老师的时候，都曾无数次听到人们说：“充满学习热情的老师是最棒的老师。她能使我们学会最枯燥、困难的学习内容，并让它们变得有趣。”这证明了我的观点。如果学生尊重并喜欢他们的教师，那么教师对学习材料很有热情这个事实本身，就能告诉学生这些内容是重要的信息，他们就会认真学习。如果我感觉教科书的难度水平太高，我会把课程内容分解成几个小部分，并使用不同的教学技巧，如讨论、重复教学、分组研究等，以便充实学生和适应他们的学习水平。如果学生有足够的动机，那么无论手头的学习材料多么有限、教科书难度多大，他们都能够完成。如果教师真诚地关心学生，学生就会受到激励，从而对学习材料充满热情，让学校学习变得有趣。

Pam Gaskill 二年级教师

Riverside Elementary School, Dublin, OH

创造性是教学固有的内在特性。今年夏天就利用好你的时间和创造力去完成这些教学目标，设计各种教学办法，并保证对你的学生而言这些教学办法更有意义、与他们的实际生活更有联系。你可以计划如何将观看录像、分组学习、野外考察、做项目、演讲等各种活动结合起来，以保持学生的兴趣和参与度。你也可以利用那些学生从家里获得的材料，如书籍、录像、艺术品、网络资料等。如果你要求家长在特定方法上提供帮助，他们的合作性会给你惊喜。你甚至可以通过合作学习使用旧教材的一些内容，而不仅是采用传统的方法。你可以让阅读能力较差的学生和能力较强的学生配对，一起讨论并完成任务单，以帮助他们成功。同时，强调每个人都必须合作学习特定的材料。对学习材料的积极参与和投入，会帮助学生更有效地用自己的方式来理解学习材料。

第三部分

教学与评估

第13章 学习环境的创设

教师的案例簿

你会怎么做？

两名男生正在恐吓你班上的一名学生。这两个男孩看起来比你班上的那个孩子岁数要大，长得更强壮；你班上的那个孩子看起来年龄较小，比较腼腆。不幸的是，这两个欺负人的孩子在学校非常受欢迎，也许是因为他俩是学校优秀运动员的缘故吧。每天上学前后、在健身房或走廊里或者吃午饭的时候，总会发生一点小事故，比如恐吓、抢钱、摔跤、冲撞、吵架等。虽然这两个欺负人的孩子不是你班上的学生，但你班上那个被欺负的孩子开始经常逃课；并且，即使他来到了教室，他的作业质量也大不如前。

想一想：

- 你将怎样处理这个问题?
- 这个问题涉及哪些人?
- 你将如何处理言语攻击的问题?
- 如果这两个欺负人的孩子在你的班上，你应该怎么办?
- 如果这些欺负和被欺负的孩子都是女生，你应该怎么办?

概览与目标

本章的主要目的就是探讨教师如何通过班级管理，为学生学习创造良好的社会和物理环境——这是教师，尤其是新手教师常常关注的主要问题。班级氛围、教学活动和学生行为，都是良好管理的重要组成部分。一般而言，成功的管理者能为学生创造更多的学习时间，同时帮助更多学生形成自我管理的习惯。

一个积极的学习环境需要通过数年的时间来创设和维持，创设这种优良环境的关键在于防患于未然。可是，当问题出现时——当然了，这些问题常常都会出现——就必须以合理的方式去解决。如果有学生公开在课堂上挑战你，有学生向你咨询关于个人成长的问题，或者一个学生面对问题时总是退缩，你应该怎么办呢？本章我们就将探讨教师与学生如何在这样的情境中进行有效沟通的方法。

学完这一章后，你应该能：

- 合理利用学业学习时间和学生们的合作，以创建与维持有利于提升学生学习成就和社会情绪健康的课堂氛围。
- 理解和总结规范 / 章程、流程 / 常规以及自然 / 逻辑后果在班级管理中的作用。
- 解释物理环境会如何促进或干扰学习，并做好教室合理安排的计划。
- 确认能有效预防与处理学生不良行为（如欺负他人）的策略。
- 清晰描述良好师生沟通的特征。

第一节　课堂组织的必要性

在众多影响学生学业成就的相关因素中，班级管理是最大的影响因素（Marzano & Marzano，2003）。拥有丰富的班级管理知识和技能，是专家型教师的标志；而在班级管理中感受到压力和疲惫，则是教师产生职业倦怠的前兆（Emmer & Stough，2001）。那么，是什么让班级管理变得如此重要呢？

教室是一个特殊的环境。无论教室里的桌椅摆放得多么整齐，无论教师对教学的信念如何，教室对身处其中的每个学生都有着重要的影响（Doyle，2006）。教室是复杂多维的，教室内充满了人员、任务和时间的压力。所有的个体——有着不同的目标、偏好和能力——需要共享同样的资源，完成各种任务；甚至为了不造成浪费，还需要对一些资源进行再利用。另外，相同的行为也会产生不同的效果。比如，让成绩较差的学生回答问题可能会增加他们的参与度、鼓励他们积极思考，但如果这个问题学生不能回答，就会让整个讨论过程停滞，并产生一些管理问题。由于很多事情都会同时发生，并且每件事情似乎都瞬息万变，因此，教师和学生在一天中需要有大量的时间进行交流。

教室里发生的事件往往火急火燎，无法预测。就拿上课来说吧，就算你仔细拟定了计划，调试好了投影仪，准备好了课堂讲稿，上课进程仍然有可能被中断，比如某个技术故障，教室外面突然有人在争吵等。由于教室是一个公共的环境，教师对这些突发事件的处理，会被大家观察和评判。学生常常会留心教师是不是“公平的”，是否有偏袒的现象出现。如果学生违反了规定，教师会怎么处置？最后，教室是具有时间延续性的。一个教师或学生的特殊行为的意义，在一定程度上依赖于此前发生了什么。例如，一个学生已经迟到 15 次了，老师就需要对这个行为做出与第一次不同的反馈。再比如，开始几周的学校生活，可能会对班级接下来的整个学年的生活产生重要影响。

合作是关键

赢得学生的合作是班级管理的首要任务。协调好课程、材料、时间、空间和人员分配，是促进学习的方法。

一、首要任务：赢得学生合作

教师班级管理的基本任务就是通过班级活动，赢得学生的合作并保持这种氛围，以此创造班级的秩序与和谐（Doyle，2006）。由于班级具有多维性、同时性、快速性、不可预测性、公共性和时间延续性等特性，因此，班级管理相当具有挑战性。赢得学生的合作，教师需要事先策划活动、准备材料，对学生有恰当的行为和学业要求，发出明确的信号，灵活地进行任务转换，预见问题行为并对其及时制止，选择活动并让其按适当的顺序进行，让活动过程流畅而充满乐趣等。同时，不同的活动需要有不同的管理技巧。比如，与熟悉的简单活动相比，一个新的较为复杂的活动对班级管理往往意味着更大的挑战。

显然，赢得幼儿园学生的合作和赢得高中生的合作不是一码事。在幼儿园和小学低年级，直接教导班级规范和流程是很重要的。对于小学中年级学生而言，班级常规变得相对自动化，可是一些新活动还需要直接指导，整个系统还需要教师的监控和维持。对于小学高年级而言，一些学生开始挑战权威，这一阶段的管理重点在于有效处理这些破坏行为，同时想方设法去激发那些不太关注教师意见而更多沉迷于自己社会生活的孩子的参与热情。而到了高中，主要的挑战是管理课程，让教材符合学生的学习兴趣和学习能力，帮助学生进行自我管理（Emmer & Evertson，2013；Evertson & Emmer，2013）。

二、班级管理的目标

停下来　想一想

假如你正在一个以创新而闻名的学区里接受工作面试。校长助理看了你一会，然后问了一个问题："什么是班级管理？"你将会怎么回答？

班级管理（classroom management） 保持积极的学习环境、避免问题行为发生的管理技术。
参与结构（participation structures） 确定学生如何参与不同活动的规则。
分配时间（allocated time） 被设定用来学习的时间。

班级管理（classroom management）的目标就是保持一个积极有效的工作环境。如果仅是列举班级管理的好处，则毫无益处。正如我们在第7章所讨论的，如果班级管理只是为了让学生保持温顺和安静，这种班级管理是不人道的。那么，我们为什么要努力地进行班级管理呢？我想至少有以下三个方面的原因。

（一）创造有效学习的途径

每一种课堂活动都有其特殊的参与规则。有的时候老师会明确地说明这些规则，但更多的时候这些规则是含糊、不明确的。教师和学生可能都没有意识到自己在不同的活动中遵守了不同的规则（Berliner，1983）。比如，在一个阅读小组中，学生需要举手回答问题，但在同一个班级上展示讨论课时，学生通过教师的眼神示意就可以表达自己的观点。

正如第6章所言，规则规定了谁能够说话、能说什么、什么时候说、对谁说和能说多久等问题，这样的规则称为**参与结构（participation structures）**。为了成功地参与到某一指定活动中，学生必须明白其参与结构。虽然有的学生在家中通过与兄弟姐妹、家长或其他成人的互动学会了某种参与结构，但这种参与结构可能与学校的活动不相匹配，因此他们在学校的参与能力似乎不是很强（Cazden，2001）。我们从中能得出什么结论呢？为了达到成功管理班级的第一个目标——为学生创设学习的途径——你需要确保每一个孩子都清楚应该怎样参与到课堂活动中。你的规则和期望是什么？不同文化背景和家庭环境的学生都能理解吗？班级中有哪些潜规则或潜在的价值观，它们会起什么作用？你是否向学生有效传达了参与的信号？对于部分学生而言，尤其是那些有行为问题和情感问题的学生，对某些重要行为进行直接的指导和实践是非常必要的（Emmer & Stough，2001）。

（二）创造更多的学习时间

我曾经用秒表记录了一台电视智力竞赛节目中的广告时间。我非常吃惊地发现这个节目的一半时间都在播广告。实际上，只有一点点时间用于智力竞赛。如果你在课堂中运用相同的测试方法，测试在一天中不同活动占用的时间，你可能也会很惊讶地发现每天实际上只有很少的时间用于教学。一天中的大部分时间都被各种干扰、捣乱、磨蹭或不顺畅的沟通占据了。很显然，学生只能从他们参与过的活动中学到知识。几乎每一个关于时间和学习的研究都发现，在课程内容上所花的时间与学生的学习效果之间有显著的正相关（Weinstein，Romano，& Mignano，2011）。因此，班级管理的一个重要目标就是延长学习的有效时间，我们称之为**分配时间（allocated time）**。

但是，仅仅简单地对学习分配更多的时间，

并不能自动带来学业的成功，高效利用时间才是促使学业成功的关键因素。正如你在认知学习的相关章节所见，学生的信息加工方式是影响学生学习和记忆的关键因素，学生主要是从自己的实践和思考中进行学习的。主动花在特定学习任务上的时间，一般称为**投入时间**（engaged time），有时也称为**任务时间**（time on task）。

然而，学习时间的投入并不一定能保证学习的效果。也许是因为学习材料难度太大或者学生使用了错误的学习策略，学生学得很费劲。如果学生的学习有很高的成功率——真正达到学习和理解的程度——我们就把这种时间称作**学业学习时间**（academic learning time）。所以，班级管理的第二个目标就是通过让学生积极参与有价值的、合适的学习活动，有效地增加学业学习时间。如图 13—1 所示，虽然美国大多数州的学校要求有 1 000 多个小时的学习时间，然而实际有效的学业学习时间却只有 333 个小时。

让学生在求学早期就积极地投入学习之中，对于学生的今后发展非常重要。研究表明，教师对一年级学生在任务完成能力、积极投入时间两项指标的评分，能有效预测学生在四年级时的学业成就和辍学率（Fredricks，Blumenfeld，& Paris，2004）。

投入时间 / 任务时间（engaged time/time on task） 用于主动投入当前学习任务的时间。
学业学习时间（academic learning time） 学生学习确实有所收获的时间。

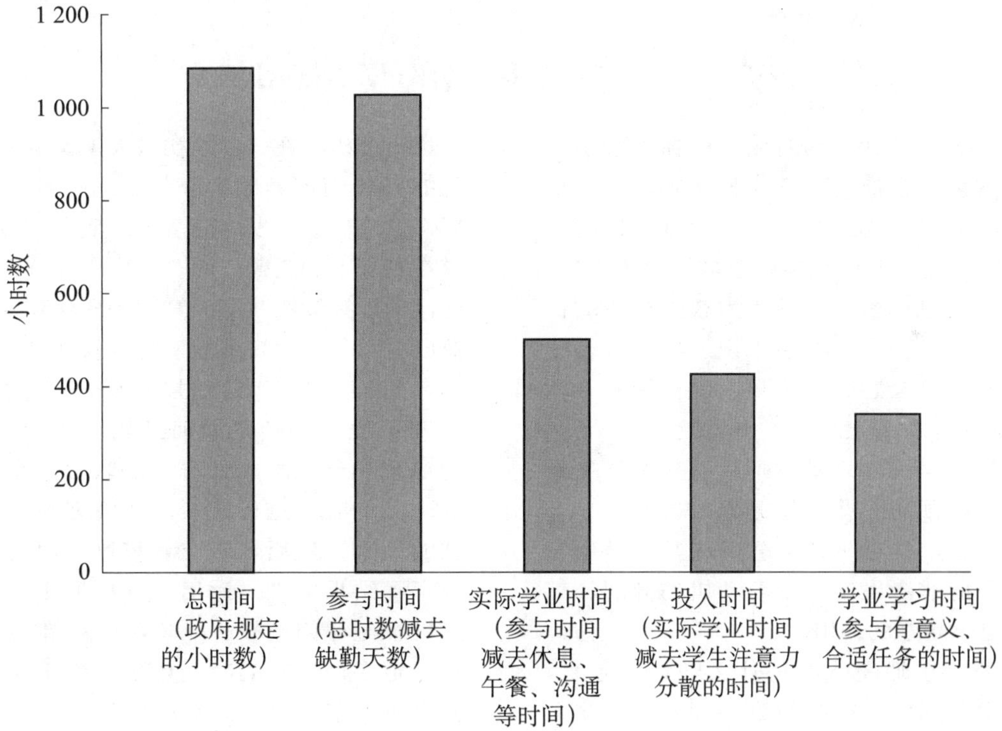

图 13—1 有谁知道时间都去哪儿了？

美国大部分州所公布的 1 000 小时学习时间里，只有 300 ～ 400 个小时是实际的学业学习时间。

资料来源：Weinstein, C.S., & Mignano, A.J. (2007). *Elementary classroom management* (*4th ed.*) . New York: McGraw-Hill.

（三）促进学生的自我管理

班级管理的第三个目标就是帮助学生更好地进行自我管理。如果教师过分关注于学生的“服从”，那么他们会花更多的时间用于对学生进行行为监控和纠正。这样，学生只会把学校看作遵守规则的地方，而不会追求对知识的深层理解。然后，合作学习或基于问题的学习（PBL）等复杂的学习模式，都需要学生进行自我管理。仅仅学会服从规则，并不能让这些复杂的学习方式发挥作用（McCaslin & Good，1998）。

从要求学生服从到指导学生进行自我调节和自我管理，已经成为当今班级管理的重要转变（Evertson & Weinstein，2006）。Tom Savage（1999）认为："纪律最基本的目的就是发展自我管理。如果人们缺乏自我管理的能力，那么学业知识和技能也很难发挥真正的作用。"（p.11）通过自我管理，学生学会了负责——在不干扰他人权利和需求的情况下，满足自我的需求（Glasser，1990）。学生可以通过做决策、处理结果、设置目标和重点、管理时间、协作学习、调停争执、与老师和同学发展信任关系等方式来学习自我管理（Bear，2005；Rogers & Frieberg，1994）。

当然，鼓励学生**自我管理（self-management）**是需要有额外的时间付出的。但是，因为它可以教会学生承担责任，因此这个时间投入是值得的。对此，有一些很好的佐证。Nancy Perry 和 Rebecca Collie（2011）比较了指导师范生如何教会学生成为自我调节学习者的职前培训课程与那些并不强调自我调节的职前培训课程。研究发现，相对于那些没有学习如何帮助学生自我调节的师范生而言，自我调节和知识、技能等都得到提高的师范生，他们在师范实习时更自信、压力更小，也更加投入。这很容易理解——如果你教会了你的学生可以管理好自己的行为和学习，这反过来就会提升你的教师效能感。一些小学和初中的教师虽然拥有有效的班级管理策略，但是非常遗憾的是，他们没有将学生的自我管理作为培养目标。这些教师的学生经常会觉得，当离开了这些"管理得很好"的班级之后，他们要想进行独立工作或学习仍然非常困难。

自我管理（self-management） 管理个人行为，并且对自己的行为承担责任。

第二节 创设积极的学习环境

当你为班级制订计划的时候，你在本书中所学到的一些知识会很有用。正如你所知，在制订教学计划时，如果考虑到第 2 至 6 章讨论过的学生的个体差异，教师就可以预防很多问题的发生。有的时候学生变得捣蛋，只是因为教师布置的任务难度太大；而对于有的学生来说，学习材料的难度太低，他们就会感到很厌烦，以至于去寻找一些更刺激的活动来消耗时间。

从某种意义来说，只要教师用心激发学生的学习动机，就能预防一些纪律问题的出现。一个投入学习的学生，往往不会与教师或其他学生发生冲突。所有能够激发学生学习动机的计划，都能起到预防纪律问题的作用。

除此之外，教师还能做些什么呢？数年来，得克萨斯大学奥斯汀分校的教育心理学家们深入研究了班级管理问题（Emmer & Stough，2001；Emmer & Evertson，& Anderson，1980；Emmer & Gerwels，2006）。他们采用的方法是对大量的课堂进行分析，在开学之初做大量课堂观察，在随后的时间段内观察频率降低。结果发现，几个月以后，这些班级会发生显著的改变，一些班级基本不存在管理上的问题，而有的班级却有很多问题。因此，通过持续考察班级管理的质量和随后学生的学业成就，就能对教师教学的有效性进行鉴别。

另外，研究者通过回顾开学初的观察记录，研究了优秀教师是如何开始班级管理的。同时，通过将和谐、高成就班级的教师与那些充满问题的班级的教师进行比较，研究者总结出了班级管理的原则。随后，研究者将这些原则教给一组新教师，结果发现：运用了这些原则的教师，所教的班级纪律问题较少，班里学生花费在学习上的时间更多，捣乱的时间更少，整个班级的学业成就也更高了。这些研究的结果形成了两本班级管理书籍的基础（Emmer & Evertson，2009，2013；Evertson & Emmer，2009，2013）。我们下面提到的很多观点都源于这些研究。

一、建立必要的常规和章程

停下来 想一想

请给你未来的班级制订三四条重要的班级规范。

在小学，教师每天需要引领 20 ～ 30 个学习能力不同的孩子做很多不同的活动。如果没有有效的规范和流程，大量的时间就会被浪费在处理同样的问题上，比如："我的铅笔坏了，没法做数学作业了！""我实验做完了，老师，我还需要做什么呢？”“Carlos 打我！”“我把作业锁在抽屉里了！”

进入中学，教师每天需要和 100 多位学生打交道，这些学生使用多种材料，并且常常更换教室。同时，中学的学生也更可能挑战老师的权威。通过 Emmer、Evertson 和他们同事的研究发现，有效的管理者需要拟定某些班级流程和规范来应对这些情形。

（一）流程或常规的建立

材料和作业如何分发和收集？在何种情况下学生可以离开教室？怎样给学生评分？在科学、艺术和职业课程上，使用设备和材料有什么特殊的规定？**流程 / 常规（procedures/routines）**描述了在课堂中应该如何完成活动。一般而言，课堂流程很少以书面的形式呈现，但它们却是保证课堂活动顺利进行的重要前提。Carol Weinstein 和 Andy Mignano（Weinstein & Novodvorsky，2011；Weinstein，Romano，& Mignano，2011）建议教师应该在以下领域内建立班级常规：（1）行为管理，如出勤记录；（2）学生活动，如进出教室或盥洗室；（3）环境维护，如给植物浇水或存储个人物品；（4）教学运行，如怎样收发作业；（5）师生互动，如需要帮助的时候怎样引起老师的注意；（6）学生交流，如给予他人帮助或人际交往。

你可能会将这六个方面作为建立班级常规的框架，下面的“实践指南”可能对于你有效制定班级管理计划有所帮助。

> **流程 / 常规（procedures/routines）** *活动的规定步骤。*

实践指南 建立班级常规

● 确定学生管理课桌、教室设备和其他装置的办法。

例如：

1. 每天或每周需要设定固定的时间用于整理教室环境。

2. 教师需要做示范，并让学生实践，学习怎样将椅子挪到桌子下、怎样领取和归还架子上的物品、怎样削铅笔、怎样使用洗涤槽和自来水设备、怎样摆放实验仪器等。

3. 设立值日班长，让大家来轮流管理设备和材料。

● 确定学生如何进入或离开教室。

例如：

1. 学生必须知道他们进入教室后应该做什么。一些老师有统一的规定，如上交家庭作业等待检查等。

2. 学生必须知道他们在什么条件下可以自由离开教室，什么时候必须经过允许才能离开教室。

3. 学生必须知道如果他们迟到了，应该如何得到教师的许可，才能进入教室。

4. 建立放学回家的规范。许多老师要求在放学回家之前，学生必须坐在座位上并保持安静。下课以教师的宣布为信号，而不是铃声。

● 建立信号系统，并教会学生理解。

例如：

1. 在课堂里，一些教师运用开关灯光、钢琴音乐作为信号，也有教师通过类似于卖场上的“服务铃声”作为信号，还有教师利用特定的语言或行为作为信号——如走到讲台前并安静地站着，使用特定词汇——“请看”、“请拿出你们的计分册”等。

2. 在礼堂里，教师通过举手、击掌或其他的信号示意停止。

3. 在操场上，教师通过举起一只手或者吹口哨发出站队的命令。

● 确定学生参与课堂活动的常规。

例如：

1. 你是要求学生一定要举手并获得允许才可以发言，还是只要求他们等别人谈话结束后就可以发言？

2. 你如何表明需要所有的同学对问题做出反馈？有的老师会举起像杯状的手放到耳边，有的老师在问问题时常常以“各位同学”开始。

3. 不同的活动需要有不同的流程，如阅读小组、学习中心、讨论、老师讲述、随堂作业、观看视频、同辈学习小组、查阅图书馆等。

4. 明确一次可以有多少学生使用削笔机、问老师问题、去学习中心、使用水槽、去阅读角或上厕所。

● 决定你将如何布置、收集和归还作业。

例如：

1. 建立一个专门布置作业的地方。有的老师会在黑板的一角布置作业；有的老师会用彩笔布置作业。对于岁数较小的学生而言，教师最好准备作业单或档案袋，用不同的颜色表明数学、阅读或科学这些不同学科的作业。

2. 弄清楚收集作业的方式和地点。有的老师把作业存放在一个盒子或木箱里面；有的老师则是一边介绍接下来的活动，一边邀请一个学生负责收作业。

（二）规范或章程的制定

规范或章程（rules）不同于流程或常规，因为规范说明了在班级里哪些行为被禁止，哪些行为被鼓励，所以常常以书面的形式呈现，并张贴在墙上。在建立班级规范时，你需要考虑：你想创造一个什么样的班级气氛？学生什么样的行为能够帮助你有效教学？学生的行为需要受到哪些约束？当然，你所制定的规范应该与学校的总体规范和科学的学习原则保持一致。比如，我们从研究中得知，学生同辈之间进行交流学习这种小团体的学习方式更能让学生受益，他们会自教自学。如果你设定的班级规范阻碍了学生之间的相互交流，那么它就与良好的学习原则相冲突了。再比如，在写作文的时候规定，“在作文本上不要有修改的痕迹”，那么学生可能就会更多关注于不写错别字，而不是将主要精力用在怎样才能将自己的思想通过语言表达清楚上面，这极有可能阻碍学生的发展（Burden，1995；Emmer & Stough，2001；Weinstein，Romano，& Mignano，2011）。

规范/章程（rules） 关于被期望和被禁止行为的陈述。

班级规范应该是积极的和可观察的，例如，有事请举手。此外，提供一些与特定情境对应的规范，要好于列举出所有禁止或允许做的事情。但是，如果某些行为是被特别禁止的，如擅自离开校园或在厕所里抽烟，就要在班级章程中严格规定清楚（Emmer & Gerwels，2006）。

事实上，不同年级的学生需要有适应其年龄特点的不同班级规范。因此，教育研究者和实践者们分别针对小学生和中学生制定了不同的规范。

Evertson 和 Emmer（2009）列举了四条适合小学班级管理的规范：

（1）尊重他人，礼貌待人。老师需要对“有礼貌”做详细解释，包括不攻击、欺负和戏弄他人。有礼貌的行为包括按秩序排队、说“请”和“谢谢”、不叫绰号等。这条规则既适用于学生，也适用于成人（包括代课老师）。

（2）积极学习，为学习做好准备。这条规范意在引起学生对学习的重视。无论是每天学习生活的开始，还是不同科目交替的过程中，学生都应保持积极的学习态度。

（3）他人说话时，注意倾听。无论是大班教学还是小组讨论，这一条规则对所有教师和学生都适用。

（4）遵守学校规章制度。这一条规范提醒学生注意，学校的所有规范在班级里同样适用。这样，学生就无法以“你从来没有告诉我们这一点”为由，在明知违反校规的情况下，却公然在上课的时候咀嚼口香糖或听音乐。

无论规范是什么，学生都需要了解规范中的哪些行为是允许的，哪些是不允许的。例如，在学习任务完成以前，练习和讨论都是必要的。

正如你所见，不同的活动需要不同的规范，但是学生在全面掌握这些规范以前，可能会把它们搞混。为了避免学生的混淆，你可能需要考虑对每个活动的规范做出不同的标记。在活动开始之前，你可以将这些标记张贴出来作为提示。这为所有的学生都提供了清楚一致的参与线索，而不仅仅只有表现好的孩子才清楚规则是什么。当然，在这些标志完全发挥作用之前，必须先对这些规范进行充分的解释和讨论。

Emmer 和 Evertson（2009）也提出了六条适合中学班级管理的规范：

（1）将所有可能用到的材料带来教室。教师必须明确规定所需钢笔、铅笔、纸张、笔记本、课本或其他材料的类型或规格。

（2）上课铃响后，学生应该坐在座位上，并做好上课准备。在执行这条规范时，有些教师还会加入一些其他的开始程序，比如一个热身练习，或者当上课铃声敲响后，教师要求学生把需要的纸张放在合适的位置。

（3）尊重他人，礼貌待人。这一点包括打架、骂人和一般性的捣蛋行为等的禁止。它适用于包括教师在内的所有人。

（4）当他人在讲话的时候，要在座位上仔细倾听。这一点适用于教师或其他学生谈话的时候。

（5）尊重他人财产。这意味着明白他人财产应该属于学校、教师和其他同学。

（6）遵守学校规章制度。和小学课堂规范一样，这一点囊括了很多的行为和情境，所以你不必在班规里再次重复每一条学校的规定。这一点也在提醒学生，你在教室内外都监控着他们。有些高年级学生很擅长向教师“证明”他们并没有违反规则，所以作为教师，你要确保自己对学校的相关规定制度都非常了解。

当然，以上的这些规范不仅仅是为了维持班级秩序。Matsumura 和她的同事（2008）通过对34个中学课堂的研究发现，在课堂上尊重他人规范的制定，有效预测了参与课堂讨论的学生数量。

由此可以推论，尊重规范是学生积极学习教材和参与学术讨论的重要门槛。

（三）违反规范或流程的后果

当你确定好班级常规和章程后，必须马上考虑如果有学生违反了规范或没有按流程行事，你应该怎么办；如果在规范或流程被打破后才来考虑处理办法，就为时已晚。对于很多违反规范的情况，通常都是让学生重新做，直到做对为止。在大厅乱跑的学生必须退回来，姿态端正地走过去。如果作业没做好，需要再做一次。被放乱的材料，必须放回原处。为了支持学生的情感和社会性发展，教师可以通过合理运用**自然 / 逻辑后果（natural/logical consequences）**来处理（Elias & Schwab，2006）：（1）你的反馈应该分清楚行为和行为人——问题是行为，而非学生；（2）对学生强调他们有选择自己行为的权利，但同时也要避免对学生失去控制；（3）鼓励学生进行反思、自我评价和解决问题——避免教师教条式的宣讲；（4）帮助学生认识到相似的情况下，下次可以有哪些不同的反应，并对自己的行为能力做出客观的评价。

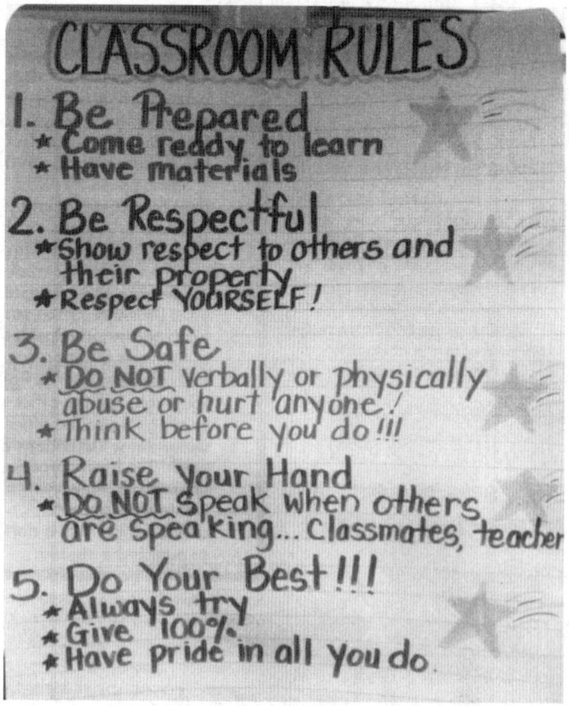

规范促使学生学会尊重

能够被所有学生都理解的课堂规范可以促进具有尊重的课堂氛围的维持，进而促进学生高效学习。

其中最关键的一点就是，要尽早做出关于惩罚（或奖赏）的规定，这样学生就会明白如果违反了规定或没有按流程做事，对他们会意味着什么。我鼓励我的实习生将他所在实习学校的校规和班规分别复印一份，并在此基础上，自己再拟定一份详细的班规。当然，有的时候，结果可以更复杂。Weinstein、Romano 和 Mignano（2011）对四名小学专家型教师进行案例研究后发现，教师一般有七类处理消极结果的方式，如表 13—1 所示。

> **自然 / 逻辑后果（natural/logical consequences）** 面对错误行为，教师不采用惩罚的方式，而是让学生采取重做、补救的措施或让学生直面他们的行为所带来的后果。

表 13—1　　七种惩罚学生的方式

1. 流露出失望的表情。如果学生喜欢或者尊重他们的教师，那么教师脸上流露出的严肃或悲伤的表情，可能会让学生停止捣乱，回过头来思考自己的行为。
2. 撤销学生的某些权利。有问题行为的学生，可能会失去自由时间。比如，如果学生没有完成家庭作业，他们就需要在自由活动时间来完成作业。
3. 退出小组活动。干扰他人或不进行小组合作的学生，会被小组同学孤立，直到他们学会合作为止。有些教师会给学生 10 ～ 15 分钟的时间，让他到其他教室或大厅做好合作准备，在这段时间内，教师和其他学生都不理会这个违反规则的学生。
4. 对问题进行书面反思。学生可以通过写日记、短文的形式来讲述自己做了什么，对他人造成了什么影响，也可以写成道歉信——如果这种方式合适的话。另一种可能就是让学生客观地描述他们做了什么；然后教师和学生在上面签名，并记录日期，作为以后家长或管理者询问学生行为的证据。
5. 去校长办公室。一般而言，有经验的老师较少使用这一策略。可是，如果有正当理由，他们也会使用。有些学校要求如果学生有打架等特定的攻击性行为，需要把他们送到校长办公室。如果你让学生去校长办公室而学生不去的话，你就可以给校长办公室打电话说这个学生已经过来了。这样，学生就会有两种选择：要么去办公室，要么受到校长的惩罚。
6. 扣留学生。扣留是指在放学后的自由时间或午餐时间，与学生针对所发生的事件进行简短的谈话。（在高中，扣留通常作为一种惩罚手段；停学或开除学籍可以被看作是更加严厉的惩罚方式。）
7. 联系家长。如果问题总是重复出现，许多教师就会与学生家长联系。这样做是为了寻求帮助学生的支持，而不是在责备家长或惩罚学生。

资料来源：Weinstein, C.S., & Mignano, A.J. (2007). *Elementary classroom management* (*4th ed.*) . New York: McGraw-Hill.

（四）谁来制定规范或流程

如果你希望让学生共同参与制定规则或创造“法令”，你应该等到班级里的学生形成一定的集体氛围之后再进行。只有当学生信任教师且熟悉了目前的班级环境后，学生才能全身心投入制定班规（Elias & Schwab，2006）。第 1 章里出现了一位名叫 Ken 的专家型老师，他与学生共同制定了一项“权利法案”，而不是生硬地宣布规则。这些“权利”涵盖了大部分需要规则的情景，同时也帮助学生学习自我管理。最新的班级权利法案包括当教师没有说话且没有要求安静的时候，可以小声说话；学生和教师均享有受到礼貌对待的权利；在各项任务之间可以有两分钟的休息时间；有权选择每天的日程安排；有保持隐私的权利；没有经过本人允许，不得擅自动用他人的财物；可以咀嚼口香糖，但是不能吹泡泡等。

对于学生而言，发展权利和责任意识比遵守规范更重要。“教育学生由于某些行为是错误的，所以必须有规范去制止它；而不是教育学生某些行为是错误的，因为它们与规则不一致——这两者是不一样的，要帮助学生明白为什么是这样。”（Weinstein，1999，p.154）学生应该明白正是由于规则的发展，每个个体才能在一起工作和学习。还需要提到一点，当 Ken 遇到一些特别难管理的班级时，他就会和学生采取“立法”的形式来保护学生自身的权利，这些你将会在表 13—2 中看到。

除了建立必要的班级常规和章程外，另外一种影响学习环境的计划就是，教室内的桌椅板凳、教学材料和学习工具等物理环境的设计，也要符合学生的发展。

表 13—2　保护我们权利的法案

1. 每次都要遵守规则。
2. 谈吐得体有礼貌，尊重他人情感和他人财物。遵照“权利法案”。
3. 学会在恰当的场合微笑。
4. 学会尊重他人权利。不要打扰他人。不要干涉他人。不要大声吼叫。
5. 学会在恰当的场合讲话，语气、语调、音量得体。
6. 行动的时候要镇定、仔细、安静，并且举止优雅。
7. 遵守学校和班级的所有规范和流程，比如使用卫生间、保管铅笔、午饭和休息时间的制度、上学和放学的制度等。

资料来源：Weinstein, C.S., & Mignano, A.J. (2007). *Elementary classroom management* (*4th ed.*) . New York: McGraw-Hill.

二、设计学习的物理空间

停下来　想一想

回过头来想一想你从小到大待过的教室，哪一间教室最让你兴奋？哪一间给你冷淡空旷的感觉？教师是否安排学生在教室内不同的地方做了不同的事情？

好的学习空间可以让你所设计的班级活动变得更有吸引力，并且让身处其中的每一个个体都能感受到被尊重的氛围。这种尊重感的创设，应该从引领年幼儿童根据“门”来认识自己的教室就开始了。有一个获得校舍设计奖的学校，把每一个教室的门都涂成了不同的鲜艳色彩，所以年幼儿童可以很轻松地找到自己的“家”（Herbert，1998）。教室的内部环境可以设计为适合学生安静阅读、小组合作或独立研究的场所，学生在教室里能够轻松地取到自己需要的材料。1999 年，在与 Marge Scherer 的一次访谈中，Herb Kohl 描述了他在班级中创设积极的学习环境的过程。

活动区（action zone） *在教室内互动学习发生得最多的地方。*

> 我所做的就是把我所知道的最有趣的东西张贴出来——比如海报、游戏、谜语或一些挑战性的活动——让学生知道这些都是对他们的激励。这些都是激励他们动脑筋的好办法。你创设的环境应该让学生走进来之后觉得：“我真的想看看这里面是什么，我真的想看一下。”（p.9）

在教室的布局方面，有两种基本的空间组织形式——个人领域和兴趣区域可供考虑。

（一）个人领域

在按区域划分的教室里，物理环境会影响教学吗？教室前面的座位似乎确实可以增加那些爱上课讲话的学生的参与度，而后排的座位则会使学生更难参与学习，这些位置更容易让学生偷懒和上课睡觉（Woolfolk & Brooks，1983）。但是参与度最大的**活动区（action zone）**也可以在教室的其他位置，比如靠近教室的某一边，或靠近某个特定的学习中心（Good，1983a；Lambert，1994）。Weinstein、Romano 和 Mignano（2011）认为，为了“将活动区最大化”，教师应该尽可能地在教室内来回移动，与后排的学生有眼神接触，同时对他们进行提问，经常性地变换位置，避免一些学生总是坐在后面。

水平排列拥有许多传统行列位置排列的优点。不论是独立作业，还是针对教师、学生和多媒体展示，都有作用；这种设计让学生聚焦于报告人，同时也便于清理环境。水平排列的设计很容易让学生两人一组共同作业，但是这种设计不太适合大组讨论。

四人一组或围成圆圈的方法最方便学生沟通。圆圈的方式对讨论很有用，也不影响独立作业。四人一组的设计可以让学生讨论，相互帮助，共享材料，或者共同完成小组作业。然而，这两种安排不适合面对整个班级的讲授和展示。

在鱼缸式或谷垛式的教室里，学生围坐在注意焦点的地方（后排的学生可以站起来），这种形式只能维持在短时间内，因为这样往往不太舒服，并且会产生纪律问题。另一方面，这种鱼缸式的设计可以激发集体凝聚力，如果教师希望学生观看一个演示，或对一个班级管理问题进行头脑风暴，或看一个视频的时候，往往比较有用。

（二）兴趣区域

兴趣区域的设计能够影响到学生对学习空间的利用方式。比如，Weinstein（1977）与一名教师共同努力，对一个兴趣区域做了改变，使得更多的女孩参与到科学课的学习中，并且使学生在实验中利用了更多材料。在另一项研究中，研究者对图书角做了一定改动，使得班里很多学生都参与到阅读活动之中（Morrow & Weinstein，1986）。如果你要在教室里设计兴趣区域，可以参考下面的“实践指南”。

实践指南　设计学习空间

- 注意教室内的固定装置，并在此基础上进行设计。

例如：

1. 记住电脑和音频设备都需要一个插座。

2. 将美术用品放在水槽边，小组活动安排在黑板周围。

- 确保存放物体的平台便于学生拿取，并且保持整洁。

例如：

1. 确保学习材料在学生的视线范围内，并且便于学生拿取。

2. 提供足够多的架子，这样学习材料才不会被乱堆乱放。

- 为学生提供干净、便利的学习环境。

例如：

1. 把书架安放在阅读区，在活动区内开展游戏。

2. 避免因为空间拥挤而产生打架斗殴。

- 避免教室出现死角和“跑道”。

例如：

1. 不要将所有的兴趣区都设置在教室的四周，这样教室中间的一大片空地将会处于无用状态。

2. 避免将一些家具摆放在教室中间，这样会使教室的四周成为以家具为中心的“跑道”。

- 妥善放置物品，确保你能看到所有的学生，所有学生也能看到教学演示。

例如：

1. 确保你的视线可以达到教室的每个角落。

2. 妥善设计座位，这样学生不用挪动桌椅就可以看到教学演示。

- 确保活动空间的隐私性和安静。

例如：

1. 确保没有桌子或活动区堵住通道，学生不需要绕过一个区域才可以到达另一个区域。

2. 将喧闹的活动区与需要安静的活动区分开。通过区域之间或较大空间内安放一些分隔物，如书架或小板等，来营造隐私的感觉。

- 提供选择性和灵活性。

例如：

1. 为个人的独立活动提供私密的小空间，为团体活动提供大桌子，为全班活动提供窗帘。

2. 为学生提供空间存放个人物品。对于没有个人桌椅的学生来说，这一点尤其重要。

- 尝试新的设计，并在使用中进行评估和改进。

例如：

1. 用两周的时间尝试新的安排，然后对其进行评估。

2. 吸纳学生参与设计。他们也需要在这个屋子里生活，自己设计教室空间环境是一个很有挑战性的教学体验。

事实上，个人领域和兴趣区域并不矛盾，很多教师已经将这样的设计融合在了一起。以课桌为代表的学生个人领域摆放在中间，而兴趣区域设计在教室的后面或者四周。这样的设计具有灵活性，能够满足大组活动和小组活动的不同需求。图13—2展示了一个小学教室的设计，就融合了个人领域和兴趣区域。

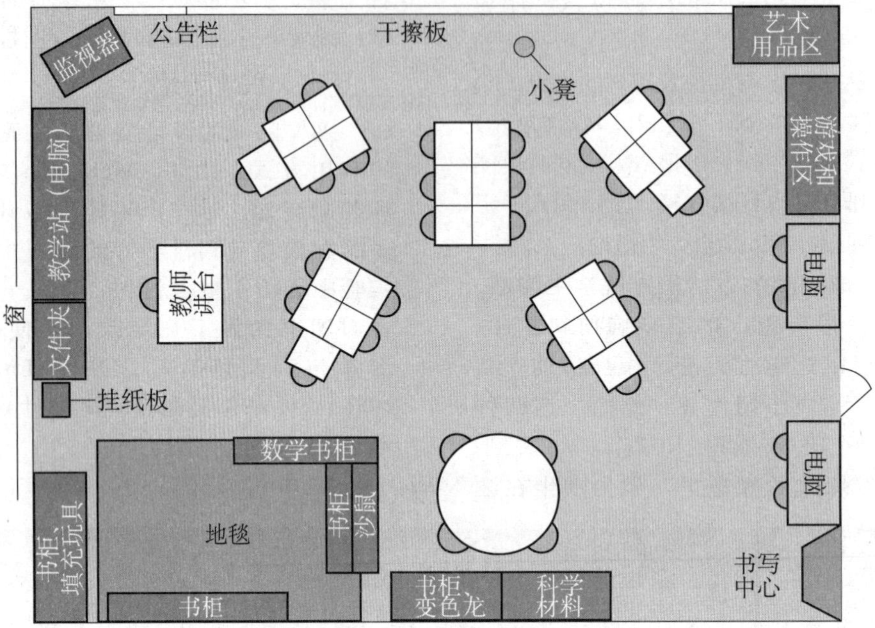

图13—2　一个小学教室的设计示意图

一个四年级的小学教师对教室进行了恰当的设计，在这个教室里，教师可以讲课，可以进行小团体活动、电脑互动、数学操作活动、日常阅读、上艺术课或开展其他的临时活动。

资料来源：Weinstein, C.S., & Mignano, A.J. (2007). *Elementary classroom management* (*4th ed.*). New York: McGraw-Hill.

三、班级创建的起步阶段

设计教室的学习环境、制定班规和流程是班级管理成功的第一步。但是，一个高效的教师怎样才能在班级创建的最初几周就赢得学生的合作呢？有一项研究深入分析了高效的小学教师和低效的小学教师在开学之初的几周时间内所开展的活动，结果发现了巨大的差异（Emmer，Evertson，& Anderson，1980）。在开学的第二周或第三周，低效的教师所指导的班级，学生变得越来越捣蛋，也不认真完成作业。

（一）小学生的有效管理者

在一个高效教师所指导的班级里，开学第一天的班级活动就得到了有效组织。教师会提前准备好点名册，同时为学生们设计了一些有趣的活动。将教学材料摆放整齐，精心设计每个活动环节，以免学生分心。这些教师重视解决很多学生都关注的问题，如："我应该把东西放在哪里？""我应该怎么称呼老师？""我可以和邻桌同学说悄悄话吗？""厕所在哪里？"高效的教师会把自己的期望都说出来，他们制定了一个可行且便于学生理解的班规，并把其中最重要的部分在开学第一天就教给孩子们。教授这些班规的方式和教授其他科目一样，需要进行解释、举例，同时要让同学们实践。

开学的几周内，高效的管理者会连续花大量的时间用于规范和流程的教学。有些教师通过实践的方式教授流程；有些教师通过奖励的方式改变学生的行为；很多教师教学生对铃声或其他注意信号做出反应。高效的教师总是将班级常规和规章制度的教学融入有趣的学习活动中，这些活动往往是全班一起开展的，而不是把学生分为小组或仅仅让学生通过阅读的方式来进行。这种整班教学的方式，让教师对学生的班级常规和规章制度的学习可以更好地进行监控。在开学之初，教师应该快速而坚决地制止学生的错误行为，而不是采用粗暴的方式。

在低效教师管理的班级，刚开学的几周和上面的班级是非常不一样的。班规没有起到很好的作用；这些班规要么太含糊，要么太复杂。比如，一个教师做了这样一条规定："在恰当的时间出现在恰当的场合。"老师没有告诉学生这是什么意思，所以学生的行为没有通过班规得到很好的引导。班规中没有明确规定积极行为和消极行为产生的不同后果是什么。在学生违反规定后，低效教师给予了比较含糊的批评，比如"有的学生太闹了"，或者只是警告，却没有给出任何具有威慑性的惩罚措施。

在管理不善的班级里，完成一些日常任务的流程每天都不一样，老师从来没有讲过或让学生实践过班级流程。低效教师大多不关注学生这些即时的需求，却花大量的时间在本可以稍后处理的事情上。例如，有一名教师在开学第一天就教授学生火灾逃离训练，却没有解释一些日常需要的流程和规范。学生在教室里不知道该做什么，所以就相互询问自己需要做什么事情。学生们常常相互聊天，因为他们找不到更有价值的事情可做。低效教师经常离开教室去批改作业或找个别学生谈话。他们没有想过怎样处理上课迟到或上课捣乱的问题。管理低效的教师可能也会训练学生对某种铃声做出反应来集中注意力，但很快又让学生忽略铃声。总而言之，这种班级在开学之初的几周时间里非常混乱，不仅在学生方面，在教师方面也常常会有意料之外的事情发生。

（二）中学生的有效管理者

对于中学生，在创建班级的最初阶段，教师们应该做些什么呢？如前所述，管理高效和管理低效的小学教师之间存在着很大的差异，这种差异在中学教师之间也同样存在。同样，高效的中学管理者会在开学的第一天就建立好规范、流程，并向学生传达明确的教学期望。同时，会在刚开学的几周就学业要求和班级行为要求与学生进行深入沟通并严格执行。学生的各种行为都得到了有效的监控，如果违反了规范，会得到迅速处理。对于学习能力稍微欠缺的班级，老师每次解释规范要求的时间会缩短，教师不会要求学生长时间不间断地从事某项任务；相反，在每一个时间段内，学生会完成几个相关任务。一般而言，高效的教师能敏感地体会到每一位学生的进步。这样，学生就不会因为不想面对消极的结果而逃避学习（Emmer & Evertson，1982）。

为了对学生的行为进行监控，并让这些规范得到有效执行，你是否认为中学老师都应该是严肃且缺乏幽默感的？其实，并不尽然。一项经典研究发现，在管理上做得很出色的教师，仍然能与学生有说有笑（Moskowitz & Hayman，1976）。任何一个有经验的教师都会告诉你，当学生很合作的时候，教师就更需要微笑。

第三节　维持良好的学习环境

班级管理的良好开端，仅仅是万里长征的第一步。高效的教师会在这个良好开端的基础上继续前进，他们会通过预防问题的发生和促使学生参与学习活动等方式来维持这一管理体系。在本书前面的章节，我们已经讨论了多种让学生积极参与活动的方法。比如在动机那一章，我们考虑通过激发好奇心、让课程内容与学生的学习兴趣相关联、确立掌握目标而非表现目标、对学生形成积极期望等方式来促进学生的学习。除此之外，教师还可以做些什么呢？

一、鼓励学生积极参与

停下来　想一想

什么活动能让你全身心地投入，以至于忘记了时间的存在？这些吸引你注意的活动有什么样特点？

一般而言，教师的监督越多，学生的参与实践也会相应增加。比如，有一项研究发现，在与教师直接合作的情况下，学生有 97% 的时间用于完成任务；而如果学生完全依靠自己独立学习，则只有 57% 的时间用于完成任务（Frick，1990）。当然，这并不意味着教师应该减少学生独立学习的时间，它仅仅说明这种类型的活动需要教师悉心的策划和监控。

如果学生在活动中能够不断获得下一步该做什么的提示，学生的卷入程度会更高。有明确步骤的活动更具有吸引力，因为活动环节之间环环相扣。如果学生拥有完成任务所需要的全部材料，学生的参与程度也会更高。如果学生的好奇心被激发，他们就会急切地去寻找答案。此外，如你所知，如果学生参与到真实情景的任务中（即与真实生活相联系的任务），他们的参与度也会增加。同样，如果任务具有一定的挑战性和趣味性，学生也会有更多参与（Emmer & Gerwels，2006）。

当然了，教师不可能随时监督学生或仅仅依靠好奇心来吸引学生。为了让学生能够独立学习，还需要采取其他的措施。Everston、Emmer和他们的同事通过研究中小学教师的班级管理行为发现，无论是小学教师还是中学教师，作为高效的班级管理者，他们都拥有一套计划完善的鼓励学生进行自我管理的系统（Emmer & Evertson，2009，2013；Evertson & Emmer，2009，2013）。下面的“实践指南”正是基于他们的研究结果总结而来的，你可以参考。

实践指南　保持学生的参与度

- 基本的规范工作要求明确。

例如：

1. 让一些日常任务的要求具体化，并将其张贴出来，如标题的书写、纸张大小、钢笔或铅笔的使用、作业的整洁性等。

2. 对于迟到问题、未完成作业现象和缺课现象做出规范要求，并进行解释。如果班里出现不做作业的现象，应该尽早制止，并在必要时与家长沟通。

3. 确定合理的活动期限，并坚持执行。除非学生有特殊情况，否则不得违反。

- 让学生了解作业的特殊要求。

例如：

1. 对于低年级学生，教师在布置作业的时候应该遵循常规流程，比如每天在黑板同样的位置布置作业。对于高年级学生，只需要口头布置或简要说明即可。

2. 提醒学生即将到期的作业。

3. 对于一些复杂的任务，给学生发放清单，说明需要做什么、需要利用什么资源、递交作业的期限等。同时，需要告知高年级学生作业的评分标准。

4. 通过引导学生完成开始的几个问题，或提供作业样例的方式，向学生演示作业应该怎么做。

- 随时监控作业的进度。

例如：

1. 当你在班上布置作业后，要确保每位同学都清楚地理解了作业。如果你只解答那些举手的学生所提的问题，就有可能忽视那些自认为自己知道应该怎么做而实际并没有真正理解的学生、由于害羞而不敢问问题的学生或根本就没打算好好做作业的学生。

2. 随时检查作业的进度。如果是讨论，要确保每个学生都有机会发表个人观点。

- 对作业经常给予反馈。

例如：

1. 小学生应该在上交作业后的第二天就收到批改的作业。

2. 每周在班上展示完成得比较优秀的作业，并将评分后的作业递交给学生家长。

3. 所有学生都可以记录自己的各种得分、任务完成情况以及额外获得的学分。

4. 对于高年级学生，可以允许将长周期的作业分为几个阶段完成，并在每个阶段给予反馈。

二、预防是最好的良药

班级管理最理想的方法就是把问题扼杀在萌芽阶段。在一项经典研究中，Jacob Kounin（1970）比较了高效教师和低效教师的管理方式，即那些班级几乎没有问题的教师和那些班级混乱、问题行为较多的教师的班级管理方法。通过观察两组教师的行为，Kounin发现当问题出现时，两组教师解决问题的方式几乎没有什么不同，不同之处在于成功的管理者能够更好地预防问题的发生。Kounin研究发现，有效的班级管理者在四个方面拥有娴熟的技巧：“明察秋毫”、一心多用、整体关注和变换管理。越来越多的最新研究成果，证实了这几个方面的重要性（Emmer & Stough，2001）。

（一）明察秋毫

明察秋毫（withitness）意味着你应该让学生知道，你对教室里发生的所有事情都了如指掌——你不会忽视任何事情。明察秋毫的教师似乎脑袋后面都长有眼睛。教师要避免只跟少数的学生交流，因为这样会让其他的学生走神。他们应该经常在教室里走动，与每个学生都有眼神接触，以此让学生知道自己是被老师关注的（Charles，2011；Weinstein，Romano，& Mignano，2011）。

高效的教师会将捣乱的事件抑制在萌芽阶段。他们会调查整个事件，找出事件的始作俑者。也就是说，他们不会犯 Kounin 所谓的“时间性错误”（即拖延太久时间才介入干预）或目标错误（没有找对犯错误的学生，让真正做错事情的学生逃避了责任）。

如果两个问题同时发生，高效教师会先处理问题较严重的那一个。比如，如果教师让两个讲小话的学生停止讲话，却忽视了一群正在削笔机前推挤的学生，那么学生就会认为，只要自己足够聪明，犯点小错误也不会被发现。

（二）一心多用和整体关注

一心多用（overlapping）意味着同时跟踪或监控多个事件。比如，一个教师可以一边检查一个学生的作业，一边督促一个小组活动的进行，同时通过快速的浏览或提示解决另一个小组里的问题（Burden，1995；Charles，2011）。

整体关注（group focus）是指教师应该让尽可能多的学生参与到活动中，避免活动成为一两个学生的专利品。所有的学生在课堂中都应该有事可做。比如，教师可以要求每个学生都写下问题的答案，然后叫个别学生当众回答，剩余学生相互订正并进行沟通。当然，有时候集体回答也是必要的。同时，教师应该在教室内随时走动，以保证每个学生都参与其中。比如，在一堂语法课上，老师可能会说：“认为答案是 have run 的，请举红牌；认为是has run的，请举绿牌。”（Hunter，1982）教师可以使用这种方式，以确保所有学生都参与活动，了解学生对学习材料的掌握情况。

（三）变换管理

变换管理（movement management）意味着课堂教学或活动按照适当的节奏进行，各个活动之间得到平稳转换。高效教师不会急促转换教学或活动，比如在学生还没有完全注意的情况下就宣布一项新的活动，或中途停止一项活动，转而进行另一项活动。如果仓促过渡，可能班里三分之一的孩子会开始新的活动，有的孩子还在做原来的活动，有的孩子会问其他孩子自己该做什么，有的孩子会趁机偷乐，大部分的孩子会不知所措。Kounin 提出，变换管理时还会出现过渡速度太慢，或花太多时间启动一项新活动的情况；有的时候教师也会给予过多指示。如果教师要求一次只能让一个学生活动，其他学生处于等待观望状态，也会出问题。

> **明察秋毫（withitness）** 按照Kounin的解释，指教师知晓班级中发生的所有事件。
> **一心多用（overlapping）** 同时监控多个事件。
> **整体关注（group focus）** 使更多学生参与到活动当中的能力。
> **变换管理（movement management）** 保持课程与小组活动步调协调，活动间的过渡顺利灵活。

（四）社会技能的教授是预防良药

在教师进行有效管理的同时，学生们应该做些什么呢？当学生缺乏社会交往和情感表达技能时，比如不会共享学习材料、不能了解他人意图、不会应对沮丧等情况发生时，就经常会出现班级管理的问题。为了防止管理上出现问题，教师应该促进学生的社会性发展，并教会学生对情感进行自我调控。从短期看，教师可以教授和示范这些技能，进而给学生反馈，并在不同情境下实践这些技能。长期而言，教师应帮助学生形成合作或协商而不是攻击的价值观（Elias & Schwab，2006）。

Debra Stipek 和她的同事（1999）介绍了教师将社会技能的教授融入学校正规教育和非正式讨论中的方法。比如，班级规范强调尊重的重要性（如“这里没有愚蠢的问题”）；学生要学习赞扬他人，不要轻易诋毁他人；学生需要通过学习历史人物的生活事迹，讨论怎样进行生涯选择和如何处理压力；教师需要通过解决学生之间的冲突事件，让学生学习怎样处理人际关系等。另外，送给每位学生一个“问题处理技巧工具箱”，里面包含了解决各种问题的具体方法。工具箱里有一个笔记本，它记录了学生所担心的各种事情、感到困扰的情景及其解决方法，这样能够让学生在遇到困难的时候及时得到解决。工具箱中的“退出”标志提醒学生，遇到某种情境时的最好方法就是全力“退出”。“退到一个安全的环境，这是一个保全面子，甚至可能是挽救生命的一条策略，这条策略每个孩子都需要明白。”（Stipek et al.，1999. p. 443）作为教师，应该尽早让学生学会这些技能。

三、处理好学生与学校的联系

为了防止班级管理出现问题，建立积极的师生关系、加强班级凝聚力是很必要的。学生尊重那些能为学生维权的教师，这些教师以公正、真诚而不是严厉、苛刻的方式对待学生，他们能够让学生透彻地理解学习材料，他们能够敏感地感受到学生的不适并前去关心，他们总是让学习充满创造性和趣味性。当然，学生非常尊重那些在学业上和生活上充满人性的教师（这些教师不总是以教师的身份对待学生），同时学生也尊重那些敢于担当、很少操控学生的教师，同样也尊重那些不断探索学生潜力、与学生真诚交流、关注学生学习和生活的教师（Elias & Schwab，2006；Wentzel，2002；Woolfolk Hoy & Weinstein，2006）。

（一）与学校休戚与共

那些感受到与学校休戚与共的学生表现得更加开心，更加积极参与学校工作，学习自律性更强，同时较少去参加那些危险的活动，比如滥用毒品、暴力行为或早期性行为（Freiberg，2006；McNeely，Nonnemaker，& Blum，2002；Pointz，Rimm-Kaufman，Grimm，& Curby，2009）。事实上，Jeffrey Cornelius-White（2007）对119项从1948年到2004年发表的研究进行综合分析后发现，师生间积极、温暖、支持的关系能够影响学生的多项行为反应，如提高课堂活动的参与度、形成更好的批判性思维技巧、提升学生自尊心、增强学习动机、促进出勤率、减少破坏性行为、降低辍学率等。Barbara Bartholomew（2008）访谈了一位富有经验的特殊教育老师，访谈主题是“究竟是什么保持了学生较高的参与性和积极性”。面对这一问题，这位教师毫不犹豫地回答道：“学生需要知道，无论发生了什么，你都不会抛弃他们。”（p.58）

一年级的 Esme Codell 老师讲了一个尊重学生、关注学生生活的例子。“Esme 女士”（她很喜欢的一个称呼）每天早晨都会举行一个仪式。

> 我每天早上都会做三件事情。我快乐地对每个孩子说声“早上好”，每个学生也会问候我。然后我通过一个“烦恼包”将学生所有的“烦恼”收集上来，这是一个绿色的袋子，学生会把在家里遇到的困扰放进去，这样可以保证学生在学校能够全神贯注地学习。有的孩子没有烦恼，而有的时候有孩子会把“烦恼”放进去，然后我会扮演承担烦恼的角色。通过这种方式，我也可以观察学生进入教室时的心情。最后，学生进教室前需要对我说一句话，我会把它记下来放到一个信封里，这句话可以是任何话，比如听到的最高兴的或者有关个人隐私的。我会和学生在一对一的阅读小会上，就这句话展开讨论。（Codell，2001，p. 30）

如果学生把学校看作一个充满竞争的地方，每个人会由于不同的种族、性别和宗教而受到不同的待遇，那么同类型的学生就会在一起发泄或者变得不合群。可是，如果学生认为自己有选择权，老师注重的是个人进步，不会把自己和他人进行比较，学生能从老师那里赢得尊重和支持，这样学生就更容易融入学校生活（Osterman，2000）。表达尊重和关爱的一种方式是，建立与学生的家庭及其家庭生活的联系。例如，中国学生认为他们的老师充满了关爱，这可能是因为中国的老师在了解学生的家庭及家庭生活以及在校外给予学生帮助上花费了大量的时间，老师们尊重学生的家庭和他们的文化，愿意拜访和帮助他们（Jia et al.，2009；Suldo et al.，2009）。

“不要放弃我”

那些感受到与学校休戚与共的学生表现得更加开心，学习自律性更强，同时较少去参加那些消极行为。学生很在乎教师是“站在学生这一边的”，这一点让学生对学习有更高的参与性和积极性。

（二）为青少年创建关怀联盟

高中时期，保持互相关怀的师生关系特别重要。这个时期，学生会遇到更多的老师，但亲密关系很少，并且情感、社会和学业压力倍增。当面对这个问题时，有一所超过2 000名学生的多元城市学校创建了小型的关怀联盟。这些关怀联盟都是跨学科团队的，成员是享有共同兴趣的学生和老师，他们在开学的前9周参与了“关注新生”的课程。这个课程的目的在于帮助学生适应高中生活、熟悉学校环境，提高像记笔记这样的学校生活技能以及如何与父母相处等社会技能。研究发现，这些关怀联盟有助于促进教师对学生的积极信念，提升师生关系，并提高学生的学业和生活技能（Ellerbrock & Kiefer，2010）。

第四节 处理纪律问题

成为一个高效管理者并不意味着需要公开纠正学生的每一个细小错误。事实上，正如我们在第7章所见，这种公开的关注极有可能强化了问题行为。要想抑制问题行为的发生，关键在于教师需要知道发生了什么以及什么是最重要的。

一、快速制止刚出现的问题

一般而言，教师如果发出了停止的指令，大部分学生都能够迅速服从，纠正自己的行为。当然，也总有个别学生无视这些指令的存在。一项研究发现，那些捣蛋的孩子很少在老师发出第一次指令时就服从，他们总是消极对待老师的指令，老师需要发出4～5次指令，这些学生才会服从（Nelson & Roberts，2000）。Emmer 和 Evertson（2009）、Levin 和 Nolan（2000）提出了七项快速制止问题行为的办法，这七种办法从轻微到严厉依次是：

（1）与违规学生进行眼神交流或走到他的身边。另外一些非言语信号也可能是有用的，比如指出学生应该做的事情。保证学生停止不恰当的行为，并回到学习中。如果你不这样做，学生可能会忽视你发出的信号。

（2）尝试进行言语暗示，比如点名（让学生的名字穿插在讲课过程中），向学生提问，通过幽默（不是讽刺挖苦）的方式批评学生（如：“我一定是幻听了。我好像听到有人说出了答案，但这是不允许的，因为我没有叫任何人回答问题！”）

（3）询问学生是否知道自己的行为会带来什么样的消极影响。

（4）如果学生没有按照正确的流程做事，教师可以提醒学生并要求他们遵照执行。例如，你可以将与学习活动无关的玩具、梳子、杂志等悄悄地收走，并悄悄告诉学生课后会归还他这些物品。

（5）以平和、没有敌意的方式要求学生说出正确的班级规范或流程，并按照班级规范行事。Glasser（1969）就此提出了三个参考问题：“你在干吗？你这样做是不是违反了规范？你应该怎么做？”

（6）清晰明确、坚定但无敌意地要求学生停止错误的行为（在后面的章节，我们将详细讨论如何向学生发出坚定的信息）。如果学生“顶嘴”的话，只要简单重复你的立场就可以。

（7）提供选择。比如，无论老师怎么说，总会有一个学生不断地说出答案，这时候老师可以说：“John，我给你一个选择的机会。要么你立刻停止擅自说出答案，只能通过举手的方式来回答问题，要么把你的凳子搬到教室后面去，下课后你找我单独沟通。你自己决定吧。”（Levin & Nolan，2000，p. 177）

大多数教师倾向于使用本章前面描述的自然/逻辑后果来处理问题行为，而不太喜欢采取各种惩罚措施。比如，如果一个学生伤害了另一个学生，你可以要求伤人者立刻做出“道歉行为”，这个行为不仅要求言语道歉，同时也要有一定补偿。这样做可以帮助伤人者发展同情心，同时让他们知道什么叫做社会认可的适当的“补偿”行为（Elias & Schwab，2006）。

即使必须使用惩罚策略，教师也应慎重。除非教师认为这种方法带来的益处要大于其带来的伤害，否则，教师应该避免使用降低学习层级的方式（如让学生到低能力阅读组、给学生低分数、布置额外作业等）来惩罚违规学生。正如 Carolyn Orange（2000）所言：“在管理方面富有成效的教师不会采用降低学习层次、降低地位等方式来维持纪律，这种方法是不公平的，同时也是无效的。它只会伤害到学生……”（p.76）

如果你必须惩罚学生，那么我建议你参考 Weinstein 和 Novodvorsky（2011），Weinstein、Romamo 和 Mignano（2011）提出的惩罚实施策略。这些策略将在下面的“实践指南”中呈现，其中的案例引自他们的著作中所提到的专家型教师的原话。

实践指南　　实施惩罚

- 直到你和犯错误的学生都恢复冷静、客观的时候，再进行讨论。

例如：

1. 平和地对违规学生说：“坐在那儿，想一想都发生了什么。我过几分钟再跟你谈。”或者：“我不太喜欢我刚才所看到的一切，在今天的自由活动时间跟我谈一下。”
2. 你也可以这样说：“我对刚才发生的一切很生气。每个人都把日记本拿出来，把刚才的事情记下来。”写了几分钟以后，整个班级可以共同讨论事件的发生经过。

- 不公开惩罚学生。

例如：

1. 私下对学生采取惩罚，并坚定地要求学生执行惩罚。
2. 避免公开提醒学生他们已经违反了规定。
3. 走近违反纪律的学生并提醒他，保证只有他一个人能够听到。

- 在对学生实施惩罚后，要重新与这个学生建立积极的师生关系。

例如：

1. 给这个学生派点差事或者请求他们的帮助。
2. 如果违规学生的行为得到纠正后，要对他们提出表扬，或通过拍拍背等肢体语言来表示赞扬。要学会利用这样的机会。

- 建立不同等级的惩罚，以适用于不同的情景。

例如：

对于不交作业的情况，根据问题的严重程度，可采取不同策略：（1）提醒学生；（2）警告学生；（3）让学生在放学之前必须递交作业；（4）放学后留下来完成作业；（5）参加教师—学生—家长的三方会议，共同制定一个行为计划。

- 在惩罚的同时教授学生问题解决的策略，保证学生下次遇到相同问题时知道怎么做（Elias & Schwab，2006）。

例如：

1. 启用问题日记。在这个问题日记里，要求学生记录他们的感受、对问题的认识和他们的目标，然后想想其他可能的解决问题和实现目标的办法。
2. 尝试保持平静的“5-2-5”步骤。当学生在第一时间感到愤怒时，学生需要对自己说“停下来，镇定”，然后进行几次深呼吸，数 5 秒做吸气动作，通过 2 秒屏住呼吸，再用 5 秒的时间做呼气动作。

二、欺负行为与网络欺凌行为

欺负行为是指以对受害人造成伤害为目的，以长期性和重复性的暴力滥用为特征的攻击行为（Merrell，Isava，Gueldner，& Ross，2008）。虽然表面上看起来善意的交流与带有敌意的戏弄之间的界限可能并不明显，但在学校生活中，欺负弱者或不合群者，因为种族或宗教原因而戏弄他人，都是不能被容忍的行为。研究发现，在儿童和青少年群体中，有 10% ～ 30% 的学生经常受到欺凌，且全世界的情况都差不多（Cook，Williams，Guerra，Kim，& Sadek，2010；Guerra，Williams，& Sadek，2011）。研究表明，无论是欺凌者还是受害者，都面临着长期的学业、心理和行为问题的危险（Swearer，Espelage，Vaillancourt，& Hymel，2010）。

（一）受害者

来自欧洲和美国的研究发现，大约有 10% 的儿童是长期受害者——持续的身体或言语的攻击对象。其中一类受害者有着低自尊，并感觉焦虑、孤独、不安全和难受。这些学生容易哭泣和退缩，一般来说，当受到攻击时，他们不会保护自己。这类受害者相信自己有不可改变或不能控制的缺陷，因而总是被拒绝——难怪他们会抑郁沮丧和无助！还有一种类型的受害者——他们情绪不稳定，脾气暴躁，会激起同伴的攻击性反应，这类学生也很少有朋友（Pellegrini，Bartini，& Brooks，1999）。

据 Garbarino 和 deLara（2002）估计，因为处于持续的恐惧之中，每天有 160 000 名儿童不愿意去学校，几千名儿童辍学。那些从小学到中学一直都是受害者的儿童，在成长过程中，更加抑郁沮丧，自杀的风险更高（Graham，1998；Hodges & Perry，1999）。同时，研究发现，在学校中杀害或伤害其他同学的，更多是受害者而非欺负者（Reinke & Herman，2002a，2002b）。在过去的几年里，我们在美国和欧洲的学校中看到的悲剧性结果是：那些受欺负的孩子极有可能把枪指向施暴者，从而成为校园枪击案的真凶。

（二）欺负和戏弄他人

在一个较有代表性的纵向研究中，研究者选取一至六年级的学生进行了两年跟踪调查。结果发现，老师虽然教给学生冲突管理的策略，但是那些具有攻击性的学生并没有将这些策略运用到生活之中（Aber，Brown，& Jones，2003）。如果教师对学生的攻击和戏弄他人的行为采取沉默的态度，学生就会认为教师在纵容他们侮辱他人的行为（Weinstein & Novodvorsky，2011）。表 13—3 给出了在面对戏弄时学生应该做和不应该做的事情，你应该让学生知道这些基本的自我保护策略。

表 13—3　　面对戏弄时应该做的和不应该做的

（戏弄他人的行为可能会导致悲剧的出现。作为教师，你应该告诉学生面对侮辱行为时应该怎么办。）

应该做
1. 关注他人的情感。
2. 适时小心地运用幽默策略。
3. 询问某些玩笑是否伤害了他人的情感。
4. 如果你经常戏弄他人，就需要容忍他人对你的戏弄行为。
5. 如果你觉得某些玩笑伤害了自己，那么需要把自己的感受告诉他人。
6. 知道善意的玩笑和嘲弄他人的区别。
7. 他人在感到被伤害时，就算没有告诉你，也要学会读懂他们所表现出的肢体语言。
8. 如果有同学受到嘲弄时，学会去帮助这些弱势的同学。
不应该做
1. 在你不了解他人的情况下去开某人的玩笑。
2.（如果是男生）和女生谈论有关性的玩笑话题。
3. 取笑他人的身体。
4. 取笑他人的家庭成员。
5. 当他人请求你不要再开玩笑时，你仍然不停止。
6. 不要在某人焦虑不安或情绪不佳的情况下取笑他。
7. 对于某些善意的玩笑耿耿于怀。
8. 隐瞒自己对于被嘲笑的不满情绪——你应该尝试把自己的情绪用一种直接、清晰明了的方式告诉那些嘲笑你的人。

资料来源：Weinstein, C.S., & Mignano, A.J. (2007). *Elementary classroom management* (*4th ed.*) . New York: McGraw-Hill.

除了遵守表 13—3 中给出的那些策略外，研究表明，班级凝聚力的形成与被欺负的同学能得到同情和关心而不会受到嘲笑，具有密切的关系（Gini，2008）。处理好学生之间的欺负行为，是形成公平和信任的班级凝聚力的重要前提。在一项有 59 所学校、超过 2 500 名学生参与的研究中，Nancy Guerra 和她的同事们（2011）发现，提供成功的机会、提升学业成就和自尊以及改善师生关系，都有助于预防欺负行为。

然而，不幸的是，许多全校性的欺负预防措施，效果并理想。另一个令人沮丧的发现是，管理者们倾向于使用从同事们那里听来的反欺负措施，而不是基于这些措施是否有科学证据来决定是否使用——事实上许多措施都没有科学依据（Swearer et al.，2010）。

（三）改变归因方式

美国加州大学洛杉矶分校（UCLA）的 Cynthia Hudley 和她的同事们（2007）发起了一个项目，用以减少小学生的身体攻击行为。该项目被称作“头脑的力量”，其理论基础是在第 12 章曾讨论过的归因理论。该项目的主要目标就是让具有攻击性的学生，“学习对偶发事件的原因进行推测。如果两个学生之间发生冲突，并导致了消极结果的出现（如打翻饭盆、买饭时插队或忘记做家庭作业等），孩子就要学习这样进行假设——这些事件都是偶然事件，对方不是蓄意这样做的”。这个项目要求教师教给学生怎样对社会线索进行正确解读，这样学生就可以识别无意的攻击行为和蓄意的攻击行为。在学生学会正确辨别社会线索后，他们就可以开始学习并实践怎样做出正确的反馈，如通过问问题的方式，增强个人警惕性——而非攻击性，或者去寻求成人帮助。该项目已有20年的研究历程，通过实践检验，这种方式成功地改变了学生的归因方式和行为方式（Hudley，Graham，& Taylor，2007）。

（四）网络欺凌行为

随着信息技术的发展，网络欺凌行为也愈演愈烈。现在，已经有人通过电子邮件、短信、Twitter、Facebook、手机、YouTube、博客、网络投票等方式对人实施欺凌（Weinstein & Novodvorsky，2011）。比如，16岁的Denise与男友分手后，她的男友在一些论坛和与性有关的网站上公开发布Denise的电子邮箱地址、手机号码，以此实施报复。此后的几个月时间内，Denise不断收到一些骚扰恐吓的电话和短信（Strom & Strom，2005）。这种欺侮方式很难制止，因为犯罪者可能很隐蔽，但是这种伤害是长期的。表13—4中给出了一些处理网络欺凌行为的办法，你可以参考。

表13—4 处理网络欺凌行为的办法

- 提出学校网络正确使用范围的政策，并将此政策写入学校手册或班级规范中。这一政策需解释什么是网络欺凌行为以及网络欺凌行为的后果。
- 让学生知道对他人实施欺凌行为需要受到严厉的处罚。
- 传播网络欺凌行为的家长（或监护人）需要受到严厉的处罚。
- 向学生解释他们

  -不应该让他人知道自己的个人信息、电话号码或身份证号码等。
  -不应该删除那些通过网络传送的欺凌信息，而应把这样的信息交给自己信任的成人。这些信息可以作为对犯罪者采取行动的证据。
  -不应该在自己不熟悉的人面前阅读信息。
  -不要回复那些带有欺凌性质的信息。
  -可以将那些传送欺凌信息的电子邮件地址加入黑名单。
  -可以将这些信息转给相应的网络运营商。
  -应该告诉给你信任的成年人。
  -如果这样的信息给自己或他人造成了身体伤害，可以把信息转给警方。
  -应该公开反对实施网络欺凌行为的人。
  -不应该在个人还处于愤怒状态时转发信息。
  -不应该在不希望他人看见的情况下转发信息。

- 让家长知道，哪些主要的网络运营服务商会提供一定形式的家长监控。
- 鼓励家长把电脑放在家庭的公共场所。
- 邀请当地警察来学校为家长和学生宣传怎样合理使用网络。
- 确保在学校的电脑使用手册中包含了道德准则。

资料来源：Weinstein, C.S. (2007). *Middle and secondary classroom management*：*Lessons from research and practice* (*4th ed.*). New York, NJ: McGraw-Hill.

三、中学生的特殊问题

有一些中学生从来不完成作业。由于这个年龄段的学生有许多作业，同时一个教师也需要教很多学生，因此，教师和学生都有可能忘记哪些作业交过了，哪些还没有交。教学生通过纸张或电脑制作每日计划，是很有必要的。除此以外，教师也需要对学生完成作业的情况进行正确的记录。教师还要重视建立对未完成作业情况的处理机制，不要因为这些学生“足够聪明”而放过他们，应让这些学生清楚地明白自己的选择：要么完成作业，要么不做作业接受惩罚。当然，你也可以私下询问学生，没有完成作业是不是因为个人能力的问题。

有的学生也可能会经常违反同一规定，比如总是忘记带学习材料，或者总是打架。教师应该怎么做呢？其中的办法之一就是：把这些学生和可能受他们影响的同学隔离开来，并尽可能地在他们违反行为之前就制止行为的发生。可是，如果他们已经违反了行为规范，就不要轻易接受“下次不再重犯”的承诺，必须坚定执行处罚措施（Levin & Nolan，2000）。教育学生如何监控自己的行为，第

11 章介绍的自我调节技巧可能会有帮助。最后，教师也应注意与这些学生保持友好的关系，在恰当的时间与学生聊一聊违规行为以外的其他事情。

一个反叛的、充满敌意的学生会惹出许多麻烦。如果出现冲突事件，要尽快采取措施制止，不然总会两败俱伤。你可以告诉学生，“合作与否在于你的选择，你花几分钟的时间想一下吧”，以此为学生提供一个保全面子和冷静下来的时间。如果学生同意了，师生间可以就怎样控制冲突展开讨论。如果学生拒绝了，你就得派另一个学生去把校长助理请过来。如果学生在校长助理来之前妥协了，也不要就此了事。如果类似的冲突经常发生，你可能需要与咨询师、学生家长或其他教师进行讨论。如果问题在于不可协调的性格冲突，可以把这名学生转到其他班级。目前对于学生违纪行为采取零容忍的态度有着多种讨论。这是解决问题的好办法吗？下面的“正方观点 / 反方观点”对此进行了辩论，你可以参考。

正方观点 / 反方观点：对违纪行为零容忍对吗？

当今社会，校园暴力行为随处可见，因此一些学区对于违纪行为制定了“零容忍”的应对政策。结果怎么样？在新泽西州有两个 8 岁的男孩在玩耍的时候，把用纸做的假枪指向同学，他们因此被认为制造了“恐怖威胁”而被退学。这种零容忍的处理方式合适吗？

正方观点

零容忍意味着零常识。

利用关键词“零容忍”和“学校”在网络上进行搜索，可以发现关于此政策的大量信息，但大多持反对意见。比如，在 2009 年 11 月 2 日版的《今日美国》，Oren Dorrell 报道了这样一件事件：

> 最近引人注目的（零容忍）案件涉及 Zachary Christie，今年 6 岁的他，在把刀、叉和匙等野营用具带到特拉华州纽瓦克市 Downes 小学后，他于 9 月 29 日这天起被勒令停学 5 天。学校官员认为这些是危险的工具，于是决定暂停这名男孩在该校上学。后又补充规定，他至少需在另一个学校待上 45 天，才能重新回到 Downes 小学。

那么研究都获得了什么结论呢？2006 年，美国心理学会建立了零容忍特别研究小组来回答这个问题（Reynolds et al.，2008）。通过对 10 个研究的分析回顾后，得出的结论是：（1）与实施零容忍政策之前相比，学校并没有变得更安全，学生的管理也没有变得更有效；（2）由零容忍政策所导致的高比率停学，并没有降低惩戒学生时的种族偏见；（3）实际上，零容忍政策导致了不良行为的增加，并由此导致高辍学率。

此外，零容忍政策导致当同学计划要实施危险行为时，学生们不愿意通知老师。零容忍规则妨碍了师生之间的信任关系（Syvertsen，Flanagan，& Stout，2009）。事实上，青少年在成长中既需要边界限制，又需要得到支持。零容忍政策可以创建一个高度结构化的、刚性的环境，但却忽略了学生对支持的需求。最后，许多的有关零容忍的干预政策，如增强保安、楼道监控等，对于减少欺负行为并没有明显作用（Hyman et al.，2006；NCES，2003）。

反方观点

零容忍在现阶段是必要的。

零容忍政策关注于学校安全以及学校和教师的责任，以此来保护学生、学校和教师。当然，有些新闻报道中的事故似乎夸大了学生的恶作剧或缺点，有些人又似乎过于热衷于用零容忍政策解决一些无心的错误或失误。学校负责人应该怎样区分无辜者和真正犯错误的人呢？比如，目前到处都在报道的 Andy Williams 的例子（这个男孩在加州持枪杀害了两名男生），他在进行枪杀行动前让同学们误以为他只是在开玩笑而已。

2003 年 1 月 13 日，我在《今日美国》上读到一篇由 Gregg Toppo 撰写的文章，文章名为“校园暴力导致学业低成就——专家认为年幼儿童的暴力行为要归因于父母、避孕药物滥用和社会问题，教育者应该想办法解决这个问题”。这篇文章以下列案例为开端：在印第安纳州，一个二年级的小学生把鞋子脱下并将其扔向老师；在费城，一个幼儿园的孩子击打一个怀孕教师的肚子；在马里兰州，一个 8 岁的孩子威胁说他要用汽油烧掉他所在的郊区小学（并且他非常精确地指出应该把汽油泼向哪里）。Toppo 认为：“小学校长和安全专家认为现在学校的暴力事件和攻击事件越来越多，这是学生和教师对攻击和威胁的恐惧逐渐上升的直接原因。”（p. A2）Toppo 还引用统计数据表明，虽然学校的暴力事件数量在总体上有所下降，但在小学中攻击教师的行为发生率却在上升。

超越非此即彼 事实上，我们要求成年人在危险的情境中运用零容忍规则时要有良好的判断力，而不是当学生们的行为没有伤害意图也并不危险时而被零容忍规则所困。

有的时候，将这些违纪学生的名字、言语、动作、时间、地点和教师的反应等信息记录下来是很有必要的。这些记录可以帮助鉴别违纪行为的不同模式，同时也有助于教师与管理者、学生家长或相关人事部门进行沟通（Burden，1995）。有些教师要求学生在每个记录上签名，用以鉴别不同事件。

打架和破坏公物是非常严重和危险的违纪事件。遇到这类问题时，教师需要马上申请帮助，同时查明参与者和目击证人；然后，解散围观学生，因为围观只能让事情变得更加糟糕。不要尝试在没有帮助的情况下自己一个人去劝架，而应马上通知学校办公室，通常学校办公室都有政策处理此类事情。另外，你还能做些什么呢？在下面的“实践指南”中，Weinstein 和 Novodvorsky（2011）为你提供了多种用以解决这些具有潜在破坏性事件的方法。

实践指南　处理具有潜在破坏性的事件

- 缓慢而谨慎地移向事发现场。

例如：

1. 步子放慢，小心谨慎。
2. 保证视线能够观察到整个事发现场。

- 尊重他人。

例如：

1. 保持合理的距离。
2. 不要推搡那个犯错误的学生。
3. 说话时尊重他人，不要轻易叫学生的名字。
4. 避免用手指着他人或用一些不当的手势语。

- 说话简明扼要。

例如：

1. 避免教育学生时长篇大论。
2. 说话时抓住重点，解决当前问题。
3. 一些不太严重的问题过后再解决。

- 避免权力斗争。

例如：

1. 在可能的情况下与犯错误的学生私下交谈。
2. 不要陷入“我不能……你可以……”这样的争论中。
3. 不要威胁学生，讲话时不要大声、避免激动。

- 告诉学生选择积极行为或消极行为的不同结果，并给学生留出时间，让他自己做决定。

例如：

1. “Michael，你必须把桌子还回来，要不我就告诉校长。给你几分钟的时间，请你自己决定吧。”此后老师离开，或者开始处理其他学生的问题。
2. 如果 Michael 没有选择正确的行为，就实施另一种方式。（“你自己选择让校长来处理这个事情。”）接下来教师会跟踪整个事件的发展。

资料来源：Weinstein, C.S. (2007). *Middle and secondary classroom management: Lessons from research and practice (4th ed.)*. New York, NJ: McGraw-Hill.

第五节　沟通的必要性

停下来　想一想

如果一个学生对你说：“你让我们读的那本书傻死了——我不想读！”你应该怎么办呢？

当问题出现时，师生之间的沟通显得尤为重要。沟通不仅是“老师说—学生听”这种模式，也不仅是学生和教师之间的话语互动，我们可以通过多种方式和学生进行沟通。比如行为、动作、语音语调、面部表情或其他的一些非言语行为，都在向学生传递着不同的信号。非常遗憾的是，很多时候，我们希望发出的信息与学生接收到的信息往往不一样。

一、信息的发送与接收

老师：Carl，你的家庭作业在哪里？

Carl：我把作业落在爸爸的车上了。

老师：你怎么又这样啊？明天记得让你爸写个条来证明你确实做了作业。否则，我就不给你评分。

Carl 所接收到的信息：我不再相信你了。我需要你证明自己确实做了作业。

……

老师：大家在自己的位置上坐好。把所有的东西都放到抽屉里。Jane和Laurel，你俩坐得太近了。其中一个，坐远点！

Jane和Laurel尔接收到的信息：我怀疑你俩这次考试作弊。

……

一个学生来到Lincoln女士的幼儿园。这个小孩很脏。Lincoln女士全身紧绷，并尽可能地远离这个孩子，只是将手轻轻放在这个小女孩的肩膀上，然后说："欢迎你的到来。"

这个孩子接收到的信息：我不喜欢你，我认为你不好。

在所有的交流中，总会有信息发出，也有信息接收。有的时候教师认为自己发出的是这个信息，可是教师自己的语音语调、身体动作、词语表达或其他的一些手势却传达了另外一种信息。

学生可能会听出教师的言外之意，并对之做出反应。比如，如果学生感到自己受到老师（或其他学生）的侮辱，学生就会表现出敌意，但是他却不能清楚地说明为什么会有这种感觉。有的时候，可能是因为老师的语调，而不是话语本身的问题。在这种情况，教师可能会觉得自己无缘无故受到攻击。事实上，人际沟通的第一原则就是：人们总是根据自己对信息的理解而不是信息传递者的实际意图做出反应的。

曾经有一个学生告诉我一个教师采用**释义规则（paraphrase rule）**来鼓励班里学生准确沟通的例子。在班级讨论中，包括教师在内，在发言前都需要概述前面发言人的话语。如果总结错了，就表明之前发言人的意图没有被很好地理解，这个发言人需要重新对自己的话语进行解释。然后，总结者需要再做出概述。直到先前发言人认为听者正确理解自己的意思为止，这一程序才结束。

释义规则不仅仅是一种课堂练习，它是与学生交流的第一步。在教师能够合理处理问题之前，教师必须明白真正的问题是什么。如果学生说"这本书真垃圾！为什么我们必须要读它"，可能他们真正的意思是说："这本书对我来说太难了，我读不懂，所以感觉书很烂。"

> **释义规则（paraphrase rule）** 在做出回应前，必须先准确地概括先前发言人的说话内容。

二、诊断问题的所有权

作为教师，你可能会觉得有的学生的行为让人难以接受，这些孩子总是喜欢惹麻烦、不招人喜欢，因此对于教师而言，客观地看待整个问题行为并做出适当的回应似乎很难。如Thomas Gordon（1981）所言，维持良好师生关系的关键就是明白自己为什么被一些特殊行为激怒，以及问题到底出在谁身上。找出这些问题的答案是很关键的。如果确实是学生的问题，那么教师应充当咨询者和支持者的角色，帮助学生找出问题的解决办法；如果是老师的问题，教师则有责任和学生一起找到解决问题的办法。

要诊断出问题的症结所在并非易事。我们将通过三个问题情境来练习解决问题的技巧：

（1）一个学生在学校发的百科全书上写了一些很猥亵的词句，并画了一些与性有关的图画。

（2）有一个学生告诉你他的家长在家里因为矛盾打架，因此他恨自己的父母。

（3）上课的时候，一个学生躲在教室的角落里悄悄地在看报纸。

为什么这些行为会带来麻烦？如果学生的行为对你完成任务造成了严重的影响，你因此不能接受——学生的某些行为妨碍了教师达到教学目的——那么，这属于你的问题。你有责任和学生一同找到问题的解决办法。上述第一个情景中描述的"一个年轻的色情作家"的问题所有权就属于教师——因为你感觉教学材料被破坏了。

如果学生的行为并没有扰乱你的教学，只是你对学生一意孤行的行为感到烦恼或对学生的某些行为感到窘迫，那么，这样的问题所有权就在学生。憎恨自己父亲的那个学生不会妨碍你的教学，因为问题出在他自己身上，他自己必须找到解决问题的办法。

第三个情景就比较棘手。一种观点认为教师教学并不因为这个学生而受到干扰，所以这是学生的问题。可是有的教师会觉得学生阅读报纸是上课分心的表现，学生的行为困扰了教师，因此问题所有权在教师，教师应该找到问题的解决办法。在类似于这样的情境中，解决问题的关键在于教师如何真实地感受学生的行为。

确定了问题出在谁身上，就需要采取行动了。

三、对学生的问题进行辅导

让我们看一下以下学生认为阅读材料很“愚蠢”的案例。教师应该怎样做，才能积极地解决这个问题呢？

学生：这本书真是傻死了！为什么还要我们读？

共情式倾听（empathetic listening） 理解说话人话语背后的含义和情感，并通过释义的方式给予反馈。

老师：你好像有点不高兴。读这本书，对你来说似乎是一件没有意义的事情。（教师对学生的话语释义，尝试从学生的话语中听出学生的情绪。）

学生：对啊！我认为它就是毫无意义。我的意思是，我根本就不知道这本书想要说什么，我看不懂。

老师：你认为这本书太难了，以至于你读不懂，所以你才感到很烦。

学生：是的，我确实觉得很无聊。我想我可以写一篇很好的报告，但与这本书无关。

老师：我觉得我可以给你一些提示，让你在读这本书的时候可能会轻松一点。你能在放学之后来找我吗？

学生：好吧。

在这里，教师使用了**共情式倾听（empathetic listening）**的方式让学生找到解决问题的办法（你可以看到，这种办法在很大程度上通过释义的方式起作用）。通过倾听学生，避免迅速给出建议、解决办法、批评、谴责，老师在整个交流过程中都保持着开放的态度。下面列举了面对这种情况时，教师可能做出的消极反应：

- 我选这本书，是因为这本书是学校藏书中最能代表这个作者风格的作品，你必须在明年英语二级之前读完它。（这名教师在证明自己选择正确性的同时，忽视了学生对书本的难度表达自己的想法。）
- 你真的读了吗？我敢打赌你根本就没有读，现在你必须把这本书读完。（这名教师在控诉，学生听到的言外之意是：“老师根本就不相信我！”这名学生要么就会自己辩护，要么就不接受教师的观点。）
- 你的任务是读书，不是问我为什么。我知道什么是最好的。（这名教师专横跋扈，学生听到的言外之意是：“你根本就不能决定什么对你是最好的！”因此，学生可能会变得叛逆，或者消极地接受教师的观点。）

共情式的积极倾听并非简单重复学生的话语，这种方式能让教师捕捉到学生言语背后的情感、意图和深层含义。Sokolove、Garrett 和 Sadker（1986，p. 241）总结了积极倾听的四要素：（1）排除外在刺激；（2）注意言语和非言语信息；（3）区分信息中包含的理性和情感成分；（4）推断说话人的感受。

如果学生感到自己的话语被教师正确地理解了，而且并没有因为自己的语言而受到消极评价，学生就会更加信任教师，同时以更开放的心态跟老师交流。有的时候，真正的问题是由于交流不当造成的。

共情式倾听

如果学生感到自己的话语被教师正确理解，且没有因为自己的语言而受到消极评价，学生就会更加信任教师，同时以更开放的心态跟老师交流。有的时候，真正的问题是由于交流不当造成的。

四、面质与果断处罚

如果一个学生的行为严重干扰了教学的正常进行，老师应严令学生马上停止，因为这个问题的所有权在老师。此时，教师需要进行的是面质，而非辅导。

（一）“我”信息

Gordon（1981）建议，教师可以通过发送**“我”信息（“I” message）**来干预或改变学生的行为。这意味着，教师直接果断地以非判断的方式告诉学生他做了什么，他的行为对你的教学造成了什么影响，你的感受如何。然后，由学生自己决定是否改变自己的行为。研究发现，一般情况下学生都会改变。下面是两个有关“我”信息的例子：

如果你把书包放在过道里，我会摔倒，可能还会受伤。

如果你们都在说，我就不知道究竟是谁说的了，那样我会觉得很沮丧。

（二）果断处罚

Lee 和 Marlene Canter（1992；Canter，1996）提出了一些其他的解决教师自身问题的方法。他们把这种方法叫做**果断处罚（assertive discipline）**。他们研究发现，很多教师在处理学生问题的时候没有效果，是因为这些教师有的优柔寡断，有的对学生总是持有消极或敌意的态度（Charles，2011）。

消极被动的教师并不直接告诉学生应该做什么，而常常让学生自己去思考正确的解决方式。这些教师常常会评价学生的行为，可是并不告诉学生正确的解决办法，他们总是说：“你为什么要这样做呢？”“难道你不知道规定吗？”“Sam，你在干扰班上同学上课吗？”或者教师可能会说明违反纪律的后果是什么，但是总给本着“多给学生一次机会”的想法，从来没有执行过处罚。最后，老师可能会忽视本应给予反馈的行为，或者可能延迟太长时间才做出回应。

教师做出敌意的反馈方式会出现很多问题。教师总是使用以“你”开头的句子来谴责学生，但是并没有清楚地告诉学生应该做什么。比如，这类老师会说：“你应该对你的恶劣行径感到羞耻！”“你怎么从来都不听话！”“你怎么总是像个小孩一样做事情！”有些教师总是恶狠狠地威胁学生，但很少真正地实施惩罚。这可能是教师的威胁过于含糊——“当我骂你的时候，你就应该为你的所作所为感到羞愧！”也可能是教师的惩罚过于严厉——比如，有一个教师在体育课上告诉学生，他必须“在凳子上坐三个星期，不能活动”。几天以后，由于班里少了一个人，因此这名教师又让坐板凳的学生来参加活动，却没有再让学生执行坐板凳的惩罚。通常，一个消极被动的教师如果遇到学生屡教不改的话，就会变得充满敌意和暴躁。

与消极被动和充满敌意的教学方式相比，果断处罚的方式让学生感受到教师对他们的关注，在学习积极行为的过程中也能够容许他们的错误。果断的教师会清晰地表述自己对学生的期望。为了达到最好的效果，教师在讲话的时候总是与学生进行眼神交流，并点出学生的名字。这类教师的声音是平缓的、坚定的、自信的，他们不会因为学生说“你根本就不理解我”或“你根本就不喜欢我”而改变原来的话题。他们不会就规范的公平性与学生展开争论，他们期待的是学生的改变，而不是一个许诺或道歉。

当然，并不是所有的教育者都相信果断处罚的方式是有效的。最早的批评认为，这种以惩罚为导向的方式忽略了学生自我管理的能力（Render，Padilla，& Krank，1989）。John Covaleskie（1992）指出：“帮助学生端正品行的方法并不只是了解规范的内容或者仅仅遵守规范，而需要对某种行为表现的深层原因进行讨论。”（p.56）应该说，这些批评已经产生了影响，最近“果断处罚”的方式已经开始关注如何教会学生表现出负责任的行为，并致力于建立师生之间的相互尊重和相互信任（Charles，2011）。

（三）面质与协商

如果通过向学生传递有关“我”信息和采用果断处罚的方式都失败了，学生仍然坚持错误的行为，那么学生和教师可能会陷入一场冲突之中。这时往往会出现很多问题，教师和学生双方可能都无法正视对方的行为。研究发现，如果你对某人越生气，就越会觉得对方是错误的，而自己是无辜的。由于你

“我”信息（“I” message） 使用以“我”开头的句式，清晰而坚定地告诉学生，他们的行为如何影响了教师的教学。

果断处罚（assertive discipline） 清晰、坚定而无敌意的反应风格。

总觉得对方是错误的，而对方总觉得冲突的责任在你，你们之间就不可能彼此信任，此时想通过合作的方式来解决问题几乎是不可能的。事实上，这种讨论进行几分钟以后，原来的问题就已经陷入相互指责和自我防御了（Baron & Byrne，2003）。

这里有三种解决教师和学生之间冲突的方式。第一种方式是教师提出一种解决办法。这种方式在一些紧急情况下是很必要的（比如一个目中无人的学生拒绝到大厅讨论刚才当众发火的事情），可是对于解决大多数的冲突问题并不是一个好的办法。第二种方式是教师屈从于学生的要求。你可能会被一个能言善辩的学生说服。但这种方法也同样要少用，因为被说服并不是一个好办法，除非之前自己的立场就是错误的。不管是教师还是学生，如果完全屈从于对方，都会出问题。

Gordon 推荐了第三种方式，他把这种方式称作“双赢策略”，通过这种方式，教师和学生的要求都会被顾及，没有一个人会完全屈从于对方；任何一方都不仅尊重自己的意愿，同时也会尊重他人。这种双赢策略包含六个步骤，是以问题解决为中心的策略：

（1）认识问题。这究竟是一个什么样的问题？每一个人都希望得到什么？（通过积极倾听的方式，让学生找到问题的症结所在。）

（2）想出各种可能的解决策略。通过头脑风暴的方式进行思考。请记住，不要对想出的方法做任何评论。

（3）评价每一种解决办法。任何参与者都可以否定每一种解决办法。如果没有达成一致的解决意见，再次进行头脑风暴。

（4）做出决定。根据大多数人的意见选出一种解决办法——不需要投票，最后是每个人都应该对此方案满意。

（5）确定如何实施方案。在方案实施过程中需要注意什么？在每一项任务中，每个人承担的责任是什么？时间进度如何安排？

（6）评价这种解决办法的有效性。在将此方案执行一段时间后，需要反思：“我们对自己的决定满意吗？这个方案执行得怎么样呢？我们需要做出一些改变吗？”

可以说，对于所有学生来说，解决教室里的冲突都是一个重要的学习经历！

五、同辈协商与调解

对于我们而言，解决冲突是很困难的。因此，对于学生来说，让他们自己解决可能更加困难。近 40 年前，一项大型研究调查了 8 000 名中学生以及 500 名来自三大城市的大学老师，结果发现，学生之间 90% 的冲突是通过带有破坏性的方式进行解决的，同时大部分的问题没有处理好（DeCecco & Richards，1974）。此后，其他研究者进行的几项研究也得出了类似的结论。逃避、武力和威胁，是学生之间解决冲突时最常用的策略（Johnson et al.，1995）。实际上，有更好的方式来处理冲突——比如通过同辈之间协商与调解的方式来解决冲突问题，且这样的方式是会让学生终身受益的。

David Johnson 和他的同事（1995）为 227 名二至五年级的学生进行了冲突解决策略的培训。在该训练中，学生学会了一个五阶段的冲突调节策略：

（1）共同认识冲突。让冲突双方跳出冲突情景，避免“非输即赢”思想阻碍对问题的认识，让双方的问题解决目标清晰。

（2）交换想法。双方均提出一个解决问题的提议，并说明相应的理由。同时，认真倾听对方的想法，保持灵活性和合作性。

（3）换位思考。站在对方的角度重新考虑问题，提出意见，并对这个意见进行辩护。

（4）提出至少三个建议实现双赢。通过头脑风暴、锁定问题目标等方式共同协商解决方法，相信每一个学生都有能力解决问题。

（5）最后达成一致的解决方案。此方案让双方都能实现目标。如果不行，就通过掷硬币、轮流的方式解决，或者让第三方调解人介入解决问题。

Johnson 在其研究中，除了教授学生解决自身冲突的办法外，还训练学生怎样调解他人矛盾。协调人的角色总是在变——每天教师会选择两名学生作为班级协调人，同时会穿上协调人的专用 T 恤。Johnson 和他的同事发现，通过学习，学生掌握了冲突解决策略和调解他人冲突的策略，并且能将这些方法有效运用于解决学校和家庭情境的冲突。

同辈协调策略也可以用来解决高年级学生和那些有特殊问题学生的冲突问题（Sanchez & Anderson，1990）。有一个项目选取了部分帮会成员，并对他们进行冲突调解策略训练；然后所有参与者都被邀请自愿参加一个案例调解过程，并由学校咨询师进行督导。整个调解过程有严格的规范，帮会成员的代表需要在书面同意书上签字。Sanchez 和 Anderson（1990）发现，通过这样的训练，学校中的帮会暴力事件发生率降到了最低——“协调过程的魔力就在于沟通”（p. 56）。

即使你的学校没有正规的同辈调解训练，你也可以通过其他有效的方式教学生处理冲突问题。比如，Esme Codell 在教学之初就是一名优秀的新手教师（在本章前面出现过），她给班上五年级的学生传授了解决冲突问题的四步经验，并将其贴在布告栏里：“（1）告诉他人你不喜欢这样做；（2）告诉他人你对这个事情的感受；（3）告诉他人你希望是什么样的；（4）让他人对你的话语做反馈。祝贺你！你现在已经成为了解决冲突问题的高手了！”（Codell，2001，p. 23）

六、纪律管理方法的比较

虽然我们已经了解了关于班级管理的许多观点，但是在创造学习的物理环境和社会环境方面，没有哪种方法是万能的，它们的有效性还要受到诸多因素的影响。那么，研究都告诉了我们什么？有的方法比其他方法更好吗？

Emmer 和 Aussiker（1990）曾对三种普遍接受的纪律管理方法进行了元分析，这三种方法分别是：通过积极倾听和问题解决策略来影响学生（Gordon，1981）；通过班级会议和学生讨论的方式进行团队管理（Glasser，1969，1990）；通过奖励和惩罚的方式对学生进行控制（Canter & Canter，1992）。虽然这三种方法对学生行为造成的影响并没有得出一致结论，然而相关研究发现，Freiberg（2012；Freiberg & Lamb，1999）的相倚管理项目以及使用奖惩的项目（Lewis，2001）表现出了积极的成效。

（一）整合的观点

在澳大利亚，Ramon Lewis（2001）发起的一项研究发现，通过识别学生行为并对其进行适当反馈、让学生参与课堂纪律规范讨论、对于一些不能被人接受的行为提供间接暗示和描述等方式，可以让学生对自己的学习形成更强烈的责任感。比较有意思的是，这些干预策略均表现了 Emmer 和 Aussiker 总结的三种管理取向：影响学生、团队管理和奖惩控制。在新加坡，Youyan Nie 和 Shun Lau（2009）发起的一项有超过 3 000 名九年级学生参与的研究发现，关怀和控制都与学生的积极参与有正相关，所以为了创建积极的学习环境，融合控制、影响、关怀和团队管理的干预策略是必要的。但这并不是一件容易的事情。Lewis 也认为，如果学生表现得攻击性很强的话，那么关怀、影响和团队管理等策略的运用都会比较困难——但正是这种时刻，更需要教师采用这些积极的方法。例如，如果一个教师感到自己被威胁，也很难满足学生的需求，那么此时教师采取积极的策略去化解矛盾就很有必要。

（二）与家长就班级管理事宜进行沟通

我们在整本书中都能发现，家庭是教育过程的重要部分。这一点也同样适用于班级管理。如果家长和教师对学生拥有共同的期望，并且相互支持，就能为孩子创造更积极的班级管理氛围，同时为孩子创造出更多的学习时间。下面的“家庭和社区合作实践指南”提供了家校合作促进班级管理的一些方法，你可以参考。

家庭和社区合作实践指南　　家校合作促进班级管理

- 确保家长知道班级和学校对学生的期望以及相应的规章制度。

例如：

1. 在家庭联欢会上，让学生通过小品的方式来表现学校规则——怎样遵守学校规则，如果违规，会受到什么处罚。

2. 在家里冰箱上张贴画报，展示最重要的学校规范以及学校对学生的期望。

3. 对于高年级学生，可以给家长列出作业清单；同时，清单上可列出怎样合理安排进度，以提高学生作业质量——这样可以避免学生在最后一刻才来匆忙完成作业。

4. 通过适当的方式交流——在可能的情况下，使用学生所在家庭惯常使用的第一语言与家长进行交流。根据家长不同的阅读水平调整相关信息内容。

- 让家庭成员了解怎样成为好公民。

例如：

1. 当学生表现好时（尤其针对那些经常捣蛋的孩子），给学生家长写一封表扬信。

2. 向每个家庭，尤其是那些低收入家庭，提供庆祝学生成功的方法，比如提供一份美味的食物，租用录像机的机会，对一些特殊的人发表评论，如姑姑、爷爷或者牧师，给弟弟妹妹讲故事的机会。

- 利用学校所在社区的特点创建适宜的学习环境。

例如：

1. 要求学生给地毯店或家具厂写信，请他们捐献出一些地毯的边角料来装饰教室的阅读角。

2. 请能做书架、屏风或会绘画、手工或能编故事、懂电脑技术的家长帮忙。

3. 和社区内的一些公司联系，请他们捐献电脑、打印机或其他上网设备。

- 当学生的问题行为出现时，寻求家长的合作。

例如：

1. 通过电话或家访的形式与家长交流。记录好学生的问题行为。

2. 倾听家长的想法，与他们一起商定解决问题的办法。

第六节　多样性：文化回应管理

有关纪律的研究表明，非裔和拉美裔美国人，尤其是男性，在学校中会比其他学生受到更多处罚，这些学生因为被拘禁或停学而丧失了很多学习时间（Gay，2006；Monroe & Obidah，2002；Skiba，Michael，Nardo，& Peterson，2000）。为什么会这样呢？

然后，非裔学生和拉美裔学生是因为表现出更多违纪行为而受到处罚的观点，并没有得到数据的支持。事实上，这些学生仅因为很小的错误就会受到严厉的处罚——老师总是将他们在行为或语言方面的轻微不当看得很严重。对此的一种解释是，教师和学生之间缺乏文化沟通，“在许多教师和学校领导看来，学生（尤其是男生）的语言、走路姿态、眼神和穿着方式等，都会让他们感到恐惧、忧虑，以至于产生过度反应”（Irvine，1990，p. 27）。非裔美国学生可能因为一些行为而受到处罚，然而实际上这些行为并不是有意违纪或对老师不敬。如果教师能够更好地理解多元文化，就会为自己的工作带来便捷——一方面帮助学生学习怎样在主流文化和家庭文化中转换，另一方面教师也能由此了解学生言行背后的意义。由此，教师就不会因为误解学生而对学生的行为进行过重处罚了（Gay，2006）。

文化回应管理（culturally responsive management） 在制定班级管理计划和对学生进行反馈时，考虑到学生不同的文化背景。

温暖的要求者（warm demanders） 在管理非裔美国学生方面富有成效的教师，常常会对学生持有很高的期望，同时非常关注学生的发展。

实际上，**文化回应管理（culturally responsive management）**是文化相关教学的一部分。Geneva Gay（2006）总结道：

> 对于学生而言，如果教室是一个舒适温暖、开放积极、让学生感受到关注，同时鼓励参与和支持的环境，那么学生违反纪律的事情就不会时常发生。在这种环境下，学校会对不同宗教、种族、语言背景的学生进行文化相关性教学，并让学生感受到个人价值。由此，班级管理就会得到改善，同时学生也能在学业上取得进步。

我曾经问过某中学的一位极有天赋的教师，在与那些无法无天、不守秩序的学生相处时，什么样的教师是最有效能的教师这一问题。他的回答是有两种：一种教师，不会被这样的学生吓到，也不会被愚弄，会对学生的学习持有很高的期望；另一种教师有着对学生发自肺腑的关心。我接着问他：“你是哪一种类型？”他回答道：“两种都是。”他就是所谓“温暖的要求者”的极好例子，这样的教师对那些边缘学生是最有效的（Irvine & Armento，2001；Irvine & Fraser，1998）。有的时候，这些**温暖的要求者（warm demanders）**在外人看来是很严厉的（Bruke-Spero，1999；Bruke-Spero & Woolfolk Hoy，2002）。Carla Monroe 和 Jennifer Obidah（2002）曾对担任八年级科学课的 Simpson 女士进行过案例研究。Simpson 女士认为自己对班里的学生有很高的学业期望和行为期望——她多次向学生表达自己的想法，以此让学生知道自己是“认真的”。她常常使用幽默的方式或方言跟学生进行交流，比如：

Simpson 女士（对全班说）：如果你认为你今天要想当个傻子，那你就过来对我说："我想在动员会上当个傻子。"那么我就可以直接把你送到你该去的地方。（全班大笑。）

Simpson 女士：我是认真的。如果你认为你今天要倒霉，你不想任何人碰你、和你说话，或者如果今天有人轻轻地撞了你，你就会摔倒——那么你到我这里来告诉我："我今天可能会摔倒，所以我不能去动员大会了。"（学生开始纷纷发表评论。）

Simpson 女士：现在，我想说的就是我希望你们能够表现出自己最好的一面，因为你们是这栋楼里最大的孩子……不要让我中断动员大会来请一些八年级的学生离开。

Edward 女士：您的意思是说我们在吃午饭时也要保持安静吗？（全班大笑。）

Simpson 女士：你不要对你将会得到什么有什么想法。（全班大笑。）好吧，15 分钟热身时间开始。（学生开始热身。）

许多的非裔美国学生可能在校外习惯于直接命令式的管理和约束方式。在家里，家长可能会说"把糖果放下来"或者"该睡觉了"，然而白人家长可能会说："我们在晚餐前吃糖果好吗？""是不是到睡觉的时间了呢？"正如 Richard Milner（2006，p. 498）所言："问题的关键并不在于哪种方式是正确的，哪种方式是错误的，而是哪种方式与学生的先前经验和认知方式相符。"

▼ 本章小结

第一节 课堂组织的必要性

班级管理面临的挑战有哪些？

课堂通常具有多维性，各种事件同时发生，这些事件发展急速，具有即时性、无法预测性和开放性等特征，并受到学生及教师先前行为的影响。一个教师每天都必须处理这些事情，因此，高效的班级管理需要学生们的合作。但是，不同年龄学生的合作方式是不同的。低龄儿童需要学习怎样去上学和学校学习的一般流程；大一点的孩子需要学习针对不同科目的具体学习方法；在教育青少年学生时，教师需要了解同辈团体对他们的影响。

高效班级管理的目标是什么？

高效班级管理的目标是让学生拥有更多的学习时间；鼓励学生积极参与学习，提高学习质量；确保课堂参与结构对所有学生而言是清晰、简单、稳定一致的；鼓励学生进行自我管理、自我控制，同时形成责任感。

第二节 创设积极的学习环境

区分规范 / 章程和流程 / 常规。

规范 / 章程确定了在教室里能做什么，不能做什么，通常有书面表达形式，老师常常将规范张贴在墙上。流程 / 常规涵盖了班级管理任务、学生活动、教室卫生、日常的课堂作业、师生互动和生生互动。规范是为了保护遵守者的权利，因此，如果学生遵守规范，则可以从中获利。在制定规则的同时，也必须使教师和学生都明白违反规范和流程的后果。

区分个人领域和兴趣区域。

通常，课堂的空间组织形式有两种：按领域划分（传统的教室空间安排）或按功能划分（将空间划分为工作区和学习区）。空间的灵活性是关键因素。教师在对教室的空间环境进行设计时，需要考虑学生方便获取学习材料、环境的私密性（在需要的时候）、教师方便对整个班级进行监控以及整个空间便于重新设计等因素。

对比高效与低效的班级管理者开学第一周的所作所为。

高效的班级管理者在刚开学的时间里，就会通过解释、举例子和实践的方式教会学生一些具有实践性且便于理解的规范和流程。学生通过参与一些有良好组织并且令人愉悦的活动学习团队合作。高效教师对于违纪行为的处理总是快速、坚定、清晰，并且具有一致性。这些教师总是计划周密，从不临时抱佛脚，因此学生们都很信任老师。这些教师会处理好学生的当务之急。与之相比，低效教师所在的班级，班级规范或做事流程每天都在变，老师也从不将这些规范和流程教给学生，学生缺少实践这些规范和流程的机会。学生们在课堂上不停地讲话，因为他们没有什么事情可做。低效教师经常离开教室去批改作业或单独辅导一两个学生。他们对于一些类似于迟到或上课捣乱这种典型的问题行为，没有形成很好的处理方法。

第三节 维持良好的学习环境

教师应该怎样鼓励学生积极参与学习？

一般而言，教师对学生的监控时间增加，学生积极投入学习的时间就会增加。同时，如果学生在活动中能够不断获得下一步该做什么的提示，学生的卷入程度会更高。有明确步骤的活动更具有吸引力，因为活动环节之间环环相扣。为活动提出清晰明确的要求和充足的材料，再加上教师对整个活动的监控，均能使学生积极参与学习。

解释 Kounin 所提出的预防班级管理问题的方法。

为了创造积极的学习环境，同时预防问题的发生，教师应该考虑到学生的个体差异，激发学生学习动机，同时要强化学生的积极行为。Kounin 认为，成功的问题预防者在四个方面拥有娴熟的技巧："明察秋毫"、一心多用、整体关注和变换管理。当不得不执行惩罚时，教师应该冷静且私下进行。除了运用 Kounin 的思想，教师也可以通过营造关怀的班级氛围、教学生运用社会技巧和情感自我调控策略来预防问题的发生。

教师应该怎样帮助学生建立与学校的联结？

为了帮助学生建立与学校的联系，教师对学生的学业期望和行为期望应该是清晰的。尊重学生的需求和权利，应该放在班级管理的重要位置。如果老师尝试让班级气氛活跃、对每个学生都公平诚实、确保学生们理解了学习材料，并且能够尽力解决学生的种种担忧和问题，那么，学生就会知道老师是关心他们的。

第四节 处理纪律问题

描述对于问题行为的七种干预方式。

首先，教师可以使用眼神接触或一些非言语的信号；然后给予言语暗示，比如在课堂中穿插学生的名字。接下来，教师可以询问犯错误者是否知晓自己行为所带来的后果，同时提醒学生正确的流程是什么，并让学生按照规范重新做一次。如果这种方法不奏效，教师可以让学生复述正确的流程和规范，并按正确的方式做一次，然后教师以一种清晰、果断、不带有敌意的语气让学生停止错误行为。如果这也失败了，教师可以给学生提供一次选择的机会——要么停止行为，要么进行私下谈话，接受处罚。

教师应该怎样处理欺负、戏弄和网络欺凌行为？

教师往往低估了发生在学校里的同辈冲突或欺负事件的数量。欺负行为往往发生在两个力量不对等的学生之间，欺负者不断地重复对受害人造成伤害的行为。同时，欺负行为可以发生在多种场合——包括那些并非面对面的场合。教师可以将欺负看作是一种暴力行为，他们可以将处理其他暴力行为的方式用来处理欺负行为。比如，教师可以创造充满尊重的班级氛围，与学生共同讨论冲突；如果学生抵赖的话，向学生提供事件的发生地点。此外，学生也能从同辈协商的方式中获益。

中学班级管理面临的挑战是什么？

中学教师应该准备好处理学生不完成作业、重复违反相同纪律或公开挑战教师等问题，当然这个时期的学生也往往正在经历一些全新而强大的压力源。此时，如果教师多给学生一次机会，或者向学生提供可以获取帮助和支持的资源，学生往往能够获益良多。教师也会发现，咨询师、家长或学生的监护人对自己的工作是很有帮助的。

第五节 沟通的必要性

什么是"共情式倾听"？

当问题出现时，师生之间的沟通是非常重要的。人们之间的所有互动交流，即使是无声的或者消极的，都具有意义。当学生出现问题时，共情式的积极倾听非常重要。对于学生的倾诉，教师应该就自己听到的信息对学生进行反馈。这种反馈不仅仅是简单的重复词句；通过反馈，教师可以捕捉到学生话语背后的情感、意图以及话语的深层含义。

区分被动、敌意和果断三种不同的反馈模式。

被动反馈有多种形式。这类教师直接告诉学生应该做什么，他们只会对学生的行为作简要评论，让学生思考正确的处理方式，或者只威胁学生却不真正实施处罚。带有敌意的反馈模式中，教师总是使用以"你"开头的句子来谴责学生，但是并没有清楚地告诉学生应该做什么。而在果断处罚的交流模式中，学生能感受到教师对他们的关注，在鼓励他们学习积极行为的同时，也能够容许他们的错误。这种行事风格的教师会向学生清晰地陈述自己的期望。

什么是同辈协商？

同辈协商是防止校园暴力的好方法。同辈协

商调解的步骤是：共同认识冲突；交换想法；换位思考；提出至少三个建议实现双赢；最后达成一致的解决方案。

第六节 多样性：文化回应管理

什么是文化回应管理？为何需要文化回应管理？

非裔和拉美裔美国人，尤其是男性，在学校中会比其他学生受到更多处罚，但他们并没有表现出更多违纪行为。而事实上，这些学生仅因为很小的错误就会受到严厉的处罚——教师总是将他们在行为或语言方面的轻微不当看得很严重。其中的一种解释就是，教师和学生之间缺乏文化沟通。文化回应管理常常会对学生的合理行为持有很高的期望，同时非常关注学生的发展。

▼复习思考题

（一）单项选择题

1. 班级管理的目标是什么？
   A. 保持课堂的有序
   B. 建立教师的权威
   C. 维持一个安静和有纪律的环境
   D. 维持一个积极、富有成效的学习环境
2. 下列哪一项不是教会学生自我调节学习的益处？
   A. 学生展示自己的能力来满足需求，同时不干扰他人的权利和需要。
   B. 教师有更少的管理问题，有更小的压力，有更多的时间来教学。
   C. 学生需要教师增加对他的关注，因此更加努力学习。
   D. 最初需要额外的时间，但促使教师产生了更强的自我效能感。
3. Ruiz 先生一直为学生在英语课堂上的捣乱所困扰，最终他决定加强对学生的控制。他采取了课后留堂、降低等级评定和贬低学生等手段。学期末，校长对他的各方面进行了评估，结果在班级管理技能上他得了低分。他的校长 Simon 博士基于研究结论对他给予反馈。下列哪一项与处理 Ruiz 先生问题的理想方式不一致？
   A. 教师应该以一个下马威开始新的学年，这样学生就能明白是老师在控制着课堂。
   B. 教师的目标应该是在问题出现之前阻止问题发生。
   C. 教师应在活动中表现出明察秋毫和一心多用。
   D. 教师必须理解并践行变换管理。
4. 你建议采用下列哪个技术接近和处罚有暴力行为倾向的学生？
   A. 迅速行动，尽可能接近问题学生
   B. 确保有几个见证者，以便面质
   C. 尊重且简短
   D. 大声呵斥，以建立权威

（二）开放论述题

案例：这样的事情每天都有可能发生。Ginny Harding 在班里不断地训斥两位男生。Ginny 似乎不再是一位指导者，而像一个老太婆，絮絮叨叨的。他的训斥不仅是对这两位男生，好像也是对自己。其实男孩子们并没有恶意，他们才三年级。Ginny 想起一句谚语："人不断重复地做同一件事时，不可能带来不一样的结果。"接下来的周末，Ginny 决定用一种更有效的方式来处理这个挑战。

5. 请列出几种可以让 Ginny Harding 立刻叫停男孩们问题行为的简单方法。
6. 常规和流程可帮助学生从一项活动顺利过渡到另一项活动，从而减少问题行为的发生。请列出有助于建立良好课堂流程或常规的几项活动。

▼他们会怎么做？

回顾章前教师案例簿中的内容，看看下面几位教师是如何应对的。

Jolita Harper **三年级教师**
Preparing Academic Leaders Academy, Maple Heights, OH

我认为整个学区应该在管理预防学生恐吓行为方面有明确的分工，这项工作需要由学区的各部分组织共同完成。教师需要向所有学生宣传不良行为的性质。另外，教师和受害学生之间的单独交流是关键，为了解决问题，真诚关注受害学生所处的困境是很必要的。最后，如果案例中的两名捣蛋的学生都在我班上，我会用同样的方法跟他们沟通，让他们知道自己行为的影响，增加他们对受害学生的共情，而且希望以此促进这两个学生行为上的改变。

Keith J. Boyle **高中英语教师**

Dunellen High School, Dunellen, NJ

中学出现的错误行为可能是未来行为问题的征兆。就像生活中的许多问题一样，越是容忍错误行为的存在，这种行为在将来出现的可能性就越大。在这个案例中，一个孩子频繁被另外两个孩子欺负（这种情形与性别无关），任何相关的信息都不能被忽视。为了获得更多的信息，我会单独和这三个孩子谈话。如果这一事件是第一次发生，我会与孩子的父母联系共同解决这个问题。如果这种事情频繁发生，我就会通知学校管理部门介入。所有的管理者都承认，当一个特殊事件发生时，如果管理部门还被蒙在鼓里，是很危险的。除此以外，学校咨询师也应该介入。应该让这些学生知道他们采取的恐吓行为对同学造成了严重的影响，同时对他们采取严厉的惩罚措施，以此向所有学生宣告——这个学校的确是学生自由自在学习的天堂。

Dan Doyle **高一历史老师**

St.Joseph's Academy, Hoffman, IL

作为一名高中教师，我特别关注高年级学生之间这种欺负行为的发生。这种行为在小学是很危险的，并具有伤害性，随着学生年龄和体格的增长，这种欺负行为的危险性更强。我很沮丧地认为，也许在小学这个家长和教师能更好对学生进行行为矫正的时期，他们却忽视了对学生这些不当行为进行警告。我在处理这些事情时，第一步要做的是通知学校职员，尤其是那些管理走廊、咖啡厅或者其他公共空间的员工，让他们时刻关注各种不同的欺负行为。我也会和学校的咨询师进行沟通，由咨询师决定是否通知家长。总之，我们不会对这些行为采取轻视的态度或者让其自然发展，而是会认真对待每一次事件的发生。

Kelly Crockett

Meadowbrook Elementary School, Fort Worth, TX

欺负行为是绝对不能容忍的。没有一个学校、教师或者管理人员能够容许欺负事件的发生。当欺负事件发生时，应该马上记录在案，并上报校长。同时，我会在同一天安排学校咨询师和犯事的学生见面，并会为此单独进行记录。

接下来我应该做什么，就根据管理部门的要求行动。无论做什么，一定要记住：一定有下一步。教师需要随时跟踪这名学生。在48小时内，我会询问学生是否还发生了其他类似事件，如果他表现出犹豫或者承认还干扰了其他人，我会督促他把事件写下来。同时，我会记录我的言行以及学生的反应。然后，把他的记录和我的记录合为另一份报告，上交给校长和咨询师。

作为一个教师，我们总是站在第一线。对于学生而言，我们是社会公正和权威的代表。我们应该用自己的语言和行动来改善这个世界。

第14章 为每个学生而教

你会怎么做？

教师的案例簿

你在家乡的一所高中找到了新的工作。到学校后，你发现学生的同质性很高——他们大多是白人，来自于中产阶级家庭，都会说英语。事实上，学校还有一个特殊教育班，这个班里的孩子有严重的学习问题或发展问题。在你进入教室真正从事教学后，你才发现学生的阅读能力、家庭收入和学习能力都参差不齐。班里除了两名学生有可能勉强升入大学外，其他学生中有好几个都读不完一篇完整的文章，作文也写得乱七八糟。对班里的部分学生来说，虽然平时说英语没有什么困难，但读英语却是一个很大的挑战。

想一想：

- 针对班里的不同学生，你应该怎样实施差异化教学的方法？
- 对于上面的问题，基于不同的教育理念是否会有不同的答案？
- 如果你已经实施了差异化教学，那应该怎样来评估教学的好坏？

概览与目标

本书已经讨论了很多有关学习和学习者的问题。在本章中，我们将重点关注教学和教师。首先，怎样区分高效教师和低效教师呢？一项针对全班教学的研究提出了一些区分教师能力的重要指标，我们将在本章进行讨论。

除此之外，关于教学我们还了解什么呢？我们将考察教师是如何制订计划的，包括如何将教育目标分类学作为制订计划的基础。

在了解了怎样设定目标、制作计划和高效教师特征的基础上，我们将考虑怎样实施以教师为中心的教学策略：布置课堂作业和家庭作业、提问、讲述以及小组讨论。

在本章最后一部分，我们将焦点放在如何通过差异化教学、弹性分组以及自适应教学来匹配教师的教与学生的需要和能力。最后我们将探究教师对学生能力的信念——教师的期望——对学生学习和师生关系的影响。

学完这一章后，你应该能：

- 描述高效教师和有效课堂氛围的特征。
- 运用布鲁姆教育目标分类学制订教学目标。
- 描述计划一节课时所涉及的过程，并能区分出将计划付诸实施时的各种基本形式。
- 探讨直接讲授、布置家庭作业、提问和小组讨论等教学方式如何恰当地使用。
- 理解差异化教学和自适应教学，并能有效实施，以适合不同需求的学生。
- 解释教师期望对学生的影响以及如何避免其负向的影响。
- 清晰描述良好师生沟通的特征。

第一节 关于教学的研究

本章的主题是“教学”，我们将从几十年来教育心理学的相关研究发现开始。

你应该怎样判断一种教学方式的好坏呢？一般而言，你可以通过咨询学生、校长、大学教育学教授或者有经验的教师，然后归纳出优秀教师的特征。你可以通过对少数课堂做长时期深入的案例研究，比如观察课堂，并在某些特质维度上对教师进行评分，进而比较究竟拥有哪些特质的教师能够让学生获得更高的学业成就或更强的学习动机。（当然了，如果你要这样做，你就必须选择好评价学生学业成就和学习动机的指标。）你可以通过比较这些教师所教学生的成绩好坏，进而鉴定教师的工作。一般而言，高效教师所教班级的学生比其他教师所教班级的学生能学到更多的知识。你也可以培训教师，在教授同一单元的课程时使用不同的教学方法，进而比较各种教学方法的优劣。你还可以对教师的教学过程进行录像，并在课程结束后，让教师观看教学录像，通过刺激回忆法去回溯教学过程中自己的所感所想。你甚至可以通过研究课堂对话的转录文本，探索影响学生学习的重要因素。你可以通过设计性实验来研究教与学之间的关系，以此为基础来开发各种教学方法，并检验这些方法的可行性。

以上列举的这些方法，已经被广泛运用于教学研究之中（Floden，2001；Greeno，Collins，& Resnick，1996；Groschner，Seidel，& Shavelson，2012）。下面让我们回顾一下从这些教学研究中得出的具体结论。

一、高效教师的特征

停下来 想一想

想想你所遇到过的最高效的教师——你肯定从他的身上学到了最多的知识。这位教师有什么具体特征呢？究竟是什么因素使得这位教师的教学如此高效呢？

早期关于有效教学的研究关注于教师自身的个人品质。研究结果发现了高效教师有三个特征：清晰性、热情和扎实的专业知识。最近的研究重点关注教师的专业知识，我们会在这个特征上多花些笔墨。

Barak Rosenshine 和 Norma Furst（1973）通过对 50 项教学研究进行回溯时发现，表达清晰是未来有效教学研究中非常值得关注的教师行为。如果教师讲解清晰，学生就能学到更多的知识，并且对教师的评价也更加积极（Comadena，Hunt，& Simonds，2007；Hines，Cruickshank，& Kennedy，1985）。这些教师在指导学生和解答问题的过程中，很少提供含糊的解释和指导，因此学生的收获也更大（Evertson & Emmer，2009，2012）。

同样，正如你所知，有些教师比其他教师在工作上投入了更多的热情。一些研究发现，教师的工作热情与学生的学业成就相关（Keller，Neumann，& Fischer，2012），教师的热心程度、友好程度和理解程度是教师的重要特质，并且与学生对教师及班级的喜爱程度呈高相关（Hamann，Baker，McAllister，& Bauer，2000；Madsen，2003；Soar & Soar，1979）。可是请注意，

高效教师

高效教师深知应该怎样通过举例子、解释、讲述和活动的方式将知识传递给学生。

这是相关研究！这些研究结果并不能说明教师的热情影响了学生的学习，也不能说明教师对学生的关心引发了学生积极的学习态度，只能说明这两个变量同时发生了变化。在这里有两个可能的联系：一是当教师热情时，他们更容易吸引和保持学生的注意力，二是热情的教师给学生一个在学习上投入和保持兴趣的榜样，而学生的注意力、兴趣和学习投入影响学生的学习。当然，学生在学习的投入，也会极大地激发教师的教学热情（Keller et al.，2012）。

关于另外一个重要的教师特征——专业知识，它的情况又是怎样的呢？

二、有关教学的知识

正如你在第8章和第9章所见，知识是鉴别专业技能的重要特征。**专家型教师（expert teachers）**能够通过整合知识系统来理解教学问题。比如，面对学生在数学或历史考试中所犯的错误，一位新手教师认为这些答案都是一样的——都是错误的。但是，对于一位专家型教师而言，这些错误答案可以构成复杂的知识系统；通过此系统，可以归纳出鉴别不同类型错误的方法。例如，学生做错题可能是因为缺乏信息或理解失误，教师应该针对这种失误拿出帮助学生改正的方法，并进行重新教学，同时总结在过去教学中有效的学习材料和教学活动，发展出检验重新教学有效性的方式。这类特定类型的教师知识，它整合了教师对学科内容知识的掌握、知道如何去教这些知识的方法以及如何使得教学适应学生个体差异的策略，被称为**学科教学知识（pedagogical content knowledge，简称PCK）**（Gess-Newsome，2012）。另外，专家型教师在为学生制订学习计划时具有清晰的目标，同时能够考虑不同学生的个体差异。这些教师都是**反思型（reflective）**的实践者，他们会不断尝试去理解和改进他们的教学（Hogan，Rabinowitz，& Craven，2003）。

专家型教师（expert teachers）　有经验的、高效的教师。他们对于课堂中出现的问题有自己成套的解决办法，他们关于教学过程和教学内容的知识具有延伸性和组织性。

学科教学知识（pedagogical content knowledge）　整合了教师对学科知识内容的掌握、知道如何去教的方法以及如何平衡教学与学生的个体差异的策略在内的教师知识。

反思型（reflective）　深思熟虑，同时具有创造性。反思型教师能够通过回溯教学情境分析自己做了什么以及为什么要做，进而思考应该如何改善教学来促进学生学习。

这些专家型教师知道是什么使得他们如此优秀吗？Lee Shulman（1987）对此进行了系统研究，并得出了七项基本结论：

（1）熟知他们所教的科目——学科内容知识深厚并且知识间相互联系。

（2）了解常规的教学策略（比如班级管理原则、有效教学的方法和评价方式）。

（3）了解本学科适合各年级学生使用的学习材料和教学项目。

（4）掌握学科内特殊的教学策略——教授某类型学生的特殊方法，或教授一些特殊概念的教学方式，如怎样对学习能力较低的学生讲授负数的概念。

（5）了解不同学生的特征和各自特殊的文化背景。

（6）灵活运用不同情境进行教学——配对学习、小组学习、团队学习、班级学习、学校学习或社区学习。

（7）有明确的教学目标和目的。

当然，这只是一个简单的总结。显然，一堂课不可能告诉你教学时所需要的全部内容。事实上，学习完教育心理学这门课也不能立刻把你变成专家，成为专家型教师需要时间和经验。但研究教育心理学会使你的专业知识有所增加，因为教育心理学的核心就是关注随处发生的学习。

教师掌握更多的专业知识会对学生产生更加积极的影响吗？研究发现，这取决于教师所教的科目。Hill、Rowan和Ball（2005）曾对美国一年级和三年级的教师进行了研究，测量了他们实际要教学的数学概念知识以及他们如何去教这些概念的知识。结果发现，那些有着更丰富的学科内容知识和教学内容知识的教师，他们所教的学生能够学到更多数学知识。就高中的数学学科来说，数学教师所获的学历越高或者完成了优秀的教师文凭课程，他们所教的学生也能够学到更多的数学知识（Wayne & Youngs，2003）。在德国高中的研究发现，数学教师所具有的教学内容知识越丰富，他们所教的学生学习越投入，在学习上所得到的支持越多，这种高质量的教学可以预测学生更高的数学成就（Baumert et al.，2010）。

在其他学科领域，当我们通过考试成绩来衡量教师对于事实和概念等相关知识的掌握程度时，研究结果却表明教师的专业知识与学生学习之间的关系并不清晰（Aloe & Becker，2009）。不过，从Darling-Hammond和Youngs（2002）的研究中，我们发现，教师的品质——教师是否获得资格认证或他们所教科目是否与自己的专业对口——与学生的学业表现相关。其他研究也发现，教师在获取教师资格证时的得分与学生的学业成就有中度正相关，并且这种相关关系在数学学科中表现得尤为明显（Boyd，Goldhaber，Lankford，& Wyckoff，2008）。

虽然有关教师的专业知识是否能促进学生学习的直接证据并不充分，但是具有丰富学科教学知识的教师对自己的专业领域了解得越多，越能够让自己的讲述更加清晰明白，同时也能够更好地处理学生的学业问题，他们不会对某些问题采取回避态度，也不会为学生提供含糊的答案。因此，掌握扎实的专业知识对于高效教师来说是很必要的，因为掌握更多的知识能够让教师的表达更清晰、更有条理，并对学生的问题更敏感。

三、关于教学的最新研究

由Robert Pianta和他的同事所进行的一项大尺度追踪研究（Pianta et al.，2005，2008；Crosnoe et al.，2010；Jerome，Harme，& Pianta，2009；Luckner & Pianta，2011）发现，课堂气氛的三个方面与学前和小学儿童的学习与发展密切相关。这三个维度与早期教学研究所发现的教师特征相一致，它们包含情感、行为和认知维度，如表14—1所示。其中，Pianta模型中的情感维度指教师的情绪支持，与早期研究中教师的热情相似。认知维度指教学支持，包括促进学生概念理解（运用活动、课堂讨论促进学生高水平思维）和对学习过程高质量的反馈。促进学生概念理解与高质量的反馈，对于教学知识丰富的教师而言是比较容易的。第三个维度是课堂组织，指具有清晰的活动和常规的课堂与课程管理行为，它可以保证学生有充足的时间学习并真正投入，这些与教师特征中的清晰性相似。

现在，让我们来关注教学的第一步，即制订教学计划。

表14—1　　课堂气氛的维度

教学领域	课堂气氛维度	成分	定义与举例
情感	情绪支持	积极氛围	热情、互相尊重、师生间积极的情感联结
		消极氛围（学习的负向预测因子）	无礼、愤怒、敌意
		教师的敏感度	对学生学业和情感需要的反应一致而有效
		尊重学生的观点	设置活动鼓励学生自主性，尊重学生的兴趣、动机和观点
认知	教学支持	促进概念理解	组织活动和讨论，以促进学生高水平思维技能和认知的发展
		高质量的反馈	提供具体的、过程导向的反馈和反复多次的交流，以拓展学生的学习
行为	课堂组织	行为管理	教师监控、预防和重塑不良行为
		学习效果高效	以清晰的活动、良好的准备、有效的转移、最小的干扰来确保学习效果最大化
		教学学习形式	利用好教学材料、教学形式和教学活动，以保证学生投入学习

资料来源：Brown，J. L.，Jones，S. M.，LaRusso，M. D.，& Aber，J. L. (2010). Improving classroom quality: Teacher influences and experimental impacts of the 4Rs Program. *Journal of Educational Psychology*，*102*，153-167.

第二节　教学计划

停下来　想一想

请回答 Greta Morine-Dershimer（2006）提出的问题：下列有关教师制订教学计划的表述，哪些是正确的？

- 设定时间是很重要的。
- 计划是用来被打破的。
- 不要回头检验计划。
- 小计划可起大作用。
- 一个模式就能适应很多情境。

一、关于教学计划的研究

当你看完本章开篇的案例后，如果你开始思考自己应该怎么做时，说明你已经开始着手制订计划了。在过去的几年时间里，教育研究者对教师怎样制订计划很感兴趣，他们针对此问题访谈了多位教师，让他们在制定计划时采用出声思维的方式，或采用日记的方式来记录制订教学计划的过程。在此过程中，研究者们对教师进行了数月的深入研究。他们有哪些发现呢？

首先，教学计划会影响学生的学习内容。因为教学计划将学习时间和学习材料有效地转变为具体的互动形式和学习任务——这意味着，设定时间很重要。如果在一周教学时间内，教师安排7小时用于学习语文，而只留15分钟时间给科学，那么，学生自然会在语文上学得更多知识。在学年之初就制订计划非常重要，因为诸如时间分配等班级规范需要提早建立。如果我们能够充分考虑到教师应该教什么以及学生应该学什么，那么确实“小计划可起到大作用”。

其次，教师应该制订不同时期的教学计划——大至每年、每学期，小至每单元、每星期，甚至每天，同时必须保证这些计划之间是协调统一的。完成学年计划是以学期计划为基础，而学期计划应以单元计划为基础，如此类推。当然，学年计划的制订也有赖于每周每日计划的完成。对于有经验的教师来说，单元计划的制订是最重要的，其次是周计划和日计划。随着教师教学经验的增长，就会比较容易协调上述这些计划与州（地方）课程标准之间的关系（Morine-Dershimer，2006）。

再次，计划可以减少（但不能消除）教学中的不确定性，但是计划也应具有一定灵活性。有时，教师会“过度计划”——绝不浪费一分钟的教学时间，并且坚定不移地执行每一项计划——这种教师所带的学生往往比灵活教学计划指导的

专家计划

你可以自己独立制订计划，但采取合作的方式会更好。与同事共享意见，是增长教学经验的最好方式之一。

学生学到的东西要少得多（Shavelson，1987）。所以，虽然计划制定后不能随意被打破，但执行计划却需要有灵活性。

为了让计划具有创造性和灵活性，教师需要掌握以下领域的内容：有关学生学习兴趣、学习能力的大量知识；熟悉所教学科，了解多种教学和评估方式；知道怎样使用和调整教学材料；了解怎样将多种知识融入教学活动中。新手教师也会制订计划，但他们的计划往往得不到很好的执行，这是因为他们缺乏有关学生和所教科目的知识——比如，他们不能估计学生完成一项活动需要的时间长短，或在解答学生问题时结结巴巴（Calderhead，1996）。

你可以自己独立制订计划，但采取合作的方式会更好。与同事共享意见，是增长教学经验的最好方式之一。在日本，教师共同合作制订计划的形式被称作"教研组"或"研究型教学"，部分教育者认为这也是日本学生在多项国际测试中表现出色的原因之一。"教研组"的一个基本成分就是教师形成小组共同商讨课程计划，然后对一名小组成员的教学过程进行录像。接着，所有小组成员观看录像，通过分析学生反应来进一步改进课程教案，然后由其他教师对课程进行再次实践，并对其做进一步改进。在学年末，所有的研究小组将教学工作的作品出版成册。在美国，这一过程被称作**课例研究（lesson study）**（Morine-Dershimer，2006）。如果你想通过网络了解更多关于课程计划的知识，请通过关键词"lesson plan"（教案）进行搜索，如果想了解关于学科或年级的课例计划信息，则可运用关键词"math lesson plans"（数学教案）或"4th-grade lesson plans"（四年级教案）进行搜索。

当然，即使是从最权威的教育网站上下载的教案，也需要根据班级情况进行适当修改。有些需要在教学前进行修改，有些需要在教学后根据教学效果进行调整。事实上，有经验的教师都知道，很多修改都发生在教学之后并基于自身的工作进行——这就是反思型教学，所以一定要回头检验计划的正确性，并在此过程中获得专业成长。在制订计划时，合作型反思和修订课例是课例研究的主要成分。

"那么，变得更有组织一点是有可能的。"

最后必须注意的是，有效教学不会只有一种模式。任何一种教学模式，都不可能适用于所有的情境。对于有经验的教师而言，制订计划是一种创造性解决问题的方式，他们知道应该怎样完成教学任务，同时让每部分的教学都有效；他们知道自己期待的结果是什么以及怎样实现这个目标。因此，他们在制订计划时，不会照搬在"课例研究"中学到的某种模式。教学计划常常是非正式的——"计划存在于教师的脑中"。然而，许多有经验的教师认为，制定详细的课例计划有助于未来工作的开展（Clark & Peterson，1986）。

无论你怎样制订计划，都必须以明确的学习目标为指引。下面我们就来讨论你可能拥有的各种不同的目标。

课例研究（lesson study） 在一个小组中，教师共同讨论形成课程计划，并对其进行检验、改进，进而再检验，直到满意为止。

二、学习目标

我们今天对愿景、目标、结果和标准这些词语已经耳熟能详。社会对公立学校的毕业生设定的目标非常概括和抽象，即"在大学和工作中获得成功，在全球经济中保持竞争力"（USDE，Race to The Top，2009，p.2）。可是对于教学而言，过于概括的教学目标是没有什么意义的。州立教育部门会将这些宏观的教学目标变为标准或指标体系，如科罗拉多州制定的标准之一就是"学习预习、预测、推理、比较、反复阅读和自我监控、概括等相关技能，以帮助理解"。在这个水平上，指标体系是与教学目标紧密相连的（Airasian，2005）。你可以在 www.educationworld.com/standards/state/index.shtml 上找到你们州的标准。

（一）标准的一个例子：技术

下面这个关于标准的例子与作为教师的你密切相关。关于技术，你应该了解什么？两个广为采用的技术标准来自国际技术教育协会（ISTE）和 21 世纪技能伴侣。ISTE 为教师开发出了国家技术教育标准（NETS-T，2008），兹列举如下：

（1）促进和激励学生的学习与创造力。教师运用他们的知识经验、教学和技术，在现实和虚拟的情境中促进学生的学习，鼓励创造和推进创新。

（2）设计和开发数字时代的学习与评估。教师在设计、开发和评价真实学习经验与评估工具时，应纳入现代工具和资源，以最大限度地提高学生的学习，发展 NETS-S 中所提到的知识、技能和态度。

（3）模拟数字时代的工作和学习。教师应展示出在全球化和数字时代表示创新专业的知识、技能和工作过程。

（4）促进和示范数字时代公民素养和责任感。教师了解在一个不断发展的数字文化背景下的当地及全球社会问题与责任，并在专业实践中展示出遵守法律和符合道德的行为。

（5）专业成长与领导力的投入。教师通过推广和展示数字工具与资源的有效使用，不断提高专业实践技能，示范终身学习榜样，在学校和社区中展示领导力。

> **教学目标（instructional objectives）** 对学生通过教学应该学会什么的清晰陈述。
>
> **行为目标（behavioral objectives）** 用可观察的行为表述的教学目标。
>
> **认知目标（cognitive objectives）** 运用高水平思维操作术语表述的教学目标。

（二）课堂：教学目标

Norman Gronlund 和 Susan Brookhart（2009）将**教学目标（instructional objectives）**定义为预期的学习结果。目标是指学生通过教师教学后的学习表现。持行为主义观点的学者认为，目标是学习者身上所发生的可以观察和测量的变化。行为目标常常使用列表、定义、累加和计算这些术语。另一方面，认知目标强调思考和理解，所以这一类型的目标常使用理解、再认、创造和应用这些术语。下面让我们先来考察发展比较成熟的行为目标。

（三）从具体目标入手

Robert Mager（1975，1997）开发了一个非常有影响力的教学目标制定系统。他的想法是，目标应该描述学生要做什么以及教师应该如何判断学生的行为表现。因此，这套系统被称为**行为目标（behavioral objectives）**系统。根据 Mager 的观点，一个好的目标应该包含三部分：首先，应该描述预期的学生行为，即学生必须做什么；其次，目标应列举学生行为发生的条件，即这些行为应该如何被辨认和检验；最后，它应指出在测验中什么是可接受行为的标准。比如，社会学研究的一个目标就是："从在线的政治博客上摘录一篇新近发表的文章（条件），对于文章中的每一句话，学生用 F 表示事实，用 O 表示观点（可观察的学生行为），正确标注的陈述达到 75%（标准）。"由于强调对最终行为的界定，Mager 的系统需要非常明确的描述。Mager 认为，如果给予学生界定清晰的目标，学生通常可以进行自我教育。

（四）从一般目标开始

Norman Gronlund 和 Susan Brookhart（2009）提出了另一种方法，这种方法通常用来制定**认知目标（cognitive objectives）**。他们认为，目标应该首先使用一般术语进行陈述（如理解、解决、评价等）；然后，教师应该通过列举学生少量的行为样本来鉴别他们是否达到目标。请看表 14—2 列举的案例。这里的目标就是理解一个科学概念。教师不能列举出所有能够表达"理解"的行为，但可以通过一些具体的例子来阐述这个一般目标。

应该说，最新的教学研究比较倾向于 Gronlund 的研究取向。James Popham（2005a）先前是具体目标的支持者，最近却对一般目标做了如下推荐：

> 为你的班级尽量多提明显的、范围大的、可测量的教学目标。太多小范围、详细的目标对你的教学没有多大价值，因为一般而言，你会很快丢弃它们。另一方面，少量的、便于操作的、大范围的以及可测量的教学目标不仅对你的教学有帮助，而且也能促进你对已存在的教学问题的思考。（pp. 104－105）

表14—2　综合使用两种方法制定目标

一般目标
理解一个科学概念。
具体例子
1. 学生使用自己的语言描述概念。 2. 举例说明该概念。 3. 基于概念提出假设。 4. 描述在给定情境中，应该如何验证假设。 5. 设计具体实验实现上述目的。

资料来源：Gronlund, N.E., & Brookhart, S.M. (2009). *Gronlund's writing instructional objectives*（*8th ed.*）Upper Saddle River，NJ: Pearson Education, Inc.

三、运用教育目标分类学制订计划

停下来　想一想

回顾一下你给某个班级学生留的作业。学生做作业时，会有哪些思考过程涉入其中？

- 记忆知识和术语？
- 理解关键的思想？
- 运用相关信息解决问题？
- 分析某个情境、任务或问题？
- 做出评价或给出建议？
- 创造或设计出新东西？

近 60 年前，本杰明·布鲁姆（Benjamin Broom）组织一批教育评价领域内的专家开始着手改进大学的考试制度。后来，他们的工作对世界各地、各层次的教学都产生了深远影响（Anderson & Sosniak，1994）。布鲁姆和他的同事提出了教育目标**分类学（taxonomy）**或分类系统，涵盖认知、情感和动作三个领域，并将这三个领域内的目标出版成册，被大家广为采用。当然，在真实生活中，属于这三个领域的行为表现常常同时发生。当学生在写作时（动作），他们也在记忆和推理（认知），同时他们还可能对这项任务有某种情绪反应（情感）。

（一）认知领域

布鲁姆的**认知领域（cognitive domain）**分类学被认为是 20 世纪教育界最伟大的成就之一（Anderson & Sosniak，1994）。认知领域的六个基本目标是：知识、领会、应用、分析、综合和评价（Bloom，Engelhart，Frost，Hill，& Krathwohl，1956）。

在教育领域内，通常把这六个目标看作具有层级的结构，每一种技能的形成都建立在下面层级的基础上。但是，这也未必完全正确。对于一些学科而言，比如数学，就不太适合这种结构（Kreitzer & Madaus，1994）。同样，你也会听到关于低层次目标和高层次目标的说法。在此结构中，知识、领会和应用被认为是低层次目标，而其他的分类则被看作高层次目标。应该说，这种分类方式确实有助于对目标的初略思考（Gronlund & Brookhart，2009）。此外，分类目标也有助于制定评估计划，因为对于不同水平的目标，其具体的评估过程也不一样。你将在第 15 章中看到有关此问题的阐述。

2001 年，一批教育学研究者对布鲁姆的认知领域的教育目标分类学方法做了第一次较大的修订，这就是今天我们所使用的版本（Anderson & Krathwohl，2001）：

（1）记忆，即记忆或再认某事，不需要理解、应用或改变。

（2）理解，即理解材料，但不需要将它与其他事物建立联系。

（3）应用，即运用一般概念来解决特殊问题。

（4）分析，即将需要理解的材料分解为部分。

（5）评价，即在特定情境中，判断某些材料或方法的价值。

（6）创造，即通过综合不同的观点形成新的理解。

除了对六级目标进行适当调整外，2001 年新版本的分类法增加了知识这一新的维度，以表明认知过程必定会

分类学（taxonomy）　分类系统。

认知领域（cognitive domain）　布鲁姆分类学中所涉及的记忆或推理目标。

涉及加工某些东西——你需要对知识的某种形式进行记忆、理解或应用。对此，表 14—3 中有清晰的呈现。我们现在有六个过程——记忆、理解、应用、分析、评价和创造；这些过程作用于四方面的知识——事实性知识、概念性知识、过程性知识和元认知知识。

表 14—3 修订后的认知领域分类学

认知过程维度						
知识维度	1. 记忆	2. 理解	3. 应用	4. 分析	5. 评价	6. 创造
A. 事实性知识	列举	总结	分类	排序	分等	整合
B. 概念性知识	描述	阐述	实验	解释	评估	计划
C. 过程性知识	汇总	预测	计算	区分	总结	创作
D. 元认知知识	合理运用	执行	选择策略	改变策略	反思	创新

资料来源：Anderson, L.W., Krathwohl, D.R., et al. (2001). *A Taxonomy for learning, teaching, and assessing.* Boston, MA: Allyn and Bacon.

请考虑这个修订的分类学对于一个社会或语文课的目标设定有怎样的作用。比如，分析概念性知识的目标可能是“在阅读完阿拉莫之战的历史记录后，学生可以解释作者的观点或偏见”，而评价元认知知识的目标可能是“学生会反思他们在辨别作者偏见时所用的策略”。

（二）情感领域

情感领域（affective domain）或称情绪反应领域的目标分类学，自制定至今，没有什么变化。这些目标按照情感卷入程度的高低而被划分为不同的等级（Krathwohl，Bloom，& Masia，1964）。在最低水平上，一个学生可能只注意到某个观点；而在最高水平，学生则可能会接纳一个观点或价值观，并且按照这个观点行动。具体而言，情感领域包含下列五个基本目标：

（1）接受，即察觉周围环境中的某个事物或参与某个活动。例如，我将会去听这场音乐会，但我不能保证自己会喜欢它。

> **情感领域（affective domain）** 有关态度和情感的目标。
> **动作领域（psychomotor domain）** 身体能力与协调性的目标。

（2）反应，即在有所体验后表现出的新行为。在这个水平上，一个人看完音乐会后可能会鼓掌，或在第二天会哼着音乐会上听到的小曲儿。

（3）评价，即表现出某种特定的参与或承诺。从这个角度而言，一个人可能会去参加音乐会，而放弃看电影。

（4）组织，即将一种新的价值观整合到自身的价值体系中，并按照个人喜好赋予其一定的地位。比如，一个人可能开始经常去听音乐会。

（5）价值化并使之成为个人特征，即按照新的价值观念行动。在此最高水平上，一个人将坚定地成为音乐爱好者，且经常公开表达自己对音乐会的喜爱之情。

正如认知领域内的基本目标一样，这五个目标也比较笼统。为了制定具体的学习目标，教师需要具体描述当学生在接受、反应、评价时的行为表现。比如，在一节营养课上所制定的评价目标可能是“在学生学习完有关食品的单元后，至少有 50% 的学生承诺一个月不吃快餐，抵制垃圾食品”。

（三）动作领域

长期以来，**动作领域（psychomotor domain）**或称身体能力目标经常被没有直接参与体育教学的教师所忽略。这个领域从基本的感知觉、反射活动到技能性、创造性的动作，也有着不同的分类（例如，Harrow，1972；Simpson，1972）。James Cangelosi（1990）提出了对动作领域目标进行分类的一种有效方式：（1）需要有耐力、力量、灵敏度或速度的肌肉能力；（2）执行具体技能的能力。

我们认为，动作领域的目标应该受到更多教育者的关注，尤其对于那些从事美术、职业技术或特殊教育的教师而言，更是如此。很多其他的科目，比如化学、物理或生物，也都需要专门的动作技能和良好的手眼协调能力。学习使用实验室仪器、移动鼠标或使用美术材料，意味着学习新的身体机能。以下是两个动作目标的示例：在 8 分钟内跑完 1 英里后，休息 4 分钟，你的心率应该在 120 以下；有效地使用电脑鼠标“拖放文件”。

无论你的教学目标是什么，Terry TenBrink（2006，p. 57）认为目标应该符合以下标准：

（1）以学生为中心（强调期望学生做什么）。

（2）恰当地描述学习结果（对学习过程和结果进行恰当而具体的描述，在描述首要目标之后还需要对具体目标进行界定）。

（3）清晰的、可理解的（不要太笼统，也不要太具体）。

（4）可观察的（避免使用无法观测的目标，比如“意识”、“欣赏”等）。

如果你正准备制定课程目标或作业目标，下面的“实践指南”或许可以给你提供一些帮助。

实践指南　运用教学目标

- 避免“文字游戏”——有些语句虽然听起来很响亮和重要，但几乎是空话，如“学生应该变成深刻的思想家”。

例如：

1. 仔细关注学生在知识和技能方面的变化。

2. 让学生解释每一目标的含义。如果他们不能对每一目标举出恰当的具体例子，就说明学生没有明白这一目标的意图。

- 为目标设置具体活动。

例如：

1. 如果你的目标是让学生记忆单词，那么应该教给学生记忆方法，并进行实践。

2. 如果目标是发展深入思考的能力，就要考虑布置论文写作、辩论赛、做方案或模拟裁判等这样的活动。

3. 如果你希望学生的写作能力得以提高，就多给学生提供写作和修改的机会。

- 确保你布置的测验和教学目标是有关联的。

例如：

1. 同时写出教学目标和编制测验试题——并适时对目标和测试题进行修订，确保两者达到最好匹配。

2. 根据不同目标的重要性以及完成每项目标所需的时间，为不同测验项目赋予相应的权重。

四、基于建构主义的视角制订计划

停下来　想一想

你在前一小节的“停下来　想一想”部分分析了学生在完成一项作业时的思考过程，那么，在这些作业中，蕴含了怎样的观念？除了对作业进行分析，你还能通过其他什么方法学到这些观念？

从传统观念来看，制订教学计划是教师的责任。但是，最近出现了一种新的制订教学计划的方式，这就是建构主义取向的计划制订。在**建构主义取向（constructivist approach）**中，计划是需要分享和协商的。教师和学生应该共同决定教学内容、教学活动和教学方法。教师不会以学生具体的行为和技能为目标，而是以更全面、更综合的目标来指导计划（Borich，2011）。过去十多年来，主题教学和整合教学内容成为幼儿园（Roskos & Neuman，1998）甚至高中各年级（Clarke & Agne，1997）计划和设计课程单元时的主要方式。比如，Elaine Homestead、Karen McGinnis（中学老师）和Elizabeth Pate（大学教授）合作设计了一个名为“人际互动”的单元，本单元包括研究种族问题、世界性饥饿问题、环境污染、空气和水质量监测等。学生们通过阅读课本和一些外部资源来研究这些问题，在此过程中，学习使用数据库，采访当地官员，同时邀请专家到班级做报告。学生们需要增长在科学、数学和社会研究领域等多方面的知识。在此过程中，他们不仅学习了如何使自己的写作和演说具有说服力，也为非洲正在饱受饥饿的人们募捐了救助资金（Pate，McGinnis，& Homestead，1995）。

当然，小学生也能从这种整合计划中受益。在这一计划中，我们并没有规定要求学生必须先学拼写技能，再学习听写技能，接着学习写作技能，最后才能学习社会或科学的相关知识。学生在解决真实问题的过程中，所有的技能都能同时得到发展。对于小学生而言，一些整合的主题可以包括人类、友谊、沟通、栖息地和社区等。表14—4中列举了适合较大孩子的整合性学习主题。

建构主义取向（constructivist approach） 强调学习者在建构理解和解读信息过程中的积极作用的教学观点。

表14—4　一些适合初高中学生学习的整合性主题计划

勇气	时间和空间
神秘	团体和机构
生存	工作
人际互动	动机
未来的社区	原因和结果
沟通 / 语言	可能性和预期
人权和责任感	改变和守旧
认同感 / 青少年成长	多样性和变化
相互依赖	自传

假定你已经明白学生需要学习什么，但是怎样才能让学生更好地理解呢？此时，你需要设计出能与目标相匹配的适当的教学方法。

第三节　教学方法

为了让教学计划得以实施，本节将介绍一些基本的教学方法。你所遇到的第一个挑战将会是怎样将教学方法与教学目标相匹配。让我们从怎样向学生讲授明确的知识和概念开始吧。

一、直接教学

很多人都认为，“教学”就是教师向学生介绍知识——讲授是一种常规的课堂形式。在20世纪七八十年代，教育心理学家进行了大量有关传统教学形式的研究。最终，以相关研究成果为基础，形成了一套能够改善学生学习的教学模式，Barak Rosenshine 和 Robert Stevens 称之为**直接教学 / 显性教学（direct instruction/explicit teaching）**，Tom Good（1983a）则用**主动教学（active teaching）**来描述这一方法。

直接教学 / 显性教学（direct instruction/explicit teaching） 为了让学生掌握基本技能、事实和信息而进行系统的教学。

主动教学（active teaching） 以高水平的教师讲解、演示和与学生互动为特征的教学。

基本技能（basic skills） 作为后续学习基础的结构清晰的知识，可通过逐步教学来实现。

由于直接教学源于一种特殊的研究取向，因此这种教学方法的运用也只适合某些特殊环境。研究者挑选出学习成绩高于平均水平的学生和低于平均水平的学生，将他们的老师进行比较，并以此来鉴别直接教学法的关键要素。研究者关注于美国课堂内已有的一些实践活动，因为这些活动都是传统形式的教学内容，因此其中没有比较成功的创新。一般而言，教学的有效性通过整个班级或整所学校学生的标准化成就测验平均得分进行判断，所以研究结果都是针对大群体，而不是针对每个学生。就算一个班级的标准化成就测验平均分提高了，班里某些同学的得分也可能下降（Good，1996；Shuell，1996）。

因此，你可以看到直接教学法一般适用于教授**基本技能（basic skills）**，这些基本技能拥有清晰的知识结构或核心技术，比如科学事实、数学计算方法、阅读词汇或语法规则（Rosenshine & Stevens，1986）。这些教学任务相对清晰，拥有既定步骤，同时能够通过标准测验进行评价。Franz Weinert 和 Andreas Helmke（1995）认为，直接教学法有以下特征：（1）教师拥有高效的课堂管理能力，学生出现干扰行为的频率很低；（2）教师非常关注教学，同时能够有效运用时间启动或推动学生的学习活动；（3）教师确信，如果学生选择了适当的任务、能够清晰地呈现出学科信息和问题解决策略，教师能够不断辨别出学生的学习进步和学习困难，同时通过辅导对学生提供有效帮助，那么，大量学生就能取得学习进步。除此之外，Xin Ma（2012）还补充了两点，那就是：教师在教室里轻快地走动以及拥有一个温馨可接受的课堂氛围。

那么，教师应该怎样利用直接教学法将教学主题转化为实际的教学活动呢？

（一）六个教学事项

Rosenshine 和他的同事（Rosenshine，1988；Rosenshine & Stevens，1986）基于有效教学的研究，提炼出了六个教学事项。它们可作为基本技能教学的核查表或框架。

（1）回顾和检查前一天的工作。如果学生对知识点没有理解或理解错误，那么教师需要重新教一遍。

（2）呈现新材料。制定清晰的教学目的，采用小步子原则进行教学，提供所教概念的正例和反例。

（3）提供有指导的练习。提问学生，提供练习问题，分辨学生理解错误的地方。在必要的情况下，需要重新教一遍。然后继续提出问题，直到学生正确回答出 80% 的问题为止。

（4）根据学生回答给予反馈和纠正。在必要的时候进行重新教学。（还记得 Pianta 等（2005，2008）提出的支持型教学的课堂气氛要素中就包括高质量的反馈吗？）

（5）提供独立的练习机会。让学生在课堂作业、小组合作或家庭作业中运用新学到的知识。学生独立练习的正确率应该达到 95% 以上。这就意味着，学生必须为讲述的内容和有指导的练习做充分准备，并且作业难度不要太大。主要目的是让学生主动练习，直到技能完全学会并达到自动化，直到学生对此技能充满自信为止。让学生对自己的工作负责任，并学会进行自我检查。

（6）为了巩固学习，需要进行周复习和月复习。包括复习家庭作业，经常进行小测试，对学生在测试中不会的问题重新讲授等。

虽然这六个事项不需要按照特定的顺序按部就班进行，但它们都是有效教学的重要组成部分。比如，反馈、复习和重新讲授，应该基于学生的能力随时进行。同时，直接教学应考虑学生的年龄和先前知识。学生的年龄越小或知识储备越少，教师的讲解就应该更详尽，多使用讲解、有指导的练习、反馈和纠正等方法，但每种方法的使用时间不能太长，而应交替进行。

（二）先行组织者

在课堂实践中，直接教学法经常会以一个**先行组织者（advance organizer）**作为开始。所谓先行组织者，是一个对后面所有将要涵盖的信息的介绍性说明。一般而言，先行组织者有三个作用：它可以直接告诉你在后文材料中什么是最重要的，它表现了后文所有材料之间的关系，同时它提示你已经拥有的与本章主题相关的信息。

先行组织者分为两种类型：一种是比较性组织者，一种是陈述性组织者（Mayer，1984）。比较性组织者会激活（即启动工作记忆）现有图式。它提醒你，你对此已有所知，只是不知道新旧知识之间的联系。在一堂有关革命的历史课上，比较性先行组织者可以是有关工业革命的一句陈述，例如，比较军队起义所带来的自然和社会变化；你也可以比较法国、英国、墨西哥、俄国、伊朗和美国革命的异同（Salomon & Perkins，1989）。

与之相比，陈述性组织者通过向学生提供新信息的方式，让学生更好地理解新知识。在一节英语课上，为了讲述人生的重要阶段这个大的主题，你可以先对此主题进行大范围的陈述，并介绍此番陈述对于这个主题的理解有多么重要。比如，你可以这样开始："青少年的一个重要特征就是开始了解自己，常常进行自我探索，他们特别想知道什么是社会所接受或拒绝的行为。"这样的先行组织者应在阅读小说如《哈克贝利·费恩历险记》之前呈现。

研究发现，当学生对学习材料不熟悉、理解起来比较困难的时候，先行组织者确实促进了学生的学习。但是，先行组织者发挥作用必须满足两个条件（Langan-Fox，Waycott，& Albert，2000；Morin & Miller，1998）：首先，先行组织者应该能够被学生理解。Dinnel 和 Glover（1985）研究发现，指导学生解释先行组织者，能够让先行组织者发挥更大的作用。其次，先行组织者应该起到组织的作用。它应该能够表现出将要学习的一些基本概念或术语之间的关系。研究表明，一些具体模型、图表或类比方法都是很好的组织者（Robinson，1998；Robinson & Kiewra，1995）。

（三）直接教学的有效性

结构良好的讲述、清晰的解说、先行组织者的运用、解释性联结的建立和适时复习，均能帮助所有学生了解各个知识结构之间的联系。如果这些方法运用恰当，那么，一堂直接教学的课程就能够成为学生建构个人知识体系的资源。比如，通过复习和使用先行组织者，可以激活学生的先前知识，为学生学习后面的知识做好准备。简要清晰的陈述和有指导性的练习，能够避免学生信息加工系统的超

> **先行组织者（advance organizer）**
> 为了介绍或总结后文材料，提前对后面包含的概念进行介绍。

载，同时减轻工作记忆的负担。大量正例和反例，为建立概念网络提供了多条通路和联系。有指导的练习能够让教师快速了解学生的思考过程和错误概念，因此学生所犯的错误就不仅仅是“错误答案”了。

事实上，所有科目都需要直接教学。就算大学英语或化学，也是如此。Noddings（1990）提醒教师，学生需要直接教学来告诉他们怎样运用各种不同的操作性材料，以真正从这些材料中学到知识（而不仅仅是在玩耍）。进行小组合作学习的学生可能需要引导、示范和练习。为了解决复杂问题，学生需要通过直接教学获得有关的问题解决策略。

脚本式合作（scripted cooperation） 两个学生轮流总结材料和评论材料的学习策略。

有研究表明，教师陈述的时间一般占到整个课堂时间的1/6到1/4。一般而言，教师陈述这种方式在以下情境中比较有效：学生人数较多，同时需要在短时间内讲授大量材料；介绍新主题；介绍信息背景；激发学生进行自主学习等。因此，教师陈述这种方式比较适合于布鲁姆分类学中记忆、理解、应用、接受、反应和评价等低级认知和情感目标（Arends，2001；Kindsvatter，Wilen，& Ishler，1992）。

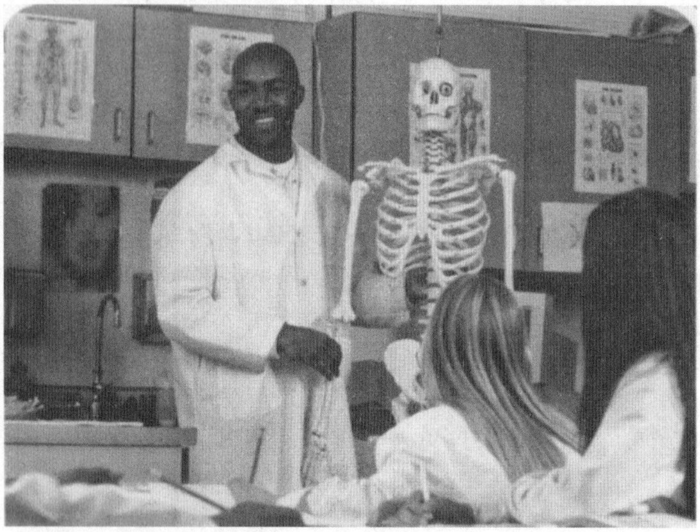

先行组织者

先行组织者通过提醒学生他们已知的信息或者提供他们所需的关键概念来帮助他们理解新材料。这位教师正在帮助学生在上课之前想起他们所知的人体骨骼的知识。

（四）对直接教学的评价

当然，如果教师陈述过多，直接教学也会出现问题。你可能会发现一些学生不能长时间集中注意力，一段时间后就不再理会老师讲课了。如果教师陈述这种方式给学生增加了过多的认知负荷，让学生处于被动的学习状态，就会阻碍学生提出问题，甚至阻碍学生思考问题（Freiberg & Driscoll，2005）。**脚本式合作（scripted cooperation）**是将主动学习融入教师讲课中的一种方式。在教师陈述的过程中，适时组织学生两两配对讨论，其中一个学生作总结，另一个学生对总结进行评论，然后在下一次练习中两名学生角色互换。这种做法给学生提供机会，让学生测查自己是否对上课内容有所理解，同时帮助学生整理思维，并用自己的语言来阐述观点。其他做法，请见表14—5。

甚至有批评者认为，直接教学的学习理论基础是错误的。教师将学习材料划分为几个小的部分，对每部分进行清晰陈述，然后强化或者改正错误，进而将正确的理解传递给学生。由此看来，学生似乎是一个“空的容器”，等待着被填满知识，而不是去积极地建构知识（Berg & Clough，1991；Driscoll，2005）。这些对直接教学的批评，实际上反映了对行为主

表14—5　主动学习和教师陈述

将答案写下来：提出一个问题，让所有人都写下自己的答案，进而鼓励学生分享他们所写的内容。
我曾经认为________，但是现在我知道________：课后，让学生做填充句子的游戏，并将这些句子与旁边的同学分享。
两两配对思考与分享：提出一个问题，先自己思考，再和旁边的同学商量，交换看法，再鼓励学生分享他们的想法。
投票：给出两种可能的解释；再问有多少人同意其中的一种（也许要求学生闭上眼睛来投票是个好主意，以免受到别人的影响而摇摆）。
一起回答：让全班同学共同陈述重要的事实或观点，如“直角三角形中，$a^2+b^2=c^2$”。
一分钟书写：一节课间，告诉学生有一分钟时间来总结关键要点，或者提出一个仍不清楚的问题。

义学习理论的不满。

然而，有大量研究表明直接教学和解释能够帮助学生积极学习，而不是上文所述的消极学习（Leinhardt，2001）。对于年龄较小或准备不太充分的学生而言，如果没有教师直接指导而让学生自己控制学习过程，往往会导致学生学到的知识缺乏系统性。没有教师引导，学生所建构的理解往往是不全面的，甚至是错误的（Sweller，Kirschner，& Clark，2007）。比如，Harris 和 Graham（1996）曾经描述他们的女儿 Leah 在全语言 / 进步教育学校的经验。在这所学校里，教师成功地培养了 Leah 的创造力、思考能力和理解力。

从另一方面来讲，技能学习对我的女儿和其他孩子而言都是比较困难的事情。在幼儿园结束的时候，她在阅读上没有取得明显的进步，老师感觉 Leah 可能有感统失调问题或者她可能有学习障碍。Leah 开始问自己到底怎么了，因为其他孩子都在读书但是她却没有。最后，老师给 Leah 做了一个测试。（p. 26）

最后测试结果表明 Leah 没有学习障碍，并且拥有很强的理解能力，只是文字处理技能较差。值得庆幸的是，Leah 的父母知道怎样处理这个问题。在经过大约 6 周的直接教学以后，Leah 成为了一名热心的、有能力的朗读者。深层理解和表达流畅性都需要专业的示范和有反馈的大量练习——这一点无论对于阅读、跳舞、解决数学问题或阅读问题，都是有用的（Anderson，Reder，& Simon，1995）。在直接教学模式中，指导性练习和独立有反馈的练习是关键。下面的“实践指南”提供了有关直接教学的一些做法，你可以参考。

实践指南 有效的直接教学

- 使用先行组织者。

例如：

1. 英语。莎士比亚运用了他所在时代的一些社会概念作为剧作的框架——如恺撒大帝、哈姆雷特、麦克白等。

2. 社会研究。对尚未实现工业化的地区或国家而言，地理环境决定经济的发展。

3. 历史。文艺复兴时期的重要概念是关于对称性、对古典时代的赞美和人类心智的中心。

- 使用一些例子进行说明。

例如：

1. 在数学课上，让学生找出教室里的所有直角。

2. 在讲授岛屿和半岛的课程时，可以使用地图、幻灯片、模型和明信片。

- 认真进行课堂组织。

例如：

1. 提供教学目标，以利于学生将注意力集中在课程目标上。

2. 上课前，在黑板上写出简短的课程提纲，或与学生共同制定课程提纲。

3. 在可能的情况下，教师的陈述应该具有清晰的步骤或阶段。

4. 定期复习。

- 对课程难点进行预习和计划。

例如：

1. 对学生做一个清晰的课程介绍，告诉学生他们将要学习什么以及应该怎样学习。

2. 做练习，并事先估计学生可能出现的问题——参考教师手册。

3. 对新术语要有定义，并准备相关的例子对该术语进行解释说明。

4. 多使用类比。类比可以让概念更容易理解。

5. 让整个课堂具有逻辑顺序，包括将口头或书面问题具体化，并确保学生听懂了解说。

- 力争对问题解释清楚。

例如：

1. 避免使用含糊的词语。避免使用“某些人 / 事 / 物”或“不太多 / 好 / 难”等语义不清的词语，少用不具体的填补性词语，如“大多数”、“一点也不”、“某种”、“等等”、“当然”、“正如你所知”、“我猜”、“事实上”、“无论如何”、“或多或少”等。

2. 用具体的名词（尽可能多样化）替换指示代词——它、她、他。

3. 避免使用口头禅，比如“你知道的”、“像……”、“好吧？”。

4. 为自己的课堂进行录音，检查自己的表述是否清楚明白。

5. 在多个水平上对问题进行解释，确保所有学生都能听懂，而不仅仅只有最聪明的学生才能明白。

6. 一次只关注一个问题，避免离题。

- 使用解释性的连词，如“因为”、“如果……那么……”、“因此”等。

例如：

1. 因为北方以制造业作为经济基础，所以北方在内战中占有优势。

2. 连词也有利于进行书面的标记，如段落划分、概念图或图示等。

- 从一个主题转换到另一个主题时，请使用过渡的信号。

例如：

1. “下一部分”、“现在我们要转到……”、或“第二步是……”。

2. 概括主题，列出关键点，在黑板上画概念图或使用投影仪。

- 把你对这门课和这节课的热情传达给学生。

例如：

1. 告诉学生为什么这门课很重要，呈现出比“因为这一点会在考试中出现”或“你明年需要用到这一点”更好的理由。强调自主学习的重要性。

2. 确保与学生进行眼神交流。

3. 改变说话的速度和音量或稍加停顿，以示强调。

二、课堂作业和家庭作业

（一）课堂作业

虽然有关**课堂作业**（seatwork）或称独立的课堂任务的研究较少，但结论是比较清晰的：这种策略被教师过度地使用了。例如，有研究者对1975年至2000年的相关研究进行总结，发现教师在对成绩较差的学生进行阅读指导时普遍存在一个问题——这些学习困难的学生花费了将近40%的时间用来独立完成课堂作业，但却没有得到教师的任何指导（Vaughn，Levy，Coleman，& Bos，2002）。

课堂作业应该在课程之后进行，需要有教师监督，并且不应成为教学的主要方法。遗憾的是，目前的许多作业和练习都与课程的重要目标脱节。教师在布置作业前，请先问问自己：“做这个作业确实能帮助学生学到重要的知识吗？”学生应该看到作业和课程的联系。教师应该告诉学生为什么需要做这个作业。在教学目标清晰的前提下，教师应该提供给学生所有可能用到的材料，且作业难度不应太大，以保证学生可以独立完成。作业的正确率应该很高——接近100%。如果课堂作业太难，学生为了完成作业，就会选择猜测答案或抄袭。

课堂作业（seatwork） 独立的课堂任务。

有一些代替课堂作业和练习的方法，如默读或与同伴相互大声朗读，为“真实的读者”写作，给一个期刊写信，转录对话并正确使用标点符号，解决问题，做长期的计划和报告，解决难题和谜语，进行电脑活动（Weinstein，Romano，& Mignano，2011）。我最喜欢的一种方式就是集体创作故事。两个学生在电脑上写下故事的开头，然后另两名学生添加一个段落。此后，每两名学生合作为故事发展出一段情节。在此过程中，学生进行阅读、写作、编辑和改进。由于有这么多的同学合作，因此每个人都可以从其他人那里得到创作的灵感。

任何一项独立的作业都需要认真的监控。在学生做作业时随时随地提供帮助，比学生请求帮助后再去帮助他，效果要好得多。当然，时间较短但经常的接触，效果是最好的（Brophy & Good，1986）。有的时候，你可能在指导一个小组的学生学习，而其余的学生在做课堂作业，在这种情况下，让学生知道应该怎样寻求帮助是很重要的。Weinstein、Romano和Mignano（2011）描述了一位专家型教师的做法，这名教师教给学生一条规范：“问三个同学，然后问我。”即学生需要求助于三个同学，如果问题仍未得到解决，再寻求教师的帮助。这名教师在开学之初就教会了学生应该怎样互相帮助——怎样提出问题，以及怎样进行解释。

停下来　想一想

回顾一下你的小学和中学经历。你还记得自己做了多少家庭作业吗？你对这些作业记忆最深刻的是什么？

（二）家庭作业

与有限的有关课堂作业的研究相比，有关家庭作业的研究超过了75年的历史（Cooper，2004；Cooper，Robinson，& Patall，2006；Corno，2000；Trautwein，2007）。

为了使学生能够从家庭作业中获益，首先必须保证学生能够理解所布置的作业。如果教师能在课堂上示范性地解决几个问题或消除学生的错误概念，对学生理解作业可能会有帮助。这一点，对于那些在家做作业遇到困难却找不到人帮助的学生而言，尤为重要。另外一个让学生主动做作业的方法就是，让学生对作业的正确性负责，而不仅仅是填完一张白纸。这就意味着作业做完后需要检查，教师应为学生提供改正作业的机会，而作业的质量与最后的课程成绩挂钩。专家型教师通常让学生互评作业，这样在上课前的几分钟就能迅速改正作业中的错误。关于怎样才能让家庭作业更有效的问题，你可以参考下面的“正方观点 / 反方观点”中的讨论。

正方观点 / 反方观点：家庭作业真的有用吗？

就像与教育有关的许多方法一样，对于家庭作业有效性的争论也进行了好几个回合。在 20 世纪初期，家庭作业被认为是智力训练的重要方法。可是到了 40 年代，批评者认为家庭作业被过度使用，只适合低水平的学习。然后到了 50 年代，为了赶超苏联的科学和数学，家庭作业被重新界定为有效的学习方法。到了懒散的 60 年代，人们认为家庭作业变成了学生沉重的负担。进入 80 年代，家庭作业再次成为美国儿童在世界儿童中排名超前的方法（Cooper & Valentine，2001）。现在，家庭作业的时间在小学初期的教学中有所增长（Hofferth & Scanberg，2000）。每个人都在做家庭作业，这些时间真的有用吗？

正方观点

家庭作业根本不能促进学生的学习。

一个活动无论多么有趣，学生最终都会对它心生厌倦——所以，为什么要在课堂内外都给学生留作业呢？这样只会让他们逐渐对学习厌烦。更为重要的是，整天写作业也让学生丧失了进行社区交流和参加娱乐活动的重要时间，而这些机会对于培养成熟的公民是很有帮助的。当家长辅导学生做作业时，他们造成的危害往往多于益处——有的时候他们会让孩子感到困扰，或者他们的解释根本就是不正确的。来自贫穷家庭的孩子放学后必须要工作，这样就会丧失做作业的时间，使得贫富学生之间的学习差异越来越大。另外，关于家庭作业有效性的研究结论也不一致。比如，一项研究发现，对于小学生而言，课堂作业对学习促进的有效性远优于家庭作业（Cooper & Valentine，2001）。在《家庭作业迷思：为什么我们的孩子有这么多作业》（*The Homework Myth: Why Our Kids Get Too Much of a Bad Thing*）一书中，作者 Alfie Kohn（2006）建议把不布置家庭作业作为学校的一项预设原则：“让学校不布置家庭作业会引起两个结果，即作业数量的减少和作业质量的增加。我相信这两个结果都能代表教育质量的改善。”（p. 168）

Harris Cooper 和他的同事对多项关于家庭作业的研究进行分析后发现，对于年龄较小的学生而言，家庭作业和学习成绩之间的相关很小；但是，对于年龄较大的学生，家庭作业和学业成就之间的关系较大。关于家庭作业的研究虽涉及多个学科，如数学、阅读或英语，但是没有关于社会、科学或其他学科的研究。

反方观点

设计合理的家庭作业对许多学生都有用。

近期研究表明，做更多家庭作业（放学后更少看电视）的高中学生能够取得更高的分数，即使把其他的因素，诸如性别、年级、宗教、父母的社会经济地位和成人监管时间等因素排除在外，结果还是一样（Cooper，Robinson，& Patall，2006；Cooper & Valentine，2001；Cooper，Valentine，Nye，& Kindsay，1999）。与这些研究一致，美国国家家长—教师协会（PTA）建议：

> 对于幼儿园至小学二年级的儿童，如果每天家庭作业的时间不超过 10 ~ 20 分钟是最有效的；三至六年级的儿童，每天可以做 30 ~ 60 分钟的家庭作业；而初高中学生的家庭作业时间可随不同学科而定。（Henderson，1996，p. 1）

许多研究检验了家庭作业时间和学业成就（学科成绩或成就测验分数）之间的关系。另一种方法就是用付出的努力程度代替作业时间。研究发现，学生自我报告在家庭作业上所付出的努力程度与学生的学业成就存在正相关（Trautwein，Schnyder，Niggli，Neuman，& Ludtke，2009）。“高努力性意味着学生竭尽所能去完成任务。学生在完成作业时所付出的努力和所花时间之间不一定存在显著相关：一个学生竭尽所能也许只需要花费 5 分钟的时间就能完成任务，但有的时候也许会花费 1 个多小时。”（Trautwein & Ludtke，2007，p. 432）如果学生认为作业是有趣的、有价值的，对他们是一个合理的挑战，而不会引发他们的焦虑，那么学生们会更愿意付出努力——当然这需要作业本身是有差异性的（Dettmers，Trautwein，Ludtke，Kunter，& Baumert，2010）。所以，问题的实质在于教师应该鼓励学生尽力完成适当的家庭作业，但是家庭作业应该是高质量的。

如果学生做家庭作业时遇到困难，他们可能会去寻求家长的帮助。此时，家长应该为学生提供解决问题的支架，而不是“提供答案”（Pressley，1995）。可是，很多家庭都不知道应该怎样帮助学生学习（Hoover-Dempsey et al.，2001）。下面的“家庭和社区合作实践指南”为家长如何辅导孩子学习提供了很好的建议，有利于你进行家校合作时参考。

家庭和社区合作实践指南　　家庭作业

- 确保家长知道学生的学习目标。

例如：

1. 在每个单元学习开始之前，给每个学生家庭寄一张表格，表格中可包括主要学习目标、主要作业举例、交作业的日期、家庭作业“日历”，同时应该包括免费的图书馆和网上资源。

2. 提供一个清晰、简洁的作业要求——家庭作业与学分的关系，迟交、忘记或不做作业的后果。

- 帮助家长成为孩子做作业的好帮手。

例如：

1. 提醒家长“辅导孩子做家庭作业”意味着鼓励、倾听、监控、表扬、讨论和头脑风暴——不必教孩子怎么做，也不要替孩子做家庭作业。

2. 鼓励家庭在家中设立一个安静区域和学习时间，方便家庭成员的学习，并让这项时间成为家庭常规的一部分。

3. 教师应该布置一些具有趣味性的、全家都能参与的作业——比如猜谜语、制作家庭相册、共同观看一档电视节目后一起进行回顾。

4. 在家长会上，询问家长为了让孩子更好地做家庭作业，他们还能做些什么——核查表？背景阅读？网络？解释学习技巧？

- 倾听并采纳家长关于家庭作业的建议。

例如：

1. 找出孩子在家中需要做什么事情——孩子有多少时间可以用来做家庭作业。

2. 周期性地开通“家庭作业热线”，以收集问题和建议。

- 如果家里没有人能够为孩子的家庭作业提供帮助，建立另外的支持系统。

例如：

1. 安排可以通过电话交流的学习伙伴。

2. 如果学生家里有电脑，提供对学生有帮助的网址。

3. 提供免费的公共图书馆资源。

- 利用家庭和社区的“知识基金”来建立家庭和社区之间的联系（Moll et al.，1992）。

例如：

1. 设计一节关于家庭成员怎样在缝纫和房屋建筑上使用数学的课程（Epstein & Van Voorhis，2001）。

2. 设计一节可以进行家庭互动的作业，在这一活动上，家庭成员共同评估需要购买的家庭必需品。例如，决定什么牌子的洗发水或纸巾是家庭最好的选择。

三、提问和讨论式教学

教师提问—学生回答这种教学形式，已经伴随了我们很多年了（Weinstein et al.，2011）。教师的提问往往是围绕学科的学习框架进行的。这种基于教师观点的提问模式包括发起（教师问问题）、反应（学生回答问题）和评价/反馈（表扬、纠正、探寻或扩展）等环节，有时也被称作提问—回答—评价（IRE）模式（Burbules & Bruce，2001）。在实际教学中，这几个步骤是需要不断重复进行的。

让我们首先考虑一下IRE模式的核心，即提问阶段。有效的提问技巧可能是教师上课时最有用的工具之一。当今学习技巧的关键之一就是要保持学生的高认知卷入——而这也是提问策略能够发挥作用的地方。提问在认知过程中发挥着重要的作用。它能够帮助学生复习学过的内容，并进行有效的回忆。它可以发现个人的知识缺陷，并能够激发好奇心，唤起学生的长期兴趣。提问也可以引发认知上的冲突，进而引发个人知识结构的改变。提问作为学习的线索、小窍门或提示，就像专家一样引导着新手的学习。我经常告诉我的学生，做好研究的第一步就是要提出好的问题。

现在，我们具体来讨论教师的提问。我接触到的许多新手教师都会很惊异地发现，提出有价值的问题是多么重要，而创造它们却又是多么困难。

停下来　想一想

想想你最近上过的一堂课。课上教授提了什么样的问题？为了回答这些问题，你需要进行怎样的思考？记忆、理解、应用、分析、评价还是创造呢？教授在给出答案之前，留了多长时间给学生思考？

（一）问题的种类

一些研究者估计，一名教师平均 1 个小时要提 20 ～ 30 个问题，教师在其职业生涯中一共会提大约 1 500 000 个问题（Sadker & Sadker, 2006）。这些问题都是什么呢？很多问题都可以根据布鲁姆认知领域的目标进行归类。表 14—6 列举了在各个不同分类层次上的问题实例，这些问题可以鼓励学生在认知领域的各个目标层次进行思考。当然，这些思考也依赖于提问前进行了什么内容的教学。

表14—6　为实现认知领域的目标而进行的课堂提问

目标分类	预期的思维类型	例子
知识（记忆）	对学过的信息进行回忆或再认	请对……进行定义。 ……的首都是哪里？ 对于……课文说了什么？
领会（理解）	领会学过的材料；转换、重新组织或解释	请用自己的语言解释…… 请比较…… ……的中心思想是什么？ 请描述你看到了什么？
应用	利用相关信息解决只有一个正确答案的问题	……的使用原则是什么？ 请计算……的面积。 运用……原则解决……问题。
分析	批判性思维；辨别出原因和动机；基于具体数据做出推论；分析结论是否得到证据支持	什么影响了……的写作？ 为什么选择华盛顿……？ 下列哪些是事实？哪些是观点？ 根据你的实验，化学的……是什么？
综合（创造）	发散性、原创性的思考；原创性的计划、提议、设计或故事	对……更好的命名是什么？ 我们应该怎样为……筹钱？ 如果南方在内战中获胜，美国可能会是什么样的？
评价	判断想法的优点；提供建议或运用标准	美国的哪个参议员发挥的作用最大？ 你认为哪幅油画更好？为什么？ 你为什么更喜欢……？

资料来源：Sadker, M., & Sadker, D. (1986). Questioning skills. In J. Cooper (Eds.). *Classroom teaching skills: A handbook* (*3rd ed.*), pp. 143–160. Boston, MA: Houghton-Mifflin.

另外一种分类方法将问题划分为只有一个答案的**聚合性问题（convergent questions）**和有多种可能答案的**发散性问题（divergent questions）**两类。对具体事实的提问是聚合性问题，比如：“谁在 1540 年统治了英格兰？”“谁写了《彼得·潘》？”基于某种观点或假设的问题属于发散性问题，比如：“在这个故事中，你最喜欢哪个角色，为什么？”“在过去的 100 年中，最受人们尊重的五位美国总统是谁？”

（二）让问题适合学生

虽然各种类型的问题都可能是有效的（Barden, 1995），但不同模式的问题对特定类型的学生的作用却不同。对于年龄较小或者学习能力较差的学生而言，最好的问题就是简单的问题，这种问题有很高的通过率，如果学生没有回答正确，需要多鼓励、多帮助。对于学习能力较强的学生而言，需要在不同目标层次上提出具有挑战性的问

聚合性问题（convergent questions） 只有一个正确答案的问题。
发散性问题（divergent questions） 不止一个正确答案的问题。

题，同时提供更多批判性的反馈信息（Berliner，1987；Good，1988）。

无论学生的年龄和学习能力如何，所有学生都应该尝试去回答那些引发人深入思考的问题。在必要的情况下，还需要帮助学生学习如何回答这些问题。正如我们在第9章所见，学生要想掌握批判性思维或问题解决的技巧，就必须有机会练习这些技能。他们同时需要时间去思考这些问题的答案。可非常遗憾的是，经典研究显示，教师在学生回答问题前的平均等待时间只有1秒钟（Rowe，1974）。教师提问后，应该学会在学生回答之前停顿至少3～5秒钟的时间。这样，学生才能进行更多的思考，才会有更多学生主动参与提问过程，并自愿进行恰当的回答。在这种情况下，学生答案中包含的分析、综合、推断、估计等高级思维过程将会有所增加，并且回答问题时会显得更加自信（Berliner，1987；Sadker & Sadker，2006）。

这似乎仅仅是教学中的一个小改变，但实际上5秒钟的沉默时间并不那么容易掌控，这需要大量的练习。你可以试着让学生把答案写下来，或者让其与另一个同学讨论答案。这使得等待更自然一些，也为学生提供了思考的机会。当然了，如果学生根本就不理解问题，那么更长的等待也无济于事。如果学生对问题感到困惑，教师需要重新叙述一遍问题，或者问班里是否有同学可以清晰地表述这个问题。然而，研究表明，延长等待时间并没有对大学生的学习产生影响（Duell，1994）；对于高中学生而言，教师也需要自己把握等待学生回答问题的时间。

下面我们简单讨论一下怎样选择学生回答问题这一话题。如果只叫举手的同学回答问题，那么，你可能会错误地认为所有学生都理解了材料。并且，举手的同学几乎每次都会举手。很多专家型的教师有方法保证自己能叫到所有人——他们从广口瓶中随机抽取学生姓名，或者当学生回答问题后就在花名册中将其删去（Weinstein & Novodvorsky，2011；Weinstein，Romano，& Mignano，2011）。另一种可能的方法是，把每个学生的名字都写在索引卡上，然后打乱这些卡片，当你需要叫学生回答问题时，一张张抽取卡片就好了。此时，你还可以在每张卡片上记录下学生回答问题的质量或记录下学生可能需要的帮助。

（三）对学生的回答进行反馈

学生回答完问题后，教师需要做什么呢？最常见的教师反馈就是表达简单的接受，如“好的”、“嗯”。在大多数教室中，50%的反馈都是这样的（Sadker & Sadker，2006）。实际上，针对学生回答问题的正确程度，教师应该有更好的反馈模式。如果学生回答得又快又好，教师表示简单的接受就好，接着问下一个问题。如果学生的回答虽然是正确的，但是有些犹豫，那么教师需要告诉学生为什么这个答案是正确的，比如说：“Chris，你的答案是正确的，参议院是政府立法分支的一部分，因为参议院……”这种方式允许你再次对教材进行解释。如果学生的回答不确定，那么其他人也可能会感到困惑。如果答案存在部分或者完全错误，但是学生进行了诚实的尝试，那么，教师应该探寻更多信息、给予提示、简化问题、回顾先前步骤，或重新教授这部分内容。如果学生的答案是由于粗心造成的，那么，教师只需在纠正答案后，就可以进入下一部分的学习内容（Good，1988；Rosenshine & Stevens，1986）。

John Hattie 和 Helen Timperley（2007）在回顾了近几十年来有关教师反馈的研究后，建构了一个模型来帮助教师教学。这个模型包括三个反馈性的问题：“我将去哪里？”“我应该怎么去？”“下一站是哪里？”第一个问题事关目标及其清晰性；第二个问题事关进程——如何实现目标；第三个问题事关目标实现后的计划或目标未达成时对计划的修改。同时，Hattie 和 Timperley 的模型考虑了反馈在四个水平上的关注点：任务、过程、自我调节和自我反馈。下面是一些例子（p. 90）：

任务性反馈：“你需要更多地关注《凡尔赛条约》。”

过程性反馈：“如果你运用我们先前讲到的策略，这一页可能更好理解。”

自我调节性的反馈：“你已经知道了辩论开场部分的关键特征。检查一下你的第一段开场白中，是否很好地融入了这些特点。”

关于自我的反馈：“你是一个很优秀的学生。”“这是一个很聪明的回答，很好。”

Hattie 和 Timperley 认为，过程性反馈和自我调节性的反馈是最有力的反馈方式，因为这两种方式能促进学生深入理解、熟练掌握学习材料，并便于学生学习的自我指导。关于自我的反馈（常常是表扬），是课堂里比较常见的一种方式。

但是，除非这种表扬能够提供信息表明学生是怎样通过努力、坚持和自我调节才进步的，比如“你真棒——你一直坚持，不断地修改，现在这篇文章已经是一篇很有力的辩论稿了”，否则往往不太有效。

小组讨论

小组讨论让更多学生参与，同时进行相互交流。教师需要帮助学生在小组讨论中集中注意力。

（四）小组讨论

小组讨论（group discussion）与上文的提问—回答策略有些类似。在 IRE 模式中，教师提出问题，听学生回答和反应，进而探寻出更多信息。但在一个真实的小组对话中，教师并非主导角色，而是由学生们提出问题，并相互对问题进行解答，然后彼此对回答进行反馈（Beck，McKeown，Worthy，Sandora，& Kucan，1996；Burbules & Bruce，2001；Parker & Hess，2001）。

小组讨论有很多优点。小组讨论提供机会让学生直接参与学习，学生能够学会清晰表达自己的观点、为自己的观点辩护，并学会容忍不同观点；小组讨论也提供机会让学生询问对方观点，检验自己的思想，关注个人兴趣，同时通过扮演小组领导人的角色来体验责任感。因此，小组讨论有助于学生对个人观点进行综合和评价。当学生尝试理解一些与日常经验相矛盾的概念时，小组讨论也很有用。通过共同思考、相互挑战、提出各种可能性解释并对每种解释进行评价的方式，学生更有可能真正理解相关概念。

当然，小组讨论也有缺点。这种讨论具有不可预测性、容易跑题，并可能偏离到不重要的问题上去。在讨论前教师需要精心准备，确保参与者储备了与讨论有关的大量背景知识。有些小组成员参与这种讨论时会有困难，如果强迫他们发言，他们会感到焦虑。同时，大团体往往不好运作，很多研究案例都发现，小组中往往只有少部分学生主导讨论，而其他学生并未完全参与（Arends，2004；Freiberg & Driscoll，2005）。

小组讨论（group discussion） 在对话中，教师不占主导地位，学生自己提出问题并相互解答问题。

小组讨论是有效的学习工具吗？ Karen Murphy 和她的同事们（2009）回顾了 1964 年至 2003 年间关于小组讨论促进学生阅读理解的研究，得出了几个令人惊讶的结论。他们检验了教学对话、好书分享、质疑作者、图书漂流、读书俱乐部、协作推理讨论等讨论形式，结果发现这些讨论形式都能增加学生的发言，限制教师的发言，促进学生对讨论文本的字面理解。但是，让学生多发言并不必然促进他们的批判性思维、推理或论证技能的发展。此外，讨论对那些阅读理解能力偏低的学生更有效，也许是因为中等水平和高水平的学生已经具有理解文本的能力了。不过，有些讨论形式，如好书分享，通过持续很长时间的讨论，既能促进学生的文本理解，又能提高学生的批判性思维。研究者最后总结道：“简单地把学生组成小组，鼓励他们去发言，并不足以提高他们的理解能力和学习能力，它仅仅是此过程中的一步”。（p. 760）下面的“实践指南”给出了促进小组讨论有效性的一些建议，你可以参考。

实践指南　　创造性的小组讨论

- 邀请害羞的孩子参与讨论。

例如：

1.“Joe，你的意见是什么？”“其他同学还有什么意见吗？”

2.不要等到所有人都沉默了，才让害羞的学生回答问题。对于大多数人而言，就算是很自信的人，也不喜欢打破沉默。

- 指导学生对另一名同学进行评论和提问。

例如：

1.“Steve，你的这个想法很新奇。Kim，你怎样看 Steve 的观点呢？”

2.“John，这是一个很重要的问题。Maura，你认为对此问题应该做何回答呢？”

3.鼓励学生评价他人观点或与他人讨论，而不仅仅是等待教师的回答。

- 确保你听明白了学生的回答。如果你不明白，其他学生可能也不明白。

例如：

1.让后一个学生总结前面一个学生的发言。当然，如果前一个学生认为其归纳不太准确，可以重述自己的观点。

2.“Karen，我认为你说的是……是这样的吗？我没有理解错吧？”

- 探寻更多信息。

例如：

1.“这是一个很有力的陈述。你有什么证据证明这个观点呢？”

2.“你想过其他的可能性吗？”

3.“告诉我们，你是怎样得出这个结论的？你都经历了哪些步骤？”

- 将讨论带回主题。

例如：

1.“我们看看，刚才我们讨论了……Sarah 提出了一个建议。其他同学有不同意见吗？”

2.“在继续开始之前，请让我对之前的事情做一个总结。”

- 在让学生回答之前，留给学生思考的时间。

例如：

“如果电视机从来就没有出现过，请试想一下我们的生活将会是什么样？在纸上记下你的想法，一分钟以后，我们来分享各位同学不同的想法。”（一分钟后）“Hiromi，你能告诉我们，你都写了些什么吗？”

- 一名学生说完后，环顾教室看看其他学生的反应。

例如：

1.如果其他学生感到困惑，问问他们为什么会感到困惑。

2.如果学生点头表示同意，让他们举例说明刚才讲了什么。

四、让教学适合目标

在关于教学方法的所有争论中，我们需要记住一个最重要的问题，那就是：“学生应该学习什么？现在什么是值得学生学习的？”然后，我们才能让教学方法与教学目标匹配。正如 Deanna Kuhn（2007）所说：

> 当然了，直接教学法有自己的一席之地。我们不需要每一个学生都去重新创造已经存在的知识。问题在于我们想要怎样的直接教学。在这种情况下，我们需要记住，学生能够从这样的教学中建构意义，并且他们能够决定自己需要学习什么。（p. 112）

目前仍然没有公认的最好的教学方法。不同的目标和不同的学生需求，需要有不同的教学方法。直接教学法可以让学生在成就测试上取得更好的分数，但开放的、非正式的教学方法，诸如发现学习或探究学习，与评估创造性、抽象思维和问题解决能力的成绩相关更高。另外，开放式的教学方法可以更好地改进学生对学校的态度，并能够刺激学生好奇心、合作精神，同时降低缺勤率（Borich，2011；Walberg，1990）。根据这些结论，如果教学目标包括问题解决、创造力、理解和掌握的过程，除了直接教学法以外的许多教学方法都是有效的。这一结论与 Tom Good 的认识一致。Tom Good 认为，随着学生成熟度的提高，且教学目标包含情感发展、问题解决能力和批判性思维时，教学的直接指导性就需要减少（Good，1983a）。为了达到一定的学习目标，每个学生在一定时间都需要直接显性的教学指导，可是，所有学生也都需要经历更多开放的、建构性的、以学生为中心的教学。到目前为止，我们已经讨论了关于教学的一般策略。可是在今天多元化的课堂中，一种教学方法已经不可能适应所有的学生。在一般教学策略的基础上，教师必须根据学生的需求和能力适当改变教学方法——他们不得不实施差异化教学。

第四节　差异化教学

第 1 章中介绍了**差异化教学（differentiated instruction）**。事实上，针对学习者的能力和需要进行适应性教学的观点很早就有了。为了说明这一点，Lyn Corno（2008，p. 161）引述了公元前 5 世纪昆体良（Quintilian）的下列文字：

> 有些学生迟钝，需要鼓励；而有的则需要给予完全的自由，才能学得更好。
>
> 有的学生在感受到威胁或恐惧的压力时，反应最好；而有的则在这种压力之下，失去了勇气。
>
> 有的学生需要学习很长时间，才能学得很好；而有的则需要保持高度的专注力，才学得很好。（Quintilian，trans. 1921）

显然，昆体良在强调适合学生需要的教学。当教师面对许多学生时，其中一个实施差异化教学的方式就是进行合理的分组。

一、班内能力分组和弹性分组

在一个教室中，学生拥有三至五个年级的学习能力的差异是很正常的（Castle，Deniz，& Tortora，2005）。可是，很多教师都按部就班地开展教学（违反了昆体良的建议），把同样的材料用相同的方式教给班里所有学生。学生先前知识的差异性是教师教学的主要挑战，尤其是与先前知识和技能息息相关的学科，如数学和科学（Loveless，1998）。有一种解决办法就是按能力分组，但这也有不少问题。

（一）班内能力分组

在很多学校和教室，老师们都在按照学生的能力进行分组。然而，目前并没有证据表明**班内能力分组（within-class ability grouping）**优于其他方法。对随机抽取的一组美国小学教师样本进行研究发现，63% 的教师报告在阅读课上使用了班内能力分组策略。低学习能力小组的学生常常不会被抽到回答需要批判性理解的问题，自主选择阅读读物的机会更少（Chorzempa & Graham，2006）。有些学校招收了来自低社会经济地位家庭的学生，学校常常会把这些学生划分到低能力组中。据 Paul George（2005）所言：

> 在我 30 多年的教学经历中，常常伴随着这个问题——按照种族、宗教等类别进行同质性分组是主要的分组策略。事实上，这种依据种族、宗教、社会阶层对学生进行分组的方式带来了深刻的、严酷的和显著的后果。（p. 187）

在数学和阅读课上，通过深思熟虑建构起来的按能力分组的方式应该是很有效的。但是，任何分组策略的关键都是为学生提供适宜的挑战和支持，也就是说，能够达到学生的“最近发展区”（Vygotsky，1997）。弹性分组就是一种可能的选择。

（二）弹性分组

在**弹性分组（flexible grouping）**中，学生的组别会依据学生的学习需求不断进行调整。这一评估是持续进行的，以保证学生的学习任务始终落实在学生的最近发展区。教师需要对各小组和小组成员进行配对，对每个学生或者整个班级进行适时调整——调整要让各个小组支持每个学生对不同内容的学习。弹性分组方法要求教师对所有小组都要有高水平的指导，并对所有学生都抱持较高期望（Corno，

> **差异化教学（differentiated instruction）** 基于学生对课程的准备程度、学习兴趣和学习需求，让课程内容、课程进度和学习结果具有灵活性的教学方法。
>
> **班内能力分组（within-class ability grouping）** 在一个班级内，为了适应学生不同的学习能力，把学生分为 2～3 个小组。
>
> **弹性分组（flexible grouping）** 根据学生的学习需求不断重新分组。

2008）。在一所城市小学进行5年的有关弹性分组的追踪研究后发现，对于不同的学科领域和年级水平，学生通过弹性分组的学习方式，对学科的精熟程度有了10%至57%的不同增长。教师不断接受关于评价、分组和教学策略的培训，在研究结束后，95%的教师学会了使用弹性分组。参与研究的教师发现，学生学习成就的取得主要源于他们在弹性分组学习时更专心，也更自信（Castle et al.，2005）。

另一种使用弹性分组的方法可以运用到不按年级分组的小学中。不同年龄（比如6、7、8岁）的学生聚集到同一个教室中，基于他们不同的学习成就、学习动机和对不同学科的学习兴趣进行弹性分组教学。虽然有不少研究表明，只要保证分组后教师能够对于所有小组都给予较多的直接指导，这种跨年级的分组方式就是有效的。但是，我们仍然需要对跨年级分组保持理性的态度。基于学生的学习需求，让三、四、五年级的学生混合到同一个数学或阅读班级中听起来似乎很有道理，但是把一个四年级的学生放到二年级的班级中，这名四年级的学生因为年龄更大、个头更高而显得非常扎眼，这样做的效果肯定是不好的。同样，如果组建跨年级的班级只是因为每个年级学生太少——而不是为了满足学生的学习需求——那么其结果也不可能太好（Veenman，1997）。正如我们在本书中反复强调的，为学生布置一项通过他们自己努力和他人适当支持就能完成的具有挑战性的任务，往往更能激励学生的学习和动机。

如果你决定在所教班级中使用弹性分组的方法，下面的“实践指南”可能会对你有所帮助（Arends，2007；Good & Brophy，2008）。

实践指南　运用弹性分组

- 通过正确诊断学生现阶段不同学科的学习表现，不断进行重新分组。

例如：

1. 通过最近一次的阅读测试成绩进行阅读教学分组。同样，根据最近一次的数学考试成绩进行数学学习分组。

2. 不断地测试。当学生的成绩发生改变时，需要随时调整分组。

- 保证每个小组都能得有不同的适宜指导，而不只是相同的材料。确保教师、教学方法和教学步伐都符合不同小组的需求。

例如：

1. 不断改变而非按部就班，以使教学能适应学生的兴趣和知识水平。

2. 所有小组的同学都需要做研究报告，有的报告需要书面形式，有的需要口头报告或通过幻灯片报告。

3. 对低成就小组的学生进行额外的适当指导，而不是简单重复一遍教材。低成就小组的学生人数应该尽量少一些，这样每名学生就可以得到更多关注。

4. 所有的工作都是有意义的，并且能够体现对人的尊重——当高能力小组的学生在完成实验或一些项目的时候，不要仅仅给低能力小组的学生布置一张作业单。

5. 尝试其他的方法。比如，Dewayne Mason 和 Tom Good（1993）发现，当学生需要时，在全班进行一次整体补习所能提高的教学效果，要好于把班级分成两个能力组并对两个小组进行分开教学。

- 不鼓励学生在不同小组间进行比较，让学生形成班级凝聚力。

例如：

1. 不要在阅读课或数学课以后，仍然让学生按这种课堂分组的方式坐在一起。

2. 避免对按能力分组的小组命名——可以对混合能力小组或全班团队进行命名。

- 根据学生在一至两个不同学科的能力进行分组。

例如：

1. 确保有很多让不同小组重新组合的项目或课程。

2. 进行合作学习的研究是很重要的（第10章对此有过描述）。

3. 分组数要少（最多两至三个小组），这样可保证你对每个小组都有直接指导——因为让学生自学太长时间，会导致学习效果下降。

二、适应性教学

Lyn Corno（2008）针对学习者差异开发出了**适应性教学（adaptive teaching）**模型。这种方法强调“把学习者的差异视为从教学过程中进行学习的机会，而不是需要去克服的障碍”（p. 171）。适应性教学强调为所有学生提供具有挑战性的教学，并在必要的时候提供支持；但当学生逐渐能够自己独立处理时，这些支持就会慢慢移去。图 14—1 给出了适合学生需要的不同的支持性连续体和教学类型。如图 14—1 所示，在图的最左边，当学生在某个领域还是一位新手或者没有太多的知识和技能时，教师会采用更直接的教学，并会精心设计激励策略来保持他们的学习投入。同时，教师应教会学生如何运用适当的认知策略与技能来学习。教学、检查是否理解、重新教学，这是一个循环。随着学生发展出某一领域的能力倾向，直接教学就逐渐过渡到示范、有指导的练习和辅导。此时，学生应该已经提高了他们的认知“技能”策略，所以此时的教学还应该关注学生的动机和意志——有学习的“意愿”。最后，当学生掌握了更多的知识和技能，教学可以转变到有指导的发现式学习、独立研究和同伴指导，此时特别强调自我调节学习——这是学生们此后的人生都必需的一种学习。

适应性教学确保每个学生都要受到挑战。例如，在一所极具吸引力学校工作的一位教师描述了他是如何选用那些对即使是最优秀的学生也极具挑战性的课程的。他想要所有学生都经历那些很难的作业，他认为“在课堂中每个人都需要得到拓展”（Corno，2008，p. 165）。

适应性教学（adaptive teaching） 为所有学生提供具有挑战性的教学，并在必要的时候提供支持；但当学生逐渐能够自己独立处理时，这些支持就会慢慢移去。

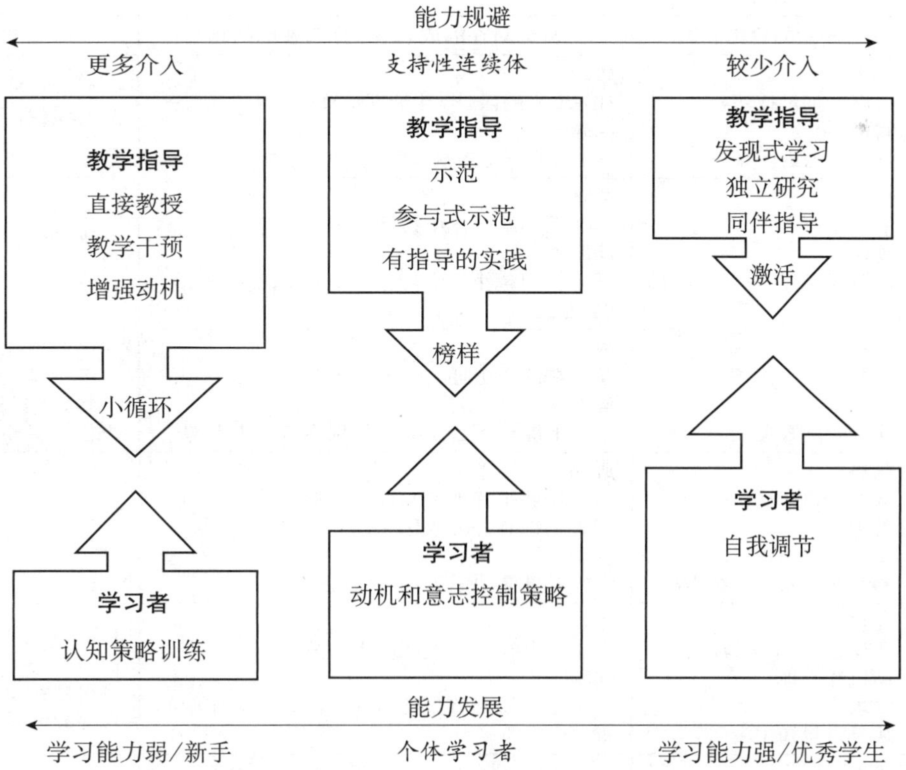

图 14—1 适应性教学

通过将教学支持与学生当前的能力与需要进行匹配，教师有能力引导所有学生朝向自我调节学习的方向发展。

三、全纳课堂内的差异化教学

停下来 想一想

如果在一个全纳课堂内教学，你最关心什么？你接受了足够的培训了吗？你能从学校管理者或相关专家那里得到你需要的支持吗？与有障碍的学生一起工作，会占用你其他的工作时间吗？

这是一些很常见的问题，而且教师有这些顾虑也是很正常的。但事实上，对特殊学生的教学并不需要一套独特的技术。有障碍的学生既需要学习学业材料，也需要完全参与到每天日常的学校生活之中，因此教师只要具有良好的教学经验，并对所有学生都保持敏感性就足够了。

为了完成学业学习目标，有学习障碍的学生似乎可以从分散到每天、每周的扩散练习以及先行组织者中获得帮助，先行组织者可以把学生的注意力集中在他们已经知道的内容或陈述清楚的目标中（Swanson，2001）。

为了让有障碍的学生融入学校的日常生活中，Marilyn Friend 和 William Bursuck（2002）提出了 INCLUDE 策略：

- 确定（Identify）班级环境、课程和教学要求。
- 注意（Note）学生的学习优势和需求。
- 检测（Check for）学生成功的可能性。
- 查找（Look for）潜在的问题范围。
- 使用（Use）收集到的信息为寻找合适的教学方法进行头脑风暴。
- 决定（Decide）尝试哪种方法。
- 评价（Evaluate）学生的进步。

表 14—7 展示了 INCLUDE 策略是如何运用于对具有学习障碍和行为障碍的学生进行教学的。

如果学生有特殊的需求，可以把他们推荐到儿童研究团队、学校心理学家或特教老师那里进

表14—7　采用INCLUDE策略对学习障碍和行为障碍学生进行适应性教学

确定课堂需求	注意学生的优势和需求	检测潜在的成功 / 查找潜在的问题	适应性教学的决策
把学生课桌分为四组	**优势** 良好的词汇技巧 **需求** 参加任务的困难	**成功** 如果专心的话，学生能理解教学 **问题** 学生分心——当教师教学时，学生没有看着他	改变座位，让学生面对教师
和同伴进行小组学习	**优势** 书写好 **需求** 口头语言表达——用词问题	**成功** 学生在小组合作中扮演秘书的角色 **问题** 学生在同辈小组学习中不能很好地表达自己的观点	指派小组秘书 安排可兼容的小组 对所有学生实施社会技能教学
期望学生全勤并按时上课	**优势** 良好的绘画技巧 **需求** 缺乏时间管理能力	**成功** 学生在课堂上拥有艺术的天赋 **问题** 学生上课迟到甚至有时候根本就不来上课	让“个性化”学生签订准时出勤上课的协议——如果这个目标实现了，让他管理班级艺术事务
难以读懂的课文	**优势** 良好的口语交流技巧 **需求** 阅读准确率较低 阅读文章缺乏系统策略	**成功** 学生能够很好地参与课堂活动 班级编剧有好的人选 **问题** 学生不能通过阅读课文获取信息	提供有录音的课本，强调和突出学生的课本
给全班学生讲述妇女选举权运动	**优势** 在课堂上有强烈的学习动机和兴趣 **需求** 缺乏背景知识	**成功** 学生为班级出勤率和努力挣分 **问题** 学生由于缺乏背景信息而不能理解讲座中的重要内容	在讲座之前安排学生看相关视频 将讲座出勤率和努力程度计入评分体系
教学生识别 15 分钟的时间的全班教学	**优势** 良好的着色技巧 **需求** 不能辨别数字 7 ～ 12 不能进行 5 以内的运算	**成功** 学生能够对教学使用的钟表进行着色 **问题** 学生不能获取辨认时间的技巧	在数字识别和 5 以内的运算上提供额外的教学指导

资料来源：Friend, M., & Bursuck, W.D. (2002). *Including students with special needs: A practical guide for classroom teachers (3rd ed.)*. Boston, MA: Allyn and Bacon.

行评估（请参见表 4—12 关于转介学生进行评估的指南）。正如第 4 章所描述的，这个评估的结果有时是为个别化教育方案（IEP）做准备的。图 14—2 摘录了一个不能很好地控制自己的情绪且不听从教师的指挥的 15 岁男孩的个别化教育方案。事实上，你也可以帮助班里的学生形成这样的方案，设计良好的方案可以为教师的教学提供很大的帮助。

学生：Curt　年龄：15　年级：9　日期：1994.10.12

独特个性/需求	特殊教育、相关服务和行为矫正	持续时间和频率	当前水平、短期目标和年度目标（目标应该包括过程、标准和时间表）
社会需求： ● 学习愤怒情绪管理技巧，特别是诅咒 ● 学习遵守要求 当前水平：当不能完成任务时，情绪激动，骂脏话，同时拒绝成人提供进一步指导	1. 教师（或咨询师）咨询行为专家有关社会技巧的训练或项目，特别是愤怒情绪管理技巧。 2. 为 Curt 提供愤怒情绪管理训练。 3. 建立同辈小组，其中包括角色扮演等项目，在小组中，Curt 能够看到积极的行为模式，也能在其中练习新学习的愤怒情绪管理技能。 4. 为 Curt 制定一份行为计划，让他对自己的行为负责。 5. 提供一名教师或其他指导者，与 Curt 待在一起（可以聊天、玩游戏或进行体育运动）。 6. 针对 Curt 的需求或目标，对指导者进行培训。	每周三次，每次 30 分钟 每周两次，每次 30 分钟 每周两次，每次 30 分钟	总目标：在学年的最后半学期，Curt 被课后留堂少于两次。 子目标 1：在学年的第一个半学期，Curt 有少于 10 次被课后留堂的记录。 子目标 2：在学年第二个半学期，Curt 有少于 7 次被课后留堂的记录。 子目标 3：在学年第三个半学期，Curt 有少于 4 次被课后留堂的记录。 总目标：教师和同学发现 Curt 能够以合理的、让人接受的方式管理自己的行为和语言。 子目标 1：2 周后，60% 的教师认为 Curt 的语言可以接受。 子目标 2：6 周后，2/3 的教师认为 Curt 的语言可以接受。 子目标 3：12 周后，100% 的教师认为 Curt 的语言可以接受。

常规项目的适应性调整：

- 在所有课堂中，Curt 都应该坐在教室的前排。
- 课上应该经常让 Curt 回答问题，以使他参与学习和完成任务。
- 所有教师应该在学习技能方面帮助 Curt，并得到拼写 / 语言专家和资源教师的训练。
- 在项目开始的前几周或前几个月时间内，教师应该密切监控 Curt 的学习。

图 14—2　IEP（个别化教学方案）选段

资料来源：Bateman, B.D., et al. (2006). *Better IEPs* (*4th ed.*). Attainment Company, Inc.

四、技术与差异化教学

辅助技术（assistive technology） 能够支持和改善有障碍个体能力的设备、系统或服务。

《特殊教育促进法》（简称 IDEA）要求考虑对所有符合特殊教育条件的学生加以辅助技术。**辅助技术（assistive technology）**可以是一件产品、一个设备或是可用来增长、保持或改善有障碍个体功能的系统（Goldman，Lawless，Pellegrino，& Plants，2006）。对于学习新概念需要小步子和多次重复教学的学生而言，电脑是非常耐心的导师，只要学生需要，步骤和课程重复多少次都可以。一个设计良好的计算机教学程序，应该是有吸引力的和交互式的——这两点对于有注意力障碍或缺乏学习动机的学生而言是很重要的。比如，一个数学或拼写程序应该运用图画、声音或类似于游戏的方式，来让有注意力缺陷的学生保持注意。交互式的数字媒体项目教人们怎样使用手语。很多程序并不需要声音，所以有听力缺陷的学生完全可以从这种课程上受益。有阅读困难的学生可以触摸不认识的字，程序便会“说”出这个字。通过这些可以即时获得的帮助，这部分学生能够找到适合自己需要的阅读练习，以此防止学习掉队。另外一些装置将纸质打印文本转化为声音文本，这对于失明儿童或其他需要听力帮助的儿童来说是有好处的。对于那些书写潦草的学生，文字处理器可以帮助形成漂亮的文章，因此学生的想法就可以更好地呈现在纸上了。一旦学生的想法被记录，学生就可以在电脑上重新组织或改进自己的写作，这样就可以减少重新用手抄写的痛苦（Hallahan，Kauffman，& Pullen，2009）。

然而，这样的新兴技术也带来了新的障碍。许多的电脑都有图形界面，要操作程序需要掌握精确的“鼠标运动”，正如你第一次使用鼠标来点击文件一样。然而，这样的操作对于有运动障碍或视觉缺陷的儿童来说常常是很困难的，有视觉缺陷的学生无法从网上获得大量信息。研究者正在试图解决这个问题——他们尝试发明一种不通过视觉就能获取信息的方法（Hallahan，Kauffman，& Pullen，2009）。例如，2010年，一款叫做“帆布”（Canvas）的学习管理系统，由于其对盲人和视力正常人群同样可用，而获得国家盲人联合会的非可视、无障碍金质水平证书（NFB，2010）。目前的趋势是采用**通用设计（universal design）**——在设计新工具、新程序或新网页时考虑所有用户的需求（Pisha & Coyne，2001）。

> **通用设计（universal design）** 在设计新工具、新程序或新网页时考虑所有用户的需求。

对于有天赋的学生，电脑可以连接到大学、博物馆或一些研究实验室的数据库。电脑网络可以让这些学生研究课题，并和国内的其他人共享信息，也可以让这些有天赋的学生为学生和教师编写程序。国内有一小部分学校的校长，就是依靠他们学生自己研发的技术来保持学校的技术网络顺利运作的，这就是技术辅助日常工作的案例。检查一下你所在学区所拥有的资源，看看能为学校的工作做些什么。

无论你怎样进行差异化教学，对于所有学生而言有一样东西必须是一致的——那就是你对他们都应抱持高期望。

五、差异化教学的方法：辅导学生

确保所有教学能够适用且有效的方法之一就是了解你的学生，并与他们建立信任的关系。了解学生有助于调整自己的教学，积极的师生关系有助于学生全身心投入学习。更多辅导学生的内容，请参见下面的“实践指南”。

实践指南　教师成为好的辅导者

- 当心自己思想和教学中的刻板印象。

例如：

1. 把每一位学生看成一个独特的个体，并和这位同学有清晰良好的沟通。
2. 分析课程内容中的偏见现象，并教会学生成为偏见的发现者。

- 利用技术。

例如：

1. 使用像“眺望未来”这样的网络程序，让初中女生和她们学区的那些对数学和科学有极高学习兴趣的高中学姐以及与那些在职业中运用科学、数学和技术的工作女性保持联系，以帮助她们看到她们在学校中的学习是如何与真实生活相连的。（http://etf.terc.edu/）
2. 为学生们建立电子邮件朋友群，让那些已经退休的成年人和成功的校友作为他们的导师。
3. 从NWREL国家指导中心下载资源，特别是他们的校本指导和辅导材料。（http://www.nwrel.org/mentoring/topic_pubs.php#5）

- 让学生知道你很信任他们。

例如：

1. 给学生设定高标准并给予关键反馈，给他们提供支持和鼓励。
2. 为学生展示校友的成就。

- 花时间去建立并保持关系。

例如：

1. 不要期待立刻就能建立一个信任的关系，需要用心去经营。
2. 与学生保持联系，敞开大门，为他们的未来提供指导。
3. 除学习之外，花一些时间和学生在一起。可以是课前或者课后，或者作为俱乐部活动或课外活动的一部分。享受相处的乐趣。发现共同的兴趣。

- 建立一个正式的辅导系统，确保每一位参与者都得到训练与监控。

例如：

1. 使用国家指导培训团体中的材料，比如，来自MENTOR或者国家指导合作（http://www.mentoring.org/start_a_program/planning_and_design/）的有效实践元素。
2. 定期提供持续性培训，并处理可能会发生的问题。

第五节 教师的期望

40 年以前媒体很少报道心理学的研究结果，而 1968 年罗伯特·罗森塔尔（Robert Rosenthal）和莉诺·雅各布森（Lenore Jacobson）的一项研究却引起了国内外媒体的广泛注意。这项研究也在学术领域内引发了激烈的争论。对于这项研究结果的意义，争论至今仍在继续（De Boer，Bosker，& van der Werf，2010；Jussim，2012；Jussim，Robustelli，& Cain，2009；Rosenthal，1995；Snow，1995）。

罗森塔尔和雅各布森究竟说了什么，引发了如此的轰动？事情是这样的——他们在几所小学教室内随机抽取了几名学生，然后告诉教师这几名学生在一年内学习成绩可能会取得很显著的进步。一年以后，这些学生在学习上确实取得了很大的成功。这项研究结果证明了教室里的**皮格马利翁效应（Pygmalion effect）**或自我实现预言的存在。**自我实现的预言（self-fulfilling prophecy）**本是没有根据的期望，但却导致后来的行为实现了原来的期望（Merton，1948）。这里有一个有关错误信念的例子：某些人拥有某家银行要倒闭的信念，结果大家都大量地去挤提存款，最终这家银行如预期一样，确实倒闭了。

停下来 想一想

回想一下你所遇到的最有效的教师，这位教师是否拥有一种相信你或要求你做得最好的特质呢？这位教师是怎样向你传递这种信念的呢？

一、两种期望效应

实际上，教室里面会发生两种期望效应。在上文提到的自我实现的预言里，教师对于学生的期望事实上是没有任何依据的，可是学生的行为却符合了这种无根据的预期。第二种期望效应是指教师从一开始就能够正确解读学生的能力，因此能够对学生的行为做出适当的回应。当学生有改进时，有时教师并没有考虑学生的进步，从而不会改变原来对学生的期望，这时就会出现一些问题。这被称作**持续性期望效应（sustaining expectation effect）**，因为教师不改变原有期望，所以学生的表现一直维持在原有的期望水平。这样，教师就丧失了提高对学生的期望、提供更恰当的教学以及鼓励学生取得更好成绩的机会。在实践中，自我实现的预言似乎在低年级更明显一些，持续性的期望效应在高年级更有可能发生（Kuklinski & Weinstein，2001），而且有些学生比其他人更容易受到持续性期望效应的影响。

皮格马利翁效应（Pygmalion effect） 学生取得的显著进步来源于教师对该学生拥有的较高期望。这个效应以神话中的皮格马利翁国王命名，这名国王做了一个雕像，并对雕像赋予了很高的期望，然后雕像真的活了。

自我实现的预言（self-fulfilling prophecy） 没有根据的期望，却导致后来的行为实现了原来的预言。

持续性期望效应（sustaining expectation effect） 由于教师并没有认识到学生的进步，因此学生的行为表现一直维持在原有的水平。

二、期望的来源

学生的智力测验成绩（尤其是教师没有适当地解释分数）、性别（男生拥有更多行为问题，女生有更高的学业成就）、前任教师的评价、来自学生档案中的医生或心理学家提供的报告、家长的社会经济地位、对学生兄弟姐妹的认识、种族和宗教、先前的学业成就、学生的外貌（对长相有吸引力的学生具有较高期望）、学生的实际行为等都可能是教师期望的来源（Van Matre，Valentine，& Cooper，2000）。甚至学生的校外活动记录，也能成为教师期望的来源。与放学后无所事事的学生相比，教师对有课外活动经历的学生拥有更高的期望。最近有研究发现，有些教师甚至对整班学生都有期望，换句话说，教师对某一班级的全班学生有着或高或低的期望（Rubie-Davies，2010）。

有些学生更容易受到持续性期望的影响。比

如，内向的学生由于不能很好地表达自己，因此教师对这些学生更容易维持原来的期望（Jones & Gerig，1994）。此外，自我实现的预言对来自低社会经济地位家庭的学生以及非裔美国学生更明显（De Boer，Bosker，& van der Werf，2010）。Harriet Tenenbaum 和 Martin Ruck（2007）通过对 50 项研究的综合分析后发现，与对非裔和拉美裔美国学生相比，教师对欧裔美国学生拥有更高的期望和鼓励，同时对问题给予更积极的指导，教师对亚裔学生拥有最高的期望。幼儿教师似乎对那些社会能力更强的孩子有更高的期望（Hinnant，O'Brien，& Ghazarian，2009）。例如，Jennifer Alvidrez 和 Rhona Weinstein（1999）开展的另一项研究，对 110 名 4 岁的学生追踪到 18 岁，结果发现，教师过高估计了他们自认为独立和有趣的学前儿童的能力，而低估那些看上去不成熟或焦虑的儿童所拥有的能力。

人的期望和信念能够起到集中注意力和组织记忆的作用，因此教师对符合原始期望的信息会投注更多注意和记忆（Fiske，1993；Hewstone，1989）。就算学生的成绩与预期不符，教师也会将其合理化，并把成绩归因为学生不能控制的外部因素。比如，学习能力较差的学生如果在一次考试上取得较好的成绩，教师可能会假设这名学生考试作弊；而一名学习成绩较好的学生如果某次考试成绩较差，教师会认为这是由于学生考试太紧张造成的。除此以外，还有很多证据表明学生偶尔的行为表现也会改变教师对其能力的一贯看法。因此，有关教师期望对学生的影响经常会出现彼此矛盾的证据。

教师期望的来源

学生的校外活动记录也能成为教师期望的来源。与放学后无所事事的学生相比，教师对有课外活动经历的学生拥有更高的期望。

三、教师期望对学生成绩的影响

教师期望对学生的成绩到底有什么影响，这个问题的答案要比看起来的复杂得多。我们可以通过两种方式来研究这个问题：一种是对教师提供有关学生的无根据期望，并记录这些无根据的期望是否会起作用；另一种是确认教师对学生自然发生的期望，并记录这些自然期望的作用。教师的期望是否会影响到学生学习，这个问题的答案部分取决于采用哪种方式研究问题。

罗森塔尔和雅各布森最初的实验就采用了第一种方式——给予教师无根据的期望，并记录期望产生的效应。对研究结果仔细分析后发现，即使是一至六年级的学生都参与了实验，但自我实现预言所产生的效应也只在 5 名一、二年级学生的身上发生了显著的改变。通过回顾有关教师期望的研究，Raudenbush（1984）发现这样的期望对于学生智力测验的分数只产生了微弱的影响（罗森塔尔和雅各布森使用的测验方式），而且这些影响也仅仅发生在学生刚入学的头几年——小学的最初几年和中学一年级。

那么，有关自然发生的期望的研究又得到了什么结论呢？研究表明，教师确实对学生的能力形成了信念。其中的很多信念都是正确的，并且会根据新的信息作调整（Jussim & Haber，2005）。但是，不正确的信念差异很大。Alvidrez 和 Weinstein（1999）的追踪研究发现，教师对 4 岁儿童的能力判断可以预期他们在 18 岁时的平均成绩。最强的预期是针对学习能力被低估的学生所做出的。如果教师认为有些学生学习能力较差，并且教师又缺乏教导低学习能力学生的策略，那么学生可能会经历双重威胁——低期望和不恰当的教学方式（Good & Brophy，2008）。

尽管教师的期望确实可以影响学生的学业成就，但这种效应水平中等，并且随着时间的推移会日趋减少（Jussim，2012）。期望效应的力量依赖于学生的年龄（一般而言，低龄学生更具有易感性）以及教师对高期望和低期望学生的区别对待。研究发现，教师会基于对学生的期望而使用不同的教学策略，并与学生有不同的互动（Kuklinski & Weinstein，2001）。我们下面就来讨论这一问题。

（一）教学策略

由于不同的小组可以得到不同的指导，因此不同的分组可能会对学生产生不同的影响（De Boer，Bosker，& van der Werf，2010）。一些教师几乎对学生不抱有什么期望。比如，Alloway（1984）曾记录了像下面这位教师这样指导低成绩组学生的做法："我会在一分钟后来帮助你们这些较慢的组别。""蓝组发现这个问题有点难。"

在上述教师的做法中，教师不仅告诉学生——他们缺乏学习能力，而且传递了这样的信息——他们只需要完成作业就好，不需要理解。

一旦教师按能力对学生进行分组，通常就会布置不同的学习活动。如果教师选择的活动确实是有挑战性的，并能够提高学生的学业成就，那么这样的区分确实是有必要的。然而，当学生准备好完成更具挑战性的任务却得不到尝试的机会时，这样的活动就变得不适当了。这就是持续性期望效应的例子。

（二）师生互动

无论课堂如何分组，也不管任务是什么，师生间的互动次数和互动效果也可能会影响到学生。被教师寄予高期望的学生与低期望的学生相比，前者能够被教师提问更多更难的问题，也会被给予更多更长的思考时间，同时较少受到干扰。教师也会给予这些高期望的学生一些线索和提示，同时向学生传递他们有能力回答这个问题的信念（Good & Brophy，2008；Rosenthal，1995）。教师常常会对这些高期望的学生传递更多类似于微笑或温暖的非言语信息，当学生说话或回答问题时，教师的身体常常保持前倾，并点头表示赞同（Woolfolk & Brooks，1983，1985）。

与之相比，教师会提问低期望的学生一些简单的问题，并留给这些学生较短的思考时间，给学生较少的提示。即使学生的回答不太恰当，教师也有可能以同情甚至是赞扬的口吻来表示对学生回答的接受；但如果学生的回答是完全错误的，教师就会对他们加以批评。当低成就的学生回答问题时，教师会给予更多的干扰，就算他们的答案与高成就的学生相似，也较少得到表扬。这种不一致的反馈信息，让低成就的学生感到困扰。试想一下，如果学生的答案是错误的，却有时会得到教师的表扬，有时被忽略，但有时又会受到批评，而回答正确时常常得不到教师的认可，这样的学习是多么不易啊（Good，1983a，1983b；Hattie & Timperley，2007）！即便师生交流每天产生的效果是很小的，但经过多位教师的日积月累，这些期望产生的效果也会很大（Trouilloud，Sarrazin，Bressoux，& Bois，2006）。

四、对教师的启示：传达合适的期望

当然，并不是所有教师都会形成不恰当的期望，或者以一种不具建设性的方式表现出期望（Babad，Inbar，& Rosenthal，1982）。下面的"实践指南"或许能够帮助你避免一些这样的问题。可是，预防问题的发生比看起来更困难一些。一般来说，低期望的学生也常常是最具有破坏性的学生。（当然了，低期望能够强化学生的破坏行为或不端行为。）教师课上常常不点名让他们回答问题；就算给予他们机会，也不会给予太长的思考时间；如果学生的答案是正确的，教师也很少给予表扬。教师这样做的原因可能是避免错误的、粗心的或愚蠢的问题，而这些问题常常会打乱教学、拖延时间或把课堂引到别的主题上去。教师的挑战是不把低期望传递给学生，或者不让学生对自己产生低期望，同时用正确的方式处理这些真实的班级管理问题。但是，非常不幸的是，低期望有时候会演变成为学校文化的一部分——教师和管理者拥有一致的信念（Weinstein，Madison，& Kuklinski，1995）。

实践指南 避免教师期望产生的消极影响

- 小心使用从考试成绩、档案袋或其他教师那里获得的学生信息。

例如：

1. 避免过早阅读学生档案记录。

2. 对于从其他教师那里听到的有关言论，要保留批判性和客观性的态度。

3. 对学生的期望要灵活调整——也许你的判断是错误的。

- 小组教学策略具有灵活性。

例如：

1. 常常回顾学生的学习，并尝试新的分组。

2. 对不同的学科采取不同的分组方式。

3. 在合作练习中采用混合能力分组的方式。

- 既提供挑战，也提供支持。

例如：

1. 不要说："这很简单，我知道你可以做。"

2. 提供大量的问题，并鼓励所有学生尝试做一些较有难度的问题，这样可以获得附加分。在这些努力中，发现一些积极的东西。

3. 确保高期望的同时伴随着学业与情感支持。"只有高期望而没有温暖的环境，就是严苛；只有温暖的环境而没有高期望，就会缺少决心。"（Jussim，2012）

- 需要特别注意在课堂讨论中对低成就学生的回答提供反馈。

例如：

1. 在学生回答问题之前，给予提示、线索和思考的时间。

2. 对于好的回答要给予大量的表扬。

3. 让成绩较差和成绩较好的学生回答问题的概率相当。

- 使用不表现族群差异的材料。

例如：

1. 检查读者和图书馆的图书，有族群差异吗？

2. 让学生基于社区或家庭资源进行研究，并创造出适合自己的学习材料。

- 确保你的教学没有表现出种族、民族、宗教或者性别刻板印象。

例如：

1. 用一种核查系统来确保你上课点名包含了所有的学生。

2. 监控你布置的任务内容。男生到黑板上做较难数学问题的次数是否比女生更多？你是否避免给予那些英语能力有限的学生进行口头报告的机会？

- 在评价和训练程序中要公平。

例如：

1. 确保相同的侵犯行为会得到同样的惩罚。通过匿名的方式，向学生征集信息，看自己是否对某些学生存在偏爱。

2. 尝试在不知道学生个人信息的情况下给学生打分。可以让另一个老师给你提供"第二次意见"。

- 与所有学生真诚地交流你相信他们能学会的想法。

例如：

1. 把没有达到标准的试卷返还给学生，同时提供具体的改进建议。

2. 如果学生不能立刻得出答案，等一等再询问，然后帮助他们想出问题的答案。

- 所有学生享有同等的参与学习的权利。

例如：

1. 使用一些系统确保你在阅读、说话和回答问题上给每位学生都提供了实践的机会。

2. 记录哪个学生要做哪项工作。一些学生是否常常出现在你的名单上，而另一些学生却不太常见？

- 监控自己的非言语行为。

例如：

1. 你是否对一些学生会保持身体前倾的姿势，而对另一些学生却离得较远？是否一些学生来到你的办公桌旁，会得到你的微笑；而另一些学生过来时，你却常常皱眉头？

2. 对于不同的学生，你说话的语调会发生变化吗？

本章小结

第一节 关于教学的研究

教学研究使用的方法有哪些?

多年来，研究者通过课堂观察、案例研究、访谈、实验、刺激回忆（教师观看教学录像，解释他们的教学）、对课堂文本进行分析以及其他方式来研究真实课堂情境的教学。

优质教学的一般特征是什么?

教师的大量特质都与优质教学有关。研究发现，接受过适当训练以及拥有教师资格证书的教师，能够教出更多优秀的学生。虽然教师的专业知识很重要，但是这对于优质教学是不够的。更多的知识有助于教师讲解更加清晰和有组织性。讲解清晰的教师能够让学生学得更多，并且能让学生对教师形成更加积极的印象。热心、友好和善解人意，是与学生积极的态度最相关的教师特质。

专家型教师都了解什么?

专家型教师的形成需要时间和经历的积累。这些教师对于许多具体的教学情境积累了大量的系统性知识，包括他们所教学科的专业知识、他们的学生、一般的教学策略、学科特有的教学方式、学习环境、课程材料以及教学目标等。专家型教师也知道怎样做一个反思型的实践者——怎样将自己以往的教学经历作为改善教学的方式。

关于教学的最新研究对我们有什么启示?

大尺度的追踪研究项目发现了课堂氛围的三个方面，这三个方面与学前和小学儿童的发展与学习密切相关。与早期关于教学的研究相一致，它涵盖了情感、行为和认知维度。情感维度指教师的情绪支持，与早期研究发现的热情特征相似；认知维度指教师的教学支持，包括概念理解（运用活动和课堂讨论促进学生高水平思维发展）和高质量反馈（特定的、关注学习过程的反馈）；第三个维度是课堂组织，指具有清晰的活动与常规的课堂与课程管理行为，它可以保证学生有充足的时间学习并真正投入，它与教师特征中的清晰性相似。

第二节 教学计划

教学计划包含哪些水平? 它们是怎样影响教学的?

教师应该参与不同时期的计划制定——大至每学年、每学期，小至每单元、每星期，甚至每天，同时必须保证这些计划之间是协调统一的。计划决定了怎样将教学时间和学习材料有效地运用于学生活动中。计划没有单一模式，可是所有的计划都应该具有灵活性。对于有经验的教师而言，计划是一个创造性地问题解决的过程，它常常不是一个正式的过程，而是存在于教师的头脑之中。

什么是教学目标?

教学目标是对学生的教学意图清晰而不含糊的描述。Mager 提出了很有影响力的行为目标系统。他认为，一个好的目标应该包含三个部分——预期的学生行为、行为发生的条件以及可接受行为的标准。Gronlund 提出的另一种方法认为，教学目标应该首先用一般的术语来陈述，然后教师通过一些行为案例对其进行澄清，这些行为可以为学生达到目标提供证据。有关教学目标的最新研究更倾向于 Gronlund 的方法。

描述教育目标的三个分类体系。

布鲁姆和其他的研究者形成了在认知领域、情感领域和动作领域内的目标分类体系。当然，在真实生活中，这三个领域的改变有可能是同时发生的。教育目标分类学鼓励人们对相关目标进行系统思考，同时提供了对目标进行评价的方式。认知领域内包含六个基本目标：记忆、理解、应用、分析、评价和创造。这个分类的最近版本增加了一些内容，即这六个目标可以在事实性、概念性、过程性和元认知等四种知识上实施。情感领域的目标从低卷入到高卷入分为不同等级。动作领域的目标一般包括从基本的觉察和反射动作到技能性、创造性的动作。

描述建构主义视角的教学计划。

在以学生为中心或建构主义取向的教学中，计划是可以分享和协商的。教师不会以学生具体的行为和技能为目标，而是以更全面、更综合的目标来指导计划制定。对教学内容进行整合和进行主题教学，通常是计划的一部分。教师和学生共同对学习进行评价，并且这个评价过程是持续不断的。

第三节 教学方法

什么是直接教学?

直接教学对于教授基本技能和显性知识是比较合适的。它涵盖复习、讲述、有指导的练习、反馈和纠正（必要时对先前内容重新教学）、独立练习以及定期复习等多个教学事项。对于年龄较小或学习能力较差的学生，教师讲述的时间不要太长，同时要让他们进行循环练习，并不断提供反馈。

区分聚合性—发散性问题以及高水平—低水平问题。

聚合性问题只有一个正确答案，发散性问题有多个可能的答案。高水平问题需要分析、评价和创造——学生需要进行独立思考。对于年龄较小或者学习能力较差的学生而言，最好的问题就是简单的问题。这种问题有很高的通过率，如果学生没有回答正确，需要多鼓励、多帮助。对于学习能力较强的学生而言，需要在不同目标层次上提出有挑战性的问题，同时提供更多批判性的反馈。无论学生的年龄和学习能力如何，所有学生都应该尝试去回答那些让人深入思考的问题。在必要的情况下，教师还需要帮助学生学习如何回答这些问题。

等待的时间会对学生学习产生什么样的影响？

教师提问后，应该学会在学生回答之前停顿至少 3 ~ 5 秒钟的时间，这样学生才能给出较长的答案，同时也会吸引更多学生参与到教师的提问之中，并自愿给出恰当的答案。在这种情况下，学生的答案所包含的分析、综合、推断、预测等高级思维过程有所增加，并且在回答问题时会显得更加自信。

小组讨论的优缺点是什么？

小组讨论提供机会让学生直接参与学习，帮助学生学会清晰表达自己的观点、为自己的观点辩护，并容忍不同观点；小组讨论也提供机会让学生询问对方观点，检验自己的思想，关注个人兴趣，同时通过扮演小组领导人的角色来体验责任感。因此，小组讨论可以帮助学生对个人观点进行评价和综合。但是，这种讨论具有不可预测性、容易跑题，并偏离到不重要的问题上。

如何让教学适合目标？

不同的教学目标和不同的学生需求，需要不同的教学方法。直接教学法可以让学生在成就测试上取得更好的分数，但开放的、非正式的教学方法，诸如发现学习或探究学习，与评估创造性、抽象思维和问题解决能力的成绩相关更高。另外，开放式的教学方法可以更好地改进学生对学校的态度，并能够刺激学生好奇心、合作精神，同时降低缺勤率。

第四节　差异化教学

按能力进行分组有什么问题？

按学习能力进行分组对教师和学生而言优缺点并存。在高能力组的学生能够获益，而低学习能力小组的学生常常不会拥有回答需要批判性理解问题的机会，并且这些学生自主选择阅读读物的机会更少。一些学校招收了来自低社会经济地位家庭的学生，分组意味着这些学生即使在课堂上也会被隔离。因此，按能力分组可能会导致那些包含多元文化的学校发生种族隔离现象。

班级分组是否还有其他的分组方式？

按科目进行跨年龄分组，可以作为解决学生学习能力差异的一种有效方式。在按能力进行分组的情况下，如果处理得比较灵活和富有弹性的话，也会产生积极的效果。不过，它仍然没有合作学习等方法的效果好。

什么是适应性教学？

适应性教学强调为所有学生提供具有挑战性的教学，并在必要的时候提供支持；但当学生逐渐能够自己独立处理时，这些支持就会慢慢移去。

针对特殊学生进行有效教学的特征是什么？

对特殊学生的有效教学并不需要特别的技巧，但需要良好的教学实践和对所有学生保持敏感性。有障碍的学生需要学习学业材料，他们也需要完全参与到每天日常的学校生活中。

教师拥有什么资源可以让自己与有特殊需求的学生进行有效工作？

如果学生有特殊的需求，可以把他们推荐到儿童研究团队、学校心理学家或特教老师那里进行评估。正如第 4 章所描述的，这个评估过程的结果有的时候可以为个别化教育方案（IEP）服务。此外，差异化教学可以改善所有学生的学习。

第五节　教师的期望

教师期望的来源有哪些？

学生的智力测验成绩（尤其是教师没有适当地解释分数）、性别（男生拥有更多行为问题，女生有更高的学业成就）、前任教师的评价、来自学生档案中的医生或心理学家提供的报告、种族背景、对学生兄弟姐妹的认识、身体特征、先前的学业成就、家长的社会经济地位、学生的实际行为等都可能是教师期望的来源。

期望效应包含哪两种类型？它们是如何发生的？

第一种是自我实现的预言，教师对于学生的期望事实上是没有任何依据的，可是学生的行为却符合了这种无根据的预期。第二种是持续性期望效应，教师从一开始就能够正确解读学生的能力，能够对学生的行为做出适当的回应。但是，当学生有改进时，教师并没有意识到学生的进步，因此没有相应地改变原来的期望。这样，教师僵化的期望就使得学生的成就始终维持在原有的期望水平。在实践中，持续性期望效应比自我实现预言产生的效应更为常见。

教师向学生交流期望的方式有哪些？

某些教师对待学生有不同的方式，这依赖于他们对学生的不同看法。对待低期望的学生，教师可能制定难度较低的任务，关注低水平的学习，提供较少的选择，提供不一致的反馈，表达较少的尊重和信任。学生可能因此表现出相应的行为，实现教师的预期或停留在原有期望的成绩水平上。

▼复习思考题

（一）单项选择题

1. 教师在进行下列哪一项教学时，直接教授是最好的方式？
   A. 基本技能教学
   B. 让学生探索某一数学问题的多种解法
   C. 鼓励学生提炼在艺术方面的创造力
   D. 进行批判性思维练习
2. 长期以来，家庭作业是教育的重要主题。为了让学生能够从家庭作业中有最多的收获，下列哪一项建议是不应该遵循的？
   A. 确保学生理解了作业内容
   B. 学生需要承担正确完成作业的责任
   C. 检查学生的作业，允许有更正和修改
   D. 要求家长签名，以确保与家庭合作
3. Ellen Baker 明白她在中学的新工作需要她更深入地理解差异化教学。利用差异化教学，学生们在学校中会更容易进步，并成功掌握所需的概念。她决定采用的一种技术是根据学生的学习需要分组。这样，在分数测试中得分低的学生组成小组，并对他们进行这方面的技能训练。她很喜欢这种差异化教学，因为可以让学生一直围绕着最近发展区学习。Ellen 所使用的这种策略是下列中的哪一项？
   A. 弹性分组
   B. 拼图法
   C. 小组协作
   D. 同伴辅导
4. 有时候，教师对学生能力的判断是没有什么依据的。如果教师对学生的期望是他们不会做得很好，结果学生的表现真的和教师的期望一致。这种效应是下列中的哪一项？
   A. 自我实现的预言
   B. 最近发展区
   C. 专业许可
   D. 撤销支持

（二）开放论述题

案例：虽然 Casey Yost 大学时课程表现很优异，但在师范实习时却很困难。对她不能正确书写教学目标和仓促完成课程，她的指导老师一直在给予帮助。Casey 不明白她该如何做到既让课程清晰，又能涵盖学生即将到来的标准化考试所必需的课程内容，从而使两者兼顾。“Casey，如果你的学生不能理解课程内容，那么是否涵盖了所有内容就没有意义。我们先来看看下一节课的教学目标。‘学生理解分数’，这个教学目标太一般化了。该如何衡量学生是否‘理解’了呢？需要选择与具体行为一致并且能够观察或者测量的词语，我们来设定一些更具体的教学目标吧。”

5. 通过什么方式能让 Casey Yost 避免所写作的教学目标过于一般化？
6. 为了更有效地进行教学，请列出 Casey 在教学过程可使用的几种策略。

▼他们会怎么做？

回顾章前教师案例簿中的内容，看看下面几位教师是如何应对的。

Lou De Lauro　五年级语文教师

John P. Faber School, Dunellen, NJ

在家乡，你可能会认识很多人。为了获得成

功，你应该合理利用这些资源。如果你计划得当，你应该在一学年的时间内，每周交一个新朋友。孩子们很高兴每周都遇见新面孔，也很高兴和新面孔一块阅读。可是，每周你不只需要一名客人造访教室，所以，问一下这个城镇的生意情况，如果有生意人愿意为你提供资金，你就可以为学生们换回更多的书籍。也许当地图书馆可以为你介绍其最大的捐赠者，也许这些捐赠者可以为你提供一些书籍。你也可以向当地教育基金申请拨款，以购买新的材料。

你还需要更多的帮助。你是一名教师，但你曾经也是一名学生，你也受过很多优秀教师的指教。拜访任何一位仍在教学一线的教师，问问他们有何建议。过去有效的方法，现在也可能会有效果。

放学后花几个小时与学生们待在一块儿。小组教学可以帮助这些学生。对班里那两位已经有大学入学资格的学生付少量薪水，让他们辅助你在放学后帮助其他同学学习。我想，如果你充分地利用了家乡的资源，那么你在这里可以轻松地成功。

Marie Hoffman Hurt　八年级外语教师（德语和法语）

Pickerington Local Schools, Pickerington, OH

首先，我要鼓励教师忽略一些大众的分类特征，如“白种人、有工作、中产阶级、能说英语”等。即使班里所有的学生都符合这样的人口学特征，他们也都是独立存在的个体。每个学生学习方式和学习兴趣都是不同的。一名优秀的教师应该认识到这一点，把学生按照个体对待，而非群体。尽自己最大的努力去教好各个层次的学生。给学生选择权，利用你所拥有的资源——在这个案例中，特别是需要利用以英语为第二语言（ESL）的课程资源。表扬学生的个性特征或者课外活动成就也很重要。最后需要记住的是，你只是一个人，你只能尽力而为，不要过度劳累，造成职业倦怠——如果你累垮了，对你的学生和你的家庭都没有好处。

M. Denise Lutz　技术协调员

Grandview Heights High School, Columbus, OH

研究发现学生的成功与教师的教学有效性有很大关系。在今天的多元课堂中，教师应该拥有一套有效的教学方法，这套方法应该包括有效教学策略、有效的班级管理策略、设计有效的课程以满足所有学习者的不同需求。与所有学生交流学习目标、关注每个学生的进步并庆祝学生的进步，是很有必要的。在教师的指导下，学生应该学会小组合作，形成有凝聚力的班级，鼓励学生相互帮助获取成功。一个教师应该建立和维持课堂规范和流程，同时对于遵守和破坏这些规范和流程的学生采取不同的措施，以此形成良好的课堂氛围。坚持性、信任感和可靠性，能够在教师、家庭和学生之间形成有效的联系。有效的课程教学需要有目标计划，教师对于每名学生应该掌握什么样的课程内容应有详细的规划。理解这些大的想法和识别关键的问题，能够帮助教师搜集有效的教学活动，促进学生朝着成功的方向进步。成功的方向对所有学生都是一致的，可是课程和活动为每位学生的成功提供了不同的道路。当今的教师应该从了解学生开始，然后在班级内建立合作的氛围。

Patricia A. Smith　高中数学教师

Earl Warren High School, San Antonio, TX

因为这名新教师也在同一个学校系统学习过，所以这名教师在开始教学之前，应该对任何特殊的学生都保持完全没有偏见的态度。否则，在这样一个多元化的班级中，教师在处理每个学生问题时不能公开化，而是需要谨慎小心、顾虑重重。教师的第一目标是要促进学生形成合作的氛围，并获取老师的信任。在学年开始的几天时间内，计划组织一些破冰活动是很有效的。

由于班里学生的阅读水平参差不齐，教师进行小组教学可能更有优势。我不建议总是按照学生的阅读水平进行分组，而是比较倾向于选择一名学生干部，让他安排每天的口语诵读。同时，我会选择适合所有学生的阅读材料，布置作业的时候尽量简洁，这样就不会给阅读困难的学生造成很大的麻烦。这名学生干部也可以设定一些问题来测查其他学生的理解程度，随后给小组成员进行一次拼写测试。刚开始时，拼写测试应该包含5～10个学生能够写出的单词；然后，随着学生获得信心和有了成功体验后，就可在学生的家庭作业中布置一些阅读练习，并要求学生针对阅读理解问题写出一小段文字。

如果教师的组织性较好，在一节课中，教师分配给每个小组的互动时间不应该超过15分钟。因此，教师不应该在整堂课都灌输传统的语法知识，而应该提供一些适当的个性化教学。我推荐所有想上大学的学生认真进行SAT的阅读与英语练习。

第15章
教学评估与测验

教师的案例簿

你会怎么做？

学校要求你对班里的学生进行等级评定，用字母 A、B、C、D 或 F 表示不同等级。你可以使用任何一种评定方法。有些教师通过作业单、随堂考试、家庭作业或测验的形式来进行评定，有的教师布置了档案袋和小组作业。有一小部分教师不只考虑最后测验的成绩，还在个人进步和努力程度上有自己的评分标准。有的教师通过试图与学生制定合约、实施长程项目来评估，而另一些教师则几乎完全依赖于日常的作业。两个运用小组作业的教师，正在考虑根据“一个好的小组成员”的标准对学生进行学分评定，同时会额外奖励得分最高的小组。还有教师使用的是给全班进行分数奖励，而不划分等级。此时，你需要一个能够鼓励学生学习而不仅仅是评价学生行为的可信、公平而易操作的评定系统，这个系统要能够给学生的学习提供反馈。

想一想：

- 你会选择什么作为等级评定的主要任务或项目?
- 诸如团队参与或努力程度这样的分数会算在评分中吗?
- 你应该怎样综合考虑所有因素，以便在每学期对每位学生进行评分?
- 你应该怎样向校长和学生家长说明你这个评分系统的合理性，特别是在你们学校的老师们使用了各种不同标准的情况下? 这对学生公平吗?

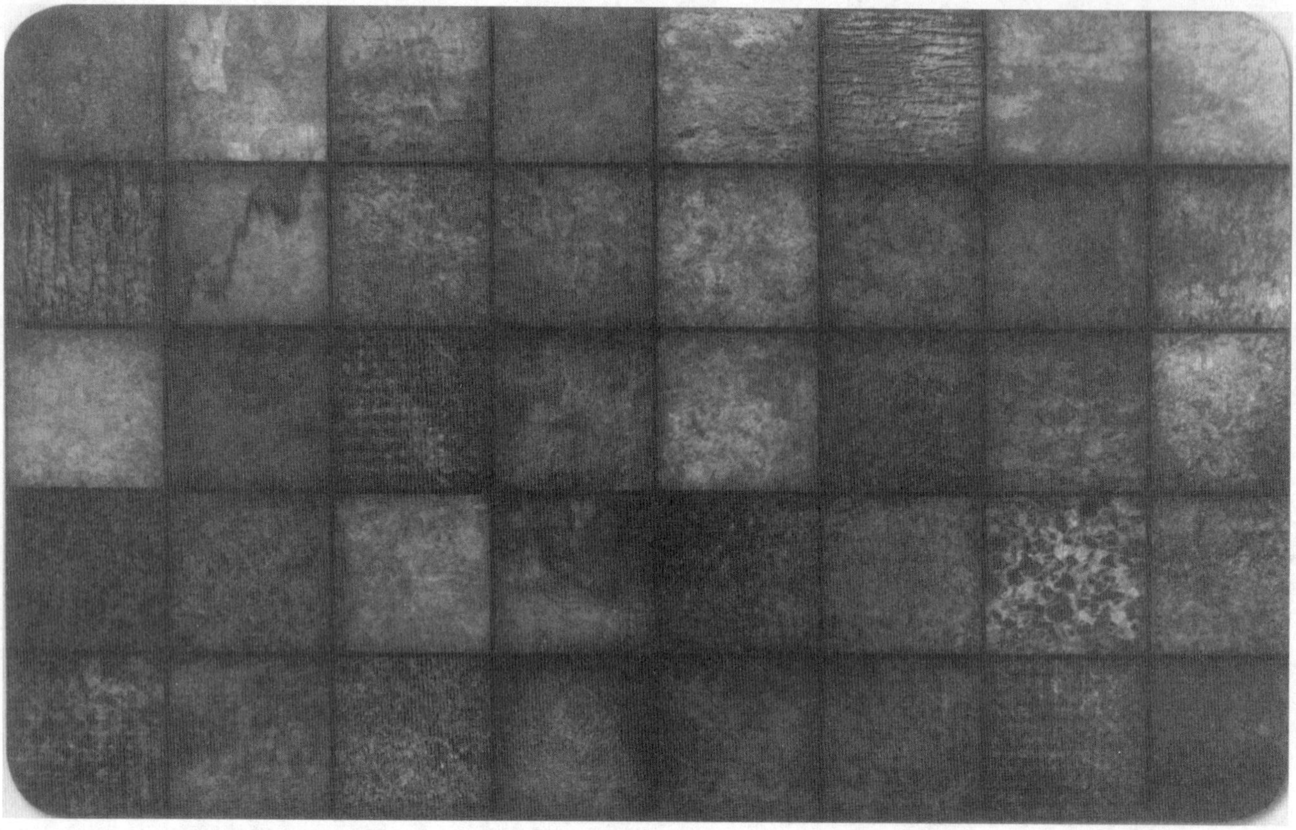

概览与目标

在这一章里，我们将考察评估、测验和等级评定的有效性。我们不仅关注它们可能对学生产生的影响，还会研究在实践中如何开发更有效的测验和评定的方法。

首先，本章会简要介绍有关评估的基本概念，比如信度和效度。接下来将会介绍教师每年都需要准备的各种不同的测验，以及不依赖于传统测验方式的新的评估方法。然后我们会探讨分数可能对学生造成的影响，教师应该怎样给出合理的分数，以及如何与学生和家庭就分数进行沟通这一重要的问题。最后，由于标准化测验很重要，我们会花一些时间来学习测验、测验分数的意义以及其他可以替换传统测验的方式。

学完这一章后，你应该能：

- 区分评价、测量和评估以及各自的功能。
- 区分常模参照评估和标准参照评估。
- 了解如何用信度、效度和无偏性来理解和判断评估过程。
- 描述两种传统的课堂测验以及如何使用真实性评估作为传统测验的补充。
- 描述分数对学生的影响以及教师与家长沟通学生分数的策略。
- 解释一些常见的标准测验分数，如百分等级、标准九、年级当量和量表分数。
- 了解当前标准化测验中存在的问题。

第一节 教学评估的基本含义

如果告诉你目前已经出版的一些测试，比如大学入学考试或智力测验都是 20 世纪的产物，你会感到吃惊吗？在 19 世纪末 20 世纪初，上大学需要通过分数、论文和面试来决定。从你自己的经验就能知道，从那时开始，测验经历了长时间的发展。现在出版的测验之所以被称为**标准化测验（standardized tests）**，是因为它们通过一种标准的方式进行管理、评分和解释——相同的目标、测试时间限制和对所有学生进行评分（Popham, 2011）。标准化测验意味着题目形成、测验管理、评分依据和结果报告都需要标准化。你所任教的学校可能就会使用标准化测验，尤其是为了达到《不让一个孩子掉队》法案的要求。然而在大多数学校，教师对于测验没有太多选择权。

另一方面，教师们自己创造了**课堂评估（classroom assessments）**。课堂评估有许多不同的形式——单元测验、小论文、档案袋、完成项目、动手操作、口头报告等。由于教学过程中需要作出各种决策，因此评估是很重要的，比如："这个软件适合我的学生吗？""Jacob 再读一次一年级会好一些吗？""Emily 的项目作业应该得 B- 还是 C+ 呢？"在这一章里，我们将主要介绍关于测量、测验、等级评定以及其他评估形式的判断。我们主要关注于课堂评估和标准化测验，但更重视前者，因为教师需要对课堂评估负责。在我们学习这两种评估形式之前，让我们首先看一下测量和评估之间的区别。

> **标准化测验（standardized tests）** 测验项目是给定的，通常在一致的环境下施测，评分过程有统一的程序。
>
> **课堂评估（classroom assessments）** 由教师选择和创造的评价方式，有许多不同的形式——单元测验、小论文、档案袋、完成项目、动手操作、口头报告等。

一、测量与评估

测量（measurement）是量化的——用数字对一个事件或特征进行描述。测量通过提供分数或等级告诉人们数量、频率或程度是多少。一名教师可能会说"Sarah 在 15 道加法作业题中，做对了两道题"，而不会说"Sarah 看起来并没有理解加法概念"。测量允许教师运用具体的评定标准来比较学生在相同任务上的表现情况。

当然，并非教师作出的所有决策都需要包含测量。有的决策基于无法用数字表现的信息，如学生的偏好、与家庭的讨论、先前经验、个人直觉等。但是，测量在许多课堂决策中确实扮演了非常重要的角色。如果运用恰当的话，测量可以为决策制定提供无偏的数据。

目前，测量专家越来越多地使用"评估"这一术语来描述收集学生学习信息的过程。**评估（assessment）**的概念比测验或测量的概念都要广泛，因为评估包含了取样和观察学生知识、技能和能力的所有方法（Linn & Miller，2005）。评估过程可以是正式的，比如单元测验，也可以是非正式的，比如观察在小组工作中谁扮演了领导的角色。评估可以由教师个人进行设计，也可以由学区或教学考试服务中心（ETS）等地方、州或国家相关机构来设定。今天，评估超越了传统的纸笔测试，主要基于学生的行为表现、档案袋、项目成果或手工作品等对学生进行评价（Popham，2011）。

（一）形成性评估和终结性评估

按照功能或用途划分，评估主要有两种形式——形成性评估和终结性评估。**形成性评估（formative assessment）**发生在教学之前或教学过程中。形成性评估的目的是指导教师计划和改善教学，同时也帮助学生改善学习。换一种说法就是，形成性评估帮助"形成"教学，并提供"非评判的、支持的、及时的和具体的"反馈（shute，2008，p.153）。通常，教师在教学之前会给学生进行形成性测验，这种**前测（pretest）**能够帮助教师了解学生已经知道了什么。有的时候，在教学过程中也需要进行测试，

> **测量（measurement）** 用数量（数字）表示评价的过程。
>
> **评估（assessment）** 用来获取学生表现的程序。
>
> **形成性评估（formative assessment）** 为了制订计划或实施诊断而在教学之前或教学过程中进行的一种不给出等级的测验。
>
> **前测（pretest）** 为了评价学生的知识、准备程度和能力而进行的形成性测验。

终结性评估（summative assessment） 教学之后评价成绩的测验。

常模参照测验（norm-referenced testing） 个体分数与其他人的平均分进行比较的测验。

常模团体（normal groups） 用团体的平均分作为评价其他学生在某测验上表现的标准。

以发现还存在哪些弱项，这样教学可以更有针对性。这些形成性测验不会影响期末等级，所以那些对“真”测验感到很焦虑的学生，在这种低压的测试中会收获很多。

终结性评估（summative assessment）发生在教学之后，目的是让教师和学生知道任务达成的水平。因此，终结性评估提供了一个有关成果的“总结”。期末考试就是一个经典的案例。

形成性评估和终结性评估的主要区别在于运用评估结果的方式不同。任何一种评估类型——传统方式、行为表现、项目完成、口语表达、档案袋等——都可以用作形成性或终结性的目的。如果评估的目的是为了提高教学水平，帮助学生指导自己的学习，评估就是形成性的；如果目的是为了评价最后的成就（同时决定课程学分），评估就是终结性的（Nitko & Brookhart，2011）。事实上，相同的评价在学习开始时可以作为形成性评估，在课程结束时也可以用作终结性评估。表 15—1 提供了一些表现评估的不同用途的案例。

在教学过程中，形成性地使用评估是非常重要的。Popham 认为：“任何一名主要用测验来决定学生得分高低的教师，在教师课堂评估中肯定是 F 级的。”（2008，p. 256）测验和其他所有的评估，都应该用来帮助教师做出更好的教学决策。

表 15—1　　运用测验进行教学决策

（评估的最大用途就是为制订教学计划、指导教学活动和检验目标达成而服务的。下表呈现了根据评估结果做出的决策。）

决策种类	典型的评估策略	决策选择
首先应该教什么？	教学之前进行前测	是否需要对具体的目标提供教学？
对于特定的教学目标应该维持多久的教学时间？	在学生进步的过程中进行评价	对于学生个体或全班学生，教学是应该继续进行还是可以停止了？
教学序列有多大效果？	比较学生的前测和后测成绩	在下次使用时，是否需要坚持、取消或修订现有的教学序列？

资料来源：Pophan, W. (2005). *Classroom assessment: What teachers need to know (4th ed.)*. Boston, MA: Allyn and Bacon.

任何测验本身是没有什么意义的，为了解释测验结果，我们需要进行一些比较。这里有两种基本的比较类型：第一种是对参加了同样测验的人的分数进行比较，这被称作为常模参照比较。第二种类型就是标准参照，在这种情况下，比较是基于一个固定的标准或最低的通过分数。事实上，同一测验既可以用常模参照的方式也可以用标准参照的形式来进行解释。

终结性评估

期末考试是典型的终结性评估方式。这种类型的评估方式发生在教学之后，并会提供一份成果总结。

（二）常模参照测验

在**常模参照测验（norm-referenced testing）**中，所有参加过该测验的人的成绩构成了常模，并以此来确定某一个体分数的含义。你可以把常模想象为某一特殊群体典型表现的水平。通过将个体的原始分数（实际分数）与常模进行比较，我们就可以判断这个分数高于、低于还是接近于这个团体的平均得分。教育领域至少有三种不同类型的**常模团体（normal groups）**或称比较团体——班级（或学校）内部、学区和全国样本。构成全国常模群体的学生需要参加在全国施测的大规模项目，然后将所有学生的得分形成这个群体的常模分数，直至测验被修订或重新划分常模。常模群体需要有选择性，这样才能保证常模包括了处于各种社会经济地位水平的团体。来自高社会经济地位家庭的学生在很多标准化测试中得分较高，因此处于高社会经济地位学区的学校得分也常常比常模组得分高。

常模参照测验的得分，应用非常广泛。特别是对于只有少数顶尖选手才能进入的项目，采用常模参照测验很合适。然而，常模参照测验也有一些局限性。常模参照测验的结果并没有提供学生是否可以学习更高级内容的信息。比如，知道一名学生在代数测验中得分位于班级前 3%，并不能告诉你他是否可以学习更高级的数学知识；事实上，班里的每一个同学对于代数概念的理解可能都存在局限性。

常模参照测验也不太适合测量情感目标或动作技能目标。为了测量个体的动作技能学习，你需要有一套描述清晰的标准。例如，即使是学校里最好的体操运动员，在某些项目上的表现确实比其他人要好，也仍然需要有关如何进一步提高的有针对性的指导。在情感领域，态度和价值观是个人化的，个体之间的比较是不合适的。比如，我们怎么能去测量一种政治价值观或某观点的“平均水平”？最后，常模参照测验是对竞争和分数的鼓励。一些学生想通过竞争成为最好，而另外一些意识到不可能成为最好的学生，则可能成为最坏。这两种情况，都会对学生造成一定的伤害。

（三）标准参照测验

将测验成绩与某一给定标准或标准行为进行比较，这就是**标准参照测验（criterion-referenced testing）**。为了决定谁适合去开车，重要的是决定一个优秀驾驶员的标准行为是什么，你的测验成绩与他人比较的结果并不重要。如果你考试的成绩在前 10%，但是你经常闯红灯，那么虽然你成绩很高，你也不能获得驾照。

标准参照测验测量的是对某些特定目标的掌握程度。标准参照测验的结果应该精确地告诉教师学生能够做什么、不能够做什么。比如，标准参照测验对于测量学生进行三位数运算的能力是很有帮助的，这个测验可以设计 20 个不同的问题，掌握的标准就是至少正确地回答其中的 17 个题目（当然具体的标准需要依赖于教师的经验判断）。如果一个学生正确回答了 7 个题目，另一个学生正确回答了 11 个题目，这并不意味着后一个学生做得比前一个学生好多少，因为这两位学生都没有达到合格的标准，都需要额外的教学辅导。

在教授基本技巧的时候，很多例子表明，把个人成绩与事前确立的某项标准进行比较比与他人比较更重要。如果班里学生的阅读成绩都不及格，作为父母，就算知道自己的孩子比班里其他孩子的阅读成绩都要好，也高兴不到哪儿去。有时候，设定的标准需要达到 100% 的正确率。你绝对不希望外科医生切除阑尾后，却把手术刀留在身体里面，即便这只有 10% 的可能性。

然而，标准参照测验也并非对所有情境都适用。许多学科内容无法被分解为一系列具体的目标。而且，就算标准制定在标准参照测验中是非常重要的，但正如你所见，这些标准的制定有时候也比较随意。决定一个学生是否掌握了三位数的加法时，标准可以是正确回答 16 个题目，也可以是 17，但很难说哪一个更合理。最后，有的时候，你需要知道，班里学生与当地或全国同年级的其他学生相比较成绩如何。由此，你可以看到每一种类型的测验在一定情境中都是有价值的，但每种测验都有其自身的局限性。

标准参照测验（criterion-referenced testing） 个体分数与某个设定的标准进行比较的测验。

二、信度和效度

评估过程（尤其是测验）中最常见的一个问题就是对结果进行了错误的解释。这个问题之所以经常出现，是因为人们相信测验可以精确地测量学生的能力。事实上，没有任何一个测验能够对个体的能力提供完全正确的描述，测验只测量了一小部分行为样本。在形成测验和解释结果时，信度、效度和无偏性是必须考虑的三个重要因素。

（一）信度

假设一个人的能力是保持不变的，如果一个

测验在两种情境下对个人能力的“解读”具有一致性和稳定性，就说明测验分数是可信的。一个测量精准的温度计的工作原理也是一样的，当把温度计置于沸水中，每次显示的温度都会是100℃。因此，在两个不同情境下施测同一测验，测量**信度**（reliability）意味着稳定性或者叫重测信度。如果让一组人参加同一测试的两个不同版本测验，这两个测验上的分数是可以相互比较的，这被称作复本信度。信度也可以表示一个测验的内部一致性或一个测验的精确性。这种类型的信度，比如分半信度，通常需要比较一半测验和另一半测验之间的相关。比如，如果一个人在所有的奇数题上做得很好，而偶数题做得不好，我们就可以认为测验题目在测量他们想要测量的东西上不具有一致性或者不精确。

信度计算有多种方式，但是所有的信度值都在0.0和1.0之间，就像相关系数一样。超过0.9就认为测验是非常可信的；0.8至0.9之间是良好；低于0.8的信度对于一些标准化测试而言就不是很好了，如SAT或ACT（Haladyna，2002）。一般而言，题目多的测验比题目少的测验信度更高。

（二）分数误差

所有的测验对于它们希望测量的品质或技能而言，都不可能做到完美的估计。在每一个测量情境中都存在误差。这些误差的产生与学生的情绪、动机、考试技巧甚至考试作弊都有关系。有的时候误差对你而言是有利的，误差让你得到一个高于自身考试能力的分数；有的时候误差对你是不利的。误差也和测验本身有关——测验目的不明确，测试题目要求的阅读水平太高，测验题目表述含糊不清，或者测试时间的限制有误。

每个学生得到的分数总会存在一定的误差。应该怎样减小误差呢？正如你猜测的那样，这又回到了刚才信度的问题。测验分数越可信，分数中所包含的实际误差就越少。对于一个标准化测验，测验开发者会考虑测量误差，同时对学生重复测验时分数的波动进行估计。这个估计被称为**测量的标准误**（standard error of measurement）。因此，一个可信的测验也可以认为是测量标准误很小的测验。

信度（reliability） 测试结果的一致性。

测量的标准误（standard error of measurement） 多次测验得分的误差估计。

置信区间（confidence interval） 某人的特定分数可能落入的区间范围。

真分数（true score） 在测验完全正确、没有误差的情况下，学生应该得到的分数

效度（validity） 测验测到想测事物的程度。

（三）置信区间

不要基于学生获得的某个确切的分数来估计学生的能力或成就。对于标准化测验，许多测量公司现在用**置信区间**（confidence interval）或标准误带来报告分数，这个区间包含了学生的实际得分。这就是利用了测量的标准误，同时允许教师了解分数的范围，这个范围可能包含了学生的**真分数**（true score）——在测验完全正确、没有误差的情况下，学生所获得的得分。

比如，我们假设班里有两名学生参加了西班牙语的标准化成就测验。测量的标准误是5，一个学生得到了79分，另一个学生得分为85分。起初一看，这两个分数似乎完全不同。可是，如果你考虑了这些分数的标准误带，而不仅仅是分数本身，就会发现标准误带存在重叠。第一个学生的真分数可能在74和84分之间（也就是实际得分79加上或减去标准误5），第二个学生的真分数应该在80分至90分之间。两名学生都有可能获得80、81、82、83或84分，因为分数带在这些数字上是重叠的。当选择学生参加某些特殊的项目时，记住标准误带是很重要的。任何一个孩子都不能因为得分比录取分数少一两分而被拒绝，因为这些学生的真分数可能是在录取分数之上。你可参看后文中的图15—5，里面就包含了分数带的报告。

（四）效度

如果测验分数是可信的，下一个问题就是这些分数是否有效或者是否正确，基于这些测验分数所得出的判断或决策是不是有效的。为了实现有效性，基于测验进行的决策和推论应该有证据支持。这就意味着**效度**（validity）与某个特殊的用途或目的有关，即跟实际做出的决定或该决定的证据有关。一个特定的测验对于某个目的可能是有效的，而对于另一个目的可能就没有效了（Frisbie，2005；Oosterhof，2009；Popham，2011）。

我们有不同的证据来检验一个具体的判断。如果测验目的是为了测量一门课程或者一个单元的技能，那么我们希望看到试卷覆盖了这些章节重要的主题。这样的话，我们就有了内容效度的证据。在你所参加的测验中，是否遇到过有的试

卷上只包含了课程的少部分内容的情况？如果是这样的话，基于那次测验所做的决策当然就缺乏内容效度的证据了。

有些测验是用于预测结果的。比如 SAT 就是为了预测学生在大学的表现。如果 SAT 的得分与大学第一年学生各科成绩的平均学分之间存在相关，那么我们在做录取决定时就有了效标关联效度。

更多的标准化测验适用于测量一些心理特征或"构念"，比如推理能力、阅读理解、成就动机、智力、创造力等。虽然收集构念效度的证据比较困难，但是构念效度非常重要——也许是最重要的。构念效度证据的收集需要几年的时间，它往往通过一些分数模式进行说明。比如岁数较大的孩子比岁数较小的孩子在智力测验上能够回答更多的问题。这与我们的智力结构是一致的。如果 5 岁的孩子和 13 岁的孩子在一个测验上回答正确的问题同样多，我们就应该怀疑这个测验是否真的测量了智力。如果一个测验的结果与另一个已被人们接受的同样结构的测验结果相关，也证明该测验具有构念效度。

现在，许多心理学家都认为构念效度范围是最广泛的，内容效度和效标关联效度被视作另一种决定该测验是否真实测量了希望测量的结构的方式。40 年前，Sam Messick（1975）提出，在使用测验进行任何决策时需要考虑两个重要问题：这个测验是否很好地测量了它想要测量的内容？这个测验是否适合这个目的？第一个问题是有关构念效度，第二个问题是有关伦理道德和价值观。

一个测验要有效，首先必须是可信的。比如，在几个月中对同一个小孩进行两次智力测试，两次测量的结果不同，那么这个测量结果就是不可信的。当然了，这也肯定不会是有效的智力测量方式，因为智力被假设是很稳定的，至少在一小段时间内具有稳定性。然而，信度高并不能保证效度高。如果对于一个特殊的孩子，这个智力测验每次都给出了同样的分数，但是这个分数不能预测学校的成绩、学习速度或其他一些与智力相关的特征，那么这个测验结果就不是智力的真实表现。所以说，这个测验是可信的，但不是有效的。信度和效度是所有评估过程都需要考虑的问题，而不仅仅限于标准化测验。课堂测验也应该有可信的结果，需要尽可能地减少误差，同时也应该有效度，即准确地测量到了需要测量的内容。

效度和信度

测量的信度和效度要求，依该测验旨在测量智力、知识、动机和个人经历等目的的不同而有所差异。

（五）无偏性

评估一个测验好坏的第三个标准就是无偏性。**评估偏见（assessment bias）**是指"评估工具因学生的性别、种族、社会经济地位、宗教和一些其他的群体特征而造成冒犯学生或不公平对待学生的性质"（Popham，2011，p. 111）。偏见是指测验的某些方面（如内容、语言或案例）可能扭曲了群体的反应——无论是好还是坏。比如，一个阅读测验中的文章描述了拳击或足球的某个片段，那么我们可以预测，男性的平均成绩可能比女性好。

评估偏见包含两种形式：不公平性和冒犯性。包含大量体育内容的阅读评估就是不公平性的例子——女孩由于缺乏拳击或足球知识而处于劣势。一个特殊的群体如果因为评估内容而感到被侮辱，就表现为冒犯性。如果受到冒犯，愤怒的学生就不会在评估中很好地表现自己了。

评估偏见（assessment bias） 评估工具因学生的性别、社会经济地位、种族、宗教和一些其他的群体特征而造成冒犯学生或不公平对待学生的性质。

文化公平/无文化差异测验（culture-fair/culture-free test） 没有文化偏见的测验。

基于宗教或社会阶层而造成的偏见怎么样呢？关于测量偏见的研究发现，大多数的标准化测试在预测不同群体学生的学业成就时都同样有效（Sattler，2001）。可即便这样，许多人仍然相信测量对某些群体来说是不公平的，测验可能没有程序性公平。也就是说，一些团体可能没有相同的机会来显示他们所知道的内容。比如：（1）测验和测试者的语言与受测学生的语言可能是不同的。（2）支持中产阶级价值观的答案可能得分更高。（3）在个别智力测验中，善于表达者得分会更高。在特定情境中能够放松心情的学生，他们的得分也会偏高。

同样，测验内容也可能是不公平的，因为不同的群体拥有不同的机会来学习测试材料。对少数特殊群体的学生而言，测验问题多关注的是主流文化群体学生熟知的经历和事实。请看下面这个由 Popham（2011，p. 371）提出的四年级测试题目：

My uncle's field is computer programming.

请看下面的句子。哪个句子中的 field 与上面题目中的 field 含义一致？

A. The softball pitcher knew how to field her position.
B. They prepared the field by spraying and plowing it.
C. I know the field I plan to enter when I finish college.
D. The doctor used a wall chart to examine my field of vision.

标准化测验和课本测验中有许多类似的题目，可是并非所有家庭把自己的工作描述为职业领域。如果你的家长在一个专业领域内工作，诸如计算机、医学、法律或教育界，你会很容易理解这个题目，可是如果你的家长在杂货铺或一个汽车修理店工作呢？这些算是“领域”吗？课外经历对某些学生解答这道题是有帮助的，但对另一些学生却没有帮助。

关心测量中的文化偏见问题也让一些心理学家尝试发展**文化公平/无文化差异测验（culture-fair/culture-free test）**，但目前结果还不太成功。在一些所谓的文化公平性测验中，来自低社会经济地位背景的学生所获得的成绩与标准的韦氏智力测验或比奈智力测验成绩一致，甚至更差（Sattler，2001）。当你想到这一点时，你应该怎样将文化因素和认知因素区分开来？每一个学生的学习都嵌入了自身的文化中，并且每一个测验问题都来自于某种文化知识。

当今，许多标准化测验都认真核查了评估偏见的问题，可是由教师编制的测验可能在测量内容上仍然存在偏见。教师应该让同事核查测验的偏见问题，特别是新手教师刚开始进行教学的时候，更应注意这一点（Popham，2011）。

在了解了形成性和终结性评估、常模参照和标准参照测验，并明确了信度、效度和无偏性等基本概念后，我们就可以准备进入教室了。在课堂里，教师需要使用累积性的问题不断地对学生进行评估，这些问题需要学生运用和整合相关知识。

第二节　课堂测验评估

停下来　想一想

回想一下你最近参加的一次测验。测验的形式是什么？测量结果能正确反映你所掌握的知识和技能的情况吗？你是否设计过测验？什么是一个好的、公平的测验？

许多人一想到课堂评估，就会想到测验。正如你所看到的，虽然现在的教师有许多其他的选择，但是测验在许多课堂中仍然是一种重要的活动。在这一部分中，我们将学习怎样评价一个与标准课程材料配套的测验，以及如何自己编写测验问题。

一、使用课本上的测验

现在的小学和中学教材都有辅助的配套材料，比如教学手册和准备好的测验。运用这些测验可以节约时间，可这是一种好的方法吗？答案依赖于你对学生设定的目标、你教授材料的方式以及这些测验的质量。如果课本测验的质量很高，与你的测验计划相符合，同时与你的教学目标相一致，那么运用这些测验就是一个不错的选择。检查每个题目的阅读水平，对不适当的题目进行修改（Airasian，2005；McMillan，2004）。表 15—2 列举了评价一个课本测验好坏需要考虑的关键因素。

表 15—2　判断课本测验时需要考虑的关键因素

1. 一个教师只有在确定了自己的教学目标和评估目标之后，才能决定是否用课本测验或已有的标准化成就测验。
2. 课本和标准测验都是为典型的课堂而设计的，可是每个课堂都具有一定的特异性，因此为了适应学生的需求，绝大部分教师必须对课本和课本测验进行或多或少的修改。
3. 课堂教学越偏离课本，课本测验的有效性就越差。
4. 判断一个课本测验或标准化成就测验的好坏，需要考虑的主要因素是测验问题和学生在课堂上所学到的知识的匹配度：
   A. 问题与教师的目标和教学重点相似吗？
   B. 问题是否要求学生表现他们所习得的行为？
   C. 问题是否涵盖了教学的所有或大多数重要目标？
   D. 语言水平和名词术语是否适合学生的年龄特点？
   E. 针对每个教学目标的题目数，是否可以有效测量出学生的学习表现？

资料来源：Airasian, P. W. (2005). *Classroom assessment*：*Concepts and applications* (*5th ed.*) New York: McGraw-Hill, p. 161.

如果没有现成的材料覆盖教学的内容，或者你的教师手册上的测验不太适合学生，你应该怎么办呢？此时，你就需要花时间自己设计测验。我们将主要介绍两种传统的测验类型——客观题和论述题。

二、客观题

多选题、连线题、判断题、简答题和填空题都是**客观测验**（objective testing）的类型。“客观”一词，意味着“测验的解释不具有开放性”或者“不是主观的”。与论述题相比较，这些测验题目的分数相对较为直接，因为这些问题的答案比论述题更清晰。

对于一个特定的测验，你怎样决定哪种题目类型是合适的呢？你应该采用那个最能测量到你想知道学生学习结果的方式（Gronlund & Waugh，2009）。也就是说，如果你希望看学生写信的能力怎样，就让他们写一封信，而不要问一些关于写信的选择题。可是，如果多种测验方式的测试效果是一样的，就采用多项选择题，因为这种题型评分更加公正，同时能够涵盖不同的主题。如果编写多选题有难度或者不合适，就换作其他题型。比如，如果相关概念（如“术语”和“定义”）需要被联系起来，连线题就比多选题更合适。如果制定多选题的错误答案有困难，就用判断题来代替。除此以外，可以让学生提供一个简短的答案来完成一个句子（填空）。客观测验的多样性能够降低学生的焦虑水平，因为测验分数并不依赖于一种类型的问题，而这种类型的题目有的同学可能会感到很困难。我们将要仔细研究多选题，因为这种题型运用最为广泛，但也最难运用好。

客观测验（objective testing） 多选题、连线题、判断题、简答题、填空题。得分的答案不需要解释。

（一）使用多选题测验

虽然 75% 的教育学者都反对使用多选题来决定学生的成绩，但一半的公立学校教师支持使用这样的测验方式（Banks，2005），所以你需要知道怎样才能运用好这种类型的测验。事实上，为了让学生做好充分准备参加《不让一个孩子掉队》法案要求的测验，很多学校都要求教师为学生提供多选题的回答技巧（McMillan，2004）。当然

题干（stem） 多选题中的问题提出部分。
干扰项（distractors） 多选题中提供的错误选项。

了，多选题可以进行事实性测验，但是，如果测验要求学生能够对概念和原理进行分析和运用的话，测验就不仅仅是回忆和再认了（Gronlund & Waugh，2009；McMillan，2004）。比如，下面的多选题就是用于评价学生对未经证明的假设的再认能力，它属于观点分析技巧的范畴。

一位教育心理学教授说："测验中，Z 分数 +1 与百分等级 84 是一致的。"那么，教授做出的假设是下面哪一种？

1. 测验分数范围是 0 ~ 100。
2. 测验的标准差等于 3.4。
3. 分数的分布是正态的。（正确答案）
4. 这个测验是有效的和可信的。

如果你不知道正确答案，不要着急，我们将会在后面介绍 Z 分数，你就会理解这个题目了。

（二）编写多选题

所有的测验题目都需要巧妙的构思，但是编写好的多选题确实是一个挑战。有的学生开玩笑说，多项选择题就是"多项猜测题"——这就表明这些选择题设计得不好。你编写多选题的目标是让这些题目能够测量出学生的学业成就，而不是考试或者猜测技巧。

题干（stem）是多选题中提出问题的部分，接下来的选择则被称为选项。错误选项被称作**干扰项（distractors）**，因为他们的目的就是干扰那些对材料一知半解的学生。如果没有很好的干扰项，那么那些对内容没有清晰理解的学生也能不费吹灰之力就找到正确答案。下面的"实践指南"对你编写题干和选项会有所帮助。

实践指南　编写客观题的测验项目

- 题干清晰明了，只问一个问题，省去所有不必要的细节。

例如：

1.（不好的）有几种标准分数或导出分数，智商分数特别有用是因为……

2.（好的）智商分数的优点是……

- 用肯定句陈述题干的问题部分，因为否定句容易造成混淆。如果必须使用像"不是"、"没有"或者"除……之外"这样的用词，请对这些词加上强调符号。

例如：

1.（不好的）下列哪一项不是标准分数？

2.（好的）下列哪一项**不是**标准分数？

- 学生很难精细区分选项。

例如：

正态曲线下从 +1 到 −1 标准差之间的面积大约是多少？

1.（不好的）a. 66%　b. 67%　c. 68%　d. 69%

2.（好的）　a. 14%　b. 34%　c. 68%　d. 95%

- 保证每个选项符合题干的语法，保证没有明显的错误选项。

例如：

1.（不好的）斯坦福—比奈测验可以得到一个

a. 智商分数 b. 阅读水平 c. 职业偏好 d. 机械能力倾向

2.（好的）斯坦福—比奈测验是一种什么测验？

a. 智力 b. 阅读水平 c. 职业偏好 d. 机械能力倾向

- 避免两个干扰项的意思相同。

如果只有一个正确选项，而两个选项的意思相同，那么这两个选项必定是错误的，这就大大缩小了选择。

- 避免使用带有绝对意义的词汇，如"总是"、"全部"、"唯一"或者"绝不"，除非所有的选项都一样。

聪明的作答者知道绝对意义的答案常常是错误的。

- 避免使用原文中的原词句。

学习落后的学生可能不理解意思就能发现答案。

- 避免过度使用"上述都对"和"上述都不对"。

这样的选项对那些简单猜测的学生有帮助。此外，"上述都对"可能会让那些速度快的学生看到第一个选项正确，就不再继续看其他的选项是否正确。

- 避免测验中出现明显的模式——这样有助于学生进行猜测。

正确选项的位置和长度应该是多变的。

三、论述题

测量某些学习目标的最好方法就是让学生自己创造答案。论述题就是其中的方式之一。论述题测验中最难的部分就是判断答案的质量，可是编写出表述清楚的问题也非易事。接下来，我们要讨论如何编写论述题、如何实施和评分。我们也会关注那些影响论述题评分偏见的因素，以及解决评分偏见的办法。

（一）编写论述题

由于每个题目的答题时间较长，因此，真正论述题测验比客观题测验涵盖的内容要少。所以，基于效率的考虑，论述题主要用来测量重要的、复杂的学习结果。论述题的题目为学生提供了清晰精确的任务，同时指明了答案中应该包含的要素。学生应该知道怎样扩展答案，每个问题应该耗时多少。请评价 Popham（2011，pp.183-184）提出的下面两个论述题：

1. 在刚才你所观看的视频中，出现了三段随处可见的电视广告。在这三段广告中，哪一段运用了经典的宣传技巧？（高中水平）

2. 请回顾过去 12 周的时间里，你所上过的数学课和做过的家庭作业，你能从中得出什么结论？答案不要超过 1 页纸。（初中水平）

问题 1 更清楚一些（你同意吗？），可是给予一些额外的提示会更有帮助。问题 2 给出了字数限制，可是你知道这个题问的是什么吗？具体问题究竟是什么呢？

同时，学生需要充足的答题时间。如果一节课中论述题目超过一个，那么，你需要对每个问题限制时间。可是请记住，时间的压力会增加学生的焦虑，或许还会妨碍到学生的正确回答。无论你采用何种方法，都不要通过补充大量问题来弥补论述题测量范围狭小的缺陷。增加论述题测验的频率，要比在一次测验中做多个论述题要好。在测验中将论述题和一定数量的客观题相结合，是避免对课程材料有限抽样的一种方式（Gronlund & Waugh，2009）。

（二）评价论述题

Gronlund 和 Waugh（2009）提供了论述题评分的几个策略。可能的话，首先最好是建立一个评分标准或评分说明，并与学生分享；然后，决定在每个答案中应该包含哪种类型的信息。这里有一个来自 TenBrink（2003，p. 326）的案例：

问题：内战对于一个发展中国家而言是必要的。你是支持还是反对这一观点？请为你的观点提供理由，并引用历史案例来证明你的观点。

评分说明：所有的答案，无论立场如何，都应该包含对观点的清晰陈述，至少有 5 点符合逻辑的原因，以及至少有 4 个历史案例来支持你的观点。

一旦你设置了期望答案的模型，你就可以对论述题的各个部分分配分数，你也可以为答案的组织性和内部一致性打分。你也可以用 1 至 5 或者 A、B、C、D、F 进行等级评定，并将试卷按等级汇编。最后，检查汇编后的每组试卷，看他们是否同质。这些技巧能够帮助教师确保评分时的公平性和准确性。

如果一个论述题测验包含多个题目，比较合理的方式是一次针对一个问题，在这个问题上对所有试卷评分完成后，再转到下一个问题的评分上。这避免了学生在一个问题上的答案影响了你对另一个问题的评分。当你对第一个问题阅读和评分完成后，打乱试卷的顺序，这样就不会有学生的每个问题总是第一个被评价（你可能会花更多的时间对这份试卷答案提供反馈或者评分标准更严厉）或最后一个被评价（你可能会因为感到疲惫而不提供任何反馈或评分标准更松懈）。如果你让学生把名字写在试卷背面，那么你的评分可能更加客观，这样整个评分过程都是匿名的。最后，确认评分者的公平性，让另一名同样熟悉你的教学目标和学科的教师在不知道分数的情况下，对考试卷进行抽查。这可以深入了解评分过程中的偏差。

（三）传统测验的价值

正确答案是很重要的。尽管学校教育需要学习如何思考和解决问题，但也需要获得有关的知识。学生需要拥有可以进行思维的东西——事实、理念、概念、原则、理论、解释、论点、表象、观点。设计良好的传统测验能够有效地评估学生的知识（Airasian，2005）。有些教育者认为传统测验应该比现在发挥更大的作用。教育政策分析家认为，与其他发达国家学生相比，美国学生缺乏必备的知识，因为美国学校强调过程——批判性思维、自尊、问题解决，而不重视内容。为了教授更多的内容，教师需要决定学生到底掌握了多少内容，而传统测验恰好能提供有关内容学习的有效信息。测验对于激发和引领学生的学习，也是很有价值的。有研究表明，一定频率的测验能够激发学习和保持注意力。事实上，经常参加测验可以提高学习，即使测验之后没有反馈——很糟糕的教学，但却有一个好的结果（Roediger & Karpicke，2006）。

（四）对传统测验的批评

从 20 世纪 90 年代起，传统测验一直受到严厉批评。正如 Grant Wiggins（1991）评论道：

> 我们不会仅以间接的、简单的测验去评定施乐公司、波士顿交响乐团、辛辛那提红人队或唐·培里侬葡萄园的优劣。同样，如果将某些一般、传统的测验作为评定是否达到标准的唯一工具，那里的工人也不会生产出高质量的产品。无论是对学生还是成年工人，如果要求他们提高品质，都需要根据这些工作来建立标准。（p. 22）

在最近的几篇论文中，Wiggins 不断地为评估的合理性提供建议，强调知识应被应用到真实情境中。理解能力不能通过测验测量出来，而应该考查学生在课外运用技能和知识的能力。

你在传统测验上的立场是你教学理念的一部分。下面让我们看看课堂评估的其他形式吧。

非传统评估

由于传统测验过多地强调对事实的回忆，而不是思维和问题解决过程，因此学者们提出了其他的替代评估形式。主要形式包括真实性评估、学生成果展示和学生档案袋。

第三节　真实课堂评估

一、真实性与表现性评估

真实性评估（authentic assessments）要求学生在真实生活中运用技能和能力。比如，他们可能会运用分数的知识来扩充或缩小食谱。正如 20 多年前 Grant Wiggins（1989）所说：

> 如果测验决定了教师的教和学生的学，那么改革测验就是必然的选择！但是改革的第一步是：测验那些我们认为重要的能力和习惯，并在情境中进行测验。使得测验具有可重复性，是每个学科面临的主要挑战。让测验变得真实吧。（p. 41）

真实性评估（authentic assessments） 考查学生在真实情境中的技能和能力的评估方法。

Wiggins 接着说，如果我们的教学目标包括了写作、说话、倾听、创造、批判性思考、做研究、问题解决或应用知识等多项能力，那么我们的测验就应该让学生去写作、说话、倾听、创造、思考、研究、解决问题和应用。怎样才能做到这一点呢？

很多教育者建议我们通过类比艺术和体育来解决这个问题。如果我们把测验想成吟诵、展览、游戏、模拟法庭审判或者一些其他的表现形式，那么好的教学就是针对测验来进行的。所有的教练、艺术家和音乐家都乐于“教授”这些“测验”，因为让学生在这些测验上表现优秀就是整个教学的重点。真实性评估就是让学生去表现。这种表现可能是思维表现、身体表现、创造性的表现或其他形式。所以，**表现性评估（performance assessments）**就是为了展现学习效果，要求学生开展一项活动或制作一个物品（Airasian, 2005）。

把思维称作行为表现，看起来似乎是很奇怪的，但其实它们之间有许多相似之处。认真的思考是需要冒风险的，因为真实生活的问题不能得到很好的定义。我们的思维结果常常是公开的——他人可以评价我们的想法。就像一个舞蹈演员接受百老汇的试听，我们必须接受被评价的结果。就像一个做雕塑的人看着一堆黏土，当学生面临困难的问题时必须做实验，需要观察、想象、重复实验和检测结果，需要运用基本技术和创造性的技术作出解释，决定怎样将结果与观众进行交流，同时需要经常接受批评意见并改进原来的解决方法（Eisner，1999；Herman，1997）。

对真实性评估的关注，促进了多种基于情景表现目标的测量方法的发展。不是要求学生去寻求那些假设情境中的“事实性”问题的答案，而是去解决真实世界的问题。在真实的应用过程中，事实是寓于情境中的。比如，不需要问学生这样的问题：“买玩具要花 60 美分，给营业员 1 美元，会找回零钱多少？”直接让学生用真实的钱来成对进行角色扮演，互相购买；或者设立一个模拟商店，由学生来购买找零等（Gronlund & Waugh，2009，p. 151）。下面就是九至十二年级的表现性评估题目，来自于纽约州的科学评估项目，你可以参考（http://butterfly.ctl.sri.com/pals/tasks/9-12/Perspiration/admin.html）。

问题描述：

学生用两个不同的试管收集冷却水的数据，一个试管包裹在湿报纸里，一个在干报纸里。然后估计趋势，做出预测，并描述清楚此实验如何与人体的汗水相类似。此任务评估学生一系列的能力，包括观察能力、收集数据的能力、估计趋势和预测的能力、理解实验与真实生活相关的能力。

总体任务的内容领域：

生命科学

特定知识领域：

调节和行为

预期表现：

- 进行调查
- 使用设备
- 收集、组织和表述数据
- 从所调查的数据中得出结论
- 运用科学原理解释和解决新问题

学生在解决这种问题时，需要运用相关的科学知识去理解真实生活现象——汗水。在这个过程中，学生需要进行批判性的思考，同时写作应该具有说服力。每一年，许多州都会为公众公布一部分往年的测验题目。SRI 国际学习技术中心是一个非营利的科学研究单位，它也提供了一些基于表现性评估的在线资源库，这些资源与国家科学教育标准相联系。这个资源库被称作 PALS（与科学相关联的表现性评估）。你可以点击相关网站去查看幼儿园至十二年级学生的表现性任务。你可以根据标准和年级水平选择不同的任务。每个任务都为学生提供了指示，也给管理者提供了使用指南和评分标准，许多还有学生作品的样例。上述生命科学的任务就来自于该网站。

表现性评估（performance assessments） 为了展现学习效果，要求学生开展一项活动或制作一个物品的评估形式。

二、档案袋和成果展示

档案袋和成果展示是两种需要学生在一定情境中进行表现的评估方式。在这样的评估方式下，很难说清教学什么时候停止，评估什么时候开始，因为这两个过程是相互交织在一起的（Oosterhof, 2009；Popham，2011）。

（一）档案袋

多年以来，摄影师、艺术家、模特和建筑师都采用档案袋的形式来展示他们的技术，并展示

档案袋（portfolio） 对学生某个领域作品的收集，展现了学生的成长、自我反思和成就。

给潜在的买家。**档案袋（portfolio）**就是一个收集作品的系统，常常包含表现工作进步、修改的作品，也包括学生的自我分析，以及对学生所学知识的反思。书面作业或艺术作品是档案袋较常见的内容。当然，学生也可以给档案袋的潜在读者写信，告诉读者档案袋每部分的内容和重要性，也可以在档案袋中增加图表、图片、幻灯片、说服信或诗歌的草稿以及最终版本、阅读书目、推荐网站、同辈评论、视频录像、实验室报告或电脑程序等——所有可以展现学生所学领域和需要评价领域的学习材料，都可以成为档案袋的内容（Popham，2011）。过程性档案袋和最终或"最佳作品"档案袋之间是有区别的，这个区别与形成性评估和终结性评估之间的差别类似。过程性档案袋记录了学生学习进步的过程，而最佳工作档案袋展示了学生最后的成果（Johnson & Johnson，2002）。表 15—3 展示了个体和团体的一些档案袋案例，它说明了怎样在不同的学科领域内有效使用档案袋。

表 15—3　个体和团体的过程性和最佳作品档案袋案例

过程性档案袋		
学科	个体学生	合作小组
科学	使用科学方法解决一系列实验室问题的文件记录（运行的程序记录）	使用科学方法解决一系列实验室问题的文件记录（观测核查表）
数学	通过两栏数学问题解决的方式进行数学推理的记录（在左边进行运算，在右边对运算过程进行评论性的解释）	复杂问题解决和高级策略的使用记录
语文	从提纲、研究笔记、对他人修改的回应和最后的文稿等这些早期记录中观察作品的衍变	发展确保高质量同辈修改作品的注释和流程
最佳作品档案袋		
学科	个体学生	合作小组
语文	最佳作品具有多种风格——叙述、幽默、创造性（诗歌、戏曲或短篇故事）、新闻性（报告、社论、评论）和广告作品	最好的戏剧作品、影视企划、电视广播、报纸、广告展览
社会	最好的历史研究论文、对历史问题的观点、对现实事件的评论、原创的历史理论、对历史传记的回顾以及对学术观点的论述	最好的社区调查、学术报告、口述历史文献、对历史事件的多维分析、历史人物的记者访谈录
艺术	最佳的创意性作品，如绘画、油画、雕刻、陶艺、诗歌和戏剧演出等	最佳的创意作品，如壁画、剧本撰写和演出、创新发明的想法及实现

资料来源：Johnson, D. W., & Johnson R.T. (2002). *Meaningful assessment: A meaningful and cooperative process*. Boston, MA: Allyn and Bacon.

下面的"实践指南"给出了一些在教学中使用档案袋的建议，你可以参考。

（二）成果展示

成果展示（exhibition）是一种表现性评估，并具有两种额外的特征。首先，它具有公开性，所以学生在准备过程中需要考虑观众的因素，交流和理解是很关键的。其次，展览品需要很长时间的准备，因为这是整个学习项目的最终的经历呈现。Thomas Guskey 和 Jane Bailey（2001）认为，成果展示可以帮助学生理解好作品的品质特点，并在自己的作品或表现中找到这样的品质。当学生在选择展示作品并能够清楚地说明自己的选择理由时，学生也能从中获益良多。培养学生判断作品的质量，能够让学生有清晰的目标，从而激发学生的动机。

成果展示（exhibition） 一种表现性评估或学习展示，具有公开性，常常需要花额外的时间进行准备。

实践指南 档案袋的制作

- 让学生参与选择制作档案袋的作品。

例如：

1. 在每个教学单元或一学期的时间内，让学生选取符合某个标准的作品，比如“我最难的问题”、“我最好的作品”、“我进步最大的作品”或“解决……问题的三种方法”。

2. 在提交最后的作品时，让学生选择一份能够表现他们最佳学习成果的作品。

- 确保档案袋包含有展示学生自我反思和自我批评的信息。

例如：

1. 要求学生说明他们选择这个作品的原因。
2. 让每个学生为档案袋写一份目录，解释这个档案袋的作品所反映的优点和缺点。
3. 包括自我批评和同辈批评，需要特别指出什么是好的，什么是需要改进的。
4. 基于自己的作品建立一个自我批评的模型。

- 确保档案袋反映出学生的学习活动。

例如：

1. 包含代表性的项目、文章、书画等。
2. 让学生把学习目的和档案袋的内容相结合。

- 档案袋在不同时期表现出不同功能。

例如：

1. 在早期，档案袋可以包含一些未完成的作品或“问题作品”。
2. 在学年结束时，档案袋应该只包含学生愿意向公众展示的作品。

- 确定档案袋展现学生的成长。

例如：

1. 让学生根据某些维度来展示学习的进步，并通过一些具体的作品来说明自己的成长。
2. 让学生在档案袋中纳入能够反映个人成长的校外活动记录。

- 教学生如何制作和使用档案袋。

例如：

1. 把一些做得较好的档案袋作为范例，但要强调每一份档案袋都代表每个人不同的表达方式。
2. 经常检查学生的档案袋，特别是在早期学生刚刚开始学习制作档案袋的时候。在检查后，给学生提供建设性的反馈。

三、评价档案袋和行为表现

由于对行为表现、档案袋和成果展示的评估都是标准参照，而非常模参照，因此当教师在评价实际表现时，核查表、等级评定量表和评分准则都是很有帮助的。也就是说，学生的作品和表现应该与现有的公众标准相比较，而不是通过与其他学生的作品进行比较后划分等级（Wiggins，1991）。

（一）评分准则

核查表或等级评定量表对一个行为表现的各项元素给予了具体反馈。**评分准则（scoring rubrics）**是用来决定学生行为质量的规范，通常是四点计分量表，从“优秀”到“不恰当”，或者用分数代表不同等级——比如，10 分表示优秀、6 分表示良好等（Mabry，1999）。在一项与团体有关的研究项目中，对优秀的“负责任的受托”的表述可能会是：

> 团体中的每一名学生都能够清晰地解释团体所需要的信息，成员应该明白自己对哪一项信息负有责任，团体什么时候需要这项信息。

这个准则是通过 Rubistar（http://rubistar.4teachers.org/index.php）指定的，这是一个提供给教育者的在线服务，教师可以选取一个教学领域及下属分支，然后就此设计一个准则。为了得到上面的准则，我选择了写作这个领域——“小组计划和研究项目”——同时选择了下属分支“负责任的受托”。在下面的“实践指南”中，Goodrich（1997）、Johnson 和 Johnson（2002）以及 Popham（2011）为制定评分准则提出了一些建议，你可以参考。

> **评分准则（scoring rubrics）** 用于确定学生行为质量的规范。

实践指南　　形成评分准则

1．列举范例。向学生展示什么是好的作品和不太好的作品，并告诉学生好作品有哪些特征，不好的作品有哪些特征。

2．提供标准。通过和学生进行范例讨论，列举出高质量作品包含的要素。

3．清晰表明行为质量的不同等级。描述质量最好和质量最差的水平，然后通过你对常见问题的理解和对一般水平作品的讨论，填写中等质量作品所具有的要素。

4．运用范例进行练习。让学生依据标准，评价你在第一步中给出的范例。

5．运用自我与同辈评价。给学生布置任务，要求在他们学习的过程中，偶尔停下来进行自我评估和同辈评估。

6．修订。基于第五步所得到的反馈，给学生提供时间修改自己的作品。

7．运用教师评价。在你进行等级评定时，确保运用同样的准则来评价学生的作品。

注意：第一步只有当学生在参与不熟悉任务的时候才是有必要的。第三步和第四步很重要，但是很耗费时间，你可以自己进行这两步，尤其是当你已经有了一段时间的评分准则使用经验之后。一个班级如果已经熟悉了以评分准则为依据的评估方式，这将使得过程更加简化，开始时先制定标准，然后教师标明行为表现的不同等级，并与学生确认，再做修改，最后就可以将这些准则运用到自我评估、同辈评估和教师评估中。

表现性评估要求教师作出仔细判断，同时需要与学生沟通什么是好的行为，或者什么地方需要改进。在某种意义上，这种方法与比奈在评估智力时最初使用的临床诊断方法相似：需要对学生完成一系列的任务表现进行观察，并将其行为表现与某个标准相比较。正如比奈绝不希望通过一个单一的数字来反映孩子的智力一样，使用真实评估方式的教师也不要试图用一个数字来代表学生的表现。即使是需要排名、划分等级、给出分数，这些评判也不是终极目标——学习的改进才是真正的目的。

让学生参与制定评分等级和评分准则，对于学生的成长是很有帮助的。在这一过程中，学生需要判断在某个特殊领域内什么样的作品才是高质量的，因此他们提前知道了什么是被期望的作品。在学生设计和应用评分准则的过程中，他们的作品和学习也可以随之得到改进和提高。图15—1给出了三种评价口头报告的方式：数字、图形和描述性语句。

（二）信度、效度和普遍性

由于教师的个人判断在评价学生行为表现时占有重要作用，因此有关信度、效度和普遍性的问题就是需要重点考虑的因素。一个教师评估的“优秀”可能等于另一个教师评估中的“一般”。研究表明，随着评分者经验的增加和评分准则的完善，信度可以得到改善（Herman & Winters，1994；LeMahieu，Gitomer，& Eresh，1993）。有时候，信度得到提高只是因为评分准则让评分者只关注了少数的维度，同时限制了评分等级。如果评分者只能进行1、2、3、4这四个等级评定，那么与百分制的评定相比，前者的评分更容易趋同。所以，评分准则让评分信度得到提高，并不是因为它们让评分者达成一致，而是因为准则限制了选择性，从而也限制了分数的效度（Mabry，1999）。

就效度而言，有证据表明，通过档案袋评价被评为“优秀的写作者”的学生，却在标准写作测验中表现得不那么优秀。哪种测验形式能更好地反映了学生的能力呢？目前确实还不好下结论。另外，如果发展了一个评估某种具体任务的标准，除了相似的任务以外，运用这些标准可能并不能预测其他的行为。所以，我们不知道一个学生在某项具体任务上的行为表现是否代表了更广泛的学习情况（Haertel，1999；Herman & Winters，1994；McMillan，2004）。

（三）表现性评估中的多样性和偏见问题

公平性是所有评估方式都需要考虑的问题，行为表现评估和档案袋评估也一样。对于一个公开的行为表现，即便使用昂贵的录音、录像或图像资源，由于学生的外貌、语言等原因，也会产生评分偏差效应。行为表现评估和其他测量形式一样，会潜在地不公平对待那些家境不富裕或来自不同文化背景的学生（McDonald，1993）。一些额外的小组作业、同辈编辑加工和课外的档案袋制作时间，都意味着一些学生能够获得更多的外在网络支持。班里很多学生在家里都拥有复杂

数字评定量表

指导语：

当学生在进行口头报告时，指出学生表现出下述行为的频率如何。对于各种行为，如果学生总是有表现，请在 1 画圈；如果经常有表现，请在 2 画圈；如果很少有表现，请在 3 画圈；如果从没有表现，请在 4 画圈。

肢体表达

A. 站姿笔直，面向观众。

1　2　3　4

B. 随着语调的变化而改变面部表情。

1　2　3　4

图形评定量表

指导语：

当学生进行口头报告时，在最能表现学生每种动作频率的地方画 ×。

肢体表达

A. 站姿笔直，面向观众。

总是　经常　很少　从不

B. 随着语调的变化而改变面部表情。

总是　经常　很少　从不

描述性语句评定量表

指导语：

当学生进行口头报告时，在最能表现学生每种动作频率的地方画 ×。

肢体表达

A. 站姿笔直，面向观众。

站姿笔直，经常看着观众　摇摆、烦躁，眼神在观众和天花板间移动　漫无目的地不断移动，与观众没有眼神交流

B. 随着语调的变化而改变面部表情。

内容重点与面部表情相一致　面部表情常常是合适的，但有时缺乏面部表情　语调和面部表情之间不一致，表达时分心

资料来源：Airasian, P. W. (2005). *Classroom assessment*: *Concepts and applications* (*5th ed.*) . New York: McGraw-Hill, p. 251.

图 15—1　评价口头报告的三种方式

的图片处理和打印技术，另一些学生从家里获得这方面的帮助却很少。这些差异都能够成为偏见和不公平性的来源，特别是在档案袋和成果展示评估中。

四、非正式评估

非正式评估（informal assessments）是不给出等级的评价，从多种渠道收集信息以帮助教师作出决策（Banks，2005）。在单元学习早期，评估应该是非正式的（提供反馈，而不是给出等级），当所有学生都有机会学习材料的时候，在单元学习后期再给出真实的等级评定（Tomlinson，2005a）。日记、观察学生、使用核查表、提问和让学生进行自我评价，都属于非正式评估。

（一）日记

日记是在非正式评估中较具灵活性且应用非常广泛的一种方式。学生经常都要按时写个人或小组日记。Michael Pressley 和他同事（2007）的研究发现，优秀的一年级语文教师让学生写日记主要有三个目的：（1）日记是一种交流工具，允许学生表达个人的思考和想法；（2）记日记为学生提供了应用所学知识的机会；（3）日记可以作为一种练习语言流畅性和创造性的方式。

为了更好地让教学符合学生的需求和兴趣，日记是教师了解学生的一种方式。教师也可以通过学生对某些问题的回答来了解学生的情况，从而促使学生关注学业学习。Banks（2005）记录了一名高中物理

> **非正式评估（informal assess-ments）**
> 不需要评分的评估方式，可收集多种信息帮助教师作出决策。

教师要求学生在日记中回答的三个问题：（1）如果你只知道斜坡的倾斜程度，你怎样确定摩擦系数？（2）比较磁场、电场和引力场的相同点和不同点。（3）如果要向你的好朋友介绍声音这个概念，你会选择什么样的音乐来表现这一概念？

当他在阅读学生的日记时，这名教师意识到许多学生关于摩擦力、加速度和速度的最近概念都来源于个人经验，而不是科学的推理。为了满足学生的需求，他需要改变教学方式。如果教师没有阅读学生的日记，他就很难知道教学中应该做出这种改变（Banks，2005）。

还有很多其他的非正式评估方式——做笔记、对学生行为进行观察、评分量表和核查表。事实上，当每次问问题或者观察学生展示技能的时候，教师都在进行非正式的评估。请看表15—4，这个表总结了针对不同目标而进行评估的可能性和限制。在这里，我们要传递的核心信息是：不同的学习结果需要不同的评估方法，要让评估方式与教学目标尽量相匹配。

表15—4　让不同的评估工具适合不同的目标

	评估方法			
评估目标	选择性反应	论述题	行为表现评估	个人交流
知识掌握	多项选择题、判断题、连线题、填空题可以评价知识掌握的熟练程度	论述题有助于理解知识体系各要素之间的关系	不是评价这一教学目标的好方式——推荐使用其他三种方式	能够提出问题、对答案进行评估、推测对知识的掌握程度——但较为耗时
推理水平	能够评估对基本推理模式的理解	对复杂的问题解决过程进行记录，有助于评估推理的水平	能够观察学生解决问题的能力，并推测学生的推理水平	能够让学生出声思考，也可以通过不断提问来了解学生的推理过程
技能	能够评估对技能性表现先决条件的掌握程度——但不能评估技能本身	能够评估对技能性表现先决条件的掌握程度——但不能评估技能本身	在学生表现的过程中，能够对技能进行观察和评估	当技能是口头交际能力时，这种测量方式很好；也能测量对技能性表现先决条件的掌握程度
创造作品的能力	能够评估对创造高品质作品的先决条件的掌握程度——但不能评估作品本身的质量	能够评估对创造高品质作品的先决条件的掌握程度——但不能评估作品本身的质量	最佳的评估方式：(a)能够评估创作的发展水平；(b)能够评估作品本身	能够探索过程性知识以及与高品质作品有关的知识——但不能评估作品本身的质量

资料来源：Johnson, D.W., & Johnson, R.T. (2002). *Meaningful assessment: A meaningful and cooperative process*. Boston, MA: Allyn and Bacon.

（二）让学生参与评估

让学生参与评估过程，一方面可以让教学和评估过程相联系，另一方面学生能够跟踪和评价自己的进步，也是提高学生效能感的一种重要方式。下面是Stiggins和Chappuis（2005）提出的一些其他观点。他们认为，在评估过程中，学生可以：

（1）通过与同伴核查和讨论优秀的、一般的和较差的作品或行为的例子，来学会了解判定标准是什么。然后选择一个较差的例子来修改和提高。

（2）向老师或同伴描述（口头或者书面）完成任务的方式、遇到的问题、考虑的选择和最终的结果。

（3）在项目开始前分析其优缺点，然后和教师或同伴进行讨论如何在工作中有效运用优点、克服缺点。

（4）两人一组来编制测验中可能会用到的问题，并讨论这些问题为何是好问题，然后一起回答。

（5）回顾之前的工作并分析是如何发展的。例如，可用这样的语句来描述：“我曾经这样认为……但现在我知道……”经过多次这样的分析之后，可用这样的框架来总结：“在开始之前我了解哪些？我从中学到了什么？接下来我还想继续学些什么？”

（6）在测验前几天，写下一些提示：测试中一定会考到什么？会用什么类型的问题（多选题、论述题）？我会表现怎么样？我还需要做些什么准备？

最后需要提醒的是，教师在根据具体的学习目标来组织测验题目的基础上，可以为学生准备一个测验分析图，图中应包含“我的优势”、“快速复习”以及“未来学习”等三个部分。批改完试卷后，把试卷返还给学生，学生开始总结自己已经掌握的学习目标，并将其写在“我的优势”框中。然后，学生把错误答案按照“简单错误”或“未来学习”进行分类，并把“简单错误”归于“快速复习”框中。最后，学生按照“未来学习”框中的提示写出下一步学习目标。

教师无论怎样评估学生，最终都需要给出分数。下面我们就来讨论这个问题。

第四节 评分

停下来 想一想

回想一下你的成绩报告单以及多年以来的分数。你是否得到过比自我期望更低的分数？当你得到低分时，你对自己、对老师、对这门学科的感受是什么？老师通过什么方式来帮助你理解这个经历，并让你从这段经历中获益？

在给出最后分数的时候，教师需要进行一个重要的决策——学生的分数是否应该反映学生在班级中的地位？或者这个分数是否反映了学生对知识的掌握数量和掌握程度？也就是说，这个分数应该是常模参照的还是标准参照的？

一、常模参照评分与标准参照评分

在**常模参照评分**（norm-referenced grading）中，分数主要受到参加这门课程的其他学生表现好坏的影响。如果这名学生很努力，班里的其他学生也很努力，那么这名学生有可能只能得到一个比较失望的分数，也许是C或者D。一种常见的常模参照评分类型被称作**曲线评分**（grading on the curve）。你对这种评分方式的感受，取决于你的分数在这条“曲线”的什么位置上。有证据表明，这种评分方式破坏了学生之间以及师生之间的关系，同时也降低了大部分学生的学习动机（Krumboltz & Yeh，1996）。如果这条曲线武断地限制了高分的数量，那么在这场评分游戏中，大多数的学生都是失败者（Guskey & Bailey，2001；Haladyna，2002；Kohn，1996b）。30多年前，布鲁姆和他的同事（1981）就指出了曲线评分的谬论：

> 正态曲线没什么神奇的。它是对随机活动和概率分布的最恰当的解释。教育是有目的的活动，我们需要让学生学会我们教授的东西。如果我们的教学是有效的，那么这个成绩的分布应该与正态分布是不同的。事实上，在某种程度上来说，如果成绩分布曲线与正态分布差异不大的话，那么只能说明我们在教育上所付出的努力是不成功的。（pp. 52−53）

在**标准参照评分**（criterion-referenced grading）中，分数代表着一系列的成就。如果对课程设置了清晰的目标，分数就代表着目标的达成数量。如果使用标准参照系统，就需要事先设定每个分数的标准，然后学生需要按照标准获取相应的分数。理论上，在这个系统中，如果学生达到了标准，那么每位学生都能够获得A。标准参照评分对界定清晰的教学目标的成就判断是有优势的。有的学区已经发展了成绩报告单系统，在这个系统中报告了教学目标以及学生在每个目标上的成果评估，在每个教学单元结束的时候需要进行报告。图15—2列举了一份标准参照的成绩报告单，它展现了

常模参照评分（norm-referenced grading） 通过与他人比较来评估学生的学习成就。

曲线评分（grading on the curve） 这是一种常模参照的评分方式，通过将学生的行为表现与平均水平进行比较来评分。

标准参照评分（criterion-referenced grading） 根据学生对课程目标的掌握程度进行评估。

教学评估和单元目标之间的关系。

每个学校都有自己特殊的评分系统，所以我们不会花过多的时间介绍不同的评分系统。下面我们就来考虑另外一个问题，这个问题值得进行认真的研究。分数对学生到底造成了什么样的影响？

LINCOLN 小学
五年级

学生________ 教师________ 校长 Muriel Simms 学期 2 3 4

E= 优秀 S= 满意 P= 有进步 N= 需要改进

阅读
材料使用：________
____
____ 读懂
____ 能写出文章大意
____ 能及时准确完成阅读小组作业
____ 表现出对阅读的兴趣
阅读技能
____ 解码新词
____ 理解新词
独立阅读水平
低于平均 / 平均 / 高于平均
语文
____ 有效使用口语表达
____ 仔细倾听
____ 掌握需要每周拼写的词语
写作技能
____ 理解过程性写作
____ 打草稿
____ 对草稿进行有意义的修改
____ 进行编辑加工，形成终稿
编辑修改技能
____ 大写字母
____ 标点符号
____ 使用完整的句子
____ 使用段落
____ 查字典的能力
写作技能水平：
低于平均 / 平均 / 高于平均

数学
解决问题
____ 解决教师提出的问题
____ 解决学生自己提出的问题
____ 能够创造出很多故事性的问题
解释问题
____ 能够使用合适的策略
____ 能够使用不止一种策略
____ 能够通过书面表达解释策略
____ 能够口头解释策略
数学概念
理解 10 以上的
初学 / 发展 / 精通
乘法、基本事实
初学 / 发展 / 精通
两位数乘法
初学 / 发展 / 精通
除法
初学 / 发展 / 精通
几何
初学 / 发展 / 精通
总体的数学技能水平：
初学 / 发展 / 精通
态度 / 工作技能
____ 喜欢迎接挑战
____ 坚持性
____ 能够从他人身上学习
____ 倾听他人
____ 参与讨论
它显示了
它起作用于：________
目标：________
它起作用于成就目标：________
____

社会
____ 理解学科重要性
____ 展示好奇心和热情
____ 对课堂讨论有贡献
____ 使用地图的技能
____ 通过解释文章展示阅读技能
主题涵盖：个人文化、哥伦布——第一个英属殖民地
科学
____ 展示对不同科学学科的好奇心
____ 提出好的科学问题
____ 展示与科学方法有关的知识
____ 利用科学方法的有关知识去建立和运行实验
____ 进行好的科学观察
____ 有科学研究主题
主题是________
我猜想
学生现在正在进行________
____
工作技能
____ 仔细倾听
____ 遵守指令
____ 工作利索仔细
____ 检查工作
____ 准时完成工作
____ 有效利用时间
____ 很好的独立工作
____ 很好的团队工作
____ 学习中具有冒险精神
____ 喜欢迎接挑战

家庭作业
____ 自己选择家庭作业
____ 正确完成作业
____ 准时完成作业
报告 / 项目
____
____
人际关系
____ 有礼貌
____ 尊重他人权利
____ 进行自我控制
____ 与同辈互动良好
____ 在班里具有合作和积极的态度
____ 当需要与他人一起工作时，具有合作的态度
____ 愿意帮助其他学生
____ 能与其他成年人良好互动（实习教师、家长等）

出勤情况

	第一次	第二次	第三次	第四次
出勤				
缺勤				
迟到				

下一年的安置：________

图 15—2 一个标准参照的成绩报告单

资料来源：Lincoln Elementary School, Grade 5, Madison, WI.

二、分数对学生的影响

当我们在考虑分数的时候，我们常常会想到竞争。高竞争氛围的班级对于易焦虑、缺乏自信心、准备不充分的学生而言，学习起来比较困难。所以，虽然高标准和竞争性与学习成就的增加有关，但是也需要在高标准和合理的成功几率之间寻求平衡。Stiggins 和 Chappuis（2005）观察到：

> 在学生早期的学习经历中，我们把教师对他们进行课堂评估的结果反馈给他们，他们从这些结果中勾勒了自己作为一名学习者的生活缩影。随着时间的推移、证据的积累，他们会判断自己成败的概率。他们会决定自己是否做出继续学习的承诺，他们决定……是否对学校经历进行投资。这样的决定，对于他们学业幸福感的建立是非常关键的。（p. 11）

这样看起来，似乎应该尽量避免在学校发生低分数和失败。可是，情况并非如此简单。

（一）失败的价值?

Margaret Clifford（1990，1991）在从多个视角回顾了有关失败效果的众多研究后，总结道：

> 教育者现在应该让成功具有挑战性。我们必须鼓励学生发挥最大的潜能，允许他们犯错误，允许他们从错误中学习，要把成功看作一个渐进而非连续的过程。（1990，p. 23）

事实上，保护学生免遭失败以及保证成功的思想，有时可能还会起到反作用。特别是当教师帮助学生发现了努力学习和成绩改善之间的联系的时候，某种水平的失败对于大多数学生而言反而是有益的。Carol Tomlinson 是一个差异化教学的专家，他对此认为：“有的学生过去的学习经历让他们认为即使付出最少的努力也能获取成功，这样的学生学习就会不努力，并且他们会觉得高分就是自己的权利。”（2005b，p. 266）所以，也许并不是失败，而是准确和关键性的反馈，对那些觉得学习很容易的学生尤其重要（Shute，2008）。

（二）留级

迄今为止，我们讨论了学生测验失败或某门课程失败的后果。那么，留级对学生会产生什么影响呢？在北加州进行的一项研究发现，从 1992 年到 2002 年，幼儿园留级率翻了一番，2002 年有超过 6% 的孩子留级。在美国 16 ～ 19 岁这个年龄段中，大约 10% 的学生至少留级过一次（Wu，West，& Hughes，2010）。研究发现，留级生更多是男生，大部分来自弱势群体或贫困家庭、年龄较小，在他们生活的早期也很少有机会参加与儿童成长相关的项目（Beebe-Frankenberger, Bovina, MacMillan，& Gresham，2004；Hong & Raudenbush，2005）。那么，留级是一项好政策吗？下面的“正方观点 / 反方观点”试图回答这个问题，你可以参考。

三、分数与学习动机

如果你仅仅想依靠分数来激发学生，那你最好再好好思考一下（Smith，Smith，& De Lisi，2001）。你提供的评价应该支持学生的学习动机——而不是为了得到好的分数而学习。可是，为成绩而学习和为学习而学习之间真的有这么大的区别吗？答案部分依赖于这个分数是如何得出的。如果你测量的是简单且详细的知识，你可能会强迫学生在复杂学习和好的分数之间做出选择。可是，如果分数反映了有意义的学习，那么为分数而学习和为学习而学习就是同一件事情了。作为教师，你可以运用分数来激励学生的学习。最为重要的是，低分一般不会鼓励学生真正地参与学习。获得低分的学生会变得更加退缩、责备他

反馈的影响

学生经常需要老师的帮助来指出答案为什么是错误的。如果没有这样的反馈，学生下次可能又会犯同样的错误。

正方观点 / 反方观点：孩子应该留级吗？

过去的 100 年里，家长和教育者就留级与社会性升级（让学生与同伴一起直接升入下一年级）的价值进行了广泛的争论。都有哪些证据？有什么样的观点？

正方观点

留级是有意义的。

对于幼儿园的小朋友来说，留级意味着还没为一年级做好准备，这是常识。与相对更小一些的儿童（生于 1 ~ 8 月的儿童）相比，那些大一些的儿童（生于 9 ~ 12 月的儿童）在学校能取得更高的学业成就（Cobley, McKenna, Baker, & Wattie, 2009）。事实上，有些家长愿意让他们的孩子延迟入学，此后他们的孩子比同一级的学生都有一点优势——有时称为“学术红衬衫”。在 20 世纪 60 年代中期，美国 96% 的 6 岁儿童都进入一年级；到 2008 年，这一数字变成了 84%（Barnard–Brak, 2008）。“学术红衬衫”所导致的结果是喜忧参半的，有些研究发现那些被父母延迟入学的孩子从中获利，而有些研究并没有发现相同的结果。

随着对高标准和问责制的日益强调，社会升级的观点受到严重批评，而留级被视为更好的方式。Guanglei Hong 和 Stephen Raudenbush（2005）总结了支持留级的多个观点：

> 一个被广泛认可的观点是，当成绩差的学生在某一级时留级后，全班学生的学习水平会更加接近，也使教师教学活动的任务变得轻松（Byrnes，1989; Shepard & Smith，1988）。特别是，幼儿园的留级使得一年级教师的教学保持在一个较高的水平，这对那些能够升级到一年级的孩子有利。同时，那些视留级为惩罚的学生也许会更努力学习，以避免未来再留级。一些人认为，相比社会升级政策，对那些学习吃力的学生而言，留级也许更能促进他们的发展，更有利于有意义的学习（Plummer & Graziano, 1987; Smith & Shepard, 1988）。如果以上这些观点都正确的，那么留级将对升级和留级的学生都有利，从而可以提高总体的学业成就。

反方观点

留级是没有效果的。

在总结了支持幼儿园留级的观点之后，Hong 和 Raudenbush（2005）回顾了近一个世纪的研究后发现，即使有少量研究支持留级的价值，但更多的证据却表明留级不仅没有帮助，甚至往往是有害的。很多研究发现留级与未来的退学、高犯罪率、更少的工作机会、低自尊等消极结果有关（Jimerson, 1999; Jimerson, Anderson, & Whipple, 2002; Jimerson & Ferguson, 2007; Shepard & Smith, 1989）。Lucy Barnard-Brak（2008）在研究了 986 名被认为患有学习障碍的儿童样本后也认为：“幼儿园延迟入学并没有为那些学习障碍的儿童带来更好的学业成就。”

Hong 和 Raudenbush（2005）检验了有 11 843 名幼儿园儿童参与的一项纵向研究数据，并追踪到他们一年级结束。研究者比较了留级生、那些应该留级却升级了的学生以及正常升级的学生的学业表现，结果发现没有证据表明留级能够提高阅读或数学成就。此外，留级也没有因为一年级学生的整体能力更为接近而提高一年级的教学水平。一年后，留级学生仍处于中等水平，而有证据表明，如果他们升级，将会有更好的表现。研究者由此总结道：“除某些高危儿童外，留级似乎限制了学生的学习潜能。”（p. 220）另一项对留级和升级学生 4 年的追踪研究发现，留级对社会和行为技能有短期效应，而长期来看则是问题和缺陷。作者认为“挣扎—成功—挣扎”的模式对留级学生而言会削弱他们的学习动机，也会影响他们的同伴关系（Wu, West, & Hughes, 2010）。

超越非此即彼　不管怎样，学生遇到了困难就应该得到帮助，无论是升级还是留级。然而，简单地用相同的方式把相同的材料再重复一遍，并不能解决学生的学业问题或社会问题。正如 Jeannie Oakes（1999）所说：“明智的人不会拥护现在的这种社会性升级制度——简单地把没有能力的学生流到下一个年级。”（p.8）最好的方法就是让这些学生与其他同学一起升级，但在暑假期间或下一学年必须接受一些特殊辅导（Mantzicopoulos & Morrison, 1992）。此外，集中注意力和自我调节是极其重要的学习准备（Blair, 2002），对学生的帮助应尤其关注这些方面。当然，更好的方法是在早期通过差异化教学阻止问题的发生（McCoy & Reynolds, 1999）。

人，认为学习是无意义的，或者虽然觉得自己应该为低分负责，但是却不能做出改变，他们自己选择了放弃（Tomlinson，2005b）。与仅仅给出一个失败的分数相比，教师需要考虑学生没有完成的工作，帮助他们进行修改并取得进步。教师需要维持高标准，并给学生提供机会，让他达到这个标准（Guskey，2011；Guskey & Bailey，2001）。

另外一个影响高中生动机的因素就是竞争毕业告别演说。有时，学生和家长会发现一些在竞争中领先的方式，但是这些策略都与学习无关。正如 Tom Guskey 和 Jane Bailey（2001）所说，如果告别演说者的当选比例只有 1/1 000，那么这种差异背后的学习又有多大意义呢？一些高中学校现在会指派多名告别演说者——一般都会达到学校的最高标准——因为他们相信教育者的工作“不是选择天才，而是培养天才”（Guskey & Bailey，2001，p. 39）。

下面的“实践指南”为使用一个公平合理的评分系统提供了相关建议，你可以参考。

实践指南　使用评分系统

- 在课程早期就向学生宣布评分政策，并且经常向他们提醒评分政策。

例如：

1. 给年龄较大的学生提供讲义，里面可包括作业、测验、评分标准和课程表。

2. 对年龄较小的学生以一种轻松的方式告知作业的评估方式。

- 评分需要依据具体合理的标准。

例如：

1. 通过与学生讨论形成准则来清晰地表明评分标准——从先前的作业中找出例子表明什么是差的、良好的或者优秀的作品（这些作品需要以匿名的方式呈现）。

2. 多与有经验的教师讨论学业负荷和评分标准。

3. 在你进行评分测验前，进行几次形成性测验，以了解学生的能力。

4. 你自己先做一次测验，以估计测验的难度和学生需要的测验时间。

- 评分需要尽可能多的客观证据支持。

例如：

1. 事先计划好测验以怎样的方式进行、什么时候进行。

2. 为学生的作品制定档案袋。这个在学生会或家长会上可能有用。

- 确保学生都明白测验指南。

例如：

1. 在黑板上写明指示。

2. 让几个学生对指示进行解释。

3. 事先带领学生练习一个测验问题。

- 尽快修改、返还测验，并与学生讨论测验中出现的问题。

例如：

1. 让回答得较好的学生在班级里读出自己的答案，确保每次回答的都不是同一个学生。

2. 讨论错误的答案为什么是错误的，尤其是那些大多数同学都做错的题。

3. 学生测验结束后，立即公布答案，同时指明答案在书中出现的位置。

- 作为一种规范，不要轻易改变分数。

例如：

1. 确保你在第一时间给出的分数是合理的。

2. 记得只修正任何单纯分数计算上的错误。

- 避免评分出现偏见。

例如：

1. 让学生在试卷背面写上自己的名字。

2. 在评价论述题的时候，使用客观的计分系统或者样例。

- 让学生知道他们在班里的水平。

例如：

1. 测验之后在黑板上写出分数的分布情况。

2. 举行定期会议，复习上一周的课程。

- 给学生提供怀疑的权利。所有的测验技术都存在误差。

例如：

1. 除非具备很好的理由，否则在可以的范围内给学生尽量高的分数。

2. 如果大量的学生在同一个问题上犯同样的错误，那么以后需要修改或删除这一题目。

- 避免总是把高分给那些接近你个人想法或接近书本答案的人。

例如：

1. 对于那些正确且有创意的答案给予额外的分数。

2. 坚持自己的观点，除非有充足的理由证明观点是错误的。

3. 强化学生以一种理性的方式来表示怀疑。

4. 对于部分正确的答案也给予适当的分数。

- 确保每个学生都拥有合理的成功机会，特别是在开始进行一项新的任务时。

例如：

1. 对学生进行前测，确保他们拥有学习的能力。

2. 在适当的情况下，给学生提供重测的机会，以提升他们的分数。要保证重测的测验难度与之前是一致的。

3. 把失败看做是“未完全事项”，鼓励学生修正和改进。

4. 尽量在单元结束的时候再考虑分数，在单元学习开始时布置一些不需要给分的任务。

- 平衡书面反馈和口头反馈。

例如：

1. 对岁数较小的学生，给予短小生动的书面评论；对岁数较大的学生，给予更全面的书面评论。

2. 如果测验分数比学生的预期要低，确保扣分的地方有清晰的依据。

3. 让评论符合学生的行为表现，避免每次总是写一样的评语。

4. 记录具体的错误、错误的可能原因、改进的想法以及做得很好的地方。

- 让分数尽可能地有意义。

例如：

1. 把分数与对重要目标的掌握程度相结合。

2. 布置不需要评分的作业，鼓励学生探索。

3. 进行行为表现评估和档案袋评估的实验。

- 评分需要依据多个标准。

例如：

1. 在测验中论述题和多项选择题交互使用。

2. 对口头报告和班级参与度进行评分。

四、与家长进行沟通

没有一个分数或评分等级能够表现学生在课堂上的所有经历。然后不幸的是，学生、家长和教师有的时候太关注于最后的分数了。事实上，教师与家长的交流绝不是简单地告诉家长孩子的分数。与家长进行交流的方式多种多样，在开学的时候寄给家长一封信或者学生手册，里面可包含家庭作业、行为表现或评分政策等，就是教师与家长沟通的方式之一。Guskey 和 Bailey（2001）还提出了其他一些教师与家长就学生表现进行沟通的方式：

- 对成绩单进行说明。
- 学生作品的档案袋或成果展示。
- 打电话，尤其要报告好消息。
- 学校提供开放时间。
- 让学生主持会议。
- 成立家庭作业热线。
- 学校或班级网页。
- 家访。

开家长会是中小学教师经常采取的与家长进行沟通的一种重要方式。很显然，教师的交流技巧越高，在家长会上与家长的沟通就越有效。第 13 章所讨论的倾听和问题解决的技能，对于亲师沟通特别重要。当你准备和正处于愤怒或不安氛围的家庭或学生交流时，请确保你了解每个家庭成员真正关心的问题，而不仅仅是话语的表层含义。交流的氛围应该是轻松友好的。对于学生的观察应该是基于事实的，应该通过观察或从作业中发现的信息作出结论。同时，教师应该对从学生、家长或监护人那里得到的信息保密。

一般而言，家长对学生的标准化测验成绩也很感兴趣。下一节我们就来讨论标准化测验。

第五节　标准化测验

从我记事起，教育工作者和政策制定者就一直关注于美国学生的测验成绩。1983 年，美国国家优质教育委员会出版了《国家处在危机之中：教育改革势在必行》（*A Nation at Risk: The Imperative for Educational Reform*）。这份报告指出，学生的标准化测验分数处于 25 年以来的最低点。最近，连续参加 1995、1999、2003 和 2007 年国际数学和科学评测趋势（TIMSS）的结果也表明，美国学生在数学和科学测验上的分数落后于很多其他的发达国家。TIMSS 的测验在 2011 年春天继续进行——请继续关注 2012 年 12 月份公布的结果（http://timss.bc.edu/timss2011/index.html）。

对这些测试结果不理想的一个反应，就是进行更多的测验。2002 年，布什总统签署了《不让一个孩子掉队》法案，要求每个州在阅读、数学和科学领域创建课程标准，同时要创建相应的评估方式，评估与这些标准相关的学生学习情况和知识掌握程度（Linn，Baker，& Betebenner，2002）。尽管奥巴马政府对此严格要求有所豁免和延期，但无论你教几年级，这些测试和评估方式都会对你产生影响。所以，教师应该具有关于测验的知识，理解标准化测验分数的真实含义，知道如何正确地使用这些分数来促进教学。我们首先来看看从测验中获得的结果——测验分数。

一、测验分数的类型

停下来　想一想

在你第一次召开的家长会上，有一对爸爸妈妈很关心他们孩子的百分等级（86）。他们说他们期望孩子“能够接近 100%，我们知道她能够达到这个分数，因为她的年级当量分数比她所在的年级高半年”。你会说些什么呢？他们理解这些分数的含义吗？

为了理解测验分数，你需要了解不同类型分数的基本要素。为此，你首先需要了解一些（简单的）统计知识。

（一）集中趋势和标准差

你也许对平均数这个概念再熟悉不过了。**平均数（mean）**是指一组分数简单的算术平均。为了计算平均数，你需要把各个分数相加，再除以分数的个数。平均数提供了一种测量**集中趋势（central tendency）**的方法，平均数是对整个分数分布的典型性和代表性的反映。极大值和极小值都会影响平均分。另外两种测量集中趋势的方法是中数和众数。**中数（median）**就是将所有分数进行排序后位于中间的那个分数，这个分数点把所有分数分成两部分，一部分值较大，另一部分值较小。如果数据中有少数极大值或极小值，中数可以更好地表示一组数据的集中趋势。**众数（mode）**就是一组数据中出现得最多的分数。

集中趋势的测量分数代表了整个团体的分数概况，可是它并不能告诉你所有分数的分布情况。两组分数的平均数可能都是 50，但是分数却可能完全不一样。一组可能包含有分数 50、45、55、55、45、50、50；另一组可能包含的分数是 100、0、50、90、10、50、50。在这两组分数中，平均数、中数和众数都是 50，但是分数的分布却完全不同。

标准差（standard deviation）测量了分数在多大程度上偏离了平均数。标准差越大，表示分数的分布范围越广；标准差越小，表示围绕在平均数周围的分数就越多。比如，在分数组 50、45、55、55、45、50、50 中，标准差就比分数组 100、0、50、90、10、50、50 要小。换一种说法就是，在标准差越小的分数组中，分数的**变异性（variability）**越小。

平均数（mean）　一组分数简单的算术平均。

集中趋势（central tendency）　一组分数的典型分数。

中数（median）　一组数据中间的分数。

众数（mode）　一组数据中出现频率最高的分数。

标准差（standard deviation）　分数与平均数的偏离程度。

变异性（variability）　与平均数的差异或偏离程度。

了解了一组分数的平均数和标准差后，

全距（range） 一组分数中的最高分数和最低分数之间的距离。
正态分布（normal distribution） 最常见的分数分布形式，分数多集中在平均数周围。
百分等级（percentile rank） 在常模样本中，等于或低于某个个体分数的人数百分比。

你就能理解某些个体分数的含义了。比如，假设你在一次测验中得了78分，如果这次测验的平均分是70，标准差是4的话，那么你的这个分数还是比较让人满意的，因为你的分数高出了平均数2个标准差。

再考虑一下，如果这次测验的平均分仍然是70，但是标准差为20，那么你78分的得分仅仅高于平均数不到1个标准差，你与团体平均数非常接近；虽然分数仍高于平均数，但只高出一点点。标准差比**全距（range）**能够反映出更多信息。不管大多数的同学得分多少，如果一两个学生的得分非常高或者非常低，这也会让全距非常大。

（二）正态分布

标准差对于理解测验结果非常有用。如果测验结果符合**正态分布（normal distribution）**，标准差就更加有用。你在之前可能已经听说过正态分布。正态分布是一条钟形曲线，因为它描绘了许多自然发生的物理现象或社会现象，所以它是最著名的频数分布。很多分数都落在这条曲线的中间，让这条曲线呈现出钟的形态。越靠近曲线的两边，分布的分数就越少。统计学家对正态分布进行了深入研究。一个正态分布的平均数仍然是它的中点，一半的分数在平均数之上，一半的分数在平均数之下。在一个正态分布中，平均数、中数和众数都是同一个点。

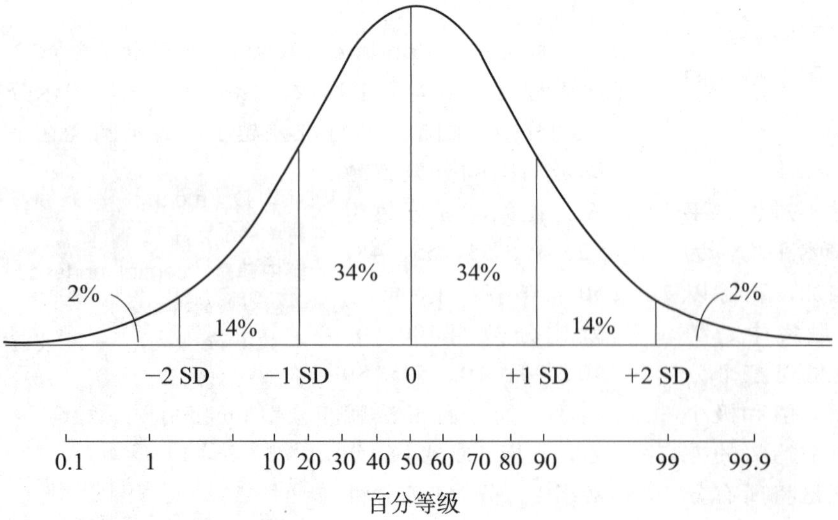

图 15—3 正态分布

正态分布（或钟形）曲线拥有某些具有预测性的特征。比如，68%的分数落在距离平均数正负一个标准差的范围内。

正态分布的另一个重要特征就是，落入曲线每个区域的分数所占的百分比是知道的。请见图15—3。得分距离平均数一个标准差的人是很多的，许多分数都堆积在这里。事实上，68%的分数都处于距离平均数正负一个标准差之间的分数段。16%的分数会高于平均数一个标准差，在这个高分组中，有2%的分数会高于平均数两个标准差。同样地，只有16%的人的分数会低于平均数一个标准差，2%的人会低于平均数两个标准差。在这条曲线上，位于平均数两个标准差之外的分数就已经很少了。

SAT就是正态分布的一个例子。SAT的平均分是500，标准差是100。如果你知道某人得了700分，你就知道这个人的成绩是非常优秀的。只有2%的人能够做到那么优秀，因为只有2%的人的得分高于平均数两个标准差以上。再如，假如测验平均分70，标准差为4，测验得分78分也是在前2%内。

现在，我们要看一下不同类型的测验分数。

（三）百分等级

百分等级（percentile rank）是报告标准化测验分数中非常有用的一个分数，百分等级的基础是等级。在百分等级中，每个学生的原始分数与常模样本中所有学生的原始分数进行比较。百分等级表现了常模样本中得分低于某个特定原始分数的学生所占的百分比。如果一个学生的分数等于或优于常模样本中3/4的学生，那么这个学生的分数就处于75的百分位上，或者他的百分等级是75。这并不意味着这名学生的原始分数就是75或者答案的正确率是75%，而是意味着在这个常模组中，有75%的人的分数等于或低于这名学生的分数。百分等级50表示一个学生的分数等于或好于50%的常模组学生，这个学生的分数已经达到了平均分数。

在解释百分数的时候有一点需要注意，在曲线的中间和两端，当百分等级差异一样时，原始分数的差异是不一样的。比如，百分等级为50和60的分数可能在原始分数上只差 2，而在同一个测验中，百分等级为 90 和 99 的分数可能在原始分数上差 10。因此，如果你的分数靠近中间的话，多对一题或多错一题都可能在百分等级上表现出很大的差异。

（四）年级当量

年级当量（grade-equivalent score）一般从各个年级独立的常模样本中获得。常模组中十年级所有学生的平均分数构成了十年级的年级当量。假设十年级常模组的原始平均分为 38。任何一个在测验中得到 38 分的学生获得的年级当量就是 10。年级当量通常是一列数字，比如 4.5、7.6、8.3、11.5 等等。所有数字都表示年级。小数点表示一年的十分之几，可是它们通常被解释为月份。

假设一个年级当量为 10 的学生正在七年级上学。这个学生应该立刻得到晋级吗？可能不是这样的。由于不同年级的学生使用测验形式的不同，所以七年级的学生可能不能够回答十年级的题目。年级当量越高，意味着对七年级课程材料的掌握程度越好，而不意味着学生有能力做更高年级的功课。即使在这次测验上，一个普通的十年级学生成绩与七年级的学生得分一样，十年级学生所了解的知识肯定比这个针对七年级的测验所涵盖的范围要多。同样，年级当量在每个年级的意义是不同的。比如，一个阅读水平为一年级的二年级学生，可能比阅读水平为十年级的十一年级学生在学校要遇到更多的困难。

由于年级当量有误导性，并且常常被家长错误解释，所以很多教育工作者和心理学家强烈主张不使用这个分数，认为其他几种分数报告形式更合适。

标准化测验

这幅图中的学生都在聚精会神地参加考试。他们的分数能告诉我们什么信息呢？这些分数意味着什么呢？

（五）标准分

年级当量（grade-equivalent score） 基于与每个年级常模样本的比较测量出年级水平。

标准分（standard score） 基于标准差所得的分数。

Z 分数（Z score） 一种标准分数，表示高于或低于平均数的标准差的个数。

T 分数（T score） 是一种标准分，平均数为 50，标准差为 10。

百分等级存在一个问题，那就是各个等级之间的分数难以进行比较。同样差距的原始分数，处于百分等级的不同位置上。然而对于标准分而言，10 分的差异在任何位置上的含义都一样。

标准分（standard score）以标准差为基础。最常见的标准分被称为**Z 分数（Z score）**。Z 分数告诉我们一个原始分数高于或低于平均分多少个标准差。在之前的一个例子中我们谈到，一次测验的平均分为 70，标准差为 4，一个学生幸运地得到了 78 分，那么这个学生的 Z 分数就是 2，或者说比平均数高 2 个标准差。如果另一个学生在这次测验中得到了 64 分，那么他的分数就低于平均数 1.5 个标准差，或者说 Z 分数为 −1.5。Z 分数为 0 表示得分等于平均分。当你参加骨密度测试的时候，会采用与 Z 分数相似的测量方式。你的分数会与一个健康的 30 岁人的骨密度进行比较，如果得分低于 −1，就说明你有患骨质疏松的危险；如果得分低于 −2，则说明你已经患有骨质疏松症了。

计算一个原始分数的 Z 分数，需要计算原始分数和平均数之间的差异，然后再用这个差异除以标准差，计算公式如下：

$$Z=\frac{\text{原始分数}-\text{平均分数}}{\text{标准差}}$$

由于使用负数不太方便，学者们就设计了其他的标准分。**T 分数（T score）**的平均数为 50，标准差为 10。因此，T 分数 50 代表了平均成绩。如果你把 Z 分数乘以 10（消除小数），再加上 50（消除负数），这个数就是 T 分数。Z 分数为 −1.5 的人在 T 分数上的得分就是 35。

首先把 Z 分数乘以 10：　$-1.5\times10=-15$

然后加 50：　$-15+50=35$

正如你所见，SAT 测验的分数也是通过相似的程序来获得的，测验平均分为 500，标准差为 100。大多数智力测验的平均分为 100，标准差为 15。美国各州有不同的标准分计算方式。比如，加州标准测

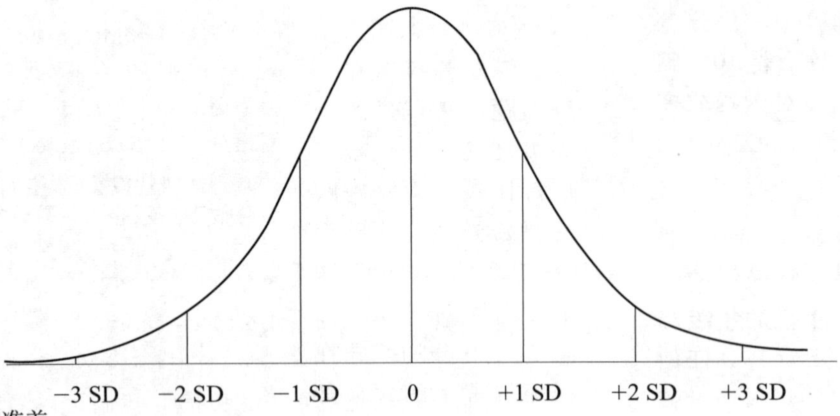

标准差	−3 SD	−2 SD	−1 SD	0（平均数）	+1 SD	+2 SD	+3 SD
*Z*分数	−3	−2	−1	0	+1	+2	+3
*T*分数	20	30	40	50	60	70	80
SAT分数	200	300	400	500	600	700	800

标准九　1　2　3　4　5　6　7　8　9

图 15—4　正态曲线上四种类型的标准分分布

通过这个图，你可以在各个标准分之间进行换算。

验（CSTs）每个年级和科目的测验得分转换后的标准分范围是 150 ～ 600。

> **标准九（stanine scores）** 包括 1 至 9 共九个分数，每个分数都包含了一定范围的原始分数。

最后，我们再介绍一种使用较为广泛的标准分——**标准九（stanine scores）**。标准九只有九个分数，从 1 至 9，平均数为 5，标准差为 2，从 2 至 8 的每个数字之间相差半个标准差。

标准九提供了一种测量学生等级的办法，因为标准九中的每个分数都代表了正态分布中某个具体的百分比范围。比如，在标准九中，1 代表在正态分布中最低端的 4% 的被试得分，2 代表接下来的 7%。当然了，在这个 7% 的范围内，有些原始分数会比另一些要高，可是它们在标准九中的得分均为 2。

标准九中的每一个分数，都代表了一定范围的原始分数。这便于鼓励教师和家长从大体上看待学生的成绩，而不是斤斤计较于一些分数之间的细小差异。图 15—4 比较了我们讨论过的四种类型的标准分，在图中展示了每种分数在正态曲线上的分布。通过这个图，你就可以在各个标准分之间进行换算。

二、解释标准化测验报告

> **停下来　想一想**
>
> 请看下面图 15—5 呈现的测验报告。这个学生的优势和弱势分别在哪里？你是怎么知道的？

（一）教师如何解释标准化测验结果

从一个成就测验结果中，教师能够得到什么具体信息呢？测验出版者常常会为每个学生提供一份个人分数剖面图，表示个人在每个具体测验上的得分。图 15—5 就是四年级学生 Sally Valenzuela 在斯坦福成就测验（第 10 版）上的测试结果报告。这个报告有三个部分。第一部分（左上部分，学生成绩概况）给出了该生成绩的简要描述，包括从学生阅读理解测验得分计算出来的蓝思（Lexile）阅读分级，这有助于教师了解 Sally 的阅读水平，以便更好地为她选择合适的文本。

第二部分（右上部分，分测验得分和总得分）描绘了 Sally 在阅读、数学、语言、拼写、科学、社会、听力以及思维技能等的成就水平。这个部分还包括一组分测验上的总得分以及在奥蒂斯—列依学校能力测验（一种团体智力或学习能力倾向测验）上的得分。其中有的分测验会再细分为更加具体的评估，比如，阅读细分为"词汇学习技能"、"阅读词汇"和"阅读理解"。在每个分测验之后是报告 Sally 测验得分的几种不同方法。学校最终决定报告哪些分数，是基于可能的报告形式。该学校选择了下列类型的分数：

正确回答题目数。第二栏下面是 Sally 在每个分测验上正确回答的题目数（第一栏下面是每个分测验的总题目数）。

量表分数。这是用来形成其他分数的基本分数，有时候也被称为成长分数，它描述了随着年级的升高，学生在学业方面的成长。比如，三年级学生的平均分是 585 分，十年级学生的平均分是 714 分，12 个年级的分数范围在 0 至 1 000 分之间。在计算量表分数时，经常需要考虑到题目的难度。现在越来越多的学校在使用这个分数，因为这个分数能够在不同年份、不同班级和不同学区的学校之间进行比较（Popham，2005a）。

国家百分等级和标准九（PR-S）。这个分数以百分等级和标准九的形式表明与全国范围内同年级水平的学生相比，Sally 的分数处于什么位置。

国家正态曲线当量（NCE）。这是从百分等级导出的标准分，分数范围在 1 至 99 之间，平均数为 50，标准差为 21。

年级当量。这个分数表明 Sally 的量表分数与学校中 Sally 所在年级的平均分数相同，但要注意之前介绍过的有关年级当量的问题。

成就 / 能力比较范围（ACC）。这个分数比较了 Sally 和在奥蒂斯—列侬学校能力测验上与她能力相同的常模团体在每个分测验上的成就。Sally 在 ACC 上的分数范围分为高、中、低三类。从图中可以看到，Sally 在大部分分测验上都是中等。也就是说，与和她能力相似的学生相比，Sally 的学业成就处于中等。

国家年级百分带。这个分数表明 Sally 的真分数可能存在的全国百分等级范围。你可能还会记得我们之前有关真分数的讨论，这个范围或者说是置信区间，应该在 Sally 实际分数的基础上加上或减去测验的标准误。Sally 的真分数有很大的可能性存在于这个范围内。范围之间不重叠，表明成就之间存在差异。

图 15—5 的最下端（第三部分）把 Sally 的分测验再次分解成更具体的技能。我们可以看到对每项技能所能够回答问题的数量（NP）、Sally 实际回答了的数量（NA）以及回答正确的数量（NC）。技能旁边的核查标志表明在这项技能上 Sally 是处于平均水平、高于平均水平还是低于平均水平。需要注意的是，对一些具体技能的测量可能只有少数的几个题目（3 ～ 8 个）。要记住的是，测试题目数越少，测试的信度就越低。

（二）与家长讨论测验结果

教师常常会开正式的家长会，或者跟家长或

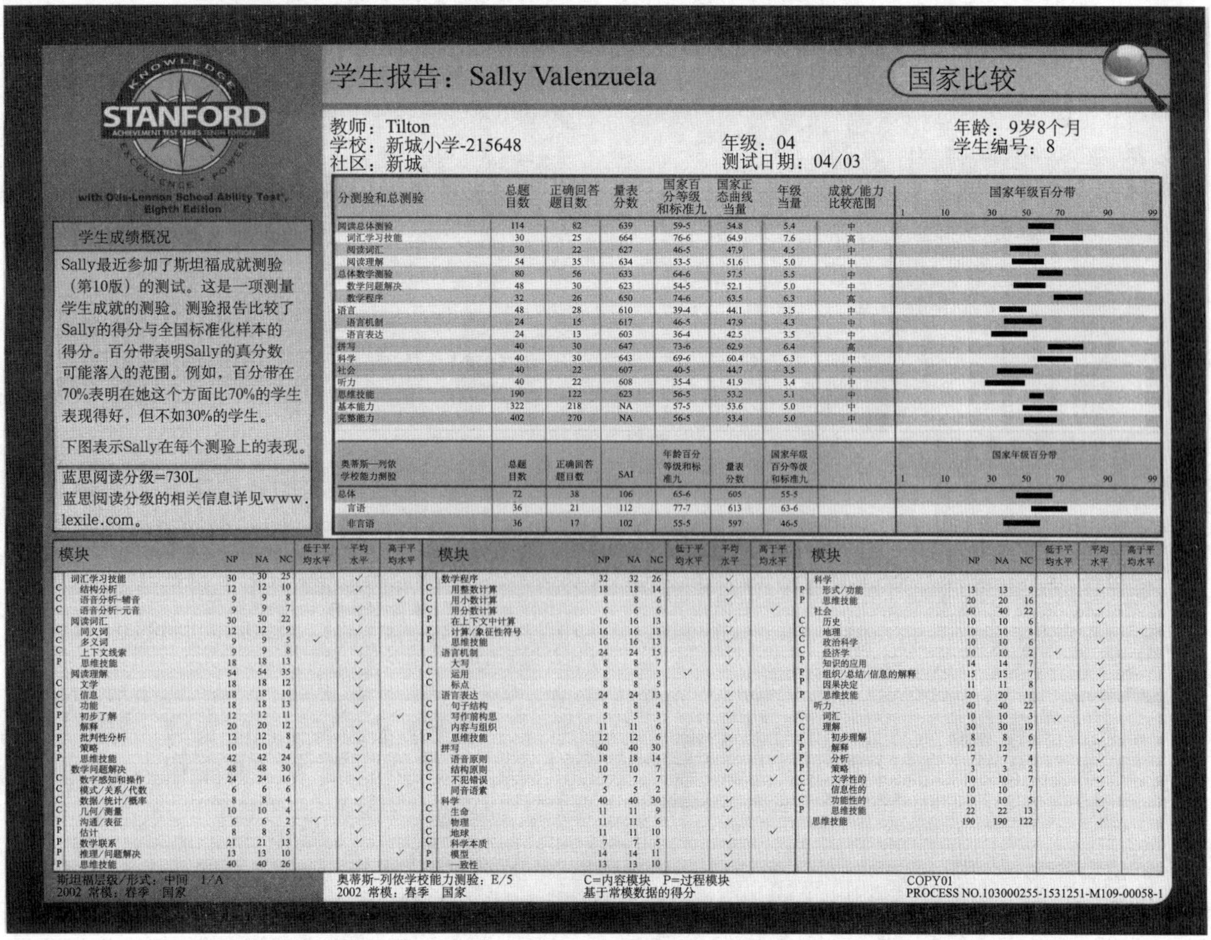

图 15—5　一份典型的分数报告

监护人进行非正式的谈话。谈话的主题常常就是测验结果。你需要对家长解释或描述测验结果。下面的“家庭和社区合作实践指南”可以给你一些建议。

家庭和社区合作实践指南　家长会和测验成绩的解释

有关开家长会的建议

- 明确家长会的具体而清晰的目标。

例如：

1. 收集有关学生的信息，有助于教学。
2. 解释分数或测验结果。
3. 让家长了解下一单元或下一学期要做什么。
4. 征求家长的帮助。
5. 为学生在家里的学习提供建议。

- 会议的开始和结尾都使用积极的论述。

例如：

1. “Jacob 是个天生的领导者。”
2. “Eve 确实很喜欢科学中心。”
3. “当他人很难过的时候，Yesim 可给予真正的支持和帮助。”
4. “Ashanti 的幽默感给全班同学带来了积极的影响。”

- 积极倾听。

例如：

1. 接纳家长或监护人的情绪反应。不要试图说服他们放弃他们的感受。
2. “当Lee没有完成作业时，你看起来很沮丧。”

- 尊重家长们的时间以及他们对孩子的关心——建立伙伴关系。

例如：

1. 语言平实、简短，避免使用专业术语。
2. 用词委婉，但也不必刻意回避谈论严重的问题。
3. 让家长在家里也督促学生计划的完成：“要求 Leona 在家里看看自己的家庭作业单，然后帮助她按时完成。我会在学校再检查一次。”

- 从家长那里了解学生。

例如：

1. 从学生的爱好或课外活动中看到学生的优点是什么？
2. 学生的兴趣是什么？

- 计划后续的接触。

例如：

1. 寄送一份简短的感谢信感谢家庭成员参与家长会。
2. 通过记录单或电子邮件与家长分享孩子的成功。
3. 出现问题之后尽快通知家长，避免事态的进一步发展。

解释和使用测验结果

- 解释测验报告每部分分数的含义，以及测验为什么并不“完美”。解释时，尽量不要使用专业术语。

例如：

1. 如果是常模参照的测验，需要知道常模是全国标准、州标准还是当地标准。通过与常模组进行比较解释学生的分数。
2. 如果是标准参照的测验，通过分数解释学生在某个具体领域内的表现情况，比如词汇问题或阅读理解。
3. 鼓励家长认识到分数不是作为一个单一的点，而是一个包含该分数的分数范围。
4. 忽略分数之间的细微差异。

- 如果测验是常模参照的，重点使用百分等级，这个分数比较容易让人理解。

例如：

1. 通过百分等级，家长可以知道在对照组中有多少比例的学生分数等于或低于某个分数——百分等级越高越好，99 是最高的百分等级，50 是平均数。
2. 百分等级并不意味着答案的正确率，所以即使是测验分数较低，百分等级有时候也会较高。

- 避免使用年级当量。

例如：

1. 如果家长想要关注孩子的年级水平，告诉家长年级当量较高意味着对现在年级阶段知识掌握得较好，并不意味着有能力去进行更高年级的学习。
2. 告诉家长同样的年级当量对不同的学科有着不同的含义——比如阅读和数学就是不一样的。

三、测验的责任性和高利害性

停下来　想一想

到目前为止，标准化测验对你的生活有何影响？你是否基于测验成绩获得或失去了某些机会？你认为这样公平吗？

每一天，我们都会基于某些测验结果进行有关决策。应该给 Russell 颁发驾照吗？八年级有多少学生，有哪些学生从科学促进计划中获益？有谁需要额外的教学辅导？谁拥有了进入大学或职业学院的资格？事实上，测验分数影响到一年级学生的入学资格及以后各年级的晋升，影响到能否高中毕业，影响到个体参与特殊项目、特殊班级的机会，也影响到教师资格证的获取和聘任以及学校的基金申请等。

（一）做出决策

在做这些决策时，区分出测验本身的质量和测验的使用方式是很重要的。即使是最好的测验，也可能被误用。比如，多年以前，曾经有人使用某些智力测验把学生错误地鉴定为智力落后（Snapp & Woolfolk，1973）。这些测验本身是可信的，问题在于测验使用者将测验分数作为对学生进行分类的唯一工具。在作出分类决策前，需要参照其他更多的信息。

所有的统计数据和术语背后，都是有关价值观和道德观的问题。谁需要被测验？为什么要选择这个测验而不选择另外一个测验，结果有何差异？测验会对学生造成怎样的影响？怎样给少数群体的学生解释测验结果？智力、能力和学业性向的真正含义是什么？我们的观点与我们所使用的测验的结构一致吗？测验结果应该怎样与其他的个体信息进行整合，以作出决策？回答这些问题需要对价值观做出选择，同样需要清楚测验能够提供什么信息、不能够提供什么信息。当我们在使用测验和做决策的时候，应该时刻记住并回答这些相应的问题。

由于通过测验做出的决策非常关键，因此许多教育工作者把这个做决策的过程称作**高利害测验（high-stakes testing）**。测验结果的一种高利害的使用方式就是让教师、学校和管理者对学生的行为**负责任（accountable）**。比如，教师的奖金可能与学生的学习成就相联系，或者学校基金可能受到测验结果的影响。《不让一个孩子掉队》法案的一项规定就是，每个州立政府必须让学生达到**合格的年度进步（adequate yearly progress，简称 AYP）**标准，这些学生包括来自一般群体的普通学生，也包括来自特殊群体的学生，比如少数族群的学生、有障碍的学生、来自低收入家庭的学生、英语能力有限的学生等。在达到合格的学年成绩目标的基础上，还要求所有学生在 2013—2014 学年都能达到熟练甚至更好的层次。如果学校两年内都没有达到合格的学年成绩目标，那么这个学校就需要进行整改（Linn，Baker，& Betebenner，2002），这些学校的学生可以转学。如果学校的分数在三年后都没有改进，那么这门学校课程或者这个学校就可能被关闭。然而，也许你还记得第 1 章中的内容，2011 年，教育部长阿恩 · 邓肯已经放弃要求那些 100% 达到熟练水平的州可以使用自己的测验和为高中毕业生作大学或工作的准备（Dillion，2011）。

高利害测验（high-stakes testing） 这是一种标准化测验，测验结果有力地影响了学校管理者、其他官员或相应的学校人员做决策。

负责任（accountable） 让教师和学校为学生的学习负责任，尤其是通过高利害测验测查学生的学习情况时。

合格的年度进步（adequate yearly progress，简称 AYP） 为所有学生制定每年的教学质量增长目标，除普通学生外，还包括少数族群学生、障碍学生、低收入家庭学生和英语能力有限的学生。

我曾经接触过几个老师，他们经常抱怨测验结果出来太慢，无法帮助他们制定教学目标或对某些学生进行补救性教学。当然，他们也受到大量的测验时间的困扰——因为需要不停地准备测验和实施测验。同时，他们抱怨测验所要求的内容，并不是课程的内容。情况真的是这样吗？

（二）高利害测验存在的问题

由于很多的决策都需要依测验结果而定，所以你可能会认为测验实际上是对教学内容的反应。在过去相当长的时期内，测验和教学内容的匹配都是大问题。最近，教育内容与测量内容之间的匹配程度得到了一定改善，可是仍然需要注意两者间匹配不恰当的问题。

测验时间是怎样的呢？研究发现，某些州 80% 的小学用近 20% 的教学时间来准备期末测验（Abrams & Madaus，2003）。对高利害测验进行的行动研究也发现了一些令人困扰的结果：测验让课程变得很狭窄。事实上，检验了测验结果以后，Lisa Abrams 和 George Madaus（2003）得出了这样的结论："在每一个使用高利害测验的地方，考试内容最终决定了课程内容。"（p. 32）比如，得克萨斯学业能力测验的使用导致了课程的改变，现在的课程过分强调了测验内容而忽略了其他教学领域。另外，数学测验似乎也变成了阅读能力测验。阅读能力较低的学生，特别是当他们的母语又不是英语时，在数学测验上也会遇到困难。

小学生使用的"预警测验"无意中把一部分学生"排挤"出了学校，仅仅因为测验实施者相信这部分学生不会通过高中毕业考试。如果不能毕业，他们也就没有理由继续在学校学习了（McNeil & Valenzuela，2000）。比如，在2000—2001学年，大约有1/3的英语学习者（ELLs）从纽约的高中退学，主要原因就是他们不能通过必需的测验（Medina，2001）。无论一个测验本身有多么好，一些高利害测验的使用也往往是不适当的。表15—5列举了高利害测验的一些不恰当的使用方式，其实测验原本不是为了这些目的而存在的。

表15—5　高利害测验结果的不恰当使用

做出通过 / 淘汰的决定	如果测验结果用于决定学生是否毕业，那么应该有强有力的证据表明测验是有效的、可信的和无偏的。比如有一些测验，如得克萨斯学业能力测验乃是经过验证后符合这些标准的，但并非所有测验都足以作为通过或不通过决定的依据。
州与州之间的比较	不能够通过标准化测验分数在州与州之间进行比较。州与州之间的课程、测验、资源和挑战差异很大。就算进行了比较，我们也只能从中知道一些常识性的结果，如某些州拥有更多的教育基金、某些州的家庭收入更高或家庭受教育水平更高等。
评价教师或学校	很多影响测验分数的因素——家庭和社区资源——并不能受到学校和教师的控制。由于很多学生经常转学，所以有的学生在转学后不久就需要参加测试。
确定在哪里买房	一般而言，拥有最高测验分数的学校所在地区，都拥有大量高教育水平和高收入水平的家庭。从教学、项目和领导水平来看，他们可能并不是"最好的学校"，只是这些学校幸运地拥有了"好"的学生。

资料来源：Haladyna, Y. H. (2002). *Essentials of standardized achievement testing: Validity and accountability*. Boston, MA: Allyn and Bacon.

（三）有效使用高利害测验

一个有价值的测验应该是可信赖的，能够有效测量测验目的，并且具有无偏性。除此以外，一个理想的测验还应该符合下列标准：

（1）符合学区的内容标准——这是效度的关键部分。

（2）成为大型评估计划的一部分。没有一个单独的测验能够提供有关学生成就的所有信息。学校要尽量避免根据单一测验结果做出决策。

（3）测验复杂的思维能力，而不仅仅是技能或事实性知识。

（4）对一些已经确认有学习障碍的学生提供其他的测验方式。

（5）如果利害性太大，提供重复测验的机会。

（6）让所有学生都参与测验，但同时需为测验结果提供信息充分的报告。如果学生面临特殊的挑战（如学习障碍）或处于特殊的环境，该报告可对此进行清晰的描述。

（7）如果学生没有通过测验，需要提供适当的补救措施。

（8）确保所有参加测验的学生在测验前都有适当的机会去学习材料。

（9）考虑学生的语言水平。对于那些需要熟练英语能力的测验，如果学生的英语阅读能力或写作能力有限，那么他们在这个测验上也不能取得好成绩。

（10）测验结果的使用应该有利于学生的发展，而不能相反（Haladyna，2002）。

我需要再次重复和强调的一个重要观点是：高利害的标准化**成就测验（achievement tests）**需要测量实际在课堂中学到的知识。并且，学生需具备必要的考试技巧。如果学生在一次科学测验上得分较低的原因不是因为缺乏科学知识，而是因为他们不能读懂问题、英语能力有限或者没有时间做题，那么对这些学生而言，这个测验就不是一个有效的科学成就测验。

成就测验（achievement tests） 一种标准化测验，旨在测量学生在特定内容领域内的学习效果。

四、帮助有障碍的学生准备高利害测验

Erik Carter 和他的同事（2005）设计了一个程序来帮助有学习障碍、轻微智力障碍和语言障碍的学生参加州政府的高利害测验。这些学生的年龄在 15 ～ 19 岁之间，50% 以上的学生是非裔美国人。虽然所有学生都拥有个别化教育方案来指导他们的教育（见第 4 章），但是没有一个人通过了州政府要求的成就测验。在为期六节课的研究中，一名教育者试图使用多种策略来教育这批学生，这些策略包括：完成所有题目；根据难易程度对问题进行分类，测验时先完成简单问题；通过凑整数来估算数学问题的答案；通过给关键词或短语画下划线的方式明确问题究竟问了什么；排除重复或极端选项。

值得高兴的是，在完成了这个准备程序之后，学生们在测验成绩上得到了显著提高；但是，提高后的成绩仍然不能让大多数的孩子通过测验。作者认为，对这些有障碍的学生进行测验准备，应该尽早开始。这项研究中学生的平均年龄为 16 岁，这个年龄已经明显晚了。另外，所教的策略应该与具体类型的问题紧密结合，并且这些问题应该被嵌入好的内容教学中。此外，这些学生经常会因为得不到文凭或考不上大学等消极的结果而感到焦虑。缓解这种焦虑的最好方式就是让这些学生拥有成功所需的学习能力（Carter et al., 2005）。下面的“实践指南”也许可以帮助你和你的学生为参加高利害测验做好准备。

实践指南　让你和你的学生为参加测验做好准备

给教师的建议

- 确保测验涵盖了单元学习的内容。

例如：

1. 比较测验问题和课程目标，确保两者间有很好的重合。
2. 检查测验是否涵盖了所有重要的主题。
3. 查看学生在进行测验时会遇到哪些困难，如时间不够、测验的阅读要求太高等。如果学生在测验过程中存在困难，与学校相关人员进行讨论。

- 确保学生知道怎样利用所有测验材料。

例如：

1. 测验前几天，让学生做几次与测验形式相同的练习。
2. 展示答题纸的使用方法，尤其是电脑答题纸。
3. 注意新同学、害羞的学生、反应迟缓的学生或者有阅读障碍的学生，确保他们理解了问题。
4. 确保学生知道猜测的方法是否恰当，以及在哪种情况下可以使用这种方法。

- 遵照考试准则办事，确保考试万无一失。

例如：

1. 在考试之前练习发放试卷。
2. 严格遵守时间要求。

- 让学生在考试时感到舒适。

例如：

1. 不要把考试看成是一学年中最重要的事情，这样会制造紧张的气氛。
2. 在考试之前帮助学生放松，可以给大家讲一个笑话或者让大家进行深呼吸。同时，教师自己不要紧张。
3. 确保教室是安静的。
4. 随时监控教室，阻止抄袭现象发生，不要在讲台上只做自己的事情。

给学生的建议

- 有效利用考试前的晚上。

例如：

1. 考试前一天晚上做好复习，最后看一下关键知识、概念及这些知识概念之间的关系总结。
2. 晚上睡好觉。如果你知道自己经常在考试前失眠，那么需要在考试前的几天晚上开始补充睡眠。

- 注意测验情境，以集中精力完成测验。

例如：

1. 考试之前留有充足的时间去吃饭，并到达测验地点。
2. 不要坐在朋友旁边，否则你会很难集中注意力。如果朋友提前交卷，那么你可能也会这样做。

• 确保你自己知道测验问的是什么。

例如：

1. 仔细阅读考试指南。如果你有不清楚的地方，监考老师会帮你澄清。

2. 仔细阅读题干，在关键词下标注点表示强调，比如“不”、“除了”、“除此以外的所有内容”。

3. 在论述题测验中，首先阅读所有问题，这样你会提前知道工作量，事先做好对每个问题的时间分配。

4. 在多选题测验中，即使有时候排在前面的选项看起来是正确的，也需要阅读每一个选项。

• 有效利用时间。

例如：

1. 如果你的精力充沛，做题的速度需要加快。

2. 先做简单题。

3. 不要纠结于一个问题。如果你被一个问题难住了，继续做其他题，然后再回过头来做这道题。

4. 在多选题测验中，如果你知道自己没有时间完成剩余的题了，那么如果猜测不会扣分的话，剩下的题全部选择一个选项。

5. 在论述题测验中即使时间不够用，也不要留有空白。在剩余的问题下简要地写出答题的关键点，以此告诉阅卷人你是知道这个题目的答案的，只是时间不够用而已。

• 知道什么时候在多选题或判断题中使用猜测的技巧。

例如：

1. 如果只对正确答案计分，就需要猜测。

2. 当你可以排除一些选项的时候，你可以进行猜测。

3. 如果试卷中标明猜测需要扣分，除非你有把握排除至少一个错误选项，否则请不要随意猜测。

4. 正确的答案总是会长一些吗？还是短一些？或者长度适中呢？更有可能只包含一个字母吗？正确的答案总是比错误的答案要多吗？

5. 利用语法知识是否会找到正确答案或是排除一些选项呢？

• 检查试卷。

例如：

1. 检查每一个选项，以确保没有笔误。

2. 如果你用的是机读卡，检查题号和答案是否对应。

• 在论述题测验中尽量按要求直接作答。

例如：

1. 避免说很多废话，在答题的第一句就需要对问题进行简要回答，然后进行阐述。

2. 在答题过程中尽早写出自己得意的观点。

3. 除非指导语要求使用完整的句子，否则就要学会使用数字标出要点，这会帮助你合理组织思路并集中于答案的要点上。

• 注意积累测验经验。

例如：

1. 在老师评讲试卷的时候要集中注意力。你要对错误答案认真总结，相同的问题下次可能还会出现。

2. 注意观察自己是否对某一类型的问题回答有困难。注意调整个人的学习方法，以更好地回答这种题型。

五、量化评估对教师的启示

高质量的教学和高质量的评估遵循着相同的原则，并且这些原则对于所有学生都是有用的。Carol Tomlinson（2005b）认为，教学和测验的好坏主要取决于教师能否：（1）意识到并对学生的差异作出反应；（2）制定明确的学习结果；（3）使用前测和形成性评价监控学生的进步；（4）采用多样化的教学方式确保每一个学生都能取得进步；（5）确保学生知道终结性测验成功的标准，并且这些测验是与既定的学习目标相联系的；（6）提供不同的评估形式，确保学生能够有机会、无障碍地展现自己学到的内容。

本章小结

第一节　教学评估的基本含义

区分测量与评估。

测量是指用数字描述一个事件或特征；评估虽包括测量，但比测量范围更宽广，因为评估包含各种取样和观察学生知识、技能和能力的方式。

区分形成性评估与终结性评估。

在课堂中，评估可能是形成性的（不评分、诊断性），也可能是终结性的（需要评分）。形成性评估有助于制订教学计划，终结性评估可总结学生的学习成就。

区分常模参照测验与标准参照测验。

在常模参照测验中，一个学生的表现需要和其他学生的平均表现进行比较。在标准参照测验中，分数需要与事先制定的标准进行比较。虽然常模参照测验涵盖了大量的一般目标，但其结果并不能告诉你学生是否做好了学习高级知识的准备，这种测验不适合测量情感目标和动作技能目标。标准参照测验可以测量对具体目标的掌握程度。

什么是测验信度？

有些测验比其他测验更可信，也就是说，他们能够做出更稳定和一致性的估计。在解释测验结果的时候需要多加注意。每个测验都是在某一天对学生某些行为样本的测量。分数只是对学生的假定真分数的估计。测量的标准误需要考虑误差的可能性，这也是测验信度的一个指标。

什么是测验效度？

一个测验需要考虑的重点之一是，基于测验结果进行决策和判断的效度问题。效度的证据可以和内容、效标和构念有关。构念效度的范围最广，并包括了内容效度和效标效度。为了让测验有效，测验首先需要达到信度要求，然而信度并不能保证效度。

什么是无偏性？

评估应该具有无偏性。当测验包含的材料对某些群体具有冒犯性或不公平性时，偏见就会出现，这些群体包括不同性别、不同社会经济地位、不同种族和不同宗教信仰的学生。文化公平性测验并没有解决评估偏见的问题。

第二节　课堂测验评估

测验怎样支持学习？

学习受到一定频率的测验支持，这些测验使用累积性的问题让学生运用和整合相关知识。记住这些测验的目的，教师就可以更好地设计这些测验或者评价课本的配套测验。

描述两种传统的测验。

两种传统的测验形式就是客观题测验和论述题测验。客观题测验包括多选题、判断题、填空题、连线题，教师需要记住这些题目的编写规则。对论述题的编写需要仔细的计划，同时需要拟定评分标准，以避免评分的偏差。

第三节　真实课堂评估

什么是真实性评估？

传统测验的批评者认为，教师应该使用真实性测验以及其他的真实测验程序。真实性测验要求学生完成与真实的校外生活情景相关的任务和问题解决。

描述档案袋和成果展示。

档案袋和成果展示是真实性评估的两种形式。档案袋是对学生作品的收集，有的时候需要选择体现学生成长改进的作品，有的时候需要选择学生的“最佳作品”。成果展示是对学生理解程度的公开表现。档案袋和成果展示都强调在有意义的背景下实施与真实生活相关的任务。

档案袋和行为表现评估的信度、效度和公平性如何？

真实性评估并不能保证信度、效度和公平性（无偏性）。使用准则是让评估更可信、更有效的一种方式。可是，基于准则的评估结果并不一定能预测与任务相关的行为表现。同样，评分者可能基于个体的外貌、谈吐进行打分，也可能对少数族群学生的行为表现或资源匮乏的群体抱有偏见，这些偏见会让少数族群学生在形成性评估中处于不利的地位。

教师应该怎样使用非正式评估？

非正式评估是不需要评分的评估方式，主要用来收集多种信息以帮助教师进行决策。非正式评估包括学生观察和核查表、提问、学生自我评估等。在非正式评估中，日记是被非常灵活和广泛使用的方式。学生常常需要按照一定频率完成个人或小组日记。

第四节　评分

描述两种评分的方式。

评分既可以是常模参照，也可以是标准参照。

一种流行的常模参照评分系统就是根据曲线分布进行评分，这种方式是把学生的成绩与平均表现水平相比进行等级排序。一般不推荐这种方式。标准参照评分的成绩单，通常描述了每个学生每门功课学习得怎么样。

失败怎么支持学习？

学生需要面对失败的经验，教师应该高标准要求学生，以鼓励他们努力学习。如果能够提供合适的反馈，那么偶尔的失败是具有积极意义的。从不知道如何面对失败的学生，一旦面临失败，他们往往会很快放弃。

“社会升级”和“留级”哪一个更好？

让一个学习有困难的学生简单地留级或升级，都不能保证这个学生学习的进步。除非与班里其他学生相比岁数更小或情感上不成熟而不得不留级外，一般而言最好的方法是让学生继续升级，并在暑假为他提供额外的教学支持。差异化教学能够阻止问题的发生。

分数能够促进学习和动机吗？

对错误本身或错误策略的使用进行具体的口头或书面反馈，同时提供给学生如何提高的建议，并对积极的行为表现进行表扬，这些方式都能够增强学习。如果分数与有意义的学习相联系，那么分数也能够激励学生的学习动机。

与家庭的交流怎样支持学生的学习？

并不是每一次教师的谈话都需要传达有关分数的信息。教师与学生和家庭的交流非常重要，这有利于帮助教师理解学生，进而创造出一致的学习环境进行有效教学。学生和家长有权利查看所有的学生档案信息，所以所有的文件内容都应该是合适的、正确的、有证据支持的。

第五节　标准化测验

什么是平均数、中数、众数和标准差？

平均数（算术平均数）、中数（中间的分数）和众数（出现次数最多的分数）都是对集中趋势的测量。标准差反映了分数与平均数的离散程度。正态分布是一种钟形曲线的频数分布。很多分数都聚集在中间，越往两边，分布的分数就越少。

描述分数的不同类型。

有几种基本的标准化测验分数：百分等级表明有百分之多少的人的分数等于或低于某个体分数；年级当量表明学生得分跟某个年级平均分的匹配程度；标准分是基于标准差得到的。T 分数和 Z 分数都是常见的标准分。标准九也是一种标准分，整合了百分等级等元素。

当前测验存在的问题是什么？

关于标准化测验的矛盾主要聚焦于以下几个方面：测验的作用及其解释、过多通过测验来评估学校、对测验分数的不当解释以及对教师的测验。如果测验符合重要的课程目标，接受测验的学生在某个合适的阶段确实学习了这些课程，测验本身没有偏差，学生能够理解测验文字，施测方法正确，那么测验结果就能够提供一些反映学校质量的信息。可是对实际测验的行动研究发现了一些令人担忧的结果，它可能会限制课程内容的扩展或逼迫学生尽早退学。教师应该运用测验的结果去改善教学，而不是对学生形成刻板印象或仅仅证明自己对学生的低期望。

学生能变成更好的应试者吗？怎样做？

如果学生拥有相应的测验经历或者接受过测验技巧和问题解决能力的培训的话，那么学生在标准化测验上的成绩就可能提高。很多学生都能够从有关如何准备和如何参加考试的直接教学中获益。让学生参与设计测验，也能够对学生有所帮助。很多学生在接受了全面的应试准备训练后，尤其是当测验技巧与具体问题、学习内容、测验内容密切相关时，测验成绩提高了。

▼复习思考题

（一）单项选择题

1. 下列哪一项评估方法所提供的反馈是非评判性的，可以在教学之前也可以在教学之中进行，并有助于教师制订计划和改进教学？
   A. 终结性评估
   B. 标准参照评估
   C. 形成性评估
   D. 常模参照评估
2. 每年春天，Taylor 先生班上的学生都要参加一年一度的标准化测验。到夏天的时候，Taylor 先生班上的学生就会收到邮寄来的分数。许多家长对此感到难过，并就他们孩子的低分数与 Taylor 先生联系：“Taylor 先生，我不明白为何我的女儿在荣誉班，但在标准化测验中只得到

70 分。"

"哦，你女儿的分数高于全国平均分。平均分是 50 分。"

请问：Taylor 先生班上的学生每年参加的标准化测验所使用的是哪种类型的分数？

A. 标准参照
B. 常模参照
C. 原始分数
D. 真实得分

3. 尽管刚刚移民来美国，但在 Rhodes 先生的班上，Maria 已经被认为是一位好学生。所以，当 Maria 在一次测验中表现很差时，Rhodes 先生感到很惊讶。当 Rhodes 先生咨询了一位也教 Maria 课的老师后，他觉得也许是测验题目有问题。他的同事解释说，Maria 来自一个还没有电视的相对原始的地区，她接触那些建立在大量文化经验基础之上的概念很有限。这表明，Rhodes 先生的测验对 Maria 来说是不公平的。下列由于学生缺少某种文化或资源经验而对其不公平的测验，属于以下哪一种情况？

A. 归因有偏
B. 评估有偏
C. 信度有偏
D. 效度有偏

4. 下列哪一项评估对于评价学生的辩论能力最为有益？

A. 形成性评估
B. 档案袋评估
C. 终结性评估
D. 行为表现评估

（二）开放论述题

案例：

"Wren 小姐，你会怎么给我们口头读书报告进行等级评定呢？"

"我们有两人分别进行等级评定。我们会设计出一个评分准则，里面有一些项目，你们在准备和汇报读书报告时要重点注意这些。"

"我们该如何参与呢？"

"你们可以帮助我们来设计这个评分准则。有哪些是你们认为应该包括在口头报告里的？"

"我认为应该有听众参与，否则就太无聊了！"

"好主意，Terry。还有吗？"最后，班上的同学将评分准则扩展到了六个方面。

"同学们，你们也可以协助我们用评分准则来评定你们的成绩。设计评分准则并用它来自己评定，你们会非常棒的。"

Lisa 叫道："哇，太神奇了！"

5. 除了列出的标准以及让学生自我评估外，请列出 Wren 小姐在设计评分准则时需要记住的其他指导意见。

6. 等级评定是一种外在强化的形式，既可以是奖励也可以是惩罚的来源。为了有效利用等级评定来提高学生成功的机会，在进行等级评定时，Wren 小姐应该牢记些什么？

▼ 他们会怎么做？

回顾章前教师案例簿中的内容，看看下面几位教师是如何应对的。

Katie Churchill 三年级教师

Oriole Parke Elementary School, Chicago, IL

我会使用综合性的评估工具来评价我的学生。我会使用一个学生和家长都熟悉的准则，提供一个操作方便、理解容易的评分系统。准则需要聚焦于课堂的某个方面，这样就能持续不断地提示学生我期望他们做什么。

差异化教学要涵盖所有的学习风格和学习方式，这样学生就会满怀希望地积极参与到学习当中。最终，学生能做出更好的作品，并超越之前的期望。

某些因素会影响到学生成绩等级的获得。成绩等级需要通过完成小组作业、达成某些目标以及遵守某些高质量作品的准则来获得。

Madya Ayala 高中教师

Campus Garza Sada, Monterrey, N. L. Mexico

我认为评价学生作业的综合部分是很重要的。首先，档案袋是一种收集学生全年各种类型作品的有效方式。通过档案袋，教师可以将具体的评分等级与学生的成就进步相联系。对学生的评价不仅依赖于他们的进步，也要看学生对材料的理解。我会使用有意义的、书面的评估方式来评价学生对知识的理解和保持。最后，我会对各个项目和实验评分。这样，擅长完成项目作业的学生，就可以得到公平的评分。我也喜欢使用准则的方式来评价学生的作文或项目。通过准则系统，教师能够对每个内容领域都给予一定的分数。然后，基于学生的得分点再进行等级评定，就变得很容易了。

Katie Piel　小学教师

West Park School, Moscow, ID

应该给予学生一定的权利通过不同方式来表现自己的成就，比如小组项目、日常班级事务、测验或者个人的项目等。所有学生都应该为自己的学习负责。由于每个教师的评分标准不一样，因此教师需要和同事进行商讨。通过与其他教师的交流，确定学生下一步的学习是很重要的。

Aimee Fredette　二年级教师

Fisher Elementary School, Walpole, MA

我相信学生的聪明表现在不同方面，因此我会提供给学生不同的方式来展现他们的知识。同时，我也关注学生吸收其他科目知识与综合运用的能力。

我对每个学生都使用档案袋记录全年的事情，以此表现学生的成长和发展。每次我修改的时候，我就会把每个学生的部分作业放到档案袋里，我也会选一些不是最好的作品放在档案袋里。每年末，我会把这些文件夹交给学生保存。

Allan Osborne　校长助理

Snug Harbor Community School, Quincy, MA

任何一个评分系统都应该考虑到学生的进步和努力，也应该考虑到学生的个性化特征。这样，就可以记录每个学生独特的优点和缺点。因此，不应该给予一个需要特殊教育的学生与有天赋的学生同样的期望。

任何一个评分系统的最关键的要素就是要保证这个评分系统的公平性。公平性意味着应该事先告知学生和家长相应的课堂要求和期望，以及对评分标准的描述。一个公平的评分系统应该是很容易调整的。对学生的进步进行正确而详细的记录也很重要。除了记录学生考试、测验、方案设计的评分，也要保存学生相关轶事的记录，尤其是在评分报告受到质疑的时候，这些记录会很重要。

虽然小组作业是一个重要的学习经历，但是我觉得不应该过多强调团体工作的分数。正如我们所了解的，团体中的每个成员并非平等地参与，因此，团体分数并不能反映每个个体成员的贡献。

附录　本书与美国教师资格考试的关联

第一部分　教师资格考试学习指南

为了获得教师职位，你必须参加教师资格考试。在近 40 个州中，PRAXIS II™ 考试都是教师资格考试中的必需环节。下面的内容将对本书各章中可能出现在教师资格考试中的重要概念进行强调。

第1章

与专业人员建立联系：要想成为一名优秀的老师，就要想方设法与更多的专业同行建立广泛的工作关系。K-12 专业圈（http://nces.ed.gov/practitioners/teachers.asp）这个网站可能会对你有所帮助。

时刻关注教育事件："每周教育"网站（http://www.edweek.org）可以让你随时了解教育领域内的时事，比如教学创新、政策建议和与教育相关的政策法律的变化。这些话题有时候确实非常复杂。当你需要对这一类型的信息进行判断时，批判性思维技巧的运用就很重要了。

第2章

对于皮亚杰和维果斯基的发展理论，你应该掌握：

- 两种理论的基本假设
- 学生怎样构建各自独特的知识基础
- 学生怎样掌握技能
- 每个理论中重要的术语和概念
- 每个理论中关键的步骤、机制和一些里程碑事件
- 每种理论的不足

第3章

理解与以下主题有关的主要概念及其进展：

- 布朗芬布伦纳和发展的社会背景
- 埃里克森有关心理社会发展的理论
- 皮亚杰和科尔伯格有关道德发展的观点
- 吉利根提出的有关关爱的理论

能够设计或选择策略用于：

- 支持学生社会性和情感发展的最优化
- 帮助学生处理主要的生活改变和有关安全、身体和精神健康的挑战
- 帮助学生形成自我概念、自尊和自我认同感（包括种族认同感）
- 能够辨认与性虐待或儿童虐待有关的标志和行为

第4章

解释与公立教育有关的法律对教育的影响：

- 《美国残疾人法》
- 《残疾人教育促进法》
- 504 条款
- 个别化教育方案
- 全纳课堂和最少受限制的环境

理解与智力有关的观点和相关的测量方法：

- 智力测验的各种类型和使用方式
- 多元智能
- 解释智力测验分数
- 修订测验

满足特殊学生的需求：

- 注意力缺陷多动障碍
- 视觉、言语和身体障碍
- 学习障碍
- 智力障碍 / 精神发育迟缓

第5章

对于语言的发展，你应该掌握：

- 有关语言发展理论的基本假设
- 学龄儿童语言发展的主要成就
- 语言和读写能力之间的关系
- 教师培养学生读写能力的基本步骤
- 英语非母语学生掌握英语的策略

第6章

识别种族或民族、社会经济地位和团体价值观对以下领域的影响：

- 师生关系 / 家长—教师之间的关系
- 学生的学习风格
- 学业成就
- 态度、自尊和对成功的期望

- 拥有高品质教育经验的机会

理解性别对以下领域的影响：

- 教师对学生的注意
- 心理能力的差异

能够制定以下领域的策略：

- 消除具有性别歧视的教学实践
- 促进积极家庭与学校关系的形成
- 减少或消除种族刻板印象和偏见

第7章

理解以下行为主义者理论的基本假设和贡献：

- 巴甫洛夫
- 斯金纳

将适当的行为改变技术运用于：

- 建立有效的课堂规范和流程
- 形成适当的课堂管理
- 帮助学生监督和调节学习

理解操作性条件反射的基本过程及其在学习中的运用，包括：

- 先行事件和行为结果
- 强化类型和强化程式
- 惩罚
- 塑造

第8章

了解记忆和回忆受到以下领域的影响：

- 人类各种记忆结构的局限、容量和能力（如记忆存储）
- 人类加工信息的方式
- 有关主题的先前知识
- 执行监控过程

解释教师和学生如何通过利用如下手段来提高学习：

- 精细加工和记忆策略
- 有组织的呈现
- 有意义的学习和教学活动

第9章

重点关注以下主题：

- 元认知知识和学习
- 学习策略
  - –教授这些策略的基本原则
  - –各种策略中蕴含的认知过程
  - –适当运用各种策略
- 问题解决
  - –一般的问题解决策略 / 启发式和算法式
  - –问题表征的价值
  - –促进问题解决的因素
- 创造性
  - –创造性的意义
  - –激发学生的创造性
- 批判性思维
- 学习的迁移
  - –迁移的类型 / 促进迁移

第10章

解释以学生为中心的取向在学习和教学中的优点，并能适当运用：

- 探究的方法
- 基于问题的学习
- 认知学徒制
- 合作学习
- 服务性学习

理解与以学生为中心的教学模式有关的重要概念：

- 情境学习
- 复杂学习环境
- 真实性任务
- 对内容的多元表征
- 皮亚杰和维果斯基：建构主义理论

第11章

重点关注以下主题：

- 班杜拉
- 示范和观察学习
- 社会认知理论
- 自我调节学习
- 自我效能感
- 教师效能感

第12章

描述各种取向的动机的理论基础：

- 识别和定义与动机有关的重要术语，包括目标、归因、内部动机和外部动机、自我决定
- 将你所学的动机知识运用于：
  - –识别能提高或减少学生学习动机的情境和条件
  - –设计能够支持个体和课堂团体合作的策略
  - –开展帮助学生进行自我激励的实践

第13章

理解能够促进积极关系形成的班级管理原则：

- 建立日常的程序和规范
- 对少数学生的错误行为进行有效反馈

- 建立合理的规则、惩罚和奖励措施
- 促进学生积极参与到有目的的学习中

通过以下方式诊断出问题并减少或阻止不当行为的发生：

- 与学生和家长交流
- 以低调的方式处理问题行为
- 以高效的方式对破坏性行为进行面质

第14章

形成教学计划并考虑：

- 教学目标的作用
- 制定行为目标和认知目标
- 运用教育目标分类学设计有效的目标
- 独立实践的作用（比如课堂作业和家庭作业）
- 直接教学和讲解式教学
  -基本假设
  -归纳推理和演绎推理
  -合理运用原则

理解教学过程中以学生为中心和以教师为中心两种方式的基本原则，包括：

- 合理的使用和限制
- 教师的角色
- 有效的提问技巧
- 小组讨论
- 复述背诵
- 主题教学和综合教学
- 差异化教学

第15章

描述各种测验的特征和目标：

- 常模参照测验和标准参照测验
- 成就测验、能力倾向测验和诊断测验

解释与标准化测验有关的主要内容：

- 高利害测验
- 测验偏差
- 考试项目

理解与课堂评估和评分有关的主要概念：

- 形成性评估和终结性评估
- 信度和效度
- 常模参照评分和标准参照评分

描述以下主要评估技术的特点、使用方式和局限：

- 多选题
- 论述题
- 档案袋
- 成果展示

针对一项真实的学习任务设计一个评分规则，包括：

- 效度
- 信度
- 普遍性
- 公平性

第二部分　本书与 PRAXIS II™ 中的学与教的原理测验和 INTASC 标准的相关分析

在美国，每个州都拥有一套自己的教师资格考试体系，新教师必须通过这样的考试才能任职。越来越多的州开始基于州际新任教师评价与支持联盟（简称 INTSAC）制定的标准来设定各州新教师需要满足的条件。这些标准基于十条有效教学原则，INTSAC 认为这十条原则能够让学生的学习最优化。也有很多州运用由美国教育考试服务中心（ETS）发布的新任教师教学知识和能力考试（被称为 PRAXIS II™）来评估新教师对标准掌握的程度。新任教师教学知识和能力考试包括三个学习与教学原理（简称 PLT）的测验，分别适用于幼儿园至六年级教师、五至九年级教师、七至十二年级教师。每一个学习与教学原理测验用于测量考生对于教育心理学的掌握程度及其在真实课堂中的运用。

下表会帮助你为学习与教学原理测验做准备，同时涵盖了 INTSAC 指定的十条有效教学原则。表中的最左列涵盖了 PLT 测验考察的主题；最右列包含了 INTASC 标准；在中间一列，你会找到相应主题在本书中出现的具体位置。

PRAXIS II™ 的主题	与本书的联系	INTASC 的原则
I. 学生与学习		
A. 学生发展和学习过程		
1. 有关学习是怎样发生的理论基础：学生怎样建构知识、获得技能、形成思考习惯	第 2、7 ～ 12 章（全章）	1(d) 教师理解学习是怎样发生的——学生怎样建构知识、获得技能、形成思考习惯——同时知道怎样运用教学策略来促进学生学习。
■ 重要理论家举例		
• 皮亚杰	第 2 章 / 皮亚杰的认知发展理论	
• 维果斯基	第 2 章 / 维果斯基的社会文化观	
• 加德纳	第 4 章 / 多元智能	
• 斯腾伯格	第 4 章 / 智力过程	
• 班杜拉	第 7 章 / 学习的行为主义观点	
• 布朗芬布伦纳	第 3 章 / 发展的社会背景	
■ 与学习理论有关的重要术语		
• 适应	第 2 章 / 思维的基本倾向	
• 守恒	第 2 章 / 思维的基本倾向	
• 建构主义	第 2 章 / 皮亚杰和维果斯基的理论对教师的启示 第 10 章 / 学习的建构主义观点	
• 平衡	第 2 章 / 思维的基本倾向	
• 共同建构	第 2 章 / 个体思维的社会源泉	
• 自我言语	第 2 章 / 语言和自我言语的作用	
• 支架	第 2 章 / 辅助学习；实践指南：维果斯基理论在教学中的应用 第 10 章 / 认知学徒制与交互式教学	
• 最近发展区	第 2 章 / 最近发展区	
• 学习	第 7 章 / 科学地理解学习 第 8 章 / 认知观与行为观比较 第 10 章 / 认知学徒制与互式教学 第 12 章 / 学习动机与教学	
• 知识	第 2 章 / 个体思维的社会源泉；活动与知识建构 第 8 章 / 知识在认知中的重要性；成为有知识的人：一些基本原则 第 10 章 / 知识是如何被建构的？知识是情境性的还是普遍性的？	
• 记忆	第 8 章 / 感觉记忆；工作记忆；长时记忆	
• 图式	第 8 章 / 图式	
• 迁移	第 9 章 / 为迁移而教	
2. 人类在身体、社会性、情感、道德和认知等多个领域的发展		1(f) 教师了解在每个领域内（身体、社会性、情感、道德和认知）个体可能的发展进步和发展范围，能够鉴别出对学习的各种准备程度，理解每个领域的发展及其相互之间的关系。
■ 重要理论家的贡献		
• 皮亚杰	第 2 章 / 皮亚杰的认知发展理论	
• 维果斯基	第 2 章 / 维果斯基的社会文化观	
• 埃里克森	第 3 章 / 埃里克森：心理社会发展的阶段	
• 科尔伯格	第 3 章 / 科尔伯格关于道德发展的理论	
• 卡罗尔・吉利根	第 3 章 / 性别差异：关爱的道德	

续前表

PRAXIS II™ 的主题	与本书的联系	INTASC 的原则
■ 每个发展领域内的主要进步和每个领域内个体发展的变化范围	第 2 章 / 认知发展的四个阶段；皮亚杰理论的局限；认知发展的信息加工、新皮亚杰与神经科学视角；个体思维的社会源泉 第 3 章 / 生理发展；学前阶段；小学阶段；青春期；道德发展 第 5 章 / 语言发展	1(e) 教师明白学生在生理、社会性、情感、道德和认知的发展水平会影响其学习，知道在进行教学决策时怎样合理利用这些影响因素。
■ 学生生理、社会性、情感、道德和认知发展对其学习的影响，进行决策时能合理考虑这些因素的影响	第 2 章 / 认知发展的四个阶段；皮亚杰理论的局限；家庭和社区合作实践指南：前运算阶段儿童的教育；实践指南：具体运算阶段儿童的教育；实践指南：形式运算阶段学生的教育；个体思维的社会源泉；辅助学习；最近发展区； 第 3 章 / 生理发展；学前阶段：信任、自主与主动；小学阶段：勤奋对自卑；青少年时期：寻求同一性；科尔伯格的道德发展阶段；自我概念与自尊；学校生活和自尊；多元化与自我概念；心理理论与意图；道德判断、社会习俗和个人选择 第 5 章 / 语言发展 第 13 章 / 维持良好的学习环境	
■ 一个领域（诸如身体）的发展如何影响其他领域（如社会性）	第 2 章 / 发展的一般规律；脑与认知发展；影响发展的因素 第 3 章 / 生理发展	
B. 学生的多元化		
1. 学生学习和行为的差异	第 4 章 / 学习者差异与学习需要（整章） 第 6 章 / 文化与多元化（整章）	2(g) 教师能够理解并鉴别出学生学习和行为方式的差异，包括学习风格的差异、多元智能、行为模式等；同时，为了促进学生成长，教师所设计的教学方案能合理利用学生的优势。
● 学习风格	第 4 章 / 学习风格与偏好 第 6 章 / 学习中的多样性	
● 多元智能	第 4 章 / 多元智能	
● 行为模式 -具体运算思维 -视觉和听力学习者	第 2 章 / 具体运算阶段；实践指南：具体运算阶段儿童的教育 第 4 章 / 学习风格；学习上面临挑战的学生	
● 性别差异	第 3 章 / 性别差异：关爱的道德 第 6 章 / 教学中的性别问题；实践指南：避免教学中的性别歧视	
● 文化期望与风格	第 6 章 / 当今的多元化课堂；教学中的民族和种族问题；文化关联教学 第 14 章 / 教师的期望	
2. 特殊学生	第 4 章 / 学习者差异与学习需要（整章）	2(h) 教师了解包括学习障碍、视觉和知觉困难以及面临特殊身体或心理挑战在内的各类特殊学生。
● 特殊的身体或感觉挑战	第 4 章 / 沟通障碍；健康与感觉障碍；耳聋	
● 学习障碍	第 4 章 / 学习障碍；个别化教育方案；504 条款的保护	
● 注意力缺陷多动障碍（ADHD）	第 4 章 / 多动症与注意力缺陷	
● 功能性和精神发育迟缓	第 4 章 / 智力障碍；实践指南：对智力障碍儿童进行教学	

续前表

PRAXIS II™ 的主题	与本书的联系	INTASC 的原则
3. 与特殊学生有关的立法和相关机构的责任	第 4 章 / 个体差异与法律；504 条款的保护	9(g) 教师能够理解并推进与学生权利和教师责任有关的法案的执行（比如，为了公平的教育、对残障学生的合理教育、保密性、尊重学生隐私、合理对待学生、适时报告可能的虐待儿童行为等）。
•《美国残疾人法》（ADA）、《残疾人教育促进法》（IDEA）、504 条款对学生的保护		
• 全纳教育、回归主流和“最少受限制的环境”	第 4 章 / 个体差异与法律；最少受限制的环境 第 14 章 / 全纳课堂内的差异化教学	
4. 适应各种学习风格和智力差异的方法	第 4 章 / 学习者差异与学习需要；重点关注：多元智能理论在学校中的应用；超常儿童的教学；个体差异与法律	2(g) 教师能够理解并鉴别出学生学习和行为方式的差异，包括学习风格的差异、多元智能、行为模式等；同时，为了促进学生成长，教师所设计的教学方案能合理利用学生的优势。
• 差异化教学	第 14 章 / 差异化教学；技术与差异化教学；全纳课堂内的差异化教学	
• 另类的评估	第 15 章 / 非正式评估；真实课堂评估；档案袋和成果展示；实践指南：档案袋的制作；实践指南：形成评分准则	
• 测验的修正	第 15 章 / 帮助有障碍的学生准备高利害测验	
5. 第二语言获得的过程和支持学生学习的策略	第 5 章 / 方言；双语发展	2(i) 教师了解第二语言获得的过程，并且能为母语非英语者提供英语学习策略的支持。
6. 理解个体经历、天资、先前学习、语言、文化、家庭和社区对于学生学习的影响		
• 多元文化背景	第 6 章 / 美国文化的多元化；民族和种族对学业成就的影响	2(j) 教师理解个体经历、天资、先前学习、语言、文化、家庭和社区对于学生学习的影响。 2(k) 教师拥有一个宏观框架用于理解文化和社区的多样性，并且知道怎样将学生的经历、文化和社区资源融入教学之中。
• 与年龄阶段相适应的知识和行为	第 2 章 / 认知发展的四个阶段；维果斯基的社会文化观；皮亚杰和维果斯基的理论对教师的启示 第 3 章 / 整章。重点关注——学前阶段：信任、自主与主动；小学阶段：勤奋对自卑；青少年时期：寻求同一性；情绪和道德发展	
• 学校的学生文化	第 3 章 / 发展的社会背景；同伴 第 12 章 / 习得性无助	
• 家庭背景	第 3 章 / 家庭 家庭和社区关系的实践指南（全书各章节）	
• 语言模式与差异	第 4 章 / 沟通障碍 第 5 章 / 语言发展；方言；双语发展	1(g) 教师理解沟通理论、言语发展以及言语在学习中的作用。
• 认知模式与差异	第 4 章 / 学习风格 第 8 章 / 长时记忆	
• 社会性与情感议题	第 3 章 / 道德行为：攻击与作弊 第 4 章 / 情绪或行为障碍	
C. 学习动机与学习环境		
1. 人类动机与行为的理论基础	第 12 章 / 什么是动机？动机理论的五种基本取向	3(i) 教师可以通过心理学、人类学和社会学等基础科学来获得有关人类动机与行为的知识，并在此基础上形成组织和支持个人及团体活动的策略。

续前表

PRAXIS II™ 的主题	与本书的联系	INTASC 的原则
● 与动机与行为有关的重要术语	第 7 章 / 操作性条件作用：尝试新的反应；强化的程序 第 12 章 / 学习动机与教学（全章）； 第 14 章 / 教师的期望	
2. 与人类情绪与行为有关的知识可以对组织和支持课堂中个体和团体的学习活动产生怎样的影响	第 12 章 / 情绪与焦虑；实践指南：应对焦虑；实践指南：支持自我决定和自主 第 14 章 / 教师的期望	3(i) 教师可以通过心理学、人类学和社会学等基础科学来获得有关人类动机与行为的知识，并在此基础上形成组织和支持个人及团体活动的策略。
3. 可以促进或降低学生学习动机和帮助学生自我激励的因素和情境	第 12 章 / 需要理论对教师的启示；目标理论对教师的启示；好奇心、兴趣和情绪理论对教师的启示；支持自主和认可成就	3(j) 教师能识别出可能促进或降低内部动机的因素和情境，也知道怎样帮助学生进行自我激励。
4. 有效管理的原则和促进形成积极关系、合作和有目的学习的策略	第 7 章 / 鼓励行为的方法；实践指南：鼓励积极行为；处理问题行为；功能行为评估与积极行为支持；应对严重行为问题	3(k) 教师理解有效的班级管理原则，并且能够使用大量的策略来促进教室里形成积极的关系、合作和有目的的学习。
● 建立日常的程序和流程		
● 建立课堂规则和奖惩制度	第 13 章 / 建立必要的常规和章程；实践指南：建立班级常规； 预防是最好的良药；同辈协商与调解 第 14 章 / 教师的期望	
● 及时给予反馈	第 7 章 / 实践指南：恰当地使用表扬 第 13 章 / 沟通的必要性 第 14 章 / 对学生的回答进行反馈 第 15 章 / 分数对学生的影响	
● 保持正确的记录	第 15 章 / 档案袋和成果展示；实践指南：档案袋的制作；评价档案袋和行为表现	
● 与家长和监护人进行沟通	第 2 ～ 15 章 / 家庭和社区合作实践指南	
● 使用目标行为描述	第 7 章 / 应用行为分析	
● 对学生的错误行为进行反馈	第 7 章 / 处理问题行为；实践指南：惩罚的有效使用；团体结果 第 13 章 / 处理纪律问题；中学生的特殊问题；实践指南：实施惩罚；对学生的问题进行辅导；面质与果断处罚；实践指南：处理具有潜在破坏性的事件	
● 安排教室空间	第 13 章 / 设计学习的物理空间；实践指南：设计学习空间	
● 课程的步调与结构	第 13 章 / 鼓励学生积极参与；实践指南：保持学生的参与度；明察秋毫；一心多用和整体关注；变换管理 第 14 章 / 表达清晰和有序组织；实践指南：有效的直接教学	
II. 教学与评估		
A. 教学策略		
1. 与学生学习有关的主要认知过程		
● 批判性思维	第 9 章 / 创造性；实践指南：鼓励创造性	8(j) 教师理解与各种学习有关的认知过程（如批判性和创造性思维、问题表征与问题解决、创新、记忆与回忆），并知道应该如何激发这些过程。
● 创造性思维		
● 归纳推理和演绎推理		
● 问题表征与问题解决	第 9 章 / 问题解决	
● 创造发明	第 9 章 / 创造性	
● 记忆与回忆	第 8 章 / 学习的认知观点（尤其关注与记忆有关的部分）	

续前表

PRAXIS II^{TM}的主题	与本书的联系	INTASC 的原则
2. 教学策略的主要分类、各自的优势和合理运用		
• 合作学习	第 10 章 / 协作与合作学习；实践指南：运用合作学习	8(k) 教师理解各种与教学策略有关的原则与技术、优势与局限（比如合作学习、直接教学、发现学习、小组讨论、独立学习、综合教学）。
• 直接教学（常常指以教师为中心的教学）	第 14 章 / 直接教学	
• 发现学习	第 10 章 / 探究与基于问题的学习	4(k) 教师明白学生的概念框架以及对某个领域知识的错误理解将会如何影响其新的学习。
• 小组讨论	第 14 章 / 小组讨论；实践指南：创造性的小组讨论	
• 独立学习	第 9 章 / 学习策略；实践指南：成为优秀学生 第 11 章 / 自我调节学习模型与主体性	
• 整合教学（有时也称主题式教学）	第 10 章 / 探究与基于问题的学习 第 14 章 / 基于建构主义的视角制订计划	
• 提问	第 14 章 / 提问和讨论式教学	
3. 与主要的教学策略有关的原则、技巧和方法		
• 直接教学（有时也称作以教师为中心的教学）	第 14 章 / 直接教学；提问和讨论式教学；六个教学事项	8(k) 教师理解各种与教学策略有关的原则与技术、优势与局限（比如合作学习、直接教学、发现学习、小组讨论、独立学习、综合教学）。
• 以学生为中心的模式	第 10 章 / 认知和社会建构主义；建构主义取向的教与学	
4. 通过使用各种资源和材料来提高学生学习的方法	第 10 章 / 服务性学习 第 14 章 / 技术与差异化教学	8(n) 教师明白怎样使用各种材料和技术资源来提高学习质量（比如电脑、视听技术、录像机、当地的专家、原始文件和人工制品、文章、参考书目、文献和其他印刷资源）。
B. 教学计划		
1. 在制订教学计划时可用于满足课程目标的技术，包括学习理论的整合、教学材料、课程发展和学生的发展		
• 国家和州立学习标准	第 15 章 / 有关标准化测验的议题	7(g) 教师理解学习理论、教学材料、课程开发和学生的发展，知道怎样运用这些知识来制订教学计划，并让这些计划尽量满足课程要求。
• 州立和地方课程框架		
• 州立和地方课程指南		
• 具体学科领域的范围与要求	第 14 章 / 教学计划；基于建构主义的视角制订计划	
• 单元和课例		
• 行为目标：情感、认知和动作技能	第 14 章 / 学习目标；认知领域；情感领域；动作领域；实践指南：运用教学目标	
• 学习者的目标与结果		

续前表

PRAXIS II™ 的主题	与本书的联系	INTASC 的原则
2. 创设有效衔接课程目标与学生经验的技术		7(j) 教师知道在制订计划时要考虑到情境因素（比如教学材料，学生的个人兴趣、需求、能力倾向和社区资源），以此让课程目标和学生经历之间达成有效的衔接。
• 示范	第 7 章 / 社会学习理论	
• 有指导的实践	第 2 章 / 辅助学习 第 10 章 / 认知学徒制与交互式教学 第 14 章 / 六个教学事项	
• 独立练习，包括家庭作业	第 11 章 / 自我调节学习模型与主体性；家庭和社区合作实践指南：在家庭和学校支持自我调节 第 14 章 / 课堂作业和家庭作业	
• 转换	第 13 章 / 一心多用和整体关注；变换管理；实践指南：保持学生的参与度	
• 激发学生的先前知识	第 8 章 / 知识在认知中的重要性；长时记忆的容量、持续时间与内容 第 9 章 / 确定目标并表征问题	
• 利用前概念	第 9 章 / 阻碍问题解决的因素	
• 鼓励探究和问题解决	第 2 章 / 皮亚杰的理论对教师的启示 第 9 章 / 问题解决；创造性 第 11 章 / 自我调节学习模型与主体性	
• 在旧有经验基础上学习新技能	第 2 章 / 思维的基本倾向 第 4 章 / 智力障碍；实践指南：对智力障碍儿童进行教学 第 8 章 / 长时记忆的容量、持续时间与内容；陈述性知识的发展；程序性和条件性知识 第 11 章 / 教学中的观察学习	
C. 评估策略		
1. 评估的类型	第 15 章 / 常模参照评分与标准参照评分；真实课堂评估；形成性评估和终结性评估；客观题；论述题；档案袋和成果展示；非正式评估	6(j) 教师理解各种评估方式的特点、用途、优势与不足（如标准参照和常模参照测验、传统的标准化测验和基于行为表现的测验、观察系统、对学生作业的评估），并以此评价学生的学习情况，探讨怎样的学习经历可以促进学生未来的成长和发展。
2. 评估的特征	第 15 章 / 信度；效度；编写多选题；编写论述题；信度、效度和普遍性；实践指南：形成评分准则	6(k) 教师明白怎样有效筛选、构建和使用评估策略和测评工具，以此来评价学生的学习结果或完成其他诊断目的。
3. 评分评估	第 15 章 / 使用多选题测验；评价论述题；评价档案袋和行为表现；实践指南：形成评分准则	
4. 评估的使用	第 15 章 / 常模参照评分与标准参照评分；测验的责任性和高利害性；形成性评估和终结性评估；非传统的评估方式	
5. 理解测量理论和与评估相关的议题	第 15 章 / 常模参照评分与标准参照评分	6(k) 教师理解测量理论和与评估有关的议题，比如信度、效度、偏差等。
III. 沟通技能		
A. 有效的言语和非言语沟通技能	第 13 章 / 沟通的必要性；教师的期望	8(m) 教师能够认识到非言语沟通和言语沟通同样重要。
B. 课堂沟通中文化和性别差异的影响	第 5 章 / 班级中的方言差异；社会语言学	3(e) 教师能够明白文化和性别的差异如何对课堂沟通产生影响。

续前表

PRAXIS II™ 的主题	与本书的联系	INTASC 的原则
C. 可以激发不同目的、不同方式讨论的提问方式	第 14 章 / 提问和讨论式教学	5(n) 教师能够理解和使用有效的言语、非言语和媒介沟通技巧。
• 探索让学习者理解的方式	第 14 章 / 提问和讨论式教学	
• 帮助学生表达个人观点和思维过程	第 9 章 / 实践指南：问题解决 第 14 章 / 小组讨论；实践指南：创造性的小组讨论	
• 激发学生敢于冒险的精神和问题解决的能力		
• 促进事实性的回忆	第 14 章 / 提问和讨论式教学	
• 鼓励聚合思维和发散思维	第 9 章 / 创造性的评估 第 14 章 / 问题的种类	
• 激发好奇心	第 12 章 / 激发兴趣；实践指南：培养学生的兴趣和好奇心；好奇心：新异性和复杂性	
• 帮助学生提问	第 14 章 / 让问题适合学生	
IV. 专业与社区		
A. 反思型实践者		
1. 促进专业发展和学习的各种资源		10(h) 教师知道与教学有关的主要研究领域，了解与专业发展有关的资源（比如专业文献、志同道合者、专业机构、专业发展活动）。
• 专业文献		
• 志同道合者	第 2 ～ 15 章 / 教师的案例簿（出现在每章的开头和结尾）	
2. 有能力阅读和理解有关当前教育的观点、思想和争论的文章	第 1 章 / 运用研究去理解和促进学习； 第 2 ～ 15 章 / 正方观点 / 反方观点（每章都有）	
3. 教学实践的个人反思应该具有批判性，批判性反思能促进个人专业发展	第 2 ～ 15 章 / 正方观点 / 反方观点（每章都有）	4(j) 教师理解自己所教学科的主要概念、假设、争论、探究的过程及其在所教学科中的中心地位。
B. 更大的社区		
1. 学校作为大的社区资源的作用	第 6 章 / 文化与多元化（整章） 第 13 章 / 处理好学生与学校的联系	10(i) 教师理解在大的社区内学校作为一个组织的重要作用，知道自身所在工作系统的相关运作。
2. 可能影响学生生活和学习的校外环境（比如家庭环境、社区环境、健康和经济条件）	第 3 章 / 家庭；同伴 第 4 章 / 学习上面临挑战的学生	10(m) 教师知道校外环境（比如家庭环境、社区环境、健康和经济条件）可能对学生的生活和学习产生的重要影响。
3. 让家长、监护人、社区领导参与教育过程的基本策略	第 6 章 / 文化与多元化（整章） 第 10 章 / 服务性学习 第 2 ～ 14 章 / 家庭和社区合作实践指南（全书各章）	
4. 与学生权利和教师责任有关的主要法律		9(j) 教师理解并能推动与学生权利和教师责任（如公平教育、对残障学生的合理教育、保密性、尊重学生隐私、合理对待学生、适时报告可能的虐待儿童行为等）相关的法律。
• 公平教育	第 4 章 / 个体差异与法律	
• 对于残疾儿童的适当教育	第 4 章 / 学生与家长的权利	
• 保密和隐私	第 13 章 / 沟通的必要性	
• 对待学生的适当方式	第 3 章 / 儿童虐待	
• 报告与儿童虐待有关的情况		

专业词汇表

（按照汉语音序排列）

《残疾人教育促进法》（Individuals with Disabilities Education Improvement Act，简称 IDEA） 94～142 公法的最近一次修订，确保所有儿童无论是否残疾，都能得到免费的公立教育。

“我”信息（“I” message） 使用以“我”开头的句式，清晰而坚定地告诉学生，他们的行为如何影响了教师的教学。

1.5 代（Generation 1.5） 指那些在个性特点、教育经验和语言流畅度上介乎出生于美国的学生和刚移民到美国的学生之间的群体。

1990 年《美国残疾人法》（American with Disabilities Act of 1990，简称 ADA） 美国联邦政府的一项法律，禁止在工作、公共交通、公共设施使用、地方政府、通信服务等方面歧视残疾人。

504 条款（Section 504） 民权法的一部分，保护残疾个体在所有接受联邦资助的计划中（如公立学校）不会受到歧视。

CAPS 用来阅读文学作品的一个策略，包括四个要素：主人公、故事的目的、问题以及解决方案。

Cmaps 由人机认知研究所（IHMC）的研究者提出的制作概念图的工具，可以把许多知识网络和网上的其他资源连接起来。

KWL 指导阅读和提问的策略。具体包括：读前“关于这个主题我已知道什么”；读中“我想知道什么”；读后“我学到了什么”。

LINCS 词汇策略（LINCS Vocabulary Strategy） 使用故事和表象学习如何识别、组织、定义和记忆单词的策略。

READS 五步骤阅读策略：回顾标题；检验黑体字；问“我期望学习是什么样的”；阅读；用自己的话总结。

T 分数（T score） 一种标准分数，平均数为 50，标准差为 10。

Z 分数（Z score） 一种标准分数，表示高于或低于平均数的标准差的个数。

案例研究（case study） 对一个个体或情景的深度研究。

百分等级（percentile rank） 在常模样本中，等于或低于某个个体分数的人数百分比。

班级管理（classroom management） 保持积极的学习环境、避免问题行为发生的管理技术。

班内能力分组（within-class ability grouping） 在一个班级内，为了适应学生不同的学习能力，把学生分为 2～3 个小组。

半语（semilingual） 不精通任何一种语言，不能有效地使用一种或多种语言。

保持性复述（maintenance rehearsal） 通过重复保持工作记忆中的信息。

背景（context） 内在和外在的环境和情境，会与个体的思维、情感和动作相互作用，并最终决定个体的发展和学习。

比率程序（ratio schedule） 根据强化刺激之间的反应次数进行强化。

变换管理（movement management） 保持课程与小组活动步调协调，活动间的过渡顺利灵活。

变异性（variability） 与平均数的差异或偏离程度。

标准参照测验（criterion-referenced testing） 个体分数与某个设定的标准进行比较的测验。

标准参照评分（criterion-referenced grading） 根据学生对课程目标的掌握程度进行评估。

标准差（standard deviation） 分数与平均数的偏离程度。

标准分（standard score） 基于标准差所得的分数。

标准化测验（standardized tests） 测验项目是给定的，通常在一致的环境下施测，评分过程有统一的程序。

标准九（stanine scores） 包括 1 至 9 共九个分数，每个分数都包含了一定范围的原始分数。

表达性词汇（expressive vocabulary） 个体能说出或写出来的词汇。

表现目标（performance goal） 个体的目标是使自己在别人眼里看起来有能力或成绩很好。

表现性评估（performance assessments） 为了展现学习效果，要求学生开展一项活动或制作一个物品的评估形式。

表象（images） 基于信息的结构或外在形式而进行的表征。

补偿性（compensation） 指一个维度上的变化可能被另一维度上的变化抵消掉的规律。

部分学习（part learning） 将一个列表拆分成较小的部分进行学习。

参与结构（participation structures） 关于参与某项特定活动的正式和非正式的规则。（第6章）

参与结构（participation structures） 确定学生如何参与不同活动的规则。（第13章）

参与式观察（participant observation） 一种描述性的研究方法，研究者为了更好地理解群体生活而成为了某种研究情境的参与者。

参与者/被试（participants/subjects） 被研究的人或动物。

残疾（disability） 指不具备做某种特定事情的能力，如走或听。

操作性条件作用（operant conditioning） 自主行为被结果或先行事件强化或弱化的一种学习。

操作性行为（operants） 人或动物发起的自主（一般指向目标）行为。

测量（measurement） 用数量（数字）表示评价的过程。

测量的标准误（standard error of measurement） 多次测验得分的误差估计。

差异化教学（differentiated instruction） 基于学生的准备状态、兴趣和学习需要，并采取与之相匹配的教学内容、过程和目标的一种灵活的教学方式。它考虑了学生的能力、先前知识和面临的挑战，从而使得教学不仅与学科内容相匹配，而且还要与学生的需求相适应。（第1章）

差异化教学（differentiated instruction） 基于学生对课程的准备程度、学习兴趣和学习需求，让课程内容、课程进度和学习结果具有灵活性的教学方法。（第14章）

产生缺陷（production deficiency） 学生习得了策略，但是在他们能够或应该使用时却没有应用。

产生式（productions） 程序性记忆的内容；有关在何种条件下采用何种行动的规则。

长时记忆（long-term memory） 对信息的永久存储。

常模参照测验（norm-referenced testing） 个体分数与其他人的平均分进行比较的测验。

常模参照评分（norm-referenced grading） 通过与他人比较来评估学生的学习成就。

常模团体（normal group） 用团体的平均分作为评价其他学生在某测验上表现的标准。

超常和天才学生（gifted and talented students） 非常聪明、有创造性、有才华的学生。

撤除性惩罚（removal punishment） 行为后撤除一个满意刺激，以减少行为再次发生的概率，也称为Ⅱ型惩罚。

沉浸式虚拟学习环境（Immersive Virtual Learning Environment，简称IVLE） 对现实世界的一种仿真，能够让学生沉浸于任务中，就像在专业实践中所需要的那样。

陈述性知识（declarative knowledge） 能通过各种文字和符号系统进行陈述的知识，如言语信息、事实，说明“知道什么”的问题。

成功经验（mastery experiences） 我们自身的直接经验——效能感信息的最有力的来源。

成功智力的三元理论（triarchic theory of successful intelligence） 认为智力由三个部分（思维过程、应对新情境以及适应环境）组成，这些部分会引起智力行为的增加或减少。

成果展示（exhibition） 一种表现性评估或学习展示，具有公开性，常常需要花额外的时间进行准备。

成就测验（achievement tests） 一种标准化测验，旨在测量学生在特定内容领域内的学习效果。

成熟（maturation） 基因决定的，随时间自然发生。

呈现性惩罚（presentation punishment） 行为后呈现一个厌恶刺激，以减少行为再次发生的概率，也称为Ⅰ型惩罚。

承诺（commitment） 在Marcia关于同一性状态的理论中，承诺是指个体在政治信念和宗教信仰等方面的选择，通常是探索多种选择后的结果。

惩罚（punishment） 削弱或抑制行为发生的过程。

程序性记忆（procedural memory） 长时记忆中关于怎么做的记忆。

程序性知识（procedural knowledge） 关于“知道怎么做”某事的知识，体现在执行任务的过程中。

持续性期望效应（sustaining expectation effect）

由于教师并没有认识到学生的进步，因此学生的行为表现一直维持在原有的水平。

初潮（menarche） 女性第一次的月经期。

传统语言（heritage language） 在学生家里使用的语言或家人使用的语言。

创造性（creativity） 有想象力的、原创性的思考和问题解决。

刺激（stimulus） 引发行为的事件。

刺激控制（stimulus control） 指让引发行为的先行事件出现或消失的能力。

存在性需要（being needs） 马斯洛理论中的三种高层次需要，也称为成长性需要。

大型多人在线游戏（Massive Multi-player Online Games，MMOGs） 一种建立在虚拟世界中的互动游戏环境，在这种环境中学习者将会扮演一个角色或成为某种化身。

代币强化制（token reinforcement system） 在这个系统中，学生通过学业学习和积极行为挣得代币，然后将它们换成一些想要的奖品。

代表性启发式（representativeness heuristic） 基于事件与你的原型的匹配程度而做出某个事件可能性的判断——你认为一个类别的代表性是什么。

单被试实验设计（single-subject experimental studies） 通过对一个个体进行系统干预以观察干预效果，一般的做法是先进行干预，然后再撤销干预，从而检验干预的效果。

单语（monolingual） 只讲一种语言。

弹性分组（flexible grouping） 根据学生的学习需求不断重新分组。

档案袋（portfolio） 对学生某个领域作品的收集，展现了学生的成长、自我反思和成就。

道德两难问题（moral dilemmas） 很难做出明确和完全正确的抉择的问题情境。

道德推理（moral reasoning） 判断是非、对错的思维过程。

道德现实主义（moral realism） 在这一道德发展阶段，儿童将规则看作是绝对的。

低视力（low vision） 只能看清楚近处的物体。

敌意性攻击（hostile aggression） 旨在伤害他人的明显的、直接的行为，以及无缘故的攻击。

抵抗文化（resistance culture） 拒绝采纳主流文化的行为和态度的群体价值观和信念。

癫痫症（epilepsy） 由大脑不正常的放电所引起的障碍，其特征是发作。

定义属性（defining attributes） 某个特定概念群体中的成员共有的特质。

动机（motivation） 一种激发、指向并维持某种行为的内部心理状态。

动机的社会文化观（socialcultural views of motivation） 强调社会实践活动中个体的参与、身份认同和人际互动对动机的作用。

动作领域（psychomotor domain） 身体能力与协调性的目标。

读写能力的萌芽（emergent literacy） 学前阶段发展出来的技能和知识，是阅读能力和书写能力发展的基础。

短时记忆（short-term memory） 记忆系统的组成部分，能保持大约20秒的信息。

顿悟（insight） 有效应对新情境的能力。（第4章）

顿悟（insight） 解决方案的突然实现。（第9章）

多元文化教育（multicultural education） 旨在促进教育机会均等，使所有学生都能公平地接受教育的教育改革运动。

多元智能理论（theory of multiple intelligences） 根据加德纳的智能理论，每个人都有八种独立的能力：逻辑—数学、言语、音乐、空间、肢体—动觉、社交、自知以及自然观察。

发散思维（divergent thinking） 想到许多可能的答案。

发散性问题（divergent questions） 不止一个正确答案的问题。

发音障碍（articulation disorders） 任何一种发音的偏差，如语音的替代、歪曲和省略。

发展（development） 我们从受精卵到死亡的过程中所经历的有序的、适应性的变化。

发展危机（developmental crisis） 一种特定的冲突，解决这一冲突的方式有利于下一阶段的发展。

繁殖（generativity） 关爱后代的感觉。

反射（respondents） 由具体的刺激所引起的反应（一般为自动或无意识的）。

反射镜系统（mirror systems） 大脑中既能在知觉别人行动时被激活，又能在自己进行行动时被激活的区域。

反思型（reflective） 深思熟虑，同时具有创造性。反思型教师能够通过回溯教学情境分析自己做了什么以及为什么要做，进而思考应该如何改善教学来促进学生学习。（第1、14章）

反应（response） 刺激引起的可观察的反应。

反应代价（response cost） 失去强化物的惩罚。

反应定势（response set） 僵化；用最熟悉的方式进行反应的倾向。

方言（dialect） 特定群体所使用一种语言的各种变体。

非正式评估（informal assessment） 不需要评分的评估方式，可收集多种信息帮助教师作出决策。

分层教学（tracking） 按成绩将学生分配到不同的班级，接受不同的教学。

分类（classification） 将物体归类。

分类学（taxonomy） 分类系统。

分配公平（distributive justice） 有关群体成员间如何公平分配物品和权利的信念。最初是基于绝对的公平，逐渐发展到论功行赏，再发展到基于善意的阶段。

分配时间（allocated time） 被设定用来学习的时间。

分散练习（distributed practice） 练习一小段时间后，休息一会儿后再练习。

弗林效应（Flynn effect） 由于更好的健康状况、结构更小的家庭、日益复杂的环境以及更多更好的学校教育，不同时代的个体在IQ测验的得分稳步上升的现象。

服务性学习（service learning） 将大中学生的专业学习与他们的个性及社会性发展整合起来的学习方式。

符号功能（semiotic function） 利用符号（语言、图片、标记或手势）对动作或物体进行心理表征的能力。

辅助技术（assistive technology） 能够支持和改善有障碍个体能力的设备、系统或服务。

辅助学习（assisted learning） 在学习的最初阶段提供的策略帮助，随着学生越来越独立，这种帮助逐渐减少。

负强化（negative reinforcement） 行为后消除一个厌恶刺激，增强行为发生概率。

负相关（negative correlation） 两个变量之间的相关关系，其中一个变量增加，另一个变量减少。比如身高和头离天花板的距离。

负责任（accountable） 让教师和学校为学生的学习负责任，尤其是通过高利害测验测查学生的学习情况时。

复杂的学习环境（complex learning environment） 模仿现实生活中不良结构的问题和学习情境。

概念（concept） 用来把相似的事件、观点、物体或人进行分组的类别。

概念图（concept map） 绘制观点之间关系的制图。

干扰（interference） 其他信息出现而阻碍某些信息回忆的过程。

干扰项（distractors） 多选题中提供的错误选项。

干预反应模型（response to intervention，简称RTI） 用以确保学生能尽早地获得恰当的、有研究基础的干预和支持的程序。教师系统地记录下对这些学生使用了哪些教育干预，为个别化教育方案的制定提供信息。

感觉记忆（sensory memory） 短暂保持感觉信息的系统。

感知运动（sensorimotor） 包括感觉和自主运动。

高利害测验（high-stakes testing） 这是一种标准化测验，测验结果有力地影响了学校管理者、其他官员或相应的学校人员做决策。

格式塔（gestalt） 德语的“模式”或“整体”的意思。格式塔理论家认为，人们倾向于把知觉组织为连贯的整体。

隔离/强化暂停（time out） 在技术上就是取消一切强化物。实际应用中，就是将一个学生与其他学生隔离一小段时间。

个别化教育方案（Individualized Education Program，简称IEP） 由教师、家长、专家共同拟定的针对某个特定儿童的教育方案，可能儿童也会参与其中。这份教育方案应详细说明儿童现有的成就水平、目标以及相关的策略，且每年都应进行修订。

个人学习环境（Personal Learning Environment，简称PLE） 提供工具以支持在多种背景和情境下的个别化学习。

个人学习网络（Personal Learning Network，简称PLN） 一个通过同伴在线互动建构知识的框架。

个性发展（personal development） 个体成长过程中人格上发生的变化。

给予线索（cueing） 提供“建立”期望行为的刺激。

工具性攻击（instrumental aggression） 旨在获得一样东西、一个位置或某种利益的强烈行为。并非有意造成伤害，但有可能会造成伤害。

工作记忆（working memory） 此刻你正关注的信息。

功能固着（functional fixedness） 不能以新的方式使用物体或工具。

功能行为评估（functional behavior assessment，简称 FBA） 获取先行事件、行为和结果等信息，以此确定行为的原因和功能。

功能性磁共振成像（functional magnetic resonance imaging，简称 fMRI） 磁共振成像（MRI）是一种成像技术，它是利用人体与外在磁场的磁共振现象，从人体中获取电磁信号从而重建出详细的身体内部图像。功能性磁共振成像则是利用磁共振成像技术来测量大脑活动时脑内发生的细微变化的一种技术。

共情式倾听（empathetic listening） 理解说话人话语背后的含义和情感，并通过释义的方式给予反馈。

共同调节（co-regulation） 学生在教师、家长或同伴的行为示范、直接教导、结果反馈和训练帮助下，逐渐内化自我调节学习技能的过渡阶段。

共同建构（co-constructed process） 人们之间通过互动和协商（通常是口头的）来进行理解或解决问题的一种社会过程。最终产品的形成是所有参与者合作的结果。

共享调节（shared regulation） 学生在共同学习的过程中，通过暗示、提醒和其他辅导手段来进行的相互调节。

故事语法（story grammar） 有关故事的典型结构或组织。

关键词法（keyword method） 将新词与原有发音相似的线索词汇或图像相联系的记忆策略。

关键期（critical periods） 学习如果没有在这些时间发生，以后也就永远不会发生。

关联认知负荷（germane cognitive load） 与任务相关的深度信息加工过程，包括运用先前知识解决新的任务或问题。

关系攻击（relational aggression） 敌意性攻击的一种，包括言语攻击和其他破坏社会关系的行为。

观察学习（observational learning） 通过观察和模仿他人所进行的学习。

观点采择能力（perspective-taking ability） 理解他人有不同的感觉和体验。

广泛性发展障碍（pervasive developmental disorder，简称 PDD） 医护群体喜爱使用的术语，用以描述泛自闭症障碍。

归因理论（attribution theories） 关于人们对自己和他人行为的解释、判断和辩解会如何影响他们的动机和行为的理论解释。

规范 / 章程（rules） 关于被期望和被禁止行为的陈述。

果断处罚（assertive discipline） 清晰、坚定而无敌意的反应风格。

过度规则化（overregularize） 将句法或词法应用到不适用的情境中，如“the bike was broked”。

过度学习（overlearning） 在已掌握一项技能的基础上，再多进行一些练习。

过渡计划（transition programming） 帮助有特殊需要的学生逐渐准备从高中进入高校接受进一步的教育、培训或参与社区活动。

合法的边缘性参与（legitimate peripheral participation） 真实地参与社会活动，但是在这个过程中，个体可能能力不足，贡献很少。

合格的年度进步（adequate yearly progress，简称 AYP） 为所有学生制定每年的教学质量增长目标，除普通学生外，还包括少数族群学生、障碍学生、低收入家庭学生和英语能力有限的学生。

合作（cooperation） 为了达到某一共同的目标而与他人一起工作。

合作的道德（morality of cooperation） 儿童意识到规则是人制定的，也能被人改变的道德发展阶段。

合作学习（cooperative learning） 将精细加工、阐释、解释以及论证等整合到小组活动中，且学习受到其他个体支持的一种学习情境。

黑人化（nigrescent） 发展出黑种人同一性的过程。

唤醒（arousal） 导致个体感到警觉、兴奋或紧张的生理和心理反应。（第 11 章）

唤醒（arousal） 引起个体警觉、集中注意、清醒、激动、紧张等的生理和心理反应。（第 12 章）

回避努力学习者（work-avoidant learners） 那些不想学习，也不想看起来很聪明，只希望不花功夫的学生。

回避失败型学生（failure-avoiding students） 使用回避风险、只选择熟练任务、声称不在乎成绩等方法避免失败的学生。

回归主流（mainstreaming）　在学校的部分时间或全部时间，让残疾儿童在常规班级中接受教育。

混合家庭（blended families）　由于再婚使得父母、子女和继子女生活在一起的家庭。

活动区（action zone）　在教室内互动学习发生得最多的地方。

机械记忆（rote memorizing）　仅通过重复来记住信息，而不进行任何理解。

积极练习（positive practice）　在错误行为之后立即练习正确的反应。

积极行为支持（positive behavior supports，简称 PBS）　人们设计的用新行为取代问题行为的干预措施。这些新行为对学生而言，具有和问题行为同样的功能。

基本技能（basic skill）　作为后续学习基础的结构清晰的知识，可通过逐步教学来实现。

基于问题的学习（problem-based learning）　为学生提供未必有"正确"答案的真实问题的一种学习方法。

激活扩散（spreading activation）　基于信息之间的彼此联系进行信息提取的过程。记住一个信息单位有助于对相关信息的回忆。

激进建构主义（radical constructivism）　认为知识是个体建构的，对建构而成的知识不能进行正确或错误的判断。

集体独白（collective monologue）　一种言语形式，儿童在群体里讲话，但实际上并没有与其他人进行任何互动和交流。

集中练习（massed practice）　一次超长时间的持续练习。

集中趋势（central tendency）　一组分数的典型分数。

记忆术（mnemonics）　有关提高记忆的策略、技术和艺术。

加工水平理论（levels of processing theory）　一种认为信息的回忆量与其加工水平有关的理论。

假设（hypothesis）　基于理论和已有研究提出的对研究结果的一种预测。

假设—演绎推理（hypothetico-deductive reasoning）　形式运算阶段中的一种问题解决策略，个体首先确定可能对问题有影响的因素，然后进行演绎推理，并系统地评价特定的解决方法。

间隔程序（interval schedule）　以刺激之间的时间间隔长度为强化依据。

间歇强化程序（intermittent reinforcement schedule）　一些反应（不是每一个反应）后给予强化物。

建构论（constructionism）　有关像科学、数学、经济或历史等学科的公共知识是如何建构的理论。

建构主义（constructivism）　强调学习者在建立理解和获取信息意义过程中的积极作用的观点。

建构主义的第二次浪潮（second wave constructivism）　认为知识来源于社会和文化资源，如维果斯基的理论。

建构主义的第一次浪潮（first wave constructivism）　认为知识来源于个体或心理资源，如皮亚杰的理论。

建构主义取向（constructivist approach）　强调学习者在建构理解和解读信息过程中的积极作用的教学观点。

奖励（reward）　个体出现某个特殊行为后，给予他的有吸引力的事物或事件。

交互式教学（reciprocal teaching）　用来帮助学生理解和深入思考他们所阅读内容的一种教学方法。

交互式提问（reciprocal questioning）　学生两个或三个一组就课堂学习材料进行提问和回答。

胶质细胞（glial cells）　大脑中的"脑白质"。这些胶质细胞数以万亿计，数量远远超出了神经元。胶质细胞具有多种功能，如抵制感染，调控神经元之间的血液流动与信息传递，并提供髓磷脂用以覆盖轴突。

焦虑（anxiety）　普遍的不安感和紧张感。

脚本（scripts）　关于普通事件（如买杂货或订比萨饼）行动顺序的图式或预期计划。

脚本式合作（scripted cooperation）　两个学生轮流总结材料和评论材料的学习策略。

教师效能感（teachers' sense of efficacy）　教师相信自己有能力帮助任何一个学生甚至是有学习困难的学生进行学习的信念。（第 1 章）

教师效能感（teachers' sense of efficacy）　教师相信自己能够帮助即使学业成绩很差的学生进行学习的信念。（第 11 章）

教学目标（instructional objectives）　对学生通过教学应该学会什么的清晰陈述。

教养方式（parenting styles） 与儿童互动以及教养儿童的方式。

教育心理学（educational psychology） 一门关注于教与学的过程的学科。它运用心理学的相关方法和理论，同时也有自己的方法和理论。

教育意义上的失明（educationally blind） 需要借助盲文材料进行学习。

接受失败型学生（failure-accepting students） 那些认为自己的失败是因为无能且自己对此无能为力的学生。

接受性词汇（receptive vocabulary） 在口语或书面语中，个体能理解意义的词汇。

结构化的沉浸式教学（structured English immersion，简称SEI） 在这种环境中，通过在课堂上最大化地使用英语教学和根据英语学习者的能力恰当地使用英语，以实现对英语的快速教学。

结构性争论（structured controversy） 学生在协同小组内两两配对研究一个具体的争论。

结果（consequences） 行为之后发生的事件。

经典性条件作用（classical conditioning） 新的刺激与自动化反应之间形成的联结。

晶体智力（crystallized intelligence） 在特定文化情境中应用恰当的问题解决方法的能力。

精细加工（elaboration） 通过与已有知识建立联系，从而给新信息赋予意义。

精细性复述（elaborative rehearsal） 通过将新信息与已知信息建立联结而保持工作记忆中的信息。

痉挛状态（spasticity） 肌肉过度紧绷或紧张，也是某些脑瘫的特点。

句法（syntax） 词在短语或句子中的顺序。

具身认知（embodied cognition） 一种强调认知过程是通过人与环境实时的、目标导向的互动过程发展起来的理论。

具体运算（concrete operations） 与具体物体或情境相联系的心理加工。

聚合思维（convergent thinking） 缩小可能性，只确定一个答案。

聚合性问题（convergent questions） 只有一个正确答案的问题。

可逆性（reversibility） 皮亚杰逻辑运算的一种特征——思考一系列的步骤，然后在心理上逆转这些步骤，回到起点的能力，也被称为逆向思维。

可塑性（plasticity） 大脑保持一定适应性或灵活性的倾向。

可用性启发式（availability heuristic） 基于你的记忆中可以利用的信息而做出的事件可能性判断，假定那些容易记住的事件是经常发生的。

刻板印象（stereotype） 组织某一类别的知识和知觉的图式。

刻板印象威胁（stereotype threat） 个体承受的额外的情感和认知负担，即你担心自己在学业情境中的表现会强化其他人对自己持有的某种刻板印象。

客观测验（objective testing） 多选题、连线题、判断题、简答题、填空题。得分的答案不需要解释。

客体永久性（object permanence） 能够意识到物体的存在是独立的、永久性的。

课例研究（lesson study） 在一个小组中，教师共同讨论形成课程计划，并对其进行检验、改进，进而再检验，直到满意为止。

课堂评估（classroom assessments） 由教师选择和创造的评价方式，有许多不同的形式——单元测验、小论文、档案袋、完成项目、动手操作、口头报告等。

课堂作业（seatwork） 独立的课堂任务。

扩展家庭（extended families） 不同的家庭成员——爷爷奶奶、姑姑、叔叔以及堂兄弟姐妹等生活在同一屋檐下，或者至少每天都有密切的接触。

类比思维（analogical thinking） 把你对解决方案的搜寻限制在与你目前面临的相似情境之中的一种启发式。

离差智商（deviation IQ） 利用统计方法比较个体的成绩与所在年龄组其他人的成绩得出的分数。

理论（theory） 将原理进行整合，试图解释一个现象并作出预测。

连锁记忆术（chain mnemonics） 将某个序列中的一个元素与下一个元素相联系的记忆策略。

连锁效应（ripple effect） 通过模仿而产生的行为的传播。

连续接近技术（successive approximation） 每一个复杂行为都是由小部分组成的。

连续强化程序（continuous reinforcement schedule）

每个适当反应后都给予强化物。

良好行为游戏（good behavior game） 将一个班分成几组，某组如违反事先达成的相应良好行为规则，就要被罚分。

邻近（contiguity） 由于重复配对而使两个事件相联结。

零拒绝（zero reject）《残疾人教育促进法》一个基本的原则。这一原则明确指出，无论残疾的性质和严重程度，任何残疾儿童都不应该被公立教育排除在外。

流程/常规（procedures/routines） 活动的规定步骤。

流体智力（fluid intelligence） 以大脑的发展为基础的心理效率和非言语能力。

论证（argumentaion） 与其他人争辩观点的过程。

免费的、适当的公立教育（free，appropriate public education，简称 FAPE） 无论残疾儿童需要什么，公共基金都能为所有学生提供合适的教育计划。

描述性研究（descriptive studies） 这类研究通过单独或同时使用观察、调查、访谈、录音等方式，搜集关于具体情境的详细信息。

民族（ethnicity） 有共同文化传统的一群人。

敏感期（sensitive periods） 在一段时间内个体已经准备好经历特定事件或对特定事件做出反应。（第 2 章）

敏感期（sensitive periods） 我们对某些学习内容更容易做出特定反应的某段时间。（第 5 章）

明察秋毫（withitness） 按照 Kounin 的解释，指教师知晓班级中发生的所有事件。

命题网络（propositional networks） 长时记忆中存储的相互联系的概念。

目标（goal） 个人努力要实现的东西。

目标定向（goal orientations） 不同类型的与学业成就相关的目标信念。

目标结构（goal structure） 学生与那些跟自己拥有同样学习目标的其他人之间的关系。

目的性动作（goal-directed actions） 指向一定目标的有意行为。

内部动机（intrinsic motivation） 活动本身能够带来奖励的动机。

内化（appropriation） 能够把与他人或文化工具互动发展而来的知识和技能转化为自己的知识。

内化（internalize） 儿童把外在准则当成自己的标准的过程。

内隐记忆（implicit memory） 我们不能有意识回忆的知识，但却可以无意识地影响我们的行为或思考。

内在认知负荷（intrinsic cognitive load） 与其他刺激无关，指完成任务本身所需的资源。

难民（refugees） 是移民中的一个特殊群体，他们虽然也是自愿的，但却是因为安全问题而逃离自己的国家。

脑瘫（cerebral palsy） 因大脑损伤引起的一系列运动与协调方面的困难。

能力实体观（entity view of ability） 认为能力是一种固定、不可改变的个人特质的信念。

能力增长观（incremental view of ability） 认为能力是一系列可以改变的技能的信念。

逆向思维（reversible thinking） 反向思维，从结束到开始。

逆向推理策略（working-backward strategy） 从目标开始通过逆向思维来解决问题的启发式。

年级当量（grade-equivalent score） 基于与每个年级常模样本的比较测量出年级水平。

排序（seriation） 按大小、重量或体积等某一个方面，将物体有次序地排列。

批判性思维（critical thinking） 通过逻辑、系统地考察问题、证据以及解决方案而对结论进行评估。

皮格马利翁效应（Pygmalion effect） 学生取得的显著进步来源于教师对该学生拥有的较高期望。这个效应以神话中的皮格马利翁国王命名，这名国王做了一个雕像，并对雕像赋予了很高的期望，然后雕像真的活了。

偏侧化（lateralization） 大脑两半球（两侧）的功能特异化。

偏见（prejudice） 一种先入为主的判断，对某个特定群体的不合理的概括。

拼图式课堂（Jigsaw Classroom） 每个学生都是小组的一部分，每个小组成员学习一部分小组材料的学习过程。学生成为他所负责部分材料的专家，然后将其教给小组中的其他成员。

平衡（equilibration） 在认知图式和环境信息间寻求心理上内在的协调状态。

平衡的双语者（balanced bilingualism） 在不丧失传统语言的情况下，获得第二种语言能力的人。

平均数（mean） 一组分数简单的算术平均。

评分准则（scoring rubrics） 用于确定学生行为质量的规范。

评估（assessment） 用来获取学生表现的程序。

评估偏见（assessment bias） 评估工具因学生的性别、社会经济地位、种族、宗教和一些其他的群体特征而造成冒犯学生或不公平对待学生的性质。

普雷马克原理（Premack principle） 该原理认为更受偏爱的活动可以作为不太喜欢活动的强化物。

期望 × 价值理论（expectancy × value theories） 用个体对成功的期望和对目标的价值评估来解释动机的一种理论。

歧视（discrimination） 不平等地对待某一特定人群。

启动（priming） 激活记忆系统中的某个概念或者激活一个概念与另外一个概念的联系。

启发式（heuristic） 试图解决问题的一般策略。

迁移（transfer） 先前材料的学习经验对新材料学习的影响；认知工具与动机的创造性（不是重复）使用。

前测（pretest） 为了评价学生的知识、准备程度和能力而进行的形成性测验。

前运算（preoperation） 儿童掌握逻辑心理运算之前的阶段。

强化（reinforcement） 利用行为结果增强行为。

强化物（reinforcer） 发生在行为之后，并能促使行为再次发生的任何事件。

亲密（intimacy） 与他人形成紧密的、持久的关系。

勤奋（industry） 渴望参与有成效的活动。

青春期（puberty） 青少年期达到生理上的成熟并具备生育能力。

青少年自我中心（adolescent egocentrism） 认为他人与自己有共同的想法、感受和关注的问题。

情感领域（affective domain） 有关态度和情感的目标。

情景缓存器（episodic buffer） 在中央执行系统的监控下，对来自语音环、视空间模板和长时记忆中的信息进行汇聚和整合的过程。

情景记忆（episodic memory） 对特定的时间和地点信息的记忆，尤其是关于个体自身生活中的事件或情景信息的记忆。

情境（context） 与某个事件相关联的物理背景或情绪感受。

情境学习（situated learning） 认为技能和知识是与当时学习的具体情境相联系的，难以应用到新的情境中。

情绪和行为障碍（emotional and behavioral disorders） 行为严重偏离了正常的标准，以至于极大地阻碍了儿童的成长与发展，可能也会妨碍其他人的生活——有不恰当的行为，痛苦或抑郁，害怕与焦虑，人际关系方面存在问题。

曲线评分（grading on curve） 这是一种常模参照的评分方式，通过将学生的行为表现与平均水平进行比较来评分。

去中心化（decentering） 同时关注事物的多个方面。

全距（range） 一组分数中的最高分数和最低分数之间的距离。

全纳（inclusion） 将所有学生包括那些有严重残疾的学生融合在一起，组成正常的班级。

全身性发作（generalized seizure） 涉及大脑大部分区域的发作。

缺失性需要（deficiency needs） 马斯洛理论中最底层的四种需要，必须首先得到满足。

确认偏向（confirmation bias） 当有不能证实的证据时，寻找证实我们的选择和信念的信息。

人本主义观点（humanistic interpretation） 强调个体对自由、选择、自我决定和自我成长的追求是动机来源的一种理论。

人类主体性（human agency） 调整学习技巧、动机和情绪以达成目标的能力。

人种志（ethnography） 一种描述性的研究方法，关注群体生活，并试图理解群体事件对相关人群的意义。

认识论信念（epistemological beliefs） 对知识的结构、稳定性和确定性以及如何更好地学习知识的信念。

认知发展（cognitive development） 渐进的、有序的变化，心智过程由此变得更为复杂和熟练。

认知负荷（cognitive load） 完成一个任务所需的资源量。

认知科学（cognitive science） 研究思维、语言、智力、知识创造以及大脑的一门交叉学科。

认知领域（cognitive domain） 布鲁姆分类学中所涉及的记忆或推理目标。

认知目标（cognitive objectives） 运用高水平思维操作术语表述的教学目标。

认知评价理论（cognitive evaluation theory） 认为外界事件是通过个体是否将其感知为控制性或信息性行为而影响动机的一种理论。

认知行为矫正（cognitive behavior modification） 基于行为和认知学习原理，通过使用自我对话和自我指导来改变行为的程序。

认知学徒制（cognitive apprenticeship） 一个经验不足的新手在专家的引导下获得知识和技能的一种教学关系。

任务分析（task analysis） 按等级将任务分解成基本技能和子技能的系统。

熔炉（melting pot） 一种比喻的说法，用来形容移民被主流社会所吸收和同化，最终消除不同民族间差异的现象。

三元交互决定论（triarchic reciprocal causality） 强调个人、环境、行为三者之间相互影响的观点。

闪光灯记忆（flashbulb memories） 个体对生活具有强烈情绪体验事件的清晰、生动的记忆。

少数群体（minority group） 长期在社会上处于不利地位的一群人，在实际数量上并不总是“少数的”。

社会经济地位（socioeconomic status，简称 SES） 人们基于其所拥有的收入、权力、背景和威望而在社会中所处的相对地位。

社会目标（social goals） 为了与他人保持人际联系或成为团体中的一分子而产生的各种需要和动机。

社会认知理论（social cognitive theory） 扩展了社会学习理论，并将诸如信念、自我知觉以及期望等认知因素纳入其中的理论。

社会文化理论（sociocultural theory） 强调儿童与比他们更富有知识的社会成员之间的合作对话在儿童认知发展中的作用。通过这些社会互动，儿童能够学习他们所处团体的文化（思考和行为的方式）。

社会习俗（social conventions） 在特定情境下，人们普遍赞同的规则和做事方式。

社会协商（social negotiation） 基于与他人的合作以及对不同观点的尊重的学习过程。

社会性发展（social development） 随时间推移，个体与他人关系上的变化。

社会性劝说（social persuasion） 鼓舞人心的激励性言辞，或对特定行为表现的反馈——效能感的一个来源。

社会学习理论（social learning theory） 强调通过观察他人进行学习的理论。（第 7、11 章）

社会语言学（sociolinguistic） 旨在考察研究不同文化群体内部的正式和非正式的交流规则，例如交流的方式、时间、主题、对象及时间跨度等方面的规则。

社交孤立（social isolation） 让捣乱的学生离开教室 5 ～ 10 分钟。

神经形成（neurogenesis） 新的神经元不断产生的过程。

神经性厌食症（anorexia nervosa） 一种进食障碍的病症，特点是摄取非常少的食物。

神经元（neurons） 储存和传递信息的神经细胞。

生理发展（physical development） 随时间推移产生的身体结构和功能上的变化。

生态系统模型（bioecological model） 布朗芬布伦纳提出的理论，认为影响个体发展的社会和文化环境是一个嵌套结构，每个人都是在微观系统中发展的，这个微观系统包含于中间系统，中间系统又被嵌入外部系统中，这三个系统都是某一文化的宏观系统中的一部分。此外，所有的发展都发生在特定的时间段内，并受到时间段的影响。因此，生态系统还包括一个历时系统。

声音障碍（voicing problems） 使用不恰当的音调、音质、音量或语调。

失衡（disequilibration） 在皮亚杰的理论中，当个体意识到他现有的思维方式不足以解决问题或理解情境时，所出现的一种“失去协调”的状态。

失神发作（absence seizure） 只涉及大脑小部分区域的发作，造成儿童短暂失去意识。

实践共同体（community of practice） 观念得以验证是否有价值或正确的社会情境或背景。

实验研究（experimentation） 研究者操纵变量并记录研究结果的方法。

实用性价值（utility value） 一项任务对实现个人的目标所提供的贡献。

实证（empirical） 基于系统收集的数据。

示范（modeling） 通过观察另一个人——榜样而发生的行为、思维或情绪的改变。

事件相关电位（event-related potential，简称 ERP） 测量经过头皮或颅骨的脑内电流的活动。

视空间模板（visuospatial sketchpad） 工作记忆的一部分，视觉和空间信息的保持系统。

适应（adaptation） 根据环境变化做出调整。

适应性教学（adaptive teaching） 为所有学生提供具有挑战性的教学，并在必要的时候提供支持；但当学生逐渐能够自己独立处理时，这些支持就会慢慢移去。

释义规则（paraphrase rule） 在做出回应前，必须先准确地概括先前发言人的说话内容。

手段—目的分析（means-ends analysis） 一个目标被分解成子目标的启发式。

守恒（conservation） 指尽管外形发生变化，但物体的某些特性保持不变的规律。

首字母缩写法（acronym） 由一个短语中每个词的首字母组成一个新词，以帮助记忆的方法。

衰退（decay） 随着时间推移，记忆信息的减弱或变得模糊。

双语（bilingual） 讲两种语言，并能恰当地应对两种不同的文化。

双重编码理论（dual coding theory） 储存在长时记忆中的信息或者是以视觉的形式存储，或者是以语音的形式存储，或者是两种存储形式共存。

顺应（accommodation） 为适应新信息，改变已有图式或创建新的图式。

塑造（shaping） 强化指向目标或行为的每一个小步子。

算法式（algorithm） 解决问题的一步步程序，一一写出解决方案。

随机（random） 没有一定的模式，无规则性。

髓鞘化（myelination） 神经纤维被髓鞘这种脂质物包裹的过程，它可使信息传递更为高效。

贪食症（bulimia） 一种进食障碍的症状，特点是暴饮暴食，再通过自我催吐或服用泻药将食物排出体外。

探究学习（inquiry learning） 教师首先提出一个疑难情境，然后学生通过收集数据以及检验结论来解决问题的一种教学方法。

探索（exploration） 在 Marcia 关于同一性状态的理论中，探索这一过程是指青少年考虑并尝试多种可能的信念、价值观和行为，并最终做出决定——哪种信念、价值观或行为能给予他们最大的满足感。

特定领域知识（domain-specific knowledge） 在特定情境中有用的信息或主要适用于某个特定主题的信息。

提取（retrieval） 在长时记忆中搜索和找到信息的过程。

提示（prompt） 在某线索后提醒人们对该线索做出反应的刺激。

题干（stem） 多选题中的问题提出部分。

体质指数（body mass index，简称 BMI） 体内脂肪的测量指标，可由身高、体重计算得到。

替代经验（vicarious experience） 供一些人模仿完成的行为。

替代强化（vicarious reinforcement） 通过观察他人因某种行为被强化而增加自己重复这种行为的几率。

条件刺激（conditioned stimulus，简称 CS） 条件作用后，能引起情感或生理反应的刺激。

条件反射（conditioned response，简称 CR） 通过先前中性刺激所习得的反应。

通用设计（universal design） 在设计新工具、新程序或新网页时考虑所有用户的需求。

同伴文化（peer cultures） 儿童或青少年群体所拥有的一套规则和规范，尤其涉及特定的穿着、外表、音乐、语言、社会价值观以及行为等。

同化（assimilation） 将新经验整合到已有图式中去。

同一内容的多种表征方式（multiple representations of content） 利用多种类比、举例和比喻来考虑问题。

同一性（identity） 指人或物不随时间发生变化的规律。（第 2 章）

同一性（identity） 对“我是谁”这个问题复杂的回答。（第 3 章）

同一性混乱（identity diffusion） 无中心的，对于“我是谁”以及“我想要什么”感到困惑。

同一性获得（identity achievement） 在自由考虑各种选择后对生活选择的强烈认同感、责任感。

同一性早闭（identity foreclosure） 未经考虑而接受父母的生活选择。

统计显著性（statistically significant） 凭几率出现的可能性很小。

头脑风暴（brainstorming） 产生观点，但不停下来评价观点。

投入时间 / 任务时间（engaged time/time on task） 用于主动投入当前学习任务的时间。

突触（synapses） 神经元间的微小空间，化学信息可通过这些缝隙进行传递。

图式（schemes） 知觉或经验的心理系统或类别。（第 2 章）

图式（schemas） 有组织的信息的基本结构。（第 8 章）

图式—驱动问题解决（scheme-driven problem solving） 把一个问题看成是一个已经解答的老问题的“伪装”版本。

团体结果（group consequences） 将班级作为一个整体，如果遵守或违反班级制度，则获得相应的奖励或惩罚。

外部动机（extrinsic motivation） 由外部因素（如奖励、惩罚等）引发的动机。

外来认知负荷（extraneous cognitive load） 处理与任务无关刺激所需的资源。

外显攻击（overt aggression） 敌意性攻击的一种，包括身体攻击。

外显记忆（explicit memory） 涉及有意的或有意识回忆的长时记忆。

网络攻击（cyber aggression） 借助电子邮件、社交博客、社交网站以及其他社交媒体来传播谣言、威胁他人，或恐吓同伴。

微观发生研究（microgenetic studies） 详细地观察分析认知过程中的变化，这种变化可能需要几天或者数周的时间才会发生。

位置法（loci method） 将某些记忆项目与具体位置相联系的记忆策略。

温暖的要求者（warm demanders） 在管理非裔美国学生方面富有成效的教师，常常会对学生持有很高的期望，同时非常关注学生的发展。

文化（culture） 在特定群体中，指导人们行为并借以解决环境中生活问题的知识、价值观、态度和传统。

文化工具（cultural tools） 供一定社会中的人们交流、思考、解决问题和创造知识使用的物质工具（计算机、天平等）和符号系统（数字、语言、图表）。

文化公平/无文化差异测验（culture-fair/culture-free test） 没有文化偏见的测验。

文化关联教学（culturally relevant pedagogy） 能有效地对有色人种的学生进行教学，包括让学生体验到学业上的成功，发展或维持自身的文化能力，以及具备一种挑战现状的批判意识。

文化回应管理（culturally responsive management） 在制定班级管理计划和对学生进行反馈时，考虑到学生不同的文化背景。

文化缺陷模型（cultural deficit model） 该模型用来解释为什么美国少数族群学生在学业成绩上存在问题。它假设少数族群的文化是次等的，因为它没有让儿童能更好地适应学校，以取得学业上的成功。

问题（problem） 你试图达成某个目标，且必须找到解决办法的任何情境。

问题解决（problem solving） 对问题创建新的答案。

无条件刺激（unconditioned stimulus，简称 US） 能够自动地产生情感或生理反应的刺激。

无条件反射（unconditioned response，简称 UR） 自然发生的情感或生理反应。

习得性无助（learned helplessness） 由于先前多次无法操控结果的体验而产生的未来所有努力都会失败的预期。（第 4、12 章）

系列位置效应（serial-position effect） 倾向于记住系列项目的开头部分和结尾部分，但忘记了中间部分的项目。

先行事件（antecedents） 先于行为之前的事件。

先行组织者（advance organizer） 为了介绍或总结后文材料，提前对后面包含的概念进行介绍。

相关（correlation） 对两个变量相关程度的统计描述。

相倚契约（contingency contract） 教师和学生共同制定的契约，说明学生为获得特殊待遇或奖励所必须做的事情。

消退（extinction） 习得反应的消失。

小组讨论（group discussion） 在对话中，教师不占主导地位，学生自己提出问题并相互解答问题。

效度（validity） 测验测到想测事物的程度。

协同作用（coactions） 个体生理因素和环境的共同作用，两者相互影响。

协作（collaboration） 如何与他人学习与工作的哲学思想。

心理弹性（resilience） 能有效地应对困难情境或有碍自身发展威胁的一种良好适应能力。

心理理论（theory of mind） 理解他人也是人，有他们自己的心智、想法、情感、信念、愿望和感觉。

心理年龄（mental age） 在智力测验中，代表某一年龄组平均水平的成绩。

心理社会（psychosocial） 描述个体的情感需要与社会环境的关系。

心理学循证实践（evidence-based practice in psychology） 整合考虑患者特点、文化和偏好与专家型实践者的领悟和研究专长的实践。

新皮亚杰理论（neo-Piagetian theories） 新近出现的一种理论，将有关注意、记忆和策略使用的发现与皮亚杰有关儿童思维方式和知识建构的观点整合在一起。

信度（reliability） 测试结果的一致性。

信念坚定（belief perseverance） 即使碰到矛盾的证据也要坚持我们信念的倾向。

信息加工（information processing） 人类输入、储存以及使用信息的心理活动。

兴趣或内在价值（interest or intrinsic value） 个体从任务本身获得的愉悦感。

行动研究（action research） 通过教师或学校的系统性观察，以改变教师教学或学生学习的研究方法。

行为矫正（behavior modification） 系统运用先行事件和结果以改变行为。

行为目标（behavioral objectives） 用可观察的行为表述的教学目标。

行为主义学习理论（behavioral learning theories） 对学习的解释聚焦于外部事件，将其视为行为改变的原因。

形成性评估（formative assessment） 为了制订计划或实施诊断而在教学之前或教学过程中进行的一种不给出等级的测验。

形式运算（formal operations） 涉及抽象思维和多个变量间协调的心理任务。

性别化语言（genderlects） 男性和女性所具有的不同的说话方式。

性别偏见（gender biases） 对男性和女性有不同的看法，通常喜欢某一性别，而不喜欢另一性别。

性别认同（gender identity） 个体对作为男性或女性的自我意识以及对性别角色和特征的观念。

性别图式（gender schemas） 有组织的认知网络，涉及男性、女性意味着什么的相关知识，会影响儿童如何思维以及做出何种行为。

性认同（sexual identity） 由性别角色和性取向等观念形成的复杂组合。

虚拟的学习环境（Virtual Learning Environment，简称 VLE） 用于描述在虚拟系统中各种学习方式的一个宽泛的概念。

需要层次（hierarchy of needs） 马斯洛建立的人类需要的七级模型，包括从最基本的生理需要到自我实现的需要。

旋转式课程（spiral curriculum） 布鲁纳提出的教学设计思想。认为在学校学习早期，在教学时应给学生介绍所有学科的基本结构，随着时间的发展，再以越来越复杂的形式来重新学习特定学科。

学科教学知识（pedagogical content knowledge） 整合了教师对学科知识内容的掌握、知道如何去教的方法以及如何平衡教学与学生的个体差异的策略在内的教师知识。

学术性语言（academic language） 指在小学、中学和大学阶段教育中使用的所有语言，包括学术科目的词汇、概念、策略和过程。

学习（learning） 指由经验引起的个体的知识或行为的相对持久的变化。

学习策略（learning strategies） 一种特殊的程序性知识——知道如何完成学习任务的知识。

学习的认知观（cognitive view of learning） 将学习视为一种获得、记忆和应用知识的主动心理过程的取向。

学习动机（motivation to learn） 学生寻找学习活动的意义和价值，并努力从中获得预期的学业收益的倾向。

学习风格（learning style） 个体特有的学习与思维方式。

学习管理系统（Learning Management System，简称 LMS） 一种可以传送网络学习、提供学习工具和材料、保持纪录、进行测试和管理学习的系统。

学习科学（learning sciences） 基于心理学、教育学、计算机科学、哲学、社会学、人类学、神经科学以及其他领域的研究所形成的一个新兴的有关学习的交叉学科。

学习偏好（learning preferences） 思维和学习时偏爱的方式，如使用图片而不是文本，和其他人一起学习而不是自己单独学习，喜欢结构化的学习情境而不是非结构化的等等。

学习任务（academic tasks） 学生必须完成的活动，包括书面的作业和需要心理运算的任务。

学习障碍（learning disability） 在获得和运用语言方面存在困难；可能表现为在阅读、写作、推理或数学等方面存在困难。

学业学习时间（academic learning time） 学生学习确实有所收获的时间。

训斥（reprimands） 批评错误行为，即指责。

延缓（moratorium） 同一性危机，由于仍在选择中挣扎，因此暂缓做出选择。

言语化（verbalization） 把你的问题解决计划和它的逻辑用语言表达出来。

言语障碍（speech disorder） 说话时不能正确地发音。

掩蔽教学（sheltered instruction） 将学科内容的词汇和概念放在语境中，使学科内容更易理解，从而在向英语学习者教授学科内容的同时，促进他们英语语言技能发展的一种教学方法。

掩蔽教学观察报告（sheltered instruction observation protocol，简称 SIOP） 一种用于检查教师所呈现的掩蔽教学中的每个要素的观察系统。

厌恶（aversive） 使人烦恼或不愉快。

样例（exemplars） 对具体某一实物的具体记忆。

一般能力（general intelligence/g） 认知能力中的一般因素，与所有智力测验上的成绩都存在不同程度的相关。

一般知识（general knowledge） 在许多不同任务中都有用的信息或能应用于许多情境中的信息。

一体化（integration） 将特殊需要的儿童放入现有的班级结构中。

一心多用（overlapping） 同时监控多个事件。

依恋（attachment） 与他人建立情感上的联结，最初发生在儿童与父母或家人之间。

移民（immigrants） 指那些自愿离开自己国家迁往另一个国家永久定居的人。

遗精（spermarche） 男性第一次的射精。

意志（volition） 意志力；自我约束力；通过自我调节学习保证个体抓住有利于达到目标的机会的工作风格。

因果控制点（locus of causality） 对行为起源于内部还是外部的定位。

应用行为分析（applied behavior analysis） 运用行为学习原理了解并改变行为。

英语学习者（English language learners，简称 ELLs） 指第一语言或传统语言不是英语而在学习英语的学生。

英语作为第二语言（English as a second language，简称 ESL） 致力于为英语学习者的学生提供教学的课程。

由内及外的技能（inside-out skills） 字母知识、语音意识、句法意识、形—音对应规则以及萌芽的书写能力等读写能力的萌芽。

由外及内的技能（outside-in skills） 语言、叙事、书面文字的惯例以及萌芽的阅读能力等读写能力的萌芽。

有限英语水平者（limited-English-proficient，简称 LEP） 这一术语也用于称呼第一语言或传统语言不是英语而在学习英语的学生。但通常不建议使用这一术语，因为带有明显的贬义。

有效的教学传递（effective instruction delivery） 简明扼要、清晰明确，并能产生预期效果的教学指导。陈述优于提问。

诱因（incentive） 激发或阻碍人们采取某种行为的事物或事件。

语码转换（code-switching） 在两种说话方式间转换。

语义记忆（semantic memory） 对意义的记忆。

语音环（phonological loop） 工作记忆的一部分，对口语和声音信息的记忆复述系统，大约为 1.5 ～ 2 秒钟。

语用学（pragmatics） 有关在特定文化中何时以及如何使用语言以成为一个有效沟通者的规则。（第 5、6 章）

预先校正（precorrection） 用于积极行为支持的一种工具，涉及识别学生不良行为发生的情境、明确说明替代的期望性行为、修正问题情境以降低问题行为的发生、在新情境中演练期望的积极行为，并给予强有力的强化物。

元认知（metacognition） 知道自身思维过程的知识。

元语言意识（metalinguistic awareness） 理解自己对语言的应用。

原理（principle） 因素间所形成的关系。

原型（prototype） 类别的最好样例或最佳表征。

云计算（cloud computing） 允许计算机用户通过网络在线获取一些应用如谷歌文档、微软电子邮件以及计算资源如网络上可以获得的数据存储和数据加工过程。

运算（operation） 指个体通过思考而非实际行动完成的行为。

掌握定向型学生（mastery-oriented students） 指那些关注学习目标的学生，他们看重学习中的进步，并认为能力是可提升的。

掌握目标（mastery goal） 个体的目标是为了提高能力和掌握知识，而不管成绩如何。

障碍（handicap） 指在某些情境下的缺陷，某些残疾导致在特定情境下的障碍。

真分数（true score） 在测验完全正确、没有误差的情况下，学生应该得到的分数。

真实性评估（authentic assessments） 考查学生在真实情境中的技能和能力的评估方法。

真实性任务（authentic tasks） 与学生会在课堂外的现实生活中遇到的问题有关联的任务。

整体关注（group focus） 使更多学生参与到活动当中的能力。

正电子发射断层扫描技术（positron emission tomography，简称 PET） 通过计算机辅助的大脑动态图像来定位和测量大脑活动的一种技术。

正强化（positive reinforcement） 行为发生后呈现一个积极刺激，增强行为发生的概率。

正态分布（normal distribution） 最常见的分数分布形式，分数多集中在平均数周围。

正相关（positive correlation） 两个变量同时增加或同时减少的相关关系。比如摄入热量越多，体重越重。

支架（scaffolding） 为学生的学习和问题解决提供的帮助。这种帮助可能是线索、提示和鼓励，将问题分解为几个步骤，提供实例或者其他一些辅助，让学生逐渐成长为一个独立的学习者。（第 2 章）

支架（scaffolding） 教师与学生在教师所知和学生所知与所需之间建立有意义的联结，以帮助学生学到更多。（第 10 章）

知觉（perception） 对感觉信息的解释。

知识储备（funds of knowledge） 家庭或社区成员所拥有的在工作、家庭和宗教生活等多个领域的知识，可以成为教学的基础。

执行控制过程（executive control processes） 注意、复述、精细加工以及组织等过程，它们影响着信息的编码、储存以及提取。

直接教学 / 显性教学（directory instruction/explicit teaching） 为了让学生掌握基本技能、事实和信息而进行系统的教学。

直接学习（enactive learning） 通过个体亲自做并体验行动的结果所进行的学习。

智力（intelligence） 为解决问题、适应环境而获取知识，并运用知识的一种能力或多种能力。

智力商数（intelligence quotient/IQ） 心理年龄与生理年龄的比值。

智力障碍（intellectual disabilities） 在 18 岁之前，智力和适应性社会行为显著低于平均水平。

置信区间（confidence interval） 某人的特定分数可能落入的区间范围。

中数（median） 一组数据中间的分数。

中性刺激（neutral stimulus） 与反应没有联系的刺激。

中央执行系统（central executive） 工作记忆的一部分，负责监控、指引注意和其他心理资源。

终结性评估（summative assessment） 教学之后评价成绩的测验。

种族（race） 根据外表和血统进行社会建构而产生的类别。

种族和民族自豪感（racial and ethnic pride） 关于个体种族或民族传统的积极的自我概念。

众数（mode） 一组数据中出现频率最高的分数。

重构（reconstruction） 通过运用记忆、调整期望、使用逻辑和现有的知识来重新创造知识。

重要性或达成价值（importance or attainment value） 完成好某项学习任务的重要性；学习任务的成功对个人需要的满足程度。

重组（restructuring） 以一种新的或不同的方式看待事物。

主动（initiative） 愿意从事新的活动和探索新的方向。

主动教学（active teaching） 以高水平的教师讲解、演示和与学生互动为特征的教学。

主体间态度（intersubjective attitude） 通过寻找共同点并交流解释而与他人达成共识。

注意（attention） 关注一个刺激。

注意力缺陷多动障碍（attention-deficit hyperactivity disorder，简称 ADHD） 当前描述破坏性行为障碍的术语，表现为活动过度、很难维持注意力、易冲动。

专家型教师（expert teachers） 有经验的、高效的教师。他们对于课堂中出现的问题有自己成套的解决办法，他们关于教学过程和教学内容的知识具有延伸性和组织性。

专门领域的策略（domain-specific strategies） 人们在问题解决过程中有意识地运用某些技能以达成目标。

准实验研究（quasi-experimental studies） 这种研究符合真实验研究的大部分条件，唯有的特殊性是被试不是随机分配的，而是以现存的组如学校或班级来参与实验的。

自闭症／泛自闭症障碍（autism/autism spectrum disorders） 一种发展性障碍，严重影响了个体的言语和非言语的交流和社会互动，一般在 3 岁前发病，分为轻微到严重等不同程度。

自动化（automaticity） 通过熟练掌握行为或思维过程，使之能自动进行，并不需任何努力，是学习的结果。（第 4 章）

自动化（automaticity） 不需太多心理努力就可完整表现习得行为的能力。（第 8 章）

自动化的基本技能（automated basic skills） 不需要意识控制就能运用的技能。

自然／逻辑后果（natural/logical consequences） 面对错误行为，教师不采用惩罚的方式，而是让学生采取重做、补救的措施或让学生直面他们的行为所带来的后果。

自上而下的加工（top-down processing） 通过使用情境以及与情境有关的先前知识来建构信息的意义的过程。也称作概念驱动的知觉。

自我调节（self-regulation） 激发并维持思维、行为及情绪以实现目标的过程。

自我调节学习（self-regulated learning） 一种应用技能与意愿去分析任务、设置目标并制定达成目标的计划、运用技能和策略，并对学习的进展情况进行调整的学习观。

自我调节知识（self-regulatory knowledge） 知道如何管理学习的知识——知道何时和如何应用陈述性知识和程序性知识。

自我妨碍（self-handicapping） 为了避免暴露自己的真实能力，有些学生会采取一些阻碍自己成功的行为。

自我概念（self-concept） 个体对自己的看法、感觉、态度和期望等的认识和信念。

自我管理（self-management） 运用行为学习原则改变自身行为。（第 7 章）

自我管理（self-management） 管理个人行为，并且对自己的行为承担责任。（第 13 章）

自我强化（self-reinforcement） 自我控制强化物。（第 7 章）

自我强化（self-reinforcement） 控制（选择和管理）自己的强化物。（第 11 章）

自我实现（self-actualization） 个体潜能的充分发挥。

自我实现的预言（self-fulfilling prophecy） 没有根据的期望，却导致后来的行为实现了原来的预言。

自我效能（self-efficacy） 个体对自己是否有能力有效解决一项特定任务的感知和判断。

自我言语（private speech） 儿童的自我对话，用于指导他们自己的思维和行为。最终，这些有声的外在言语将会转化为无声的内部言语。

自我整合（integrity） 自我接纳和自我实现的感觉。

自我指导（self-instruction） 通过自我言语来完成任务的各个步骤。

自我中心（egocentric） 假定其他人和自己体验世界的方式是一样的。

自下而上的加工（bottom-up processing） 注意单个的定义性特征，对其进行知觉，并将它们组合为可识别的模式。

自主（autonomy） 独立。

自主需要（need of autonomy） 能够依据自身意愿（而非依据外部奖惩或压力）来决定自己的行为的心理需要。

自尊（self-esteem） 个体对自己的个性、能力和行为的总体评价。

组块（chunking） 将单个的信息组合成有意义的较大的单元。

组织（organization） 将信息和经验整合纳入心理系统或类别的一种动态过程。（第 2 章）

组织（organization） 将事物之间建立有序的、有逻辑的联系。（第 8 章）

最近发展区（zone of proximal development） 如果给予儿童恰当的帮助和支持，儿童就能完成任务的一种状态。

最少受限制的环境（least restrictive environment，简称 LRE） 尽最大的可能，让每个儿童与同伴一起在常规班级中接受教育。

参考文献*

Aamodt, S., & Wang, S. (2008). *Welcome to your brain: Why you lose your car keys but never forget how to drive and other puzzles of everyday life*. New York, NY: Bloomsbury.

Aber, J. L., Brown, J. L., & Jones, S. M. (2003). Developmental trajectories toward violence in middle childhood: Course, demographic differences, and response to school-based intervention. *Developmental Psychology, 39*, 324–348.

Aboud, F. E. (2003). The formation of in-group favoritism and out-group prejudice in young children: Are they distinct attitudes? *Developmental Psychology, 39*, 48–60.

Abrams, I. M., & Madaus, G. F. (2003). The lessons of high stakes testing. *Educational Leadership, 61*(32), 31–35.

Ackerman, B. P., Brown, E. D., & Izard, C. E. (2004). The relations between contextual risk, earned income, and the school adjustment of children from economically disadvantaged families. *Developmental Psychology, 40*, 204–216.

Ackerman, P. L., Beier, M. E., & Boyle, M. O. (2005). Working memory and intelligence: The same or different constructs? *Psychological Bulletin, 131*, 30–60.

Adams, G. R., Berzonsky, M. D., & Keating, L. (2006). Psychosocial resources in first-year university students: The role of identity processes and social relationships. *Journal of Youth and Adolescence, 35*(1), 78–88.

Ainley, M., Hidi, S., & Berndorf, D. (2002). Interest, learning, and the psychological processes that mediate their relationship. *Journal of Educational Psychology, 94*, 545–561.

Airasian, P. W. (2005). *Classroom assessment: Concepts and applications* (5th ed.). New York, NY: McGraw-Hill.

Albanese, M. A., & Mitchell, S. A. (1993). Problem-based learning: A review of literature on its outcomes and implementation issues. *Academic Medicine, 68*, 52–81.

Alber, S. R., & Heward, W. L. (1997). Recruit it or lose it! Training students to recruit positive teacher attention. *Intervention in School and Clinic, 32*, 275–282.

Alber, S. R., & Heward, W. L. (2000). Teaching students to recruit positive attention: A review and recommendations. *Journal of Behavioral Education, 10*, 177–204.

Alberto, P. A., & Troutman, A. C. (2009). *Applied behavior analysis for teachers* (8th ed.). Boston, MA: Pearson.

Alderman, M. K. (2004). *Motivation for achievement: Possibilities for teaching and learning*. Mahwah, NJ: Erlbaum.

Alexander, P. A. (1992). Domain knowledge: Evolving themes and emerging concerns. *Educational Psychologist, 27*, 33–51.

Alexander, P. A. (1996). The past, present, and future of knowledge research: A reexamination of the role of knowledge in learning and instruction. *Educational Psychologist, 31*, 89–92.

Alexander, P. A. (1997). Mapping the multidimensional nature of domain learning: The interplay of cognitive, motivational, and strategic forces. *Advances in Motivation and Achievement, 10*, 213–250.

Alexander, P. A., Kulikowich, J. M., & Schulze, S. K. (1994). How subject-matter knowledge affects recall and interest. *American Educational Research Journal, 31*, 313–337.

Alexander, P. A., Schallert, D. L., & Reynolds, R. E. (2009). What is learning anyway? A topographical perspective considered. *Educational Psychologist, 44*, 176–192.

Alexander, P. A., & Winne, P. H. (2006). *Handbook of educational psychology* (2nd ed.). Mahwah, NJ: Erlbaum.

Alferink, L. A., & Farmer-Dougan, V. (2010). Brain-(not) based education: Dangers of misunderstanding and misapplication of neuroscience research. *Exceptionality, 18*, 42–52.

Alfieri, L., Brooks, P. J., Aldrich, N. J., & Tenenbaum, H. R. (2011). Does discovery-based instruction enhance learning? *Journal of Educational Psychology, 103*, 1–18.

Alliance for Service Learning in Education Reform. (1993). Standards of quality for school based service learning. *Equity and Excellence in Education, 26*(2), 71–77.

Allington, R. L., & McGill-Frazen, A. (2003). The impact of summer setback on the reading achievement gap. *Phi Delta Kappan, 85*(1), 68–75.

Allington, R. L., & McGill-Frazen, A. (2008). Got books? *Educational Leadership, 65*(7), 20–23.

Alloway, N. (1984). *Teacher expectations*. Paper presented at the meetings of the Australian Association for Research in Education, Perth, Australia.

Alloway, T. P, Banner, G. E., & Smith, P. (2010). Working memory and cognitive styles in adolescents' attainment. *British Journal of Educational Psychology, 80*, 567–581.

Alloway, T. P., Gathercole, S. E., & Pickering, S. J. (2006). Verbal and visuo-spatial short-term and working memory in children: Are they separable? *Child Development, 77*, 1698–1716.

Alloy, L. B., & Seligman, M. E. P. (1979). On the cognitive component of learned helplessness and depression. *The Journal of Learning and Motivation, 13*, 219–276.

Aloe, A. M., & Becker, B. J. (2009). Teacher verbal ability and school outcomes: Where is the evidence? *Educational Researcher, 38*, 612–624.

Alter, A. L., Aaronson, J., Darley, J. M., Rodriguez, C., & Ruble, D. N. (2009). Rising to the threat: Reducing stereotype threat by reframing the threat as a challenge. *Journal of Experimental Social Psychology, 46*, 166–171.

Altermatt, E. R., Pomerantz, E. M., Ruble, D. N., Frey, K. S., & Greulich, F. K. (2002). Predicting changes in children's self-perceptions of academic competence: A naturalistic examination of evaluative discourse among classmates. *Developmental Psychology, 38*, 903–917.

Alvidrez, J., & Weinstein, R. S. (1999). Early teacher perceptions and later student academic achievement. *Journal of Educational Psychology, 91*, 731–746.

Amabile, T. M. (1996). *Creativity in context*. Boulder, CO: Westview Press.

Amabile, T. M. (2001). Beyond talent: John Irving and the passionate craft of creativity. *American Psychologist, 56*, 333–336.

Amato, L. F., Loomis, L. S., & Booth, A. (1995). Parental divorce, marital conflict, and offspring well-being during early adulthood. *Social Forces, 73*, 895–915.

Amato, P. R. (2001). Children of divorce in the 1990s: An update of the Amato and Keith (1991) meta-analysis. *Journal of Family Psychology, 15*, 355–370.

Amato, P. R. (2006). Marital discord, divorce, and children's well-being. In A. Clarke-Stewart & J. Dunn (Eds.), *Families count: Effects on child and adolescent development* (pp. 179–202). New York, NY: Cambridge University Press.

American Association on Intellectual and Developmental Disabilities (AAIDD). (2010). Definition of intellectual disability. Available online at: http://www.aamr.org/content_100.cfm?navID_21

American Cancer Society. (2010). Child and teen tobacco use: Understanding the problem. Atlanta, GA: Author. Available online at: http://www.cancer.org/cancer/cancercauses/tobaccocancer/childandteentobaccouse/child-and-teen-tobacco-use

American Psychiatric Association. (2000). *Diagnostic and statistical manual of mental disorders* (4th ed., text revision) *DSM-IV-TR*. Washington, DC: Author.

American Psychological Association. (2001). Making stepfamilies work. Available online at: http://www.apa.org/helpcenter/stepfamily.aspx. APA Psychology Help Center.

American Psychological Association. (2004). An Overview of the psychological literature on the effects of divorce on children. Available online at: http://www.apa.org/about/gr/issues/cyf/divorce.aspx

American Psychological Association Task Force on Evidence-Based Practice for Children and Adolescents. (2008). *Disseminating evidence-based practice for children and adolescents: A systems approach to enhancing care*. Washington, DC: Author. Available online at: www.apa.org/pi/cyf/evidence.html

Ames, C. (1992). Classrooms: Goals, structures, and student motivation. *Journal of Educational Psychology, 84*, 261–271.

Anderman, E. M., & Anderman, L. H. (2009). *Motivating children and adolescents in schools*. Columbus, OH: Merrill/Prentice Hall.

Anderman, E. M., & Anderman, L. H. (2010). *Motivating children and adolescents in schools*. Columbus, OH: Merrill/Prentice Hall.

Anderman, E. M., Cupp, P. K., & Lane, D. (2009). Impulsivity and academic cheating. *Journal of Experimental Education, 78*, 135–150.

Anderman, E. M., & Maehr, M. L. (1994). Motivation and schooling in the middle grades. *Review of Educational Research, 64*, 287–310.

Anderman, E. M., & Midgley, C. (2004). Changes in self-reported academic cheating across the

* 读者如需更多参考文献，请在中国人民大学出版社网站上下载：www.crup.com.cn。

推荐阅读书目

ISBN	书名	作者	单价（元）
心理学译丛系列			
978-7-300-26722-7	心理学（第 3 版）	［美］斯宾塞·A. 拉瑟斯	79.00
978-7-300-18162-2	心理学改变思维	［美］斯科特·O. 利林菲尔德	118.00
978-7-300-09188-4	日常生活心理学	［美］里克·M·加德纳	75.00
978-7-300-12644-9	行动中的心理学（第八版）	［美］卡伦·霍夫曼	89.00
978-7-300-22245-5	心理统计学（第 5 版）	［美］亚瑟·阿伦等	89.00
978-7-300-26322-9	心理学研究方法（第 9 版）	［美］尼尔·J·萨尔金德	68.00
978-7-300-22490-9	行为科学统计精要（第 8 版）	［美］弗雷德里克·J·格雷维特等	68.00
978-7-300-13306-5	现代心理测量学（第 3 版）	［英］约翰·罗斯特等	39.90
978-7-300-12745-3	人类发展（第八版）	［美］詹姆斯·W·范德赞登等	88.00
978-7-300-13307-2	伯克毕生发展心理学:从 0 岁到青少年(第 4 版)	［美］劳拉·E. 伯克	89.80
978-7-300-18303-9	伯克毕生发展心理学:从青少年到老年(第 4 版)	［美］劳拉·E. 伯克	45.00
978-7-300-18664-1	学习心理学（第 6 版）	［美］简妮·爱丽丝·奥姆罗德	78.00
978-7-300-09563-9	现代心理学史（第 2 版）	［美］C. 詹姆斯·古德温	88.00
978-7-300-23658-2	异常心理学（第 6 版）	［美］马克·杜兰德等	139.90
978-7-300-25883-6	人格心理学入门（第 8 版）	［美］马修·H. 奥尔森等	98.00
978-7-300-12478-0	女性心理学（第 6 版）	［美］马格丽特·W. 马特林	58.00
978-7-300-12617-3	社区心理学——联结个体和社区（第 2 版）	［美］詹姆士·H. 道尔顿等	69.80
978-7-300-16328-4	跨文化心理学（第 4 版）	［美］埃里克·B. 希雷	55.00
978-7-300-14110-7	职场人际关系心理学（第 12 版）	［美］莎伦·伦德·奥尼尔等	49.00
978-7-300-15678-1	社会交际心理学——人际行为研究	［澳］约瑟夫·P. 福加斯	39.00
978-7-300-18593-4	婴幼儿心理健康手册	［美］小查尔斯·H. 泽纳	89.90
978-7-300-14062-9	社会与人格心理学研究方法手册	［美］哈里·T. 赖斯等	89.90
978-7-300-19858-3	心理咨询导论（第 6 版）	［美］塞缪尔·格莱丁	89.90
978-7-300-10470-6	自我导向行为（第 9 版）	［美］戴维·L·华生等	48.00
978-7-300-14533-4	没有疆界	［美］肯·威尔伯	35.00
978-7-300-07160-0	万物简史	［美］肯·威尔伯	48.00
978-7-300-09927-9	性、生态、灵性	［美］肯·威尔伯	98.00
西方心理学大师经典译丛（第一辑）			
978-7-300-17807-3	自卑与超越	［奥］阿尔弗雷德·阿德勒	48.00
978-7-300-17774-8	我们时代的神经症人格	［美］卡伦·霍妮	45.00

978-7-300-17806-6	动机与人格（第三版）	［美］亚伯拉罕·马斯洛	58.00
978-7-300-17739-7	人的自我寻求	［美］罗洛·梅	48.00
978-7-300-20299-0	教育心理学简编	［美］爱德华·桑代克	45.00
978-7-300-20342-3	心理物理学纲要	［德］古斯塔夫·费希纳	39.90
978-7-300-18539-2	精神病学的人际关系理论	［美］哈里·沙利文	45.00
978-7-300-20275-4	社会学习理论	［美］阿尔伯特·班杜拉	48.00
978-7-300-20339-3	追求意义的意志	［奥］维克多·弗兰克尔	48.00
978-7-300-17738-0	当事人中心治疗：实践、运用和理论	［美］卡尔·罗杰斯等	78.00

当代西方社会心理学名著译丛

978-7-300-13011-8	语境中的社会建构	［美］肯尼斯·J. 格根	45.00
978-7-300-13012-5	社会表征	［法］塞尔日·莫斯科维奇	59.00
978-7-300-12765-1	社会支配论	［美］吉姆·斯达纽斯等	65.00
978-7-300-13004-0	自我归类论	［澳］约翰·特纳等	45.00
978-7-300-13005-7	精英话语与种族歧视	［荷］范·戴克	49.00
978-7-300-13006-4	社会心理学的解释水平	［比利时］威廉·杜瓦斯	35.00
978-7-300-13007-1	文化社会心理学	［美］赵志裕等	69.00
978-7-300-13008-8	欲望的演化（修订版）	［美］戴维·M. 巴斯	59.00
978-7-300-13009-5	社会认同过程	［澳］迈克尔·A. 豪格等	59.00
978-7-300-13010-1	论辩与思考（新版）	［英］迈克尔·毕利希等	65.00

政治心理学前沿译丛

978-7-300-16740-4	政治心理学（第 2 版）	［美］马莎·L·科塔姆	55.00
978-7-300-16624-7	公共舆论	［美］约翰·扎勒	39.00
978-7-300-16763-3	政治头脑	［美］德鲁·韦斯滕	45.00
978-7-300-17448-8	政治广告	［美］泰德·布拉德尔	35.00
978-7-300-18133-2	救赎政治：奥巴马的总统历程	［美］斯坦利·A·任尚	48.00
978-7-300-20300-3	总统的性格（第 4 版）	［美］詹姆斯·戴维·巴伯	59.90
978-7-300-16984-2	总统风格：从罗斯福到奥巴马（第 3 版）	［美］弗雷德·I·格林斯坦	38.00
978-7-300-16739-8	狐狸与刺猬——专家的政治判断	［美］菲利普·E·泰特洛克	35.00

* * * *

图书在版编目（CIP）数据

伍尔福克教育心理学：第12版 /（美）伍尔福克著；伍新春，张军，季娇译. —北京：中国人民大学出版社，2015.7
（心理学译丛·教材系列）
ISBN 978-7-300-21583-9

Ⅰ. ①伍…　Ⅱ. ①伍…　②伍…　③张…　④季…　Ⅲ. ①教育心理学－教材　Ⅳ. ①G44

中国版本图书馆CIP数据核字（2015）第152657号

心理学译丛·教材系列
伍尔福克教育心理学（第12版）
[美] 安妮塔·伍尔福克　著
伍新春　张　军　季　娇　译
Wuerfuke Jiaoyu Xinlixue

出版发行	中国人民大学出版社		
社　址	北京中关村大街31号	邮政编码	100080
电　话	010-62511242（总编室）		010-62511770（质管部）
	010-82501766（邮购部）		010-62514148（门市部）
	010-62515195（发行公司）		010-62515275（盗版举报）
网　址	http://www.crup.com.cn		
经　销	新华书店		
印　刷	涿州市星河印刷有限公司		
开　本	890 mm × 1240 mm　1/16	版　次	2015年8月第1版
印　张	36.75　插页2	印　次	2023年9月第7次印刷
字　数	1 045 000	定　价	139.00元

Pearson

尊敬的老师：

您好！

为了确保您及时有效地申请培生整体教学资源，请您务必完整填写如下表格，加盖学院的公章后传真给我们，我们将会在2～3个工作日内为您处理。

请填写所需教辅的开课信息：

采用教材			□ 中文版 □ 英文版 □ 双语版
作　者		出版社	
版　次		ISBN	
课程时间	始于　年　月　日	学生人数	
	止于　年　月　日	学生年级	□ 专　科 □ 本科 1/2 年级 □ 研究生 □ 本科 3/4 年级

请填写您的个人信息：

学　校			
院系/专业			
姓　名		职　称	□ 助教 □ 讲师 □ 副教授 □ 教授
通信地址/邮编			
手　机		电　话	
传　真			
official email（必填） （eg：×××@ruc. edu. cn）		E-mail （eg：×××@163. com）	
是否愿意接受我们定期的新书讯息通知： □ 是 □ 否			

系/院主任：________________（签字）

（系 / 院办公室章）

____年____月____日

资源介绍：

——教材、常规教辅（PPT、教师手册、题库等）资源：请访问 www. pearsonhighered. com/educator。（免费）

——MyLabs/Mastering 系列在线平台：适合老师和学生共同使用；访问需要 Access Code。（付费）

100013 北京市东城区北三环东路 36 号环球贸易中心 D 座 1208 室

电话：（8610）57355003　传真：（8610）58257961

Please send this form to：copub. hed@pearson. com